코뮤니스트

마르크스에서 카스트로까지,
공산주의 승리와 실패의 세계사

코뮤니스트

로버트 서비스 | 김남섭 옮김

교양인
GYOYANGIN

일러두기

1. 본문에 일련 번호로 표시된 저자의 주석은 후주로 실었다. 본문 하단 각주는 옮긴이의 주석이다.
2. 외국 고유명사는 '외래어표기법'(1986년 문교부 고시)을 기준으로 삼았다.

| 머리말 |

애초에 이 책을 쓸 때 구상도 있었고 계획도 있었다. 구상은 전 세계의 공산주의를 개괄하는 것이었다. 계획은 이 구상을 실현하기 위해 주로 공산주의를 경험한 여러 나라에 관한 2차 문헌을 정리하는 것이었다. 놀랍게도 이러한 프로젝트를 수행하려는 시도 자체가 거의 없었고, 그나마 이런 문제를 다룬 책이 있더라도 거의 대부분이 1989~1991년에 동유럽과 소련에서 공산주의 국가들이 붕괴하기 전에 집필된 것들이었다.

당초의 구상은 샌드백처럼 두들겨 맞았다. 나는 세계 육지 면적의 6분의 5를 차지하는 비(非)소련 지역에 대해 알게 되면서 책의 내용을 많이 수정했다. 이런 일은 지금까지 쓰여진 대부분의 책들에서 흔히 있는 일이다. 하지만 계획은 매우 긍정적인 이유로 폐기되었다. 나는 2004~2005년에 스탠퍼드 대학의 후버 연구소에서 안식년을 보냈다. 문서고는 역사가에게 청량음료다. 어두운 후버 타워 안에서 학자들이 볼 수 있는 엄청난 양의 자료를 발견하고는, 호기심에 가득 찬 여행객처럼 그 문서 상자들을 하나씩 살펴보았다. 이 책의 후주는 헝가리, 쿠바, 인도 같은 나라에 관해 어떤 특별한 자료가 있는지를 짐작하게 해준다. 이에 못지않게 유익했던 것은 소련, 특히 소련과 '세계 공산주의 운동'의 관계를 다룬 자료가 든 상자들이었다. 애초에는 미국과 영국 공산주의를 많이 다룰 생각이 없었는데, 이 상자들을 검토한 후 거리낌이 모두 사라져 버렸다. 카탈로그에서 뜻밖의 작은 파일들이 모습을 드러낸 순간도 많았다. 로즈 코언(Rose Cohen)에 관한 아이비 리트비노프(Ivy Litvinov, 막심 리트비노프Maksim Litvinov의 부인)의 파일, 아서 랜섬(Arthur Ransome)과 예브게니아 랜섬(Yevgenia Ransome)에 관한 소련 관리들의 파일, 벨러 쿤(Béla Kun) 체제에 관해 허버트 후버(Herbert Hoover)의 식량 구호 관리들이 작성한 파일, 피델 카스트로(Fidel Castro)와 그의 측근들에 관해 변절한 쿠바 각료들이 작성한 파일, 동유럽에서 팔미로 톨리아티(Palmiro Togliatti)가 처한 곤경에 관해 에우제니오 레알레(Eugenio Reale)가 작성한 파일, 영국 기자 맬컴 머거리지(Malcolm Muggeridge)가 쓴 러시아 일기 등이 그런 것들이었다.

이 책은 공산주의를 여러 측면에서 살펴본다. 이 작업은 명백히 공산주의 국가, 그 지도부와 사회를 검토할 것을 요구한다. 이에 못지않게 중요한 것은 공산주의 이데올로기와 그 이데올로기가 공산주의 국가 외부의 인민들에게 발휘한 호소력이다. 마찬가지로 나는 20세기 지정학에도 많은 지면을 할애했다. 게다가 공산주의를 진정으로 전 세계적 차원에서 설명하려면 공산주의자들이 국가 권력에 다가가지 못한 나라도 다루어야 했다.

나는 문서고 작업을 하면서 애초의 해석을 수정하지 않을 수 없었다. 또 문서고 작업은 각 사건과 상황에 생명을 불어넣었는데, 나는 이 부분이 이 책을 읽는 사람들에게 전달되기를 바란다. 후버 연구소 문서고에 근무하는 직원들은 매우 박식했고 크게 도움이 되었다. 나는 엘리나 대니얼슨(Elena Danielson), 린다 버나드(Linda Bernad), 캐럴 리드님(Carol Leadenham), 론 불라토프(Ron Bulatov), 로라 소로카(Lora Soroka), 데이비드 제이콥스(David Jakobs), 랼랴 하리토노바(Lyalya Kharitonova)와 그들의 동료들에게 신세를 졌다. 이분들은 내가 빠뜨렸던 자료 상자

몇 개에 주의를 돌리도록 해주었다. 처음에 후버 연구소에서 체류하도록 격려해준 로버트 콘퀘스트(Robert Conquest), 실제로 체류를 가능하게 해준 연구소장 존 라이시언(John Raisian)과 연구소 감사이사회의 태드 토브(Tad Taube)에게도 감사드린다. 방문 학자들에게 필요한 여러 사무를 감독하는 데버러 벤투라(Deborah Ventura)와 셀레스트 세토(Celeste Szeto)는 유용한 도움을 어떻게 줄 수 있는지를 보여주는 본보기였다.

아내 아델레 비아기(Adele Biagi)는 문체와 내용을 개선하기 위해 수많은 제안을 했다. 나는 또 본문의 각 장 가운데 한 개 장 혹은 그 이상에 대해 이런저런 충고를 한 다음 분들에게도 감사를 표하고 싶다. 앨런 에인절(Allan Angell), 아널드 바이크먼(Arnold Beichman), 윌리엄 바이나트(William Beinart), 레슬리 베델(Leslie Bethell), 아치 브라운(Archie Brown), 리처드 클로그(Richard Clogg), 로버트 콘케스트, 발피 피츠제럴드(Valpy Fitzgerald), 로버트 에반스(Robert Evans), 폴 플루어스(Paul Flewers), 존 폭스(John Fox), 티모시 가튼 애쉬(Timothy Garton Ash), 로이 자일스(Roy Giles), 폴 그레고리(Paul Gregory), 조너선 해슬럼(Jonathan Haslam), 로널드 힝글리(Ronald Hingley), 마이클 케이저(Michael Kaser), 앨런 나이트(Alan Knight), 사이먼 몬테피오레(Simon Montefiore), 노먼 나이마크(Norman Naimark), 브라이언 피어스(Brian Pearce), 실비오 폰스(Silvio Pons), 알렉스 프라브다(Alex Pravda), 폴 프레스턴(Paul Preston), 마틴 래디(Martyn Rady), 해럴드 슈크먼(Harold Shukman), 스티브 스미스(Steve Smith), 제프리 스웨인(Geoffrey Swain), 스티브 창(Steve Tsang), 에미르 와이너(Amir Weiner), 제리 화이트(Jerry White). 세인트 안토니 칼리지의 러시아·유라시아 연구소 간사이자 사서인 재키 윌콕스(Jackie Willcox)는 내가 캘리포니아에서 조사한 내용을 상세히 쓰고 있을 때 매우 큰 도움을 주었다. 나의 문예 편집자 데이비드 고드윈(David Godwin)은 프로젝트의 첫 단계부터 계속 나를 격려했다. 맥밀런 출판사의 조지나 몰리(Georgina Morley)와 하버드 대학의 캐슬린 맥더모트(Kathleen MacDermott)는 특히 건설적인 편집자들이었다. 피터 제임스(Peter James)는 매우 꼼꼼하게 원고를 정리했다.

책의 구성에 대해 몇 마디 하겠다. 특정 나라와 시기를 다룬 몇몇 장은 다른 장에서 제공했던 정보를 되풀이한다. 이것이 잘못인 줄은 알지만, 너무 긴 설명에 앞서 기본적인 세부 사항이 배경 지식으로 필요하다는 이유로 용서를 구하고 싶다. 또 용어 사용과 관련하여 '조선인민민주주의공화국' 대신 '북한', '베트남민주공화국' 대신 '북베트남'이라고 표기했음을 언급해 두어야겠다.

공산주의에 대한 나의 지식은 띄엄띄엄 형성되었다. 의식적 차원에서는 1956년에 시작되었다. 신문에 소련군이 헝가리 민중 봉기를 진압하는 사진이 연일 실리던 초등학교 시절에 우리들—혹은 적어도 우리 반 남학생들—은 전차와 병사와 폭발을 묘사하는 일기 숙제가 주어졌을 때 좋아라했다. 중국공산당의 티베트 침공은 우리 마음에 흔적을 남긴 또 하나의 사건이었다. 교회의 주일 학교에서 매년 상으로 주는 책에는 마르크스-레닌주의를 지도 이데올로기로 삼는 전체주의 체제에서 기독교도들이 어떻게 탄압을 견뎌냈는지를 설명하는 서적이 포함되어 있었다. 하지만 소련이 거둔 기술적 성과 때문에 내가 다니던 중학교 지리 선생님은 마음을 바꾸었다. 선생님은 신문에서 소련이 북반구의 북부에 밀을 재배할 수 있는 기술을 개발했다는 소식을 읽고는 소련이 경제적 패권을 차지하기 위해 서방과 벌이는 투쟁에서 승리할 거라고 결론을 내렸다. 1960년대 초에 나는 에스페란토어를 익혀 외국 펜팔 친구를 사귀었다. 한 명은 중국인이었고 또 한 명은 체코슬로바키아 출신이었다. 우리는 중국과 교류가 거의 없어질 때까지 1~2년 동안 일상생활에 대해 소식을 주고받았다. 지금 생각해보면 중국 친구는 문화대혁명 과정에서 희생된 것이 아닐까 싶다.

당시 영국에서 공산주의를 경험하지 못한 것은 이상한 일이 아니었다. 공산주의를 이해하려는 개인적인 동기는 대학에서 러시아 문학을 공부했을 때 찾아왔다. 소련 체제의 역사적 배경을 이해하는 일이 얼마나 필수적인지가 명백해졌다. 게다가 그때는 학생들이 마르크스주의를 토론하던 시절이었다. 공산주의가 본질적으로 전제적인지 아니면 잠재적으로 해방적인지를 둘러싸고 논쟁이 끝도 없이 벌어졌다.

이 책은 무엇보다도 바로 이 기본적인 질문에 답하려는 시도이다. 소련의 역사적 경험이 독특한 것인지 아닌지를 검토하고, 또 크렘린이 전 세계의 공산당에 얼마나 연루되어 있었는지도 조사한다. 하지만 이 책은 공산주의 세계사이다. 지난 20세기 동안 지구 표면적의 3분의 1을 차지하는 나라들이 많든 적든 공산화를 경험했다. 공산당은 만년설에 뒤덮인 극지를 빼고는 지구의 거의 모든 지역에 존재해 왔다. 내 주장의 요체는 공산주의 체제를 선택한 국가들이 매우 다양했는데도 그 밑바탕에는 목적과 실제에서 유사성이 있었다는 것이다. 공산주의는 단순히 이전부터 존재해 온 다양한 민족 전통을 덧씌운 겉치장이 아니었다. 공산주의는 당장 해결해야 할 긴급한 과제였으며, 그 전통을 뒤덮으면서 전통에 자신을 맞추었다. 그리고 몇 년 이상 권력을 차지한 곳에서는 국가를 변화시켰다. 이 책은 서술과 분석을 제공하지만 백과사전은 아니다. 나는 모든 공산주의 사상, 지도자, 정당, 국가를 살펴보지는 않았다. 일관성 있게 설명하기 위해 선택을 했다.

이 책을 얼스터 사람으로서 정원 가꾸기를 너무 좋아하셨던 멋진 아버지이자 할아버지인 매튜 서비스(Matthew Service)의 영전에 바친다.

2006년 10월

로버트 서비스

차례

COMMUNISM : A WOR

2부 실험 1917~1929

3부 도약 1929~1947

COMMUNISM : A WOR

LD HISTORY

6부 종언 1980년 이후

COMMUNISM

마르크스주의의 희망은 왜 절망이 되었나?

1989~1991년에 사람들은 자신들이 환각에 빠진 것이 아니라는 것을 확인하느라 스스로를 꼬집어야 했다. 세계 정치에서 뭔가 수상쩍은 일이 발생했다. 별안간 공산주의 체제가 붕괴한 것이다. 그때까지 공산주의는 가장 강력하고 널리 퍼져 있던 근대 국가 형태 중 하나였다. 1917년 10월 러시아에서 발생한 혁명으로 권좌에 오른 레닌*과 그의 동지들은, 장차 제2차 세계대전 후 동유럽, 중국, 동아시아, 쿠바 등지에서 재생산되는 체제를 수립했다. 1989년에 이 공산주의 체제는 유럽 땅에서 제거되었다. 1991년에는 같은 일이 소련에서 발생했다. 중국이 여전히 공산주의 체제라고 주장하고 있지만, 중국의 근본적인 경제 개혁은 중국을 전반적으로 묘사하는 데 공산주의라는 말이 더는 정확하지 않다는 것을 의미한다. 북한, 베트남, 쿠바 같은 몇몇 나라에서 공산당이 계속 집권했으나, 그들의 지정학적 중요성은 화려했던 시절 '세계 공산주의 운동'의 위력과 영예를 되돌리기에는 많이 모자라는 것이었

레닌(Vladimir Il'ich Lenin, 1870~1924) 러시아의 혁명가이자 정치가. 러시아 10월혁명을 지도하여 세계 최초의 사회주의 국가인 소련을 수립했다.

다. 공산주의는 빠르게 역사적 유물이 되어 갔다.

이와 같은 변화는 냉전이라고 알려진 대결에 종지부를 찍었다. 냉전은 주로 소련과 미국이 각각 이끄는 동맹국들 사이의 갈등이었고, 1991년 12월 소련의 해체는 미국의 결정적인 승리를 뜻했다. 수십 년 동안 냉전은 한 편이 다른 한 편을 겨냥하여 핵 공격을 할 수 있다는 악몽을 수반했다. 미국의 기술 개발과 확산 속도를 따라잡을 수 없었던 소련은 미국과 이루고 있던 군사적 균형을 상실했다. 이것이 패배의 유일한 지표는 아니었다. 강대국들 사이에 경쟁이 벌어지던 내내 미국은 시장 경제, 자유민주주의, 시민 사회를 대변한다고 주장했다. 미국이 종종 이 원리들을 존중하지 않고 위반했는데도, 동유럽과 소련에서 공산주의가 수명을 다했을 때 그 원리들이 승리를 거두었다고 널리 생각되었다. 서방의 정치 지도자와 논평가들은 자랑스러워하면서 흥분했다. 공산주의는 매우 열등한 종류의 국가 체제로 드러났다. 많은 사람들이 역사가 종말에 다다랐다고 믿었다. 자유주의가 정치 · 경제 · 사회적으로 꽃을 피우면서 레닌주의 이데올로기와 실제를 역사의 쓰레기통 속으로 밀어 넣어버렸다. 그것이 의미하는 바는, 너무나 많은 사람들이 큰 참나무인 줄 알고 주위를 산책했던 공산주의가 실제로는 하찮은 버섯에 불과했다는 것이었다.

만일 서방 열강들이 1920년대, 아니 1940년대에라도 좀 더 전투적인 국가 정책과 안보 정책을 채택했더라면 소비에트연방은 내부로부터 붕괴했을 것이라는 말이 떠돈다. 처칠(Winston Churchill)의 경고에 귀를 기울여 초창기의 공산주의—초기 소비에트 국가—를 요람에서 목 졸랐더라면 아마도 역사 발전은 수십 년 전에 종결될 수 있었을 것이다.

그러나 공산주의는 목숨을 이어 갔다. 소련이 독일 제3제국의 공격을 받았던 1941년까지 아이는 힘센 어른으로 성장했고 히틀러(Adolf Hitler)의 군대를 격퇴했다. 소련군은 유럽의 동쪽 절반을 짓밟았다. 폴란드에서 동독에 이르기까지, 그리고 발트해 연안에서 흑해에 이르기까지 지도의 색깔이 바뀌었다. 공산주의 국가들이 이 지역 전체를 뒤덮었다. 1949년 마오쩌둥*이 이끄는 공산군이 베이징에서 권력을 장악하고 중화인민공화국을 선포했다. 북한과 북베트남이 곧 공산주의 국가가 되었다. 1959년에는 쿠바에서 혁명이 일어났고 카스트로*가 세계 공산주의 운동에 합류한다고 선언했다. 궁극적으로 공산주의는 유라시아로부터 대서양 너머로 확산되었다. 1970년대 초에는 칠레에서도 공산주의자들이 이끄는 정부가 수립되었다. 아시아와 아프리카의 몇몇 정부가 공산화를 추진하겠다고 선언함에 따라 공산주의자들의 성공은 계속되었다. 세계 공산주의 운동에 첫 번째 치명적인 타격이 가해지기 직전인 1980년대 중반까지 이러한 국가들은 놀라운 팽창을 기록했다. 공산주의는 제1차 세계대전 이전에는 꿈에 불과했지만, 이제 세계 전역에서 자본주의 체제를 위협하는 강력한 실체가 되었다.

공산주의에 관한 논쟁은 공산주의 이론만큼이나 오래되었다. 공산주의자 자신들부터 논쟁을 즐겼다. 그들은 19세기 내내 주로 자기들 내부에서, 그리고 다른 사람들과도 논란을 벌였다. 10월혁명은 화급을 다투는 실제적인 문제를 야기했다. 공산주의를 옹호하는 사람들은 새로운 세계가 러시아에서 건설되고 있다고 주장했다. 당이 지배를 독점하는 일은 묵인되었다. 독재와 테러는 노동자를 위한 포괄적인 복지 체제를 감독하기 위한 도구로 알려졌다. 러시아의 혁명가들은 정치 · 경제 · 문화 · 민족적 억압을 종결할 것이었다. 자본주의의 적들이 하는 말로는 자본주의는 곧 절멸될 예정이었다. 소비에트 국가의 이 이미지는 수십 년 동안 재생산되었다. 이런 일은 소련에서뿐만 아니라 제2차 세계대전 후 공산주의 정부가 수립된 많은 나라들에서도 일어났다. 동유럽과 중

마오쩌둥(毛澤東, 1893~1976) 중국공산당의 최고 지도자로서 1949년 10월 중화인민공화국을 건국하고 국가 주석이 되었다.
카스트로(Fidel Castro, 1926~) 쿠바혁명의 최고 지도자. 1959년 바티스타 정권을 타도하고 혁명을 성공시킨 후 최고 지도자로서 쿠바를 장기간 통치했다.

국에서 우월한 국가 · 사회 체제가 건설 중이라는 메시지가 퍼져 나갔다. 특권은 바야흐로 종결될 것이고 경제적 낭비는 중단될 것이다. 공산주의는 과학적이고 인도주의적이며 막을 수 없는 것으로 선포되었다. 인류의 필연적이고 바람직한 미래라고 주장되었다. 그리하여 마르크스(Karl Marx)와 엥겔스(Friedrich Engels)의 궁극적 비전이 실현될 준비가 된 것 같았다.

예기치 못했던 일은 국제 공산주의의 내분이었다. 1928년 소련에서 추방된 트로츠키*는 10월혁명이 배반당했다고 주장했다. 1945년 이후 분열이 심해졌다. 소련과 유고슬라비아는 서로 상대방의 공산주의를 비난했다. 소련에 적대적이 된 중국 공산주의자들은 크렘린 지도부를 '수정주의자'라고 비난했다. 마르크스주의 창건자들의 불변의 관념을 수정하려고 하는 것보다 마르크스-레닌주의자들에게 더 큰 죄악은 없었다. 알바니아만이 무조건 중국 편을 들었다. 동유럽에서는 각국 정부가 자국에 대한 소련 지배를 완화하려 하면서 말썽이 생겼다. 이런 일이 발생하자 많은 공산주의자들은 바람직한 공산주의의 성격을 다시 생각해보고자 했다. 서유럽, 특히 이탈리아와 에스파냐에서 공산당은 소련이 제공한 모델에서 조금씩 탈피하기 시작했다. '유러코뮤니즘'*이 탄생했다. 공산주의 이데올로기와 정책은 결코 단일하지 않았다. 공산주의 국가만큼이나 많은 공산주의 변종이 존재했다.

공산주의자가 아닌 사람들이 공산주의의 본질적 성격을 둘러싼 논쟁에 가담했다. 20세기의 가장 훌륭한 지성 중 일부가 여기에 참여했다. 버트런드 러셀*에서 장 폴 사르트르*에 이르는 철학자들, 앙드레 지드

트로츠키(Lev Trotsky, 1879~1940) 러시아의 공산주의 혁명가. 10월혁명 때 무장 봉기를 지휘하였고 외무인민위원 · 군사인민위원 · 정치국원 등을 지냈다.

유러코뮤니즘(Eurocommunism) 무장 혁명이 아니라 선거 등 합법적인 방법으로 공산주의 정권을 수립하고, 다당제를 허용하며 종교 단체와도 협력한다는 독자 노선.

러셀(Bertrand Russell, 1872~1970) 영국의 철학자이자 수학자. 제1차 세계대전 동안 평화주의자로서 반전 운동을 펼쳤으며, 1950년에 노벨문학상을 받았다.

(André Gide, 1869~1951)와 조지 오웰(George Orwell, 1903~1950)에서 알렉산드르 솔제니친*에 이르는 소설가들, 티혼* 대주교에서 달라이 라마와 교황 요한 바오로 2세에 이르는 종교 지도자들이 그러했다. 그들이 내놓은 다양한 답변은 과거, 현재, 미래의 인간 사회에 대한 폭넓은 논의를 더욱 심화했다. 공산주의 프로젝트를 고려하지 않고서는 1917년 이후의 세계 전반에 대해 어떤 것도 말하거나 쓸 수 없었다.

세계는 공산주의에 대해 알아야 할 긴급한 필요가 있었다. 그것은 도덕적 책무이기도 했다. 1970년부터 1973년까지 칠레에서 존속한 아옌데*의 연립정부*를 제외하고 공산주의 통치 기록은 일반적으로 독재와 경찰 테러, 엄청난 인권 유린으로 이어졌다. 공산주의 국가들에서 무슨 일이 벌어지고 있는지를 설명하고 널리 알릴 필요가 있었다. 계획보다 실천이 더 어려웠다. 공산주의 통치자들은 엔진을 멈추고 무선 통신을 중단하는 잠수함 사령관 같았다. 스탈린*은 1932~1933년에 우크라이나, 카자흐스탄, 남부 러시아에서 일어난 기근의 규모를 솜씨 좋게 감쪽같이 은폐했다. 마오쩌둥은 1958~1960년에 정책 때문에 발생한 역사상 가장 큰 규모의 기아에 관한 보도가 국경 너머로 새어 나가는 것을

사르트르(Jean-Paul Sartre, 1905~1980) 프랑스의 철학자이자 작가. 제2차 세계대전 후의 무신론적 실존주의와 마르크스주의의 종합을 시도하여 세계적인 영향을 끼쳤다.

솔제니친(Aleksandr Solzhenitsyn, 1918~2008) 러시아의 소설가. 1962년 스탈린 시대 강제노동수용소의 암흑상을 다룬 《이반 데니소비치의 하루》를 발표해 명성을 얻었고, 1970년 노벨문학상을 받았다.

티혼(Tikhon, 1865~1925) 1917~1925년에 러시아 정교의 총대주교를 지냈다.

아옌데(Salvador Allende, 1908~1973) 칠레의 정치가. 1970년 인민연합 후보로 출마하여 대통령으로 선출되었다. 광산을 비롯하여 주요 기업의 국유화와 본격적인 토지 개혁을 실시했다. 1973년 군대와 경찰이 일으킨 쿠데타에 직접 무기를 들고 맞서다가 자살했다.

아옌데의 연립정부 저자의 언급과는 달리 아옌데 정부는 공산주의자들이 이끈 것이 아니었다. 사회당, 급진당, 공산당, 사회민주당, 좌파기독교당 등 거의 모든 좌파를 망라하는 '인민연합' 정부였다.

스탈린(Iosif Stalin, 1878~1953) 러시아의 혁명가이자 소련의 정치가. 1924년부터 1953년 3월 뇌출혈로 사망할 때까지 소련의 실질적인 국가 수반이었다.

막음으로써 스탈린을 능가했다. 보도 금지에 의존하는 태도는 대부분의 공산주의 통치자들이 김일성과 그의 아들 정도까지는 아니더라도 그대로 흉내 냈다. 마르크스-레닌주의 통치자들은 자신들의 내정과 대외적 목적에 대해 체계적으로 거짓말을 했다. 가능한 곳에서는 어디든지 비공식적인 정보원(情報源)을 제거하려는 야심이 존재했다. 공산주의 세계를 제외한 나머지 세계의 정치인, 언론인, 학자들은 실제 상황에 관해 매우 기본적인 사실을 확인하기도 벅찼다.

이런 정보 차단은 공산주의자들이 우월한 사회 조직 방식을 갖고 있다고 계속 주장할 수 있게 해주었다. 레닌에서 폴 포트*와 카스트로에 이르기까지 공산주의자들은 똑같이 허풍을 떨었다. 공산주의는 정치적 자유, 문화적 기회, 사회적 · 물질적 복지를 제공하는 능력에서 자본주의를 능가한다고 가정되었다. 두 차례의 세계대전 사이에 공산주의 국가는 단 하나, 소련만이 존재했다. 그때는 권위주의 시대였다. 유럽에서도 1930년대 말까지는 (공산주의에) 적대적인 국가들 가운데 극소수만이 자유민주주의 체제였다. 다른 대륙에서는 민주주의 체제가 여럿 존재해본 적이 한 번도 없었다. 아프리카는 유럽 제국들의 영토로 남아 있었고 아시아와 남아메리카의 대다수 나라들도 이런저런 강대국의 지배를 받았다. 또 그때는 시장 경제가 1929년의 대공황을 극복하려 했던 경제적 불안의 시기이기도 했다. 산업 성장, 교육 발전, 완전 고용을 달성한 소련이 배울 만한 교훈을 제공할 것인지를 외국인들이 궁금해한 것은 당연했다. 게다가 모스크바는 국민적 불안을 해결하고 의료, 주택, 사회 보험을 제공하는 데 유례없는 성공을 거두었다고 주장했다. 소련의 실험에서 빌려 올 뭔가 긍정적인 것이 있었는가?

소련은 1945년에 미국과 세계 패권을 다툴 초강대국으로 등장했다. 전후에 공산주의 국가들의 수는 증가했다. 하지만 한편으로 공산주의의

폴 포트(Pol Pot, 1925~1998) 캄보디아의 정치가. 1975년 내전에서 승리하고 론 놀 친미 정권을 타도한 뒤 이듬해 총리가 되었다.

또 다른 이미지가 유포되었다. 스탈린의 소련은 전체주의 모델을 따르고 있다고 했다. 히틀러의 제3제국처럼 소비에트 체제는 공정한 선거와 법치를 억압했고 테러를 지시했다. 체제는 다른 모든 것을 희생하고 자신의 이데올로기를 전파하는 데 온 힘을 쏟았다. 소비에트 체제는 자신의 인민을 동원 대상으로 취급했다. 정치는 엄격하게 중앙 집권화되었다. 진짜 반체제 인사와 잠재적인 반체제 인사들을 수용할 노동수용소가 설치되었다. 종교인, 군주주의자, 문화적 자유 사상가, 정치적 자유주의자, 사회주의자, 민족주의자 등 반체제 인사들이 체포되었다.

이전의 어떤 독재 체제도 사회 통제를 이처럼 극단적으로 몰아간 적은 결코 없었다. 20세기에 중요한 변화가 일어났다. 하나는 빠른 통신과 교통을 가능케 하는 기술, 특히 전화, 전신, 철도와 비행기의 발달이었다. 문자 해득과 계산 능력이 확대되면서 행정적 · 이데올로기적으로 개입할 여지가 어느 때보다 늘어났다. 두 번째 요인도 똑같이 중요했다. 지난날에는 가장 야심적이던 독재 체제도 많은 전통을 짓밟고 집단과 조직을 절멸하기를 두려워했다. 그런데 19세기 이후에는 사회를 전복해서 자신의 이미지에 따라 재건하고자 하는 정치 운동들이 형성되었다. 그리고 이 운동들—좌로는 공산주의자들, 우로는 파시스트들—은 가능한 곳이라면 어디서든 자율적 결사의 흔적을 깡그리 파괴했다. 이 운동들은 전체주의적 시각을 지니고 있었다. 어떤 것도 비정치적이라고 여겨질 수 없었다. 전체주의 통치자들은 사생활을 존중하지 않았다. 그들은 관습적인 문화와 종교를 비웃었다. 그들은 미디어와 스포츠와 오락을 손아귀에 움켜쥐었다. 반대파는 전부 압살했다. 감옥을 가득 채웠고 늘 테러 캠페인을 벌였다. 자신들의 이데올로기를 자신들이 통치하는 사람들의 정신 속으로 쏟아부었다.

이탈리아와 독일의 파시즘적 전체주의가 1945년에 분쇄된 반면, 공산주의적 전체주의는 소련과 다른 마르크스-레닌주의 국가들에서 강화되었다. 파시즘은 에스파냐와 포르투갈에서 살아남았고, 그 후 수십 년 동안 라틴아메리카 등지에서 간혹 부분적으로 다시 등장했다. 공산주의는 훨씬 성공적이었다. 공산주의는 일단 수립된 곳에서는 오랫동안 지속되는 특색이 있었다.

어떤 분석도 역사적 통찰력을 홀로 독점하지는 못한다. 그러나 소비에트 체제가 진정으로 혁신적이었음을 부인하는 사람은 별로 없다. 세계사에 그런 유례는 없었다. 파시즘은 일련의 다른 이데올로기적 목적이 있었지만 많은 점에서 공산주의의 구조적 복사판이었다. 전체주의적 해석은 공산주의 체제가 수립됨으로써 역사가 종언을 고했음을 암시하는 것 같았기 때문에 비판을 자초했다. 만일 통치 엘리트들이 그처럼 막강한 지위를 가지고 있었다면 어떻게 변화가 가능한지를 상상하기가 힘들었기 때문이었다. 독재, 테러, 이데올로기 독점은 전체주의가 영구적인 지배 체제가 되게 하는 데 확실히 충분했다. 하지만 전체주의 이론은 통치의 '이상형'만을 제시하고 있을 뿐이었다. 완벽한 모델에서 벗어나지 않은 공산주의 국가는 하나도 없었다. 전체주의 이론의 반대자들은 스탈린 정권의 소련조차 완전히 안정된 수직적 명령 체계가 부재했다고 지적했다. 소련에서는 공산주의 통치자들의 정책과는 다른 사회 · 문화 · 경제적 견해가 존재하지 않았던 적이 없었다. 그러나 전반적인 정치적 독점을 추구하는 과정에서 소련은—다른 거의 모든 공산주의 국가들뿐만 아니라—전체주의적이라고 묘사하기에 적절할 정도로 충분히 변질되었다.

전체주의 이론은 더 수정될 필요가 있다. 집권한 공산주의는 도처에서 문제가 있었다. 공산주의는 자신의 목적에 대한 사회적 분노나 무관심을 결코 극복하지 못했다. 또 혁명 전의 문화를 완전히 근절하지도 못했다. 종교를 탄압했지만 제거하는 데는 실패했다. 공산주의의 노동 규율은 대체로 엉망이었다. 정점에 위치한 최고 지도부 아래에서 공산주의 질서는 자유민주주의 체제에서도 유례를 찾기 힘들 정도의 불복종과 혼란에 적응해야 했다. 그 질서 아래에는 피후견* 그룹들과 신뢰할 수 없는 정보 메커니즘이 있었다. 문제의 핵심은 이러한 현상들이 전체주의라는 기계의 먼지가 아니라 기름이었다는 사실이다. 그것들이 없었다면 체제 전체가 망가져서 더는 돌아가지 않았을 것이다. '완벽한' 전체주의는 인민들—중간 관리에서 국가에 고용된 공장 노동자에 이르는—이 협조하기에 충분히 매력적인 동기를 제공할 수 없다. 인민들이 의무적으로 해야 할 것들을 무시해도 용인할 수밖에 없었다. 게다가 통치자들은 지역에서 일을 처리하기 위해 개인적으로 후원하는 측근들이 필요했다. 수직적 명령이라는 공식적인 원리에 바탕을 둔 공산주의 체제는 일부 민족적 전통을 부활시키지 않고서는 살아남을 수 없었다. 이것은 우연이 아니었다. 모든 마르크스-레닌주의 국가의 공통된 패턴이었다. 그것은 그 국가들을 효율적으로 작동하는 열쇠였다.

이러한 현상들은 현대 마르크스주의의 아버지들인 마르크스와 엥겔스를 놀라게 했을 것이다. 두 눈으로 그 현상들이 막 생겨나고 있음을 똑똑히 본 레닌을 좌절하게 만들었을 것이다. 또 제2차 세계대전 후 아시아, 동유럽, 쿠바, 아프리카에서 공산주의 통치자들을 계속 당혹스럽게 했다. 어느 누구도 경제적 성과와 정치적 동의를 제고하는 문제에 대한 현실적 답변을 내놓지 못했다. 심지어 소박한 정도의 사회적 통합을 성취하는 데도 어려움이 있었다. 공산주의 체제에서는 관리들과 인민 사이에 큰 틈이 존재했다. 마르크스와 엥겔스는 '국가의 사멸'을 예측했다. 공산주의 역사는 그 반대쪽으로 움직였다. 국가 권력은 급속도로 강화되었다. 노동수용소는 확산되었다. 공산주의에 적대적인 개인과 집단을 억압하는 일은 현상 유지를 위해 계속 필요했다. 시민 사회는 분쇄되었다. 많은 공산주의 통치자들은 주택, 고용과 식량에 대한 손쉬운 접근

후견-피후견 관계 소련을 비롯한 공산주의 국가들에서는 사회 체제를 유지하는 비공식적 질서로서 개인들 사이에 후견-피후견 관계가 만연했다. 즉 유력자가 자신의 부하들을 정치 · 경제 · 사회적으로 보호하고 부하들은 이에 대한 대가로 유력자에게 충성하는 공생 관계를 가리킨다.

뿐만 아니라 무료 교육과 의료에서 자신들이 거둔 성과를 내세웠다. 그러나 체제는 결코 진정한 동의를 향유하지 못했다. 독재는 계속 독재로 남을 수밖에 없었다.

마르크스주의의 밝은 희망이 왜 좌절되었는지는 끊임없는 논쟁의 주제였다. 어떤 이는 마르크스와 엥겔스의 본래 교리를 비난했다. 여기에는 많은 진실이 있다. 교리의 창시자들은 폭력을 역사적 진보의 산파로 간주했으며 독재와 테러와 내전의 가능성에 결코 움츠러들지 않았다. 그러나 교리에는 다른 측면도 있었다. 바로 제1차 세계대전 전에 중부 유럽의 마르크스주의자들 대부분에게 호소력을 발휘한 측면이었다. 진실은 마르크스와 엥겔스가 불완전하고 일관되지 못한 유산을 남겼다는 것이다. 그들의 후계자들은 적법하게 자유로이 반대 의견을 표명할 수 있었다. 이데올로기 분쟁은 마르크스주의 유전자의 특징이었다. 미래의 완벽한 사회로 가는 평화적인 길을 채택하기를 거부한 마르크스주의자들 중에는 레닌과 볼셰비키가 있었다. 그들은 마르크스주의 유전자의 권위주의 사슬을 물려받았다. 그리고 최초의 혁명 체제를 수립한 사람들은 좀 더 온건한 마르크스주의자들이 아니라 바로 그들이었다. 그들은 공산주의인터내셔널을 결성했고 다른 나라들의 정치적 극좌에 속하는 사회주의자들에게 모델을 제공했다.

심지어 볼셰비키조차 평화, 번영, 조화를 궁극적 목표로 삼았다. '위로부터의 혁명'은 '아래로부터의 혁명'을 추동하기 위한 것으로 여겨졌다. 실제 결과가 달랐던 데에는 여러 가지 원인이 있었다. 레닌주의 교리에는 반(反)자유주의적 핵심이 들어 있었다. 조금이라도 방해물이 있으면 그에 대해 볼셰비키는 폭력으로 대응했는데, 10월혁명 후 방해물은 엄청나게 컸다. 그 후 마르크스주의의 이름으로 혁명을 수행한 사람의 대다수는 극단적인 탄압을 적용했다. 공산주의자들은 자신들을 둘러싼 곤경을 예상치 못했다는 점에서 어리석었다. 다른 러시아 사회주의자들은 10월혁명 전에 볼셰비키에게 경고했다. 그 후에 발생한 공산주의 혁명의 지도자들은 변명의 여지가 더 없었다. 그들에게는 돌이켜보고 배울 수 있는 소비에트 경험이 있었던 것이다. 레닌주의적 변종의 공산주의는 극히 단순화된 분석에서 비롯했다. 그것은 부분적으로는 마르크스와 엥겔스의 오류였으며 부분적으로는 레닌, 스탈린, 마오쩌둥, 카스트로가 마르크스주의를 재고하는 데 실패한 탓이었다. 그들은 증거와 상반되는 사상을 고수했다. 게다가 19세기 말 이후 사회 · 경제적 사정이 모든 분야에서 급변했다. 모든 공산주의자들이 자본주의의 자기 쇄신 능력을 과소평가하고 지구의 구원자로서 노동 계급의 잠재적 행동 능력을 과장하는 것으로 보였다. 그들은 스스로 만든 미망의 포로였다.

게다가 공산주의의 상황은 지정학적 요소에도 좌우되었다. 강력한 소련조차 다른 열강들과 관계를 유지하지 않고서는 세계에 존재할 수가 없었다. 1918년 3월에 소비에트러시아가 독일 및 오스트리아-헝가리와 맺은 브레스트-리토프스크 조약*은 공산주의 통치자들이 자본주의 국가와 벌인 첫 번째 타협이었다. 쿠바, 북한, 북베트남같이 좀 더 작은 공산주의 나라들은 초강대국들이 취할 것으로 예상되는 태도에 항상 자신들의 정책을 맞춰야 했다. 국내 정책도 예기치 않은 상황에 적응해야 했다. 인민들의 지지를 획득하려는 노력은 1919년의 헝가리소비에트공화국의 국제주의 광신자들을 비롯하여 모든 곳의 공산주의자들로 하여금 민족이라는 카드를 쓰게 만들었다. 마오쩌둥이 중국을 사랑하는 애국자로서 자기 경력을 강조하지 않았더라면 1949년에 권력을 장악한 후 거의 전진하지 못했을 것이다. 많은 경우 공산주의 통치자들은 사회에서 저항 정도가 빠르게 수그러들지 않는 것을 보고 깜짝 놀랐다. 예외가 있었다. 헝가리의 벨러 쿤*과 1975년 캄보디아의 폴 포트는 마르크

브레스트-리토프스크 조약(Treaty of Brest-Litovsk) 1918년 3월에 러시아와 독일을 비롯한 동맹국들 사이에 맺어진 강화 조약. 이 조약으로 신생 볼셰비키 정권은 영토 할양 등 큰 대가를 치르고 힘겨운 제1차 세계대전에서 가까스로 빠져 나오는 데 성공했다.

쿤(Béla Kun, 1886~1939) 헝가리의 혁명가. 1918년 헝가리공산당을 결성하였고 1919년 공산당과 사회민주당 연립 정부를 수립했다.

스주의적 실험에 대한 심각한 저항이 일어나기 전에 미리 다른 사람들의 피를 흘리게 한 극단주의자들이었다. 또한 공산주의 국가들은 기술 진보에서 자본주의 서방에 뒤처졌다. 수입(輸入)을 확대하고 스파이 활동을 강화함으로써 이 만성적인 경쟁력 부족을 벌충하는 방법을 발견해야 했다.

레닌과 스탈린의 오랜 유토피아주의가 고개를 들었을 때 결과는 참혹했다. 1966~1968년의 문화대혁명 당시 마오쩌둥만 봐도 그렇다. 공산주의자들은 자주 역사적 건망증을 보여주곤 했다. 마오쩌둥의 제자로서 폴 포트는 스승의 경험에서 단지 비극적인 결론만을 이끌어냈다. 하지만 물론 전 세계의 공산주의 역사는 매우 다양했다. 기대는 바뀌었고 실천은 진화했다. 공산주의 정권들은, 수십 년 동안 지속된 경우에, 지난날의 유혈 사태를 피하기 위해 정책을 수정했다.

그러나 얼마나 많은 공산주의가 있었는가? 공산주의자들은 이에 대해 논쟁을 절대 멈추지 않았다. 어떤 이들은 레닌의 공산주의와 스탈린의 공산주의가 분필과 치즈처럼 전혀 다른 것이라고 주장했다. 다른 이들—나도 그들 중 한 명이다.—은 레닌 치하에서 소비에트 체제의 기초가 놓였고 1980년대 말에 이르기까지 그의 후계자들 치하에서도 체제가 개혁되지 않은 채 지속되었다고 주장해 왔다. 흥미롭게도 거의 모두가 중화인민공화국에 대해서는 유사한 시기 구분을 시도하지 않았다. 마오쩌둥 체제는 1950년대부터 1970년대 말 자본주의가 도입될 때까지 대략 동일한 정치 · 경제적 구조를 지니고 있었다고 인정된다. 쿠바, 동독, 캄보디아, 루마니아, 북베트남은 존속 과정에서 정책을 많이 바꾸었으나 어느 누구도 그러한 국가들의 초기 시절이 후기 시절과 근본적으로 다르다고 진지하게 주장하지 않는다. 예외가 있음은 규칙이 있다는 증거다. 1956년에 헝가리, 1968년에 체코슬로바키아, 그리고 1980년대 말에 소련은 너무나 급진적인 성격의 개혁을 도입하는 바람에 탈공산화의 위험에 처했다. 당시 소련의 침공이 헝가리와 체코슬로바키아에서 이런 일이 발생하는 것을 막았다. (이 국가들은 동유럽의 다른 나라들처럼 공산주의로부터 해방되기 위해 1989년까지 기다려야 했다.) 소련은 고르바초프* 시기에 미지의 세계로 뛰어들었고 1991년 말에 수명을 다했다.

어느 누구도 화려하고 시끌벅적한 바와 레스토랑이 있는 쿠바가 북한과 똑같이 운영된다고 주장하지 않는다. 마오쩌둥의 중국은 브와디스와프 고무우카*의 폴란드나 엔베르 호자*의 알바니아 복사판이 아니었다. 각 공산주의 체제의 민족적 측면은 언제나 중요했다.

하지만 공산주의의 특성은 공산주의가 길든 짧든 일정 기간 지속되는 곳이라면 어디서든 근본적으로 유사했다. 아옌데는 유일 정당, 유일 이데올로기 국가를 수립하지 않았다. 그러나 그는 고작 3년 집권하고 쿠데타로 전복되었다. 오래 지속된 공산주의 체제들은 여러 점에서 공통점이 있었다. 그 체제들은 경쟁 정당을 없애거나 무기력하게 만들었다. 종교, 문화, 시민 사회를 공격했다. 공산주의 통치부가 용인한 민족성 외에는 어떤 형태의 민족성도 짓밟았다. 공산주의 체제들은 사법과 언론의 자율성을 철폐했다. 권력을 중앙 집중화했다. 반체제 인사들을 강제노동수용소에 수감했다. 보안경찰과 정보원들의 네트워크를 수립했다. 교리의 무오류성을 주장했고 자기들이 인간사의 무결점 과학자라고 과시했다. 정치와 문화에서 외부의 영향력에 맞서 사회를 고립시켰다. 국경을 철저하게 통제했다. 사회 생활의 모든 면을 당국의 개입이 필요한 것으로 취급했다. 인민들을 동원 대상으로 다루었다. 생태나 관용, 관습을 거의 존중하지 않았다. 이러한 공통점들은 공산주의 체제를

....

고르바초프(Mikhail Gorbachëv, 1931~) 1985년부터 1990년까지 소련공산당 서기장, 1990~1991년에 소련 대통령을 지냈다.

고무우카(Władisław Gomułka, 1905~1982) 폴란드의 공산주의 지도자. 1956년 공산당 서기장이 되어 민족주의적인 독자적 사회주의를 지향했다.

호자(Enver Hoxha, 1908~1985) 알바니아의 정치가이자 군인. 극단적인 스탈린주의자로서 공산주의자로서는 알바니아 최초로 국가 원수가 되었다.

일반화해 말하는 것을 가능하게 해준다. 이제 우리는 이 체제의 역사에 눈을 돌릴 것이다.

1부

기원

—

1917년 이전

1장

마르크스 이전의 공산주의

바뵈프부터 블랑키까지

근대 공산주의의 씨앗은 20세기가 도래하기 오래전에 싹텄다. 공산주의(Communism)라는 단어 자체는 나중에 고안되어 1840년대에야 프랑스, 독일, 영국에서 널리 통용되었다. 그 단어는 일관되게 사회의 기초를 파헤쳐 재건하고자 하는 욕망을 뜻했다. 공산주의자들은 자신들의 목적에 열성적이지 않았던 적이 없었다. 그들은 기존 질서에 대한 한결같은 증오심을 국가와 경제에 겨누었다. 자신들만이—정치적으로 왼쪽에 있는 많은 경쟁자들이 아니라—인간사를 변화시킬 수 있는 이론적 · 실천적 잠재력을 지녔다고 주장했다. 일종의 평등주의가 그들의 목적에 계속 나타났다. 변화를 성취하고 말겠다는 결의와 성급함은 변치 않는 모습이 되었다. 전투적 조직에 대한 헌신이 지속되었다. 그러나 공산주의 자체는 그것을 정의하려는 시도에 대한 반항을 멈추지 않았다. 의견의 완전한 최종 일치도 있을 것 같지 않다. 한 공산주의자의 공산주의는 다른 공산주의자의 반(反)공산주의이며, 이러한 상황은 변할 것 같지 않다.

20세기에 공산주의라고 알려지게 된 이념은 많은 것으로부터 영향을 받아 생겨났다. 그 주된 표현 양식은 소련과 다른 공산주의 국가들의 공식 이데올로기였다. 마르크스와 엥겔스 자신들—마르크스주의라고 알려진 교리의 창시자들—은 영감의 세 가지 주된 원천을 인정했다. 정치적으로 그들은 18세기 말의 프랑스혁명에서 활동한 막시밀리앙 로베스피에르*와 다른 급진적 정치인들에 대해 자신들이 알고 있는 것에 깊이 영향을 받았다. 경제학에서 그들은 영국에서 자본주의가 촉발한 생산과 상업에서의 비상한 추진력을 검토한 데이비드 리카도* 등의 이론가들에 크게 의존했음을 인정했다. 철학적으로는 헤겔*의 저작에 매혹되었다. 그들의 독일인 동료는 인류가 사고하고 행동하는 방식을 규정하는 단계들을 통해 역사가 나아가며 사회 생활에서 일어나는 대변화에는 표피적이거나 순환적인 성격만 있는 것이 아니라고 주장했다. 헤겔은 역사를 세상이 좀 더 나은 조건을 향해 나아가는 일련의 진보로 보았다.[1)]

마르크스주의의 공동 창시자들은 로베스피에르, 리카도, 헤겔의 무비판적 찬미자가 아니었다. 실제로 마르크스는 헤겔을 뒤집었다고 주장했다.[2)] 물론 그는 로베스피에르의 특정한 정치 분석을 받아들이지도 않았으며 사기업에 대한 리카도의 변호를 묵인하지도 않았다. 마르크스와 엥겔스는 스스로 자신들에게 영향을 끼친 사람들의 중대한 발견들을 종합하는 작업을 하고 있다고 생각했다. 그리고 그들은 활동 중 · 후반기 내내 이 종합을 계속 발전시켰다.

두 사람은 자신들이 '근대적'이고 '과학적'인 '당대' 공산주의의 선전가들로 진지하게 여겨지기를 원했다.[3)] 그들의 사상은 이전 사상가나 동시대 사상가 대부분과 엮여 더럽혀져서는 안 되었다. 그들은 성급한 사람들이었다. 자신들이 자본주의 시대 말기에 살고 있으며 공산주의

로베스피에르(Maximilien Robespierre, 1758~1794) 프랑스혁명기의 정치가.
리카도(David Ricardo, 1772~1823) 영국의 경제학자.
헤겔(Georg Hegel, 1770~1831) 독일의 철학자. '독일 관념론'을 집대성했으며 변증법과 이성주의를 설파했다.

시대가 다가왔다고 생각했다. 또한 자기 성찰적인 성격도 아니어서 로베스피에르와 리카도, 헤겔에 관한 마르크스의 간략한 언급을 제외하면 자신들의 세계관을 형성한 영향들에 관해 거의 알아보지도 않았다. (실제로 조사했다 하더라도 그것에 관해 다른 사람에게 한마디도 하지 않았다.) 마르크스주의에서 결정적인 부분은 낙원이 그 뒤를 따르는 인류 종말의 꿈이었다.[4] 이러한 종류의 사고는 유대교와 기독교와 이슬람교에 존재했다. 마르크스는 기독교로 개종한 유대인 가정에서 자랐다. 엥겔스 가족은 프로테스탄트였다. 마르크스와 엥겔스는 그 후 무신론자가 되어 진정한 신자는 천국에서 영생을 누린다는 이야기를 받아들이지 않았다. 대신 자신들과 지지자들은 여기 지상에서 완벽한 사회를 창건할 것이라고 주장했다. 기독교 교리는 신자 아닌 사람들이 메시아가 돌아오면 비참한 최후를 맞게 될 거라고 예측했다. 이와 마찬가지로 마르크스주의 창시자들에 따르면 공산주의가 패권을 차지하는 것을 방해한 사람들은 철저히 짓밟힐 것이었다. 기존 통치 계급은 인류에 대한 자신들의 지배를 후회하게 될 것이었다.

신약 성서는 또 물질적 재화를 다 함께 공유하는 일도 강조했다. 예수의 산상수훈은 빈민과 피억압민들을 칭송했다. 예수는 군중이 빵 다섯 덩어리와 물고기 두 마리만 가지고 있는 것을 알았을 때 그것들을 똑같이 나누었으며, 그 자리에 있던 모든 사람들을 배불리 먹이는 기적을 보였다.[5] 이 이야기는 모든 사람들이 적절한 생계 수단을 갖게 하려는 그 후의 노력들에 끼친 큰 영향 중의 하나였다. 어떤 다른 언급도 이보다 더 강하게 평등주의 원리를 유포하지 못했다. 기독교 조직은 예수 그리스도가 십자가에 못 박힌 뒤 오랫동안 이 원리를 고수하지 않았다. 심지어 로마 황제 콘스탄티누스가 313년 기독교를 국교로 만들기 전에, 기독교의 영적 지도자들은 정치 · 사회적 권력의 전통적 위계를 정당화했다. 노예제는 승인되었고 정복 전쟁은 인가되었다. 가난한 사람들은 가난을 인내하고, 고통으로부터 구원받기 위해 죽음 이후까지 기다릴 것을 지시받았다. 신약 성서는 다르게 말했다. 그리고 라틴어로 번역된 불가타 성서*를 이해할 수 있는 아시시의 성 프란체스코*와 존 위클리프* 같은 종교 개혁가들은 부자와 유력자들에 반대했다. 재화를 공유하는 일은 비록 소수이긴 해도 일부 기독교도들에 의해 언제나 미덕으로 취급되었다. 그리고 공산주의 체제에서 생계 수단은 똑같이 분배될 것이고 더 많이 원하는 사람은 아무도 없을 것이었다.

기독교도들이 예수 그리스도 시대에 사회적 · 물질적 평등주의를 실천한 유일한 유대인 분파는 아니었다. 거의 2천 년 뒤 그들이 남긴 두루마리가 사해 근처의 동굴에서 발견된 에세네파도 동일한 원리를 고집했다. 기독교도들과 마찬가지로 에세네파도 인류 종말과 천국에서 이루어질 완벽한 사회의 신성한 수립을 기대했다.[6]

그리스도의 메시지는 성격상 정신적이었고 자신의 궁극적인 목적을 달성할 제도적 수단까지는 적시하지 않았다. 다음 시대의 일부 사상가들은 국가 권력을 식량과 주거, 보수에 대한 평등한 접근을 보장하는 데 사용해야 한다고 주장했다. 이 주장과 관련해 유력한 저작으로 1516년에 출간된 토머스 모어*의 《유토피아》와 1601년에 나온 톰마소 캄파넬라*의 《태양의 도시》가 있었다. 모어는 보통 남자, 하물며 보통 여자가 위에서 내려오는 명령 없이 독자적으로 완벽한 사회를 만들 수 있을 거라고는 상상할 수가 없었다. 캄파넬라는 책에서 사생활에 총체적으로 개입함으로써 보편적인 공정성을 제도화한 사회를 묘사했다.[7] 모어와 캄파넬라는 인민의 철저한 교화를 옹호했다. 이 주장은 기원전 4세기에 보편적인 덕치의 시대를 열기 위해 철인왕(哲人王)을 요구한 그리스 철

불가타(Vulgata) 가톨릭교회에서 공식적으로 사용하는 라틴어역 성서.
성 프란체스코(Francesco d'Assisi, 1181?~1226) 이탈리아의 로마 가톨릭 수도사. 프란체스코회를 설립하고 13세기 초 교회 개혁 운동을 지도했다.
위클리프(John Wycliffe, 1330?~1384) 영국 종교 개혁의 선구자.
모어(Thomas More, 1478~1535) 영국의 정치가이자 사상가.
캄파넬라(Tommaso Campanella, 1568~1639) 이탈리아의 철학자.

학자 플라톤의 태도로 되돌아가는 것이었다. 모어도 캄파넬라도 속세에서 성공하지 못했다. 군주 헨리 8세에게 충성을 다한 모어는 왕이 스스로 영국 교회의 수장임을 선언하고 교황과 결별했을 때 이를 거부했다. 그는 1535년 사형 집행인의 단두대 위에서 죽었다. 캄파넬라는 가톨릭교회의 희생자였다. 나폴리에 구금된 그는 수십 년을 감금된 채 보냈고 감옥을 찾아온 호기심 많고 열성적인 여러 기독교 신자들 덕에 겨우 풀려났다. 교회는 캄파넬라가 그의 손톱 밑에 사는 악마와 친하게 지냈다고 그를 비난했다. 캄파넬라는 1639년에 사망했다.

16세기에 일부 평등주의적 목표를 실현하고자 하는 운동들이 발생했고, 마르크스와 엥겔스는 자신들의 역사적 저작들에서 확실히 이 운동들에 주목했다. 16세기 독일과 스위스의 기독교 분파인 재세례파는 사유 재산을 폐지함으로써 이러한 구상을 실천했다. 이 목적을 실현하기 위해 그들은 뮌스터에서 권위주의적 체제를 수립했다. 그들은 시의 장로와 가톨릭 성직자들을 추방한 뒤 생활 방식 전체를 바꾸기 시작했고 하느님의 말씀에 대한 자신들의 해석을 엄격하게 적용했다. 재세례파는 광적으로 완고했다. 그들은 메시아의 재림이 가까웠다고 확신했다. 그들 내부의 탐구적 호기심은 가혹한 처벌로 억제되었다. 실제로 북유럽 전역의 프로테스탄트 분파는 자신들의 교리를 고수하기를 거부한 분파 내부—분파 외부뿐만 아니라—사람들을 박해함으로써 가톨릭교회에게 박해받았던 경험에 대응했다.[8] 마르크스도 엥겔스도 그러한 행동에서 어떤 잘못도 보지 못했다. 그들은 종교적 반란자들을 19세기 정치적 급진주의의 열성적 선구자들로 간주했다. 마르크스와 엥겔스의 주된 요점은 재세례파 부류의 일파들이 지적 근대성뿐만 아니라 경제적 근대성으로부터 혜택을 보기에는 너무 일찍 존재한 사람들이었다는 것이었다.

마르크스와 엥겔스는 1642~1649년의 영국 내전의 경과에 대해서도 이와 유사하게 주장했다. 그들은 수평파*와 디거파*에 각별한 관심을 보였다. 수평파와 디거파는 의회군 편에서 싸우고 평등주의를 바탕으로 재산을 재분배하는 계획을 옹호한 급진적 집단이었다. 개인적 품위는 흠잡을 데가 없었고 재세례파와는 달리 광적인 열정이 없었다. 올리버 크롬웰*은 이들의 궁극적인 의도는 불신하면서도 숙달된 군사력은 높이 평가했다. 크롬웰은 런던 밖 템스 강을 따라 벌어진 퍼트니 논쟁*에서 그들의 군사력을 검증할 기회를 얻었다. 내전에서 승리를 확신한 신형군*은 어떤 종류의 국가와 사회를 건설해야 하는지 논의했다. 수평파와 디거파는 부유하고 특권을 가진 잉글랜드를 증오했다. 그들은 물질주의를 경멸했다.[9] 그들은 절조 있는 공화파였으며 크롬웰이 찰스 1세를 처형하기로 결심했을 때 크롬웰을 지지했다. 그러나 정치·사회적 위계에 대한 수평파와 디거파의 적대감은 지주와 상인들의 이해를 한결같이 보호해 온 크롬웰에게는 저주였다. 크롬웰은 1649년에 소요를 진압하기 위해 나머지 신형군을 파견했다. 마르크스와 엥겔스에게 그들은 혁명 열사였다.

물질적 소유의 평등은 1789년 이래 프랑스혁명에서 대다수 투사들의 목표가 아니었다. 그러나 일부는 그것을 지지했다. 장 폴 마라*는 귀족과 그들의 세습 재산과 권위를 증오했다. 마라는 그의 자코뱅* 극단주의를 증오한 샤를로트 코르데에게 욕조에서 암살당했다. '그라쿠스' 바뵈프*는 광신적 전통을 유지했다. 바뵈프가 주도한 '평등파의 음모'는 개인의 출신이나 양육 환경 또는 현재의 조건에 근거한 차이를 혁명적

수평파(Levellers) 영국 청교도혁명 과정에서 나타난 정치 세력. '평등파' 라고도 한다.

디거파(Diggers) 영국 청교도혁명 당시 가장 급진적 성격을 띠었던 당파.

크롬웰(Oliver Cromwell, 1599~1658) 영국 청교도혁명의 지도자. 영국 내전에서 승리한 뒤 1653년부터 사망할 때까지 호국경으로 권력을 장악하여 영국을 지배했다.

퍼트니 논쟁(Putney Debates) 1647년 8월부터 11월까지 영국의 새로운 헌정 체제를 둘러싸고 의회의 신형군과 수평파 사이에 벌어진 논쟁.

신형군(New Model Army) 청교도혁명 때인 1645년 2월에 조직된 의회파 군대.

마라(Jean-Paul Marat, 1743~1793) 프랑스의 혁명가.

자코뱅(Jacobins) 프랑스혁명을 이끈 급진 공화주의자들의 정치 단체. 자코뱅클럽으로 발족하여 1793년 국민공회 시대에는 산악파 의원의 모체를 형성했다.

프랑스혁명 시기의 정치 선동가 바뵈프. 바뵈프가 살던 때는 아직 공산주의라는 말이 없었지만, 바뵈프가 주장한 토지 사유의 제한이나 재산의 평등은 공산주의와 닮은 점이 많았다.

으로 제거하고자 했다. 그들은 연령과 성적 구분만 감안했다. '음모'는 모임을 결성했고 파리에서 지지를 호소했다. 바뵈프는 1796년 정부가 그를 체포하라고 명령할 때까지 자신의 정치를 즐겼다. 그때쯤 그의 급진주의는 공공질서에 위험한 것으로 생각되었다. 바뵈프의 재판은 형식적이었고 평결은 사전에 결정되었다. 이전에 의기양양한 단두대 옹호자였던 바뵈프는 수레에 실려 처형 장소로 끌려갔다.[10)]

그러나 지위와 재산의 강제적인 평등화라는 사상은 다른 사람들의 상상력도 사로잡고 있었다. 1799년 나폴레옹 보나파르트가 개인적인 독재를 시행하기는 했지만, 프랑스는 족히 19세기까지 혁명 사상의 온상으로 남아 있었다. 프랑스의 영향력 있는 인물로는 앙리 드 생시몽* 이 있었다. 생시몽과 그의 추종자들은 '노동 수단, 토지와 자본을 사회

바뵈프(François-Noël Babeuf, 1760~1797) 프랑스의 사상가이자 혁명가. 1796년 바뵈프 집단과 자코뱅, 군인들이 모여 1793년 헌법의 부활과 평등, 자유의 실현을 요구하는 무장 봉기를 추진했으나 사전에 발각되어 처형되었다.

기금으로' 결집시킬 것을 요구했다. 세습 재산은 수탈될 것이었다. 생시몽은 위로부터 조직될 거대한 '노동자들의 연합' 창설을 목표로 삼았다. 노동자들은 재능에 따라 과제를 배당받고 일에 따라 보상을 받을 것이다. 생시몽의 교리는 전쟁이 종언을 고하고 인류를 위한 영구적인 풍요의 시대가 시작될 거라고 예견했다. 이 구상은 충실한 선전을 통해 실현될 예정이었다. 그와 같은 예측은 나폴레옹전쟁이 끝날 무렵 태어난 프랑스인 루이 블랑*에게 확신을 주었다. 블랑은 폭력적으로 권력을 장악하기를 거부했다. 그는 혁명 체제가 빈민들의 은행가 역할을 하고 경제 정책을 노동 인민들의 연합에 유리하게 시행하면서 민주적 수단으로 앞으로 나아가기를 원했다. 사기업은 공업, 농업, 상업에서 꾸준히 밀려날 것이다. 블랑은 미래에 대해 생시몽보다 더 급진적이었다. 그는 사람들이 수행한 일이 아니라 필요에 따라 지불받아야 한다고 계획했다.[11)]

그 후 샤를 푸리에*가 19세기 초에 보통 사람들의 관심을 끌었다. 리옹에서 상점 사무원으로 일하던 푸리에는 기존 사회를 두고 볼 수가 없었다. 그는 '팔랑스테르(phalanstère)'라는 소규모 공동체를 상정하고, 사람들이 그곳으로 옮겨 가 자치 공동체를 구성할 것을 제안했다. 이 제안은 젊은이들에게 수도사가 되라고 한 중세 가톨릭교회의 요구와 다를 바가 없었다. 푸리에의 환상은 사적 이윤을 열정적으로 비난함으로써 일부 지식인에게 호소력을 발휘했다. "진실과 상업은 예수와 사탄만큼이나 양립할 수 없다." 혁명 전략의 중심에서 국가를 제거하기를 원한 또 한 명의 프랑스인은 피에르-조제프 프루동*이었다. 그의 유명한 슬

생시몽(Henri de Saint-Simon, 1760~1825) 프랑스의 초기 사회주의자. "모든 것은 산업에 의하여, 모든 것은 산업을 위하여"라는 말로 집약되는 '산업주의'를 주창했다.
블랑(Louis Blanc, 1811~1882) 프랑스의 사회주의자. 《노동조직론》을 발표했다.
푸리에(Charles Fourier, 1772~1837) 프랑스의 초기 사회주의자. 생산자 협동조합인 '팔랑주(phalange)'에 바탕을 둔 사회 건설을 주장했다.
프루동(Pierre-Joseph Proudhon, 1809~1865) 프랑스의 아나키즘 사상가. 《소유란 무엇인가》를 발표하여 "재산은 도둑질한 것이다."라는 유명한 문장으로 이름을 알렸다.

피에르 조제프 프루동. 최초의 아나키스트로 알려진 그는 혁명 과정에서 생산 수단에 대한 노동자의 통제권이 중앙에 귀속해야 한다는 마르크스의 주장에 반대하여 첨예한 갈등을 빚었다.

로건은 "재산은 도둑질한 것이다."이다. 프루동은 모든 권위를 증오했고 독재적인 사회주의 형태를 계획하는 사람은 누구든지 비난했다. 정부를 철저히 혐오했고 독립적인 코뮌들의 자유로운 연방을 요구했다. 모든 법률을 억압의 도구로 여겨 거부했으며 코뮌의 구성원들이 어떻게 살아야 하는지에 대해 코뮌들이 서로 협정을 맺기를 원했다.[12]

푸리에와 프루동은 루이 블랑을 골칫거리로 여기는 한편, 테러와 독재라는 프랑스 자코뱅 전통을 보존한 루이 오귀스트 블랑키*에 대해서는 격노했다. 블랑키는 비밀 봉기 결사의 구성원으로 출발한 음모의 대가였다. 그는 지배 계급을 타도하고 사회주의를 촉진할 독재 체제를 수립하는 폭력 혁명을 옹호했다. 이 과제는 프롤레타리아가 정치·경제적 속박으로부터 스스로를 해방할 수 있게 해줄 것이다. 블랑키는 프랑스—나중에는 전 세계—를 뿌리째 변화시키는 것을 목표로 삼았다. 귀족과 중간 계급은 시민권을 상실할 것이다. 상비군은 해체될 것이다. 행정

블랑키(Louis Auguste Blanqui, 1805~1881) 프랑스의 혁명가이자 사회주의자. 극좌 공화파 결사인 '인민의 벗'에 참여했다.

부는 철폐될 것이고 '연속 혁명'에 헌신하는 권력 기구로 대체될 것이다. 궁극적인 목표는 공산주의를 실시하는 것이었다. 공산주의는 인류 조직의 발전에서 최후 단계일 것이다. 블랑키는 자신의 설교를 실행에 옮겼다. 그는 몇 번의 봉기를 지도했다. 봉기는 모두 실패했다. 그는 여러 번 투옥됐으나 언제나 또 다른 무모한 계획을 품고 감옥에서 돌아왔다.[13] 블랑키의 저작은 그가 지닌 가장 훌륭한 강점이 아니었고 그의 《사회 비판》도 사후에야 출간되었지만, 그가 전달한 메시지의 골자는 이후 혁명 집단들 사이의 토론에 크게 기여했다.

공산주의 집단은 더는 프랑스에 국한되지 않았다. 공산주의 사상은 유럽 전역으로 퍼져 나갔고 학생과 문필가들뿐만 아니라 장인들도 그 사상을 흡수했다. 독일, 벨기에, 스위스에서 경찰은 초급진적인 사회주의에 대한 관심이 급증하는 데 당혹해했다. 정치적 억압이 있는 곳마다 비밀 결사가 생겨났다. (이미 두드러진 현상으로서, 세계에서 가장 자유로운 국가였던 영국과 미국에서는 약한 공산주의 선동만이 존재했다.) 그와 같은 조직적 모임 중 하나가 독일의 '의인 동맹(Bund der Gerechten)'이었다. 모임의 지도자는 직인 재봉공이었던 빌헬름 바이틀링*이었는데, 그는 자신의 사상 — 《가난한 죄인들의 복음》 — 이 외국에서 비옥한 토양을 그렇게 빨리 발견할 수 있었던 것을 좀처럼 믿을 수가 없었다. 런던에서조차 한 무리의 지지자들이 생겨났다.

정치학과 경제학만이 급진파의 정신을 훈련시키는 유일한 도구는 아니었다. 19세기 초까지 많은 사상가들 사이에서 강한 흐름이 등장했다. 물리학, 생물학, 화학은 지난 2천 년 동안 성취한 것보다 더 빠르게 발전했다. 대부분의 사상가들에게 — 적어도 석탄을 채굴하거나 직조기를 조작하거나 운하를 파거나 하지 않는 사람들에게 — 낙관적인 기운이 감돌았다. 사상가들은 이 기운을 벌컥벌컥 들이마셨다. 그런 뒤 다윈이 찾

바이틀링(Wilhelm Weitling, 1808~1871) 독일의 초기 공산주의자.

아왔다. 《종의 기원》은 전 세계의 지식계를 술렁이게 했다. 다윈의 업적은 자연과학과 인문학을 연결한 것이다. 그는 진화론에서 다양한 동물 종이 수백만 년에 걸쳐 조악하고 단순한 생물체로부터 파생했으며, 이 생물체는 '적자생존' 투쟁 과정에서 자신들을 둘러싼 물리적 환경에 적응했다고 주장했다. 고등 생물이 하등 생물을 대체했다. 투쟁은 시간이 시작된 이래로 끊임없었으며 아직 끝나지 않았다. 변화 외에 영원한 것은 아무것도 없고 생명체 사이의 경쟁은 필연적이었다. 이러한 사고방식은 정치적 전투의 필요성을 찬양하고 특정 집단—노동 계급—의 승리를 주장하는 급진적 투사들에게 엄청난 호소력을 발휘했다.

다윈은 당대의 자연계에서 연속적으로 일어나는 미시적인 무한 변화에 대해 썼다. 다윈은 1835년에 갈라파고스 제도에 갔을 때, 섬에 고립되고 기후가 특이했기 때문에 세계 다른 지역의 가장 가까운 친척들과 상이하게 진화한 거북과 새를 발견했다. 마르크스와 엥겔스는 거시적 자연의 단절을 수반하는 변화의 단계라는 관점으로 사고했다. 이처럼 다윈을 찬양하면서도 그들은 한 종류의 정치 · 사회적 '질서'와 다른 종류의 정치 · 사회적 '질서' 사이의 급격한 단절이라는 관념에 끌렸다. 기록된 시간의 시초부터 현재에 이르는 역사적 단계들에 집착하는 이러한 태도는 새로운 것이 아니었다. 시인 헤시오도스 이래로 그리스인들은 황금 시대가 백은 시대로, 그런 다음 청동 시대로 길을 비켜주게 될 것이라고 믿었다. 헤시오도스는 비관주의자였다. 각 시대는 그 전 시대보다 나빴다. 나중에 사상가들은 큰 변화는 필연적이지만 퇴보는 필연적이지 않다고 주장했다. 18세기의 잠바티스타 비코*에 이르기까지 사상가들은 변화가 주기적 성격을 지니고 있다고 단언했다. 만물은 변화를 겪지만 시간이 흐르면 원래 상태로 되돌아갔다. 그런 다음 말할 나위 없이 오래된 순환 경로를 따라 돌면서 앞으로 나아갔다.

비코(Giambattista Vico, 1668~1744) 이탈리아의 철학자.

모든 사람이 이러한 사고방식을 받아들인 것은 아니었다. 프랑스의 오귀스트 콩트*와 영국의 허버트 스펜서*는 역사의 변화가 항상 진보의 길을 걸었다고 상정했다. 즉 더 높이, 더욱 나은 방향으로 진행했다는 것이다. 그들은 미래에는 사회가 훨씬 더 복잡해지고 행복이 일반화되는 쪽으로 인류가 나아갈 것이라고 예측했다. 콩트와 스펜서는 진화적·평화적 변화의 주창자들이었다.[14] 마르크스와 엥겔스는 생각이 달랐다. 투키디데스와 마키아벨리*처럼 그들은 사람들이 순전히 의지와 지성의 힘으로 발전의 경로를 다른 곳으로 돌릴 수 있다고 주장했다. 역사는 역사를 만들기로 한 사람들의 손안에 있었다. 투키디데스는 인간의 의지에 따른 역사의 변화가 페리클레스*의 아테네에서 일어났다고 생각했다. 마키아벨리는 피렌체 정치의 고삐를 쥐고 이탈리아를 유럽 전체가 두려워하고 찬양하는 단일한 국민 국가로 거듭나게 할 '군주'를 대망했다. 마르크스와 엥겔스는 어느 한 개인이 당대의 상황을 이용하는 것 이상을 할 수 있다는 생각을 싫어했다. 또 그들은 인간사에서 우연의 중요성을 비웃었다. 루터든 나폴레옹이든 그들 나라에서 대두하는 광범한 사회 세력을 체현할 뿐이었으며 그들 자신만의 특별한 재능은 없다고 여겼다. 그러나 마르크스와 엥겔스는 역사가 발전 단계들로 이루어져 있고 가장 좋은 단계는 아직 오지 않았다는 콩트와 스펜서의 믿음을 공유했다.

마르크스주의의 창시자들은 계급 투쟁을 분석의 전면에 내세웠다. 그들은 노동 계급(즉 프롤레타리아)이 전 세계의 정치, 경제, 문화를 다

콩트(Auguste Comte, 1798~1857) 프랑스의 철학자이자 사회학의 창시자.

스펜서(Herbert Spencer, 1820~1903) 다윈과는 다른 진화론에 바탕을 두고 독자적 철학 체계를 수립하고자 한 영국의 사상가.

마키아벨리(Niccolò Machiavelli, 1469~1527) 르네상스 시대 이탈리아 피렌체의 외교관이자 정치 이론가. 《군주론》과 《로마사 논고》에서 정치 행동의 비윤리적 성격을 논하였다.

페리클레스(Perikles, 기원전 490?~기원전 429) 아테네의 정치가. 기원전 5세기 말 아테네의 민주주의 발전에 크게 기여했다.

시 형성할 것이라고 말했다. 여기서 메시아주의가 다시 몰래 기어들어 왔다. 유대교와 기독교는 하느님의 적들을 격파하고 완벽한 공동체를 건립할 구세주가 지상에 올 것이라고 상상했다. 신자들은 그날을 준비하라고 요구받았다. 유대-기독교 전통은 이전의 인간 시대가 타락의 역사였다고 가정했다. 전쟁, 억압, 도둑질, 기만, 방탕은 원죄의 반영이었다. 이러한 상태는 개혁하는 것으로는 소용없고 단 한 번의 가차 없는 행동으로 쓸어버려야 했다. 기독교도와 유대인들은 메시아가 이것을 성취하는 법을 알고 말해줄 것이라고 믿었다. 마르크스와 엥겔스에 따르면 구원은 개인이 아니라 계급 전체를 통해 실현될 것이었다. 자본주의 체제에서 프롤레타리아가 겪은 수모는 그들에게 사회의 성격을 변화시키고자 하는 동기를 부여할 것이다. 그리고 프롤레타리아의 산업적 훈련과 조직은 프롤레타리아로 하여금 자신들의 임무를 완수하도록 해줄 것이다. 사회주의자 노동자들의 집단적 노력은 좋은 사람들의 삶을 바꾸어놓을 것이며 이에 저항하는 사람들은 억압당할 것이다.[15)]

정치는 이제 존재하지 않을 것이라고 마르크스와 엥겔스는 주장했다. 이 주장은 새로운 사상이 아니었다. 18세기 말에 장-자크 루소*는 공적인 일은 이른바 일반의지에 의해 관리되어야 한다고 주장했다. 루소는 제도에는 거의 관심이 없었다. 그는 대의민주주의 관념과 삼권 분립 이론을 일축했다. 복수 정당제 사상을 싫어했다. 사실 정당들이 존재하지 않기를 바랐다. 아무튼 그는 계몽 교리와 인민의 참여 자체가 진정으로 공정하고 평등하며 자유로운 사회를 창출할 것이라고 보았다. 일반의지가 어떻게 표출되든 그것에 순응하지 못한 사람은 자동적으로 선(善)의 길도 포기했을 것이다. 루소는 인상적인 어투로 "공공의 행복이라는 멍에를 온순하게 짊어지도록" 인민들을 훈련시킬 필요에 대해 썼다. 개인적 · 분파적 이익은 포기해야 했다. 사회 전체에 대한 충성 외의

루소(Jean-Jacques Rousseau, 1712~1778) 프랑스의 사상가이자 소설가.

다른 충성은 결단코 중지해야 했다. 사생활은 루소에게 이론적으로 중요하지 않았으며 루소는 생활의 모든 측면이 공공의 간섭을 받을 만하다고 생각했다. 목적의 완전한 일치는 자연스럽고 바람직한 것이었다. 루소는 사람들은 가만히 내버려 둔다고 해서 중요한 공적 문제에서 선이 어디에 있는지를 항상 아는 것이 아님을 인정했다. 그러나 일반의지는 항상 옳으며 따라서 일반의지에 복종해야 한다는 것은 의심의 여지가 없다고 주장했다.[16)]

마르크스도 엥겔스도 루소에 대해 많이 쓰지는 않았지만, 루소의 사고방식이 그들에게 남긴 흔적은 분명하다. 루소의 정치는 그가 보편적 조화의 최종 시대를 기대할 때조차 근본적으로 반정치적이고 권위주의적이었다. 그가 20세기 전체주의의 지적 원조로 간주되는 데에는 이유가 없지 않다.[17)]

다른 사상가와 실제 지도자들은 장기간의 권위주의적 통치가 바람직하다는 점을 강조하는 데 루소보다 더 직접적이었고, 그들 또한 마르크스주의 형성에 일정한 영향을 주었다. 마르크스와 엥겔스가 정치적 좌파라는 사실이 그들이 정치적 우파에게서 사상을 흡수할 수 없었음을 의미하지는 않는다. 19세기에 발전하는 대의민주주의 제도에서 타락의 가능성을 지적한 반동적 사상가들이 많았다. 그러나 권위주의에 대한 가장 주목할 만한 변호는 15세기에 활동한 니콜로 마키아벨리의 저작에서 나타났다. 피렌체의 문필가이자 외교관이던 마키아벨리는 도덕적 선이 건전한 통치의 필수 조건이라는 철학적 공리에 반대했다. 마키아벨리는 이것을 조금도 인정하지 않았다. 그는 진정한 '군주'는 자신의 인민들에게 가혹해야 한다고 주장했다. 인민들은 군주를 두려워할 필요가 있으며, 두려움은 존경과 복종을 낳을 것이다. 상냥함은 끝없는 정치적 비효율성을 초래할 것이다. 마키아벨리는 본보기를 보이기 위한 가혹한 시기는 모든 사람들의 마음속에서 반란의 사상을 몰아내는 데 유용할 것이라고 주장했다. 가혹한 본보기는 통치자가 자신의 도시나 국가를 위해 영광과 단합을 성취할 길을 활짝 열어줄 것이다. 마키아벨리는 로마 공화국을 위해 자기 자신과 자신의 인민들에게 강경했던, 리비우스*의 역사서에 나오는 고대 지휘관들을 호의적으로 되돌아보았다.[18]

마르크스와 엥겔스는 행동 원리로 도덕을 거부했다는 점에서 마키아벨리를 따랐다. 그들은 자신들이 처한 상황을 냉엄하게 직시하기를 원했다. 그들은 분석과 권고라는 과학적 원리를 기꺼이 받아들였다. 이 원리는 유럽 계몽주의의 유산이었다. 스코틀랜드, 프랑스, 영국의 사상가들이 그들에게 큰 영향을 발휘했다. 데이비드 흄*과 볼테르*는 두터운 미신과 편견의 벽에 메스를 갖다 댔다. 18세기 말에 구체제를 지키기 위해 부적절한 지적 활동을 사정없이 소탕하던 시기가 있었다.[19] '과학'은 대안 종교가 되었다. 모든 지식을 회의적인 관점으로, 예정된 결론에 무조건 도달해야 할 필요에 구애받지 않는 과정을 거쳐 검토해야 한다는 관념이 계몽주의에 앞서 나타났다. 갈릴레이와 코페르니쿠스 같은 거장들이 당시의 전통적인 지혜에 도전했다. 갈릴레이는 대담함이 화근이 되어 가톨릭 종교재판소의 처벌을 받았다. 코페르니쿠스는 먼 폴란드에 납작 엎드려 있어서 겨우 박해를 피했다. 훨씬 이전 시대에는 오늘날 과학자라고 불리는 사람들이 자신들의 연구를 자연 과학에 국한했다. 그러나 고대 그리스에서는 그렇지 않았다. 아리스토텔레스는 하늘에 있는 별들의 움직임이나 달팽이, 거북, 말의 특정한 성질만큼이나 쉽게 인간사를 기술했다. 마르크스주의의 공동 창시자들은 자기들을 이러한 전통의 지지자로 생각했다.

리비우스(Titus Livius, 기원전 59~서기 17) 고대 로마의 역사가. 로마 건국부터 자기 시대에 이르기까지를 다룬 역사서 《로마 건국사》를 저술했다.
흄(David Hume, 1711~1776) 영국의 철학자. 존 로크, 조지 버클리와 더불어 18세기 영국 경험론을 대표하는 인물.
볼테르(Voltaire, 1694~1778) 프랑스의 계몽주의 사상가. 권위와 종교로부터 인간 정신의 자유를 주장했다.

마르크스와 엥겔스는 정치에서 감상적이 되기를 거부했고 사회의 빈민들이 천성적으로 품위가 있고 이타적이라는 관념을 부인했다. 그들은 당대의 많은 사회주의자들이 사회의 빈민들을 감상적으로 바라본다고 비웃었다. 빈민과 피억압민들을 이상화하는 일은 사회주의에서 새로운 것이 아니었다. 마르크스와 엥겔스는 자신들이 받은 많은 영향에 대해 말할 때, 그와 같은 이상화를 공유한 사실을 인정하지 않으려 했다. 그러나 이것은 스스로 속이는 일이었다. 그들은 '대중'에 대해 말할 때마다 모든 잘못과 결점을 지배 계급의 책임으로 설명했으며 계급으로서 '프롤레타리아'를 찬양했고 자본주의가 프롤레타리아를 진실과 합리의 길에서 벗어나게 했다고 단언했다.

그리하여 마르크스주의적 공산주의의 씨앗이 싹틀 수 있었던 곳에는 거대한 지적 · 정치적 잔해 더미가 존재했다. 완벽한 사회에 대한 갈망은 유대교, 기독교, 이슬람교의 오랜 종교 사상이었다. 의미는 달랐지만 많은 문필가들도 평등주의 원리에 기반을 두고 재화와 권력을 재분배할 것을 요구했다. 천년왕국적 분위기와 믿음은 이전 시대에도 보기 드물지 않았다. 지상에 천국을 세우고 그것을 즉각 실현하고자 하는 운동이 자주 일어났다. 전 지구적 목적들이 빈번히 추구되었다. 투사들은 세계주의의 필요와 민족적, 계급 기반적, 또는 지역적 이해관계의 종언을 역설했다. 급진적 개혁 진영에는 불가피하게 분열이 존재했다. 독재와 테러가 모든 사람들에게 호소력을 발휘한 것은 아니지만 그래도 추종자들은 있었다. 그리고 몇몇 유력 사상가들은 역사가 무작위로 진행되거나 순환되는 과정이 아니라, 한 단계 한 단계씩 나아가서 궁극적인 상태에 도달한다는 의견을 제시했다. 게다가 과거, 현재, 미래의 사회를 과학적으로 분석할 수 있다는 믿음이 광범하게 확산되었다. 이것을 정치적으로 어떻게 실현할지는 끝없는 논란을 일으켰다. 적지 않은 종교 · 사회 · 정치 운동들이 변화를 감행하는 자로서 빈민과 피억압민을 신뢰했다. 그들은 종종 주된 수혜자로도 예정되었다.

이러한 열망은 폭풍우가 물러간 뒤 해안가에 쓸려 온 조개 같았다. 19세기 초에 급진적인 반자본주의 집단들은 조개를 주워 노동자, 장인, 지식인에게 가져다주었다. 이 집단들은 유럽의 몇몇 나라에 걸쳐 있는 다양한 무리였다. 그들은 집권에 필요한 지지를 확보한 후 자신들의 사상을 실행에 옮기고 싶어 좀이 쑤셨다. 그들은 스스로를 공산주의자, 사회주의자, 심지어 아나키스트라고 불렀다. 큰 소리로 떠들었고 점점 대담해지고 조직화되었다. 공산주의는 유럽의 정치 무대에 두 발을 굳건히 디디고 있었다.

2장

마르크스와 엥겔스

과학으로 무장한 예언자

마르크스와 엥겔스는 20세기 공산주의에 영감을 제공했다. 그들 외의 어느 누구도 정치적 극좌파의 마음을 그토록 효과적으로 사로잡지 못했고 다른 사람들을 그 관점으로 끌어들이지도 못했다. 마르크스와 엥겔스의 저작과 정치 활동을 애호하는 기세는 엄청났다. 마르크스와 엥겔스의 것이 아닌 다른 어떤 종류의 공산주의 이데올로기도 소수의 학자 집단이나 분파 집단의 고상한 분위기 밖에서는 더는 고려 대상이 되지 못했다. 마르크스주의와 공산주의는 대부분의 사람들에게는 동일한 시공간에 존재했다. 그들이 알고 있는 종류의 마르크스주의는 많든 적든 레닌과 1917년의 러시아 10월혁명 수행자들이 제공한 해석과 연결되었다.

마르크스와 엥겔스는 영국에서 망명 생활을 하다가 삶을 마감했다. 마르크스는 런던 북부의 자기 집에서 1883년 3월 14일 운명했다. 엥겔스는 12년을 더 살았다. 그는 1895년 8월 5일 사망했다. 둘 다 독일인이었다. 마르크스는 1818년 5월 5일 트리어에서 태어났고 엥겔스는 1820년 11월 28일 바르멘(지금은 부퍼탈의 일부)에서 태어났다. 마르크스는 유능하고 야심 있는 법률가였던 아버지가 기독교로 개종하기 전에는 관습을 엄수하는 유대인이었다. 엥겔스 가문은 프로테스탄트 기업가들이었다. 마르크스와 엥겔스는 똑똑한 학생들이었다. 그들은 학교 교육을 잘 받았다. 유럽 문학과 당대의 공적인 논쟁을 폭넓게 흡수했다. 마르크스는 특히 고대 그리스 철학 전문가였다. 마르크스와 엥겔스는 자신들에게 보장된 안락한 부르주아 생활을 재빨리 거부했다. 젊은이로서 그들은 자유롭게 사고하는 지식인 세계에 합류하여 공산주의 대의를 옹호했다. 그들은 시사 문제를 열심히 탐구했다. 고국에서 행해지던 언론 자유의 제한을 몹시 싫어했고, 고국에서 노동자들이 처해 있던 억압 상태도 똑같이 혐오했다. 1843년 그들은 자신들의 견해를 발표할 더 좋은 기회를 찾아 독일을 떠났다. 그들은 브뤼셀과 파리를 계속 왔다 갔다 했고 런던도 자주 들렀다. 1846년에 마르크스는 공산주의 통신위원회(Communist Corresponding Committee)를 설립했다. 1년 뒤 두 사람은 함께 그들의 가장 영향력 있는 팸플릿으로 꼽히는《공산당 선언》을 썼다.[1)]

혁명적 격변에 대한 그들의 예측은 중부와 서부 유럽의 많은 나라에서 봉기가 발생했던 1848년에 실현되는 것 같았다. 엥겔스는 프로이센 군대에 맞선 군사 작전에 참가했다. 마르크스와 엥겔스는 다른 사람들과 같이 〈신(新) 라인 신문〉을 편집했다. (마르크스는 편집장이었다.) 신문을 편집하던 사람들은 모두 대륙 전역의 정치가 근본적으로 재편되기를 바라고 있었다. 하지만 과거 신성동맹을 맺었던 오스트리아, 러시아, 프로이센의 공동 행동이 혁명을 분쇄했다. 도처에서 반란자들이 처형되거나 투옥되거나 국외로 뿔뿔이 추방당했다. 마르크스와 엥겔스는 안전이 보장되는 한 계속 버티다가 1849년에 런던으로 도주했다. 유럽에서 영국은 국가의 박해를 두려워하지 않으면서 연구와 집필과 출판을 계속하는 데 필요한 시설을 갖춘 유일한 나라였다. 국내에서 아무런 혁명 운동의 위협도 받지 않았던 영국 정부와 경찰은 영국 해안가로 밀려온 대륙 급진주의의 잡동사니들을 막을 이유가 없었다. 그래서 마르크스와 엥겔

과학적 사회주의를 제창한 카를 마르크스. 자본주의의 본질을 철저하게 분석한 천재적 사상가였던 그는 자본주의 사회가 내부 모순으로 붕괴하고 노동자 계급에 의한 사회주의 혁명이 일어날 것이라고 예측했다.

스를 송환해 달라는 프로이센 당국의 요청을 거부했다.

'부르주아 사회'를 혐오한다고 해서 마르크스와 엥겔스가 자본주의 산업과 부르주아 사회로부터 혜택을 받기를 멈춘 것은 아니었다. 엥겔스의 아버지는 맨체스터 직물 공장을 매입했다. 아들은 그곳에서 1870년까지 일하면서 수입을 확보했고 내부로부터 자본주의를 알게 되었다. 마르크스는 개인적인 재정 상황은 어려웠으나 상인들의 청구서를 피하는 데 전문가였다. 그는 쾌활한 식객이기도 했다. 엥겔스는 자신의 친구와 점점 늘어나는 친구의 식구들이 가난으로 굶어죽기 직전에 놓인 것을 여러 번 구해주었다. 두 사람 다 일상생활의 즐거움을 삼가지 않았다. 술에 취해 신호등을 깨부수는 바람에 경찰이 체포하려고 따라붙자 런던 시내 중심가인 토트넘 코트 로드를 줄달음질쳤던 당대의 철학자는 또 없을 것이다.[2)]

마르크스와 엥겔스는《공산당 선언》을 발표했다. "한 유령, 공산주의라는 유령이 유럽을 떠돌고 있다. 구 유럽의 모든 권력자들, 즉 교황과 차르, 메테르니히*와 기조*, 프랑스 급진주의자들과 독일 경찰-스파이들은 이 유령을 쫓아내기 위해 신성동맹을 맺었다." 마르크스와 엥겔스는 다소 과장되게 다음과 같이 선언했다. "공산주의는 유럽의 모든 권력들에 의해 그 자체로 하나의 권력이라고 이미 인정받고 있다." 그런 다음 행동을 요구했다.

> 지금까지 존재해 온 모든 사회의 역사는 계급 투쟁의 역사다.
>
> 자유민과 노예, 귀족과 평민, 영주와 농노, 장인과 직인—요컨대, 억압자와 피억압자—은 항상 서로 대립했으며, 끊임없는—때로는 은폐된, 때로는 공공연한—전투, 즉 매번 전 사회의 혁명적 재편을 가져오든지 아니면 서로 싸우는 계급들의 공멸을 낳는 전투를 치렀다.

미래는 명시되었다. 마르크스와 엥겔스는 자본주의 사회에서 '부르주아'와 '프롤레타리아' 사이에 최후의 투쟁이 벌어질 것이라고 예측했다. 그 결과, 프롤레타리아의 우위가 필연적이라고 그들은 말했다.

프롤레타리아는 점점 사회주의 지식인들이 노동 계급을 위해 사용하는 이름이 되었다. 마르크스와 엥겔스는 피고용 노동자들을 미래 인류의 구세주로 여겼다. 그들은 실업자에게는 거의 신경을 쓰지 않았다. 당시의 대다수 부르주아들과 마찬가지로 마르크스와 엥겔스는 정규 일자리가 없는 사회의 제일 밑바닥 사람들을 위해 내줄 시간이 없었다. 그들은 이른바 룸펜 프롤레타리아를 도둑과 게으른 건달 무리라며 경멸했다. 대혁명이 요구하는 것은 조직되고 숙련된, 읽고 쓸 능력이 있는 능동적인 산업 노동자 세력이라고 마르크스와 엥겔스는 주장했다.

예상되는 변화는 '소유 관계'에만 국한되지 않을 것이었다. 비판자들

메테르니히(Klemens von Metternich, 1773~1859) 오스트리아의 정치가. 대(對)프랑스 연합국에 가담하여 나폴레옹을 굴복시켰으며, 빈 회의를 이끌었다.
기조(François Guizot, 1787~1874) 프랑스의 정치가이자 역사가.

에 대응하여 마르크스와 엥겔스는 공산주의가 "영원한 진리를 폐기할" 것이라고 인정했다. "공산주의는 모든 종교와 도덕을 새로운 토대 위에 세우는 것이 아니라 그것들을 모두 폐기한다. 그러므로 공산주의는 지나간 모든 역사적(원문 그대로) 경험과 맞서서 행동한다."[3] 이 과정은 장기적인 관점이었다. 한동안 그들은 일정한 개혁을 요구하는 정도에 그쳤다. 토지 소유와 상속권을 폐지하는 것만 목표로 삼았을 뿐이다. 마르크스와 엥겔스는 또 누진 소득세도 요구했다. '국가가 소유하는 공장과 생산 도구의 확대'도 계획했다. 그들은 보편적 무상 교육을 열망했다. 노동에 대한 보편적인 의무를 요구했고 '특히 농업을 위한 산업 군대'의 창출을 제안했다. 가족의 폐지 또한 열망했다. 마르크스와 엥겔스는 다음과 같은 인상적인 말로 자신들의 전망을 요약했다. "노동자에게는 조국이 없다. 그들이 갖고 있지 않은 것을 그들에게서 빼앗을 수는 없다. 프롤레타리아는 우선 정치적 지배권을 장악하여 민족을 이끄는 계급으로 올라서야 하기 때문에……"[4] 이것이 정확히 어떻게 성취될 수 있는지는 상세히 설명하지 않았다. 아무튼 마르크스와 엥겔스가 일컬은 '지도적인 문명국들'의 '연합 행동'이 "프롤레타리아의 해방을 위한 첫 번째 전제 조건 중 하나"를 제공할 것이다.

마르크스는 《프랑스에서의 계급 투쟁》과 《루이 보나파르트의 브뤼메르 18일》에서 프랑스의 당대 역사를 분석했다. 그의 핵심 주장은 변화의 경로가 '위대한 사람들'의 탁월함이나 역동적인 정부가 아니라 사회 계급 간의 충돌에 달려 있다는 것이었고, 마르크스는 계급들이 자신들의 객관적인 경제적 이해를 추구한다고 단언했다. 프랑스의 '프롤레타리아'는 18세기 말 이래 거듭해 온 부르주아와의 갈등에서 패했다. 그러나 마르크스는 멈추지 않았다. 그는 1845년에 쓴 《포이어바흐에 관한 테제》에서 다음과 같이 주장했다. "지금까지 철학자들은 다양한 방식으로 세계를 해석해 왔을 뿐이다. 중요한 것은 세계를 변화시키는 것이다."[5]

마르크스와 엥겔스의 궁극적인 목적은 세계적 규모로 공산주의 사회를 창조하는 것이었다. 그들은 공산주의가 '계급 사회'가 존재하기 오래 전에 이미 존재했다고 믿었다. 짐작건대 인간이라는 종은 어떤 위계제, 소외, 착취, 억압도 알지 못했다. 마르크스와 엥겔스는 이와 같이 완벽한 사회가 자본주의가 전복된 후 필연적으로 재생산될 것이라고 예측했다. 하지만 '새로운 공산주의'는 석기가 아니라 최신 기술의 혜택을 보게 될 것이다. 그것은 과학을 이해 못하는 무지한 원시인의 이질적 그룹들이 아니라 전 지구적인 프롤레타리아 연대에 의해 생겨날 것이다. 그리고 모든 형태의 위계에 종지부를 찍을 것이다. 국가는 더는 존재하지 않을 것이다. 개인적 지위와 권력의 구별은 없을 것이다. 모두가 동등하게 자치에 참여할 것이다. 마르크스와 엥겔스는 좀 더 낮은 목표에 머무르려는 공산주의자와 사회주의자들을 비난했다. 마르크스와 엥겔스는 늘 최대한을 요구했다. 자본주의나 의회주의와는 어떤 타협도 할 수 없었다. 그들은 자신들의 정치가 '전부 아니면 전무'라는 슬로건을 제시한다고는 생각하지 않았다. 그들은 공산주의를 인류 역사에서 필연적인 최후 단계로 보았으며, 자신들의 선배와 당대의 경쟁자들을 과학적 이해를 결여한 '유토피아' 사상가들이라며 거부했다.[6]

마르크스와 엥겔스는 이러한 전망을 이론적으로 정당화하는 방법을 고안하면서 여생을 보냈다. 두 사람은 19세기의 가장 혁신적인 사상가들이었다. 마르크스는 정치학, 경제학, 철학, 사회학을 연결하는 여러 권으로 된 분석서 출간을 목표로 삼았다. 대략 계획을 짠 뒤 그는 자본주의 경제 발전에 관한 책으로 출발했다. 모든 것을 과학적으로 검토해야 했다. 그 결과 나온 것이 《자본론》이었다. 이 일은 예상보다 시간이 많이 걸렸다. 친구 엥겔스가 원고를 출판사에 갖다주라고 애걸했지만 마르크스는 많은 부분을 계속 다시 썼다. 제1권은 1869년에 발간됐다.[7]

그때까지 마르크스와 엥겔스는 국제노동자협회(International Workingmen's Association) 설립을 도왔다. 이 단체는 제1인터내셔널이라고 알려지게 될 것이었다. 1864년에 런던 중심부의 세인트 마틴 홀에서 창립 회의를 연 이 조직은 다양한 부류의 혁명가들을 결집했다. 공동목표는 유럽과 북미에서 자본주의를 타도하는 것이었다. 마르크스는 총평의회(General Council)에 선출되었다. 마르크스가 인터내셔널에서 두각을 나타낸 것은 격렬한 논쟁에서 러시아 아나키스트 미하일 바쿠닌*을 물리치는 데 성공했기 때문이다. 마르크스와 엥겔스는 자신들의 특정 교리로 모든 정당과 조직을 흡수하고자 했다. 하지만 인터내셔널의 회원들은 분열 경향을 보였다. 사실상 모든 문제에서 의견이 갈렸다. 그리고 마르크스가 분란에 개입한 일은 《자본론》을 출판사에 넘기는 것을 미루는 변명거리가 되었다. 총평의회는 좀 덜 시끄러웠다. 그렇지만 정치 전략, 민족적 특이성, 혁명 방법을 둘러싸고 불화가 계속되었다. 마르크스는 모든 논쟁에 끼어들었다. 더욱 잘 알게 되고 총평의회에서 동료 이상으로 권위를 갖게 되자 그는 종종 자기 생각대로 일을 처리했다. 대회는 1866년과 1868년 사이에 제네바, 로잔, 브뤼셀에서 개최되었다. 참석자들은 모두 세계 혁명에 대한 열정으로 불타올랐다.[8)]

참석자 대부분은 또 국제 평화의 대의에도 헌신했다. 1870년에 프로이센과 프랑스 사이에 전쟁이 발발하자 그들은 충격을 받았으나, 프랑스의 군사적 성공이 나폴레옹 3세의 몰락을 가져오면서 프랑스 수도에서 혁명적 상황이 발생했다. 노동자와 사회주의 선동가들은 1871년 3월 파리코뮌을 세웠다. 코뮌은 인민의 자치 정부를 수립하려는 시도였다. 모든 대표는 선출되었고 유권자들이 반대하면 바로 소환되었다. 임금과 급여는 균등화되었다. 복지 사업이 증가했다. 코뮌은 수도의 경제를 과도하게 규제했다. 마르크스와 엥겔스는 열광했다. 그들에게는 자신들이 설파한 종류의 혁명 모델이 '프롤레타리아'에 의해 창출되고 있는 것처럼 보였다. 그런 뒤 대재앙이 닥쳤다. 아돌프 티에르*가 이끄는

바쿠닌(Mikhail Bakunin, 1814~1876) 러시아의 혁명가. 아나키즘과 인민주의의 지도자.

반혁명 세력이 파리 외곽에 집결했다. 5월 그들은 반란자들을 향해 진격했고 약한 저항을 물리친 뒤 야만적으로 반란을 진압했다. 마르크스와 엥겔스는 파리코뮌 지도자들이 적절한 시기에 노동자들을 무장하고 훈련시키지 못한 것은 비난했지만 코뮌의 기억은 계속 보존했다.[9)]

인터내셔널은 이듬해 뉴욕으로 이전했다. 뉴욕 이전은 유럽의 경찰이 총평의회를 뒤쫓고 있던 상황에서 안전한 활동을 보장하는 합리적인 길이었다. 마르크스와 엥겔스는 런던에서 안전하게 지냈다. 그러나 그들은 총평의회의 새 근거지에서 멀리 떨어져 있었으며 회의에 대한 영향력을 크게 상실했다. 둘 다 집필 활동에 집중하는 경향이 있었다. 마르크스는 계속 돈이 없었다. 그는 1850년대 이후 〈뉴욕 데일리 트리뷴〉에 기고해 받은 돈을 낭비했다. 마르크스와 엥겔스는 인터내셔널에 대한 관심을 버리지는 않았지만, 특정 정당들의 발전에 더 많은 시간을 들였다. 이 가운데 가장 관심을 쏟은 대상은 독일의 사회주의 집단들이었다. 독일사회민주당은 1875년에 창건되었다. 마르크스와 엥겔스는 이 정당이 자신들의 관점에 근접할 수 있다고 판단하고 그렇게 만들기 위해 열심히 노력했다. 그들은 당 창건 당시에 채택한 고타 강령*을 비판하고 좀 더 급진적인 분석과 전략을 위한 운동에 돌입했다. 독일사회민주당이 추종자를 수천 명 확보하게 되자, 비스마르크* 총리는 1879년에 당을 불법화했다. 이와 같은 상황에서 좀 더 대담하게 행동하라는 마르크스와 엥겔스의 요청은 독일에서 많은 사회주의자들의 반향을 불러

티에르(Adolphe Thiers, 1797~1877) 프랑스의 정치가이자 역사가. 1871년 프로이센-프랑스전쟁에서 프랑스가 패한 뒤 파리코뮌 사태를 수습했다.

고타 강령(Gothaer Programm) 1875년 5월 독일 사회주의 운동의 양대 조직체인 라살레파(전독일노동자동맹)와 아이제나흐파(독일사회민주노동당)가 고타에서 합동 대회를 개최하여 독일사회주의노동당(1890년 독일사회민주당으로 개칭)을 결성했을 때 채택한 강령.

비스마르크(Otto von Bismarck, 1815~1898) 독일의 정치가. 프로이센 총리를 지내며 철혈정책으로 의회와 대결하고 군비 증강을 실시했다.

일으켰다. 독일 사회민주주의자들에게 마르크스주의를 도입할 기회가 증가하고 있었다.

그런데 마르크스주의란 무엇인가? 이것은 끊임없는 정치적 · 학문적 논쟁을 야기한 질문이다. 유감스러운 점은 마르크스가 저서도 많이 출간했지만, 사상도 너무 풍부하게 내놓았다는 것이다. 그는 메모광이었고 다시 생각해보기의 완고한 대가였는데, 이런 점은 출판사로서는 악몽 그 자체였다. 심지어 〈뉴욕 데일리 트리뷴〉에 쓴 글같이 언론을 위한 간단한 글조차 사자의 이빨로부터 영양을 떼어내는 것처럼 힘들게 그에게서 떼어내야 했다. 엥겔스, 충직하고 참을성 있는 엥겔스는 심리적으로 격려하고 글에 대해 충고하면서 마르크스에게 협력했다. 심지어 엥겔스는 친구를 위해 간단한 글을 대신 써주기까지 했다.[10] 그러나 우수한 지적 능력은 마르크스의 것이었고 엥겔스는 연구와 분석의 어려움이 엄청나게 크다는 것을 이해했다. 마르크스와 엥겔스는 아주 오랜 과거부터 아주 먼 미래까지의 사회 생활의 기초를 탐구했다. 그들은 당대에 세계 전역의 공적 부문에서 벌어지고 있는 새로운 일에 정통해야 했으며 철학, 경제학, 사회학, 정치학, 문화의 여러 이론들도 검토하고 조사해야 했다. 이 과제는 마르크스에게 너무나 힘든 일이었다. 그는 이런 내용을 대중들이 이해하기 쉽게 쓰는 능력을 상실한 상태였다. 그는 말년에 《자본론》 제1권에서 그렇게 확신했던 많은 것들이 실제 경제 발전에 의해 어떻게 오류로 판명되고 있는지를 이해하고자 했다. 그가 관찰하던 복잡한 현실은 종합적 전망을 제시하지 못하도록 방해했다. 궁핍한 생활은 그에게 큰 타격을 가했다. 쉼 없는 독서와 집필뿐만 아니라 채무, 부인과 아이들의 병으로 그는 64세의 나이에 마침내 소진되어버렸다.

마르크스는 1883년 사망했을 때 만족스런 형태로 마무리 짓지 못한 한 뭉치의 원고를 남겼다. 이 원고에는 이후 세대의 마르크스주의자들—아니면 적어도 이후 세대의 일부 구성원들—에게 중요한 저작도 들어 있었다. 《경제-철학 수고》, 《포이어바흐에 관한 테제》, 《독일 이데올로기》, 《정치경제학 비판 요강》, 《자본론》의 마지막 두 권, 《고타 강령 비판》 등이 그것이었다. 마르크스가 이 저작들을 일생의 작업에서 하찮은 것들이라고 생각한 것은 아니었다. 오히려 그 반대였다. 이 원고들 대부분은 마르크스에게 너무나 소중했기에 마르크스는 다른 사람들에게 낱낱이 공개되기 전에 원고들을 정리하기를 원했다.

마르크스는 경험에 비추어 실천적 권고를 계속 바꾸었다. 러시아 사회주의자 베라 자술리치(Vera Zasulich, 1849~1919)는 1882년 2월 마르크스에게 편지를 썼다. 그녀는 당시 농민층과 농촌 토지 공동체의 기초 위에 사회주의 사회를 건설하려는 계획을 가진 비밀 운동 조직에 속해 있었다. 자술리치는 마르크스주의가 산업화를 사회주의 도입의 전제 조건으로 여기는지 마르크스에게 물었다. 자술리치와 그녀의 동지들에게 기쁘게도 마르크스는 자신의 사상이 러시아의 농업 사회주의자들(즉 나로드니키*)이 수행하는 혁명의 가능성을 배제하지 않는다고 응답했다. 마르크스는 몇 년 동안 인민주의의 창시자인 니콜라이 체르니셰프스키*의 저작을 찬양했고 러시아의 사상을 좀 더 잘 알기 위해 러시아어를 공부하기 시작했다. 나로드니키는 마르크스의 대답에 기뻐했다. 그들은 마르크스가 표현했던 일정한 유보 조건들, 특히 그러한 혁명은 이미 산업화를 겪은 유럽 일부 나라들에서 혁명이 일어남과 동시에 발생해야 할 것이라는 그의 언급을 명백히 간과했다. 그렇더라도 마르크스 생애 말기의 이 일화는 마르크스가 모든 사회가 똑같은 정치 · 경제적 발전 단계를 밟는다고 규정하지 않았음을 보여주었다. 그리고 그의 마르크스주의는 미완의 사상 체계로 남았다.[11)]

나로드니키(narodniki) 19세기 후반의 러시아 혁명 운동에서 주도적 역할을 한 인텔리겐치아. 원어는 러시아어의 나로드(narod, 인민)에서 유래하며 인민주의자로 번역된다.
체르니셰프스키(Nikolai Chernyshevskii, 1828~1889) 러시아의 사회 사상가이자 작가. 젊은 혁명적 지식인들에게 깊은 영향을 준 소설 《무엇을 할 것인가?》를 썼다.

프리드리히 엥겔스. 마르크스의 친구로서 평생 동안 마르크스를 지원했으며, 마르크스 생전은 물론 사후에도 그의 사상을 정리하고 전파하는 데 일생을 바쳤다.

마르크스가 자신의 사상을 책으로 낼 기회가 충분치 못했다면, 엥겔스에게는 어떤 기회가 있었는가? 마르크스처럼 그도 음울한 성격은 아니었다. '빅토리아 도덕'의 기준으로 봤을 때 엥겔스는 거의 불한당 수준이었다. 그는 오랫동안 겉으로는 성공한 북부 공장주의 자격을 충족하면서 연인 리지 번스(Lizzie Burns)와 함께 살았다. 그러나 엥겔스에게는 자신의 지적 동반자가 결여한 상식이 있었다. 엥겔스는 마르크스주의의 요체를 읽기 쉽게 요약하는 게 중요하다고 생각했다. 말년에 그는 이런 종류의 프로젝트에 몰두했다. 동료 사회주의자 오이겐 뒤링*과 논쟁하면서 엥겔스는 사회와 혁명에 대한 마르크스주의 이론의 과학적 기초를 입증하려는 노력의 일환으로 1878년에 《반(反)뒤링론》을 출간했다. 당시 점차 늘어나던 자연과학, 인류학, 고생물학에 관한 연구 문

뒤링(Eugen Dühring, 1833~1921) 독일의 경제학자, 철학자, 작가. 유물론적 실증주의 입장에서 마르크스주의에 대항하는 사회민주주의 사상을 전개했다.

헌에 흥미를 느낀 엥겔스는 1883년에 《자연 변증법》, 그리고 1884년에 《가족, 사유 재산, 국가의 기원》을 집필했다. 전자는 마르크스주의적 사고방식이 물리학과 화학에서의 발견과 일치한다는 점을 보여주고자 했고, 후자는 다윈이 진화생물학에서 수행했던 연구를 선사시대 인간의 역사에 적용하여 수행하고자 했다. 폭넓은 식견으로 쓰인 탁월한 저서들이었다. 그러나 마르크스와 엥겔스가 많은 저작에서 발전시켰던 마르크스주의 사상 전체에 대한 요약을 제공하는 것과는 거리가 멀었다.[12)]

특히 서구에서 활동한 나중 세대의 마르크스주의 지식인들은 요약자로서 엥겔스가 보인 성취를 경시하는 경향이 있었다. 일부 사람들은 요약 과정이 불가피하게 본질적 사상의 왜곡을 초래한다고까지 생각했다. 모든 위대한 사상의 학파에서 그러하듯이 마르크스주의의 주창자들도 오해가 어디에서 처음 발생했는지를 규명하고자 했다.

그러나 마르크스주의를 체계화하는 데 가장 큰 장애물은 마르크스와 엥겔스의 사상이 그들의 사고가 성숙해지고 연구가 진행되면서 변화를 겪었다는 사실이었다. 그들은 자신들이 관찰한 세계의 변화에 영향을 받았다. 지식인으로서 그들은 한번 생각한 것을 기꺼이 다시 고찰하며 살아가고자 했다. 때때로 당면한 정치적 목적을 이루기 위해 공개적으로 자신들의 의견을 손질하기도 했다. 하지만 그와 동시에 자신들이 근대성에 대한 유일한 과학적 분석가라는 이미지를 퍼뜨렸다. 이것은 지적 무오류를 주장하는 것과 동일했다. 그들은 추종자들이 자신들을 반박하거나 비판할 권리가 없다는 듯 행동했다. 그들은 헌신을 적극 권장했다. 그 결과 마르크스와 엥겔스는 말씀 한마디 한마디를 새겨들어야 할 예언자로 대우받았다. 마르크스주의자들은 기독교인들이 성서를 검토하는 식으로 마르크스와 엥겔스의 저작에 의존했다. 《자본론》이나 《반뒤링론》에 모순이 존재하면 그 모순을 부인하거나 어떻게든 사소하거나 해결할 수 있는 문제로 보이도록 했다. 마르크스주의에는 처음부터 '이론가들'의 성장을 자극하는 요소가 내재되어 있었다. 마르크스와 엥겔스가 이후에 조건이 변함에 따라 요구될 수도 있는 이론 수정의 가능성을 전혀 허용하지 않는 체계의 초석을 놓았음을 입증하고자 하는 시도가 확산되었다. 마르크스주의는 출발부터 중세 시대에 얼마나 많은 천사들이 바늘 끝에 설 수 있는지 논쟁했던 그런 부류의 지식인들에게 피난처를 제공했다.

이것은 다시 마르크스주의의 공동 창시자들로부터 유래하는 어떤 단일한 계보도 존재하지 않음을 의미했다. 마르크스와 엥겔스는 혁명적 독재와 테러를 여러 차례 지지했다. 그들은 도덕적 주장을 비웃었다. 그들은 다른 종류의 사회주의(혹은 공산주의)가 표출하는 이른바 지나친 감상적 언동을 조롱했다. 자신들의 교리에는 과학적 기반이 있다고 주장했고 자신들만이 역사 발전의 방향을 인식한다고 단언했다. 변화의 종착지는 필연적이라고 그들은 선언했다. 공산주의는 조만간 도래할 것이며 반드시 그렇게 될 것이었다. 자본주의는 내부의 모순 때문에 운이 다했다. 노동 계급은 이러한 사상을 명확히 이해해야만 했다. 왜냐하면 노동 계급만이 반자본주의 혁명을 주도할 수 있기 때문이다. 이 과제를 수행할 수 있는 정당이 결성되어야 할 필요가 있었다.

마르크스와 엥겔스가 자신들의 예측을 세세하게 설명하진 못했지만, 통일된 행동에 헌신하는 노동 운동을 원했음은 확실하다. 그들은 대규모 조직의 이점을 믿었고 집권하면 정치와 경제 분야에서 그런 이점을 살리려고 했다. 그들이 보기에는 중앙에서 통제하는 혁명적 규율이 성공의 열쇠였다. 물론 장기적으로는 공산주의 사회가 개인들에게 어떤 형태의 국가든 국가의 구속을 조금도 받지 않고 희망을 추구할 기회를 부여하기를 기대했다. 마르크스와 엥겔스는 그러한 시기가 시작될 때까지 단호하고 비타협적으로 투쟁할 필요가 있음을 강조했다. 두 사람은 거친 논쟁가였다. 사회주의자 적수들을 조롱하고 중상하는 것은 둘 모두에게 식은 죽 먹기였다. 그들은 목적에 관심이 있었지 수단에 대해서는 고민하지 않았으며, 자신들의 저술 어디에서도 합법적이고 합헌적인 절차의 이점을 인정하지 않았다. 그들은 권력 분립에 관한 자유주의 이론을 경멸했다. 그들에게 의회 민주주의는 입법자, 행정가, 경찰, 판사, 군대가 공모하여 '프롤레타리아'를 탄압하는 진정한 부르주아 독재였다. 그들은 이판사판식 모험을 하고 교리에 얽매이지 않는 혁명가들을 찬양했다.

사전 예방의 원칙*은 마르크스와 엥겔스의 교리에 미미한 영향만을 끼쳤다. 그들은 영국이 발휘한 정치적 관용의 혜택을 보았다. 공공연한 불순 분자였는데도 아무도 그들을 건드리지 않았다. 그들은 일상생활에서 법치의 보호를 향유했다. 엥겔스가 얻은 기업 이윤과 마르크스가 자유로이 누린 대영박물관 도서관 출입은 그들의 법적 권리였고, 이 권리가 없었다면 그들의 혁명 선전과 활동은 제대로 이루어지지 못했을 것이다. 그러나 그들은 '프롤레타리아 권력'에 대해 어떤 제한도 없는 사회를 찬양했다. 개인들은 권위에 복종해야 하며, 그러지 않을 경우 처벌을 받을 것이었다. 마르크스와 엥겔스는 민주주의, 적법성, 제도적 견제와 균형의 파괴자로 앞장섰다. 사회를 다시 건설하기 전에 모든 것을 무너뜨려야 했다. 마르크스와 엥겔스의 사상은 사실 마르크스주의적 혁명 체제의 억압과 착취의 씨앗을 내포하고 있었다.

이런 평가는 그들이 남긴 유산에 지속적으로 가치 있는 사상과 통찰이 없다고 말하는 게 아니다. 그들은 경제적 지구화가 거역할 수 없을 정도로 진전될 것이라고 옳게 말했다. 또 산업적 · 상업적 활동의 규모가 점점 커진다고 예측했다. 기술 혁신을 극대화하고 인건비를 최소화하도록 기업가들에게 보상을 주는 자본주의의 고유한 경향에 대한 그들의 분석은 정확한 것으로 밝혀졌다. 게다가 그들의 저술에 근본적으로 깔려 있는 믿음은 인간의 의식은 변하지 않는 게 아니라는 것이었다. 선

사전 예방의 원칙(precautionary principle) 사람이나 환경에 피해를 줄 가능성이 있다면 그 인과관계가 충분히 밝혀지지 않더라도 필요한 조치를 취해야 한다는 원칙. 즉 안전성이 확인되지 않은 새로운 대상은 일단 금지하고 보자는 입장을 말한다.

진 산업 사회는 전에 없던 태도와 관행을 생산했다. 사람들은 주변 환경에 의해 형성되었다. 그들은 자신들을 둘러싼 경제, 정치 체제, 문화의 유형에 크게 영향을 받았다. 마르크스와 엥겔스는 조건이 변함에 따라 의식의 변화도 계속 일어날 것이라고 확신했다. 그들은 한 사회의 통치자들이 지배의 성격을 어떻게 위장하는지 멋들어지게 보여주었다. 마르크스와 엥겔스의 가장 우수한 저술 중 일부는 사회 하층 계급이 불평등을 영원하고 자연스런 현상으로 받아들이도록 하는 의식(儀式)을 다룬 것이었다. 무신론자였던 두 사람은 종교 조직이 물질적 · 사회적 고통의 연장을 묵인하고 있다고 재치 있게 비난했다.

그러나 만일 마르크스가 자신의 일반 이론에서 혼란스러운 유산을 남겼다면, 중요한 실제 정책 판단에 관해서도 지침을 거의 물려주지 못했다. 특히 골치 아픈 문제는 사회주의자들이 의회 공화제로부터 절대 군주제에 이르는 다양한 유형의 체제에서 활동하면서 어떻게 스스로를 조직해야 하는가였다. 마르크스주의자들은 또 다른 부류의 사회주의자들과 어떤 식으로 관계를 맺어야 하는지도 결정해야 했다. 이들과 동맹을 맺어야 하는가, 아니면 이들을 길을 잘못 든 적으로 취급해야 하는가? 세기 전환기의 마르크스주의자들은 혁명이 순차적으로 일어나야 한다고 믿는 경향이 있었다. 먼저 봉건제에 맞서는 '부르주아-민주주의' 혁명이 일어나야 했다. 그런 뒤에야 비로소 사회주의자들이 반자본주의 혁명과 '사회주의로의 이행'을 준비할 수 있었다. 그러나 이러한 순서는 고정불변인가? 두 단계를 하나로 압축할 수는 없는가? 러시아에서 사회주의로 나아갈 때 필요한 핵심 집단으로서 산업 노동 계급이 아니라 농민층을 다루는 문제를 둘러싸고, 마르크스와 자술리치 사이에 짧지만 중요한 편지가 오간 것은 어떻게 봐야 하나?

더욱이 마르크스와 엥겔스는 자신들이 목표한 사회주의 체제의 유형에 대해 어떤 최종적인 해답도 내놓지 않았다. 때때로 그들은 폭력적인 권력 장악과 일시적인 독재를 지지했다. 다른 때에는 평화적인 집권을 요구했다. 어느 유형이든 혁명적 권력의 제도와 정책에 대해서 그들은 침묵했으며, 집권한 마르크스주의 체제를 공고히 하는 과제에 만족했다. 마르크스와 엥겔스는 혁명이 사회 구성원들 중 압도적 다수의 열렬한 지지를 받을 것이라고 상정했다. 때때로 그들은 국가 테러를 사용하는 문제를 놓고 열광적으로 글을 썼다. 마르크스와 엥겔스는 프랑스혁명의 자코뱅파를 찬양했지만, 테러를 사용해야 할 정도였다면 자코뱅 지도부는 지지 기반이 매우 약했음이 틀림없다고 생각하기도 했다.[13] 그런데 이렇게 문제를 제기하고서도 그들은 문제를 외면해버렸다. 마르크스와 엥겔스는 분석과 예측의 어떤 곤란함도 다가올 혁명적 상황에서 '실천'으로 극복될 것이라고 믿는 경향이 있었다. 인류 발전의 과학자라는 그들의 주장에 관해서는 이쯤 해 두자! 근본적으로 그들은 자신들이 조소해 마지않던 '유토피아 사회주의자들'만큼이나 사변적이었다. 기본적인 진실은 그들이 사회주의 정치학보다 자본주의 경제학에 더 많은 지적 에너지를 소비했다는 것이다. 이것은 마르크스주의 전체에서 재앙을 일으키는 구멍이었다.

마르크스와 엥겔스는 '민족 문제'에 관해서도 별로 말하지 않았다. 더욱이 그들의 발언 중 일부는 소수 민족과 인종 집단 내에서 그들을 따르는 사람들의 마음에도 들지 않았다. 그들은 일부 슬라브인들에게 신랄한 태도를 취했다.[14] 아마도 가장 좋은 것은 슬라브인들이 독일 문화에 흡수되어 슬라브 민족주의 지식인들의 야심에 종지부를 찍는 일일 것이다. 마르크스주의의 공동 창시자들은 산업 열강들이 문명화의 임무를 띠었다고 믿었다. 마르크스와 엥겔스는 원주민들에 대한 유럽 제국들의 경제적 착취를 비난했으나 제국주의 자체는 나쁘지 않다고 보았다. 공장 제도가 확산됨에 따라 세계는 변하고 있었다. 그들에게 이것은 가혹하지만 불가피한 과정이었다.

그들은 선진 경제와 문화를 지닌 큰 민족이 원주민들을 동화시킬 것이라고 추정했으며, 이러한 전망을 아쉬워하지 않았던 것만큼이나 농민들이 자본주의 경제에 의해 절멸하는 것도 우려하지 않았다. 하지만 마르크스와 엥겔스는 대체로 그러한 문제들에 관해 거의 언급하지 않았고 후계자들이 논의하도록 내버려 두었다. 세계 인구의 압도적 다수가 농민이었는데도 '농업 문제'에 관해서는 더욱 언급이 없었다. 그들은 자본주의가 작물을 경작하고 가축을 키우던 전통적 양식을 송두리째 바꿀 것이라고 확신했다. 자본주의 원리에 따라 조직되는 대규모 농장—새로운 라티푼디움(고대 로마의 대토지 소유)—이 도시의 거대 산업 공장들에 합류할 것이었다.[15] 마찬가지로 그들은 '식민지 문제'도 거의 이야기하지 않았다. 그들은 유럽의 제국들이 아시아와 아프리카 전역에서 급속히 팽창하던 시대를 살았다. 19세기 말까지 이런저런 자본주의 열강의 직접적 지배나 간접적 지배에서 벗어나 있는 나라는 거의 없었다. 마르크스와 엥겔스의 시각에는 한계가 있었다. 그들의 야심은 무한했으나, 19세기 말에 발생한 세계의 폭발적 변화는 문제를 종합적으로 이해하고 처방을 내놓으려는 그들의 욕구를 교묘하게 비껴갔다. 이후 세대의 추종자들에 의해 신격화되었을지언정, 총체적인 인간 과학을 확립하려는 마르크스와 엥겔스의 시도는 좌절했다.

하지만 그렇다고 해서 마르크스와 엥겔스가 달성할 수 없는 것을 뒤쫓는 노력을 포기한 것은 아니다. 그들은 새로운 증거를 받아들이고 그에 맞추어 자신들의 분석과 권고를 조정하는 데 평생을 바쳤다. 그들은 일을 즐겼다. 그들에게 연구는 유쾌한 일이었으며 정치와 선전이라는 과제를 기꺼이 처리했다. 마르크스와 엥겔스의 협력은 두 사람 모두에게서 지적 능력을 최대로 끌어냈다. 그들은 정치 · 경제적 현 상황을 공공연하게 비난하기 쉬운 시대에 살았다. 하지만 빅토리아 시대의 지식인으로서 마르크스와 엥겔스는 자신들의 비범한 교리가 어떻게 이용될지 거의 예감하지 못했다. 마르크스주의는 그들의 위험한 재능을 암호화했다.

3장

마르크스주의에 대한 도전

바쿠닌과 베른슈타인

엥겔스는 죽을 때까지 독일사회민주당의 자문에 계속 응하면서 그들을 격려했다. 1890년 비스마르크의 사회주의 규제법이 폐지되었을 때 당국은 탄압이 비생산적임을 깨닫고 있었다. 탄압은 노동자들의 분노를 키울 뿐이었고 그들로 하여금 현 상태의 정치 · 경제적 구조에 반항하게 만들었다. 하지만 독일사회민주당 금지 철폐는 너무 늦게 이루어져서 당 지도부가 마르크스주의를 승인하는 것을 막지 못했다. 연로한 엥겔스가 기뻐할 정도로 지도부의 당 강령과 기본 이념에는 마르크스주의적 색채가 속속들이 스며 있었고, 어떤 당 지도자도 이를 바꾸려는 진지한 노력을 기울이지 않았다. 한편 엥겔스와 당 지도부는 탄압을 다시 야기할지도 모를 말은 피했다. 그들은 선거에서 어느 때보다도 많은 노동 계급의 지지를 받으면서 사태가 자신들에게 유리하게 돌아갈 것이라고 확신하게 되었다. 사회주의 계열의 정당들을 포함하여 다른 정당들은 공장 노동자와 광부들의 표를 둘러싸고 독일사회민주당과 경쟁했다. 그러나 마르크스주의자로서 독일 사회민주주의자들은 오직 자신들의 분석을 통해서만 독일의 미래를 이해할 수 있다고 믿었다. 그들은 자신들이 궁극적으로 '프롤레타리아'의 충성을 독점할 것이라고 확신했다. 대의

를 마음껏 공표할 자유를 새로 확보한 그들은 열정적으로 임무를 수행하기 시작했다.[1)]

제국의회 선거를 위해 조직된 당은 즉각 5분의 1을 득표했다. 당은 절대 다수당이 된 것처럼 자축했다. 당이 성과를 과장하기는 했어도 독일 제국에서 '노동자'의 영향력은 확실히 커지고 있었다. 지역 위원회와 신문으로 이루어진 완벽한 네트워크가 확립되었다. 당은 당원들의 오락적 욕구도 돌보았고 교육 시설도 제공했다. 유력한 전투적 당원들은 추가 훈련도 받았다. 아우구스트 베벨*과 빌헬름 리프크네히트* 같은 지도자들은 저명인사가 되었다.

독일사회민주당은 사회주의인터내셔널(Socialist International)의 가장 유력한 회원 정당이었다. 사회주의인터내셔널은 죽어버린 국제노동자협회를 대체하기 위해 1889년에 만들어진 기구였다. 그것은 곧 제2인터내셔널로 알려졌다. 다른 나라의 많은 정당들은 심각한 곤경과 싸워야만 했다. 일부 정당은 정부에 의해 불법화되거나 활동을 금지당했고 일부는 내부 분쟁으로 타격을 받았다. 또 다른 일부는 자유주의 정당과의 동맹 여부를 둘러싸고 갈피를 잡지 못했다. 독일사회민주당은 처음부터 자부심이 강하고 독립적이었다. 당은 선거에서 성공했다. 1912년에 전체 의석의 3분의 1을 확보하면서 제국의회에서 가장 큰 당이 되었다. 여전히 절대 다수는 아니었지만 당 대변인들은—카를 카우츠키* 같은 '이론가들'뿐만 아니라 당 지도자들도—다수당이 된 것이 막을 수 없는 성공의 물결이 시작되었음을 뜻한다고 보았다. 독일사회민주당은 원칙적으로 무장 봉기의 필요성을 부인하지 않았지만, 더는 혁명가처럼

베벨(August Bebel, 1840~1913) 독일의 사회주의자. 1869년에 독일사회민주노동당을 창설했다.

리프크네히트(Wilhelm Liebknecht, 1826~1900) 독일의 사회주의자. 베벨과 함께 독일사회민주노동당을 창설했다. 제2인터내셔널의 지도자로 활동했다.

카우츠키(Karl Kautsky, 1854~1938) 독일 제2인터내셔널 시대를 대표하는 독일 사회민주주의의 이론적 지도자.

미하일 바쿠닌. 이론보다 직관에 강했던 이 열정적 아나키스트는 프롤레타리아 독재는 결국 영원한 독재로 귀결될 것이라며 마르크스주의를 근본적으로 공격했다.

행동하지 않았다. 진정한 혁명을 말하기는 했다. 그러나 그것은 아득한 미래로 연기된 혁명이었다. 그들의 진정한 관심은 현재를 최대한 이용하면서 '프롤레타리아'의 생활 조건과 노동 조건을 점차 개선하는 데 있었다.[2)]

마르크스주의가 집권한 후에 비로소 그 결함이 드러났다는 것은 그릇된 생각이다. 마르크스와 엥겔스는 자신들이 건립에 이바지한 제1인터내셔널에서 논쟁을 일으키는 주요 인물이었다. 그들은 비판을 잔뜩 주고받았으며, 지적 견고함을 장담하는 그들의 주장은 고통스러운 타격을 받았다. 그렇게 많은 마르크스주의자들이 왜 이 타격을 무시했는지 궁금할 따름이다. 마르크스주의는 추종자들에게 무오류의 교리이자 종교의 정치적 대체물이 되었다.

마르크스와 엥겔스 자신은 비판을 그냥 지나칠 수 없었다. 당시 그들은 러시아 귀족이자 반(反)차르 투사였던 가공할 만한 적수에 직면했다. 바로 아나키스트인 미하일 바쿠닌이었다. 마르크스주의의 공동 창시자들이 자기 교리의 과학적 타당성을 찾았던 곳에서 바쿠닌은 마음에 드는 사상들을 선택하여 자기 식으로 발전시켰다. 바쿠닌의 삶은 혼란스럽기 짝이 없었다. 마르크스와 엥겔스는 그를 불화의 원흉이라고 경멸했고 그의 식견을 몹시 싫어했다. 바쿠닌은 '국가 사멸'을 가져오겠다는 마르크스주의의 주장을 해부했다. 그의 요점은 마르크스주의 교리가 본질적으로 그 목적을 달성할 수 없다는 것이었다. 어느 누구보다도 앞서 치명적 결함을 간파한 것이다. 마르크스와 엥겔스는 모든 것을 아는 사람들이었다. 그들은 자신들이 혁명적 경험으로 시험할 필요가 있는 발상을 내놓았다고 말할 때조차 항상 절대적인 진리를 발견했다고 생각했다. 그들은 중앙 집중주의자들이었다. '생산자들의 자유로운 연합'을 이야기하면서도 규율과 위계를 옹호했다. 마르크스주의 이데올로기는 노동자들에게 겸손한 태도를 취했다. 하지만 마르크스주의의 정치적 지향은 자신들의 독점적 통제 하에 노동자들을 반란의 무리로 결집시킬 필요를 전제로 하는 것이었다. 바쿠닌은 나머지 유럽 노동 운동 진영에 자신의 이런 판단을 내놓았다.[3)]

마르크스주의 교리에 맞선 도전은 느슨해진 적이 없었다. 마르크스의 가장 주도면밀한 작업은 경제학에 집중되었고 그는 과거와 현재의 모든 사회를 이해하는 데 근본적으로 기여하는 이론으로서 '노동가치론'을 제시했다. 노동가치론은 그의 정치학에는 허약한 근거였지만, 마르크스주의자들에게는 마르크스가 살았던 시대부터 우리 시대에 이르기까지 하나의 신조가 되었다. 마르크스는 오직 육체 노동자들의 수고를 통해서만 생산 과정에서 가치가 추가로 더해진다고 확신했다. 그는 《자본론》 제2권과 제3권에서 이 주장을 얼마간 뭉뚱그리고 넘어갔으나 자신의 가설을 명백히 포기하지는 않았다. 제일 먼저 마르크스를 공격한 사람은 오이겐 폰 뵘-바베르크*였다. 뵘-바베르크는 기술적 창의성과 기업가의 진취성이 마르크스의 경제 분석에서 부당하게 빠졌다고 지적했다. 루돌프 힐퍼딩*과 로자 룩셈부르크*를 포함한 몇 세대의 마르크스주의 경제학자들은 뵘-바베르크에게 욕설을 퍼부었다. 그러나 그들은 뵘-바베르크의 근본 명제를 반박하지는 못했다.[4)]

이 일은 20세기에 마르크스주의에 대한 지적 공격이 시작되었음을 알리는 개막식에 불과했다. 독일 사회학자 막스 베버(Max Weber, 1864~1920)는 마르크스와 엥겔스에게 깊은 인상을 받았지만 그들이 거대한 역사적 운동의 원동력으로 경제적 요인을 선택한 것을 비난했다. 베버는 문화 · 종교적 요인 또한 영향을 끼친다고 주장했다. 그는 유럽 자본주의 경제가 시작될 때 프로테스탄티즘이 수행한 역할을 지적했다. 베버는 자본주의의 발생과 팽창을 설명하는 데 다차원적이고 복합적인 요인을 도입하여 19세기 말의 선진 산업 사회에 대한 마르크스주의 분석에 도전했다. 그는 마르크스와 엥겔스가 행한 사회학적 예측이 들어맞지 않는다고 폭로했다. 독일은 소수의 '대(大) 부르주아'와 다수의 '프롤레타리아'로 이루어진 사회로 단순하게 발전하기는커녕 직업적 · 행정적 전문가들의 폭발적 증가를 경험하는 중이었다. 베버는 은행가와 기업가들이 아니라 관료들이 지배적 역할을 할 것이라고 예측했다. 그는 마르크스가 《자본론》 제3권의 주석에서 이제 막 운을 떼기 시작했던 문화 · 종교 · 사회학적 요인들을 강조하면서 마르크스주의 정치학을 혹평했다. 물론 마르크스와 엥겔스는 자신들이 온 생애를 바쳤던 대의를 버리지 않고서는 베버의 견해를 받아들일 수 없었을 것이다.[5)]

로베르트 미헬스*와 가이타노 모스카*가 난투극에 뛰어들었다. 그들

뵘-바베르크(Eugen von Böhm-Bawerk, 1851~1914) 오스트리아의 경제학자.
힐퍼딩(Rudolf Hilferding, 1877~1941) 독일의 정치가이자 경제학자.
룩셈부르크(Rosa Luxemburg, 1870~1919) 폴란드 출신의 독일 사회주의자. 수정주의 논쟁에서 베른슈타인과 격렬하게 대립하였으며, 1905년 러시아혁명이 일어나자 관료적인 당과 노동조합 간부를 비판했다.

은 미래 사회가 위계제적 권위 없이도 존속 가능하다는 주장을 철저히 부정했다. 그들은 엘리트가 정치적 분쟁의 불가피한 산물일 뿐만 아니라 기능적 필수 요소이기도 하다고 주장했다. 따라서 마르크스와 엥겔스가 예측한 국가 없는 인류의 낙원은 헛된 몽상에 불과했다. 미헬스는 독일사회민주당을 짓궂도록 면밀히 조사하여 당직자들이 권위주의적 절차를 전혀 근절하지 않은 것을 발견했다. 당직자들은 평당원들의 통제를 받지 않았고 민주주의의 테두리 밖에서 정책을 결정했다. 그들은 평균적인 산업 노동자보다도 임금을 더 많이 받았다. 더구나 그들은 제국 정부와 어떤 문제도 일으키지 않도록 당의 활동을 조용히 조정했다. 그들은 혁명을 말하면서도 실제로는 정치적 현상 유지가 이루어지도록 협조하고 있었다. 당직자들의 마르크스주의는 자기 이익을 도모하는 관료층을 확립하려는 위장술에 불과했다. 미헬스는 그들이 집권하기 전처럼 행동한다면 평등한 사회 질서를 확립할 기회가 없을 것이라고 주장했다. 마르크스주의는 과학적 관찰에 근거하기는커녕 마르크스와 엥겔스의 조소를 불러일으킨 19세기의 다른 종류의 사회주의만큼이나 유토피아적이었다.[6]

실제로 모든 부문의 지적 사고가 마르크스주의자들에게 불편을 야기했다. 역사가들은 마르크스와 엥겔스의 대부분의 저작에서 묘사된 단순한 연속 단계, 즉 원시 공산주의, 노예제 사회, 봉건제, 자본주의라는 단계를 따라 사회가 발전할 것인지 의문을 품었다. 엥겔스의 서기였던 에두아르트 베른슈타인*은 교리라는 마차를 수리할 완전히 새로운 바퀴들이 필요하다고 느낀 최초의 주요 마르크스주의자였다. 베른슈타인보다 마르크스와 엥겔스의 저작에 정통한 사람은 없었으며 대체로 그는

미헬스(Robert Michels, 1876~1936) 독일의 정치 사회학자이자 경제학자. 생디칼리슴적 사회주의자로서 파시즘에 관심을 보였다.

모스카(Gaetano Mosca, 1858~1941) 이탈리아의 정치가. 권력을 독점하는 소수 지배계급이 유효한 조직을 구성하여 거의 또는 전혀 책임을 지지 않고 다수의 피지배 계급을 통치한다는 엘리트 이론을 주장했다.

사회민주주의의 아버지 에두아르트 베른슈타인. 마르크스의 이론과 눈앞의 현실 사이에서 차이를 발견한 그는 마르크스주의의 이론적 수정이 필요하다고 주장하여 독일사회민주당에 격렬한 논쟁을 불러일으켰다.

헌신적인 추종자였다. 그러나 그는 생각이 따로 있었다. 스승들과 마찬가지로 현재의 사태 발전을 유심히 관찰한 그는 대부분의 독일 노동자들이 처한 끔찍한 생활 조건과 노동 조건을 무시하지는 않았지만 조건이 개선되고 있음을 인정했다. 조직적인 노동 운동은 고용주들로부터 양보를 끌어내고 있었다. 파업은 충격을 가하고 있었다. 대기업은 점차 단체 임금 협상을 필수적이고 정상적인 과정으로 받아들였다. 정부는 이러한 상황을 장려했다. 1890년까지 독일 총리를 지낸 오토 폰 비스마르크는 초보적인 연금과 사회 보장 제도를 도입했다. 그런 정책의 목적은 비밀이 아니었다. 독일의 정치 엘리트와 경제 엘리트들은 노동 계급이 혁명 활동을 지지하게 만드는 원천을 고갈시키려고 했다. 엘리트들

베른슈타인(Eduard Bernstein, 1850~1932) 독일의 사회주의자. 런던으로 마르크스를 찾아갔으나 영국 사회의 실태를 보고는 마르크스주의에 의문을 품었고, 마르크스주의의 수정을 제창했다.

은 독일 노동자들이 사회에 통합되어 있다는 느낌을 받고 스스로를 '진짜' 독일인으로 생각하도록 만들고 싶었다.

베른슈타인은 동료들에게 도전하면서 노동자들이 이 기회를 이용해야 한다고 역설했다. 독일사회민주당은 정부, 대기업과 평화적이고 합법적으로 대결해야 한다. 노동 계급이 승리하리라는 것이 베른슈타인의 믿음이었다. 그는 황제 빌헬름 2세의 독일에 어떤 환상도 품지 않았으며 현재의 자유는 언제라도 중단될 수 있음을 알았다. 그러나 당분간은 헌정적 틀 내에 머물 것을 주장했다. 베른슈타인은 폭력에 공포심을 갖고 있었다. 마르크스와 엥겔스는 이따금 지난날의 내전들과 독재를 이야기했다. 베른슈타인은 좀 더 건전한 태도의 소유자였다. 그는 프랑스 혁명을 놓고 즐겁게 떠드는 것에 경악했으며 독일사회민주당 당원들이 폭력 투쟁과 독재에 대한 집착을 버려야 한다고 주장했다. 마르크스 사후에 출간된 《자본론》 제3권에서 자신의 결론을 끌어낸 베른슈타인은 부르주아와 프롤레타리아의 깔끔한 분리에 미래가 달린 것이 아니라고 역설했다. 베른슈타인은 중간 사회 집단들의 성장을 강조했다. 그는 현대 자본주의 사회에서 일어나고 있는 변화를 설명하려면 마르크스주의가 조정되어야 한다고 주장했다.[7)]

베른슈타인을 지지한 사람 중에는 마르크스와 엥겔스의 기본 경제 예측을 수정하자고 제안한 에두아르트 다비트*가 있었다. 다비트는 당시의 농업을 조사하여 소규모 농장들이 대지주의 압력으로 사라지기는 커녕 번성하고 있음을 발견했다. 그는 마르크스주의자들이 경제의 모든 부분이 평균적인 생산 규모를 키울 거라고 자동적으로 가정해서는 안 된다고 결론을 내렸다.[8)]

한편 베른슈타인과 그의 친구들의 '수정주의'에 맞서 혁명적 마르크스주의를 방어하려는 수많은 노력이 있었다. 러시아 제국의 게오르기

다비트(Eduard David, 1863~1930) 독일의 사회주의 경제학자이자 정치가. 수정 마르크스주의 이론을 주장하는 이론가였다.

카를 카우츠키. 정통 마르크스주의를 신봉한 독일사회민주당의 지도적 이론가로서 베른슈타인의 수정주의에 맞섰고, 러시아 10월혁명이 차르의 독재에 이은 새로운 독재를 가져올 것이라며 볼셰비즘을 통렬하게 비판했다.

플레하노프*, 레닌, 율리우스 마르토프*, 트로츠키와 중부 유럽의 카를 카우츠키, 오토 바우어*, 루돌프 힐퍼딩, 로자 룩셈부르크 등이 그들이었다.[9] 이들은 제2인터내셔널에서 정치적 · 지적으로 주요 인물들이었다. 카우츠키가 가장 영향력이 컸다. 온건한 언사로—그는 합법적으로 출간되기를 원했다.—카우츠키는 당이 혁명적 목표를 견지할 필요성이 있다고 단언했다. 그는 즉각적인 직접 행동을 옹호하기를 삼갔으나 결국엔 빌헬름 2세의 제국 체제가 끝날 날이 올 것이라고 주장했다. 베른슈타인뿐만 아니라 카우츠키도 선진 산업 사회가 마르크스와 엥겔스가 예측하지 못한 방식으로 변화하고 있음을 알았다. 그러나 카우츠키는

플레하노프(Georgii Plekhanov, 1856~1918) 러시아의 사상가. 마르크스주의를 러시아에 소개해 러시아 마르크스주의의 아버지라고 불린다.

마르토프(Julius Martov, 1873~1923) 러시아사회민주노동당 멘셰비키 지도자. 조직 문제를 둘러싸고 레닌과 대립하여 당을 분열시켰다.

바우어(Otto Bauer, 1881~1938) 오스트리아사회민주당 좌파 지도자. '혁명적 사회주의자' 그룹을 조직했으며 오스트리아 마르크스주의의 대표적 이론가이다.

반(反)교조인 베른슈타인에 대항하여 마르크스주의의 교조를 자처했다. '정통' 근본 교리에 대한 공격에 맞서 정통을 보호했던 카우츠키는 마르크스주의 공동 창시자들의 유산에 경의를 표했다. 그는 농업 문제에 관한 체계적인 논문을 써서 에두아르트 다비트가 제시한 증거와 분석에 의문을 제기했다. 또한 전 세계의 산업 조직적 발전이 마르크스와 엥겔스가 예견한 길을 따라가고 있음을 강조하는 것도 잊지 않았다.[10)]

하지만 어느 누구도 비판자들이 마르크스주의 교리에 가한 타격에 적절하게 대처하지 못했다. 수정주의에 맞선 이들은 마르크스주의에 대한 신념을 고수하고 싶었다. 그들은 정치 · 경제적 공리의 반석을 필요로 했고 마르크스와 엥겔스를 변호하려는 시도에 엄청난 지혜를 쏟아부었다. 그들은 당대의 세계를 근본적으로 재고해본 사람들은 아니었다. 알베르트 아인슈타인, 지크문트 프로이트, 에른스트 마흐*, 막스 베버는 훨씬 더 높은 수준에 있었다. 의심할 여지 없이 일부 마르크스주의자들은 그들로부터 착상을 빌려오고자 했다. 예를 들어 카우츠키는 절대 진리에 대한 마흐의 부정에 원칙적으로 반대하지 않았다. 또 다른 몇몇은 프로이트에 매혹당했다. 그러나 마르크스주의 사상가들이 마르크스주의가 외래 세균에 감염되지 않도록 노력함에 따라 대체로 사태는 반대 방향으로 전개되었다.

마르크스주의는 유럽에서 영향력을 계속 확대했다. 독일에 가장 큰 추종 세력이 있었지만 네덜란드에도 활발한 마르크스주의 조직이 있었으며, 이탈리아와 프랑스에서도 마르크스주의에 대한 관심이 눈에 띌 만큼 커져 갔다. 그러나 이것은 예외적 현상이었다. 일반적으로 서유럽에서는 마르크스와 엥겔스의 교리에 거의 반응이 없었다. 영국에서는 거의 영향력이 없어서 경찰은 외국인 마르크스주의자들이 런던에서 모

마흐(Ernst Mach, 1838~1916) 오스트리아의 물리학자이자 철학자. 모든 지식은 감각 경험과 관찰을 개념적으로 조직한 것에 불과하다는 경험비판론을 발전시켰으며, 역학적 자연관과 고전물리학적 세계관의 비판을 통해 현대 자연과학 방법론의 기초를 확립했다.

임을 열어도 방해하지 않았다. 마르크스주의는 여전히 외래 조류로서 영국인들 사이에 뿌리를 깊이 내릴 것 같지 않았다. 마르크스주의자들을 불순 분자라고 괴롭히는 것은 그들이 박해받는 당파라는 인상을 퍼뜨릴 뿐이었다. 독일의 동쪽과 동남쪽으로는 사정이 약간 달랐다. 마르크스주의 조직들은 러시아 제국뿐만 아니라 불가리아와 합스부르크 왕조의 체코와 폴란드 땅에서 커졌는데, 조직원 수는 독일만큼 많지 않았다. 원인은 주로 그 나라들의 산업화가 초기 단계에 머물러 있었고 공장 노동자들의 지지를 확보하려는 운동에 동참할 동기 부여가 약했기 때문이었다.[11)]

이 커지는 위세는 비판자들이 전통적인 마르크스주의를 계속 공격하게 만들었다. 노동 운동의 역사는 논쟁적이 되었다. 마르크스와 엥겔스는 노동 계급을 진전시키는 열쇠가 거대 정당 설립에 있다고 주장했다. 이 거대 정당들이 '프롤레타리아'의 이익에 봉사하리라는 게 그 주장의 가정이었다. 모든 사람이 그 가정에 동의한 것은 아니었다. 폴란드 문필가 얀 마하이스키*는 사회주의 정당들은 전형적으로 노동자들이 아니라 지식인들에게 정당의 위원회를 운영할 권한을 부여한다고 주장하는 저술을 집필했다. 그는 이것을 논리적 귀결로 보았다. 마하이스키는 인텔리겐치아가 적절한 행정 기구를 설립할 기술을 갖고 있다고 지적했다. 바로 이 사실로부터 노동 계급의 이익을 억압하는 쪽으로 향하는 작은 발걸음이 시작되었다. 그는 사회주의 혁명이 일어난다면 혁명은 중간 계급 출신의 엘리트들을 권좌에 앉힐 것이라고 주장했다.[12)]

이러한 주장을 펼치는 저술은 점점 많아졌다. 성향이 사회주의자인 로베르트 미헬스는 토리노 대학으로 떠나면서 독일에서는 타협이 당 실천의 핵심에 놓여 있다고 폭로했다. (좌파에 동조하는 사람으로서 미헬스

마하이스키(Jan Machajski, 1866~1926) 폴란드의 아나키스트. 바쿠닌의 영향을 받아 지식인들의 계급적 이익이 육체 노동자들의 계급적 이익과 배치된다고 설파하면서, 노동 계급이 스스로 경제 제도를 정치적으로 통제할 때 사회주의를 성취할 수 있다고 보았다.

로자 룩셈부르크. 독일사회민주당 지도자 중에서도 급진파에 속했던 그녀는 베른슈타인의 수정주의에 정면으로 맞섰다. 이후 독일사회민주당을 개량적이라고 비판하며 탈퇴하고 독일공산당의 전신인 스파르타쿠스단을 창설했다.

는 독일에서 교수직을 얻을 수 없었다.) 그는 통렬한 사회학적 분석으로 당 관리들이 독일의 정치적 현 상태를 유지하는 데 이해관계가 걸려 있다고 지적했다. 당이 탄압을 받는다면 당 관리들은 넉넉한 소득을 잃어버릴 것이었다. 고용주나 정부와 협상을 하는 사람들로서 그들은 수행해야 할 중대한 역할이 있었다. 그들은 긍정적인 성과들이 꾸준히 쌓이고 있다고 지적했다. 당 관리들은 제국의회에 자기 편 의원들이 있었다. 그 의원들은 계급 전체의 대변인으로 인정되었다. 미헬스는 독일사회민주당이 자신의 '기구'에 의해 그리고 그 '기구'의 이익을 위해 운영된다고 주장했다. 그 기구의 관리들은 제국의 정치적 지배층을 전복하려는 동기가 없는 보수적 계층으로 바뀐 것이다.[13]

독일사회민주당 지도부를 비판하는 자들은 제2인터내셔널에도 존재했다. 가장 날카로운 화살은 외국인들이 쏘았다. 그들 중에는 폴란드인 로자 룩셈부르크와 카를 라데크*, 그리고 네덜란드인 안톤 판네쿡*이

라데크(Karl Radek, 1885~1939) 소련에서 활동한 국제적 혁명가. 폴란드-리투아니아 왕국 사회민주당, 독일사회민주당에서 당내 좌파로 활약했다.

있었다. 유창하게 독일어를 말하고 '러시아령' 폴란드에서 피난 온 룩셈부르크와 라데크는 여러 정당에 헌신했다. 두 사람은 독일사회민주당 소속인 동시에 폴란드-리투아니아 왕국 사회민주당과 러시아사회민주노동당에 소속하기도 했다.[14] 룩셈부르크, 라데크, 판네쿡은 독일인 동지들에게 혁명에 대한 강렬한 헌신이 부족하다는 점을 감지했다. 베를린 지도부의 승인을 받을 필요가 없던 이들은 신뢰와 열정을 품고 있었고 당 대회에서 더욱 급진적인 정책을 끊임없이 촉구했다. 이들은 모두 당대의 독일 마르크스주의가 말로는 강하지만 행동을 준비하는 측면에서는 약하다고 주장했다. 이들은 빌헬름 황제나 황제의 정부와 벌일 최종 대결을 계획하기 위해 독일사회민주당 지도부가 무엇을 준비하고 있는지 물었으며, 당 지도부가 임금 협상을 꾸준히 진척시키는 것을 비웃었다. 당 지도자들이 절대적인 사회주의의 시대가 가까이 다가오고 있다고 진정으로 믿는다면 그런 협상이 무슨 소용이 있단 말인가? 당이 빌헬름 체제에서 성취 가능한 목표만을 추구한다면 정치적으로 타락할 위험이 있지 않겠는가?[15]

룩셈부르크는 거리에서의 대결을 옹호하기 위해 비공식적인 '좌익' 반대파를 설립했다. 국가 권력을 동요시키고 전복하기 위해 그녀가 선호한 방식은 '대중 파업'이었다. 1905~1906년에 혁명적 상황에 놓인 러시아를 관찰한 룩셈부르크는 독일도 마찬가지로 갑자기 비상사태를 겪을 수 있다고 주장했다. 당은 노동자들을 노사 분쟁에 뛰어들도록 고무해야 한다. 파업은 또 다른 파업을 낳을 것이다. 노동자들은 스스로 생각하고 창의성을 개발하도록 격려받아야 한다. 부르주아와 프롤레타리아의 최종 투쟁이 벌어질 것이고 마르크스와 엥겔스의 혁명적 전망은 실현될 것이다.[16]

불안을 초래한 독일 마르크스주의의 또 다른 측면은 '민족 문제'에 대

판네쿡(Anton Pannekoek, 1873~1960) 네덜란드의 천문학자, 마르크스주의 이론가.

한 침묵이었다. 카를 카우츠키 등은 독일의 폴란드인 이주 노동자들이 독일인과 동일한 대우를 받아야 한다고 주장했고 사회민주당 당원들은 독일 국민이 아닌 사람들이 당에 가입하는 것을 환영했다. 그러나 다민족 국가를 어떻게 조직할 것인가에 대한 기본 구상은 거의 없었다. 합스부르크 왕국의 영지에 살던 마르크스주의자들은 이 문제에 주목했다. 마르크스와 엥겔스의 오스트리아인 추종자들은 제국 내의 다양한 민족 집단 사이에 존재하던 여러 긴장을 날카롭게 간파했다. 합스부르크가가 제거되면 한 민족과 다른 민족 사이에 적의가 불거질 것처럼 보였다. 빈의 마르크스주의자들은 가능한 해결책을 열심히 생각했다. 마르크스주의 창시자들의 저작을 샅샅이 뒤지는 것은 별로 도움이 되지 않았다.[17] 마르크스도 엥겔스도 '민족 문제'를 별로 다루지 않았다. 그리고 그들이 이 문제에 관해 그나마 말하거나 썼던 내용은 종종 소수 민족들에게 대단히 무례한 것이었다. 당시 오스트리아-마르크스주의자로 알려진 이들은 이 사실에 언짢아했다. 그들은 민족 의식이 20세기 초에 쇠퇴하기는커녕 계속 강해질 것이라고 생각했는데, 자본주의적 경제 생산, 대중교육, 공공 언론이 동시에 확대된 데 원인을 돌렸다. 이러한 추세 덕분에 사람들은 지역적—특히 농촌—정체성을 민족적 정체성으로 바꿀 수 있었다. 오토 바우어와 카를 레너* 같은 이론가들은 마르크스주의가 이 현상을 외면할 수 없을 것이라고 주장했다.[18]

그들은 제국을 개별적인 민족 국가들로 분할하면 민족들 사이의 문제가 해결되리라는 가정을 부정했다. 합스부르크 왕국은 많은 지역들에 흩어져 거주하는 몇몇 소수 민족들을 이어 붙여놓은 누비이불 같았다. 행정 지구를 깔끔하게 분리하는 것은 불가능했다. 그 대신 오스트리아-마르크스주의자들은 각 민족이 다민족 국가 전체를 통치하는 정부와 나란히 각자 자신의 중앙 정치 권력을 선출하는 계획을 생각해냈다. 이 발

레너(Karl Renner, 1870~1950) 오스트리아사회민주당 우파의 지도자.

상은 민족들이 '민족적-문화적 자치'를 획득하게 해줄 것이었다. 민족적 · 인종적 억압이 더는 없을 것이고 정부는 사회주의 사회의 달성을 향해 계속 나아갈 수 있을 것이었다.[19] 이러한 구상은 관료 제도에 혼란을 야기했을 것이다. 그러나 바우어와 그의 동지들이 민족들을 고려하는 데 보인 열의는 다른 나라의 마르크스주의자들에게 깊은 호소력을 발휘했다. 러시아 제국의 멘셰비키는 민족적-문화적 자치 계획을 열정적으로 채택했다.

1907년 8월에 개최된 제2인터내셔널의 슈투트가르트 대회에서 다른 사회주의자들과 마찬가지로 마르크스주의자들도 전쟁과 평화에 관해 회원 정당들의 정책을 규정하려고 시도했다. 이 시도는 결정적으로 중요한 계획이었다. 세계는 변화와 불확실성의 새로운 단계에 접어들고 있었다. 유럽 열강들은 해외 식민지를 획득하려고 경쟁했으며 영국, 프랑스, 독일의 이해관계가 자주 충돌했다. 발칸 지역의 여러 나라들이 오스만 제국으로부터 독립을 추구하고 또 독립을 이루면서 유럽에 새롭게 국경이 만들어지는 중이었다. 1912~1913년에 발칸에서 전쟁이 터졌다. 합스부르크 왕국도 격렬한 내부 갈등을 겪었다. 왕국에 속한 민족들 가운데 특히 헝가리인과 체코인들은 오스트리아의 억압에 분노했다. 영국과 독일 사이에 군비 경쟁이 시작되었다. 프랑스와 러시아를 비롯한 다른 열강들도 방어 계획을 세웠다. 대륙 전쟁—심지어 세계 전쟁까지—이 일어날 위험이 뚜렷했다. 대회의 결의안들은 군국주의와 제국주의에 반대했다. 그러나 전쟁이 터진다면 무엇을 해야 하는가? 대회에서 결정된 것의 요지는 열강들이 전쟁에 돌입할 경우 사회주의자는 자국 정부에 반대해야 한다는 것이었다. 의회 대표들은 전시 공채 투표를 거부하라는 지시를 받았다. 평화를 가져올 정치 운동이 조직될 것이었다. 제2인터내셔널의 회원 정당들은 공동으로 행동하고 유럽의 공적 생활에서 국수주의의 독침을 빼내는 데 합의했다.[20]

이 계획을 정확히 어떻게 성취할 것인지는 여전히 불명확했다. 일부 정당들은 혁명적 봉기가 필수적이라고 주장했다. 다른 정당들은 법의 틀 안에 머무르며 폭력적 방식을 피하기를 원했다. 그러나 전쟁에 대한 전면적 저항이 사회주의자의 의무라는 것은 보편적 신조였다. 사람들은 은행가와 무기 제조업자들이 군사 갈등의 유일한 수혜자라고 말했다. 군주들도 의심을 받았다. 제2인터내셔널은 유럽에서 상황을 악화시키는 각국 정부의 모든 움직임에 반대했다.

또한 유럽의 마르크스주의자들이 만들려는 사회가 어떤 종류의 사회인가라는 문제도 계속 미해결 상태로 남았다. 마르크스주의자들 중 어느 누구도 공산주의에 대해 정식으로 거의 언급하지 않았을뿐더러, 사회주의인터내셔널의 비마르크스주의자들이야 당연하게도 이 문제를 완전히 회피했다. 어떤 나라에도 스스로 공산주의 조직이라고 이름 붙인 조직이 없었다. 독일은 확실히 덜 체제 전복적이라고 생각되는 명칭을 사용하는 선례를 세웠다. 그 결과 사회주의, 사회민주주의, 공산주의, 심지어 아나키즘까지 정치적 좌파의 적들에 의해 혼용되었고, 정치적 좌파 스스로는 자신들의 궁극적 전망에 대해 여전히 모호하거나 혼란스러워했다. (용어 사용에 낀 안개는 레닌의 《국가와 혁명》으로 조금 걷혔으나 결코 말끔히 제거되지는 않았다.)[21] 독일사회민주당은 세계적 차원에서 공산주의 체제를 수립한다는 계획을 공식적으로 계속 밀고 나갔다. 그들은 공산주의 전망에 진정으로 고취된 당원들을 매료시켰는데, 카를 리프크네히트* 같은 독일인과 로자 룩셈부르크 같은 외국인도 있었다. 그러나 궁극적인 목표—공산주의—는 거의 논의하지 않거나 진지하게 숙고하지도 않았다. 마르크스주의자들은 대부분의 나라에서 파업을 지도하고 복지 개혁을 위해 투쟁하며 보수적 정부와 자유주의적 정부를 비난하고 훼손하면서 세월을 보냈다. 그리하여 공산주의의 사례가 독일

리프크네히트(Karl Liebknecht, 1871~1919) 독일의 사회주의 혁명가. 제1차 세계대전이 일어나자 반전 운동을 전개했으며, 독일사회민주당에서 제명된 뒤 룩셈부르크와 함께 스파르타쿠스단을 조직했다.

동쪽에 위치한 나라에서 가장 자극적인 형태로 구체화되는 사태가 발생했다. 그 나라는 러시아였다.

하지만 러시아 제국의 마르크스주의자들이 마르크스주의 신념을 유지하고 실천한 유일한 사람들은 아니었다. 제1차 세계대전 이전에 마르크스주의의 실천은 전유럽적인 현상이었다. 마르크스주의자나 기타 급진 좌파들은 유럽 극좌파 중에서 소수였으나 자본주의의 지칠 줄 모르는 적이었다. 많은 투사들이 서부와 중부 유럽의 규모가 큰 사회주의 정당들이 정치적 본분을 무시하고 있다고 믿었다. 그 투사들이 자신의 정당을 버리는 일은 거의 없었다. 그들은 좀 더 온건한 동료들을 자기 쪽으로 끌어들이려고 노력했다. 상황은 유동적이었다. 마르크스주의는 단지 유럽의 독일사회민주당과 소수의 다른 거대 정당들만의 공식 이데올로기로 남아 있었다. 유럽과 북아메리카 사회주의에서 마음을 사로잡기 위한 전투가 진행되었다. 사실상 두 대륙의 모든 나라에서 일종의 마르크스주의 조직들이 출현했다. 조직이 가장 약한 곳은 미국이었는데, 마르크스주의자들 가운데 압도적으로 많은 수가 최근에 이민 온 사람들이었고 이들에게 사회당은 적대적이었다. 그러나 정치적 좌파의 각 정당에는 자신들의 지도자가 정치적 현 상황과 타협한 사실에 실망한 투사들이 많았다. 이것은 어떤 극단적이고 국제주의적인 정당이 정권을 장악할 경우 틀림없이 이용될 그런 상황이었다.

4장

러시아 마르크스주의

볼셰비키와 멘셰비키, 갈라선 동지들

마르크스와 엥겔스는 마르크스주의가 독일 같은 나라에서 먼저 뿌리를 내릴 것이라고 기대했다. 그들은 산업화와 팽창하는 도시, 그리고 공장 노동자와 광부들에게 희망을 걸었는데, 당연히 선진 경제가 자신들의 야망을 뒷받침해줄 수 있다고 생각했다. 하지만 다른 나라들이 마르크스주의 혁명가들을 양산했다. 폴란드, 불가리아, 이탈리아가 그랬다. 마르크스와 엥겔스는 자신들의 사상이 망명자들의 나라인 영국에서 급진적 사회주의자들에게 미미한 인상밖에 주지 못했다는 사실에 실망했다. 영국에서는 당국이 노동 운동에 별로 간섭하지 않았는데도 20세기 초에 강력한 마르크스주의 정당이 출현하는 데 실패했다. 시민적 자유와 물질적 안락은 영국에서조차 한계가 있었는데도 정치적 극단주의에 대한 해독제로 기능했고, 이 점을 깨달은 마르크스와 엥겔스는 그것을 글로 썼다.

빈곤과 억압이 마르크스주의가 성장하기에 가장 좋은 토양이 된다는 점이 드러났다. 그런 이유로 러시아 제국은 독일을 제외하고 마르크스주의 사상을 열성적으로 수용하는 점에서 다른 모든 나라를 압도했다. 마르크스주의가 러시아에서 광범한 영향력을 떨치기 시작했던 1870년대에 러시아는 전제 군주국이었다. 합법 정당이나 노동조합도 존재하지 않았다. 의회도 없었다. 정치 토론은 엄격하게 검열되었다. 정부가 대중적인 학교 교육망을 확대하는 속도는 더뎠다. 인구의 절대 다수였던 대부분의 농민들은 끔찍한 빈곤에서 빠져나가기가 불가능함을 알았다. 제국의 일부 민족들, 특히 폴란드인들은 독립을 열망했다. 그루지야인과 핀란드인 같은 다른 민족은 민족성을 표출하는 데 심한 제약을 받았다. 관료층 안에서는 부패가 만연했다. 러시아 정교회는 극단적으로 반동적이었다. 소설가와 시인들이 사회 질서를 비판할 수 있는 길을 발견하기는 했지만 조직된 반체제 집단은 효과적으로 박해를 받았다. 처벌은 보통 시베리아 황야로 추방되는 것이었고 최악의 경우 강제 노동에 처해졌다.

로마노프 왕조는 1854~1856년의 크림전쟁 이후 자신들의 장래 안전이 산업 팽창과 근대적인 교통 · 통신 · 행정 수단을 얼마나 성공적으로 발전시키는가에 달려 있음을 이해했다. 전문직 종사자 수를 늘리는 것도 매우 중요했다. 하지만 그러한 변화는 위험을 동반했다. 학생 출신으로서 취업하지 못했거나 환멸을 느낀 사람들은 손쉽게 혁명 서클로 휩쓸려 들어갔다. 저임금에 시달린 공장 노동자들은 제국 황제에게 충성하고픈 욕구를 거의 느끼지 못했다. 농민들은 열렬한 군주주의자였지만 '농업 문제' 때문에 적의를 품었다. 그들의 눈에 공정한 해결책은 단 한 가지였다. 바로 모든 토지 재산을 자신들의 수중으로 옮기는 것이었다.

러시아 정치경찰 오흐라나(Okhrana)는 적은 예산으로도 상황에 잘 대처했다. 그들은 모든 세대의 반란자 조직에 침투해 반란자를 체포하고 시베리아로 추방했다. 그러나 이 조치는 불만의 근거를 결코 일소하지 못했으며 정부는 혁명 활동이 당분간 계속되리라는 것을 깨닫게 되었다. 오흐라나는 정파들을 서로 반목하게 만드는 등 자신들의 기술을 더욱 세련되게 갈고닦았다. 종종 기반이 약한 그룹을 계속 활동하게 놓아두는 것이 당국이 그들의 활동에 대해 정보를 얻는 데 유리했다. 혁명가들 중에서 정보원을 뽑아 쓰기도 했다. 협박, 금전적 유혹, 이데올로기적 설득을 동원했다. 정보원은 모든 불온 조직에 침투했다. 혁명 집단들은 자신들의 모의에 대해 보안을 강화해야 했다. 누구를 가입시킬 것인지 신중하게 결정을 내렸고 의심 가는 회원을 조사했다. 중앙으로부터 통제가 강화되었다. 조직들은 신문 발행과 연락이나 토론이 이루어질 수 있도록 대개 외국에 근거지를 두었다. 제네바, 런던, 그리고—나중에는—파리가 선호하는 장소였다. 경찰은 자신들의 활동을 지리적으로 확장하는 것으로 대응했다. 경찰은 조직을 말살하지는 못했지만 혁명 활동을 분쇄하고, 혼란에 빠뜨리고, 제한하는 데는 성공을 거두었다. 19세기에 그들은 임무를 효과적으로 수행했다.

오흐라나와 반란자들의 쫓고 쫓기는 게임은 지속적으로 영향을 끼치는 결과를 가져왔다. 합법적인 공적 생활에 능동적으로 참여할 기회가 없던 러시아 혁명 운동은 '이론'에 병적으로 집착했다. 그 추종자들은 나라의 사회 질서에 관해 피 말리는 내부 논쟁을 개시했고 정치, 경제, 철학을 둘러싸고 서로 열변을 토했다. 그들의 추상화된 이념은 현실에서 시험될 수 없었기 때문에 너무나 딱딱하게 굳어졌다. 당국에 맞선 반란 활동에 고도로 이론적인 성향이 더해졌다. 혁명 조직의 지도자를 찬양하는 내적 경향도 존재했다. 일부 지도자들은 이 찬양을 즐겼으며 어떤 반대파도 무자비하게 탄압했다. 가장 악명 높은 사례는 세르게이 네차예프*였는데, 그는 1869년에 자기 소그룹 내의 추종자들에게 내부 비판자를 살해하도록 명령했다. 그는 자신의 의지에 대한 완전한 복종을 끌어내기 위해 '인민의 복수'라는 가공의 국제 기구를 대표하는 사람인 척했다.

1880년대 초까지 러시아 제국의 혁명가들은 자신들의 사회주의가 압

네차예프(Sergei Nechaev, 1847~1882) 러시아 혁명가. 학생 운동을 지도하다 미하일 바쿠닌과 접촉하여 '유럽혁명가동맹'이라는 가공 단체를 만들고, 러시아 지부로 '인민의 복수'라는 비밀 서클을 조직했다.

도적으로 농업적이고 후진적인 경제 성격을 고려해야 한다는 공리를 지지했다. 영국, 프랑스, 독일은 거대한 산업적 · 문화적 진전을 이룩했지만 러시아와 러시아의 변경 지역은 뒤처졌다. 혁명적 사상가들은 농민을 그들 사상의 핵심에 둘 것을 제안함으로써 그러한 상황을 어떻게든 최대한 이용했다. 그들은 미래의 사회주의 사회에 대한 영감을 러시아의 농촌 토지 공동체에서 끌어냈다. 농민들의 주기적인 토지 재분배 전통은 평등주의적 변혁의 기반으로 쓰일 수 있을 것이다. 하지만 이러한 생각은 곧 시들해지기 시작했다. 농민들 자신이 혁명의 필요에 계속 무관심했다. 게다가 공장, 광산, 철도가 급속히 발달하고 있었다. 러시아 제국의 많은 사회주의자들은 역사의 폐물이 될 운명으로 보이는 농민층에 다시 희망을 거는 일이 현실적이지 않다고 생각하기 시작했다. 게오르기 플레하노프는 이제 충분하다고 판단했다. 그는 러시아가 이미 선진 자본주의 열강이 걷는 경제 과정을 따라가고 있다고 선언했다. '프롤레타리아'가 형성되고 있었다. 혁명을 주도할 세력은 농민이 아니라 노동자일 것이었다.[1]

플레하노프에 따르면 해결책은 혁명가들이 독일에서 확산되고 있는 마르크스주의를 채택하는 것이었다. '노동해방단'을 조직한 플레하노프와 그의 동지들은 러시아를 떠나 제네바로 도주했다. 먼 곳에서 그들은 러시아에 있는 반체제 지식인들을 사상적으로 개조하면서 빠르게 추종자들을 확보했다. 베라 자술리치는 스위스에 있는 매우 작은 그룹에 속해 있었다. 1881년에 마르크스의 편지를 받은 사람이 바로 자술리치였다. 마르크스는 이 편지에서 농민 지향적인 혁명 운동이 러시아 제국에서 성공할 가능성을 배제하지 않는다고 설명했다.[2] 노동해방단은 이 편지를 완전히 숨겼다. 그들에게 중요한 것은 러시아의 경제 · 사회적 발전이 농민층과 촌락, 그리고 공동체와는 반대 방향으로 진행된다는 것이었다.

마르크스가 마르크스주의자인 자신들의 노력을 높이 평가하지 않았

초기 러시아 마르크스주의의 권위자 게오르기 플레하노프. 본래 농민에 의한 사회주의 혁명을 추구한 나로드니키(인민주의자)였으나, 마르크스주의의 영향을 받아 프롤레타리아 혁명으로 노선을 바꾸었다.

다는 사실이 노동해방단을 위축시키지는 않았다. 그들은 신념에 전염되었고 마르크스주의 복음을 퍼뜨릴 것이었다. 러시아 제국으로 소책자가 밀반입되었다. 빌뉴스(지금의 리투아니아 수도), 상트페테르부르크, 트빌리시(지금의 그루지야 수도) 등지에서 지지자들의 서클이 형성되기 시작했다. 마르크스주의자들은 노동자들과 접촉하여 교리를 주입하기 시작했다. 그들은 산업화가 진전됨에 따라 파업을 지도하려 했다. 1890년대까지 마르크스주의는 러시아 혁명 운동에서 가장 활발한 경향이 되었다. 그들은 적절한 정당을 구성함으로써 자신들의 위치를 공고히 하고자 했고 1898년 3월 민스크에서 창당 대회를 열었다. 대의원들이 대회 직후 구금을 당했지만 러시아사회민주노동당을 수립하려는 노력은 계속되었다. 플레하노프의 추종자 중 한 사람이었던 블라디미르 울리야노프(Vladimir Ulyanov)는 시베리아에서 유배 생활을 보낸 후 러시아를 떠났고, 당을 수립하려는 활동들을 조정하면서 우위를 차지하기 위해 〈이스크라〉(Iskra, '불꽃'이라는 뜻)라는 신문을 창간했다. 1903년 여름 제2차 당 대회가 개최되어 대체로 플레하노프의 구상을 승인했다. 그러나

'레닌'이라는 가명을 쓰는 울리야노프가 주요 조직가로 등장했다. 레닌은 플레하노프의 지도에 신물이 났다. 당에서 무엇이 필요한지 자신만이 명확히 알고 있다고 생각했다. 자신이 얼마나 많은 러시아 마르크스주의자들을 화나게 했는지는 개의치 않았다.[3]

이 레닌이라는 자는 어떤 사람이었는가? 처음 무대에 갑자기 나타났을 때 그는 문제를 일으키는 분파주의자로서뿐만 아니라 당의 지도적인 지식인으로서도 존경을 받았다. 그러나 이제 자신의 추종자였던 레프 트로츠키의 조롱을 받았다. 제2차 당 대회에서 레닌이 자신의 뜻을 관철하려고 다른 지도자들을 혹평하고 교묘히 상황을 조종하려 들자 트로츠키는 당황했다. 트로츠키는 레닌의 구상이 당을 지배하는 '독재자'로 귀결될 것이라고 예측했다. 그는 아주 신랄하게 이 점을 지적했다. 트로츠키는 레닌이 전제적인 지도자가 될 것이라고 진지하게 주장하지는 않았다. 대신 레닌이 최고 자리에 올라서면 그 결과는 정치적 소극(笑劇)이 될 것이라고 넌지시 말했다.[4]

1870년 4월 21일에 태어난 블라디미르 레닌은 요즘으로 치면 '새로운 러시아인'*으로 불릴 만한 가족 출신이었다. 아버지는 칼미크족 혈통을 지녔던 것 같고 어머니는 확실히 유대계이자 스칸디나비아계였다. 두 사람 모두 좀 더 나은 러시아, 즉 교양 있고 근대적인 러시아를 열망했으며, 자식들이 이 바람직한 미래에서 두드러진 역할을 맡을 수 있도록 중등 교육을 받게 했다. 하지만 자식들 모두 자유주의를 거부하고 극좌 혁명가가 되었다. 블라디미르의 형인 알렉산드르는 1886년 차르 알렉산드르 3세의 암살 미수 사건에 연루되어 교수형을 당했다. 블라디미르는 비밀 반란자 그룹에 가담했다. 오흐라나에 체포된 그는 1897년 시베리아로 유형을 떠났다. 그곳에서 레닌은 러시아의 경제 발전에 관한 논문을 집필하여 자본주의가 이미 국가의 지배적인 생산 양식이 되었다

새로운 러시아인 '노비 루스키(Novyi Russkiy)'. 소련 해체 후 시장 경제에 발빠르게 적응해 부를 쌓은 신흥 부자들을 부르는 말.

마르크스주의를 최초로 실현한 혁명가 블라디미르 일리치 레닌. 러시아사회민주노동당 분파인 볼셰비키의 지도자로서 10월혁명을 이끌어 소련을 건국했다.

고 주장했다. 하지만 그가 유명해진 계기는 《무엇을 할 것인가?》였다. 이 소책자는 중앙 집중주의, 규율, 신입 당원에 대한 심사를 확실하게 하기 위해 당이 엄격한 규칙을 정할 것을 촉구했다. 그 결과 러시아사회민주노동당 제2차 대회에서 소동이 벌어졌고, 상황을 장악했던 〈이스크라〉 그룹은 붕괴했다. 조직은 결성되자마자 분파주의에 휩싸였다.

레닌이 논쟁에 쏟는 열정과 그의 비밀스런 방식뿐 아니라 그가 제안한 엄격한 규칙들이 많은 동맹자들까지 괴롭게 만들었다. 그는 근소한 차이로 대회에서 다수표를 얻어서 자신의 그룹을 다수파(즉 러시아어로 볼셰비키bol'sheviki)로, 그리고 경쟁자를 소수파(즉 멘셰비키men'sheviki)로 부를 수 있게 되었다. 사실 그가 중앙 당 기구를 지배한 기간은 짧았다. 러시아 마르크스주의의 아버지인 플레하노프는 멘셰비키로 전향했으며 그 결과 균형은 멘셰비키 쪽으로 기울었다. 분열은 망명자들 사이에서 가장 격렬했다. 레닌은 옛 친구인 율리우스 마르토프가 이끄는 멘셰비키를 찬탈자라고 비난했다. 멘셰비키는 레닌과 볼셰비키가 극단적 권위주의를 보인다며 비판했다. 두 분파는 러시아 제국 내에서 각각 자체 신문을 발행하고 자체 대행 기구를 운영하기 시작했다.

볼셰비키와 멘셰비키 모두 러시아에서 발발한 급작스런 혁명에 깜짝 놀랐다. 혁명의 방아쇠는 평화적인 항의 행진을 정부가 폭력적으로 해산하고 수백 명의 사람들을 죽거나 다치게 했던 1905년 1월 9일의 피의 일요일 사건이었다. 소요가 수 개월 동안 이어졌다. 파업이 조직되었다. 노동자 평의회(즉 소비에트)가 선출되었다. 평의회 중 페테르부르크 소비에트가 가장 유명했는데, 이 기구를 이끈 인물은 똑똑한 젊은 마르크스주의 연설가인 레프 트로츠키였다. 소비에트들은 국가 질서의 근본적인 개혁을 요구했고 정부의 지역 기관들을 대체하려 했다. 군대에서는 반란이 발생했고 농민들은 지주의 땅을 점유하기 시작했다. 그해 10월 차르는 의회 체제의 도입을 약속하는 선언서를 발표할 수밖에 없었다. 차르의 선언은 입헌민주당(카데트Kadet) 같은 자유주의 집단들의 선동을 크게 약화시켰다. 자유주의자들은 최근 몇 주 동안 사회주의 정당들이 취한 직접 행동에 동요했다. 대부분의 사회주의자들—볼셰비키, 멘셰비키, 사회주의자혁명가당—은 니콜라이 2세가 기회가 닿는 대로 전제 권력을 회복할 것이라고 의심했다. 볼셰비키는 봉기를 계속 추진했는데, 1905년 12월에 모스크바에서 봉기를 일으키자 군이 효과적으로 진압했다. 2년도 안 되어 마르크스주의 지도부는 다시 '망명'했다.

레닌은 인민주의 테러리즘의 지지자로서 혁명 활동을 시작했으나 그 세대의 다른 이들과 마찬가지로 자신이 정통 마르크스주의라고 여겼던 이념으로 전향했다. 그는 인민주의를 계속 찬양했고 러시아사회민주노동당에도 인민주의 사상의 일부를 채택하도록 권고했다. 엄격하게 조직된 비밀 당 조직에 대한 그의 고집도 그 사상에서 유래했다. 1905년부터 레닌은 러시아에서 혁명이 성공하려면 노동자와 농민을 대표하는 정당들의 동맹이 필요하다고 분명히 말해 왔다. 이 주장은 제국 군주정에 맞선 투쟁에서는 중간 계급을 동맹자로 만들어야 한다는 러시아 마르크스주의자들의 전통적인 가정과 단절하는 것이었다.

레닌은 1904년에 진행된 분파 투쟁에서 중앙 당 지도부에 대한 통제권을 상실했다. 러시아가 혁명의 혼란에 휩싸이면서 그는 볼셰비키를 더는 지배할 수 없었다. 볼셰비키 중 많은 사람들이 소비에트가 자생적인 노동 계급 활동의 산물이라고 지나치게 생각하면서 소비에트에 가입하지 않으려 했다. 볼셰비키는 사태를 따라가는 것이 아니라 지도하기를 원했고 그들 중 다수는 새로운 국가의 두마*를 위한 선거에 출마한다는 구상을 거부했다. 그러한 견해의 지도적 주창자는 알렉산드르 보그다노프*였다. 보그다노프를 비롯한 일부 사람들은 혁명적 봉기의 목표를 훼손하는 어떤 타협도 해서는 안 된다고 주장했다. 특히 보그다노프는 노동자들이 공식 러시아와 어떤 연계도 가져서는 안 되며 그들만의 '프롤레타리아 문화'를 발전시켜야 한다고 역설했다. 레닌은 이 모든 것이 언짢았다. 그에게는 볼셰비키가 노동자들의 탁월함과 영향력을 증대할 수 있는 모든 기회를 이용해야 하는 것이 분명했다. 소비에트에 가입하지 않거나 두마 선거 운동에 참여하지 않는 것은 어리석은 일 같았다. 레닌은 분파 동지들이 보여주는 지적 경직성을 극렬하게 비난했다.[5)]

더욱이 레닌은 볼셰비키가 취한 극단적인 입장을 반박할 수만 있다면 멘셰비키와 협력하여 얻을 수 있는 이로움도 높이 평가하기 시작했다. 볼셰비키와 멘셰비키는 1906년 런던에서 열린 제4차 당 대회에서 재결합했다. 하지만 그와 동시에 레닌은 멘셰비즘과 전혀 맞지 않는 보편 전략을 발표했다. 그는 러시아의 중간 계급이 군주정과 공동 대의를 추구하고 있다고 선언했다. 레닌의 제안은 마르크스주의자들이 도시와 농촌 부르주아가 아니라 농민층을 프롤레타리아의 동맹자로 대해야 한다는 것이었다. 또한 그는 니콜라이 2세에 맞선 혁명이 성공하려면 봉기가 필요하다고 주장했다. 그가 보기에 평화적인 권력 이양은 상상도

두마(duma) 제정 말기의 러시아를 전제정에서 입헌군주제로 바꾸기 위해 창설된 의회.
보그다노프(Aleksandr Bogdanov, 1873~1928) 소련의 혁명가이자 문예 이론가.

할 수 없었다. 레닌은 자본주의 경제 발전을 촉진할 뿐만 아니라 시민적 자유를 확보하기 위해서도 프롤레타리아와 농민층의 일시적인 혁명적 독재가 필요할 것이라고 선언했다.

그리하여 놀랄 것도 없이 러시아 마르크스주의는 자기 자신에게 불리하게도 여전히 분열된 상태로 있을 수밖에 없었다. 멘셰비키 등은 1903년 제2차 당 대회에서 결의한 당 강령에 심지어 '프롤레타리아의 독재'를 포함시키는 것도 동의했던 듯하다. 그러나 멘셰비키는 이 '프롤레타리아의 독재'를 다르게 이해했다. 그들은 레닌이 의도한 것과 같은 계급 독재를 수립할 의사가 없었다. 그들은 이 어구를 아마도 마르크스와 엥겔스가 의미했을 것 같은 식으로 해석했다.[6] 멘셰비키는 경제, 법, 정치의 기본 방향이 부르주아에 유리한 쪽으로 치우쳤다는 의미로만 선진 자본주의 사회를 부르주아 독재로 간주했다. 그러나 멘셰비키는 제국 군주정을 제거하는 데 자유주의자들과 함께 협력하기를 원했다. 또한 보통선거권이 바람직하다는 것도 인정했다. 국민들을 위해 보편적인 시민권도 원했으며, 사회주의 정부가 계급에 기반을 두고 그와 같은 권리를 제한해야 한다는 주장은 거부했다. 멘셰비키는 러시아 제국에서 합법적 노동 운동에 참가하려고 노력했다. 그러나 그들은 여전히 급진적인 혁명가들이었다. 군주정은 가두 시위와 폭력에 의해 무너져야 할 것이라고 기대했으며 노동 계급의 이익을 위해 싸우고자 했다. 하지만 볼셰비키와 공통된 마르크스주의 언어로 이야기하면서도 멘셰비키는 러시아를 위해 매우 다른 정치적 미래를 계획했다.

이른바 멘셰비키와 레닌주의 볼셰비키는 러시아인들이 거주하는 제국 영토 내의 러시아사회민주노동당 분파 가운데 가장 잘 통일된 분파였다. 멘셰비키에는 망명자들과 지역 투사들의 활동을 결합하는 조직위원회가 있었고 레닌주의 볼셰비키는 자신들의 중앙위원회를 통해 동일한 작업을 했다. 플레하노프파, 청산파, 그리고 레닌주의를 거부하는 갖가지 볼셰비키 등 다른 분파도 존재했다. 더구나 몇몇 민족 조직도 존재했다. 일부는 리투아니아, 러시아령 폴란드, 아르메니아, 그루지야의 일정한 영토 경계 내에서 활동했다. 그리고 유대인 노동자 동맹 '분트'*, 아제르바이잔계 마르크스주의 추종자들을 위한 '휘메트'*가 있었다.

레닌은 모든 경쟁 분파들이 이런저런 때에 결정적인 점에서 마르크스주의를 배반했다고 주장하면서 비판의 화살을 날렸다. 그는 정통 마르크스주의의 주창자를 자임했다. 실제로 레닌은 자신만의 방식으로 마르크스와 엥겔스의 교리와 행동에 더없이 충실했다. 마르크스주의의 공동 창시자들은 폭력 혁명과 독재와 테러를 승인했다. 그들은 '프롤레타리아 독재'를 예측했고 희망했다. 그들은 결코 각국이 일련의 동일한 단계를 거쳐 대혁명에 도달할 것이라고 주장하지 않았다. 레닌주의의 많은 가정들은 19세기 중엽의 마르크스주의로부터 직접 연유했다. 레닌과 모든 부류의 볼셰비키는 산업화와 도시화에 헌신했고, 교육 확대를 열망했다. 대규모 조직이 근대화의 열쇠라고 믿었으며 종교, 농촌 전통, 구 러시아를 절멸하고자 했다. 경제 계획과 사회 공학에 전념했고 헌정 절차와 세밀한 정치 과정에는 무관심했다. 혁명적 변혁을 위해 완전히 통제된 '전위'를 구성하고자 했다.[7]

그러나 볼셰비키와 멘셰비키 양쪽 다 러시아 노동 운동에 간헐적인 영향만을 주었다. 분파와는 상관없이 망명 지도자들은 유럽의 같은 도시들에서 살았다. 그들이 선택한 곳은 제네바, 취리히, 파리, 런던이었다. (레닌은 남달리 파리를 혐오했다. 누군가 파리 국립도서관 밖에서 애지중지하던 그의 자전거를 훔쳤는데, 잃어버린 자전거를 찾아 달라고 돈을 주고 고용한 여자가 건성으로 일을 한 탓에 그의 감정은 나아지지 않았다.)[8] 스위스에서 휴일이면 망명 지도자들은 때때로 언덕을 산책하곤 했다. 때로는 여럿이 무리를 지어 브르타뉴 해안가 마을에서 임대할 집을 찾곤 했다.

분트(Bund) 유대인 사회주의 운동 단체로서 정식 명칭은 리투아니아 · 폴란드 · 러시아의 전유대인노동조합이다.

휘메트(Hümmet) 1904년에 결성된 무슬림 사회민주당.

아니면 소설가 막심 고리키(Maksim Gor'kii, 1868~1936)가 언제든지 손님을 환대하던 남부 이탈리아 해안의 카프리 섬에서 살 집을 찾아보았을 것이다. 망명자들은 도시에서 살든 여름 휴가를 보내든 거의 항상 러시아인들끼리 무리를 지어 다녔다. 런던의 블룸즈버리는 러시아 제국에서 지도적 혁명가들을 끌어들였다. 제네바의 카루주 거리는 급진적 러시아의 축소판이었다. 그곳에는 도서관과 발효 우유 케피르를 파는 가게, 신문사와 카페가 있었다. 망명자들은 하루의 대부분을 러시아어로 말했으며 상트페테르부르크에서 발행된 신문들을 읽었다. 그들은 망명한 나라의 정치적 국면을 쫓았지만, 그들의 관심은 러시아에 초점이 맞추어져 있었다.[9]

오흐라나는 첩자들을 국내외의 러시아사회민주노동당에 침투시켜 활동을 방해했다. 러시아 대도시에 근거를 둔 조직들은 정기적으로 파괴되었다. 지도자들은 시베리아로 유배당했다. 당은 1905~1907년의 혁명적 비상 상황 이후 몇 년 동안 실의의 시간을 보냈다. 당원 수는 최절정기의 15만 명에서 수천 명 수준으로 급락했다.[10]

마르크스주의자들은 타협에 관한 이야기가 떠돌 때, 비타협적인 태도를 견지함으로써 낙담과 실의의 분위기에 대응하고자 했다. 쓸 만한 지도적 혁명가라면 누구나 제국 관료층이나 경제 고위층을 위해 일하는데 동의하지 않으려 했다. 레프 크라신(Lev Krasin)이라는 예외적 인물은 그런 규칙이 있다는 증거다. 크라신은 러시아와 독일에서 지멘스 전기 회사에 근무하며 급료를 받은, 업무 능력이 놀랄 정도로 뛰어난 엔지니어였다. 그와 동시에 크라신은 제1차 세계대전 전에 볼셰비키가 은행을 털 때 그들에게 재정과 무기에 관한 전문 지식도 제공했다.[11] 혁명가들은 단순히 체제로부터 소외된 것이 아니었다. 그들은 자신들의 정치적 고결함을 더럽히면 안 되었기에 체제와 관계를 맺지 않으려 했다. 경솔하게도 그들은 세계에 대한 자신들의 근본적인 가정을 의문시할 필요에 무감각했다. 혁명가들은 서로 으르렁대며 싸웠고 이 싸움은 그들이 자유롭게 사고하는 지식인들의 지도를 받는다는 인상을 세상에 퍼뜨렸다. 그러나 실상은 지도자들이 일단의 사상을 흡수하여 그 사상에 조금이라도 회의를 품지 못하게 했다는 것이다. 볼셰비키는 지적으로 가장 경직되어 있었다. 그들은 항상 몇몇 전제에 기대어 생각하고 행동했으며 '반혁명적' 사상에 맞서 그들 자신들을 무장시켰다.

19세기 중엽 이래 러시아 혁명가들을 만났던 유럽의 사회주의자들은 러시아 혁명가들이 이상한 자들임을 알았다. 표도르 도스토예프스키의 《악령》과 조지프 콘래드*의 《서구인의 눈으로》 같은 소설들은, 수많은 반(反)차르 조직들의 특징이었던 평범한 도덕 기준과의 단절을 강조했다. 하지만 사회주의인터내셔널은 덜 비뚤어진 결론에 도달했다. 러시아의 모든 혁명가들이 광신자인 것은 아니었다. 특히 사회주의자혁명가당과 멘셰비키는 합리적이고 융통성 있게 정치를 하는 듯이 보였다. 심지어 볼셰비키도 빈번하게 자행하는 과격한 행동을 용서받았다. 볼셰비키는 극단적으로 비타협적이긴 했지만, 유별난 저발전 국가인 러시아는 당분간 억압적인 황제와 투박한 농민뿐만 아니라 거친 혁명가를 낳을 수밖에 없다고 독일사회민주당은 가정했다. 따라서 유럽의 사회주의자들은 러시아 동지들의 특이성을 보고도 못 본 체했다. 러시아사회민주노동당이 제5차 당 대회를 위해 1907년 런던에서 만났을 때 기독교 사회주의자인 브루스 월리스(Bruce Wallace) 목사는 해크니의 형제애 교회를 대회장으로 쓸 수 있도록 빌려주었다.[12] 볼셰비키 참가자들이 지지하는 전투적 무신론과 독재와 테러, 내전을 불사하는 태도를 월리스 목사가 조금도 갖고 있지 않았음은 명백하다.

모든 사람이 이런 관대한 태도를 공유한 것은 아니었다. 로자 룩셈부르크는 볼셰비즘에 위협적 요소가 있음을 확실히 알았다. 러시아사회민주노동당과 독일사회민주당 당적을 동시에 갖고 있던 그녀는 다음과 같

콘래드(Joseph Conrad, 1857~1924) 영국의 소설가. 폴란드 베르디체프 출생.

이 말하는 데 예외적으로 유리한 위치에 있었다. "레닌이 옹호한 초중앙 집중주의는 긍정적인 창조적 정신으로부터 태어난 것이 아니라 야경꾼의 부정적인 불모의 정신으로부터 태어난 것이다."[13] 룩셈부르크는 또 농업 문제와 민족 문제에 관한 레닌의 정책을 싫어했고 그 정책을 마르크스주의의 진정한 정신으로부터 빗나간 기회주의적 일탈로 여겼다. 하지만 독재를 옹호하는 레닌의 경향을 비판하지는 않았다. 제1차 세계대전에 이르기까지 제2인터내셔널은 볼셰비키를 유럽 사회주의 운동의 적법한 일부로 취급했다.

그렇지만 1912년에 노동 운동이 다시 힘을 얻을 때까지 볼셰비즘은 러시아 제국에서 직접적인 중요성이 거의 없었다. 산업 침체기에 뒤이어 호황이 시작되었다. 노동자들은 실업에 대한 걱정이 줄어들었다. 그들은 전투적 자세로 되돌아갔다. 당국은 평상시처럼 지나치게 공격적으로 대응해서 상황을 악화시켰다. 1912년 4월 시베리아의 레나 금광에서 파업 중인 광부들을 학살한 사건은 러시아 전역에서 항의 시위를 촉발했다. 1913년에 2,404건의 파업이 발생했다. 정부와 러시아 제국 전역의 대고용주들은 경악했다. 두 번째 혁명적 상황이 머지않은 듯했다. 볼셰비키 분파와 멘셰비키 분파 모두 혼란을 이용하고자 했다. 멘셰비키는 러시아사회민주노동당을 재통합하려고 노력했으나 헛수고로 끝났다. 볼셰비키—정확하게는 볼셰비즘의 레닌파 그룹—는 1912년 1월 프라하에서 별도의 협의회를 개최하여 중앙위원회를 선출하고 이를 당의 유일한 합법적 지도부라고 주장했다. 이 주장은 분노와 조소를 똑같이 불러일으켰다. 그러나 레닌은 다른 러시아 마르크스주의자들이 자신을 어떻게 생각하든 신경 쓰지 않았다. 그는 다른 모든 분파와 영원히 결별하고 러시아의 노동 운동을 볼셰비즘의 정치적 목적에 이용하고자 했다.

1912년 제4대 두마 선거 결과 멘셰비키는 7석을, 볼셰비키는 6석을 획득했다. 오스트리아령 폴란드의 크라쿠프 시와 그 주위에 기반을 둔 새 '중앙위원회'는 두마의 볼셰비키 대의원들을 부추겨 멘셰비키 그룹과는 별도로 조직을 만들게 했다. 볼셰비키의 합법적 일간 신문인 〈프라우다〉가 따로 상트페테르부르크에서 창간되었다. 볼셰비키 투사들은 노동조합에서 멘셰비키와 협력하지 않으면서 활동하라는 명령을 받았다. 심지어 레닌은 멘셰비키 분파와 공정하게 나눠 써야 할 자금을 꽉 쥐고 있다는 제2인터내셔널의 비난을 자초할 의사까지 있었고 이 문제를 둘러싸고 카를 카우츠키와 싸울 것처럼 보였다.[14]

그러나 제2인터내셔널에서 레닌과 카우츠키의 최종 충돌은 결코 일어나지 않았다. 좀 더 큰 사건이 그들의 언쟁을 덮어버린 것이다. 1914년 7월 유럽에서 전쟁이 터졌다. 한편에는 중부 열강인 독일과 오스트리아-헝가리가 있었다. 그들에게 맞선 쪽은 러시아, 프랑스, 영국으로 이루어진 연합국이었다. 그것은 거대한 싸움이었다. 러시아군은 동부 프로이센으로 신속히 진격했으나 타넨베르크 전투에서 협공 작전에 말려들었다. 독일군의 성공은 러시아군과 벌인 전투에 국한되지 않았다. 프랑스가 사전에 대책을 세웠지만 독일 제국의 군대는 벨기에를 가로질러 프랑스 북부로 질주했다. 그런 다음 전선이 고정되었다. 바르샤바와 브뤼셀이 독일군에 함락되었으나 연합국은 참변을 막기 위해 막대한 인적 · 물적 자원을 동원했다. 연합국과 중부 열강은 1915~1916년에 참호 속에서 서로 대치했고 어느 동맹도 교착 상태를 타개할 전략을 내놓으려는 조짐을 거의 보여주지 못했다. 제1차 세계대전은 대부분의 사람들이 예상한 대로 몇 주 내에 끝나기는커녕, 계속 이어지며 모든 교전국의 자원을 소모했다. 온 사회가 전쟁에 휘말렸다. 징병이 일반화되었고 산업체는 전쟁 수행을 위한 경제 활동에 동원되었다. 공식 선전은 극단적 애국주의를 자극했다.

제2인터내셔널은 1914년 전에는 회원 정당들이 대륙에서 벌어지는 전쟁에 자국 정부가 참여하는 데 절대 반대하도록 했다. 실제로 전쟁이 발발하자 러시아 혁명가들은 반응이 나뉘었다. 심지어 일부 볼셰비키조차 러시아의 애국적 대의로 결속했다. 그러나 대다수 볼셰비키와 멘셰비키, 그리고 사회주의자혁명가당은 원칙을 고수했다. 그들에게 전쟁이란 이편이든 저편이든 부르주아 군사 동맹에는 유리하지만 세계의 보통 노동자들에게는 빈곤과 죽음을 가져다줄 뿐인 제국주의 국가 간의 갈등이었다. 다른 나라의 사회주의자들은 자국 정부의 전시 공채에 찬성표를 던지는 경향이 있었다. 그러나 일부 좌파는 전쟁 전의 약속을 지켰다. 이들은 프랑스, 독일, 네덜란드, 스위스 사회주의자들이었고, 1915년에 조그만 알프스의 마을인 치머발트에서 반전 정치 좌파의 협의회를 소집한 사람은 스위스 지도자 로베르트 그림*이었다. 치머발트 회의의 참석자는 30여 명에 불과했다. 트로츠키는 극좌 사회주의가 산을 여행하려면 관광버스 두 대면 된다고 빈정댔다.[15]

의견 통일을 이루기는 쉽지 않았는데, 잘못은 각 사회주의 정당이 자국 군대의 군사적 패배를 적극적으로 추구해야 한다고 요구한 레닌에게 있었다. 그는 대륙의 부르주아와 프롤레타리아 간의 '유럽 내전'을 요구했다. 이 구상은 기괴한 환상이었다. 레닌 분파의 많은 동지들은 레닌이 마침내 머리가 이상해졌다고 생각했다. 그들은 왜 볼셰비키가 황제 빌헬름 군대의 승리를 추구해야 하는가 물었다.[16] 무엇이 레닌으로 하여금 유럽 국가의 노동자들이 이 무서운 전쟁 다음에 또 다시 내전을 원하고 있다고 믿게끔 만들었는가? 정보 기관의 면밀한 감시를 받던 치머발트 운동은 사태에 거의 영향을 주지 못했다. 그들은 소책자를 발간하고 포로수용소에서 선전을 수행했다. 서로 지속적으로 접촉했고 정치 전략을 두고 전혀 동지답지 않게 논쟁을 벌였다. 하지만 그들은 사회주의 혁명의 그날이 막 동틀 것이라고 확신했다. 전쟁과 전쟁의 고통은 역사를 가속화할 것이다. 그들은 혁명적 상황이 나타날 때마다 그리고 나타나는 곳마다 만반의 준비를 갖추고자 했다. 유럽에서는 보수주의와 자유주의 정치의 조종(弔鐘)이 이미 울리고 있었다. 참전에 대한 제2인터내

그림(Robert Grimm, 1881~1958) 스위스의 급진 사회주의 정치가. 제1차 세계대전이 발발할 무렵 전쟁에 반대하며 사회민주당을 이끌었다.

셔널의 반대를 저버린 사회주의자들은 자신들의 우유부단함을 곧 후회할 것이었다.

혁명을 감행할 가장 좋은 기회를 제공한 것은 러시아의 상황이었다. 전쟁이 처음 예상했던 몇 주를 지나 계속 진행되자 긴장이 극심해졌다. 정부는 1천2백만 명을 수비대와 전선으로 동원하는 데 성공했다. 정부는 야금 공장, 직물 공장과 계약을 맺었고 이에 따라 군대를 무장할 장비가 생산되었다. 최고사령부는 중부 열강에 맞서 국방을 튼튼하게 했다. 그러나 군비 강화는 큰 대가를 치렀다. 재무성이 해외 차관을 보충하려고 돈을 찍어대자 인플레이션이 극심해졌다. 농민들은 산업체가 더는 자신들이 원하는 것을 생산하지 않기에 곡물을 매매할 동기가 점점 줄어들었다. 도시의 편의 시설은 상태가 악화되었다. 무기 공장의 임금이 오르긴 했지만 급등하는 생계비를 충당하기에는 역부족이었다. 평화시에 가까스로 유지되었던 민간 행정 기관은 해체되고 있었다. 황실의 평판은 더 나빠졌다. 니콜라이 2세는 어리석게도 부인 알렉산드라와 자신들의 절친한 상담역인 그리고리 라스푸틴*을 남겨 두고 전쟁을 직접 지휘하려고 모길료프에 있는 군 사령부로 옮겼다. 재정적 부패와 부정한 남녀 관계를 놓고 소문이 퍼졌다. 라스푸틴은 1916년 12월 암살당했다. 두마 정치인들은 사석에서 군주정의 종말이 가까워졌는지를 놓고 논쟁을 벌였지만 실제로는 아무것도 하지 않았다. 마찬가지로 장군들도 심사숙고하면서도 행동에는 나서지 않았다. 하지만 노동자들은 자신들이 견딜 수 없을 정도로 압박당하고 있다고 느꼈다. 1915년 말과 1916년 말에 페트로그라드(Petrograd, 상트페테르부르크를 독일 냄새가 덜 나도록 페트로그라드로 이름을 바꾸었다)에서 파업이 발생했다.

라스푸틴(Grigori Rasputin, 1864~1916) 제정 러시아 말기의 수도사. 황태자의 혈우병을 치료하여 니콜라이 2세와 황후 알렉산드라에게 신임을 받게 되었다. 이후 황실을 등에 업고 러시아 궁정의 혼란과 부패를 부채질하였다.

5장

레닌과 10월혁명

왜 볼셰비키가 승리했는가?

1917년경 제정 러시아의 군주정은 회복할 가망이 없을 정도로 신뢰를 잃었다. 중도 보수주의자들과 자유주의 우파는 영국을 모델로 하는 입헌군주정 수립을 희망했다. 다른 자유주의자들은 왕조를 완전히 제거하기를 원했다. '부르주아-민주주의' 혁명을 계획하는 멘셰비키와 사회주의자혁명가당은 노동자, 농민, 징집되어 복무 중인 병사들의 이익을 옹호하는 반대파를 형성하고자 했다. 그들의 주된 요구는 러시아의 전쟁 수행을 방어적 목표에 국한하고 전반적인 시민적 자유의 질서를 수립하는 것이었다.

니콜라이 2세는 사태의 심각성을 제대로 인식하지 못했다. 여성 섬유 노동자들이 수도에서 파업 중이던 1917년 2월 마지막 주에 진실의 순간이 닥쳤다. 무기 공장의 노동자들이 이 파업에 가담했으며 수비대 병사들이 파업 노동자들을 지지했다. 차르가 정신을 차렸을 때는 너무 늦었다. 통제력을 회복하지 못한 그는 제위에서 물러났고 며칠간의 혼란 끝에 임시정부가 구성되었다. 임시정부의 지도자는 자유주의자인 게오르기 리보프*였고 카데트(입헌민주당원)와 다른 자유주의자들이 내각의 직책을 대부분 차지했다. 새로운 정책이 발표되었다. 임시정부는 제헌의회가 선출될 때까지 권력을 유지하고 그때까지 내각은 중부 열강에 맞서 방어전을 치를 것이다. 니콜라이 2세의 팽창주의적 전쟁 목표는 철회되었다. 각료들은 완전한 시민적 자유를 선포했다. 그리하여 사람들은 원하는 대로 말하고 쓰고 기도하고 모이고 조직할 수 있었다. 이 개혁에 대중의 감사와 지지라는 대가가 돌아오면 좋겠다는 희망이 있었다. 내각은 또 서방 연합국의 지원을 기대했고 러시아는 이제 자유 국가이므로 러시아 군대가 더욱 효율적으로 싸울 것이라는 메시지를 보냈다. 이 혁명, 즉 2월혁명 직후 처음 몇 주 동안은 낙관주의가 지배하는 분위기였다.

그러나 임시정부의 권위는 이미 심각하게 추락했다. 페트로그라드소비에트가 노동자와 병사들에 의해 선출되었고 멘셰비키와 사회주의자혁명가당이 그 지도부를 차지했다. 멘셰비키나 사회주의자혁명가당은 러시아가 사회주의를 도입할 준비가 되어 있지 않다고 생각하고 내각 참여를 원하지 않았다. 그러나 그들은 임시정부에 영향력을 행사하기를 원했고, 자유주의 내각이 살아남으려면 그들의 승인이 필요했다. 이중권력이라는 상황이 전개되었다. 리보프는 이 점을 이해했다. 외무장관 파벨 밀류코프*는 그렇지 않았다. 밀류코프는 4월에 파리와 런던에 전보를 보내 연합국이 전쟁에서 승리할 경우 오스만 제국을 희생시켜 영토를 획득할 수 있으리라는 러시아의 기대를 재확인했다. 노동자와 병사들은 순수한 방어적 전략을 포기한 데 항의하며 페트로그라드의 거리로 나섰고, 밀류코프는 사임해야 했다. 멘셰비키와 사회주의자혁명가당의 지도자들은 정부의 책임을 나누는 데 동의하면서 연립정부에 입각하기로 했다. 이 협력은 언제나 까다로웠다. 자유주의자들은 핀란드와 우

리보프(Georgy Lvov, 1861~1925) 러시아의 정치가이자 공작. 2월혁명 때 임시정부 총리 겸 내무장관이 되었으나, 볼셰비키 7월봉기 후 사직했다.

밀류코프(Pavel Milyukov, 1859~1943) 러시아의 역사가이자 정치가. 2월혁명 후 외무장관에 취임했으나, 전쟁 완수 각서를 연합국에 보낸 일 때문에 사임했다.

크라이나에 자치를 부여하는 것에 반대했다. 그들은 또 산업 중재소를 도입하고 '토지위원회'가 미경작지를 농민 촌락 공동체에 넘겨주는 것을 허용한 동료 사회주의자 각료들을 비난했다. 그들은 할 만큼 했고 6월 말에 내각에서 사임했다.[1)]

그 즈음 임시정부는 볼셰비키당이 가하는 위협에 직면했다. 처음에는 볼셰비키 내부에서 혼란이 있었다. 볼셰비키의 본래 계획은 다른 사회주의 정당과 임시 혁명 독재 체제를 수립하는 것이었으나 그런 일은 일어나지 않았다. 레프 카메네프*와 스탈린이 주도한 볼셰비키 중앙위원회는 임시정부와 노골적인 대결을 피하기로 결정했고 좀 더 급진적인 계획을 원하는 투사들을 다른 곳으로 좌천시켰다. 이러한 조치에 화가 난 레닌은 스위스에서 페트로그라드로 분노에 찬 전보를 발송했다. 러시아의 많은 볼셰비키가 레닌 같은 지도자를 열망하고 있었다. 레닌과 다른 반전(反戰) 망명 혁명가들은 베를린 정부로부터 봉인 열차로 독일을 가로지를 수 있도록 허가를 받았다. 독일은 러시아를 전쟁에서 철수시키고자 하는 레닌과 망명자들의 노력을 이용하려고 했다. 레닌의 그룹은 4월 4일 이른 아침 페트로그라드의 핀란드 역에 도착했다.

레닌은 자신이 이용할 수 있다고 생각한 정치적 상황으로 되돌아갔다. 그의 《4월 테제》는 사회주의 행정부로 내각을 교체하라고 요구했다. 이 요구는 본질적으로 혁명의 요구였다. 레닌은 임시정부가 결코 국가의 문제점들을 해결하지 못할 것이라고 주장했다. 그는 토지를 농민들에게 이양해야 한다고 역설했다. 노동자들은 산업 생산을 '통제'해야 한다. 모든 민족들에게 민족 자결이 주어져야 하며 동부 전선의 전쟁은 종결되어야 한다. 노동자, 농민, 병사의 선출 기관으로서 소비에트들은 정부 기관이 되어야 한다. 이 주장들은 미친 사람의 헛소리로 취급받았다. 많은 볼셰비키가 레닌의 주장을 거부하고 분파를 떠났다. 그러나

카메네프(Lev Kamenev, 1883~1936) 러시아의 혁명가이자 소련 정치가. 1901년 러시아사회민주노동당에 입당했고 10월혁명 전야에 봉기 반대를 주장하기도 했다.

일부 볼셰비키는 당시 멘셰비키와 사회주의자혁명가당이 공장과 수비대의 지지를 받고 있었는데도 레닌과 그의 계획에 매료되었다. 카메네프와 스탈린은 레닌 편으로 넘어왔고 볼셰비키 중앙위원회는 레닌의 전략을 승인했다. 4월 말의 밀류코프 전보 사건을 둘러싼 소동으로 레닌이 옳은지를 의심하던 사람들은 임시정부가 신뢰할 가치가 없다고 더욱 확신했다. 볼셰비키는 4월 말에 열린 협의회에서 나머지 러시아 사회민주노동당과 완전히 결별하고 독자적인 주요 반대당이 되었다.

산업은 재정적 · 물적 자원의 부족으로 혼란에 빠졌다. 사태는 파업 노동자들에 의해 더욱 악화되었다. 실업을 우려한 노동자들은 고용주와 경영자들의 자유를 축소하라고 촉구한 투사들 쪽으로 돌아섰다. 도시로 공급되는 식량이 줄어들었다. 농민들은 농산물을 거래한 대가를 실질적으로 전보다 더 적게 얻고 있었으며 구입할 수 있는 공산품이 거의 없었다. 수확물을 판매해서 얻는 이득이 별로 없었다. 또 농민들은 모든 농지를 자신들에게 넘기는 것을 반대하는 정부에 속았다고 느꼈다. 농민들은 원하는 것은 무엇이든 움켜쥐라고 하는 사회주의 지도자들—주로 사회주의자혁명가당 좌파—의 말에 귀를 기울였다. 각료들의 애국적 요청에 인민들은 공감하지 않았다. 6월에 동부 전선에서 펼친 러시아군의 공세는 군사적 패배와 우크라이나 영토의 추가 상실로 끝났다. 병사들은 장교들의 능력과 진실성을 더는 믿지 않았다. 처음에는 수비대가, 그 다음에는 참호의 병사들이 종전을 요구했다. 정부는 상황을 개선하는 데 무력했다. 자유주의자들이 주도하는 연립정부는 7월에 사회주의자혁명가당의 알렉산드르 케렌스키*가 내각을 이끌도록 양보했다. 그는 뛰어난 웅변가였으나 상황을 타개하기에는 역부족이었다. 러시아는 대혼란으로 곤두박질치고 있었다.

케렌스키(Aleksandr Kerenskii, 1881~1970) 법무장관으로서 임시정부에 입각했다. 2월 혁명 후 연립정부에서 총리가 되었으며 코르닐로프 장군의 반란을 소비에트의 도움으로 분쇄했다.

볼셰비키의 정치 공세는 임시정부가 볼셰비키당이 전복 활동을 벌이고 있다고 고발했던 7월 초에 잠시 중단되었다. 볼셰비키당은 페트로그라드에서 무장 시위를 조직하는 일을 도왔다. 볼셰비키가 베를린으로부터 자금을 받았다는 일부 증거도 있었다. 내무장관이 레닌을 독일 첩자라고 비난하자 레닌은 수도를 떠나 멀리 헬싱키에 숨었다. 그러나 당은 레닌 없이 활동을 계속했다. 볼셰비키는 소비에트, 공장위원회, 노동조합에서 세력을 확대했다. 그들은 역동적으로 움직였다. 멘셰비키나 사회주의자혁명가당과 달리 볼셰비키는 정부 정책에 책임이 없었다. 지방에 만들어진 볼셰비키 위원회들은 당의 좀 더 일반적인 의제뿐만 아니라 지역적 불만도 고려했다.[2)]

케렌스키의 엄청난 무능은 볼셰비키의 성공을 촉진했다. 8월에 케렌스키는 소비에트들을 무릎 꿇게 만들기로 결심하고 최고사령관인 라브르 코르닐로프*에게 전선으로부터 페트로그라드로 병력을 이동하라는 명령을 내렸다. 모길료프의 군 사령부에 근거지를 둔 코르닐로프는 정치적 우파의 총아였다. 러시아의 반사회주의 그룹들은 2월혁명 후 짖지 않는 개였으나 '강자'의 집권을 바라는 요구가 유산자 엘리트들 사이에서 힘을 얻고 있었다. 군 사령부를 떠나 타 지역을 방문할 때마다 코르닐로프는 상류 사회의 환영을 받았다. 마침내 케렌스키는 코르닐로프가 자신에 맞서 쿠데타 음모를 꾸미고 있다고 확신하고 공포에 빠졌다. 케렌스키는 수도로 군대를 이동시키라는 자신의 명령을 철회했다. 그러자 코르닐로프는 케렌스키가 공장과 수비대의 질서를 회복할 의지를 상실했다고 생각했다. 코르닐로프는 이전에는 의도하지 않았던 바로 그 쿠데타를 실행하기로 결심했다. 2월혁명은 위험에 처했다. 케렌스키는 멘셰비키와 사회주의자혁명가당, 심지어 볼셰비키에게까지 도움을 청했

코르닐로프(Lavr Kornilov, 1870~1918) 임시정부 최고사령관으로서 1917년 9월 7일 군사 독재를 목표로 반란을 일으켜 부대를 이끌고 수도로 향했으나 소비에트에 의해 저지당해 체포되었다.

다. 사회주의 선동가들은 코르닐로프의 군대를 실어 나르던 열차로 급히 달려갔다. 그들이 이 분견대를 임시정부 아래 굴복시켰을 때 사용한 무기는 총이 아니라 말이었다. 코르닐로프는 구금당했고 쿠데타는 제대로 시작하기도 전에 끝나고 말았다.

볼셰비키는 러시아가 왼쪽의 자신들과 오른쪽의 군사 독재 사이에서 선택을 해야 한다고 주장했고 사람들은 그 주장을 지지했다. 선거를 거듭한 결과 볼셰비키가 페트로그라드와 모스크바의 소비에트들에서 다수파를 차지했다. 9월에 헬싱키에 고립되어 있던 레닌은 소비에트의 이름으로 권력을 장악할 것을 당에 요청했다. 볼셰비키 중앙위원회는 레닌의 요구를 시기상조라며 거부했다. 그러나 한여름에 트로츠키가 당에 가입하면서 활기를 얻은 당원들은 임시정부를 전복할 때가 다가오고 있다는 데 동의했다.

볼셰비키의 생각은 러시아에 국한되지 않았다. 그들은 세계 자본주의의 최종 위기가 임박했고 바야흐로 유럽의 사회주의 혁명기가 시작될 것이라고 주장했다. 레닌은 친한 헬싱키 경찰서장의 집 소파에 기대어 썼던 《국가와 혁명》에서 이 구상을 요약했다. 그는 제2인터내셔널의 정당들이 평화적이고 합법적인 정치 방식에 집중하고 사회주의자들이 최종적으로 권좌에 오르더라도 '부르주아 국가'가 유지될 것이라고 추정함으로써 마르크스주의를 배반했다고 선언했다. 의회와 군대와 관료제는 그대로 존속될 것이었다. 레닌은 이것이 자본주의와의 타협으로 나아가는 발걸음이라고 예측했다. 그리고 레닌은 제국주의 시대에 제국들의 '금융 자본'이 반대파를 매수하는 술수를 배웠다는 것이 이미 명확해졌다고 주장했다. 선진 경제 사회에 거주하는 숙련 노동 계급은 훨씬 높은 임금을 받았고 급진적 사회 변화에 덜 헌신하게 되었다. 사회주의 정당들은 때때로 혁명적 수사를 구사했다. 하지만 현실은 그들의 지도자와 통치 계급의 결탁이 점점 더 심해질 뿐이라는 것이었다.[3)]

레닌은 마르크스와 엥겔스가 폭력 혁명과 프롤레타리아 독재를 믿었다는 증거를 찾았다. 레닌은 그들이 영국과 네덜란드에서 사회주의로의 평화적인 '이행' 가능성을 용인했음을 인정했다. 그러나 20세기 내내 이 두 나라에서 전개된 사태가 군국주의를 낳았으며 이것이 사회주의자들의 권력 장악을 유일한 실천적 혁명 전략이 되게 했다고 레닌은 주장했다.

마르크스와 엥겔스는 실제로는 폭력 혁명과 프롤레타리아 독재에 관해 고정된 견해를 갖고 있지 않았다. 그러나 그들은 폭력에 관해 자주 글을 썼으며 마르크스는 '프롤레타리아 독재' 같은 어구를 열두 번쯤 사용한 것 같다. 레닌은 지적 탐정처럼 그들의 글 속에서 참고할 만한 것을 찾아 헤맸다. 그러므로 레닌의 분석은 어느 정도 정당성이 있기는 하지만 자신의 지적 영웅들이 쓴 일관성 없는 글들에 매우 선별적으로 의존해서 이루어진 것이었다. 레닌은 단순히 마르크스와 엥겔스의 목적을 풀어 썼다고 고백했고 자신을 그들의 겸손한 제자라고 표현했다. 레닌이 내세운 가장 독자적인 분석은 20세기의 변화된 조건에 마르크스와 엥겔스의 분석적 원리를 적용하는 것이었다. 그리고 레닌은 자신의 해석이 러시아뿐만 아니라 유럽 전체에 들어맞는다고 믿었다.[4] 레닌은 무장 봉기와 프롤레타리아 독재에 의해 '부르주아 국가'가 산산이 부서져야 한다고 주장했다. 부서진 자리에 완전히 새로운 국가가 창설되어야 했다. 그는 이 새로운 국가가 1905년과 1917년에 러시아에서 목격했던 토대, 즉 소비에트 위에 건설되기를 기대했다. 소비에트는 노동자와 병사들이 스스로 선출하고 조직했기 때문에, 레닌에 따르면 마르크스주의적 프롤레타리아 독재의 중핵으로 전환될 수 있을 것이었다.

레닌은 그것은 무조건 독재여야 한다고 주장했다. 그는 그외의 다른 어떤 것도 '사회주의로의 이행'을 보장할 수 없다고 선언했다. 중간 계급과 상층 계급은 필연적으로 반혁명을 지지할 것이며 그들이 머리를 쳐들 때마다 억압되어야 할 것이다. 그들의 시민권은 철회되어야 했다. 레닌은 독재가 국가 테러를 사용하게 될 것이라고 무심결에 말을 흘렸다. 그러나 레닌은 이 말을 일단 소비에트가 권력을 잡으면 '인민들'의 권력이 반혁명 세력에 단호히 맞설 것이라는 예측과 결합시켰다. 혁명은 꽤 쉬운 일이 될 것이다. 내전이 발발하더라도 곧 종결될 것이다.

《국가와 혁명》은 좌파 정치의 담론을 영구히 변화시켰다. 1917년 이후 모든 사회주의 그룹이 반박 대상으로라도 레닌주의를 고려하지 않고서는 자신의 사상을 형성할 수 없었다. 신성한 마르크스와 엥겔스의 텍스트에 끊임없이 의존하면서 레닌은 자본주의 통치를 전복한 후에는 두 개의 역사적 단계를 통과해야 한다고 상정했다. 제1단계는 사회주의 단계이며 제2단계는 공산주의 단계일 것이라고 마르크스주의는 가르치는 것 같았다. 첫 번째 단계 자체는 중간 계급의 권리를 억압하고, '능력에 따라 각자로부터, 노동한 만큼 각자에게로'라는 원리를 시행하면서 급진적인 사회 · 경제적 개혁을 도입하는 프롤레타리아 독재로 시작할 것이었다. 사람들은 사회의 이익에 기여한 만큼 보상받을 것이다. 당국의 강제적 요구 사항이 축소되고 프롤레타리아 독재가 아득한 기억이 되면서, 두 번째 단계가 시작될 것이다. 이것은 공산주의 그 자체일 것이다. 가정부도 자신에게 맡겨진 행정 업무를 처리할 것이다. 역사는 종말로 다가갈 것이다. 그리하여 공산주의 체제의 작동 원리는 최종적으로 다음과 같이 될 것이다. '능력에 따라 각자로부터 필요에 따라 각자에게로'. 마르크스와 엥겔스의 예언은 실현될 것이다.

이 담론은 마르크스주의를 성급하고 특이하게 해석한 것이었다. 레닌은 평화적인 사회주의 전략은 결코 실행 불가능하며 프롤레타리아 독재가 뒤따를 폭력적 봉기만이 유일하고 가능한 발전 경로라고 절대적으로 고집했기 때문에 공격받기 쉬웠다. 이에 못지않게 논쟁적인 점은 마르크스와 엥겔스의 '가르침'에 대한 자신의 이해만이 유일하게 옳다는 주장이었다. 레닌은 그들의 '제자'로서 부끄럼 없이 앞장섰다. 그는 카우츠키와 같은 다른 해석자들이 순수한 교리를 돈을 받고 팔아먹었다고 확언했다. 레닌과 볼셰비키는 유럽과 북아메리카의 극좌 사회주의자들이 볼셰비키 전략을 채택하도록 설득하고자 했다. 레닌과 볼셰비키는 제3인터내셔널—공산주의인터내셔널(Communist International)—이 자신들의 붉은 깃발 아래 규합하도록 할 작정이었다.

레닌의 권고는 앞뒤가 맞지 않았고 모호하기 짝이 없었다. 그는 공산주의 정책을 요청하는 한편으로 사회주의 개혁과 '유럽 사회주의 혁명'도 요구했다. 극좌 진영에서는 오직 좀 더 지적 수준이 높은 활동가들만이 레닌의 이론에 담긴 의미를 파악했다. 사회주의자들 사이에서는 항상 사상과 방법이 다양하게 존재했다. 공산주의, 사회주의, 사회민주주의, 그리고 심지어 아나키즘 같은 용어들이 어느 정도 겹치지 않은 때가 한 번도 없었다. 레닌은 자신의 정당과 사상을 나머지 정치적 좌파와 구분하기 위해 공산주의라는 용어를 사용했다.[5] 그는 특히 마르크스주의 논쟁을 독점하고자 했다. 당시 마르크스주의의 가장 영향력 있는 해석자였던 카우츠키가 집중적으로 비판받았다. 독일 밖의 대다수 사회주의자들—그리고 아마도 많은 사회민주주의자들도—은 카우츠키에 전혀 동의하지 않았다. 《국가와 혁명》은 강박적으로 카우츠키를 다뤘다. 이런 태도는 단순히 레닌의 유별난 심리적 버릇만은 아니었다. 그것은 모든 극좌 혁명가들을 자신의 국제적 깃발 아래 결집하고 자신의 요청에 호응하지 않는 그룹들을 밀쳐내고자 하는 야심에서 비롯된 태도이기도 했다. 책 자체는 1918년까지 출간되지 않았다. 그러나 그 기본 사상은 레닌이 스위스에서 돌아온 후 말하고 썼던 모든 것을 뒷받침했다. 그것은 특별한 사명을 띤 글이었다.

만일 레닌만 이런 식으로 생각했다면 그는 무력한 극좌 신문의 칼럼니스트로 남았을 것이다. 사실 그는 2월혁명 전에 자신의 추종자들에게 이런 인상을 주었다. 하지만 레닌은 활기차고 큰 정당의 지도자가 되었고 이 당은 이제 막 페트로그라드에서 권력을 장악하려 하고 있었다. 레닌의 사상을 당의 모든 사람들이 공유한 것은 아니었으며 레닌은 아직 이 사상을 당에 부과할 엄격한 강제력이 없었다. 중앙위원회에서조차 다수파는 임시정부를 전복한 후 멘셰비키나 사회주의자혁명가당과 정부의 직책을 나눠 갖는 것을 거부하는 그의 의견에 반대했다. 당의 하층부에서도 일당 독재 사상을 똑같이 꺼림칙하게 여겼다. 볼셰비키는 지역 관리든 이제 새로 가입한 보통 당원이든 그들이 '전(全) 사회주의 정부'를 구성하고 민주적 절차를 견지하기를 기대했다. 레닌과 그의 측근들은 자신들의 의도에 대해 계속 입을 꾹 다물었다. 권력을 잡기 전에 당 내부를 최대한 통일할 필요가 있었다. 레닌이 혁명을 수행하는 것은 과학이라기보다는 기술이라고 말했을 때, 까닭 없이 그런 말을 했던 것은 아니었다. 그는 이 기술이 직관과 용맹뿐 아니라 은폐도 포함한다고 덧붙였을지도 모르겠다.

레닌의 주위에는, 때때로 토를 달기는 했지만 기꺼이 보좌관이 되어준 한 무리의 지도적 동지들이 있었다. 이들 가운데 7월부터 레닌이 외국으로 떠나 있을 때 함께 중앙위원회를 운영했던 스탈린과 야코프 스베르들로프*가 있었다. 그러나 스탈린과 스베르들로프보다 더 중요했던 인물은 한때 반(反)볼셰비키 입장을 견지했던 트로츠키였다. 당 전체에서 그보다 뛰어난 연설가는 없었다. 어느 누구도 〈프라우다〉에 그토록 번득이는 글을 쓰지 못했다. 코안경을 걸치고 텁수룩한 적갈색 곱슬머리의 소유자였던 트로츠키는 가장 눈에 띄는 볼셰비키가 되었다. 그의 강점은 선전 활동만큼이나 조직 활동에서도 나타났다. 페트로그라드소비에트가 수도의 수비대 활동을 조정하기 위해 군사혁명위원회를 구성했을 때 당은 이 위원회에 트로츠키를 당연히 위원으로 참여시켰다. 그는 러시아 혁명 과정의 두 단계—보통의 러시아 마르크스주의자들이 상정한 대로—를 한 단계로 압축하기를 원했다. 레닌은 자신의 《4월 테제》에서 은연중에 이 희망을 승인했다. 두 사람은 수 년 동안 서로

스베르들로프(Yakov Sverdlov, 1885~1919) 러시아의 혁명가. 1917년 당의 4월 협의회에 중앙집행위원회 서기로 선출되어 중앙과 지방 조직의 연락 조정, 요원 배치, 수도의 10월혁명을 위한 준비와 추진에서 조직가로서 수완을 발휘했다.

레프 트로츠키. 레닌의 가장 중요한 동지였던 그는 10월혁명에서 페트로그라드소비에트 의장으로서 무장 봉기를 지휘했고, 소련 건국 이후 붉은 군대를 창설하여 백군과의 내전을 승리로 이끌었다.

반감을 품었지만 이제 함께 일하는 데 아무 문제가 없었다.

하지만 국가가 경제 전체를 소유할 것을 요구한 니콜라이 부하린*과 몇몇 다른 볼셰비키 지도자들은 레닌의 혁명 이론이 너무 온건하다고 생각했다. 볼셰비키의 머릿속에는 세상을 바꾸겠다는 욕망밖에 없었다. 레닌이 당을 고립시킴으로써 위험에 빠뜨릴 행동 지침을 제안한다고 여기는 당내의 덜 급진적인 인사들도 마찬가지였다. 모든 사람들이 정신적으로 천년왕국주의자였다. 러시아, 유럽, 북아메리카는 몇 주, 아니 아마도 며칠 내에 개조될 판이었다. 볼셰비키는 자본주의가 지금의 전쟁을 이기고 살아남을 수 있을 것이라고는 절대 상상할 수가 없었다. '사회주의 시대'가 임박했다. 좀 더 냉철했던 순간에 그들은 이런 전망이 서구의 파업과 반란에 관해 자신들이 알고 있는 사실로 확인될 수 있

부하린(Nikolai Bukharin, 1888~1938) 소련의 혁명가이자 정치가. 10월혁명 후 사회주의 건설 노선을 둘러싼 논쟁에서 좌익반대파로서 레닌과 대립했다. 신경제정책(NEP) 시기에는 농민과의 화해와 점진적 공업화를 주장했다.

을지 곰곰이 생각해보았을 것이다. 그러나 그 순간은 사라졌다. 그들은 볼셰비키 동지들과 함께하자마자 자신들의 묵시론적 관점으로 되돌아갔다. 그들의 낙관주의는 2월혁명 후 간헐적인 정치적 진전이 손쉽게 이어짐으로써 더욱 강화되었다. 소비에트, 노동조합, 공장위원회들이 그들의 수중에 들어왔다. 이런 일이 러시아에서 일어날 수 있다면 독일, 오스트리아, 영국과 프랑스에서도 혁명이 성공하리라고 예측하는 것은 확실히 합리적인 추론이었다. 볼셰비키는 러시아 노동자들이 많은 장점이 있지만 중부 유럽과 서부 유럽의 산업 노동자들에 비해 '후진적'이고 '교양이 없다'고 추정했다.

중앙위원회 위원인 카메네프와 그리고리 지노비예프*는 최후의 순간에 이런 인식에 의문을 품었다. 하지만 그들은 그런 뒤 재빨리 후퇴했다. 동지들과의 연대가 차분한 숙고보다 우선했다. 그들의 삶은 당원이어야 비로소 의미가 있었다. 그들은 집단의 일원이라는 것을 느껴야 했다. 너무 합리적이어서 레닌의 계획과 함께하지 못하는 사람들은 그저 당을 떠날 뿐이었다. 옛날에, 그러나 그리 멀지 않은 옛날에 천년왕국 운동들이 있었고 볼셰비키는 이 운동들 가운데 일부를 찬양했다. 그들은 16세기 독일 뮌스터의 재세례파를 찬양했다. 또 프랑스혁명의 자코뱅 테러리스트들을 찬미했다. 톰마소 캄파넬라와 토머스 모어는 그들의 독서 목록에서 두드러진 인물들이었다. 볼셰비키는 거의 마르크스와 엥겔스에게 영향을 받은 만큼이나 완벽한 사회에 대한 이들의 오랜 꿈으로부터도 영감을 얻었다. 볼셰비키는 이 꿈을 실현할 수 있다고 확신했다. 국가와 사회에서 겪는 곤경에 낙담하려 하지 않았다. 그들은 마치 뒷머리에 눈이 달려 있으나 주변 시야는 없는 꼴이었다. 그들은 선구자들의 몽상을 애정어린 눈으로 바라보았으며 대다수는 마르크스주의 경

지노비예프(Grigori Zinoviev, 1883~1936) 소련공산당 지도자. 1917년의 10월혁명을 준비하는 과정에서 혁명이 시기상조라고 주장하며 봉기에 반대했으나 혁명 후에는 페트로그라드소비에트 의장을 역임했다.

전 밖에 있는 당대의 사상을 비웃었다. 볼셰비키는 자기 옆을 보면서 당대의 위대한 혁신적 사상가들에게 배울 만한 중요한 것이 있을지 생각하려 들지 않았다.

그런데도 모든 마르크스주의자들과 마찬가지로 볼셰비키는 자기들이 과학적으로 이해하고 있다고 여겼다. 그들은 성공적인 혁명을 위해 필요한 모든 것을 알고 있다고 생각했다. 억압적인 수단을 동원하는 데 주저하지 않았다. 1871년의 파리코뮌은 지도자들이 적들을 적절한 만큼 강경하게 다루지 못했기 때문에 몰락했다는 것이 볼셰비키의 주장이었다. 자신들은 동일한 실수를 저지르지 않을 것이다. 19세기 중반 러시아의 가장 위대한 평론가 중 한 사람인 알렉산드르 게르첸*은 자기 나라에서 유혈 혁명이 일어날지도 모른다고 걱정했다. 그는 농민들이 영주에 맞서 궐기한다면 '전신(電信) 기계를 가진 칭기즈 칸'이 농민을 이끌 것이라고 생각했다. 그는 현대 기술이 유례없이 잔인한 테러를 가능하게 해줄 것이라고 예언했다. 게르첸의 직관적 통찰력은 한 가지 중요한 점에서 틀렸다. 볼셰비키 지도자가 낯선 힘을 러시아에 들여오고 있는 것이 아니었다. 그들은 로마노프 왕조의 제국에서 태어나고 양육되었다. 볼셰비키가 권력과 영광에만 관심 있는 것도 아니었다. 그들은 영혼도 변화시키고자 했다. 볼셰비키의 복음은 기꺼이 받아들이려는 자들에게는 그냥 전하고 그렇지 않은 자들에게는 강제로 주입하려는 세속적 복음이었다. 그들은 프랑스혁명을 끊임없이 연구했다. 볼셰비키는 전화기와 기관총을 가진 자코뱅이었다. 그들은 지난 시대에는 없던 유형이었다.

누군가 의혹을 제기하면 볼셰비키는 그것을 즉각 눌러버렸다. 그들을 지탱해준 것은 세계의 형세에 대한 확신이었다. 유럽의 전쟁은 국제 체제 전체에 대한 불신을 초래했다. 수백만 명의 사람들이 참호에서 죽거나 고통 받았다. 금융업자와 무기 제조업자들이 취한 부당 이익은 악

게르첸(Aleksandr Gertsen, 1812~1870) 러시아 사회주의의 선구자. 런던으로 망명한 뒤 잡지와 신문을 발행하여 본국으로 비밀리에 보내 전제 정부와 싸웠다.

명 높았다. 모든 정부가 민족주의를 이용했다. 교회는 각국의 군사적 대의를 선전하는 확성기가 되었다. '전쟁을 끝내기 위한 전쟁'이라는 수사는 유럽과 북아메리카의 많은 극좌 사회주의자들을 설득하는 데 실패했다. 그들이 보기에 현재의 전쟁은 마지막 세계 전쟁일 것 같지 않았다. 전쟁에서 가장 가능성이 큰 결과는 승자의 평화일 것 같았고 이 평화는 다음 세대에 부활한 패자에게 도전받을 것이다. 제국의 시대는 끝나지 않았다. 어느 나라가 제1차 세계대전에서 승리하든, 그 나라는 패배한 제국 열강들을 복속시킬 뿐만 아니라 식민지에 대한 통제권도 장악할 것이다.

정치적 극좌파에게 결론은 자명해 보였다. 자본주의는 질병이었고 혁명이라는 외과의에게 치료를 받아야 했다. 볼셰비키는 다른 대안이 없다고 주장했다. 멘셰비키와 사회주의자혁명가당은 임시정부에 참여했지만 사람들에게 눈에 보이는 이익은 조금도 가져다주지 못했다. 군사·경제적 붕괴가 예상되었다. 그러므로 볼셰비키가 러시아의 형제 사회주의 정당들에게 콧방귀를 뀐 것은 옳았다. 그들은 독립적이라는 데 자부심을 느꼈고 역사가 자기들 편이라고 생각했다. 그들은 2월혁명 전에는 작은 마르크스주의 분파에 불과했지만 이제 대중 정당이 되었다. 레닌의 이름을 들은 적이 없는 노동자들이 볼셰비키 대중 집회에 떼 지어 모였고 소비에트 선거에서 볼셰비키에게 투표했다. 볼셰비키는 '프롤레타리아'의 자율적인 혁명적 잠재력에 언제나 회의적이었다. 그러나 1917년 여름과 초가을에 노동 계급의 지원으로 볼셰비즘이 이룬 정치적 진전 덕에 그런 우려는 줄어들었다. 볼셰비키는 자신들의 성공이 러시아에 정착할 것이고 유럽은 자신들의 예를 따를 것이라고 추정했다. 독재와 내전에 기반을 둔 혁명의 위험에 대해 멘셰비키와 사회주의자혁명가당이 한 경고는 안중에도 없었다.

볼셰비키는 선택을 했다. 그들은 무슨 일이 벌어질지, 또 얼마나 희생을 치를지 전혀 걱정하지 않고 자기 식대로 혁명을 일으키려 했다. 그러나 언제, 어떻게? 레닌은 10월 초에 체포를 우려하여 변장을 하고 비밀리에 페트로그라드로 돌아왔다. 그는 자신을 숭배하는 중앙위원회 서기 마르가리타 포파노바가 도시 외곽에 마련해준 침대만 덩그러니 있는 방에 머물렀다. 레닌은 그곳에서 중앙위원회에 과격한 봉기 요구를 퍼부었다. 어떤 기관이 봉기를 조직해야 하는지, 어떤 종류의 정부가 설립되어야 하는지는 말하지 않았다. 레닌에게 중요한 것은 무장 봉기에 대한 동의를 얻는 것이었다.

10월 10일, 여전히 가발을 써서 변장한 레닌은 볼셰비키 중앙위원회에 출석하여 몇 시간 동안 계속된 회의에서 동지들에게 자신의 주장을 들이밀었다. 그의 지력과 기질이 논쟁을 승리로 이끌었다. 10대 2로 권력 장악이 결의되었다. 세부 사항은 미결인 채로 남겨졌다. 그렇게 중요한 결정을 내리려면 페트로그라드와 모스크바를 비롯한 대도시의 당 위원회 대표들이 참석한 가운데 10월 16일에 추가 중앙위원회 회의를 열 필요가 있겠다는 인식도 있었다. 레닌은 다시 출석했다. 그는 최종 순간에 어떤 주저함도 원하지 않았다. 혁명적 기회가 반드시 다시 오리라는 보장이 없었다. 기회는 지금이 아니면 영원히 없을 터였다. 레닌에게 초조해할 이유는 없었다. 두 번째 투표는 그에게 현저히 유리했고 볼셰비키 중앙위원회는 권력 장악을 준비하기 시작했다. 이 작업은 교묘히 수행될 것이었다. 제2차 전러시아 노동자 · 병사 대의원 소비에트 대회가 막 소집될 예정이었다. 볼셰비키 지도부는 단독 정당이 혁명적 권위를 독점하려고 폭력을 사용한다는 인상을 지울 필요가 있었다. 따라서 그들은 페트로그라드소비에트의 군사혁명위원회를 통해 행동했다. 임시정부를 쫓아내고 제2차 소비에트 대회에 권력을 선사한 것은 바로 수도의 수비대에 영향력을 행사하던 이 기구였다.

1917년 10월 25일, 페트로그라드의 주민들은 그날 모든 것이 얼마나 정상적이었는지를 기억할 것이다. 러시아 수도에서 가게는 평상시처럼 문을 열었다. 전차도 제대로 운행했는데, 이것은 전차를 이용해 도시 외곽에서 제2차 소비에트 대회 장소인 스몰니 학교로 갔던 레닌에게는 다행한 일이었다. 그날까지 임시정부와 페트로그라드소비에트의 군사혁명위원회 무장 병력의 충돌이 점점 다가오고 있음이 명백해졌다. 볼셰비키 중앙위원회는 10월 1일에 봉기 전략에 동의했다. 레닌은 봉기를 강력히 주장하기 위해 핀란드에서 귀국한 상태였다. 그런 뒤 다시 마르가리타 포파노바의 아파트로 숨어들어 중앙위원회의 행동 개시 신호를 기다렸다. 봉기는 10월 24~25일 밤에 시작되었으나 레닌은 봉기가 유야무야될지도 모른다고 의심했다. 달리 방도가 없었다. 그는 머리를 붕대로 감아 또 다른 모습으로 변장해서 전차를 타고 시내로 갔다. 스몰니 학교에서 그는 중앙위원회가 케렌스키의 임시정부를 전복할 상세한 계획을 짜고 있음을 알았다. 그 계획은 광적인 절박함과 헌신을 요구하는 레닌에게 여전히 충분하지 않았다. 레닌의 출석으로 비로소 임무 완수가 보장되었다.

임시정부는 연료통이 빈 채로 달려가고 있었다. 케렌스키는 민주주의와 애국주의 그리고 승전을 위한 싸움에 진정으로 열중했다. 자유주의자들은 그에게 반대하지 않았지만 모길료프에서 페트로그라드로 가는 철로에서 코르닐로프의 쿠데타를 막으려는 노력을 거의 기울이지 않았다. 경제는 자유 낙하 중이었다. 산업은 재정 공여를 거부한 금융업자들과 더는 원료를 판매하지 않는 공급업자들 때문에 파탄이 났다. 군 장성들은 코르닐로프 사건 이후 케렌스키를 다시는 신뢰하지 않았다. 케렌스키의 지시는 겨울궁전 밖으로는 거의 다다르지 못했다. 멘셰비키와 사회주의자혁명가당은 케렌스키를 경질하고 좀 더 급진적인 개혁을 도입하면 어떨까 하고 생각하기 시작했다. 그러나 그들은 내부에서 분열했고 행동할 의지가 부족했다. 반면 볼셰비키는 통일된 의지를 보여주었다. 그들은 케렌스키를 혐오했고 노골적으로 그를 타도하라고 요구했다. 농민들에게 토지를 부여하고 공장에서 노동자 통제(노동자 생산관리)를 실시하며 민족 자결을 보장하겠다는 등 즉각적인 해결책을 약속했다. 무엇보다도 평화를 가져오겠다고 약속했다. 볼셰비키는 페트로그라드 군사혁명위원회에서 준비를 진행했다. 다른 사람들은 사회주의 혁명에 대해 떠들었지만 볼셰비키는 사회주의 혁명을 수행할 것이었다.

케렌스키는 볼셰비키 신문사를 폐쇄함으로써 봉기를 사전에 제압하고자 했다. 그러나 이 행동은 너무 미약했고 또 너무 늦었다. 페트로그라드소비에트에 충성하는 부대가 주요 건물들을 접수하기 시작했다. 겨울궁전이 포위되기 전에 전신국과 철도역이 점령당했다. 10월 25일 오전 10시에 레닌은 임시정부가 전복되었다고 포고할 수 있었다. 쿠데타에 분노한 멘셰비키와 사회주의자혁명가당은 제2차 소비에트 대회 회의장을 빠져나왔다. 그 덕분에 레닌은 일을 계속 진행해 새 정부를 구성할 수 있었다. 새 정부는 트로츠키의 제안대로 인민위원회의(러시아 두문자어로는 소브나르콤Sovnarkom)로 불릴 것이었다. 사회주의 혁명 시대가 선포되었다. 볼셰비키는 자신들이 세계 자본주의의 조종을 울리고 있다고 믿었다.[6)]

최초의 공산주의 국가

프롤레타리아 독재인가, 당 독재인가

볼셰비키는 새 국가의 질서를 잡기 위한 구체적인 청사진 없이 권력을 장악했다. 그들은 혁명을 수행한 뒤 뒤늦게 정책을 고안했다. 10월 혁명의 첫 몇 주 동안 그들은 권위를 확립하고 기본 정책을 발표하는 데 집중했다. 레닌은 재빨리 토지령을 반포했다. 토지령은 왕실과 교회와 귀족들의 토지를 보상 없이 수용하여 농민들이 이용할 수 있게 해주었다. 레닌의 펜끝에서는 평화령도 나왔다. 평화령은 즉각 종전을 요구했고 모든 교전국들이 전투를 중단할 것을 촉구했다. 러시아는 동부 전선에서 휴전을 모색했다. 볼셰비키는 이 조치가 독일과 오스트리아에서 혁명을 촉발할 것이라고 계속 믿고 있었다. 노동자 통제령은 노동자들에게 기업 경영자들을 감독할 수 있는 권한을 부여했다. 이 권한은 임금 노동자들의 조건을 개선할 뿐만 아니라 공장에 질서를 세우는 것도 의미했다. 1일 8시간 노동령은 노동자의 권리를 더욱 향상시켰다. 레닌과 스탈린은 민족에 바탕을 둔 모든 특권을 철폐하고 모든 민족과 인종 집단의 자결을 보장하는 러시아 인민들의 권리 선언에 서명했다. '교회와 국가의 분리'에 관한 법령도 도입되었다.

은행들은 보상 없이 국가 소유가 되었다. 니콜라이 2세 정부와 케렌스키 정부가 체결한 차관은 일방적으로 취소되었다. 사적인 수출입 무역이 금지되었다. 정부는 큰 공장과 광산들을 접수했고 소유주들에게서 소유권을 박탈했다. 그와 동시에 레닌은 자본주의를 보호할 필요성을 확인했다. 이 역설은 마르크스주의 경제학으로 설명되었다. 볼셰비키는 제국 경제의 많은 부문이 '후진적'이어서 생산의 집중을 달성하려면 자본주의 발전을 거칠 필요가 있음을 인정했다. 일단 자본주의가 어느 정도 진전되면 이 부문들을 수탈해서 사회 전체에 이로운 물자를 생산하도록 하는 일이 아마도 수월해질 것이었다.

레닌은 볼셰비키의 정치 권력을 공고히 하는 문제를 다른 무엇보다 가장 중요하게 다루었다. 언론에 관한 법령은 레닌에게 새 혁명 정부에 적대적인 신문사라면 어디든 폐쇄할 권한을 준, 인민위원회의의 최초 조치들 중 하나였다. 중앙위원회 내에서는 멘셰비키나 사회주의자혁명가당과 함께 연립정부를 구성하는 것을 레닌이 거부한 일을 놓고 논란이 끊이지 않았다. 임시정부를 지지했던 멘셰비키와 사회주의자혁명가당은 어떤 자격으로든 다시는 정치적 파트너가 될 수가 없었다. 몇몇 볼셰비키 지도자들은 레닌의 비타협적 태도에 항의하여 고위직에서 물러났다. 철도노동자조합은 레닌과 트로츠키에게 협상하도록 압력을 넣으려고 파업에 돌입했다. 그러나 레닌 그룹은 입지가 탄탄했고 파업은 점차 힘을 잃어 갔다. 레닌과 트로츠키는 볼셰비키가 농촌에 거의 추종자가 없는 점을 감안해 사회주의자혁명가당 좌파를 인민위원회의의 하위 파트너로 수용하는 선에서 압력에 대응했다. 이 정도가 정치적 타협의 한계였다. 볼셰비키 중앙위원회는 혁명 정부의 권위를 강요하면서 밀고 나갔다. 펠릭스 제르진스키*를 수장으로 하는 보안경찰—반혁명 · 사보타주와 싸우기 위한 전 러시아 비상위원회(즉 체카Cheka)—이 설립되었다. 이 기구의 임무는 10월혁명에 저항하는 세력을 뿌리 뽑고 분쇄

제르진스키(Feliks Dzerzhinskii, 1877~1926) 러시아의 혁명가. 리투아니아 출생.

하는 것이었다. 적들은 제거될 것이었다. 레닌은 오랫동안 '프롤레타리아 독재'의 장점을 변호해 왔다. 레닌이 그런 식으로 격렬하게 말하는 만큼 실제로도 그런 식으로 행동할지 아무도 몰랐다. 행동은 더 격렬한 것으로 드러났다.

소비에트 체제가 생존하리라고 생각하는 사람은 거의 없었다. 모든 사람이 소비에트 체제는 무력한 케렌스키만큼이나 가망이 없다고 가정했다. 볼셰비키 자신들은 보따리를 싸고 항상 떠날 채비를 하고 있었다. 그들은 언제든지 페트로그라드를 떠나야 할 순간이 올 수 있다는 것을 알았다. 1917년 11월의 제헌의회 선거는 일찍이 그런 걱정의 원인을 제공했다. 유권자의 4분의 1 이하만 볼셰비키에 찬성표를 던졌다. 당에 대한 충성을 버린 좌파 후보들이 공공연히 포함된 사회주의자혁명가당이 의석의 거의 5분의 2를 획득했다. 인민위원회의 연립정부에서 두 당이 획득한 표를 합하더라도 선거 다수파에 이르지 못했다. 그냥 제헌의회를 해산해버리자는 결정이 내려졌다. 이 결정은 구 러시아 제국의 인민들과 그들의 민주주의, 그리고 사회주의에 비극이었다. 사회주의 정당들이 획득한 표를 전부 더한다면 유권자의 5분의 4가 일종의 사회주의를 지지했다. 최대 정당은 빅토르 체르노프*가 이끄는 사회주의자혁명가당이었으나, 그들은 스스로를 보호할 무력이 없었다. 제헌의회는 1918년 1월 5일 공포 분위기 속에 소집되었고, 레닌의 명령에 따라 다음날 인민위원회의는 건물을 깨끗이 치우고 문을 닫아버리라고 지시했다. 경비대 수장이었던 젤레즈냐코프(Zhelezhnyakov)는 자기 부하들이 피곤하다고 퉁명스럽게 말했다. 러시아 민주주의는 소수의 무장한 문지기들이 잠을 자야 한다는 구실로 종언을 맞이한 것이다.

한편 그동안 국제 정세가 결정적으로 변했다. 볼셰비키는 동부 전선에서 가장 가까운 도시인 브레스트-리토프스크에서 중부 열강 동맹국

체르노프(Viktor Chernov, 1873~1952) 사회주의자혁명가당 지도자. 임시정부의 농림장관을 지냈고 10월혁명 후의 헌법제정회의에서 의장으로 선출되었다.

과 교섭을 벌였다. 외무인민위원으로서 트로츠키는 논의를 질질 끌었다. 그는 붉은 군대가 독일과 오스트리아-헝가리 군대를 물리칠 수 없다는 것을 알았기 때문에 '전쟁도 없고 평화도 없다'를 자신의 슬로건으로 삼았다. 그러나 최후 통첩은 점점 더 위협적으로 다가왔고 1918년 1월 레닌은 독일의 러시아 점령을 방지하려면 별도의 강화 조약을 조인해야 한다고 결정했다. 격론이 벌어졌다. 이른바 볼셰비키 중앙위원회 내의 좌익 공산주의자들의 지도자 트로츠키와 부하린은 러시아의 군사적 전망이 끔찍하다는 것을 인정했다. 하지만 그들은 별도의 강화 조약을 묵과할 수가 없었다. '독일 제국주의'의 보존을 공모하기보다는 싸우러 가는 게 나았다. 그들은 '혁명 전쟁'을 요구했다. 그러나 러시아의 노동자도 병사도 독일과 오스트리아-헝가리에 맞서 계속 싸울 분위기가 아니었다.[1] 행정과 경제는 혼란에 빠졌다. 레닌은 꾸준히 중앙위원회에서 다수파를 차지하는 쪽으로 나아갔다. 2월 23일 최종 표결이 이루어졌고 브레스트-리토프스크에서 강화 조약에 조인하는 것이 승인되었다.

1918년 3월 3일에 맺어진 이 '불쾌한 강화'로 우크라이나, 벨라루스, 리투아니아, 라트비아, 에스토니아가 러시아의 지배에서 벗어났다. 소비에트 외교관들은 옛 제국 인구의 거의 절반에 해당하는 주민에 대한 통치권을 포기했고 이와 함께 막대한 규모의 석탄과 철강 산업, 그리고 가장 비옥한 농경지의 상당 부분이 사라졌다. 체제가 '숨 쉴 틈'을 확보해서 사회 · 경제적 개혁을 심화할 수 있도록 치욕을 인내한 것이다. 계급의 적들은 뿌리 뽑힐 것이고 볼셰비즘은 권위를 확장할 것이다.

사회주의자혁명가당 좌파는 브레스트-리토프스크 조약에 대한 모든 러시아 정당들의 혐오를 공유했고 인민위원회의 연립정부에서 빠져나왔다. 많은 좌익 공산주의자들도 볼셰비키 잔당을 뒤에 남겨둔 채 그렇게 했다. 거의 부지불식간에 소비에트공화국은 일당 국가가 되었다. 한편 사회주의자혁명가당은 러시아 남부의 사마라로 옮겨 가서 제헌의회 의원 위원회(다른 말로 코무치Komuch)로 알려진 대항 정부를 수립했다.

체르노프는 충돌을 각오했다. 양측 모두 군대를 창설함에 따라 내전 발발은 시간 문제일 뿐이었다. 내전은 5월 말 매우 이상하게 시작되었다. 한때 전쟁 포로였던 체코 군단이 시베리아 횡단 철도를 따라 유럽으로 이동 중이었는데, 볼셰비키가 일부 동료들을 체포해서 가혹 행위를 한다는 의혹이 있는 상황이었다. 체코 군단은 시베리아 중부에서 방향을 바꿔 소비에트들을 파괴하며 되돌아갔다. 사마라에 도착한 그들은 사회주의자혁명가당과 연합했다. 몇 주 내에 그들은 카잔을 향해 북쪽으로 밀고 올라갔다. 제헌의회와 인민위원회의는 전쟁 중이었고 체코 군단은 볼가 지역 도시들에서 볼셰비즘에 대한 공격을 주도했다. 볼셰비키는 붉은 군대를 소집하여 군사인민위원 트로츠키의 적극적인 활동 속에서 모스크바를 향한 코무치 군의 진격을 중단시켰다.

이 성공은 이른바 백군이 러시아 중심부의 가장자리에서 등장하기 시작했던 그해 말에 소용없게 되었다. 최초의 백군은 옴스크에서 알렉산드르 콜차크* 제독이 지휘했다. 콜차크는 코무치를 전복하고 자신의 군대를 중부 러시아로 이끌었다. 안톤 데니킨(Anton Denikin) 장군 휘하의 또 다른 군대가 남부에서 결집 중이었다. 니콜라이 유데니치(Nikolai Yudenich) 장군이 이끄는 세 번째 군대는 에스토니아에서 신병을 모집하고 장비를 구했다. 모두 소비에트공화국을 타도하고 옛 사회 질서를 회복하는 것을 목표로 삼았다. 군대를 이끄는 장교들은 전형적인 군주주의자였다. 황실 가족은 1918년 7월 예카테린부르크에서 처형되었다. 볼셰비키에게만큼이나 자유주의자들에게도 분노한 백군은 잃어버린 질서와 본래의 영토를 국가에 되찾아줄 군사 독재를 목표로 했다. 붉은 군대는 1919년에 백군을 차례차례 파괴했다. 콜차크는 4월부터, 데니킨은 여름에, 그리고 유데니치는 11월에 제거되기 시작했다.

콜차크(Aleksandr Kolchak, 1874~1920) 러시아의 제독. 1918년 11월 4일 옴스크에서 성립한 반혁명 정부 반혁명정부의 육해군장관이 되었고 그 달 18일에 쿠데타로 군사 정권을 수립해 러시아국가 최고집정관을 자임했다.

붉은 군대는 지리적으로 유리했다. 북부와 중부 러시아를 장악하고 있었기에 군사 장비를 갖추고 신병을 모집하기가 더 좋았다. 주요 철로와 전신은 모스크바와 페트로그라드로부터 뻗어 나갔다. 붉은 군대는 군사력으로도 싸웠지만 정치적으로도 싸웠다. 그들은 백군이 승리하면 1917년 2월 로마노프 왕조의 몰락 이후 실시된 개혁이 뒤엎어질 것임을 노동자, 농민, 병사들이 잊지 않게 못을 박았다.

볼셰비키는 별로 인기가 없었다. 그들은 국가 폭력을 집중적으로 쏟아부어 반체제 세력에 대응했다. 볼셰비키에 맞선 파업은 '소비에트 권력' 첫 해에 진압되었다. 노동자들이 도시 소비에트들에서 멘셰비키에 찬성표를 던지자 볼셰비키는 선거가 무효라고 선언하고 군대를 파병했다. 농민들은 토지령에 감사하기는커녕 농산물에 대한 보상을 계속 조금밖에 받지 못하자 항의의 뜻으로 농산물 제공을 보류했다. 인민위원회의는 곡물을 몰수하려고 무장 병력을 보냈다. 농촌 반란이 확산되었다. 심지어 붉은 군대 내에서도 반란이 일어났다. 그러나 볼셰비키는 살아남았고 승리했다. 그들은 붉은 군대를 지도하기 위해 제국 군대의 장교들을 이용했다. 또 옛 행정부에서 자원자를 뽑아 새 인민위원부로 집어넣었다. 그들은 도시로부터 '인민의 적들'을 '소탕'하기 위해 붉은 테러를 부추겼다. 체카를 제약하던 고삐가 풀렸다. 그런데도 인민들의 저항 강도는 1920~1921년 동안 증가했다. 지방 전체가 농촌 반란을 일으키며 들고일어났다. 파업 운동은 심지어 페트로그라드에서도 파탄을 야기했다. 1921년 2월 정치국은 경제적 양보를 하기로 결정했다. 신경제정책(NEP)이 3월 제10차 당 대회에서 통과되어 다음 달에 실시되었다. 신경제정책의 본질은 곡물의 강제 징발을 농민들이 사적 거래를 수행할 수 있을 만큼 낮은 수준의 누진 현물세로 대체하는 것이었다. 한편 붉은 군대는 3월에 발생한 크론시타트 반란*을 비롯해 봉기들을 진압했다. 당근은 가시가 가득 박힌 곤봉을 동반했다.[2]

볼셰비키가 생존한 또 다른 이유는 그들이 개발한 국가 질서였다. 권력은 유일 정당이 독점했고 이데올로기도 점점 단일화되어 갔다. 테러는 당이 휘두를 수 있는 필수적인 무기로 노골적으로 옹호되었다. 내전 막바지에 볼셰비키는 경제의 거대 부문들을 장악했다. 모든 산업을 국가가 소유했다. 곡물 거래는 국가 독점이었다. 학교와 언론이 공산주의자들의 감시를 받게 되었다. 당은 국가의 최고 기관이 되었다. 정부와 여타 공공 기관들은 끊임없이 정책에 관한 지시를 내놓았다. 이 기관들의 최고 자리는 충직한 볼셰비키가 차지했다. 명령의 중앙 집중화가 우선적으로 수행되었다. 선거 절차는 의례적인 형식이 되었다. 10월혁명의 주체로 이름이 내걸렸던 사람들—노동자, 빈농, 군대의 징집병들—은 중앙의 당 지도부가 지시하는 과제는 무엇이든 완수해야 하는 동원 대상으로 취급당했다.

볼셰비키는 언제나 엄격한 중앙 집중주의와 규율을 확신했고 혁명적 전투성을 지닌 전지(全知)의 '전위'로서 자신들을 믿었다. 이것이야말로 볼셰비즘이 탄생한 이래 그들이 견지하던 신조였다. 그러나 그들이 자신들이 설파하던 신조를 적절한 판단을 거쳐 실행한 적은 한 번도 없었다. 볼셰비키가 실제로 이 신조를 실행하도록 등을 떠민 것은 권력이 처한 상황이었다. 그들은 거대한 정치 · 군사적 저항에 직면했다. 또 행정, 통신, 교통 부문에서 대혼란에 봉착했다. '중앙'의 어떤 기관도 '지역'의 복종을 보장할 수 없었다. 정상적인 위계 계통은 해체되었다. 공산주의자들은 상황을 재빨리 회복해야 했다. 경제, 특히 식량 공급을 복구해야 했고 중앙 당국의 명령을 완수해야 했다. 무장 병력을 모집하여 훈련시키고 장비를 갖춘 다음 전선으로 보내야 했다. 혁명적 수사만으로는 이

크론시타트 반란 1921년 크론시타트에서 수병들이 중심이 되어 일으킨 반정부 반란. 크론시타트는 발트해 함대 주력 기지로서 페테르부르크 서쪽 코틀린 섬에 있는 요새 도시였다. 수병들은 당시 각지에서 일어난 반(反)볼셰비키 항거와 뜻을 같이해 일어났는데, 소비에트 정부는 이 반란을 반혁명 반란으로 여겨 대규모 진압 부대를 파견했다. 이 사건의 여파로 볼셰비키 정부는 당시 열린 제10차 당 대회에서 농민에 대한 양보로 전시 공산주의 경제 체제에서 신경제정책(NEP)으로 전환하기로 결정했다.

과업을 성취하지 못할 것이었다. 담배 연기 자욱한 방에서 끊임없이 계속되는 회의도 이를 성취하지 못할 것이다. 레닌과 당 중앙위원회는 조직 개혁이 브레스트-리토프스크 조약을 둘러싼 논쟁만큼이나 생사를 판가름하는 문제라는 점과, 주저하는 당에 이를 강요할 필요가 없다는 것을 분명히 알 수 있었다. 지역 볼셰비키 지도자들은 통일된 명령 체계가 실질적으로 필요하다는 것을 인정했다.[3)]

크렘린에서 가장 작은 지구에 이르기까지 모든 영역에서 공산당이 우위를 차지했다. 1918년 3월 모스크바로 옮긴 중앙위원회는 크렘린으로 관리들과 그 가족들을 모았다. 12개월에 걸친 혁명은 크렘린을 난장판으로 만들었다. 제국 기병대의 말들이 싼 똥이 도처에 널려 있었다. 수리는 하지 않았다. 오랫동안 그곳에 머문 중앙위원회 위원들도 소수에 불과했다. 트로츠키와 대부분의 다른 위원들은 지역 정부를 뒷받침하거나 붉은 군대를 정치적으로 통제하기 위해 서둘러 떠났다. 1919년 초 즈음 중앙위원회에 내부 기관 두 개를 설립하자는 결정이 내려졌는데, 바로 정치국(Politburo)과 조직국(Orgburo)이었다. 정치국은 정치적 명령뿐만 아니라 경제 운영, 군사 전략, 대외 정책을 비롯하여 사실상 모든 공공 업무를 관할하는 책임을 졌다. 조직국은 당 내부의 조직적 배치를 관할하고 서기국(Secretariat) 업무를 감독하기로 했다. 그 결과 매일 이뤄지는 거대한 책무가 소수의 지도자들에게 넘어갔다. 심지어 5인으로 이루어진 정치국도 가끔 만날 뿐이었다. 레닌과 야코프 스베르들로프는 1919년 3월 스베르들로프가 죽을 때까지 사실상 양두 정치를 실시했다.[4)]

같은 경향이 더 낮은 수준에서도 존재했다. 지도적인 활동가들이 군 복무에 자원하거나 동원되면서 당 업무는 홀로 활동하거나 소수의 부하들과 함께 활동하는 위원회 의장들이 차지하게 되었다. 1920년에 의장들이 '서기'로 이름을 바꾸기는 했지만, 좀 더 겸손한 직함은 그들의 권력이 증대한 사실을 감추었다.[5)] 내전 기간 동안 싸우면서 당의 조직과 관점이 군사화되어 갔다. 당은 중앙과 지방의 정부 기관들에게 지시를 내렸다.

인민위원부들은 제국의 조직을 승계했다. 인민위원부에 인계된 직원들은 당의 지속적인 감시 대상이었다. 볼셰비키는 정부 기관을 조사하고 통제하는 방식을 끊임없이 고안해내고자 했다. 제도적 혁신 하나가 스탈린에게 맡겨졌다. 그것은 '노동자 · 농민 시찰단'이었는데, 이 정부 기구는 행정 관청들로 직원을 보내 재정 상태를 점검하고 당 정책에 대한 관리들의 충성도를 평가했다. 통상적인 당 통제를 받지 않는 기관을 설립하려는 시도가 때때로 있었다. 붉은 군대 내의 '정치부'들이 그 예였다. 이 기구들은 1917년 전에 반(反)볼셰비키 입장이었던 트로츠키가 적극적으로 후원했는데, 정치부에 쏟은 트로츠키의 열정은 정치부가 군대의 영향을 받은 반(反)당 운동의 수단이 될지도 모른다는 우려를 낳았다. 1789년의 급진파들이 집정관과 그 다음엔 황제 나폴레옹 보나파르트로 결국 대체되었던 프랑스혁명에서 이와 유사한 선례가 있었다. 같은 일이 소비에트러시아에서도 발생할 수 있을 것이다. 그 우려는 1920년 트로츠키가 정치부 모델을 철도와 운하를 정비하는 과제로까지 확대하려 했던 내전 말기에 증폭되었다. 트로츠키는 또 정부의 건물 보수 업무를 수행하기 위해 붉은 군대 징집병들로 이루어진 '노동군대'도 창설하려고 했다.

그러나 1917~1919년에 수립된 질서는 당이 통치를 확립하면서 한편으로는 강화되었다. 중앙 당 기구들은 모든 중요한 직책의 임명을 결정했다. 중앙위원회를 대표하여 활동하는 정치국은 핵심 결정을 독차지했고 나머지는—중요성에 따라 차례로—조직국과 서기국이 맡았다. 당 지도자들은 이와 같은 직책을 동료 공산주의자들에게만 배당하려고 애를 썼다. 스베르들로프는 비상한 기억력에 의존하여 옛 동지들을 뽑았다. 그러나 소비에트 국가가 영토와 행정 양면에서 더욱 팽창하면서 서기국에 신뢰할 만한 충원 제도를 확립할 필요가 제기되었다. 1919년 스베르들로프의 후계자인 옐레나 스타소바*에 의해 등록 · 배치부가 설립되었다.[6] 1923년에는 당의 이해득실에 결정적인 모든 직책들을 명부에 싣는 정책이 비밀리에 도입되었다. 이 정책은 '노멘클라투라'라고 불렸다. 처음에 이 정책은 '중앙'에 적용되었다. 각 지방 당 위원회 위원장직뿐만 아니라 인민위원회의 의장직부터 크렘린 구내 경비 사령관직에 이르는 직책들이 포함되었다. 이 절차는 그 후 '지역'에서도 되풀이되었다. 이런 식으로 당은 신뢰할 만한 간부를 공공 기관에 심어 중앙 정책에 대한 순응을 보장할 수 있었다.

각 직책과 관련된 봉급과 조건들이 정확하게 규정되었다. 물적 보상은 등급별 위계에 따라 이루어졌다. 이렇게 말해서는 전모를 알 수 없다. 특정 직책에 임명된 자는 다른 국민들은 출입할 수 없는 상점과 병원, 휴양소를 출입할 수 있었다. 노멘클라투라에서 직책이 높으면 높을수록 이용 가능한 특권은 더욱 많아졌다. 관리 생활의 안락함은 아직 절정에 도달한 것이 아니었다. 레닌 암살 기도가 있었던 1918년 8월 레닌의 여동생 마리야는 약을 구하러 근처 약국으로 사람을 보내려 하지 않았다. 대부분의 의료 전문가들이 반공산주의자인 것을 알고 있던 그녀는 그들 중 한 명이 부상당한 지도자를 독살할지도 모른다고 우려했다.[7] 더구나 공산주의자들의 공공기관 진출은 보기보다는 취약했다. 1919년 중반 레닌은 모스크바 근교를 방문했다. 눈 오는 날이었다. 레닌을 태운 리무진이 소콜니키 지구에 진입할 때 앞이 잘 보이지 않았다. 강도 세 명이 도로로 뛰어들어 차량을 붙들고는 레닌에게서 권총을 빼앗았다. 그가 "나 레닌이라고!"라고 소리쳤지만 상황은 달라지지 않았다. 체카에 붙들린 강도들은 피해자가 레빈(Levin)이라 주장한 것으로 잘못 들었다고 진술했다. 그들은 유대계 이름을 가진 사람에게 강도질을 하는 것은 범죄의 정상 참작 요인이라고 굳게 믿었던 것이다.[8]

스타소바(Eelena Stasova, 1873~1966) 러시아의 혁명가이자 정치가. 1917~1920년 당 중앙위원회 서기, 1918~1920년 당 중앙위원회 위원을 지냈다.

10월혁명에 참여한 소련공산당 간부 레프 카메네프와 아내 올가. 올가는 트로츠키의 여동생이었다. 소련 공산주의자들은 결혼뿐 아니라 다양한 방식으로 비공식적인 친분 관계를 맺었다.

당시 나라는 대혼란에 빠졌고 소비에트 체제에는 비공식적인 부분이 많았다. 크렘린에서 일자리를 얻으려면 지도자의 친척인 것이 유리했다. 바로 이런 세태가 중등학교를 졸업하지도 않고 중퇴한 스탈린의 젊은 부인 나댜(Nadya)가 레닌의 비서 중 한 명으로 일하게 된 경위였다. 그리고 나댜는 가족이 먹을 식량이 부족하자 그녀의 대부로서 크렘린의 보급계 관리였던 아벨 예누키제(Avel Enukidze)에게 추가 식량을 부탁했다.[9] 공산주의자들끼리 결혼하는 경우도 많았다. 트로츠키의 여동생 올가는 동료 정치국원이던 카메네프의 부인이었다. 정실주의—아마도 '가족주의'라고 표현하는 것이 더 나을 것이다.—가 만연했고 그 뿌리는 당의 고립에 있었다. 공산주의자들은 공산주의자들에게만 의존할 수 있었다. 똑같은 종류의 환경이 정치에서도 후견-피후견 관계의 발전을 촉진했다. 각 단계의 지도자들은 선별된 개인적 추종자들의 후견인으로 활동했다. 이러한 종류의 네트워크가 수 세기 동안 러시아 공적 생활의 특징이긴 했지만, 이 네트워크는 관료제와 다른 부문들이 점차 전문화하면서 영향력을 상실한 상태였다. 이제 공산주의 체제에서 바퀴는 거꾸로 돌기 시작했다. 맡은 직무를 얼마나 유능하게 수행하는가보다는 얼마나 오랫동안 공산주의자였고 어느 지도자를 개인적으로 알고 있는가가 더 중요했다. 충성심이 능력보다 더 중요한 고려 대상이 되었다.

당은 붉은 군대와 체카, 인민위원부를 통제했다. 노동조합도 엄격히 통제했다. 트로츠키는 이 노동조합들이 프롤레타리아의 이익에 헌신하는 '노동자 국가'의 대리 기관이 돼야 한다고 촉구했다. 트로츠키의 극단주의는 거부되었다. 그러나 미하일 톰스키*가 은밀하게 노동조합의 자율성을 확대하려 하자 레닌은 당 중앙위원회에서 쫓아내겠다고 톰스키를 위협했다.[10] 이데올로기 독점도 강요되었다. 종교 조직은 토지 재산을 수탈당했다. 사제와 이맘*과 랍비들이 내전 내내 일상적으로 살해당했고 1922년에는 러시아 정교회 지도자들에 대한 전시재판(show trial)과 처형이 진행되었다. 소설가, 철학자, 학자들은 이러한 야만 행위를 당하지 않았다(비록 시인 니콜라이 구밀료프*는 1921년에 총살당했지만). 1922년 6월 검열 기관—글라블리트(Glavlit, 문학 · 출판총국의 약칭)—이 신설되었다. 소비에트 질서는 제도뿐만 아니라 사상에 대해서도 헤게모니를 요구했다. 니콜라이 2세는 1905~1906년의 혁명적 위기 때 사전 검열을 폐지했다. 검열은 신경제정책이 실시되면서 더욱 극렬한 형태로 되돌아왔다. 모든 예술 · 학술 출판은 체제가 임명한 조사자들의 촘촘한 체의 구멍을 통과해야 했다. 기독교 철학자 니콜라이 베르댜예프*를 비롯한 수십 명의 지식인들이 즉결로 1922년 9월 증기선 오베르뷔르거마

톰스키(Mikhail Tomsky, 1880~1936) 공장 노동자, 노동조합 조직가. 전러시아노동조합 중앙위원회 수장이었다.

이맘(imam) 이슬람 공동체 움마의 지도자. 아랍어로 '선도자', '지도자'라는 뜻이다.

구밀료프(Nikolai Gumilëv, 1866~1921) 러시아의 시인. 반혁명 운동에 가담했다가 총살당했다.

베르댜예프(Nikolai Berdyaev, 1874~1948) 러시아의 종교철학자. 좌파 지식인의 세계관을 비판하는 한편, 러시아 정교회의 교권주의를 맹렬히 공격했다.

1922년 마르크스-레닌주의를 거슬렀다는 이유로 추방된 소련 지식인들을 독일로 실어 나른 오베르뷔르거마이스터 하켄 호. 이 배를 포함하여 1922~1923년에 소련 지식인들을 태워 추방하는 데 쓰인 배를 '철학자들의 배'라고 부른다.

이스터 하켄(Oberbürgermeister Haken) 호에 실려 추방되었다.[11] 소비에트 체제는 당국이 사람들에게 레닌주의로 변형된 마르크스주의 사상을 주입하기 시작하면서 스스로 고립되었다.

선거를 통한 경쟁은 오래전에 사라졌다. 멘셰비키만이 내전에서 살아남았다. 그들은 소수의 신문을 계속 발행했고 때때로 소비에트에서 공산주의자들을 비판할 수 있었다. 그러나 그들 중 많은 사람이 체포되었다. 1922년 6월 사회주의자혁명가당에 대한 전시재판이 있은 뒤 레닌은 멘셰비키 지도부도 똑같이 다루기를 원했다. 실제로 정치국은 멘셰비즘에 대한 사법적 소송을 하지 않기로 결정했지만,[12] 소비에트 국가에서 반대파의 잔여 세력은 완전히 제거되었다. 몇몇 사회주의 조직들은 공산당에 합병되는 데 동의했다. 이 조직에는 우크라이나 정파로 러시아의 사회주의자혁명가당 좌파에 해당하는 보로디바주의자들*이

보로디바주의자들 우크라이나사회주의자혁명가당의 좌익 분파. 보로디바(Borot'ba)는 우크라이나어로 '투쟁'이라는 뜻이다.

포함되었다.[13] 유대인 분트의 많은 회원들도 설득 끝에 공산주의 쪽으로 넘어갔다. 일이 이렇게 된 것은 레닌이 우크라이나와 옛 유대인 거주 지역의 볼셰비키당을 위해서는 우크라이나와 유대인 활동가들을 손에 넣는 것이 유일한 첩경이라고 생각했기 때문이다. 신참자들은 지역 권력을 획득하는 대가로 모스크바의 엄격한 정치적 통제를 받아들이지 않으면 안 되었다. 모든 볼셰비키 지도자들이 이 방법을 안전한 술책으로 여긴 것은 아니었다. 1920년대 말에 이 도박은 당의 손에서 산산조각 나고 말았다. 그러나 그런 실험이 실시될 수 있을 정도로 레닌의 개인적 영향력은 컸다.

일당 정치 체제는 1921년에 확고해졌다. 공산당 내 분파들은 금지되었다. 내전 기간 내내 분쟁이 당을 분열시켰다. 먼저, 브레스트-리토프스크 조약을 두고 레닌과 좌익 공산주의자들 사이에 논쟁이 벌어졌다. 그런 후 1918~1919년에는 배후에서 스탈린의 영향을 받은 군사반대파가 제국 군대 출신 장교들을 채용하는 정책에 반대했다. 먼지가 가라앉자마자 민주집중파가 당 내부의 권위주의에 맞서 운동을 벌였다. 1920년에는 '노동자반대파'가 경제 정책에 대해 노동 계급이 직접적으로 영향을 끼치는 것을 단속하자 불만을 터뜨렸다. 정치국은 이렇게 말썽을 일으키는 사람들을 당에서 '숙청'하라고 명령했다.

소비에트 지도부는 맨 꼭대기부터 맨 밑바닥까지 말끔한 권력 피라미드를 건설하고자 했다. 원래의 러시아소비에트연방사회주의공화국(RSFSR)을 따라 소비에트공화국들을 수립하는 일은 예외였다. 레닌과 스탈린은 이 문제를 두고 서로 싸웠다. 스탈린은 내전에서 승리하기 위한 방편으로 '민족 자유주의'를 수용할 용의가 있었지만, 그의 궁극적 목표는 전쟁이 끝날 때 러시아소비에트연방사회주의공화국으로 다른 공화국들을 편입하는 것이었다. 하지만 레닌은 옛 러시아 제국의 다양한 인종들이 지닌 강렬한 감정은 연방 헌법 제정으로 수용해야 한다고 믿었다. 그리하여 우크라이나소비에트공화국은 러시아소비에트연방사회주의공화국과 형식적으로 동등하게 존재할 것이었다. 레닌은 사실 겉 모습만큼 그렇게 온후하지 않았다. 공산당은 여전히 중앙 집중적이고 비연방적일 것이며, 모스크바의 정치국은 우크라이나소비에트공화국의 정부 요직을 차지한 우크라이나 공산주의 지도자들에게 계속 명령을 내릴 것이다. 1922년 레닌은 병을 앓았지만 정치적 난투에서 승리했다. 그해 말 인가된 소비에트사회주의공화국연방(USSR)의 근간을 형성한 것은 대체로 레닌의 구도였다. 엄격하게 실현된 중앙 집중주의와 연방 권력들의 형식적인 출현이 뒤섞인 이러한 모습은 공산주의 국가의 마지막 몇 년간을 제외하고는 거의 계속 지속될 것이었다.

당은 비러시아인들에게 자신들의 언어로 출판하고 교육할 자유를 부여했다. 또 정부와 당의 열성적인 관리가 되도록 훈련받을 수 있는, 각 민족 출신의 젊은 신입자들을 선호하는 적극적 차별 정책도 도입했다. 러시아 민족주의를 위협하는 존재에 대한 밀착 감시가 계속되었고 러시아의 교회와 인텔리겐치아는 다른 공화국들의 교회와 인텔리겐치아보다 더 엄중한 감시를 받았다. 여전히 목표는 정치 · 경제 · 민족적 억압이 없는 사회주의 사회에서 서로 융합할 인종들의 공동체를 창설하는 것이었다. 전 세계적 전망 또한 유지되었다. 레닌은 제2인터내셔널 소속 당들이 수용한 타협안을 거부하는 모든 마르크스주의 정당들을 모아 공산주의인터내셔널(코민테른Comintern)을 결성하는 것을 목표로 삼았다. 그리고 결국 '유럽 혁명'이 일어나면 코민테른 대회가 베를린에서 열릴 것이고 공용 언어는 러시아어가 아니라 독일어가 될 것이었다.[14)]
실제 일어난 일들은 많은 부분에서 공식적으로 의도된 바와 달랐다. 중앙아시아의 이슬람 주민들은 내전 동안 러시아 공산주의자들이 지난날의 제국 군대와 별로 다르지 않게 행동한다고 느꼈다. 우크라이나 농민들은 붉은 군대가 자행하는 약탈과 억압에 대해 똑같이 생각했다. 그러나 군사 충돌의 열기가 식으면서 공산주의는 민족적 · 인종적 집단들에 호소할 기회를 얻었다.

모든 볼셰비키 지도자들이 이 양보를 승인한 것은 아니었다. 일부 볼셰비키는 민족주의가 만개할 것이라고 생각했다. 그러나 레닌과 스탈린은 고집을 부렸다. 두 사람은 소련의 여러 민족들에게 문화적 자기 표현의 자유를 어느 정도 허용하면 '대(大)러시아 국수주의'의 의혹을 누그러뜨릴 수 있을 것이라고 주장했다. 공산주의자들은 '책의 사람들'*이었고 마르크스의 《자본론》을 자신들의 경전으로 대했다. 자신들이 말하는 언어로 가르침을 받지 않는다면 사람들은 교리를 효과적으로 공부하거나 배우지 못할 것이다. 벨라루스 농민들은 러시아어를 이해하지도 못하지만 일단 자신들의 모국어로 읽는 법을 배우면 레닌의 가르침을 주입받을 수 있을 것이다. 민족적 감성을 용인하는 것은 사회주의로 향하는 교두보가 될 것이다.[15)]

공산당은 국민들에게 이른바 그들 자신의 혁명에 동참하라고 격려했다. 불행히도 배고프고 일자리가 없는 사람들은 그런 국가를 건설할 사정이 되지 않았다. '프롤레타리아 독재'의 야심은 당 독재라는 현실로 변질되었다. 자발적인 초과 노동일—수보트니키(subbotniki)—이 내전 기간 동안 도입되었다. 레닌은 몇 분 동안 크렘린 안에서 삽으로 눈을 치움으로써 앞장을 섰다. 사실 이 특별한 날들은 강요되지 않은 게 아니었다. 도시 사람들은 국가의 식량 배급에 의존하고 있을 때 무료로 일을 해 달라는 요청을 뿌리치기가 힘들었다. 과거 중간 계급 출신 구성원들은 여전히 선택의 여지가 별로 없었다. 공산주의자들은 귀족과 지주들을 그들의 집에서 몰아내고 거리를 청소하라고 명령했다. 이러한 관행은 내전이 끝난 뒤 완화되기는 했지만 완전히 사라지지는 않았다. 모든 지시가 중노동과 관련된 것은 아니었다. 중앙 당 지도부는 거대한 의식을 조직하고 국가 축전을 개최함으로써 사람들의 마음을 끌어들이

책의 사람들(people of the book) 이슬람교에서 무함마드가 나타나기 전에 신의 계시를 적은 경전을 받은 사람들이라는 뜻이다. 구체적으로는 기독교도와 유대인들을 말한다. 여기서는 《자본론》을 경전처럼 떠받든다는 비유적 표현으로 쓰였다.

려고 했다. 노동절과 10월혁명 기념일은 혁명적 공산주의의 영웅들이 축하받을 수 있는 휴일이 되었다. 붉은 광장 전역에서 퍼레이드가 벌어졌다.

그러나 엄청나게 많은 경제적 소유와 규제가 내전에서 살아남았다. 농산물 거래가 자유화되고 소규모 산업체들이 1921~1922년에 다시 사적 소유가 되었다 하더라도 '경제의 관제고지'—대규모 산업과 금융, 대외 무역—는 여전히 국가 소유로 남았다. 공산주의자들은 기업의 탈국유화를 싫어했다. 그러나 당시나 그 전의 다른 모든 나라와 비교해볼 때 소련은 중앙의 정치 지도부가 심하게 통제하는 경제 체제였다.

소비에트 체제의 주요 모습은 1920년대 초까지 자리를 잡았다. 소련은 저항을 차단하고 사람들에게 사상을 주입하며 나아가 그들을 동원하려고 테러를 가하는 일당 · 유일 이데올로기의 중앙 집권적 국가였다. 이 질서는 그 후 모습을 바꾸었지만 가장 완벽한 모델의 질서는 아직 건설되지 않았다. 당은 공식 정책이 요구하는 것보다 실제로는 더 말썽이 많았다. 체카는 재원이 한정되어 있었고 그 억압적 기능이 신경제정책의 개시와 함께 얼마간 완화되었다. 종교는 공개적으로 허용되었다. 예로부터 전해진 농민 관습은 그대로 유지되고 있었다. 경제 활동 부문 전체가 국가 소유로부터 해방되었다. 국가의 일반적 조건은 공산주의자들이 할 수 있었던 것을 제한하는 데 일조했다. 행정적 연계는 여전히 내전의 상흔을 간직하고 있었다. 통신은 불안했고 러시아와 그 변경 지역엔 도로와 전화, 라디오, 글을 쓰고 읽을 수 있는 관리가 여전히 부족했다. 정치국원들은 '지역'에서 온 보고서를 볼 때마다 정치국의 사회 장악력이 매우 약하다는 것을 깨달았다. 공산당은 무관심과 분노와 저항의 바다 위에 까딱거리며 떠 있는 코르크 마개였다.

하지만 공산주의자들은 이후 70년 동안 소비에트 통치의 기반을 제공한 국가 질서를 고안해냈다. 그들은 원대한 계획 없이 이렇게 했다. 그렇긴 하지만 공산주의자들의 초기 교리는 그들을 자신들이 걸어간 방향으로 밀어넣었다. 많은 종류의 영향력이 작용했다. 마르크스주의의 레닌주의적 해석이 지닌 특이성이 중요했듯이 마르크스와 엥겔스가 중요했다. 러시아 전통은 이 해석을 부분 부분 키웠다. 제국 군주정에 맞선 투쟁에서 볼셰비키가 겪은 경험도 이 해석이 성숙하는 데 도움을 주었다. 몇몇 볼셰비키 지도자들은 1914년 이래의 독일의 중앙 집권적인 전시 경제에서 긍정적인 인상을 받았다. 이러한 일련의 구상들을 갖고 권좌에 오른 볼셰비키는 예상하지 못한 상황에 봉착했고 국내외의 잇단 곤란은 그들로 하여금 실용적인 해결을 고안하게 했다. 그들의 본능은 소비에트 일당 · 유일 이데올로기 국가를 향한 노선을 따라 사태가 전개되도록 강제했다. 그들은 이러한 구체적인 결과를 의도하지 않았는데도 자신들이 수행한 일을 매우 마음에 들어 했다. 그들의 고안물은 다가올 수십 년 동안 공산화를 겪을 다른 나라들에게 강철 덮개처럼 강요될 것이었다.

2부

실험

—

1917~1929

유럽의 소비에트 혁명

로자 룩셈부르크와 그람시

볼셰비키는 결코 자신들의 활동을 러시아와 그 변경 지역으로 한정하는 것을 목표로 삼지 않았다. 그들은 자신들의 권력 장악이 '유럽 혁명의 시대'를 열었고 자신들이 러시아에서 하고 있는 일이 다른 곳에서도 곧 반복될 것이라고 선언했다. 적어도 이것이 그들의 믿음이었다. 달리 생각했다면 그들은 혁명을 하지 않았을 것이다. 유럽의 혁명 전망에 대한 평가에 동의하지 않는 러시아의 사회주의자들은 멘셰비키와 사회주의자혁명가당에 속해 있었다. 카메네프와 지노비예프가 10월혁명 전에 레닌의 국제적 예측의 결점을 지적했을 때 레닌은 그 두 사람을 동지들과 세계 프롤레타리아를 배반한 '파업 파괴자'라고 비난했다.

볼셰비키당은 1918년 3월 브레스트-리토프스크 조약을 주저하며 승인했다. 그러나 당 지도자들은 기회가 닿자마자 정치적 극좌 쪽에 있는 동료 혁명가들을 지원하고자 했다. 대륙의 거대한 국가들이 근본적으로 변화할 준비가 되어 있다는 것이 당 지도자들의 확고한 믿음이었다. 볼셰비키당은 독일의 패배를 희망하며 기다렸다. 독일의 패배는 중부 유럽에서 혁명 가능성을 높일 것이었다. 그리고 만일 독일인들이 제1차 세계대전에서 승리했다면 독일은 브레스트-리토프스크 조약을 폐기하고 러시아의 볼셰비키를 전복했을 것이다. 그러나 1918년 11월 연합국이 독일에게 항복을 강요했을 때 볼셰비키는 백군과 내전에 휘말려 있었다. 밀사와 문건과 자금을 독일로 서둘러 보냈다. 하지만 지원은 레닌이 원한 것에 비하면 미미한 양이었다. 여름 이후 레닌은 독일의 군사력이 붕괴할 경우 중부 유럽의 혁명을 지원할 요량으로 붉은 군대를 증강하고 곡물을 비축했다.[1] 그러나 독일군이 항복했을 때 레닌은 계획을 실행에 옮기는 데 무력했다. 실제로는 프리드리히 에베르트*와 구스타프 노스케*가 이끄는 사회민주주의 정부가 베를린에서 권력을 차지했다. 그 정부의 장관들은 제1차 세계대전에서 독일의 대의를 지지한 전력이 있었다. 모스크바는 독일 사회민주주의자들의 정부가 1917년에 성립한 러시아의 케렌스키 내각처럼 살아남을 수 없으리라고 생각했다.

서부 전선에서 독일군의 붕괴는 대부분의 사람들을 깜짝 놀라게 했다. 그러나 정치적 극좌는 준비되어 있었다. 카를 리프크네히트는 베를린에서 군주정 붕괴 소식을 모스크바에 타전했다. "독일 프롤레타리아의 혁명이 시작되었다. 이 혁명은 러시아혁명을 모든 공격으로부터 구할 것이며 제국주의 정부의 모든 토대를 휩쓸어버릴 것이다."[2] 리프크네히트는 국민적 전쟁 수행 노력에 대한 독일사회민주당의 지지를 혐오하여 결성된 스파르타쿠스단의 로자 룩셈부르크와 레오 요기헤스*의 주요 동지였다. 스파르타쿠스단원들은 혁명적 행동을 모색하고 있었다. 그들의 선언문이 다음과 같이 발표되었다. "오늘날의 문제는 민주주의인가, 독재인가가 아니다. 역사가 현안으로 제기한 문제는 부르주아 민주주의인가, 사회주의 민주주의인가이다." 12월 29일 그들은 독일공산당 창립 대회를 위해 스파르타쿠스단 내의 추종자들을 모았다. 1919년

에베르트(Friedrich Ebert, 1871~1925) 독일 바이마르공화국의 초대 대통령.
노스케(Gustav Noske, 1868~1946) 바이마르공화국의 초대 국방장관. 독일 군부의 재건을 추진하고 좌익 급진파를 철저하게 탄압했다.
요기헤스(Leo Jogiches, 1867~1919) 폴란드 혁명가. 로자 룩셈부르크의 남편.

1월 그들은 베를린에서 '봉기'를 조직했다. 그들은 지적 능력 면에서 준비되어 있었을지 모른다. 그러나 실제 계획을 짜는 부분에서는 완전히 무능력했다. 룩셈부르크는 근거가 명확한 의심을 품고도 일을 중단하기 위해 아무것도 하지 못했다. 정부는 애국심의 적들에게 보복을 가하는 데 열심인 비공식적인 단체인 자유군단* 부대로 눈을 돌렸다. 반란은 대재앙으로 끝났다. 지도자들은 끝까지 추적당했고 룩셈부르크의 시신은 운하에 버려졌다.[3]

헝가리의 공산주의자들은 좀 더 운이 좋았다. 1918년 11월 제1차 세계대전의 휴전은 합스부르크 왕국에 최종 타격을 가했으며 거대한 다민족 국가는 산산조각 났다. 헝가리는 승전국이 부과할 평화 조약에 앞서 독립을 주장했다. 미하이 카로이* 백작을 대통령으로 앞세운 임시정부가 부다페스트에서 구성되었다. 헝가리인들은 외국의 간섭 없이 헝가리를 통치하고 있었다. 내각은 공공질서를 유지하고 식량을 계속 공급하는 데서 거대한 문제에 봉착했다. 헝가리 영토를 크게 감축하려는 연합국의 의도를 일반 사람들이 알게 되고[4] 소수에 불과하지만 공산주의자들이 이 계획을 반대하는 데 앞장서자 내각은 성공할 가능성을 상실했다. 루마니아, 체코슬로바키아, 유고슬라비아에 영토를 양도함으로써 헝가리를 이전 크기의 3분의 1로 줄이려는 계획은 여론을 크게 자극했다. 황폐해진 경제가 사태를 더욱 악화시켰다. 카로이는 1919년 3월 20일 내각과 함께 권좌에서 내려왔다. 이날은 프랑스 당국이 헝가리 군대의 철수를 요구하는 각서를 전달하고 카로이가 더는 지위를 유지할 수 없게 만든 날이었다. 카로이는 사회민주주의자들의 정부가 자신을 잇게 할 작정이었다. 하지만 이튿날 그는 사회민주주의자들이 연립정부를 구성하려고 공산주의자들과 거래를 했다는 사실을 알았다. 사회민주주의

자유군단(Freikorps) 제1차 세계대전 후 퇴역 군인과 우익 장교들이 조직한 독일의 의용군 단체.

카로이(Mihály Károlyi, 1875~1955) 1918~1919년 헝가리민주공화국의 대통령.

자들과 공산주의자들은 연합국이 마련한 치욕적인 강화 조건에 단호히 저항할 작정이었다.[5]

비록 사회민주주의자들이 주도권을 잡고 있었지만 벨러 쿤과 공산주의자들은 지속적으로 추동력을 제공했다. 헝가리는 막 혁명의 물결에 휩싸이려 했다. 좌파들이 정치적으로 연립한 호조건 속에서 헝가리공산당은 영향력을 발휘하겠다는 단호한 야심에 차 있었다. 통치권을 휘두르는 데 미친 공산주의 혁명가가 있었다면 그 사람이 벨러 쿤이었다. 레닌은 적색 테러의 문을 여는 데 몇 달이 걸렸다. 쿤은 집권 첫 날에 테러를 개시했다. 유대인 공증인의 아들로 태어난 그는 제1차 세계대전 때 오스트리아-헝가리 군대에 징집되기 전에 언론인 생활을 하면서 정치적 호전성을 갖췄다. 1916년 그는 러시아군에 포로로 잡혔다. 쿤은 볼셰비키가 권력을 장악하자 석방되었고 재빨리 헝가리어 선전가로서 볼셰비키에 부역했다. 볼셰비키당은 1918년 11월 동맹국들이 군사적으로 몰락하자 쿤을 헝가리로 되돌려 보냈다. 구체제에 대한 그의 증오는 격렬했다. 불 같은 적개심은 부다페스트로 돌아오는 길에 겪은 일 때문에 더욱 거세졌다. 그는 체포되었고 간수들에게 두들겨 맞았다. 석방되었을 때 그의 머리에는 여전히 상처가 있었다.[6] 그의 낙관주의는 약해지지 않았다. 내전을 치르는 동안 발전하던 소비에트 체제에 대한 쿤의 찬미는 끝을 몰랐다. 땅딸막한 그는 헝가리의 레닌이 되기를 원했다.

벨러 쿤은 1919년 7월 미국 구제국*에서 온 방문객들에게 말했다. "공산주의는 시간이 흐르면 실제로 획득할 수 있을 것 같으며, 우리는 결국 공산주의를 실현하게 될 것이다. 헝가리에서 시스템은 계속 좋아지고 있다."[7] 그는 기근과 행정적 혼란, 부패가 최고조에 이르고 정부에 대한 인민들의 저항이 격렬해졌을 때 이와 같이 주장했다. 쿤의 해결책은 연합국이 경제 봉쇄를 풀고 나라의 부흥을 위해 원료를 보내주는

미국 구제국(American Relief Administration) 제1차 세계대전 이후 유럽과 소비에트러시아를 지원하기 위해 설립된 미국의 구제 기관.

헝가리의 레닌이 되고자 했던 벨러 쿤. 헝가리공산당 창립 멤버인 그는 합스부르크 제국이 무너지고 헝가리가 독립한 것을 기회로 삼아 공산주의 혁명을 꾀했지만, 반혁명 세력에 밀려 실패했다.

것이었다. 동시에 그는 오스트리아, 보헤미아, 독일, 이탈리아, 러시아와 공산주의 동맹을 맺고 싶다는 희망도 피력했다. 그는 자본주의 열강이 이 바람을 매력적이라고 생각하지 않을 것임을 확실히 알았다. 그런 다음 그는 또 한 번 속임수를 부렸다. "나 자신은 현 정책의 관점에서 볼 때 공산주의자라기보다는 사회주의자이다." 그는 자신의 당을 필리프 샤이데만(Philipp Scheidemann) 같은 독일 우익 사회민주주의자들과 구분하려고 자기를 공산주의자로 부르는 것을 허용했을 뿐이라고 주장했다.[8] 만일 쿤이 이 교묘한 속임수가 미국 관리들을 혼란스럽게 만들 것이라 생각했다면 그는 스스로를 기만한 것이다. 쿤은 다른 방문객들도 교묘히 피해 갔다. 예를 들어 쿤은 정부가 어떤 위해도 가하지 않고 많은 인질들을 석방했다고, 조사를 나온 영국 여성인 앨리스 리그스 헌트(Alice Riggs Hunt)에게 말했고, 헌트는 런던으로 돌아가서 이 거짓말을 그대로 되풀이해 읊었다.[9]

헝가리 공산주의자들은 이미지와 스타일에 안목이 있었다. 붉은 깃발이 황궁 위에 나부꼈다. 인민위원들의 가족들이 거주하던 그랜드 호텔 헝가리아는 소비에트 하우스로 개명되었다.[10] 연설과 포스터와 소책자 형태로 노동자와 빈농에게 호소했다. 벨러 쿤과 젊은 마차시 라코시*는 뛰어난 웅변가였다. 두 사람은 부다페스트에서 자본주의 시대가 끝났음을 선언했다. 모든 사람들이 서로 '동지'라고 불렀다. 호텔의 짐꾼과 안내인들은 외국인 여행객들에게 팁을 거부하고 이미 적절히 지급을 받았다고 말하도록 지시를 받았다. 영화관과 공연장은 개인 소유주에게서 탈취되었다. 입장권의 90퍼센트가 노동조합 회원들에게 배포되었다. 상영과 공연 시간은 노동자들이 교대 근무가 끝나면 관람할 수 있도록 오후 5시로 앞당겨졌다.[11]

공산주의 선전은 환상이었다. 헝가리의 실제 상황은 끔찍했다. 대부분의 사람들이 사회·경제적 변화를 원한다는 점에서는 쿤이 옳았지만 사람들은 부다페스트소비에트의 극단적 행동을 지지하지 않았다. 그들은 결코 내전을 원하지 않았고 합스부르크 체제가 해체된 후 왜 독재 체제가 시행되어야 하는지 누구도 이해할 수 없었다. 소비에트공화국을 선포한 것이 헝가리를 고립시켰다. 연합국은 경제 봉쇄를 단행했다. 쿤의 군대는 도나우 강을 오르내리는 선박에 총격을 가함으로써 고립을 더 부채질했다.[12] 미국은 연합군이 쿤을 무너뜨리는 것을 보았다면 행복했겠지만, 이 일은 유럽의 군대가 미국의 도움 없이 수행해야 한다고 생각했다. 프랑스 사령관 페르디낭 포슈(Ferdinand Foch) 원수는 35만 명의 병력이 필요할 거라고 생각했으나 이 정도의 동원은 당시 정치적으로 불가능했다. 한 미국인 식량 구제 관리는 '성조기 아래 1개 대대와 나팔 하나'면 충분할 것이라고 말했다.[13] 헝가리는 혼자 남겨졌다. 영국과 프랑스는 헝가리 내부에서 반혁명이 조속히 발발해서 부다페스트의 볼셰비즘을 끝장내기를 희망한 것 같다.

헝가리 공산주의자들은 헝가리 국경 너머로 혁명 열기를 전파하기를

라코시(Mátyás Rákosi, 1892~1971) 1919년 헝가리혁명 때 인민위원으로 활동했다.

원했다. 빈은 이미 정치적 갈등으로 들끓고 있었다. 오스트리아 보안 기관은 쿤의 빈 점령 음모를 적발했다고 주장했다.[14] 사실 그런 계획은 없었지만 오스트리아 정부는 전반적으로 우려할 이유가 있었다. 더구나 극좌 사회주의 조직들이 이탈리아와 체코슬로바키아에서 활동했다. 서방 연합국은 혁명이라는 전염병이 병원균을 자신들에게 퍼뜨릴까 봐 걱정했다. 쿤은 헝가리인 소수 민족이 많이 살던 슬로바키아로 일부 군대를 파견했다. 그는 연합국에게 골치 아픈 지역을 확장할 기회를 호시탐탐 엿보고 있었다. 모스크바의 레닌이나 군사 작전 중인 트로츠키와 긴밀히 무선 접촉을 유지하면서 쿤은 우크라이나의 붉은 군대를 파견해 달라고 간청했다.[15] (쿤은 빈에 주둔한 미군이 자신의 메시지를 가로챈 것을 알지 못했다.)[16] 만일 붉은 군대가 소련 자체의 내전에 계속 휘말려 있지 않았더라면 볼셰비키는 의심할 여지 없이 쿤을 지원하려고 붉은 군대를 보냈을 것이다.[17] 그러나 레닌은 쿤도 굴복시켰을 것이다. 레닌은 피할 수 있는 저항을 야기한 쿤의 정책에서 아무런 의미도 찾지 못했던 것이다. 이런 태도는 똥 묻은 개가 겨 묻은 개를 나무라는 격이었다. 레닌은 자신의 '모험주의'를 확인하는 것보다 더 쉽게 외국 공산주의의 모험주의를 확인할 수 있었고, 이것은 레닌 사후 다른 나라들에 대한 소련의 충고라는 면에서 계속 벌어지는 일이었다.[18]

헝가리의 식량 부족이 극심해졌다. 석탄광과 섬유 공장 소유주들이 재산을 빼앗기고 전후 재건을 위한 재정이 고갈하면서 산업 활동도 곤두박질쳤다. 토지 개혁은 지주 재산을 소유하게 된 농민들을 기쁘게 했다. 그러나 농민들은 1918~1919년의 긴 겨울 이후 자신들에게 남겨진 모든 농산물을 넘기라고 강요받자 이 조치를 증오했다. 그들은 또 대토지를 집단 농장으로 만들겠다는 쿤의 결정에도 분노했다. 반란이 확산되었다. 혁명 정부는 대규모 테러를 강화하는 것으로 대응했다. 티보르 사무에이*는 '레닌의 부하들'이라는 부대를 구성해 농촌 반란을 진압하러 진군했다. 그의 무절제한 탄압은 쿤마저 소름끼치게 했다.[19]

쿤에게 근본적인 어려움은 국제 정세였다. 4월 정치 인민위원들의 감시 아래 합스부르크 장교들의 지휘를 받는 헝가리군은 루마니아군과 체코군 침략자들을 격퇴했다.[20] 쿤은 체제의 군사적 실효성을 과시하려고 체코군 포로들이 수도의 거리를 행진하게 했다.[21] 그는 7월에 루마니아군을 상대로 군사 행동을 재개했다. 쿤은 러시아의 붉은 군대에 비해 일사분란하게 행동하는 참모진에게서 좋은 인상을 받았다. 그러나 그는 민족주의 담론에 불만을 털어놓았을 때 징집병들이 공산주의의 붉은 깃발이 아니라 민족의 깃발 아래에서만 싸우겠다고 한 말을 확실히 들었다.[22] 쿤은 너무나 절망해서 사임하고 말았다. 하지만 쿤의 사임은 아무런 변화도 가져오지 못했다. 루마니아군은 이미 줄어든 헝가리 영토의 북부를 장악했다. 농민 반란이 적군을 괴롭혔다. 공산주의 체제의 횡포와 비효율성에 대한 도시민들의 불만이 고조되었다. 루마니아군은 진군을 계속했고 8월 4일 부다페스트를 점령했다. 그들은 헝가리에서 밀, 설탕, 의약품, 철도 장비를 약탈했고 그 결과 기근이 발생했다.[23] 서방 연합국의 정치적 개입이 헝가리를 지옥에서 구해냈다. 헝가리소비에트공화국은 유혈과 치욕 속에 붕괴했다.

쿤은 오스트리아로 황급히 달아났고 소비에트러시아에서 최종 피난처를 찾았다. 사무에이는 운이 나빠 도망가다 오스트리아 국경 근처에서 사살당했다. 저명한 공산주의자들은 검거되어, 루마니아군이 시작하고 미클로시 호르티* 제독이 이끌던 헝가리 정부가 완수한 백색 테러에 의해 처형되었다. 쿤은 단 133일 동안만 권좌에 머물렀을 뿐이다.

이 권력은 바이에른소비에트공화국의 지도자들이 운영한 권력보다

사무에이(Tibor Szamuely, 1890~1919) 헝가리의 공산주의 지도자. 반혁명 활동을 진압하기 위해 무자비한 적색 테러를 조직한 것으로 악명 높다.

호르티(Miklós Horthy, 1868~1957) 1919년 11월 반혁명군 선두에서 수도에 입성하여 백색 테러를 주도했다. 1920년 3월 헝가리왕국 섭정으로 선출되어 권위주의적 반동 체제를 수립했다.

는 더 오래 유지한 것이다. 바이에른의 주도인 뮌헨도 전쟁 직후 독일이 겪은 민족적 수치와 대량 실업, 식량 부족을 똑같이 겪었다. 곧 강요될 불확실한 강화 조약 때문에 상황은 더욱 악화되었다. 독일이 분할되어 바이에른이 독립 국가가 되거나 어떻게든 오스트리아와 합쳐질 것이라는 소문이 돌았다. 파업과 시위, 선출된 노동자들의 평의회들(Räte)이 거대한 산업적 기반을 지닌 뮌헨으로 확산되었다. 1918년 11월부터 유대인 연극 비평가이자 바이에른의 독립사회민주당 지도자였던 쿠르트 아이스너*가 총리가 되었다. 아이스너는 당내 정파들 사이에서 춤을 췄다. 그리고 공산주의식 조치에 확고히 반대할 것이라고 개인적으로 보장했지만 다른 정치 집단들은 그를 극단적 빨갱이라고 몹시 혐오했다.[24] 1919년 2월 21일 젊은 극우파 귀족이 아이스너를 암살했다. 그 결과 뮌헨의 거리에서 대혼란이 발생했다. 몇 주 전에 설립된 노동자평의회가 권력을 장악하기로 결정했다. 아이스너의 죽음으로 지역 공산주의자들이 권좌로 오르는 데 마지막 장애물이 제거된 것이다. 4월 7일 바이에른소비에트공화국이 선포되었다.

공산주의 지도자는 아이스너보다 훨씬 더 널리 미움을 받은 막스 레비엔*이라는 자였다. 레비엔은 바이에른소비에트공화국의 일부 지도자와 마찬가지로 유대인 가문 출신이었다. 하지만 특이하게도 생애 대부분을 독일 바깥에서 보냈다. 그는 러시아에서 어린 시절을 보냈고 1906년 혁명 투사들이 보기에 사태가 뜨겁게 달아올랐을 때 중부 유럽으로 떠났다. 레비엔은 취리히에서 동물학을 공부하면서 극좌 정치와 계속 접촉했다.[25] 그는 러시아의 10월혁명을 열렬히 환영했다. 레비엔과 그의 정치적 파트너인 오이겐 레비네*는 독일의 제1차 세계대전 참전을

아이스너(Kurt Eisner, 1867~1919) 1918년 바이에른공화국(Bayerische Räterepublik)을 선언하고 새 정부의 총리가 되었다.

레비엔(Max Levien, 1885~1937) 독일의 공산주의자로서 1919년 뮌헨소비에트공화국의 주역이었다.

반대했고 독일사회민주당을 경멸했다. 레비엔과 레비네는 바이에른에 소비에트공화국을 수립하기를 꿈꾸었다. 사회주의 혁명을 수행할 기회는 갑자기 찾아왔고 그들은 기회를 포착하는 데서 레닌을 흉내 내고자 했다. 두 사람은 볼셰비키처럼 선언을 남발했다. 노동자평의회 대의원 이외에는 어떤 사람도 군대를 지휘하는 일이 금지되었다. 대규모 공장들은 국가 소유가 되었다. 레비엔은 독일에서 혁명이 일어났다는 희소식을 모스크바에 전했고, 레닌은 환영한다고 응답했다. 겉으로 보기에 '유럽 사회주의 혁명'은 혁명이 일어나리라고 예측된 나라에서 시작한 것 같았다.

그러나 뮌헨에는 몇몇 중공업과 거대한 노동 계급이 존재했을 뿐 아니라 공산주의를 미워하는 사람도 많았다. 가톨릭 성직자, 도시 중간 계급과 농민들 사이에는 반유대주의가 만연했다. 나중에 교황 비오 12세가 될 로마 교황청 대사 에우제니오 파첼리는 "수상쩍은 모습의 젊은 여성들 한 무리, 나머지 모든 사람들처럼 …… 도발적인 태도를 보이고 의미심장한 웃음을 띤 …… 유대인들"을 보았다고 기록했다. 파첼리는 레비엔이 "대략 서른에서 서른다섯 먹은 젊은이로서 러시아인이자 유대인이었으며, 창백하고 더럽고 공허한 눈동자와 쉰 목소리를 가졌고 상스럽고 혐오스럽고 지적이면서도 교활한 얼굴을 하고 있었다."고 언급했다.[26] 파첼리는 당대에 보통 그랬듯이 반공산주의적 태도를 보였다. 그에게 공산주의자들은 불결한 광신자였다. 뮌헨에서 공산주의자를 싹쓸이해야 했다.

레비엔과 그의 동지들은 1917년에 가망이 없을 것 같던 러시아의 볼셰비키가 그랬듯이 권력을 공고히 할 것 같았다. 그들은 대개 전문직 출신이었는데 언론이 그들이 가장 좋아하는 직종이었다. 그들 가운데는 몇몇 걸출한 웅변가가 있었고 에른스트 톨러*는 저명한 작가였다. 역사

레비네(Eugen Leviné, 1883~1919) 공산주의 혁명가. 1919년 4월 12일부터 5월 3일까지 에른스트 톨러의 뒤를 이어 바이에른소비에트공화국의 최고 지도자였다.

가 자기편이라는 확신으로 불타올랐던 레비엔과 동지들은 제국 정부의 군사, 경제, 종교 당국이 수백만 국민들의 죽음에 공동 책임이 있다고 선언했다. 그들은 바이에른 주도의 '프롤레타리아'가 반혁명 세력의 도전에 대응하여 궐기하는 것이 매우 적절하다고 여겼다. 그러나 다른 점에서는 벨러 쿤처럼 레닌의 볼셰비키보다 한참 부족했다. 바이에른 공산주의자들의 혁명적 강철은 수십 년 동안의 국가 탄압과 '지하' 정치 활동으로 단련되지 않았다. 그들의 심리적 · 육체적 견고함은 험악한 사태의 시험을 받지 않았다. 조직망은 갓 만들어져서 부서지기 쉬웠고, 바이에른의 미래를 위한 공산주의자들의 목표는 막연했다. 그들은 독일과 오스트리아의 다른 지역에서 활동하는 사회주의자들과 연계가 미약했다. 또 노동자 집회에서 연설이 잘 먹혀든다면 혁명 수행이라는 과제는 어느 정도 간단하고 쉬울 것이라고 자기들 편한 대로 추정했다.

실업이 늘어났다. 감옥에서 일반 범죄자들이 석방된 후 범죄율이 치솟았다. 평의회 지도부는 최고 경제 관리권을 장악했다. 지도부는 뮌헨의 모든 가게들을 폐쇄했다. 이 말은 레비네가 아내를 위해 꽃을 사러 갔다가 꽃집이 문을 닫았음을 알게 된다는 것을 의미했다.[27] 레비엔과 레비네가 비현실적인 톨러를 방해가 되지 않게 좌천시킨 후, 무자비함, 무능력, 미친 짓이 계속되었다. 톨러는 개의치 않았다. 그는 군복을 입고 지도부 아래에서 평당원들 틈에 끼어 기꺼이 죽겠다고 선언했다. 그는 웅대한 행동을 사랑했다.[28] 외무장관 프란츠 리프(Franz Lipp) 박사는 스위스에서 기관차 60대를 빌리려고 했다. 스위스 당국이 이를 거절하자 리프는 스위스에 선전포고를 했다. 한편 레비엔과 레비네는 붉은 군대를 결성하라 지시했고 소비에트헝가리, 소비에트러시아와 연계를 강화하고자 했다.[29]

레비엔과 레비네는 성공할 가능성이 거의 없었다. 자유군단 부대가

톨러(Ernst Toller, 1893~1939) 독일의 극작가이자 시인. 1919년 뮌헨의 사회주의 혁명에서 4월 6일부터 12일까지 엿새 동안 노동자 · 농민 평의회 의장직을 맡았다.

바이에른 북부의 밤베르크에 집결했다. 베를린의 독일 정부는 소비에트 공화국의 종말을 모색했고 구스타프 노스케 국방장관은 스파르타쿠스단에 대한 과도한 군사적 행위를 이미 눈감아준 적이 있었다.[30] 5월 독일 정규군이 뮌헨에 도착했을 때 평의회 지지자들의 손에 붙들려 있던 인질 10명의 학살 소식이 들려왔다. 야만적인 보복이 시작되었다. 공식적으로는 공산주의자와 동조자들 600명이 살해되었지만, 이것은 아마도 실제 숫자의 절반밖에 되지 않을 것이다. 레비엔은 도망치는 데 성공했다. 하지만 레비네는 저항해봤자 소용없다는 것을 알면서도 계속 자리를 지켰다. 재판을 받으면서 레비네는 선언했다. "우리 공산주의자들은 모두 휴가 중인 죽은 사람들이다."*[31] '만국의 젊은이들에게 보내는' 공개 편지를 쓰는 것으로 시간을 보낸 톨러[32]는 장기 투옥형을 모면했다. 정규군과 정치적 극우 무장 세력을 동시에 이용한 노스케의 전략은 매우 효과적인 것으로 드러났다. 바이에른소비에트공화국은 처음부터 끝까지 어설픈 모험이었다. 러시아 공산주의자들이 레비엔과 레비네가 어떤 식으로 행동했는지를 알게 되자 모스크바에서는 그들을 혁명 영웅으로 기념할 열정도 사라졌다.

바로 그때 이탈리아 북부에서도 격렬한 봉기가 발발했다. 토리노와 밀라노의 공장들이 극좌 선동의 온상이었다. 파업과 정치적 시위가 생산을 중단시켰다. 이탈리아사회당은 분파 분쟁으로 갈가리 찢겼고 급진주의자들은 독자적으로 공산당을 결성하기 위해 떨어져 나갔다. 이 일은 때마침 1921년에 발생했다. 혁명적 행동의 옹호자들 중에는 젊

우리 공산주의자들은 모두 휴가 중인 죽은 사람들이다 공산주의자들의 단호함과 결의를 잘 보여주는 이 유명한 말은, 1919년 스파르타쿠스단의 봉기가 실패하고 지도자들인 로자 룩셈부르크와 카를 리프크네히트가 살해된 지 얼마 지나지 않아 오이겐 레비네가 재판을 받으면서 법정에서 행한 다음과 같은 진술의 일부이다. "우리 공산주의자들은 모두 휴가 중인 죽은 사람들이다. 나는 이를 충분히 깨닫고 있다. 나는 당신이 내 휴가를 연장할지, 아니면 내가 카를 리프크네히트와 로자 룩셈부르크에게 합류해야 할지 알지 못한다. 나는 여하튼 냉정하고 침착하게 당신의 평결을 기다리고 있다."

은 시칠리아 전사 안토니오 그람시*가 있었다. 그는 자신의 동지들과 마찬가지로 10월혁명 소식에 매혹되었다. 토리노에서 〈신체제〉를 편집하던 그람시는 1919년 여름부터 1920년까지 도시의 노동자들이 선출한 공장평의회를 환영했다. 이탈리아 북부는 헝가리와 바이에른이 걸은 길어간 따르는 것 같았는데, 그 길은 공산주의를 더 큰 성공으로 이끄는 것처럼 보였다.

그때쯤 러시아에서 내전이 끝났고 레닌은 '유럽 사회주의 혁명'을 일으키고자 온갖 기회를 이용하기를 원했다. 폴란드군과 소비에트군의 군사적 충돌이 1919년 내내 산발적으로 일어났다. 바르샤바의 동쪽에서는 국경과 국가들이 아직 인정되지 않았다. 파리강화회의는 쉽게 부과할 수 있는 결정을 내리는 데 그쳤다. 1919년 6월부터 1920년 8월 사이에 맺어진 베르사유, 생제르맹, 트리아농, 세브르의 조약들은 독일 제국과 합스부르크 군주정, 오스만 제국의 운명을 결정했다. 러시아와 폴란드의 관계는 여하튼 파리강화회의의 권한 밖에 있었다. 이미 자국의 정치를 지배하고 있던 폴란드군 사령관 유제프 피우수트스키*는 우크라이나와 연방을 결성함으로써 폴란드의 안보를 더욱 튼튼하게 하고 싶어 안달이 났다. 이 기획은 당연히 사전 정복을 필요로 했다. 1920년 봄 국경 지역에서 반복되는 충돌 중 하나가 발생한 후 피우수트스키는 이 정복 야심을 선언했고 군대는 행동에 돌입했다. 즉각 성공을 거두었다. 5월 7일 폴란드군은 키예프에 입성했다. 폴란드군의 움직임이 너무나 빨라서 붉은 군대 병사들은 버스 정류장에서 일터로 가려고 기다리다가 소식을 듣고 깜짝 놀랐다. 하지만 붉은 군대는 사기를 회복하고 전통적

그람시(Antonio Gramsci, 1891~1937) 이탈리아의 혁명가이자 사상가. 토리노 노동자들과 함께 공장평의회 운동에 가담하여 1920년 4월 총파업을 벌였으며, 1921년 1월 이탈리아공산당 결성에 참가했다.

피우수트스키(Józef Piłsudski, 1867~1935) 폴란드의 정치가이자 군인. 1918년 독립 폴란드군 최고사령관 겸 국가 주석이 되었다. 1926년 쿠데타로 정권을 잡고 독재 정치를 폈으며, 1934년 아돌프 히틀러와 동맹을 맺었다.

인 민족의 적을 물리치자는 호소에 자극받은 수많은 러시아인과 우크라이나인들—옛 제국 장교들도 포함해—로부터 신병을 충원했다. 피우수트스키는 후퇴했고, 그의 팽창의 꿈은 갈가리 찢겼다.[33)]

레닌은 의기양양했다. 마침내 '혁명 전쟁'을 시작할 수 있다고 믿었다. 그는 브레스트-리토프스크 조약 이후, 붉은 군대가 충분히 강력하다면 그들을 서쪽으로 쏟아부을 것이라고 약속해 왔다. 목적은 영토 정복이 아니라 정치 혁명일 것이었다. 그는 단지 폴란드만이 아니라 독일도 염두에 두고 있었다. 레닌은 자신의 동지들 중 붉은 군대가 충분히 강하다는 점을 의심한 사람들을 위협했다. 그들 가운데에는 레닌과는 달리 군사적 경험이 있는 지도자들도 있었다. 정치국 내에서 트로츠키와 스탈린 모두 이의를 제기했다. 그러나 두 사람은 군사 작전 때문에 모스크바에서 멀리 떨어져 있었던 반면 레닌은 크렘린에서 권력의 지렛대를 쥐고 있었다. 레닌은 모든 사람들이 자신의 이상을 받아들이도록 회유했다. 하지만 종군 중인 붉은 군대 지휘관들과 정치인민위원들은 곧 야만스런 현실에 부딪치면서 미몽에서 깨어났다. 폴란드 노동자와 농민들은 공장 소유자와 성직자, 지주에 맞서 궐기하는 대신 피우수트스키 주변에 결집했다. 한편 붉은 군대는 혼란스런 전략을 구사했고 그 전략은 스탈린의 난폭함 때문에 악화되었다. 붉은 군대는 바르샤바에서 제지당했고 비스와 강 전투에서 패배하고 말았다. 이 패배가 공산주의자들이 의기소침해진 유일한 이유는 아니었다. 이탈리아 정부는 토리노를 장악하기 전에 도시의 반란자들을 진압했다. 그람시와 그의 동지들은 여전히 자유로웠지만 그들의 혁명은 시작도 하기 전에 끝났다. 공산주의는 유럽의 양 끝에서 분쇄되었다.

레닌이 견지하던 지정학적 전망의 틀이 흔들렸다. 레닌은 대체로 실수를 고백하는 사람이 아니었으나 이번에는 반쯤 사과를 하지 않을 수 없었다. (하지만 레닌은 스탈린이 정면으로 비난을 받게 했다!)[34)] 그런 태도는 몇 주 전 두 사람이 유럽 국가들이 '소비에트화' 된 후 어떻게 하면 그 국가들을 가장 잘 조직할 것인가를 확신을 품고 생각하던 때와는 완전히 딴판이었다. 레닌은 폴란드, 독일, 그리고 대륙의 '해방된' 다른 지역들을 포괄하기 위해 소비에트연방을 서쪽으로 확대하기로 계획했다. 스탈린은 거의 외국을 여행해본 적이 없었지만 이 계획이 불가능하다고 생각했다. 스탈린은 러시아인들이 건설하고 운영하는 국가 안에서 독일인이나 폴란드인들이 안락함을 느낄 것이라고는 상상할 수가 없었다. 그의 해결책은 소비에트러시아와 소비에트독일이 이끄는 두 개의 거대한 형제 연방을 창설하는 것이었다. 보통 때처럼 전보로 이루어지는 결투가 계속되었다. 레닌은 스탈린의 구도가 진정한 국제주의를 방기했다고 공격했다. 스탈린은 레닌이 독일의 민족적 감성을 과소평가했다고 반격했다.[35)]

소비에트러시아의 대외 정책은 1920년 가을 돌연 바뀌었다. 폴란드와의 강화를 모색했고 1921년 3월 리가에서 조약을 조인했다. 레닌은 당분간 붉은 군대가 무력으로 혁명을 수출하지 않을 것이라고 당에 말했다. 러시아의 공산주의자들은 운이 좋았다. 프랑스와 영국은 1919년 말 소비에트러시아에 대한 군사 행동을 중단했다. 두 나라는 경제 회복이라는 위압적인 과제에 직면했고 만일 그들이 반소 십자군을 선동했더라면 자국의 사회주의 정당과 노동조합의 반대를 야기했을 것이다. 이 지점을 넘어서서는 이견이 존재했다. 프랑스는 니콜라이 2세와 케렌스키 정부가 진 채무를 일방적으로 무효화한 소비에트의 행동에 분노했다. 총리 조르주 클레망소*는 프랑스는 모스크바가 재정적 책임을 다할 때까지 모스크바와의 어떤 친선도 금지하겠다고 선언했다. 하지만 영국 정부는 러시아와 무역을 재개하라는 상공업계의 압력에 시달리고 있었다.[36)] 이런 압력은 대외 무역을 통해 자본주의가 투입되면 소비에트의 광기가 진정될 것이라고 믿은 영국 총리 데이비드 로이드 조지*의 마음

클레망소(George Clemenceau, 1841~1929) 프랑스의 정치가. 1917년 11월 대통령 푸앵카레에 의해 총리로 임명되었다.

에 드는 것이었다. 1921년 3월 런던에서 영-소 무역 조약이 체결되었고 레닌은 영국에서 파괴적 선전을 더는 확산하지 않겠다고 약속해야 했다.[37] 그 보답으로 소련은 고립의 벽을 깨고 파탄 난 경제를 부흥시킬 수 있을 것이었다. '자본주의 안정화' 같은 시기가 끝나고 '혁명적 상황'이 유럽에서 다시 개시될 때까지 이것은 레닌과 트로츠키가 희망할 수 있었던 최선의 방책이었다.

프랑스의 압력에 굴복한 영국 정부는 1922년 4월 제노바 회의에서 러시아와의 더 깊은 화해를 거부했다. 레닌은 외무인민위원인 게오르기 치체린*에게 독일과 협상을 모색하라고 말했다. 이 일은 이탈리아의 라팔로 해안으로부터 몇 킬로미터 떨어진 곳에서 극도로 비밀스럽게 이루어졌다. (실제로 그들이 만난 호텔은 부유한 동네인 산타마르게리타의 해안에 있었다.) 그곳에서 유럽의 두 말썽꾼 소련과 바이마르공화국이 조약에 조인했다. 조약의 조건은 공개적으로는 대규모 무역을 촉진했고 은밀하게는 독일이 소비에트 땅에서 비밀 군사 훈련을 수행할 수 있도록 해주었다. 이런 상황은 볼셰비키가 이전에 기대했던 지정학적 전략의 결과가 아니었다. 그러나 일부 다른 대안보다는 나았다. 소비에트공화국은 정치적 공고화와 경제적 회복을 순조로이 진행할 수 있었다. 그러나 러시아와 유럽의 공산주의자들은 '유럽 사회주의 혁명'이 자신들이 죽기 전에 일어날 것이라고 여전히 믿고 있었다.

벨러 쿤은 폴란드와 영국이 강화 조약을 체결하기 불과 몇 주 전인 1921년 초에 베를린에서 장난을 쳤다. 그는 명백히 레닌이 모르는 가운데, 지금도 그 내용이 뭔지 모호한 지노비예프와 라데크의 지시를 갖고 베를린에 파견되었다. 분명한 것은 쿤이 도착하자마자 정부에 맞서는

로이드 조지(David Lloyd George, 1863~1945) 영국의 정치가. 1916년 연립 내각을 조직하여 전쟁을 이끌었다. 전후 파리강화회의에서 미국 윌슨 대통령, 프랑스의 클레망소 총리와 베르사유조약에 조인했다.

치체린(Georgi Chicherin, 1872~1936) 소련의 외교관. 독일과의 강화 교섭을 담당했고, 1918~1930년까지 외무인민위원으로서 소련 외교를 담당했다.

독일 공산주의자들의 봉기를 선동했다는 사실이다. 크림 반도에서 사면된 백군 장교들을 학살하고 막 돌아온 쿤은 자신의 봉기 요구에 대한 독일 동지 클라라 체트킨*과 파울 레비*의 합리적인 반대를 짓밟았다. 수사적 허세, 마구잡이식 계획, 철저한 자기 기만 등 그의 특성이 드러났다. 3월의 끝자락에 일어났던 봉기는 베를린 '프롤레타리아'의 지원을 받지 못했고 경찰과 군대에 의해 즉각 진압되었다. 봉기에 참여한 145명이 살해당했다. 쿤은 모스크바로 다시 도망을 쳤고 레닌의 엄격한 심판을 받게 되었다.[38] 유럽 전역에서 혁명의 큰 불이 사그라졌다. 그러나 레닌과 그의 동지들은 포기하지 않았다. 그들은 자신들에게 파리강화회의에서 국제 문제를 완전히 해결하는 것을 의미했던 '베르사유 체제'가 혼란의 싹을 유럽에 퍼뜨렸다고 믿었고 독일이 조만간 자신의 '노예 상태'에 맞서 궐기할 것이라고 추정했다. 코민테른은 근본적인 오판이 아니라 실질적인 무기력 때문에 비난받았다.

공산주의 봉기 시도는 1923년 10월 지노비예프의 명령으로 독일에서 또 한 번 일어났다. 그러나 정치적 상황 평가와 혁명 계획이 한심하기는 마찬가지였다. 지노비예프는 볼셰비키의 권력 장악 기념일에 행동을 한다는 낭만적인 계획을 짰고 그것은 예측할 수 있었던 실패로 끝났다. 아마도 그는 레닌의 후계 경쟁이 격화됨에 따라 봉기를 일으켜서 신임을 얻으려고 했던 것 같다. 스탈린은 지노비예프의 이 구상에 회의를 표명한 유일한 소비에트 지도자였으나 독일 노동 계급이 소요를 일으켰다는 보고를 듣고 설득되었다. 트로츠키를 비롯한 정치국은 이 시도를 지지했다.[39] 하지만 그 결과 다시 대재앙이 발생했다. 경찰과 군대가 반란자들보다 한 수 위였다. 레닌은 건강이 허락했더라면 터무니없는 행동 면에서 쿤을 능가했을 것이기 때문에 틀림없이 사전에서 이 반란자들에 관한 비난을 삭제해버렸을 것이다. 1921년과 1923년에 독일에

체트킨(Clara Zetkin, 1857~1933) 독일의 사회주의 정치가이자 여권(女權) 운동가.
레비(Paul Levi, 1883~1930) 독일의 극좌 정치가.

서 있었던 공산주의자들의 대실패는 코민테른에 유익한 교훈 하나를 남겼다. 그것은 러시아 외부에서 혁명적 시도를 벌이는 일은 당분간 극히 조심스럽게 하지 않으면 안된다는 것을 증명한 것이다. 이는 헝가리, 이탈리아, 독일 노동 계급의 피를 대가로 얻은 교훈이었다.

8장

생존 투쟁과 권력 투쟁

트로츠키냐, 스탈린이냐

1920~1921년에 볼셰비키에 맞서 일어난 반란들은 소비에트 공산주의의 목에 칼을 갖다 대는 것이었다. 노동자, 농민, 병사와 수병들은 볼셰비키에 분노했다. 사람들은 공산주의 체제의 동원에 진저리를 쳤고 강제 곡물 징발에 시달렸다. 그들은 정치 제도의 근본적인 변화가 반드시 필요하다고 확신했고, 2월혁명의 자유를 좋은 시절로 기억했다. 1921년 봄에 도입한 신경제정책(NEP)은 당이 권력을 유지하는 데 필요한 최소한의 양보였다. 모스크바에 다른 정부가 들어섰더라면 훨씬 더 많은 것을 주었을 것이다.

그러나 레닌과 정치국은 교묘히 잘해냈다. 정권은 우월한 군사력과 조정 능력을 갖추고 있었다. 정권은 국가의 영토를 재통합했다. 즉 러시아인들의 표현대로 '땅을 모았다'. 또한 정권은 수 세기 동안 억압당해 온 수백만 사람들의 체념도 이용했다. 인민들의 반란이 폭발했지만 일시적인 것에 그쳤고, 중앙 정치 권력에 대한 음울한 묵인이 훨씬 오랫동안 반란과 반란 사이에 지속됐다. 당국은 이러한 상황을 이용했다. 레닌은 공식 영웅이 되었다. 그의 건강은 1922년에 심장 마비를 겪은 뒤 크게 악화되었다. 자신의 이른 죽음을 준비하면서 레닌은 누가 자신을 계승할지가 점점 더 걱정되었다. 그는 비밀 유언에서 자신의 동지들 중 어느 누구도 과제에 적합하지 않다고 암시했다. 레닌은 트로츠키와 스탈린을 가장 가능성 있는 승자로 지목했지만 그들이 통치의 행정적 측면에 너무 치우쳐 있다고 비판했다. 이 비판은 자신의 나라를 독재와 테러의 구렁텅이로 몰아넣은 지도자가 보여주는 고약한 위선이었다. 레닌은 트로츠키와 스탈린이 후계 때문에 경쟁한다면 당의 분열이 불가피할 것이라고 우려했다. 자신이 직접 통제하고 있을 때에만 진보가 가능하다고 믿었던 레닌은 자기가 없어도 충분히 지탱할 만큼 튼튼한 구조와 실천을 만들어냈다고는 생각하지 않았다.

레닌은 병상에서 스탈린과 말다툼을 벌이면서 스탈린이 대외 무역에서 국가 독점을 약화하기를 원한다고 책망했다. 또한 스탈린이 그루지야인인데도 그루지야에 대해 '대(大)러시아 국수주의자'처럼 행동하고 있다고 비난했다. 당 서기장으로서 스탈린이 관료적 · 권위주의적 방식을 사용하고 있다는 것이 레닌의 주장이었다. 두 사람은 사실 근본적인 문제에서 의견이 다르지 않았다. 그러나 레닌은 스탈린의 무례한 행동에 화가 났다. 더구나 그는 병을 앓고 있는 데다 스탈린이 무조건적인 복종을 보여주지 않는 것도 불쾌해서 심리적으로 지나치게 걱정을 하고 있었다. 레닌은 스탈린을 서기장직에서 제거해야 한다는 뜻을 내비쳤다.[1)]

1924년 1월 21일에 사망한 레닌은 자신의 바람과는 다른 대접을 받았다. 그의 시신은 모스크바의 붉은 광장에 건설된 영묘에서 숭배의 대상이 되었고 스탈린 자신은 이 새로운 의식에서 주요 집전자가 되었다. 정파들 사이에 분쟁이 발생했다. 지난해 트로츠키와 좌익반대파가 계속되는 당의 '관료화'에 대해서뿐만 아니라 신경제정책으로 산업 투자가 더디게 확대되는 것에 대해 반대했을 때 이미 말썽은 일어났다. 지노비예프, 카메네프, 스탈린, 부하린으로 이루어진 우월한 지도부는 트로츠키의 주장을 거부했고 그에게서 정부 내 주요 직책을 박탈했다. 그러나

이 지도자들은 곧 서로 싸우기 시작했다. 스탈린의 권력이 확대되면서 지노비예프와 카메네프는 불안해졌다. 또한 두 사람은 트로츠키가 주장해 온 대로 정치국이 러시아와 외국에서 공산주의적 급진주의로부터 이탈하고 있다고 생각했다. 그들의 레닌그라드반대파는 스탈린과 부하린에게 분쇄당했다. 지노비예프와 카메네프는 공포에 빠져 트로츠키에게 접근했고 그와 통합반대파를 결성했다. 그러나 스탈린과 부하린은 위축되지 않았다. 그들은 반대파를 기꺼이 괴롭힐 의사가 있는 충성스런 지지자들로 당 회의 구성원을 채웠다. 관리를 새로 임명할 때는 당 노선에 대한 충성 여부에 기준을 두었다. 언론은 정치국 다수파가 확고히 장악했다.

당 분열의 위험을 지적한 레닌이 옳았던 것으로 판명되었다. 하지만 분열이 어떻게 일어날지 예측한 것은 틀렸다. 레닌의 생각은 트로츠키와 스탈린이 서로 경쟁하는 노동 계급과 농민층의 운동들을 형성하리라는 것이었다. 하지만 현실에서는 트로츠키와 스탈린 어느 쪽도 당 외부에서 많은 지지자들을 끌어모으지 못했다. 트로츠키는 최선을 다했으나 노동계급은 그의 호소에 반응하지 않았다. 스탈린은 노동자와 농민 어느 쪽도 사태 진행에 영향을 끼치지 못하게 하려고 국가 폭력을 사용했다.

1920년대에 러시아공산당 내에서 발생한 정파 갈등은 다른 곳에서는 결코 필적하지 못할 만큼 절정에 달했다. 소련의 역사를 주시하던 외국 공산주의 지도자들은 사태가 통제를 벗어날까 봐 대비책을 강구했다. 그러나 그들은 다른 면에서는 소련의 경험을 피할 도리가 없었다. 러시아의 볼셰비키는 특정 장애물에 부딪힌 최초의 공산주의자들이었다. 한 가지 어려움은 당이 혁명적 과제에 부적절하게 대비하고 있었다는 것이다. 이것은 놀랄 것 없는 사실이었다. 2월혁명 때 능동적인 볼셰비키는 기껏해야 수천 명에 지나지 않았다. 당은 그 후 몇 달 동안 엄청나게 성장했다. 하지만 신입 당원 중 많은 이들이 10월혁명 후 공산주의자들로부터 떨어져 나갔다. 어떤 사람들은 내전을 치르는 동안 사망했다. 당의 구성은 끊임없이 변했고 마르크스주의 교리를 확산하기 쉽지 않은 상황이었다. 실용적 과제가 좀 더 높은 우선순위에 있었다. 당에 가입한 사람들이 혁명적 이상에 대한 헌신도나, 심지어 읽고 쓰고 계산하는 능력 면에서 보아도 다른 사람들과 항상 구별되는 것도 아니었다. 당의 '문화적 수준'이 우려할 만하다는 근거를 보여주는 공식 조사 결과도 있었다.[2)]

당 상층부에서도 환영할 수 없는 현상이 일어났다. 많은 공산주의자 관리들은 볼셰비즘을 처음 접했다. 중앙과 지역 지도부의 고참들은 관리들을 불신했고 소수의 '노장 볼셰비키' 집단 구성원들에게만 중요한 직책을 부여했다. 당 위원회들에 임명되는 경우 철저하게 이런 식이었다. 그러나 간부들이 심각하게 부족했다. 비공산주의자(그리고 사실은 은밀한 반공산주의자도)뿐만 아니라 신참 공산주의자들에게도 정부와 공공기관의 직책이 주어졌다. 중앙 당 지도부는 이것을 알고 있었지만 당 대회에서 비판을 불러일으킬까 봐 문제의 심각성을 보여주는 정보를 감추었다. 러시아공산당의 중추는 로마노프 군주정에 맞서 싸운 사람들로 이루어져 있었다. 그들은 대중 정당의 아주 작은 부분에 불과했는데, 이 당은 그들이 원하는 종류의 조직으로 변모해야 했다. 당 자체는 인민들의 적대감으로 가득 찬 대양에 떠 있는 한 척의 작은 배에 불과했다. 그리고 거의 이 문제만큼이나 공산주의의 앞날에 불길했던 점은 대부분의 노동자들이 기껏해야 공산주의에 무관심했다는 사실이었다. 공산주의가 성공적으로 작동하려면 열광으로 가득 찬 환경이 필요했다. 공산주의는 혁명적 대의의 열정으로 소수의 사람밖에 끌어들이지 못했다.

소련의 공산주의가 당 밖에서 지지를 전혀 받지 못했다고 말하는 게 아니다. 많은 사람들은 볼셰비키를 근대화론자이자 심지어 애국자로까지 여겼다. 최종적으로는 전 지구적 차원에서 경제적 · 문화적 경쟁력에 무조건 헌신하는 통치 엘리트들이 존재했던 것 같다. '방향표지 변경 그룹'이 시베리아 국경 너머 중국 북부의 하얼빈 시에 거주하던 니콜라이 우스트랼로프*와 동료 러시아 망명자들 사이에 출현했다. 그들은 볼셰비키가 원래 보이던 광신적 언동에서 벗어나 발전해 가고 있다고 보았다.[3] 우스트랼로프는 레닌과 그의 동지들이 옛 제국의 '영토를 모으고' 1917년 이후 대혼란에 빠졌던 곳에 질서를 세우고 있다고 찬양했다. 또 이 그룹의 구성원들은 유능한 사람들이 국가와 사회의 사다리를 타고 올라가는 것을 방해하는 낡은 장애물들을 공산당이 제거하고 있다고 믿었다. 볼셰비키는 대체로 실력자들로 여겨졌다. 또한 경쟁자들과 달리 자신들의 목적을 실현할 수 있는 잔인함과 역량을 갖추었다. 볼셰비키가 경제 계획을 선호하는 것은 많은 관찰자들이 보기에 소련—즉 직전 모습은 러시아—이 나라를 유럽과 아시아의 대국으로 다시 변모시키는 쪽으로 에너지를 성공적으로 사용하고 자원을 집중하는 징후로 읽혔다. 방향표지 변경 그룹에 대해 들어본 적도 없는 사람들마저 이러한 분석이 옳기를 희망했다.

공산주의 지도자 자신들은 당내의 경향을 걱정했고 그에 관한 정보를 수집했다. 페트로그라드 시 조직이 1923년에 실시한 조사에 따르면 당원의 60퍼센트가 '정치적으로 문맹'이었고 8퍼센트만이 마르크스주의를 잘 알았다.[4] 이런 정확한 수치는 의미 없는 데이터를 모으는 데 얼마나 열정을 낭비했는지를 잘 보여준다. 굳이 힘들게 조사하지 않아도 나라의 모든 사람들이 이 사실을 잘 알고 있었다. 당은 잘못된 이유로 당원을 잃기도 하고 얻기도 했다. 신입 당원들은 공산주의가 초기의 진정한 이상주의를 실현하지 못하고 있다는 것을 알게 되면 탈당했다. 정반대 경향도 그에 못지않게 강했다. 신입 당원들은 자기 자신과 가족의 상황이 개선되리라는 희망 때문에 당에 가입했다. 출세주의는 제거할 수 없는 난점이었다.

대부분의 노동자들은 공산당과 어떤 관계도 맺고 싶어 하지 않았다. 10월혁명 전에 적대감이나 냉담한 태도가 많이 보였지만 볼셰비키는

우스트랼로프(Nikolai Ustryalov, 1890~1937) 러시아 민족 볼셰비즘의 선구자. 모스크바 대학 교수를 지냈다.

자신들의 정치가 상황을 변화시킬 것이라고 생각했다.[5] 그들은 틀렸다. 육체적 피로와 볼셰비즘에 대한 정치적 불쾌감이 극심해졌다. '노동자의 진실' 같은 견해를 달리하는 공산주의 그룹들은 불만을 확고한 반체제 세력으로 활성화하려고 애를 썼다. 체카는 이 일련의 시도를 재빨리 격파했다. 그러나 노동 계급은 공장과 광산에서 여전히 분노하면서 적대적인 모습을 보였다. 1920년대 내내 조업 중단이 계속되었다. 당과 경찰은 노골적인 탄압이 사태를 더욱 악화시킬 것이라고 인정하고 파업 지도자들과 협상에 착수했다. 불만을 억제하고 국지화하자는 계획이었다. 파업 노동자들은 노동 조건 개선과 임금 인상을 약속받았고 파업 지도자들은 처벌 면제를 보장받았다. 이 약속은 대체로 속임수에 불과했다. 일단 노동자들이 항복하고 현장에 복귀하면 체카는 당국에 도전한 사람들을 체포했다. 투쟁 의지를 정기적으로 꺾으면 노동자들이 고분고분해질 것이라는 발상에서였다.[6]

수도를 비롯한 도시들에서는 공산주의 질서에 반대하는 정치 시위가 발생하지 않았다. 1921년 이래 당국은 사태를 장악했다. 하지만 분쟁이 진정으로 사라진 적은 없었다. 분쟁은 공산당의 유토피아적 약속 때문에 악화될 뿐이었다. 노동자들의 천국이 예언되었다. 내전이 끝난 뒤 음울한 도시에서 살거나 산산이 부서진 공장에서 일하는 어느 누구도 이 천국이 가까운 시일 내에 이루어질 것 같다고 믿을 수 없었다. 당은 '프롤레타리아의 자주적 활동'에 대한 헌신을 공언하기에 이르렀다. 이 개념은 적절하게 규정된 적이 없지만 모든 사람들은 그것이 일종의 프롤레타리아에 의한, 그리고 프롤레타리아를 위한 통치를 의미한다고 생각했다. 현실은 완전히 딴판이었다. 당과 체카가 정치를 지배했던 것이다. 작업장에서 경쟁 제한 조치를 철회하고 생산을 '합리화'하려는 공식 노력은 많은 사람들에게 분노를 불러일으켰다. 공산주의 관리들이 주위를 활보했다. 그들 중 많은 이들이 검은 재킷과 장화를 착용하는 취향은—마르크스-레닌주의의 전지전능함에 대한 그들의 습관적인 설교는 말할 것도 없고—'근로 대중'을 불쾌하게 만들었다. 볼셰비키는 1917년 이전의 관료 집단이 그랬던 것보다도 더 거슬리게 행동했다. 법령이 위로부터 아래로 공포되었다. 모스크바가 통치했다.

그러나 노동 계급은 완전히 굴복하지 않았다. 2월혁명 이후 작업장의 특성이 된 노동 규율의 부재는 결코 근절되지 않았다. 엄격한 자본주의의 제재가 없었고, 세계인들의 눈에 사회주의의 성취를 보여주는 횃불이 되기를 원한다면 체제는 노동자들을 해고하겠다고 위협할 수가 없었다. 어쨌든 숙련 노동자와 기술자들의 공급이 부족하여 기업 사장들은 그들을 계속 붙잡아둘 필요가 있었다.

인텔리겐치아는 공산주의 통치자들에 대한 적대감이 들끓는 또 다른 도가니였다. 볼셰비키는 권력을 장악했을 때 예술계에서 활동하거나 대학에서 가르치거나 과학 연구에 종사하는 당원이 거의 없었다. 내전 기간 동안 소수 지식인들만이 공산주의 쪽으로 넘어왔다. 시인 블라디미르 마야코프스키*는 예외였지만 그마저 1930년 4월에 자살했다. 젊은 세대의 작가, 화가, 사상가, 그리고 자체 기술자와 과학자를 양성할 시간이 없었던 당은 '길동무'(소비에트 체제의 동조자들을 일컫는 말)들에게 손을 내밀었다. 트로츠키와 지노비예프는 이 정책을 장려했다. 제한적인 표현의 자유와 안락한 생활 방식을 보장받는 대가로 사람들은 볼셰비키 정책에 대한 비판을 피해야 했다. 유혹을 떨치기 힘들었다. 1920년대 내내 출판과 연구를 위한 사설 기관은 얼마 되지 않았고, 보안경찰이 국경을 봉쇄함에 따라 국외로 도피할 기회도 사라졌다. 당국에 협조하지 않는다는 것은 자기 자신에게 고통을 부과함을 의미했다.[7] 사실 많은 지식인들은 공산주의가 특히 교육과 과학과 산업을 옹호했기 때문에 공산주의에 얼마간 동조했다. 그들은 또 공산주의 국가가 억압적 성향을 완화하리라고 생각했을 것이다. 또한 정치국 지도자들이 문명화된

마야코프스키(Vladimir Mayakovskii, 1893~1930) 러시아 미래파 예술 운동의 추진자. 10월혁명 후에는 적극적으로 소비에트 정권의 선전 계몽 사업에 참여했다.

근대화론자일 것이라는 '방향표지 변경 그룹'의 희망을 공유했다. 카메네프와 부하린 같은 일부 볼셰비키는 마르크스-레닌주의의 유연한 측면을 대표한다고 여겨졌다.

한편 볼셰비키당은 문화적 실험주의도 허용했다. 지휘자의 존재를 부정하는 클래식 오케스트라가 구성되었다. 이 악단은 음악 연주를 '집단주의'나 '대중 활동' 방향과 연결하려는 시도로서 승인되었다. 마야코프스키는 당의 승인을 받고 '미래주의' 시를 발표했다(트로츠키가 미래주의 시의 원리를 레닌에게 설명해야 했고 레닌은 미래주의 시를 그저 싫어했지만). 비테프스크에 미술 학교를 설립한 샤갈(Marc Chagall, 1887~1985)은 자신의 학생인 노동자들에게 기꺼이 다가가려는 의지를 품고 있었다. 이런 태도는 예전에 러시아 제국 내 유대인 정착지에 살던 바이올린 연주자, 암소, 어여쁜 젊은 여성들에 관한 신비한 그림들을 그릴 때 필요한 소재를 얻는 데 도움을 주었다. 그러나 일반적으로 지식인들은 비천한 대접을 받는 데 분개했다. 제정 러시아에서 박해를 받던 시절에 그들은 차르와 인민들 양쪽 모두에게 '대안 정부'로 여겨졌다. 지식인들은 간접적으로 국가 질서를 비판함으로써 검열을 극복했다. 1917년에는 짧은 수개월 동안 원하는 것은 무엇이든 말할 수 있고 쓸 수 있고 그릴 수 있었다. 사회의 양심 역할을 하고자 하는 바람이 남았다. 그들은 어떤 종류의 예술과 과학이 존재해야 하고 존재할 수 있는지를 결정하려는 공산주의자들의 갈망에 반대했다. 이러한 상황에서 움찔한 것은 예술계와 학계의 인텔리겐치아만이 아니었다. 엔지니어, 교사, 사서, 의사들도 국가가 전문 영역에 개입하는 것을 싫어했다. 위세를 부리는 인민위원은 지식인들 사이에서 경멸의 대상이었다.

신경제정책 기간 동안 번영을 구가했던 사람들에 대해서도 불만이 생겨났다. 보안 기관은 내전기 동안 옛 중간 계급을 억압했다. 은행가, 대기업가와 광산주들이 제거되었다. 그들은 이제 소련의 시사 만화에서 요괴로 등장할 뿐이었다. 1920년대에 전형적인 기업가는 비싼 모피

코트를 걸쳐입고 고급 시가를 과시하며 방탕한 모던 걸의 몸을 더듬는 '네프만(nepman)'이었다. 이 사람들은 보통 공급이 달리는 상품을 움켜쥐고 있음으로써 돈을 버는 소상인이었다. 이들 가운데 많은 사람들이 지하 범죄 세계와 연결되어 있었고 공식 조사관들의 방해를 피하려면 수면 아래로 잠수해야 했다. 체카는 네프만의 가게와 판매대를 자주 급습했다. 그러나 실제로 내전 이후 상업의 톱니바퀴를 돌게 한 것은 바로 그들이었다. 만일 네프만이 조직적으로 탄압받는다면 신경제정책은 산산이 부서질 것이었다. 하지만 노동자들은 네프만이 마르크스-레닌주의와 어떻게 조화될 수 있는지를 물었다. 소련은 '프롤레타리아 국가'를 의미했지, '기생충' 번식기를 뜻하는 것이 아니었다. 1920년대에 만연했던 일종의 자본주의는 협잡을 부리는 사람과 부정직한 사람, 믿지 못할 사람들로 대표되었다. 당 관리들은 그런 부류에 대한 사람들의 불편한 감정을 공유했다.

공산주의자들은 마찬가지로 부유한 농민들도 의심했다. 이들은 나머지 농민들을 손아귀에 쥐고 있는 쿨라크(kulak, '주먹'이라는 뜻)로 낙인찍혔다. 부농들은 마을의 다른 농가가 갖고 있는 땅을 구입하거나 임대하고 또 농민들을 노동자로 고용해 착취했다. 볼셰비키는 그들을 형성 중인 자본가들로 보았다. 토지 귀족은 오래전에 사라졌다. 전통적인 농민형 경작은 소수의 국영 집단 농장을 제외하면 보편적인 것이었다. 그러나 공동체적 토지 소유는 일부 농민들이 상업 경제에 복귀해 부유해지는 것을 막지 못했다.[8]

볼셰비키는 원리 면에서도 실천 면에서도 시장 경제를 혐오했다. 그들은 시장 경제가 새로운 경작 기술을 도입하는 데 점진적으로 성공해 왔다는 사실을 제대로 평가하지 못했다. 그와 동시에 볼셰비키는 신경제정책이 오래 지속되면 될수록 촌락은 마르크스-레닌주의로부터 빠져나갈 것이라고 제대로 예상했다. 소련 공산주의는 참신한 조치 없이는 농민들의 마음속에 결코 뿌리내리지 못할 것이었다. 부유한 자본주의 국가들의 잣대로 본다면 소련 농민들의 재산은 절대 많은 것이 아니었다. 실제로 일부 지역에서는 농업에서 이익을 얻을 가능성이 전혀 없었다. 러시아 북부는 토양도 거칠었고 기후도 혹독했다. 볼셰비키는 자신들이 이 문제의 해답을 갖고 있다고 생각했다. 그들은 항상 소련 농업의 '산업화'에 미래가 달렸다고 믿었다. 쿨라크로 지목된 사람들을 비롯해 농촌 지역 거주자들에게 트랙터는 거의 알려지지 않았다. (물론 이것은 유럽과 북아메리카 지역에서도 마찬가지였다.) 수 세기 동안 소규모 경작지, 나무 쟁기와 말을 사용했을 뿐이었다. 선진 서구의 기술을 새 집단 농장에 접목해야 했다. 토지를 농민에게서 탈취해야 했다. 농촌에서 공산주의의 적들을 물리쳐야 했다. 1921년 이후 강화된 농민들의 지위는 다시 제자리로 돌아가야 했다.

1920년대의 경제 · 사회적 사태 전개에 대한 당의 우려는 '민족 문제'에 관한 심각한 걱정과 연결되었다. 학교 교육, 출판, 충원 문제에서 비러시아인들을 위한 양보 정책은 엄청난 역풍을 불러일으켰다. 정치국으로서는 골치 아프게도 민족주의자들이 이 점에서 이득을 보았다. 우크라이나 출신의 보수주의 역사가인 미하일로 흐루셰프스키(Mykhailo Hrushevsky, 1866~1934)는 키예프에서 러시아 제국의 손아귀에 있던 우크라이나인들이 항상 얼마나 천한 대접을 받았는지를 설명하는 강연을 했다. 아제르바이잔의 이맘들뿐 아니라 그루지야 주교와 아르메니아 주교들은 자신들의 선조들이 최근 겪은 고통을 신자들에게 말했다. 이 사람들은 반소련 감정을 거의 숨기지 못했다. 1924년부터 체카에서 오게페우*로 이름이 바뀐 비밀경찰은 종교적 열정이 나라를 공산화하는 데 끼치는 부정적 효과를 정치국에 정기적으로 보고했다. 반체제 문제는 소련 국경 지방에서 그치지 않았다. 공식적으로 금지되었지만 사람들과 물건이 계속 오갔다. 사람들이 세관에서 제지당하지 않고 외국을

오게페우(OGPU) 합동국가정치부. 1924년 체카를 뒤이은 소련의 정치 경찰이다.

여행하는 것은 그렇게 어려운 일이 아니었다. 이것은 쌍방의 문제였다. 투르크인과 중국인들이 소련에 입국했다. 폴란드인들은 중앙의 당 지도부에게는 골칫거리였다. 폴란드의 통치자 피우수트스키가 소동을 일으키려고 첩자를 우크라이나로 보내고 있다는 사실은 두려움을 일으켰다. 아마도 그들은 공화국 내의 상당히 큰 폴란드계 시민 지역 사회로 잠입할 수 있을 것이었다.[9)]

걱정을 일으키는 좀 더 방심할 수 없는 원인은 공산당 자체에서 발견될 것이었다. 특히 하위직의 볼셰비키 관리는 자신과 같은 민족 출신의 시민들을 우대했다. 10월혁명 후 옛 러시아 제국의 국경 지방에서 공산주의자들이 광적으로 충원되었다. 일부의 경우 충원은 집단적인 성격을 띠었다. 당이 우크라이나에서 취약했고 우크라이나 출신의 당 지도자와 투사들이 유대인이나 폴란드인 또는 러시아인인 경향이 있었기 때문에, 레닌은 1919년에 보로디바당 전체를 러시아공산당으로 끌어들이고자 했다. 보로디바주의자들은 농민 대의에 헌신하는, 급진적인 우크라이나 사회주의자혁명가당 조직이었다. 우크라이나는 압도적으로 농업국이었고 보로디바주의자 대부분이 우크라이나인이었다. 레닌은 그들을 러시아공산당으로 끌어들여서 사회주의 확산을 위한 도구로 활용하는 것 말고는 길이 없다고 주장했다.[10)] 카프카스 남부에서도 유사한 어려움이 있었다. 아제르바이잔에서는 절망에 빠진 중앙 당 지도부가 좌편향의 이맘들을 혁명 대의로 기꺼이 끌어들이고자 했다. 볼셰비즘을 처음 받아들인 사람에게는 그 지역의 공적 생활에서 높은 직위를 부여했다.[11)] 이것이 지역에서 당을 '뿌리내리게 하는' 정책(korenizatsiya)의 실상이었다. 볼셰비즘은 의지의 세속 교회가 되어 갔다. 볼셰비즘은 1917년 10월 전에는 상상할 수도 없었을 타협을 통해 복음의 전도를 모색하고 있었다.

특히 국경 지방에서 사회적 전통이 강화되었다. 정치 체제는 후견의 관례로 가득 차 있었다. 후견을 받은 자는 일단 직위에 오르게 되면 자신을 도와줬던 사람들을 승진시켰다. 패거리 공산주의가 부상하고 있었다. 전문적 자질과는 상관없이 친척과 친구들에게 직업을 제공할 수 있는 방법이 발견되면서 패거리 공산주의는 때때로 가족 네트워크에 기반을 두었다. 더군다나 크렘린의 감시에서 멀리 떨어진 당 지도자들은 자신의 행정 기관을 충성스런 추종자들로 가득 채웠다. 공화국이나 지역, 도시에 대한 충성이 먼저였고, 그 다음에야 크렘린에 대한 충성이 요구되었다. 볼셰비키 교과서에 정리되어 있는 명령과 복종의 깔끔한 수직선은 끊임없이 방해를 받았다. 이것은 '변경 지역' 특유의 현상이 아니었다. 이 현상은 소련 전역에서 관찰할 수 있었으며 모스크바에서도 아주 작은 도회지나 촌락만큼 흔했다.

이러한 상황은 그 후 공산화가 진행되는 사회에서 공통으로 나타나는 현상임이 드러날 것이었다. 혁명 정부에 대한 불만과 불복이라는 유사한 패턴이 모든 나라 하나하나에서 전면에 부각되었다. 혁명이 일어나기도 전에, 앞으로 발생할 것 같은 공산주의에 대한 적대감이 얼마나 강렬할지 지식이 쌓인 상태였다. 공산주의자들은 동유럽, 중국, 쿠바와 여타 세계의 다른 지역에서 권좌에 올랐으며, 이 지역들에서는 공산주의자들이 당면할 어려움을 알고 있었다. 소련의 어려움—후퇴, 좌절, 예측의 까다로움, 위험—은 1920년대에 공개적으로 논의되었다. 그것들은 코민테른에 비밀이 아니었다. 하지만 1917년 이후 러시아에서 발생한 곤경은 레닌과 그의 볼셰비키를 불시에 덮친 것이었다. 그들은 처음에 움찔했고 상황을 어떻게 하면 가장 잘 다룰 수 있을지 다시 생각했다. 소련 지도자들은 단지 '과거의 잔재'를 다루고 있을 뿐이라고 스스로 다짐하고자 했다. 그들은 선량한 마르크스주의자들로서 '의식'이 정치 · 사회적 상황의 객관적 변화를 못 따라잡고 있다고 평가했다. 그들은 많은 성직자나 지주, 은행가들을 혁명의 대의로 끌어들이기를 기대할 수 없었다. 당시 '옛날 사람들(byvshye lyudi)'이라는 으스스한 이름으로 불린 이들은 당의 몸에 박힌 가시일 수밖에 없었다.

공산주의자들은 러시아 제국에서 살았던 세대의 사람들이 세월과 함께 사라지면 어려움도 사라질 것이라고 잠시 기대했다. 또한 그들은 사람들을 세뇌할 뿐만 아니라 감옥에 넣음으로써 해결을 서둘렀다. 하지만 공산주의자들의 경험은 앞으로 집권할 어떤 공산당도 1917년의 레닌과 트로츠키, 1919년의 벨러 쿤, 1920년의 안토니오 그람시보다 좀 더 건전한 정신으로 혁명을 준비해야 한다는 사실을 이미 명확히 보여주었다. 쿤은 스스로 교훈을 배우기에는 권좌에 너무 짧게 앉아 있었다. 그람시는 혁명 정부를 구성하지 못했고 1926년에 무솔리니(Benito Mussolini)의 감옥에 갇혔다. 그러나 내전 이후의 소련 공산주의 경험은 모든 나라 모든 시기의 공산주의에 적용될 수 있었다. 공산주의자들은 다른 곳에서 또 권력을 장악하고 정치 · 군사적 반혁명 기도를 극복할 수 있을 것이었다. 하지만 그들은 1920년대 소련의 공산당을 엄습한 장기간의 냉랭한 적대와 조용한 불복종 및 방해에 여전히 대처하지 않으면 안 될 것이다. 일당 · 유일 이데올로기 국가를 수립한다고 해서 문제가 저절로 해결되지는 않을 것이다. 사실 이러한 국가는 그 자체의 내부 압력을 발생시킬 것이다. 1930년대의 소련 역사는 신경제정책의 타협에 대한 스탈린의 대안이 똑같이 엄중한 문제들로 가득 차 있었음을 이제 보여줄 것이다.

9장

코민테른

세계 공산주의 혁명 본부

레닌이 페트로그라드에서 권력을 잡았을 때 그의 머릿속에 들어 있던 몇 가지 실제 계획 중 한 가지는 제2인터내셔널을 뒤이을 후계 조직을 건설하는 것이었다. 레닌은 제1차 세계대전 내내 제3인터내셔널이 필요하다고 이야기했고 이 구상은 1918년 3월의 브레스트-리토프스크 조약 이후에도 그의 마음속에 남아 있었다. 야코프 스베르들로프는 1918년 9월 실제 계획을 마련하는 소규모 준비 그룹을 구성했다.[1] 그러므로 모스크바로의 초청은 심지어 2개월 후 독일군의 항복이 있기 전에 벌써 준비된 상태였다. 레닌과 트로츠키는 의기양양했다. 1919년 3월 제3인터내셔널 창립 대회가 레닌의 꿈을 실현했다. 제3인터내셔널은 공산주의인터내셔널(코민테른)로도 알려졌는데, 이 명칭은 조직의 목표가 제2인터내셔널에 참여하고 있는 당들의 목표보다 더 급진적이라는 것을 명확히 말해주는 신호였다. 25개국을 대표하는 52명의 대의원들이 도착했다. 그들은 '유럽 사회주의 혁명'이 임박했다고 생각했다.

공산주의자들은 전 세계 사회주의 운동을 둘로 분리해 극좌파를 자신들이 지도하고자 했다. 그들은 폭력 혁명과 혁명적 독재 없이는 사회주의 목표를 달성할 수 없다고 앞장서 주장했다. 그들은 내전, 외국의 군사 개입, 테러의 가능성에 위축되지 않았다. 그들은 다당제 선거와 보편적 인권 요구를 비웃었다. 마르크스주의를 적대하는 종교 · 문화 · 사회적 전통을 근절하기 위해 단호히 강압을 사용하리라 결심했다. 그들은 자신들만이 올바른 정책을 갖고 있다고 믿었고 좌파 내부에 있는 자신의 적들을 대의의 배신자로 여겼다. 공산주의자들의 야심은 세계 전역에 자신들을 본뜬 공산당의 창출을 촉진하는 것이었다. 그들은 자신들이 경멸하는 사회주의 정당이나 사회민주주의 정당, 노동당과 많은 정책을 공유했다. 그들 모두에게 공통적인 것은 경제의 국유화, 포괄적인 복지 제도, 완전 고용과 사회적 특권의 종언에 대한 헌신이었다. 그들 모두는 한때 동일한 사회주의인터내셔널에 속해 있었다. 일부는 마르크스주의자였고 일부는 아니었다. 그들은 노동 계급에게 이로운 정치적 행동에 미래가 달려 있다는 믿음으로 하나가 될 수 있었다. 그리고 이 정치적 행동이 궁극적으로 지상에 완벽한 사회를 창조할 것이라고 열렬히 믿었다.

그러나 이제 높은 벽이 그들을 갈라놓았다. 공산주의자들은 좌파 내부에 있는 적들이 바로 사회주의 전통의 안티테제라고 생각하는 그런 종류의 국가를 원했다. 볼셰비키는 1917년에 스스로 '러시아공산당'으로 이름을 바꿈으로써 다른 사회주의자들과 차이를 강조했다. 레닌의 이론적 논설은 이 분열을 더욱 깊게 만들었다. 레닌과 볼셰비키에게 '사회주의'란 미래의 인류 발전에서 '공산주의'의 하위 단계였다. 그러나 볼셰비키는 여전히 자신들을 공산주의자일 뿐 아니라 사회주의자라고도 불렀다. 그 결과 자유주의자와 보수주의자들은 자기 나라의 사회당을 공산당과 구별할 수 없는 당으로 색칠할 수 있었다. 그것은 수십 년 동안 계속된 혼란이었다.

레닌은 조종의 대가였다. 많은 대표들이 소속 정당의 위임도 없이 모스크바에 도착했다. 일부는 아직 존재하지도 않는 정당을 대표하여 발언했다. 몇몇 사람들은 이미 소비에트공화국에 거주하고 있었는데 레닌이 소속된 바로 그 당의 당원으로서 그 규율 아래 있었다. 공산주의를 증오하는 사회주의자들은 초청되지도 않았고 참석하고 싶어 하지도 않았다. 어떤 모임이 정식 대회로 불릴 수 있으려면 필수적으로 전 세계의 잠재적 회원 정당들을 대표할 필요가 있다고 여겨졌다. 레닌은 대의원들에게 개막 회기 때까지 이것을 생각하게 했다. 그런 다음 레닌은 모임 자체를 창립 대회로 명명해야 한다고 선언했다. 로자 룩셈부르크와 카를 리프크네히트는 레닌이 모스크바가 조종하는 세계 조직을 건설하려는 음모를 꾸미는 것이 아닐까 의심했다. 두 사람은 레닌이 1917년 전에 러시아사회민주노동당에서 어떤 일을 했는지를 보았고 그의 방식을 알고 있었다.[2] 룩셈부르크가 출석했더라면 그녀는 논쟁에서 레닌의 상대가 될 수 있었으므로 이의를 제기했을 것이다. 이러한 가능성은 스파르타쿠스단의 봉기 과정에서 그녀가 죽음으로써 없어졌다. 모스크바에 나타난 독일 대의원 후고 에버라인*은 '대회'가 잘못된 전제 위에서 소집되었다고 대담하게 주장했다. 그러나 그의 주장은 레닌이 회의에서 깊은 인상을 주자 흐지부지되었다.

레닌과 소비에트 지도자들은 제1차 코민테른 대회에 출석한 대의원들에게 협력 정신을 불러일으킬 만한 경험을 하게 했다. 그들은 핀란드역, 스몰니 학교, 겨울궁전 같은 유명한 10월혁명 장소들을 방문하기 위해 페트로그라드로 안내되었다. 대의원들은 최근에 이루어진 역사에 압도당했다. 거리에는 10월혁명의 플래카드와 포스터들이 여기저기 나붙어 있었다. 주요 연사에는 트로츠키, 지노비예프, 부하린 그리고—열정적인 교사 같은—레닌 등 러시아공산당의 쟁쟁한 웅변가들이 포함되었다. 페트로그라드의 노동자와 병사들은 다른 나라에서는 볼 수 없는 신뢰를 얻고 있었다. 그들이 보여준 '상류층'에 대한 복종 거부는 대의원들이 자신들의 나라에서 본 하층민들의 행동과 대비되었다. '러시아

에버라인(Hugo Eberlein, 1887~1944) 독일의 공산주의 정치가. 1919년 코민테른 창립 대회에 참석하여 1928년까지 주요 직책들을 역임했다.

인들'은 국제 사회주의 운동에서 의심의 대상이자 한 수 아래로 여겨져 왔으나, 이제 발군의 실력자로 부상했다. 그들은 다른 이들—거의 대부분의 사람들—이 이론 작업에 몰두하고 망설이는 동안 사회주의 혁명을 만들어내고 행동을 취했다. 모두의 예상과는 달리 '러시아인들'은 살아남았다. 이제 그들은 내전을 치르고 있었고 붉은 군대가 승리할지는 결코 확실하지 않은 상황이었다. 룩스 호텔에서 편안하게 묵었던 호의적인 방문객들은 자신들을 접대해준 사람들을 기꺼이 지지할 마음이 있었다.

코민테른 집행위원회는 당시 지노비예프가 이끌었고 다양한 나라의 대표들로 구성되었다. 볼셰비키 중앙 지도자들은 새 기구를 위해 사람들을 엄선했다. 지도자들은 분명히 모스크바의 사상과 실천에 대한 어떤 반대도 최소화하고자 했다. 소련의 통제는 당분간은 계속 엄밀하게 유지될 것이었다.

외교관과 비밀 요원들이 유럽과 북아메리카에 파견되었다. 그들은 혁명의 병균을 함께 갖고 갔다. 공산주의자와 그 적들 모두 이러한 의학적 상상력을 이용했다. 당시 모든 사람들은 선진 자본주의 체제의 사회를 공산주의 감염에 취약한 유기체로 여겼다. 카를 라데크는 브레스트-리토프스크 조약 이후 독일로 건너가 자신의 아파트를 독일사회민주당에서 파견된 극좌 사회주의자들을 위한 정치 살롱으로 개방했다. 라데크는 자신의 역할을 즐겼다. 신랄한 농담이 특기이며 골초인 이 유대계 폴란드인은 합법적 불체포특권을 누리면서 옛 정적들을 조롱할 기회를 붙잡았다. 제1차 세계대전에서 독일이 패배하자 러시아의 소비에트공화국은 국제적으로 다시 고립되었다. 소비에트공화국은 스웨덴, 스위스, 영국으로 대표들을 더 보내 이 상황을 타개하고자 했다. 정치국원인 카메네프와 대외무역인민위원 레오니트 크라신*은 무역 협상과 외

크라신(Leonid Krasin, 1870~1926) 엔지니어 출신의 소련 정치가. 10월혁명 후 상공업인민위원, 대외무역인민위원 등 고위직을 역임했다.

교적 인정을 모색하기 위해 (카메네프의 경우 카페 로열에서 멋진 식사를 하기 위해) 런던으로 갔다.[3]

창립 후 처음 몇 년 동안 코민테른의 일반적 목표는 좌파 사회주의자들이 기존 당과 결별하고 독자적인 공산당을 설립할 수 있게 해주는 것이었다. 당 정치국과 외무인민위원부는 공산주의인터내셔널에 자금을 댔다. 자금을 나눠주는 사람 중에는 레닌이 스위스에서 망명하는 동안 알게 된 빌리 뮌첸베르크*가 있었다. 뮌첸베르크의 임무는 혁명 수행을 위한 장소와 사람들을 찾아 유럽을 돌아다니는 것이었다. 그는 흥미로운 인물이었다. 카메네프처럼 상류 사회 생활 방식을 좋아했고 실제로 정치와 기업가 정신을 결합하는 데 성공했다. 사업에 대한 그의 관심은 1940년 소련 보안 요원에게 살해되기 전에 그를 매우 부유한 사람으로 만들었다.[4]

모스크바 지도부는 외국의 동조자들에게 자금을 댈 밀사를 보내는 등 1917년 이전에 사용한 기술에 다시 의존하였다. 비밀 명부는 1919~1920년에 작성된 어느 외무인민위원부 관리의 악필 속에 보존되었다. 밀사는 세관에서 수색을 당할 수 있었으므로 지폐를 소지하는 것은 비상식적인 일이었다. 대신 그들은 다이아몬드와 진주 목걸이를 걸고 여행했다. 소련의 제조업은 침체했지만 체카가 주도하는 징발은 번성하는 산업이었다. 제국의 부유한 엘리트들은 다량의 귀중품을 남겨놓았고 그것들은 혁명의 대의를 위해 사용되었다. 보석은 현금보다 숨기기가 더 쉬웠다. 실제로 보석은 여성 요원들이 공개적으로 몸에 걸칠 수 있었다. 공산주의 그룹들은 목적지에 도착하면 보석을 팔아서 그 나라 통화로 보석의 가치를 회복할 수 있었다. 유럽은 이 증여의 주된 수혜자였다. 기록에 따르면 크라신은 외국에서 정치적으로 사용하려고 7백만 루블 이상의 가치를 지닌 물품을 받았다.[5] 모든 밀사가 신중한 것은 아니었

뮌첸베르크(Willi Münzenberg, 1889~1940) 독일의 공산주의자. 1919~1921년에 공산주의청년인터내셔널의 초대 서기장을 역임했다.

다. 초기에 그들 중 일부는 도중에 열변을 토함으로써 정체를 드러냈다.[6] 그런 것이 바로 당시의 혁명 정신이었다. 밀사들 모두가 정직한 것도 아니어서 코민테른은 사기꾼들을 조사하기 위해 요원들을 보냈다. (학구적인 공산주의자 죄르지 루카치*가 사기꾼에게서 자금을 되찾으려고 권총을 소지하고 파견되었다는 소문이 나돌았다.)

코민테른은 모스크바의 행정 기구를 정비함에 따라 외국의 회원 정당들에게 자문을 제공하는—실제로는 지시를 내리는—공산주의자들의 국제 네트워크를 완성했다. 다중 언어 구사 기술과 정치적 신뢰, 비밀 당 활동 경험이 있는 인물들이 가장 총애받았다. 그들이 1917년 이전에 반드시 볼셰비키였을 필요는 없었다. 다른 무엇보다도, 그들은 집행위원회의 의지를 잘 수행할 도구가 될 수 있을지 테스트를 받았다. 그리하여 다른 수십 개의 별명 중에서 미하일로프(Mikhailov)라고도 알려진 '윌리엄스(Williams)'라는 사람이 1922년 코민테른 대표로 베를린에 파견되었다. 그는 1923년 함부르크에서 봉기가 실패했을 때 현장에 있었다. 이 일은 그의 경력을 망치지 않았다. 그는 프랑스어를 독일어만큼이나 잘했기 때문에 1924년까지 파리에서 코민테른을 위해 같은 활동을 했다. 1926년에는 영국으로 건너갔다가 그 후 다시 독일로 돌아왔다. 그곳에서 그는 반제국주의 감정을 고취하기 위해 인도로 파견되었다. 영국 비밀 요원에게 체포된 그는 석방된 뒤 때를 기다리다가 1930년에 아르헨티나와 칠레로 보내졌다. 일생 동안 위조 여권을 지니고 '지하' 활동에 종사한 뒤 그는 마지막으로 파리에 있는 소련 대사관에서 홍보 담당 관리가 되었다.[7]

모스크바에서는 다른 나라의 공산주의가 별개의 정치적 특성과 조직적 대형을 갖춰야 한다고 보았다. 그러려면 단순한 '사회'당, '사회민

루카치(György Lukács, 1885~1971) 헝가리의 마르크스주의 철학자. 1918년 공산당에 입당하였고 벨러 쿤을 중심으로 하는 헝가리소비에트공화국 수립 때에는 문화교육장관을 지냈다.

주'당, '노동'당과 구별되는 것이 필수적이었다. 볼셰비키 사례에 매혹된 많은 극좌 활동가들은 기꺼이 동의했다. 레닌에게는 그들의 열정이 너무도 우연히 생겨난 터라 힘이 없다는 것이 문제였다. 그들은 신뢰할 수 없었다. 모스크바에서 제2차 코민테른 대회가 열리던 1920년 7월까지 정치국은 자기들이 원하는 바람직한 행동 틀을 회원 정당들에 부과하는 데 자신이 있었다. 붉은 군대는 1919년 말에 안톤 데니킨을 물리치면서 근본적으로 내전에서 승리했다. 백군은 우왕좌왕 도주하고 있었다. 10월혁명 지도자들의 명성은 유례없을 정도로 높아졌고, 붉은 군대가 피우수트스키의 우크라이나 침입을 격퇴하는 데 성공하면서 더욱 더 높아졌다. 그 후 중부와 서부 유럽의 극좌 사회주의자들이 이 혁명적 성공을 복제하는 데 실패하면서 레닌과 트로츠키, 그들의 동지들은 더욱 신망이 두터워졌다. 제2차 코민테른 대회가 레닌이 기안한 21개 가입 조건에 동의한 것은 바로 이러한 상황에서였다.

이 조건들은 러시아공산당 규약을 본뜬 것이었다. 중앙 집중주의, 복종과 선택의 원리가 부과되었다. 코민테른 집행위원회에는 회원 정당들을 지도하고 징계할 권한이 부여되었다. 적어도 이론적으로는 러시아공산당도 마찬가지로 그 명령에 복종해야 했다. 한 나라의 공산주의자들의 행동은 다른 나라 공산당의 안녕에 영향을 줄 수 있다는 이유로 조정이 요구되었다. 모든 공산주의자들은 세계 공산주의 운동이라는 군대에서 전투원이 될 것이었다.

코민테른과 그 회원 정당들은 소비에트 체제가 유일하게 믿을 만한 사회주의 구현체라고 주장했다. 세계대전이 끝난 후 노동 운동 내의 경쟁이 치열해졌다. 경쟁의 결과로 일부 사회민주당과 사회당, 노동당이 정부 직책을 담당했다. 독일사회민주당은 1918년 11월 전국적 정부를 구성했고 공식적으로 마르크스주의적 당 강령에 계속 헌신했다. 영국노동당은 1924년 10월 권력을 잡았다. 제2인터내셔널은 전시에 심하게 와해되기는 했지만 국가들 사이의 오랜 연계를 복구하기 시작했다. 그 회원 정당들은 사회적 기회의 불평등을 제거하고 무료로 교육, 보건, 연금, 주택을 제공하고자 했다. 그들은 모든 부패와 부정뿐만 아니라 실업을 없애는 것도 계획했다. 또 인종, 민족, 성, 종교에 근거를 둔 차별을 종식시키는 데 전념했다. 공산주의자들과 그들의 좌파 라이벌들이 똑같은 목표를 추구하고 있다는 사실은 그들 사이의 적대감을 키우는 데 한몫했다. 공산주의자들은 자신들만이 설파한 것을 철저히 시행하고 있다고 주장했고, 그들의 적들은 공산주의가 자신들이 통치하고 싶어 하는 사회를 근본적으로 개선할 수 없다고 반박했다.

그러나 1920년대에는 유럽의 반공산주의적 사회주의자들에게 소비에트공화국에 맞선 군사 행동을 지지하지 않도록 설득하는 데 충분한 공통의 목적이 있었다. 사회주의자들에게는 러시아와 무역을 재개하고 싶어 하는 실업가들과 신중한 동맹자들이 있었다. 그 형태가 무엇이든 서방 정부들—보수주의적 형태든 자유주의적 형태든 사회주의적 형태든—은 이 경향에 자신을 맞추었다. 외국 회사들은 소련의 독재적 억압에 눈을 감았다. 기업가들은 산업상의 '이권'을 주겠다는 제안에 기꺼이 반응했다. 심지어 외국 회사가 영농 기업을 세울 수 있는 제안도 있었는데,[8] 독일 회사 크루프(Krupp)가 바로 그러한 사업을 협상했다. 크루프가 보낸 경영자와 전문가들은 실망스러운 경험을 했다. 토착 농민들이 내전 기간 동안 농업 집단화를 처음 시도했던 볼셰비키당 관리들보다 독일인들을 훨씬 더 환영했다면 그것은 놀라운 일이었을 것이다. 그러나 다른 경제 분야는 외국 자본의 유입으로 이득을 보았다. 신경제정책 시기 동안 제조업과 광업에서 이루어진 기술 진보는 보통 이권 소유자와 관련되었다.[9] 어려움은 실업계가 소련 당국이 한 공식 약속을 믿을 수 있는지 여전히 우려했다는 사실이었고, 이런 걱정 때문에 소련에 유입되는 유럽과 미국 자본은 소액에 그칠 수밖에 없었다.

게다가 정치국은 지정학적 전략에서 비롯되는 열강들의 야망을 심각하게 걱정했다. 모스크바에서는 전쟁 공포가 계속됐다. 열강들 중 어느 나라도 소련에 맞서 당장 십자군을 조직하려는 뚜렷한 조짐을 전혀 보이지 않았지만, 소련 지도자들은 국경에 인접한 '대리' 국가가 최초의 사회주의 국가에 맞서 활동을 시작하지 않을까 하고 신경을 곤두세웠다. 그 나라는 폴란드가 아니라면 아마도 루마니아나 핀란드가 될 것이었다. 지도자들은 영국이나 프랑스가 그러한 국가를 철저하게 무장시켜 군사 공격을 부추길 것이라고 예상했다.

사태는 실제로 여전히 삐걱거렸다. 코민테른 요원 레미슨(Ramison)이 브라질에 공산당 창설을 촉진하려고 리우데자네이루에 도착했다. 그는 곧 브라질의 저명한 언론인이자 아나키스트인 에드가르드 레우엔로스(Edgard Leuenroth, 1881~1968)를 만나 "왜 당신은 브라질공산당을 창립하지 않습니까?"라고 물었다. 레우엔로스는 "볼셰비키가 아니기 때문"이라고 대꾸했다. 레미슨은 물러서지 않고 "그렇다면 이 임무를 감당할 수 있는 사람 이름을 가르쳐주십시오."라고 말했다. 잠시 뜸을 들인 뒤 레우엔로스는 부드럽게 말했다. "좋소. 아스트로질두 페레이라* 에게 전화해보시오. 그는 리우데자네이루에 살고 있습니다."[10] 준비된 공산주의자는 볼셰비키 이데올로기가 고안된 러시아 바깥에는 존재하지 않았다. 외국 좌파 세력 가운데 공산주의라는 강철을 제련해낼 수 있는 광석 재료는 기존 사회당과 노동당에 가장 풍부하게 있었다. 이들은 분쟁으로 갈가리 찢겨 있었다. 코민테른의 전략은 공식적인 분열을 획책하여 전국적 공산당을 결성하는 쪽으로 극좌파를 끌어들이는 것이었다. 제1차 세계대전과 10월혁명은 정치적 논의의 지형을 바꿔놓았다.[11] 바로 이것이 이탈리아공산당이 존재하게 된 사정이었다. 안토니오 그람시는 이탈리아사회당 지도부의 타협적 자세에 오랫동안 분노해왔다. 코민테른의 창설은 그가 조직적 결별을 단행하는 데 필요한 실제 동기가 되었다.[12]

페레이라(Astrojildo Pereira, 1890~1965) 브라질의 언론인, 문예 비평가, 정치가. 1922년 브라질공산당을 창립했다.

수십 개의 나라가 소련과 얼마간 정상적인 외교와 상업 관계를 수립했던 1920년대 중반까지 소련 정보 기관들은 보석을 버리고 지폐를 채택할 수 있었다. 프랑스공산주의청년연맹의 떠오르는 젊은 지도자였던 앙리 바르베(Henri Barbé, 1902~1966)는 액면가 10~100달러짜리로 300만 달러가 든 가방을 파리로 가져오라는 요청을 받고 깜짝 놀랐다.[13] 세계 공산주의는 점점 자신감을 더했고 밀사들은 이제 역도 선수의 힘을 발휘해야 했다.

1924년 코민테른 제5차 대회에서는 볼셰비즘화에 관한 명시적인 결의안이 통과되었다. 조직 구조와 실행에 남아 있던 약간의 독자성은 제거되었고 러시아는 선(善)의 모델이자 그 모방자들의 심판관이 되었다. 전 세계에서 온 외국 공산주의자들을 위해 당 학교가 모스크바에 설립되었다. 교과 과정에는 마르크스-레닌주의뿐만 아니라 운동과 총기 훈련도 포함되었다. 때때로 학생들은 신화화된 러시아 프롤레타리아를 좀 더 가까이 보려고 지방의 공장으로 일하러 갔다.[14] 하지만 호기심 많은 외국 젊은이들이 노동자들의 엉성한 작업과 형편없는 조건을 목격했을 때 언제나 코민테른이 원하는 대로만 된 것은 아니었다. 나중에 프랑스 공산당을 이끌게 될 젊은 발데크 로셰(Waldeck Rochet, 1905~1983)는 모스크바에서 수업을 들으면서 친구에게 다음과 같이 말했다. "만일 우리가 여기서 본 것을 프랑스 노동자들에게 말한다면 그들은 썩은 사과를 우리한테 던질 거야."[15] 당 학교는 자유가 충분한 다른 나라에도 세워졌다. 프랑스인들은 파리 북동부 보비니에 학교를 설립했다. 이런 식으로 숙련된 인력의 부족을 극복하는 방식은 프랑스에서는 '보비니화'라고 알려졌다.[16] 교과 과정은 모스크바가 마음대로 다룰 수 있는 일련의 순종적인 당을 창출하고자 분투하는 코민테른 관리들의 승인을 받도록 되어 있었다.

코민테른과 나란히 공산주의 정책과 조직을 확산시키기 위해 고안된 다른 기관도 존재했다. 적색노동조합인터내셔널(프로핀테른Profintern),

국제혁명가원조기구(모프르MOPR), 적색농민인터내셔널(크레스틴테른 Krestintern), 그리고 적색스포츠인터내셔널(스포르틴테른Sportintern) 등이 있었다. 이 기구들을 통해 설사 코민테른이 정치적 장애에 부딪히더라도 모든 나라의 노동 운동에 계속 영향을 끼칠 수 있을 것이라 희망했다. 모스크바에서 자금을 대량 투입했는데도 새 기구들은 거의 충격을 가하지 못했다. 그러나 이런 기구들의 설립은 세계 공산주의 혁명에 대한 믿음을 포기한 적이 없음을 보여주었다.

코민테른은 레닌 이후 좀 더 신중히 행동하지 않으면 안 되었고, 1921년 3월 영 · 소 조약을 승인하면서 대영 제국의 정치에 소련이 더는 개입하지 않기로 합의가 이루어졌다. 소련의 대사들은 나머지 1920년대 동안 겉으로는 외교적 예의를 지켰다. 모스크바의 인민위원부는 코민테른에 대한 통제력이 없다고 주장했다. 이 주장은 실제로 사실이었다. 결정을 내리는 것은 러시아공산당 정치국이었고, 정치국은 이 시기 내내 '자본주의의 상대적 안정'이 끝나 가고 있다는 징후를 조금이라도 찾아내고자 했다. 모스크바에서 자금과 요원이 계속 유입되고 지시가 하달되었다. 정치국과 코민테른에 유일한 문제는 사람들을 공산주의로 돌아서게 하는 사회적 문제들을 서방의 열강들이 성공적으로 완화하고 있다는 사실이었다. 마르크스-레닌주의는 이 열강들의 경쟁이 궁극적으로 억제될 수 없다고 역설했다. 또한 자본주의가 반복되는 경제 위기를 피할 수 없으며 노동 계급은 필연적으로 정치적 극좌로 향하게 될 것이라고 규정했다. 그러나 1920년대 중반 상황은 당혹스럽게도 조용했다. 자본주의의 최종 위기를 알리는 전조는 전혀 보이지 않았다.

코민테른은 진척을 보지 못했고, 정치국은 코민테른에, 외국의 공산당들에게 정책을 바꾸어 '연합 노동 전선'을 수립할 것을 지시하라고 명령을 내렸다. 이 발상은 공산주의자들이 사회당, 사회민주당, 노동당의 평당원들과 친하게 지내면서 자본주의 질서에 맞서 운동을 개시하라는 것이었다. 공산주의자들은 이 정당들에 대한 비난을 멈추지는 않을 것이었다. 실제로 그들은 공산주의자, 아니 공산주의자들만이 노동자의 조건을 획기적으로 개선하는 데 필요한 단호한 의지를 지니고 있다고 계속 천명할 것이었다. 공산주의자들은 또한 경쟁 관계인 좌파 정당들에도 침투할 것이었다.(영국노동당은 1925년부터 공산주의자들이 개별적으로 가입하는 것을 금지했는데 이 조치는 효과가 없었다.)[17] 공산주의자들은 이중 당적으로 공산당의 목표를 이루기 위해 투쟁하도록 장려되었다. 이 지침은 나중에 '입당주의'로 알려졌다. 독립적인 충격을 가하는 데 좌절한 공산주의 투사들은 자신들보다 더 많이 선거에서 영향력을 발휘하는 사회당의 기생충이 되었다. '연합 노동 전선'은 완전히 잘못된 명칭이었다. 1920년대의 공산주의 정책은 정치적 좌파와 신랄한 논쟁을 벌이고 자본주의에 맞서 '계급 투쟁'을 강화하는 것이었다.

그러나 1926년 유럽 정치가 갑자기 거친 소용돌이에 빠졌다. 영국노동당은 2년 전 정부에서 쫓겨났고 보수당이 정부를 구성했다. 새 정부는 확고히 반소련 입장을 취했다. 그들은 또한 영국 내 노동 운동의 야심을 억제하는 데도 단호했다. 영국노동조합회의(TUC)는 같은 해 총파업을 조직해서 반격을 가했다. 파업 노동자들의 요구는 정치적이라기보다는 물질적인 것이었다. 이 요구를 영국공산당은 무시할 수 없는 상황이었다. 코민테른의 승인을 받고 영국공산당은 불만을 정치화하기 위해 노력했다. 그러나 영국 노동 운동은 위법 행동을 피하고자 했다. 공산주의 선동가들은 임금 인상을 촉구했을 때 환영받았고 전면적인 체제 변화를 주장할 때 무시당했다. 정부와 경찰은 저항을 지능적으로 다루었고 파업은 소멸했다. 이 과정은 유럽 전역에서 동일한 양상으로 되풀이되었다. 독일은 코민테른의 희망을 좌절시켰다. 프랑스는 반복되는 산업 갈등으로 혼란에 빠졌지만 결코 공산주의에 진지하게 굴복한 것처럼 보이지는 않았다. 이탈리아는 1922년 베니토 무솔리니가 개시한 파시즘 독재의 확고한 지배를 받았다. 공산주의자들은 관망하면서 때를 기다렸다.

공산주의자들은 또 당이 없는 곳마다 계속 당을 설립했다. 그들은 심지어 선진 자본주의 국가들 밖에서도 진척을 보였다. 1920년 유럽에서 겪은 실패에 좌절한 소련 지도자들은 바쿠에서 동방민족대회를 소집했다. 그들은 아시아에서 공산주의 탄생의 산파 역할을 하고자 했다. 대제국 열강은 적색 혁명에 굴복하지 않더라도 아마도 중국이나 투르크, 인도 같은 나라들은 굴복할 것이었다. 그리고 이와 같은 결과는 전 세계의 정치적 안정을 확실히 뒤흔들 것이었다. 혁명이 현관으로 들어갈 수 없다면 뒷문으로는 왜 못 들어가는가? 바로 그러한 성공이 이 초기 몇 년 사이에 발생했다. 시베리아에서 내전이 끝나 감에 따라 붉은 군대는 몽골 국경을 넘어 1921년 7월에 수도 우르가를 점령했다. 소련 군사력은 1924년 몽골인민공화국의 선포를 보장했다. 본질적으로 괴뢰 정권이던 몽골인민공화국은 크렘린의 소비에트 정책 변화에 국내 정책을 맞추었다. 몽골이 러시아를 따라 1930년대의 대학살로 뛰어들기 전부터도 사회 · 종교적 관습에 대한 억압이 가혹하게 진행되었다. 몽골인민공화국을 거칠게 다룬 일은 소련이 제2차 세계대전 후 동유럽의 이른바 '인민민주주의' 체제를 어떻게 다룰 것인지 그 조짐을 미리 보여주는 것이었다.[18)]

그러나 몽골은 소련에게 여전히 '형제' 정권으로서 고립된 예외였다. 코민테른 집행위원회는 전 세계의 규모가 큰 지역마다 상설 위원회를 수립하려고 분주히 움직였다. 위원회 위원장들의 임명이 교묘히 이루어졌다. 해당 지역 주민은 자격이 없었다. 이것은 '민족들'이 집행위원회의 바람에 간섭할 수 있는 역량을 제한하고, 공산주의인터내셔널에서 '민족의' 복수가 이루어지지 못하도록 고안된 규정이었다. 러시아 볼셰비키당은 1914년 이전에 제2인터내셔널과 인터내셔널 산하 국제사회주의사무국에서 고약하게 행동했으나 다른 사람들이 같은 방식으로 자신들을 거칠게 다루도록 내버려 두지는 않을 것이었다. 그 지역에는 '아메리카'와 '아시아', 라틴아메리카가 포함되었다. 코민테른 관리들은 러시아 공산주의 지도부의 요구와 공산주의인터내셔널 소속 정당들이 하는 허튼소리 모두에 정치적 안테나를 계속 맞추었다. 코민테른 의장 지노비예프도, 그리고 1926년 그가 제거된 후 새로 의장이 된 부하린도 러시아공산당 내의 정치에 좀 더 많이 주목해야 했기 때문에 모든 사태를 계속 주시할 틈이 없었다. 그들은 접촉을 유지하기 위해 서기인 오시프 퍄트니츠키*에 의존했다. 프랑스인들에게 '피아트 아저씨'로 알려진 그는[19] 최선을 다했다. 그러나 퍄트니츠키 또한 일의 급류에 맞서 조용히 나아가고 있었을 뿐이며 위원회 위원장들이 세계 공산주의 운동의 핵심이 되었다.

바로 이 위원장들은 자신들의 권력이 정치국에서 내려온 실 한 가닥에 매달려 있다는 것을 알았다. 몇몇 사람들은 젊은 패기를 유지하면서 독자적으로 행동했다. 공식 노선에 무조건 복종하기를 거부한, 크렘린의 코민테른 사무실을 이따금 찾은 방문객들이 특히 그랬다. 이탈리아인들은 빈번히 말썽을 부렸다. (이에 비해 독일, 프랑스, 영국의 투사들은 1980년대에 이르기까지 항상 순종적이었다.) 1922년의 아마데오 보르디가*부터 1920년대 말의 안젤로 타스카*에 이르기까지 그들은 모스크바 당국에 본심을 이야기했다.[20] 그러나 독립적 정신은 점점 희미해졌다. 코민테른은 그들을 고립시킬 수 있는 조직을 온전히 갖추고 있었고, 만일 그들이 계속 말썽을 부린다면 그들의 당 지도부에서 축출할 수도 있었다.

공산당 당원의 모델은 항상 연구하고 꼼꼼하며 대의에 헌신하는 사람이었다. 중국공산당에 가입한 젊은 여성 천비란(陳碧蘭, 1902~1987)

퍄트니츠키(Osip Pyatnitskii, 1882~1938) 러시아의 혁명가이자 소련의 정치가. 1921년 코민테른 국제관계부 부장이 되었다.

보르디가(Amadeo Bordiga, 1889~1970) 이탈리아의 공산주의자. 1921년 안토니오 그람시와 함께 이탈리아공산당을 결성하고 초대 서기장이 되었다.

타스카(Angelo Tasca, 1892~1960) 이탈리아의 공산주의자. 이탈리아공산당 창립 멤버. 코민테른에서 이탈리아공산당을 대표했다.

은 가족 전부가 잘 아는 사람과의 약혼을 파기하고 '사랑'에 대한 모든 관심을 끊어버렸다. 그녀는 끔찍한 위험을 감수했다. 중국에서는 가족들이 반항하는 약혼녀를 때때로 살해했던 것이다.[21] 하지만 그녀는 마르크스주의 교육을 심화하기로 굳게 결심했다. 연구 서클의 회원들은 자신들의 결론을 설명하고 비판을 받지 않으면 안 되었다. 일단 공식 노선이 정해지면 모두가 받아들여야 했다. 먼 공산주의 미래에 대한 믿음—그러나 아마도 그 미래는 나중이 아니라 곧 실제로 닥칠 것이었다.—은 의무적이었다. 공산주의자들은 지배 계급에 적대적인 노동조합과 학교를 비롯한 많은 기관들에 투입되었다. 매우 적극적으로 활동해야 한다는 것은 당원 자격의 기준이었다. 그들은 또 코민테른 정책에 무조건 복종하지 않으면 안 되었다. 천비란은 사려 깊고 독립적인 사람이었다. 그녀는 중국공산당이 코민테른의 지령에 따라 장제스(蔣介石, 1887~1975)가 이끌던 민족주의적 국민당과 합작하는 데 반대했다. 1929년에 그녀는 당에서 쫓겨났다.[22]

그러나 대체로 복종심은 재빨리 수용되었다. 중국공산당 북부 지역 위원회는 하부 기구들에 당 세포를 다음과 같이 묘사한 회람을 보냈다.

1) 당의 기본 기관이자 조직 단위다.
2) 교육과 선전을 위한 당 학교다.
3) 대중들 사이에서 당의 중핵이다.
4) 당의 발전을 위한 도구다.
5) 당 생활의 중심이다.
6) 당의 투쟁 무기다.[23]

이 모토는 사기를 진작하고 조화와 단결을 강화할 뿐만 아니라, 당 전체를 중앙의 지도자들이 요구하는 방향으로 이끌려고 고안되었다. 그리고 지도자 자신들은 크렘린의 정치적 부속물처럼 행동하기로 되어 있었다.

코민테른—그리고 그 감독자로서 정치국—은 어떤 기회든 포착했다. 또한 볼셰비키 좌파에게 끊임없이 비판받으면서 코민테른은 국제적 신임을 증명하기 위해 안달했다. 코민테른은 기회가 없으면 인위적으로라도 만들 것이었다. 이미 2년 전에 봉기를 조직한 적이 있는 불가리아 공산당은 1925년에 다시 무장 행동을 수행하도록 격려되었다. 정치국과 코민테른 위원회들은 1921년과 1923년에 독일에서 조심성 없이 계획된 혁명적 폭동 같은 것을 피하느라 이 문제를 논의하는 데 2년을 소비했다.[24] 하지만 불가리아 당국은 이 계획을 미리 알아차렸고 공산당은 가혹하게 억압당했다. 불가리아의 재앙은 모스크바에서 혁명적 명령이 계속 내려오는 것을 전혀 막지 못했다. 다음 번 초점은 중국이었다. 스탈린과 부하린은 1920년대 중반까지 공산주의자들이 장제스와 그의 국민당 같은 민족주의자들과 동맹을 맺어야 한다고 주장해 왔다. 그런데 갑자기 두 사람은 중국공산당이 홀로서기를 할 수 있을 만큼 충분히 강하다고 확신하고 입장을 바꾸었다. 혁명이 예고되었고 코민테른 명령으로 1927년 4월 상하이에서 봉기가 정해진 시간에 일어났다. 그러나 중국 공산주의자들은 국민당을 패주하게 만들기는커녕 오히려 야만적으로 패배당했다.

정치국의 지배 그룹은 모든 사태를 엉망으로 만들었다. 모스크바의 분파 투쟁에서 패배한 트로츠키는 스탈린과 부하린의 오판에 환호했다. 코민테른의 평판은 갈가리 찢겼다. 이 상황에서 유일하게 긍정적인 측면은 공산주의가 소련 국경 내로 억제되는 데 크렘린이 결코 만족하지 않는다는, 처음도 아니고 마지막도 아닌 증거를 보여주었다는 점이었다. 코민테른은 여전히 10월혁명이 생존하려면 궁극적으로 공산주의가 국외로 확산되어야 한다고 생각했다. 레닌의 독창적 견해는 아직 희미해지지 않았다.

두 달 뒤 영국에서 공산주의에 골치 아픈 일이 생겼다. 영 · 소 조약은 소련이 코민테른을 이용하여 정부와 사기업을 전복하지 않을 것이라고 규정한 것인데, 공산주의자들은 이 서류에 서명하면서 서로 눈짓을 주고받았다. 크렘린의 명령에 따라 활동하는 코민테른은 런던을 세계적 규모의 정치적 파괴를 위한 연락과 조직의 비밀 거점으로 만들었다. 영국 보안경찰은 햄스테드의 전러시아협동조합(아르코스Arcos)이 소련 정보기관의 전선 역할을 하고 있다는 것을 알았다. 영국 보안경찰은 1927년 5월 건물을 습격하고 의심스런 서류들을 압수했다. 보수당 내각은 소련과 외교 관계를 즉각 단절했다. 소련에 맞선 십자군 운동이 개시될지도 모른다는 정치국의 우려가 커졌다. 아르코스 사건은 '국제 제국주의'가 다시 행군을 시작할 참이라는 것을 가리키는 것 같았다. 세계 정치는 폭발 직전에 있었다. 트로츠키는 이 사건이 좀 더 공격적인 대외 정책이 필요함을 보여준다고 주장했다. 그는 전 세계 사회주의 혁명을 즉시 의제로 삼기를 원했다. 트로츠키는 자본주의 열강에 대한 코민테른 정책이 이도 저도 아니라고 불만을 토로했다. 자신의 정적 스탈린이 전 세계의 공산당들에게 좀 더 전투적인 자세를 취하라고 곧 명령할 것이라는 사실을 트로츠키는 조금도 눈치채지 못했다.

10장

미국의 공산주의

자본주의 천국에서 혁명하기

미국 공산주의는 러시아 제국에서 수입한 정치적 분파주의의 웅덩이에서 태어났다. 10월혁명은 미국의 모든 좌파 투사들을 흥분시켰다. 일부는 넋을 잃었고 일부는 회의적이거나 노골적으로 적대감을 품었다. 레닌과 그의 동지들에 열광하는 사람들 중에는 서로에게 호감을 느끼지 못하는 노장 사회주의자들이 있었다. 그들의 분쟁은 이데올로기 수준에서도 개인적 수준에서도 매우 격렬하게 진행되었다. 결과는 대혼란이었다. 실제로 하나가 아니라 두 개의 정당이 1919년에 결성되었다. 미국공산당(Communist Party of America)과 공산주의노동당(Communist Labor Party)이 그것이다. 두 당은 서로 경쟁 당보다 레닌주의를 더 잘 대표한다고 주장했다. 찰스 루텐버그*는 미국공산당을 대표하여 다음과 같이 퉁명스럽게 말했다. "우리는 공산주의노동당과의 합당에 반대한다는 것을 재확인한다."[1] 공산주의노동당도 같은 방식으로 대응했다. 두 정당은 모스크바의 정치적 미인 대회에서 우승하는 데 기대를 걸었다. 결국 둘 다 낙심했다. 코민테른 집행위원회는 통합을 고집했다. 그러지 않

루텐버그(Charles Ruthenberg, 1882~1927) 미국의 마르크스주의 정치가. 1919년 미국공산당을 창설하고 오랫동안 지도자 자리를 지켰다.

으면 두 당 모두 코민테른 가입이 허용되지 않을 것이었다.[2)]

분쟁의 상세한 내용이 대서양을 건너 모스크바에 전해지자 이 결론은 피할 수 없는 것이 되었다. 1917년 이전에 사람들을 분열시키는 주범이었던 코민테른 지도자들은 세계에서 가장 선진적인 자본주의 경제에 도전하면서 코민테른을 대표하는 공산당이 두 개나 존재하며 서로 경쟁하는 사태를 허용할 수 없었다. 개인적인 질투와 정파들 간의 이견은 제쳐 두고 혁명 수행을 최우선 과제로 두어야 할 것이었다. 1921년 12월 뉴욕에서 창당 대회가 열렸다. 통합 조직은 미국노동자당(Workers' Party of America)으로 명명되었고, 코민테른을 최고 권위로 받아들일 의사가 있는 모든 정당을 망라했다. 이름난 공산주의자들이 위험 인물로 체포되기 일쑤였던 당시, 이 명칭을 쓰면 정부와 경찰의 눈길을 단번에 피할 수 있으리라는 바람이 있었다.

미국에서 공산주의 혁명이 일어날 가능성은 현실적으로 없었다. 그리고 이것은 계속 사실이었다. 제1차 세계대전 전에 정보에 밝은 마르크스주의자들은 미국 노동 운동을 항상 비관적으로 보았다.[3)] 그러나 러시아의 공산주의자들은 10월혁명 이후 행복에 젖어 공개적으로는 이런 식으로 이야기하지 않았다. 그들은 이전의 의심을 잊어버리고 모든 자본주의 사회가 '사회주의로 이행'할 시기가 '무르익었다'고 여겼다. 모스크바 지도부의 일급 구성원인 부하린과 트로츠키는 1917년 이전에 미국에 거주한 적이 있었다. 그들은 미국을 아주 잘 알았다. 하지만 당 책무 때문에 두 사람은 미국의 정세가 공산주의 혁명을 일으키기에 안성맞춤이라고 앵무새처럼 되풀이하여 말했다. 그들은 공산주의 혁명이 대서양 너머의 동지들에게는 힘든 투쟁일 것임을 매우 잘 알았다. 코민테른의 노선은 미국이 혁명과 소비에트화를 위한 주요 표적 가운데 하나라는 것이었다. 새로 형성된 미국의 공산주의자들은 이에 동의했다. 그들은 혁명의 가능성에 대한 믿음을 공유했기 때문에 당에 가입했다. 그리고 자기 나라의 사회주의 정당들이 미국 체제의 근본적인 변화를 가져오기 위한 배짱과 전략이 없다고 비난했다.

미국은 구 러시아 제국과 비슷한 구석이 있었다. 공장의 노동 조건과 임금은 매우 열악했고 유럽 이민자들의 유입으로 노동조합이 노동 조건을 개선하기가 힘들었다. 노동 운동은 탄압받았다. 경찰과 법정은 고용주들을 지지했다. 폭력배들이 돈을 받고 파업을 파괴했다. 이탈리아 이민자로서 아나키스트인 니콜라 사코*와 바르톨로메오 반제티*는 1920년 보스턴에서 체포되어 공장 회계 담당자를 살해한 혐의로 기소되었다. 기소는 근거 없는 것이었다. 그러나 두 사람은 편견으로 얼룩진 재판 후 유죄를 선고받고 1927년에 전기 의자에서 사형당했다. 사법 살인은 급진주의자들에게 체제 전복 집단에 가입하면 위험하다는 경고를 하는 데 유용했다. 그와 같은 상황은 정부와 혁명가들의 투쟁 결과 로마노프 왕조가 전복되고 몇 달 뒤에는 10월혁명이 발생했던 러시아에도 존재했다. 1917년 이전에 탄압은 급진주의자들에게 볼셰비키를 영웅으로 만들었고 차르 당국은 볼셰비즘을 근절하는 데 실패했다. 미국의 공산주의자들은 비슷한 대단원을 희망했다.

제1차 세계대전 후 미국은 괄목할 만한 산업 성장을 이루며 세계에서 제일가는 경제 강국이 되었다. 자동차, 전기, 화학 분야에서 기술은 엄청나게 진보했다. 대학은 실력 있는 졸업생들을 배출했다. 1921년 우드로 윌슨*이 대통령직에서 물러난 후 줄곧 별로 진취적이지 않은 대통령들이 계속 선출되었는데도 이 같은 성공을 거두었다. 미국은 정치적 지도력에 문제가 있는데도 힘차게 돌진하는 사회로 두드러졌다.

대량 이민이 경제 호황을 뒷받침했다. 값싼 외국 노동력이 없었더라면 괄목할 만한 성장률을 달성하기가 불가능했을 것이기 때문이다. 특

사코(Nicola Sacco, 1891~1927) 이탈리아 태생의 노동자이자 아나키스트. 날조된 강도 살인 혐의로 반제티와 함께 사형당했다.

반제티(Bartolomeo Vanzetti, 1888~1927) 이탈리아 태생의 노동자. 스무 살 때 미국으로 이주해 사코와 함께 아나키스트로 활동했다.

윌슨(Woodrow Wilson, 1856~1924) 미국의 제28대 대통령(1913~1921년 재직).

히 러시아와 동유럽으로부터 대서양을 건너 이민자들이 쏟아져 들어왔다. 당국은 그들을 환영하고 동화시키려는 조치를 거의 취하지 않았다. 이민자들은 공장과 광산 지역에서 떼를 지어 살았다. 임금은 형편없었고 대우는 나빴다. 이들의 존재는 제1차 세계대전 시기에 페트로그라드에서 그랬듯이 노동자들 사이에 분노와 분열을 불러일으켰다. 러시아에서 온 많은 난민들은 급진적 정치 사상도 함께 가지고 들어왔다. 공산주의자들은 이러한 상황을 이용하고자 했다. 맨땅에서 시작하지 않아도 되었다. 유진 데브스*가 이끄는 사회당이 이미 존재했고 데브스는 1912년 대통령 선거에서 6퍼센트에 이르는 표를 얻었다.[4] 사회주의자들은 전략적 분쟁과 정파 갈등으로 분열되었고 이 거대한 나라의 지역 그룹들은 국가 정책에 자주 도전했다. 과거 유럽에서 강력한 공산당들이 사회당들의 자궁에서 출현할 수 있었다면, 신세계가 선례를 따르지 않을 이유는 없었다.

코민테른은 미국노동자당과 접촉을 확대했다. 뉴욕과 모스크바 사이에 전보가 정기적으로 오갔고 요원들이 증기선을 타고 왔다 갔다 했다. 소련 지도자들은 미국 내부의 끝없는 말다툼에 성가셔하면서 편지로 상세한 지시를 전달했다. 그들은 이 신생 공산주의 조직을 철저하게 장악하리라 결심했다.

1922년 8월 경찰이 뉴욕의 당 사무실을 급습했을 때 '미국공산당[원문 그대로]의 향후 과제에 관해'라는, 니콜라이 부하린, 카를 라데크, 오토 쿠시넨*이 서명한 10쪽짜리 문서를 발견했다. 미국 공산주의자들의 주요 과제는 온갖 방식으로 소비에트러시아를 지원하는 것이었다. 또 그들은 비합법적 활동 방식을 포기하지 않으면서 동시에 합법적 정당도

데브스(Eugene Debs, 1855~1926) 미국의 노동 운동과 사회주의 운동 지도자. 1897년 미국사회민주당을 결성했다. 1912년 대통령 선거에서 90만 표 이상을 얻었고, 제1차 세계대전 때에는 전쟁 반대를 주장하였다.

쿠시넨(Otto Kuusinen, 1881~1964) 핀란드 태생의 소련 정치가, 문학사가, 시인. 1918년 핀란드 내전에서 패배한 후 모스크바로 도피해서 코민테른의 저명한 지도자가 되었다.

결성해야 했다. '지하' 활동을 '청산'하는 것은 어리석은 짓일 것이다.[5] 공산주의자들의 실제 과제는 대중 정당 건설이었다. 그러나 '진정한 정당'은 활동하면서 법을 아랑곳하지 않는 지도자와 투사들의 핵심으로 남아 있을 것이고, 최고 권력과 책무는 계속 그들의 몫일 것이었다. 공산주의자들은 새로 충원된 당원들을 훈련시켜야 했다. 그리고 대중 정당은 좌파 조직들에 침투해서 조직을 조종해야 했다. 정치국과 코민테른 지도부는 미국인 동지들에게 품은 낮은 기대치를 거의 숨길 수가 없었다. 모스크바는 그들이 노동조합과 '흑인' 조직에는 들어가야 하지만 쿠클럭스클랜* 내부에서 활동해서는 안 된다고 끈질기게 설명했다. 공산주의자들은 캔자스 노동재판소 법(Kansas Industrial Court Law) 같은 파업 금지 법률에 맞서 운동을 일으켜야 했다. 또 소토지 보유 농민들과 연계해 은행 저당물 반환권 상실에 반대하는 선동 활동을 해야 하며 공산주의 신문사도 설립해야 했다. "당이 적어도 한두 개의 합법 영어 일간지를 갖지 못한다면 여전히 네 발로 기고 있을 것이다."[6]

여러 나라 말을 할 수 있는 난폭한 스위스 사람 율레스 훔베르트-드로즈*가 코민테른의 미국위원회를 이끌었고 모스크바에서 미국인들과 연락했다. 훔베르트-드로즈가 지노비예프와 집행위원회가 요구하는 결과를 항상 얻은 것은 아니었다. 미국에서 공산주의 전략의 문제는 복잡했다. 게다가 모스크바는 미국 동지들로부터 직접 상세한 정보와 자문을 받지 않고서는 일을 도모할 수가 없었다. 이런 상황은 바로 모스크바가 미국 동지들이 바라는 방향으로 결정을 내리게 하는 좋은 기회가 되었다. 때로는 미국인들이 우위에 선 것처럼 보였다. 1924년 5월 미국인들이 모스크바로 파견한 밀사는 공산주의인터내셔널이 "미국에 사회 · 정치적 위기가 존재한다고 언급한 우리의 기본 분석을 받아들였

쿠클럭스클랜(Ku Klux Klan) 보통 KKK단으로 알려진 미국의 인종차별주의 비밀 조직.
훔베르트-드로즈(Jules Humbert-Droz, 1891~1971) 1911년 스위스공산당 창당 당원이었다. 1920년대에 코민테른 집행위원회 위원을 역임했다.

다."라고 크게 기뻐했다.[7] 그러나 그의 만족은 성공의 열쇠가 코민테른 '중심부'에 국내 문제를 탄원하는 능력에 달려 있음을 보여주는 징후이기도 했다.

미국 공산주의자들의 권위는 당 내부 갈등으로 약화되었다. 정책을 둘러싸고 끊임없이 분란이 발생했다. 개인들의 충돌은 당을 엉망으로 만들었다. 지도자들은 종종 공산주의를 전파하는 일보다 서로를 반대하는 데 열중하는 것 같았다. 당이 여러 민족으로 구성되어 있다는 사실은 상황을 개선하는 데 도움을 주지 못했다. 산업 노동자들 중에는 영어를 거의 하지 못하는 최근 이민자들이 다수를 차지했고 이런 사정은 신참 공산주의자들도 마찬가지였다. 1920년대 중반에 신참 공산주의자들 중 절반은 미국 바깥에서 태어난 사람들이었다.[8] 체코인, 에스토니아인, 남슬라브인, 리투아니아인, 이탈리아인, 유대인, 불가리아인, 독일인, 핀란드인, 헝가리인과 그외 몇몇 인종들을 위한 정파가 만들어졌다. 심지어 영국인 정파도 있었다.[9] 모든 슬라브인들은 끊임없이 말썽을 일으켰고 미국인 공산주의자 맥스 이스트먼(Max Eastman)은 1923년에 당이 슬라브인들과 관계를 끊을 것을 촉구하는 편지를 트로츠키와 레닌에게 보냈다. 이스트먼은 그들이 너무 심하게 분란을 일으킨다고 생각했다.[10] 유대인들은 항상 서로 최악의 악담을 퍼붓고 당 지도자들(그들 중 거의 절반이 유대인이었다)과 언쟁을 벌이면서 가장 논쟁적인 모습을 보였다.[11] 한 기자는 정파 분류를 단념했다. "이것은 대혼돈이다."[12] 작은 정파만 가진 '농부들 100여 명'만이 분쟁을 일으키지 못했으며, 그 이유는 단지 그들이 그리 큰 정파가 아니기 때문이었을 것이다.[13] 코민테른은 1925년 6월 미국노동자당에 모든 민족 정파를 해산하라고 지시했다.[14]

미국 지도부는 태연한 척하며 온갖 배경의 사람들을 끌어모은 당을 하나로 유지하는 것을 자랑스레 내세웠다. 코민테른은 믿음이 가지 않았다. 미국에서 가장 큰 민족적 · 인종적 소수파는 흑인들(아프리카계 미

1920년대 후반의 동방노력자공산대학 학생들. 중국의 덩샤오핑, 베트남의 호찌민, 조선의 조봉암 등이 코민테른의 지령에 따라 이곳에서 공부했다. 코민테른은 아시아인뿐 아니라 미국 흑인에게도 동방노력자공산대학에 유학하라고 지시했다.

국인들이 이렇게 알려졌다)이었다. 당은 공식적으로 그들을 대열에 합류시키는 데 전념했지만, 성과는 미미했다. 1915년에 모스크바에 간 미국 대표단이 스탈린에게서 이에 대한 질문을 받았을 때 대표단 중 한 명은 '편견과 차별'이 존재한다고 인정했다.[15] 모스크바는 단호하게 반대했다. 1927년에 코민테른은 당 지도부에 모스크바의 '아시아 노동자를 위한 공산주의 대학'(동방노력자공산대학, 일명 '동방대학')에서 공부하기에 적당한 흑인들을 보내라고 명령했다.[16] 이 명령은 미국노동자당에 대혼란을 일으켰다. 정치위원회는 기껏해야 알맞은 후보 두세 명을 모으는 것이 가능하다고 생각했다.[17] 코민테른은 자신만의 감춰진 인종주의를 갖고 있었다. 아프리카 노예의 후손들로서 미국의 문화와 경제에 완전히 동화된 미국의 흑인들이 대체 왜 아시아와 연결되어야 했을까? 모스크바에 도착하자마자 흑인 학생들은 격리당하는 데 반대했고 '백인' 우월주의에 시달렸다.[18] 문제는 미국노동자당에도 여전히 남아 있었다. 부끄럽게도 흑인 당원들은 1929년에 광부 당원들이 구제(救濟) 기금 마련을 위해 개최한 무도회에 여전히 입장할 수 없었다.[19]

코민테른은 결국 바라던 것을 얻었다. 미국의 공산주의자들은 흑인에게 다가가는 데 그치지 않고 남부에 그들을 위한 독립적인 공화국을 건설하겠다는 계획을 유포했다. 이러한 구상의 주요 기획자는 그 자신이 흑인인 해리 헤이우드*였다. 헤이우드는 모스크바의 당 학교에 다녔고 1930년까지 코민테른을 위해 그곳에서 일했다.[20] 헤이우드의 계획은 코민테른 정책이 되었다. 동일한 구상이 남부 아프리카의 공산주의자들에게도 전해졌는데, 코민테른은 그곳의 당에게 '독립토착남아프리카공화국'을 세우기 위해 운동을 하라고 지시했다.[21] 당내에서도 인기가 없는 생각이었으나 코민테른은 이를 고집했다. 어느 누구도 어떻게 미국에서 제2차 내전을 피할 것인지를 질문했던 것 같지는 않다. 아마도 그것은 공산당이 흑인 당원을 끌어들이기 위한 장치에 지나지 않았을 것이다.

일부 공산주의자들은 언제나 코민테른의 개입을 혐오했다. 당 지도자 찰스 루텐버그가 받은 한 편지에는 이렇게 불만이 쓰여 있었다. "본질적으로 (공산당은) 러시아의 좋은 소식을 축하하면서 만세나 부르는 모임이었습니다."[22] 그러나 이러한 종류의 불만은 불평꾼과 의심을 품은 사람들이 당을 떠남에 따라 드물어졌다. 미국의 동지들은 이슬람교도들이 메카를 향해 기도하는 것처럼 정기적으로 동쪽을 향해 절을 했다. '메카'는 실제로 모스크바 지도부가 전보에서 사용한 암호명이기도 했다.[23] 미국의 동지들은 점점 더 비굴해졌다. 지배적인 지도부는 1926년 3월 당에 보낸 메시지에서 다음과 같이 말했다. "볼셰비키가 되고자 한다면 우리는 가차 없는 자아비판 방식을 실행해야 한다." 이러한 태도는 모스크바에서 비판이 전해질 때마다 나타났다. 그리고 모스크바가

헤이우드(Harry Haywood, 1898~1985) 미국공산당과 소련공산당의 주요 활동가. 마르크스주의 이론에 바탕을 두고 미국의 흑인 문제를 연구했다.

해리 헤이우드. 흑인 노예였던 부모가 백인에게 폭행당하는 것을 보며 자란 그는 형을 따라 공산당원이 되어 흑인만의 나라를 만들기를 꿈꿨다.

승인하면 기쁨이 넘쳐났다. "우리는 당이다. 공산주의인터내셔널이 그렇게 말했다."[24] 나중에 공산당을 탈당하여 트로츠키주의자들에게 합류한 젊은 제임스 캐넌(James Cannon, 1890~1974)은 무조건 복종하는 성격은 아니었으나 그조차도 1920년대에 정치국원들을 만날 기회를 얻자 몹시 놀랐다. 말년에도 캐넌은 소비에트러시아에서 겪은 자신의 경험을 여전히 '비길 데 없는 학교'로 기억했다.[25]

미국노동자당의 정파들은 모스크바를 분쟁 중재 재판소로 여겼다. 코민테른 집행위원회가 이것을 언제나 달가워한 것은 아니었다. 1927년 4월 집행위원회는 미국노동자당에 내부 분란을 끝내고 미국 해병대의 니카라과 침공에 반대하여 선동 활동을 개시하라고 했다.[26] 제이 러브스톤*과 지도부의 지배 그룹은 지령에 복종했다. 그러나 그들은 음모 획책을 멈추지 않았다. 러브스톤과 지배 그룹은 코민테른에 자신들이 단지 인위적인 통합을 이룩했을 뿐이며 반대파가 서기장직에서 러브스톤을 해임하고 대신 윌리엄 와인스톤*을 그 자리에 앉히라고 계속 선동

러브스톤(Jay Lovestone, 1897~1990) 미국사회당 당원, 미국공산당 지도자. 나중에는 반공산주의자로서 미국 중앙정보부(CIA)에 협력했다.

한다고 알려 왔다. 그러면서도 그들은 자신들이 도발적 행동을 단호히 피하고 있다고 주장했다.[27)]

결국 러브스톤은 당원의 90퍼센트가 명백히 그를 지지했는데도 해임되었다.[28)] 이 해임은 1929년에 모스크바의 명령으로 이루어졌는데, 러브스톤을 망친 것은 그가 정치적으로 부하린과 가까웠다는 사실이었다. 1928년 9월에 러브스톤은 부하린에게 외국 지도자들, 특히 독일에서 온 하인츠 노이만*이 그를 욕하고 다닌다고 경고했다.[29)] 러브스톤이 한 일은 물에 빠진 사람에게 물이 머리 위로 넘실거린다고 고함을 치는 꼴이었다. 스탈린 그룹이 지도부 사이에서 부하린의 평판을 더럽히고 있다는 것을 부하린 자신이 깨닫지 못한 것은 아닌 듯하다. 이것은 스탈린이 노골적인 공격을 조직하기 전에 항상 하던 방식이었다. 러브스톤은 1929년 4월에 우익반대파에 동정적이라는 이유로 코민테른 사무실로 소환되어 오토 쿠시넨에게 심하게 질책을 받았다.[30)] 몇 주 뒤 미국 공산주의자 대표들이 당내 투쟁에서 승리한 스탈린에게 탄원하기 위해 도착했다. 스탈린은 그들이 완전히 고분고분하지는 않다고 판단했다. "여러분은 누구라고 생각합니까? 트로츠키가 내게 도전을 했죠. 그는 어디 있습니까? 지노비예프가 내게 감히 도전했습니다. 그는 어디에 있죠? 부하린도 내게 반항했습니다. 그는 어디에 있죠? 그리고 여러분은? 여러분이 미국으로 돌아가면 여러분 아내 외에는 어느 누구도 여러분 곁에 머무르지 않을 겁니다."[31)]

미국에서 코민테른의 좌절은 계속되었다. 윌리엄 포스터*는 1924년

와인스톤(William Weinstone, 1897~1985) 미국의 노동 계급 출신 노동 운동 지도자이자 공산당 활동가.

노이만(Heinz Neumann, 1902~1937) 독일 제국 의회 의원이자 독일 공산주의 운동의 활동가. 1920년대에 가장 재능 있는 코민테른 요원이었다.

포스터(William Z. Foster, 1881~1961) 미국의 정치가이자 노동 운동가. 1921년 공산당을 창립해 1932년 이후 전국위원장을 맡았다. 1924년, 1928년, 1932년 대통령 선거에 출마했으나 계속 낙선했다.

얼 브라우더. 제2차 세계대전 기간을 포함한 1930년부터 1945년까지 미국공산당 서기장을 지낸 그는 미국 공산주의의 마스코트 격인 인물이었다.

미국 대통령 선거에 당 대표로 출마했다. 그는 불쌍하게도 총 투표의 0.1퍼센트밖에 득표하지 못했다. 공산주의자들은 자신들이 선거 사기의 희생자라고 주장했다. 루텐버그 당 서기와 포스터는 러시아로 전보를 쳤다. "자본주의 독재 체제는 공산주의자들의 투표를 계산하지 않을 것이다."[32] 자본주의 체제는 공산주의자들을 속이는 것을 항상 묵인할 것이었다.

그 후 미국 공산주의의 역사는 첫 10년 동안 드러난 당의 취약한 발전 가능성을 더 분명히 보여주었다. 1929년 4월의 월스트리트 주가 대폭락은 코민테른의 전 지구적 진단에 따르면 당의 인기를 급상승시켰어야 했다. 그러나 당원 수는 1919년 7,500명에서 1939년 9만 명으로밖에 늘어나지 않았다.[33] 1930년대 중반 스탈린은 뉴딜 정책으로 경제 활동에 국가를 적극적으로 개입시키던 프랭클린 루스벨트*에 대한 코민테른의 투쟁을 완화해야 한다고 결론을 내렸다.[34] 크렘린은 에스파냐 내전에서 싸울 '에이브러햄 링컨 대대'의 구성을 승인했다. 레닌 대대가

루스벨트(Franklin Roosevelt, 1882~1945) 미국의 제32대 대통령(1933~1945 재임).

아니라 미국 대통령을 기념하는 대대였는데, 링컨이 사회주의에 동조했다는 사실은 별로 알려져 있지 않았다. 얼 브라우더(Earl Browder, 1891~1973)는 1934년에 공산주의 지도자가 되었고 1936년 미국 대통령 선거에 당 후보로 나섰다. 그의 선거 운동은 무력했고 득표는 8만 표를 약간 웃돌았다. 사실상 루스벨트는 민주당원이 아니라 '진보' 정치 연합의 비공식 지도자로서 출마하도록 허용되었다. 크렘린은 적어도 일시적으로는 루스벨트의 승리를 돕는 것이 자신의 이익과 합치한다고 여기면서 미국 공산주의 지도부에게 적절한 지시를 내렸다. 선거가 경마였더라면 경주가 끝나자마자 공정성 심의가 진행되었을 것이다.

이런 상황에도 불구하고 1930년부터 이름이 바뀐 미국공산당(Communist Party of the USA)은 점점 유명해졌다. 브라우더는 공개된 사진에서 크렘린에 있는 자신의 감독자처럼 파이프 담배를 물고 등장했다. 다른 점은 전통적으로 점잖아 보이는 줄무늬 넥타이를 맸다는 사실뿐이었다. 여론에 영향을 주는 일이 우선순위가 되었다. 당은 주간지에 친공산주의 성향의 글을 싣는 길동무들에게 환심을 사려고 접근했다. 당은 미국 정치계에서 사회 정의, 경제적 공정, 인종 평등, 그리고 파시즘과 제국주의에 맞선 투쟁에 무조건 헌신하는 유일한 조직이라고 스스로를 치켜세웠다. 당은 새로운 슬로건을 유포했다. "공산주의는 20세기의 아메리카니즘이다." 공산주의자들은 선거 때마다 보기 좋게 실패했지만, 특히 지식인들 사이에서 의심할 여지 없이 영향력이 증가했다. 게다가 소련에서 사업상 계약을 맺고 있던 기업들은 스탈린이나 브라우더를 비난할 이유가 없었다.[35]

당의 전반적인 정책은 모스크바의 통제를 받았고 브라우더는 그들에게 순종적인 광신자였다. 독 · 소 불가침 조약의 체결과 독일의 폴란드 침공 이후 1939년 9월 제2차 세계대전이 터지자, 스탈린이 요구한 대로 브라우더는 미국이 갈등에 개입하지 말 것을 촉구했다. 공산주의 투사들은 개인 의견과 상관없이 유럽인들을 구하기 위해 위험을 무릅쓰는 문제에서 보수적 고립주의자들만큼이나 못마땅해해야 한다는 지시를 받았다. 1940년 12월까지 브라우더는 공장과 조선소 문 앞에서 이러한 주장을 하려고 전국을 돌아다녔다. 체포되어 재판을 받은 그는 '제2차 제국주의 전쟁의 첫 정치범'으로서 애틀랜타 감옥에 투옥되었다.[36] 브라우더와 그의 당은 영국이 미국을 속여서 필요도 없고 바람직하지도 않은 동맹 체제로 끌어들이고 있다고 계속해서 분명히 밝혔다. 브라우더는 아일랜드의 중립을 열렬히 지지했고 독일 제3제국에 대한 더블린 정부의 유화 정책에 반대하지 않았다. 이와 동시에 그는 자신의 주장에 따르면 미국을 유럽의 군사적 살육에 교묘히 끌어들이고 있는 '유대 세계의 힘'에 반대했다.[37] 기껏 키워놓았던 당의 영향력은 공산주의인터내셔널에 대한 이와 같은 복종으로 날아가버렸다.

1941년 6월 히틀러가 소련을 침공하자 정책은 뒤집어졌고, 미국공산당은 서유럽에서 '제2전선'을 개설하기 위해 미국의 치어리더가 되라는 지시를 받았다. 이 방침은 1941년 12월에 일본이 진주만을 공격할 때까지 바뀌지 않았다. 미국과 일본 사이에 전쟁이 발발했고 히틀러는 미국에 전쟁을 선포했다. 미국 공산주의자들은 갑자기 자신들을 애국 정당으로 과시할 수 있게 되었고, 브라우더는 1942년 5월 감옥에서 석방되었다.[38] 과거 정책의 관 뚜껑에 못질을 하면서 그는 — 여느 때처럼 책임감 있지만 이번에는 좀 더 자연스런 열정을 품고 — 소련, 미국, 영국의 대동맹이 지닌 잠재력을 찬양했다. 브라우더에 따르면 군사적 승리의 목표는 '계급 투쟁'의 전통을 압도했다. 그는 전쟁 기간 동안 파업과 저항에 반대했다. 스탈린은 루스벨트에게 자신이 전시의 제휴 관계에 헌신하고 있다는 확신을 주고 싶어 했다. (그렇다고 해서 스탈린이 브라우더의 묵인 아래 미국 공산주의 요원들에게 정치적 · 기술적 비밀을 염탐하게 하는 짓을 그만두도록 한 것은 아니다.)[39] 1944년 5월 브라우더는 당을 해산하고 공산주의정치협회(Communist Political Association)를 결성했다. 이것은 진실로 당 없이 당 조직을 보존하는 방법이었다. 목표는 여하튼 미국 정부를 안심시키는 것이었다.[40] 대동맹을 후원하고 마르크스-레닌주의를 공부하며 중앙 정치가들과 지역 정치가들에게 로비를 하기 위해 공산주의 지역 클럽들이 구성되었다.[41] 브라우더와 그의 동지들은 미국과 소련의 화합을 설파했다. 그들은 노동자들에게 생산을 증대하라고 촉구했으며, 독일과 일본에 맞선 전쟁을 수행하기 위해 육군과 해군에 자진 입대할 것을 권고했다.

전후 미래에 대한 브라우더의 견해는 독특했다. 그는 세계에 관한 자신의 생각을 널리 퍼뜨렸다. 예를 들어 1943년에 브라우더는 루스벨트에게 일단 독일이 패배하면 소련더러 태평양 지역에서 벌어지는 세계 전쟁에 참전하라고 요구하지 말 것을 요청했다.[42] 그는 좀 더 무게를 실어 "자본주의와 사회주의는" 영속적 기반 위에 "평화 공존과 협력으로 가는 길을 발견하기 시작했다."고 주장했다.[43] 이것은 유러코뮤니스트로 알려지는 후기 공산주의 세대가 재개발할 사상이었다. 또 브라우더는 고용주와 노동자들 사이의 지속적 협력도 제안했다. 모스크바는 브라우더에 당혹했고 그가 정적 윌리엄 포스터의 반대를 야기했다는 것을 알았다.[44] 모스크바는 양측에게 모두 설명을 요구했다. 포스터는 브라우더가 전후의 미래에 산업 파업을 비롯한 '계급 투쟁' 형태를 회피할 것을 권고했다고 비판했고 소련 당 서기국의 국제부는 포스터의 말에 동의했다.[45] 스탈린은 즉각 개입하지는 않았다. 그러나 브라우더의 사상은 스탈린의 마음에 거슬렸고, 모스크바의 격려를 받고 프랑스의 공산주의 지도자 자크 뒤클로*는 1945년 4월에 브라우더를 비난했다.[46] 이 일은 브라우더를 수정주의자로서 미국 공산주의 대열에서 축출하는 과정을 개시하는 것이었다. 모스크바는 전 세계 공산당 정책의 세부 사항을 모두 감독하지는 않았지만 자신의 전략적 입장에 대한 복종을 요구했다. 브라우더는 위험한 처지에 빠졌고 대가를 치렀다.

뒤클로(Jacques Duclos, 1896~1975) 프랑스의 정치가이자 공산당 지도자. 제1차 세계대전 후 프랑스공산당 창립과 함께 입당했고 1935년 코민테른 집행위원이 되었다.

하지만 재건된 미국공산당은 미국 정치계에서 미약한 세력에 불과했다. 따라서 공산주의자들은 1948년 선거 운동에서 진보당의 대통령 후보로서 민주당과 공화당에 맞선 루스벨트의 전직 부통령 헨리 월리스(Henry Wallace, 1888~1965)를 지지했다. 월리스는 초기에 소련에 대해 열정적인 호의를 보여준 사람이었다.[47] 그러나 제2차 세계대전 후 해리 트루먼* 민주당 정권은 스탈린을 세계 평화에 가장 위협적인 인물로 취급했다. 냉전이 시작되었다.[48] 미국 공산주의자들은 계속 모스크바의 명령을 받아 그대로 실행했다. 이것은 미국 대외 정책에 반하는 활동의 선을 크게 넘어서는 것이었다. 소련 첩보 기관은 당원과 동조자들을 계속 첩자로 고용했다. 비밀 외교 문서들이 모스크바로 전달되었다. 미국 원자탄 계획의 비밀이 소련 과학자들에게 알려졌다.[49] 그러나 소련의 충성스런 강아지였던 미국공산당은 그 사실을 전혀 믿지 않았다. 1950년대 초에 상원의원 조지프 매카시*는 정부와 언론에 스며드는 공산주의자들의 침투에 맞서 소란스런 반대 운동을 벌였다.[50] 공산당원들이 무더기로 쓰러졌다. 1957년에는 겨우 3천 명만 남았다.[51] 그때까지 그들의 내부 분란과 공적 운동은 전국 규모 언론에서 거의 주목을 받지 못했다.

소련의 맹목적 추종자인 서기장 거스 홀(Gus Hall, 1910~2000)은 1956년의 헝가리 봉기와 1968년의 프라하의 봄 진압을 환영했다.[52] 만일 소련이 알래스카를 침공했다면 아마도 홀은 그것을 화관을 쓴 평화애호가들의 즐거운 침입으로 해석했을 것이다. 이런 태도는 모스크바가 미국공산당 지도자에게 기대한 것 이상도 이하도 아니었다. 미국에서는 토착 마르크스주의가 남긴 약간의 잔불만이 여전히 타고 있을 뿐이었다. 젊은 흑인 여성 안젤라 데이비스(Angela Davis, 1944~)가 1960년

트루먼(Harry Truman, 1884~1972) 미국의 제33대 대통령(1945~1953 재임).
매카시(Joseph McCarthy, 1908~1957) 미국의 정치가. '적색 분자 적발'로 유명했으며, 너무 극단적이어서 1954년 상원이 비난 결의를 했다.

거스 홀. 공산주의자 가정에서 태어나 18세에 아버지 손에 이끌려 공산당원이 된 그는 2000년에 사망할 때까지 미국공산당 서기장 자리를 41년간 유지하며 정통 마르크스-레닌주의를 고수했다.

대 말에 학생과 흑인들의 반정부 운동에서 두각을 나타냈다. 그녀는 당에 가입했다. 그러나 그녀의 명성은 텔레비전 화면에서 잠깐 깜박이다가 곧 수그러들었다. 공산당은 베트남전쟁에 대한 미국의 군사 개입에 맞선 대중 저항에도 앞장서지 않았다.

소련의 앞잡이로서 홀과 그의 동지들은 미국과 소련 사이에 데탕트가 이루어진 시기 내내 외교 · 상업 · 문화적 교류를 유지할 것을 촉구했다. 그들은 레오니트 브레즈네프*를 세계에서 가장 위대한 평화와 진보의 제창자라고 찬양했다. 소련은 민주주의의 횃불로 제시되었다. 1980년대 말 고르바초프의 개혁은 홀에게 반갑지 않은 기습으로 다가왔다.[53] 소련이 근본적인 개혁에 착수하자 미국공산당에 고통이 찾아왔다. 홀은 1988년 소련의 당에서 200만 달러를 들여오고 영수증에 서명

브레즈네프(Leonid Brezhnev, 1906~1982) 소련의 정치가. 1966년부터 서기장이 되었고 1977년부터는 소련 최고소비에트 간부회 의장을 겸임함으로써 당과 국가의 최고 지도자가 되었다.

했다.[54] 그러나 거의 노골적인 수준의 홀의 비판은 고르바초프를 짜증스럽게 만들었고 고르바초프는 이듬해 모스크바의 보조금을 철회했다. 홀은 고르바초프의 '신사고 정책'에 새로운 것은 없으며, 물러난 얼 브라우더가 제2차 세계대전 동안 말했던 것과 본질적으로 똑같다고 비웃었다.[55] (이것은 미 · 소 관계 국면에서 고르바초프에 관해 완전히 틀린 말은 아니었다.)[56] 그래서 홀은 1991년 8월에 고르바초프에 맞서 쿠데타 기도가 발생하자 매우 기뻐했다. 그러나 고르바초프가 구금에서 벗어나 모스크바로 복귀하자 홀의 처지는 난처해졌다. 안젤라 데이비스를 비롯한 혁신 그룹이 1991년 11월에 열린 당 전국 대회에 출현해 홀에게 도전했다.

당시 80대 나이였던 홀은 고르바초프의 '잘못된 지도'에 분노했다.[57] '거스 해임' 운동에 직면했지만 그는 승자가 되었다. 홀은 1959년 이래 당 지도자였고 네 차례의 대통령 선거에서 패배한 당의 후보였다. 그는 2000년에 사망했는데, 동유럽과 소련에서 공산주의가 몰락하고 난 후에도 신념을 계속 간직한 채 점점 쪼그라들었던 한 무리의 동지들 말고는 그의 죽음을 슬퍼하는 사람도 없었다. 미국의 동지들에게는 이제 찬양할 외국도 많지 않았다. 중국과 베트남은 경제 정책에서 자본주의의 길을 걷고 있었다. 쿠바는 미국 봉쇄의 용감한 생존자로서 여전히 지지를 받을 만하다고 여겨졌으나 관광 의존과 가톨릭교회와의 화해는 공산주의 진보와 거의 들어맞지 않는 것이었다. 북한만이 미국 베테랑 공산주의자들의 아르마딜로 정신이 승인할 수 있는 나라로 남았다.

미국공산당은 1921년 창당 이래 한 번도 건전하고 독립적으로 당을 꾸리지 못했다. 그리고 공산주의로 가지 못한 미국의 '실패'는 마르크스와 엥겔스의 견해에 내재한 고유한 결점을 예시해준다. 미국은 제1차 세계대전 이래 세계에서 가장 큰 산업 강국이었다. 미국의 기술적 역동성은 몇 세대에 걸쳐 당해낼 나라가 없었다. 비참한 생활 상태가 미국 노동자들을 공산주의의 추종자로 만들리라는 가정이 있었다. 실제로 미국인 수천만 명이 가난하게 살았고 지금도 그렇게 살고 있다. 그러나 대부분의 사람들은 물질적 향상을 경험했다. 마르크스와 엥겔스는 심지어 19세기 말에 이 점을 고려하기 시작했다. 카우츠키, 레닌, 트로츠키는 자본주의 미국이 공산주의가 깨뜨리기 힘든 '정치적 호두'가 될 것이라고 인정했다. 그들은 미국 노동자들이 자국이 세계 경제와 정치에서 차지하는 주도적 지위 덕분에 얻은 혜택을 공유하고 있다고 옳게 지적했다. 그들은 노동 계급의 숙련 노동자들이 고임금 때문에 급진주의에서 이탈하고 마르크스주의적 용어로 '노동 귀족'이 되었다고 타당하게 말했다.

그러나 공산주의자들은 미국의 자본주의가 돌이킬 수 없는 붕괴 직전에 있다는 교리에 집착했다. 미국공산당 세대는 레닌 이래의 소련 지도부를 추종해 자신들의 생생한 경험에도 불구하고 그러한 기본 가정을 계속 옹호했다. 결국 1991년에 망각 속으로 사라지는 것은 미국이 아니라 소련이 될 것이었다.

지식인과 공산주의

비판의 논리, 동조의 논리

볼셰비키는 러시아에서 '프롤레타리아 혁명'이 발생했고 노동자 국가가 만들어지고 있다고 선포했다. 그들은 때때로 '관료적 왜곡'을 막지 못했다고 인정했지만 일반적으로 마르크스와 엥겔스의 꿈을 실현하는 중이라고 주장했다. 니콜라이 부하린과 그의 친구 예브게니 프레오브라젠스키*는 1920년에 쓴《공산주의 ABC》에서 이 국가 질서의 이론적 근거를 설명했다. 두 사람은 이 책을 당 입문서로 계획했다.[1] 하지만 책 본문에서는 당 자체에 대해서는 거의 언급하지 않았다. 1924년에야 비로소 당 관료인 라자리 카가노비치*가 당 운영에 관한 팸플릿을 발간했다.[2] 벌써부터 스탈린의 측근 가운데 한 명이었던 카가노비치는 공산주의자들이 권력을 강화하려면 당-국가에 어떤 수직적 명령 체계가 필요한지를 상세히 설명했다.[3] 대부분의 볼셰비키 이론가들은 혁명 전 약속과 혁명 후 실제의 차이를 거의 언급하지 않았다. 당은 권력을 장악하고 난 뒤 프롤레타리아에게 통치하게 할 생각이었다. 이 구상은 1917

프레오브라젠스키(Evgenii Preobrazhenskii, 1886~1937) 소련의 정치가이자 경제학자. 1903년 공산당에 들어가 1920년 당 중앙위원과 조직국원, 서기가 되었다.
카가노비치(Lazar' Kaganovich, 1893~1991) 소련의 정치가. 우크라이나 키예프 출생.

년에 볼셰비키 정책의 근본적인 주제였다.[4] 레닌과 다른 당 지도자들은 때때로 정치의 특징적 모습이 당의 독재라는 사실을 무심코 내뱉었으나 보통은 현실을 덮어 숨기려고 했다.[5] 그러나 그들은 노동 계급이 실제로 소비에트 국가를 운영하지 않고 있음을 어렴풋이나마 인정해야 했다. 레닌과 지도자들은 대체로 이 현실을 러시아의 문화적 후진성 탓으로 돌렸다. 그들은 상황이 바로잡힐 때까지 시간이 오래 걸리지 않을 것이라고 주장했다.

외국의 논평자들 대부분은 볼셰비즘의 이 장밋빛 견해를 거부했다. 그러나 정확한 정보를 입수하기가 힘들었다. 서방 연합국이 대사관을 철수했던 브레스트-리토프스크 조약 이후에는 중부 열강의 동맹국들만이 대표단을 유지했다. 독일 대사 빌헬름 폰 미르바흐* 백작은 1918년 7월 사회주의자혁명가당 좌파 암살단 손에 죽음으로써 결국 대가를 치렀다. 독일 대사관은 제1차 세계대전 말기에 사라졌다. 한편 런던과 파리는 모스크바가 아니라 백군 고위 사령부에 고문단을 파견했다. 서방은 러시아의 공산주의 체제를 파악하려고 비밀 첩보망에 점점 더 과중하게 의존했다.

영국은 페트로그라드에서 활동하는 영국 요원 폴 듀크스(Paul Dukes, 1889~1967) 경에게 자금을 정기적으로 제공하지 못했다. 듀크스는 식량 배급을 받기 위해 붉은 군대 제8군에 입대했고 심지어 러시아공산당에 가입하기까지 했다. "내 당원증은 어디서나 통했다."[6] 그는 영국 비밀정보부(SIS)가 자신을 다룬 방식에 앙심을 품지 않았다. 그가 단 3주 동안의 훈련을 받기 전에 런던에서 마지막으로 받은 지령은 다음과 같았다. "가서 죽지 말 것!" 그의 러시아어는 사투리가 약간 섞여 있었고 그래서 우크라이나인으로 행세했다. 듀크스는 감시를 피하려고 앞니를 뽑았다.(또 도로 박기도 했다.)[7] 페트로그라드와 내전의 전선

미르바흐(Wilhelm von Mirbach, 1871~1918) 오스트리아 출신의 독일 외교관. 러시아 주재 독일 대사를 지냈다.

에서 겪은 산전수전에 관한 그의 회고록은 무모함의 전형을 보여주는 고전이다. 로버트 브루스 록하트(Robert Bruce Lockhart, 1887~1970)는 영국 비밀정보부에 보낸 보고서와 그 후 쓴 회고록에서 또 다른 흥미진진한 이야기를 풀어낸다. 록하트는 듀크스처럼 정치적으로 확고한 보수주의자였다. 록하트는 볼셰비키와 우호적으로 지내면서 그들이 제1차 세계대전에서 이탈하지 않게 하라는 명령을 받았다. 록하트는 레닌과 트로츠키를 만났고 트로츠키를 일종의 반독일 동맹으로 끌어들이고 싶어 했다. 그 후 브레스트-리토프스크 조약이 체결되었다. 록하트는 위험한 처지에서 계속 모스크바에 나타났고, 1918년 8월 레닌 암살 기도 후 제르진스키는 체카로 하여금 그를 생포하게 했다. 록하트는 나중에 석방되어 영국이 구금하고 있던 러시아인 공산주의자와 교환되었다.[8] 이와 같은 실패는 런던의 내각이 입수할 수 있는 정보와 분석을 엉망으로 만들었다. 정책은 주먹구구로 추진되었다.

미국 관리들은 소련 초기 시절에 임무를 좀 더 잘 완수하기를 바랐다. 항상 낙관주의자였던 우드로 윌슨 대통령은 러시아의 내전을 조기에 종결시키고자 했다. 이러한 목적으로 그는 1919년에 모스크바의 레닌과 협상하려고 개인 특사인 윌리엄 불릿*을 파견했다. 불릿은 워싱턴이 소비에트 체제를 공식적으로 인정하기를 바란 영리한 젊은이였다. 볼셰비키가 백군과 타협할 의사가 있다고 주장하자 불릿은 그 말을 곧이곧대로 받아들였다. 또한 볼셰비즘이 야만적인 독재 체제를 완화할 것이라고도 믿었다. 불릿은 자신의 판단을 시험해볼 만큼 오래 체류하지는 않았다. 붉은 군대는 무조건 승리를 거둘 때까지 백군을 계속 쓰러뜨렸다.

정보 기관들은 신문 기자들에게서 도움을 구했다. 몇몇 수완이 좋은 기자들은 볼셰비키와 인터뷰할 기회를 이용해 당 지도부에 접근할 수 있는 특권을 얻었다. 〈맨체스터 가디언〉 기자 아서 랜섬(Arthur Ransome,

불릿(William C. Bullitt, Jr., 1891~1967) 미국의 외교관, 기자, 소설가. 1933~1936년에 소련 주재 미국 대사를 지냈다.

아서 랜섬. 기자로서 제1차 세계대전 때 동부 전선을 취재했고 10월혁명 이후 러시아에 머무르며 레닌을 비롯한 소련공산당 간부들과 친분을 쌓았다. 영국 비밀정보원으로 일했지만 이중 첩자였다고도 추측된다.

1884~1967)도 그랬다. 랜섬이 공개적으로 볼셰비키를 열렬히 지지하자 소련의 뛰어난 선전가였던 카를 라데크가 랜섬의 《미국에 보내는 편지》에 서문을 쓸 정도였고, 서문은 뉴욕에서 배포할 목적으로 번역되었다.[9] 랜섬은 활동 도중에 트로츠키의 매력적인 비서 예브게니야 셸레피나(Evgenia Shelepina)와 사랑에 빠졌다. 이후 두 사람은 결혼해서 영국 북부의 컴브리아로 이사했다.[10] 하지만 랜섬은 러시아에 체류하는 내내 비밀정보부의 정보원으로 활동했다.[11] 의심할 여지 없이 그는 소비에트 국가의 억압적 성격을 평가 절하했다. 그러나 그는 볼셰비키와의 친선이 영국의 이익에 도움을 줄 것이라고 생각한 영국의 애국자이기도 했다. 여기까지가 얽히고 설킨 음모의 끝은 아니다. 왜냐하면 랜섬 부인은 겉모습과는 달리 순진한 비서가 아니었기 때문이다. 1922년 10월에 그녀는 외무인민위원부로부터 선물을 받았고, 선물의 가치는 소련 국민

들의 가장 터무니없는 꿈도 뛰어넘는 것이었다. 선물은 103만 9천 루블에 달하는 다이아몬드였다.[12] 그녀와 남편은 영원히 소련을 떠났고 소련에는 결혼 선물을 주는 관례가 없었다. 명백히 그녀는 어느 정도 수완을 발휘한 소련의 첩자였다. 그녀는 영국 공산주의자들에게 제공할 재정 지원금을 몰래 들여온 것이 거의 확실하다.

예브게니야가 영국의 수도에서 500킬로미터 이상 떨어진 컴브리아 황무지에서 레닌주의적 대의를 위해 계속 활동했는지는 의심스럽다. 그녀와 아서는 그들 자신에게 약속한 시골의 목가적 삶을 위해 이전의 삶을 접었고, 아서는 정치가 아니라 어린이들을 위해 쓴 《제비호와 아마존호》를 비롯한 여러 권의 책들로 명성을 얻었다. 이 이야기는 흥미롭다. 영국 비밀 정보원이 소련 비밀 정보원과 결혼했다. 여기에 진실로 근본적인 모순은 없었다. 랜섬은 볼셰비키의 열광자였고 영국 비밀정보부에 보고를 하는 그의 목적은 영국의 정책이 소련 정부를 인정하게 하려는 것이었다. 예브게니야는 볼셰비키 지도부를 위해 자발적으로 일했다. 여하튼 그녀는 런던을 통과하면서 지정된 정보원에게 귀중한 물품을 전해주었고 그런 뒤 더는 볼셰비즘과 관계를 맺지 않았던 것 같다. 하지만 지금도 진실은 여전히 컴브리아의 가장 깊은 호수만큼이나 헤아릴 길이 없다.

다른 기자들은 정보 기관과 좀 더 거리를 유지했다. 그 가운데 웨일스 태생의 조합교회 목사이자 사회주의자인 미국인 기자 앨버트 리스 윌리엄스*가 있었다. 윌리엄스는 러시아에서 〈뉴욕 이브닝 포스트〉에 근무했다. 인민위원회의에 얼마나 깊이 동조했는지 볼셰비키 신문들이 그가 쓴 일부 속보를 그대로 가져다 실었을 정도였다.[13] 존 리드(John Reed, 1887~1920)는 러시아 혁명 정치의 또 다른 지지자였다. 그도 사회주의자 기자였다. 리드는 촛불로 날아드는 나방처럼 세계의 분쟁 지역으로

윌리엄스(Albert Rhys Williams, 1883~1962) 미국의 노동 운동 조직가이자 기자. 1917년 10월혁명의 목격자이자 참가자였다.

달려갔고 임시정부가 권력을 빼앗긴 제2차 소비에트 대회에 참석했다. 리드의 책 《세계를 뒤흔든 열흘》은 레닌의 칭찬을 받았는데, 레닌은 "한시도 긴장의 끈을 늦추지 않고" 책을 읽었고 책이 세계 곳곳에서 출간될 때 서문을 써주었다.[14] 리드와 그의 부인 루이스 브라이언트(Louise Bryant, 1885~1936)는 모스크바에서 미국으로 돌아와 공산주의의 장점을 설명하는 순회 연설을 했는데, 두 사람에게는 혁명적 선전과 조직을 지원하기 위해 100만 루블어치가 넘는 물품이 주어졌다.[15] 그들은 공산주의노동당을 창설했다. 하지만 리드는 러시아로 돌아왔을 때 티푸스에 걸려 1920년에 사망했다. 장례식은 국장으로 치러졌고 그는 전사한 혁명의 영웅들과 함께 크렘린 성벽 밑에 묻혔다. 미국 공산주의자들은 그를 기려 존 리드 클럽을 세웠다.

사실 리드는 미국 노동조합 전략을 둘러싸고 지노비에프와 결별했으며 코민테른 집행위원회를 사임했다. 리드는 물러날 때까지 비판 세례를 받았다.[16] 그가 코민테른에 충성을 유지했을지 여부는 알 도리가 없다. 명백한 것은 서방에서 정치적 좌파 편에 있던 많은 이들이 소련 공산주의를 혐오하게 되었다는 사실이다. 아나키스트들이 이 점에서 전면에 나섰다. 1919년 미국에서 소련에 갓 도착했을 때 엠마 골드만*과 알렉산더 버크먼*은 레닌주의자들을 기꺼이 믿어주었다. 두 사람은 아나키스트 동지들을 야만적으로 다루는 것을 비롯해 소비에트러시아에서 가는 곳마다 박해를 목격하고 경악했다. 공산주의자들은 내전에서 아나키스트들의 도움이 필요했다. 그러나 군사적 균형이 결정적으로 붉은 군대에게 유리하게 기울자마자 정치 갈등이 재연되었고, 체카는 저명한

골드만(Emma Goldman, 1869~1940) 미국의 아나키스트. 러시아 코브노 출생. 반전 활동으로 알렉산더 버크먼과 함께 1919년 러시아로 추방되기까지 노동자와 여성을 위하여 노동 운동, 산아 제한 운동 등 다양한 운동을 조직하고 전개했다. 러시아의 정치 상황에 절망하여 1922년 탈출했다.

버크먼(Alexander Berkman, 1870~1936) 리투아니아 출신의 아나키스트. 1888년 미국으로 이주하여 아나키즘 운동에 투신했다. 엠마 골드만의 연인이자 일생의 친구였다.

엠마 골드만. "내가 춤출 수 없다면 혁명이 아니다."라는 말로 유명한 급진적 아나키스트. 처음에는 10월혁명을 옹호했으나 소련공산당이 의견이 다른 정치 세력을 폭력으로 억압하는 데 충격을 받고 반대파로 돌아섰다.

아나키스트들을 체포하여 살해했다.[17] 골드만과 버크먼은 방문객이 소련에 오기 전에 공산주의자들이 얼마나 교묘하게 정치 현장을 세탁하는지를 아나키스트 친구들에게 듣고 알았다. 비공산주의 그룹의 골치 아픈 지도자들은 예외 없이 제거되었다. 국민들에게 사랑받는 정권이라는 환상을 창출하기 위해 온갖 짓을 다했다. 볼셰비키에 맞서 싸운 사람들—1921년 3월의 크론시타트 반란 수병들을 비롯해—은 외국 자본주의 열강들의 수족이라고 거짓 선전되었다.

골드만의 경험은 그녀를 영원히 10월혁명에 반대하게 만들었다. 그녀는 레닌과 트로츠키에게 분노했다. 자신의 원칙을 재검토한 그녀는 사회를 변화시키는 수단으로써 폭력을 옹호하던 일생의 태도를 버렸다. 골드만은 "역사를 통틀어 어떤 권력, 정부, 국가도 그토록 본질적으로 정태적이고 반동적이며 심지어 반혁명적이기까지 한 적은 없었다."라고 썼다.[18]

레닌의 오랜 라이벌인 로자 룩셈부르크는 소비에트 체제를 비판했다. 그녀는 레닌이 사회주의를 위한 전제 조건으로서 민주주의와 보편적 인권을 등한시하는 것을 혐오했다. 평화주의자가 아니었던 그녀는 집권한 사회주의 정부를 확고히 하려면 일종의 폭력이 필요할 것이라고 확신했다. 그러나 그녀는 러시아 공산주의자들이 민주주의를 무시하는 것을 심하게 비난했다. 또한 러시아 농민과 비러시아인 소수 민족들의 열망과 기꺼이 타협하고자 하는 레닌의 태도도 혐오했다. 그녀가 보기에 레닌은 마르크스주의의 도시적 · 국제주의적 전통에 등을 돌리고 있었다. 룩셈부르크의 비판은 그녀가 죽은 뒤에 《러시아혁명》이라는 제목으로 출간되었다.[19] 레닌주의에 반대하던 또 한 명인 카를 카우츠키는 민주주의에 관한 룩셈부르크의 사상 일부를 공유했다. 카우츠키는 1918년에 《프롤레타리아 독재》를 펴내 1917년에 쓰인 볼셰비키의 저술들에 민첩하게 대응했다. 카우츠키는 마르크스와 엥겔스가 혁명 전략으로서 시민권의 제한을 의도했음을 부인했다. 또 사회가 두 개의 큰 계급, 즉 프롤레타리아와 부르주아로 돌이킬 수 없이 양분되리라는 레닌의 가정이 인구적 추세로 입증되지 않는다고 지적했다. 그러므로 프롤레타리아가 사회주의로의 이행을 지도한다는 전략적 도박은 과학적이지도 않고 실행될 것 같지도 않았다.[20]

카우츠키의 주장은 멘셰비키 지도자 율리우스 마르토프의 사상과 합치하는 것이었다. 마르토프가 1922년에 사망한 뒤 소비에트 공산주의 체제에 관한 그의 저작집이 베를린에서 출간되었다.[21] 마르토프의 저술은 내전 이후 자신의 조국에서 자취를 감췄다. 러시아의 멘셰비키는 자신들의 사상을 확산시킬 합법적 기관이 전혀 없었다. 당 조직은 폐쇄되었고 지도자들은 공직 선거에 입후보하는 것이 금지되었다. 그들 중 많은 이들이 백해의 솔로프키 섬에 위치한 옛 수도원에 투옥되거나 유형에 처해졌고 나머지는 박해의 위협 속에 살았다. 하지만 마르토프는 10월혁명을 왜 끔찍한 실수라고 생각하는지 그 이유를 이미 개괄적으로 설명했다. 그가 보기에 볼셰비키는 특히 독재와 테러를 철두철미하게 고수하면서 러시아 마르크스주의 속으로 이데올로기적 금지 품목을 도입했다. 멘셰비키는 경제 · 사회적 힘을 확대하는 데 관심을 기울이는 억압적 관료제가 어떻게 시작되었는지 그 기원을 추적했다. 볼셰비키가 자기들이 나라를 막다른 골목으로 몰아갔다고 인정할 수밖에 없을 때 혁명이 "제자리로 돌아갈" 수 있기를 멘셰비키는 희망했으며, 또 그렇게 될 수 있으리라고 확신했다. 10월혁명은 큰 결함을 안고 있었으나 유일하게 성공한 혁명이었고 따라서 개혁되어야 했다.

소련의 독자들은 검열 때문에 반볼셰비키가 쓴 글을 읽을 수 없었고, 한편 소련은 레닌, 트로츠키 등 공산주의자들의 저작을 번역하는 데 거금을 쏟아부었다. 중부 유럽과 서부 유럽의 좌파 서점들은 염가판을 수만 부씩 판매했다. 부하린의 《공산주의 ABC》는 공산주의의 의도가 무엇인지를 밝히는 설명서로서 인기가 많았다. 소련의 발전상이 가장 그럴싸하게 꾸며졌다. 백군과 치른 내전에서 붉은 군대가 벌인 잔혹 행위는 언급하지 않았고 자본주의 열강들이 1921년의 크론시타트 반란에 악의적으로 개입했다는 공식 입장을 그대로 유지했다.

그러나 소련의 선전도 서구 정치에서 왼쪽에 있는 사람들을 모두 설득할 수는 없었다. 사회주의자들은 상황이 어떤지 알아보기 위해 대표단을 꾸려 직접 모스크바를 방문했다.[22] 일류 영국 문필가 두 명도 소련의 경험에 크게 흥미를 느껴 소련 지도자들을 인터뷰하기 위해 러시아로 떠났다. 이들은 소설가 H. G. 웰스(Herbert George Wells, 1866~1946)와 철학자 버트런드 러셀이었다. 그들은 마르크스와 엥겔스는 물론이고 레닌과 트로츠키도 읽었다. 그들은 레닌을 만났을 때 그의 지성에 깊은 인상을 받았다. 하지만 웰스와 러셀은 자신들이 직접 말할 기회를 얻기 전에 먼저 레닌이 자본주의의 죄악을 심하게 비난하는 것을 참고 들어주어야 하는 것이 싫었다. 웰스는 러시아 행정의 혼란과 비효율성에 주목했다. 그는 공산주의의 억압적 방식도 언급했다.[23] 러셀은 내전 동안 전선과 후방에서 붉은 군대가 보인 행동에 대해 레닌을 비판했다. 영국 페이비언 협회* 회원인 웰스는 급진적 사회 공학이 마음에 들었으나 레닌의 유토피아주의가 지닌 위험성을 알고 있었고 또 그렇게 말했다. 러셀도 페이비언 협회 회원이었다. 그러나 그는 정치적으로 자유주의자이기도 했으며 소련이 공식 정책과 실천에서 개인을 다루는 방식에 대해 웰스보다도 훨씬 더 큰 충격을 받았다.[24) 웰스와 러셀의 책들은 베스트셀러였다. 그들은 유죄 평결을 내리기 전에 공산주의자들에게 공평한 발언 기회를 부여했다. 웰스와 러셀 둘 다 영국을 비롯해 어디에서도 소비에트 체제가 복제되기를 원하지 않았다.

그러나 그들은 볼셰비키가 천명한 일부 사회주의 목표들에 약간의 친밀감을 느꼈다. 그들은 볼셰비키가 복지 국가 체제, 무상 교육, 중앙 경제 계획, 사회적 특권의 폐지 등을 위해 노력하는 것을 찬양하지 않을 수 없었다. (러셀 자신은 영국의 계급 제도를 비난하는 귀족이었다.) 오토 바우어 같은 오스트리아 마르크스주의자들도 얼마간 인정하려는 태도를 보였다. 카우츠키와는 달리 바우어는 레닌이 '민족 문제'에 관한 바우어의 저술을 두고 계속 자신을 괴롭혔는데도 소련 체제에 분명하게 반대하지 않았다. 바우어는 민주주의자이면서 독재의 적이기도 했다. 그의 견해는 소련 체제는 야만적인 면에서 옛 러시아 제국의 상황과 다를 바 없다는 것이었다. 바우어는 오스트리아와 독일이 스스로 더 잘 할 수 있다고 생각했다. 그러나 러시아의 마르크스주의자들은 정치·사회적 관용의 전통이 결여된 사회와 싸워야 했다. 제1차 세계대전은 어려움을 더했다. 후진 러시아가 마르크스와 엥겔스가 설파한 세련된 사회주의를 발전시킬 수 있으리라고 기대하는 것은 완전히 비현실적이었다. 볼셰비키 자신은 야만인이었다. 그들은 자신들이 통치하는 나라에 어울리는 일종의 근대화주의자였다.

웰스, 러셀, 바우어는 신중하게 글을 썼고 널리 영향을 끼쳤다. 하지

페이비언 협회(Fabian Society) 점진적 사회주의를 제창하면서 1884년 1월 영국에서 설립된 단체. 페이비언주의는 의회에서 입법을 통해 사회주의를 실현하려는 영국 특유의 사상이다.

만 대체로 이러한 자제력은 인기가 없었고 대부분의 사람들은 단순한 묘사와 진단을 기대했다. 소련 정치 실험의 지지자들은 존 리드에 끌렸다. 반대자들은 폴 듀크스 경 스타일의 회고록을 환영했다. 양측 모두 매우 이국적인 취향이 있었다. 친소련 작가들은 소련 국민들이 정신적으로 고양되어 있으며 자신들의 상황을 다른 나라와 비견할 수 없는 수준으로 향상시킬 기회를 허락받았다고 주장했다. 가정상 공산주의자들은 인류의 모든 위대한 성과를 능가하는 사회 모델을 발전시키는 중이었다. 친소련 작가들의 글에는 별세계에 대한 생생한 묘사가 들어 있었다. 러시아인들은 세계 다른 나라들의 국민들과 다른 것 같았다. 이국적으로 그려진 이 실험은 반소련 작가들의 저술에서 적대적인 쌍생아를 갖고 있었다. 반소련 작가들에게 1917년 10월 이후의 전 기간은 바로 인간 도살장이었다. 공산주의자들은 활기찬 이상주의자이기는커녕 희생자들의 피에 손을 담근 광신자들로 묘사되었다. 소비에트공화국은 그 국민들에게 유토피아가 아니라 악몽이었다. 볼셰비키당은 경찰 테러, 독재, 잔인한 고문, 군사적 살육, 영양실조와 질병 등 역사상 가장 악랄한 공포 중 일부를 도맡았다.

공산당들은 비판자들을 반박하기 위해 공정한 수단이든 더러운 수단이든 가리지 않고 이용했고 노동자와 지식인에게 노력을 집중했다. 또 차별적 대우에 시달리는 민족 집단들에게도 호소했다. 공산당들은 남아메리카뿐만 아니라 유럽 제국들의 식민지에서도 공산주의 사상을 계속 육성했다. 전 세계의 노동 계급 중에는 분노하고 소외되고 이상주의적인 사람들이 존재했다. 공산당들은 그들을 대열 속에 끌어들이려고 노력했다. 신입 당원들에게는 당 가입을 통해 존엄성과 목적 의식뿐 아니라 완벽한 미래상을 제공했다. 좌파 정당들 간의 경쟁은 여전히 치열했다. 공산주의자들만이 신입 모집 운동에서 성공을 거둔 것은 아니었지만 그들은 1920년대 내내 점점 더 잘했다.

또 공산당들은 다른 어느 집단보다도 민족, 인종, 종교 집단에서 더 크게 성공했다. 유대인들은 인구에서 차지하는 비중보다 훨씬 많이 러시아 제국의 혁명 정당에 지도자와 활동가를 공급했다. 볼셰비키뿐만 아니라 멘셰비키와 사회주의자혁명가당도 재능 있는 유대인들을 많이 끌어들였다. 러시아와 외국의 반사회주의 정당들도 모두 이 점을 이용했다. 10월혁명을 문명적 가치에 반대하는 유대인들의 음모라고 부른 유럽의 극우 세력이 가장 극단적인 입장을 취했다. 제1차 세계대전에서 독일군으로 싸운 오스트리아 상병 히틀러는 이 비난을 바이마르공화국에서 한 선동 연설 속에 이미 집어넣고 있었다. 거의 2천 년 전부터 이어지던 반유대주의는 유대인이 인민위원회의의 주요 직책을 독차지했다는 보도로 갑자기 강화되었다. 소련 인민위원회의 또한 명확히 세계 지배를 목표로 삼고 있다는 사실은 제1차 세계대전으로부터의 회복이라는 당면 과제에 직면한 많은 사회에 거주하는 유대인들에 대한 분노를 부채질했다. 트로츠키, 지노비예프, 카메네프는 파시즘 선동가, 시사만화가, 선정적인 작가들의 밥이 되었다.

그러나 불건전한 선전은 제쳐 두더라도 유대인들이 1920년대에 비정상적으로 공산주의에 끌린 것은 확실하다. 모든 유대인들이 공산당에 가입한 것은 아니었다. 전혀 아니었다. 대부분의 유대인들은 정치에 전혀 관여하지 않았다. 뉴욕 당국은 세기 전환기 이래 도시로 쏟아져 들어온 유대인 종교의 종파주의가 난장판이라는 사실에 경악했다. 그러나 남성뿐만 아니라 여성들도 포함하는 중요하고도 눈에 띄는 소수의 젊은 유대인들은 조상들의 신앙을 거부하면서 마르크스주의를 채택했다.[25] 미국공산당 지도부의 배경은 압도적으로 유대인이었다. 왜 유대인들과 그들의 추종자들은 마르크스주의로 몰려들었는가? 국제주의적 전제에 기반을 둔 일련의 사상을 추구하는 점이 그 요인 가운데 하나였다. 공산주의자들은 대체로 민족 의식이 없다고 여겨졌다. 공산주의의 또 다른 구체적 매력은 공산주의가 독서를 통한 공부, 경전의 해석, 예언이라는 유대 전통을 그대로 복제했다는 것이다. 그리고 미국을 비롯해 많은 나라에서 유대인들은 여전히 빈곤과 가혹한 노동에 시달리는 지역 사회 출신이었기 때문에 그들이 대규모로 극좌 이데올로기 쪽으로 방향을 튼 것은 놀랄 일이 아니었다. 유대인들은 신념을 위해 기꺼이 투쟁할 의사가 있는 사람들에게 지상 천국을 약속하는 세속적 신조에 자신들의 종교적 정체성을 끌어넣을 수 있었다.

마르크스주의는 교육적 성취와 사회 진보를 중시하는 많은 사회의 소수 민족들에게 엄청나게 고무적이었다. 이 특성은 유대인들에게 국한된 것이 아니었다. 기존 질서가 자신들에게 불리하다고 생각하는 소수 민족이 있는 곳마다 공산주의 조직가들은 자신들의 존재를 알릴 기회를 만날 수 있었다. 동남아시아의 중국인들은 제2차 세계대전 후의 주목할 만한 사례가 될 것이다. 전 세계의 많은 신참 공산주의자들에게 인상 깊었던 것은 인종주의적 편견을 없애려는 마르크스주의자들의 단호한 결의였다. 인도의 공산주의자 마나벤드라 나트 로이*는 사람들이 처음으로 "갈색인종과 황인종이 거만한 제국주의자가 아니라 식민주의의 해악을 교정하고자 하는 친구이자 동지인 백인들을 (만나는)" 경험을 한 대회에 참석했다고 회고한다.[26]

소련 공산주의 지도자들은 잔뜩 허세를 부리면서 기회를 이용했다. 그들의 코민테른 출판 부서가 부추긴 중앙 당 기구의 선동-선전국은 당시의 정책을 찬양하는 신문과 팸플릿을 발행했다. 다원주의는 모스크바에서 정파 간의 분쟁이 일어날 정도로만 존재했다. 이 분쟁은 보통 제한적 형태로 발생했다. 트로츠키는 국가 경제 계획을 확대하자고 요구하면서도 여전히 신경제정책을 지지했다. 카메네프와 지노비예프도 신경제정책을 포기하기보다 조정할 것을 요구했다. 민주집중파는 '소비에트 민주주의'와 일당 독재 요구 사이에 어떤 모순도 보지 못하면서 일당

로이(Manabendra Nath Roy, 1887~1954) 인도의 혁명가. 미국에서 사회주의를 접하고 멕시코공산당 창설에 참가하기도 했다. 1921년 타슈켄트에서 인도공산당 창설에 주도적 역할을 했으며, 1926년 코민테른 대표로 중국에 파견되었다.

알렉산드라 콜론타이. 레닌 정부의 유일한 여성 간부였다. 노동자반대파로서 레닌과 대립하였고, 노르웨이를 비롯하여 세계 각지에서 외교관으로 활동했다.

국가에서 민주적 절차를 고수할 것을 촉구했다. 어떤 볼셰비키 정파가 볼셰비즘의 기본 원리를 거의 뒤집는 일이 '노동자반대파'에서 발생했다. 알렉산드르 실랴프니코프*와 알렉산드라 콜론타이*는 1921년에 '생산자들'—노동자와 농민—이 재화의 생산이 어떻게 조직되고 그 후 어떻게 배분될지에 대한 결정을 어느 정도 통제해야 한다고 주장하는 운동을 벌였다. 레닌은 노동자반대파를 아나르코생디칼리슴*적 일탈이라고 불렀다. 논쟁을 불러일으키는 과장된 표현이었다. 노동자반대파는 여러 구상을 뒤범벅으로 모아놓았다. 그들의 희망은 평범한 노동자들이

실랴프니코프(Alexander Shliapnikov, 1885~1937) 금속 노동자 출신의 러시아의 공산주의자이며 노동조합 지도자였다.

콜론타이(Aleksandra Kollontai, 1872~1952) 소련의 여성 운동가. 10월혁명 후 복지인민위원, 당 여성부장 등을 지냈고, 1923년부터 세계 최초의 여성 대사로서 노르웨이, 멕시코, 스웨덴 등에 주재했다.

영향력을 지닐 만큼 충분히 권력 시스템을 개혁하는 것이었다. 그러나 그들은 중앙 집권적 당 독재 체제의 해체를 주장하지는 않았다.

조직된 마르크스주의 대열 밖에서 알렉산드르 보그다노프는 '프롤레타리아 문화'를 계속 선동했다.(이 일은 1908년에 레닌과 불화를 빚게 된 한 가지 이유였다.)[27] 공산당 당국은 읽기, 쓰기, 산수뿐만 아니라 조각, 회화, 자연과학 분야에서 노동자를 위한 강좌를 운영하는 프롤레트쿨트* 운동을 지원할 정도로 그의 작업을 받아주었다. 보그다노프는 만일 노동 계급이 자신들의 자율적 능력에 대한 신뢰를 발전시키지 못한다면 사회주의자들의 정권 장악은 가치가 없을 것이라고 굳게 믿었다. 그는 인텔리겐치아의 거만함을 증오했고 레닌과 트로츠키가 그런 유형의 전형적 사례라고 생각했다. 보그다노프에 따르면 권위주의적 사상이 공식 볼셰비즘에 만연했다. 그는 급진적 부르주아의 개입 없이 노동자들에게 자신들의 집단 심성을 더 나은 새 사회를 건설하는 데 적용하게 하는 데 구원이 있다고 보았다. 보그다노프는 10월혁명을 환영하지 않았으나 기정 사실로 받아들였고 소비에트 체제가 설정한 한계 내에서 프롤레트쿨트를 강화하고자 했다. 보그다노프는 운동에 영감을 주는 사람이었다. 그러나 그는 곧 낙담했다. 노동 계급을 도와 그들의 사회주의 이상을 다듬을 집단적인 자신감과 야심과 독립을 확보하겠다는 그의 꿈은 이루어지지 않았다. 보그다노프는 1928년 의문의 수혈 사건으로 사망했다. 혹은 자살이었을까?

그와 같은 문제들을 생각한 또 한 명의 마르크스주의자는 프롤레타리아 문화 연구소를 세운 안토니오 그람시였다.[28] 그람시는 자유지상

아나르코생디칼리슴(anarcho-syndicalisme) 노동 계급의 활동을 통해 자본가 사회를 붕괴시키는 것을 목적으로 하는 아나키즘의 한 갈래. 정치 활동과 의회를 불신하고 노조 중심의 파업과 같은 직접 행동으로 총파업을 유도해 자본주의 체제를 파괴하고 노동자 연합에 의해 산업과 정부를 가동하려 한 점에 특징이 있다.

프롤레트쿨트(Proletkult) 소련의 프롤레타리아 계몽 단체. 순수한 프롤레타리아 문화 건설을 목표로 삼고 부르주아 문화 운동과 문화 유산의 계승을 거부했다.

주의적인(libertarian) 공산주의자였다. 친절하고 소년 같은 용모를 지닌 그는 이탈리아공산당이 매우 사랑하는 지도자였다. 보그다노프와 달리 그는 레닌을 존경했다. 그러나 그는 친구에게 다음과 같이 말했다. "나는 이탈리아인이다. 나는 마르크스를 연구한다. 나는 러시아혁명을 연구한다. 나는 레닌을 곱씹고 그가 마르크스주의 이론을 적용했을 때 단순히 흉내 낸 것이 아님을 안다. 그러므로 어째서 내가 마르크스주의와 러시아혁명을 이탈리아 상황에 맞게 고치면 안 된단 말인가?"[29] 그람시는 1919~1920년 토리노에서 발생한 혁명적 소요의 경험을 결코 잊지 않았다. 그는 자신의 이탈리아 문화 유산을 기억했고 위대한 이탈리아 사회 사상가들, 특히 니콜로 마키아벨리와 베네데토 크로체*의 저술들을 마음속에 간직했다. 명백히 그는 보그다노프에 관해 듣지 못했으나 '프롤레타리아 문화'의 자율적 발전이 진실로 이루어질 수 있는가에 확실히 의문을 품었던 것 같다. 그러나 그는 소비에트 공산주의의 좁은 틀을 혐오했다는 점에서 보그다노프와 의견이 같았다. 그람시는 정치가 근본적으로 변하려면 기본 문화를 변화시켜야 한다는 것을 알았다.

이것으로 그람시는 무엇을 의미했는가? 이탈리아공산당의 지도자로서 그는 자신의 사상이 진지하게 받아들여지기를 희망했다. 그는 코민테른이 내린 지령에 대한 반대 의사를 결코 떠들고 다니지 않았다. 1926년 무솔리니에 의해 투옥된 그람시는 당국이 계속 감시의 고삐를 늦추지 않자 이솝의 언어로 자신의 글에 나타난 사상을 은폐했다. 그람시는 또 세계 공산주의 운동에서 일어나고 있는 일과 긴밀한 접촉도 잃어버렸다. 그런데도 그는 할 말이 많았다. 그람시는 고대 로마와 르네상스 이탈리아 역사에 대해 배운 것에서 크게 영향을 받았다. 마르크스주의자로서 그는 봉건 사회나 자본주의 사회에서는 경제 · 정치적 강제력

크로체(Benedetto Croce, 1866~1952) 이탈리아의 철학자, 역사가, 비평가, 정치가. 자유주의자로서 파시즘이 자유주의를 활성화하는 데 유용하다고 보고 처음엔 호의적 태도를 보였으나, 그 후 그 기대가 환상이었음을 깨닫고 반대했다.

안토니오 그람시. 이탈리아공산당 창립 멤버였던 그는 공산당을 불법으로 규정한 무솔리니에 의해 투옥되어 감옥에서 11년을 보냈다. 마르크스주의를 보완하는 문화적 헤게모니 개념을 제창하여 사회의 지배 구조를 분석하고 새로운 혁명 전략을 제시했다.

이 중요하다고 인정했지만, 거기서 멈추지 않았다. 그는 봉건제에서든 자본주의 체제에서든 모든 통치 계급은 문화적 '헤게모니'를 확고히 하는 데 의존했다고 주장했다. 수사들은 봉건 기사들에게 없어서는 안 될 도움을 주었다. 성직자, 학자, 과학자는 은행가와 산업가들을 지원했다. 사회주의가 성공을 거두려면 그 옹호자들이 자신들의 사상을 노동 계급에게 새겨야 했다. 노동자들은 사회주의 사회에서 대부분의 다른 집단들을 감동시킬 자신들의 문화에 대해 자신감을 가질 필요가 있었다. 그들은 자신들의 헤게모니적 지위를 발전시켜야 했다.

그람시는 볼셰비즘의 군사주의적 측면을 싫어했다. 《옥중수고》에서 그는 트로츠키의 노동 군대가 바람직하지 못하다고 지적했으며 '무기의 힘'에 대한 스탈린의 의존에 대해서도 유사한 판단에 도달했다. 또 외부 세계의 객관적 현실에 대한 조악한 믿음을 고수하는 것처럼 보인 부하린에 대해서도 유보적 태도를 취했다. 그람시는 공산주의자들이 공리적 명제에서 출발하기보다는 실제로 자신들의 사상을 시험해보기를 원했다.[30] 그는 공산당의 '경직화'에서 문제점을 찾아냈다. 그람시가 자신이 소장한 도서 중에서 감옥에 넣어 달라고 한 책 중에는 지도자들이 추종자들로부터 단절되는 경향이 있음을 밝힌 로베르트 미헬스의 고전적 정당 연구서가 있었다.[31]

병들고 방치된 그람시는 1937년 4월 살아날 가망이 없다는 진단이 내려진 다음에야 감옥에서 풀려났다. 그리고 불과 며칠 후 병원에서 숨을 거두었다. 그가 만일 건강한 몸으로 석방되었더라도 당시 볼셰비키 수칙에 갇혀 있던 코민테른이 그를 부드럽게 다루었을지는 의문이다. (그람시는 1936년 스탈린의 지노비예프 처형에 반대했다고 구금 중에 동지들에게 구타당했다.) 그람시는 덜 엄격하고 덜 편협한 마르크스주의를 탐색한 유일한 외국인 마르크스주의자가 아니었다. 1919년에 헝가리소비에트공화국의 공교육인민위원이었던 죄르지 루카치는 소련에서 피난처를 구했고 《역사와 계급 의식》을 집필했다. 그는 그람시와 마찬가지로 노동 계급이 스스로를 해방하는 '프롤레타리아 혁명'이 필요하다는 믿음을 간직했다. 1917년에 그러한 관념은 대부분의 볼셰비키 사이에서 받아들여질 수 있었을 것이다. 적어도 그것이 이해될 수 있었다면 수용되었을 것이다. 하지만 루카치는 철학에서 대학원생 정도의 능력이 없는 사람이면 어느 누구도 이해할 수 없는 헤겔적 용어로 표현했다. 여하튼 세월은 변했다. 혁명적 행동에서 당의 역할이 자명한 시기에 루카치의 책은 이단으로 간주되었다. 지노비예프가 루카치의 사상을 비난하자 루카치는 즉각 자신의 주장을 철회했다. 그는 공식 공산주의의 품을 떠나 살아갈 용기가 없었던 것이다.

전 세계적으로 마르크스주의자들 사이에 벌어진 논쟁은 공산주의에 관심을 가진 대부분의 사람들을 완전히 제쳐놓은 상태에서 진행되었다. 그러나 1920년대 말까지 소비에트러시아에 관한 보도는 크게 개선되었다. 외교관, 신문 기자, 정보 요원들의 활동으로 공산주의의 구조, 실천, 정책을 더 잘 알게 되었다. 망명 혁명가들은 이 그림에 자신들의 정통한 견해를 덧붙였다. 그들의 진술은 공산당이나 그 길동무들과 경쟁했다. 1920년대 내내 각 파가 공산주의를 이해하는 독점적 능력을 지녔다고 주장함에 따라 사상을 둘러싼 싸움이 벌어졌다.

12장

'일국 사회주의' 건설

공포 위에 세운 체제

1928년 1월 스탈린은 우랄과 시베리아로 시찰을 떠났다. 선별된 한 무리의 관리들이 동행했다. 이 시찰의 동기는 도시로 공급되는 식량의 부족이었다. 아무런 조치도 취하지 않으면 겨울이 끝날 때쯤 기근이 닥칠 가능성이 있었다. 스탈린의 임무는 규정되지 않았다. 그는 모호함을 즐겼다. 그는 고급스러움과는 거리가 먼 객차에 몸을 싣고 시베리아 횡단 철도를 따라 여행했다. 제2차 세계대전이 일어난 후에야 비로소 스탈린은 개인적으로 혼자 사용할 객차를 하나 따로 마련했다. 스탈린의 목적지는 시베리아 중부의 노보시비르스크였다. 도중에 잠시 머물게 된 곳에서 열린 회의에서 그는 행정 관리들에게 고함을 쳤다. 이제 정치국원들의 감시를 받지 않게 된 스탈린은 마음대로 행동했다.

지역의 당 관리들은 스탈린의 입에서 상업적 균형을 회복하는 것을 넘어서는 조치를 요구한다는 이야기를 들었다. 스탈린은 자신이 주도하여 곡물을 몰수하고 궁극적으로 집단 농장을 만들 것을 지시했다. 관리들은 혹독하게 평가받을 것이었다. 스탈린에겐 오직 실제 결과만이 중요했다. 권장된 일부 절차는 내전기에 사용된 절차와 비슷했다. 스탈린은 절차를 고안하지 않아도 되었다. 쿨라크(부농)들은 다른 농촌 주민들로부터 격리될 것이었다. 당은 쌓아놓은 곡물을 적발하는 데 빈농과 함께 활동할 것이고 도움을 주는 사람은 찾아낸 곡물의 일부를 받게 될 것이다. 서기장 스탈린은 정치국의 시야 밖에서 정책을 바꾸고 있었다. 그의 위협적인 출현은 즉각 효과를 발휘했고, 스탈린은 2월에 곡물을 가득 싣고 모스크바로 돌아왔다. 그러나 그는 농민들에게 남아 있던 정부에 대한 신뢰를 완전히 갈가리 찢어버렸다. 구입 가능한 공산품의 부족뿐 아니라 낮은 농산물 가격 때문에 시장에 곡물을 내놓지 않은 농가들은 이른바 스탈린의 '우랄-시베리아 방식'에 분노했다. 그는 단지 신경제정책을 약화한 것이 아니었다. 신경제정책을 파괴했다.

스탈린은 당을 근본적인 경제 변혁의 길로 몰고 갈 때가 왔다고 퉁명스럽고 격정적으로 선언했다. 그는 당 지도자들을 괴롭히던 다른 근본 문제들을 해결하고자 했다. 10월혁명에 적대적인 사회 그룹뿐만 아니라 당내 정적들을 일거에 청산할 것이다. 그리고 볼셰비즘의 목표가 잊혀졌다는 모든 비판에 응답할 것이다. 스탈린은 자신을 혁명의 '무덤을 파는 사람'이라고 조롱한 트로츠키에게 털을 곤두세웠다. 정적들에 비해 스탈린이 지닌 한 가지 이점은 정적들이 그를 과소평가했다는 점이었다. 정적들은 자주 스탈린의 행동에 두려움을 표시했다.[1] 그러나 그들은 결과적으로 어떤 진지한 조치도 취하지 않았다. 그리고 스탈린은 나폴레옹처럼 정적들이 실수를 저지르는 동안 그들을 방해하는 것은 적절하지 않다고 생각했다. 정적들은 스탈린이 자신들을 추적하는 데 열을 올릴 때까지 다시 현 상태에 안주했다. 그들은 진정으로 스탈린의 역량을 꿰뚫어보지 못했다. 레닌의 후계 문제에서 스탈린의 경쟁자들은 그를 잘못된 기준으로 평가했다. 스탈린은 독일어나 프랑스어, 영어를 말할 줄 몰랐다. 대중들에게 연설도 잘하지 못했다. 국외로 망명을 간 적도 없었다. 상류 사회 분위기에 어울리는 몸가짐도 없었다. 그는 너무나 무례했다.[2]

그러나 스탈린은 정적들이 평가하는 것보다 더 영리하고 활기찼으며, 어느 누구도 그보다 더 권력욕을 드러낸 사람은 없었다. 1878년 그루지야의 가난한 구두 수선공 집안에서 태어난 스탈린은 성직자가 되기 위해 열차에 몸을 실었다. 총명하고 반항적이었던 그는 신학교의 규율을 혐오했다. 처음에 그는 시에 관심을 가졌으나 그 후 마르크스주의를 발견했다. 종종 투옥되었지만 혁명가 생활을 지속했다. 스탈린은 유능한 조직가이자 편집자였다. 그는 스스로 노동 계급 이미지를 구축했지만 책을 탐독하는, 교육을 잘 받은 사람이었다. 1912년경에 그는 당 중앙위원회에 선출되었다. 시베리아에서 4년을 보낸 뒤 적극적인 정치 활동을 재개했다. 1917년에 그는 당을 위해 중요한 정치, 편집, 행정 활동을 했다. 10월혁명 후 민족인민위원이 되었다. 그는 1919년에 처음으로 정치국과 조직국의 상임국원이 되었다. 스탈린은 자기 식으로 마르크스주의를 이해했으며 헌신적인 레닌주의자였다. 그는 자신의 가치를 입증하고 싶어 좀이 쑤셨다. 자기가 보기에 불공정하게 감내했던 많은 경멸에 대해 분노에 차서 복수했다. 그는 10월혁명을 진전시키는 지도자가 될 것이었다. 스탈린은 일개 관료로 역사에서 잊히기를 원치 않았다.

스탈린은 볼셰비키 지도자 가운데 가장 폭력적이었다. 내전에서 그가 벌인 테러 활동은 섬뜩할 정도였다. 그는 군복 차림의 상의를 입고 무릎까지 오는 검은 장화를 신었다. 콧수염은 그가 호전적인 인물임을 보여주었다. 스탈린은 전술과 음모의 대가였다. 트로츠키, 지노비예프, 카메네프, 부하린이 무슨 일이 일어났는지 알아채기도 전에 스탈린은 당내에서 지배적 지위를 굳혔다. 소련 정치는 무법자를 잠잠하게 만들지 못했다. 스탈린은 당내의 많은 관리들, 당의 청년 조직—콤소몰(Komsomol, 공산주의청년동맹)—과 체카의 태도에 맞추어 움직였다. 소련은 산업 기술과 군사력에서 선진 자본주의 국가들보다 뒤떨어져 있었다. 신경제정책은 그 격차를 결코 좁히지 못할 것 같았다. 게다가 기존 정책들은 소련에 사회 · 민족 · 종교 · 문화적 문제들을 일으켰다. 전투적 볼셰비즘은 초라해지고 있었다. 노장 볼셰비키들은 이렇게 혁명적 이상으로부터 일탈하는 것을 보려고 10월혁명을 수행하고 내전에서 싸운 것이 아니었다. 스탈린은 신경제정책을 버린다면 중앙과 지방 엘리트들의 지지를 얻을 수 있으리라는 것을 알았다. 필요한 것은 전술적 수완과 정치적 의지였으며, 스탈린은 두 가지 자질을 모두 넘칠 정도로 지니고 있었다.[3)]

1928년 2월 우랄과 시베리아에서 돌아온 스탈린은 부하린과 협력 관계를 단절했다. 부하린이 예측했듯이 농촌에 대한 비타협적 태도가 강화되었다. 정치국은 그 후 몇 달 동안 농촌 정책에서 오락가락했으나 결국 곡물 공급이 보장되려면 스탈린의 비상조치를 연장해야 한다고 결정했다. 스탈린은 개별 농가에 바탕을 둔 소농 농업을 집단 농장으로 대체할 순간이 왔다고 주장하기 시작했다. 도시와 농촌의 상인들이 체포되었다.[4)] 쿨라크에 대한 스탈린의 적대도 마찬가지로 격렬해졌다. 쿨라크나 쿨라크의 친지 누구도 새로운 영농 시스템에 참가할 수 없었다. 그들에 대한 가혹한 탄압 명령이 떨어졌다. 일부는 총살당했고 일부는 시베리아나 카자흐스탄 같은 황량한 지역으로 추방되었다. 좀 더 운이 좋았던 사람들은 현 거주 지역으로부터 추방되어 보잘것없는 재산으로 삶을 다시 시작해야 했다. 공식적으로 나머지 농민들은 집단화를 받아들이도록 설득될 터였다. 실제로는 농민들을 모스크바에서 고안한 시스템으로 몰아넣기 위해 당국은 어떤 폭력도 서슴지 않고 행했다. 중앙에서 집단화의 속도를 정했다. 스탈린은 농민들을 고분고분하게 만들려고 특사를 파견했고 특사들은 과업 완수를 보고할 수 있기 전에는 돌아올 엄두를 내지 못했다. 농촌을 대상으로 전격전이 수행되었다.

1929년의 공격은 농민의 허를 찔렀다. 당국의 의도가 명백해지면서 적극적인 저항이 일어났다. 저항은 민족 · 종교적 감정이 강한 북카프카스와 중앙아시아 같은 지역에서 가장 치열했다. 남부 러시아도 공산주의에 맞선 반란이 불타올랐다. 정권은 이 농민 봉기들을 분쇄했다. 정치국은 징집병들이 농민들 편에 설지 모른다고 걱정했지만 곧 붉은 군대를 배치했다. 정권은 농업 집단화를 시행할 권한을 지닌 2만 5천 명의 무장 자원자들도 소집했다. 당과 평의회 관리들도 동원되었다. 이 사람들은 모두 기아 사태가 쿨라크들의 사보타주와 저항의 결과 때문에 발생했다고 믿도록 세뇌되었다. 농민들은 자신들의 운명을 눈치채기 시작하면서 서로 뭉쳐 집단화 시행자들을 격퇴했다. 봉기를 일으킨 농민들은 침입자들의 상대가 되지 않았다. 당국은 엄청나게 우수한 화력을 지니고 있었고 넓은 지역에 걸친 작전을 조율할 수 있는 더 좋은 위치를 확보했다.

농민들이 오랫동안 지녀 온 관습은 폭력적으로 폐기되었다. 1930년 3월까지 농촌 지역에서 집단화된 농가의 비율은 55퍼센트에 이르렀다. 이 시점에 '과도한 행동'에 대한 불평이 스탈린을 당황하게 했고 그는 집단화 속도를 조절하라고 요구했다. 그러나 몇 개월도 지나지 않아 집단화 시행자들을 다시 자유롭게 풀어놓았다. 스탈린은 정책 실현을 지속적으로 보장하지 못한 당 위원회를 몹시 비난했다. 그는 원하는 바를 달성했다. 1937년 말까지 거의 99퍼센트에 이르는 경작지가 집단 농장으로 편입되었다. 농민들이 치른 무서운 대가는 아직 정확하게 확정되지 않았으나 아마도 이 시기에 박해나 기아로 5백만 명에 이르는 사람들이 사망한 듯하다.[5] 우크라이나인과 카자흐인들은 대부분의 민족보다 더 상황이 나빴다. 농지와 독립 농부들이 많은 우크라이나는 1932~1933년에 기근에 시달렸다. 사람들이 일거리와 식량을 찾아 우크라이나를 떠나지 못하게 한 스탈린의 지시는 상황을 더욱 악화시켰다. 카자흐인들의 사정도 우크라이나 못지않았다. 이들은 정주 농업에 대해서는 아무것도 모르는 유목민 부족 집단이었다. 카자흐인 가운데 약 절반에 이르는 사람들이 정착 과정에서 사망했다. 우크라이나인과 카자흐인들은 정상적인 식량이 고갈되면서 쥐를 잡고 나무껍질을 벗기고 나뭇잎을

삶아서 먹었다. 나머지 사람들은 죽었다.

스탈린은 원래 곡물 수출로 얻은 수입—그는 이것을 개인적으로 '공물'이라고 불렀다.—을 급속한 산업 성장을 위한 자금뿐만 아니라 실질 임금 인상을 위한 자금으로도 사용하려고 했다. 노동 계급은 상황이 크게 나아지리라는 약속을 받았다. 국가계획위원회(고스플란Gosplan)는 산업화를 위한 5개년 계획을 마련하라는 명령을 받았다. 고스플란이 초안을 제출할 때마다 정치국은 생산 목표를 훨씬 높게 조정했다. 철, 석탄, 강철, 공작 기계가 가장 크게 강조되었다. 대부분의 경제학자들이 건넨 충고는 무시되었다. '목적론적' 계획의 제안자인 스타니슬라프 스트루밀린*은 드물게 스탈린을 자발적으로 지지한 경제학자였다. 정치국과 고스플란은 예측되는 어려움은 상관 않고 경제에 부여할 할당량을 고안했다. 1933년 말까지 완수하기로 한 제1차 5개년 계획의 목표는 소련을 산업화된 근대적 사회주의 사회로 나아가게끔 하는 것이었다.

산업 경영자들과 지역 당 책임자들은 이 환상을 달성하라는 명령을 받았다. 난폭한 방법이 묵인되었다. 결과만이 중요했다. 이것은 어느 누구도 상상하지 않았던 그런 계획이었다. 공산주의 지도부는 눈먼 사람이 그림을 그리는 것처럼 행동했다. 기술 수입의 대가로 곡물을 수출하자는 발상이었다. 그러나 세계 곡물 가격이 예상치 않게 급락했다. 스탈린은 물러서지 않았다. 그는 최신 기계 없이 지내는 것보다 생활 수준을 낮추는 식으로 예산을 짰다. 임금은 폭락했다. 가게의 선반에는 물건이 별로 없었다. 공장 노동자들, 심지어 숙련 노동을 하고 평균 이상의 임금을 받는 사람조차 먹고살기가 몹시 힘들었다. 그들 대부분은 어쩔 수 없이 채식주의자가 되었다. 가치 있는 천연 자원이 발견된 곳에 도시들이 세워졌다. 새로운 제강 중심지인 마그니토고르스크가 좋은 사례였

스트루밀린(Stanislav Strumilin, 1877~1974) 소련의 경제학자이자 통계학자. 국가계획위원회, 중앙통계국 등에서 활동하며 모스크바의 여러 대학에서 경제학, 통계학, 국민경제사 등을 강의했다.

다. 그곳을 비롯한 모든 곳에서 대부분의 도시 거주자들에게 조건은 매우 나빴다. 피고용인과 그 가족에게 살 곳을 마련해주고 식사를 제공하는 일보다 산업 생산에 예산을 우선적으로 편성했다. 그들이 밤에 이슬을 피하는 막사는 거의 외양간이나 다름없었다.

그러나 혁명적 돌진의 시기였던 이때 문화 혁명이 선포되었다. 당국은 산업화 추진에 박차를 가하면서 전 사회를 변모시키는 데 온 힘을 쏟았다. 학교 조직이 확대되었다. 글을 모르고 숫자를 셀 수 없는 사람들을 위해 야간 강좌가 마련되었다. 교사들은 양성되자마자 새 학교로 서둘러 파견되었다. 재능이 조금이라도 보이는 노동자들에게는 학문적 훈련이나 전문 훈련을 받을 기회를 보장해주었다. 이런 정책에 고무된 사람들이 국가 정책의 공식 논거를 쉼 없이 뿜어대며 기업과 사무실 주변에서 법석을 떨었다. 수십만 명이 그랬다.[6] 그들은 당에 가입해 노동자와 농민에게 완벽한 사회의 기반을 건설하기 위해 열심히 일할 것을 촉구했다. 현 세대의 과제는 마르크스-레닌주의의 이상에 헌신하는 것이었다. 공산주의는 단 한 세대 안에 건설될 수 있다고 생각되었다. 젊은이들은 스탈린과 정치국이 요구하는 과감한 조치를 수행하려고 줄지어 섰다. 산업은 급속도로 팽창하고 있었고 도시에는 일거리가 넘쳤다. 의욕을 상실한 농민들이 농촌을 떠나 일할 곳을 찾아서 도시로 흘러들고 있었다. 어떤 것도 그들이 농촌을 떠나오면서 남겨 둔 것보다 나았다. 두려움을 품고 무일푼으로 도착한 이주민들은 1920년대였다면 파업과 시위를 촉발했을 조건을 견뎌냈다.

산업화는 강압적으로 수행되었다. 우크라이나 도네츠 분지의 샤흐티에서는 스탈린의 명령으로 관리자와 엔지니어들이 체포되어 산업 사보타주 혐의로 기소되었다. 그들 중에는 외국인 고문도 있었다. 스탈린은 경영진 전체에 테러를 가해 그들을 고분고분하게 만드는 데 전력을 다했다. 피고들은 '전시재판'에 출두했다. 오게페우(OGPU, 합동국가정치부)에서 가혹 행위를 당한 피고들은 범죄 행위를 자백하라는 요구에 저항할 수가 없었다. 다른 대도시에서도 재판이 이어졌고 스탈린은 재판 과정을 감독했다. 그는 국가 계획 기관들에서 일하는 예전의 멘셰비키와 사회주의자혁명가당이 반소련 음모를 꾸몄다고 사건을 날조했다. 여기에는 니콜라이 콘드라티예프*, 블라디미르 그로만*, 알렉산드르 차야노프* 같은 뛰어난 경제학자들이 포함됐다. 스탈린은 '음모자들'이 공산당 내 우파와 연계되어 있다고 기소하도록 사태를 조종했다. 샤흐티 재판은 장기 징역형에서부터 사형에 이르는 판결로 마무리되었다. 모스크바 정치 당국이 감독한 다른 사건의 판사들은 대체로 피고들을 수 년간의 중노동에 처했다.

이러한 억지 사법 절차는 소비에트의 계획자, 관리자, 경영자들이 경제 변화에 대한 열정을 입증하려고 노력하면서 의도했던 결과를 성취했다. 공업과 농업의 연계가 강조되었다. 정치국과 고스플란에 따르면 농촌 경제는 '트랙터화'에 의해 활성화될 것이었다. 경제의 근대화가 가속화되면서 10만 대의 트랙터를 제작하기로 했다. 또 소련군이 사용할 최신 무기를 만들 것이다. 소련은 유럽과 아시아에서 다시 한 번 대국이 될 것이었다. 제1차 5개년 계획은 예정보다 1년 앞선 1932년 12월에 목표를 완수했다. 당국이 서류를 조작하고 실제로 경제의 모든 부분이 공식 목표를 달성한 척하기도 했지만, 나라가 산업화를 이뤘다는 사실 자체는 부인할 수 없었다.

1933년, 경제 정책이 완화되기 시작했다. 제2차 5개년 계획은 새로 건설된 공장들이 생산에 돌입하고 공업과 상업에서 혼란을 제거하는 데 역점을 두어야 한다고 명기했다. 생산 할당량이 줄어들었다. 경영자와

콘드라티예프(Nikolai Kondratiev, 1892~1938) 소련의 경제학자. 저서 《장기파동론》에서 50년을 주기로 하는 장기 파동을 주장하여, 중기 파동인 주글라 파동에만 의존했던 종래의 경기 순환론을 정밀화했다.

그로만(Vladimir Groman, 1874~1932) 소련의 경제학자이자 통계학자. 모스크바 대학을 졸업하고 고스플란 간부회 위원을 역임했다.

차야노프(Aleksandr Chayanov, 1888~1937) 러시아의 농업경제학자.

노동자들은 어느 때보다 열심히 일할 것을 요구받았지만, 그 대가로 높은 수준의 보상도 약속받았다. 소비재, 복지, 주택 예산이 증가했다. 학교, 극장, 공원이 건설될 것이었다. 군사적 필요도 빠뜨릴 수 없었다. 특히 히틀러가 권좌에 오른 뒤 국제 정세가 악화되자 군대의 기술적 현대화 요구가 강조되었다. 그러나 무모한 산업 팽창을 계속 추진하기보다는 이미 확립되어 있는 것을 최대한 이용하는 데 심혈을 기울였다. 이 문제는 정치국에서 열띤 논의를 거쳤는데, 스탈린은 온건함을 옹호하는 쪽의 손을 들어주었다. 그러나 스탈린에게 비판의 화살을 겨눈 당내의 작은 그룹들이 계속 스스로를 재생산했다. 스탈린은 당분간 하위 정치인, 기업 관리자와 사회 전반을 관대하게 다루는 것이 현명하다는 것을 알았다. 그러나 정치 상황에는 계속 날카로운 태도를 취했다.

정치국은 1920년대 말에 '민족' 정책도 바꾸었다. 이전에 비러시아계 민족들은 언론, 학교, 행정에서 상당한 정도로 자기 표현을 허용받았다. 이제 당 지도부는 비러시아계의 독자성을 단호히 길들이기로 했다. 신경제정책 시기 동안 자기 민족의 대의를 옹호해 온 저명인사들은 비판받고 해직되었다. 우크라이나의 걸출한 베테랑 공산주의자 미콜라 스크리프니크*는 새로운 정치 노선에 절망하여 자살했다. '부르주아 민족주의'로 비난받은 교수, 성직자, 옛 활동가들에 대한 재판이 열렸다. 반혁명 조직을 결성하고 공산당 전복 음모를 꾸몄다는 혐의가 날조되었다. 처음에는 반민족주의적 억압이 다른 민족만큼이나 러시아인에게도 적용되었다. 1930년에 '러시아 재건을 위한 전인민 투쟁연합'이라는 가공의 조직에 대한 소송이 진행되었다.[7] 그러나 스탈린은 러시아 민족을 이런 식으로 취급하는 것은 잘못이라고 결정했다. 1932년에 그는 러시아인들을 '부르주아 민족주의' 혐의로 체포하는 짓을 그만두었다. 러시아와 러시아의 미덕을 찬양하기 시작했다. 동시에 스탈린은 이미 제한

스크리프니크(Mykola Skrypnyk, 1872~1933) 우크라이나공화국의 독립을 옹호한 우크라이나 볼셰비키 지도자. 소련의 정치 노선이 바뀌자 1933년 자살했다.

하고 있던 다른 민족들의 자유를 더 심하게 제한했다.

러시아인들을 소련의 정체성과 동일시하고, 그밖의 민족은 모두 이 정체성을 모방한다는 발상이었다. 이 정책은 종교와의 연관성은 모두 배제할 것이었다. 스탈린은 '전투적 무신론자 연맹'이 성직자들을 박해하도록 내버려 두었다. 사제, 이맘, 랍비, 샤먼들은 체포를 감수해야 했다. 수천 명이 총살당했다. 교회, 이슬람 예배당, 유대교 회당이 철저히 파괴되었다. 종교 유물들은 약탈당했다. 공식 출판물에서는 '하찮은 신'을 조롱했다.

1934년 1월에 개최된 소련 제17차 당 대회는 '승리자들의 대회'로 불렸다. 스탈린은 당내 반대파를 패배시켰고 산업화와 집단화 프로그램을 확고히 했으며 '일국 사회주의' 이론을 옹호했다. 대의원들은 '오늘의 레닌'으로 스탈린을 환영했다. 그는 권력과 영예를 한 몸에 받고 정치국 위에 우뚝 섰다. 하지만 대의원들이 모스크바에 집결했을 때 당내에 소동이 일었다. 상당수의 대의원들 사이에서 스탈린을 그의 정치국 동료인 세르게이 키로프(Sergei Kirov, 1886~1934)로 대체하고자 한다는 소문이 퍼졌다. 하지만 스탈린은 살아남았고 공식적으로 승리했다. 그러나 스탈린은 여전히 조심했다. 개인적으로는 1932년 아내가 자살한 뒤 극도로 외롭고 불안했다. 그 뒤 1934년 12월에 한 암살자가 레닌그라드에서 키로프를 살해했다. 스탈린이 살해를 지시했는지는 여전히 입증되지 않았다. 분명한 것은 스탈린이 이 사건을 이용하여 3인위원회(troika)가 통상적인 사법 절차 없이 혐의자들에 대한 재판을 열 수 있도록 하는 비상 권한을 도입했다는 것이다. 스탈린은 진짜 저항이든 잠재적 저항이든 공산당 상층부에 존재하는 모든 저항을 일소하고자 했다.

스탈린은 또 사회 각계에서 '반소련 분자'도 제거하려고 했다. 1928년 이래 그의 조치는 엄청난 분노를 불러일으켰다. 스탈린은 쿨라크, 성직자, '부르주아 민족주의자', 이미 탄압받은 정당들의 당원, 옛 반대파 등 '옛날 사람들'을 박해했다. 수천만 명이 이 부류에 포함되었다. 그 가

세르게이 키로프. 소련공산당에서 레닌그라드 당 책임자를 맡았던 스탈린의 절친한 친구이자 유력한 경쟁자였다. 스탈린은 키로프가 암살된 뒤 암살에 연루된 자들을 찾아 처벌한다는 명분으로 대숙청을 시작했다.

운데 많은 사람들이 복역을 끝내고 수용소와 재정착 지역에서 돌아오고 있었다. 일부는 제1차 5개년 계획 기간 동안 오게페우의 손아귀에서 도망쳤다. 그들은 스탈린과 그 일파를 증오했다. 스탈린 숭배는 그들이 겪고 있는 악몽이 누구의 책임인지 의심의 여지를 전혀 남기지 않았다. 스탈린은 적들을 만들어낼 필요가 없었다. 스탈린의 행동은 이미 소련의 도시와 농촌에서 엄청난 수의 적들을 양산했다.

키로프 암살 이후 억압이 강화되었다. 수십만 명의 '옛날 사람들'—살아남은 옛 귀족, 은행가, 지주와 그들의 가족—은 한순간의 통보로 대도시에서 추방되었다. 이 사회적 '정화' 프로그램은 정치적 안정을 증대하려고 계획되었다. 1932년 12월 도시 주민들을 위해 여권을 도입했는데, 이것은 경찰이 도시를 '정화'하는 것을 더욱 쉽게 만들었다. 수용소에서 돌아온 사람들은 아주 가벼운 구실로 다시 형을 받고 구금되었다. 징역형은 수용소 본부(즉 굴라크Gulag)가 관장했다. 그리고 굴라크라는 용어는 재빨리 수용소 네트워크 전체와 동의어가 되었다. 정치범들, 특히 옛 트로츠키주의자들은 수용소에서 절대 석방되지 않았다. 스탈린은 소련 사회에서 분노에 찬 계층들이 자신들을 이끌 지도부를 결코 찾을 수 없을 것이라고 장담하고 있었다. 키로프의 죽음은 카메네프와 지노비예프의 탓으로 돌려졌다. 실제 살인자는 1920년대 말에 지노비예프 그룹에 충실했던 레오니트 니콜라예프(Leonid Nikolaev)였다. 이 사실은 스탈린이 도덕적 · 이데올로기적 책임을 카메네프와 지노비예프에게 물어 그들을 재판에 회부하는 데 충분했다. 재판 과정은 뉴스영화로 제작되었다. 사형의 위협을 받은 피고인들은 투옥 기간을 줄이는 대신 유죄를 인정하기로 했다.* 그들은 적당히 비굴해지는 데 동의했다. 그와 동시에 분쇄된 국내의 좌우익 반대파들의 사상에 동조하는 사람은 누구든지 적발하는 추적이 시작되었다.

1936~1937년의 겨울에 스탈린은 오늘날 '대테러'라고 알려진 체포와 처형을 체계적으로 시행하기로 마음먹었다. 정치국은 스탈린의 요구에 복종하는 데 익숙해졌다. 그래도 스탈린은 그들을 감언이설로 속여야 했다. 정치국원인 세르고 오르조니키제*는 사태가 어디로 향하는지를 알았을 때 자살했다. 중앙위원회도 굴복해야 했다. 스탈린은 전체회의를 주재했고, 거기서 최근에 임명된 엔카베데* 수장 니콜라이 예조프*는 당 전체에서 반역 활동을 탐지했다고 설명했다. 엔카베데는 내

카메네프와 지노비예프의 재판 카메네프와 지노비예프의 경우, 날조된 혐의에 대해 유죄를 인정한 것은 투옥 기간을 줄이기 위해서가 아니라 처형을 하지 않겠다는 스탈린의 약속을 믿었기 때문이다. 그러나 스탈린은 재판 다음 날인 1936년 8월 25일 두 사람의 처형을 명령했다.

오르조니키제(Grigory Ordzhonikidze, 1886~1937) 그루지야 출신의 볼셰비키. 1930년 소련공산당 정치국원이 되었으며, 스탈린의 측근이었다.

엔카베데(NKVD) 1934~1946년 동안 존재한 소련의 비밀경찰. 내무인민위원부로 불린다. 오게페우의 후신이다.

예조프(Nikolai Ezhov, 1895~1940) 소련의 정치경찰 지휘자이자 '대테러' 조직자.

스탈린과 함께한 소련공산당 정치국원 세르고 오르조니키제. 스탈린의 죽마고우였지만 그가 죽었을 때 스탈린은 그에 대한 정치적 신뢰를 잃은 상태였다. 정부는 그의 사인이 심장마비라고 발표했으나 이후 자살했다는 의혹이 제기되었다.

무인민위원부로서 1934년에 오게페우의 기능을 넘겨받았다. 예조프는 보고서들을 보면 부하린 등은 전혀 도움이 안 된다는 것을 알 수 있다고 말했다. 부하린이 혐의를 부인하자 스탈린은 부하린을 그의 고발자와 대면시켰다. 부하린뿐만 아니라 중앙위원회 전체가 테러를 당해 사기가 떨어졌다.

스탈린은 절대 전제정을 도입하고 싶어 했다. 당은 사태의 방향을 바꿀 능력이 있는 유일한 기관이었다. 공화국들과 지방의 많은 공산주의 지도자들은 스탈린을 공개적으로 인정하면서도 그의 정치·경제적 광란에 겁을 먹었다. 스탈린은 오직 '건강한' 당원만이 살아남을 수 있도록 당의 육신을 잘라냈다. 그는 붉은 군대의 고위 사령관에게도 똑같은 뜻을 드러냈다. 1937년 5월 미하일 투하체프스키*와 다른 군사 지도자들이 체포되었다. 그들은 국가 반역죄를 강제로 인정할 수밖에 없었으며 6월에 총살당했다. 투하체프스키가 서명을 한 진술서에는 혈흔이 남

투하체프스키(Mikhail Tukhachevskii, 1893~1937) 소련의 군인. 내전에서 안톤 데니킨이 이끄는 반혁명군을 진압하고, 폴란드군의 러시아 서부 국경 침략을 격파한 지휘관으로 유명하다.

미하일 투하체프스키. 붉은 군대를 이끌고 제1차 세계대전, 폴란드와의 전쟁, 백군과의 내전에서 활약한 그를 스탈린은 작은 나폴레옹이라고 칭찬했지만, 그가 대숙청에 휩쓸려 사형을 언도받았을 때 스탈린은 공판 기록조차 보지 않았다.

았다. 중앙위원회가 전체 회의에서 소집되었고 진행 중인 사태를 승인하도록 요청받았다. 코민테른의 고위 관리인 오시프 퍄트니츠키는 대량학살에 반대했다. 그는 당 동지들의 혐의가 타당한지 의심을 표명했다. 이것은 스탈린을 폭군이자 사기꾼으로 부르는 일과 똑같은 것이었지만 퍄트니츠키는 의심을 철회하지 않았다. 그는 중앙위원회 위원직을 박탈당했고 그 뒤 엔카베데에 체포되어 처형되었다. 최고 당 기구의 어느 누구도 퍄트니츠키의 용감한 자살 행위를 되풀이하지 않았다.

예조프와 스탈린은 함께 늦여름에 시작하기로 한 대규모 '작전' 계획을 짰다. 법령 00447은 259,450명의 '반소련 분자들'을 구금해야 한다고 명기했다. 그들 중 28퍼센트는 처형될 것이고 나머지는 장기간 노동수용소에 수감될 것이다. 박해받을 사람들의 부류가 세세히 규정되었다. 예조프와 스탈린은 전 쿨라크, 성직자, 멘셰비키, 사회주의자혁명가당, '부르주아 민족주의자', 귀족 또는 은행가였던 사람들은 누구든 포함했다.[8] 다른 작전들이 뒤를 이었다. 특정 민족 집단, 특히 소련의 변경 지역에서 인근 외국의 동포들과 함께 사는 사람들인 폴란드인, 그리스인, 독일인, 조선인들이 표적이 되었다.

대테러는 1938년 11월까지 끝나지 않았다. 스탈린은 대안을 전부 실행해본 뒤에야 비로소 훨씬 더 분별 있게 행동하기 시작했다. 테러는 경제 계획 속에 확정되어 있는 수치 할당량 시스템에 따라 실행되었다. 스탈린은 엔카베데와 당이 테러 없이 그들의 과제를 효과적으로 수행할 수 있다고 믿을 수가 없었다. 그 결과 소련 산업 캠페인의 특징인 대혼란이 발생했다. 숙청 수행자들은 스탈린과 예조프가 설정해놓은 사회·정치적 부류에서 사람들을 찾을 수 없으면 임의로 수치 할당량을 채우기 시작했으며 자주 초과 달성했다. 할당량을 달성하지 못한 지역 경찰 수장은 즉각 그 자신이 희생자가 되었다. 이 때문에 거리를 막고 아무나 붙잡아 들였다. 스탈린 자신이 매우 임의적인 방식으로 직접 희생자를 선택했다. 383개의 '앨범'이 그에게 제출되었다. 스탈린은 일부 이름들 옆에 '1'(총살)이라고, 또 다른 이름들 옆에는 '2'(굴라크 10년)라고 갈겨썼다. '3'이라고 쓴 곳은 예조프의 결정에 맡겼다.[9] 명백히 스탈린은 소비에트연방공화국 지도자들 대부분을 갈아 치울 의향이 있었다. 고위직 보유자는 그들의 생명을 살려줄 급박한 이유가 없으면 반역자로 취급해야 한다는 것이 스탈린이 숙청할 때 했던 가정이었다. 스탈린에게는 많은 사람들이 자신을 권력에서 제거하기를 원한다고 의심할 이유가 있었지만 그에 맞선 진짜 음모는 거의 없거나 미약했다. 본질적으로 스탈린은 자신에게 맞설 가능성이 조금이라도 있는 사람은 누구든 제거하는 예방 작전을 감독하고 있었다.

스탈린은 엄청난 인격 장애를 지니고 있었다. 그는 지도자에 대한 애정을 선언했는데도 총살당한 몇몇 사람을 비롯해 무고한 동지 전체를 살해하는 것을 괘념치 않았다. 정치국원들의 협조가 없었더라면 그는 이렇게 할 수 없었을 것이다. 또 당과 경찰, 정부에도 의존했다. 이전에 이미 이 기구들을 제도적으로 강화해서 인민들의 저항을 우려하지 않고

국가 권력을 발휘할 수 있었다. 스탈린은 무자비한 레닌주의 이데올로기에 의지할 수 있었다.[10)]

이 과정은 승진 기회를 제공함으로써 촉진되었다. 모든 기관에서 야심 찬 많은 젊은 관리들은 자신들의 상급자를 비난할 준비가 되어 있었다. 젊은 관리들은 상급자들의 직업과 아파트를 빼앗았고 그들의 개인 물품을 매수했다. 그들 자신들은 테러 기구의 눈밖에 있으면 좋겠다는 요행을 바랐다. 노동자와 농민들이 항상 엔카베데에게 협조하기를 꺼린 것은 아니었다. 대부분의 사회 구성원들은 끔찍한 고초를 겪었다. 당국은 반역자 관리들이 외국 열강들을 위해 파괴자와 스파이 노릇을 하고 자본주의의 부활을 추구한 것이 문제라고 주장했다. 근로자들은 분노의 세월을 보낸 뒤에 당 투사, 농장 감독자, 기업 경영자, 교사, 엔지니어같이 자신들을 괴롭힌 사람들을 열렬히 고발했다. '인민의 적'을 보호한다고 여겨지는 것은 위험한 일이었다. 엔카베데의 오른편에 머무르는 가장 좋은 방법은 고발을 몹시 하고 싶어 하는 것이었다. 기존의 사회 생활 패턴에 엄청난 혼란이 발생했다. 수백만 명이 농촌을 떠나 도시로 이주했다. 이웃은 서로에게 이방인이었다. 가족은 해체되었다. 사람들은 타인에게 불친절함으로써 스스로를 보호하려는 유혹에 빠졌다.

1930년대 중반부터 약 2백만 명의 죄수가 노동수용소에 수감되어 있었다. 게다가 집과 생활 터전에서 쫓겨나 나라의 오지에 내던져진 강제 이주자들이 수백만 명 더 있었다. 그들은 제2차, 제3차 5개년 계획의 주요 프로젝트에 노동력으로 동원되었다. 운하를 파고 나무를 벴으며 금을 채굴하고 새로운 도시를 건설했다. 노동수용소는 시베리아와 북부 러시아에 경제적 목적에 이바지할 수 있는 곳이면 어디든 설치되었다.

13장

소비에트 권위주의

개인이 사라진 국가

스탈린과 그의 패거리들은 혁명적 폭풍을 일으켰고 이 폭풍이 자신들도 날려버릴지 모른다고 틀림없이 걱정했을 것이다. 그러나 그들은 우려는 했지만 그런 걱정에 대해서는 함구했다. 스탈린은 지도 그룹 내의 모든 동요를 짓눌렀다. 스탈린은 일단 일을 시작했으면 끝장을 볼 참이었다. 지도 그룹의 사람들은 복종하거나 아니면 처벌을 감수해야 할 것이었다.

소련식 공산주의 모델의 마지막 부품들이 제자리에 꽉 죄어졌다. 트로츠키나 지노비예프, 혹은 부하린이 정치적 계승을 보장받았더라면 이 모델의 다른 유형이 시험되었을 것이다. 그러나 다른 지도자들이 어떤 유형을 개발했을지는 말하기 힘들다. 스탈린처럼 그들도 1917년 이래 자주 정책을 바꾸었으며 또다시 쉽게 정책을 변경할 수 있었을 것이다. 하지만 중요한 점은 다른 지도자들이 스탈린 치하 소련의 많은 모습들을 인정했다는 것이다. 그들은 공산주의가 일당 독재, 이데올로기 독점, 적법성의 경시, 사회적 동원과 전투적인 도시 중심주의를 포함해야 한다는 데 동의했다. 부하린조차 의견을 같이했다. 국내에 저항이 있었더라도(확실히 저항이 있었을 것이다), 그들이 자신들의 대안을 고수했을지 그것도 불분명하다. 특히 트로츠키는 반대파에 있을 때는 저항에 찬성하는 이유를 말하고 권력을 잡았을 때는 흉포하게 행동한 전력이 있었다. 그는 10월혁명 후 처음 몇 년간 끊임없이 사납게 말하고 행동한 사람에게 패배당해 당내에서 최고 권력을 차지하지 못했다. 그러나 어느 누구도 스탈린이 소비에트 테러 국가의 피라미드를 그렇게 높이 쌓아올리리라곤 짐작도 하지 못했다. 다른 지도자들은 레닌의 유산이 남용되었다고 계속 주장했다.

스탈린의 개인적 우위는 1930년대 초까지는 아직 완전히 확보되지 않았다. 트로츠키와 부하린은 여전히 소련의 지도자로 복귀하기를 희망했고 둘 다 추종자들이 있었다. 부하린은 1934년에 복권되었고 정부 신문인 〈이즈베스티야〉의 편집장이 되었다. 부하린은 더는 정치국에 있지 않았지만, 만일 스탈린이 실패했다면 그를 짓밟을 수 있는 유리한 위치에 있었을 것이다. 트로츠키는 1929년 소련에서 추방된 뒤 모스크바의 지지자들과 제한적이나마 은밀히 접촉했고 〈반대파 회보〉를 발행했다. 그는 집단화가 자발적으로 수행되어야 한다고 말했다. 또 자신이라면 정책 전반에 걸쳐 국사를 훨씬 유능하게 돌보았을 것이라고 주장하기도 했다. 1923년 이래 트로츠키는 당내에서 민주적 절차가 퇴보하는 것을 비판했다. 심지어 소비에트들에게 좀 더 큰 권위를 부여해야 한다는 요구까지 했다. 부하린은 폭력적 집단화를 비난하는 데 트로츠키와 의견을 같이하면서도 신경제정책을 완전히 복구하기를 갈망했다(트로츠키는 신경제정책 기간 내내 산업 투자를 급속히 확대할 것을 요구했다). 부하린은 또 노동자와 농민들이 부패와 정치의 비효율성에 대한 불만을 글로 표현하고 발표할 수 있도록 하는 계획도 크게 강조했다.

하지만 이러한 차이는 주로 전술과 전략을 둘러싼 것이었지 궁극적인 목표에 대한 것은 아니었다. 부하린은 1920년대 중반에 체제의 가혹함을 제거하라고 촉구했다. "나는 우리가 가능하면 빨리 소비에트 권력의 좀 더 '자유주의적인' 형태를 향해, 즉 억압은 줄이고 적법성은 늘리는 쪽으로 나아가야 한다고 생각한다."[1] 그러나 이것은 근본적 개혁 제안이 아니었다. 여하튼 그 제안은 보안경찰이 입수한 비밀 편지에 들어 있는데, 부하린은 그 제안을 실현하려고 공개적으로 운동을 일으키지는 않았다.

부하린은 모든 볼셰비키와 마찬가지로 공산주의 정치 권력을 유지하고, 멘셰비키, 사회주의자혁명가당, 카데트들(입헌민주당)이 공직에 복귀하는 것을 막고자 했다. 소련은 공산주의자들이 계속 독점할 것이었다. 트로츠키와 부하린 모두 경제를 국가가 전적으로 소유하고 계획하기를 원했다. 공업과 농업과 상업에서 시장 부문은 가능한 한 빨리 없애기로 했다. 이런 일은 스탈린이 허용하는 것보다 더 오래 걸리겠지만 어떤 볼셰비키 지도자도 자본주의가 영원히 존재하도록 놓아둘 생각은 없었다. 트로츠키와 부하린은 볼셰비키를 위해 토론의 자유를 확대하라고 요청하기는 했지만 엄격한 중앙 집권적 당에 대한 헌신을 포기하지 않았다. 그들은 내전 동안 반대파들이 지나치게 권위주의적이라고 비판한 당의 조직 체계를 이상화했다. 두 사람은 가혹한 검열이나 국가의 언론 독점에 반대하지 않았다. 스탈린과 마찬가지로 언론에서 종교와 민족적 주장, 여타 반공산주의적 이데올로기들을 제거하고자 했다. 그들은 1930년대 초의 무차별적인 파괴 행위를 비난했지만 전반적으로 공산주의의 적들을 박해하는 일은 승인했다. 사실 더는 그것을 박해라고 생각하지도 않았다. 그들은 무자비한 조치로 혁명을 수호해야 한다는 가정에 의견을 같이했다.

트로츠키와 부하린은 사소한 유보 조건은 내걸었으나 중앙의 당 지도부가 모든 것을 결정할 권리와 의무가 있다고 계속 믿었다. 인민들의 의견은 언제라도 거부될 수 있었다. 볼셰비즘은 1917년 이후 '대중'이 자신들에게 좋은 것을 들을 필요가 있다는 오래된 주제를 다시 들고 나왔다. 이전의 통치 계급과 그 지지자들에 대한 헌법적 · 법률적 차별이 유지될 것이었다. 귀족, 성직자, 전직 경찰들은 '옛날 사람들'로서 버림

받을 것이었다. 동시에 당 조직가와 공산주의 선전가들은 사회의 나머지 사람들—'인민들' 자체—을 설득해야 한다. 노동자들의 임금 인상 요구는 저지해야 한다. 세금 인하를 요청한 농민들은 무시해야 한다. 모든 사람들은 공산주의적 선(善)을 확대하기 위해 투쟁해야 한다.

공산주의자들은 10월혁명 이래 설교를 하고 명령을 내렸으며, 이 습관은 1930년대에 강화되었다. 당 관리들은 모든 것을 다 아는 가혹한 사람이 되었다. 신경제정책이 폐지되면서 국가는 점점 더 많은 삶의 영역에 침투했다. 시민 사회를 위한 공간은 사실상 철폐되었다. 공산주의 통제로부터 조금이라도 자율성을 지닌 조직은 전부 공격을 받게 되었다. 러시아 정교회는 매우 혹독한 대우를 받았다. 수만 명의 성직자들이 살해당했다. 교회 건물들은 파괴되었다. 가장 악명 높은 것은 모스크바 중심부의 '구세주 그리스도 대성당'이 '소비에트 전당'을 지을 장소를 마련하려고 1932년 밤에 폭파된 일이었다. 하지만 이 전당은 계획이 너무 거창해서 결코 건설될 수 없었다. 전투적 무신론자 연맹은 자유롭게 선전 활동을 벌였다. 성경을 비롯해 종교 서적 출판이 금지되었다. 나라 전역에 건설된 새 도시들에는 어떤 종교 건축물도 세워지지 않았다. 교회의 종들을 떼어내 제철소에서 녹여 산업 시설에 투입했다. 소리의 풍경도 변했다. 종지기의 종소리는 더는 신도들을 예배에 불러 모으지 못했다. 종지기나 교회 안내원, 성직자 중에서 극심한 탄압을 받은 뒤에 자유로이 행동한 사람들은 많지 않았다.

학술원이 위협을 당했다. 학술원은 로마노프 왕조의 차르들도 괴롭히기를 주저했던 기관 중 하나였다. 스탈린은 학술원 회원을 실제로 임명하는 일은 삼갔으나 불충 혐의가 있는 사람들을 체포했고, 학술원의 명에 회원직을 기쁘게 받아들였다. 이와 더불어 라디오와 출판도 국가가 독점했다. 당국의 사전 검열 없이는 어떤 것도 방송하거나 출간할 수 없었다. 심지어 음악 악보도 이런 식으로 검사를 받았다.

몇몇 위대한 예술가들이 엔카베데에게 즉시 체포되어 굴라크로 보내지거나 처형당했다. 시인 오시프 만델시탐*은 보로네시로 추방당했다. 일시적으로 집행이 유예된 그는 1938년 노동수용소로 가는 도중에 영양실조와 극도의 피로로 사망했다. 모든 예술 분야—산문, 시, 회화, 영화, 드라마—에서 억압이 계속되었다. 스탈린은 제도적 통제 체제를 구축했다. 1932년에 그는 소설가 막심 고리키로 하여금 '소련 작가 동맹'을 설립할 대회를 소집하게 했다. 작가로서 생계를 유지하고 싶은 사람은 이 단체에 가입해서 그 규제 내에서 활동해야 했다. 작가 동맹의 서기인 알렉산드르 파데예프*는 문학계의 경찰이었다. 작가 동맹의 회원이 되면 다차(dacha, 시골 별장)와 휴양소 이용, 저작권료와 공식적 명예 등 매력적인 혜택이 뒤따랐다. 예술과 학문의 모든 분야에는 스탈린에게 머리를 조아리기만 한다면 조금이라도 재능이 있는 지식인은 누구나 가질 수 있는 황금 트로피가 있었다. 노동조합과 전문 조직들은 당과 정부의 통제를 받는 앞잡이들이 운영했다. 법률가, 금속노동자, 물리학자, 심지어 전투적 무신론자 등, 직업이 무엇이든 그들을 위한 대행 기관이 있었다. 이것은 1920년에 노동조합의 '국가화(ogosudarstvlenie)'를 요구하면서 트로츠키가 내놓은 발상이었다.

국가는 모든 곳에 손이 닿는 것으로 생각되었다. 축구, 체조를 비롯한 스포츠는 독점적인 국가의 후원을 받았다. 엔카베데는 모스크바의 디나모 축구 클럽을 운영했고 콤소몰은 스파르타크 클럽을 관리했다. 스탈린은 1936년 '신체 문화의 날'에 붉은 광장에서 시범 축구 경기를 관람했다.[2] 심지어 사소한 레크리에이션 단체조차 국가의 목구멍 속으로 빨려 들어갔다. 에스페란토어나 우표 수집 같은 무해한 취미 생활도 불온한 것으로 규정했다. 1937년까지 에스페란토어 사용자들은 열강들의

만델시탐(Osip Mandelshtam, 1891~1938) 소련의 시인. 폴란드 바르샤바 출생. 1934년 스탈린을 비난하는 시를 써서 체포되었는데, 일단 석방은 되었으나 다시 체포된 뒤 시베리아 수용소에서 사망했다.

파데예프(Aleksandr Fadeev, 1901~1956) 소련의 소설가이자 프롤레타리아 문학 이론가. 1946~1954년 작가동맹 집행위원회 의장과 서기장을 지냈다.

첩자로 일상적으로 체포되었다. 외국 우표를 열광적으로 수집한 사람들도 유사한 대우를 받았다. 대강의 원칙은 여가 활동을 위해 한 지붕 밑에 모인 사람들은 그 활동이 무엇이든 규제를 받아야 한다는 것이었다.

누진적 특권인 노멘클라투라 체제가 모든 공공 생활 분야에서 재생산되었다. 이런저런 형태로 국가에 고용되어 있지 않은 사람은 범죄자, 정신병자, 성직자, 나이가 아주 많은 노인들뿐이었다. 연금을 받을 자격이 있는 연령에 도달한 사람들 대부분은 소득을 창출할 수 있는 종류의 일이 필요했다. 하지만 가장 열악한 임금을 받는 노동자조차 자기 기업의 식당과 유치원, 주거 막사들을 이용할 수 있었다. 이런 유인책은 적어도 소수의 노동자들 사이에서는 적극적인 협력을 이끌어냈다. 1935년 도네츠 분지 광산에서 일하던 광부 알렉세이 스타하노프(Aleksei Stakhanov)는 1교대 시간당 채탄 작업 기준량의 기록을 깨뜨렸다. 그의 사례는 〈프라우다〉에 광고되었고 소련 노동자들은 그를 본받으라고 요구받았다. 적극적인 협력자들은 추가 배급과 임금의 형태로 보상을 받았다. 권력의 정점에서 이용할 수 있는 사치품은 보통 국민들의 상상을 초월하는 것이었다. 크렘린 정치가들은 다차, 유모, 여자 가정교사, 특별 식료품, 멋진 옷을 갖추고 있었다. 특권 체제는 행정 기관을 통해 조정되면서 아래로 확장되었다. 사무원이 봉급 이외에 설탕이나 버터 한 봉지를 더 받았다면 이것은 평균적인 사람이 상점에서 입수할 수 있는 것보다 많았다.

사람들은 자신과 가족을 돌보기 위해 분투해야 했다. 임시방편이 만연했다. 삶은 결코 "갈아 일군 밭을 한가롭게 노니는 것"이 아니었고 1920년대에 발달한 교묘한 수법이 없었다면 견딜 수 없는 것이었다. 사람들은 해고되지 않을 것을 알고 빈둥거렸다. 그들은 자신의 일에 어떤 성실성도 보여주지 않았다. 회사에서 물건을 훔쳐 부업으로 불법 판매했다. 친구들은 국가 정책을 비웃으면서 서로 편리를 봐주었다. 후견-피후견 관계가 체제 전역에 퍼졌다.

〈타임〉 표지에 등장한 소련 광부 알렉세이 스타하노프. 1교대 시간당 평균 채굴량의 30배가 넘는 227톤의 석탄을 캐는 기록을 세웠다. 그의 이름을 따 목표량 이상의 생산을 추구하는 스타하노프 운동이 시작되었다.

1930년대에 중앙 당국은 옛 사회의 예의범절을 버린 것을 후회했다. 공동체의 응집력이 해체되고 있었다. 이에 크렘린은 방향을 틀었고 젊은이들이 노인과 손윗사람에게 무조건 복종해야 한다고 요구했다. 여성들에게 가능한 한 아이를 많이 낳으라고 독려했고 유치원과 식당을 만들어 여성들이 계속 노동할 수 있도록 했다. 이혼과 낙태는 더욱 어려워졌다. 1932년에 언론은 자기 아버지가 콜호스(매우 광범하게 확산되어 있던 집단 농장의 이름) 운영을 잘못했다고 고발한 후 살해된 소년인 파블리크 모로조프(Pavlik Morozov)를 찬양했다. 가부장의 권위가 그 후 다시 강조되었다. 스탈린은 가정과 직장에서 규율을 지킬 것을 요구했다. 교복이 다시 도입되었고 여자 아이들은 머리를 땋아야 했다. 군사 훈련이 확대되었다. 외무인민위원부의 직원들조차 군인처럼 옷을 입었다. 산업화와 집단화의 격동을 진정시켜야 했다. 질서, 위계, 순응, 경계(警戒)가 모토가 되었다. 로마노프 왕조의 몰락 이후 첫 10년간의 사회적 활기는 반감의 대상이 되었다. 그 답례로 정권은 승진의 대로를 크게 넓

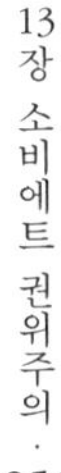

사후에 제작된 파블리크 모조로프의 초상화. 13세에 아버지를 비밀경찰에 고발했다가 가족 손에 죽었다고 하는 이 소년의 이야기는 노래, 연극, 시, 오페라, 여섯 권의 평전으로 만들어졌다.

혔다. 교육, 직업 훈련, 문화적 접근 기회가 보장되었다. 국민들은 좀 더 좋은 물건과 휴식 시설을 향유하게 될 것이라는 말을 들었다.

스탈린이 다시 설계한 소비에트 체제라는 건축물은 주인 가족이 새로운 건물과 작은 탑과 비둘기 집 등을 마음대로 덧붙인, 사방으로 산만하게 뻗어 있는 농촌 가옥처럼 생기지 않았다. 소비에트연방은 꼭대기에 돌이 있고 그 꼭대기부터 밑바닥까지 점점 넓어져 가는 층들로 이루어진 이집트 피라미드에 자주 비유되었다. 그러나 닮았다고 해서 똑같은 것은 아니다. 전형적인 피라미드의 단순한 외관은 비밀 터널들로 이어진 미로를 숨기고 있다. 많은 피라미드들은 세월이 흐르면서 사막의 바람에 무너지지는 않아도 가장 높은 꼭대기의 돌은 잃어버렸다. 소련은 최고 지도부가 없었다면 단 하루도 생존하지 못했을 것이다. 공산주의 체제는 진짜 건물에는 존재한 적 없는 팽팽한 건축적 긴장을 품고 있었다. 정치는 고도로 중앙 집중화되었고 지역 수준에서는 가능한 한 행정적 지시와 순응 과정으로 단순화되었다. 중앙의 정치가들은 모든 사회 부문에 고의로 직접 개입했다. 이데올로기, 경제, 여가, 가족 생활, 개인 습관 등 국가가 침투하지 않은 곳이 없었고, 이 모든 것들은 깨트릴 수 없을 만큼 단단히 융합되었다.

자율적 시민 단체의 제거는 소비에트 체제를 강화했다. 크렘린은 정치, 경제, 사회, 이데올로기, 문화 등 전 분야에 걸쳐 자문 없이 정책을 입안할 수 있었다. 우월한 지도부가 요구할 때마다 급격한 노선 변경이 가능했다. 이에 못지않게 인상적인 것은 재원을 집중하는 능력이었다. 공장은 국유화되고 농장은 집단화되었으며 사회 그룹이 체포되었다. 중앙에서 결정한 내용이 맹목적으로 복종하는 말단의 주변으로 전달되도록 위계 조직들이 훈련을 받았다. 최고 지도부는 가혹한 강제력을 마음대로 사용했다. 공산주의 이데올로기는 지시를 이행한 행정가들에게 정당성과 신뢰를 부여했다. 소련이 세계로부터 고립되어 있다는 사실은 업무상의 효율을 촉진했고, 당국은 이질적 사상의 오염에 맞서 국민들에게 예방 접종을 할 수 있는 더 나은 위치에 있었다.

소련의 성격에 대한 질문이 제기되었다. 제2차 세계대전 직전에 새로운 답변이 주어지기 시작했다. 소련이 새로운 종류의 국가를 수립했다는 것이다. 새로운 국가를 설명하는 단어는 '전체주의(totalitarianism)'였다. 이 말은 베니토 무솔리니가 파시즘 이탈리아를 위한 자신의 목적을 규정하려고 고안한 것이었다. 전체주의는 스탈린의 소련과 히틀러의 독일을 묘사하면서 널리 유포되었다. 명료한 정의는 1945년 이후까지 거의 이루어지지 않았지만 대체적인 아이디어는 폭넓은 동의를 얻었다. 관찰자들의 마음속에 떠오른 것은 이 세 지도자들이 정치적 다원주의를 억압하고 언론의 비판을 억누르며 대안 이데올로기의 유포를 최소화하는 데 공통의 원칙을 보였다는 것이었다. 적절한 사법 절차는 파괴되었다. 지도자 숭배가 시작되었다. 정당은 하나만 활동했다. 천년왕국적 신조를 모든 국민들의 마음속에 쏟아부었다. 하위 수준의 정치 체제나 국민들에게 자문을 구하지도 않고 명령이 위로부터 내려왔다. 시민 사회의 결사체들은 제거되거나 무기력해졌다. 이 세 독재 체제 중 어느 체제도 목표를 충분히 달성하지 못했다고 인식되었다. 무솔리니는 군주정을 그대로 남겨 두었고 가톨릭교회와 협약을 맺었다. 히틀러는 대기업의 자유를 완전히 근절하지는 않으면서 대기업들을 자신의 목적에 이용했다. 스탈린은 정교회를 청산하지 못했고 경제에서 사적 이윤을 근절하지도 않았다. 전체주의는 어느 곳에서도 완벽하게 실현되지 않았다.

스탈린이 구축한 체제는 중앙 집권주의, 위계제, 규율, 동원, 테러를 유발했다. 국가 권력은 세계 역사상 유례없는 규모로—히틀러의 제3제국 때까지는—집적되었다. 사회 생활에 대한 정치의 침입은 버터에 단도를 찌르는 격이었다. 사생활은 불안해졌다. 국가는 모든 것을 의미했고 개인은 아무것도 아니었다. 사람들은 석탄이나 밀처럼 취급받았다. 그들은 공공의 대의를 위해 사용될 수 있는 자원이 되었다. 외부인들에게 공산주의는 이미 사회 전체에 대한 포괄적인—아마도 총체적이기까지 한—통제를 확보한 것처럼 보였다.

그러나 협잡과 부패, 잘못된 정보가 필연적으로 대부분의 자유민주주의 국가보다 훨씬 더 강하게 확산되었다. 잘못된 정보를 바탕으로 정책이 입안되었다. 최고 지도자는 곤경에 대해서 알기를 원했지만 하급 관리들은 진실을 은폐할 이유가 있었고 고의로 지도부를 잘못 이끌었다.[3] 서방의 정부들은 교회, 언론, 사법 기관과 시민들의 다양한 사회 단체처럼 자신들에게 때때로 반대할 수 있는 기구와 나란히 활동했다. 공산주의자들은 이와 같은 기구들을 '부르주아' 사기로 여겼다. 마르크스-레닌주의는 자본주의 사회가 지배 계급의 기본 이익을 냉혹하게 추구하면서도 느슨하고 다양하다는 인상을 주었다고 주장했다. 공산주의자들은 자본주의 사회의 획일적 성격을 크게 과장했다. 이러한 과장은 레닌의 《국가와 혁명》에 나타난 주요 결함이었으며 스탈린과 그의 일파에 특유한 것이 아니었다. 따라서 소비에트 체제에는 좀 더 느슨한 통치 시스템을 스스로 교정하고 혁신하게 해주는 요소가 결여되어 있었다. 소련에는 부정직하고 무능하게 행동하는 정치가들을 반대할 언론이 없었다. 통치자의 도덕적 부적절함을 지적할 수 있는 종교 기관도 없었다.

학자들이 아무런 처벌도 받지 않으면서 공식 정책에 대한 비판을 발표할 수 있는 대학도 없었다.

자의적 행정이 심화됨에 따라, 어떤 일을 하는 데 필요한 강압적 조치는 인민들의 태도에 영향을 끼쳤다. 비록 일부 사회 구성원들이 스탈린의 정책에 열광했으나 수백만 명의 사람들은 오직 처벌이 두려워서 그의 정책을 따랐을 뿐이다. 사회로부터 진심에서 우러나오는 동의를 받기는 언제나 힘들었다. 이와 같은 상황은 보통 사람들—그리고 많은 경우 행정가들—의 소극적인 불복종이 있고 그 뒤 할당된 과제를 수행하기 위해 이들을 동원하는 과정에서 엄청난 국가 압력이 가해지는 일련의 사이클을 창출했다. 이것이 옛 러시아의 전통이었음은 사실이다. 공산주의자들은 1917년 이전에는 반대 방향으로 진행되었던 발전들을 무의미하게 만들고 있었다. 그들은 무의식적으로 이렇게 했다. 옛 러시아를 파괴할 의도로 권력을 장악한 후 공산주의자들은 옛 러시아가 지녔던 최악의 관습 중에서 많은 것들을 복구했다. 그리고 제2차 세계대전 후 공산주의 국가들이 더 수립되었을 때, 마찬가지로 선거로 뽑히지 않고 자문도 받지 않는 권위를 행사했기 때문에 똑같이 인민들의 분노와 소외가 발생했다.

이 분노와 소외를 우회하는 방법은 관료제를 수립해서 관료제를 감시하고 규제하는 것이었다. 이른바 통제 기관들이 확산되었다. 당도 정부도 자신들의 과제를 잘 처리할 수 있으리라고 여겨지지 않았다. 통제 기관들은 인사, 재정, 적당한 절차 등이 적절히 이루어지고 있는지를 검사하기 위해 정기적으로 기구들의 업무에 관여했다. 이런 일은 공산주의 권력이 수립되고 처음 10년 동안 발생했다. 1930년대에 달라진 점은 조사를 하는 데 있어 엔카베데가 상시적으로 우월한 지위를 차지했다는 것이었다. 엔카베데는 당에 종속적인 지위였다가 당의 권위에 맞서는 평형추로 성장했다. 스탈린은 엔카베데를 이용하여 당 관리와 위원회들이 자신의 명령을 항상 자발적으로 집행하도록 상황을 조성했다.

엔카베데는 또한 인민들의 여론을 조사하고 분석하는 기관이기도 했다. 비밀 보고가 매달 스탈린에게 제출되었다. 보고서는 불만의 정도와 성격을 측정하는 데 초점이 맞추어져 있었다. 당국은 항상 노동자, 농민, 소수 민족들의 태도를 특히 우려했다.[4] 물론 보고에 편견이 없는 것은 아니었다. 경찰은 자신들의 존재를 정당화하기 위해 불만을 이용하는 데 관심이 있었다. 또 스탈린에게 그가 좋아하는 정보를 제공할 필요가 있으며, 그러지 않을 경우 숙청될 위험이 있다는 것도 이해했다. 그러나 스탈린도 체제의 포로였다. 그는 통제 기관이 없었더라면 사태에 대한 정확한 정보를 얻지 못했을 것이다. 소비에트 체제는 통제 기관 없이는 기능할 수가 없었다.

소비에트 체제는 또 선전을 강화할 필요도 있었다. 1938년에 찬양 일색의 공식적인 당 역사 교과서가 출간되었다. 스탈린이 승인한 그의 전기도 출간되었다. 중앙 당 신문인 〈프라우다〉는 당시의 변화하는 공산주의 노선을 충실하고 열정적으로 유포했다.

하지만 소련의 인민들은 마르크스-레닌주의에 반감이 큰 것으로 드러났다. 모든 종교의 신도들이 자신의 믿음을 공개적으로 실천하는 데 익숙했는데, 세속 당국은 이 전통을 단절시키면 종교가 사라질 거라고 추정했다. 그러나 그런 일은 일어나지 않았다. 1937년에 시행된 인구조사에서 국민 중 약 55퍼센트가 신을 믿는다고 말했다. 진짜 비율은 훨씬 더 높았으리라는 것이 확실하다. 야만적인 국가 테러의 시대에 종교적 신념을 밝히는 것이 누구에게나 위험했고 수백만 명의 사람들은 틀림없이 무신론자인 척했을 것이다. 그리하여 신앙은 계속 성장했다. 제2차 세계대전 때 제3제국이 소련에 침입하자 스탈린은 모스크바 총대주교를 크렘린으로 불러 러시아 정교회가 소련의 군사적 노력을 지원하는 대가로 그들에게 얼마간의 자유를 부여함으로써 현실을 인정했다. 종교 활동이 일부 그룹들 사이에서는 약화되기는커녕 오히려 강화된 것 같았다. 스탈린을 적그리스도로 간주한 다양한 기독교 분파들이 그랬다. 그것은 또 1930년대의 사회 · 경제적 약탈 이후 코란에서 위안을 찾은 많은 이슬람교도들이 대응한 방식이기도 했다. 특히 집단화된 마을에서 스탈린에 대한 증오심은 격렬했다. 스탈린이 종교를 비방했다면 신앙인들은 그것이 바로 종교를 계속 믿어야 할 이유라고 생각했다.

하지만 의심의 여지 없이 무신론도 지지자들을 확보했다. 학교의 젊은이들은 특히 무신론의 주입에 취약했다. 원래 의도한 것보다 세속화가 더 오래 걸리긴 했으나 세대를 거듭할수록 인구 변동은 당국에 유리하게 흘러갔다. 마르크스-레닌주의의 주입은 효과를 발휘했다. 공개적 종교 집회를 딱 집어 제거한 것도 마찬가지로 효력을 보았다. 도시화는 미국을 제외하고 세계의 다른 대부분의 나라에서와 마찬가지로 세속화 충격을 가했다. 소련에서 신앙이 차지한 공간은 줄어들었다.

그러나 공식적으로 무신론 관념을 공유하게 된 소련 국민들조차 사적으로는 많은 문제를 매우 다르게 생각하는 것 같았다. 조지 오웰이 '이중 사고'라고 부른 현상이 만연했다. 성자와 대담한 사람, 멍청이를 제외한 모든 사람들이 공장과 사무실에 있을 때는 공산주의 진리를 설파했다. 그렇게 하지 않으면 대재앙이 일어날 수 있었다. 노파 한 명이 집단 농장의 조건에 대해 불평이라도 한다면 시베리아 강제 노동을 피할 수 없을 것이다. 대부분의 사람들은 위험한 개인적 생각을 솜씨 좋게 숨길 줄 알았다. 기껏해야 그들은 이 생각들을 자기 아파트의 격리된 공간에서 배우자나 아주 가까운 친구들에게만 털어놓곤 했다. 심지어 이렇게 하는 것마저도 위험이 뒤따랐다. 고위 관리의 집은 종종 도청을 당했다. 엔카베데는 사람을 불러서 최근에 나눈 대화 내용이 무엇인지 밝힐 것을 요구했다. 보고서를 작성하기 위해 가정부, 사환, 운전사가 일상적으로 고용되었다.[5] 소련은 탐욕스런 호기심을 품은 청취 국가였다. 익명의 밀고가 장려되었다. 이 조치는 사회적 유대에 악영향을 끼쳤다. 타인에 관해 정보를 주는 일은 거만한 십장이나 사이가 좋지 않은 이웃에 복수를 하는 군침 도는 방법이었다. 그것은 또 경쟁자를 제거하고 그의 직업을 빼앗는 방법이기도 했다. 아무리 정직하더라도 어느 누구도 잘못된 밀고가 어떤 재앙을 초래할지 완전히 확신할 수가 없었다. 엔카베데는 특히 체포 할당량을 채우라는 압력을 받고 있을 때에는 아무런 가책도 느끼지 않고 조사를 수행했다.

어느 사회든 많든 적든 위선은 존재하기 마련이다. 많은 경우 약간의 위선은 사회적인 교류가 제대로 이루어지게 하는 데 없어서는 안 될 윤활유 역할을 한다. 그러나 속이기 기술은 소비에트 체제 전체의 근본적인 모습이 되었다. 표리부동한 말은 생활 방식이 되었다. 국민들은 테러에서 살아남으려면 말과 행동을 달리해야 했다.

또 하나의 탈출구는 러시아의 고전 문학들이 제공했다. 고전들 중 많은 작품이 나라의 위대함을 보여주는 본보기로 발간되었다. 이것은 당국이 자신을 과거의 문화적 성과와 동일시하고자 동원한 이해할 만한 장치였다. 그러나 그것은 당국의 수중에서 폭발했다. 독자들은 알렉산드르 푸시킨(Aleksandr Pushkin, 1799~1837), 이반 투르게네프(Ivan Turgenev, 1818~1883), 레프 톨스토이(Lev Tolstoy, 1828~1910)의 작품을 탐독했고, 이 작품들을 통해 10월혁명 이후 잃어버린 세계를 엿보고자 했다. 비러시아인들에게는 적어도 자신들의 민족적 문학 거장 중 일부에 접근이 허용되었다. 소련 전역에 걸쳐 마르크스-레닌주의와 전혀 관계가 없는 문화의 불꽃이 타올랐다. 금지되었거나 매우 제한되었던 작품들—도스토예프스키의 소설, 알렉산드르 블로크*와 안나 아흐마토바*의 시 같은—은 은밀한 열광의 대상이 되었다. 사람들은 얼른 교훈을 배웠다. 사람들은 그것이 환각의 세계에서 온전하게 정신을 유지할 수 있는 통로라는 것을 알았다. 낮은 수준에서는 스탈린 자신을 비롯해 당국을 조롱하고자 하는 열망이 있었다. 스탈린 숭배는 스탈린을

블로크(Aleksandr Blok, 1880~1921) 러시아 상징주의를 대표하는 시인.
아흐마토바(Anna Akhmatova, 1889~1966) 1910년대 초 상징파의 신비주의에 맞서 현실성의 회복을 목표로 한 아크메이즘파의 시인으로 활동했다.

모든 인류의 위로 끌어올렸다. 민중들의 일화에서 스탈린은 악당이자 협잡꾼이었다. 농민들은 보통 그를 적그리스도라고 불렀다.

한편 낡은 미신도 잘 없어지지 않았다. 당 관리와 교사, 언론인들은 숲 속의 악마와 호수의 정령에 대해 오래전부터 사람들이 간직해 온 믿음을 비난했다. 마술은 비웃음을 받았다. 집시 점성가들은 놀림감이 되었다. 그것은 최근에 교육받은 젊은 선전가들이 설득력 있게 보일 만큼 나이가 들지 않았기 때문만은 아니었다. 또 다른 요인은 혼란스런 변화의 시기에 필요한 정신적 위안을 소비에트 체제가 대부분의 국민들에게서 빼앗았기 때문이었다. 마르크스-레닌주의는 항상 먼 미래의 낙원을 예언했다. 종교 집단은 인민위원의 강압에 신음했다. 억압하지 않았더라면 없어졌을지도 모를 관습적인 믿음들이 새로운 열풍을 맞았고 주위에는 미신이 비이성적이라고 알려줄 사제나 이맘, 랍비가 거의 없었다. 이 추세는 도시화가 급속히 진전되면서 더욱 심해졌다. 그것은 1970년대 중반 캄보디아에 폴 포트 정권이 들어설 때까지 세상 모든 곳의 공산주의 지도자들에게 기분 좋은 추세였다. 농민들은 집단 농장을 떠나 유급 일자리를 구하고자 도시로 흘러들었다. 농촌에서 지배적이던 태도도 따라서 도시로 옮겨왔고 그 태도는 제거하기 힘들었다. 종교의 자리를 비운 공산주의 관리들은 러시아에 기독교가 확산되기 전에 존재했던 관념들로 그 자리가 채워지는 것을 지켜보았다.

3부

도약

—

1929~1947

14장

반파시즘 전선

요동치는 세계 혁명 전략

1928년에 신경제정책을 포기한 일은 소련 외교 정책의 혁명적 급진주의를 북돋는 데 도움을 주었다. 전 세계의 동지들은 좀 더 전투적인 자세를 취하라는 명령을 받았고 '세계 혁명'이 코민테른의 당면 과제로 되돌아왔다. 유럽은 큰 경기장이 되었다. 공산주의의 확산이 부상으로 주어질 터였다. 상황은 분열되기 쉬웠고 외국에서 혁명을 촉진하려는 노력을 멈춘 동안 소련 내의 어떤 볼셰비키 지도자도 편치 않았다. '연합 노동 전선' 정책은 포기했다. 대신 정치국은 코민테른 내 자기편 사람들에게 유럽 노동 운동의 나머지 부분—사회민주주의자와 사회주의자들—을 공산주의의 치명적인 적으로 취급하라고 지시했다. 공산주의자들은 그들을 '사회파시스트(social-fascist)'라고 부를 것이었다. 코민테른 제6차 대회는 1928년 여름에 '좌익으로의 선회'를 승인했다. 혁명적 고조가 그 특징인 제1기는 10월혁명이 개시했다. 바르샤바 전투*에서 붉은 군대의 패배와 함께 시작된 제2기는 자본주의의 '상대적 안정'을 목격했다. '제3기'를 개시하면서 스탈린은 혁명의 전망이 갑자

바르샤바 전투 1919~1921년의 폴란드-소비에트 전쟁에서 전쟁의 귀추를 결정한 전투.

기 좋아졌다고 주장했다. 코민테른은 회원 정당들에게 변화한 상황에 맞추어 지시를 내리라는 이야기를 들었다. 세계 제국주의와 펼칠 최후의 결정적 투쟁이 예고되었다.

유럽의 많은 공산주의 지도자들은 오직 코민테른의 새로운 노선을 간절히 따르고 싶을 뿐이었다. 그들은 러시아에서 볼셰비즘이 이룩한 성과를 재현하고픈 희망으로 자신들의 정당에 가입했고, 사회민주주의자와 사회주의자를 본능적으로 혐오했다. 유럽 공산주의 지도자들은 혁명가로서 자신들의 신임을 증명할 기회를 즐겼다. 모스크바로부터 지령과 자금을 받는다는 사실이 때때로 그들을 난처하게 했지만,[1] 그들은 소련과 전면적으로 연결되어 있다는 데 자부심을 느꼈다. 체코슬로바키아 공산주의 지도자인 클레멘트 고트발트*는 1929년 12월 비판자들에게 답하면서 다음과 같이 선언했다. "우리는 러시아 볼셰비키에게서 당신들의 목을 비트는 법을 배우려고 모스크바로 간다!"[2]

그러나 공식 노선이 한 방향만 고집한 것은 아니었다. 스탈린은 여전히 '일국 사회주의' 건설을 열망했고, 소련 곡물을 외국에 팔고 산업화에 필요한 외국의 기술과 전문적 지식을 사려면 선진 자본주의 국가들과 상업적 연계가 무척 필요했다. 소련과 열강들 사이의 평화가 필수적이었고 대외무역인민위원부는 5개년 계획에 필요한 기계의 공급자들을 찾았다. 하지만 스탈린은 정녕 모든 공산당이 자국에서 급속한 혁명을 위해 분투할 것도 동시에 고집했다. 그는 코민테른으로 하여금 적절한 지령을 내리게 해서 이중적 태도를 위장했다. 아마도 스탈린은 세계 자본주의가 너무 부패해서 곧 쓰러질 것이고, 소련은 필요한 기계를 새 혁명 국가들로부터 획득할 것이라고 계산했을 것이다. 정치국원들은 유럽의 혁명적 전망이 어떤지 계속 재보고 있었다. 그들의 마음속에서 결코 지워지지 않았던 질문은 어떤 조치가 소련의 이익을 위험에 빠뜨

고트발트(Klement Gottwald, 1896~1953) 체코슬로바키아의 정치가. 1921년 체코슬로바키아공산당 창당에 참여하여 당 서기장, 코민테른 집행위원장이 되었다.

리지 않으면서도 혁명의 방향으로 가는 데 도움을 줄 것인가였다. 의심할 여지 없이 당파적인 고려도 스탈린으로 하여금 대담하게 행동하도록 만들었다. 스탈린은 부하린주의자들을 제거하기를 원한다면 새로운 정책의 형태를 띨 이론적 근거가 필요했다.

서기장은 국제 관계에서 자신의 전문가들을 속 썩이는 골칫거리였다. 스탈린은 1920년 폴란드-소비에트전쟁에 종군한 때를 제외하고는 10월혁명 이후 외국에 나가지 않았다. 그리고 그 전에 제1차 세계대전 이전까지도 그는 여행을 별로 하지 않았고 한다고 해도 단기간이었다. 1930년까지 외무인민위원을 역임한 게오르기 치체린은 다음과 같이 우려를 표했다. "스탈린 당신이 변장을 해서 편향적인 통역이 아니라 진짜 통역을 데리고 일정 기간 외국을 여행한다면 얼마나 좋겠습니까? 그러면 당신이 현실을 볼 수 있을 텐데 말입니다!"[3] 치체린은 자신의 전문적 능력이 정치국의 평가에 달려 있었던 멘셰비키 출신이었는데도 해임을 걱정하지 않았다. 그는 다른 사회주의자들을 '사회파시스트'라고 비난하는 것을 위험한 억지 주장이라고 여겼고, 소비에트 지도부로 하여금 자신의 견해를 인식하도록 만들었다.[4]

스탈린이 대외 정책은 다른 사람에게 맡기고 자신은 국내의 당 활동과 소련의 경제적 변화에만 집중한다는 인식이 퍼졌다. 그는 코민테른을 지휘하지 않고 외무인민위원부가 대외 정책을 입안하는 듯이 보였다. 실제로는 어느 누구도 스탈린과 상의하지 않고서는 감히 조치를 취할 수 없었었고, 이것은 정치국 국원들도 마찬가지였다.[5] 코민테른도 이에 못지않게 밀착 감시를 받았다. 집행위원회 서기였던 오시프 퍄트니츠키와 그 후 1935년부터 서기장직을 역임했던 게오르기 디미트로프*는 크렘린의 명령을 수행했다. 디미트로프는 1933년 독일 제3제국이

디미트로프(Georgi Dimitrov, 1882~1949) 불가리아의 정치가. 1923년 9월 불가리아 노동자의 반파시즘 봉기를 주도했으나 실패하여 소련으로 망명해 코민테른 집행위원회 위원이 되었다. 1935년에서 1943년에는 코민테른 집행위원회 서기장으로 활약했다.

라이프치히에서 연 재판에서 용감한 피고인으로 이름을 떨쳤다. 1934년 감옥에서 풀려난 그는 소련 시민권을 얻었고 모스크바에 정치적 도피처를 마련했다. 디미트로프는 코민테른이 정치국의 공식 노선을 비웃도록 결코 내버려 두지 않았다. 제1차 세계대전 전에 볼셰비키의 은행 강도 사건에서 스탈린과 협력했던, 치체린의 후임 막심 리트비노프*가 이끄는 외무인민위원부도 마찬가지였다. 그러나 스탈린은 감상주의자가 아니었다. 리트비노프가 대외 정책을 세우는 데 영향을 끼치고자 한다면 먼저 스탈린과 정치국에게 자신의 주장을 설득할 필요가 있었다.

퍄트니츠키나 디미트로프 또는 리트비노프가 자신의 속마음을 권력자에게 말하지 못했다는 것은 아니다. 사실 이것은 그들에게 맡겨진 직분이었다. 그들은 사실에 입각한 지식과 기술적 전문 능력으로 경보를 울리고 주도성을 발휘할 거라고 기대를 받았다. 그러나 마찬가지로 정치국이 정책을 결정하면 군말 없이 시행하리라는 기대도 확실히 받았다. 그들 세 사람은 소련 외교나 세계 공산주의 활동의 경로를 결정할 수 있는 정치가라기보다는 상급 기술자로 취급을 받았다.

스탈린과 그의 추종자들은 제1, 2차 5개년 계획의 정치 · 경제적 과제에 가장 관심을 기울이면서도 국제주의적 관점을 견지했다. 그들은 마르크스주의자로서 이런 식으로 성장했다. 그들은 또 실용적으로 사고했는데, 사람들은 그때든 그 이후든 이 점을 인지하지 못했다. 소련 지도자들은 소련이 고립을 끝낼 때까지 자본주의 국가들의 침략에 계속 취약하리라는 것을 매우 잘 이해했다. 1920년대 내내 그들은 열강들이 폴란드나 핀란드, 루마니아를 무장시켜 자신들을 공격하게 할지도 모른다고 두려워했다. 소련이 군사력과 산업 경쟁력을 갖출 수 있을 때까지 소련 외교는 계속 곤경에 빠져 있을 것이었다. (그렇다고 살인적

리트비노프(Maksim Litvinov, 1876~1951) 소련의 외교관. 1917년 10월혁명 후 영국 주재 대표로 임명되었으나 1918년 강제 송환되었다. 1930년에는 외무인민위원으로 임명되었다.

게오르기 디미트로프. 불가리아 출신 공산주의자. 독일 국회의사당 방화 사건의 공범이라는 누명을 쓰고 체포되었다가 오히려 자신을 기소한 괴링을 범인으로 지목하고 무죄 판결을 받았다. 1934~1943년에 코민테른 서기장을 지냈다.

인 스탈린주의적 산업화 방식이 필수적이거나 정당화될 수 있는 것은 아니다.) 또 코민테른이 유럽과 그 밖의 지역에서 혁명적 고양을 모색하는 것도 합당했다. 독일을 불안정하게 만들어 공산주의 혁명을 향해 떠밀 수 있다면 소련의 정치적 고립은 종언을 고할 것이었다. 게다가 코민테른의 활동은 그다지 비용이 많이 드는 것도 아니었다. 모스크바는 과도한 지출 없이 보조금이나 당 학교, 자문관들을 제공할 수 있었다. 소련 지도부가 말 두 마리에 한꺼번에 올라탄 것은 10월혁명 후 처음 있는 일이 아니었다.

스탈린의 우위가 확고해지면서 당 지식인들이 오랫동안 보여 온 오만한 태도는 점점 위축되었다. 부하린은 코민테른 집행위원회에서 강등되기도 전에 기가 꺾였으며 1928년 7월에 "나는 싸우고 싶지 않으며 싸우지 않을 것"[6]이라고 스탈린에게 편지를 썼다. 코민테른 관리 전부가 부하린만큼 소심한 것은 아니었다. 홈베르트-드로즈는 '우파'를 보호하려고 하면서 스탈린의 연설이 "2 더하기 2는 5라고 말하는 것과 똑같다."고 주장했다. 독립심을 지닌 이탈리아 공산주의자 안젤로 타스카는 스탈린이 '전형적인 반혁명 수행자'[7]라고 선언했다. 두 사람 모두 영향력 있는 직책에서 제거되었다. 기겁을 한 사람들은 부하린의 지지자들만이 아니었다. 모스크바에서 망명 중인 루카치와 이탈리아 감옥의 그람시도 유럽의 민주적 개혁을 요구하는 슬로건을 무시한 것에 항의했다.[8] 혁명적 전위와 봉기에 대한 이야기가 무성했지만 생각이 깊은 마르크스주의자들은 빠른 성공의 가능성이 1920년대 중반보다 크지 않다고 이해했다. 하지만 스탈린은 자신이 원하는 바를 확신했다. 그는 충성스런 반대파를 원하지 않았다. 반대파가 없어졌으면 했다. 스탈린은 전면적인 승리를 원했고 1929년 4월 부하린을 코민테른 집행위원회에서 제거했다.

외국 공산주의자들이 스탈린을 새로운 보스로 인정하려 하지 않을 때마다 스탈린은 그들을 내쫓아버렸다. 부하린의 일급 지지자들은 당에서 쫓겨났다. '우익반대파' 사상을 완전히 부인하는 것만이 그들을 구원할 수 있었으나 이것으로도 항상 충분한 것은 아니었다. 신원 확인이 가능한 부하린주의자들은 모스크바의 코민테른 직책에서 해임되었다. 크렘린의 분쟁에서 스탈린에 대한 충성 말고는 어떤 정파적 충성도 허용되지 않았다. 스탈린의 개인적 우위는 국제화되었다.

3개월 후 스탈린은 세계 정치가 공산주의에 유리하게 움직이고 있다고 믿을 만한 객관적 근거를 확보했다. 세계 증권 시장에서 대혼돈의 거래가 몇 주간 이루어진 뒤 1929년 10월에 미국 주식 중개인과 은행가들 사이에 공황 상태가 발생했다. 주식은 미친 듯이 대량 매각되었고 채무는 강제로 회수되었다. 결과는 월스트리트의 붕괴였다. 전 세계의 국가 경제가 경련을 일으켰고 제1차 세계대전 후 유럽 기근 구호의 영웅이었던 허버트 후버* 대통령은 미국의 회복을 보장할 수 있는 방법

후버(Herbert Hoover, 1874~1964) 미국의 제31대 대통령(1929~1933년 재직).

에 관해 아무런 구상도 없었다. 세계 자본주의 질서는 극심한 침체로 빠져들었다. 스탈린은 대붕괴 전에 공산주의 전략을 이미 급진화했다. 그의 도박이 성공하는 것처럼 보였다. 모든 지역의 공산당들이 지구적 규모의 재정 위기에서 혜택을 보기를 기대했다. 계산은 단순했다. 상황이 악화될수록 혁명의 전망은 밝아진다는 것이었다. 항상 볼셰비키의 희망이었던 독일은 다른 어떤 선진 경제보다 심하게 타격을 받았다. 독일의 실업과 인플레이션은 하늘 높은 줄 모르고 치솟았다. 임금은 생계비를 감당하지 못했고 도시는 불만으로 폭발하기 일보 직전이었다. 코민테른은 기회가 늘어나는 것을 즐겼다. 히틀러와 나치는 공산주의 집권을 막을 세력이 아니라 자본주의 부패의 징후로 다루어졌다.

1929년 터키로 추방당한 트로츠키와 모스크바에서 실각 상태에 있던 부하린은 1920년대에 진행된 소련의 대외 정책을 두고 의견이 엇갈렸다. 그러나 세계 정치의 노회한 관찰자로서 그들은 스탈린과 정치국의 사고에 결함이 있다는 데 동의했다. 두 사람에 따르면 무솔리니도 매우 나쁘지만 히틀러는 훨씬 더 나빴다. 트로츠키와 부하린은 유럽의 파시즘과 극우 정치의 위험을 제대로 평가했다. 그들은 히틀러가 집권하게 되면 제일 먼저 독일공산당을 억압하고 그 투사들을 체포할 것이라고 예견했다. 트로츠키와 부하린은 스탈린이 나치에 무관심한 것은 너무나 놀라운 심각한 실책이라고 제대로 지적했다. 트로츠키는 또 스탈린의 대외 정책이 '일국 사회주의' 건설에 대한 헌신을 결코 버리지 않는다는 점에도 주목했다. 트로츠키가 옳았다. 정치국은 계속 소련 국가 안보에 우선순위를 두었고 붉은 군대의 선제 공격을 배제했다. 트로츠키—그리고 실제로 부하린도—가 알아차리지 못한 것은 스탈린이 유럽의 국제 안보와 정치적 안정을 해칠 수 있는 독일의 잠재력을 평가절하하지 않았다는 점이다. 하지만 스탈린과는 달리 트로츠키와 부하린은 공산주의자들이 나치즘 사회에서 힘든 시간을 보내리라는 것을 이해했다. 그래서 그들은 히틀러의 집권을 막기 위해 모든 노력을 기울이라고 촉구했다.

그 뒤 1931년 일본군이 만주를 침입했다. 도쿄의 통치자들이 새로 점령한 영토에 괴뢰 정권을 수립하고 관동군을 배치하자 소련은 경악했다. 소련은 일본이 시베리아의 천연 자원을 노리고 언제라도 만주 국경선을 따라 군대를 배치할 수 있다고 우려했다. 극동에 대한 근심은 제2차 세계대전의 초기 몇 주까지 소비에트 지도부의 결정에 지속적으로 영향을 끼치는 요인으로 남았다.

파시스트들을 비롯한 우익 조직들이 중부 유럽과 동부 유럽에서 상승세를 보였다. 인기가 급속하게 떨어지던 히틀러의 나치당은 독일의 경제 불황으로 이득을 보았다. 그러나 스탈린은 코민테른에 공산당들이 다른 좌파 정당들에 화력을 집중하도록 명령하라고 지시했다. 어떤 연대의 흔적도 남지 않을 것이었다. 사회당, 사회민주당, 노동당은 '사회파시즘'의 주창자로서 비난받을 것이었다. 이것은 극단적인 언어였고 위험한 정치였다. 공산주의자들에게 다른 좌파 정당들의 일반 당원들을 상대로 전향을 유도하라는 명령을 내렸던 '연합 노동 전선' 정책은 포기했다. 힘을 합쳐 나치즘에 예방 공격을 가하는 대신 스탈린은 독일공산당에 잠재적 동맹 세력을 비방하라고 촉구했다. 베를린에서 공산주의자들과 사회민주주의자들 사이에 거리 전투가 벌어지는 일이 심심찮게 일어났다. 몇몇 독일 공산주의 지도자들은 새로운 정치가 불편했으나 스탈린은 그들에게 걱정하지 말라고 이야기했다. 스탈린은 나치가 집권하면 베르사유 조약을 파기하고 유럽 전역에 정치 위기를 불러올 것이라고 예측했다. 스탈린은 이 위기가 공산주의자들이 이용할 수 있는 혁명적 정세를 조성할 것이라고 주장했다. 그리하여 나치는 우연히 공산주의 혁명의 촉진자로서 행동할 것이고 역사는 코민테른과 노동 계급의 편에 있다는 것이었다.

독일 공산주의자들은 큰 소리로 총파업을 요청했다. 경제가 불황을 겪으면서 노동자들이 해고를 두려워한 시기에 이 정책은 호소력이 크진 않았다. 당이 총파업을 처음으로 요청한 1929년 4월에 노동자들은 단 한 곳의 공장(초콜릿을 만드는 공장)에서만 도구를 내려놓았다. 그 후에도 당원은 계속 증가했지만 사태는 공산주의자들에게 유리해지지 않았다. 독일에서 공산주의는 전략적 난관에 부딪쳤다.

1932년 말 나치는 전국 선거에서 최대 정당으로 부상했다. 그들은 절대 다수를 획득하지는 못했지만, 히틀러는 힌덴부르크* 대통령에게 압력을 가해 자신을 독일 총리로 임명하게 했다. 이 일은 1933년 1월 30일에 때마침 일어났다. 소련은 무솔리니가 이탈리아공산당을 탄압했는데도 파시즘 이탈리아와 우호적 관계를 맺고 있었다. 그러나 제3제국은 달랐다. 나치는 우호 관계를 추구하지 않았다. 히틀러는 1922년 라팔로 조약* 이래 지속되어 온 소련과의 비밀 군사 협력을 철회했다. 히틀러는 경제적 연계도 제한했다. 독일공산당은 탄압을 받았고 지도자들은 강제수용소로 끌려갔다. 히틀러는 유대-볼셰비즘을 계속 비방했다. 그러나 코민테른은 부르주아와 '계급 협력'을 했다면서 유럽 사회주의자들을 중상하는 데 집중했다. 파시즘의 유령이 유럽의 심장부에서 구체화되는데도 독일공산당은 좌파의 다른 동료 정당들과 논쟁을 벌일 뿐이었다. 마르크스-레닌주의의 진단에 따르면 독일과 독일의 노동 계급은 여전히 성공적인 혁명 정권을 세울 가장 큰 기회를 제공하고 있었다. 스탈린과 정치국은 정치적 상상력의 빈곤을 드러냈고, 정치적으로 왼쪽에 있는 정당들이 연합 전선을 구축하지 못하게 만든 데 주된 책임이 있었다.

인민위원인 리트비노프는 소련의 국제적 고립을 끝내려면 근본적 조치가 필요하다고 생각했다. 독일 십자군의 위험은 너무나 명백해서 무

힌덴부르크(Paul von Hindenburg, 1847~1934) 독일 바이마르공화국의 제2대 대통령(1925~1934년 재임). 1932년 히틀러를 총리에 임명하여 '제3제국'의 길을 열어주었다.

라팔로 조약(Treaty of Rapallo) 1922년 4월 16일 이탈리아의 라팔로에서 바이마르공화국과 소련이 체결한 우호 조약. 이 조약으로 서방 열강은 소련 정부의 정식 승인을 적극 고려하게 되었다.

시할 수가 없었고 유대인이었던 리트비노프는 나치 인종주의를 확실히 깨닫고 있었다. 코민테른 서기장인 게오르기 디미트로프도 그와 같은 입장이었다. 두 사람은 유럽 정책을 바꾸라는 요구로 스탈린을 괴롭혔다. 프랑스와 체코슬로바키아의 당원들도 1933년 3월 히틀러가 독일 공산당을 불법화하자 정책 변경을 촉구했다. 그들은 입을 다물라는 말을 들었다.[9] 그러나 국제 공산주의가 어떤 중대한 영향력이라도 지니려면 그들은 계속해서 이런 취급을 당할 수는 없었다. 프랑스와 체코슬로바키아는 소련과 중국 밖에서 코민테른의 최대 정당들을 갖고 있었다. 두 나라 모두 독일과 국경을 접하고 있고 그들의 공산주의 지도자와 투사들은 독일 동지들과 운명을 같이하지 않기를 바랐다.[10] 1934년 2월 공산당과 사회당의 투사들이 파리에 모여 프랑스로 파시즘의 활동이 확산되는 것에 맞서 총파업을 조직하자, 마침내 아래로부터 변화가 일어나기 시작했다. 공산주의자들 사이에서 규율이 무너지고 있었다. 그때까지 프랑스공산당 지도자 모리스 토레즈*가 협력을 중단시키기 위해 할 수 있는 일은 아무것도 없었다.

하지만 스탈린을 설득할 수 없으면 어느 누구도 소련과 코민테른의 정책을 조정할 수 없었다. 1934년 9월 스탈린이 소련을 국제연맹에 가입시켰을 때 마침내 변화가 찾아왔다. 완전한 방향 전환이었다. 이전에 공산주의는 국제연맹이 제1차 세계대전에서 승리한 자본주의 열강이 자신들의 세계 지배를 보장하려고 세운 조직에 불과하다는 입장이었다. 이제 스탈린은 자신의 외교관들에게 독일과 일본의 영향력이 확대되는 것을 제한할 목적으로 이 열강들과 협력을 모색하라고 지시했다. 집단안보가 그의 슬로건이 되었다. 유럽과 아시아에서 파시즘과 군국주의의 확산을 우려하는 모든 국가들에게 외교적 제안이 이루어졌다.

이 제안은 코민테른에게 의미심장했다. 사회주의자와 사회민주주의

토레즈(Maurice Thorez, 1900~1964) 프랑스공산당 지도자. 1934년 급진사회당과 함께 '빵과 자유와 평화의 인민전선'을 제창하며 반파시즘 통일전선을 실현했다.

자들을 노동 운동의 배신자라고 괴롭히는 대신 공산주의자들은 그들에게 동맹을 청할 것이었다. 자유주의자들에게도 접근할 것이었다. 모든 반파시즘 정당들의 노력을 결합할 방법을 찾아야 했다. 이탈리아와 독일은 가망이 없었으나 프랑스공산당은—스탈린의 부추김으로—1935년 7월 인민전선을 형성하기 위해 사회주의자, 자유주의자들과 협정을 체결했다. 이 협정은 1920년대의 '연합 노동 전선' 정책을 단순히 되살린 것이 아니었다.[11] 이 구상은 프랑스 공산주의자들이 모든 수준에서 사회주의자 파트너들과 함께 활동해야 한다는 것이었다. 공산주의자들은 사회주의자들, 심지어 정부와도 선거 협정을 맺을 것이었다. 그들은 '계급 투쟁'을 완화하려 했다. 이 조치로 분명히 이제 사회주의자들을 사회파시스트라고 부르지 않게 될 것이었다. 제3기는 끝났다. 공산당 내의 극좌주의는 부정되었다. 이탈리아와 독일은 파시스트의 손아귀에 잡혔다. 프랑스는 같은 운명을 겪지 않아야 했다. 1935년 8월 공산주의인터내셔널의 제7차 대회에서 연설하면서 게오르기 디미트로프는 파시즘을 "금융 자본의 가장 반동적이고 가장 국수주의적이며 가장 제국주의적인 분자들의 노골적 테러 독재"라고 정의했다.

마침내 히틀러와 무솔리니가 유례없는 공포 정치 체제를 대표한다는 메시지가 확산되었다. 소련 정치가들은 파시스트 독재자들을 계속 경제 세력의 노리개로 여기고 자본주의의 임박한 종말을 예측했지만, 새 정책은 실질적으로 동맹자들이 필요하다는 것을 인정했다. 그리고 소련은 파시즘이 머리를 드는 곳마다 파시즘과 싸울 의사가 있는 유럽 내의 모든 사람들과 제휴했다. 코민테른에 파견된 대의원들은 자신들의 생각을 하룻밤 사이에 바꾸기 힘들다는 것을 알았지만 자신들의 연설에서 이것을 알아채지 못하게 하는 방법을 찾았다. 여하튼 몇몇 지도자들은 변화가 이루어졌다는 데 안도했다. 1926년 이탈리아에서 도주한 후 모스크바에 망명 중이던 팔미로 톨리아티*는 인민전선을 지지하는 감동적인 글을 썼다. 무솔리니의 희생자였던 그는 우익 독재가 노동 운

동에 얼마나 해로울 수 있는가를 자신에게 설명해줄 사람이 따로 필요 없었다.[12]

스탈린은 외교와 안보 문제에 초점을 맞추면서도 경제적 차원도 염두에 두었다. 그는 자신이 산업적 자급자족 체제를 도입하고 있는 것처럼 공개적으로 말했다. 그는 소비에트 국가가 외국에서 물품을 구입할 것이라고 결코 이야기하지 않았다. 하지만 스탈린과 정치국은 현실적으로 기술적 자립이 오로지 장기적인 목표일 수 있다는 것을 잘 알았다. 소련은 선진 자본주의 국가들로부터 물품을 구입하는 데 의존했다. 소련은 제때에 대금을 치르려고 외국에 곡물과 천연자원을 팔았다. 그리고 서방의 기업들은 기꺼이 사업을 하고자 했다. 월스트리트의 파산은 세계 경제를 뒤흔들었고 무역에 대한 스탈린의 열망은 하느님이 미국 산업계에 보낸 선물이었다. 포드 모터스는 볼가 강변의 니즈니노브고로드에 거대한 자동차 공장을 건설하려고 설비와 기술을 이전했다.[13] 새로운 마그니토고르스크 시에는 오하이오 주 클리블랜드에 본사를 둔 맥키 사가 설계한 큰 공장이 들어섰다.[14] 신경제정책 기간 동안 노벨 석유 회사를 아제르바이잔으로 돌아오게 만드는 데 실패한 정치국은 유럽과 미국 기업들의 도움을 빌려 바쿠 정제소를 수리하고 우파(Ufa) 인근에서 생산을 개시했다.[15] 이렇게 해서 소련은 세계 경제에 연결되었다. 공산주의 경제 발전을 용이하게 하기 위해 서로 경쟁하는 자본가들의 다툼이 자본주의와 공산주의가 전 지구적 규모에서 벌이는 정치 투쟁의 밑바탕에 깔려 있었던 것이다.

그리하여 스탈린의 주요 경제 협력자로서 미국인들이 독일인들을 대체했다.[16] 사업가들 자신은 이에 대해 침묵을 지켰다. 정치적으로 반공산주의자였던 그들은 세계 최초의 공산주의 국가에 대해 유화적인 태도를 지닌 사람들로 비치기를 원치 않았다. 미국인들은 스스로 스탈린

톨리아티(Palmiro Togliatti, 1893~1964) 이탈리아의 공산주의 운동 지도자.

의 작은 조력자로 나서고 싶어했지만 어느 누구도 이 사실을 알아채기를 원치 않았다. 프랭클린 루스벨트 대통령은 미국인 사업가들의 바람을 존중해주었다. 루스벨트는 백악관에서 소련을 외교적으로 인정하는 길을 평탄하게 닦았다.

1935년 5월 프랑스-소련 협정이 체결되었다. 코민테른과 프랑스공산당은 이 사태를 유럽에서 진정한 집단 안보가 시작되는 것으로 여겼다. 그러나 국제 정세는 악화일로에 있었다. 이탈리아 지도자 베니토 무솔리니가 1935년 10월 에티오피아를 점령하자 국제연맹은 크게 엄포를 놓으면서도 그저 구경꾼으로 남았다. 코민테른은 유럽 전역에 걸쳐 인민전선 정책을 강화했다. 코민테른 정당들은 유럽의 여러 나라들이 제3제국의 팽창주의에 맞설 수 있도록 동맹을 결성하라고 지시받았다. 이 정책은 프랑스에서 가장 뚜렷한 성공을 거두었다. 1936년 5월에 실시된 총선에서 좌파 동맹이 놀라운 승리를 거둘 수 있었던 것이다. 사회주의자인 레옹 블룸*이 내각을 구성했다. 프랑스공산당은 각료를 입각시키지 않았지만 72명의 공산당 소속 의원들이 하원에서 블룸을 정기적으로 지원했다. 공산당은 또 산업 분규도 중단시키고자 했다. 그해 여름 대규모 파업 운동이 발생했을 때 공산주의자들은 협상의 필요성을 설득했다. 상황은 폭발 직전이었다. 6월까지 거의 2백만 명에 이르는 노동자들이 파업에 돌입했고 수많은 공장이 점거를 당했다. 그러나 토레즈는 블룸의 집권을 유지하는 일을 가장 우선시하는 노선을 견지했다. 혁명적 행동은 금지되었다. 토레즈는 "파업을 종결하는 법을 알아야 한다."고 설명했다.[17]

그 뒤 1936년 7월 프랑코* 장군이 휘하 군대를 아프리카에서 빼내

블룸(Léon Blum, 1872~1950) 1936년 봄의 총선거에서 좌파가 승리를 거두자 제1당의 당수로서 인민전선 내각의 총리가 되었다.

프랑코(Francisco Franco, 1892~1975) 에스파냐의 군인이자 정치가. 1936년 인민전선 정부가 수립되자 반정부 군사 쿠데타를 일으켰다. 내전에서 승리한 후 그는 팔랑헤당의 당수와 국가 수반이 되어 파시즘 국가를 수립했다.

마드리드로 꾸준히 진격시키면서 에스파냐에서 내전이 발발했다. 블룸은 에스파냐 정부에 무기를 보내고 싶었다. 하지만 그에게 압력이 가해졌다. 하원은 블룸이 에스파냐에서 특정 편을 들면 지금의 국민적 통합이 붕괴할 것이라고 우려를 표명했다. 영국 정부도 독일과 이탈리아가 프랑코를 도와주는 구실을 제공할까 봐 적극적으로 개입하지 말라고 경고했다. 그리하여 런던과 파리는 외교적 중립을 선언했고 무기 수출을 금지했다.(블룸은 군수 물자가 프랑스-에스파냐 국경을 비밀리에 넘는 것을 허용하기는 했다.)[18] 이렇게 자제했지만 다소 노골적으로 병력을 파견하여 프랑코를 지원했던 히틀러와 무솔리니에게 아무런 영향도 끼치지 못했다. 좌파 정당들 간의 협력을 촉구했던 코민테른은 블룸이 무기력하다고 비난하면서 혐오감을 드러냈다. 마드리드 정부는 프랑코의 진격을 격퇴하려고 보잘것없는 공산당을 포함해 국내 좌파 조직들의 지지를 규합했다. 프랑스 국경에 세 번째 파시즘 국가가 등장할 가능성과 유럽의 집단 안보 정책이 무너질 위기에 직면하여 스탈린은 전차와 전투기, 총기류와 군사 고문단을 보냈다.[19] 그리고 코민테른은 대의를 강화할 국제 의용군 부대의 결성을 독려했다. 마드리드는 구조되었고 에스파냐공산당은 당원과 영향력이 급속히 증가했다.

공산주의 지도자들은 전쟁 수행이 모든 다른 야망에 우선해야 한다는 데 자유주의적 공화파나 사회당 대부분과 의견을 같이했다. 그들은 전국노동연합(CNT)의 아나르코생디칼리스트들과 마르크스주의통일노동자당(POUM)의 트로츠키주의자들이 주장하는 혁명 우선 정책을 거부했다. 엄격한 군사 · 정치적 규율이 시행되었다. 그리고 스탈린은 에스파냐공산당에게 마르크스주의통일노동자당을 폭력적으로 숙청하라고 명령함으로써 전쟁 수행의 중앙 집중화를 더욱 밀고 나갔다. 그리하여 스탈린은 규모는 작지만 소련의 대테러를 방법 수준에서 이베리아 땅에 들여왔다.[20] 트로츠키는 이러한 야만 행위를 맹비난했다. 그는 또 1936년 중반 프랑스에서 혁명을 위해 노력하지 않았다는 이유로 코민테른과 프랑스공산당도 비난했다. 트로츠키는 여느 때처럼 성공의 가능성을 과대평가했다. 공산주의자들이 만일 봉기 전략을 채택했더라면 프랑스 좌파에서 고립을 자초했을 것이다. 1917년의 러시아와 달리 프랑스 산업 노동 계급의 압도적 다수가 권력 장악에 찬성하는 것은 아니었다. 하지만 트로츠키는 적절하게 스탈린의 신중함을 부각시켰다. 트로츠키는 어떤 상황이 되어야 코민테른이 공산주의 봉기를 허용할 수 있는지를 제대로 물었다. 코민테른은 그의 비판에 응답하는 것을 오래전에 그만두었다. 코민테른의 기관들은 소련 안보에 봉사하는 하녀에 불과했다. 당면한 전략적 목표로서 반파시즘이 사회주의 혁명을 대체했다.

그러나 스탈린은 유럽 민주주의 국가도, 미국도 히틀러에 결코 대적하지 못할 거라는 결론을 내릴 근거를 갖고 있었다. 프랑코군은 대도시를 하나씩 하나씩 점령했으며 그 결과 1939년 2월 정부가 전복되고 프랑코가 권력을 장악했다. 히틀러는 모든 제한을 떨쳐버렸다. 1936년 11월 독일과 일본은 국제 공산주의에 반대하는 조약을 맺었고 이듬해 이탈리아가 그들에게 합류했다. 이른바 이 반코민테른 협정은 전 세계에서 공산주의 영향력을 근절하는 데 전념했다. 중부 유럽의 사건들은 제3제국이 아무 제재도 받지 않고 권력과 국경선을 확대하면서 한층 더 큰 중요성을 갖게 되었다. 제3제국은 1936년 3월 비무장 지대 라인란트를 재점령하는 것으로 행동을 개시했다. 1938년 3월에는 오스트리아를 합병했다. 제1차 세계대전의 승전국인 영국과 프랑스는 나치의 요구에 양보를 거듭했다. 네빌 체임벌린*과 에두아르 달라디에*는 1938년 9월 뮌헨에서 체코슬로바키아의 수데텐란트를 제3제국에 넘겨

체임벌린(Arthur Neville Chamberlain, 1869~1940) 영국의 정치가. 1937년에 총리가 되어 대두되고 있던 파시즘에 유화 정책을 취했다.

달라디에(Édouard Daladier, 1884~1970) 프랑스의 정치가. 인민전선에 참가하여 블룸 내각의 부총리를 지냈으나, 제3차 내각 조직 뒤에는 인민전선 정책을 버리고 뮌헨 협정으로 대독일 유화 정책을 취했다.

주는 데 동의했다. 히틀러는 1939년 3월 체코슬로바키아의 나머지 지역을 먹어 치웠다. 히틀러의 반소련 글들과 연설들은 모스크바를 월스트리트의 금융 기관과 동맹을 맺은 유대-볼셰비즘 세계 음모의 중심지로 취급했다.

코민테른에게 제3제국의 수데텐란트 점령은 너무나 많은 유화적 행동 중의 한 가지였고, 프랑스공산당은 달라디에 정부에 대한 지지를 철회하면서 11월에 총파업을 조직했다.[21] 유럽의 인민전선 정책은 산산조각 났다. 유럽의 집단 안보라는 꿈이 허망하게 사라졌다. 자유민주주의 체제는 나치의 최후 통첩 외교 전략의 시험을 받았고 결국 무기력한 것으로 드러났다.

스탈린과 그의 부하들은 소련의 안보에 죽을힘을 다해 매달렸다. 정부 수준에서는 신뢰할 만한 동맹국도 없었고 동쪽과 서쪽 양 방향에서 위협에 직면했다. 그리고 크렘린은 독일과 일본이 소련을 침입하더라도 열강들이 눈감아줄 것이라 추정할 수밖에 없었다. 유럽의 공산주의가 권력을 획득하려는 노력은 요란했지만 효과적이지 못했다. 공산주의의 가장 큰 효과는 — 프랑스, 영국, 미국에서 — 정부를 구성할 가능성이 없으면서도 전반적인 여론에 영향을 끼친다는 사실이었다. 이것은 좀 더 멀리 있는 코민테른의 정당들이 흔적도 없이 사라졌음을 말하는 게 아니다. 중국 공산주의자들은 중국 북부로 대장정을 단행했고 가공할 만한 홍군을 충원하고 있었다. 인도공산당은 영국의 통치에 맞서 활발한 선전 활동을 벌였다. 베트남과 인도차이나 반도의 나머지 지역에서는 공산주의자들이 반식민지 투쟁에 적극 참여했다. 코민테른은 라틴아메리카 전역에서 정당들을 회원으로 가입시켰고 심지어 아프리카 전역에서도 조직들이 급성장하고 있었다. 그러나 이것은 오늘이 아니라 내일을 위한 보물이었다. 소련은 세계 공산주의 운동의 중심부에 있었다. 소련은 세계 열강의 행동 때문에 버티든지 쓰러질 것이었고, 군사적 · 산업적 능력이 커졌는데도 1920년대 이래 공격을 받을 위험

독일의 수데텐란트 합병을 승인한 뮌헨 협정 체결 직전에 촬영한 사진. 왼쪽부터 체임벌린, 달라디에, 히틀러, 무솔리니, 이탈리아 외무장관 갈레아초 치아노.

은 줄어들지 않았다.

스탈린을 비롯한 정치국원들은 경쟁 국가 체제보다 공산주의가 우월하다는 것을 여전히 믿었다. 그들은 자신들이 원하는 종류의 혁명이 세계 전역에서 피할 수 없는 결말이라고 계속 공언했다. 그들이 거둔 업적은 인상적이었다. 1928년 이래 산업 · 교육 · 군사적 역량을 구축하는 데 많은 성과가 있었고 소련 지도자들은 그 과정에서 발생한 인적 손실을 조금도 개의치 않았다. 특히 미국 회사와 많은 사업상 거래가 성공적으로 이루어졌다. 그렇지만 '역사'는 너무나 굼뜨게 소련의 이익을 증명하고 있었다. 소련은 여전히 포위된 국가였다. 그러나 스탈린 치하의 정치국은 레닌이 했을 것처럼 대외 업무를 수행하고 있다고 무리 없이 주장할 수 있었다. 게다가 스탈린 자신은 주요 자본주의 국가들 사이에 일어나는 어떤 전쟁에서도 멀찍이 떨어져 있으라는 레닌의 권고를 계속 인용했다. 소련은 자본주의를 위해 불 속에서 "밤을 끄집어내려"고 하지 않았다. 스탈린은 자본주의가 폐기될 때까지 세계 전쟁이 계속 이어질 것이라는 레닌의 예측도 되풀이했고, 또 그것을 확고히 믿었다. 레닌은 여전히 살아서 소련이 직면한 위험을 말해주었다.

15장

스탈린주의 이데올로기

마르크스-레닌주의의 적자

스탈린 시대의 마르크스-레닌주의 이데올로기는 매우 조악했다. 그러나 그것은 방이 많은 집이었다. 스탈린과 그의 선전원들은 과학자와 노동자, 엔지니어와 우유 짜는 여자, 우즈베크의 당 관리와 프랑스, 인도, 미국의 신참 공산주의자에게 호소하고자 했고, 따라서 일부러 다양한 해석과 응용을 위한 여지를 여백에 남겼다. 그들은 자기 시대에 수백만 명의 호응을 이끌어내는 데 성공했다. 그리고 이데올로기의 기본 모습은 수정된 형태로 소련과 다른 공산주의 국가들의 이후 세대에게 전달되었다.

1936년 헌법은 소련을 "지주와 자본가들을 타도"함으로써 생겨난 '노동자와 농민의 사회주의 국가'로 분류했다. 선전원들은 헌법의 조항들을 끊임없이 자랑했다. 외국의 논평가들 — 물론 모스크바에는 비공식 논평가들이 한 명도 없었다.—은 소련이 여전히 독재 체제를 유지할 것인지 헌법이 말하기를 회피했다는 사실을 눈치채지 못했다. 또 그들은 스탈린이 이 문서를 도입하면서 독재적 방식이 사람들에게 이익을 가져다줄 것이라는 점을 강조했다는 사실도 무시했다. 이 부주의는 유감스러운 것이었지만, 스탈린과 그의 대변자들이 인간에 의한 인간의 착취가 소련에서 끝났다는 주장을 계속 역설하는 상황에서는 놀라운 일이 아니었다. 소련 국민들의 권리는 가장 밝은 색으로 그려졌다. 헌법은 언론, 종교적 양심, 출판, 집회와 가두 시위의 자유를 지지했다. 국민들은 취업(세계 다른 나라들의 경제가 대공황으로 타격을 받고 있던 때에), 교육, 휴식과 여가의 권리도 보장받았다. 보통선거권과 비밀투표가 약속되었다. 대변자들은 소련 국민이 다른 곳에서라면 꿈에서나 생각해볼 수 있는 여러 권리를 누리고 있으며 신이 개입할 필요 없이 지상 낙원이 창조되고 있다고 자랑했다.

사실 헌법은 민주주의 원리를 소중히 여기지도 않았다. 헌법의 어느 조항도 민주주의라는 단어를 언급하지 않았다. 스탈린이 민주주의 사상이나 실천을 옹호했다고 말한 사람은 주로 잘 속는 외국인들이었다. 취업권에 관한 조항만이 현실을 반영했다. 당국은 모든 노동자나 농민에게 탄식할 원인이 생겼을 때 그들을 위해 일자리를 찾아주는 데 무한한 능력이 있었다.

소련 이데올로기의 기초는 1938년에 화려하게 출간된 공식 공산당사였다. 〈프라우다〉는 매일 발췌문을 실었다. 이 《단기 강좌》는 마르크스와 엥겔스로부터 1936~1937년의 전시재판에 이르기까지의 공산주의를 설명했고 역사, 정치, 경제, 철학을 다루었다. 스탈린은 직접 '변증법적 유물론'에 관한 긴 절을 집필했다. 이 책은 애초에 체제의 성경으로 만들어졌다. 사람들에게 일과 후 집에서 책을 한 장(章)씩 읽으라고 요구했다.[1] (이것은 초기 프로테스탄트들이 신약을 공부할 때의 모습과 비슷했다.) 통과 의례로 책 한 부를 선물하는 것이 관습이었다. 대학을 비롯해 학교를 마친 학생들은 동지의 지시가 새겨진 책을 받곤 했다. 야망이 있는 사람이라면 어느 누구도 이 책 없이는 그 야망을 이룰 수가 없었다. 스탈린의 생각은 이데올로기 전문가가 아니더라도 모든 사람들이 공산주의의 목적을 충분히 이해할 수 있는 길을 제공하는 것이었다. 수천만 부의 책이 질 좋은 종이에 인쇄되어 깔끔한 자줏빛 표지

《소련공산당(볼셰비키)의 역사》, 통칭 《단기 강좌》 학습을 장려하는 선전 포스터.

를 입고 발간되었다. 책은 세계의 주요 언어로 즉각 번역되었다. 코민테른은 이 책이 지혜의 최고봉이라고 선언했다. 어느 누구도 《단기 강좌》를 수정처럼 맑은 혁명적 분석의 샘이라고 인정하지 않고서는 코민테른 소속의 당 어디에도 발을 붙일 수가 없었다.

오늘날의 틀에 박힌 생각과는 달리 책 자체에 치밀함이 아주 없지는 않았다. 공산주의자들은 변화하는 정세에 맞추어 정책을 판단해야 한다는 데 역점을 두었다. 마르크스주의는 이론과 실천의 유연성을 요구한다고 이 책은 주장했다. 어떤 역사적 상황에 맞는다고 해서 그것이 다른 상황에 자동적으로 적용될 수 있는 것은 아니었다. 마르크스주의와 레닌주의의 조합 비율은 대대로 조정되어야 했다. 조직, 슬로건, 계급 투쟁, 국제 관계는, 공산주의 지도부의 끊임없는 재검토 요구에 적응해야 했다. 러시아의 10월혁명이 인류 해방에서 가장 위대한 사건으로 여겨지기는 하나 공산주의 체제의 전 세계적 확산이라는 최고 목표는 아직 달성되지 않았다.[2] 세계 공산주의의 공식 교리를 담은 이 기본 교재에서는 소련의 자화자찬에 명백히 한계가 있을 수밖에 없었다. 교재는 코민테른의 모든 정당들을 위해 집필되었다. 모스크바의 견해를 절대적으로 믿고 싶었던 주의 깊은 독자들은 스탈린을 신뢰하도록 자기를 설득했다. 동시에 자신들의 의심하는 능력을 일시적으로 보류해야 했다.

레닌과 마찬가지로 스탈린은 교리의 전제가 재고될 수도 있다는 사실을 어떻게든 부인했다. 《자본론》은 무오류이며, 그 후의 전개 과정에서 여러 겹의 광택제가 발라졌겠지만 원래 내용은 절대적인 진리라고 말했다. 마르크스에서 레닌을 거쳐 스탈린으로 가는 길이 마르크스주의에서 유일하게 정당한 승계 경로로 여겨졌다.

스탈린의 놀라운 능력을 인정하는 것은 의무였다. 프랑스 작가 앙드레 지드는 남카프카스에서 스탈린에게 친근한 전보를 보내고 싶었다. "우리의 멋진 여행 중에 고리(Gori)로 가면서 저는 가슴 저 밑바닥으로부터 당신에게 말할 필요를 느낍니다……." 지드를 도운 소련 번역가는 그의 말을 가로막았다. 스탈린에게는 단지 '당신'이라고 말해서는 안 되었다. 지드는 '노동자들의 지도자'나 '인민들의 교사' 같은 어구를 덧붙어야 한다는 말을 들었다. 지드가 고치지 않으면 전보는 보내지지 않을 것이었다. (지드는 집에 돌아왔을 때 소련의 기자들이 허락 없이 자기가 말한 것이나 쓴 것들에 여러 번 개입했음을 발견했다.)[3] 물론 소련 국민들은 지드처럼 애매하게 얼버무릴 수가 없었다. 스탈린은 모든 아첨에 화를 내는 체하면서 《단기 강좌》에서 자신에 대해 언급한 내용을 줄이라고 요청했는데, 이것은 겉치레에 지나지 않았다. 《단기 강좌》가 마르크스와 레닌보다 그를 덜 인용한 것은 사실이지만[4] "스탈린이 오늘의 레닌"이라는 사실에는 의심의 여지가 없었다. 스탈린은 완벽한 인간의 모범으로 여겨졌다. 1928년 이래 소비에트 국가 체제의 건설자로서 스탈린은 경쟁자가 없었다. 공산주의자들은 공산주의가 혁명적 성취의 고지에 올라서도록 도와주는 열정으로 '스탈린, 당, 대중'이 서로 연결되어 있다고 배웠다.

러시아에서 공산주의가 대두하는 모습은 투쟁으로 점철된 무용담으로 그려졌다. 진짜 사회주의자들을 진리와 미덕의 길에서 벗어나게 하려는 가짜 선지자들이 계속 등장했다. 러시아 마르크스주의자들은 사회주의를 농민 생활의 이상화된 개념 위에 건설하기를 원하는 사회주의자들—나로드니키—과 싸워야 했다. 그런 뒤 러시아의 마르크스주의자들은 내부 분쟁에 빠져들었다. 레닌의 볼셰비키는 마르토프가 이끄는 멘셰비키 배신자들을 공격했다. 볼셰비키 자신들은 스탈린의 조력을 받는 레닌이 권력 장악에 반대한 일파를 잘라낸 1917년에 이르기까지 분쟁을 지속했다. 그 후 몇 년 동안 이 양상은 일련의 그룹들이 올바른 레닌주의 정책을 계속 좌절시키려고 하면서 되풀이되었다. 범죄자로 몰린 사람들은 트로츠키, 지노비예프, 카메네프, 부하린이었다. 레닌과 스탈린이라는 두 지도자에 대한 증오 때문에 그들은 반소비에트 외국 열강과 동맹을 맺었고, 자본주의 복구를 위해 의식적으로 일했다. 스탈린의 용기와 지혜는 소련을 파멸에서 구했다. 모든 것은 빛과 어둠의 대결이었다. 정치에서는 특정한 어느 시기에 올바른 노선은 한 가지만 있을 수 있다. 공산주의자들은 공산주의자로 위장한 사람들을 비롯해 인민의 적들이 도처에 존재한다고 경고를 받았다. 항상 경계를 해야 했다.

스탈린은 마르크스와 엥겔스의 '변증법적 유물론'이 단순히 과거, 현재, 미래를 이해하는 반박할 수 없는 방식일 뿐만 아니라—이것 자체도 엄청난 주장이었다.—자연 과학 연구를 지도하는 데 필수적인 나침반이라고 주장했다. 소련의 주장은 공산주의의 영감을 받은 과학은 근본적으로 서방의 과학보다 우월하다는 것이었다.[5)]

'인민들의 교사'는 거기에서 그치지 않았다. 자연 과학 분야에서 전

소련 생물학자 트로핌 리센코. 환경에 의해 후천적으로 얻어진 형질이 유전된다는 그의 주장은 훗날 엉터리로 밝혀졌으나, 당시 기근과 농업 생산량 감소로 고심하던 스탈린의 신임을 사 소련 학술원 유전학연구소장으로 발탁되었다.

혀 훈련을 받지 않았는데도 스탈린은 유전학에 관해 결정을 내렸다. 그는 씨앗을 러시아 겨울의 혹한에 노출함으로써 새로운 밀 품종을 육성하려고 한 돌팔이 과학자 트로핌 리센코*를 좋아했다. 리센코는 식물은 사실상 어떤 조건에서든 적응하여 새로운 형질을 획득해 다음 세대에 물려줄 수 있다는 발상을 주장했다.[6] 자연 과학에서 주장된 이러한 사고방식은, 인간과 인간의 변화 잠재력에 대한 스탈린의 생각으로 더욱 굳어졌다. 니콜라이 바빌로프*같이 우수한 진짜 생물학자들은 반혁명 분자로 몰려 노동수용소에서 죽었다. 스탈린은 나중에 아인슈타인의 상대성 이론이 '부르주아 신비화'라고 단언했다. 히틀러도 똑같은 짓을

리센코(Trofim Lysenko, 1898~1976) 소련의 농업생물학자. 생물의 유전성은 환경과 연관되어 존재한다고 주장하여 유전자 중심의 멘델리즘을 비판하는 이른바 '리센코 학설'을 전개하였다.

했으나 아인슈타인의 뒤를 따른 독일 과학자들—그들이 유대인이 아닌 한—을 박해하는 것은 망설였다. 스탈린은 상대성 이론에 대한 지지를 모두 소비에트 체제의 전복을 모의하는 것으로 취급했다. 제2차 세계대전 후 라브렌티 베리야*가 핵폭탄을 만들려면 소련 물리학자들에게 아인슈타인의 등식이 필요하다고 주장하자 스탈린은 너그럽게 양보했다. "그들을 가만히 내버려 두시오. 우리는 나중에 언제라도 그들을 총살할 수 있소."[7]

물리적 환경은 정복될 것이었다. 레닌은 한 나라의 경제 발전은 자본재 산업 부문을 증강함으로써 이루어져야 한다고 보았다. 이것은 소비재 수요는 나중에 충족시켜야 하고 공작 기계 부문을 우선시해야 한다는 것을 의미했다. 선반, 트랙터, 트럭, 전차는 성공적인 산업화의 기준이었다. 철, 강철, 니켈, 금의 생산을 극대화해야 했다. 스탈린이라는 이름은 강철을 뜻하는 러시아 단어에서 나왔고 몰로토프*라는 이름은 망치를 뜻하는 러시아 단어에서 나왔다. 금속은 숭배 대상이 되었다. 생태적 우려는 무시되었다. 소련은 이런 일이 발생한 첫 번째 국가도 마지막 국가도 아니었다. 그러나 결과를 생각하지 않고 산업 발전에 오로지 전념하는 것은 특이한 일이었다. 소련의 선례는 이후 공산주의 국가들의 모형이 될 것이었다. 숲은 마구잡이로 베어 없어졌다. 공장은 유독한 연기를 하늘에 뿜어댔다. 댐이 건설되면서 지역의 주거지가 물에 잠겼고 강의 물줄기가 바뀌었다. 유독한 액체가 강물에 스며들었다.

공식 선전은 깨끗한 강물과 손길이 닿지 않은 자작나무, 백호(白虎) 같은 신비한 광경을 책자로 발간해서 이러한 폐해를 은폐하고자 했다. 또한 인간의 생활도 돌보고 있다고 강조했다. 국가 복지는 자선이라는

바빌로프(Nikolai Vavilov, 1887~1943) 소련의 식물 육종학자, 유전학자.
베리야(Lavrentii Beriya, 1899~1953) 소련의 정치가. 그루지야 출생. 스탈린 시대 대테러 조직자 가운데 한 명이다.
몰로토프(Vyacheslav Molotov, 1890~1986) 소련의 정치가. 군사혁명위원, 러시아공산당 중앙위원, 코민테른 상임위원을 역임했다.

관념 자체를 폐물로 만들었다. 그러므로 거지에게 돈을 주는 행위는 금지되었다. 앙드레 지드는 그런 금지를 사람들이 무시했다고 언급했다. 사람들은 도움을 청하러 접근하는 불쌍한 사람들에게서 왜 연민을 거두어야 하는지 도저히 이해할 수 없었다.[8] 그들은 일터에서 자신들에게 주어지는 요구를 회피하는 것이 쉽지 않게 되었음을 알았다. 〈프라우다〉의 논설들은 녹초가 될 때까지 일하기로 '선택'한 노동자와 농민들의 자발적인 헌신을 찬양했다. 국민들은 아직 태어나지 않은 세대의 이익을 위해 자신들의 안락을 희생할 것을 요구받았다. 기초적인 안전에 대한 사전 경고는 사라졌다. 노동자들의 건강은 대의를 위해 무시되었다. 언론은 안전이나 건강은 언급하지 않았다. 언론은 사고를 예방하는 법에 관해 어떤 자료도 싣지 않았다. 만일 사고에 대해 언급한다면 그것은 대체로 사보타주 탓으로 돌렸다. 5개년 계획에 구체화된 할당량을 완수하는 것이 최고의 목표로 정해졌다. 인간을 비롯하여 생물계와 무생물계는 단지 착취를 위한 자원으로 전락했다.

만일 소련의 영토가 그렇게 거대하고 자원이 그토록 풍부하지 않았더라면 공산주의 지도부는 큰 타격을 받았을 것이고, 그런 뒤에는 아마도 1945년 이후 동유럽에서 실험이 되풀이되지 않았을 것이다. 대신 생태계 파괴가 대도시로부터 멀리 떨어진 지역에서 진행되곤 했다. 야망을 품은 지역 관리들은 자신들의 승진—1930년대 말에는 물리적 생존—이 5개년 계획의 목표를 달성하는 데 달렸다는 것을 알았다. 마르크스-레닌주의 사상의 핵심에 자리 잡은 이 생각은 모든 지역의 이후 세대 공산주의자들에게 전달될 것이었다. 나라는 당연히 보유하고 있는 자연 자원은 무엇이든 가차 없이 이용해야 한다고 전제했다. 당국은 진보를 이루려면 사람들의 고통이 뒤따르게 마련이라고 인정했다. 많은 것들이 아직 성취되지 않았다. 많은 '잘못'과 '과도함'이 있었지만, 공산주의자들이 말했듯이 "달걀을 깨뜨리지 않고는 오믈렛을 만들 수가 없었다." 전통적 윤리 의식은 버려졌다. 공산주의자들은 불가능할 것 같은 목표를 향해 돌진해야 했다. 1931년 스탈린은 "우리 볼셰비키가 정복할 수 없는 요새란 없다."[9]고 선언했다.

스탈린은—스탈린에 앞서 레닌도—공산주의라는 유토피아의 겉옷 중 많은 것들을 벗어버렸다. 위계제, 규율, 처벌이 소비에트 체제의 초석이 되었다. 그러나 당국은 1930년대에도 완벽한 세계가 궁극적으로 달성 가능하다는 신념을 계속 고취했다. 천년왕국 사상이 옹이처럼 공산주의에 들러붙었다. 현재의 곤경은 당에 반대하는 안팎의 세력 탓으로 돌려졌다. 완벽한 상태에 아직 도달하지 못했다면 그 이유는 명백히 볼셰비키 교리와 분석, 실천의 잘못 때문이 아니었다. 예수 그리스도가 승천한 후 몇 주 동안 그의 재림을 기다린 기독교도들도 예상된 똑같은 충격과 싸워야 했다. 최초의 실망이 그리스도가 언제 재림할지 예측 불가능하다고 인정하는 것으로 바뀌었지만 기독교도들은 믿음 자체는 버리지 않았다. 그리스도는 실제로 다시 올 것이다. 그 후 수세기 동안 기독교 집단은 그 시기가 임박했다고 확신했다. 공산주의자들도 비슷하게 행동했다. 그들은 자신들의 분석과 정책이 마르크스주의 고전들의 전지전능한 기여에 의해 축성받았다고 확신했다. 공산주의자들은 자신들이 특별한 사람이라고 믿었다. 세계 공산주의 운동은 선별된 현명한 소수의 모임이었다. 당은 실천 과정에서 때때로 잘못을 저지르겠지만 역사 발전의 근본 경로는 고정되어 있고 미래는 공산주의에 있었다.

이 점이 초기 기독교를 떠오르게 하는 유일한 측면은 아니었다. 325년에 열린 니케아 공의회에서 교회의 주교들은 어떤 책을 성경에 포함해야 할 것인지를 결정했다. 당시 시중에 떠돌던 몇몇 복음서들은 신빙성이 없거나 부적절한 것으로 판결되었다. 그리하여 신약 성경이 정리되었고 오늘날까지 그 형태 그대로 존속해 왔다.

유사한 과정이 1930년대 모스크바에서도 발생했다. 마르크스, 엥겔스, 플레하노프, 레닌, 스탈린의 일부 저작들이 정전에 편입되었다. 때

마침 마르크스-레닌주의 연구소는 엄청나게 많은 원문을 소유하고 있었다. 레닌이 쓴 글은 하나도 빠뜨리지 않고 모두 수집해야 했다. 심지어 그가 휴가 때 쓴 우편엽서도 주도면밀하게 수집할 판이었다. 어느 누구 못지않게 마르크스를 잘 알았던 볼셰비키 학자 다비트 랴자노프*는 마르크스와 엥겔스의 유작 구입을 협상하려고 암스테르담으로 파견되었다. 그가 모스크바와 암스테르담에서 발견한 글 전부가 공식적인 당 노선에 부합하는 것은 아니었다. 레닌은 스탈린을 비판하는 글을 많이 썼다. 마르크스는 19세기 중반의 국제 관계에서 러시아의 역할을 부인하는 신문 기사들을 썼던 반면에 스탈린은 로마노프 왕조의 국정 운영에 점점 공감을 보이고 있었다. 스탈린의 마르크스학 학자들은 또 마르크스가 1857~1858년에 초안을 썼던 《정치경제학 비판 요강》을 출간할 만큼 어리석지도 않았다. 《정치경제학 비판 요강》은 개인이 외부의 강제 없이 인간적 잠재력을 완벽하게 발전시킬 수 있는 사회를 창조하는 데 최고의 우선순위를 둘 것을 강조하는 철학 논문이었다. 대테러가 벌어지는 소련에서 이 논문은 지도자의 귀를 즐겁게 하는 음악일 수가 없었을 것이다.

공식 마르크스주의는 추종자들의 마음을 비운 다음 강력한 약물로 채우고 있었다. (트로츠키주의는 '스탈린 역사 날조 학파'를 비난했지만 본질적인 요소들을 바꾸려는 노력은 거의 하지 않았다.) 마르크스, 엥겔스, 레닌은 자신들이 18세기 계몽주의의 자식들이라고 선언했고 과학과 이성에 대한 헌신을 확고히 했다. 그들은 사회주의 이데올로기를 비롯한 경쟁 이데올로기들이 받아들일 수 없는 전제를 근거로 삼고 있다고 맹비난했다. 마르크스주의자들은 자신들이 갖고 있는 자격 증명서가 과학적임을 과시하고 싶었다. 그러나 마르크스주의 창건자 자신들이야말로 형이상학적 사고방식을 반동적인 것으로 공격하면서도 일종의 세속적

랴자노프(David Ryazanov, 1870~1938) 러시아의 마르크스주의자이자 마르크스 연구자. 소련의 마르크스-엥겔스 연구소를 창설하여 1920년 소장직에 임명되었다.

형태의 종교적 의식에 물들어 있다는 의심을 항상 받아 왔다. 유대-기독교 전통에서 길러진 그들은 결코 그 전통을 완전히 뿌리치지 못했다. 그들은 완벽한 미래 사회와 인류의 구원에 관한 종교 사상에 무의식적으로 계속 영향을 받았다. 유대교도나 기독교도만큼 확고하게 무신론이라는 믿음에 집착했다. 레닌은 마르크스와 엥겔스(마르크스보다는 약간 덜한 정도로)를 전지적 세계관을 지닌 절대 무오류의 원조로 여겼고, 레닌주의자들은 마르크스와 엥겔스의 저술과 활동에 대한 어떤 비판도 매우 중대한 정치적 공격으로 취급했다. 소련 공산주의자들은 종교인들이 자신들의 경전을 대듯이 마르크스, 엥겔스, 레닌 저작들의 발췌문을 인용했다.

스탈린 자신의 정신은 태어날 때부터 흡수했던 경건한 신앙심에 깊이 물들어 있었다. 스탈린은 사제로 훈련받았지만 공식 기독교 신앙이 숲의 정령에 대한 믿음, 주술, 밤의 악행 같은 더 오래된 사상들과 뒤섞여 있는 환경 속에서 살았다. 필요할 경우 마법의 주문을 써서라도 검은 세력의 공격에 맞서 선을 보호해야 했다.

사람과 사물의 외관이 기만적일 수 있다는 인식은 이런 사고방식에 전형적으로 나타나는 것이었다. 현실은 겉모습과 다를 수 있고 점잖은 사람들은 속임수에 넘어갈까 봐 조심하지 않으면 안 되었다. 속임수가 도처에 만연했다. 그루지야뿐만 아니라 러시아의 농민 가족들 사이에서 세대에서 세대로 전달된 이 관점은 《단기 강좌》에서 마르크스주의 언어로 재생산되었다. 스탈린주의자들은 자신들이 정의의 대의를 위해 싸우고 있다고 여겼다. 그리고 그들 중 많은 사람들이 농촌 출신이었기 때문에 공식 선전이 뿌리를 내리기가 쉬웠다. 스탈린주의는 야누스의 얼굴을 가졌다. 한쪽으로 근대성에 고개를 끄덕이지만 다른 쪽으로는 무의식적이긴 하나 먼 옛날의 과거를 친근하게 바라보았다. 반대자들은 그냥 반대자가 아니라 외국 열강에 매수된 첩자들이었다. 반대자들의 유일한 목표는 소련과 세계 공산주의에 해를 입히는 것이었다. 《단기 강좌》는 인정사정 볼 것 없이 그들을 후려쳤다. 세계는 그들을 제거해야 했다. 어떤 동정도 보이지 않을 것이었다. 스탈린은 레닌과 마르크스보다 훨씬 더 심하게 유화적이고 감상적인 태도를 비난했다. 공산주의자들은 냉정하게 분석적이고 단호하게 무자비해야 했다. 그들은 무한정 억압을 실행함으로써 책무를 완수해야 했다.

게다가 '인민의 적들'은 정치적으로 패배하고 난 이후에 더 위험하다고 주장되었는데, 이것은 마르크스주의 사고방식에 스탈린이 기여한, 많지 않은 독창적인 것 가운데 하나였다. 마르크스주의자들은 이전에는 적들이 패배로 치달으면 공산주의로 이행하는 것은 더 쉬울 것이라고 믿었다. 스탈린은 이런 생각을 받아들이지 않았다. 그에게는 영원한 경계 상태를 확립할 필요가 있었다. 음모가들은 언제나 활동하고 있으며, 음모가들 중 많은 이가 공산당원이었다. 스탈린은 이 사실을 증명할 어떤 증거도 내놓지 않았다. 소련에서 스탈린에게 항변할 만큼 용감한 사람들은 이미 처형되었거나 강제노동수용소에서 죽음을 기다리고 있었다.

반대자나 비판자들은 '꼭두각시', '추종자', '아첨꾼', '앞잡이'로 낙인 찍혔다.[10)] 스탈린이 싸구려 역사 소설의 어휘로 공식 공산주의 출판물을 가득 채우고 있는 듯했다. 이 말들은 보통의 러시아어에는 거의 쓰이지 않는 단어였다. 동시에 스탈린은 마르크스주의 용어를 십분 활용했다. 스탈린은 경제를 이야기할 때 '생산 수단의 관계'를 말했다. '제국주의' 열강을 자세히 설명했다. 싫어하는 사람에 대한 그의 묘사는 '메스꺼운', '썩은', '더러운', '사악한' 같은 민중적인 말투에 의존했다. 스탈린은 항상 위선을 이야기했다. 당내 반대자들부터 적대적인 외국 지도자들에 이르는 모든 사람들이 '약탈'하고, '공격'하고, '매수'하고, '기만'하고, 권력과 부에 대한 자신들의 방식을 '위장'했다. 그들은 '해충'이거나 '돼지'였다. 그들에게 단순히 대항하는 것에 그쳐서는 안 되었다. 그들은 '분쇄'되고 '절멸'되고 '청산'되어야 했다.[11)] 스탈린과 그의 당만이 그처럼 폭력적이고 상스러운 언어를 사용한 것은 아니다. 나치도 그에 못지않았다. 마르크스-레닌-스탈린주의가 다른 점은 자신의 담론을 수출할 수 있는 능력이 컸다는 것이다. 세계 공산주의 운동은 모스크바에서 발달한 용어를 받아들여 거의 고치지 않고 각국에서 소비했다.

그러나 왜 소련과 외국의 많은 사람들이 그와 같은 사상과 담론에 이끌렸는가라는 질문이 제기된다. 중요하게 보이는 것은 선전에 나타나는 불쾌한 조잡함과 사기를 진작하는 약속 간의 균형이었다. 〈프라우다〉와 〈이즈베스티야〉는 실제로 1936~1938년의 대규모 전시재판에 관한 상세한 보도 외에는 대테러를 일언반구도 거론하지 않았다. 중앙 일간지들은 대부분 젊은 스타하노프 공장 노동자나 기록을 갱신한 우유 짜는 여성을 보여주는 사진을 실었다. 명백히 당국은 '인민의 적들'을 말살하는 한편으로 나라에 예고된 긍정적인 미래에 집중하기를 원했다. 이 의도는 교묘하게 성취되었다. 극지 탐험가, 장거리 비행사, 일류 운동 선수들이 당 관리와 엔카베데 수장들보다 훨씬 더 열렬히 축하받았다. 체제를 젊음, 진보, 근대성과 연결하려고 노력했다. 과학과 무신론을 미신, 종교, 낡은 관습의 해독제로 찬미했다.

이것은 소설과 시 창작으로 강화되었다. 스탈린은 남아 있던 다양한 문화적 조류를 끝장냈고 작가들에게는 '사회주의 리얼리즘'을 고수하라고 고집했다. 이 개념은 매우 모호하게 정식화되었다. 그러나 사회주의 리얼리즘이 기본적으로 요구하는 것은 예술 작품들이 고결한 노동자, 엔지니어, 당 관리에 관한 이야기를 쉬운 언어로 말해야 한다는 것이었다. 스탈린주의 교리는 사기를 북돋우는 혁명에 관한 주제를 요구했다. 책이 더는 비극적으로 끝나서는 안 되었다. 책은 소비에트 국가가 예측한 방향으로 역사가 움직이고 있음을 나타내야 했다. 비정치적인 글은 존재할 수 없었다. 사회주의 리얼리즘은 1934년 막심 고리키가 참가한 작가대회에서 도입되었다. 모든 예술에 사회주의 리얼리즘을 적용하려는 의도였다. 이 이념의 적용은 가사 없는 음악보다 구상주의 회화에서 더 쉬웠다. 그런데도 드미트리 쇼스타코비치(Dmitrii Shostakovich, 1906~1975)의 오페라 〈므첸스크의 맥베스 부인〉은 여성의 성적 욕망을 보여주고 또—그만큼 나쁘게—일반인들이 흥얼거릴 수 있는 곡조를 제공하지 못했다고 스탈린을 화나게 했다. 쇼스타코비치는 빗발치는 비판 속에 묻혀버렸으며 자신의 작품을 부인하면서 앞으로 더 잘하겠다고 약속해야 했다. 소련 문화계의 좀 더 유순한 인사들은 현대 세계의 진정한 영웅은 노동 계급의 상태를 개선하기 위해 노력하는 공산주의자라고 강조했다. 부르주아의 감성은 더는 진지한 예술에 적합한 주제가 아니었다.

글을 못 읽고 숫자를 셀 수 없는 문맹 상태를 뿌리 뽑고자 하는 운동은 그와 같은 인식을 쉽게 퍼뜨렸다. 아동과 성인용 교재들은 '인민의 지도자'의 '현명한 지도력'으로 이룩한 진보를 찬미했다. 일부 경우에는 이데올로기 전체가 정신에 침투했다. 다른 경우 스탈린을 찬양할 수 있었던 것은 근대화를 성공적으로 진행하고 있다는 감정이나 애국적 자부심이었다. 특정인들의 마음에 들도록 메시지를 맞추었다. 외국인들은 마르크스-레닌주의의 국제주의적 목적이 정치국 활동을 뒷받침하는 기둥으로 남아 있다고 확신했다. (하지만 들리는 바에 따르면 스탈린은 마르크스와 엥겔스가 독일 고전 철학, 특히 칸트와 헤겔의 영향을 과도하게 받았다고 측근들에게 털어놓았다.)[12] 그러나 소련에서는 러시아의 국민 여론을 교화하려는 계획적인 시도가 있었다. 심지어 차르와 그들의 장군—또는 최소한 '진보적'이었다고 간주된 사람들—마저 명예가 회복되었다. 10월혁명은 압도적으로 러시아인 노동자, 러시아인 병사, 러시아인 농민들의 업적으로 묘사되었다. 러시아 민족은 소비에트연방의 여러 민족과 인종 집단의 '큰형'으로 제시되었다. 알렉세이 톨스토이의 소설 《표트르 대제》와 세르게이 예이젠시테인(Sergei Eizenshtein, 1898~1948)의 영화 〈알렉산드르 네프스키〉는 소련이 옛 러시아의 전

예이젠시테인 감독의 1938년 작품 〈알렉산드르 네프스키〉의 한 장면. 13세기 러시아의 민족 영웅 알렉산드르 네프스키가 민중을 이끌고 튜턴 기사단의 침공을 물리치는 내용이다. 당시 독일과 소련의 관계를 빗댄 이 영화는 독·소 불가침 조약 체결 직전에 상영이 종결되었고, 독일이 불가침 조약을 파기한 뒤 다시 상영되기 시작했다.

통에서 가장 좋은 요소들 위에 건설되었다는 주장을 강화했다.

다른 어떤 것보다도 더 과시된 한마디 말이 있다면 그것은 '근대성(sovremennost')'이었다. 스탈린은 서구를 따라잡은 다음 서구를 능가하는 일에 열정적으로 전념했다. 소련은 지금까지 고안된 어떤 기술보다 더 앞선 형태의 기술을 개발할 것이었다. 인민의 요구를 충족시키고 나라의 힘과 위신을 강화하는 물품을 만드는 데 재정과 교육, 연구가 집중될 것이었다. 자본주의는 본질적으로 낭비적이고 반복되는 위기에 취약하다고 매도되었다. 자본주의는 '썩었고', '퇴폐적이고', '운이 다한' 체제로 서술되었다. 〈프라우다〉의 만화에는 실크 모자를 쓰고 주머니에는 달러와 무기가 가득한 뚱뚱한 미국인 사업가들이 상투적으로 그려졌다. 늘 나타나는 또 하나의 이미지는 장화를 신은 나치였다. 보통 나치는 소련에 치명적인 위험을 몰고 온 사람이 아니라 무력한 허풍쟁이로 등장했다. 스탈린은 소련 국민이나 공산주의자들에게 붉은 군대가 어떤 침략도 격퇴하고 분쇄할 것이라고 말했다. 월스트리트의 대폭락과 대공황은 우연이 아니었다. 공산주의자들은 자본주의의 종언이 정치 혁명으로 일어날지, 금융 폭락으로 발생할지, 아니면 세계 전쟁을 통해 이루어질지 예측하기를 회피했다. 이 사태 중 단 하나만 일어나도 '사회주의로의 이행'을 위한 조건이 형성될 수 있었다. 세계 공산주의 운동은 어떤 기회든 잡을 준비가 되어 있어야 하기 때문에 항상 방심해서는 안 된다.

스탈린이 세계 공산주의 운동을 자기편으로 끌어들이는 데 이용한 것은 공산주의 근대성에 대한 그의 비전만이 아니었다. 레닌 이후의 마르크스-레닌주의는 정치적 지도력과 무자비한 방식의 미덕을 찬양했다. 10월혁명 후에 자행된 끔찍한 테러의 현실을 직시하지 못하게 하면서, 스탈린은 외국 공산주의자들에게 유일 정당에 의한 굳건한 지도가 모든 나라의 사회에 긍정적인 충격을 가할 수 있다고 주장했다. 그는 1917년 이전에 러시아는 경제적으로 후진적이었고 영국과 프랑스 같은 외국의 '제국주의 열강들'에게 크게 신세를 졌다고 언급했다. 소련의 근대화는 후진성과 식민지 종속 둘 다로부터 어떻게 해방될 수 있는지 본보기를 제공했다. 공산주의자들이 옛 러시아 제국에서 그렇게 할 수 있었다면 중국이나 나이지리아에서 똑같은 일이 일어나지 말라는 법이 있는가?

소련의 중앙 집중적 계획 양식이 자본주의를 이미 낡은 것으로 만들었다는 주장이었다. 스탈린 치하에서 마르크스-레닌주의는 물질적·사회적 불평등의 신속한 종언을 약속하지 않았다. 실제로 이런 일이 일어나려면 오랜 세월이 지나야 할 것이었다. 사람들은 열심히 땀 흘리며 일하고 복종하지 않으면 안 되었다. 공장, 광산, 집단 농장에서 사람들은 거의 안락함을 느끼지 못했겠지만, 스탈린에 따르면 1935년에 "삶은 더욱 더 즐거워지고 있었다." 백해와 모스크바를 잇는 운하 파는 일에 관한 책에 따르면, 강제 노동을 하는 죄수들조차 전도가 유망했다.

수만 명의 죄수들이 이 계획을 수행하다 죽었다. 그러나 필자들은 죄수 노동자들이 공익을 위해 일하고 마르크스주의 원리를 배움으로써 갱생된다고 주장했다. 수감자에게 거의 갱생 수단이 주어지지 않는 미국의 형사 제도보다 굴라크가 낫다고 평가되었다. 소설가 막심 고리키가 편집진에 속했다는 사실이 책의 호평에 빛을 더했다.[13] 소련 체제는 꼭대기에서 밑바닥에 이르기까지 유사 이래 가장 진보적이고 가장 인도주의적이며 가장 진실한 체제로 선포되었다. 스탈린은 요제프 괴벨스*가 선언한 경험칙을 적용했다. 거짓말은 크면 클수록 청중들에게 영향력이 더욱더 커진다.

괴벨스(Joseph Goebbels, 1897~1945) 히틀러 내각의 계몽선전장관으로서 가혹한 언론 통제를 실시했으며, 나치 정책의 보급과 수행에 중요한 역할을 했다.

16장

무오류의 당

반대 없는 유일 체제

코민테른의 정당들은 1920년대 초반 이래 소련 모델에 따라 조직되었다. 당들은 중앙 집권화되었고 엄격하게 통제되었다. 일단 당 노선이 공포되면 정파를 뿌리 뽑고 토론을 금지했다. 그들은 마르크스-레닌주의를 선전했고 스탈린을 우상화했으며 소련의 경제 · 문화적 업적을 찬양하고, 모스크바가 내리는 코민테른의 지령에 복종했다. 당원들은 소련을 찬미했고 자신들의 목표가 자국에서 프롤레타리아 독재를 수립하는 것이었기 때문에 공산주의자가 되었다. 공산당들은 정치적 상황이 허락하는 곳에서는 어디서나 대규모로 당원을 모집했다. 그들은 전 세계적인 공산주의 성취가 필연적이라고 주장했지만 그렇게 되기 위해서는 맹렬한 노력이 필요하다는 것을 알았다. 그들은 소련 동지들이 앞서 간 길을 조만간 따라가리라고 믿었다.

공산당들은 아직까지는 권력 장악을 꿈꿀 수만 있었다. 대다수 나라에서 공산주의자들은 불법화되거나 박해를 받거나 최소한 경찰의 감시를 받았다. 독일 제3제국과 파시즘 이탈리아는 눈에 띄는 대로 공산주의자를 체포했다. 제3제국의 비밀국가경찰 '게슈타포'는 젊은 독일인 혐의자들을 구금하면서 정치 이외의 것에 대해 말하도록 강제했다.

공산주의자들이 머지않아 마르크스-레닌주의 전문 용어를 사용할 것이라는 계산에서였다. 아서 쾨슬러*는 혐의를 받는 사람들이 단지 '구체적'이라는 단어를 형용사로 사용했을 뿐인데도— '지금의 구체적인 상황에서'라고 말할 때처럼 —공인된 마르크스주의자로 판정받곤 했다고 회상했다.[1] 통상 심문관들은 좀 더 야만적인 방법을 사용했다. 나치 독일은 공산주의 투사들을 강제수용소로 보내 중노동에 처했다. 무솔리니는 공산주의자들을 감금한 뒤 적절히 관리하기를 거부했다. 이탈리아 공산주의 이론가인 그람시는 감옥에서 결핵에 걸렸으나 치료를 받지 못해 석방 직후 사망했다. 독일과 이탈리아의 공산당들은 지하로 숨었다. 중부 유럽과 동유럽의 대다수 나라들에서도 상황은 나을 게 없었다. 공산주의자들은 당원을 많이 잃었고 당 활동을 유지하기 위해 대표들을 소련으로 망명시켜야 했다.

투사가 된 사람들은 많은 나라들에서 궁극적으로 체포될 가능성, 심지어 그럴 개연성이 있음을 인정해야 했다. 자신들의 독재 체제를 옹호한 그들은 불평을 할 수도 없었다. 공산주의자들은 '계급 투쟁'이 철저히 무자비하게 수행되어야 한다고 믿었고 많은 나라들에서 그들의 적들도 동일한 태도를 취했다. 히틀러가 독일공산당을 폐쇄한 후 코민테른 집행위원회에 대표가 있는 72개 정당 중 단지 16개 정당만이 자국에서 합법적인 지위를 차지하고 있었다.[2]

전 세계 공산당의 상황은 계속 악화됐다. 아시아와 아프리카에 진출해 있던 제국 열강은 공산주의자들을 감시했고 자주 대대적인 탄압을 가하곤 했다. 북아메리카와 중앙아메리카 그리고 남아메리카의 상황은 코민테른에게 다소 편안했다. 멕시코공산당은 1934년부터 1940년까지 라사로 카르데나스*가 대통령으로 있는 동안 마음대로 소란스럽게

쾨슬러(Arthur Koestler, 1905~1983) 헝가리 출신의 소설가이자 기자. 공산주의자였으나 1938년 공산당을 탈당하고 1940년 모스크바 재판에서 취재한 전체주의 국가의 어두운 면을 그린 《한낮의 어둠》을 발표해 세계적인 반향을 일으켰다.

활동했다.[3] (트로츠키에게 은신처를 제공한 사람이 바로 카르데나스였다.) 나라에는 정치적 극좌 집단이 넘쳐났다. 지도자 루이스 카를로스 프레스테스*가 감옥에서 수척해지고 있는 상황에서 은밀하게 활동해야 했던 브라질공산당은 운이 좀 안 좋았다.[4] 미국에서는 공산당이 공개적으로 활동했으며 멕시코 동지들과 마찬가지로 여론에 대한 영향력이 커지고 있었지만 선거에서는 거의 지지를 받지 못했다.[5] 코민테른은 그런 모든 나라들에서 뒤떨어지지 않도록 미친 듯이 활동했고 소속 정당들이 합법적 권리를 누릴 것인지 아니면 비밀리에 법률 밖에서 활동할 것인지 미리 지시를 내렸다. 많은 지역적 분쟁 상황에서 모스크바의 말은 결정적이었다. 그러나 소련의 관리들은 어쩔 수 없이 각 당으로부터 나오는 정보와 제안에 계속 의존했다.

코민테른의 초점은 여전히 유럽에 집중되어 있었다. 유럽은 제3제국이 국경과 정치 · 경제적 영향력을 확대함에 따라 공산주의의 처지가 가장 악화된 지역이었다. 코민테른이 유일하게 크게 성공을 거둔 곳은 공산주의자들의 수가 1937년까지 30여만 명을 헤아리던 프랑스였다. 프랑스의 공산주의자들은 소련과 중국 밖에서 가장 큰 조직이 되었다. 그러나 정부가 갑자기 공산당을 억압하지 않을 것이라는 확신도 없었다. 에스파냐 내전에서 승리한 프랑코 장군은 모든 유형의 공산주의자들을 체포하고 괴롭히고 처형하는 데 몇 년을 보냈다. 마오쩌둥이 국민당의 위해를 피해 중국 최북단의 산시성 옌안 지구로 대장정을 떠날 때, 그 대열에 합류하지 못한 중국공산당 잔여 세력에게도 똑같은 일이 벌어졌다. 장제스는 손아귀에 들어온 공산주의자들이 자신의 군대로 들어오기를 거부하면 그들을 야만적으로 다루었다. 유럽 — 스칸디나비

카르데나스(Lázaro Cárdenas, 1895~1970) 멕시코의 군인이자 정치가. 농민과 노동자 대중을 위해 개혁 정책을 감행했다.

프레스테스(Luis Carlos Prestes, 1898~1990) 브라질의 저명한 공산주의자. 1920년대 청년 장교들의 반란을 지휘하고 1930년대 이후 바르가스 독재 체제에 저항했다.

아, 저지대 국가들*, 영국과 프랑스를 제외한 — 에서도 권위주의적 극우 정권들이 공산당을 괴롭혔다. 공산주의자들은 소련 밖에서 남을 괴롭히기보다는 괴롭힘을 당하는 쪽이었고 파시즘과 반유대주의가 득세하는 곳마다 그것에 반대하는 투사로서 존경을 받았다. 공산당은 종종 공산주의자들에게 무모하리만큼 위험한 명령을 내렸고, 명령을 받은 공산주의자들은 어떤 위험도 감수했다.[6)]

평균적인 유럽 공산주의 투사의 생활은 꼼짝 못할 정도로 포위되어 있는 상태였다. 그런 활동가들은 당의 비밀 조직에서 계속 일한다면 국가 보안 기관에 잡혀서 괴로움을 당할 수 있었다. 그러나 만일 그들이 소련으로 이주했다면 자기도 모르는 사이에 훨씬 더 큰 위험이 도사린 지역에 들어간 셈이었을 것이다. 수백 명의 폴란드 공산주의자들이 피우수트스키의 보안 기관을 피해 소련으로 망명했다. 모스크바에서는 오래전부터 망명이 피우수트스키가 국경을 통해 첩자들을 침투시키는 통로라는 우려가 있었다. 1938년 8월 스탈린은 코민테른 서기장인 디미트로프에게 폴란드공산당을 폐쇄하라고 명령했다. 이 명령이 수행되는 동안 폴란드 공산주의자 망명자들은 예조프가 이끌던 엔카베데에 의해 구금되었다. 대부분은 총살당했다. 총살을 피한 사람들은 항상 목숨에 위협을 느끼면서 살았다.

소련 보안 기관의 마수는 소련 국경을 훌쩍 넘어 뻗어 나갔다. 몽골은 형식적으로 공산주의 주권 국가였으나 그렇다고 예조프가 부하들을 보내 울란바토르에서 정치 지도자들을 체포하고 처형하는 일을 멈추지는 않았다. 전하는 말에 따르면 엔카베데나 코민테른을 위해 일하는 소련 기관들은 마르크스주의통일노동자당(POUM)의 지도자 안드레스 닌*을

저지대 국가들(Low Countries) 북해 연안의 네덜란드, 벨기에, 룩셈부르크를 가리킨다.
닌(Andrés Nin, 1892~1937) 에스파냐의 공산주의 혁명가. 트로츠키와 결별한 후 1935년 코민테른에 복종하는 에스파냐공산당의 대안으로 마르크스주의통일노동자당(POUM)을 결성했다.

안드레스 닌. 에스파냐 내전 당시 마르크스주의통일노동자당을 이끌고 인민전선에 합류했지만, 에스파냐공산당과의 이념 차이로 공화 정부에서 배척당해 비극적인 죽음을 맞았다. 그의 처형에 스탈린이 개입했는지 여부는 분명히 밝혀지지 않았다.

트로츠키주의자이자 반혁명가로서 고문하고 처형할 것을 명령했다. 이 주장은 확실한 것으로 입증되지는 않았다. 닌은 혁명 전략에 관해 트로츠키와 의견이 달랐으나, 그렇다고 해서 스탈린이 크렘린을 최고 권위의 장소로 인정하지 않으려 한 외국 공산주의 조직들을 모조리 없애버리고자 하는 시도를 그만두지 않았다는 것은 부인할 수 없는 사실이다.[7)]

중국공산당은 모스크바로부터 재촉받을 필요 없이 내부 억압을 단행했다. 1934년 중국 남부를 떠나 대장정을 수행하는 동안, 그리고 그 후 옌안의 '붉은 해방구'에서 가장 작은 반대파마저도 절멸하고자 하는 마오쩌둥의 노력 때문에 동지 정신은 무너졌다. 마오는 정적들에 대한 비난을 날조했다. 그는 스탈린의 눈 밖에 나지 않으려고 정적들이 트로츠키주의자라고 주장했다. 스탈린은 속지 않고 왕밍*—모스크바의 신뢰를 받던 중국인 코민테른 관리—을 보내 마오쩌둥에 맞서는 평형추로

왕밍(王明, 1907~1974) 중국의 정치가. 1930년 공산당에서 노선 대립이 있을 때 러시아 유학생파를 결집하여 마오쩌둥까지 제압했고, 1931년 중국공산당 중앙위원회 전체 회의에서 당의 지도권을 장악하여 총서기에 취임했다.

활동하게 했다. 마오는 왕밍이 반혁명적 반역 행위를 저질렀다고 비난했고, 모스크바의 지지만이 왕밍을 구했다.[8] 마오쩌둥의 대응은 주치의인 진 박사로 하여금 치료 과정에서 독극물을 투여하도록 하는 것이었다. 건강이 몇 달 동안 악화된 후 왕밍은 약을 내던져버렸고 그러자 몸이 곧바로 좋아졌다. 왕밍은 작은 유리병에 오줌을 담아 검사를 시켰고 스탈린에게 무슨 일이 벌어졌는지를 입증했다.[9] 그러나 마오쩌둥은 원한 바를 이루었다. 중국 공산주의의 최고 지도자로 남을 수 있었던 것이다.

마오쩌둥이 홍군 병사들과 평당원들을 다루는 방식은 결코 온후하지 않았다. 옌안에서 그는 의심스러워 보이는 수천 명의 사람들을 검거하여 지역의 동굴에 감금했다. 검거된 사람들이 속한 조직의 조직원들이 그들을 감시했다. 이것은 모든 사람들을 내부 테러에 가담시키는 방식이었다. 과거 많은 젊은 의용병들이 옌안으로 무거운 발걸음을 옮기며 기대했던 자유로운 사고와 평등주의의 분위기는 찾을 수 없었다. 젊은 작가이자 공산주의자인 왕스웨이*는 옌안에서 중국공산당 간부들이 누리는 특권을 비판하는 글을 써서 젊은이들의 대변자가 되었다.

> 식품이나 의복을 몇 개의 등급으로 나누는 것은 필요한 일도 아니고 합리적인 일도 아니라고 생각한다. …… 만일 아픈 동지는 국수 국물 한 모금도 먹지 못하는 반면 …… 상대적으로 건강한 거물은 완전히 불필요하고 정당화될 수 없는 특권에 빠져 있다면, 하급자들은 소외될 것이다.

마오쩌둥은 격노하여 왕스웨이를 트로츠키주의자라고 비난함으로써 그를 고분고분하게 만들었다. 그러나 마오쩌둥은 이 일을 용서하지도 잊지도 않았다. 몇 년 뒤 그는 다시 왕스웨이에게 눈을 돌렸다. 왕

왕스웨이(王實味, 1906~1947) 중국의 기자이자 작가. 중국의 근대 혁명사와 근대 문학에 크게 기여했다.

왕밍. 코민테른의 요직을 역임한 중국의 엘리트 공산주의자 왕밍은 정통 마르크스-레닌주의를 주장하며 마오쩌둥과 대립했다. 왕밍과 마오쩌둥의 대립은 곧 소련과 중국의 입장 차이를 보여주는 것이었다.

스웨이는 1947년 난도질을 당해 마른 우물에 던져지는 끔찍한 죽음을 당했다.[10)]

마오쩌둥은 아직 전체주의 국가를 세우지는 않았으나 그의 군대는 이미 전체주의 군대였다. 반체제 인사라고 의심되는 사람을 심문하면서 고문이 자행되었다. 희생자들을 2주 동안 잠을 재우지 않았던 것 같다. 그래도 효과가 없으면 그들을 매질하거나 손목을 묶어 매달거나 '호랑이 의자'(중국 강제노동수용소에서 사용했던 고문 도구) 위에서 무릎을 부러뜨릴 정도로 비틀었다. 밤마다 들리는 비명 소리는 동굴에서 몇 킬로미터나 떨어진 수용소의 모든 사람들을 공포에 떨게 했다. '첩자들'을 대중에게 보여주는 집회가 열렸고, 그들은 그 자리에서 심문관과 합의한 '자백'을 공개적으로 되풀이했다. 자신의 말을 철회한 사람들은 다시 고문을 받으러 끌려갔다. 홍군 부대는 국민당과의 내전이 재개되기를 기다리는 동안 군사 훈련을 했을 뿐만 아니라 이데올로기도 주입받았다. 마오쩌둥은 병사들을 전투에 돌입시키기 전에 먼저 그들의 마음을 세척했다. 각 병사들은 '사상 검증'을 상세히 써내야 했고 사상 검증을 위해—마오쩌둥이 말했듯이—"당에게 좋지 않은, 마음 속의 모든 것을 남김없이 뱉어내는" 일본군의 방식이 채택되었다. 동지를 밀고하는 일은 당 책무가 되었다. 동지들 간의 믿음은 물어뜯겨 없어졌고, 마오쩌둥은 오직 자신만 믿으려 했다.[11)]

마오주의는 이미 사용 중인 용어였는데, 병사들은 그 내용을 전투에 돌입하기 전에 귀가 아프도록 들었다. 이 모든 일은 마오쩌둥이 당과 군에서 자신의 최고 권력을 공식적으로 비준받지 못했기 때문에 비공식적으로 수행되었다. 아마도 그는 스탈린의 지지를 받을 때까지 행동하는 데 조심했던 것 같다. 1930년대 중국 공산주의자들은 소련 군수품에 의존했기 때문에 크렘린을 화나게 하는 것은 현명하지 못한 일로 여겨졌다. 그러나 마오쩌둥의 야심은 끝이 없었고 1943년 3월 20일 그는 정치국을 소집하여 직접 정치국과 서기국의 의장직에 올랐다.[12)] 당내 직책명이 서기장이었던 스탈린조차 이런 식으로 자신의 위엄을 조직화하지는 않았다.

당시 스탈린과 마오쩌둥은 유별나게 자신의 당을 난타했다. 소련 독재자는 소련에서 공산주의 권력을 굳히기를 원했고 그 목적으로 대규모 억압 정책을 실시했다. 마오쩌둥은 국가 권력을 아직 휘두르지는 않았지만 그의 홍군은 형성 중인 공산주의 국가였고, 그의 억압 조치는 스탈린과 같은 논리를 따랐다. 소련과 중국의 선례는 제2차 세계대전 후 동유럽과 캄보디아 등지에서 그대로 따르게 될 것이었다.[13)] 입이 거칠지만 다른 점에서는 유쾌한 영국공산당 지도자 해리 폴릿*이 똑같은 길을 채택했을 것인지 여부는 알 수 없다. 영국 공산주의 혁명이라는

폴릿(Harry Pollitt, 1890~1960) 영국의 공산주의자. 1920년 영국공산당에 가입해 1929~1939년, 1941~1956년 동안 영국공산당 서기장직을 역임했다.

해리 폴릿. 20년 이상 영국공산당 서기장을 지낸 그는 흐루쇼프가 스탈린을 비판했을 때 자기 집 거실에 걸린 스탈린의 초상화를 가리켜 "내가 살아 있는 한 그는 저기 있을 것이다."라고 했을 정도로 스탈린을 숭배했다.

일어날 것 같지 않은 사건이 발생했더라면, 반혁명을 도발하려는 외국으로부터의 기도는 물론이고 국내에서도 격렬한 반대가 있었을 것이다. 그와 같은 시나리오는 정치적 마녀사냥과 혁명적 숙원을 사악하게 해결하는 방식을 지지했던 영국공산당 내 인사들의 주장을 강화했을 것이다. 폴릿은 자신이 가해자가 되기를 원하는 것인지 아니면 희생자가 되기를 원하는 것인지를 결정해야 했을 것이다. 유일 정당 · 유일 이데올로기 국가를 수립하는 일은 지도자 자신이 권력을 잡기 전에 억압적 조치에 이끌리지 않았다 하더라도 가혹한 자체 논리를 지니게 되었다. 지도자들 중 어느 누구도 인간의 모습을 한 괴물이 아니었다. 그들을 괴물처럼 행동하게 만든 것은 공산주의 체제였다.

스탈린에 대한 폴릿의 굴종은 어쨌든 폴릿이 '인민의 적들'을 뿌리 뽑으라는 모스크바의 지령에 저항했을 거라는 확신을 주지 못한다. 코

민테른의 비밀 전권위원들이 소련 외부의 모든 정당에 배속되었다. 그들은 중앙의 지시를 전달하고 각국의 공산주의 동향을 보고하면서 가명으로 살았다. 모스크바에 가 있는 각 당 대표들은 소련 수도에서 쾌적한 삶을 거의 누리지 못했다. 1930년대 말 즈음에 그 자리는 누구나 열망하는 그런 직책이 아니었다. 파리에 주재한 모스크바 사람은 오이겐 프리트*였다. 프리트는 프랑스 지도부를 믿을 수 없게 되자 하급 관리 및 투사들과 은밀한 대화를 모색했다.[14] 프랑스공산당 서기장이었던 모리스 토레즈는 프리트가 부정적인 보고를 보내면 정치적으로 곤경에 처할 것이기 때문에 계속 프리트의 환심을 사야 했다. 더구나 프랑스 공산주의자들은 내부 분쟁으로 분열되어 있었다. 조직된 정파는 이제 존재하지 않았다. 그러나 지도자들은 코민테른의 명령을 수용하면서 어떻게 전략을 수행할 것인지를 둘러싸고 자주 갈등에 휩싸였다. 공산당들은 정치적 · 개인적 긴장으로 끓어올랐고 모스크바는 지역적 투쟁을 벌이는 수단으로 계속 이용되었다. 고위급 동지들을 밀고하는 일이 다반사가 되었다.

그러나 공산주의 투사들은 상호간의 분쟁과는 별도로 노동 계급의 대의를 위해 계속 투쟁했다. 그들은 권력을 잡기를 강력히 희망했고, 혼란의 시기에 살면서도 모든 것이 잘 될 것이라고 낙관했다. 자본주의가 1920년대에 안정화하면서 정치적 극좌파는 활개 칠 기회가 줄어들었다. 파시즘은 이탈리아에 국한되었다. 이 모든 것이 1929년과 1933년 사이에 바뀌었다. 먼저 월스트리트가 붕괴했고 그런 뒤 히틀러가 부상하여 독일 총리가 되었다. 유럽의 정치는 핵심까지 동요했다. 이러한 사태는 우익 독재 체제의 확대를 막겠다는 공산당들의 결의를 강화하는 데 도움을 줄 뿐이었다. 미국은 공산주의 선동과 충원에 중요한 기

프리트(Eugen Fried, 1900~1943) 슬로바키아 출신의 유대인. 체코슬로바키아공산당의 주요 지도자 중 한 사람이었다. 1931년부터 1940년까지 프랑스공산당의 관리를 맡은 제3인터내셔널(코민테른) 대표였다.

회를 제공하는 듯했다. 세계의 다른 지역에서는 반식민주의 운동이 강도를 더해 가고 있었다. 정치 · 군사적 힘이 해마다 증가하는 소련이라는 존재 때문에 자신감은 더욱 높아졌다. 역사는 세계 공산주의 편인 것 같았다.

젊은이들은 공산주의 대의를 위해 싸우는 데 계속 만족했는데, 그들 대부분은 안락한 삶을 누리지 못했다. 영국인 동지 어니스트 달링(Ernest Darling)은 헌신의 깊이를 잘 보여준다. 달링은 1905년에 태어났다. 그는 런던에서 초등학교를 마친 후 공식 교육은 더 받지 않고 여러 직업을 전전했다. 노동 운동에 가담했고 1925년 서적상들이 벌인 격렬한 파업 이후 요주의 명단에 올랐다. 계속되는 실업 기간 동안 달링은 공산주의 문헌을 공부하면서 지냈다. 영국 극좌파 일부가 그랬듯이 달링도 노동당에 빌붙어 사는 것을 꺼리지 않았고 노동당 당원일 뿐만 아니라 신페이비언 연구소의 연구 조교가 되었다. 달링은 1932년 영국 공산당에 가입했다. 마침내 그는 자신의 정치적 고향을 마련했다. 런던의 애덜레이드 로드 공산당 세포원으로서 달링은 런던 북부 전역의 임차인들이 처한 곤경을 강조했다. 그는 빈곤과 열악한 위생 상태, 높은 임대료에 관한 통계 자료를 수집하고 주위의 잘못된 점을 고치기 위해 지칠 줄 모르고 일했다. 의회 선거를 위한 당 자료를 준비했으며 런던 북서부 지역 킬번의 파시스트 집회에 반대하는 시위에 가담했다. 제2차 세계대전이 터지자 달링은 엔지니어링 강좌를 수강했고 해당 교육 기관이 내놓은 먹을 수 없는 음식에 대한 항의를 조직하는 데 온 힘을 바쳤다. "그것은 '임금'의 일부이고 75퍼센트는 먹지 못해 접시에 그대로 남았다."[15]

독립적인 정신의 소유자였던 달링은 당이 자신을 괴롭히는 데 분개했다. 그는 폴릿에게 다음과 같이 불쾌한 감정을 드러냈다. "어떤 한 가지 질문이나 한 묶음의 질문을 해도 단 한 가지 마르크스주의, 당과 노동 계급의 대답이 있을 뿐이다. 질문은 오늘 그 대답이 무엇인가이다. 일반적이고도 특수하게 말이다. 대답은 당 정책이다. 그러므로 질문은 다음과 같다. 당은 항상 옳은가?"[16] 그의 질문은 공산주의 투사의 존재에 관한 익살스런 수수께끼다. 공산주의자들은 반란자를 의미했다. 그들은 지적으로, 정치적으로, 조직적으로 독립적이어야 했다. 그러나 그들은 복종을 하고 요구가 있으면 정책을 바꿀 줄도 알아야 했다. 모든 당원은 연체동물이 되어야 했다. 외부로부터 받는 원치 않는 주목을 물리칠 만큼 강하면서도 동시에 모스크바의 압력에 대응하려면 내적으로 충분히 부드러워야 했다. 폴릿과 달링은 오랫동안 편지를 주고받았다. 달링은 당시의 일반적인 전략을 대놓고 반대하지 않았고, 폴릿은 열렬하게 남을 내쫓는 사람이었지만 다루기 힘든 동지를 당에 계속 붙잡아 두기를 원했다. 그러나 1946년 9월까지 폴릿은 참을 만큼 참았고 달링에게 "(그의) 당내 위상을 재고하라."[17]라고 조언했다. 이 조언은 달링을 당 노선에 협력하게 만들었다. 달링은 대오 밖의 생활이 생각만으로도 참기 힘들다는 것을 알았다.

폴릿부터 가장 최근에 가입한 공산주의자에 이르기까지 영국 공산주의자들의 정서는 당 활동과 긴밀하게 뒤얽혔다. 그들은 당에 가입함으로써 사회 상층으로 진출하고자 하는 열망을 완전히 포기했다. 1930년대 초 케임브리지 대학 학부생으로서 공산주의자가 된 킴 필비* 같은 첩자들은 예외였다. 이 사람들은 영국 기관에 들어가려고 당원 신분을 비밀에 부쳤다.[18] 대부분의 공산당 당원들은 매우 다른 일상을 경험했다. 그들은 당과 떨어진 생활은 상상할 수 없었다. 당원 신분은 그들에게 한 무리의 친구와 이상, 전반적인 신념 체계와 이행해야 할 실천 과제를 부여했다.

지적 호기심은 그들을 당에 끌어들인 하나의 특징적 양상이었다. 공산주의자들은 자신의 나라와 세계의 상황에 대해 해답을 구하고자 했

킴 필비(Harold Adrian Russell "Kim" Philby, 1912~1988) 영국 정보기관 MI-6에서 일하면서 소련에 정보를 누설했다. 1963년 다른 네 명과 함께 이른바 케임브리지 5인으로 알려진 스파이 그룹의 일원임이 드러났다.

고 1930년대와 1940년대 내내 이 의문을 놓고 계속 토론했다. 공적 부문에 숨겨진 경제 · 정치적 메커니즘을 드러내는 마르크스의 방법으로 무장한 그들은, 영국과 프랑스와 미국 정부가 유럽과 아시아에서 파시즘과 군국주의를 뿌리 뽑지 못한 점을 비난했다. 공산주의자들은 무력을 사용하지 않고서는 유럽의 식민지가 해방되지 못할 것이라고 선언했다. 반제국주의는 그들에게 호소력을 지닌 십자군이었다. 그들의 팸플릿은 '통치 계급'이 자신들이 통치하는 인민들의 비참한 상태를 악화시키고 있다고 비난했다. 캐나다 공산주의자들은 광산과 강철 공장의 노동 조건을 신랄하게 비판했다. 남아프리카의 공산주의자들은 자국의 인종 차별을 힐난했다. 실론의 공산주의자들은 차 농장의 노동자들을 억압한 세계 금융 체제를 공격했다. 당원들은—세포 모임에서, 파업 중에, 시위를 하는 동안—혁명적 변화를 요구하는 데 능했다.

소비에트연방은 소수의 공산주의자들만 그곳을 방문했기 때문에 눈에 띄지 않는 편한 헌신의 대상으로 남아 있었다. 두 차례 세계대전 사이에 외국의 충성스런 지지자들 중에 소련에 관해 지적으로 중요한 저술을 출간한 사람은 없었다.[19] 이데올로기적 열정과 당 규율이 결합했다. 내부 비판자들이 취할 수 있는 유일한 선택은 퇴장하여 반대 의사를 표현하는 것이었고 많은 사람들이 1930년대에 그렇게 했다. 유럽과 북아메리카 지역에서 공산당 가입과 탈퇴는 두 세계대전 사이에 매우 빈번하게 이루어졌다. 대다수는 지루하고 혐오스러워서 당을 떠났고 일부는 쫓겨났다. 트로츠키나 부하린을 지지했다는 의심은 엄중한 비난을 받기에 충분했고, 태도가 바뀌지 않으면 추방을 면치 못했다. 그리하여 공산주의자들은 가장 현명한 인물 중 일부를 잃었다. 적자가 생존에 실패하는, 전도된 다원주의 과정이 진행되었다. 거의 모든 공산당들은 스탈린이 정하고 코민테른 기관이 설명하는 노선을 무한정 추종하려는 의지가 주요 특성인 서기장들이 이끌었다.

그 효과는 당원들의 지적 탐구심을 길들이는 것이었다. 미국의 흑인 소설가인 리처드 라이트*는 공산당을 떠난 후 다음과 같이 회고했다.

> 한 시간 동안 이야기를 듣고 있으니 새로운 사상, 새로운 감정, 새로운 태도, 삶의 방식에 대한 새로운 암시 등을 적대시하는 광적인 정신적 불관용 상태가 엿보였다. 그들은 결코 읽어보지도 않은 책, 결코 알지도 못했던 사람들, 결코 이해할 수 없었던 사상들, 결코 분명히 말할 수 없었던 교리들을 비난했다. 공산주의는 …… 공산주의를 접하기 전에 그들이 지녔던 무지 상태보다 훨씬 저급한 무지 상태에 그들을 얼어붙게 했다.[20]

마르크스-레닌-스탈린주의 심판관들은 지적 활력에 눈살을 찌푸렸다.

이탈자들은 대부분 공산주의를 버리고 사회당으로 가거나 정치적 동면에 들어갔다. 내부에서 공산주의 방식을 보고 그것을 세상에 폭로하기로 결정한 소수 사람들은 우익으로 변신했다. 하지만 일부 공산주의자들은 트로츠키주의 분리 조직에 이끌렸다. 1933년 트로츠키는 제4인터내셔널의 설립을 요구했다. 이것은 5년 뒤 적절하게 실현되었다. 트로츠키는 새 조직을 공산주의인터내셔널, 즉 제3인터내셔널의 계승 조직으로 기획했다. 그때까지 그는 기존 공산당들로부터 신입을 끌어들이고 궁극적으로 공산주의인터내셔널을 접수하기를 희망했다. 그는 세계 공산주의 운동의 수장으로서 모스크바로 돌아가기를 열망했다. 모든 트로츠키주의자들은 자신들의 내부 조직에 '민주적 절차'를 도입하는 것을 지지한다고 주장했다. 현실은 권위주의적이었다. 트로츠키는 유목민처럼 첫 번째 망명지인 이스탄불 근처 프린키포 섬에서 프랑스, 노르웨이 그리고—결국엔—멕시코로 이주했다. 그는 프랑스, 독일, 미국의 추종자들을 분별 있게 지도할 만큼 상세히 알지는 못했다. 그러

라이트(Richard Wright, 1908~1960) 미국의 흑인 소설가. 남부의 인종적 편견을 그린 처녀작 《엉클 톰의 아이들》을 썼고 1940년 인종 차별에 항의하는 소설 가운데 최고 걸작인 《미국의 아들》을 써서 지도적인 흑인 작가가 되었다.

나 트로츠키는 레닌이 망명 기간 동안 볼셰비키 정파를 통제한 것보다 더 확고히 제4인터내셔널을 지배했다.

이것은 트로츠키주의와 여타 반체제 공산주의 조직의 본보기가 될 것이었다. 소련의 보안 기관들은 조직에 침투하여 그들의 활동을 파괴하고자 했다. 1933년 이전에 소볼레비키우스 형제인 아브라함*과 루빈*이 모스크바를 위해 일하면서도 다른 한편으로는 베를린 트로츠키주의자들을 이끌었던 독일에서 소련의 보안 기관들은 크게 성공을 거두었다. 트로츠키는 스탈린의 야만성을 직접 느꼈다. 그의 작은아들 세르게이는 1935년 소련에서 체포되었다. 큰 아들 레프는 1938년 파리의 한 병원에서 의문의 죽음을 당했는데, 아마도 소련 요원에게 살해된 것 같다. 러시아의 트로츠키 추종자들은 진짜 추종자든 날조된 추종자든 가리지 않고 고문을 당하고 굴라크로 보내졌다. 트로츠키의 이름은 중상모략의 하수도를 철벅거리며 통과하고 있었고 그 자신도 암살의 표적이 되었다. 1940년 5월 벽화가인 다비드 알파로 시케이로스*가 주도한 어설픈 살해 기도가 거의 성공할 뻔했다. (시케이로스는 스스로를 군인이라고 공상하여 전투복을 입었다.) 트로츠키는 매우 조심했지만 소련 요원들이 집과 사무실에 침투하는 것을 막지 못했다. 1940년 8월 22일 마침내 올 것이 왔다. 라몬 메르카데르*는 교묘히 트로츠키의 신뢰를 얻어 그의 두개골에 얼음 송곳을 쑤셔 박았다.

트로츠키는 제4인터내셔널에 이론적 근거를 제공했다. 다른 지도자들은 끊임없는 새로운 이합집산을 위해 그 후 수십 년 동안 똑같은 일

아브라함 소볼레비키우스(Abraham Sobolevicius, 1903~? 또는 1897~1974) 유대계 리투아니아인이다. 1920년대에 소련 정보 기관을 위해 트로츠키의 측근 그룹에 침투했다.

루빈 소볼레비키우스(Ruvin Sobolevicius, 1900~1962) 리투아니아 태생의 정신과 의사였으며 소련의 첩자였다.

시케이로스(David Alfaro Siqueiros, 1896~1974) 스탈린주의자로서 1940년 5월 24일 트로츠키를 암살하기 위해 추종자들과 함께 트로츠키가 살던 멕시코시티의 주택을 기관총과 폭발물로 습격했으나 실패했다.

메르카데르(Ramón Mercader, 1914~1978) 트로츠키를 살해한 에스파냐의 공산주의자.

을 할 것이었다. 그 지점으로부터 비공식적인 지도자 숭배를 확립하는 일은 거리가 멀지 않았다. 그러나 트로츠키주의자들이 한 어떤 일도 모스크바가 발휘한 권위와 영향력에 필적하지 않았다. 트로츠키는 제4인터내셔널의 생존 여부가 급진적인 산업 노동자들을 충원하는 능력에 달려 있다고 주장했다. 그는 이렇게 할 현실적인 수단이 없었다. 그에게는 유럽과 북아메리카 지역을 통틀어 불과 수천 명의 추종자들이 있을 뿐이었다. 트로츠키주의자들의 재정 상황은 취약했고 그들의 호소는 대부분 중간 계급 출신의 젊은이들에게 먹혔다. 더구나 유럽 국가들은 하나씩 우익 독재 체제를 수립하여 공산주의를 억압하는 쪽으로 나아갔다. 프랑스, 벨기에, 네덜란드, 영국, 미국의 조직들은 제4인터내셔널의 깃발을 계속 흔들었다. 그러나 제4인터내셔널은 실론과 볼리비아를 제외하고는 극좌 정치에 전반적인 충격을 가하지 못했다. 트로츠키는 스탈린주의가 '후진' 러시아에서만 적절히 뿌리를 내릴 수 있다고 말했다. 그는 트로츠키주의가 대부분의 선진 자본주의 국가에서 거의 진전을 보지 못하고 있으며 스탈린주의가 더 잘하고 있다는 사실을 인식하지 못했다.

한편 코민테른에 소속된 당들은 모두 최소한이나마 모스크바에 대한 충성 표시를 피할 도리가 없었다. 마오쩌둥은 소련에 군수품을 의존했는데도 미약하나마 자치와 자존을 보존하는 데 성공했다. 티토(Josip Tito, 1892~1980)는 전시 유고슬라비아에서 모스크바와 똑같은 것을 이루려 했다. 마오쩌둥과 티토는 자신들의 국가가 세계로부터 고립되어 있다는 사실에서 이득을 보았다. 스탈린은 그들을 세밀하게 통제할 수단이 없었다. 인도공산당과 브라질공산당도 소련 수도에서 멀리 떨어져 있었고 크렘린과 엉성한 접촉만 하고 있을 뿐이었다. 그래도 인도공산당과 브라질공산당은 일단 불만 세력(유명한 인도 공산주의자 마나벤드라 나트 로이를 비롯한)을 축출하자, 소련이 바라는 바를 충실하게 집행하는 당이 되었다.

전 세계의 공산당원들은 진정으로 스탈린을 찬양했다. 그들은 그의 정책에 순응했고 그의 저술을 열심히 탐독하는 학생이었다. 공산주의는 독서로 지식을 습득할 것을 강조했고, 이것은 학교 교육을 받지 못한 수천 명의 당원을 교육하는 계기가 되었다. 탐구심이 많은 노동 계급 사람들은 일종의 자존감을 획득했다. 유대계 신입 당원들은 논란이 많은 탈무드의 구절들을 분석하는 자신들의 관행 덕분에 마르크스주의 교재들의 세부적인 의미를 토론하는 데 잘 맞는다는 것을 발견했다.[21) 프로테스탄트 기독교 교파의 전통도 많은 사람들이 당에 가입하도록 도왔다. 감리교나 조합교회의 예배 시간에 발언하는 데 익숙했던 공산주의자들은 놀랍도록 능란한 솜씨로 극좌 정치 활동으로의 전환을 주도했다. 그들은 성스러운 텍스트를 언급함으로써 논거를 세우는 버릇이 있었다. 그리하여 《자본론》과 《단기 강좌》가 신약 성서를 대체했다. 각 공산당은 사소한 것을 꼬치꼬치 따지는 정치 토론의 장이었다. (예외가 있다면 내부 테러가 지적 교류의 샘을 오염시킨 소련과 중국의 공산당들이었다.) 그 결과는 공산주의자들이 사회당이나 사회민주당 또는 노동당의 추종자들보다 논리 정연해졌다는 것이었다.

그들은 공산주의자가 됨으로써 사회 · 정치 · 경제 사상의 학파 모두를 거부했다. 당시의 전반적인 지적 분위기에 대한 사회주의자들의 열린 마음은 포기되었다. 기본 교재들의 선택은 모스크바에서 결정했다. 각 당의 '이론가들'은 실제로는 쉽게 바꾸어 말하는 사람에 지나지 않았다. 스웨덴과 인도의 혼혈로서 위엄 있는 옥스퍼드 졸업생 라자니 팔메 더트*는 영국공산당에서 저명한 모범적 인사였다. 지적인 신랄함 때문에 동지들에게 존경을 받고 심지어 두려움까지 안겨주었던 더트는 자신의 견해가 당시의 모스크바 노선에 어긋나는 것을 발견할 때마다 잘못을 깨끗이 인정하는 학생처럼 행동했다. 그는 자신의 지도자 해리

더트(Rajani Palme Dutt, 1896~1974) 영국의 기자이자 영국공산당(CPGB) 지도자.

폴릿을 비롯해 동지들이 자기 옆에서 무릎을 꿇지 않을 때마다 그들을 비난하는 데 환희를 느꼈다. 유럽의 공산주의자들은 몇 시든 상관없이 태양은 항상 동쪽에서 비친다는 것을 인정해야 했다.[22)]

당 규율은 당원들의 자연스러운 호기심에 차양을 쳤다. 그들은 10월 혁명이나 최근의 5개년 계획에 의심을 표명하는 비공산주의자들을 비웃는 데 익숙해졌다. 이런 태도는 끊임없는 자기 기만을 요구했고 일부는 그것을 다른 사람보다 더 잘 해냈다. 폴릿은 이 기술의 거장이었다. 영국 서기장에게는 모스크바에서 사라져버린 친구들이 있었다. 사실 그는 14번이나 프로포즈했던 자신의 전 여자 친구 로즈 코언*에 대해 1937년 활발하게 조사 활동을 벌였다. 그녀는 코민테른 요원과 함께 모스크바로 도피했고 똑같이 어리석게 영국 시민권도 포기했다. 스탈린은 그녀가 석방되도록 최선을 다하겠다고 폴릿에게 약속했지만 사실 그녀는 이미 총살을 당한 뒤였다.[23)] 폴릿은 사라진 사람들에 대해 생각하지 않으려 함으로써 스탈린 치하의 소련이 보인 기괴한 야만성에 대처했다. 그는 단 한 번도 전시재판, 집단화, 피로 얼룩진 숙청이나—1939년 나치-소비에트 협정(독 · 소 불가침 조약) 조인 후 며칠 동안을 제외하고[24)]—소련의 대외 정책을 비판하지 않았다. 선별적인 침묵은 공산주의자로 남는 데 필요한 기본적인 자질이었다. 이것은 중앙 지도부보다 일반 당원들에게 더 쉬웠다. 지역의 투사들은 정책이 모스크바에서 런던으로 강제로 내려오고 있다는 사실을 깨닫지 못했다. 정보는 지도부 내에서조차 충분히 공유되지 않았다. 폴릿과 소수의 측근들만이 당이 소련의 정기적인 보조금에 의존하고 있다는 것을 알았다. 나머지 당원들은 '모스크바의 황금'에 관한 이야기를 가장 비열한 중상모략으로 여겨야 한다고 배웠다.

코언(Rose Cohen, 1894~1938) 영국공산당(CPGB) 공동 창설자.

17장

적과 친구

'스탈린 열광'의 비밀

스탈린은 외국인들이 심지어 레닌보다 더 매력과 혐오를 느끼는 대상이었다. 세계는 소련의 발전에 대한 관심으로 술렁거렸다. 산업 · 과학 · 군사적 성공은 논평가들로 하여금 동쪽에서 무슨 일이 벌어지고 있는지 살펴보도록 자극했다. 소련이 곧 내부로부터 붕괴할 것이라고 추정하는 사람은 이제 없었다. 소련은 유럽 무대에서 권위를 발휘하고 있었다. 소련은 또 경쟁 강국과는 크게 다른 국가와 사회 모델도 만들어냈다. 러시아 제국의 폐허로부터 생겨난 체제를 세밀히 조사하려는 노력이 늘어났다.

트로츠키의 책들은 즉각 갈채를 불러일으켰다. 노련한 저널리스트로서 그는 광범한 독자층을 매혹하려면 적절한 장르의 글을 써야 한다는 것을 알았다. 그의 자서전인 《나의 인생》과 저작 《러시아혁명사》는 이런 장르가 아니었다면 거의 관심도 없었을 사람들에게까지 가 닿았다.[1] 그에 대한 동정이 널리 퍼졌고, 1937년 미국의 철학자 존 듀이(John Dewey, 1859~1952)는 공산주의에 전혀 동조하지 않았지만, 트로츠키가 마치 모스크바 전시재판에서 기소된 바로 그 혐의로 기소된 것처럼 멕시코 코요아칸에서 모의재판을 여는 데 동의했다. 모의재판

멕시코 코요아칸에서 열린 모의재판에서 트로츠키가 변호사와 의논하고 있다. 트로츠키가 모스크바 궐석 재판에서 사형을 선고받은 후 그의 무죄를 증명하기 위해 치러진 행사였다.

에서는 스탈린주의자들의 어설픈 날조에 반대하여 트로츠키의 손을 들어주는 것으로 판결이 났다.[2] 트로츠키는 자신이 가장 좋아하는 주제들을 계속 발전시켰다. 10월혁명은 스탈린과 그의 그룹에게 배신당했다. 레닌과 그의 유산은 거부되었다. 1917년의 러시아는 경제 · 문화적으로 후진국이었다. '계급 투쟁'은 분명한 승자를 가리지 못했다. 노동계급은 완전한 자치 능력이 없었고 옛 중간 계급은 그 수가 너무 적어서 제정이 무너진 후 정치를 지배할 수 없었다. 관료 계층은 이 교착 상태를 이용했고 소련에서 지도 세력이 되었다. 이런 생각이 트로츠키가 내놓은 소련 비판의 초석이었다.[3]

정치적 좌파에 속한 다른 필자들은 각자 특유의 답변을 내놓았다. 오스트리아 마르크스주의자 오토 바우어와 러시아 멘셰비키 표도르 단*은 소련의 '사회주의'가 러시아가 이용할 수 있는 가장 좋고 가장 적절한 형태의 사회주의일 것이라고 결론 내렸다. 다른 논평가들은 새로운 러시아는 단지 붉게 위장한 옛 러시아에 불과하다고 역설했다. 1922년

단(Fyodor Dan, 1871~1947) 유대계 러시아인으로 멘셰비키 지도자 가운데 한 사람. 볼셰비즘이 정치적 자유를 축소했다고 비난하다 1921년 체포되어 추방당했다.

에 추방된 니콜라이 베르댜예프는 차르와 러시아 정교회가 당 서기장과 마르크스-레닌주의에 졌다고 주장했다. 또 다른 비판의 변종은 지리적으로 유럽과 '아시아' 사이에 걸쳐 있는 러시아가 중앙 집권적 권위주의를 핵심으로 하는 특유의 독립된 문명을 발달시켰다는 인식이었다. 그리고 공산주의자들은 그 전통을 지속시킨 것으로 여겨졌다. 니콜라이 트루베츠코이*와 자칭 유라시아주의자들은 잘 알려지지 않은 망명 잡지에 글을 발표했다. 그렇다고 다른 분석가들—트로츠키는 확실히 제외하고—이 서구에서 훨씬 더 주목을 끌었다고는 결코 말할 수 없다.[4)]

페이비언 협회의 유명 인사인 영국의 시드니 웨브와 비어트리스 웨브*는 바우어, 단, 베르댜예프, 트루베츠코이보다 더 영향력이 있었다. 두 사람은 노동당의 사회 · 경제적 사고에 영향을 끼친 다작의 저술가였다. 비어트리스는 좀 더 공정한 사회 체제를 원했으며, 필수적 사상을 제공하는 데 그녀 자신의 '과학적' 접근 방법이 필요하다고 본 전형적인 중간 계급 인텔리 여성이었다. 남편 시드니도 똑같은 생각을 지닌 사람이었다. 말쑥하게 면도를 하고 차려입은 그는 권력과 학문의 통로를 헤쳐 나갔고 런던정치경제대학 설립에 일조했다. 두 사람은 러시아의 정치적 실험이 다른 지역의 사회주의 대의를 손상시켰다고 생각했고 1920년대 소련에서 자행된 억압에 비판적이었다. 하지만 웨브 부부는 월스트리트 붕괴가 초래한 전 지구적 효과에 정신적으로 동요했다. 영국의 개혁에 절망한 그들은 국가 경제 계획을 옹호하는 주장에 매료되었다.[5)] 그들은 레닌에게 욕을 퍼붓던 우아한 나비에서 스탈린을 찬양하는 게으른 민달팽이로 변신했고, 1932년에 모스크바로 인투리스

트루베츠코이(Nikolai Trubetskoi, 1890~1938) 러시아의 언어학자. 1917년 러시아 혁명 때 국외로 탈출해 1923년부터 빈 대학에서 슬라브어학을 가르쳤다.
웨브 부부 영국의 부부 사회학자이자 경제학자. 페이비언주의의 이론적 지도자이면서 동시에 영국 사회 개혁 사상에서 중요한 역할을 했다.

트(Intourist, 소련의 공식 국영 여행사) 여행을 떠나 소련을 직접 알아보기로 결심했다.

웨브 부부가 당시 소련의 선전에 의문을 품지 않은 것은 지식인의 수치였다. 그들은 오게페우 홍보 담당자들이 하는 말은 무엇이든 믿었다. 러시아에서 돌아왔을 때 그들은 자신들이 본 광경을 찬미하는 것 외에는 아무것도—정말 아무것도—말하지 않았고, 1935년에 《소비에트 공산주의 : 새로운 문명?》을 출간했다.[6] 2년 뒤 웨브 부부는 책의 재판을 내면서 의문 부호를 제거했는데, 이 일은 20세기 최악의 문법 수정으로 평가받아야 한다. 웨브 부부는 서구 비판자들에 맞서 스탈린과 그의 정책을 변호했다. 심지어 러시아어나 볼셰비키 국내 정책에 관한 전문 지식이 눈곱만치도 없으면서 1936~1938년의 전시재판이 적절한 사법 절차의 본보기라고까지 주장했다. 스탈린은 그들보다 더 열정적이고 귀여운 조력자는 바랄 수 없었을 것이다.

웨브 부부는 소련에 가서 상황을 다르게 본 어느 방문객을 비웃었다. 그는 〈맨체스터 가디언〉의 모스크바 특파원 맬컴 머거리지(Malcolm Muggeridge)였다. 머거리지는 기차로 기근에 찌든 우크라이나를 돌아보면서 공식 조치의 결과를 목격했다. 남쪽으로 내려가니 절망적인 농민들이 기차역 플랫폼에 가득했다. 처형되거나 영양실조로 부모가 죽는 바람에 고아가 된 굶주린 아이들의 부풀어 오른 몸뚱이가 머거리지를 경악케 했다. 어찌 된 일이냐고 물었을 때 지역 당과 정부 관리들이 보인 오만한 태도를 보고 그는 사태의 진상을 간파했다. 머거리지는 공산주의의 부드러운 비누로 거품 목욕하기를 거부했다. 불행히도 맨체스터에 있던 그의 편집자는 대체로 소련을 더 가볍게 취급하기를 좋아했다. 머거리지는 회사를 그만두었으나 그 전에 송고한 급보 가운데 적어도 일부는 신문에 실을 수 있었다. 실제로 〈맨체스터 가디언〉은 데이비드 로이드 조지의 전직 비서로서 러시아어를 구사하는 가레스 존스*의 설명도 수용했다. 존스는 우크라이나 마을에서 목격한 광경에 경악했고 영국으로 돌아온 뒤 이 주제로 생생한 연설을 했다.[7] 머거리지는 직접 경험한 일들에 대한 강렬한 설명을 자신의 책 《모스크바의 겨울》에 실었다.[8]

머거리지의 부인인 키티는 공교롭게도 비어트리스 웨브의 조카딸이었다. 웨브 부부는 조카사위를 어리석고 엉뚱한 젊은이로 취급했다. 비어트리스—조카 부부는 그녀를 보(Bo) 숙모라고 불렀다.—는 직접 영국 군주의 공식 거주지인 런던 세인트 제임스 궁의 소련 대사 이반 마이스키*와 소련의 상황을 상의했다. 그녀는 일기에 마이스키가 "식량 부족에 대해 우리를 안심시켰다."라고 썼다. 대사에 대한 웨브 부부의 신뢰는 대단해서 남편 시드니가 마이스키에게 논평을 해 달라고 《소비에트 공산주의》의 초고를 보여줄 정도였다. 자신들이 "소련 당국이 무상으로" 제공한 도움을 누렸다는 사실에서 그들은 어떤 이상한 낌새도 느끼지 못했다. 젊은 맬컴은 소비에트 국가 체제를 비난하는 편지를 웨브 부부에게 계속 보냈다. 보 숙모는 맬컴이 "보육원과 학교에서 정신분석과 조기 치료를 받았더라면"[9] 어쩌면 그의 문제를 치료할 수 있었을지 모르겠다고 오만하게 생각했다.

웨브 부부는 1936~1938년의 모스크바 전시재판에 쏟아지는 이상한 혐의에 의문을 품지 않으려 했다. 오직 1939년 8월의 나치-소비에트 협정만이 그들에게 잠시 우려할 계기를 주었으나 그것도 오래가지 않았다. 비어트리스는 1943년 일기에 다음과 같이 털어놓았다. "우리는 좋아하는 삶을 살았고 하고자 하는 일을 했다. 소비에트 공산주의에 대한 우리의 생각이 옳았다. 그것은 새로운 문명이다. 개인 의식을 평화적으로 고통 없이 끝내는 일 말고 더 무엇을 바라겠는가?"[10] 그녀와

존스(Gareth Jones, 1905~1935) 1933년 3월 러시아와 우크라이나를 직접 방문하여 우크라이나 대기근을 서방 세계에 처음 알린 기자다.

마이스키(Ivan Maisky, 1884~1975) 소련의 외교관, 역사가, 정치가. 1932~1943년 동안 런던 주재 소련 대사를 역임했다.

남편은 죽을 때까지 자기들이 옳다고 확신했다. 캔터베리 대성당의 수석 사제로서 《세계의 6분의 1을 차지한 사회주의》를 쓴 휴렛 존슨(Hewlett Johnson) 신부도 마찬가지였다. 스탈린이 수만 명의 정교 성직자들을 절멸시키고 있던 10년 동안 이 저명한 영국 성직자는 다음과 같이 선언했다. "공산주의자는 철저하게 조화로운 사회를 추구한다는 면에서 기독교도를 부끄럽게 한다. 여기서 공산주의자야말로 기독교도의 목적을 계승한 자라는 것을 스스로 증명한다."[11] 1937년 소련을 방문한 존슨은 소련이 이룩한 성과에 놀라 영원히 입을 다물지 못하게 되었다. '소련과의 문화적 관계를 위한 협회' 부회장으로서 존슨은 성령(聖靈)보다도 더 열렬히 당시의 공산주의 영령을 위해 목청을 높였다.

H. G. 웰스와 앙드레 지드는 모스크바에 간 사람들 가운데 좀 더 명망 있는 작가들이었다. 지드에게 그 방문은 환멸의 여행이었다. 그는 머거리지가 목격한 잔혹한 광경을 보지 못하게 감시를 받았는데도 속지 않았던 것 같다. 지드는 거짓말과 비굴한 순종, 자선 관념에 대한 적대를 참을 수가 없었다.[12] 러시아를 두 번째 방문한 웰스는 긍정적 측면과 부정적 측면이 뒤섞인 다른 인상을 받았다. 그는 1934년 세 시간 동안 스탈린과 대담했고 두 사람의 의견 교환은 신사적으로 이뤄졌다. 웰스는 1920년 모스크바를 처음 방문했을 때와는 대조적으로 자신이 어떻게 "건강한 사람들의 행복한 얼굴"을 보았는지 스탈린에게 말하는 것으로 시작했다. 그러나 웰스는 또한 불법과 계급에 기반을 둔 차별, 국가 폭력, 표현의 자유 부재도 기탄 없이 비판했다.[13] 스탈린은 웰스와 겨루는 것을 즐겼고 웰스만큼 되받아쳤으며 두 사람의 대화를 책으로 내는 것을 허용할 만큼 자신이 잘했다고 만족해했다. 작가들이 위협을 당하지 않고 글을 쓸 권리를 옹호하는, 런던에 본부가 있는 PEN(Poets, Essayists, Novelists) 클럽의 의장으로서 웰스는 스탈린을 논쟁으로 이기기를 바라면서 — 웰스는 항상 낙관주의자였다. — 소련에 갔다. 짧은 체류가 끝날 무렵 그는 가까운 미래에 개혁이 전혀 일어날

것 같지 않다고 평가했다. 스탈린이 최고 통치자로 있을 때 이런 식으로 그에게 말한 외국인은 달리 없었다. 소련 국민이 그렇게 말했다면 처형당했을 것이다.

웨브 부부가 반소련 관점을 거부한 유일한 저술가는 아니었다. 극작가이자 사회 비평가인 조지 버나드 쇼*는 1931년 짧은 기간 모스크바를 방문하고 열정에 가득 차서 귀국했다. 타는 듯한 빨간 턱수염과 창백한 아일랜드 얼굴을 가진 쇼는 위엄 있게 말하는 데 익숙한 지식인의 권위가 있었다. 웨브 부부와 마찬가지로 쇼도 사회주의자였다. 또 채식주의자이자 금주주의자이기도 했다. 그가 탐닉한 것은 음식이나 술이 아니라 말이었다. 그가 낭만적인 측면에 말려든 것은 그를 만족시키지 못했으나 이것이 그를 괴롭히지는 않았다.[14] 쇼는 당대의 정치 현실을 이해하는 능력 덕분에 명성을 얻자 우쭐댔던 지적 허영꾼이었다. 그가 잘 속는 호인이라는 이유로 공식적으로 모스크바에 초청되는 일은 결코 일어나지 않았다. 숙청에 관한 쇼의 논평은 그가 약간은 명민하다는 사실을 전해준다. "우리의 가장 진취적인 이웃 나라[즉 소련]가 정직한 사람들을 위해 세상을 안전하게 만들 목적으로 한 줌의 착취자와 투기꾼들을 인도적이고 사려 깊게 청산할 때 우리는 도덕적으로 젠체할 수가 없다." 쇼는 다르게 주장하려던 사람들의 목에 우아한 경멸의 화환을 걸어주었다.

쇼는 변명의 여지가 없었다. 〈크리스천 사이언스 모니터〉의 모스크바 특파원이었던 윌리엄 H. 체임벌린*의 부인은 국외로 이주한 유대계 러시아인이었는데, 그녀는 쇼에게 식구들이 자신의 배급 카드에 의존해 먹고살아야 한다면 굶어 죽을 것이라고 설명했다. 쇼는 그녀에게 아기에게 모유를 먹이라고 충고했다. 아이가 벌써 열네 살이나 되었다고 그녀가 지적하자 에스키모는 모유를 열네 살 때까지 먹인다고 쇼가 대

쇼(George Bernard Show, 1856~1950) 영국의 극작가이자 사회비평가.
체임벌린(William H. Chamberlin, 1897~1969) 미국의 역사가이자 기자.

꾸했다. 체임벌린 가족에게서 이 이야기를 들은 머거리지는 일기에 자신의 평결을 기록했다. "그는 머리가 뒤죽박죽된 늙은 바보다."[15)]

스탈린에 열광한 사람에는 러시아 태생의 미국 기자 모리스 힌두스(Maurice Hindus)도 포함된다. 힌두스는 20세기로 접어든 이후 러시아 제국의 포그롬(유대인 학살)을 피해 달아났고, 소련 감옥을 살펴본 뒤 "독재 체제는 …… 실제로는 인정으로 충만했다."라고 큰 소리로 말했다.[16)] 〈뉴욕타임스〉 특파원 월터 듀런티(Walter Duranty)는 다음과 같이 선언했다. "오늘날 러시아의 기근을 다룬 보도는 죄다 과장이거나 악의적인 선전이다."[17)] 듀런티는 소비에트 당국으로부터 특별 대우를 받은 사기꾼이었다. 그는 소련의 상황에 대해 다르게 알았고, 멀리 떨어져 있던 그의 편집자들은 반대로 강한 의심의 눈초리를 보냈다. 그러나 듀런티는 현장에 있었다. 그는 매우 자신 있게 글을 썼고 머거리지와 존스를 거짓을 날조하는 사람이라고 비웃었다.[18)] 마찬가지로 미국 기자 에드거 스노*는 대장정을 끝낸 후 마오쩌둥을 인터뷰하려고 중국 북부를 여행했다. 스노는 찬양 일색의 내용을 담은 《중국의 붉은 별》을 발간했는데, 이 책에서 마오쩌둥이 지역 주민들과 사실상 그 자신의 군대를 험악한 상황에 빠뜨린 내용을 자발적으로 삭제했다.[19)] 적어도 스노는 공산주의를 진지하게 연구하기는 했다. 운명적인 1937~1938년에 모스크바 주재 미국 대사를 지낸 조지프 데이비스(Joseph Davies)는 훨씬 더 부주의했다. 그는 워싱턴에 보낸 보고에서, 모스크바 전시재판의 피고인들에 대한 기소는 "의심할 여지가 없는 것으로" 판명되었으며 '처벌 판결'은 완전히 정당하다고 주장했다.[20)]

훨씬 더 정치적으로 권위가 있던 사람은 1932년 이래 미국 농무장관이자 1940년부터 루스벨트의 부통령을 지냈던 헨리 월리스였다. 월리스는 1944년 5월에 소련 동부를 방문했다. 루스벨트는 월리스를 의심

스노(Edgar Snow, 1905~1972) 미국의 기자. 1936년 서방측 기자로는 처음으로 '중국 해방구'에 들어가 1937년 《중국의 붉은 별》을 출판하여 중국공산당의 실상을 세계에 알렸다.

1944년 러시아 동부를 방문한 미국 부통령 헨리 월리스 일행. 소련 비밀경찰은 노동수용소에서 일하는 사람들이 자발적인 봉사자인 것처럼 꾸몄고, 월리스는 아무런 의심 없이 속아 넘어갔다.

한 까닭에 1944년 선거에서 해리 트루먼을 부통령 후보로 선택했는데, 그러지 않았더라면 월리스는 루스벨트가 사망했을 때인 1945년 4월에 대통령이 되었을 것이다. 루스벨트 자신은 스탈린과의 외교 협상에 유화적이었다. 그러나 월리스의 태도는 더 유화적이었다. 월리스는 "러시아를 볼 때는 역사적 배경을 고려해야 한다."라고 말했다. "러시아인들은 차르 치하와 비교하여 오늘날 더 잘산다. …… 나는 이곳 미국에서는 공산주의를 원하지 않지만 러시아에서는 공산주의가 이치에 맞는 체제다."[21]

소련 당국은 방문객들을 교묘히 다루었다. 월리스는 최고 대접을 받았다. 월리스가 품었을지 모를 일말의 의혹도 가라앉히기 위해 그를 보르쿠타 노동수용소에 데리고 가서 죄수 갱생 프로그램을 둘러보게 했다. 보르쿠타 노동자들의 사망률은 악명이 높았다. 엔카베데는 월리스가 방문한 날, 쇠약해진 수감자들을 경찰 요원들로 대체하는 예방 조치를 취했다. 그들은 잘 먹고 옷을 괜찮게 입었으며 미국 대표들에게 자

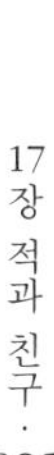

신 있게 말했다. 월리스는 소련의 공식 정책에 깔린 인도주의에 깊은 인상을 받았고 워싱턴에 돌아와서 스탈린에 대해 좋게 이야기했다. 이 모든 사기극은 놀라운 성공을 거두었다.[22] 또 다른 유용한 장치는 특파원의 여행 권리를 제한하는 것이었다. 모스크바의 생활 여건이 나빴다면 우크라이나와 카자흐스탄은 훨씬 더 나빴는데, 머거리지가 공식 후원을 받아 드네프로페트로프스크로 가는 여행에서 우크라이나 땅을 통과하는 동안 기근을 목격할 기회를 포착한 것은 예외적인 일이었다. 게다가 당국은 비자를 취소함으로써 비협조적인 기자들 문제를 처리했다. 그러므로 긴급 보도는 조심스럽게 작성되었는데, 러시아인 배우자가 있는 특파원은 특히 그러했다. 가족에 대한 보복의 두려움이 항상 존재했다. 어느 오스트리아 작가는 위협을 받은 후 굴라크에 대한 논평을 철회했다.[23]

그렇다 하더라도 소비에트 체제의 방종은 이해하거나 묵과하기 힘든 것이었다. 월터 듀런티는 소련 수도에서 자신의 안락과 상업 활동을 연장할 수 있으면 아무 말이나 내뱉는 악당이었다. 머거리지에 따르면 듀런티는 소련으로부터 불법으로 물품을 반출했다.[24] 에드거 스노, 조지프 데이비스, 휴렛 존슨은 지적인 깊이가 없었다. 하지만 어느 누구도 웨브 부부와 버나드 쇼가 분석 능력이 부족하다고 공정하게 말할 수는 없을 것이다. 무엇이 그들로 하여금 스탈린을 옹호하도록 부추겼는가? 대답은 주로 그들이 자신들의 조국을 위해 품은 목적에 있다. 그들은 사회 · 경제적 개선을 위해 중앙 집중적 국가 계획이 유용하다고 믿었다. 그들은 문화 개혁가들이었다. 또 무의식적으로 권위주의자이기도 했다. 그들은 자신들의 정책이 미래에 대해 유일하게 합리적인 비전이라고 생각했다. 그들의 약점은 자신들이 권력은 없고 영향력만 있다는 것이었다. 웨브 부부와 쇼는 공산주의자들과 근본적인 가정들을 많이 공유했고 스탈린을 찬미받을 문명의 건설자로 보았다. 그들은 심각한 상상력 부족을 겪었다. 자유민주주의 체제에서 양육된 그들은 사회 공학이라는 측면에서 자신들과 똑같은 목적을 공유한 사람이 살인마일 수 있다고는 상상할 수 없었다. 그들은 미국과 영국이 세계 문명의 중심이라고 생각했다. 그들 세대는 러시아를 색다른 나라, 즉 변혁을 달성하기 위해 다소 가혹한 통치가 필요한 나라라고 여기는 것이 보통이었다.

1933년부터 그들은 스탈린을 지지할 또 다른 이유를 히틀러에서 찾았다. 독일의 팽창주의는 자유민주주의 체제 옹호자들을 경악하게 했고 이들은 자국 정부의 대응이 무력하다는 것을 알았다. 소련 외에 유럽의 어떤 열강도 나치에 대적할 의사가 없었다. 무엇보다도 이런 상황이 소련에 대한 공감을 더 부추겼다. 스티븐 스펜더(Stephen Spender) 같은 시인들은 공산주의에 대한 의구심을 억누르고 에스파냐로 가서 국제여단에 가담했다. 그들은 에스파냐 땅에 발을 디뎠을 때에야 비로소 공화파 세력 내부에서 스탈린이 선동한 피비린내 나는 음모를 발견했다. 직접 경험하지 못한 많은 사람들은 스탈린의 정책에 대해 전해진 바를 별로 믿으려 들지 않았다. 스탈린이 제3제국과 협상한 1939년 8월에야 소련을 나치즘으로부터 보호해주는 단단한 방어벽으로 여기는 것이 잘못이라는 사실이 소련 정책의 지지자들에게 확연히 드러났다.

1936년에 빅터 골란츠*가 설립한 '레프트 북클럽(Left Book Club)'이 발간한 똑같은 양식의 책과 팸플릿이 유포되면서 소련에 대한 공감은 더욱 강화되었다. 발행 부수는 수만 권에 이르렀다. 매달 새 책이 구독자에게 권장되었고 목록에는 팻 슬론(Pat Sloan)의 《소비에트 민주주의》와 로버트 페이지 아넛(Robert Page Arnot)의 《러시아혁명 약사》 같은 주옥같은 분석이 포함되었다. 두 저술가는 공산당원이었고 그들의 책은 다른 좌파 정당에 속한 작가들의 책과 나란히 자리 잡았다.[25] 공

골란츠(Victor Gollancz, 1893~1967) 영국의 출판업자, 사회주의자. 1936년 영국에서 '세계 평화와 반파시즘 투쟁을 지원할' 목적으로 스태포드 크립스 등과 '레프트 북클럽'을 창립했다.

산주의에 정치적 존경심이 부여되었다. 골란츠에 대응하여 보수주의자들은 런던에 '라이트 북클럽(Right Book Club)'을 설립했다. 이 클럽은 좌파 경쟁 클럽만큼 활기차게 일반인들을 사로잡지는 못했다. 가장 두드러진 비난은 연합통신 특파원 유진 라이언스(Eugene Lyons)의 타자기에서 나왔다. 라이언스는 공산주의 동조자로서 모스크바에 갔다가 분노와 환멸을 안고 귀국했다. 그의 기사와 나중에 쓴 책 《유토피아에서의 임무》는 머거리지의 고전처럼 우크라이나의 콜호스 농민들이 마을 수확 축제에서 짚 인형을 만들고 춤을 추면서 시간을 보낸다는 건 거짓이라고 세상에 알렸다.[26] 라이언스는 책에서 모스크바 정치에 집중했으나 신랄한 비판이 잘 드러나도록 수도와 몇몇 지역의 생활 형편도 충분히 언급했다.

〈런던타임스〉 특파원 어치(R. O. G. Urch)는 라이트 북클럽에서 《시베리아의 토끼 왕》을 출간했다. 내용은 사실에 근거를 두었다기보다 암시적이었다. 어치는 소련의 식량 공급 문제를 대규모 집단 농장을 설립하는 데 들어가는 수백만 루블로 극복할 수 있을 것이라고 스탈린을 속인 모험가들의 이야기를 해주었다. 집단 농장에서 모험가들은 최신 유전자 공학을 이용하여 도시민들이 먹을 거대한 토끼를 개발할 것이었다. '토끼-파괴자들'이 재판에 회부되었다. 또 하나의 발상은 올챙이를 돼지에게 먹여 가축을 기르는 어려움을 해결하는 것이었다. 돼지도 농민도 이 계획에 열정을 보이지 않았다.[27]

망명자들도 회고록으로 일반인들의 토론에 뛰어들었다. 소련의 변절자로는 오게페우 요원인 발테르 크리비츠키*와 외교관 세르게이 드미트리예프스키*가 있었다.[28] 심지어 1920년대에 스탈린의 비서로 근무했던 보리스 바자노프*의 회상도 있었다. 바자노프는 체포되기 전에 파리로 도주했다.[29] 이 작가들은 서기장이 자기 마음에 들지 않는 정치

크리비츠키(Walter Krivitsky, 1899~1941) 폴란드 태생. 1917년경 소련 첩보기관에 들어가 비밀 활동을 수행했다. 1937년 자신의 첩보 활동을 폭로하는 책을 썼다.

인들에게 둘러싸인 환경에서 드러낸 매우 광포한 성격에 관해 한 점의 의혹도 남기지 않았다. 그들은 소련 경찰들이 자신들을 덮칠지 모른다고 항상 염려했다. 오게페우와 이후의 엔카베데는 유럽 전역에 걸쳐 러시아인 지역 사회에 침투했고 '인민의 적들'을 암살하고 납치하는 일을 빈번하게 저질렀다. 1930년 쿠테포프(Aleksandr Kutepov) 장군이, 1937년에는 밀레르(Evgenii Miller) 장군이 납치되었다. 두 장군 모두 실제로 소련에서 반소련 네트워크를 조직하고 있었다. 크렘린은 세계 전역에 손을 뻗쳤고, 손아귀의 힘은 아나콘다만큼이나 셌다. 그러나 이런 무도한 행위가 스탈린의 소련에서 저질러지고 있음을 밝힌 많은 이야기들이 프랑스어와 영어로 발표되었다. 그것을 폭로한 자들은 유럽에 나타나 소련에 대한 충성을 내던지면서 좌파 정치와 어떤 연계도 부인했다.

좀 더 대중적인 수준에서도 공산주의에 대한 거부가 널리 퍼졌다. 이 점에서 미디어가 결정적이었다. 〈뉴 리퍼블릭〉 같은 미국의 중도 좌파 잡지들이 1930년대 후반 소련의 반파시즘 정책에 강한 인상을 받은 것은 사실이다. 그러나 미국의 신문들은 소련에 덜 관대했다. 비록 스탈린의 에스파냐 내전 개입으로 자유주의자들과 온건 좌파가 스탈린 비판을 완화하긴 했으나 이는 예외적인 일이었다.

베스트셀러 소설은 반소련 여론을 반영하고 확증했다. 영국 작가 리치멀 크롬프턴(Richmal Crompton)이 쓴 어린이 책의 주인공인 윌리엄 브라운과 그의 친구들(일명 '무법자들')은 《윌리엄—나쁜 놈》에서 모의 총선거를 실시했다. 윌리엄의 친구 진저가 공산주의 후보로 나섰다.

드미트리예프스키(Sergei Dmitrievskii, 1893~1964) 러시아의 혁명가이자 소련 외교관. 1927년부터 스톡홀름에서 스웨덴 주재 소련 대사 고문으로 활동하다 1930년 변절하여 귀국하지 않았다.

바자노프(Boris Bazhanov, 1900~1983) 소련 정치국의 서기이자 1923~1925년까지 스탈린의 개인 비서였다.

그는 시작했다. "신사 숙녀 여러분, 공산주의는 공산주의자가 아닌 모든 사람들과 전쟁을 벌이고 그들을 정복해서 죽이는 것을 의미합니다."

"사람을 죽이는 것은 나쁜 짓입니다."라고 주일 학교의 〔이름이 알려지지 않은〕 희망이 참견했다. "사람을 죽이는 자는 목이 매달려질 겁니다. 그들에게 반드시 합당한 대우가 따를 겁니다."[30)]

진저는 전쟁에서 승리를 거두면 이 문제는 낡은 이야기가 돼버릴 것이라고 불쑥 끼어들었다.[31)] 그러나 공산주의자로서 진저는 사회주의 후보인 헨리나 자유주의 후보인 더글러스만큼이나 승산이 없었다. 윌리엄은 정치적 색깔보다는 인물의 힘으로 보수주의자들을 대표하여 총리직 선거에서 승리했다. 공산주의와 살인 · 폭력의 연결은 당연하게 여겨졌으며, 많은 아이들뿐만 아니라 그 부모들도 책을 읽었고 크롬프턴의 책이 계속 발간되는 것을 기뻐했다. 학생들의 나쁜 행실은 사회의 현 상태를 방해하지 않는 한 용서되지만 어른들의 공산주의는 극악무도한 인류의 역병이었다.

또 다른 작가 엠마 오르치(Emma Orczy)는 프랑스혁명에 관한 책을 수백만 권 팔았다. 그녀 책의 주인공인 퍼시 블레이크니 경은 그의 적들에게 스칼릿 핌퍼넬로 알려졌다. 변장의 대가인 그는 파리의 정치 단체에 침투했고 체포와 처형의 위협 속에서 귀족들을 구조했다. 오르치는 헝가리 태생의 영국 작가였는데, 제1차 세계대전이 벌어지기 전에 시리즈를 쓰기 시작했다. 그녀는 20세기 공산주의에 대해 직접 아무것도 쓰지 않았지만, 독자들은 18세기 프랑스의 사건들과 러시아와 실제로 그녀의 출생지인 헝가리에서 일어난 좀 더 최근의 사건들을 서로 연결지어 생각하면서 테러, 고문, 자의적 통치, 전제주의에 대한 그녀의 이야기들을 즐겼다.

20세기의 베스트셀러 시인 로버트 서비스(Robert Service)도 빠뜨리면 안 된다. 서비스는 스코틀랜드계 부모에게서 태어나 영국에서 살다

젊을 때 캐나다로 이주했고 그곳에서 자신을 '유콘 주의 시인'으로 만들어준 시들을 썼다. 그는 1930년대에 소련을 방문했고 그 인상을 기록했다. 그의 《바룸 발라드》에 실린 〈레닌 묘의 발라드〉에는 다음과 같은 구절이 들어 있다.

나는 체코(Cheko) 테러리스트였다네 — 오 나는 소련 정부를 위해 잘 봉사했지,
그들이 내가 발설할까 봐
내가 본 것을, 본 것만을 말할까 봐
무서워서 나를 폐기물 처리장 명부에 올릴 때까지는.
그들은 감옥에 나를 가두고 총살대는 나를 송장으로 만들려 했지.
그러나 나는 도망쳤고 여기 오늘 너에게 내 이야기를 하고 있구나.
이상하게 들릴지 모르지만, 레닌의 수염을 걸고, 맹세코
그것은 사실이라네.[32)]

'체코'—즉 체카—요원은 모스크바를 탈출했고 결국 대서양을 건너 '케이시의 바(Casey's Bar)'에서 친구에게 자신의 '모험담'을 이야기했다. 서비스에게 소련에서 겪은 모든 것은 억압과 사기와 자의적 통치였다. 그는 그것을 직접 보았고 운율이 맞지 않는 서투른 스타일로 이야기해 수많은 독자들을 즐겁게 했다.

반공산주의 주장은 정치적 우파의 작가들에게만 국한된 것이 아니었다. 당시 사회주의자였던 맬컴 머거리지뿐만 아니라 영국 독립노동당(ILP)의 조지 오웰도 소련이 누리는 국제적 평판의 판유리를 산산조각 냈다. 오웰은 이튼 칼리지 출신이었다. 그는 미얀마에 가서 경찰관으로서 영국 제국을 위해 일했다. 그는 어릴 때 받은 교육의 관습들을 내던져버렸다. 이름을 바꾸고 사회적 배경을 숨겼을 뿐만 아니라 점점 두각을 나타내는 소설가로서 영국 사회에서 급진적 개혁 운동을 펼쳤다. 에

스파냐 내전은 그를 공화파 측에서 전투에 자발적으로 참가하도록 이끌었다.

오웰은 에스파냐에 도착하자마자 곧 공산주의자들과 정치적 좌파의 다른 정당들 사이에 메울 수 없는 골이 존재하는 것을 알았다. 모스크바의 지령에 따라 팔미로 톨리아티—일명 에르콜 에르콜리(Ercole Ercoli)라 불리는—는 에스파냐공산당에게 공화파 세력에서 아나키스트와 트로츠키주의자들을 숙청하는 데 전념하라고 지시했다. 이는 대규모 처형을 수반했다. 학살과 책략은 공산주의자들과의 협력 가능성을 배제하지 않고 바르셀로나로 갔던 오웰을 소름끼치게 만들었다. 그러나 그는 잘못 계산했다. 오웰은 안드레스 닌이 1935년에 창설한 마르크스주의통일노동자당(POUM)의 군사 조직에 가담했다. 일관된 트로츠키주의자는 아니었지만 닌은 확실히 트로츠키의 동조자였다. 그러므로 마르크스주의통일노동자당은 스탈린 분노의 특별한 표적이었다. 많은 당원들이 총살 부대에게 처형되었고 부상 때문에 후방으로 후송된 오웰은 아내의 시의적절한 경고 덕분에 그 운명을 피할 수 있었다. 그는《카탈루냐 찬가》에서 자신의 경험을 신랄하게 기록했다. 공식 공산주의에 대한 그의 혐오는 총체적이었다.[33]

오웰은 이미 '레프트 북클럽'에서 책을 발간하여 찬사를 받은 작가였으나,《카탈루냐 찬가》에 대해선 자신의 출간 이유를 받아들이도록 골란츠를 설득할 수가 없었다. 오웰은 자신이 에스파냐에서 본 것은 단순히 소련의 정치 방식이 그대로 외국에 전달된 것일 뿐이라고 말하고 있었다. 그는 사회주의자들은 좌파 쪽에 어떠한 적도 없다는 주장이 완전히 틀렸음을 드러냈다. 그는 세커 앤드 와버그 출판사에 자신의 책을 갖다주었고 오랜 동지들로부터 비난에 시달리면서도 세계 시민으로서 의무를 다했다. 일부는 여행기이고 일부는 정치 책자인《카탈루냐 찬가》는 지금도 위대한 반스탈린주의 문헌의 하나로 남아 있다.

1930년대 공산주의는 격렬한 공적 토론의 대상이었다. 이전 10년간의 정치에서 좌파와 우파의 단절은 좀 더 혼란스런 풍경에 자리를 내주었다. 모든 보수주의자나 자유주의자들이 스탈린에게 반대한 것은 아니었으며 그들 중 일부—특히 사업을 하는 사람들—는 소련과 좀 더 우호적인 관계를 적극적으로 추구했다. 루스벨트 재임시의 백악관은 모스크바에서 진행된 사건들을 좀 더 우아하게 분석하는 것으로 두드러졌다. 그러나 의심할 여지 없이 스탈린을 찬양하는 데 가장 깊숙이 머리를 숙인 사람은 유럽과 북아메리카의 사회주의자들이었다. 그렇지 않았더라면 오웰은 소련에 대한 자신의 비판을 발간하는 것이 좀 더 쉬웠을 것이다. 무엇보다도 특히 유럽과 북아메리카에서 가장 뛰어난 일부 지식인들을 혼란스럽게 한 것은, 경제 · 사회적 개혁과 파시즘으로부터의 보호를 촉진하는 데서 자유민주주의 체제가 보인 비효율성에 대한 실망이었다. 이들 대부분—그러나 전부는 아님—은 히틀러와 스탈린이 독일과 러시아 사이에 끼어 있는 땅을 마음대로 분할하는 음모를 꾸몄던 1939년 8월에 엄청난 충격을 받을 것이었다. 그때쯤에는 언제나 소련을 비난했던 작가들이 참회한 죄인들을 좋아하기에는 너무 때가 늦었다.

히틀러와 스탈린

파시즘과 공산주의의 대결

1939년 8월 23일 히틀러의 외무장관 요아힘 폰 리벤트로프*가 모스크바로 날아갔다. 다음 날 이른 아침 리벤트로프와 그의 소련 상대역 몰로토프는 제3제국과 소련의 불가침 조약에 조인했다. 이 장면을 지켜보던 스탈린은 마음이 홀가분했다. 몇 년 동안 국제 관계는 복잡하고 위험했으며 스탈린은 매일 세부 사항을 관찰했다. 소련은 일본 제국과 제3제국의 협공을 받고 있었다. 일본, 독일, 이탈리아는 이미 반코민테른 협정으로 손을 맞잡았다. 1939년 5월 일본 광동군이 만주와 몽골의 국경 지역인 노몬한에서 소련군을 공격하자 스탈린은 극동으로 전차와 항공기를 보냈고 보복 행동을 지휘하도록 게오르기 주코프*를 임명했다.[1)]

소련 지도자들은 주코프가 만일 일본군을 격퇴하지 못한다면 일본군이 독자적으로 러시아를 유린할 수 있는 물적 · 인적 자원을 갖고 있다고 봐야 한다고 판단했다. 그런데 소련과 일본의 갈등은 유럽 전역에

리벤트로프(Joachim von Ribbentrop, 1893~1946) 독일의 외교관이자 정치가. 1938년 2월 외무장관에 취임해 일본, 독일, 이탈리아 간의 삼국 동맹 결성을 비롯하여 오스트리아와 체코슬로바키아의 합병 등 나치 외교를 추진했다.

주코프(Georgy Zhukov, 1896~1974) 소련의 군인. 1942년 8월부터 제2차 세계대전이 종결되기까지 국방인민위원 제1대리와 최고 총사령관(스탈린) 대리 등을 지냈다.

긴장이 첨예한 시기에 발생했다. 독일은 1938년 3월에 오스트리아를, 1938년 9월에 수데텐란트를, 그리고 1939년 3월에 나머지 체코슬로바키아 지역을 합병했다. 히틀러는 소련을 공격하겠다는 최종 목적을 결코 숨기지 않았다. 히틀러의 연설은 아리아 인종에 맞선 '유대-볼셰비즘' 세계 음모의 중심지인 모스크바에 대한 저주를 노골적으로 드러냈다. 나치 팽창주의에 맞서 유럽에서 '집단 안보'를 수립할 목적으로 외교 파트너를 구하는 것이 스탈린에게는 급선무였다. 확실한 후보는 영국과 프랑스의 자유민주주의 체제였다. 소련에는 유감스럽게도 영국 내각도 프랑스 내각도 동맹에 관해 신뢰할 만한 약속을 주지 않았다. 히틀러가 중부 유럽을 파괴하는 대신에 군대를 동쪽으로 옮겨 소련의 공산주의를 분쇄한다면 서구 열강이 마음에 들어하지 않을 리 없다고 의심할 만한 근거가 있었다. 1937~1938년에 있었던 장교단에 대한 스탈린의 숙청은 여하튼 그를 특별할 것 없는 군사 파트너로 만들었다. 이런 일을 겪은 후 누가 베어마흐트(Wehrmacht, 히틀러 시대의 독일군)에 맞서는 대군으로서 붉은 군대를 신뢰할 수 있었겠는가?

영국이 회담을 위해 하급 관리를 보내고 증기선으로 스탈린의 여행을 계획했던 1939년 여름 상황은 최악으로 치달았다. 스탈린은 필사적이 되어 갔다. 소련 외교관들과 나치 행정부는 일종의 거래가 가능한지를 탐색하면서 베를린에서 무역 회담을 몇 달 동안 계속 진행했다. 히틀러가 갑자기 모스크바와 직접 교섭을 하고 독일의 제안을 내놓기 위해 리벤트로프를 급파할 때까지 협상에 진전이 없는 것 같았다. 몇 시간 만에 불가침 조약을 위한 거래가 성사되었다. 동유럽은 제3제국과 소련의 영향권으로 양분될 것이었다. 공개적으로는 두 강대국이 상호 무역을 증대하고 서로 공격하지 않겠다는 데 의견을 같이했을 뿐인 체했다. 그러나 영향권에 관한 비밀 의정서가 암시하는 바는 분명했다. 독일은 폴란드를 침략하고 싶었고 이 일에 관해 소련의 승낙을 보장받기를 원했다. 나치즘과 공산주의는 이름을 제외하고는 모든 면에서 동

독 · 소 불가침 조약에 서명하는 소련 외무인민위원 몰로토프. 서 있는 사람들 중 왼쪽에서 세 번째가 독일 외무장관 리벤트로프, 네 번째가 스탈린이다.

맹자가 되었다.

그것은 세기의 외교적 센세이션이었다. 5월까지 외무인민위원이었던 막심 리트비노프는 아내에게 큰 소리로 말했다. "그들이 정말로 독일과 손을 잡을 생각이란 말이오?"[2] 스와스티카* 깃발이 소련 수도의 제3제국 대사관에 나부꼈다. 반독일 영화의 보급이 중단되었고 〈프라우다〉는 조약이 평화와 안보를 보장할 것이라고 설명했다. 소련과 독일의 대변인들은 1933년 이래 그들이 서로에 대해 이야기한 모든 것을

스와스티카(swastika) 나치를 상징하는 卍자 형 무늬.

부인했다. 에스파냐 내전에서 스탈린이 아무리 나쁘게 행동했을지라도 파시즘의 팽창에 저항한 것은 의심할 여지 없는 사실이었다. 스탈린은 갑자기 정책을 뒤집었고 나치가 더욱 많은 영토를 삼키도록 해주었다. 9월 1일 히틀러는 폴란드에 전격전을 개시하여 압승했다. 히틀러의 큰 실책은 영국과 프랑스의 결의를 과소평가한 데 있었다. 런던과 파리가 철수를 요구하는 최후 통첩을 전달했을 때 히틀러는 그들을 무시했고 제2차 세계대전이 시작되었다. 스탈린은 극동에서 일본과 강화 조약을 확보할 때까지 2주 동안 소련-폴란드 국경에 붉은 군대를 머무르게 했다. 그런 뒤 소련 전차는 분할된 폴란드의 서부 지역으로 굉음을 내며 진입했다. 스탈린은 히틀러의 적극적인 협력자가 되었다.

스탈린은 디미트로프를 불러서 코민테른의 당들에게 새로운 지시를 내리도록 명령했다. 서유럽의 갈등은 '제국주의' 성격을 띤 것으로 비난받을 것이었다. 공산주의자들은 어느 쪽도 편들기를 거부했다. 1914년의 레닌처럼 스탈린은 마르크스주의가 민족 정부를 위해 군 복무를 비롯한 어떤 지지도 하지 말 것을 요구했다. 대신 공산당들은 '계급 투쟁'과, 살육으로부터 한몫 잡을 것 같은 자본가 우두머리들에 맞선 운동의 깃발을 높이 들 것이었다.

세계 공산주의 운동은 소련의 외교 · 군사적 결탁에 큰 충격을 받았다. 당원들은 소련과 코민테른이 파시즘에 맞서 무조건적 투쟁을 약속했다는 바로 그 이유 때문에 공산주의자가 되었다. 영국에서 그들은 런던 동부의 옛 빈민가인 이스트 엔드에서 오즈월드 모슬리(Oswald Mosley, 1896~1980)가 창설한 영국파시스트연합과 가두 전투를 벌였다. 그들 중 일부는 에스파냐 내전 동안 국제여단 복무를 자원했다. 영국 공산주의자들은 히틀러와 히틀러가 대표하는 모든 것을 혐오했다. 프랑스공산당과 영국공산당은 코민테른 규율과 반파시즘에 헌신하는 것 사이에서 선택을 해야 했다. 프랑스 동지들은 즉각 복종을 선택했고 자국 정부에 제3제국과 강화를 제의하라고 촉구했다.[3] 그러나 1914년에 레닌이 많은 러시아 동지들을 설득하는 데 실패했듯이, 영국의 많은 공산주의자들도 코민테른의 명령을 참을 수가 없었다. 영국 서기장 해리 폴릿은 영국의 선전포고를 지지했다. 하지만 코민테른은 그에게 모스크바가 반대 입장을 취한다고 연락했다. 그는 코민테른 기구에서 뭔가 혼란이 있었기를 바라면서 그 정보를 무시했다.[4] 9월 2일 폴릿의 중앙위원회는 나치 침략에 저항을 요청하는 선언문을 발표했다.[5]

10월 2일 중앙위원회에서 폴릿은 재차 영국의 전쟁 수행을 지지할 것을 주장했다. 그때 모스크바 주재 당 대표였던 영국 공산주의자 데이브 스프링홀(Dave Springhall, 1901~1953)이 코민테른의 명령을 주머니에 넣고 런던에 도착했다. 폴릿은 싸움에서 졌다. 중앙위원회는 폴릿을 서기장직에서 해임했다. 이후 라자니 팔메 더트가 이끄는 새 지도부는 '제국주의 전쟁'에서 어느 한쪽 편을 들지 않겠다고 선언했다.[6] 이것은 거의 2년 동안 영국 공산주의의 공식 노선으로 남았다. 팔메 더트와 그의 동맹자들은 제3제국에 대한 어떤 저항도 강하게 비난했다. 대신 그들은 거의 초현실적인 방식으로 '인민의 평화'를 요구했다. 그들은 '혁명적 노동자들의 정부'도 '프롤레타리아 독재'도 지금은 불가능하다고 인정했다. 대신 그들은 '인민의 정부'를 요구하는 운동을 벌였는데, 그들이 원하는 정부는 암묵적으로 보수당 의원과 노동당 의원을 배제할 것이었다. 공산당에게 긴급한 일은 영국민들의 정치 의식을 높이는 것이었다.[7] (이것은 영국민들이 유럽에서 홀로 나치 독일에 맞서고 있을 때 매우 무례한 일이었다.) 마르크스주의에 대한 이해가 당내에서 더욱 깊어져야 했다. 스코틀랜드의 학습 그룹은 성공을 거뒀다고 환호를 받았고, 런던 지부들은 이를 본받아야 했다.[8] 이 나라의 공산주의 조직이 사람들의 관심에서 그토록 멀어진 적이 없었다.

그러나 영국 정부는 조심스럽게 움직였다. 정부는 당 신문은 금지했지만 공산주의자를 체포하지는 않았다. 폴릿은 이전에는 반대했던 당 노선을 지지하면서 활기차게 돌아다녔다. 이것은 공산주의 규율에 딱 들어맞는 것이었다.[9] 폴릿은 1939년 10월에 글러모건셔에서 히틀러를 달래려 한 이전의 정부 정책을 조롱했다.[10] 1940년 6월에 카디프에서 연설하면서 그는 다음과 같이 선언했다.

> 우리는 히틀러가 곤경에 처했을 때 독일의 파시즘을 지원하느라 수백만 파운드를 보냈습니다. 왜? …… 왜 우리나라는 이 프랑켄슈타인을 강해지게 했습니까? 그것이 지금 막 탄생하고 있는 것이기 때문인가요? 영국광부연합이 파괴되고 노동당과 공산당이 파괴되는 것을 보고 싶은 사람들이 권좌에 있기 때문에 우리는 그렇게 했습니다. …… 독일에서 누군가 권좌에 올라 그것이 바로 내가 의도한 바라고 말하자, 이 나라의 모든 영국 신사들은 열광적으로 지지했습니다. …… 여하튼 그것은 잘못되었고 우리는 승산 없는 쪽에 돈을 걸었던 것 같습니다.[11]

그렇지만 당국은 여전히 손을 놓고 있었다. 그들은 공산당을 위협적이기보다는 귀찮은 존재라고 인식했다. 각료들은 훨씬 더 위험한 것은 모슬리와 영국파시스트연합이라고 생각해 전쟁 동안 이 단체의 회원 747명을 억류했다.[12]

프랑스공산당은 당내 긴장이 덜했다. 지도자 모리스 토레즈는 군에 징집되었지만 1939년 11월 탈주했다. 그는 당 지도부가 활동을 지속하는 데 필요한 존재였다. 토레즈가 모스크바로 도주한 사이 나머지 지도자들은 모스크바의 지령을 계속 지켰다. 하지만 1940년 6월 프랑스가 독일군에 무릎을 꿇자, 프랑스공산당은 모스크바와 단절되었고 스스로 일을 처리하지 않으면 안 되었다. 측은하게도 그들은 신문을 계속 발간하는 것을 허락받으려고 독일군에 접근했다. 프랑스 공산주의자들은 나치가 소련과 조약을 맺었기 때문에 히틀러가 프랑스 공산주의를 억압할 이유가 없기를 희망했다. 이 요청은 대수롭지 않게 무시되었다. 중부 유럽과 동유럽 전역에서 친위대(SS)와 지역 경찰은 코민테른을 지지하는 잔당들을 체포했다.[13] 그런데도 프랑스공산당은 군사 갈등은 '제2차 제국주의 전쟁'으로 비난받아야 하고 영국과 독일 사이에서 어느 한쪽 편을 들어서는 안 된다는 모스크바의 요구에 집착했다.

1941년 6월 22일, 히틀러는 부그 강 전역의 독일군에게 바르바로사 작전을 개시하여 소련을 침공하라는 명령을 내렸다. 처음에 스탈린은 독일의 소련 침략을 받아들이지 않으려 했다. 몇 시간 동안 스탈린의 군 사령부는 보복을 허락해 달라고 그에게 청원했다. 독일군의 진격은 몇 주 동안 빠르게 진행되었다. 리투아니아와 벨라루스가 정복되었다. 가을에 독일군은 레닌그라드와 모스크바 근교에 도달했고 우크라이나를 점령했다. 공산주의는 자신을 확립한 유일한 강대국에서 파괴될 지경에 이른 것처럼 보였다. 스탈린은 포위된 영국의 제안에 긍정적으로 대응했다. 그해 말 일본 공군이 진주만의 함대와 비행기에 폭격을 가하고 히틀러가 미국에 선전포고를 한 뒤 미군이 전쟁에 돌입하자 스탈린은 매우 기뻤다. 영국, 소련, 미국으로 이루어진 대동맹이 형성되었고, 코민테른은 회원 정당들에게 모든 반나치 정부를 지지하고 모든 반나치 저항 운동에 가담하라고 지시했다. 미국과 영국의 노동자들에게 파업에 돌입하라고 요청해서는 안 되었다. 그들에게는 군대에 자원하거나 군수 생산 증대를 돕는 것이 정치적 의무라고 말해주어야 했다. 바르바로사 작전은 모든 것을 바꾸어놓았다. 공산당들은 전쟁에 대해 이제 중립을 지켜서는 안 되었고 제3제국과 그 동맹국들의 전쟁 수행을 방해해야 했다.

반독일과 반일본의 대의에 동조하는 나라들의 공산당에 끼친 효과는 깜짝 놀랄 정도로 엄청났다. 공산주의자들은 전시의 체제 전복 세력에서 제3제국에 맞서는 투쟁의 전투적인 옹호자로 변신했다. 영국과 미국의 공산당들은 다시 일반인들에게 두각을 나타냈다. 프랑스, 그리스, 이탈리아, 유고슬라비아에서 공산당들은 무장 집단을 형성하여 파시즘과 사력을 다해 싸웠다. 공산주의의 부활은 라틴아메리카에서도 두드러졌다. 1939년에는 이 거대한 지역 전역에 공산주의자들이 10만 명밖에 없었다. 1947년까지 그 수는 50만 명으로 늘어났다.[14)]

일반적인 예상과 달리 소련은 붕괴하지 않았다. 가을의 진흙과 겨울의 눈은 독일군을 주춤하게 했고 붉은 군대는 영토 구석구석을 방어했다. 스탈린은 전략적 위험과 상관없이 반격하라고 요구하면서 장군들에게 고래고래 고함을 쳤다. 그는 1942년 봄에 반격을 시도해야 한다고 고집했다. 결과는 또 한 번의 재앙이었고 독일군은 앞으로 더 전진했다. 그러나 스탈린은 계속 압박을 가했다. 명령 제270호로 병사들이 독일군의 포로로 잡히는 일은 불법이 되었는데, 실제로도 도덕적인 면에서도 이 금지는 터무니없는 조치였다. 소련군은 야만적인 강압을 받았다. 명령 제227호는 "한 걸음도 후퇴해서는 안 된다."를 공식 구호로 선언했다. 일시적인 퇴각조차 금지되었다. 하지만 조용히 스탈린은 자신의 본능을 얼마간 통제했고, 모든 대안을 시도해본 뒤 좀 더 분별 있게 행동하기 시작했다. 주코프 같은 대담한 군 사령관은 여전히 스탈린의 제안을 의문시했다. 그러나 스탈린은 히틀러와는 달리 전문적인 충고를 받아들이기 시작했다. 아무래도 스탈린은 야심이 없는 아들 바실리를 꾸짖은 것 같다. "너는 오래전에 군사학교에서 졸업장을 받았어야 했다." 바실리는 이 말에 준비가 되어 있었다. "그래요, 아버지도 졸업장이 없잖아요."라고 아들은 날카롭게 대꾸했다.[15)] 스탈린 자신은 전쟁 수행 기술을 열심히 익혔고 그의 지휘관들은 스탈린의 역량이 성장하는 것이 기뻤다.

그러나 레닌그라드는 계속 포위된 상태였고 모스크바는 위험에 빠져 있었다. 독일군은 볼가 강으로 돌진했고 스탈린그라드 공격을 계획했다. 하지만 어떻게든 소련은 저항할 자원을 찾아냈다. 징집이 절정에 이르렀을 때 1천2백만 명의 남자와 여자를 무장시켰다. 공장은 우랄 산맥으로 소개되었고 무기는 점점 대량으로 생산되었다. 독일군은 지나치게 길게 연장된 공급선 때문에 크게 애를 먹었다. 조심스럽게 계획된 붉은 군대의 작전은 스탈린그라드 외곽의 독일군을 포위했다. 히틀러는 군의 전략적 후퇴를 금지했다. 이것은 터무니없이 어리석은 명령이었고 맹렬한 백병전 후 스탈린그라드는 1943년 1월에 다시 소련의 수중에 들어왔다. 스탈린그라드 전투는 제3제국이 제2차 세계대전에서 처음으로 유럽에서 패배한 전투였다.

동부 전선의 전투는 아직 끝나지 않았다. 독일군은 3월 동부 우크라이나에서 하리코프를 재점령함으로써 자신들의 복원력을 입증했다. 7월에 양쪽 군대는 쿠르스크 인근에서 전차전 태세를 갖추었다. 어느 편도 승리를 거두지는 못했지만 히틀러는 스탈린보다 결판이 나지 않는 전투를 감당할 여유가 없었다. 히틀러의 공장들은 전차와 비행기 생산에서 소련을 따라잡을 수 없었고 소련 국민들은 승리를 위해 끝장을 보기로 작정했다. 소련은 또 소집할 수 있는 병력 수에서도 이점이 있었다. 8월에는 하리코프가, 11월에는 키예프가 다시 붉은 군대의 수중에 떨어졌다. 레닌그라드 포위는 1944년 1월에 풀렸다. 6월 22일 바르바로사 작전 3주년 때 스탈린은 벨라루스와 리투아니아 탈환을 위해 바그라티온 작전을 개시했다. 민스크와 빌뉴스가 7월에 다시 소련의 도시가 되었고 붉은 군대는 회복을 위해 비스와 강 동쪽 기슭에 주둔했다. 붉은 군대는 독일군이 바르샤바 봉기를 진압하고 폴란드 수도를 파괴할 때 한쪽에 비켜서 있었다. 1945년 1월 소련군이 마침내 비스와 강을 건너자 공격이 재개되었다. 격렬하게 방어했지만 독일군은 소련군의 진격을 멈추게 할 수가 없었다. 주코프 원수가 이끄는 붉은 군대는 4월 30일 베를린의 제국의회를 포위했다.

독일군의 등뼈는 동부 전선에서 산산조각 났다. 영국군과 미군은 1944년 6월까지 영국 해협을 건너 프랑스 북부에서 육해공 합동 침공을 단행하기로 했다. 스탈린은 서방 연합국이 제2전선을 개설하는 데 늑장을 부리고 있다고 자주 비난했다. 그는 병참의 어려움을 과소평가했다. 처칠은 하고 싶은 말을 꾹 참고 사실상 소련이 제3제국의 적극적

나치 독일의 패전 이후 처리를 논의하기 위해 얄타에 모인 세 거두. 왼쪽부터 처칠, 루스벨트, 스탈린.

인 동맹국이던 1940년에 영국이 폭격을 당했다고 대꾸하지도 않았다. 게다가 미국은 일본군과 독일군의 이중의 군사적 위협에 반격을 가할 시간이 필요했다. 미국의 공장들은 군수 생산으로 전환했다. 사람들을 징집하여 훈련시켰다. 루스벨트와 그의 사령관들은 미군이 반격을 가하면 엄청나게 우수한 군사력으로 적을 타격할 것이라고 단정했다. 미국 경제 전체가 혜택을 보았고 1929년의 월스트리트 붕괴의 영향은 마침내 일소되었다. 미국 재계는 번영을 구가했고 대량 실업의 상처는 치유되었다. 어쨌든 스탈린은 히틀러를 격퇴하려면 미국, 영국, 소련이 단합해야 한다고 올바르게 판단했고 그들은 자신들의 말다툼을 최소한도로 줄였다. 한편 루스벨트는 미국 정부의 무기 대여 계획에 런던뿐만 아니라 모스크바도 포함시켰다. 소련군은 엄청난 물적 지원을 받았다. 지프차, 설탕, 화약, 돼지고기 통조림이 소련 생산의 부족분을 채우러

보내졌다.

세 거두—스탈린, 루스벨트, 처칠—는 각각 과대망상적인 자부심을 지니고 있었고 자신의 분석과 협상 능력을 무한히 신뢰했다. 루스벨트는 스탈린과 잘 지내기로 결심했고 이 때문에 1943년 11월에 테헤란에서, 그리고 1945년 2월에 얄타에서 열렸던 회담에서 소련 독재자가 출석해 있는 가운데 루스벨트가 처칠을 다소 부드럽게 조롱하는 지경에까지 이르렀다.[16] 미국 대사 에이버럴 해리먼(Averell Harriman)은 미국 대통령이 소련 체제와 민주주의 국가들 사이에 메울 수 없는 격차가 있음을 인식하지 못했다고 확신했다.[17]

서방 연합국은 소련의 전쟁 수행 노력과 대동맹에 대한 지지를 확산시키고 재정 지원을 고취하는 선전 활동을 개시했다. 스탈린은 현장에 없었지만 모금을 위한 축연의 대상이 되었다. 소련을 위해 기금 마련 콘서트가 열렸고, 런던의 펜턴빌에서 좀 떨어진 퍼시 서커스에 있던 레닌의 예전 숙소 근처에 레닌 상이 세워졌다. (이것은 그리 성공적인 발상이 아니었다. 반공산주의 활동가들이 이 기념물을 자꾸 파괴했고, 런던 경찰청은 얼마 되지도 않는 인력을 그 동상을 지키는 데 돌려야 했다.) 소련 대사들은 워싱턴과 런던에 올 때마다 갈채를 받았다. 정부의 허가를 받고 붉은 군대 병사들의 강인함을 찬양하는 팸플릿이 등장했다. 스탈린은 1943년 1월에 두 번째로 〈타임〉이 선정한 '올해의 인물'이 되었다. 스탈린은 1940년 초에 다름 아닌 나치-소비에트 협정에 조인한 업적으로 '올해의 인물'을 처음으로 획득했다. 오직 루스벨트만이 그런 칭호를 더 많이 받았다. 영국의 지휘자 에이드리언 볼트(Adrian Boult) 경은 스탈린의 생일을 기념하여 BBC 주최의 프로코피예프* 소품 콘서트를 지휘했다.[18] 국왕 조지 6세는 스탈린에게 스탈린그라드 전투를 기념하여

프로코피예프(Sergei Prokofiev, 1891~1953) 러시아의 작곡가. 러시아혁명이 일어나자 1918년 미국으로 망명해 피아니스트로 활동했으며, 1933년 소련 당국의 요청을 받아들여 조국으로 돌아갔다.

무늬가 새겨진 칼을 보냈다.[19] 처칠과 루스벨트는 방송 연설에서 스탈린과 붉은 군대에 대한 감사를 정기적으로 표명했다. 연합군은 착한 늙은 '조(Joe) 아저씨'*를 찬미하면서 전쟁터로 갔다. 동부 전선에서 소련이 치른 희생에 대한 감사의 마음은 에벌린 워(Evelyn Waugh) 같은 몇몇 비타협적인 반소련 인사들을 제외하고는 모든 사람이 공유했다. 영국 수도의 폴란드 부대는 거의 나치 독일만큼 소련을 혐오했으나 그들에게 의견을 표명해 달라는 요청은 없었다.

영국 공산주의 활동가들은 공장 집회에서 연설했다. 그들은 서방 연합국 군대에서 활동하기까지 했다. (공산당 소속이 발각될 경우 장교 직위까지 올라간 사람은 거의 없었다. 그들의 승진은 한계가 있었다.) 당원과 동조자들은 영국 행정부의 최고위직으로 나아갔다. 미국과 영국은 스파이 활동에 대한 엄격한 예방 조치로 골치를 썩이는 것보다 소련과 우호적인 관계를 맺는 데 더 열심이었고, 소련은 이 부드러운 관계를 십분 활용했다. 스탈린은 거의 양보를 하지 않았다. 소련 첩보 기관들은 서방 고위 기관에 자신들의 '두더지'를 갖고 있었다. 미국과 영국 기자들은 제한적으로 소련 입국이 허용되었고 〈영국 동맹국(Britanski soyuznik)〉 같은 신문들이 한정판으로 등장했다. 미국 기술을 찬양하는 소련 국민은 체포되기 쉬웠고 미국의 물적 지원은 〈프라우다〉에 대체로 보도되지 않았다.[20]

한편 스탈린은 세계 공산주의 운동의 재편을 숙고했다. 스탈린의 깜짝 놀랄 목표는 공산주의인터내셔널을 폐쇄하는 것이었다. 공산주의인터내셔널의 서기장 디미트로프는 조직에 대한 스탈린의 비난에 익숙했다. 1937년 스탈린은 디미트로프를 보고 "코민테른 당신네 모두는 적과 한통속"이라고 고함을 쳤다.[21] 디미트로프는 틀림없이 자신이 얼마나 더 오래 살 수 있을지 궁금했을 것이다. 1941년 4월 스탈린은 좀 더

조 아저씨 스탈린을 가리킨다. 얄타 회담에서 루스벨트가 스탈린을 '조 아저씨'라고 불렀다.

왼쪽 : 1939년 나치 독일과 불가침 조약을 체결하여 〈타임〉 올해의 인물로 선정된 스탈린.
오른쪽 : 1942년 나치 독일에 앞장서 싸워 〈타임〉 올해의 인물에 두 번째로 선정된 스탈린.

온건한 어조로 이 문제를 다시 언급했다. 이번에는 공산당들이 모스크바로부터 독립하여 자국의 이익을 보호하는 것으로 보여야 한다고 주장했다. 또한 스탈린은 제3제국이 점령한 나라들에서 분란을 일으키지 않겠다고 하여 히틀러를 안심시키면 좋겠다고 생각한 것 같다.

> 인터내셔널은 마르크스 시대에 다가오는 국제 혁명을 기대하면서 창설되었다. 코민테른은 레닌 시대에 유사한 상황에서 창설되었다. 오늘날, **민족적** 과제가 각 나라에 제일 우선순위로 등장한다. **어제의** 과제에 매달리지 말라.[22]

바르바로사 작전은 스탈린을 이 목적에서 벗어나게 했다. 동부 전선의 재앙은 깨어 있는 모든 시간에 소련 방어에 집중할 것을 지상 명령으로 만들었고, 더는 나치에게 신뢰를 보여줄 필요가 없게 되었다.

코민테른의 직원들—적어도 대테러에서 살아남은 사람들—은 우랄

산맥 남쪽에 위치한 우파(Ufa)로 가도록 명령받았다. 디미트로프 자신은 몇몇 소련 인민위원들과 볼가 강변의 쿠이비셰프로 파견되었다. 라디오 방송국은 붉은 군대가 치르고 있는 '대(大)조국전쟁'에 대해 동유럽에 고무적인 메시지를 보냈다. 밀사들은 살아남은 지하 공산주의 그룹과 접촉했다. 1938년에 해산된 폴란드공산당은 1941년 말 이래 폴란드노동자당으로 아예 다시 만들어졌다. 전쟁 내내 공산주의자들은 자신들이 정치 세력으로 활동할 전후 세계를 준비하고자 노력했다. 유럽의 저항 조직에서 공산주의자들이 거둔 업적에 관한 이야기가 모스크바에 다시 전해졌다. 독일군을 꼼짝 못하게 묶어 두는 데 유고슬라비아 공산주의 세력이 보인 비범한 활약에 관한 소식도 있었다. 코민테른은 모스크바가 전쟁 전에 공산당을 이끌게 하려고 파견했던 군사 지도자 티토에 관한 개략적인 일대기를 그대로 받아 전달했다.[23)]

스탈린그라드 전투 이후 스탈린은 유럽에서 공산주의를 확산시키는 방법을 급박하게 생각하면서 코민테른을 폐지하는 발상으로 되돌아갔다. 세계 공산주의의 명목상 지도자인 디미트로프는 1943년 5월 8일 자신이 해임되었다는 말을 들었다.[24)] 즉각 그는 급히 소집된 집행위원회 회의에서 코민테른 해산을 위한 형식상의 절차를 조직했고, 회의는 코민테른이 그 목적보다도 오래 존재했다는 데 뜻을 모았다. 강조할 필요도 없이 스탈린이 무대 뒤에서 조심스럽게 지켜보았다.[25)] 1919년 이래 코민테른과 공산당들은 외국의 어디서든 그들이 할 수 있는 곳에서 자본주의에 분란을 일으켰다. 아마도 스탈린은 자신이 이제 세계 혁명을 꾀하지 않는다고 미국과 영국을 안심시키고 싶었을 것이다. 그는 공산당들이 곧 있을 세 거두의 회담 전에 정치적 경계 태세를 풀기를 바랐다. 그러나 스탈린에게 더욱 중요했던 것은 붉은 군대가 막 유린할 유럽 국가들에서 공산주의의 매력을 극대화하려는 충동이었을 것이다. 실제로는 코민테른의 중앙 기구가 전연방공산당(볼셰비키당. 1925년에 '러시아공산당'에서 개칭되었다) 중앙위원회 서기국의 국제부로 단순히 이전되었을 뿐이었다. 국제부의 새 수장은 다름 아닌 게오르기 디미트로프였다. 이 모든 일은 비밀리에 진행되었다. 각 공산당이 모스크바의 지령 없이 행동하고 있는 것처럼 보이게 하는 것이 스탈린에게 중요했다.

또한 특히 동유럽에 영향력을 행사하려는 스탈린의 시도는 전슬라브 위원회(All-Slavic Committee)의 설립을 가져왔다. 슬라브 인종은 형제라고 선포되었다. 헝가리인을 비롯한 지역의 몇몇 인종들이 슬라브인이 아니라는 사실은 간과되었다. 이 구상은 비슬라브인들을 소외시키려는 것이라기보다는 폴란드인, 체코인 등에게 강하게 호소하려는 것이었다. 그런데도 이것은 공상에 지나지 않았다. 헝가리인들이 이 계획을 반(反)마자르 음모로 보지 않을 것이라고는 생각할 수가 없었다. 게다가 1943년 9월에 내린 추가 결정은 확실히 소비에트러시아 제국주의를 살짝 위장한 것이었다. 스탈린이 러시아 정교 성직자들을 크렘린에 초청해서 정치적 충성을 대가로 억압을 완화하겠다고 제안한 것이 바로 그때였다. 성직자들은 이 제안에 열렬하게 동의했다. 스탈린은 소련군이 서쪽으로 나아감에 따라 '우크라이나 독립교회' 건물을 그들에게 넘겨줄 의사도 추가로 표명하여 성직자들의 비위를 맞췄다.[26]

1941년 이전에는 거의 상상도 할 수 없던 일이 몇 년 뒤에 일어났다. 소련은 세계 각국과 정상적인 관계를 맺을 가치가 있는 나라로 여겨지기 시작했다. 미국의 사업가들은 모스크바와 거래를 하고 소련의 경제 재건을 도와주게 될 거라고 기대했다. 엄청난 이윤이 예상되었다. 미국 상공회의소 회장인 에릭 존스턴(Eric Johnston)은 1944년 10월에 다음과 같이 언급했다. "전쟁이 끝나면 러시아는 가장 큰 고객은 아니어도 가장 열성적인 고객이 될 것이다." 기업 엘리트들은 미국 사회의 어떤 다른 그룹보다도 스탈린의 전후 신뢰성을 더 믿었다. 미국 국내외 상공회의소 사무국은 이러한 낙관주의를 조장했고 적어도 전후 시기 미국 수출의 3분의 1은 소련을 향하게 될 것이라고 추정했다.[27] 루스벨트 대통령이 보인 크렘린과의 정중한 외교적 교류는 평화의 경제학이 미·소 관계를 고취할 것이라는 워싱턴의 희망을 강화했다. 두 강대국은 모두 유럽 제국들의 붕괴를 원했다. 미국과 소련은 독일과 일본이 다시는 자신들을 위협 못하게 만들 작정이었다. 세계 질서가 어떻게 조직되어야 하는지에 관해 모스크바와 워싱턴이 의견의 일치를 보리라는 전망은 일리가 있는 것 같았다.

서방 열강 — 미국, 영국, 새로 해방된 프랑스 — 의 공산당들은 큰 신망을 받으면서 자유롭게 합법적으로 활동했다. 그들에게는 중앙 사무소와 자체 언론 그리고 열성적인 투사들이 있었다. 북아메리카와 영국에서 그들은 전쟁 수행에 봉사하는 정치적 좌파의 치어리더로서 유용한 역할을 수행했다. 그들은 자신들의 인기를 올릴 수 있는 시기를 기대했다. 공산주의는 크게 존경받지는 않았으나 대부분의 사람들 사이에서 더는 입에 담을 수 없는 말이 아니었다. 스탈린은 서방 전역에서 영웅이었다.

유고슬라비아, 이탈리아, 프랑스, 그리스에서 공산주의자들은 이보다 훨씬 더 많은 권리를 주장할 수 있었다. 티토의 파르티잔들은 서방 동맹국으로부터는 많이, 그리고 소련으로부터는 적지 않게 도움을 받았지만 독일 점령군을 제거하는 데 큰 역할을 했다. 세계 공산주의를 괴롭히는 데 이골이 난 처칠은 제3제국에 맞서는 가장 효과적인 유고슬라비아 적으로서 티토를 지지했다. 처칠은 민족주의자로서 티토의 적인 세르비아인 드라자 미하일로비치(Draža Mihailović, 1893~1946)가 아니라 티토를 지지하는, 논란을 일으킨 선택을 한 것이다. 피비린내 나는 인종적 내전이 반나치 투쟁 속에 끼어들었다. 다른 차원의 투쟁 속에서 공산주의 파르티잔들은 크로아티아의 친독일 우스타샤* 체제와 싸워 그들을 패퇴시켰다. 그리스공산당은 이런 군사적 승리를 남

우스타샤(Ustasha) 크로아티아의 파시스트 테러리스트 집단. 우스타샤는 '반역자'란 뜻이다. 변호사 안테 파벨리치가 이탈리아 파시즘의 원조를 받아 조직했다.

쪽에서 이루고자 했다. 1944년 10월 독일군이 북쪽으로 퇴각하자 공산주의자들은 서둘러 도시를 장악하고 국가 권력을 접수할 자신들의 잠재력을 강화했다. 그리스에서 내전이 벌어졌다. 공산주의자들이 이길지 군주주의적 우익 정부가 이길지는 아직 답을 알 수 없었다. 한편 프랑스와 북부 이탈리아에서는 공산주의자들이 지도하는 파르티잔 그룹들이 서방 연합국에 맞선 독일군의 방어를 파괴했다. 유럽의 공산주의는 제2차 세계대전이 시작될 때보다 더 강하고 자신만만하게 전쟁에서 빠져나오고 있었다.

19장

전후의 동유럽

강요된 평화

제3제국의 파멸은 스탈린의 경력에 영예를 더했다. 그러나 스탈린은 기쁨에 겨워할 틈이 없었다. 그는 벌써부터 세계 정치의 위험한 불확실성을 생각하고 있었다. 니키타 흐루쇼프*가 독일 항복을 축하하자 스탈린은 즉각 그를 비난하여 얼어붙게 했다. 스탈린은 승리 퍼레이드를 준비하면서 아랍산 백마를 타려고 하다가 또 그만큼 화가 났다. 날뛰는 말이 그를 땅바닥에 내동댕이쳤고, 그는 말을 타는 영예를 주코프 원수에게 양보했다. 스탈린은 사령관들을 위해 열었던 연회에서 잠깐 휴식을 취했다. 스탈린이 러시아인들이 거둔 전시의 업적들을 찬양하는 동안 캐비아와 보드카가 가득한 테이블은 상다리가 휘어질 지경이었다. 스탈린은 다음과 같이 선언했다. "어느 나라 국민이라도 자신들의 정부에게 말했을 것입니다. '당신들은 우리의 기대를 저버렸다. 그러니 사라져라. 우리는 독일과 강화를 맺고 우리를 확실히 구원해줄 다른 정부를 세울 것이다.'라고 말입니다."[1] 이것은 바르바로사 작전 초기에 자신이 저지른 대실책에 대한 변명조의 말이었다.

흐루쇼프(Nikita Khrushchyov, 1894~1971) 소련의 정치가. 스탈린이 사망한 1953년부터 1964년까지 서기장을 지냈다.

1945년 7월 베를린 근처의 포츠담에서 마지막으로 연합국 대표 전원이 참석한 회담이 열렸다. 4월 12일 루스벨트가 사망하고 처칠이 회담 중에 선거에서 진 후 새로운 인물 두 명—해리 트루먼과 클레멘트 애틀리*—이 세 거두에 합류했다. 포츠담의 결정은 신속히 이루어졌다. 일본은 무장해제되고 독일은 4개의 점령 지역으로 분할될 것이었다. 소련은 패전국에게서 보상받을 권리를 약속받았다. 동유럽에 사는 독일인들은 영토가 줄어든 독일로 퇴거시키기로 합의했다. 그러나 트루먼은 스탈린에게 태평양전쟁에 참전하라고 더는 압력을 가하지 않았다. 맨해튼 프로젝트에 참가하고 있던 미국 과학자들은 핵폭탄을 제조했다. 미 공군은 이제 어떤 도움도 받지 않고 재빨리 일본을 끝장낼 수가 있었다. 스탈린은 첩자를 통해 이미 이 사실을 알았으며, 얄타 회담에서 자신에게 약속된 극동의 땅을 고집했고 트루먼은 이에 반대하지 않았다. 다른 중요한 전후 처리 문제는 연기되었다. 폴란드에 '국민적 통합을 이룬 임시정부'를 세워야 한다는 기대가 있었지만 동유럽의 정치적 미래를 두고 세세한 계획을 짜는 일은 시도되지 않았다.

미군이 해상과 공중에서 일본을 향해 싸우며 나아가는 동안 소련군은 만주를 유린했다. 트루먼은 그때까지도 모스크바로부터 최소한의 지원을 받고 전쟁에서 이기고 싶어 했다. 8월 6일 미 공군 폭격기가 히로시마 상공을 날아 처음으로 핵폭탄을 터뜨렸다. 두 번째 핵폭탄이 이틀 뒤 나가사키에 투하되었다. 피해 상황은 전쟁의 역사에서 유례가 없을 정도였고, 핵폭탄을 계속 사용하려는 트루먼의 단호한 결의는 히로히토 천황을 비롯한 일본 지도부를 공포에 떨게 만들어 무조건 항복하게 했다. 제2차 세계대전은 끝났다. 며칠 전부터 일본 전역에 대한 장기간의 작전을 준비하고 있던 미군은 일본에 점령 통치를 위해 연합군 최고사령부(GHQ)를 설치했다. 미군은 극동에서 결정적인 역할을 했으

애틀리(Clement Attlee, 1883~1967) 영국의 정치가. 1935년 노동당 당수에 취임했으며 1945~1951년 총리를 지냈다.

나 붉은 군대는 소련의 안보를 위해 스탈린에게 필수적이었던 태평양 주변의 영토를 보장할 만큼 마지막 순간까지 임무를 충분히 수행했다.

겉모습은 기만적이었다. 소련은 적들을 패퇴시키고 세계 강국이 되었으나 국내 상황은 참혹했다. 독일과 치른 전쟁에서 2천6백만 명에 이르는 소련 국민이 사망했다. 전장과 강제수용소에서의 죽음, 영양실조와 과로로 인한 사망은 거의 모든 가정에 영향을 끼쳤다. 국가는 고아와 불구자들로 가득 찼다. 무려 1,710곳의 도시가 까맣게 탄 돌무더기로 변해버렸다. 7만 곳의 마을이 철저히 무너졌다. 스탈린은 순진한 구경꾼이 아니었다. 1941~1942년에 스탈린이 시행한 초토화 작전은 극심한 고통을 초래했고 굴라크와 엔카베데의 추방 활동이 재앙에 더해졌다. 경제는 군사적 수요를 효과적으로 충족시켰으나 그것은 다른 부문의 희생으로 이루어진 것이었다. 농업은 황폐해졌다. 공장들은 실제로 소비재 생산을 포기했다. 전쟁의 중압은 민간 행정을 완전히 파괴했다. 관리들은 모스크바의 도움을 거의 받지 않고 자신들의 지역에서 극심한 곤경에 대처해야 했다. 그와 동시에 소련은 동유럽 전역에 자신의 권위를 어떻게 확립할 것인지 우려했다. 여하튼 스탈린이 자신의 획득물에 집착한다면, 새로 점령한 대륙 절반 크기의 이 지역은 지나치게 늘어난 소련의 관공서와 경찰, 군대에 의해 관리되어야 할 뿐만 아니라 부양되고 경제적으로 재건되어야 했다.

소련 지도자들은 압제를 강화하면서도 자신들이 민주주의자인 척했다. 스탈린은 측근들에게 솔직했고 소련에서 체제를 이완해 달라는 어떤 요구에도 "강편치를 날려라!"라고 명령했다.[2] 전쟁 전의 질서가 복구되고 국외로 확장된 소련의 이해는 보호될 것이었다.

정부와 공산당은 행정망이 입은 전시의 손실을 바로잡았다. 세계는 소련에서 모든 것이 순조롭게 작동하고 있다는 이야기를 들었다. 미국이 소련의 파괴 정도를 알았더라면 협상에서 스탈린이 내민 카드는 별 볼일 없었을 것이다. 의심스런 집단에 테러가 가해졌다. 에스토니아,

라트비아, 리투아니아의 정계 · 경제계 · 문화계 엘리트들, 즉 적어도 1940년 8월 최초의 소련 합병에서 체포를 면한 사람들도 결국 붙잡혀서 시베리아로 추방되었다. 스탈린을 연구한 사람이라면 누구든지 이 사태를 예상했어야 했다. 잠재적 반대파라는 궤양을 외과적 수술로 제거하는 것은 스탈린 통치의 변함없는 모습이었다. 그러나 자신의 기준에 비추어 볼 때도 스탈린은 독일군에게 사로잡혔다가 송환된 포로들을 다루는 데 특히 가혹했다. 명령 제270호는 소련군 전쟁 포로를 조국에 대한 반역자로 규정했다. 당시 그들이 제3제국에서 견뎌야 했던 참혹한 조건에 대한 소식이 새어나왔다. 스탈린은 가차 없었다. 석방된 모든 병사들은 첩보 기관의 심문을 받아야 했고 절반 정도가 강제수용소에 감금되었다. 1백만 명 이상이 이런 운명을 겪었다. 많은 석방 포로들이 우라늄 채굴 광산으로 보내졌다. 사실상 이 조치는 그 자체로 사형 판결이었다. 나치의 공포 체제를 이겨낸 퇴역 군인들은 자신들의 고국에서 또다시 비참한 생활을 해야 했던 것이다.[3)]

평범한 민간인들은 약간 나은 대우를 받았다. 처음에 국가 계획 기관들은 소비재를 위한 예산을 증액하라는 지시를 받았다. 소련과 미국의 관계 악화는 이 모든 것을 끝냈다. 1946년에 시작된 제4차 5개년 계획은 무기의 개발과 생산 쪽으로 급격히 방향을 바꾸었다.[4)] 재정의 나사가 조여졌다. 암소 한 마리와 과일 나무 한 그루마다 세금이 부과되면서 집단 농장 농민들의 고통은 극심해졌다. 이들이 겪는 고난이 보고되었지만, 무시되었다. 기근이 우크라이나 전역을 휩쓸었고 인육을 먹는 사례가 발견되었다. 그러나 흐루쇼프가 중앙에서 부과된 곡물 인도 할당량을 면제해 달라고 요청했을 때 스탈린은 마르크스-레닌주의 원리를 위반하고 있다고 그를 비난했다.

스탈린은 자신이 어떤 소련을 원하는지, 그리고 그것을 위해 어떤 통치자가 필요한지를 알았다. 소비에트 국가는 군사력을 자랑했고, 국민들에게 국익을 지키려면 그들의 안락—그리고 그들의 삶—을 포기하라고 요구했다. 러시아의 과거에 자부심을 지니도록 장려했다. 이런 추세는 1930년대 초 이래로 점점 강화되었고 스탈린은 이제 전반적인 외국인 혐오증을 부추기기 시작했다. "서방에 머리를 조아리는 것"은 반역죄로 취급되었다. 스탈린이 근대화론자로서 훌륭한 전임자라고 여긴 표트르 대제(Pyotr I, 1672~1725)조차 네덜란드와 영국 모델을 무조건 수용했다고 말해졌다. 소련의 성과들은 끝없이 과시되었다. 러시아는 요컨대 공산주의 국가만이 분출하는 데 성공했던 잠재력을 지녔다. 나라의 진전을 가로막은 것은 제국 시대의 억압과 착취 체제였다. 10월 혁명은 실력에 따라 사람들을 승진시키는 길을 활짝 열어 젖혔다. 마침내 사람들의 잠재력이 충분히 발휘되고 지원을 받았다. 소련 근대성의 목표는 산업화되고 교육받은 집단주의적 사회를 만드는 것이었다. 스탈린주의자들에게는 명백히 5개년 계획들과 전쟁의 승리가 공산주의 체제의 우수성을 증명한 것처럼 보였다. 그들은 다른 국가들도 모두 이 모델을 모방할 수 있고 또 모방해야 한다고 주장했다.

스탈린에게 국민은 국가 정책을 시행하는 도구로서만 중요했다. 국민의 물질적 욕구를 충족하는 일은 뒤로 미뤘다. 보안경찰은 불평불만자라면 누구든 체포했다. 공식적으로 중공업은 스탈린이 죽을 때까지 내내 전략적으로 우선시되었다. 여하튼 '생산 수단'의 확대가 경제 성장을 야기하는 데 결정적이라는 것이 기본적인 가정이었다. 또한 대규모 조직이 성공에 필수적이라는 믿음도 자명했다. 스탈린주의는 극단적인 기간토마니야*가 또 하나의 특징이었다. 무자비한 지도부와 국가 권력은 소비에트 체제의 발전 과정에서 체제에 본질적인 것이 되었다. '대중들'은 지도자와 그의 수행자들이 명령하는 것은 무엇이든지 복종해야 한다는 가르침을 받을 것이었다. 이러한 태도는 마르크스주의의 기본 상수로 사람들의 뇌리에 주입되었다.

기간토마니야(gigantomaniya) 규모가 큰 것, 규모가 큰 사업에 대한 편집적 열광.

스탈린 숭배가 무절제하게 커졌다. 지도자는 신이고 최고 성직자였으며 그의 책과 초상화 수억 부가 자국민들 앞에 제시되었다. 그는 이제 기존 제도를 더 잘 작동하는 방법을 고려하는 대신 보수적 공산주의자로서 자리를 잡았다. 스탈린은 대부분의 권위를 정부 기관들에 위임했다. 당은 이데올로기와 인사를 감시했고 다른 업무에 개입하는 것을 그만뒀다. 독일군에 승리해서 활기가 넘치게 된 군이 얼마간 자율성을 주장할 수 있다는 생각은 일소되었다. 주코프는 오데사 군관구로 좌천되었다. 다른 장군들은 스탈린에게 무조건 복종을 보이지 않으면 주코프와 같거나 더 나쁜 운명을 겪을 것임을 알게 되었다. 첩보 기관들이 모든 곳에서 활동했다. 그들의 지도자들은 자주 교체되었다. 스탈린은 어떤 경찰 수장도 직무 중에 편안함을 느끼지 못하도록 했다. 서기장의 매서운 눈초리 아래서 충성스럽고 꼼꼼하게 직무를 수행하도록 끊임없이 요구받았다. '불안한 안정'이라는 독특한 조건 속에서 제도가 작동했다. 관리들은 자격이 안 되면 더는 고위직으로 불쑥 밀어 넣어지지 않았다. 1930년대 말에는 자격이 안 되는 사람이 자주 고위직에 선발되곤 했다. 마르크스-레닌주의 강좌뿐만 아니라 전문적 훈련과 숙달은 필수적인 전제 조건이었다. 신임 관리들은 깊은 충성심 외에는 어떤 것도 스탈린에게 보여줄 것 같지 않았다.[5)]

스탈린은 머지않아 급진적인 경제 조치가 있을 거라는 생각을 더는 품지 않게 했다. 콜호스는 수행한 노동의 양과 관계없이 임금을 받는 농민들을 채용하는 국영 농장으로 전환되지 않을 것이었다. 임의적인 정책의 변화는 과거사가 되었다.[6)] 스탈린의 사망 후에 국가가 어떻게 전개될지는 여전히 불분명했다. 스탈린은 본능적으로 정치적 승계의 형식적 절차를 마련하기를 피했고 사람들을 일렬로 세우기 위해 몇몇 소련 지도자들을 처형했다. 1949~1950년에 그는 이른바 러시아 민족주의를 지원했을 뿐만 아니라 자신의 뜻에 무조건 복종하지 않았다는 혐의로 레닌그라드 정치 엘리트 전체를 숙청했다. 희생자 중에는 정치국원 니콜라이 보즈네센스키*도 있었다.[7] 어떤 정치가도 가장 잔혹한 방식을 사용하려는 스탈린의 태세에 조금이라도 의심을 품을 수가 없었다.

그러나 정책은 아직 고정불변의 상태가 아니었다. 계획자들은 소비재 생산을 급격히 늘릴 계획을 짜라는 말을 들었다. 소련 인민들은 전쟁에서 승리했고 이제 물질적 혜택을 누려야 했다. (물론 어느 누구도 정치 지도부를 선거로 뽑거나 진짜 중요한 문제에 관해 자문받을 것이라는 꿈을 꿀 수는 없었다.) 스탈린은 전시에 처음으로 부여한 사소한 문화적 표현의 자유를 즉각 철회하지는 않았다. 또 러시아 정교회와 맺은 비공식적 협약도 취소하지 않았다. 추가 이완에 대한 인민들의 기대가 높았다. 병사들은 체제가 그간 열렬히 시행한 억압 조치를 버릴 것이라 믿고 전쟁 기간에 당에 가입했다. 이것이 병사들이 나치에 맞서 그토록 열심히 싸운 이유 가운데 하나였다. 스탈린은 수천만 명의 소련 국민들에게 영웅적 지도자로 여겨졌다. 당국은 '당과 대중'이 분리되지 않고 조화롭게 통합되어야 할 필요성을 누차 이야기했다. 사람들은 이제 말이 행동으로 뒷받침될 것을 원했다. 그들은 직위를 남용하는 관리들을 비난했다. 또 더 많은 식품과 주택, 더 나은 노동 조건을 요구했다. 많은 사람들이 불만을 글로 쓰기를 주저하지 않았다. 국민들은 싸웠고 전쟁에서 이겼다. 승리한 그들은 자신들의 권리를 주장하고자 했다.

공산주의에 대한 적극적인 저항은 제2차 세계대전 이후에도 계속되었다. 러시아에서 저항은 약했다. 억압의 지렛대는 말끔히 수리되었고 몇 년 동안 활기차게 작동했다. 농민들은 항상 그래 왔던 대로 불만을 토로했다. '진정한' 레닌주의의 회복에 전념하는 비밀 청년 그룹들이 있었다. 가장 격렬한 반란자들은 노동수용소에서 발견될 것이었다. 그곳에서 소련의 서부 국경 지역 출신이면서 소비에트 체제를 민족적 ·

보즈네센스키(Nikolai Voznesenskii, 1903~1950) 소련의 정치가이자 경제학자.

종교적으로 비판하는 자들은 굴라크 체제를 파괴하려는 기도에 가담했다. 그러나 전반적으로 보안경찰이 그리 심하게 밀리지는 않았다. 에스토니아, 라트비아, 리투아니아, 서부 벨라루스, 서부 우크라이나에서는 사정이 달랐다. 반소련 파르티잔 그룹들은 자기 나라가 소련에 합병되는 것에 반발했다. 삼림과 마을에 근거지를 둔 '숲의 형제들'은 소련군이 자신들을 박해하려 하자 암살과 사보타주를 벌였다.[8] 똑같은 일이 서쪽의 더 먼 지역에서도 발생했다. 소련의 지원을 받는 폴란드 당국은 제2차 세계대전 당시 독일 점령에 맞서 바르샤바 봉기를 이끈 국내군*을 민족의 적으로 취급했다. 애국자들은 농촌으로 가서 군대를 재조직하여 정부군에 타격을 가했다. 전투는 양측 모두에서 야만적으로 진행되었다.

한편 극동의 스탈린 군대는 1945년 2월 얄타에서 합의한 대로 유럽 러시아에서 이동한 후 북만주 전역에서 광포하게 행동했다. 그들은 또 사할린과 일본 북부 섬들을 합병하면서 서방 연합국이 소련에게 약속한 지역도 장악했다. 1904~1905년의 러 · 일 전쟁에서 러시아 제국이 당한 치욕을 알고 있던 스탈린은 '수치스런 오점'이 제거되었다고 선언했다. 그는 일본의 새로운 정부에 얼마간 권력을 직접 행사하고 싶어 했으나 미국은 그의 요구를 일언지하에 거부했다. 소련의 군사력이 아니라 미국이 일본으로 하여금 무조건 항복하게 만들었고, 미국은 스탈린이 도쿄의 정치에 관여하는 것을 원하지 않았다. 스탈린은 중국에서는 좀 더 성공적이었다. 그는 중국공산당의 권력 장악 가능성에 여전히 회의적이었다. 중국공산당의 재정 지원자이자 군수품 공급자로서 스탈린은 공산당에 장제스의 국민당과 계속 동맹을 맺으라고 고집을 부릴

국내군(Home Army) 폴란드어로는 Armia Krajowa(AK). 제2차 세계대전 때 독일군이 점령한 폴란드에서 가장 활발하게 활동한 폴란드 지하군을 일컫는다. 1942년 2월 '무장투쟁연합'이라는 조직에서 출발하여 그 후 2년 동안 대부분의 폴란드 지하 세력을 흡수했다.

수 있었다. 그 사이 스탈린은 장제스와 조약을 맺었다. 당시 중국은 소련에 저항할 상황이 아니었다. 소련은 뤼순과 다롄을 해군 기지로 이용해도 좋다는 확답을 받았다. 모스크바는 만주 철도에 관한 권리도 획득했다.

미국, 영국, 소련의 세 거두는 상호 불신이 심해졌지만 여전히 함께했다. 그들은 전쟁이 종결되기 전에 국제연맹을 계승할 기구를 결성하자는 데 동의했다. 이것은 국제연합기구(즉 유엔UN)가 될 것이었다. 샌프란시스코에서 시작된 국제연합은 뉴욕에 상설 건물을 확보했다. 국제연합의 주된 목적은 전쟁 예방이었다. 소련은 미국, 영국, 프랑스, 중국과 함께 국제연합 안전보장이사회에서 당당히 한 자리를 차지했다. 진정으로 스탈린은 전 세계적인 권력과 명성을 얻었다.

스탈린은 특히 동유럽에 꾸준히 주의를 기울였다. 그는 유고슬라비아 특사 밀로반 질라스*에게 다음과 같이 말했다. "이 전쟁은 지난날과는 다른 전쟁이다. 영토를 점령하는 사람은 누구든지 자신의 사회 체제를 강요한다. 모든 사람들은 자신의 군대가 도달하는 곳까지 자신의 체제를 강제한다."[9] 그러나 이 지역의 국가들에서 전면적인 공산화를 수행하기에 스탈린은 아직 너무 약했다. 그리고 그는 아직 이 목표가 실현 가능하다고 생각하지 않았을 수도 있다.[10] 공산주의자들은 유고슬라비아를 빼고 그 수가 매우 적은 데다 경험도 없었다. 전에 나치와 그들의 동맹자들도 이러한 사실에 주목했다. 붉은 군대는 무적이었지만 스탈린은 보안경찰이 정치적으로 통제하는 신뢰할 만한 행정 기구가 없었다. 피점령국의 경제를 신속히 회복시킬 재원도 없었다. 게다가 스탈린의 군대는 핵폭탄을 갖고 있지 않았다. 미국은 일본 도시 두 곳을 말살함으로써 우수한 기술을 보여주었다. 이번에는 모스크바 상공을 날아 다시 한 번 폐허를 만들 수도 있었다. 스탈린의 마음속에는 또 하

질라스(Milovan Djilas, 1911~1995) 유고슬라비아의 정치가이자 작가.

나의 요인이 있었다. 대동맹은 스탈린과 그의 나라를 미국 · 영국과 대등한 협력자로 격상해주었다. 소련은 전시에 대서양 너머로부터 물적 지원을 받았고, 스탈린과 몰로토프는 소련 경제의 회복을 촉진할 차관을 얻고자 하는 바람을 멈추지 않았다. 얄타, 테헤란, 포츠담에서 열렸던 회담들은 많은 기본 문제들을 논의하지 않은 채 내버려 두었고 스탈린은 조심스럽게 행동하기로 작정했다.

한편 모스크바에서 망명 중이던 코민테른의 일부 지도자들은 자국의 공산당을 이끌기 위해 고국으로 돌아갔다. 동유럽 공산주의 지도자 가운데는 이례적인 인물들도 있었는데, 폴란드의 브와디스와프 고무우카가 바로 그런 경우였다. 모스크바에서 돌아온 폴란드 당료들은 그를 길들일 수 없었고 소련 당국에 그에 대해 불평했다.[11] 그러나 스탈린은 여전히 신중하게 나아갈 필요가 있었다. 스탈린이 보기에 고무우카가 지나치게 독립적이고 얼마간 민족주의적인 인물이라고까지 생각되는 한, 폴란드의 많은 투사들은 나라를 공산화하려는 지나친 조급성을 삼가지 않으면 안 되었다.[12]

스탈린의 의도에 관한 소문이 확산되었다. 스탈린은 이 지역 국가들에 억지로 소련의 공화국이 되도록 강요하려는 것 같았다.[13] 루마니아에서는 공산주의 지도부가 '군사화된 형태의 콜호스'를 설립하고 1일 12시간 노동제를 실시할 것이라는 말이 돌았다.[14] 공산당 지도자 게오르게 게오르기우-데지*가 아무리 부인해도 여론에 아무 영향을 끼치지 못했다. 폴란드 농민들도 콜호스 체제의 앞날을 우려했고 폴란드의 당수뇌인 고무우카는 디미트로프에게 다음과 같이 말했다. "콜호스에 가입하고 싶은 희망을 표명하는 사람이 있어도 우리는 그것을 도입하지

게오르기우-데지(Gheorghe Gheorghiu-Dej, 1901~1965) 루마니아의 노동 운동가이자 정치가. 제2차 세계대전 말기에 나치 점령군과 파시즘 정권에 대항해 투쟁했다. 전후 공산당 중앙위원회 서기장과 1948년 제1부총리를 지냈으며 반(反) 티토주의 투쟁의 선봉에 섰다.

않을 작정입니다."[15] 소련에서 진행된 공산주의의 경악스런 기록들, 즉 집단화, 숙청, 강제수용소, 일당 독재 자체가 사정을 잘 말해주었다. 일부 소문이 터무니없이 부정확할지라도 많은 소문들은 매우 그럴싸했다. 미국, 영국, 소련은 피점령국이 독립적인 민주 국가가 되어야 한다고 합의했다. 선거가 치러지고 경제 회복이 촉진되어야 했다. 소련 자신은 제한된 선택만 할 수 있었다. 소련은 특히 소련군이 핵무기가 없는 상황에서는 미국과 전쟁을 피하고 싶었다. 소련은 미국으로부터 재정적 지원을 모색했다. 또한 솔직한 동유럽 공산당들에게서 공산당이 매우 인기가 없다는 진실을 듣게 되었다.[16]

공산화에 매우 조심스럽게 접근할 필요가 있었다. 동유럽의 공산주의자들은 소련이 그들의 경제를 회복시킬 재원이 부족하다는 조언을 모스크바로부터 받았다. 게다가 동유럽 공산주의자들 중 일부는 제3제국의 동맹국으로서 자국 군대가 소련에 끼친 손실에 대해 소련이 요구하는 보상을 해주는 것이 자신들의 첫 번째 국가적 의무라는 사실을 받아들여야 했다. 헝가리, 루마니아, 불가리아, 동독이 여기에 해당되었고 부다페스트가 지불한 보상 금액은 1947년 헝가리 국가 예산의 절반에 달했다.[17] 공장 전체를 뜯어서 나무 상자에 넣어 러시아로 보냈다. 공산주의 지도자들은 분에 넘치는 일을 하지 말아야 한다고 주장하는 것도 스탈린에게 어울렸다. 만일 공산주의자들이 경제를 접수한다면 전후에 닥칠 불가피한 고통에 대한 비난을 받을 것이었다. 얼마간의 정치적 절제가 요청되었다. 이런 목적으로 스탈린은 여러 정당이 참가하는 민주주의 연립이라는 방패 뒤에서 공산당들이 전진할 것을 요구했다. 그는 심지어 공산주의자들과 가톨릭의 '블록'까지 기꺼이 고려할 의사가 있었다.[18] 이와 같은 술책은 전후 통치의 곤경에 대한 책임을 분산할 뿐만 아니라 서방 연합국의 방해도 그치게 만들 것이었다. 약간의 교활한 행동으로 공산주의 각료들은 정적들을 무자비하게 다룰 수 있는 장관직을 확보할 수 있었다. 공산주의자들은 가능한 곳 어디서든

지 보안 기구와 경찰 기구의 직위를 차지하라는 말을 들었다.

모스크바는 국가 기구에 진출한 공산주의자들에게 스스로를 애국자로 보이게 하라고 말했다. 국가 지도자들은 그들 중에서 유대인이 두각을 나타내는 것을 경계했고, 스탈린도 그것을 주의하라고 당부했다.[19] 유대인 문제는 인민들 사이에 반유대주의가 강한 폴란드, 헝가리, 루마니아에서 뚜렷이 드러난 어려움이었다. 유대인들은 폴란드 보안 부서에서 지도급 직위의 절반을 차지했다.[20] 루마니아에서는 '유대인 여자 아나 파우케르*와 헝가리인 바실레 루카*'가 유력한 직위를 차지했다고 사람들이 거북해했다.[21] 공산주의자들이 이 혐오스런 소수파에게 특권을 부여하는 당으로 보이게 될 위험이 있었다. 그러나 그와 동시에 스탈린은 게오르기우-데지에게 당 지도부의 완전한 루마니아화를 그만두라고 명령했다. 스탈린은 루마니아의 공산주의자들이 '인종 정당'으로 변신하는 발상에 반대했다.[22] 게다가 농업의 집단화 없이 토지 개혁이 진행되었다. 악명 높은 프로이센의 우익인 융커*의 거대한 보유지를 비롯해 옛 영지들은 농민과 도움 받을 만한 농촌 빈민을 위해 소규모 농지로 분할되었다.[23] 소련 지도부는 계속 주의를 촉구했다. 스탈린은 루마니아의 경우 부르주아가 공산주의자들에게 처리하기 힘든 과제를 지우려고 경제 권력을 넘겨주었다고 주장했다.[24]

트루먼과 애틀리를 비롯한 서방 지도자들은 소련이 동유럽에 압도적인 영향력을 행사하는 것을 암묵적으로 인정했다. 그러나 이 지역의 국가들이 전적으로 스탈린의 자비에 맡겨지는 것은 원치 않았다. 불가리

파우케르(Ana Pauker, 1893~1960) 루마니아 공산주의 지도자로서 1940년대 말과 1950년대 초에 루마니아 외무장관을 역임했다.

루카(Vasile Luca, 1898~1963) 본명 라슬로 루카(László Luka). 루마니아에 거주하는 헝가리인 소수 민족 출신이었으며, 제2차 세계대전 후 루마니아의 공산당 정권에서 지도적 위치에 올랐다.

융커(Junker) 프로이센의 전통적 지배 계급이었던 기사령 소유 귀족의 속칭. 18세기 이래 군대와 관료의 상층부를 독점했다.

아, 루마니아, 헝가리는 전쟁 말까지 제3제국의 동맹국이었다. 그들의 동의를 받아 세 거두는 세 나라의 수도에 연합군통제위원회(Allied Control Commission)를 설치했다. 이 위원회는 미군과 영국군이 사태 진행을 관찰하고 공산주의자들의 탄압을 막을 수 있게 해주었다. 미군과 영국군은 또 폴란드와 체코슬로바키아에도 탄탄한 인맥과 열성적인 협력자가 있었다. 서방 측은 이 지역 전체에 걸쳐 선거 민주주의와 개방 경제, 문화적 · 종교적 관용을 지지했고, 이 점을 소련 각료와 외교관들에게 명확히 했다.

2년 동안 스탈린과 이 지역 공산당들은 다른 연합국의 결의를 살펴보았다. 그리고 마오쩌둥에게 털어놓은 것처럼 스탈린은 서방 연합국과 맺은 기존 협정에 구속되어 있다고 느끼지 않았다.[25] 공산주의자들은 이미 1944년 10월 이래 알바니아 임시정부에서 대부분의 직위를 차지했고 유고슬라비아에서는 11월 야당이 거부한 선거를 통해 자신들의 권력을 확고히 했다. 폴란드에서는 공산주의자들—폴란드노동자당(PPR)—이 폴란드사회당, 민주당, 노동당, 농민당과 함께 연립정부를 결성했다. 각료 대부분이 이전에 임시 권력으로 활동한, 소련의 영향력 아래 있던 일명 '루블린 위원회' 소속이라는 사실로 공산주의의 지배가 확고해졌다. 확실히 나라의 가장 큰 정치 조직으로 스타니스와프 미코와이치크*가 재건한 폴란드농민당의 위협이 더욱 커졌다. 1947년 1월의 총선거는 적절한 절차를 희화화한 것에 지나지 않았다. 투표의 5분의 4가 공산주의자들이 속해 있는 '민주 블록'을 지지한 것으로 주장되었다. 폴란드사회당의 유제프 치란키에비치*가 총리가 되었는데도 결

미코와이치크(Stanisław Mikołajczyk, 1901~1966) 폴란드의 정치가. 1939년 독일 침공으로 런던에 망명했다가 1945년 6월 귀국해 임시정부 부총리가 되었고, 농민당을 재건하여 공산당 세력과 패권을 다투었다.

치란키에비치(Józef Cyrankiewicz, 1911~1989) 폴란드의 정치가. 1945년 폴란드사회당 서기장이 되어 공산주의자들(폴란드노동자당)과 합당을 추진했고, 1948년 폴란드통일노동당이 결성되자 중앙위원회 서기가 되었다.

정적인 권력은 폴란드노동자당으로 넘어갔다. 이와 유사한 이행이 헝가리에서도 있었으나 폴란드에 집착하고 있던 스탈린은 공산주의자들이 좀 더 느린 속도로 나아가야 한다고 고집했다. 소자작농당(Smallholders' Party)이 1945년 11월 선거에서 절대 다수표를 획득했다. 그러나 공산주의자들은 내무장관직을 보유했고 보안경찰을 수중에 넣었다. 이것을 기반으로 그들은 간섭 없이 자신들이 원하는 많은 일을 할 수 있었다.

12월에는 소련군이 사회주의자 에드바르트 베네시*를 권좌에 남겨두고 체코슬로바키아에서 철수했다. 체코슬로바키아의 가장 인기 있는 정치가였던 베네시는 소련 지도부의 요구에 응했고 공산주의 지도자 클레멘트 고트발트가 총리가 되었다. 1946년 5월에 선거가 있었다. 공산주의자들은 38퍼센트를 득표했다. 이 지역의 어떤 공산당도 상당히 자유로운 선거에서 이보다 더 나은 성적을 올리지 못했다. 실제로 어떤 선거도 정치적 자유라는 면에서 체코슬로바키아의 선거에 필적하지 못했다. 체코슬로바키아의 사례는 공산주의자들이 신중하고 온건하다면 유권자들에게 성공적으로 호소하는 것이 불가능하지 않음을 보여주었다. 그러나 물론 이것은 투표가 미래의 선거에서도 그들과 함께 하리라는 것을 보장하는 것은 아니었다.

불가리아는 심지어 공산주의자들이 정치 스펙트럼의 오른쪽에 위치한 정치 지도자들을 처형하도록 고취한 뒤에도 더욱 다루기 힘든 나라였다. 공산주의의 다른 경쟁자들을 향한 박해가 이어졌다. 게오르기 디미트로프는 공산주의자들의 입지를 강화하려고 모스크바 망명지에서 귀국했다. 공산주의자들이 이끄는 '조국전선'은 1945년 11월 선거에서 86퍼센트를 득표했으나 서방 연합국은 많은 속임수와 폭력에 맹렬히

베네시(Eduard Beneš, 1884~1948) 체코슬로바키아의 정치가. 제2차 세계대전 중에 런던에서 망명정부를 이끌었고 전후 1946년 선거에서 대통령이 되었으나, 1948년 2월에 일어난 공산 혁명 뒤 사임했다.

항의했다. 이듬해에 진행된 또 한 번의 선거는 공산주의의 우세를 확정했고 디미트로프는 계속 체포되는 와중에도 총리가 되었다. 루마니아 공산주의자들은 합동 조직도 설립했다. 단 한 명의 공산주의자만이 독일 군사력이 붕괴한 후 세워진 제1차 연립정부에서 장관이 되었다. 소련의 압력은 니콜라에 라데스쿠(Nicolae Rădescu, 1874~1953) 장군의 내각을 해체하는 데 성공했고, 곧 적당히 유순한 인물인 '경작자 전선'의 지도자 페트루 그로자*로 라데스쿠를 대체했다. 소련의 통제는 동독에서 훨씬 더 직접적이었으나 그래도 이 지역 공산주의자들은 자신들의 권위를 조직화할 필요가 있었다. 공산주의자들은 자신들의 조직을 다른 좌파 정당들과 연합하고 싶어 했다. 협박이 뒤따랐다. 1946년 4월 독일공산당과 독일사회민주당은 몇 달 동안 소련군 고위 사령부의 위협을 받은 후 독일통일사회당(SED, 정식 명칭은 독일사회주의통일당)으로 통합했다. 그럼에도 불구하고 독일 공산주의자들은 그해 8월 절대다수를 획득하는 데 실패했다. 동유럽의 정치는 강력한 통제를 벗어났다.

스탈린은 핀란드로부터 제기되는 잠재적 위협도 제거하기로 작심했다. 핀란드는 세계대전 동안 제3제국의 편을 든 이웃 국가였다. 핀란드인들은 러시아인들을 좋아하지 않았다. 그들은 한때 러시아 제국의 백성이기도 했고 스탈린은 그들이 혁명 기간에 러시아의 통제로부터 잘못 떨어져 나갔다고 믿었다. 서방 열강들은 사태를 달리 보았으나 결국에는 간섭 문제를 직시하지는 않았다. 스탈린은 핀란드 공산주의자들이 1945년에 의석의 4분의 1을 획득한 사실에 기뻐했다. 그러나 반공산주의 감정을 보여주는 증거들이 늘고 있는 것은 틀림없는 사실이었다. 스탈린은 소련군을 파병하는 대신 정치적 타협을 확보하려고 안드레이 즈다노프*를 급파했다. 핀란드는 소련과 서방의 분쟁에서 중립을

그로자(Petru Groza, 1884~1958) 루마니아의 정치가. 1945년 소련의 공작으로 니콜라에 라데스쿠 총리가 쫓겨난 뒤 총리직에 올랐다.

지킨 보상으로 독립을 유지할 수 있었다. 유호 쿠스티 파시키비*가 통치할 당시 핀란드인들은 영리하게 상황에 대처했다. 핀란드가 소련의 적들을 결코 지지하지 않고 영원히 중립을 지키겠다고 약속했던 것이다. 그 보상으로 그들은 자본주의 경제와 자유민주주의를 유지할 자유를 요구했다. 또 단호하지만 공손하게 자신들을 소련의 한 공화국으로서 소비에트연방에 편입시키지 말 것도 부탁했다. 즈다노프는 스탈린의 명령대로 이 거래를 받아들였다.[26]

제2차 세계대전 후 초기 몇 년 동안은 스탈린의 바람에 맞추어 동유럽에서 철저한 공산화가 이루어지지는 않았다. 그런데도 폴란드인들은 1946년 1월 50명 이상의 노동자가 일하는 공장은 모두 국유화했다.[27] 대량 실업이 영원히 사라졌다고 선언했다. 전쟁 후 경제가 회복되면서 종합적인 국가 복지 제도가 실시될 거라고 약속했다. 또한 이 지역 전역에서 토지 개혁이 시행되었고 농민들은 심지어 연합 내각으로부터도 몇 구획의 땅을 받았다. 알바니아, 불가리아, 루마니아, 유고슬라비아에서 군주정이 폐지되었다. 제3제국에게 협력한 지도적 인사들은 체포되어 처형되었다. 정치적 우파는 그 대표자들이 친독일이든 아니든 상관없이 공공 무대에서 사라졌다. 정치적 반대자, 종교 지도자, 비판적 지식인들에 대한 박해 이야기를 전하는 보도가 줄을 이었다. 소련은 서방 연합국들이 불평할 때마다 그들을 교묘히 속였다. 공산주의자들이 스스로에게 안보 관련 장관직을 부여한 사실은 서방 연합국들에게 절차상으로 하자가 없다는 식으로 보이게 했다. 게다가 동유럽의 모든 나

즈다노프(Andrei Zhdanov, 1896~1948) 소련의 정치가. 1934년 세르게이 키로프 암살 사건 후 키로프의 후임자로서 레닌그라드 당 조직을 지도했으며, 독 · 소 전쟁 중에는 레닌그라드 방어전을 지휘했다.

파시키비(Juho Kusti Passikivi, 1870~1956) 핀란드의 정치가. 1944년 총리로서 소련과 단독 강화에 성공하고, 1946년 대통령이 되었으며 1950년 재선되었다. 핀란드가 생존할 수 있는 유일한 길은 소련과 우호 관계를 유지하는 데 있다고 믿고, '파시키비 노선'이라고 불리는 대소련 협조 정책을 확립했다.

라는 전쟁이 끝난 뒤 대혼란에 빠졌다. 공산당들은 상황을 이용했다. 그들은 어떤 행동을 한 후 그 행동을 부인했다. 공포 분위기가 조성되었다. 소련군이 기꺼이 개입할 태세가 되어 있는 동안에는 권력 남용에 어떤 진지한 조치도 취할 수 없었다.

미국의 정책은 일본의 패배, 트루먼의 집권과 더불어 경직되었다. 아마도 루스벨트도 이런 식으로 일을 진행했을 것이다. 여하튼 미국은 전 세계에 군사 · 경제 · 정치적 힘을 확산할 의도를 점점 분명히 했고, 소련뿐만 아니라 영국도 필연적으로 강한 압력을 받을 것이었다. 미국의 고립주의는 사라졌다. 그러나 트루먼은 제3차 세계대전이 발생할 위험을 무릅쓰고 싶지 않았다. 그는 히로시마와 나가사키의 폭격이 초래한 인간적 · 생태적 재난을 진정으로 끔찍해했다.

4부

확산

—

1947~1957

20장

냉전과 소비에트 블록

둘로 나뉜 세계

소련과 서방 연합국의 관계는 1947년 여름에 차가운 돌처럼 식어버렸다. 1947년은 냉전이 본격적으로 시작된 해였다. 서방의 정치 지도자들은 모스크바로부터 나쁜 것 말고는 더 나올 것이 없다고 생각했다. 스탈린과 그의 동지들은 적대적 태도를 적대적 태도로 되갚았다. 실제로는 어느 쪽도 군사적 갈등을 원치 않았다. 트루먼은 미국의 중대한 이익이 위협받을 경우 핵폭탄을 다시 한 번 사용하겠다는 의사를 공개적으로 재확인했지만 제3차 세계대전의 가능성은 오싹해했다. 트루먼은 세계대전이 벌어지면 벌레 외에는 지구상에 아무것도 남지 못하리라는 사실을 잘 알았다.[1] 스탈린도 이 새로운 전쟁 기술을 눈앞에 두고 침착한 척했다. 그는 소련의 안보에 어떤 우려도 드러내지 않으려 했다. 스탈린은 자본주의가 전 지구적 영향력을 보유하는 한 자본주의 열강 사이에서 세계 전쟁이 계속될 거라는 레닌주의적 인식을 고집했다. 예전처럼 스탈린은 소련 외교가 소련을 자본주의 열강들 사이의 충돌로부터 멀어지게 하는 데 집중해야 한다고 선언했다.[2] 이런 생각은 표준적인 레닌주의였다. 하지만 개인적으로는 스탈린도 제3차 세계대전이 세계를 사람이 살지 못하는 곳으로 만들 것이라고 보았다.[3] 동시에 그는 자신만의 핵폭탄을 갖고자 했다. 과학자들이 황급히 소집되었다. 라브렌티 베리야가 그들을 감독하게 되었고 아낌없는 지원이 뒷받침될 터였다. 스탈린은 미국의 우수한 군사 기술에 지레 겁먹고 타협하지는 않을 것이었다.

서방의 전략은 미국의 조지 케넌(George Kennan, 1904~2005)과 영국의 프랭크 로버츠(Frank Roberts, 1907~1998)라는 두 명의 외교관이 제공했다. 그들은 서로 관련 없이 각각 '봉쇄'를 촉구했다. 제3차 세계대전 도발을 피하면서도 공산주의 권력을 기존의 영토 경계 너머로 확대하려는 소련의 모든 시도를 막으려는 것이 두 사람의 구상이었다. 핵무기를 비롯한 무력은 크렘린이 이 상황을 받아들이지 못하는 경우에만 사용해야 했다. 케넌과 로버츠는 장기적인 관점을 취했다. 아직은 예측할 수 없지만 언젠가는 소련이 내부 위기를 겪을 것이며 공산주의는 몰락할 것이라고 그들은 주장했다.[4)]

1947년 6월 미 국무장관 조지 마셜(George Marshall, 1880~1959)이 무상 원조와 차관을 통해 동유럽 국가들을 포함한 유럽의 경제 회복을 꾀하는 프로그램을 발표했다. 미국은 자국의 잉여 공산품을 내놓을 시장을 창출하면서 동시에 대륙이 파괴와 빈곤을 극복할 수 있도록 도울 것이었다. 서유럽의 정부들은 마셜의 제안을 환영했다. 체코슬로바키아도 관심을 표명했다. 스탈린과 몰로토프는 소련이 재정 지원을 받을 자격이 있기를 바랐다. 그러나 트루먼과 마셜이 수혜국은 자유 무역과 법치를 보장해야 한다고 기대하는 것이 곧 분명해졌다. 스탈린은 미국인 사업가들이 소련에 와서는 마치 미국에 있는 것처럼 행동할 것이라는 생각에 몸서리를 치면서 물러섰다. 스탈린은 공산주의자를 포함한 체코슬로바키아 장관들이 파리로 가서 어떤 종류의 협상이 이루어지는지 알아볼 계획이라는 것을 알고 그들을 모스크바로 소환하여 독설을 퍼부었다.[5)] 엘베 강 동쪽의 유럽 국가들은 전적으로 거대한 소련의 영향권 내에 남아 있어야 했고 스탈린은 이 지위를 방어하기 위해 어떤 수단도 불사할 것이었다. 전쟁이 끝난 후 삐걱거리기 시작한 전시의 대동맹이 돌이킬 수 없이 깨지면서 전후 역사는 전환점에 도달했다.

마셜은 소련이나 소련의 종주권 범위에 있는 국가의 경제를 진정으로 구제할 의사가 전혀 없었다. 크렘린을 상대로 미국이 차관 협상을 벌이는 일은 자취를 감추었다. 미군 기지망이 세계 전역에 설치되었고 워싱턴과의 우호적 외교 관계는 미국 경제의 재화와 서비스가 자유로이 접근할 수 있는지에 달려 있다고 통보되었다. 트루먼은 유럽이 전쟁에서 회복하기를 도와주는 한편 옛 제국 열강(영국, 프랑스, 네덜란드, 포르투갈)에 식민지에서 누렸던 특권을 포기하라고 계속 압력을 가했다. 트루먼의 목표는 제국의 조속한 해체였다.[6]

스탈린은 공산주의정보국(코민포름Cominform)을 결성해서 이에 대응했다. 코민포름 결성은 1947년 9월 프랑스와 이탈리아뿐만 아니라 동유럽 몇 나라의 공산당 대표들이 참석한 창립 회의에서 성사되었다. 코민포름의 목적은 공산당들에게 좀 더 공격적인 자세를 취하라고 지시하는 것이었다. 공격적인 자세를 취한다는 것은 동유럽에서는 소련식 모델을 본뜬 급속한 공산화 운동으로 전환한다는 뜻이었고, 서유럽에서는 마셜 플랜에 반대하는 운동을 강화하고 기존 정부들에 좀 더 전투적으로 반대하는 것을 볼 수 있었다. 미국과 화해할 가능성이 줄어들었다. 스탈린은 여전히 미국과 전쟁을 할 마음은 없었으나 제2차 세계대전에서 붉은 군대가 거둔 성과를 보호하고자 했다. 유럽 공산주의는 스탈린의 목표를 달성하는 쪽으로 방향을 수정할 것이었다. 스탈린은 잃을 것이 없다고 생각했다. 미국은 유럽 전역에서 지배적인 강국이 되는 데 도전했다. 소련의 경제 기반은 미국보다 약했다. 모스크바는 앞으로 핵폭탄도 개발해야 했다. 하지만 소련군은 동유럽에서 병참 업무상의 이점이 있었고 서유럽의 공산당들이 말썽을 일으킬 수도 있었다.

폴란드 실롱스크의 수데텐 산지 끝자락에 위치한 한적한 휴양지인 슈클라르스카 포렝바에서 회의가 열렸다. 그곳은 실제로 지리적으로 유럽의 한가운데였는데 이는 아마도 우연이 아니었을 것이다. 회의 진행은 철저히 베일에 가려졌다. (서방 열강이 사태의 진행을 알면 큰일이라도 일어날 것처럼 말이다!) 대의원들은 볼셰비키가 비밀 집회에 참석하듯이 모여들었다. 1917년 이전에 경찰이 그러한 모임을 정기적으로 염탐했던 반면, 소련 안보 기관들은 호기심 어린 눈길로부터 코민포름 회의를 보호했다. 폴란드 공산주의 지도부는 세부 사항을 비밀에 부쳤다. 비밀 유지에 대한 집착은 강박적이었다. 대의원들은 마을에 도착한 뒤에도 마을 이름이 무엇인지 알지 못했다.[7] 모두 이런 이상한 일 진행을 얌전히 받아들였다.

초청 대상은 스탈린이 직접 결정했다. 그는, 이 회의에서 공산주의인터내셔널 재건을 계획하는 것이 틀림없다고 생각한 마오쩌둥의 참석 요청을 거절했다. 그러나 스탈린이 코민테른을 까닭 없이 해체한 것은 아니었다. 공산당들이 크렘린과 관계없이 독자적으로 움직이고 있다고 세상이 믿어주기를 스탈린은 원했다. 더욱 놀라운 것은 스탈린이 에스파냐인과 포르투갈인들을 초청하지 않은 일일 것이다. 그 이유는 그들이 파시스트 경찰에 승산이 없었고 그런 나라를 초청하는 것이 내키지 않았기 때문이었을 것이다. 영국인들에게도 자리를 주지 않았다. 스탈린은 영국인들이 정치 세력으로는 너무 약해서 부를 만한 가치가 없다고 생각한 듯하다. 여하튼 그는 영국의 공산주의자들이 '의회의 길'을 포기하지 않기를 원했다. 영국인들의 존재는 스탈린이 프랑스인과 이탈리아인들에게 전하고자 했던 메시지를 확실히 복잡하게 만들었을 것이다.[8] 심지어 그리스인들도 배제되었다. 이 결정은 그리스공산당이 런던과 워싱턴의 지원을 받는 왕당파 군대에 맞서 내전을 수행하고 있었기 때문에 주목할 만하다.[9] 이런 나라들이 불참하게 된 것으로 스탈린이 소련 안보에 중요하지 않다고 여기는 나라에 군사적으로 헌신하는 것이 위험하다고 판단했음을 알 수 있다. 스탈린은 미국의 도전에 군사적으로 대응하면서도, 자신에게 아무런 이익도 가져다줄 것 같지 않은 위험은 무엇이든 피하기를 원했다.

회의에 참석한 대의원들은 의제에 관해 아무런 사전 지식도 얻지 못했고, 도착하자마자 억류자 같은 대접을 받았다. 모스크바와 지속적으로 접촉하기 위해 무선 통신기가 설치되었고 스탈린은 현장에 있는 그의 부하 게오르기 말렌코프*와 즈다노프로부터 정기적으로 보고를 받았다. 물론 오직 소련인 참가자들만 이런 식으로 외부와 연락할 수 있었다. 말렌코프와 즈다노프는 폴란드인들이 제2차 세계대전 후 급진적인 공산주의 조치를 도입하지 못했다며 맹렬히 비난했다. 붉은 군대는 폴란드인들에게 온갖 기회를 주었다. 소련은 모델을 제공했다. 그러나 폴란드와 다른 동유럽 국가의 공산주의자들은 혁명적 의무를 이행하기보다는 씩씩거리면서 허세나 부렸다. 즈다노프는 세계 정치에 두 '진영'이 존재한다고 주장했다. 한 진영은 진보적 · 평화 애호적 민주주의 진영으로 소련이 이끄는 쪽이다. 그 진영은 미국의 지도를 받는 정치적 반동과 군국주의, 제국주의 진영의 반발에 직면했다. 말렌코프와 즈다노프의 과제는 유고슬라비아 대의원인 에드바르드 카르델리*와 밀로반 질라스의 열정 덕분에 좀 더 쉬워졌다. 카르델리와 질라스는 소련군이 정복한 지역에서 1945~1947년에 이루어진 타협을 맹비난했다. 서유럽의 공산주의자들도 펀치를 맞았다. 이탈리아공산당과 프랑스공산당은 의회적이고 평화적 방식을 고수한다고 극심한 비난을 받았다. 즈다노프는 이것은 공산주의가 권력을 향해 전진할 수 있는 방식이 아니라고 단언했다. 혁명적 행동이 필요했다.

폴란드 당 지도자 고무우카는 자신과 자신이 추구하는 것, 즉 사회주

말렌코프(Georgi Malenkov, 1902~1988) 소련의 정치가. 1941년 6월 독 · 소 전쟁이 일어난 후 국가방위위원회 위원으로 활약했으며 전쟁 후 1946년 정치국원으로 승진해 당 중앙위원회 제2서기와 소련 각료회의 부의장을 겸했다.

카르델리(Edvard Kardelj, 1910~1979) 유고슬라비아의 정치가이자 이론가. 제2차 세계대전 이전부터 티토의 측근으로서 파르티잔 해방 전쟁에 나섰으며, 전쟁 후 외무장관을 지냈다.

폴란드노동자당 초대 서기장 브와디스와프 고무우카. 민족주의를 내세우고 농업 집단화를 거부한 그는 유고슬라비아의 티토와 더불어 스탈린에 반항한 몇 안 되는 동유럽 공산주의자였다.

의로 가는 민족적 길을 유별나게 잘 방어했다. 말렌코프와 즈다노프가 발언할 때까지 고무우카에 대한 비판은 없었다. 세상이 어떻게 돌아가는지 잘 모르는 세계 공산주의의 은자들은 자신들이 감히 무언가를 말하기 전에 '인민의 아버지'(스탈린을 가리킴)가 무엇을 원하는지 알아야 했다.[10] 소련 지도부는 매우 위선적으로 행동했다. 서유럽과 동유럽의 공산주의 운동은 지난 몇 년 동안 계속 크렘린의 지시를 억지로 따를 수밖에 없었다. 그러한 지시들이 종종 일반적인 전략에 국한되었던 것은 사실이다. 하지만 모스크바와 의논하지 않고서는 중요한 조치를 단 하나도 내릴 수 없었다.

마셜 플랜과 코민포름은 동서 간 경쟁의 전초전이었다. 티토의 떠들썩한 행동은 더는 용납되지 않았다. 유고슬라비아 공산주의자들은 코

민포름을 설립하는 데는 유용했으나 스탈린이 크렘린을 위해 떼어놓은 대외 정책 문제에 너무나 자주 끼어들었다. 1948년 6월 제2차 코민포름 회의에서 유고슬라비아는 항의도 못해보고 조직에서 축출되었다.[11] 코민포름 자체는 베오그라드에서 부쿠레슈티로 옮겨 갔다. 코민포름이 회원 정당들에게 정식 통제를 진정으로 부과한 적은 없었다. 코민포름 관리들은 선전만 뿌렸을 뿐 거의 아무 일도 하지 않았다. 스탈린은 전연방공산당 중앙위원회 서기국의 국제부를 이용하여 계속 세계 공산주의 정당들의 활동을 조율하고 안내했다. 그 정당들로부터 직접, 그리고 스탈린 휘하의 대사관과 첩보 기관을 통해 스탈린에게 정보가 쏟아져 들어왔다. 공산주의 지도부에는 자금이 계속 비밀리에 분배되었다. 크렘린은 공산당들이 이전처럼 정책이나 인력의 중요한 변화를 두고 자문하기를 기대했다. 어떤 공산당도 감히 유고슬라브인들과의 연대를 분명히 드러내지 않았다. 동유럽 밖의 정당들도 예외가 아니었다. 중국 공산주의가 농민들을 지향하고 있다는 데서 농업 사회에 적합한 모델이 나오리라는 막연한 구상이 있었다. 가장 놀라운 사례는 인도 케랄라 주*의 공산주의자들이었다. 그러나 인도공산당은 당에서 유일하게 권위 있는 인물들은 마르크스, 레닌, 스탈린뿐이라고 선언하면서 그와 같은 이단을 짓밟았다.[12]

코민포름을 설립한 뒤 스탈린은 서방 연합국이 동독을 통해 베를린에 접근하는 것을 막음으로써 힘을 과시했다. 미국과 영국은 자기들이 점령한 베를린 지구 거주자들에게 비행기로 물자를 공급하는 것으로 대응했다. 비행기는 1949년 5월 스탈린이 패배를 인정할 때까지 계속 운행되었다. 같은 해 1월 스탈린은 동유럽을 한꺼번에 소련의 통제에 묶어 두려는 경제상호원조회의(코메콘COMECON)의 창립을 승인했다. 4월 미국과 그 동맹국들은 북대서양조약기구(NATO)의 설립을 가져온

케랄라(Kerala) 인도 남서쪽 끝 아라비아해에 면한 주. 1957~1959년 동안 인도에서 최초로 공산당 주 정부가 세워졌다.

군사 조약에 조인했다. 그들이 통제한 독일 지역은 독일연방공화국(서독)이 되었고, 소련이 점령한 지역은 10월에 별도로 독일민주공화국(동독)으로 선포되었다.

소련이 스탈린이 사망한 지 2년이 지난 1955년까지 북대서양조약기구와 경쟁할 동맹을 결성하는 것을 자제했기 때문에, 두 진영의 균형은 완전하지 않았다. 소련 독재자는 자기 휘하의 소련군에 절대적으로 의존했고 동유럽에서 형성되고 있던 군대를 불신했다. 독재자 스탈린은 자신감을 북돋기 위한 토대를 다지기 시작했다. 소련의 첩자들과 과학자들이 힘을 합쳐 핵폭탄을 개발했고 그 폭탄은 1949년 8월 베리야가 보는 앞에서 폭발했다. 세계 정치는 양극화되어 갔다. 크렘린은 일본 항복 이후 어느 때보다도 자신의 입지가 탄탄하다고 느꼈다. 1949년 10월에 스탈린의 예상을 깨고 마오쩌둥 군대가 중국 내전에서 승리하여 베이징에서 권력을 잡았다.[13] 지구 표면의 4분이 1이 공산주의의 직접 통제 하에 들어간 결과 세계 지도가 다시 그려지고 있었다. 1950년에는 공산주의가 더욱 멀리까지 팽창을 시도했다. 북한 공산주의자들이 김일성의 지도 아래 나라 전역을 장악하고 통일하고자 군사 행동을 벌였고, 소련과 중국 지도부가 이를 지지한 것이다.[14] 스탈린은 미국이 공산주의의 팽창주의를 봉쇄할 의사가 없을 것이라고 잘못 판단했다. 또 마오쩌둥이 세계에서 가장 위대한 혁명 정신의 주창자로서 명성을 얻을지 모른다고 우려하기도 했다.

김일성은 군사 행동에 동의해 달라고 스탈린을 졸랐다. 김일성은 1945년 늦여름에 소련군이 극동에서 벌인 군사 행동의 도움으로 한국 공산주의자들 사이에서 두각을 나타낸 인물이었다. 무명이었다가 소련의 후원자들에 힘입어 갑자기 등장한 그는 새로 통합된 조선노동당의 총비서가 되었다. 심지어 김일성이 시베리아에서 러시아인들과 오래 지내다 보니 한국어 구사력마저 형편없어졌다는 말이 나오기도 했다. 김일성 숭배가 즉각 시작되었다. 1946년에는 김일성이 한국의 공산주의자들 사이에서 장군을 지낸 지 20주년이 되었다고 기념 행사가 열렸는데, 그게 사실이라면 그가 14살부터 장군이었다는 뜻이었다. 그러나 일단 중앙 당 기구에 앉자 그는 태어날 때부터 권좌에 있었던 양 행동했다.[15]

그러나 스탈린, 마오쩌둥, 김일성은 모두 상황을 완전히 오판했다. 미국은 유엔 안전보장이사회에서 소련이 퇴장한 것을 이용해 북한의 침략에 맞서 남한을 방어할 다국적군을 결성하는 데 유엔의 인가를 얻어냈다.[16] 이 일은 서방의 결의를 보여주는 중요한 징표였다. 한반도 전역이 공산주의의 수중에 떨어지면 전 지구적 봉쇄 정책은 완전히 불신을 받을 것이다. 엄청난 병력이 한국전쟁에 참여했다. 남한을 지원하는 미국과 서방 동맹국들은 중국이 중국이 직접 참전해 공개적으로 지원하고 소련이 무기와 비행사를 은밀하게 지원해주는 북한의 자신만만한 군대에 직면했다. 전투는 미국과 소련의 직접 대결까지는 초래하지 않았다. 게다가 트루먼은 핵폭탄을 사용하게 해 달라는 더글러스 맥아더(Douglas MacArthur, 1880~1964) 장군의 요청을 거절했으며, 지시에 순종하지 않으려 한다는 이유로 맥아더를 해임했다. 그러나 한국전쟁은 언제라도 제3차 세계대전으로 비화할 수 있는 전쟁이었다. 자본주의와 자유민주주의가 공산주의와 거대한 투쟁을 벌인 것이다. 트루먼은 미국 입장에서 지정학적으로 중요한 어떤 나라에서도 공산주의자들이 더는 권력을 장악하지 못하도록 하겠다고 결심했다. 어느 쪽도 승리하지 못한 채 한국전쟁의 전선은 앞뒤로 왔다 갔다 했다.[17]

좀 더 신중한 대응으로, 당시 미국과 영국의 첩보 기관은 공산주의 권력을 전복하고자 알바니아와 우크라이나로 첩자들을 보내기도 했다. 미국은 단순한 봉쇄 전략을 뛰어넘었다. 트루먼은 동유럽의 공산주의 사슬에서 약한 고리가 있는지 알아보는 일을 서슴지 않았다. 그러나 트루먼의 계획이 성공할 가능성은 전혀 없었다. 당시 미국 주재 영국 대사관에서 일하면서 소련을 위해 간첩 활동을 하던 킴 필비가 그런 움직

임을 감시하고 있었고, 그 결과는 유혈 낭자한 대재난이었다.[18]

동시에 트루먼은 공산주의의 경제적 기생 행위에 맞서 장기적인 예방 조치도 취했다. 1949년 그는 소련에 전략 물자가 판매되는 것을 막는 수출 통제법을 비준했다. 다른 서방 국가들도 확실히 동일한 노선을 걷도록 하려고 조정위원회(코콤CoCom)를 설립했다.[19] 그렇다고 전면적인 경제 봉쇄를 한 것은 아니었다. 소련이나 동유럽과의 무역은 조용히 계속되었다. 1949년 5월 영국 외무장관 어니스트 베빈(Ernest Bevin, 1881~1951)은 상업 거래가 공공연히 알려지는 것을 싫어했다. 캐나다인들은 영국이 캐나다가 직접 생산하고 팔 수 있는 생산품들(목재, 금속, 곡물)을 공산주의 국가에서 사들이고 있다고 비난했다.[20] 마셜 원조는 그동안 느리기는 하지만 확실히 효과를 발휘했다. 그러나 트루먼은 어떤 위험도 무릅쓰지 않으려 했다. 미 국무부와 중앙정보국(CIA)은 자금과 정치적 보증을 서유럽에 쏟아부었다. 이와 동시에 첩자들이 동유럽에 침투했지만 소련 첩보 기관이 사태 진행에 경각심을 갖고 지켜봤기 때문에 효과가 좀 덜했다. 북대서양조약기구는 자신의 적들과 마찬가지로 제3차 세계대전을 도발하는 데는 이르지 못할 격렬한 투쟁을 벌이고 있었다. 미국은 패배를 예상하지 않았다. 트루먼은 국가의 운명과 미국의 정치 · 경제적 모델의 고유한 위대성을 믿었다.

스탈린은 레닌주의 이데올로기의 창고에서 나온 역사적 필연성이라는 신념을 지니고 있었다. 또한 스탈린 체제는 체제의 지역 안보를 강화하고 동유럽에서 자신의 권력을 극대화하고자 했다. 공산화가 더욱 강력하게 추진되었다. 만일 여론 조사가 실시되었다면 공산주의자들은 어느 지역에서도 다수가 되지 못했을 것이다. 동유럽인들은 공산주의 지도자들을 소련의 앞잡이로, 공산주의 자체는 '러시아 노예제'로 여겼다.[21] 약탈 행위가 모든 곳에서 벌어졌다. 붉은 군대 병사들이 주둔 지역의 여성들을 강간했다는, 특히 술에 취해서 강간을 저질렀다는 추문이 널리 퍼졌다.[22] 소련이 점령한 독일 지구에서는 다음과 같은 노래가 사람들 사이에 널리 퍼졌다.

> 해방자들이여, 환영합니다!
> 당신들은 우리에게서 계란과 고기와 버터, 소와 여물을 가져가지요.
> 또 시계, 반지 등 온갖 것들도 가져가지요.
> 당신들은 우리를 모든 것으로부터, 자동차와 기계로부터 해방합니다.
> 당신들은 가는 곳마다 객차와 철도 시설을 떼어내 가져가지요.
> 이 모든 쓰레기로부터—당신들은 우리를 해방했습니다!
> 우리는 기쁨으로 절규하지요.
> 당신들이 우리에게 얼마나 잘해주는지.
> 예전에는 너무나 나빴는데, 지금은 얼마나 좋은지.
> 당신들은 경이로운 사람들입니다![23]

동독 공산주의 지도자 발터 울브리히트*는 소련 병사들의 못된 행동을 불평하는 동지들을 타박했다. "오늘날 그런 일에 그토록 흥분하는 사람들은 히틀러가 전쟁을 시작했을 때 흥분했더라면 훨씬 더 좋았을 것이오!"[24]

사회주의로 가는 민족적 길에 관한 논의는 완전히 중단되지는 않았으나,[25] 스탈린은 이제 실제로 동유럽이 가능한 한 소련 모델에 가깝게 복제되기를 원했다. 폴란드는 결정적으로 중요한 나라였다. 스타니스와프 미코와이치크가 지도하는 폴란드농민당(PSL)에 대한 박해가 심해지기 시작했다. 미코와이치크는 체포되리라는 것을 알고서 1947년 10월에 외국으로 도주했다. 폴란드사회당(PPS)만이 어느 정도 독립을 유지했으나, 사회당과 공산당을 통합하라는 압력을 받았다. 사회당은 거부했지만 당에서 우파를 숙청하는 데는 동의했다. 이후 몇 달 동안 공

울브리히트(Walter Ulbricht, 1893~1973) 동독의 정치가. 1945년 독일통일사회당을 설립해 부위원장이 되었다. 1960년 국가평의회 의장에 취임했다.

독일통일사회당 초대 서기장 발터 울브리히트. 1960년부터 1973년에 사망할 때까지 동독을 통치하며 소련 사회주의 모델을 고지식할 만큼 충실히 따랐다. 베를린 장벽을 세운 장본인이기도 하다.

산주의 지도부가 개혁되었다. 사회주의로 가는 특별히 '폴란드적인 길'을 옹호하며 모스크바의 '추천'을 의문시하는 고무우카의 습관은 스탈린의 의심을 샀다. 여름에 볼레스와프 비에루트*가 고무우카를 대체하면서, 집단 농장 창설을 반대하고 소련에 불신을 보였다고 고무우카를 격렬히 비난했다. 한편 사회당은 신경이 쇠약해지고 있었다. 1948년 12월 사회당은 공산주의자들과 폴란드통일노동자당(PZPR)으로 통합되었다. 실제로는 공산주의자들이 자신들의 주요 경쟁자들을 통째로 먹어치우는 상황이었다.[26] 이듬해 통일농민당이 창설되었지만 나라는 이미 본질적으로 일당 독재 체제였다.[27]

좌파 정당들을 비슷한 식으로 통합하는 것은 1947년 가을에 루마니아에서도 계획되었다. 억압적 분위기가 무르익고 있었다. 통일노동자당 내의 공산주의자들은 이미 일당 국가처럼 지배했다. 국왕 미하이 1세(Mihai I, 1921~)는 퇴위해야 했다. 통일노동자당은 살아남은 몇몇 다른 정당들 대부분을 인민민주주의전선으로 밀어 넣었고, 엄청난 부

비에루트(Bolesław Bierut, 1892~1956) 폴란드의 공산주의 지도자. 스탈린주의자로서 1947~1952년 동안 폴란드 대통령을 역임하여 '폴란드의 스탈린'이라고 불렸다.

정 선거의 혜택을 본 인민민주주의전선은 1948년 3월 선거에서 손쉽게 승리를 거두었다.[28]

체코슬로바키아공산당은 이미 군과 경찰을 모두 지배하고 있었다. 공산당은 내각 파트너와의 '협조'에서 '대결'로 정책을 전환했다. 1948년 2월 비공산당 계열 각료들이 격분하여 사임했다. 그러나 공산주의 지도부는 무력화되지 않았다. 오히려 공산주의자들은 사임으로 생겨난 틈을 클레멘트 고트발트가 이끄는 일당 정부로 메워버렸다. 반대파는 무자비하게 진압되었고 다음 달에 전 외무장관 얀 마사리크(Jan Masaryk)가 의문의 죽음을 당했다(아마도 살해당했을 것이다). 헝가리에서 변화를 꾀하기는 좀 더 어려워 보였다. 체코슬로바키아 공산주의자들은 1946년 선거에서 38퍼센트의 득표로 승리했지만, 헝가리 동지들은 비참할 정도로 인기가 없었다. 헝가리 공산주의자들은 1947년 8월 선거에서 통계를 조작하고 나서야 득표율을 22퍼센트까지 끌어올릴 수 있었다.[29] 하지만 그들의 지도자 라코시는 긴장을 풀지 않았다. 라코시는 당내 정적들의 삶을 견딜 수 없는 지경으로 만들었고 정적들이 외국으로 도피하도록 유도했다. 라코시는 공산주의자들과 사회민주주의자들을 헝가리노동자당(MDP)으로 강제 통합했다. 보안경찰(ÁVO, 나중에는 ÁVH)은 나머지 노골적 반체제 인사들을 소탕했다. 헝가리는 실질적으로 공산주의 일당 국가가 되었다.[30]

스탈린은 새로운 공산주의 국가들을 소련에 종속시켰다. 1947년 9월, 1948년 6월, 1949년 11월의 세 번에 걸친 코민포름 회의는 유용한 무기였다. 그러나 코민포름 본부는 소련 지도부가 공산당들에게 자유를 허용하고 있다는 허구를 유지하려고 처음에는 베오그라드에, 나중에는 부쿠레슈티에 설치되었다. 좀 더 공식적인 의사 전달 통로는 여전히 소련공산당 중앙위원회 서기국 국제부였다. 외무부와 국가보안부(엠게베MGB)도 크렘린의 희망 사항을 바깥으로 전달했다. 게다가 스탈린은 동유럽의 수도 각지에 있는 공산당 지도자와 직통 전화로 연락을 취했다. 스탈린 말고는 아무도 허락 없이 이 전화를 사용할 수 없었다. 예를 들어 폴란드의 비에루트 대통령이 크렘린에 이야기하고 싶은 것이 있으면 약속을 잡아야 했다.[31] 스탈린은 대륙 절반의 시차를 측정하는 데 대가가 되었다. 베를린은 모스크바 시간에 맞춰졌다.[32] 스탈린의 꼭두각시인 동유럽인 통치자들은 어느 때라도 그의 질문에 대답할 자세를 갖추고 있어야 했고, 스탈린이 낮 시간 대부분은 자고 밤 시간 내내 일했기 때문에 대체로 그 대답은 한밤중에 이루어졌다.[33]

소련 독재자의 눈에 티토만이 유일하게 의심스러운 지도자는 아니었다. 이 지역의 모든 공산주의 수장들은 충성과 복종을 계속 입증해야 했다. 루마니아 공산주의 지도자 게오르기우-데지는 '앵글로-아메리칸들'과 경제 거래를 갈망한다고 비난받았다.[34] 모스크바의 전연방공산당 서기국은 헝가리 공산주의자들을 '부르주아의 영향력'에 취약하다며 비난했고, 폴란드와 체코슬로바키아 공산주의자들을 '반마르크스주의적 이데올로기 입장'에 서 있다고 규탄할 만한 적당한 근거를 날조했다.[35] 소련의 정치 지도자들도 동유럽에서 발걸음을 조심해야 했다. 정치국원이었던 클리멘트 보로실로프*가 1945년 10월 부다페스트를 방문했던 자리에서 자신이 헝가리 지도부에 내린 명령에 대해 모스크바에 자문하지 않자, 다른 정치국원들이 스탈린에게 보로실로프의 행동을 알렸던 것이다.[36]

당들 사이의 공식적 외형은 그대로 유지되었다. 폴란드노동자당에 보낸 다음 메시지는 전형적이다. "우리는 당신들이 우리의 고려 사항을 논의하리라 믿고 있으며 당신들의 결정을 알려주기 바랍니다."[37] 그러나 때때로 대화는 좀 더 돌발적이었다. 불가리아는 은행 국유화 법률 초안을 작성했을 때 당장 수정하라는 말을 들었다.[38] 소련군정청은

보로실로프(Kliment Voroshilov, 1881~1969) 소련의 군인이자 정치가. 당 정치국원, 국방인민위원 등을 거쳐 제2차 세계대전 동안 국가방위위원회 위원으로 있었다. 1953년 당 간부회 의장이 되었으나 1960년 해임되었다.

동독의 정책 결정에 깊이 관여했다.

〔통일사회당(SED)〕에서 나오는 거의 모든 문서는 여기 우리가 준비한다. 그들이 초안을 마련하면 여기서 보고 우리의 논평을 모두 반영한다. 우리가 체계화하지 않고 또 그들이 충분히 수용하지 않은 문서는 단 한 건도 없다. 그런 문서는 존재하지 않는다.[39]

혁명의 전위인 통일사회당이 그 정도였다! 모스크바가 지시를 내리고 공산당들이 그 지시에 복종하는 것이 현실이었다.

막후에서는 소련 관리들이 보통 일대일 사적인 대화로 국가 지도자들을 면담했다. 그들은 지도부 내의 이견에 주의했다. 폴란드의 경우 비에루트 대통령은 당 서기장 고무우카를 비방하는 편지를 썼고 모스크바는 비에루트의 편지를 나중에 써먹으려고 보존했다.[40] 크렘린은 모든 사람들로부터 속내 이야기를 얻어냈다. 각국의 최고 지도자들은 당연히 이러한 관례를 싫어했는데, 왜냐하면 그 관례가 모스크바와 배타적으로 소통할 가능성을 망쳤기 때문이었다. 당 수뇌들인 루마니아의 게오르기우-데지와 헝가리의 라코시는 누가 스탈린에게 자기들에 대해 고자질했는지 묻고 다녔다.[41] 그러나 스탈린을 화나게 하면 안 되기에 그들에게는 이 관례를 중단할 힘이 없었다. 소련 당국은 비밀리에 직접 정보원을 고용했다. 이 또한 각국 지도자들의 감정을 상하게 만들었으나, 유고슬라비아인들만이 모스크바에 항의하며 본부에서 소련 정보원들을 제거하는 용기를 보였다. 심지어 소련과 유고슬라비아가 분열하기 전에 벌어진 일이었다.[42] 크렘린은 '외부 제국'*에서 당 지도

외부 제국(outer empire) 이 책에서는 소비에트연방(소련)을 구성한 소비에트사회주의 공화국과 자치공화국들을 통틀어 '내부 제국'이라 부른다. 그리고 폴란드, 동독, 헝가리, 루마니아, 불가리아, 체코슬로바키아 등 연방에 소속되지는 않았으나 1945년에서 1989년까지 명목상 주권 국가일 뿐 실질적으로 소련에 종속되어 있었던 동유럽 위성국가들을 '외부 제국'이라 부른다.

부와 정부 내각의 구성을 결정할 때 자기들한테 자문하기를 기대했다. 1946년 불가리아의 총리가 된 게오르기 디미트로프는 즈다노프에게 내각 구성의 '예비 계획'을 제공했다.[43] 크렘린이 반대했다면 디미트로프는 명부를 찢어버렸을 것이다. 다른 나라의 당들도 유사한 복종을 표하며 행동했다. 이 지역의 최고 통치자들은 모스크바에 살았다.[44]

1945년 이후 수천 명의 고문과 교관들이 동유럽 각국에 파견되었다. 군대와 국가 보안 기관들에는 소련 노선에 따라 제도를 재건할 권한을 부여받은 소련 직원들이 가득했다. 이런 상황은 공산주의자들 사이에서조차 동요를 일으켰으나 공개적인 불평은 전혀 없었다.[45] 외무부에서 몰로토프의 부관이었던 안드레이 비신스키*는 아주 뻔뻔하게 상황을 묘사했다. "우리의 친구들이 장차 새로운 상황에서 업무를 잘 수행하려면 권위 있는 지시가 마땅히 필요하다."[46]

공산주의자들은 동유럽에 민주주의를 도입하고 있다고 말했다. 그러나 그 민주주의란 특이한 종류일 것이었다. 밀로반 질라스는 전쟁 동안 유고슬라비아가 민주공화국을 지향하고 있으나, 그것은 "프랑스공화국 같은 것이 아니라 몽골공화국 같은 것"이라고 몰로토프에게 말했다.[47] 몽골인민공화국에 잠시라도 있어 봤다면 질라스는 그런 헛소리는 하지 않았을 것이다. 몽골까지 안 갔어도 모스크바에는 가봤으니 그런 허튼소리는 하지 말았어야 했다. (그는 10년 뒤 공산주의 체제에 대한 자신의 오류를 인정했다.)[48] 스탈린은 유고슬라비아 공산주의자들이 사용하는 용어, 즉 '인민민주주의(people's democracy)'라는 용어를 채택했다.[49] 다음 글에서는 스탈린이 폴란드 공산주의자들에게 어떻게 자신의 주장을 정당화했는지를 볼 수 있다.

비신스키(Andreii Vyshinskii, 1883~1954) 소련의 법률가이자 정치가. 1949년 외무장관이 되어 냉전 시대에 소련을 대변하는 독설가로서 국제연합에 소련 대표로 참가해 미국과 언쟁을 벌였다.

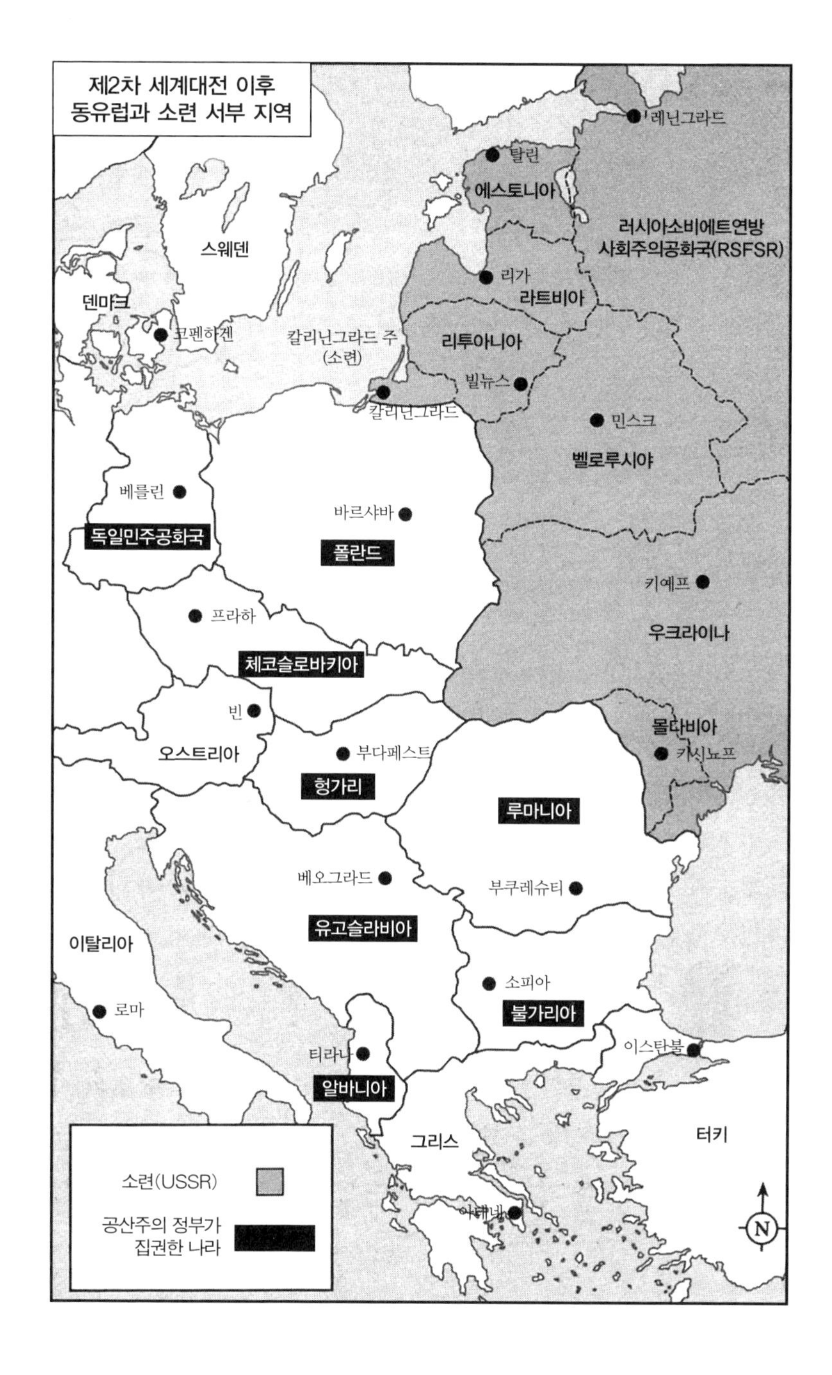
제2차 세계대전 이후
동유럽과 소련 서부 지역
레닌그라드
탈린
에스토니아
러시아소비에트연방
사회주의공화국(RSFSR)
스웨덴
리가
라트비아
덴마크
코펜하겐
칼리닌그라드 주
(소련)
리투아니아
빌뉴스
칼리닌그라드
민스크
벨로루시야
베를린
바르샤바
독일민주공화국
폴란드
키예프
프라하
우크라이나
체코슬로바키아
빈
몰다비아
오스트리아
부다페스트
키시뇨프
헝가리
루마니아
베오그라드
부쿠레슈티
유고슬라비아
이탈리아
소피아
로마
불가리아
이스탄불
티라나
알바니아
그리스
터키
소련(USSR)
공산주의 정부가
집권한 나라
아테네
N

폴란드에 수립된 체제는 민주주의다. 그것은 새로운 형태의 민주주의다. 그것은 선례가 없다. 벨기에 민주주의도 영국 민주주의도 프랑스 민주주의도 당신들이 본보기나 모델로 따를 만한 것이 없다. 당신들의 민주주의는 특별한 것이다. 당신들에게는 대자본가 계급이 없다. 당신들은 100일 만에 산업을 국유화했지만 영국인들은 100년 동안 산업 국유화를 위해 투쟁해 왔다. 그러므로 서방 민주주의를 모방하지 말고 서방 세계가 당신들을 모방하게 하라![50]

스탈린은 동유럽이 소련의 군사력을 이용하면 10월혁명 후 뒤따랐던 프롤레타리아 독재와 내전을 거치지 않고도 공산화될 수 있다고 주장했다.

스탈린에 따르면, 심각한 반혁명의 위험은 없었다.[51] 스탈린은《국가와 혁명》을 왜곡하면서 레닌이 프롤레타리아 독재를 사회주의 건설의 전제 조건으로 취급한 적이 없다고 우겼다. 이데올로기는 지금의 지정학적 요구에 끼워 맞춰지고 있었다. 스탈린은 점점 소비에트 블록으로 묘사되고 있는 동유럽의 공산주의 국가들이 비길 데 없는 수준의 사회적 안녕, 진보, 민주주의를 각국 인민들에게 제공하고 있다고 열심히 입증하고자 했다.

하지만 시민권은 동유럽 모든 곳에서 정지되었고, 자신들의 이데올로기에 충실한 공산주의자들은 자신들의 정책이 가난한 시민들에게 유리하게 차별적이라고 기쁜 마음으로 자랑했다. '인민'은 전 국민을 가리키는 것이 아니었다. 관리자 봉급과 노동자 봉급 간의 격차가 줄어들었다. 보편적인 무상 교육이 도입되었다. 직장을 다니는 모든 사람들에게 주택, 의료, 연금을 신청할 수 있는 자격이 주어졌다. 재능이 입증된 사람들은 공직 사다리를 타고 위로 올라갈 수 있을 것이라고 약속받았다. 공산주의자들은 다른 중도 좌파 정당들과 개혁에 대한 책임감을 공유했다. 그러나 어느 정당도 공산당처럼 단호하게 개혁을 실시하지 않았다. 제2차 세계대전 전에 이 지역에서 노동자와 농민을 비롯하여 사회 하층민이 당국에 분노하지 않은 나라는 실제로 하나도 없었다. 이러한 상황은 공산주의 지도자들이 자신들의 체제를 좀 더 쉽게 도입하게 해주었다. 그들은 대부분의 사람들이 동의할 만한 변화를 실현하고 있었다. 그러나 그 변화는 일종의 계급 독재였다. 디미트로프가 인민민주주의를 새로운 형태의 프롤레타리아 독재라고 규정했을 때 진실은 누설되었던 것이다![52]

21장

유고슬라비아의 새로운 길

티토, 스탈린에 맞서다

소련과 공산주의 유고슬라비아의 분열은 엄청난 충격을 몰고 왔다. 스탈린은 오랫동안 세계 공산주의를 지배했고 전 세계 공산주의자 대부분의 복종을 기대할 수 있었다. 1948년의 격렬한 분쟁은 두 주권 국가가 연루되어 있는 까닭에 이전에 발생한 '세계 공산주의 운동'에서의 모든 반목과 차원이 달랐다. 공산주의는 소비에트 모국의 국경을 넘자마자 깊은 균열을 드러냈다. 단일한 공식 공산주의는 끝이 났다.

유고슬라비아 공산주의 지도자 요시프 티토도 다른 모든 사람들만큼이나 깜짝 놀랐다. 그는 이념적으로 증명된 스탈린주의자였다. 농민의 아들로 태어난 티토는 가난에 찌든 어린 시절을 보냈고 일찍 학교를 그만두었다. 티토는 재빨리 공산주의자가 되었다. 그는 제2차 세계대전 전에 모스크바 당 학교에서 훈련시키려고 선발한 일종의 투사였다. 코민테른은 1937년 유고슬라비아에서 공산당을 조직하려고 티토를 모스크바로부터 불러들였고 티토는 전시에 크렘린의 신뢰를 유지했다. 티토는 나치 점령에 맞서 중대한 봉기를 조직함으로써 수십 개의 독일군 사단을 동부 전선에서 이탈하게 했다. 티토의 군사적 공훈은 영국의 주목을 끌었다. 런던에서 특사들이 낙하산을 타고 유고슬라비아에 투입되어 어떤 반독일 무장 집단에게 물자 원조를 해야 할지 평가했다. 결정은 티토에게 유리하게 내려졌다. 처칠은 공산주의 파르티잔들을 지원했고, 그들이 (독일군을 세르비아 영토로부터 축출하기 위해 싸운) 드라자 미하일로비치의 체트니크*와 (나치 허가로 권력을 쥔) 크로아티아의 우스타샤에 맞서 내전을 치르면서 저지른 야만 행위와 이데올로기에는 눈을 감았다. 공산주의자들은 인종 간 갈등을 끝내는 데 헌신할 것을 유달리 강조했다. 1944년 10월 티토와 동맹한 소련의 붉은 군대가 베오그라드를 점령했다. 이후 독일군이 유고슬라비아에서 세력을 회복하는 일은 없었다.

전시에 영국 정부와 유고슬라비아 공산주의의 관계는 정략 결혼이었다. 1945년 여름 영국의 새 총리로 선출된 영국노동당 지도자 클레멘트 애틀리는 티토 정권의 정책에 반대했다. 게다가 스탈린의 지지를 받던 티토는 소련이 유고슬라비아에서 생기는 이익을 서방 연합국과 똑같이 나누기로 약속했던, 1944년 모스크바에서 스탈린과 처칠 사이에 이루어진 거래를 전혀 눈치채지 못했다.[1] 하지만 그와 동시에 소련 관리들은 유고슬라비아의 공산주의 선전이 티토를 스탈린과 동급으로 찬미한다고 우려했다.[2] 세계 마르크스주의 운동에는 단 한 명의 신을 위한 공간만 있었던 것이다.

한편 티토는 내전에서 공산주의가 승리한 뒤 고립된 우스타샤와 체트니크 저항 지역을 찢어놓았다. 제2차 세계대전 후 첫 2년 동안 무려 25만 명에 이르는 사람들이 대량 총살과 죽음의 행진, 강제수용소의 가혹 행위로 목숨을 잃었다.[3] 인민전선을 벗어난 정치 활동은 전혀 허용되지 않았다. 공산주의자들은 크로아티아의 가톨릭 성직자들이 우스타샤와 독일의 점령을 지지했다는 이유로 가톨릭교회를 박해했다. 보

체트니크(Chetnik) 제2차 세계대전 중 설립된 유고슬라비아 저항 운동 조직. 1941년 4월 유고슬라비아를 침공한 독일군과 크로아티아 협력 세력에 맞서 조직된 세르비아 민족주의 유격대였다.

유고슬라비아 연방 대통령 요시프 티토. 한때 성실한 스탈린주의자였지만 1948년 코민테른에서 제명되면서 본격적으로 소련과 대립하기 시작했고, 노동자 자주 관리와 비동맹주의를 비롯한 독자 노선을 추진했다.

스니아의 이슬람교도들은 괴롭힘을 당했고 이슬람 사원과 쿠란 학교들은 폐쇄되었다.[4] 티토는 동유럽의 모든 곳에서 공산화가 지체되는 것을 경멸했고 유고슬라비아인들은 1947년 9월 코민포름 제1차 회의에서 이를 비판했다.[5] 또 모든 유럽 강화 조약을 묵인하는 대가로 트리에스테(Trieste, 유고슬라비아 국경 부근에 있는 이탈리아 북동부 지역)를 유고슬라비아에 포함시켜 달라고 요구했다. 하지만 트리에스테는 대체로 이탈리아인들이 거주하는 도시였다. 자신의 입장이 이탈리아공산당이 선거를 치르는 데 방해가 된다는 것을 알면서도 티토는 물러서지 않았다. 처음에 티토는 이탈리아 정부와의 외교 분쟁에서 스탈린의 지지를 받았다. 스탈린의 신념은 베오그라드에서 생생히 살아 있고, 티토는 스탈린의 대리인인 것 같았다.

스탈린은 완전히 만족하지는 않았으나, 유고슬라비아 동지들을 충분한 혁명적 열정을 보여주지 못하는 어떤 유럽 공산주의자라도 물어뜯을 사냥개로 생각했다. 발칸의 정치에 전환점이 찾아왔다. 1948년 1월 티토는 혹시 발생할지도 모를 그리스인들의 침략을 방지하려고 남부 알바니아로 유고슬라비아 군대를 파견할 것을 고려했다. 스탈린은 영국이 개입할 위험성을 무시했다고 티토를 질책했다. 크렘린이 가장 원하지 않은 일은 세계 열강 사이의 무력 갈등이었다. 서방과 긴장이 높아질 경우 그것이 어떤 상황이든 스탈린은 국제 공산주의 정책을 직접 통제하기를 원했다. 그는 유고슬라비아인들이 세계 강국인 소련의 위상을 무시했다고 비난하는 문서를 준비하라고 지시했다. 유고슬라비아인들이 발칸을 지배하려 했다. 그들은 마르크스-레닌주의를 고수하지 않았다. 아니 세상에, 티토는 지난 3년 동안 단 한 번 마르크스를 언급했을 뿐 스탈린은 언급도 하지 않았다![6] 유고슬라비아 지도부는 트리에스테를 둘러싸고 말썽을 일으켰고 불가리아, 알바니아, 심지어 이제는 그리스의 형제 공산주의 정치에까지 개입했다. 스탈린은 최근까지 발칸 연방 구상을 지지했다.[7] 그러나 그는 티토가 이들 다른 나라들을 지배하려고 그런 프로젝트를 이용할 것이라는 결론에 도달했다. 그리고 티토는 공산주의를 떠벌리면서도 농촌에서 쿨라크가 지닌 위협은 과소평가했다. 문서에 따르면 티토와 그의 동지들은 진정한 마르크스주의자가 아니었다.[8]

하지만 티토는 한 걸음도 물러서지 않고 소련에 도전했다. 그는 자국 공산당 중앙위원회의 지지를 받았다. 그리하여 베오그라드로 파견된 소련 고문에게 다음과 같이 대담하게 말할 수 있었다.

우리는 일련의 문제에서 우리를 비판하고자 한—비판할 뿐만 아니라 우리에게 훈계를 하고자 한—사람들보다 우리가 더 나쁘다고 생각하지 않는다. 나는 헝가리인들, 루마니아인들, 체코슬로바키아인들을 염두에 두고 있다. 우리가 정말 그들보다 자본주의 요소들을 더 많이 갖고 있는가? 그들 나라에는 정말 우리보다 쿨라크가 적은가?[9]

스탈린의 정책은 완전히 실패했다. 유고슬라비아 공산주의는 유고슬라비아 자국에서 만들어진 생산물이 되고 외국의 간섭은 저항을 받게 될 상황이었다.

모스크바-베오그라드의 분열이 돌이킬 수 있는지를 정밀히 검토한 뒤에 티토는 공격을 개시했다. 티토는 유고슬라비아 공산 정부의 선전 담당자 밀로반 질라스가 스탈린을 비판하는 신문 기사를 작성하자 처음에는 채택하지 않았지만 나중에 마음을 달리 먹었다. "좋아, 해봅시다. 너무 오랫동안 스탈린을 봐줬어요!"[10] 그러면서도 티토는 소련 공산주의 체제와 매우 유사한 공산주의 체제의 수립을 계속 진행했다. 1949년에 농업을 집단화하려는 난폭한 캠페인이 시작되었다. 얼마 전에 개별적인 소규모 농지를 수령했던 바로 그 농민들이 '농민-노동자 협동조합(SRZ)'에 강제로 편입되었다. 보스니아 이슬람교도들이 완강하게 저항하자 경찰과 군대가 진압에 나섰다.[11] 안드리야 헤브랑*과 스레텐 주요비치* 같은 지도자들을 비롯해 많은 당원들이 친소련 경향이라는 혐의를 받고 당에서 추방당했다. 헤브랑은 체포된 1만 6천 명 가운데 한 명이었다.[12] 티토와 잔인한 보안 기관 총수 알렉산다르 란코비치(Aleksandar Ranković, 1909~1983)는 '사회적으로 유용한 노동'을 위한 수용소 체제를 확대하는 데 비공식적으로 동의했다. 수용소의 환경은 때때로 소련보다 나빴다. 북부 아드리아해 바레 섬 수용소의 경비병들은 수감자들에게 본토에서 새로 온 죄수들을 호되게 때리게 했다. 야만 행위가 체계적으로 이루어졌다.[13]

헤브랑(Andrija Hebrang, 1899~1949) 티토의 파르티잔 지도부 가운데 한 명. 1948년 티토-스탈린 분열 때 스탈린이 티토를 대신할 후보자로 헤브랑을 지목했다.

주요비치(Sreten Žujović, 1899~1976) 유고슬라비아공산당 중앙위원회 위원이자 정치국원이었다. 1948년 티토-스탈린 분쟁 때 스탈린을 지지했다.

유고슬라비아 지도자들은 곧 자신들이 승인한 스탈린의 공업과 농업 관리 방식을 수정했다. 극단적인 중앙 집권적 행정 체제는 수백만 명의 사망자를 발생시켰을 뿐 아니라, 노동자와 농민에 이르기까지 경제 하위 수준에서 흐름을 원활하지 못하게 만들고 자발성 결여 또한 초래했다. 정치국원이자 계획위원회 위원장이었던 보리스 키드리치(Boris Kidrič, 1912~1953)는 이런 결과를 인정하지 않으려 한 사람들 가운데 한 명이었다. 그는 전국의 공장과 건설 현장으로부터 24시간마다 진척 상황을 보고받았다. "러시아인들조차 이렇게 관리하지 않았다. 그들은 월별 보고만 받았을 뿐이다. 매일 트럭 두 대분이다!" 보고받은 정보를 처리할 시간과 전문 지식이 직원들에게 부족하다는 지적이 나왔다. 키드리치는 소련식 일 처리 방식을 개선하기는커녕 오히려 생산 통로를 틀어막고 있었다. 그러나 그때 번뜩이는 생각이 키드리치의 머릿속을 스쳤다. '그런데 말이야, 모든 기업에서 들어오는 그런 일일 보고는 진짜 순전히 바보 같은 관료적 행위, 가망 없는 일이란 말이지.'[14]

틀에 박힌 소련식 체제보다 느슨한 경제 체제를 도입하는 방법을 둘러싸고 논쟁이 시작되었다. 유고슬라비아의 공산주의자들은 "마르크스의 자유로운 생산자 연합을 창출하고자" 했다. 1953년 3월 사실상의 탈집단화가 선언되었다. 젊은이들에게 강제로 육체 노동을 시키는 정책이 취소되었다. 정부가 기업의 소유권을 보유하기는 했지만, 1950년 6월부터 '노동자 자주 관리' 계획을 수립하면서 산업 개혁이 시작되었다. 지역 평의회들은 각자 예산을 짤 자유를 얼마간 얻었다. 이런 정책은 도시 평의회 의원과 공장 경영자, 노동자들이 생산성을 높이면서 그들 자신도 확고한 물질적 이익을 획득할 수 있게 하려는 것이었다. 한편 농촌의 농민-노동자 협동조합은 농장 노동자들에게 생산성 향상으로 생겨난 수익의 일부를 제공했다. 공산주의 지도부는 소련에 만연했던 인민들의 적의를 모면하기를 희망했다.[15] 목적은 분명했다. 공산주의 체제의 유고슬라비아는 스탈린 통치에서는 정상적인 것이었던 상시적 강제 없이 혁명적 변화를 꾀하고 있었다. 티토는 공개적으로 저항하는 정적들을 여전히 열심히 억압하고 있었지만, 인민들의 지지를 얻을 수 있는 공산주의 통치 형태를 목표로 삼았다.

유고슬라비아는 1946년에 새 헌법을 제정하여 스스로 세르비아, 크로아티아, 슬로베니아, 몬테네그로, 보스니아-헤르체고비나, 마케도니아의 6개 연방 공화국들로 이루어진 인민공화국을 선포했다. 세르비아에서 두 개의 자치주가 창설되었다. 바로 코소보와 보이보디나였다. 각 공화국의 지배적 민족은 자국 내에서 자기 표현의 자유를 상당한 수준으로 보장받았다. 학교와 대중 매체에서 유고슬라비아의 다양한 언어가 쓰였다. 공식적인 무신론에도 불구하고 교회와 이슬람 사원이 그대로 유지되어 신자들이 이용했다. 제2차 세계대전 동안 벌어졌던 세르비아인과 크로아티아인의 갈등은 잊혀질 것이었다. 불행히도 국경선은 민족별로 말끔하게 그어질 수가 없었다. 세르비아인들은 크로아티아 전 지역에 거주했고 크로아티아인들은 세르비아 일부에 살았다. 보스니아-헤르체고비나는 크로아티아인, 세르비아인 등이 복잡하게 뒤얽힌 실타래였고 많은 시민이 기독교도가 아니라 이슬람교도였다. 코소보는 1389년 투르크에 맞서 전투를 벌인 장소로서 애국적인 세르비아인들이 소중히 여기는 지역이었지만 주로 알바니아인들이 거주했다(이것이 자치주의 지위가 도입된 이유다). 공산주의는 그밖에 상상할 수 있는 어떤 유고슬라비아 국가 체제보다도 적대 감정을 더 잘 해결할 수 있다고 주장했지만 해묵은 상호 적의는 사라지지 않았다.

티토는 반은 슬로베니아인이고 반은 크로아티아인이었다. 그의 혼혈 혈통은 사람들의 우려를 누그러뜨리는 데 일조했다. 나라를 지키는 그의 능력도 도움이 되었다. 유고슬라비아는 동유럽에서 우방이 없었고 소련군이 움직일 때마다 전쟁 위협으로 동요했다. 1950년 한국전쟁이 발발했을 때 베오그라드에서는 스탈린이 한국전쟁을 유고슬라비아 침공 기회로 이용할지도 모른다고 심각하게 걱정했다. 게다가 전후 경제

재건은 너무나 지지부진했다. 유고슬라비아가 군사력을 강화하려면 산업 성장이 필요했고 인민들은 식량, 의복, 주택을 더 달라고 아우성쳤다. 유고슬라비아 지도부는 외국 파트너를 구했다. 티토는 서유럽의 사회당, 사회민주당과 교섭을 벌이기 시작했다. 영국노동당이 교섭 대상에 올랐고 당수 애틀리가 이번에는 긍정적으로 응답했다.[16] 유고슬라비아 지도부는 자신들의 조력자가 동료 사회주의자인지 아닌지 더는 따지지 않았다. 바르샤바조약기구 바깥에서 반응이 뜨거웠다. 캐나다의 외무장관인 레스터 피어슨(Lester Pearson, 1897~1972)은 이렇게 말했다. "나는 공산주의자가 될 것이라고 생각하지는 않지만, 만일 공산주의자라면 유고슬라비아 공산주의자일 것이다."[17] (피어슨은 자유당원이었다.) 미국 행정부 역시 티토가 서방의 주적의 적이기에 그의 이념이나 그가 행하는 억압 조치와 상관없이 친구로 대해야 한다고 생각했기 때문에 그를 격려했다.

베오그라드는 1949~1952년에만 미국 돈으로 5조 달러 상당의 비상 원조를 받았다.[18] 스탈린이 수행하고 있던 경제 봉쇄를 좌절시키는 일이었다. 서방의 나라들이 유고슬라비아에 무기를 판매하자 군사 안보도 굳건해졌다.[19] 이것은 스탈린이 어떻게든 피하고 싶었던 바로 그 상황, 즉 서구 자본주의가 공산주의 동유럽으로 침입하는 상황을 초래했다. 티토도 정치적 대가를 지불해야 했다. 그는 그리스의 공산주의 혁명에 적극적인 지원을 그만두었고 트리에스테에 대한 권리 주장도 포기했다. 그리스와 이탈리아는 미국의 동맹국이었고 유고슬라비아는 그들의 영토 보전을 존중하지 않으면 미국의 지원을 잃을 상황이었다.[20]

유고슬라비아공산당은 소련으로부터 거리를 두려고 당명을 바꿨다. 1952년부터 공산당은 '유고슬라비아공산주의자연맹'이라고 불리게 되었다. 당명이 바뀌면서 정치 개혁도 진행되었다. 연맹은 토론하고 가르칠 뿐 지령 내리기는 그만두기로 했다.[21] 지식인들이 마르크스주의의 기초를 탐구할 수 있도록 허가가 내려졌다. 레닌과 그의 정책에 대한 비판이 나타나기 시작했다. 티토는 토론이 진행되는 동안 물러나 앉아 있었다. 당대의 다른 공산주의 지도자들과 달리 티토는 사상가로서 독창성을 주장하지 않았다. 마르크스와 엥겔스가 원래 의도한 바를 재현하는 것이 티토의 목표였다. 소련을 보면서 유고슬라비아 학자들은 레닌이《국가와 혁명》에서 예측한 대로 '국가의 사멸'이 있으리라고 보지 않았다. 그들은 소련의 정치와 경제 체제가 사회주의기는커녕 '국가자본주의' 체제에 불과하다고 주장했다.[22] 유고슬라비아공산주의자연맹은 정치적 연방주의, 제도적 탈집중화, 노동자 자주 관리라는 자신들의 계획이 마침내 마르크스주의 전통의 원천으로 복귀하는 것이라고 역설했다.

유고슬라비아의 모든 공산주의 지도자가 이러한 사태 전개를 편하게 받아들인 것은 아니었다. 티토 주위의 통치 그룹에는 에르바르드 카르델리, 알렉산다르 란코비치, 밀로반 질라스 등이 있었다. 질라스는 꾸준히 반대파로 나아갔다. 그는 티토에 대한 정치적 숭배를 혐오했으며 티토가 최고 자리에 오르면서 타락했다고 생각했다. 또 소련을 억압적 관료제이자 불량배 제국으로 증오했고 크렘린에 대한 생각을 기꺼이 밝히는 점에서 티토마저 넘어섰다. 1954년 질라스는 당원증을 반납했다. 1956년 11월 질라스는 티토가 그가 모스크바와의 화해에 전념하고 있음을 입증하려고 하면서 결국 체포되었다. 질라스는 자신의 견해를 철회하지 않았다. 그는《새로운 계급》이라는 책을 쓰기까지 했는데, 이 책은 공산주의 통치자들이 노동 계급의 이름으로 혁명을 수행하고도 그들로부터 분리되어 있다는 것을 매우 강력하게 밝힌 책으로 손꼽힌다. 질라스가 폭로한 것은 유고슬라비아에만 해당하는 것이 아니라 공산주의가 국가 권력을 쥔 모든 나라에 적용할 수 있었다.

스탈린이 죽은 후 소련공산당 간부회(1952년에 바뀐 정치국의 새로운 이름)가 베오그라드와 화해를 모색하면서 유고슬라비아의 상황이 편해졌다. 티토는 스탈린의 후계자인 니키타 흐루쇼프의 화해 제안을 환영했지만 동등한 협상자의 자격이 아니면 타협하지 않으려 했다.[23] 티토는 모스크바로 가기를 단호히 거부했다. 1955년 흐루쇼프는 참다 못해 말렌코프와 함께 베오그라드로 날아갔다. 베오그라드에서 흐루쇼프는 연회에 참석해 상스러운 농담을 하고 엉망으로 취해서 체면을 잃었다. 티토는 소련 지도자들을 상대로 어떤 길을 통해 공산주의에 다다를지 선택할 유고슬라비아의 권리를 받아들이도록 능숙하게 설득했다. 한편 그는 세계에서 다른 우방을 찾는 과제도 열심히 수행했다. 자와할랄 네루*, 가말 압델 나세르*와 함께 티토는 소련과 미국 사이에서 중립을 취하려는 '비동맹 운동(Non-Aligned Movement, NAM)' 결성에 일조했다. 이 구상은 전 세계 약소국의 이익을 보호하는 것이었고, 티토는 수많은 민족 해방 투쟁의 호민관을 자임했다. 이런 행보는 국제 외교에서 티토를 흐루쇼프의 경쟁자로 만들었다. 곧 유고슬라비아와 소련의 또 다른 균열로 치달을 수도 있었다. 하지만 사태는 다른 방향으로 움직였다. 1956년 공산주의에 맞선 헝가리 봉기에 깜짝 놀란 티토는 소련의 군사 침공을 정치적으로 지지하게 되었다. 공산주의 일당 국가의 보존은 그에게 자명한 이치였다. 티토는 헝가리의 반란자들이 진압당해 마땅하다고 생각했다.

유고슬라비아 경제가 나아지리라는 정부의 희망은 비현실적인 것으로 드러났다. 1952~1956년 산업 생산은 62퍼센트 증가했는데 대부분

네루(Jawaharlal Nehru, 1889~1964) 인도의 정치가이자 민족 운동 지도자. 1922년부터 1945년까지 반영(反英) 인도 독립 운동으로 인해 아홉 차례 투옥되었다. 독립 후 국민회의파 의장을 겸임하면서 아시아와 아메리카에 현존하는 제국주의, 식민지주의, 인종차별주의에 반대하는 대외 정책을 표방했다. 제2차 세계대전 후 동서 양 블록의 대립에서 독자적인 노선을 택했다.

나세르(Gamal Abdel Nasser, 1918~1970) 이집트 대통령(1956~1970년 재임). 1952년 7월 자유장교단을 이끌고 쿠데타를 일으켜 영국이 지배하던 왕조 타도에 성공하고 1956년 제정된 새 헌법으로 대통령에 선출되었다. 영국 소유였던 수에즈 운하 국유화를 실시했으며 이어진 영국, 프랑스와의 수에즈 전쟁에서 승리했다.

자본재 부문에서 발생했다. 소비자들은 무시당했다고 불평했다. 지역 차이도 있었다. 북부 지역은 합스부르크 통치에서 혜택을 보았고 전(前) 오스만 제국의 남부보다 계속 더 성공적이었다.[24] 슬로베니아, 크로아티아, 북부 세르비아는 유고슬라비아의 나머지 지역이 느릿느릿 나아가고 있는 동안 큰 진전을 보았다. 티토는 모든 것을 아우르는 '유고슬라브주의(Jugoslavenstvo)' 정서를 장려했고, 합의에 의한 정치 질서와 활기찬 경제를 위해 애썼다.[25] 풍부한 광물 자원과 유휴 노동력이 있는 남부를 무시하는 것은 여하튼 말이 안 되는 짓이었다.[26] 통치자라는 자리가 진 부담은 엄청나게 컸다. 공화국의 어떤 지도자도 공개적으로 민족주의적 계획을 공언하지는 않았으나, 국가 예산 중 자신의 공화국 몫을 더 많이 요구함으로써 남몰래 계획을 실행할 수 있었다. 사태를 더욱 악화시킨 것은 세르비아의 힘이 커져 간다는 사실이었다. 세르비아인들은 유고슬라비아 군대의 장교단을 관리했고, 경찰 총수 알렉산다르 란코비치는 유고슬라비아의 나머지 지역의 피해를 감수하면서 세르비아의 이익을 조용히 옹호했다.

1968년 티토는 란코비치를 지도부에서 해임했다. 유고슬라비아혁명에서는 비정하고 난폭한 남자였던 란코비치는 회의장을 떠나면서 울음을 터뜨렸다. 그러나 란코비치의 친구 카르델리마저도 별로 아쉬워하지 않았다. 티토가 란코비치의 해임 결정을 두고 의견을 물었을 때 카르델리는 몇 년 동안 자신의 개인 전화가 도청당했다고 불만을 토로했다. 티토는 날카롭게 끼어들었다. "왜 나한테 말하지 않았소?" 카르델리가 대답했다. "나는 당신이 그렇게 하라고 지시했을 것이라 생각했소……."[27]

란코비치가 강제로 물러난 뒤 민족 정책과 안보 정책에서 태도의 변화가 일어났다. 공화국들에 양보가 이뤄졌다. 티토는 자신의 카리스마와 권위를 이용하여 정치 상황을 안정시키면서 복종을 요구했다. 코소보의 문화 · 행정적 자치가 확대되었고 알바니아인들은 프리슈티나에 자신들의 대학을 설립했다.[28] 전부터 고집이 셌던 크로아티아인들은 자신들의 공화국에 득이 될 양보를 얻어냈다. 1960년대부터 중앙의 경제 통제를 완화하는 쪽으로 개혁이 계속되었다. 유고슬라비아 정부의 재정 수요가 감소했다.[29] 그러나 기본적인 문제의 개선은 지속적으로 이루어지지 않았고 여전히 몇 가지 문제가 지겹도록 남아 있었다. 가장 똑똑한 젊은 노동자들이 일자리를 찾아 서독으로 떠나고 있었다. 농업으로부터의 대탈주는 농업 부문을 고령의 노동력에 맡겨 두는 결과를 초래했다.[30] 학생들은 북아메리카와 서유럽의 젊은 반란자들을 모방했다. 베오그라드에서 그들은 이렇게 외치면서 학교 건물을 봉쇄했다. "자유 없이 사회주의 없고 사회주의 없이 자유 없다!"[31] 동유럽에서는 유일하게 유고슬라비아에서 프랑스와 이탈리아에서 그랬던 것처럼 불만에 찬 아나키스트 학생들의 반란으로 소요가 발생한 것처럼 보였다.

공화국 지도자들이 각자 관할하는 소수 민족들을 공평하게 다루지 못했을 때, 사태가 감당할 수 없게 되는 것을 막을 수 있는 사람은 티토뿐이었다. 티토는 1971년 자그레브에서 크로아티아의 지도자들을 다음과 같이 비난했다. "이번에 내가 먼저 이야기하겠소. 당신들은 내가 몹시 화가 난 걸 봤을 거요. 그것이 내가 당신들을 소환한 까닭이며 회의가 오래 걸리지 않을 까닭이오." 대규모 사임과 해임이 뒤따랐다. 1972년 티토는 갑작스레 세르비아 지도부를 꾸짖으며 조용히 하라고 명령했다.[32] 그러나 연방 체제의 봉합선은 점점 가늘어져 갔고 티토만이 그것을 끊어지지 않게 잡아주었다. 70대에 들어선 그는 여전히 불멸할 것 같았다. 그 세대의 정치가들은 죽었거나 더는 공직에서 활동하지 않았다. 티토는 소련의 위협을 거부한 지도자로서 외국에서 환대받았고 '비동맹 운동'의 화려한 꽃으로 남았다.

1980년 5월 4일 기어이 죽음의 운명이 찾아왔고 유고슬라비아의 사자—전후 국가의 창건자이자 통치를 쭉 계속한 지도자—는 사망했다. 다음과 같은 농담이 사람들 사이에 떠돌았다.

질문 : 유고슬라비아와 미국의 차이는?

대답 : 미국에서 당신은 40년 일하고 그다음 4년 동안 대통령을 한다. 유고슬라비아에서 당신은 4년 싸우고 그다음 40년 동안 대통령을 한다.[33)]

한동안 공화국 지도자들은 적어도 베오그라드에서 만났을 때는 서로 사이가 좋았다. 그들은 집단 지도 체제에 합의했다. 돌아가면서 의장직을 맡았다.[34)] 죽은 티토를 기억하며 계속 경의를 표했다. 그러나 티토는 바람직하지 않은 경제적 유산을 남겼다. 대외 부채가 국내총생산(GDP)의 8퍼센트까지 치솟았다. 동유럽에 기꺼이 돈을 빌려줄 채권자들은 점점 줄어들고 있었다.[35)] 다당제를 개시하자는 요구가 나오기 시작했다. 국민적 분노가 표출되었지만 곧바로 억제되지는 않았다. 사전 검열 기관이 유지되고는 있었으나 의견을 달리하는 여론이 훨씬 더 빈번하게 인쇄물에 나타났다. 산업 침체가 깊어졌고 농업 발전은 멈췄다. 공산주의의 '유고슬라비아 모델'이 자본주의 경제학에 맞서 신뢰할 만한 대항마를 제공한다고 믿는 사람은 이제 아무도 없었다. 가장의 죽음은 이미 위태로웠던 상황을 더욱 악화시켰다.

유고슬라비아 공산주의가 거둔 성과는 무시할 수 없는 것이었다. 티토는 소련에 용감히 맞섰다. 서방의 경제적 지원이 없었더라면 버티기 힘들었을 테지만, 티토의 꿋꿋함은 부인할 수 없다. 그리고 티토는 진정으로 인기가 있었다. 나라의 해방을 위해 투쟁한 공인된 영웅으로서 동유럽의 모든 공산주의 통치자가 부러워할 만큼 군중들의 따뜻한 환영을 경험했다. 유고슬라비아의 인민들은 동유럽에서 가장 높은 생활수준을 누렸고 공산주의 세계에서 부러움의 대상이었다. 게다가 연방 구조를 관리하는 티토의 솜씨는 대가답게 교묘했다. 여러 민족과 종교 집단들 사이에서 내전이 발생하기 쉬운 상황이었지만 평화와 질서가 자리 잡았다. 유고슬라비아의 국민들은 외국 여행을 할 수 있었다. 실제로 국가는 서독에서 송금하는 금전적 이익을 인정했고 서독에서 노동자들이 '이주 노동자'로 열심히 일하는 것을 허용했다. 베오그라드의 텔레비전, 라디오, 신문은 권력 남용을 비판할 자유를 상당히 많이 누렸다. 식량과 의복은 다른 공산주의 국가들보다 더 다양했다. 농촌 가정은 정부의 법령에 거의 신경 쓰지 않고 생활했다.

그러나 유고슬라비아는 1945년 이전에 무장했던 동지들이 목표로 삼았던 그런 종류의 사회가 아니었다. 과거에 마르크스주의자였던 질라스와 탐구심이 강한 마르크스주의 철학자 미하일로 미하일로프(Mihaylo Mihaylov) 같은 반체제 인사들은 티토에게 충성을 바친 티토의 외국 팬들—제4인터내셔널부터 영화배우 리처드 버튼과 엘리자베스 테일러*에 이르는—보다 더 명확히 현실을 보았다. 공산주의자연맹은 일당 국가를 운영했다. 티토는 동유럽에서 보통 하는 것보다는 반대의견에 더 큰 자유를 주었지만 공산주의를 조금이라도 거스르면 철저히 짓밟았다. 경제는 그가 죽기 오래전부터 나락으로 떨어지고 있었다. 노동자 자주 관리는 경영 부실을 가리키는 코드였다. 국내의 연구 개발은 미미했다. 민족 적대감은 가까스로 감춰졌고 유고슬라비아 국가 내 세르비아 권력에 대한 분노가 강렬해졌다. 사람들은 서유럽의 상황에 관해 많은 것을 알게 되었다. 공산주의는 이데올로기로서 감동을 주지 못했다. 공산주의가 유고슬라비아에서 진보를 이루었다거나 이룰 수 있다는 생각은 더는 존재하지 않았다. 일자리를 찾아 서독으로 나간 유고슬라비아의 '이주 노동자들'은 외국의 매력에 관해 집에 편지를 썼다. 자유와 안락, 앞으로의 전망 면에서 발칸 공산주의 체제와 서방의 자본주의적 자유민주주의 체제의 격차는 어느 때보다 더 벌어졌다.[36)]

* 영국의 영화배우 리처드 버튼(Richard Burton)과 그의 연인이었던 엘리자베스 테일러(Elizabeth Taylor)를 가리킨다. 리처드 버튼은 크로아티아 출신의 스티페 델릭(Stipe Delic) 감독이 연출한 영화 〈수체스카 전투〉(1973년)에서 히틀러의 공세를 피해 포위망을 뚫고 수체스카 강을 건너는 티토 역을 맡아 카리스마 넘치는 연기를 선보였다.

서유럽 공산주의의 타협

지하 정당에서 대중 정당으로

동유럽에서 소비에트 블록이 수립되는 동안 서방 국가 대부분의 형제 공산당들은 공개적으로 존재하는 데 익숙해졌다. 나치 점령에서 해방됨에 따라 그리스에서 프랑스에 이르는 나라에서 1944~1945년 동안 발작적으로 활동이 지속되었다. 서유럽에서 예외적인 국가는 에스파냐와 포르투갈이었는데, 프랑코 장군과 안토니우 드 올리베이라 살라자르* 박사의 파시즘 체제는 공산당을 계속 금지했고 머릿수가 줄어들고 있던 투사들을 투옥했다. 돌로레스 이바루리*—'라 파시오나리아(La Pasionaria)'라고 알려진—는 에스파냐 내전 후 모스크바에 피난처를 마련하고 정기적으로 방문하여 이베리아 반도 전역에서 정치적 · 시민적 자유가 유린되고 있다고 비난했다.

자유민주주의 체제는 자신들의 통치 전략을 혁신했다. 서유럽의 자유민주주의 체제 중 많은 체제가 사회 불평등을 줄이고 대중 교육을 확

살라자르(Antonio de Oliveira Salazar, 1889~1970) 포르투갈의 정치가. 1932년 총리 취임 후 사실상의 독재자로 1968년까지 36년간 계속 지배했다. 권위주의적 원리와 가톨릭적 사회 정의 관념을 결합한 신헌법을 제정하여 국가통일당의 일당 독재를 확립했다.
이바루리(Dolores Ibárruri, 1895~1989) 에스파냐의 정치가. 에스파냐공산당에 1920년 창립 때부터 참여했다. 내전에서 패배한 뒤 소련으로 망명했다.

대하며 국가의 경제 소유와 규제를 늘리는 데 전념했다. 몇몇 나라에서 복지 대책이 공공 의제에 올랐다. 영국은 포괄적인 사회 안전과 공공 의료 계획으로 앞장섰다. 이 지역의 정치 집단들은 그 계획을 옹호했다. 그런 계획은 전시에 모든 교전국에서 일반적인 관행으로 자리 잡았으며, 공업과 농업의 회복을 가져올 핵심적 수단으로 계속 유지되었다. 노동조합이 싹텄다. 다당제 민주주의와 문화적 자유는 이베리아 반도를 제외한 모든 곳에서 표준 양식이었다. 종교 활동이 거의 간섭받지 않고 이루어졌다. 국제 협력이 달성해야 할 목표로 환영받았다. 사람들은 공정한 세계를 건설할 필요성을 끊임없이 이야기했다.[1] 트루먼 행정부는 서유럽 정부들이 시장 경제를 육성하고, 기독교 활동이 잘 이뤄지게 해주고, 서유럽 경제에 미국의 접근을 허용하는 데 만족해했다. 무엇보다도 서유럽 정부들은 공산주의에 적대적이었다. 영국 외무장관 어니스트 베빈 같은 노동당 정치가들은 소련과 동유럽의 공산주의 횡포를 비난하는 데서 보수당 지도자 윈스턴 처칠에 필적했다.

공산당들은 그런 압력에도 빠르게 기운을 회복했다. 이탈리아공산당 지도자 팔미로 톨리아티는 수년간의 모스크바 망명 후 곧 당에서 자신의 대리인이 될 피에트로 세키아(Pietro Secchia, 1903~1973)가 이탈리아 반파시즘 저항 운동을 이끌던 이탈리아로 돌아가게 해 달라고 디미트로프를 졸랐다.[2] 프랑스 공산주의 지도자 모리스 토레즈도 자신의 대리인 자크 뒤클로가 마키*에서의 공산주의 활동을 막후에서 조정하는 동안 소련의 수도에서 전쟁 시기를 보냈는데, 이제 본국으로 돌아가고 싶어 안달이었다. 프랑스, 이탈리아, 그리스의 공산주의자들은 반나치 저항 운동에 참여하여 사보타주를 벌이고 혼란을 일으키고 살인을

마키(Maquis) 제2차 세계대전 중 프랑스와 그밖의 지역에서 독일군에게 저항했던 단체. 처음에는 접근하기 어려운 밀림 · 산악 지대(maquis)에 잠적한 사람들을 가리켰으나, 나중에는 보통 지하 저항 운동가를 일컫게 되었으며 파르티잔이나 게릴라에 가까운 형태가 되었다.

했다. 독일군에게 잡히는 것은 보통 모진 고문을 받고 죽는 것을 의미했다. 그들은 1945년에 해방된 인민의 옹호자로서 자신들을 내세웠다.

공산주의자들은 전쟁 동안 자국에서 기독교 성직자들이 보여준 경악할 만한 행동을 지적했다. 바티칸은 무솔리니, 히틀러와 결탁했다. 프랑스 가톨릭 주교들은 비시의 필리프 페탱* 원수가 이끄는 괴뢰 정부가 무너질 때까지 페탱 정부를 지지했다.[3] 공산주의자들은 또 사업가들과 보수 정치가들이 제3제국에 용감히 맞서거나 근본적인 사회 개혁을 추진할 의사가 없었음을 강조했다. 서유럽의 공식 공산주의는 나치-소비에트 협정을 옹호한 사실을 감추면서 오직 자신들에게만 민족 이익을 옹호하고 '미 제국주의'를 저지할 능력이 있다고 주장했다. (그러나 프랑스군에서 탈영한 토레즈를 체포하려고 했던 샤를 드골*이 1945년에 집권했고, 공산주의자들은 체포를 단념시키려고 드골을 어떻게든 설득해야 했다.)[4] 공산주의자들은 해방된 뒤 정부와 상업과 산업에서 발생한 부패를 지적했다. 그들은 독일 점령기 동안 번영을 구가했던 대기업들이 여전히 주도권을 쥐고 있다는 데 주목했다. 다른 정치적 좌파 정당들이 부르주아와 결탁했다고 비웃었으며, 서유럽 국가들이 자본주의를 갖고 장난치는 것을 그만두지 않으면 미래는 암울하다고 주장했다. 파시즘에 맞선 투쟁만으로는 충분하지 않았다. 정치 · 경제 · 사회적 조건이 전면적으로 바뀌어야 했다.

전쟁 막바지에 이미 프랑스, 이탈리아, 벨기에, 핀란드, 덴마크의 연

페탱(Philippe Pétain, 1856~1951) 프랑스 장군이자 정치가. 제2차 세계대전이 일어나자 폴 레노 내각의 부총리에 취임했으며, 1940년 6월 파리 함락으로 총리가 되어 독일에 항복하고 휴전 협정을 체결했다. 이어 비시 정부를 세우고 제3공화정 헌법을 폐지해 스스로 국가 원수에 취임했다.

드골(Charles de Gaulle, 1890~1970) 프랑스의 군인이자 정치가. 제2차 세계대전 당시 프랑스가 독일군에게 항복하자 런던에서 '자유프랑스군'을 조직해 연합군에 가담하는 한편, 프랑스 내의 레지스탕스 세력 결집에 힘썼다. 1944년 파리 해방과 함께 귀국해 전후 프랑스의 최고 지도자로 등장했다.

립정부에는 공산주의자 각료들이 존재했다. 토레즈와 톨리아티는 고국으로 떠나기 전에 소련 지도자들과 향후 정책을 합의했다. 스탈린은 1944년 3월에 톨리아티와, 11월에는 토레즈와 오랜 시간 이야기를 나눴다.[5] 그들 나라에서 나온 정보는 복잡하고 유동적이었다. 그리고 스탈린과 몰로토프, 디미트로프는 아무리 내키지 않는다 하더라도 망명온 공산주의 지도자들의 분석과 조언에 의존할 수밖에 없음을 인정했다. 토레즈와 톨리아티 또한 크렘린이 소련의 이익에, 그리고 특히 서방 연합국과의 불화를 피해야 할 필요성에 제약받고 있음을 이해했다. 그들은 또 가까운 장래에 자신들에게 소련의 지지가 필요하리라는 것도 알았다. 그리고 코민테른의 역전의 노장으로서 그들은 세계 공산주의의 통합이 바람직하다는 것을 결코 의문시하지 않았다. 토론을 통해 합의된 행동 노선이 산출되었다. 톨리아티의 본능은 군주제를 폐지하고 교회와 국가를 분리하는 것 같은 급진 정책을 지지했지만, 톨리아티와 토레즈는 그들 자신의 힘을 과대평가하지 말라는 스탈린의 충고를 받아들였다.[6] 스탈린은 또 루스벨트와 처칠에게 그들이 동유럽에서 자신의 일에 개입하지 않기를 원하는 것과 동시에 자신도 유럽의 서쪽 절반에서 부적절한 말썽을 일으키고 싶지 않다는 사실을 확신시키고자 했다. 심지어 스탈린은 공산주의자들에게 소련을 변호하는 데 '과도한 열정'을 보이지 말라고 지시하기까지 했다.[7]

톨리아티는 1944년 3월 27일 살레르노에 도착했고 이탈리아공산당에게 당의 예전 목표를 절충하라고 촉구했다. 그의 뜻은 전달하기가 힘든 메시지였다. 이탈리아의 공산주의자들은 자신들의 집권 능력을 확신했다. 그들에게는 무장 집단이 있었고, 나라에서 정치 여론을 동원할 잠재력이 있는 자신들과 경쟁할 수 있는 어떤 정치 집단도 그들 눈에는 보이지 않았다. 공산주의자들은 역동적인 직접 행동 전략을 원했다. 그러나 톨리아티는 그들에게 공산주의자들이 이끄는 봉기의 희망을 한쪽으로 제쳐 두어야 한다고 말했다. '사회주의로 가는 민족적 길'을 발견해야 했다. '새로운 당(Partito nuovo)'은 대규모 당원 모집을 통해 건설되어야 하며 이제 소규모 지하당은 없을 것이었다. 이것은 공산주의 후보들이 의회에 선출되고 연립 내각에 참여하는 것을 의미했다. 정부에서 기독민주당과 동맹하는 것을 배제해서는 안 되며, 가톨릭교회와 갈등을 피해야 하고 반(反)군주제 운동은 중단해야 했다. 톨리아티는 공산주의자들이 나라의 진정한 애국자로 인정받기를 원했다. 이런 식으로 그는 항상 공산당에 적대적이었던 사회의 여러 부분을 자기편으로 끌어들이고자 했다.

프랑스공산당도 똑같은 노선을 채택했다. 토레즈는 다음과 같이 언급했다. "생산은 오늘날 계급이 진 의무의 최고 형태이자 또 프랑스인이 진 의무의 최고 형태 입니다." 토레즈가 파업과 시위를 이끌어줄 것이라고 희망한 프랑스 북부 광부들이 토레즈와 직접 만난 자리에서 그에게 들은 말이었다.[8] 모든 공산주의자들이 타협을 승인한 것은 아니었다. 반독일 저항 운동에서 싸운 많은 투사들은 무기를 다시 들고 싶어 안달했다. 이탈리아의 세키아는 비록 지도자 동지들한테만 그러기는 했지만 정책을 봉기로 되돌리고 싶은 바람을 보여주었다.[9]

토레즈와 톨리아티가 보기에 처음에는 결과가 인상적이었다. 프랑스공산당은 1945년 8월 선거에서 절대 다수를 차지하지는 못했지만 최대 정당으로 부상했다. 하지만 결국 공산주의자가 이끄는 정부는 아니었다. 대통령으로서 드골은 뒤이은 연립정부에서 외교, 국방, 안보 장관직을 달라는 공산주의자들의 요구를 거부했다. 토레즈에게는 단지 공공 행정 장관직이 맡겨졌을 뿐이었다.[10] 1946년 1월 드골이 사임했는데도 공산주의자들이 품은 의도에 대한 불신은 이어졌다. 토레즈는 계속 싸웠다. 1946년 11월 선거에서 공산당은 다시 최대 정당이 되었다. 사회주의자 폴 라마디에(Paul Ramadier, 1888~1961)가 총리가 되었고 이번에는 토레즈가 부총리가 되었다. '의회의 길'은 공산주의자들이 여행할 가치가 있는 길로 보였다. 그러나 토레즈는 곧 실망했다. 공산주의자 장관들은 1947년 5월 내각에서 해임되었고 사회주의자들이 미국으로부터 정치 · 재정적 지원을 모색하면서 새로운 연립정부가 구성되었다. 제1차 코민포름 회의가 프랑스공산당에 혁명적 열정이 부족하다고 비판했을 때, 자크 뒤클로는 예전부터 지금까지 자신의 동지들이 모스크바에 복종해 왔다고 언급하지 않고 코민포름 회의의 비판을 수용했다. (어느 누구도 뒤클로의 기분이 어땠을지는 별로 우려하지 않았다. 뒤클로는 1945년 미국 공산주의 지도자 얼 브라우더를 규탄하는 과정에서 소련당 지도부의 앞잡이로 활동했고, 결국 당이 브라우더를 축출하는 상황을 만든 인물이었다.)[11]

1948년 4월 이탈리아 선거에서 공산주의자들과 기독민주당원들은 가장 인기 있는 양대 정당으로서 서로 대립각을 세웠다. 그 싸움은 톨리아티가 다른 좌파 정당들과 동맹하여 승리하기를 기대한 무자비한 선거전이었다. 사실 톨리아티는 공산주의의 적들이 결과를 뒤집어엎으려고 한다면 어떻게 할 것인지를 주로 걱정했다. 공산당은 봉기를 조직해야 하는가? 모스크바는 톨리아티에게 그렇게 하지 말라고 강력히 충고했다.[12] 소련은 서방과의 관계에서 또 다른 분규를 감당할 여유가 없었다. 한편 미국은 막후에서 적극적으로 활동하면서 알치데 데가스페리*와 기독민주당원들에게 재정적 지원을 퍼부었다. 미국은 또 비공산주의 정부가 구성될 경우 트리에스테를 이탈리아에 돌려주겠다는 약속도 했고, 공산주의자들이 선거에서 승리할 경우 마셜 플랜을 끊어버리겠다는 위협도 했다. 미군은 투표가 잘못된 길로 갈 경우를 대비해 은밀히 개입할 준비를 계속했다.[13]

이탈리아 공산주의자들은 자신들이 스탈린의 심부름을 하는 사환에

데가스페리(Alcide de Gasperi, 1881~1954) 이탈리아의 정치가. 기독민주당 창당에 참여했으며 제2차 세계대전 중 공산당과 사회당 양당과 제휴해 반파시즘 운동을 전개했다. 1945년 공산당과 좌파 정당을 내각에서 축출하고 같은 해 이탈리아공화국 초대 총리가 되었다.

왼쪽 : 이탈리아공산당 서기장 팔미로 톨리아티. 오른쪽 : 프랑스공산당 서기장 모리스 토레즈.
이들은 의회민주주의의 틀 안에서 사회당과 연합하여 서유럽에서 가장 유력한 공산당을 이끌었으나,
공산당이 통치하는 국가를 수립하지는 못했다.

불과하다는 기독민주당의 비난에서 벗어나지 못했다. 고참 당 지도자인 움베르토 테라치니(Umberto Terracini, 1895~1983)조차 톨리아티가 크렘린의 지시에 기계적으로 복종한다고 비난했다. (테라치니는 꾐에 빠져 자신의 비판을 철회했다.)[14] 바티칸도 무신론적 공산주의를 향한 통렬한 공격에 합류했다. 교황 비오 12세는 '신을 부인하는 당과 권력'에 투표하는 사람은 누구든지 '도망자이자 반역자'라고 낙인찍었다. 식료품을 실은 미국 선박의 입항 장면이 영화관에서 뉴스 영화로 상영되었다. 정부는 공산주의자들의 활동을 금지하는 정도는 아니었지만 그들의 신용을 떨어뜨리고 분쇄하려고 안간힘을 썼다. 선거는 격렬하게 진행되었으나 폭력 사태는 없었다. 톨리아티는 선거전을 치르려고 피에트로 넨니*가 이끄는 이탈리아사회당과 선거 운동을 위한 연합체를 구성했고, 그들은 아직도 씨름해야 할 문제로 실업, 빈곤, 사회 불평등을 내세우면서 열심히 선전했다. 결과는 투표일까지 줄곧 오리무중이었다. 결

국 기독민주당이 48.5퍼센트를 득표했다. 완전히 절대 다수는 아니었지만 데가스페리가 승리를 축하할 만한 숫자였다. 공산주의자와 사회주의자 동맹은 31퍼센트만을 득표했고 데가스페리는 중도파 정당과 중도 우파 정당의 연립을 결성했다. 그는 공산주의자들을 완전히 따돌렸다.

그때부터 1991년 이탈리아공산당이 자발적으로 해산할 때까지 어떤 이탈리아 정부도 공산주의자들을 연립에 끌어들이지 않았다. 이탈리아는 미국과 서방 쪽을 지향하기로 선택하면서 1949년 북대서양조약기구(NATO)가 결성될 때 거기에 가입했다. 1958년 드골이 권좌에 복귀할 때까지 프랑스도 마찬가지였다. (드골은 1966년 북대서양조약기구의 군사 조직에서 철수했으나, 강하고 과장된 언사를 보이면서도 뒤에서는 미국과 계속 협조했다.)

하지만 톨리아티는 집권의 길을 찾고자 하는 당의 결의를 단호하게 긍정하면서 북부와 남부의 대도시들을 순회했다. 로마를 떠나 코민포름을 이끌라는 '친애하는 스탈린 동지'의 요청을 톨리아티는 거부했다.[15] 그는 소련의 새장을 탈출한 뒤 자발적으로 재입국하지 않을 작정이었다. 1948년 7월 톨리아티는 동료인 닐데 요티(Nilde Jotti, 1920~1999)와 함께 있다가 어떤 학생이 접근하여 가슴에 총을 쏘는 바람에 죽을 고비를 넘겼다. 당은 정부를 비난했고 항의 시위를 조직했다. 총파업이 요청되었다. 암살 기도에 대응해 공산주의 지도부가 봉기를 조직할 것이라는 소문이 커져 갔다. 다행히도 톨리아티는 빠르게 회복했고 추종자들에게 어떤 거친 행동도 하지 말라고 지시했다. 그는 "진정하라"고 명령했다. "이성을 잃지 마라!" 공산주의자들은 향후 수십 년 동안 계속된 선거에서 최대 야당이 되었다. 제1차 코민포름 회의에서

넨니(Pietro Nenni, 1891~1980) 이탈리아의 정치가. 1944년 사회당 당수, 1945~1946년 데가스페리 내각의 부총리, 1946~1947년 외무장관을 지냈다. 1947년 사임 후 당내 우파인 사라가트파와 결별한 뒤 공산당과 제휴했다.

비판을 받고도 이탈리아 공산주의자들은 헌법의 테두리 안에 머무는 것을 계속 우선시했는데, 실제로는 겉보기와 달랐다. 공산주의자들은 당원들에게서 기금을 걷었지만 모스크바로부터 비밀 보조금도 간청해서 받았다.[16] 그들은 정부가 당을 억압하려고 할 때 일어날지도 모를 잠재적인 비상사태에 대비하여 피에트로 세키아가 감독하는 비밀 조직을 유지했다. 톨리아티는 선거를 통해 전진하는 데 집중하면서도 최악의 상황에 대비해 계획을 짰다.

당이 탄압받을지도 모른다는 톨리아티의 우려는 당시에 이례적인 것이 아니었다. 영국공산당 서기장보였던 존 골런(John Gollan, 1911~1977)은 1948년 익명의 방문객과 대화를 나누는 자리에서 영국과 소련을 비교하며 영국을 좋지 않게 말했다. 골런은 소련의 대다수 사람들은 "비밀경찰을 본 적도 없고 보지도 않을 것"이라고 단언했다. 방문객은 반박했다. "그러나 이곳에서는 구타도 없고 비밀 처형도 없습니다!" 골런은 꿈쩍도 하지 않았다. "아뇨, **아직** 처형이 필요 없기 때문이죠. 그러나 어느 날 처형이 있을 것입니다." 자신의 분석을 증명하라는 요청을 받은 골런은 "경찰이 때려눕혀 조금 거칠게 다룬" 웨일스 남부에 사는, 그가 아는 어떤 사람의 이야기를 했다.[17]

대부분의 서방 정부들은 공산주의자들을 억누를 때 사실 폭력적 방법을 회피했다. 이탈리아와 프랑스에서는 노골적인 탄압이 내전을 야기할 것이라는 인식이 있었고, 공산당들이 두 나라에서 엄청난 지지를 받는다는 사실은 부인할 수 없었다. 마르크스주의, 소련, 크렘린과 유럽 공산당들을 연계하는 것에 반대하는 선전이 강화되었다.[18] 감시가 심해졌다. 공산주의자들이 권력을 잡을 것에 대비해 군사 행동 계획이 수립되었다.[19] 경제 회복을 위한 미국의 원조가 마셜 플랜을 통해 공개적으로 제공되었다. 그러나 워싱턴은 은밀한 기술도 사용했으며 반공산주의 정당들을 지원하느라 유럽에 자금을 쏟아부었다. 1948년부터 30년 동안 미 중앙정보국(CIA)은 약 6천5백만 달러를 퍼부었는데, 이

액수는 개인이 제공한 자금은 포함하지 않은 것이다.[20] 이런 조치는 소련의 경쟁적 대응을 불러일으켰다. 이탈리아공산당은 모스크바에서 항상 자금을 지원받았다. 자금은 톨리아티가 공개 정치로 복귀하면서 더욱 증가했다. 밀사들이 모스크바와 로마를 정기적으로 오갔으며 이탈리아공산당 조직에 미국 통화를 세탁하는 특별 분과가 설치되었다.[21] 이탈리아와 프랑스는 소련이 전복 활동을 하는 데 필요한 국가였고 또한 미국이 자신의 패권을 유지하는 데 꼭 필요한 핵심 국가이기도 했다.

스탈린은 세계대전을 도발하는 정도까지는 아니었지만 서유럽에서 소련의 영향력을 높일 방법을 탐색했다. 널리 확산된 믿음과는 달리 스탈린은 테헤란, 얄타, 포츠담에서 했던 합의에 구속받는다고 느끼지 않았다. 그는 미국과 영국, 프랑스의 의지를 자주 시험했다. 초기의 사례로는 그리스의 상황이 있다. 1944년 10월 영국군이 철수하자 그리스공산당은 자신들의 군대(인민해방군ELAS)가 모스크바의 동의로 영국군에 종속되었다는 것을 알았다.[22] 그러나 그리스공산당은 곧 반란을 일으키는 쪽을 택했다. 공산주의자들과 영국군, 영국이 지원하는 새 그리스 정부군 사이에 충돌이 일어났다. 하지만 당시 스탈린은 전략적 이유로 영국과 좋은 관계를 맺을 필요가 있었고, 자신에게 자문하지 않았다고 그리스 동지들에게 화를 냈다.[23] 외부의 도움을 받지 못한 그리스공산당은 성공하지 못했고 반란은 시들해졌다. 그러자 스탈린은 마음을 바꿔 그리스 문제에서 미국과 영국을 물먹이고 싶어졌다. 이 목적을 이루려면 당 지도자 니코스 자카리아디스*가 정부를 정치적으로 못살게 굴어야 한다고 스탈린은 확신했다. 공산주의자들은 각료들이 '군주-파시즘'을 조장한다고 비난했다. 그들은 또 영국이 지중해 전역을 지배하기를 원한다고 힐난했다.[24]

1946년에 그리스 공산주의자들은 무장 투쟁을 재개하기를 열망했

자카리아디스(Nikos Zachariadis, 1903~1973) 그리스의 공산주의자. 1931년 스탈린과 코민테른이 그리스공산당 서기장으로 임명했다.

다. 고집불통 자카리아디스는 개인 노선을 추구하면서, 동료 당 지도자들과 활발하게 토론했다.[25] 그는 공산주의 국가들로부터 군사 장비 지원이 필요했고 베오그라드, 프라하, 모스크바를 방문하는 데 필요한 동의를 얻어냈다. 그의 계획은 영국의 조기 개입을 피할 수 있는 눈에 띄지 않는 작전으로 그리스의 마을들을 정복하는 것이었다.[26] 그러나 스탈린은 또 다시 마음을 바꾸었고 자카리아디스에게 무장 투쟁보다 정치적 조치에 역점을 두라고 충고했다.[27] 하지만 티토와 유고슬라비아인들은 그리스 공산주의자들에게 물질적 지원과 자문을 계속했다. 내전에서 승리한 유고슬라비아인들은 아테네의 동지들이 자기들과 똑같이 할 수 있고 공산주의 지배를 에게해 연안까지 확산시킬 수 있다고 생각했다. 스탈린은 마셜 플랜이 공포된 후 호전적 대응 자세로 되돌아갔고 그리스공산당을 억누르려는 시도를 그만두었다. 소련제 군사 장비가 은밀하게 서둘러 그리스로 보내졌다.[28] 임시 혁명 정부가 선포되었다. 그러나 그리스 공산주의자들과 유고슬라비아 동조자들은 자신들의 힘과 역량을 과대평가했다. 잘못 생각했다고 판단한 스탈린은 그리스에서 계획한 봉기를 중단하라고 요청했다.[29]

스탈린에게 중요한 것은 적들이 지중해 지역에서 매우 우월한 힘을 지녔다는 사실이었다. 그는 서방 열강이 알바니아로 침투하려는 유혹에 빠지는 것을 미리 예방하고 싶었다.[30] 동유럽은 스탈린에게 신성불가침 지역이었다. 그는 소련이 군사력으로 획득한 것을 지키기로 결심했다. 의미 없는 영웅적 행동과 놓쳐버린 대의는 그에게 매력이 없었고, 세계 공산주의 운동이 이의 없이 자신의 판단을 받아들이기를 기대했다.[31] 크렘린은 그리스가 공산화되었다면 환호작약했을 것이다. 그러나 사태는 그렇게 돌아가지 않았고 스탈린은 다른 공산당들이 이 결말을 받아들일 것을 요구했다.

유고슬라비아 공산주의자들은 스탈린의 정책 변경에 반대했다. 그들만 그런 것이 아니었다. 불가리아 공산주의 지도자 트라이초 코스토프*

도 소련에게 그리스 봉기를 지원하라고 촉구했다.[32] 이러한 움직임은 소련-유고슬라비아 관계에 해로운 결과를 불러왔고 코스토프에게도 파멸을 가져왔다. 코스토프는 1948년 말 스탈린의 묵인 아래 처형당했다. 스탈린 자신은 다음 몇 달 동안 그리스 문제를 놓고 갈팡질팡했다. 그는 여전히 봉기를 지원하거나 적어도 그리스의 '영국계 미국인들'의 골치를 썩이고 싶은 유혹을 받았다.[33] 그러나 스탈린은 니코스 자카리아디스와 마르코스 바피아디스*가 이끄는 그리스 공산주의자들에게 내전을 끝내라고 지시했다. 자카리아디스와 바피아디스는 소련과 유고슬라비아 사이에 분열이 일어났을 때 스탈린 편에 섰던 충성스러운 스탈린주의자였다. 그러나 모스크바로부터 지원이 끊겼는데도 두 사람은 미국으로부터 풍부한 원조를 받던 정부군과 싸움을 그만두지 않으려 했다. 산악 지대에서 공산주의자들이 취한 조치는 점점 더 극단적이 되어 갔다. 사람들이 인질로 잡혔다. 테러와 학살을 저질렀고 청소년을 대규모로 강제 징집했다. 의심을 산 마을들이 철저하게 파괴되었다. 전쟁하는 동안 양측에서 모두 고문과 살육이 만연했다. 그러나 공산주의 반란은 승산이 없었다. 1949년 말에 공산주의 봉기는 분쇄되었고 반정부군 잔당은 알바니아로 도주했다.

그리스 공산주의자들에 대한 보복은 잔혹했다. 정부는 황량한 마크로니소스 섬에 수용소를 만들었다. 그곳은 소문으로는 갱생이 목적인 시설이었다. 하지만 공산주의자 죄수들은 갱생은커녕 천막에서 거주해야 했고 수감 기간 대부분 배고프고 목이 말랐다. 또 정기적으로 고문

코스토프(Traicho Kostov, 1897~1949) 불가리아의 정치가. 반파시즘 운동에 앞장서다 1942년 체포되어 종신형을 선고받았다. 1944년 9월 공산당을 중심으로 하는 조국전선이 권력을 장악하자 석방되어 공산당 중앙위원회 서기, 각료회의 부의장 등을 역임했다.

바피아디스(Markos Vafiadis, 1906~1992) 그리스의 공산주의자. 1942년 그리스공산당 중앙위원회 위원으로 선출되었고, 그리스 인민해방군을 지도했다. 제2차 세계대전 후 벌어진 내전에서 민주그리스군 수장이 되었고 10월에는 임시 민주 정부의 총리이자 육군 장관으로 임명되었다.

을 받았다. 영혼이 망가진 죄수들은 군에 들어가 옛 동지들에 맞서 싸우도록 내몰렸다. 주저하는 사람들은 총살대 앞에 서야 했다. 공산주의자들은 내전이 끝난 후에도 오랫동안 감옥에 남았다. 마크로니소스 섬에서 공산주의 혐의자에게 가해진 야만성의 정도는 프랑코가 에스파냐에서 군사적 승리를 거둔 후 설치한 유형지에 필적했다. 그것은 20세기 후반기에 서유럽 공산주의를 상대로 저질러진 최악의 잔혹 행위 사례였다.

프랑스와 이탈리아 공산주의자들에 대한 스탈린의 선동은 제1차 코민포름 회의가 열리고 몇 달 안 지나 중단되었다. 1948년 6월과 1949년 11월에 열린 제2차, 제3차 코민포름 회의에서 소련 대표들은 주로 유고슬라비아 문제에 시달렸다. 스탈린은 영국공산당을 다룰 때 좀 더 냉철한 태도를 보였다. 1951년 영국공산당의 새 강령인 〈사회주의로 가는 영국의 길〉이 발표되었다. 집행위원회에 따르면 그것은 당이 모스크바가 시키는 대로 하지 않는다는 것을 입증한 팸플릿이었다. 영국 공산주의자들은 나라를 소련 모델에 따라 재건하기를 바라지 않는다고 주장했다. 그들은 공언된 목표에서 '공산주의'와 '프롤레타리아 독재'를 삭제했다. 그들의 현재 목표는 기본적인 사회 · 경제적 개혁이었고, 의회 선거와 다른 평화적 수단으로 이를 달성하고자 했다. 영국 공산주의자들은 자신들만이 이것을 성취할 수 있고 노동당은 보수당의 좌파에 불과하다고 역설했다. 자기들이 국제 평화를 위해 노력하는 유일한 영국 정당이라는 것이 그들의 주장이었다. 심지어 영국 제국의 파괴를 꾀한다는 중상모략을 당해 왔다고 주장하기까지 했다. 자신들의 목표는 영국과 그 식민지의 관계를 '민주적 기반' 위에서 재조직하는 것이라고 영국공산당은 단언했다.[34]

하지만 영국 공산주의의 독립은 허구였다. 스탈린은 강령 초안을 검토하고 내용을 교묘히 수정했다. 한국전쟁 때와 동유럽의 정치적 전시재판 때에 그는 권력을 잡을 가능성이 없는 공산당의 강령을 편집하는 데 시간을 할애했다. 영국의 정치 주류에게 이런 일은 아무리 잘 봐주어도 불법 방해 행위라고 규정할 수밖에 없었을 것이다. 그러나 세계 공산주의 운동에는 질서정연한 조정과 복종이 요구되었고 어떤 예외도 존재할 수 없었다. 1941년 또 다시 영국공산당 서기장이 된 해리 폴릿은 문서가 나오기 전에 모스크바에 자신의 생각을 피력했다. 스탈린은 공산당이 장기적인 강령에 헌신할 것을 강조하는 쪽으로 수정하도록 부추겼다. 종종 외국 여행을 다니던 폴릿은 누구에게도 '자신의' 생각이 정확히 어디서 나왔는지 거의 이야기하지 못했다. 따라서 폴릿은 엄숙한 스탈린주의자 라자니 팔메 더트에게 당의 장기적인 강령을 바꾸는 것이 바람직하다고 설득하는 데 애를 먹었다. 그러나 폴릿은 결국 당의 집행위원회를 이겼다. 그는 스탈린이 원한 것을 모스크바에 가져다주었다. 그리고 스탈린이 앞장서지 않았다면 영국 동지들은 〈사회주의로 가는 영국의 길〉을 발간할 꿈도 꾸지 못했을 것이다. (폴릿의 복종을 알려주는 증거는 향후 40년 동안 밝혀지지 않았다.)[35]

한편 이탈리아의 톨리아티는 크렘린이 자신을 쥐락펴락한다는 혐의를 반박할 만한 입장이 아니었다. 그는 이탈리아인들이 거주하는 아드리아해 북부 연안 도시인 트리에스테가 유고슬라비아에 인도되어야 한다는 것을 동료 당원들 외에는 어느 누구에게도 확신시키기 어려웠다. 톨리아티는 또 당의 적들이 왜 소련의 이탈리아 전쟁 포로들—보통 비자발적인 무솔리니의 징집병들—이 계속 구금되어 있어야 하는지 따지는 것도 싫어했다. 이탈리아와 프랑스 공산주의 지도부는 스탈린이 세계 정치의 '민주적' '평화 애호' 진영의 지도자이고 '진보적 인류의 지도자'라고 되풀이해 말함으로써 스스로 신뢰를 깎아먹었다.[36] 그들은 공산주의를 긍정적으로 옹호하기 위해 열심히 일했다. 그러나 1948년 이탈리아 선거 직전에 헝가리 공산주의 지도자 마차시 라코시는 이탈리아 동지들에게 일부 가톨릭 성직자들을 재정 투기 혐의로 처형함으로써 도움을 주겠다고 말했다. 톨리아티는 명령했다. "그에게 (그런 일은) 절대 하지 말라고 하라!"[37] 톨리아티는 이탈리아가 1947년 7월 미국의 마셜 플랜 제안을 토의하려고 파리 회의에 출석하는 데 반대하는 것도 거부했다. 그와 공산당 지도부는 '독립적 지위'를 갖는다는 인상을 주어야만 했다.[38]

톨리아티는 소련에 대해 모순된 태도를 지녔다. 그는 소련을 동시대 공산주의의 위대한 모델로 보고 지속적으로 강력히 옹호했다. 이 태도는 다양한 방식으로 나타났다. 그는 소련 지도자들에게 이탈리아 축구팀을 모스크바로 초청하여 경기장에서 그들에게 한 수 가르쳐줄 것을 요청했다. "우리 투사들은 공작처럼 어슬렁거리기만 하니 매우 유용한 교훈을 얻을 수 있을 것입니다!"[39] 톨리아티의 주장—예리한 축구 팬의 주장은 아니었다.—은 이렇게 하면 이탈리아에서 소련의 인기가 올라가리라는 것이었다. 그가 지도하는 이탈리아공산당은 톨리아티가 대테러로 동료 이탈리아인들을 비롯하여 친구와 지인들을 잃었는데도 모스크바에 시들지 않는 충성심을 보였다. 톨리아티는 소련의 기괴한 상황을 직접 접했다. 그는 동료 닐데 요티와 함께 모스크바에서 도망쳐 나왔을 때 헐떡거리며 그에게 말했다. "마침내 자유야!"[40] 그리고 톨리아티는 스탈린이 죽은 후에도 결코 되돌아가지 않았다.[41] 소련의 수도에서 전쟁 시기를 보낸 루마니아 공산주의 지도자 아나 파우케르는 현상을 한마디로 정리했다. "원하기만 하면 언제든지 모스크바에 갈 수 있다. 모스크바가 풀어주기만 하면 언제든지 모스크바에서 나올 수 있다."[42]

한편 미국은—제1차 세계대전 후 그랬듯이—식량과 주택, 일자리, 그리고 개인과 집단의 향상 가능성 등이 부족할수록 공산주의의 호소가 잘 먹혀든다고 평가했다. 경제가 회생하면서 유럽의 '경제 노예화'에 관한 소련의 선전은 거의 효과가 없었고, 톨리아티와 토레즈는 대부분의 사람들에게 모스크바의 새장 속 앵무새로 여겨졌다.[43] 또한 중요한 것은 유럽 정부들과 엘리트들의 같은 방향으로 나아가려는 의지였다. 동유럽 국가들과는 대조적으로 서유럽에서는 공산당이 사회주의자들과 치열하게 경쟁했다. 대중 교육과 국민 복지의 요구를 채워주는 일도, '진보'와 사회 특권의 종언에 헌신하는 일도 공산주의의 전유물이 아니었다. 전쟁 이후 수년 동안 물질적 형편이 끔찍했던 것은 사실이었다. 승전국인 영국에서조차 정부는 내핍 정책을 추구할 수밖에 없었다. 그렇지만 오락을 즐길 여유도 존재했다. 동유럽 당국들이 예술을 짓밟고 자유를 제한하는 동안 서유럽 쪽에서는 호화로운 문화적 쇼가 벌어졌다. 고급 취향과 저급 취향을 가리지 않고 연예물이 제공되었다. 폴란드에서 당대의 소련 소설을 읽고 싶어 한 사람이 어디 있었겠는가? 영국이나 이탈리아에서 미국의 뮤지컬과 유행가 가수, 그리고 1950년대 중반에는 로큰롤 가수를 보려고 떼 지어 몰려들지 않은 사람은 또 어디 있었겠는가?

서방 사람들은 전시에 곤궁을 겪고 나서부터 사생활을 소중히 여겼다. 그들은 종교, 정치, 취미, 오락을 자유롭게 선택했고, 국가에 대해 문을 닫아 걸 수도 있었다. 동유럽에서는 사정이 같지 않다는 말이 나돌았다. 공산당들은 계속 선거에서 싸우고 새 열성 당원들을 모집했다. 그들은 당장 전망이 전혀 좋지 못해도 국민적 지지를 얻으려는 희망의 끈을 놓지 않았다. 프랑스와 이탈리아에서 공산주의자들은 정부에 심각한 도전을 계속했다. 공산당은 추종자가 많았다. 그들은 노동 운동의 급진적 부문에서 유능한 대변자였으며, 미국과 북대서양조약기구, 유럽 제국주의를 열심히 비판했다. 그러나 서유럽 공산당은 폭풍 속으로 달려가고 있었다. 아주 많은 사람들이 공산화를 겪은 동유럽과 중국에서 무슨 일이 벌어지고 있는지를 알았다. 서유럽은 경제 · 사회 · 정치적 부활을 지나치게 성공적으로 이루어냈다. 서유럽 공산당들은 1945년 이후 그들에게 찾아온 큰 기회를 놓치지 않았다. 하지만 사실 그 기회는 결코 크지 않았다.

23장

프로파간다 전쟁

화약 냄새 없는 싸움

소련이 가장 위협적인 적이라고 결론 내린 서방의 정치 지도자들은 국민들에게 친근한 '조 아저씨' 스탈린과 스탈린그라드 전투, 쿠르스크 전투에 남은 향수를 모두 버리라고 설득하려 했다. 처칠은 1946년 3월 미주리 주 풀턴에서 학생들에게 행한 연설에서 가장 인상적인 수사를 썼다.

> 발트해의 스테틴에서 아드리아해의 트리에스테에 이르기까지 대륙 전체에 철의 장막이 내려졌습니다. 그 장막 뒤에는 중부 유럽과 동유럽의 고대 국가 수도들이 전부 놓여 있습니다. 바르샤바, 베를린, 프라하, 빈, 부다페스트, 베오그라드, 부쿠레슈티, 소피아 등 모든 유명한 도시들과 그 주위의 주민들이 내가 소련권이라고 불러야 하는 지역에 놓여 있고, 모든 것이 이런저런 형태로 소련의 영향력에 종속되어 있을 뿐만 아니라, 매우 강력하고 많은 경우 확대되고 있는 모스크바의 통제 조치에 종속되어 있습니다.[1)]

해리 트루먼은 다음과 같이 선언함으로써 처칠에 필적하는 결의를 보여주었다. "하지만 만일 자유민들에게 전체주의 체제를 도입하려는 공격적 운동에 맞서 자유민들이 자유 제도와 국민적 통합을 유지하는 것을 우리가 기꺼이 도와주지 않는다면, 우리의 목표를 현실로 만들지 못할 것이다." 여론은 재빨리 바뀌었다. 1941~1945년의 명민하고 존경받던 군사 파트너는 일상적으로 적대하는 대상이 되었다.

서유럽과 북아메리카의 모든 집단이 봉쇄 전략을 환영한 것은 아니었다. 가장 목소리가 큰 비판자들은 발트해 연안의 국가들과 우크라이나에서 미국으로 망명 온 이민자 지역 사회의 대표들이었는데, 그들은 서방이 스탈린을 좀 더 거칠게 다뤄야 한다고 요구했다. 일부에서는 미군이 유럽 동부로 진격해야 한다는 주장도 했다. 하지만 대부분은 트루먼 대통령에게 어떤 현실적 대안도 없다는 것을 인정했다. 세계대전이 일어나면 소련이 핵폭탄을 사용하리라는 것이 확실했기 때문에 상황을 차분히 생각하는 대부분의 사람들은 공포에 떨었다.

서방 정치가들은 똑같은 반공산주의의 음조로 노래를 부르는 합창단이었다. 모두가 여론의 방향을 재조정해서 전시에 자신들이 했던 친스탈린적 선전이 잊혀지기를 원했다. 1956년 서독에서 정부 전복 기도 혐의로 독일공산당을 불법화했던 것 같은 비교적 거친 수단뿐만 아니라 신중한 폭로에 의해서도 이러한 조치가 시행되었다. 에스파냐와 포르투갈의 파시즘 독재 체제를 제외한 유럽과 북아메리카의 나라들은 공산당 금지 조치가 문제를 해결하기보다 오히려 더 문제를 일으킬 수도 있다고 생각했다. 영국 정부는 공산주의 지도부가 런던 제2우편구의 킹 스트리트 16번지에 위치한 본부를 비롯하여 여타 현장에서 나누는 담소를 거의 도청하다시피 할 필요가 있었다. 공산주의자들은 당연히 의심을 품었다. 제2차 세계대전 후 공산당 서기장보였던 존 골런은 다음과 같이 충고했다. "그들은 나에게 간섭합니다. 저 망할 놈의 전화, 그들은 당신이 나에게 전화한 사실을 알고 있죠. 내가 당신에게 뭘 이야기했는지도 압니다. 그들은 우리 편지도 개봉하고 우리 모임에도 옵니다. …… 온 천지에 첩자들이에요."[2] 당국의 조용한 접근은 효과가 있었다. 공산주의자인 윌리 갤러처(Willie Gallacher)와 필 피러틴(Phil Piratin)이 1950년 선거에서 의석을 잃은 뒤 공산당은 의회 선거구를 다시는 획득하지 못했다. 하지만 영국 공산주의자들에 대한 감시는 그대로 진행되었다. 심지어 당국의 절친한 친구가 아닌 조지 오웰조차 자기가 보기에 공산주의자나 그 동조자인 것 같은 사람들의 명단을 정보 기관에 비밀리에 넘겨주었다. 오웰의 논평은 인종주의 경향에서 자유롭지 못했다. 오웰은 의심스런 자들을 '유대인 여자', '백인과 인도인 혼혈', '유대계 영국인', '유대계 폴란드인' 등으로 묘사했다.[3]

영국에서뿐만 아니라 미국에서도 공산주의자들은 여전히 권력과 영향력으로부터 거리가 멀었다. 그러나 모든 반공산주의자들이 조용히 일하려 한 것은 아니었다. 입이 거친 위스콘신 주 상원의원 조지프 매카시는 상원 안팎에서 자신의 주장을 펼쳤고, 공산주의가 미국 사회의 피를 빨아먹고 있다고 공언했다. 그는 모스크바가 도처에 비밀 협력자를 두었다는 증거를 캐냈고, 때로는 날조했다. 또한 텔레비전 생방송에 출연해 공산주의자와 그 지지자들의 명단을 폭로했다. 매카시가 불순분자라고 지목한 사람들은 공산주의자 친구들의 '이름을 대'라고 요구받았고, 요구에 따르지 않으면 직업적으로 파멸할 것이었다. 매카시는 영화 제작을 비롯한 미디어 부문에 집중 총공격을 가했다. 그의 비난은 종종 근거가 잘못되었으나 그는 미국 사회를 온통 의혹의 분위기에 휩싸이게 만드는 데 성공했다. 극작가 아서 밀러(Arthur Miller, 1915~2005)는 이 위스콘신 상원의원에게 굴복하기를 거부했다. 대신 17세기 뉴잉글랜드 지방을 휩쓸었던 마녀 사냥 열풍을 다룬 희곡 〈도가니〉를 집필하여 히스테리와 박해를 명백히 풍자했다. 매카시의 활동은 그가 자신의 추종자에게 불법 특혜를 주었다는 비난을 받은 뒤 정밀 조사를 받았다. 상원은 토론회를 열어 매카시가 권력을 남용했다고 다수결로 판결했다. 매카시는 1957년 불명예스럽게 죽었다.

조지프 매카시. 미국 위스콘신 주의 상원의원이었던 그가 펼친 극단적인 반공 선동은 1950년의 한국전쟁과 맞물려 미국 사회에 공산주의자 색출 열풍을 일으켰다.

그러나 매카시가 가한 충격은 엄청나게 컸으며 영구적이었다. 미국 좌파 언론은 제2차 세계대전 전과는 달리 더는 마르크스주의를 부드럽게 대하지 않았다. 공산주의와 사회주의—그리고 결국에는 자유주의도—같은 단어들은 대단히 경멸적인 용어가 되었다. 미국에서 주류 정치 담론은 철저한 압박을 겪었다. 미국공산당 외부에서 공산주의에 대한 동조는 보통 개별 문필가나 학생 정치 집단에서만 살아남았다. 그 정도 동조는 여론에 거의 영향을 끼치지 못했다.

대부분의 서방 강국에서 소련에 반대하는 근거를 세우려고 학술 기관에 자금을 제공했고, 공산주의의 정치, 경제, 사회, 역사를 연구하는 일이 전문화되었다. 가장 큰 기관은 미국에 있었다.[4] 스탈린에 호의적인 저서를 발간한 학자들은 일자리를 구하기 힘들었다. 영국에서 극적인 경우로는 런던 대학 슬라브·동유럽 연구원의 러시아사 전임 강사였던 앤드루 로스스타인(Andrew Rothstein, 1898~1994)이 해고당한 일이 있었다. 소련 대사관 정보국에서 일을 시작했으며 모스크바의 코민테른 조직에서 몇 년을 보낸 영국공산당 창당 당원인 로스스타인은 자신의 정치적 충성을 결코 숨기지 않았다. 해마다 그는 10월혁명을 기념하는 학생 집회를 열어 감동적인 연설을 했다.[5] 대학 본부는 그가 학술적인 저작을 하나도 발표하지 못했다는 (부정할 수 없는) 이유로 계약 갱신을 거부했다.[6] 그러나 근본적인 이유는 공산당 가입과 전투적 태도 때문이었다. 그 후 교원 임용은 정치적 신뢰도를 염두에 두고 진행되었다. 공산주의자들이 학계에 자리 잡는 것이 드러나지 않게 차단되어 있는 유럽과 북아메리카의 다른 나라들에서는 이런 과정이 그 정도로 노골적으로 이루어질 필요가 없었다.

교회도 공산주의와 전투적 무신론에 맞선 투쟁에 가담했다. 기독민주당들은 이탈리아, 오스트리아, 바이에른에서 영향력이 있었고 도처에서 공산주의자들의 행동과 의도를 두고 로마 교황이 파문 조치를 내렸다는 소식을 전달했다. 전쟁 후 폴란드와 헝가리에서 공산주의가 가톨릭교회를 박해하는 사례가 널리 보도되었다. 프로테스탄트 교회도 적극적이기는 마찬가지였다. 그들의 여성 영웅 중에 글래디스 에일워드(Gladys Aylward)라는 영국인이 있었는데, 에일워드는 1930년 단돈 2파운드 9센트를 갖고 중국으로 건너가 황허 근처에서 선교사로 활동했다. 그녀는 많은 불행에 부딪치면서도 일본 점령 시기를 견뎌냈으며, 자신의 제2의 조국을 침략한 사람들로부터 100여 명의 중국 아이들을 구해냈다. 에일워드가 해결할 문제는 마오쩌둥이 집권한 뒤에도 계속되었다. 결국 그녀는 본토를 떠나 대만에 고아원을 세웠다. 에일워드의 용감한 행동은 〈리더스 다이제스트〉의 편집인들이 찾고 있던 바로 그것이었다.[7] 이 세계적인 월간지는 매호마다 공산주의 국가들이 자행하는 탄압 사례에 주목했다. 마르크스-레닌주의의 '복음'을 훼손하는 데 기독교가 지닌 잠재력을 깨달은 미국 행정부는 빌리 그레이엄(William Graham, 1918~)이 영국으로 복음 선교를 떠나는 데 필요한 자금을 제공했다.[8]

게다가 1945년에 스탈린 희생자 중 많은 이들이 난파선 조각처럼 서방에 떠밀려 들어왔다. 이들 모두가 주의를 끈 것은 아니었는데, 전쟁범죄를 저지른 사람들은 특히 관심을 못 받았다. 그러나 희생자들 중 많은 사람들이 기록이 깨끗했고 그들은 귀화국에 공산주의 통치의 공포를 알리고 싶어 했다. 스와보미르 라비치(Sławomir Rawicz, 1915~2004)의 《기나긴 탈주》 같은 회고록은 베스트셀러가 되었다. 라비치는 제2차 세계대전 때 소련 노동수용소에서 탈출했다고 주장한 폴란드인이었다. 그 자신의 설명에 따르면 라비치는 놀라운 인내력으로 시베리아에서 출발하여 고비 사막과 티베트를 가로질러 수천 킬로미터를 터벅터벅 걸어갔다. 그는 티베트에서 티베트인처럼 보이려고 눈동자에다 레몬 주스를 뿌렸고, 히말라야 산맥의 비탈을 비틀거리며 내려와 영국령 인도로 들어감으로써 마침내 자유를 찾았다.

모두가 라비치를 신뢰하지는 않았다. 사람이 그렇게 힘든 여행을 견딜 수 있는지 곧 의혹이 제기되었다. 결국 라비치는 이야기를 날조했다는 있을 법한 혐의를 받게 되었다.[9] 그러나 어느 누구도 공산주의의 실제를 쓴, 점점 늘어나는 문헌을 합리적으로 부인할 수 없었다. 스탈린의 테러를 정확하게 묘사한 글이 나타났다. 한때 그런 묘사는 주로 당파적으로 딴 목적이 있는 트로츠키와 그 지지자들 손에서 나왔지만, 이제는 곳곳에서 그런 묘사가 나왔다. 러시아와 동유럽 출신의 많은 문필가들이 논쟁에 달려들었다. 북아메리카나 서유럽에 어찌어찌 다다른 것을 감사한 일이라고 여긴 그들은 공산주의 국가로 송환되는 것을 어떻게든 피하려고 했다. 유대인들은 1960년대에 홀로코스트의 공포를 밝히려고 나서기 오래전에 공산주의의 불평등을 역설했다. 그들이 동의한 주안점은 마르크스-레닌주의는 역사적 형태가 무엇이든 독재, 테러, 이념적 불관용, 혁명적 팽창주의라는 특징을 지닌다는 것이었다. 유대인들은 대부분 공산주의가 소련에서 이미 개발된 단일 모델에 기반을 두고 있다고 보았다. 그들은 동유럽과 중국에서 동일한 억압적 경향을 관찰할 수 있다고 주장했다. 공산화를 목격한 사람들이 내놓은 이런 보고는 서방에서 여론을 형성하는 데 일조했다.

한국전쟁에서 미군 병사가 포로로 잡힌 일은 경계심을 더욱 높였다. 한국에서 나온 이야기들은 중국과 한국의 공산주의자들이 어느 누구도 저항할 수 없는 사상 주입 기술을 개발했음을 시사했다. 미군 병사와 조종사들이 이미 열렬한 공산주의자로 변신했다는 주장이 나왔다. 이 과정은 세뇌라고 알려졌다. 공포가 대중 언론을 사로잡았다. 아마도 그 같은 전쟁 포로가 석방되면 비밀 파괴 분자가 되어 본국에 돌아올 것이었다.

몇 년 후에 세뇌가 환상에 불과하다는 것이 드러났다.[10] 고문과 영양실조에 시달리며 짐승 취급을 당한 포로들은 마르크스-레닌주의에 대한 충성을 선언하면서 이념적으로 개종하는 척하면 더는 고문을 받지 않을 것이라고 계산했을 뿐이었다. 하지만 당시 공산주의 사상 주입과 조직이 효과적이라는 믿음은 널리 퍼져 있었다. 만화 잡지들이 앞장섰다. 슈퍼맨, 캡틴 마블, 배트맨, 캡틴 아메리카 같은 등장인물들은 자기들의 힘을 가공의 외계인과 맞서 싸우는 데만 쓰지 않고 사악한 공산주의 세력에 맞서 서방 세계를 보호했다. 젊은 독자들은 붉은 군대 대령의 군모 계급장이나 미그(MiG) 제트기의 외양과 능력 등에 관해 많은 것을 배웠다. 미국의 만화는 서유럽 전역에 걸쳐 영어판으로도 번역판으로도 엄청나게 인기가 높았다. 영국에서는 소년 스릴러물 작가 캡틴 W. E. 존스(W. E. Johns)가 전투기 조종사 비글스와 그의 믿음직한 친구들인 앨지와 진저가 나오는 이야기로 베스트셀러 작가가 되었다. 《비글스》 시리즈 중에는 어리석게도 동독 생활을 선택했다가 소련 정치경찰에 의해 소련령 극동에 감금된 나치 출신 적수 폰 슈탈하임(von Stahlheim)을 주인공이 극적으로 구출하는 이야기도 있었다.[11] 애거사 크리스티(Agatha Christie, 1890~1976)와 그녀의 경쟁 작가들도 성인 탐정물에서 공산주의에 대한 혐오를 명확히 드러냈다.

공산주의에 대한 좀 더 세련된 공격이 바로 이 시기에 개시되었다. 알베르 카뮈(Albert Camus, 1913~1960)는 《반항하는 인간》에서 권위에 맞선 반란의 교의와 실제를 살펴보고 소련 체제를 맹비난했다. 좀 더 영향력 있는 작품으로는 조지 오웰의 《동물농장》과 《1984년》이 있었다. 오웰은 이 두 편의 소설을 순전히 소련에 대한 혐오 때문에 썼다고 주장하지는 않았다. 실제로 소설의 내용은 우익 전체주의와 좌익 전체주의 모두에게 저주를 보내는 것이었다. 그러나 《동물농장》은 착취를 일삼는 농부 존스에 맞서 "네 다리는 좋고 두 다리는 나쁘다."라는 슬로건으로 농장 가축들의 혁명을 이끄는 돼지들에 관한 이야기다. 소설이 끝날 때쯤 돼지 지도자들은 두 다리로 걷는 법을 배우고, 말, 소, 암탉을 비롯한 다른 가축들을 비열한 굴종에 빠지게 한다. 이 이야기는 소련 역사에 관한 오웰의 분석에 바탕을 둔 것이 틀림없다. 마찬가지로 《1984년》에서 혁명 정권의 지도자인 빅 브러더(Big Brother)에게는 골드스타인이라는 실체 없는 정적이 한 명 있는데, 이 인물은 명백히 실제 트로츠키를 근거로 만들어졌다. 교묘한 방법과 내용이 담긴 빅 브러더의 선전은 스탈린에 관해 이미 잘 알려져 있는 것을 상기시켰다. 카뮈와 오웰의 작품들은 즉각 20세기의 고전이 되었다.

한때 공산주의자였던 사람들도 공산주의를 비난하는 지식인과 정치인 집단에 가세했다. 이 변절자들은 항상 공산주의를 증오했던 사람들보다 대체로 더 신랄했다. 가장 유명한 사람은 에우제니오 레알레(Eugenio Reale, 1905~1986)였다. 톨리아티의 친구이자 믿을 만한 정치 동료였던 레알레는 제1차 코민포름 회의에서 이탈리아공산당을 대표했다. 국제 공산주의 관계에서 소련이 지배적 위치를 차지하고 있다는 레알레의 폭로는 이탈리아공산당이 모스크바로부터 정치적으로 독립해 있다는 톨리아티의 주장을 무색하게 했다.[12] 영국노동당 정치가 리처드 크로스먼(Richard Crossman, 1907~1974)은 《실패한 신》이라는 책에 예전에 공산주의자였던 지식인들의 발언을 모아놓았다.[13] 이 책에

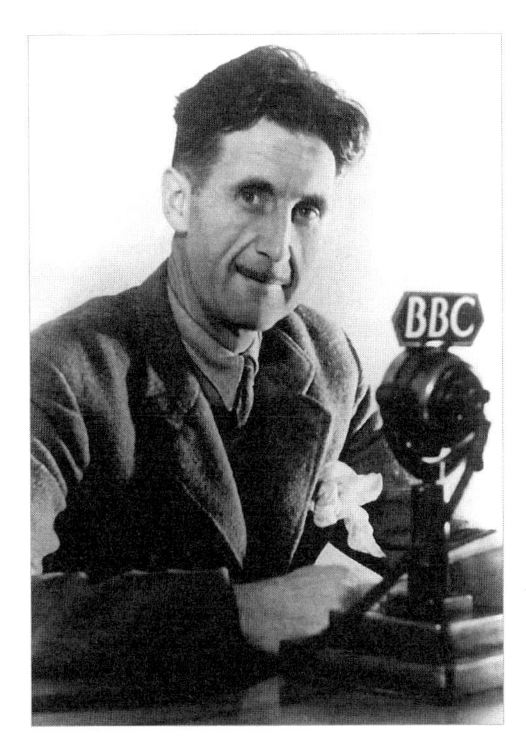

조지 오웰. 사회주의에 공감하면서도 현실 사회주의의 문제를 날카롭게 분석한 영국 작가. 소설 《동물 농장》과 《1984년》에서 스탈린 치하 소련의 전체주의를 신랄하게 풍자했다.

는 1930년대 초 아서 쾨슬러가 독일 공산주의자로서 지낸 삶을 생생하게 회고한 내용이 들어 있다. 쾨슬러는 당 내부 규율을 보장하는 엄밀한 기술을 이야기했다. 완전히 합리적인 의견도 철회해야 하는 수모를 겪는 반대파들의 모습을 그린 그의 묘사는 독자들의 마음에 깊이 각인되었다. 니콜라이 부하린의 운명을 가상의 등장인물을 내세워 더듬어보는 쾨슬러의 소설 《한낮의 어둠》은 또 다른 유력한 공산주의 보고서였다. 부하린은 공산주의 체제 밖에서 사는 것을 상상할 수 없었으며, 자신의 머리에 오물을 퍼붓고 공식 대의를 위해 죽음으로 달려갔다는 것이 쾨슬러의 주장이었다.[14)]

대부분의 논평가들은 소련 체제가 정치적 좌파의 국가 체제에 국한되지 않는 어떤 현상의 극단적 형태라고 주장했다. 이 주장이 바로 전체주의 이론이었다. 전체주의는 분석적으로 그럴듯한지와는 아무 상관

없이 반공산주의자들이 이용하기 편리한 논쟁 개념이었다. 무엇보다도 전체주의는 소련과 제3제국을 유사한 구조와 견해를 지닌 체제로 분류했다. 그리하여 서방의 현재의 적은 최근의 적이었던 나치와 개념적으로 연관을 맺게 되었다. 전 지구적으로 강력한 충격이 가해졌다. 대동맹의 찬양받는 파트너였던 소련은 버림받은 강국이 되었다.

몇몇 문필가들은 소련을 이와 같이 정의하는 데 반대했는데, 그들 모두가 공산당원은 아니었다. 미국에서는 그런 사람들이 조용히 연구하고 전문적 연구서를 쓰는 일에 매진했다. (몇몇 연구서는 선구적인 분석을 보여주었다.)[15] 프랑스, 이탈리아, 독일에서는 '전체주의 모델'이 지배적이었다. 논쟁이 가장 양극화된 곳은 영국이었다. 레너드 샤피로*와 휴 시턴-왓슨* 같은 저명한 학자들은 소련과 다른 공산주의 국가들을 전체주의로 묘사했다. 그들의 관점은 끊임없이 공격받았다. 이를테면 〈타임스〉의 전직 부편집인 E. H. 카*와 당에 소속되지 않은 트로츠키주의 학자인 아이작 도이처*는 소련의 상황에 대해 긍정적 분석을 내놓았고, 둘의 저작은 북아메리카에서도 꽤 발간되었다. 카와 도이처는 소

샤피로(Leonard Schapiro, 1908~1983) 러시아 정치를 연구한 영국 학자. 《소련 공산당사》와 《전체주의 연구》 등을 집필했다.

시턴-왓슨(Hugh Seton-Watson, 1916~1984) 러시아를 연구한 영국의 역사가이자 정치학자. 저서로 《러시아 제국 1801~1917》, 《레닌에서 흐루쇼프까지: 세계 공산주의 역사》 등이 있다.

카(Edward Hallett Carr, 1892~1982) 영국의 역사학자이자 국제정치학자. 《도스토예프스키》, 《낭만적 망명객들》, 《카를 마르크스》, 《위기의 20년》, 《새로운 사회》, 《역사란 무엇인가》 등을 집필했다. 러시아 역사에도 관심이 많았는데, 1950년에 제1권을 낸 《볼셰비키 혁명》을 비롯해 약 30년에 걸쳐 작업한 《소비에트 연방의 역사》(전8권)는 카의 필생 사업이라 할 만한 장대한 작품이다.

도이처(Isaac Deutscher, 1907~1967) 폴란드의 소련 연구가. 크라쿠프 대학에서 문학과 역사를 공부하고 1926년 폴란드공산당에 입당하여 당 기관지 편집을 맡았다. 스탈린 노선에 반대하여 1932년 트로츠키파로서 당에서 제명된 뒤 런던으로 건너가 1942년부터 〈이코노미스트〉와 〈옵서버〉 편집에 참여했다. 이후 저작 활동에 전념하여 《스탈린 전기》와 트로츠키 전기 3부작 《무장한 예언자 트로츠키》, 《비무장의 예언자 트로츠키》, 《추방된 예언자 트로츠키》를 출간했다.

련이 내적 발전을 할 수 있다고 믿었다. 카에 따르면, 소련은 많은 흠결이 있지만 사회·경제적 발전의 보편 모델을 제공했다. 카는 상황이 정확히 어떻게 더 좋은 쪽으로 바뀔지는 설명하지 않았다. 마르크스주의자로서 도이처는 그런 혼란을 느끼지 않았다. 도이처는 궁극적으로 소련 노동 계급이 고용주에 맞서 스스로 궐기할 것이며, 레닌이 원래 품었던 이상과 같은 것이 그 나라에서 실현될 것이라고 예측했다.[16)]

소련과 중국의 공식 공산주의는 서방의 예술과 학계, 심지어 종교 조직에서도 지지자가 없지 않았다. 캔터베리의 수석 사제 휴렛 존슨은 스탈린과 소련 체제의 업적을 찬양하는 데까지 이르렀다. 세계의 공산주의는 존슨의 《우리가 루마니아에서 본 것》(1948년)과 《중국의 급부상》(이 책은 너무나 무비판적이어서 중국인들이 기꺼이 발간했다.)에서 찬가를 들었다.[17)] 각반 모양의 목 긴 구두를 신은 성직자*의 마음속에서는 1939년 그가 《세계의 6분의 1을 차지한 사회주의》를 출간한 이래 아무것도 달라지지 않았다. 영국인들은 그를 우스운 인물로 취급함으로써 그의 영향력을 깎아내렸고, 교사와 어머니들은 캔터베리 대학의 아이들을 수석 사제에게 가까이 가지 못하게 했다.[18)]

문학 작품을 쓴 공산주의의 친구 중에는 스탈린 송시를 쓴 칠레의 시인 파블로 네루다(Pablo Neruda, 1904~1973)도 있었다. 회화 부문에서는 에스파냐 내전이 끝난 이후 망명자가 된 파블로 피카소(Pablo Picasso, 1881~1973)가 있었다. 1944년 프랑스공산당에 가입한 피카소는 스탈린을 급히 스케치했다. 피카소의 작품 중에서 그리 잘된 그림은 아니었다. 스탈린은 얼빠진 젊은이나 — 화가 외에는 모든 사람의 눈에 — 시시한 코미디 배우처럼 보였다. 모스크바에서는 사람들이 이보다 덜한 일로도 총살당했다. 파리의 프랑스 당 지도부는 화가가 '사실주의' 스타일을 버렸다고 비난했다. 마치 피카소가 평소에 사실주의적 화

* 20세기 중반까지 영국 국교회의 주교와 부감독은 일상적으로 각반 모양의 긴 구두를 신었다.

풍을 고수했다는 듯한 태도였다. 멕시코 화가 프리다 칼로(Frida Kahlo, 1907~1954)도 마지막 유화 작품으로 스탈린을 그렸다. 그 그림은, 그녀가 피카소보다 좀 더 구상주의 기법을 사용했는데도—아마도 그랬기 때문에—이목을 끌지 못했다. 세계 공산주의의 지지자 중에는 폴 로브슨*이라는 사람도 있었다. 미국의 인종 차별에 반대한 로브슨은 소련에서 인류 진보의 투사로 추앙받았다. 그는 미국공산당에 결코 가입하지 않았다. (그렇다고 로브슨이 매카시의 조사를 피하지는 못했다.) 그리고 공산당에 가입하지 않고 가톨릭교도로 남았던 영국 소설가 그레이엄 그린(Graham Greene, 1904~1991)이 있었다. 그러나 그린은 억압당하는 인민들을 위해 세상을 좀 더 좋게 만드는 법을 알고 싶은 마음에 마르크스-레닌주의의 주장에 강력하게 이끌렸다. 그는 1963년 국가보안위원회(KGB) 첩자로 드러난 영국인 변절자 킴 필비를 옹호했다.

미국의 소설가 존 스타인벡(John Steinbeck, 1902~1968)은 소련으로 인투리스트(소련의 공식 국영 여행사) 여행을 다녀와서 1949년에 《러시아 기행》을 간행했다. 그는 소련 관료들의 행동에서 이상한 점을 보았지만 전반적으로 소련 당국을 감쌌다. "감시받고 미행당하고 쫓기기는커녕 거의 어느 누구에게도 우리가 그곳에 있었다는 사실을 받아들이게 할 수가 없었다."[19] (이것은 자신을 감시하는 솜씨가 훌륭했다는 찬사였다.) 기자인 에드거 스노는 전쟁 전에 그랬듯이 마오쩌둥과 중국 공산주의자들을 계속 옹호했다. 《중국의 붉은 별》에 나타난 몇몇 정치적 · 개인적 세부 묘사는 베이징의 혁명 정권의 마음에 들지 않았다. 스노는 작가로서 독립을 유지하는 척하면서 자신의 저작을 수정하는 데 동의했다.[20] 스탈린과 달리 마오쩌둥은 아직 자신에게 유리하도록 외국 선

로브슨(Paul Robeson, 1898~1976) 미국의 흑인 가수, 배우, 평화 운동가. 인종 차별과 파시즘에 대항했다. 뮤지컬 〈쇼 보트〉에서 〈올드맨 리버〉란 노래를 불러 세계적 명성을 얻었다. 미국 국무부는 1950년 그의 정치적 신조와 활동을 이유로 여권을 말소하고 외국 여행을 금지하는 조치를 취했지만, 로브슨의 8년간에 걸친 투쟁으로 이 조치는 취소되었다.

피카소가 그린 스탈린 초상화. 프랑스 공산당 당원이었던 피카소가 1953년 3월 스탈린의 죽음을 추모하는 뜻에서 프랑스공산당 기관지에 투고한 그림이다.

전을 조직할 위치에 있지 않았다. 그러나 한국전쟁이 발발할 때까지 마오쩌둥은 대체로 비판을 모면했다. 스노의 기록 덕택에 마오쩌둥은 서방의 정치적 좌파에게 영웅으로 추앙받게 되었다.

스탈린은 자신의 공식 전기의 재판 발행을 의논하는 편집 회의에 참석했다.[21] 인류가 최근에 이룩한 모든 진보는 거의 스탈린의 공으로 돌려졌다. 한 불가리아 신문은 다음과 같이 언급했다. "스탈린의 특별한 돌봄이 없었다면 육류 콤바인, 저장 식품과 설탕 공장, 생선과 그외 식품 산업 분야의 전 부문에서 쓰는 지금의 선진 기술은 존재하지 않았을 것이다."[22] 스탈린 동상이 세워졌고, 스탈린 포스터가 모든 공산주의 국가에 나붙었다. 거리, 공장, 심지어 도시 전체가 스탈린의 이름을 땄다. 스탈린의 권위가 끊임없이 호소되었다. 스탈린의 저작들이 수천만 부 발간되었고 세계의 주요 언어로 번역되었다. 스탈린은 전시에 자유를 사랑하고 민주주의를 보증하는 권력 체제를 구현하고 억압과 착취를 완전히 종식시켜 전 지구적 평화를 이루는 유일한 길을 제공했다고

알려졌다. 반면 미국과 그 동맹국들은 '국제적 반동 진영'을 구축하는 나라로 그려졌다. 북대서양조약기구는 제3제국을 계승하는 조직이라고 주장되었고 서방 지도자들은 보통 나치를 상징하는 스와스티카 완장을 찬 모습으로 묘사되었다. 콘스탄틴 시모노프(Konstantin Simonov, 1915~1979)는 〈러시아 문제〉라는 희곡을 썼는데, 소련의 평화적 의도를 말하는 책을 쓴 어느 미국인 기자가 일자리와 아내, 집을 잃고 마침내는 의문의 사고로 생명까지 잃게 되는 이야기였다.[23] 서방 사람들은 공산주의에 관한 진실에 결코 접근할 수가 없다는 것이 시모노프의 메시지였다. 전후 시기에 이 연극은 소련 관객들에게 무척 사랑받았다.

크렘린의 지도자들은 동유럽에서 말하고 싶은 것은 뭐든지 말할 수 있었다. 그들의 선전을 공개적으로 반박하는 것은 자살 행위였을 것이다. 그리고 대부분의 사람들이 스탈린에게 의혹을 품기는 했어도 그가 어느 정도 인기가 있었음은 의심할 여지가 없다. 체코, 폴란드, 헝가리의 보통 사람들이 스탈린을 만난 자를 알고 있는 사람을 안다고 자랑하는 일은 별난 것이 아니었다. 스탈린에게는 신비에 싸여 있고 권력을 부여받은 지도자라는 마술적 매력이 있었다.

그러나 크렘린의 야망은 1944~1945년에 정복한 나라들의 영토를 뛰어넘었다. 크렘린의 거주자들은 세계 전역의 선전 전쟁에서 승리하기를 원했다. 그들이 고안한 한 가지 방책은 유럽에서 반전 집회를 여는 것이었다.[24] 1948년 8월 세계평화대회가 폴란드의 브로츠와프에서 열렸다. 서유럽의 지식인들이 초청되었다. 크렘린을 찬양하라는 압력에 모든 참가자들이 굴복한 것은 아니었다. 프랑스 철학자 쥘리앵 방다*는 소련 작가 일리야 에렌부르크*에게 소리를 질렀다. "당신네 동지들 중

방다(Julien Benda, 1867~1956) 프랑스의 사상가. 드레퓌스 사건이 발생했을 때 드레퓌스파의 논객으로 등장해 이성과 지성을 구현해야 할 지식인을 '성직자'라고 이름 짓고, 평생 동안 그 기준에서 일탈하는 지식인들을 엄격하게 비판했다.

에렌부르크(Ilya Ehrenburg, 1891~1967) 우크라이나의 시인이자 작가. 자본주의 사회의 추악함을 고발한 사회 풍자적 작품이 많다.

한 명이 연설하다가 사르트르와 오닐(Eugene O'Neill, 1888~1953)을 앞잡이라고 했습니다. 이거 공정한 말씀인가요? 아니면 최소한 분별 있는 말씀이라고 할 수 있나요? 그리고 왜 우리는 스탈린이 언급될 때마다 박수를 쳐야 합니까?"[25] 또 다른 독립적 정신의 소유자로는 영국 역사가 A. J. P. 테일러(Alan John Percival Taylor, 1906~1990)가 있었다. 평소처럼 메모 없이 연설함으로써 그는 대회 조직가들의 검열을 피했고, 테일러의 연설은 폴란드 도시의 거리에서 생방송되었다. 테일러는 도발적이지만 정확하게 "우리와 프랑스인들은 공격받기를 기다리지 않고 나치 독일에 맞서 전쟁에 돌입한 유일한 국민들이었다."고 지적했다. 나아가 그는 "(모든 국민들의) 자의적 체포로부터의 자유, 비밀경찰로부터의 자유, 다른 정부뿐만 아니라 그들 자신의 정부에 대해 의견을 말할 자유"를 요구함으로써 소련 대표단을 더욱 격분시켰다.[26]

미국공산당은 매카시 상원의원이 공산주의자와 그 동조자들에 대한 사냥을 시작할 때까지 미미한 존재로 잊혀져 있었다. 그리고 매카시가 그들에게서 손을 뗐을 때 일반인들에 대한 당의 영향력은 거의 소멸한 상태였다. 서유럽에서는 이야기가 달랐다. 프랑스공산당과 이탈리아공산당은 규모가 컸고 목소리도 높았다. 또 공산당은 에스파냐와 포르투갈을 제외하면 유럽 국가에서 자유롭게 활동했다. 1940년대 말에 언론이 공산주의에 적대적이 되었어도 소련과 중화인민공화국은 여전히 어느 정도 적극적인 지지를 받을 수 있었다.[27]

하지만 교활한 스탈린조차 일부 놓치고 지나간 것이 있었다. 그는 유럽과 중국, 한국 이외의 다른 지역 공산당들은 거의 신경 쓰지 않았다. 또한 세계 공산당들 바깥에서 이루어지는 정치에 관해서도 고민하지 않았다. 스탈린은 식민지 나라들도 거의 생각하지 않았다. 스탈린이 제1차 세계대전 전에 마르크스주의와 '민족 문제'에 관한 전문가로서 이름을 떨쳤던 것을 생각하면 이것은 이상한 일이었다. 스탈린은 10월혁명 후 유럽 제국들에서 발생한 민족 해방 운동에 접촉해야 한다고 연설했다. 그러나 1930년대에는 현실 정치가 갑작스레 작동했다. 다른 열강의 심기를 건드리고 싶지 않았던 스탈린은 열강들의 영향권 밖에 머물렀다. 스탈린의 변모는 여기에서 그치지 않았다. 냉전이 시작되었을 때에도 스탈린은 영국, 프랑스, 네덜란드의 식민지들에 그들의 지배자에 맞서 반란을 일으키라는 요청을 삼갔다. 이 시기는 유럽의 채권국인 미국이 유럽 제국주의의 종식을 요구하며 이를 따르지 않는 제국에게 난처한 상황을 만들 수 있는 경제적 수단을 휘두르던 때였다. 1947년 영국은 인도에 독립을 부여했는데, 이 조치는 미국의 직접적 압력 없이 행해진 것이었다. 아시아와 아프리카 전역에서 민족 해방 운동이 연이어 불타올랐다. 민족 해방 운동은 1920년대 초에 레닌과 정치국이 기대한 바였으나 당시까지는 힘이 약했다. 그러나 스탈린은 민족 해방 운동이 마르크스주의 대의를 이루는 데 중요하다고 입에 발린 소리를 하면서도 해방 운동에 거의 아무런 실제적인 도움도 주지 않았다.

스탈린은 자신의 속내에 관해 입을 다물었다. 아마도 스탈린은 소련이 냉전, 동유럽, 산업 재건 같은 문제들을 다루느라 제 코가 석 자라고 생각했을 것이다. 또 민족 해방 운동이 스스로 대부분의 일을 처리할 수 없다면 어떤 도움을 주더라도 소련의 재원을 낭비하는 꼴이라고 느끼기도 했을 것이다. 그렇지만 스탈린이 변화하는 세계를 이해하지 못했다는 사실을 부인하기는 힘들다. 그는 제국주의의 사악함을 논하는 글을 썼고 제국주의에 임박한 붕괴를 예측했지만 붕괴에 보탬이 될 재원을 책정하지는 않았다.

그런데도 식민지의 민족 해방 운동 지도자들은 공산주의를 우호적으로 보았다. 그들 가운데 공산주의자는 거의 없었으나, 그들은 인종주의와 제국주의를 거부하는 선언에 이끌렸으며 서방을 너무나 위선적이라고 여겼다. 미국 남부의 흑인들은 백인 시민들과 같은 학교, 같은 식당, 같은 버스를 이용할 수 없었고 '건방진 검둥이들'을 폭행하는 일이 법적 제재도 받지 않고 계속 발생했다. 미국의 재즈 가수 빌리 홀리데이의 노래 〈이상한 과일(Strange Fruit)〉을 듣고 일반인들이 이런 일에 주목하게 되었다. 남아프리카에서는 인종 차별이 훨씬 더 가혹했다. 그리고 자와할랄 네루가 이끄는 인도국민회의는 회원들에 대한 영국의 억압과 오만 때문에 화해할 수 없을 정도로 기분이 상했다. 상당수의 아시아와 아프리카 급진주의자들에게 소련은 소련 내부의 인종과 민족 문제를 진지하고 유능하게 다루는 것처럼 비쳤다. 식민지 급진주의자들 중 거의 어느 누구도 모스크바를 방문한 적이 없기 때문에 소련의 선전은 자주 액면 그대로 받아들여졌다.

반(反)제국주의 지도자들은 동유럽이 소련에 종속되어 있다는 사실을 간과했다. 우크라이나가 소련 내부 제국(internal empire)의 일부인 것처럼 폴란드와 인접국들은 소련의 외부 제국이었다. 그런데도 반제국주의 지도자들의 초점은 미국에 맞춰졌다. 미국은 한 세기 이상 중앙아메리카와 남아메리카에서 패권을 쥐고 있었다. 파나마는 미국 해운업 분야에서 상업적으로 편리한 지역으로 취급되었다. 쿠바의 관타나모 만(灣)은 미군 기지가 차지했다. 1954년 과테말라에서, 그리고 1958년 레바논에서 미국의 군사 개입이 발생했다. 미국은 세계 전역에서 식민지 문제를 해결할 어떤 진정한 방책도 제공하지 못하는 것 같았다.

소련은 또한 세계 자본주의의 예상과는 달리 자체적인 노력으로 '후진성'에서 빠져나왔기 때문에 다양한 민족 해방 운동에서 찬양자를 획득할 수 있었다. (외국의 기술과 전문 지식이 기여했다는 사실을 일반인들은 아직 몰랐다.) 중앙 집중적 국가 소유와 계획 덕택에 이룬 성과였다. 러시아는 이제 교육 받지 못한 농민들이 대다수인 나라가 아니라 거대한 근대 국가였다. 러시아 사회는 헝클어진 혼란 상태에서 최고로 조화로운 모습을 보여주는 쪽으로 이행했다. 급진적 반제국주의자들은 의식적이든 무의식적이든 소련에 끔찍한 착취와 억압이 존재한다는 풍부한 증거를 기꺼이 무시했다. 이런 태도는 다가올 사태를 알려주는 조짐이었다. 식민지의 반란자들 중에서 빈민 출신은 드물었다. 많은 반란자들이 교육을 잘 받았고 제국의 대도시 대학에서 공부하면서 정치 사상을 확립했다. 그들은 인민들의 동의를 바탕으로 자기 나라를 변화시키기를 기대했으나, (기회만 생기면) 위로부터 변화를 수행했다. 그들은 자신들의 사회를 위해 무엇이 최선인지 스스로 안다고 생각했다. '인민들'에게 의견을 물었을 때 나올 법한 대답은 전통주의와의 타협만 초래해서 발전을 가로막을 뿐이라고 의심했다. 반란자들은 사람들이 생각하는 것보다 마르크스-레닌주의와 공통점이 더 많았다.

그러나 스탈린은 여전히 식민지 반란자들에게 무관심했고 마오쩌둥은 일본, 한국, 그리고—유감스럽게도—소련에 관해서 말고는 국제관계에서 전문 지식이 없었다. 다른 공산주의 지도자들은 반제국주의 운동의 중요성을 인정했다. 스탈린의 후계자인 흐루쇼프가 그러한 사람이었다. 그러나 흐루쇼프는 스탈린이 무대를 떠날 때까지는 식견이 있었다 해도 아무것도 할 수가 없었다. 1953년까지 전후 공산주의에 대한 전 세계적 이미지와 호소력은 한 사람의 수중에 있었는데, 그의 편견 때문에 냉전의 이데올로기 경쟁에서 서방이 우위를 점하고 만 것이다. 선전 감독관으로서 스탈린은 그 자신에게 최악의 적이었다.

24장

마오쩌둥과 중국 혁명

프롤레타리아 없는 공산주의

중국의 공산주의자들은 1949년 10월 1일 20세기 공산주의 연대기에 1917년 10월 25일 이후 두 번째 위대한 날짜를 새겨 넣었다. 마오쩌둥이 혁명의 승리를 선포하려고 톈안먼(天安門)에 올랐던 날이 바로 이날이다. 인민해방군(1946년 홍군에서 인민해방군으로 이름이 바뀌었다)은 1949년 1월 수도 베이징을 점령했다. 장제스가 이끄는 국민당의 민족주의 세력에 맞서 벌인 중국 내전은 끝나지 않은 상태였다. 그러나 종전이 임박했다. 마오쩌둥은 베이징에서 권력을 굳히는 한편으로 자신의 군대를 남쪽으로 보냈다. 인민해방군은 매우 빠르게 이동했다. 양쯔강을 건넌 그들은 4월에 상하이를 접수했다. 티베트는 아직 침략당하지 않았지만 남부의 광저우는 거의 항복 단계에 와 있었고 중국 내전의 결과는 더는 의심의 여지가 없었다. 공산주의 지도부는 화려한 축하 행사를 벌였다. 공산주의 전사들은 몇 주 동안 아침 일찍 일어나 구호를 쓰고 종이등과 꽃, 오성홍기를 만들었다. 지지자들은 10월의 기념 행사에 초대되었다. 보안 때문에 다른 사람에게 양도할 수 없는 입장권이 발행되었다. 모든 일이 시계 장치처럼 정확히 이루어져야 했다. 주변 거리의 통행이 차단되었다. 경찰과 군인이 도처에 깔렸고 마오쩌둥이

1949년 10월 1일 중화인민공화국의 수립을 선포하는 마오쩌둥. 이때부터 1976년에 사망할 때까지 초대 국가 주석으로서 중국을 통치했다.

도착하자 사람들은 귀가 먹먹할 정도의 박수 소리로 환영했다. 마오쩌둥은 신경이 날카로워져 헛기침을 계속했지만, 확성기가 "중국 인민들이 일어섰다!"라는 말을 전할 때 군중은 그의 손 안에 있었다.[1)]

마오쩌둥은 국민당이 그렇게 갑자기 무너지리라고 예상하지 못했다. 스탈린은 중국 공산주의 군대에 다량의 무기를 보냈으면서도 훨씬 더 놀랐다. 사실 스탈린은 공산주의자들이 싸우면서 베이징으로 전진하기 1년 전까지만 해도 마오쩌둥에게 장제스와 타협하라고 권고했다.[2)] 마오쩌둥은 명백한 결론을 끌어냈다. 만일 공산주의자들이 중국에서 집권한다면 그들 자신의 독자적 전략에 따라서 할 것이다. 마오쩌둥은 1930년대에 스탈린의 지시 중 많은 것을 인내하다가 마침내 집권 기회를 잡았다. 마오쩌둥은 자신과 정적 장제스의 눈에는 불가피했던 내전을 피하는 일에 대해 장제스와 대화하는 데 동의함으로써 외교적 속임수를 썼다. 스탈린은 계속 자제를 권고했다. 그는 중국 공산주의자들이 왜 그렇게 야망을 품어야 하는지를 물었다. 중국 같은 거대한 나라라면 북부 절반만을 통치하는 데 만족해야 한다고 생각한 것이다. 스탈린은 트루먼 대통령과 자신의 위험한 관계에 더 무거운 짐을 지우기를 원하지 않았다. 마오쩌둥은 모스크바의 충고를 반박하지 않고 무시하는 쪽을 택했다. 그는 중국 공산주의자들이 장제스에게 이긴다면 미국 문제와는 상관없이 스탈린이 아시아에서 거대한 공산주의 국가가 탄생하는 것을 환영하리라고 확신했다.

중국 내전에서 국민당과 공산당 양측은 일본군이 물러나자마자 다시 대치했다. 대격전이 발발했고 마오쩌둥은 전략을 전반적으로 조정했다. 그는 대도시들을 피하는 대신 정복할 때가 왔다고 결정했다. 마오쩌둥은 린뱌오*에게 만주 작전의 군사 지휘권을 맡겼다. 몇 번의 위기가 있었지만 승전이 이어졌으며 만주 점령에 성공했다. 린뱌오는 남쪽의 톈진과 베이징을 포위하라는 명령을 받았다. 장제스는 작전상 실수를 저질렀고 그의 사령관들은 더 많은 실수를 저질렀다. 미국의 장비와 자금은 제대로 된 전투를 벌이기에는 턱없이 모자랐다. 인민해방군은 병력 수가 국민당 군대보다 많아 사기가 충천했다. 1949년 1월 베이징이 함락되자 장제스는 총통직을 사임하고 몇 달 뒤 3억 달러를 들고 패잔병들과 함께 중국 본토에서 떨어진 타이완 섬으로 도피했다.

너무 늦긴 했지만 그때 장제스는 무엇이 잘못되었는지를 이해했다. 국민당 치하에서 부정부패가 역병처럼 퍼졌고 장제스는 이를 치유하려는 노력을 거의 하지 않았다. 일부 지역에서는 군 사령관들(군벌들)이 공식 행정 조직을 대신했다. 물가가 치솟았다. 사유 재산을 약탈하는 일이 만연했다. 매일같이 강탈 행위가 벌어졌다. 국민당의 원래 지지자들에게도 더는 국민당을 지지할 이유가 없었다. 인민해방군의 선전은 매우 효과적이어서 그들이 재정적 이익에 관심이 없다는 명성을 널리

린뱌오(林彪, 1907~1971) 중국의 군인이자 정치가. 제2차 국공 합작 때 팔로군 115사단장이 되었고, 국공 내전에서 동북민주련군사령, 제4야전군사령으로 활동하면서 승리를 도왔다. 1954년 부주석, 1955년 최연소 원수가 되었고, 1959년 국방부장이 되었다.

퍼뜨렸다. 또한 인민해방군은 자신들이 점령한 지역에서 농업 개혁을 단행해 동조자도 얻었다. '지역 폭군과 사악한 지주'들에 대한 탄압은 땅과 돈이 별로 없는 수억 명의 농민에게 기쁨을 안겨주었다. 공산주의자들은 점령 지역에 무거운 세금을 부과했지만 그들이 집권하면 부패와 사회적 특권이 사라질 것이라는 사람들의 믿음은 점점 커졌다. 공산주의자들은 정직하고 헌신적이라는 명성을 얻었다. 그들은 마르크스주의자인 동시에 중국의 애국자들이었다. 그들은 가차 없고 역동적이었다. 공산주의자들의 통치 집단에는 저우언라이*, 류사오치*, 린뱌오, 덩샤오핑*같이 특별한 재능을 지닌 사람들이 있었다. 오직 마오쩌둥만이 지도력 면에서 그들을 능가했다.

마오쩌둥은 대부분의 중국인들에게 아직 잘 알려져 있지 않았다. 그는 후난성 부농의 아들이었다. 마오쩌둥의 중국어에는 사투리가 남아 있었다.[3] 다른 중국인들과 마찬가지로 마오쩌둥도 중국이 외국의 군사력과 경제력에 취약하다는 현실에 분노하면서 성장했다. 그는 중국의 고전 문학을 사랑했다. 급진적 젊은이로서 러시아의 10월혁명에 깊은 인상을 받았고 공산주의에 이끌렸다. 주로 독학으로 열심히 공부했고 후난에서 마르크스주의 투사가 되었다. 유능한 조직가로 인정받은 마오쩌둥은 중앙위원회로 진출했고 상하이에서 활동했다. 1925년부터 동료 공산주의자 펑파이*의 영향을 받아 활동을 농민층에 맞추었다.

저우언라이(周恩來, 1898~1976) 중국의 정치가. 중화인민공화국 수립 이후 최고 지도부의 한 사람으로서 27년간 총리를 역임했다. 1934년부터 시작된 장정에 마오쩌둥과 함께 참여했으며 1936년 시안(西安) 사건 때에는 장제스를 석방하고 항일민족통일전선 결성을 성사시키는 데 수완을 발휘했다.

류사오치(劉少奇, 1898~1969) 중국의 정치가. 1935년 대장정 후 베이징과 다른 국민당 지배 지역에서 노동 운동과 학생 운동을 지도하는 한편 항일민족통일전선 공작을 추진했으며, 1941년 신사군(新四軍) 재건 공작에서 지도력을 발휘했다. 1959년에는 국가 주석 겸 국방위원회 주석이 되었다.

덩샤오핑(鄧小平, 1904~1997) 중국의 정치가. 1945년 중국공산당 중앙위원, 1946년 내전에서는 제2야전군 정치위원과 화중국(華中局) 서기가 되었고, 1949년 중화인민공화국 인민정부위원을 맡았으며, 1952년 부총리, 1953년 총서기가 되었다.

그는 중국의 공산주의가 촌락과 민족 문제에 노력을 집중해야 한다고 믿었다. 이 두 가지 문제가 마오쩌둥 사상(마오주의)의 핵심을 형성했다. 다른 공산주의 지도자들과는 달리 마오쩌둥은 소련의 당 학교에 진학하지 않았다. 그는 대체로 권력을 잡은 소련 모델을 적용하기를 원하면서도 자신이 보기에 중국의 특수한 상황에 필요해 보이면 무엇이든 변경했다. 그는 수십 년 동안 역경을 견뎌내고 마침내 권력을 수중에 넣었기 때문에 모스크바에 자신의 독립성을 양도할 생각이 없었다.

공산주의 체제는 중국 사회를 바꾸는 데 착수했다. 변화 과정은 언제나 야만적일 것이었다. '계급의 적들'에 대한 대규모 억압이 내전이 벌어진 동안 홍군이 점령한 지역에서 체계적으로 수행되었다.[4] 중국의 정치는 이전 수십 년 동안 종종 야만적이었고, 야만스러움은 일본의 침략과 점령으로도 누그러지지 않았다. 되풀이되는 기근도 중국인들의 태도를 거칠게 만들었다. 각 도시와 읍, 촌락은 대결과 분노의 도가니였다. 군사 작전이 종결되었다고 해서 정치·사회적 갈등이 끝난 것은 아니었다.

공산주의자들은 아직 사태를 가라앉힐 마음이 없었다. 1949년 3월 마오쩌둥은 중앙위원회에 엄명을 내렸다. "적들을 싹쓸이한 뒤에도 총을 가지지 않은 적들은 여전히 존재할 것이다. 그들은 우리에 맞서 죽기 살기로 투쟁할 것이다. 우리는 이 적들을 절대로 가볍게 여겨서는 안 된다. 지금 이런 식으로 문제를 제기하지 못하고 이해하지 못한다면 우리는 매우 중대한 실수를 저지를 것이다."[5] 그는 농민과 노동자들에게 저항 세력을 근절하는 데 적극적인 동맹군이 되라고 촉구했다. 소련에서는 공산주의자들이 자신들의 보안 기관을 이용해 이런 임무를 수행했다. 그리고 1920년대 말부터 모스크바의 정치국은 각 지방에 따라

펑파이(彭湃, 1896~1929) 중국공산당 초기의 농민 운동 지도자. 1921년 중국공산당에 입당했고, 1923년 고향에서 농회(農會)를 조직했다. 이 조직은 국민혁명기 농민 운동의 원형이 되었다.

체포하거나 추방 또는 처형할 희생자들의 수를 정확히 할당했다. 중국 공산주의는 일을 다르게 처리했다. '대중'은 베이징이 내놓은 정책의 전반적 내용을 듣고 나서 믿고 그 정책을 실행에 옮겼다. 마오쩌둥은 대중이 누구를 박해해야 할지 알고 있다고 확신했다. 또한 대중이 억압에 가담한다면 대중 자신과 혁명 정권의 관계를 계속 가깝게 인식할 것이라고 직감했다. 재산을 인민들에게 재분배하는 것을 공식 정책에 포함했으니 대중이 공산주의자들에게 계속 호의적일 이유도 존재했다.

마오쩌둥은 자신의 국가를 '프롤레타리아 독재'도 아니고 '인민민주주의'도 아닌 '인민민주주의 독재'라고 규정했다. 소련의 정치 사전에는 없는 용어였다. 조용히 그는 소련의 정신적 보호와 감독에서 벗어나고 있었다. 마오쩌둥은 농민들이 주요 혁명 계급이 될 수 있다고 주장했다. 게다가 지주들을 파멸시킬 의향은 있지만 자본가 계급 일반과는 싸우지 않을 것이라고 주장했다. 마오쩌둥은 자신이 사용하는 수단이 독재적이긴 해도 그것이 자신의 뒤에 인민들—또는 그 구성 분자들의 대부분—을 단결시키고 있다고 역설했다.[6]

중국공산당은 '계급 투쟁'을 마무리 짓겠다는 의도를 감추지 않았고, 유산 계급 엘리트들이 일본 침략자들과 함께 당의 적대적 선전의 주요 표적이었다. 스탈린은 중국 공산주의자들이 자신들의 잠재력을 과대평가한다고 생각했다. 그러나 중국 공산주의자들은 사실 1917년 10월 이후 러시아에서 볼셰비키가 처했던 상황보다 훨씬 더 유리한 처지에 있었다. 중국 공산주의자들은 홍군을 처음부터 만들지 않아도 되었다. 그들은 노동자 평의회나 농민 코뮌에서 다수표를 얻어 권좌에 오른 것이 아니라 군사적 승리에 의해 정치적으로 전진했다. 내전이 권력 장악보다 먼저 일어났다. 이것은 공산주의 체제가 구조적으로 항상 소련 모델과 약간 다르다는 것을 의미했다. 다가올 수십 년 동안 군대는 국가의 최고위 수준에서 국정을 심의할 핵심 기관이었다. 중국에서 군사 지도자들은 트로츠키 이래 소련의 어느 군 관계 인사보다 더 권위 있는 인물들이었다. 당과 군대가 중화인민공화국에 깊숙이 침투했다. 당 관리들은 군사 퍼레이드를 할 때처럼 옷을 입었다. 중국 지도부가 예산을 짤 때 군을 항상 최우선 투자 부문으로 취급한 것은 예상 못할 바도 아니었다.

인민해방군이 종종 상당히 넓은 지역에서 저항 세력을 소탕하는 동안 당은 농촌에서 쉬지 않고 일했다. 이것 또한 소련의 역사적 경험과는 다른 점이었다. 중국에서는 수도를 장악하기 전에 토지 탈취가 시작되었고, 1950년에 나라 전체에 이 정책이 체계적으로 적용되었다. 베이징에서 지시가 내려왔다. 2백만~3백만 명이 처형되고 수백만 명이 노동수용소로 보내진 것으로 여겨진다.[7] 지주들은 고개를 푹 숙인 채 농민들 앞으로 줄을 지어 걸어갔다. 지주들은 어떤 선고를 받을지 알기도 전에 실제로 저지른 범죄든 지어낸 범죄든 자백을 강요당하곤 했다. 1951년 봄부터 도시에 테러가 가해졌다. 체제의 적으로 알려졌거나 의심되는 자들이 지주들과 같은 취급을 받았다. 수용소(라오가이*)는 강제 노동을 이용했고, (소련의 굴라크에서라면 사형 선고를 내리지 않았을 위반에 사형을 적용하는 것을 비롯해) 가혹한 규율을 적용했으며, 정기적으로 사상 주입(소련 수용소에서는 거의 고민하지 않았던)을 실시했다. 노동은 개인을 교정하는 데 필요한 정해진 경로였다. 그러나 실제로는 수감자들이 겨우 굶어 죽지 않을 만큼의 식사를 제공받으며 석탄을 캐고 도로와 댐을 건설하고 들판을 경작했던, 끔찍한 위협과 착취의 과정이었다.[8]

당국은 다른 사회 구성원들에게도 딱지를 붙였다. 좋은 쪽인 '붉은' 부류에는 고참 혁명가와 그들의 가족, 빈농과 노동자가 들어갔다. '검은' 부류에는 지주, 부농, 악질 분자들, 반혁명 세력, 우파가 속했는데, 이 부류는 박해 대상이었다. 모든 사람들이 공장이나 농장, 사무실의

라오가이(勞改) 노동 개조(勞動改造)의 준말이다.

작업 단위에 소속되었다. 각 단위에는 그 단위의 충성과 효율성을 책임지는 승인된 지도자가 있었는데, 그 지도자는 대체로 붉은 부류에서 지명되었다. 이러한 조직 체계는 베이징에서 끊임없이 고안해내는 정치와 경제 운동들을 쉽게 감독할 수 있게 해주었다. 의무 태만이 드러나면 신원 확인이 쉬운 적대 분자들에 대한 탐색부터 시작되곤 했다.[9)]

한국전쟁에서 공산주의자들을 군사적으로 돕겠다는 마오쩌둥의 결심 때문에 외국의 위협으로부터 중국의 안전을 보장하는 데 위기가 찾아왔다. (전투 결과 중국 국경에서 공산주의 국가가 자리를 굳혔으므로 마오쩌둥의 도박이 보상을 받기는 했다.)[10)] 그러나 중국에서는 공산주의 통제가 워낙 철저했기에 인민해방군의 집중된 지원 없이도 농업 개혁이 진행될 수 있었다. 1952년 말에 농가의 오직 10퍼센트만이 공산주의의 영향 밖에 있었다.[11)] 이 수치는 전후의 피폐와 지속적인 행정적 취약함에도 불구하고 이룩한 놀라운 성과였다. 재분배하기로 한 토지를 지주에게서 빼앗아 나눠줌으로써 공산주의자들은 농민에게 한 약속을 이행했다.[12)] 농민들은 수혜자였다. 공격을 감당해야 할 집단이 지주만은 아니었다. 1951년 말에 도시에서 삼반(三反) 운동이 개시되었다. 운동은 부패한 간부들을 표적으로 삼았다. 운동 자체가 당에게 이익이 되기도 했다. 당의 목적은 공산주의가 악당들과 제휴했다는 오점을 씻어냄으로써 당의 인기를 높이려는 것이었다. 오반(五反) 운동이 재빨리 뒤를 이었다. 이 운동은 반혁명 세력으로 알려져 있거나 그렇다고 의심되는 사람들이 표적이었다.* 사람들은 당국에 자신들의 충성을 보여주고자 했고 수십만 명의 사람이 처형되거나 자살했다.[13)] 상하이에서만 20만 통의 밀고 편지가 접수되었다.[14)] 공산주의 당국을 향해 조직된 적대감

삼반 오반 운동 중국 건국 직후의 사회 개조 운동. 삼반이란 독직, 낭비, 관료주의에 반대하는 것이었다. 삼반 운동의 전개 과정에서 그 무렵 존재하던 사영상공업(私營商工業) 내부의 '오해(五害)', 즉 뇌물 수수, 탈세, 국가 자산의 횡령, 원료 구입 부정, 국가 경제 정보의 절취에 반대하는 오반 운동을 전개했다.

의 경제 · 정치적 원천이 근절되고 있었다. 소련 전문가들이 국가 규제를 용이하게 하는 계획 메커니즘을 수립함으로써 공산주의 당국을 도와주었다. 공산화가 빠르게 진행되었다.

전역에서 문맹 퇴치 프로그램이 시작되었다. 도시의 하수도 시설과 위생 설비가 우선 주목받았다. 정부는 메뚜기와 벌레가 불러오는 재난을 막으려고 적극적으로 조치를 취했다. 이전에는 볼 수 없었던 활발한 국민적 노력이 20세기 동안 전개되었다.

1953년경 국가는 중공업의 5분의 4와 경공업의 5분의 2를 소유했고, 상업 거래의 약 절반을 취급했다.[15] 농업은 그보다 더 큰 충격을 받았다. 마오쩌둥은 토지를 농민에게 양도하자마자 농업을 공산화하고 싶어서 안달이 났다. 1951년 9월 농업 집단화가 우선 과제로 선언되었다.[16] 중국의 집단 농장을 일컫는 '인민공사'는 농민들이 소규모의 땅을 가족 차원에서 보유하도록 허용했다.[17] 이때도 마오쩌둥은 단순히 소련의 경제 · 사회적 방식을 흉내 내지 않으려 했다. 그는 소련에서 진행된 스탈린의 가혹한 반쿨라크 운동이 쿨라크가 아무리 위협적이라 하더라도 비생산적이고 과도한 대응이었음을 이해하고 있었다. 중국에서 부농들은 총살당하거나 추방되지 않고 새로 생긴 집단 농장에서 감시를 받으며 머무를 수 있었다. 부농들이 지닌 기술과 노동력이 긍정적으로 평가된 덕분이었다. 또한 마오쩌둥에게는 인민공사가 산업화 개시를 위한 수탈의 주요 재원 역할을 떠맡지 않았으면 하는 바람이 있었다. 농민들의 '공납'을 받아서 외국의 산업 기술을 들여오는 비용을 치르려 한 스탈린을 모방하지 않으려 한 것이었다. 이러한 신중함은 왜 중국의 집단화가 소련의 집단화보다 저항을 훨씬 적게 받았는지 설명하는 데 도움이 된다. 또 수억 명의 농촌 주민들이 마오쩌둥에게 보여준 존경심 역시 어느 정도 설명해준다. 적어도 공산주의 권력 초기에 중국 당국은 신중하게 움직였다. 문서로 된 법령이 총보다 우선권을 얻었다.

마오쩌둥은 정치적 악한의 본능을 지니고 있었고 정치적 목적으로 폭력을 사용하는 일을 꺼리지 않았다. 1955년경에 이런저런 종류의 정치범 수는 약 960만 명으로까지 늘어났다.[18] 그러나 마오쩌둥의 모든 공산주의 활동은 농민들을 최대한 자기편에 붙들어 두는 일에 집중되었고, 인민공사 체제를 수립할 때도 마오쩌둥은 그것을 포기하지 않았다. 그는 상황에 압력을 가하려고 잔혹한 폭력을 선택하기 전까지는 관대함을 내세웠다.

그러나 집단화는 심각한 경제 파탄 탓에 망가지고 말았다. 농업 생산에서 생긴 손실에 관한 보고서가 베이징으로 흘러들어 가면서 지도부 내에서 활발한 토론이 벌어졌다. 마오쩌둥은 자신이 후원하는 변화를 감속—심지어 부분적으로 역전—할 것을 원하는 사람들의 주장을 완강하게 거부했다. 이런 충고는 저우언라이와 덩샤오핑뿐 아니라 마오쩌둥의 부관이자 정치적 후계자로 촉망받던 류사오치로부터도 나왔다. 마오쩌둥은 꿈쩍도 하지 않았다. 그는 국토 통일, 국가 안보, 경제적 근대화에 시선을 고정했다. 마오쩌둥이 보기에 이 목표들은 떼려야 뗄 수 없을 만큼 얽혀 있는 관계였다. 1955년 여름 마오쩌둥은 좀 더 대담한 행동을 옹호하는 당 한쪽 편과 연합하여 "전족을 한 여자처럼 뒤뚱거리는 일부 동지들"에게 조소를 퍼부었다. 그는 당내 논쟁에서 쓸 멋진 표현을 찾는 데 늘 성공했다.[19] 그러나 마오쩌둥은 이 탁월한 동지들을 몰락시키지는 않았다. 정치국 상임위원회는 마오쩌둥, 류사오치, 펑더화이*, 덩샤오핑으로 이루어졌다. 마오쩌둥이 오른쪽으로 방향을 더 틀 가능성을 배제하지 않았을뿐더러 명령대로 부하들을 움직일 수 있다는 믿음 또한 잃지 않았다는 것은 명백하다.[20]

당원 수는 1940년 280만 명에서 이듬해 말 580만 명으로 늘어났다.[21] 1956년에는 모두 1070만 명에 이르렀다.[22] 당원의 급속한 증가는 공산주의 권력 장악의 특징이었다. 일단 공산주의자들이 권력을 굳

펑더화이(彭德懷, 1898~1974) 중국의 군인이자 정치가. 1954년 부총리 겸 국방장관이 되어 의무 병역제, 원수 이하의 계급제를 실시했다.

혔다는 사실이 알려지자 당원 충원은 쉬운 일이 되었다. 자원자들이 대거 몰려들었다. 그러나 자원자들은 여전히 일반 국민이라는 대양에 떨어진 물 한 방울에 불과했는데 특히 농촌에서 그러했다.[23] 당원들은 보통 마르크스-레닌주의와 마오주의에 무지했다. 도시를 정치 · 경제적으로 관리하는 데 미숙하기도 했다. 베테랑 지도자들은 권력의 회랑에서 더듬더듬 나아가고 있었다. 엄청난 책임이 그들에게 주어졌다. 중국 공산주의 지도자들이 실제로 확고한 마르크스주의자라고 한다면, 그들은 문화 · 인종 · 종교적으로 매우 다양한 나라의 현실에 자신들이 믿는 교리를 어떻게 적용할지 아직 보여주지 못하고 있었다. 군에서 복무한 많은 공산주의자들은 배울 게 더 없다고 느꼈다. 전투 시기에 받은 정신적 영향이 여전히 남아 있었던 것이다. 이미 적을 물리쳤는데 무엇을 더 배우겠는가? 중국의 공산주의는 고도로 군사화된 변종이었다. 중국 공산주의자들은 민간인들의 미세한 특징을 전혀 고려하지 않은 채 자신들의 정책을 중국 사회에 못 박고 싶어 했다.

체제가 거둔 성과에 관한 공식 이야기는 농민들에게 가르친 노래를 통해 전해졌다.

> 공산주의는 천국이야.
> 인민공사는 사다리지.
> 우리가 저 사다리를 세울 수 있다면,
> 그 고지로 오를 수 있지.[24]

공산주의자들은 그와 같은 사다리들이 중화인민공화국 전역을 뒤덮도록 보장할 정직하고 지칠 줄 모르는 지도자로 자신들을 내세웠다.

그러나 공산주의자들이 부패로 오염되지 않은 것은 아니었다. 어느 분노에 찬 시는 다음과 같이 표현했다.

1등 국민은
물건을 문으로 내보냈고,
2등 국민은
다른 사람들에게 의존하지.
3등 국민은 괴로워할 뿐이네.[25)]

정실주의가 만개했다. 정치적 후견인들은 피후견인들에게 승진으로 보상했고 그 대가로 개인적 충성을 확보했다. 사람들은 서로 이익을 교환해서 원하는 것을 얻었다.[26)] 이런 관계를 중국어로 '관시(關係)'라고 하는데, 소련의 '블라트(blat, 연줄을 이용해서 비공식적으로 이익을 챙기는 것을 의미하는 러시아 속어)'에 해당하는 말이다. 베이징은 정치적 후견 관계를 맺은 사람들이 기꺼이 명령을 따르려 한다는 사실에 만족하지 못했다. 공식 정책이 중국의 지방에 이르렀을 때 정책에 동의하지 않는 지역 지도자들 손으로 수정되는 일이 빈번하게 일어났다.[27)] 사회계층의 밑바닥에는 농민과 노동자들이 있었다. 그들은 체제를 내키는 대로 비판할 수는 없을지 몰라도 자신들의 협력을 철회할 수는 있었다. 산업 생산에서 고의적인 태업이 만연했다. 중국 공산주의자들은 소련의 공산당과는 달리 반항하는 자들을 해고할 강제력이 없었다.[28)]

경제는 극단적으로 후퇴했다. 1956년 가을 가뭄이 농촌을 휩쓸었다. 이듬해 봄의 기후 조건은 끔찍했고 여름 수확은 비참했다. 직물 생산과 식품 가공업이 혹독한 영향을 받았다. 인민공사는 소속 농민에게 인도하기로 한 할당량을 줄이고자 했다. 농민들의 사기가 땅에 떨어졌다. 인민공사에 강제로 편입된 숙련공들은 기술을 발휘하던 손을 놓아버렸다. 공산주의자들이 1949년 말에 누렸던 인기가 사라져 가고 있었다. 정치 · 경제적 급진주의를 완화하라고 요구하는 지도부 내 일부 사람들의 주장이 힘을 얻었다.[29)]

마오쩌둥은 위험을 깨닫고서 1957년 4월 당원을 교육하고 조직을 정비하며 당 기풍을 쇄신하는 '정풍(整風) 운동'을 통해 지도부의 노선을 바꾸고자 했다. 정풍 운동은 '백화제방, 백가쟁명'*이라는 구호로 더 잘 알려졌다.[30] 마오쩌둥은 말했다. "우리 사회는 후퇴할 수 없다. …… 관료층에 대한 비판은 정부를 더 좋은 쪽으로 밀어주고 있다." 마오쩌둥은 사람들에게 국가 정책을 비판하고 실제적 제안을 하도록 요청했다. 강요된 단일한 공산주의 노선 대신에 — 수많은 꽃의 만개(백화百花)를 통해 — 공개적인 토론의 장이 만들어질 것이었다. 마오쩌둥이 사람들에게 어떤 불쾌한 보복도 당하지 않을 것임을 보장하자 정치 · 사회 · 문화적 문제들이 급속히 의제로 떠올랐다. 사소한 일상생활 문제가 종종 폭로되었다. 예를 들어 초등학교에 화장실이 너무 적게 설치되어 있다든지, 지역 행정 절차가 무능하다든지 하는 식이었다. 그러나 큰 문제들도 밝혀졌다. 지식인들은 일부 고전 문학 작품들에 대한 금지를 해제하라고 요구했다. 민주적 정당들의 옛 당원들은 공적 활동이 금지되는 것에 항의했다. 많은 사람들이 이러한 말로 무시를 당했다. "너는 지주의 아들일 뿐이고, 너의 이념은 순수하지 않으며, 너의 과거는 복잡하고, 너는 우리를 위해 적극적으로 일한 적이 없다." "상급자가 되려면 〔공산〕당에 가입하는 것이 필수"라는 불평이 많았다.[31]

불만을 표출하는 일이 우후죽순처럼 급속도로 늘어났다. 1920년대에 중국은 정치 사상에서 다원주의를 누렸다. 시민 사회의 전통이 성장했다. 중국 엘리트들은 중국의 바깥 세상에서 유행하는 조류들을 연구했다. 연안 도시에서는 외국 기업들이 계속 상업 활동에 종사했다. 지식인, 사업가, 학생들은 중국에서 공산주의 체제가 수립된 이후에도 이 과거를 계속 기억했다.

이들은 베이징 대학에 '민주의 벽'을 설치하고 중국공산당이 적을

백화제방 백가쟁명(百花齊放 百家爭鳴) 건국 후 사회주의 개조 과정에서 부르주아 사상 비판 운동으로 위축되어 있던 지식인들의 활동을 활성화하려고 내세운 슬로건. 중국 문화가 꽃피었던 춘추전국시대 제자백가의 자유로운 언론 활동을 본떠 마오쩌둥이 제창했다.

가혹하게 다루고 검열이 엄격하며, 경제적으로 무능하고 재정적으로 부패한 데다 소련 모델을 비굴하게 고수하고 있다고 비판하는 포스터를 붙였다. 어떤 포스터는 다음과 같이 선언했다. "당원들은 그들을 특별한 종족으로 만드는 많은 특권을 누린다."[32] 또 다른 포스터는 이렇게 불평했다. "프롤레타리아 독재는 소수의 프롤레타리아 이야기다." 어떤 포스터는 마오쩌둥 숭배를 비난했다. 이런 종류의 의견은 당 내부에서는 들리지 않았지만 백화제방 운동을 펼치는 동안 당내 공산주의자들 사이의 긴장은 조직적 통일의 끈을 끊어버렸다. 일부 노장들 — 곧 '우파'로 낙인찍힐 — 은 전반적인 체제 비판에 동조했다.[33] 그들 중에는 정치국원인 류사오치도 있었다. 마오쩌둥이 '독초(毒草)'가 저절로 드러나도록 공개적인 토론을 부추겼다는 말은 음모론적 관점에 어울릴 것이다. 이런 식의 해석은 너무나 많은 냉정한 계산을 강박 관념에 사로잡힌 혁명적 정치 도박꾼 중 한 명에게 돌리는 일이다. 부인할 수 없는 사실은 마오쩌둥이 갈수록 가혹하고 억압적으로 대응했다는 것이다. 독초는 정치적 억압, 행정적 혼란, 사회적 불공평, 경제적 부실 관리와 기근으로부터 자양분을 빨아들였다.

마오쩌둥은 독초를 공안부장 뤄루이칭*의 도움을 받아 뽑아버리고자 했다. 당이나 당 정책에 반대하여 거리낌 없이 발언하는 사람들이 표적이 되었다. 약 1백만 명의 당원(전체 당원의 8~9퍼센트)이 우파 혐의를 받고 축출되었다.[34] 많은 사람들이 정해진 기간도 없이 농촌의 오지로 보내져 육체 노동에 종사했다. 농촌에서 일하다 보면 그들이 반발하는 태도를 버리고 평범하고 충성스런 시민의 태도를 갖추게 되리라는 발상에서였다.[35] 당 지도부는 당원들을 농촌으로 쫓아내는 데 주저함이 없었다. 또 당은 다른 정당과 옛 행정 기관, 경제 · 문화적 엘리트층에 속한 사람들도 색출했다. 보안 기관들은 개인들에 대한 고발을 열

뤄루이칭(羅瑞卿, 1904~1978) 중국의 군인이자 정치가. 1928년 중국공산당에 입당했으며 1949~1958년 공안부장, 1959년 국무원 부총리, 인민해방군 총참모장이 되었다.

심히 수집했다. 당 지도부는 '노동을 통한 교육(라오자오勞教)' 센터를 설립함으로써 기존의 노동수용소(라오가이勞改) 네트워크를 확대했다. 이 두 가지 구금 유형은 차이가 거의 없었다.[36] 희생자의 가족은 공포로 전율했다. 아내는 남편과 이혼했다. 자녀는 부모와 의절했다. 수용소 안에는 심리적 · 육체적 고문으로 죄수들이 죄를 자백하도록 만드는 극심한 압력이 존재했다. 형기가 끝날 즈음 죄수들은 수용소에서 '자유노동자'로 계속 일하도록 강요받곤 했다.[37]

억압은 이제 첫걸음을 내딛었다. 마오쩌둥은 중화인민공화국에 난공불락의 공산주의 질서를 수립하기 위해 스스로 설정한 과제를 단념하지 않을 것이었다. 그는 1949년에 자신이 시작한 변화를 완수하는 것을 목표로 삼았다. 마오쩌둥의 여행은 그가 곧 대약진(大躍進) 운동과 문화대혁명으로 연결될 길을 성큼 내디디면서 막 재개되려 하고 있었다.

25장

소련의 복제 국가들

알바니아에서 평양까지

티라나(알바니아의 수도)에서 평양까지, 그리고 탈린(에스토니아의 수도)에서 상하이까지 동유럽과 동아시아의 새로운 공산주의 국가들은 공통점이 많았다. 일반적으로 유일 정당이 통치했다. 때때로 다른 정당들이 좌파이고 유순하면 공산당으로 편입되거나 반(半)자치를 허용받았다. 독재가 시행되었다. 사법과 언론이 정치적 통제를 받았다. 국가가 경제의 상당 부분을 징발했고 중앙 집중적 산업 계획이 도입되었다. 종교가 박해받았다. 시민 사회의 결사체들은 호된 탄압에 순종적으로 변하거나 완전히 사라져버렸다. 마르크스-레닌주의의 스탈린주의적 변종이 널리 확산되었고 경쟁 이데올로기들이 박해받았다. 행정은 중앙 집중화되었다. 국가 기구에 대한 통제가 노멘클라투라 체제에 의해 강화되었고 당, 정부, 경찰, 군대 사이에 긴밀한 상호 연계가 유지되었다. 공산주의 지도부는 거대한 정책을 공들여 만들었고 인사 문제를 꼼꼼히 챙겼다. 각 지도부에는 공식적으로 헌신적 사랑을 받는 지배적 인물이 한 명씩 있었다. 공적 생활의 의례도 유사했다. 노동절과 10월혁명 기념일은 국가적 축제였고 수도에서 군사 퍼레이드가 벌어졌다. 지도자들은 현재의 정치적 권위에 절대 복종하여 일반인들 앞에 일렬로 늘어섰다. 공산주의 국가들은 쫓겨난 유고슬라비아를 제외하고 소련이 주도하는 세계 공산주의 운동에 대한 충성을 공언했다.

소련 모델이 모든 면에서 세세하게 복제되었다거나 새로운 공산주의 국가들 사이에 국가적 차이가 없었다고 말하는 것이 아니다. 러시아에서는 구체적인 상황과 전통 때문에 공산주의가 집권할 수 있었다. 다른 나라의 사정은 필연적으로 달랐다. 게다가 1917년 이후 러시아에서 큰 변화가 일어났다. 외국 공산주의자들이 소련이 저지른 실수에서 항상 무언가를 배운 것은 아니었다. 그들 중 많은 사람들이 역사적 기억상실증을 앓았고 똑같은 식으로 큰 실책을 저질렀다. 때때로 외국 공산주의자들은 소련에서 일어난 일을 정확히 피할 필요가 있다고 생각했지만 그러면서도 여전히 매우 억압적인 정책을 강제했다. 소수의 동유럽 지도자들은 약간 온건해져야 한다고 여겼으나 크렘린의 반응이 두려워 움츠러들었다. 그리하여 공산주의 국가의 질서에는 거의 융통성이 없었다. 일단 마르크스-레닌주의 정당이 통치를 맡으면 구조와 실천과 정책의 선택은 놀라울 만큼 획일적으로 이루어졌다.

'민족 문제'가 다루어지는 방식만은 예외였다. 루스벨트와 처칠은 국경선을 다시 조정해야 하고 민족과 인종의 '이동'이 필수적이라는 소련의 주장을 수용했다. 세 거두는 강화 조약을 기다리지 않고 국경을 옮겼다. 소련은 전쟁 전 폴란드를 희생양 삼아 영토를 확대하는 데 서방 연합국의 동의를 얻었다. 폴란드가 독일의 동부 영토를 획득하는 것으로 보상을 받게 하자는 합의가 이루어졌다. 막후에서는 영토를 요구하는 소동이 일어났다. 유고슬라브인들이 많은 문제를 일으켰다. 알바니아, 불가리아, 헝가리, 오스트리아, 이탈리아 등 유고슬라비아 국경에 인접한 나라들은 유고슬라브인들의 탐욕스런 눈초리에서 안전을 지키기 힘들었다. 스탈린조차 깜짝 놀랐다. "그런데, 헝가리인들이 동의하겠소?"[1] 스탈린은 또한 헝가리 정부가 루마니아 영토를 요구하는 것에도 당혹해했다. 루마니아도 소련을 침공하기는 했지만, 헝가리도 최근까지 제3제국의 동맹국으로서 싸운 마당에 헝가리인들에게 보상을 하는 일은 부적절한 것 같았다. 어쨌든 소련은 혼자 결정을 내릴 수가 없었고 서방 연합국들의 동의를 얻어야만 했다. 세 거두가 포고하는 것은 무엇이든 받아들여졌다. 트리에스테를 둘러싸고 첨예한 분쟁이 일어났다. 이탈리아와 유고슬라비아가 이 도시를 차지하려고 다투었다. 최종적으로 트리에스테는 이탈리아 손에 들어갔다. 한편 동유럽 내부에서는 새로운 국가들이 소란을 피웠으나 확정된 국경선에 대한 도전은 그다지 심각하지 않았다.

여하튼 공산주의 민족 국가를 성취할 가능성에는 한계가 존재했다. 엘베 강 동쪽의 유럽 인구 전체를 쓸어 모아 민족별로 다시 배치하지 않는 한 소수 민족과 인종이 언제나 남게 마련이었다. 국경과 주민을 이동시켰는데도 동유럽에 단일 민족만이 거주하는 국가는 한 군데도 없었다. 폴란드가 단일 민족 국가에 가장 근접했다. 히틀러가 유대인과 집시를 절멸시키는 바람에 1945년까지 폴란드에서는 유대인과 집시가 거의 살아남지 못했다. 독일인 주민들은 도주하거나 추방당했다. 우크라이나인들은 영토가 넓어진 우크라이나소비에트공화국(소련)으로 퍼날라졌다. 그 결과 폴란드인민공화국 인구의 2퍼센트를 제외한 나머지 모두가 '인종적으로' 폴란드인이 된 것이다.[2]

그러나 폴란드는 예외적인 경우였다. 다른 지역에서는 여전히 다민족 국가를 관리하는 문제가 존재했다. 이러한 상황 때문에 소련에서는 '자치구'를 비롯한 헌정적 메커니즘이 발달했다. 유고슬라비아가 선두에 섰다. 몇몇 민족이 혼재되어 있었기에 티토가 소련과 유사한 모델을 적극적으로 채택하고 싶어 한 것이다.[3] 1952년 루마니아가 그 뒤를 이었다.[4] 루마니아인민공화국은 학교, 언론, 문화 분야에서 민족의 자기표현을 보장하고 있음을 입증하려고 헝가리 자치구를 설치했다. 루마니아의 지도자 게오르게 게오르기우-데지는 루마니아의 헝가리인 소수 민족을 경계했다. 그래서 자치구는 헝가리와 인접한 북부의 긴 국경 지역은 포함하지 않았고 루마니아에 사는 헝가리인 중 3분의 1에만 적용되었다.[5)] 게오르기우-데지는 1956년에 소련이 헝가리 폭동을 진압하는 것을 열렬히 지지하게 된다. '우리나라' 헝가리인들이 부다페스트 헝가리인들의 반란적 태도를 모방하는 것을 원치 않았던 것이다. 전후 체코슬로바키아의 헝가리인들에게도 이와 유사한 헌정적 메커니즘이 도입될 수도 있었지만, 체코슬로바키아 지도자인 클레멘트 고트발트는 그런 정책을 외면했다. 그는 체코 영토와 슬로바키아 영토의 이중 연방이 화합하도록 노력하는 데만도 바빴다. 고트발트는 민족적 감성을 이용하기도 했다. 양차 세계대전 사이에 체코와 슬로바키아 정치인들은 합스부르크 왕가 치하에서 체코인과 슬로바키아인을 학대했던 헝가리인 소수 민족에 대한 공격을 지지하는 세력을 한결같이 유지했다.

민족 자치구가 설치된 또 다른 국가는 중화인민공화국이었다. 마오쩌둥은 베이징에서 권력을 잡기도 전인 1947년에 내몽골 자치구를 설치했다. 새로운 공산주의 중국에서 몽골인들은 '한족 국수주의'로부터 보호받게 되었다. 한족은 규모와 영향력 면에서 옛 제국을 지배했고 공산주의자들은 자신들이 다양한 종족 사이에 조화를 가져다줄 수 있다는 것을 입증하고 싶었다. 1955년 위구르 자치구가 뒤를 이었다. 신장에 근거지를 둔 위구르 자치구는 소련과 국경이 맞닿아 있었고, 소련 영토 안에도 위구르족이 살고 있었다. 베이징의 통치자들이 자치구라는 양보를 통해 중국에 대한 위구르족의 충성을 다져야겠다고 생각했다는 것은 의심의 여지가 없다. 자치구 세 곳이 더 만들어졌다. 마지막 자치구는 티베트에 있었다. 1965년 티베트 자치구가 설립될 때의 상황은 마오쩌둥이 스스로 주장하는 것보다 더 민족주의적이라는 것을 보여주었다. 티베트는 1950년 중국군이 침공할 때까지만 해도 독립적이었다. 티베트인들의 저항은 야만적으로 분쇄되었고 정복자들은 종교적 관습을 일소하고자 했다. 정복자들은 달라이 라마*가 도피하느라 눈 덮인 히말라야 산맥을 걸어서 넘는 동안 판첸 라마*를 구금했다. 중국 대변인들은 티베트가 항상 중국의 한 성(省)이었으며 자신들의 군대가 해방군으로서 환영받았다고 발표했다. 군사 · 사법적 억압은 대변인들이 전하는 이야기와는 딴판이었다.

중국의 조직과 유고슬라비아의 조직은 소련의 조직과는 달리 분리에 대한 어떤 대책도 세우지 않았다.[6] 민족 문제 외에 다른 측면에서는 유사성이 명백했다. 공산주의 지도자들은 나라를 산업화하는 것이 급선무라고 믿었다. 레닌은 중공업이 전(前)자본주의 경제가 앞으로 나아갈 수 있는 열쇠라고 주장했다. 스탈린은 레닌의 방침을 근거로 행동하면서 국민들로부터 재원을 짜내 군사 설비와 철도, 트랙터를 만들 강철 생산에 쏟아부었다. 환경에 대한 고려는 완전히 무시되었고 건강과 안전 예방은 내던져졌다. 공산주의자들이 내세우는 보편적 가정은 그들이 경제를 빨리 '근대화'하면 할수록 공평한 기반 위에서 재화와 서비스를 사회에 분배할 날이 더욱 빨리 오리라는 것이었다.

소련을 열심히 배우려는 열망은 통치권을 쥔 모든 공산주의자들이 공유하는 바였다. 그들은 지주의 재산을 수탈했고 옛 영지들을 해체했다. 새로 합병된 에스토니아, 라트비아, 리투아니아 공화국들에서 집단화가 이루어졌다.[7] 이 과정은 1948년부터 소련의 외부 제국에서 개시되었고, 이의를 제기하는 동유럽 지도자들은 따돌림을 당했다. (폴란드의 고무우카는 가장 잘 알려진 사례다.) 토지는 농민 가족들의 손에 들어가기 무섭게 다시 강탈되어 대농장 규모의 집단 농장으로 통합되었다. 헝가리 농민들은 1930년대에 소련 농민들이 그랬던 것처럼 키우던 가축

달라이 라마(Dalai Lama) 티베트에서 성속양권(聖俗兩權)을 쥐던, 티베트 불교(라마교) 최대 종파인 게룩파 종정의 칭호. 1950년 제14대 달라이 라마인 텐진 갸초 때 중국군의 티베트 진주가 감행되었다. 그는 '티베트 자치구 준비위원회'에 한 차례 참여했으나, 1959년 3월 라사에서 일어난 반란을 계기로 인도로 망명해 망명 정권을 수립했다.

판첸 라마(Panchen Lama) 티베트 불교에서 달라이 라마에 다음가는 부법왕의 칭호. 제7대 판첸 라마는 1951년 중화인민공화국에 의한 티베트 해방을 지지했고, 달라이 라마의 인도 망명 후에도 티베트에 머물렀다.

을 도살했다.[8] 전시의 피폐, 붉은 군대의 화력과 전쟁 태세가 주는 공포가 저항 의지를 위축시켰다. 동유럽의 국가 지도자들은 누가 스탈린화(化)를 더 잘하는지를 두고 서로 경쟁했다. 불가리아의 불코 체르벤코프*는 1953년까지 농지의 56퍼센트를 집단화함으로써 체코슬로바키아의 54퍼센트를 가까스로 뛰어넘어 승리했다. 가장 부진한 곳은 5퍼센트만 집단화한 독일민주공화국이었다. 그러나 독일의 낮은 성적은 공화국이 처한 복잡한 국제적 상황과 국내 정치의 구조적 상황 탓이라 할 수 있었다. 이 상황을 해결할 수 있게 되자마자 지역 공산주의 지도부는 경쟁에 열심히 뛰어들었다.[9]

소련식 공산주의의 농업 장비들이 동유럽의 농촌에 설치되었다. 트랙터들이 공장 생산 라인을 떠나 새로운 집단 농장으로 향했다. 기계트랙터사업소(집단 농장에 농업 장비를 대여하고 유지와 관리를 담당하던 국영기관)가 설치되었다. 농장 책임자가 임명되었다. 보통 그들은 경영 훈련이나 기술 훈련을 받지는 않았지만 신뢰할 만한 정치 이력을 지닌 지역민들이었다. 반독일 저항 운동 참가자들에게도 특혜가 주어졌다. 그러나 가장 재능 있는 베테랑 공산주의자들은 도시의 중요한 직책에 배치되는 경향이 있었다. 당연히 개탄할 만한 결과가 기다리고 있었다. 농민들의 관습적 기술을 새 지도자들의 무지가 대체했다. 중공업에 우선순위가 주어지면서 농촌이 진 세금 부담이 증가했다. 공산주의 관리들은 농촌으로부터 재원을 빼앗는 데 전문가임이 드러났다. 전후의 농업 복구는 지지부진해지다가 결국 중단되었다. 공식 데이터는 통계 요원들이 가능한 한 유망하게 보이도록 조작했는데도 비참한 이야기를 전할 뿐이었다. 1951~1952년에 폴란드, 체코슬로바키아, 헝가리

체르벤코프(Vulko Chervenkov, 1900~1980) 불가리아의 정치가. 1919년 공산당에 입당했고 1925년 소련으로 망명하여 디미트로프의 보좌관으로서 코민테른에서 활동했다. 1944년 귀국하여 당 정치국원이 되었고 1949년 당 서기장에 취임했으며, 1950년에는 총리를 겸임했다.

의 척박한 토양은 제2차 세계대전 이전에 수년간 보인 평균보다 여전히 훨씬 적은 수확량을 기록했다.[10)]

공산주의 경제 체제는 대체로 전쟁에서 패배한 결과로 나타날 법한 경제적 파탄을 일으켰다. 소와 말과 장비를 강탈당한 농민들은 패배에 체념했으나 적극적인 협력도 철회했다. 소련 집단 농장의 농민들이 부리는 잔꾀가 동유럽에서도 쓰라린 경험을 통해 학습되었다. (1958년에는 중국 농민들이 자신들을 농업 '인민공사'로 밀어 넣는 운동이 가속화되었을 때 그런 잔꾀를 도입했다.) 국가의 식량 조달 할당량에 시달리던 집단 농장 관리자들은 농민들이 규칙을 위반하는 것을 보고도 못 본 체했다. 법률로 허용된 것보다 더 넓은 땅이 농가에 할당되는 경향이 있었다. 모든 공산주의 국가에서 법률이 규정하는 것보다 더 많은 가축을 사적으로 보유했다. 오지 마을의 행정적 통제는 고도로 산업화되고 도시화된 독일민주공화국보다 산악 국가인 알바니아에서 더 취약했고, 중화인민공화국의 거대한 내륙에는 외부인을 거의 볼 수 없는 마을이 수천 곳이나 있었다.

제2차 세계대전 전에 동유럽의 농촌이나 도시에 사는 대부분의 사람들은 전혀 부유하지 않았다. 공산주의자들은 낡은 계급 제도를 철폐하기로 단호하게 결심했다. 옛 귀족, 은행가, 대영지 소유주들이 동유럽에서 사라졌다. 루마니아의 미하이 국왕은 1947년에 강제로 폐위되었다. 그는 스위스로 망명하기 전에 그리스의 덴마크 친척과 결혼하려고 루마니아를 떠났다. 다른 왕조들도 강제로 폐지되었다. 귀족 가문들은 도피했다. 에스테르하지가(Esterházys, 헝가리 왕국의 귀족 가문), 자모이스키가(Zamoyskis, 폴란드의 귀족 가문), 라지비우가(Radziwiłłs, 리투아니아의 귀족 가문)가 화려한 실내 장식을 갖추고 몇 세기 동안 살아왔던 나라들이 갑자기 흔적도 없이 사라져버렸다. 이런 지역은 눈부신 고급문화를 생산한 곳이었다. 소설가인 프란츠 카프카(Franz Kafka, 1883~1924)와 야로슬라프 하셰크*, 작곡가 안토닌 드보르자크(Antonín

Dvořák, 1841~1904)는 세계의 찬사를 모았다. 이러한 문화의 융성은 제1차 세계대전 후 다소 수그러들었을지언정 독립적 사상과 창조의 전통을 예술과 과학계에 남겼다. 공산주의자들은 매우 빠른 속도로 사회 구조 전체를 개조했다. 공장, 은행, 광산의 소유주들은 공산당이 1947~1948년에 정부 내 연립 정당들을 제거하기도 전에 수탈당했다.[11] 상층 부르주아는 공산주의자들이 제거되는 대로 곧 귀국하겠다는 바람을 품고 외국에 피난처를 구했다.

정책에는 사회가 다수의 충성스런 국민과 반역 가능성이 있는 소수의 사람들로 나뉘어 있다는 전제가 담겨 있었다. 충성에 대한 시험은 정기적인 전국 선거와 함께 이루어졌다. 선거에서 공산주의가 승리하는 것은 기정사실이었으나, 그래도 모든 사람이 투표해야 했다. 폴란드 시인 체스와프 미워시*는 다음과 같이 기록했다. "그들은 투표를 해야 했다. 왜냐하면 투표 용지를 제출하면 여권에 도장을 찍어주었기 때문이었다. 이 도장이 없는 여권은 여권 소유자가 투표하기를 거부함으로써 사악한 의지를 드러낸 인민의 적이라는 것을 의미했다."[12] 공산화에 대한 지지를 집단적으로 표출하는 데 최대한의 참여를 확보하는 것이 관건이었다. 개인적 확신이 아직 부족한지의 여부는 별반 문제가 되지 않았다. 사람들이 마르크스주의 저작들을 구입하고 공산주의 클럽에 다니며 노동절 퍼레이드를 구경하면서 행렬에 갈채를 보내는 한 체제는 안정되고 탄탄할 것이었다.[13]

헝가리 당 서기국은 관료적인 정확함으로 1951년 여름에 부다페스

하셰크(Jaroslav Hašek, 1883~1923) 체코 작가. 오스트리아-헝가리 연합군에 징집되어 제1차 세계대전에 참전했다가 러시아 전선에서 포로가 되었다. 나중에 볼셰비키에 가담하여 붉은 군대의 정치위원을 지냈으며, 1920년 고향으로 돌아온 뒤에는 작품 활동을 계속했다.

미워시(Czesław Miłosz, 1911~2004) 폴란드의 시인. 1951년 파리로 망명하여 1958년 미국으로 건너갔다. 오랫동안 파리의 망명 잡지에 글을 기고했는데, 특히 공산당 정권과 타협하는 지식인들을 신랄하게 비난하고 폭로해 국제적 명성을 얻었다.

트에서 쫓아낸 계급 적대 분자들을 열거했다.

공작 출신 6명
백작 출신 52명
남작 출신 41명과 그 가족들
호르티 정권 장관 출신 10명
고위 공무원 출신 12명
장군 출신 85명
장교단원 출신 324명
경찰과 헌병 출신 67명
공장 소유주 출신 30명
대상인 출신 93명
은행가 출신 46명
공장 관리자 출신 53명
대지주 출신 195명[14)]

서기국은 추방된 가족들이 새 거주지에서 지역 주민들의 외면을 받았다고 만족스럽게 언급했다. 과거 동유럽의 왕가와 귀족 가문은 거의 예외 없이 우익 독재에 저항하지 않았고, 유력한 산업, 상업, 금융 집단들은 전형적으로는 우익 독재 체제에서 가능한 이익은 무엇이든 확보했다. 여하튼 대저택에서 사람을 퇴거시키자 말끔한 방 수천 개가 비어 곤궁한 노동 계급 가족들에게 배분되었다.

하지만 사람들은 도시 소생산자와 상인들에 반대하는 운동에 진저리를 쳤다. 개인 상점들은 폐쇄되었다. 구두 수선공, 신문 판매업자, 은행가, 식료품 장수, 약사는 더는 일을 할 수 없었다. 그들이 할 수 있는 최선의 방책은 자신들이 종사했던 이전 직업 분야에서 국가가 고용하는 일자리를 구하는 것이었다. 도시의 경관은 근본적으로 변했다. 음울한 분위기의 아파트 단지가 서둘러 세워졌다. 대형 백화점이 인수되거나 새 백화점이 건설되었다. 판매용 물건은 규격화되었고, 옛날의 다양했던 모습은 없어졌다.

소련에서 일어난 일이 약간 변형되어 모든 공산주의 국가에서 되풀이되었다. 동유럽과 중국, 북한에서는 전쟁의 참화로 대부분의 사람들은 전쟁 이전 수준에 견주어 형편없는 옷을 걸쳤다. 공산주의 지도자들은 '대중'을 위해서는 저렴하지만 우중충한 소비재 생산 계획을 짜면서 자기들은 그보다 나은 생활 조건을 누렸다. 신문과 잡지는 최신 고급 패션을 보여주는 사진을 더는 싣지 않았다. 서방의 유행은 보도되지 않았다. 여성의 스타일은 수수한 것이 모범이 되었고 성적 매력은 발산하지 못하도록 억제되었다. 남성용 양복에서는 이제 상상력을 찾아볼 수 없었다. 그러나 동유럽인들은 적어도 돈을 절약하여 알록달록한 드레스나 위아래 한 벌의 정장을 구입할 수 있었다. 그들은 노멘클라투라에 편입되면 특전과 특권이 단계적으로 늘어나는 체계 안에서 자신들이 차지하는 몫에 의지할 수도 있었다. 모스크바는 자신들에게 종속된 공산주의 지도자들에게 충성스러운 보통 노동자가 요양소와 휴양지를 이용할 수 있도록 보장하라고 권장하기도 했다. 동아시아에서는 상황이 훨씬 더 좋지 않았다. 마오쩌둥의 헐렁한 인민복은 수백만 중국인들이 입는 표준적인 의복이었다. 남자뿐만 아니라 여성도 인민복을 입었다. 베이징에 관한 뉴스 영화가 외국에서 상영될 때마다 중국은 거대한 개미떼가 바글거리는 곳처럼 보이게 되었다.

그러나 공산주의는 새로운 중국에 개선도 가져왔다. 혁명 전의 문화와 단절하면서 거의 모든 도시 주민들이 자전거를 갖게 되었다. 한때 걷지 않고 다른 식으로 도시를 돌아다닌 사람은 주로 부자들이었다. 그들은 편안하게 택시를 타거나 인력거를 불렀다. 공장이 자전거를 우선적으로 생산하게 되면서 자전거는 평등화가 낳은 탈것이 되었다. 자전거는 엄격한 복종적 태도로 이용되었다. 베이징을 방문한 사람들은 사람들이 마치 중앙의 명령에 따르기라도 하는 듯이 정확히 똑같은 속도로 자전거를 타고 거리를 다니는 것을 보고 놀랐다.[15] 적어도 국가 정책에서는 공적인 대의가 사적인 특권에 우선했다. 모든 사람들이 이용 가능한 공원이 조성되었다. 국가 보건과 교육이 무료로 모든 사람들에게 제공되었다. 주택과 식량 가격이 저렴해졌다(비록 1950년대 말의 기근 상황에서 이것이 큰 위안이 되지는 못했지만). 기대 수명이 늘어나기 시작했다.[16] 가장 눈에 띄는 것은 낡고 유해한 관습에 대한 공격이었다. 여성들에게도 이전에는 남성들에게만 개방되었던 일자리를 얻을 자격이 주어졌다. 어린 처녀들의 발을 묶는 전족 풍습이 마침내 금지되었다.

동유럽과 아시아의 새로운 공산주의 국가에서는 평범한 사람들이 생활 필수품을 쉽고 싸게 살 수 있어야 한다는 것이 공식 정책이었다. 실제로 가격은 쌌지만 물건을 구하기가 끔찍할 정도로 어려웠다. 농업은 1950년대 초까지도 여전히 전쟁 이전 수준으로 되돌아가지 못했다. 공업, 특히 중공업 공장들에 엄청난 재원을 쏟았고 직물 생산이 눈에 띄게 늘어났다. 문제는 헝가리 생산량의 70퍼센트가 소련 점령 당국에 의해 전쟁 배상금으로 즉각 압수당했다는 것이었다.[17] 불평이 생활의 한 방식이 되었다. 하지만 공산화를 겪는 몇몇 나라들에서 국가와 국민들의 관계는 복잡했다. 보안 기관들은 통제 임무를 수행하는 데 협력이 필요했다. 많은 국민들은 이웃이나 일터의 작업 감독관을 밀고하는 것을 꺼리지 않았다. 당국은 익명으로 밀고할 것을 권장했다. 독일민주공화국에서 정부 지시에 토씨 하나까지 그대로 복종하는 전통은 히틀러가 사라진 뒤에도 없어지지 않았다. 지역의 불법 행위와 태만을 폭로하는 데 열중하는 모습은 새로운 사회에서 일반적으로 볼 수 있었다. 독일인들은 공산주의 국가가 확고히 뿌리내리는 것을 고분고분하게 돕는 데 놀라운 역량을 보여주었다.[18]

협력의 정도는 나라마다 달랐다. 독일인과 중국인들은 당국에 유별나게 협조적인 태도를 보여주었다고 할 수 있겠지만, 어디까지나 국제

공산주의 기준에서 봤을 때 그랬다는 말이다. 예를 들어 동독 당국은 곧 노동 생산성의 급격한 하락을 보고했다.[19] (중국 공산주의자들은 그러한 비교를 고민하지 않았던 것 같다.) 결국 노동 의욕은 물자가 부족한 상황에서 사리사욕을 채우려는 개인들의 욕심에 좌우되었다. 싫어하는 경쟁자나 상사를 밀고하는 일은 그들을 희생하여 자신의 지위를 향상시키는 한 방식이었다. 공장 내부의 제도는 노동자들이 생산 공정에 일정한 영향력을 행사하는 것을 허용했다. 동유럽의 공산주의 당국이 노동자들을 자신의 편에 묶어 두려 했던 것은 헛된 희망이었다.[20]

공산주의 체제는 사람들에게 영광스런 미래의 삶에 대한 약속을 퍼부었다. 유토피아가 예고되었다. 문제의 원인은 과거 자본주의의 불의 탓으로 돌려졌다. 정부 대변인들은 모든 선량한 국민들에게 열심히 일해서 사회 전반의 향상에 기여하라고 요구했다.[21] 시민 사회의 결사체들은 폐쇄되거나 가혹한 통제를 받았다. 조직 종교는 맹렬한 의심의 대상이었다. 바티칸에 기반을 둔 가톨릭교회는 중국과 동유럽 둘 다에서 특히 의심을 받았다. 공산주의자들은 교계 인사들 사이에서 정보원을 충원하고 신규 임용에 영향력을 행사하려고 했다.[22] 루마니아 정교회는 극단적으로 겁을 먹었다. 총대주교는 이렇게 선언했다. "그리스도는 새로운 인간이다. 새로운 인간은 소비에트 인간이다. 따라서 그리스도는 소비에트 인간이다!"[23] 지식인들도 도처에서 매수당했다. 체제를 위해 '사회주의 리얼리즘' 작품을 생산하도록 강요받은 그들은 개인적으로 마르크스주의를 혐오하더라도 작품 생산에 폭넓게 동의했다. 그나마 사람은 누구나 밥벌이를 해야 한다는 생각이 그들의 위선을 다독거려주었다. 폴란드에서 당국은 저명한 가톨릭교도 작가들이 공산주의를 변호하기를 열렬히 바랐다.[24]

국영 출판사는 승인된 국민적 고전을 수백만 부 발행함으로써 애국적 · 문화적 헌신을 과시했다. 이와 같은 출판 사업은 동유럽 전역에서 높은 우선순위를 차지했다. 폴란드 체제에서는 "가장 위대한 폴란드

시인들의 작품에 러시아에 대한 혐오가 보이며, 작품 속에서 발견되는 약간의 가톨릭 사상이 우려스럽다."는 것이 문제였다.[25] 그러나 대부분의 나라는 작품들을 신중히 선별함으로써 공산주의 통치자들이 오직 자신들만이 인민을 계몽하는 과제를 수행할 수 있다고 주장할 수 있게 해주었다.

어쨌든 대중의 직접적 항의는 예외적으로만 발생했다. 공산주의자들은 무자비한 억압 기술의 대가로서 공포의 대상이었다. 소련에서 발달한 노동수용소가 공산주의 세계 전역에 도입되었다. 노동수용소 도입은 제3제국의 형벌 체계를 물려받은 동유럽에서 특히 용이하게 이루어졌다. 그러나 중국도 재빨리 수용소 네트워크를 발전시켰다. 수용소는 공산주의를 규정하는 특징이 되었다. 다른 유형의 사회도 강제 노동을 형벌 체계의 일환으로 이용한 것은 사실이다. 교도소 농장에서 행해지는 집약적 육체 노동은 미국과 남아프리카에서 광범하게 찾아볼 수 있는데, 여기에서도 죄수들은 끔찍한 생활 조건을 감내해야 했다. 하지만 이와 같은 처사는 비록 그 결정이 종종 자의적이기는 했지만 형사 범죄를 다루는 적절한 사법적 절차와 기소에 따른 결과였다. 공산주의 통치 체제에서 다른 점은, 다른 이유가 아니라 바로 의심스런 사회 계급과 종교 단체에 속하거나 지식인 경향을 띤다는 불운을 이유로 사람들을 수용소로 보냈다는 것이었다. 공산주의 법정은 어떤 개인이 걸림돌이 된다 싶으면 법을 위반하지 않았는데도 빈번하게 유죄 판결을 내렸다. 노동자들, 그리고 카자흐스탄에 있었던 일부 수용소 죄수들은 스탈린이 사망하고 동유럽 사회들이 공산주의 통제의 벽에서 갈라진 틈을 보았을 때에야 비로소 체제에 반대하며 위험을 무릅쓰고 거리로 나섰다.

지도자급 범죄자들은 처형을 면하면 자아비판을 요구받았다. 수치심을 주는 이 의식은 이미 중국에서는 공산주의 관행으로 굳어졌다.[26] 정치 담론에서 현 정책을 승인하는 것 말고는 어떤 것도 받아들여질 수 없다는 것을 사람들에게 보여야 했다. 저항은 반동적이고 헛된 수고로 비쳐야 했다. 그리하여 사회 전체는 공산주의가 역사 발전의 자연적 질서라고 생각하게 될 것이었다.

그러나 현 체제에 동의하지 않는 행동 양식은 강력했다. 작업 습관은 성실하지 못했다.[27] 아마도 유일한 예외는 동독일 것이다. 동독인들은 공산주의를 작동하게 할 능력을 지닌 유일한 국민이라고 여겨져 왔다. 하지만 실제로 동독의 공장과 광산에서 이루어진 품질 관리는 국경 너머 서독의 기준보다 한참 뒤떨어져 있었다. 속임수와 회피가 만연했다. 허위 보고가 일반적인 일이 되었다. 국영 기업체에서 소소한 물건을 훔치는 일은 일종의 살아가는 방편이 되었다. 현장에서 붙들린 노동자들은 관리자들이 엄청나게 횡령하고 있다고 항변했다. 폴란드 철도원들은 폴란드의 노동조합 활동가들에게 다음과 같이 도전적으로 고함쳤다. "우린 훔칠 거요!" 그들은 난방을 위해 필요한 석탄을 가족에게 공급해 달라고 당국에 요구했다.[28] 당국을 냉소하는 정서가 빠르게 확산되었다. 당시 폴란드 산업부 장관 힐라리 민츠(Hilary Minc)가 받은 익명의 한 편지는 이렇게 시작했다.

> 장관 선생! 선동에 기반을 둔 당신의 민주주의와, 사회주의로 가는 사기로 가득 찬 길을 충분히 경험한 우리 노동자들에게 당신의 속셈이 빤히 들여다보이지 않을 것 같습니까? 당신은 우리 노동자들이 리무진과 화려한 가구가 들어찬 아파트, 그리고 전반적으로 썩어 빠진 당신의 사생활을 보지 못할 것 같습니까?[29]

공산주의 정권은 사람들에게 직무상 과실이나 태만에 대해 불만을 적어 보내라고 권장했다. 때때로 정권은 별로 듣기 좋지 않은 말을 듣게 되었다.

공산주의 정권이 설치되면서 동유럽에서는 대중 정당이 형성되었다. 이것은 손쉽게 재갈을 물리는 방법이었다. 망명지인 모스크바나 지역의 정치적 지하 세계에서 돌아온 노장들은 당원의 증가와 더불어 출세주의라는 병균이 퍼졌음을 알게 되었다. 유망한 젊은 신입 당원들을 공산주의의 길로 끌어들이기 위해 당 학교가 설립되었다.[30] 신뢰할 만한 관리를 양성하자는 발상이었다. 루마니아에서 게오르기우-데지는 1947년 초에 벌써 '겁쟁이, 기회주의자, 도발 분자'를 숙청할 계획을 짜고 있었다.[31] 헝가리와 폴란드 지도자들도 당내에서 '부패'를 끝장내고 활동가를 새로 충원하려고 똑같은 계획을 짰다.[32] 당원증 없이는 가장 기본적인 물품과 서비스를 제외하고 어떤 것도 입수하기가 힘들었다. 소련식 질서가 이식됨에 따라 노멘클라투라의 직업 목록에 있는 직책을 획득하는 것이 무엇보다도 중요해졌다. 모든 사람이 유혹에 굴복한 것은 아니었다. 폴란드, 헝가리, 체코슬로바키아의 독실한 가톨릭 교도들은 마르크스주의자들의 전투적 무신론에 넌더리를 냈다. 그러나 다른 이들은 그들이 겪었을 심리적 위축을 이겨냈다. 그것은 일종의 도박이었다. 동유럽에 대한 소련의 장악이 지속될 것인지는 아직 확실하지 않았다. 그러나 제3차 세계대전이 발발하지 않는 한 소련군이 쫓겨날 가능성은 줄어들고 있었다.

하지만 동유럽의 많은 이들은 중앙 집중적으로 계획된 산업화가 활발하게 진행되는 것(중국은 아직 그러지는 못했지만)을 보고 공산주의 프로젝트에 나쁜 것밖에 없다는 생각에서 벗어났다. 도시화가 급속히 진행되었다. 예를 들어 불가리아에서는 농업에 고용된 노동력의 비율이 1950년 73퍼센트에서 1960년에 57퍼센트로 떨어졌다. 이것은 보편적으로 동일한 인구학적 변동을 보이는 지역에서 가장 큰 변화였다.[33] 노동자와 그 가족은 체제의 특혜를 받았다.(중국에서는 농민들도 혜택을 보았다.) 노동자들이 공장에서 승진하기가 더 쉬워졌다. 교육과 훈련 시설을 마음대로 이용할 수 있었다. 중국처럼 무료 학교와 병원, 값싼 주택과 저렴한 식료품이 일반적으로 자리잡았다. 실업이 근절되었다. 무직 남성과 여성이 일자리를 구하려고 늘어선 긴 줄은 옛이야기가 되었다. 그러나 임금은 북아메리카와 대부분의 서유럽의 기준에서 볼 때 여전히 낮았다. 취업을 회피하는 것이 범죄가 되기도 했다. '게으름뱅이'는 기생 생활을 하는 자라고 비난받았다. 제2차 세계대전 후 공산주의가 통치한 사회에는 확실히 긍정적 변화가 일어났다. 그러나 대다수의 사람들은 공산주의 통치를 원치 않았고 공산주의의 억압과 착취에 반대했다.

단 하나의 공산주의 국가만이 소련 사회가 겪은 기본적인 어려움을 경험했다면 그것은 기이한 우연으로 생각될지도 모르겠다. 그러나 실제로 한 나라가 아니라 모든 신생 국가가 소련 사회를 시초부터 괴롭혔던 문제들로 골머리를 앓았다. 공산주의 통치의 구조와 실제, 그리고 사상은 희한하게도 똑같았다. 공산주의 통치에 대한 사람들의 반응도 심지어 당 관리 자신들까지 포함하여 마찬가지로 유사했다. 체코슬로바키아는 제2차 세계대전 전에 유럽 경제로 통합된 산업화한 도시 사회였으며, 반면 알바니아는 극단적인 농업 사회였다. 그러나 공산주의에 반응하는 양상은 공통적이었다. 민족적 상황이 중요하기는 했지만, 부차적 수준에서만 중요했다. 공산주의는 실제로 존재했다. 제2차 세계대전 후 새로운 공산주의 국가가 건설될 때까지 공산주의의 존재를 예견하기란 쉽지 않았다. 그리고 당시 모든 사람들이 국가 권력에 집중하느라 공산주의 당국의 비효율적 측면에 주목하지 못했다. 공산주의 통치의 결과가 충분히 평가받기까지 오랜 시간이 걸릴 수밖에 없었던 것이다. 레닌은 1917년에 다음과 같이 선언했다. "바로 그런 당이 여기 있습니다!" 소련 외부에 있는 그의 지지자들은 이제 이렇게 선언할 수 있다. "바로 그런 체제가 여기 있습니다!"

흐루쇼프의 탈스탈린

추락하는 '살아 있는' 신

동유럽, 북한, 중국으로 공산주의가 확대된 것은 중요한 성과였다. 세계 지표 면적의 3분의 1을 공산주의 국가가 차지했고, 공산주의자들은 도처에서 이러한 사태 전개에 환호했다. 그러나 이 승리에는 깊은 좌절이 숨어 있었다. 냉전의 개시는 수십 개의 공산당에 타격을 가했다. 라틴아메리카의 정부들은 공산당을 차례차례 불법화하고 탄압하고 박해했다.[1] 오스트레일리아 당국도 동일한 노력을 했는데, 그들이 국민투표가 실패로 돌아가고 나서야 비로소 공산당을 완전히 금지하는 조치가 중단되었다.[2] 유럽 열강의 식민지들에서 공산주의자들은 자주 민족 해방 운동에 가담했는데, 특히 베트남과 인도네시아의 독립 투쟁에서 두각을 나타냈다.[3] 수많은 반공산주의 운동이 지역의 압력이나 미국의 장려를 받아 진행되었다. 소련 정치국원 안드레이 즈다노프는 세계가 소련과 미국이 이끄는 두 개의 경쟁 진영으로 점점 분할되어 간다고 했다. 이 묘사는 1940년대 말의 전 지구적 현실에 꼭 들어맞았다.

한편 소련 체제는 갈수록 돌처럼 굳어져 갔다. 이것은 결코 자연스러운 과정이 아니었다. 안타깝게도 이후 세대의 소수 서방 역사가와 정치학자들을 제외하고[4] 어느 누구도 스탈린이 영향력을 계속 발휘하고 있음을 의심하지 않았다. 스탈린이 크렘린의 정치 요리사로 남아 있는 한 요리 재료를 새롭게 다시 섞을 가능성은 없었다. 그의 측근 중 일부는 계속 이런 식이면 안 된다는 것을 인정했다. 말렌코프는 냉전의 긴장을 줄이고자 미국과 화해를 원했다. 흐루쇼프는 농업 개혁에 희망을 걸었다. 베리야는 소련이 비러시아인들을 다루는 방식에서 위험을 보았고 불필요한 비상 상황이 외교와 내정 모두에서 발생하고 있다는 데 말렌코프, 흐루쇼프와 의견을 같이했다. 그들은 스탈린 앞에서는 이에 대해 일언반구도 할 수 없었다. 그들은 고의가 아니더라도 스탈린의 감정을 상하게 할 때마다 용서를 구하고 자신들이 스탈린의 보잘것없는 문하생이자 성실한 종임을 입증해야 했다. 그들은 스탈린과 그의 지혜를 치켜세웠다. 그들은 스탈린이 불러 모을 때를 빼고는 서로 만날 수가 없었다. 스탈린의 인가 없이는 어떤 중요한 정책도 변경할 수 없었고, 스탈린은 중앙 지도부의 모든 구성원들을 불안하게 만들었다. 스탈린의 변덕은 그들에게 법이었다.[5)]

1952년에 공식 통계는 소련 농업이 완전히 회복되었다고 선언했다. 이것은 순전히 허구였다. 곡물 생산량 계산 방식은 수확 전에 들판에 곡물이 존재하는 수량을 측정하여 평균을 낸 수치에 기반을 두었다. 이 통계는 측정 후의 좋지 않은 날씨나 부실한 저장과 운송 환경을 전혀 고려하지 않았다. 스탈린이 예산을 군사비 지출에 집중함에 따라 농촌은 투자금 부족에 허덕였다. 어쨌든 스탈린의 영농 정책은 농민들이 더 열심히 일하도록 하는 원동력을 제공하지 못했다. 1947년 이후에는 전국 규모의 심한 기근이 없었지만 농촌의 상황은 여전히 끔찍했다. 도시 사람들의 식사는 산업화된 세계 가운데 최악이었다. 관리자 계층에 속하지 않는 소련 소비자들은 음식도 의복도 주택도 형편없는 것을 누렸다.

소련인들이 스탈린의 소련에서 단순히 살아가는 것 이상으로 더 잘 지내려면 스탈린의 이름을 찬양해야 했다. 수백만 명이 자발적으로 스탈린을 찬양했다. 스탈린은 제3제국에 거둔 승리의 대중적 화신이 되었다. 일반인들 앞에 거의 나타나지 않는 스탈린은 점점 신비로워지고 위신이 높아졌다. 그러나 스탈린의 건강은 악화되어 갔고 주치의인 블라디미르 비노그라도프(Vladimir Vinogradov)는 그에게 정치 활동을 그만두라고 권고했다. (비노그라도프는 루뱐카 감방에 수감됨으로써 정직에 대한 보상을 받았다.) 소련 체제는 계속 스스로 체제를 찬양하고 스탈린을 찬미했다. 당-국가는 양차 세계대전 사이에 생겨난 거대한 기관들을 지배했고, 한편 당 자체는 핵심 기능을 계속 유지했다. 당은 정부 기관들을 감독했으며 관리들을 선정하고 철저히 조사했다. 또한 마르크스-레닌-스탈린주의 교리를 체계화하고 선전했다. 당과 정부 사이에서 긴장이 계속되었다. 스탈린은 당이나 정부가 자신의 개인 권력을 훼손하는 것을 막는 방향으로 일을 처리했다. 또 스탈린은 관리 업무를 전문적으로 다룰 수 있는 젊은이들을 발탁하고자 했기 때문에 당이 내각을 전반적으로 지배하는 것도 방지하려고 했다. 공산주의적 기술 관료주의가 떠오르고 있었다.

국가보안부(MGB)는 국가 질서에 저항하는 시도들을 말끔히 씻어냈다. 노동자와 농민들은 당국의 정책을 오직 수동적으로만 방해할 수 있었다. 생산성과 마찬가지로 노동 규율도 형편없었다. 기업의 사장, 경영자, 작업 감독들은 상부의 지시를 듣지 않고 사리사욕을 채웠다. 지역주의는 중앙의 목표를 파괴하는 근원이었다. 때때로 검거가 이루어지기는 했지만, 후견-피후견 관계는 흔들리지 않고 지속되었다. 전후 숙청은 특정 집단에만 영향을 끼쳤을 뿐 후견-피후견 체제 자체는 영향을 받지 않았다. 수십 년 동안의 주입과 억압에도 불구하고 대안적 사고방식이 수백만 사람들의 마음을 계속 사로잡았다. 대안적 사고방식을 제거하기 위한 징벌적 공식 운동으로 민족 감정이 거세졌다. 박해에도 불구하고 신앙 활동이 계속되었다. 국가보안부와 소련군에 맞서는 아래로부터의 혁명은 현실적으로 불가능했다. 그러나 통합의 표면 아래에는 격변을 일으킬 폭풍이 잠복해 있었다. 조만간 인민들의 불만을 억압하기보다는 달래야 한다는 것을 이해하는 데는 비범한 안목이 필요 없었다. 그러나 스탈린의 완고함 때문에 1953년 개혁가들이 권력을 잡았을 때는 문제가 이미 곪을 대로 곪아 상황이 위험해져 있었다.

스탈린은 소련의 서쪽에서도 문제를 계속 쌓고 있었다. 유고슬라비아의 불복종은 동유럽의 다른 국가들이 모방할지도 모르는 위험한 사례였다. 티토는 자신을 암살하려는 소련 요원이 계속 베오그라드로 파견된다면 자신도 모스크바로 요원을 보내겠다고 알렸으며, 요원이 방문하면 스탈린은 살아남지 못할 것이라고 장담했다.[6] 스탈린은 동유럽의 각 지도부 내에 존재하는 긴장을 이용했다. 사람들은 항상 시기심 때문에 서로를 잡아먹었다. 모스크바로부터 받는 압력이 증가함에 따라 동유럽의 지도부들은 열심히 서로를 밀고했다. 루마니아의 고위 정치는 극히 잔인해졌다. 그 자신도 이전에 의심을 받았던 바실레 루카는 루크레치우 퍼트러슈카누*가 루마니아의 부하린처럼 행동하고 있다고 비난했다. 루카 자신은 아나 파우케르의 미움을 샀고 파우케르는 소련 당국에 루카에 대한 비판을 전달했다.[7] 동유럽 전역에 모스크바와 연락할 다양한 통로가 개설되어 있었다. 폴란드 보안 기관 총수인 야쿠프 베르만(Jakub Berman, 1901~1984)은 소련 정치 고문과 나눈 대화에서 동료 정치국원인 고무우카의 체면을 깎아내리고자 했다.[8] 체코슬로바키아 당 서기 루돌프 슬란스키(Rudolf Slánský, 1901~1952)는 사람들이 자신을 집단적으로 공격하고 있음을 알아채고 집무실에 스탈린과 고트발트의 초상화를 내걸었다. 자신의 충성심을 입증하려는 행위였다.[9]

동유럽의 가장 탁월한 밀고자에게 상을 준다고 한다면 헝가리 당 서기장이자 정부 지도자였던 마차시 라코시에게 주어야 할 것이다. 라코시의 논평은 자국의 내정에만 국한되지 않았다. 라코시는 체코슬로바

퍼트러슈카누(Lucreţiu Pătrăşcanu, 1900~1954) 루마니아 정치가이자 루마니아공산당 지도자. 법률가, 사회학자, 경제학자로도 활동했다.

헝가리공산당 서기장 마차시 라코시. '스탈린의 가장 성실한 제자'를 자처한 그는 1948년부터 1956년까지 공산당 정부를 지도하며 약 35만 명을 숙청하는 폭정을 휘둘렀다.

키아 지도자들이 첩자와 선동자들을 폭로하는 데 태만하다고 모스크바에 불평했다. 그는 "고트발트 동지가 조치를 취하지 않는 것이 이상하군요."라며 알랑거렸다. 라코시는 또 체포된 미국 첩자가 바르샤바의 야쿠프 베르만이 쓴 추천서를 지니고 있었다고 언급했다.[10] 라코시는 헝가리에 있는 '소련 기관들'로부터 받은 지원이 취약하다고 비판하는 데도 주저하지 않았다.[11] 이런 행동이 라코시에게 스탈린의 신임을 가져다주었는지는 의심스럽다. 스탈린은 모든 계교를 알았고 지나치게 열정을 과시하는 일이 수상한 목적을 은폐하려는 것일지도 모른다고 반사적으로 추측했다.

스탈린의 책략은 각 지도부가 그 구성원 중 일부를 골라서 서방 첩보기관뿐만 아니라 티토의 공범으로 내놓게 하는 것이었다.[12] 파멸한 희생자에 대한 재판이 잇달았다. 폴란드 지도부는 고무우카를 법정에 세우라는 소련의 요구에 맞서 버텼다. 유대인 당원이 지나치게 많았던 폴란드통일노동자당 지도부는 고무우카 같은 본토박이 폴란드인을 파멸시킴으로써 반유대주의를 자극하게 되는 것을 바라지 않았을 것이다. 희생자들이 어디서나 그렇게 운이 좋았던 것은 아니었다. 피고인들은 모스크바와 상담하여 선별되었고 과거에 티토에게 조금이라도 유순한 태도를 보인 사실은 기록에 흠결로 남았다. 헝가리의 라슬로 러이크* 와 체코슬로바키아의 루돌프 슬란스키가 체포되었고, 알바니아의 코치 조제*와 불가리아의 트라이초 코스토프, 루마니아의 아나 파우케르가 실각했다. 끔찍한 고문을 받은 후 피고인들은 검사가 날조한 범죄를 자백했다.[13] 러이크, 슬란스키, 조제, 코스토프는 처형되었다. 파우케르는 목숨을 건지고 징역형을 받았다. 독일민주공화국은 이와 같은 재판을 열라는 요구를 피해 갔다. 1930년대에 독일 동지들을 소련 당국에 고발한 지도자 발터 울브리히트가 순종하지 않으려고 들어서 그런 것은 아니었다.[14] 아마도 베를린의 공산주의 지도부가 이미 크렘린이 바라는 만큼 충분히 복종했다고 보인 덕이었을 것이다.

동유럽의 종속은 소련에 특권을 부여한 상업 거래에 의해 심화되었다. 각 나라들은 소련 경제에 필요한 물건을 생산하도록 특화하라는 지시를 받았다. 게다가 히틀러의 동맹국이었던 국가들은 모스크바에 배상금을 계속 지불해야 했다. 1953년에 헝가리 산업 생산의 70퍼센트는 이런저런 식으로 소련에 귀속되었다.[15] 불가리아와 루마니아의 상황도 그리 나을 바 없었다.

소련 사회는 스탈린이 반유대주의를 이용하면서 더욱 타락했다. 스탈린은 1948년에 이스라엘 국가의 창설을 지원했지만, 새로운 사회주의 정부가 소련보다는 미국을 더 좋아한다는 것을 알게 되었을 뿐이었다. 이것은 소련의 유대인들이 불충 집단일 가능성이 있다는 스탈린의 의심을 더욱 깊게 하는 데 일조했다.[16] 전면적인 포그롬(유대인 박해)에 대한 우려가 커졌다. 유대인들은 거리에서 모욕을 당했고 많은 사람들

러이크(László Rajk, 1909~1949) 헝가리의 공산주의 정치가. 제2차 세계대전 후 성립된 헝가리인민공화국에서 내무장관과 외무장관을 역임했다.
조제(Koçi Xoxe, 1917~1949) 제2차 세계대전 후 성립된 알바니아인민공화국에서 국방장관과 내무장관을 역임했다.

이 구타당했다. 훨씬 더 많은 사람들이 유력한 직책에서 해고되었다. 유대인 선조를 둔 모든 사람들이 시베리아로 추방될 것이라는 소문이 퍼졌다. 추방이 실제로 계획되었다는 증거는 없으나 저명한 유대인 인사들이 그럴 가능성을 우려했다는 것은 확실하다. 스탈린은 민족적으로 외국과 연관된 모든 사람을 늘 억압했다. 1953년 1월 크렘린의 몇몇 의사들이 소련 정치인들을 독살하려 했다는 혐의로 기소되었다. 이 의료 전문가들은 거의 다 유대계 이름을 갖고 있었다. 반유대주의라는 질병이 동유럽으로 퍼져 나갔다. 폴란드 공산주의 지도부 내의 유대인들이 인사 문제에서 동료 유대인들을 편애하는 '민족주의' 경향을 보인다고 주장하는 보고서가 모스크바에 제출되었다.[17] 중상모략이었다. 그러나 사람들이 그런 주장을 믿게 하기는 쉬운 일이었다. 이 지역의 다른 나라에서도 유사한 경향이 뿌리를 내리기 시작했다. 외국의 공산주의자들은 이러한 사태 전개를 두려워하고 놀라워하면서 좇아갔다.

만년에 스탈린은 매사를 의심했다. 그는 이탈리아 공산주의 밀사였던 피에트로 세키아에게 다음과 같이 말했다. "아무리 좋은 정당이라도 내부에는 항상 첩자가 있게 마련입니다. 우리 당(볼셰비키당)에도 첩자들이 있었지요." 스탈린은 아직 그런 첩자들이 모두 드러나지 않았다고 확언했다.[18] 스탈린은 1952년 제19차 당 대회 후 몰로토프와 미코얀*을 믿을 수 없다고 중앙위원회에 말했다. 두 사람은 머지않아 찾아올 체포의 그림자 속에서 살았다. 스탈린은 또 민그렐리야 사건도 개시했다. 민그렐리야인들은 그루지야에 사는 민족이었다. 베리야가 민그렐리야인이었는데, 그는 자신의 피후견인 여러 명을 그루지야 행정부에 임명했다. 스탈린이 수백 명의 민그렐리야 관리들을 감옥에 집어넣고 있다는 사실은 베리야의 장래에 불길한 징조였다. 몰로토프, 미코

미코얀(Anastas Mikoyan, 1895~1978) 소련의 정치가. 1946~1955년 부총리, 그 이후 1964년까지는 제1부총리를 지냈다. 1964년 7월에는 소련 최고소비에트 간부회 의장이 되었다.

야, 베리야는 결국 대회 후 중앙위원회가 구성한 당 간부회에서 영향력과 지위를 잃었다. 최고 지도자들 사이에 발생한 큰 혼란은 갈수록 커져 갔다. 스탈린의 경호 책임자인 니콜라이 블라시크(Nikolai Vlasik)와 개인 비서였던 알렉산드르 포스크료비셰프(Aleksandr Poskrebyshev)가 수감되었다. 병든 스탈린은 눈에 띄게 뛰어난 부하들을 제거하고 좀 더 유순한 젊은 사람들을 발탁하려고 음모를 꾸미는 것 같았다.

그러나 1953년 3월 5일 스탈린은 갑자기 사망했다. 쿤체보의 별장에서 경호원들만 곁에 있을 때 심장마비를 일으킨 것이다. 스탈린의 일상을 방해하는 것을 두려워했기에 어느 누구도 몇 시간 동안 건물에 들어가지 않았고, 건물에 들어갈 용기를 냈을 때에야 사람들은 스탈린이 마루에 쓰러져 있는 것을 발견했다. 내무부에 전화로 연락이 갔다. 내무부 관리도 겁이 난 나머지 알아서 조치를 취할 수가 없었다. 정치국원들에게도 전화 연락이 갔고 그들은 별장으로 허겁지겁 달려왔다. 그제야 의사가 호출되었지만 너무 늦었다. 스탈린은 마지막 숨을 몰아쉬고 있었던 것이다. 20세기 세계사의 한 시기가 막을 내렸다. 급박하게 재조직된 소련 지도부의 주요 인물은 말렌코프, 베리야, 니키타 흐루쇼프였다. 이 세 사람은 개혁과 혁신이 반드시 필요하다는 데 동의했다. 지도자들이 모두 의견을 같이한 것은 아니었다. 반드시 몰로토프와 카가노비치는 스탈린 정책을 확고히 믿었고, 변화가 가져올 불안을 우려했다. 그러나 몰로토프와 카가노비치는 힘이 없었고, 조직의 직책은 좀 더 젊은 트로이카가 발 빠르게 차지했다. 말렌코프는 정부의 핵심 기구를 이끌었다. 베리야는 경찰 통제권을 다시 손에 넣었고 흐루쇼프는 당 기구에 대한 영향력이 커졌다. 셋은 함께 스탈린의 유산과는 거리가 먼 정책을 내세웠다.

스탈린 사망 2개월 전에 불거진 '의사들의 음모' 사건은 날조된 것으로 드러났다. 공산주의 원리는 어떠한 '개인 숭배'와도 대립한다고 선언되었다. 스탈린이 공공연히 비판받지는 않았지만 그의 유산은 단호한 공격을 받았다. 미국에 예비 교섭이 제안되었고 티토와 유고슬라비아 공산주의자들이 추방된 사람들이라고 일컬어지는 일은 사라졌다. 동유럽의 무리한 산업화 드라이브가 속도를 늦췄다. 말렌코프는 핵전쟁이 인류 전체에 대재앙을 초래할 것이라고 털어놓았다.

베리야는 공산주의 개혁에서 다른 이들보다 더 빠르고 멀리 나아가기를 원했고, 때때로 말렌코프나 흐루쇼프와 의논하지 않고 행동했다. 베리야는 지역 경찰 관리들을 분쇄해서 '노동수용소의 먼지'로 만들어 버리겠다고 끊임없이 위협했다. 그는 또 동유럽의 개혁을 옹호하는 주도자이기도 했다. 동유럽 공산주의 지도자들은 경제 정책을 좀 더 느긋하게 진행하라는 통고를 받았다. 통고에 순종하는 일이 보편적이지는 않았다. 이 지역의 지도자들은 신뢰할 만한 스탈린주의자임을 스스로 입증함으로써 권좌에 오른 사람들이었다. 독일민주공화국의 발터 울브리히트는 누구보다도 옛날 방식에 헌신했다. 소련의 국내외 정치에서 일어난 변화를 무시한 그는 1953년 5월 작업 할당량 증대를 발표했다. 헝가리의 마차시 라코시도 울브리히트와 판박이였다. 라코시는 크렘린에 소환되어 신노선(New Course)을 채택하라는 말을 들었다. 베리야에게서 최초의 '유대인 헝가리 왕' 자리를 노리는 거냐는 질문을 받은 다음이었다. 그때서야 라코시는 물러섰다. 소련 지도부는 라코시에게 개혁 지지자로 유명한 임레 너지*에게 총리직을 넘겨주고 사임하라고 강요함으로써 그를 처벌했다. 인사 변동은 동유럽의 모든 곳에서 이어졌다. 통상적인 절차는 최고 공산주의 통치자에게 정치 지도의 이중 직무에서 손을 떼라고 요구하는 것이었다. 각자는 당과 정부 사이에서 선택을 해야 했다. 라코시가 굴욕을 당한 후 다른 지도자들은 온순하게 요구에 따랐다.

너지(Imre Nagy, 1896~1958) 헝가리의 정치가. 제2차 세계대전 때 모스크바에서 대(對) 헝가리 방송을 시작하여 국내 항전 운동을 지도하고, 1944년 귀국하여 임시 인민 정부의 농무장관, 내무장관, 국회의장, 부총리를 거쳐 1953년 총리가 되었다.

울브리히트의 조치는 기진맥진한 국민들이 지닌 마지막 인내심의 한계를 넘는 것이었다. 건설 노동자의 파업이 경제의 나머지 부문과 독일민주공화국의 모든 도시들로 봄철 산불처럼 확산되었다. 당국에 맞서 베를린 동부에서 일어난 시위에서는 정부의 해산을 요구하는 십만 명의 시위대가 결집했다. 울브리히트는 소련 점령군을 불러들였고 T-34 전차가 대광장에서 군중을 포위했다. 6월 17일 시위자들이 돌을 던지자 독일 인민경찰(Volkspolizei)은 사격으로 보복했고 적어도 125명의 시위자들이 살해당했다. 학살 자체는 소련 당 간부회에서 어떤 동요도 일으키지 않았다. 크렘린 지도자 중 무력을 사용한 것을 걱정하는 사람은 아무도 없었다. 모스크바가 근심한 것은 독일민주공화국이 공공연한 반란에 매우 근접했다는 사실이었다. 간부회는 5월에 울브리히트에게 제동을 걸어 '신노선'을 채택하게 하려고 시도했다. 체코슬로바키아와 불가리아에서는 이미 파업이 벌어지고 있었다. 결국 크렘린은 울브리히트가 권좌에 그대로 머무르며 개혁을 늦추도록 허락했다.[19]

첫 번째 정치적 희생자는 베리야였다. 흐루쇼프는 6월 26일 당 간부회에서 주저하는 말렌코프를 설득해 베리야를 체포하는 데 동의하게 했다. 베리야는 경찰 총수라는 잔인한 경력과 다른 사람들과 의논하지 않고 행동하려는 태도 탓에 간부회 구성원 모두에게 위협적인 존재였다. 베리야의 급진적 정책도 조직을 위험할 정도로 불안하게 만들었다. 군 사령관들은 설득할 필요가 없었다. 그들은 제2차 세계대전 때 베리야가 붉은 군대를 다룬 방식 때문에 그를 증오했다. 베리야는 군 감옥에 갇혔고 몇 달 뒤 처형당했다. 흐루쇼프는 9월에 당 제1서기로 승진했고 말렌코프는 각료회의 의장직을 유지했다. 말렌코프는 제3차 세계대전을 피하고 경공업 확대를 우선시할 필요가 있다고 강조했다. 흐루쇼프는 생각이 달랐다. 시베리아와 카자흐스탄의 처녀지 개간을 촉구함으로써 흐루쇼프는 일상생활에서 소련 국민들이 직면한 곤경을 이해하는 태도를 보여주었다. 그는 영리하게 조직적 제휴를 이루었다. 흐루

스탈린과 함께한 1936년의 흐루쇼프. 20년이 지난 1956년에 스탈린을 이어 소련공산당 서기장에 오른 흐루쇼프는 '비밀 연설'에서 고인이 된 최고 지도자를 통렬하게 비판함으로써 스탈린이 군림하던 공산주의 세계를 뒤흔들었다.

쇼프는 군과 중공업 관련 부서에 예산을 그대로 유지할 것이라고 약속했고 중앙위원회에는 당이 소련 체제의 근간이라는 것을 보증해주었다. 정치적 토론의 문이 살짝 열렸을 때, 오직 흐루쇼프만이 당 간부회 너머로 손을 뻗칠 수완이 있었던 것이다.

흐루쇼프에게는 수치심도 겸손함도 없었다. 그는 즉흥적으로 말했고 조악한 양념을 말 속에 뒤섞었다. (그의 연설은 출판하기 전에 깨끗해지도록 손을 보아야 했다.) 그는 오늘날의 세계적 타이어 업체 광고에 나오는 '미쉐린 맨(Michelin Man, 통통한 살집이 울룩불룩 접힌 미쉐린 사의 홍보 캐릭터)'의 러시아판처럼 보였다. 그러나 농담을 즐기는 그의 성격 이면에는 음울한 말렌코프에게는 없는 호전적 기질이 있었다. 흐루쇼프에게는 직관력이 있었다. 그는 학교 교육을 잘 받지 못했다는 점이 자신의 결점임을 알았지만, 자신이 소련에 무엇이 필요한지를 안다는 무한한 자신감을 지니고 있었다. 땅딸막하고 사람들을 움직일 매력이 없는 말렌코프는 계속 허를 찔렸다. 그는 괴롭힘을 당하기도 전에 희생자가

된 것처럼 보였다.

간부회에서 곤경을 견뎌낸 흐루쇼프는 스탈린 치하에서 체계적으로 자행되었던 권력 남용을 폭로하기 위해 압력을 꾸준히 강화했다.[20] 그는 제20차 당 대회에서 마지막 속박을 떨쳐버렸다. 동지들이 스탈린에 대해 토론하는 데 반대 의견을 내놓았을 때 그는 이렇게 반박했다. "우리가 대회에서 진실을 말하지 않는다면, 장래에 언젠가 억지로 진실을 말하도록 떠밀릴 수밖에 없을 거요. 그때는 우리가 연설을 하는 것이 아니라 조사를 받게 될 거요!"[21] 당 제1서기로서 자신의 특권을 주장하면서, 흐루쇼프는 비공개 회의에서 '개인 숭배'를 주제로 연설했다. 그 연설은 스탈린에 대한 통렬한 고발이었다. 자기 세대의 가장 위대한 공산주의자로서 대부분의 청중들에게 존경받는, 고인이 된 지도자는 정신장애가 있는 대량 학살자라고 폭로되었다. 흐루쇼프는 일부 장애물 앞에서는 자제했다. 1920년대 말에 스탈린이 시행한 무리한 산업화와 강제적인 대규모 집단화에 대한 비판은 삼갔다. 또 소련 체제가 스탈린의 횡포를 무사히 견뎌냈고 레닌주의가 보존되었다는 것을 강조했다. 흐루쇼프는 희생자의 수와 범위를 축소했고 수백만 명의 보통 사람들이 죽었다는 사실은 언급하지 않았다. 1930년대와 1940년대에 단 '수천 명'의 당과 군과 정부의 관리들이 살해당하거나 노동수용소로 보내졌다는 인상만을 주었다.

그러나 흐루쇼프의 연설은 뇌성벽력처럼 정치를 뒤흔들었다. 흐루쇼프는 연설이 내정은 물론이고 외교에도 영향을 끼쳐야 한다고 주장했다. 그는 동유럽과의 관계를 변화시키기를 진심으로 원했다. 소련 지도자들은 1955년 5월에 이미 바르샤바조약기구 —비공식적으로는 바르샤바협정으로 알려졌다.—의 형태로 소비에트 블록의 군사 동맹을 수립했다. 또한 1956년 4월에 코민포름을 해체하면서 공산당들에게 새로운 지역 지부들을 구성하라고 했던 제안도 취소했다.[22] 주도적 행동은 전적으로 모스크바에서 나왔다. 소련 외부 제국의 어떤 공산주의 지도부도 감히 그와 같은 제안을 하지 못했을 것이다. 코메콘 경제는 점차 소련의 이익에 도움을 주지 못하게 되었다. 실제로 소련은 세계 시장 가격보다 낮은 가격으로 동유럽에 석유와 가스를 공급하기 시작했다. 크렘린은 '위성 국가들'을 유지하는 데 비싼 대가를 치르고 있었다. 하지만 정치적 관계는 여전히 엄격한 위계 질서를 유지했고 소련은 여전히 지배적 권력이었다. 흐루쇼프는 소비에트 블록의 해체를 주재하려고 당 제1서기를 맡은 게 아니었다.

연설의 축약본이 소련 공산당 하부에 전달되었다. 연설 내용은 형제당들의 지도부에도 전해졌다. 흐루쇼프는 의도한 것은 아니었으나 세계 공산주의 운동의 정신적 결속을 헐겁게 만들고 있었다. 폴란드통일노동자당의 서기장 볼레스와프 비에루트는 심장마비로 쓰러졌다. 영국의 공산주의 지도자 해리 폴릿은 스탈린 비난에 격노했다. "내가 살아 있는 한 그는 그 자리에 머물러 있을 것이다."라고 폴릿은 자신의 거실에 걸린 스탈린 초상화를 두고 말했다. 그리고 초상화는 실제로 그곳에 계속 걸려 있었다.[23] 하지만 폴릿은 집에서만 자기 생각대로 했다. 중국공산당은 부정적으로 대응했다. 마오쩌둥은 과거에 스탈린과 분쟁이 있었는데도 흐루쇼프의 주장을 받아들이지 않으려 했다. 그는 스탈린이 70퍼센트는 옳고 30퍼센트만 틀렸다고 간단명료하게 정리했다. 이 계산은 스탈린주의를 곤경에서 벗어나게 해주었다. 마오쩌둥도, 다른 중국 공산주의 지도자들도 소련에서 벌어졌던 농업 집단화의 공포와 폭력적인 대규모 숙청은 이야기하지 않았다. 그들은 경제 성장을 향해 매진할 자유를 원했다. 이것은 소련과 중화인민공화국이 분열로 치닫는 여행의 시작이었다.[24]

동유럽의 공산주의 지도자들은 흐루쇼프의 이른바 '비밀 연설'을 마지못해 받아들였다. 그들은 자신들이 직면한 위험을 흐루쇼프와 그의 동료 개혁가들보다 더 잘 헤아렸다. 스탈린의 붉은 군대는 이 나라들을 정복했다. 어떤 공산주의 정권도 선거를 통해서 국가 권력을 장악하지 않았다. 모두 경찰 국가였다. 스탈린이 전제군주로 비난받는다면 폴란드와 헝가리에서 공산주의 통치를 뒷받침하는 마지막으로 남은 한 줌의 정당성마저도 사라지는 셈이었다. 흐루쇼프는 그런 걱정을 하지 않았고 소련의 대외 정책을 개혁하는 데 집중했다. 소련은 이미 1953년 7월에 북한을 밀어붙여 판문점에서 휴전 협정에 조인하고 38도선을 따라 한국을 양분하는 데 동의하도록 했다. 1955년 4월 외무장관 몰로토프가 온갖 반대 의견을 제기했는데도 흐루쇼프는 유고슬라비아와 화해하기 위해 베오그라드를 방문했다.[25] 5월에는 오스트리아에서 소련 점령군이 철수했다. 스탈린과 달리 흐루쇼프는 열심히 외국 순례에 나섰다. 흐루쇼프는 1959년에 캠프 데이비드에서 미국 대통령 드와이트 아이젠하워(Dwight Eisenhower, 1890~1969)를 만났고 1961년에는 빈에서 존 F. 케네디(John F. Kennedy, 1917~1963)를 만났다. '평화 공존'이라는 틀이 열강의 손으로 만들어졌다. 제3차 세계대전 예방은 소련과 미국의 지도자들이 인정한 우선 사항이었다.

하지만 인민들의 세찬 불만이 동유럽에 밀어닥쳤다. 스탈린, 10월혁명, 마르크스-레닌주의를 증오하도록 등을 떠밀리기를 원하는 사람은 아무도 없었다. 그 세 가지를 미워하는 것은 러시아에서 수입된 돌림병이었다. 공산주의 경제는 소비자 입장에서 제대로 작동하지 못했다. 지도자들조차 주요 물품의 생산이 최적 기준에 미달한다고 인정했다. 동독 사람들은 소련군의 야만성을 최근에 경험했으므로 자제하려고 했다. 하지만 폴란드 사람들은 누그러지지 않았다. 폴란드의 산업 노동자들은 1956년 여름 파업에 돌입했고, 3년 전 베를린에서처럼 작업 조건을 둘러싼 분란은 대규모의 정치적 저항으로 발전했다. 5만 명의 사람들이 '자유 선거!'와 '루스키(Russkii, 러시아인) 타도!'를 외치면서 북부 도시 포즈난에 모여들었다.[26] 교회와 지식인은 전국적인 반독재 운동을 무엇이든 지지할 태세였다. 그들 중에는 공산주의 개혁가들도 있었다. 폴란드인이 폴란드인을 탄압했다. 탄압은 신속하고 무자비했다. 약

50명의 사망자가 발생했다. 그러나 정권이 인기 없다는 것은 무시하기에는 너무나도 자명한 사실이었다. 1948년 이후 눈밖에 나 무기력해졌던 고무우카가 1956년 10월 13일에 최고 직책으로 복귀했다. 고무우카는 스탈린의 공산주의자 적수로 유명했고 폴란드인들은 그에게 기꺼이 기회를 주었다. 티토는 베오그라드에서 만족스럽게 사태를 관망했다. 동유럽은 드디어 소련의 손아귀 힘을 느슨하게 할 능력을 손에 넣은 것 같았다. 고무우카는 헝가리의 공산주의 개혁가들에게 용기를 북돋워주기도 했다.[27)]

헝가리 인민들도 분노했다. 나라가 무엇이 잘못되었는지를 논의하려고 부다페스트에서 회동한 페퇴피 서클(헝가리 독립 전쟁에서 26세에 전사한 시인 샨도르 페퇴피를 기려 결성된 지식인 모임)은 반란 사상을 확산시켰다. 공장과 광산, 건설 현장에서 소요가 발생했다. 라코시는 동료 지도자들의 신뢰를 상실했다. 동료 지도자들은 더는 라코시를 두려워하지 않았다. 7월에 라코시는 에르뇌 게뢰*에게 당 지도자 자리를 넘기고 하야해야 했다. 그러나 이것은 절박한 요구의 전국적 홍수를 막는 데 아무 도움도 주지 못했다. 학생, 노동자, 심지어 병사들도 10월에 거리로 나섰다. 보안경찰(ÁVH)은 시위대에 발포했으나 그 후 경찰 본부가 포위되어 고립되고 말았다. 대혼란에 빠진 헝가리 공산주의 지도부는 소련 대사 유리 안드로포프*의 지원을 받아 임레 너지에게 독자적 권한을 주는 것에 대한 모스크바의 허락을 획득했다.[28)] 너지는 수도의 군중에게 공감했다. 그는 크렘린에 자신이 상황을 관리할 수 있다고 장

게뢰(Ernö Gerö, 1898~1980) 헝가리의 정치가. 1956년 7월 당 제1서기로 취임했으나, 10월에 일어난 시위를 '배외주의'로 단정하는 발언을 함으로써 헝가리 봉기의 계기를 만들었다.

안드로포프(Yurii Andropov, 1914~1984) 소련의 정치가. 1939년 공산당에 입당했고 1956년 헝가리 대사를 지냈다. 당 중앙위원과 서기국원을 거쳐 1967년부터 국가보안위원회(KGB) 의장으로 일했고 1973년 정치국원을 겸했다. 1982년 11월 브레즈네프가 죽은 후 뒤를 이어 서기장에 취임했고 1983년 6월에는 소련 최고소비에트 간부회 의장을 겸했으나 이듬해 사망했다.

담했고 헝가리가 공산주의 대의에 계속 충실할 것이라고 주장했다. 동시에 너지가 지도하는 당과 정부는 공산주의 정권에 저항하다 종신형을 선고받은 추기경 유제프 민드센치(József Mindszenty, 1892~1975)를 비롯한 종교적 · 정치적 양심수들을 석방했다. 언론은 검열에서 벗어났다. 국가 독립에 대한 요구가 공공연하게 나라 전역에서 제기되었다. 군은 확실하게 시위대의 편에 섰다. 너지는 마침내 바르샤바조약기구에서 헝가리가 탈퇴하는 것을 승인했다.

1956년 가을의 부다페스트는 소련에 맞서 전체 인민이 일으키는 봉기의 진원지가 되었다. 흐루쇼프는 동요했다. 10월 30일에 그는 헝가리 침공을 단념하라고 소련 지도부를 설득했다. 그러나 그 후 흐루쇼프는 생각을 바꿨다. 당시 영국과 프랑스, 이스라엘이 수에즈 운하에 대한 통제권을 재차 확고히 다지기 위해 이집트를 침공하는 것을 보고 용기를 얻은 그는 11월 4일 헝가리에 전차를 진입시켰다.[29] 소련 병사들은 국경을 넘을 때까지 임무의 목적을 거의 또는 전혀 몰랐다. 흐루쇼프는 헝가리인들을 전쟁 당시 제3제국의 동맹자였다고 기억했고 너지를 공산주의 대의의 배반자로 보았다. 소련군은 공산주의의 이름으로 공장 노동자들이 선출한 노동자평의회를 분쇄했다. 시위가 해산되었다. 야만 행위는 극심했다. 모든 것을 잃었을 때, 많은 반란자들은 뒤에 남아 소련의 군사 점령을 감내하기보다는 자유를 찾아 국경으로 향했다. 너지는 붙잡혔고 처형하지 않을 것이라고 보장받았는데도 2년 뒤 처형당하고 말았다. 흐루쇼프는 너지처럼 도전적 행동을 하는 공산주의자가 동유럽에 아무도 없기를 바랐다. 소련은 당시 헝가리사회주의노동자당 제1서기였던 야노시 카다르*의 괴뢰 정부 수립을 승인했다.

카다르(János Kádár, 1912~1989) 헝가리의 정치가. 1956년 2월 헝가리사회주의노동자당 제1서기가 되었고, 10월 헝가리 '자유화' 사건 때 처음에는 너지 정권에 가담했지만 이후 친소련 정권을 조직하여 한때 총리도 겸임했다.

1956년 헝가리 혁명에서 시민들 손에 파괴된 스탈린 동상. 공산당 독재에 대한 대중의 분노가 스탈린의 사망을 계기로 폭발한 상징적 사건이었던 헝가리 혁명은 약 열흘 만에 소련군에 의해 무자비하게 진압되었다.

그러나 사태의 복잡한 전개는 당 간부회 내부에 있는 흐루쇼프의 적들에게 흐루쇼프의 정책을 공격할 용기를 주었다. 1957년 6월 몰로토프, 카가노비치, 말렌코프는 흐루쇼프를 쫓아내려고 음모를 꾸몄다. 1930년대 스탈린의 심복이었던 몰로토프와 카가노비치는 개혁 프로그램을 혐오했다. 말렌코프는 개혁 프로그램에 찬성했으나 소련 정치 중심부의 말단에서 밀려나고 싶지 않았다. 그들은 자신들이 간부회에서 다수파임을 확신했다. 흐루쇼프는 그들에게 대응할 준비가 되어 있었다. 흐루쇼프는 자신이 믿는 정의를 위해 다시 한 번 일어섰다. 그는 문제를 좀 더 규모가 큰 중앙위원회에 상정하도록 요구했고, 중앙위원회에는 흐루쇼프를 찬양하는 당, 내각, 군의 관리들이 참석했다. 주코프 장군은 공군을 이용해 소련 전역에서 흐루쇼프 찬양자들을 태우고 실어 날랐다. 그들은 중앙위원회를 개회하라며 간부회의 문을 쾅쾅 두드렸다. 그 결과 흐루쇼프가 승리했다. 개인적 고난을 자신이 '반당 그룹'이라고 일컬었던 당 지도자 세 명을 패배시키는 기회로 활용한 것이다.

그 후 흐루쇼프에게 걸림돌은 아무것도 없었다. 그의 '평화 공존' 정책은 결코 미국과 경쟁하기를 포기한다는 뜻이 아니었다. 흐루쇼프는 소련의 국가와 사회 질서가 자본주의 세계 전체보다 우월하다고 확신했다. 1961년경에 흐루쇼프는 1960년대 말이 되면 생활 수준에서 소련이 미국을 추월할 것이라고 단언했다. 또 레닌이 《국가와 혁명》에서 말한 공산주의 사회의 '전면적인 건설'이 적어도 1980년에는 개시될 것이라고 주장했다. 흐루쇼프는 소련을 '전 인민의 국가'라고 불렀다. 미국에 대한 도전이 시작되었다. 직접적인 군사 갈등은 피하였으나 경제 · 정치 · 이념적 경쟁은 격렬해졌다. 흐루쇼프는 특히 제3세계로부터 지지받기를 열망했다. 영국과 프랑스가 제국 해체에 열중하고 있었지만 전 세계에서 제국들은 아직 완전히 해체되지 않은 상태였다. 소련 지도부는 이러한 상황을 이용하고자 했다. 다른 목적은 '비동맹국'들에게 미국의 영향력 아래에서 벗어나 미국의 골치를 썩이도록 부추기는 것이었다. 흐루쇼프는 이렇게 하기로 한 국가들에게 재정 지원과 경제 고문을 제공했다. 그는 전 세계 약소국의 독립을 한결같이 옹호하는 자로 자임했다.

전 세계의 공산주의 운동은 1956년에 벌어진 사건들로 격동했다. 특히 서유럽과 북아메리카에서 많은 당원들이 당에서 이탈했다. 스탈린의 횡포를 인정하면서 오랜 충성심이 훼손되었다. 헝가리 봉기의 군사적 진압을 보며 많은 노장 공산주의자들은 크렘린 지도자들의 태도가 죽은 소련 독재자와 크게 다르지 않다는 것을 확신했다. 예를 들어 영국공산당은 1956년 2월 후 2년 동안 약 9천 명의 당원—전체 당원의 4분의 1 이상—을 잃었다.[30]

그러나 대부분의 공산당 지도부들은 소련의 의심스러운 점을 기꺼이 좋은 쪽으로 해석했다. 이탈리아의 팔미로 톨리아티는 심지어 소련 지도부가 침공 결정을 내리기도 전에 자신은 침공을 지지할 것이라고 암시했다.[31] 체코슬로바키아, 루마니아, 게다가 유고슬라비아의 정권들까지 헝가리의 자치 실험이 종결되기를 열망했다. 그들 나라에는 소수 민족으로서 헝가리인들이 살았고 이들이 유사한 말썽을 일으키지 않기를 원했던 것이다. 중국은 모스크바와 근본적인 의견 차이가 존재했는데도 군대의 동원을 용인했다. 폴란드의 고무우카만이 흐루쇼프에 반대했다. 그는 흐루쇼프의 바람과는 달리 권좌에 복귀했고 나중에 바르샤바에 적용될지도 모를 선례가 부다페스트에서 이루어지는 것을 원치 않았다.[32] 그러나 전 세계 공산당들의 단합은 확고하지 않았다. 중국 공산당은 1949년 권력을 잡기 전에도, 또 그 후에도 스탈린과의 관계에서 정치적 어려움을 겪었다. 그러나 마오쩌둥은 스탈린 치하의 소련에서 행해진 것들을 대부분 지지했다. 또한 마오주의를 조금이라도 철회하면 모든 일을 다 아는 지혜를 갖고 있다는 자신의 주장이 약화될까 봐 걱정했다. 중국 공산주의자들은 흐루쇼프를 '수정주의자'라고 맹비난했다. 그러나 마오쩌둥은 헝가리 봉기를 진압하려는 소련의 군사 행동을 승인했다. 소련이 탈(脫)스탈린화를 수행하지 않았다면 부다페스트 문제는 결코 발생하지 않았으리라는 것이 마오쩌둥의 태도였다.

워싱턴의 정치 · 정보 기관은 여전히 소련이 공산주의 국가들에서 행해지는 모든 일을 관장하는 숨겨진 손이며 세계 공산주의 운동에서 소련의 지배가 제어되지 않고 있다고 가정했다. 이것은 과장된 상황 파악이었다.[33] 소련 외에 다른 공산주의 국가가 존재하지 않았을 때는 스탈린과 코민테른이 지시를 내리고 공산당들이 그 지시를 따르게 하는 것이 쉬운 일이었다. 티토는 스탈린에 맞서는 일이 가능하다는 것을 보여주었다. 마오쩌둥과 김일성은 자신들의 생각과 일정에 따라 스탈린이 전쟁과 평화를 선택하도록 조종했다. 심지어 동유럽마저 스탈린의 자유를 구속했다. 공산주의 국가들이 동유럽 지역에서 견뎌내려면 모스크바의 지원이 필요했다. 그들 모두는 소련이 군사 개입을 보장하지 않으면 쓰러질 판이었다. 게다가 값싼 소련의 석유나 다른 천연 자원이 없어도 곤경에 처할 것이었다. 동유럽이 소련의 외부 제국이 되었음에도 불구하고 제국주의를 누리는 즐거움은 크렘린의 자금 유출로 반감되었다. 탈스탈린화는 소련에 가해지는 지정학적 · 내적 위협을 멈추지 못했다.

5부

변형

—

1957~1979

27장

공산주의 팽창과 데탕트

적과의 동침

흐루쇼프는 1957년 소련의 최고 지도자로서 지위가 확고해지자마자 소련의 내정과 대외 정책 모든 부문에서 변화를 추진했다. 이미 당 제1서기였던 그는 1년 뒤 각료회의 의장직도 차지했다. 흐루쇼프는 젊은 지지자들을 고위직으로 끌어올리고 '반당 그룹'의 정적들을 좌천시키거나 물러나게 했다. 그는 모스크바에 기반을 둔 부서들을 해체하고 여러 개의 '국민경제회의'를 창설함으로써 소련의 산업 조직을 탈집중화했다. 또 각 지역 수준에서 당을 두 부문, 즉 산업 부문과 농업 부문으로 나누었다. 경제를 활성화하는 것이 이 분할이 의도한 바였다. 흐루쇼프는 스탈린의 굴라크가 소설과 시에 등장하는 것을 허용하면서 공공 토론의 확대를 장려했다.[1] 또한 경공업 투자를 우선시하고자 했다. 그의 목적은 소련의 생활 수준을 당장 큰 폭으로 올리는 것이었다. 그는 가까운 시일 안에 달성할 숫자에 관한 자신의 전망으로 제22차 당대회의 참석자들을 자리에서 벌떡 일어나게 했다. 정치 투쟁에서 냉혹한 모습을 보인 제1서기는 공상가이기도 했다. 흐루쇼프는 간부회에서 다음과 같이 말했다. "그리하여 우리는 모든 가정부가 국가를 관리하는 법을 알아야 한다는 레닌의 교의를 실현하는 쪽으로 나아갈 것입니다."[2)]

국제 관계에서 흐루쇼프는 제3세계 국가들과 교섭하면서 '반제국주의'에 역점을 두었다. 반제국주의는 서방의 경제 지배에서 벗어나고자 애쓰는 아시아, 아프리카, 라틴아메리카의 독립 국가들에 도움을 주는 것뿐 아니라 유럽 제국의 식민지에서 진행되는 민족 해방 운동을 지원하는 것도 포함했다. 게다가 흐루쇼프는 평화적인 방식을 비롯해 '사회주의로 이행'하는 다양한 방식 또한 고려했다. 다른 나라의 공산당이 소련의 역사적 경험을 모방할 필요는 없었다.[3)] 그리고 흐루쇼프 집권 기간 내내 소련은 미국과 실용적 관계를 모색했다. 원자폭탄 실험을 연기하자는 합의가 이루어졌다. 그 밑바탕에 놓인 발상은 초강대국 사이의 군비 경쟁을 완화하고 나아가 중단하기까지 하자는 것이었다.

소련과 미국이 세계적 영향력을 두고 다투면서 경쟁이 계속되었다. 두 초강대국 중 소련이 약한 쪽이었는데도 흐루쇼프는 기꺼이 위험을 무릅쓰면서 미국인들이 어떻게 할 것인지 두고 보려고 했다. 그는 독일민주공화국과 따로 강화 조약을 맺겠다고, 그리고 베를린 전체를 수도로 선포하면서 서방 열강들이 도시의 일부를 점령할 권리를 종결하겠다고 계속 협박했다. 미국인들은 베를린 서부를 보호하려고 유럽에 주둔하는 군대를 증강함으로써 이에 대응했다. 1962년 여름 소련이 물러설 때까지 교착 상태가 전면전으로 발전할 위험은 배제할 수 없었다. 이 일이 일어나기 무섭게 미국 정찰기가 피델 카스트로가 1959년 혁명을 일으킨 쿠바에 핵미사일 기지를 건설하려는 소련의 계획을 발견했다.[4)] 케네디 대통령은 대서양을 건너 로켓을 실어 나르는 선박이 발견되면 소련으로 돌려보낼 것이라고 최후 통첩을 보내면서 쿠바를 해상봉쇄하겠다고 선언했다. 1962년 10월에 첨예한 긴장의 날들이 이어졌다. 흐루쇼프는 무리한 패를 쓰는 바람에 패배했음을 인정했고, 제3차 세계대전은 일어나지 않았다.[5)] 이 사건 이후 소련과 미국의 지도자들은 외교 분쟁이 얼마나 쉽게 전 지구적 재앙으로 폭발할 수 있는지 알

1962년 쿠바 미사일 위기를 묘사한 영국의 시사 만화. 케네디와 흐루쇼프가 핵무기를 깔고 앉은 채 팔씨름을 하고 있다. 만화의 제목은 '대통령 각하, 대화로 풉시다'였다.

게 되었다.

마오쩌둥과 중국 공산주의 지도자들은 흐루쇼프가 비겁하게 행동했다고 맹렬하게 비난했다. 그들은 소련과 좀 더 동등한 조건으로 협상하기로 결심했다. 이를테면 1945년에 소련이 점령한 중국 영토를 돌려받기를 원했고, 중국이 소련에 보내고 있는 천연자원을 둘러싼 협정 내용을 다시 협상하고자 했다. 중국은 '세계 공산주의 운동'에서 소련이 쥐고 있는 패권에 도전하려 했다. 임신하는 바람에 마지못해 한 결혼을 후회하는 신부처럼 마오쩌둥은 이혼 소송을 제기하고 있었다. 모스크바가 중국에서 소련의 기술과 자금, 1만 명의 고문들을 철수한 후인 1960년 7월에 분노에 찬 상태로 상호 동의 아래 이혼 판결이 내려졌다. 공동 프로젝트는 24시간 안에 취소되었다. 댐, 공장, 과학 실험실 건설이 도중에 중단되었다. 협정서가 찢겼고 경제 지원이 멈추었다. 중국인들이 핵무기를 제조할 수 있게 해주겠다던 소련의 약속은 무효가 되었다. 마오쩌둥은 소련 지도자들을 수정주의자라고 비난했다. 그는

1960년 11월에 모스크바에서 열린 세계 공산당 회의에 참석하기를 거부했고 중국 대표들에게 소련의 사상과 실천을 맹비난하라고 지시했다. 알바니아만 중국 편을 들었는데, 결국 의사 진행 과정에서 타협안이 도출되었다.

그러나 이 타협안은 단지 깊은 분열의 틈을 대충 가렸을 뿐이었다. 세계 공산주의는 두 쪽으로 나뉘었다. 중국과 소련의 군사 충돌이 국경 분쟁 지역의 전역에서 발생했다. 1948년 유고슬라비아가 소련에 맞섰을 때는 어느 누구도 티토가 무력에 의지할 것이라고 진지하게 생각하지 않았다. 마오쩌둥은 달랐다. 소련과 중국이 맞서 전면전으로 치달을 가능성을 생각지 않을 수 없었다.

마오쩌둥은 세계 자본주의와 세계 공산주의의 '평화 공존' 전략에 혹평을 퍼부었다. 그는 어이없을 만큼 태평스럽게 제3차 세계대전의 가능성을 찬찬히 생각해보았다.

> 다음을 한번 생각해보자. 〔그런〕 전쟁이 발발한다면 얼마나 많은 사람이 죽을 것인가? 세상에는 27억 인구가 있다. 3분의 1을 잃을 수 있다. 아니, 좀 더 많이, 절반일 수도 있을 것이다. …… 극단적인 상황일 경우 반은 죽고 반은 살 것이라고 말하겠다. 그러나 제국주의는 완전히 파멸하고 전 세계는 사회주의가 될 것이다.[6)]

단지 수사적 효과를 노리고 한 말이라면 그렇게 나쁘지는 않았을 것이다. 그러나 마오쩌둥은 매우 진지했다. 마오쩌둥과 그의 동지들은 쿠바 미사일 위기의 결과를 소련과 미국이 전 세계를 공동 통치하려고 결탁한 징조로 간주했다. 마오쩌둥은 소련과 미국의 타협을 유럽 제국들이 남긴 빈 공간을 채우는, 제국주의의 가장 새롭고 가장 무서운 표현이라고 생각했다. 중국은 정치 · 경제적 강탈에 맞서 약소국의 권리를 옹호하는 나라인 체하면서 '비동맹 운동'과 끈질기게 교섭을 시도했다.

스탈린과 마오쩌둥이 마주보고 있는 소련의 선전 포스터. 한때 세계 공산주의의 양대 대국으로서 우호적으로 지내던 소련과 중국은 스탈린 사후 중국이 흐루쇼프에게 반발하기 시작하면서 적으로 돌아섰다.

흐루쇼프도, 그리고 1964년 10월 소련의 당 수장으로서 그를 계승한 브레즈네프도 냉전에서 미국을 패배시킬 야망을 진정으로 포기하지 않았다. 두 사람 모두 워싱턴과 평화적 관계를 구축하려 하면서도 제2차 세계대전 이후 확보한 공산주의의 지정학적 이득을 모두 고수하고 정당화하고자 했다. 특히 소련은 소련군이 서유럽을 절대 침공하지 않도록 하겠다고 보장하는 대가로 미국에게 동유럽에 군사적으로 개입하지 않겠다고 확약받으려 했다. 흐루쇼프 자신은 나라를 이끄는 데 실패하여 큰 대가를 치렀다. 1962년 6월 식품 가격이 오르자 노보체르카스크를 비롯한 소련 도시들에서 폭동이 발생했다. 흐루쇼프가 제도를 자주 바꾸는 바람에 고용 안정과 특권을 위협받은 당과 정부 관리들 사이에서 극심한 분노가 생겨났다. 흐루쇼프가 쿠바 미사일 사건으로 소련에 뒤집어씌운 모욕에 대한 불만도 팽배했다. 흐루쇼프가 발탁한 인물이 구성원의 대부분이었던 당 간부회는 1964년 10월 흐루쇼프를 평화적인 쿠데타로 제거했다. 흐루쇼프는 지도부가 바뀔 때 폭력 사태가 벌어지지 않은 것은 자신의 위대한 업적 가운데 하나라고 선언했고, 자신의 잘못을 인정하면서 눈물을 흘렸다.[7)]

브레즈네프는 정책에 관해 동료들에게 자문하고 '집단 지도 체제'를 유지하며 모든 문제에 전문가의 의견을 구하겠다고 약속했다. 그는 '간부의 안정화'를 목표로 채택했다. 당 관리들은 당 노선을 따르는 한 평생 일자리를 보장받았다. 브레즈네프와 그의 주요 동료들인 알렉세이 코시긴*과 니콜라이 포드고르니*는 흐루쇼프가 추진한 당의 양분 정책을 폐기하고 중앙 부서들을 복구했다. 세 사람은 증가하던 지식인 반체제 인사들을 탄압했고 스탈린에 대해 어떤 비판도 삼갔다. 그들은 이런 조치가 군대 내에서 잘 받아들여지는 것이 기뻤다.[8)] 1965년 코시긴은 국가 당국의 비용을 들여 기업 사장들에게 권위를 약간 더 부여하는 경제 개혁 과정을 도입했다. 그러나 브레즈네프는 그런 계획을 좋아하지 않았고 계획은 취소되었다. 정치국—흐루쇼프를 제거한 후 다시 이 이름으로 복귀한 당 지도부의 내부 핵심—은 물러난 흐루쇼프의 엉뚱한 정책을 폐지하는 데 집중했다. 브레즈네프 정책의 물감과 정착액이 발리면서 소련 정치는 안정되었다. 브레즈네프는 초점을 경제와 국제 관계에 맞추었다. 흐루쇼프처럼 그는 소련 소비자들을 위해 식료품과 공산품 공급 확대에 우선순위를 두었다. 그리고 제3차 세계대전의 위험을 피하면서도 미국과 군사적으로 대등해지도록 국가 예산을 조절

코시긴(Aleksei Kosygin, 1904~1980) 붉은 군대에 종군한 뒤 1927년 공산당에 입당했다. 1960년 제1부총리 겸 당 중앙위원회 간부회 일원이 되었으며 1964년 10월 흐루쇼프 해임 후 총리로 취임했다.

포드고르니(Nikolai Podgorny, 1903~1983) 1921년 우크라이나공산당에 가입해 카를로프카 지방 공산주의청년동맹 지도자가 되었다. 우크라이나공산당에서 빠른 속도로 진급하다 1963년 소련공산당 서기가 되었고, 흐루쇼프의 실각 후 브레즈네프, 코시긴과 함께 삼두 체제를 형성했으며 1965년 소련 최고소비에트 간부회 의장에 선출되었다.

했다.

자본주의는 곧 땅에 떨어지거나 아니면 나무에서 따야 할 썩은 사과라는 것이 소련과 여타 지역 공산주의자들의 변함없는 신조였다. '계급 투쟁'은 모스크바 외에도 다른 공산주의 수도들에서 계속 옹호의 대상이었다. 루마니아의 니콜라에 차우셰스쿠*는 1974년 런던에 국빈으로 방문할지를 협의하다가 산업 갈등이 영국 전역을 휩쓸고 있다는 이야기를 듣고서 숨이 막힐 지경이었다. 최후의 '자본주의 위기'가 런던에서 발생하고 있는 것일지도 몰랐다.[9] 차우셰스쿠는 노동자들에게 파업을 단념하라고 설득할 때 영국노동당을 지지하는 것처럼 보이고 싶지 않았다. 게다가 공산주의 국가의 지도자들은 보통 보수당과 자유당보다도 서방의 사회당, 사회민주당, 노동당에 더 큰 불신을 보였다. 흐루쇼프는 1956년 분노에 차서 다음과 같이 외쳤다. "그들은 항상 조금만 더 달라고 요구했네. 그러니 러시아인들이 항상 그들에게 지옥에나 떨어지라고 하는 걸세. 구제불능인 사람들이야."[10] 공산주의 교리가 유지되었다. 미국, 서독, 일본 같은 자본주의 국가들이 경제적으로 부활하기는 했으나 지속적 현상이라고 볼 수 없었다. 마르크스-레닌주의자들은 사적 기업과 사적 기업을 둘러싼 정치 체제의 종말을 확신에 차서 예견했다.

공산주의 혁명은 흐루쇼프 통치 시기에는 거의 일어나지 않았다. 인도차이나에서 반식민지 운동이 벌어졌고, 1954년에 디엔비엔푸 전투에서 호찌민*과 그가 이끄는 베트남 공산주의 세력이 승리한 후 프랑스군

차우셰스쿠(Nicolae Ceauçescu, 1918~1989) 루마니아의 정치가. 1936년 루마니아공산당에 입당했고 1965년 게오르기우-데지에 이어 대통령이 되었다. 24년간 루마니아를 독재적으로 다스리다가 1989년 12월 민중 봉기로 권좌에서 쫓겨나 처형되었다.

호찌민(Hô Chi Minh, 1890~1969) 베트남의 정치가. 베트남에서 수학하다 프랑스로 건너가 식민지 해방 운동에 참가해 혁명 지도자로 성장했다. 1920년 프랑스공산당 창설에 참가했으며 1930년 홍콩으로 건너가 베트남공산당(뒤에 인도차이나공산당)을 창설했다. 1941년 베트남에 잠입해서 베트남독립동맹(베트민)을 결성했고 1945년 8월 하노이를 점령해 베트남민주공화국 초대 대통령에 취임했다.

은 어쩔 수 없이 베트남에서 철수했다. 내전이 뒤따랐다. 1954년의 휴전은 공산주의 체제를 17도선 북부에 국한시켰지만 오래지 않아 북부 정부와 남부 정부 사이에 전투가 재개되었다. 쿠바의 카스트로 혁명의 성공에 더하여, 1960년대 초에는 궁극적인 공산주의 승리의 전망이 매우 밝아 보였다.[11]

세계 지도는 1970년대에 붉은 공간이 더 넓어졌다. 베트남 내전에 대한 미국의 군사 개입은 1975년 4월 치욕적으로 종결되었다. 몇 주 안에 북부의 공산주의 정부가 베트남 남부 전역을 석권했다. 이 사건은 몇몇 열강의 관계를 뚜렷이 밝혀주었다. 베트남은 소련과 중국에서 군사 장비를 공급받았다. 중국인들의 가장 큰 바람은 인도차이나에 있는 자신들의 뒷마당에서 미국인들이 물러나는 것이었다. 그런데 일이 이렇게 진행되자 정작 베트남 자체가 중국인들의 우려 대상이 되었다. 양국은 오랜 적이었다. 공산주의 베트남과 공산주의 캄보디아 사이에 격렬한 충돌이 일어났을 때 베이징의 지도자들은 베트남이 지역의 강국으로 자리 잡거나 중국에 반발하는 소련의 속국이 되는 것을 막으려고 캄보디아 편을 들었다.[12] 캄보디아 공산주의자들, 즉 크메르 루주*는 최근 사건들이 일으킨 혼란의 와중에 권좌에 올랐다. 1970년 론 놀*과 군대가 미국의 묵인 아래 캄보디아 국왕 노로돔 시아누크(Norodom Sihanouk, 1922~)를 쫓아냈다. 시아누크와 베이징의 친밀한 관계가 워싱턴의 비위에 거슬린 것이다. 미국 공군은 베트남의 병참선을 끊으려고 베트남 국경 지역의 캄보디아 숲을 폭격하기도 했다. 이 모든 것은 크메르 루주군에 신병들이 속속 합류하는 결과를 초래했고 심지어 시

크메르 루주(Khmer Rouge) 프랑스어로 '붉은 크메르(인)'를 뜻한다. 캄보디아 좌파 세력 전체를 일컫는 말이지만 좁은 뜻으로는 캄보디아공산당, 특히 민주캄보디아국민군을 가리킨다.

론 놀(Lon Nol, 1913~1985) 캄보디아 정치가이자 군인. 캄보디아 총리를 두 차례 역임했다. 1970년 국왕 노로돔 시아누크를 쫓아낸 쿠데타 이후 스스로를 새로 구성된 크메르 공화국 초대 대통령으로 선포했다.

아누크조차 크메르 루주와 동맹을 맺었다. 크메르 루주의 지도자 폴 포트는 미국이 베트남 남부의 사이공을 포기한 바로 그 달에 프놈펜의 독재자가 되었다. 라오스도 1975년에 공산주의 반란자들의 수중에 떨어졌다.[13)]

태평양 너머에서는 1970년 칠레에서 아옌데가 이끄는 좌파 '인민연합' 정부가 선거로 집권했다. 아옌데 행정부는 미국이 개입하는 바람에 3년 뒤 전복되고 말았지만, 이제 미국이 남아메리카 지배를 당연시할 수 없는 것은 명백했다.[14)] 아프리카에서는 1974년에 에티오피아에서, 그리고 1976년에는 앙골라에서 공산주의 정권이 수립되었다. 두 경우 모두 집권한 공산주의자들이 살아남는 데는 소련의 재정 · 군사적 지원이 결정적이었다.[15)] 크렘린 지도자들도 놀랄 정도였다. 그들은 세계사가 결정적으로 자신들에게 유리한 방향으로 흘러가고 있다고 믿기 시작했다.

미국 대통령들은 소련의 자신감과 야심이 확대되는 데 주의를 기울이기 시작했다. 1969년 1월에 정권을 쥔 리처드 닉슨(Richard Nixon, 1913~1994)은 경쟁자 초강대국과 화해를 모색했고, 국가 안보 담당 보좌관이자 나중에 국무장관이 된 헨리 키신저(Henry Kissinger, 1923~)와 함께 긴장 완화를 가져올 조치를 설계했다. 이 조치는 데탕트 정책으로 알려지게 되었다. 닉슨과 키신저는 봉쇄 전략을 유지했다. 그들은 할 수 있는 한 반공산주의 정부들을 지지했는데 대체로 민주주의, 법치, 인권에 대한 고려는 안중에 없었다. 제럴드 포드(Gerald Ford, 1913~2006) 대통령은 이 전통을 지속했으나 1973년 유럽안보협력회의(CSCE)에서 소련 지도부와 대화를 시작했다. 회의 결과 대륙 전역의 모든 인민들에게 기본적 자유를 보장하는 헬싱키 최종 의정서가 1975년 8월에 조인되었다. 1976년 1월에 취임한 지미 카터(Jimmy Carter, 1924~) 대통령은 의정서 조항을 공산주의 국가가 시민의 박해를 완화하도록 압력을 가하는 데 이용했다. 소련이 얻은 주된 이득은 소련이 공식적으로 경쟁자 초강대국에게 세계 정치 무대의 정당한 참여자로 인정받았다는 사실이었다. 세계는 앞으로 수십 년 동안 미국과 소련이 이끄는 두 개의 경쟁하는 '진영'으로 양분될 것 같았다. 제3차 세계대전을 피하려는 노력이 결실을 맺은 듯 보였다.

이러한 결말은 트루먼의 봉쇄 장벽이 약해졌음을 의미했다. 크렘린도 확실히 그렇게 상황을 이해했다. 그러나 1972년 2월에 닉슨과 키신저의 주도로 미국이 중화인민공화국과 친선을 맺자, 미국이 소련에 대해 온건해진 것보다도 훨씬 더 큰 충격이 발생했다. 워싱턴이 손잡을 수 있는 주요 파트너가 소련뿐만은 아니었다. 워싱턴은 위험을 피하려고 분산 투자를 하고 있었다. 분명히 워싱턴과 마찬가지 이유로 반(反)수정주의자인 마오쩌둥도 공산주의의 적들과 기꺼이 협상했다.

소련의 지도자들은 여전히 낙천적이었다. 1970년대에 소련의 생활수준은 상승했다. 브레즈네프 치하의 정치국은 노보체르카스크 분규 같은 심각한 소요를 되풀이하지 않게 되었다고 기뻐했다. '간부 안정화' 정책은 관리들의 걱정을 누그러뜨렸다. 게다가 1973년에 세계 시장에서 석유 가격이 급등하면서 크렘린은 이득을 보았다. 군사 기술의 연구 개발로 군 강화가 이루어졌다. 소련은 미국과 거의 동등해졌고 마침내 멀리서 미국 도시를 타격할 수 있는 핵미사일 보유국일 뿐만 아니라 세계적인 해군 강국이 되었다. 그러나 흐뭇해할 여유가 없었다. 경제 생산에서 여전히 애로 사항이 남아 있었다. 가축 사료로 쓸 곡물을 수입해야 했고 농업 생산에 지급하는 보조금은 세계에서 가장 많았다. 경공업은 만성적으로 자금 공급이 부족했다. 당국에 대한 불만이 사회에 넓고 깊게 퍼졌고 인민들은 마르크스-레닌주의를 불신했다. 지식인과 노동 투사들은 자신들을 진압하려는 KGB(국가보안위원회, 소련 정치경찰의 새 이름이자 최종 이름)의 노력에 공공연히 도전했다. 당과 정부 관리들은 중앙의 지시를 무시하고 자기 이익을 먼저 챙겼다. 부패가 심해졌다. 저항과 잘못된 정보가 국가 체제에 만연했다. 일상적 통치라는 면에서 국가에 대한 정치국의 장악력이 약화되고 있었다.

그러나 소련 지도부는 정책을 그대로 고수했다. 그들은 아무것도 잊지 않았고 아무것도 배우지 못했다. 소련 지도부는 미국인들이 동유럽에서의 행동 방침에 개입하지 않을 것임을 알고 안전하다고 느꼈다. 알렉산드르 두브체크* 주도로 체코슬로바키아 공산주의자들이 장차 '프라하의 봄'으로 알려질 급진적인 정치 · 경제 개혁 과정에 착수하자 브레즈네프는 1968년 8월에 체코슬로바키아 침공을 명령했다. 크렘린은 또 1970년 12월에 폴란드에서 독립적인 노동 운동을 강경하게 진압할 것도 승인했다. 전 세계에서 소련의 명성은 점점 더 하락했다. 동유럽과 쿠바에 석유와 가스를 인위적으로 낮춘 가격으로 공급하면서 소련 예산은 '외부 제국'을 유지하느라 추가적인 부담을 지게 되었다.[16]

전략무기제한협정(Strategic Arms Limitation Talks, SALT)이 1969년 말에 진행되었고 1972년 5월 합의가 이루어졌다(SALT-I). 군사 기술의 추가 개발이 배제되지 않아 미국과 소련 양측은 다시 만났고 1979년 6월에 제2차 협정(SALT-II)에 합의했다. 서독 총리 빌리 브란트*가 동방정책(Ostpolitik)을 통해 동독인들과 잠정 타협하려고 한 일도 중요한 사건이었다. 두 개의 독일 국가는 1972년 12월 공식적으로 서로를 인정했다. 같은 시기에 미군이 베트남전쟁에 휘말리고 결국 전쟁에서 이길 수 없음이 드러난 사실은 소련 정치국 내에서 공산주의 대의를 향한 진전이 꾸준하고 필연적이라고 느끼도록 부채질했다. 미국의 대외 정책에 맞선 저항 운동이 미국과 서유럽에서 고조되었다. 1968년 5월 프

두브체크(Alexandr Dubček, 1921~1992) 체코슬로바키아의 정치가. 슬로바키아공산당 제1서기와 체코슬로바키아공산당 제1서기를 역임했다. 1969년의 '프라하의 봄' 이후 보수파인 후사크가 소련의 지지 아래 집권하면서 1970년 터키 대사로 좌천되었으며, 당적을 박탈당했다.

브란트(Willy Brandt, 1913~1992) 독일 정치가. 1969년 서독의 사회민주당과 자유민주당 연립 정권에서 총리직을 맡아 동방 정책을 전개하여 소련, 동유럽 여러 나라와 동독의 관계 정상화에 힘썼다.

랑스의 학생 소요도 자본주의 경제에 대한 근본적인 혐오를 드러냈다. 파리는 거리 소요로 격동했고 드골 대통령이 이끄는 정부는 거의 무너질 뻔했다. 프랑스공산당뿐만 아니라 크렘린도 '혁명적 상황'이 임박했다고 생각하지는 않았다. 그러나 크렘린은 서방이 겪는 곤경을 즐겼다. 자본주의 국가에 나쁜 것은 무엇이든 소련에게 좋은 것으로 여겨졌다.

모스크바는 전 세계의 충직한 공산당과 반쯤 충직한 공산당들을 계속 지도하고 자금을 제공했다. 1960년에는 모스크바에 인민친선대학(나중에 콩고의 급진적 총리였던 파트리스 루뭄바*의 이름을 따서 '파트리스 루뭄바 인민친선대학'으로 이름이 바뀌었다)이 제3세계에서 온 젊은 공산주의 전사들과 동조자들을 교육하기 위해 설립되었다. 모든 것이 공정하고 떳떳하게 이루어졌다. 하지만 막후에서 소련 지도부는 계속 폭약과 사보타주 훈련 강좌를 제공했다. 중앙위원회 서기국은 1980년에 그와 같은 준비를 위한 칠레공산당의 요구를 승인했다.[17)]

한편 중앙위원회 서기국 국제부 부장이었던 보리스 포노마료프(Boris Ponomaryov, 1905~1995)는 동유럽의 기부로 보충되는 '공산당과 좌파 운동 지원 기금'을 통해 달러를 계속 분배했다.[18)] 분배 명단은 소련 대외 정책의 현재 목표에 따라 정해졌다. 1980년에 가장 거액의 보조금은 250만 달러였다. 이 돈은 국가 권력은 차치하고 지방 권력을 잡을 가능성도 없었지만 선전에서는 쓸 만하다고 여겨졌던 미국공산당 계좌로 들어갔다. 다음 순위는 2백만 달러를 받은 프랑스 공산주의자들이었다. 서유럽에서 '평화 애호'라는 소련의 의도를 대변하는 그들의 위상은 드높았다. 핀란드 공산주의자들은 135만 달러를 받았다.[19)] 소련과 국경을 공유한다는 점 때문에 핀란드는 소련의 지정학적 이익에 결정적으로 중요한 지역이 되었다. 포르투갈(80만 달러), 그리스(70만 달러), 칠레(50만 달러)가 뒤를 이었다. 남아프리카공산당은 10만 달러

루뭄바(Patrice Lumumba, 1925~1961) 콩고의 정치가. 1959년 선거에서 콩고국민운동을 승리로 이끌어 독립과 함께 초대 총리가 되었다.

의 푼돈을 받았다.[20] 소련 지도부는 조 슬로보*와 동료 공산주의자들을 높이 평가하지 않았고, 그 대신 아프리카민족회의*를 집중 지원했다.[21]

중국은 알바니아와 캄보디아에 보조금을 대줌으로써 소련과 경쟁했다. 마오쩌둥은 알바니아의 지도자 엔베르 호자가 공개적 충성의 대가로 훨씬 많은 보조금을 요구했을 때, 호자가 교활하다는 명성을 얻을 만하다고 느꼈다.[22] 중국의 자금은 또한 공산주의와 연결 고리가 없는 아프리카 국가들에도 돌아갔다. 마오쩌둥 치하의 중화인민공화국은 박애주의를 펼치는 세계적 강대국으로 인식되기를 원했다.

전 세계 공산주의에 대한 소련의 영향력을 제한한 것은 재정적 곤란보다는 정치적 곤경이었다. 다른 정당들, 적어도 동유럽 밖의 정당들에 자신의 교리를 도입하려는 소련공산당의 시도가 1957년과 1960년에 모스크바에서 개최된 세계 공산당 회의에서 점점 커지는 반대에 봉착했다.[23] 이탈리아, 프랑스, 에스파냐 공산주의자들은 1960년대 중엽 이래로 소련 국내 체제의 억압적 성격에 반대했다. 그들의 비판적 의견은 '유러코뮤니즘'으로 알려졌다.[24] 1969년 6월 공산당들이 다시 소련 수도에서 모였을 때 이탈리아인들은 크렘린의 정책을 확고하게 거부했고, 그 전해에 발생한 소련의 체코슬로바키아 침공을 두고 맹렬한 논쟁이 벌어졌다. 1956년 헝가리 봉기의 진압을 승인했던 영국인들은 이탈리아 편을 들었다. 오스트레일리아인, 벨기에인, 에스파냐인, 스웨덴인, 스위스인들도 이탈리아 편이었다. '반제국주의 투쟁 과제에 관한

슬로보(Joe Slovo, 1926~1995) 리투아니아 태생의 남아프리카공화국 변호사이자 정치가. 남아프리카공산당(SACP)에서 대변인과 의장, 사무총장 등을 역임했으며, 40년 이상 아파르트헤이트 반대 투쟁을 펼친 주요 백인 지도자였다.

아프리카민족회의(ANC) 1912년 요하네스버그의 아프리카인을 중심으로 남아프리카 원주민 민족회의가 결성된 것이 시초이며, 1923년 아프리카민족회의로 이름을 바꾸었다. 1948년 국민당 정권이 성립하고 아파르트헤이트 정책을 강화하자 이에 대응하여 무력 투쟁 노선을 채택했다. 1959년 조직 내의 과격파가 분리하여 범아프리카주의자회의(PAC)를 결성했다.

문서'를 둘러싼 논의는 신랄했고, 몇몇 정당은 문서에 서명하기를 거부했다. 중국인, 알바니아인, 타이인, 버마인들이 짬을 내서 이 대회에 참석했더라면 서명을 거부한 사람의 숫자는 더 많아졌을 것이다. 그리고 브레즈네프가 중앙위원회 비밀 보고에서 밝혔듯이 북한과 베트남인들은 성가시게 구는 베이징이 두려워 초청을 거부했다.[25]

엄마 젖을 먹듯이 소련 교리를 섭취한 공산당들은 여전히 많았다. 남아프리카공산당은 그 가운데 하나였다.[26] 그러나 가장 따뜻한 칭찬을 받은 사람은 미국공산당의 거스 홀이었다. 그는 이렇게 말했다. "우리는 국제주의를 짐이나 양보 또는 짊어져야 할 십자가로 생각하지 않습니다."[27] 그런데도 브레즈네프가 느끼기에는 전 세계 공산당들에게 소련의 영향력을 조금이라도 더 확대하려면 공들여 꾸준히 작업해야 할 것만 같았다. 소련 지도부는 '차별적 방식'으로 활동해야 했다. 브레즈네프는 현재 '우익 민족주의적' 경향을 지닌 일본 공산주의자들이 '반제국주의' 운동에 협력하게 될 수 있으리라고 생각했다. 또한 유고슬라비아 지도부와 "관계를 정상적으로 발전시킬" 기회가 왔음을 인식했다. 이탈리아와 영국 동지들의 태도를 변화시키려면 '끈질긴 작업'이 필요하다는 것도 확인했다. 오직 한 나라 마오쩌둥의 중국과 현실적으로 화해의 가능성이 없다고 보았다.[28]

브레즈네프는 이탈리아인들을 상대로 할 수 있는 일을 과대평가했다. 이탈리아공산당 지도자인 엔리코 베를링구에르*는 1977년 소련 지도부와 남아 있던 중요한 관계를 단절하기로 결정했다. 이탈리아인들은 매년 4백만~5백만 달러를 비밀리에 받아 왔다. 거의 3천만 달러였던 예산 총액에서 이 금액은 파산과 수지 맞추기만큼의 차이를 만들어

베를링구에르(Enrico Berlinguer, 1922~1984) 이탈리아의 정치가. 1943년 공산당에 입당했으며 이듬해 사르데냐의 사사리에서 발생한 반파시즘 폭동의 주모자로 체포되어 투옥되었다. 석방 후에 당 중앙위원과 지도부원, 당 위원회 부서기장을 거쳐 1972년 당 서기장이 되었다.

이탈리아공산당 서기장 엔리코 베를링구에르. 소련의 내정 간섭을 거부하고 가톨릭 세력과 연합하는 '역사적 타협'을 주장하면서 이탈리아공산당을 점점 소련과 멀어지게 만들었다.

낼 수 있는 액수였다. 보리스 포노마료프는 수표를 보통 자기 손으로 직접 건넸다.[29] 베를링구에르는 소련의 과분한 증여를 거절하기로 마음먹었다. 이유는 간단했다. 결국 '모스크바의 황금' 이야기는 이탈리아 언론에 도달하게 되어 있었다. 이런 일이 아직 일어나지 않았다는 사실이 오히려 놀라울 따름이었다. 베를링구에르는 정치적 추문을 피하고 싶었다.[30] 적극적인 동기도 있었다. 이탈리아 공산주의자들은 '역사적 타협'이 실제로 작동하고 있다고 믿기 시작했다. 1976년 6월 선거에서 당은 27퍼센트에서 34퍼센트로 득표율을 높였다. 당 중앙위원회 서기였던 잔니 체르베티(Gianni Cervetti)는 1978년 1월 이 메시지를 모스크바에 전달했다.[31] 그러나 베를링구에르는 결정한 것을 계속 지키지는 않았고 소련에서 로마로 계속 수표가 전해졌다.[32]

1981년 마침내 모스크바와 이탈리아공산당 사이의 재정적 단절이 이루어졌다. 베를링구에르가 소련 정책을 극도로 혐오했을 뿐만 아니라 소련 정치국이 그가 더는 보조를 받을 가치가 없다고 결론 내렸기 때문이기도 했다. 소련은 미국의 유럽 정책에 반대하는 소련의 선전 운동에서 베를링구에르의 도움에 의존했다. 이탈리아 공산주의자들은 모스크바 동지들을 비판할 때조차도 미국의 활동을 공격하는 데 쓸모가 있었다.[33] 그러나 베를링구에르가 미국만큼이나 소련을 비판하기 시작하자 그에게 자금을 공급하는 일은 이치에 맞지 않게 되었다. 소련 지도부는 대신 이탈리아공산당 내의 친소련 인사들에게 자금을 댔다.[34]

소련 지도부는 이탈리아와 에스파냐의 유러코뮤니즘 지도자들에게 계속 독설을 퍼부었다.[35] 그러나 어떤 변화도 만들어내지 못했다. 주사위가 던져졌다. 모스크바와 긴밀한 정치적 연관을 맺는다면 공산주의가 선거에서 성공을 거둘 기회를 망칠 것이라는 전략적 결정이 로마와 마드리드에서 내려진 것이다. 1979년에 이탈리아 공산주의자들은 중화인민공화국과 직접 관계를 맺을 의향이 있다고 모스크바에 전달했다.[36] 에스파냐공산당 서기장 산티아고 카리요*는 소련의 평판을 깎아내리는 격렬한 비난을 발표했다. 마드리드와 로마에서 소련의 내정과 외교 정책에 반대하는 메시지가 나왔다. 프랑스공산당은 처음에 라틴인들의 연대를 보여주었다. 심지어 1972년부터 서기장이었던 퉁명스러운 조르주 마르셰*마저 소련의 인권 침해를 비판했다. 소련은 그에게 친서를 보내 가차 없이 비난했다.[37] 게다가 프랑스공산당의 투사들과 대중 당원들은 소련 체제에 대한 비난을 종종 불쾌해했다. 프랑스공산당은 유러코뮤니즘을 도입할 준비가 되어 있지 않았다. 마르셰는 크렘린의 태도와 실천에 반대하는 태도를 완전히 버리지는 않았으나 소

카리요(Santiago Carrillo, 1915~) 에스파냐 내전 중에 공산당에 입당했고, 마드리드 방위평의회에서 공안 담당 위원을 지냈다. 1960년 에스파냐공산당 서기장에 취임했다. 1968년 소련군의 체코슬로바키아 침공을 계기로 소련 공산주의를 비판하고 유러코뮤니즘을 제창했다.

마르셰(Georges Marchais, 1920~1997) 프랑스의 정치가. 제2차 세계대전 뒤 노동조합에서 활동하다가 1947년 공산당에 입당했다. 정치국원을 거쳐 부서기장, 서기장에 올랐다.

련에 충성심을 보여주는 쪽으로 되돌아갔다. 그는 모스크바에 맞서 서유럽 전선을 결성하고 싶다는 남아 있는 유혹을 억눌렀다.

하지만 데탕트가 바람직하다는 데 관해서는 베를링구에르, 카리요, 마르셰의 의견이 일치했다. 미국의 주류 정치계는 한목소리로 말하지 않았다. 헬싱키 최종 의정서가 채택된 해인 1975년에 미국 의회는 헨리 '스쿱' 잭슨(Henry 'Scoop' Jackson)과 찰스 배닉(Charles Vanick)이 입안한 무역 개혁법을 통과시켰다. 법의 주요 조항은 자유로운 이주를 제한하는 모든 국가에 '최혜국' 지위 부여를 거절하는 내용이었다. 브레즈네프가 소련의 유대인들이 이스라엘로 떠나는 것을 계속 막는다면 소련이 서방 자본주의 경제에 더는 접근할 수 없을 것이라고 통고한 것이다. 브레즈네프는 또 미국이 루마니아, 헝가리, 폴란드에게 '최혜국' 지위를 부여한 것에 안절부절못했다. 미국의 이러한 행동은 동유럽에서 소비에트 블록의 결합을 고의적으로 헐거워지게 하려는 시도였다. 세 나라는 다양한 방식으로 소련에 맞서 기꺼이 자립하고자 하는 의지를 보여주었고 '최혜국' 지위 부여는 그들의 노력에 대한 보상이었다.

잭슨-배닉 법 개정안에도 불구하고 미국이 소련과 진행하는 사업은 계속 활기를 띠었다. 수출된 기계가 군사 계획으로 전환될 수 있다는 미 국방부의 반대가 따랐다.[38] 그러나 포드 대통령과 카터 대통령은 초강대국의 군비 제한에서 소련의 협력을 끌어낼 뿐만 아니라 미국의 상업과 공업을 활성화하려는 목적에서 많은 프로젝트를 인가했다. 소련은 컴퓨터 기술을 거의 전적으로 미국과 일본에서 수입했다.[39] 서독이나 이탈리아와 맺은 경제적 연계는 특히 긴밀했다. 독일인들은 가스를 대부분 소련에서 수입했다. 이탈리아 회사들은 소련 정부의 여러 부서들과 점점 더 많이 무역했다. 볼가 강 연안에 톨리야티(Tolyatti, 즉 이탈리아공산당 서기장의 이름 톨리아티) 시가 건설되었다. 소련은 '지굴리' 자동차를 생산하기 위해 이탈리아산 자동차인 '피아트'의 특허를 샀다.[40] 그러나 크렘린은 끊임없이 경제를 따라잡기에 바빴다. 외국에서 특허를 사들였거나 첩보 작전으로 훔친 신기술은 빠르게 적용되지 않았으며, 동유럽과 서구의 기술 격차는 여전히 전반적으로 컸고 일부 핵심 분야에서의 격차는 확실히 점점 커져 갔다.[41] 소련의 연구 개발 프로그램을 두고 모스크바는 공식적으로 호언장담을 했지만 알맹이 없는 말이었다.[42] 핵미사일 분야에서의 능력이나 우주 로켓 분야에서 이룬 성과는 소련 민간 경제가 세계 기준에서 한심할 정도로 후진적이라는 단순한 사실을 은폐했다.

데탕트의 종언은 소련이 소련-아프가니스탄 국경 너머로 군대를 보냈던 1979년 12월, 지미 카터가 대통령 임기를 마칠 무렵 갑자기 찾아왔다. 1978년 중도 성향의 정부를 전복하고 정권을 잡은 아프가니스탄의 공산주의자들은 급진적 사회 개혁과 반대파 숙청으로 내전을 불렀고 결국 다양한 종교적 · 정치적 적들에 맞서는 것을 군사적으로 도와달라고 몇 달 동안 모스크바에 간청하게 되었다. 정치국은 국가보안위원회의 특수 부대와 낙하산 부대가 아프가니스탄 공산주의자들을 비밀리에 지원하는 것을 허락했지만,[43] 코시긴의 영향으로 소련군의 전면 개입은 계속 반대했다. 그러나 카불(아프가니스탄 수도)에서 오는 탄원은 점점 집요해졌다. 브레즈네프는 국가 소유 별장에 주요 측근 인사들을 불러 모았다. 모인 사람들은 드미트리 우스티노프*, 안드레이 그로미코*, 콘스탄틴 체르넨코*였다. 이들은 군대를 파견하자는 중대한 결정을 내렸다. 이 결정은 음모처럼 극비리에 진행되었기에 분명치 않은

우스티노프(Dmitrii Ustinov, 1908~1984) 소련의 정치가. 제1부총리 겸 최고국민경제회의 의장, 소련공산당 중앙위원회 서기를 거쳐 1976년 3월 당 정치국원이 되었고 같은 해 4월 민간인으로서는 처음으로 국방장관이 되었다.

그로미코(Andrei Gromyko, 1909~1989) 소련의 정치가. 외무장관과 당 정치국원을 거쳐 1983~1985년 제1부총리 겸 외무장관을 역임했다. 대미 외교에서 수완을 발휘해 전후 소련 외교의 대표적 인물로 손꼽힌다.

체르넨코(Konstantin Chernenko, 1911~1985) 소련의 정치가. 몰도바공화국 당 중앙위원회 선전부장과 소련공산당 중앙위원회 선전부장을 지냈고, 당 중앙위원회 총무부장과 서기를 거쳐 소련 최고소비에트 간부회 의장이 되었다.

용어로 포장되었고 아프가니스탄은 단지 'A'라고만 언급되었다. 나머지 정치국원들은 차후에 이 결정을 승인했다.[44)]

아프간 파병이 결정된 동기는 미국이 지원하는 반공산주의자들이 카불의 권력을 탈취하는 것을 막고자 하는 바람이었고, 소련은 마지못해 병력을 국경 너머로 보낸 것이었다. 그러나 적극적인 판단이 아니었다 하더라도 대실책인 것은 마찬가지였다. 19세기 말에 구식 무기로 무장한 아프간 애국자들은 외부의 지원도 받지 않고 영국군이 스스로 짐을 싸 집으로 돌아가게 만들었다. 1979년에는 상황이 달랐다. 미국은 아프간 공산주의 정권을 맞서는 반란자들에게 그들이 요구하는 모든 물적 지원을 열심히 제공했다. 이슬람 광신도들(무자헤딘*)이 반란을 이끌고 있었지만 당시 미국은 이 사실을 꺼림칙하게 생각하지 않았다. 브레즈네프와의 협상에서는 거친 싸움꾼이 아니었던 카터는 배신감을 느끼고 데탕트의 종언을 선언했다. 미국은 제2차 전략무기제한협정(SALT-II)을 조인하려고 열린 군비 제한 회담을 중단했다. 민간인들의 무역 협정에 지장이 생겼다. 아프리카와 라틴아메리카에서는 반공산주의를 추구하는 지정학적 전략이 추진되었다. 유러코뮤니스트들은 모스크바에 격노했다.[45)] 크렘린은 세계에서 자신의 위상을 유지하기 위해 소련 국가 예산의 비군사 부문을 계속 짜내야 했다. 브레즈네프는 이웃나라 아프가니스탄의 목에 올가미를 던지고 있다고 생각했다. 하지만 오히려 소련 체제의 목에 새끼줄을 묶어서 팽팽하게 당겨버렸을 뿐이었다.

무자헤딘(mujaheddin) 아랍어로 '성스러운 이슬람 전사'를 뜻하며 이슬람 국가의 반정부 단체나 무장 게릴라 조직이 스스로를 지칭할 때 보통 쓰인다.

28장

대약진과 문화대혁명

마오쩌둥의 위기와 회생

1956~1957년의 백화제방 운동은 중화인민공화국을 혼란의 도가니로 몰아넣었다. 사람들은 공산당에 비난의 폭탄을 퍼부었고 마오쩌둥도 비판을 피할 수 없었다. 공산당 지도부 내에서 공개적으로 의견 충돌이 발생했다. 지친 데다 변명까지 해야 했던 마오쩌둥은 일상적인 정치 활동에서 물러나 전략적 지휘에 에너지를 집중하겠다는 바람을 피력했다.[1)]

'위대한 조타수'(마오쩌둥은 이렇게 불리길 좋아했다)의 말은 엄청나게 위선적인 것이었다. 실제로는 반대파를 너무 불안해한 나머지 그들을 뿌리 뽑기로 결심했던 것이다. 1957년 여름에 마오쩌둥은 당, 나아가 사회의 '우파'를 비판하라고 지시했다. 마오쩌둥이나 정권을 비난했던 사람들이 주요 표적이었다. 체포와 처형은 거의 없었으나 심리적 압박으로 50만 건 이상의 자살이 일어났다.[2)] 행정 직원들에게는 특정 작업 집단에 이르기까지 '우파' 비난의 할당량이 주어졌다.[3)] 이와 동시에 마오쩌둥은 집약적인 경제 변혁 운동을 지도할 태세도 갖추었다. 이 변혁은 대약진 운동으로 알려지게 되었다. 마오쩌둥은 도시와 농촌의 격차를 없애는 것을 목표로 농촌 산업의 성장을 요구했다. 운동이 진행

대약진 운동 당시 제작된 참새 잡기를 권장하는 선전 포스터. 마오쩌둥이 참새가 사람이 먹을 곡식을 축낸다고 주장하면서 중국 전역에서 참새 잡기 운동이 벌어졌다.

되면서 인구의 약 10분의 1이 가설 용광로에서 자발적으로 일하거나, 훨씬 많은 경우 지시를 받고 일했다. 1백만 개의 용광로가 건설되었다. 강철 생산량 계획은 1958년 1월 6백만 톤에서 이듬해 말에는 3천만 톤으로 증가했다. 이 시기는 중국 공산주의자들이 스탈린에 대한 소련의 비난을 받아들이지 않고 중국만이 전 세계 공산주의에 진정한 모델을 제공할 수 있다고 주장하던 때였다.

정치국에 대한 마오쩌둥의 지배는 절정에 올랐다. 그의 사상과 방식은 스탈린만큼이나 독단적이었다. 마오쩌둥이 강박적으로 집착한 운동 중 하나는 그가 중국 농업의 천형이라고 생각했던 참새를 박멸하는 일이었다. 사람들은 참새를 사냥하라고 지시받았다. 마오쩌둥은 스탈린이 식물 유전학에 문외한이었던 것처럼 동물 생태학에 완전히 무지했다. 참새는 작물에 해로운 벌레를 잡아먹는 유익한 역할을 했다. 참새의 절멸에 따라 필연적으로 수확량이 줄어들었다. 그러나 마오쩌둥은 어리석은 실수를 앞으로 밀어붙였다. 모든 중국인들은 그의 정책을 의문의 여지가 없는 지혜로 받아들여야 했다.

경제 개조라는 목표는 공정한 방법이든 부정한 방법이든 무슨 수를 써서라도 달성해야 했다. 주부들은 가정의 냄비와 아이들 옷에 달 핀을 녹여서 산업용으로 쓰도록 넘겨주었다. 젊은이들은 쇠붙이 조각을 찾으려고 돌아다녔다. 문 손잡이, 가위, 옷과 생활용품의 잠금쇠가 용광로 속으로 던져졌다. 행동은 이성을 잃었고 환경은 위협적이었다. 도시의 주물 공장에서 일하는 사람들은 농촌의 가족을 방문하면 꾸지람을 당하기 일쑤였다.[4] 심각한 기근이 나라를 괴롭혔다. 1958년에 가뭄이 덮치면서 일부 지역이 영향을 받았으나, 고난의 주된 원인은 산업화 운동과 그 결과였다. 한 생존자는 결과를 다음과 같이 묘사했다.

> 배가 고프면 당신은 아무거나 입에 넣을 것이다. 우리는 온갖 종류의 잡초와 야생 뿌리, 호박잎, 콩깍지를 먹었다. 벌레, 어린 개구리, 두꺼비를 잡아먹었다. 두꺼비를 먹으면 토할 것 같았기 때문에 그놈들을 먹는 것은 역겨운 일이었다. 우리는 잡을 수만 있으면 쥐도 닥치는 대로 먹었지만, 몸이 너무 허약해 잡을 수도 없었다.[5]

이 생존자의 친척들은 파리처럼 죽어 나갔다. 사람들은 죽은 사람 몫의 배급을 계속 수령하려고 죽음을 비밀에 부쳤다. 부모들은 부패해 가는 자녀의 시신과 함께 생활했다. 사람 고기를 먹는 일이 곳곳에서 발생했다. 어느 날 그는 도시로 가는 길에 도로변에서 웬 남자의 머리와 가슴 부위를 보았다. 그 지방의 어떤 여자에게 물어보았더니 죽은 남자는 살이 토실토실 올라서 칼로 썰린 거라고 부끄러워하지도 않고 대답했다.[6]

굶어 죽은 사람이 얼마나 되는지는 정확히 알 길이 없다. 가장 그럴듯한 추정은 적어도 3천만 명이 죽었다는 것이다. 중국 정부 관리들은 이 사태를 수완 좋게 세계의 이목으로부터 숨겼고, 일찍이 우크라이나의 기근을 목격했던 맬컴 머거리지와는 달리 당시 중국에 머물렀던 어떤 기자도 취재하려고 수도 밖으로 나가지 않았다.[7] 이 재앙은 공산주의 지도부 내에서 민감한 주제였다. 국방장관 펑더화이는 1959년 6월 루산에서 열린 중앙위원회 총회에서 터부를 깨고 인명 손실에 대해 발언했다. 펑더화이는 정직함에 대한 보상으로 우파 기회주의 도당으로 낙인찍혀 실각했다. (펑더화이는 문화대혁명기에 홍위병에게 고문을 당해 죽는다.) 내전의 용사이자 야심적인 급진주의자였던 린뱌오가 펑더화이 대신 국방부의 빈 자리를 차지했다.

짐작건대 이 모든 고통에 대한 마오쩌둥의 반응은 다음 한마디였겠지 싶다. "나뭇잎밖에 먹을 게 없다고? 할 수 없지."[8] 너무 늦어서 어쩔 수 없을 때까지 마오쩌둥이 정책을 바꿀 어떤 진지한 조치도 취하지 않았다는 것이 부인할 수 없는 사실이었다. 그는 1949년 이후 10년 동안 공산주의의 성공에 계속 만족했다. 토지는 집단화되었고 산업은 국유화되었다. 경쟁 정당들은 제거되었다. 국민 가운데 비중국계 집단은 위협당했다. 통치 집단은 확고하게 우월한 지위를 누렸다. 통치 집단의 구성원들은 국민당과 벌인 내전에서 싸웠던 사람이라는 영예와 권위를 누렸다. 그러나 대약진 운동은 마오쩌둥이 의도한 대로 작동하지 않았다. 당과 군의 중앙 지도자들이 수천만 명의 사망자 때문에 놀란 것만은 아니었다. 사실 많은 지도자들은 마오쩌둥만큼이나 인민들의 고초를 개의치 않았다. 그보다 더 큰 걱정거리는 파탄이 끝나지 않을 경우 국가 권위에 닥칠 결과였다. 마오쩌둥은 양보해야 했다. 그의 지도적 위상은 절대적이지 않았다. 많은 논의 끝에 마오쩌둥이 인민공화국의 주석에서 물러나고 대신 류사오치가 주석직을 맡기로 합의가 이뤄졌다. 비록 마오쩌둥이 중국공산당 주석으로 여전히 남아 있었지만 류사오치는 총서기직에 있던 덩샤오핑과 동맹을 맺었다. 마오는 스스로를 '죽은 조상'이라고 불렀는데, 이는 이제 어느 누구도 현 정책에 관해 마오쩌둥에게 자문하지 않아도 된다는 뜻이었다.

그러나 대중 매체가 마오쩌둥을 검소한 삶을 영위하는 현명하고 이타적인 지도자로 계속 묘사했기 때문에 그의 이미지는 훼손되지 않았다. 사진과 그림에서 마오쩌둥은 나이가 들었어도 주름 없는 얼굴에 헐렁하고 소박한 상의를 입은 모습으로 그려졌다. 그는 인간이라기보다는 공기로 부풀리는 고무 인형 같았다. 네덜란드의 사회주의 계열 신문에 마오쩌둥이 중국 용에게 잡아먹히는 만화가 실리자 베이징 당국은 격렬하게 항의했다. 마오쩌둥에 대한 불경은 중국 인민 전체에 대한 적대 행위로 취급되었다. 중국을 방문하려던 네덜란드 사업가들에게는 은연중에 위협이 가해졌다.[9] 베이징은 마오쩌둥에 대한 묘사를 명백히 독점하고자 했다. 공산주의자들은 농담을 항상 심각하게 받아들였다.

마오쩌둥은 사실 이타주의와 금욕 성향이 없었고 순진한 젊은 여자라면 사족을 못 쓰는 바람둥이였다. 만년에 그는 유혹한 여자들에게 성병을 옮겼다.[10] 성적으로 무능력해질 것을 걱정해서 침대에서 보일 능력을 개선하려고 녹용 가루를 섭취했다. 또 도교의 성교 기술이 도움이 될 것이라고 믿었다. 이 기술은 삽입은 하되 사정은 하지 않는 것이었고 그렇게 하면 정력이 좋아지리라는 발상이었다. 마오쩌둥은 매일 수영을 해서 건강을 유지했다. 1958년에는 베이징에서 흐루쇼프와 풀장 회담을 했는데, 이는 자신이 상대보다 확실히 한 수 위임을 보여주려는 독특한 시도였다. 소련 지도자는 수영을 못해서 고무 튜브를 낄 수밖에 없었기 때문이다.[11] 1966년 7월에 73세의 마오쩌둥이 양쯔 강에서 약 15킬로미터를 수영하는 모습을 찍은 사진이 손질되어 언론에 등장했다. 실제로 그의 육체적 능력은 이미 쇠약해지고 있었다. 모든 사람들이 육체노동을 해야 한다고 장려하는 캠페인 중에 땅파기를 조금 했을 뿐인데도 땀이 나자 그만두어야 했다. 그는 대부분의 시간을 목욕 가운을 입고 느긋하게 보냈고 공개 석상에서만 그 유명한 마오쩌둥 스타일의 인민복 상의를 입었다. 자주 정신적 침체에 빠져들었고 1970년대 초에는 일종의 운동 신경 질환으로 고생했다.[12)]

하지만 대장정 이래 마오쩌둥의 권위는 모든 당 지도자들을 능가했다. 승진과 강등 문제에서 그가 부린 변덕은 모든 사람의 신경에 압박을 가했다. 정책에 있어서도 다른 문제를 다룰 때 못지않게 변덕스러웠다. 급진주의와 반급진주의가 정신없이 빠르게 번갈아 이어졌다. 다른 지도자들은 변덕에 시달리느라 마오쩌둥의 자리에 도전하려는 생각을 해볼 시간도 없었다. 그들이 마오쩌둥의 경력을 깊이 생각해보았더라면 그의 본능이 급진적 정책에 있다는 것을 알았을 것이다. 마오쩌둥은 결과를, 그것도 빠른 결과를 원했다. 그러나 그가 무슨 일을 꾸미고 있는지를 알기란 항상 힘들었다. 마오쩌둥은 불명확한 문장의 대가였다. 정책이 잘못되면 그는 책임에서 멀찍이 물러나 있었다. 마오쩌둥이 전략이나 전술을 바꿀 때마다 책에서 새 결정을 지지하는 경구가 항상 나왔다.

하지만 1961년 류사오치는 대약진 운동에 대한 비판을 재개했다. 사회적 · 물질적 손실을 더는 무시할 수 없었다. 마오쩌둥 자신은 비난을 면했지만 류사오치가 운동의 우둔함을 폭로했을 때 정치국의 모든 사람들은 누구를 염두에 둔 말인지 알아들었다. 다른 지도자들도 정책의 변화를 적극 촉구했다. 그들 중에는 마오쩌둥의 광란적 행동을 제어하고자 한 덩샤오핑이 있었다. 마오의 궁정에서 좀 더 강건한 인물이었던 저우언라이도 대약진 운동을 의심했다고 알려졌다. 여하튼 마오쩌둥은 후퇴했다. 대약진 운동은 공개적으로 계속 찬미되었고 마오쩌둥 숭배는 축소되지 않았다. 비록 류사오치가 밀실에서 도전했지만 마오쩌둥은 류사오치와 알려진 그의 모든 지지자들을 제거 대상으로 낙인찍었다.[13)] 중앙과 지역에서 통치 집단 전체를 흔들어놓으려는 생각이었다. 마오쩌둥은 정치 엘리트와 문화 엘리트를 숙청하기로 결심했다. 대약진 운동에서 마오쩌둥이 배운 교훈은 혁명적 열정을 완화할 필요가 있다는 것이 아니라 그가 좀 더 대담한 행동을 요구했을 때 저항하는 자들을 그 자신의 휘하와 국가에서 제거해야 한다는 것이었다. 그와 동시에 마오쩌둥은 자신의 개인적 우월함을 다시 주장할 생각이었다.

마오쩌둥은 1963년 린뱌오에게 수억 부가 발간된《마오쩌둥 주석 어록》(마오쩌둥의 말을 수록한 '붉은 소책자')의 편집을 맡김으로써 그 기초를 다졌다. 그 뒤 1964년 여름 마오쩌둥은 당 교리를 받아들이지 못한 작가, 강사, 교사에 반대하는 운동을 이끌기 위해 펑전*을 필두로 하는 문화대혁명 그룹을 결성했다. 류사오치와 덩샤오핑은 경고 신호를 무시했다. 한술 더 떠 그들은 마오쩌둥을 함부로 대하기까지 했다. 중앙위원회 회의에서 류사오치는 자신의 발언으로 마오쩌둥의 연설을 방해했다. 대역죄에 해당하는 이 행동은 마오쩌둥이 정말 회의에 참석하고 싶은 게 아니라면 참석할 필요가 없다고 덩샤오핑이 말한 후에 일어났다. 류사오치와 덩샤오핑은 또 작업장에 물질적인 장려책을 다시 도입하는 것도 옹호했다. 이 제안은 나라의 경제 전략을 의제로 올려놓는 행위였다. 마오쩌둥은 코너에 몰렸다. 그는 짐짓 하소연하는 체하며 이렇게 물었다. "나한테 권리가 있긴 합니까?"[14] 결과는 마오쩌둥의 승리와 정적들의 패배였다.

이후 2년 동안 마오쩌둥은 급진주의의 기계에 기름칠을 하고 지도자들을 모아 기계를 작동시켰다. 지도자들 중에는 그의 아내인 장칭*이 있었다. 다른 인물은 린뱌오 국방장관과 천보다*였다. 마오쩌둥은 지식인을 복종시키고 대중의 혁명적 참여를 다시 활성화해서 지도부 내

펑전(彭眞, 1902~1997) 1926년 공산당에 입당했다. 중화인민공화국 건국 뒤 중앙인민정부 위원이 되었으며, 베이징 시장과 중앙정치국 위원을 거쳤다. 문화대혁명 당시 반당 집단으로 몰려 1966년 숙청되었으나 1979년 복권되었다.

장칭(江靑, 1913~1991) 1933년 중국공산당에 입당했으며 마르크스-레닌학원에서 마오쩌둥의 가르침을 받았고 1939년 마오쩌둥과 결혼했다. 문화대혁명을 이끌었고 홍위병을 직접 지휘했다.

에 있는 '자본주의의 길을 추종하는 자들(주자파走資派)'의 콧대를 꺾는 것을 목표로 삼았다. 류사오치와 덩샤오핑은 자아비판을 수행해야 했다. 1966년 5월 31일 마오쩌둥은 류사오치에게 알리는 적절한 조치를 취하지도 않고 자신의 추종자 천보다에게 〈인민일보〉를 접수하라고 지시했다. 다음 날의 〈인민일보〉 사설은 제목을 이렇게 달았다. "괴물과 유령을 모조리 일소하자."[15] 노동자들은 파업에 돌입하면 찬양받을 것이었다.[16] 학생들은 홍위병으로 알려진 모임을 구성하도록 장려받았고 홍위병에 대한 일상적인 작업반 감독은 중단되었다. 1949년 이후 처음으로 중국의 공공 무대에서 독립적 기관이 기능하도록 허용된 것이다. 8월에는 이른바 사구(四舊)를 근절하자는 요청이 나왔다. 사구는 낡은 사상, 낡은 문화, 낡은 관습, 낡은 습관이었다. 장칭과 천보다는 홍위병의 기세를 북돋웠다. 그 뒤 마오쩌둥은 노동자 조직의 자유로운 결성을 합법화함으로써 한발 더 나아갔다. 마오는 학생과 노동자들의 열정이 결합하면 고참 공산당원들과 전문직 엘리트, 그리고 잔존하는 공산주의 이전 체제의 지지자들이 기도하는 방해 공작을 뭐든지 분쇄할 수 있을 것이라고 믿었다.

마오쩌둥은 당과 정부의 간부들에 맞서는 자발적 행동을 격려하기까지 했다. 1966년 8월 그는 베이징의 한 학교의 홍위병들에게 다음과 같이 편지를 썼다.

> 여러분의 활동은 노동자, 농민, 혁명적 지식인과 여타 혁명 집단들을 착취하고 억압하는 지주 계급, 부르주아, 제국주의자, 수정주의자와 그들의 앞잡이들에 대한 분노와 비판을 보여줍니다. 또 반동에 맞서 반란을 일으키는 것이 정당하다는 것도 보여줍니다. 나는 여러분에게 가장 따뜻

천보다(陳伯達, 1904~1989) 마오쩌둥의 정치 비서를 지내면서 문화, 철학, 사회과학 학부위원 등을 맡았다. 1966년 문화대혁명 때 중앙문화대혁명 소조장으로서 장칭과 함께 숙청 작업에 앞장섰다.

한 지지를 표하는 바입니다.[17)]

마오쩌둥이 수립한 공산주의 질서는 본인의 절대적인 지지와 묵인 아래 바야흐로 공격받게 되었다. 그러나 마오쩌둥 자신은 신성불가침이었고,[18)] 백화제방 운동 후 보복을 당한 기억 때문에 사람들은 마오쩌둥에 대한 가장 온건한 비판조차 위험하다는 것을 어느 누구도 의심하지 않았다.

마오쩌둥의 목적은 중국 전역에 걸쳐 사람들의 관습과 마음가짐을 뒤흔드는 것이었다. 마오쩌둥과 그의 추종자들은 가깝든 멀든 과거와 완전히 단절하기를 원했다. 오랜 경험에서 그들은 중국인들의 믿음이 매우 끈질기다는 사실을 배웠다. 중국 고유의 문화와 그 문화에 만연한 유교 사상은 수천 년 동안 이어져 온 것이었다. 마오주의자들은 동시대인의 마음속에서 오랜 전통을 파내기로 결심했다. 중국 역대 왕조들의 시, 역사서, 예술 작품들은 파괴될 것이었다. 이에 못지않게 마오쩌둥에게 중요했던 것은 대가족에 대한 사람들의 지속적인 헌신이나 사회적 복종 네트워크와 촌락 정서를 끊어버리고자 하는 운동이었다. 후견인과 피후견인의 비공식적인 연계도 분쇄해야 했다. 홍위병이 자주적으로 행동하도록 적극 고무하면서도 마오쩌둥 주위의 통치 집단은 미리 계획된 방향으로 활동을 밀고 나갔다. 학생들에게 상급자와 교수, 심지어 부모도 고발하도록 부추겼다. 다른 지역의 모든 공산주의 지도부와 마찬가지로, 마오쩌둥과 그의 가까운 지지자들은 체제 수립에서 거둔 즉각적인 성공에 걸맞게 사람들의 마음가짐이 급속히 변화하지는 못하고 있음을 발견했다. 그들은 관습이 전적으로 지시에 따라 작동하도록 할 수가 없었다. 당에는 출세주의자들이 침투했고 많은 고참 공산주의 관리들은 바람직한 협력의 모습을 보이지 못하고 있었다.

마오쩌둥은 모든 수준에서 보직자들을 대체하기를 원했으며, 그러지 못하면 적어도 그들의 활동을 검열하고 싶어 했다. 여기에는 류사오치와 덩샤오핑이 물러나고 린뱌오가 중용된 것처럼 최상부에서 행해진 조치도 포함되었다. '대중'은 그들 자신의 혁명을 알아서 통제할 것이었다. 사태의 진행 중에 웃지 못할 참담한 사건이 있었다. 훗날 중국을 떠나 미국에서 작가로 활동하는 녠정(중국식으로는 '정녠鄭念')은 네덜란드에 본사를 둔 셸(Shell) 석유회사(중국 사무소는 공산주의자들이 권력을 장악한 뒤 문을 닫았다)의 전직 사원이었다. 이 사실만으로 그녀는 사태의 전개를 충분히 두려워할 만했다. 학생들은 북과 징을 치고 구호를 외치며 줄을 맞춰 상하이 거리를 오르락내리락했다.[19] 소파는 부르주아적이라고 비난받았다. 심지어 도시의 홍위병들은 녹색등 대신에 적색등이 진행 신호가 되도록 교통 신호등을 바꾸는 문제까지 논의했다. 도시의 교통 신호등은 이 제안이 다행히 철회될 때까지 작동이 중지되었다. 그러나 황당한 일은 여전히 넘쳤다. 자전거를 타는 사람들은 마오쩌둥의 '붉은 소책자'의 내용을 핸들에 붙이고 다니라고 위협받았다. 많은 가게들이 '동방홍(東方紅)'으로 이름을 바꾸었다. 사방에 똑같은 마오쩌둥 사진을 붙여놓은 데다가 거리 이름도 다시 짓는 바람에 도시 거주민들은 방향 감각을 잃어버렸다.

녠정은 집으로 가는 길에 자신의 이웃 사람을 '스위스 제국주의의 앞잡이'라고 비난하는 포스터를 보고 충격받았다. 이웃의 죄는 스위스에 본사를 둔 회사가 소유한, 지금은 문을 닫은 알루미늄 공장의 관리자로 고용되어 일했다는 것이었다.[20]

홍위병이 찾아왔을 때 녠정은 커피를 마시고 있었다. 한 예쁜 학생이 노골적으로 반감을 드러내며 물었다. "이게 뭐죠?" 녠정은 커피라고 대답했다. 그러나 그 대답은 또 다른 질문을 부추겼을 뿐이었다. "커피가 뭐죠?" 중간 계급과 외국의 영향을 받은 징후가 있으면 무조건 반발하는 홍위병의 운동은 거침없이 나아갔다. 마침내 홍위병 가운데 한 명이 녠정을 심하게 비난했다.

왜 외제 음료를 마셔야 하는 거죠? 왜 외제 음식을 먹어야 하는 거죠? 왜 그렇게 많은 외국 책들을 갖고 있는 겁니까? 왜 그렇게 완전히 외국 일색이죠? 이 집의 모든 방에는 수입된 물건은 있지만 친애하는 위대한 지도자의 초상화는 한 점도 없네요. 우린 자본가 계급의 집에 많이 가봤어요. 당신 집이 그중에서 최악이고 가장 반동적입니다.[21)]

이후 녠정은 이처럼 격렬한 감정적 표현에 자신이 웃었다고 회고했다. 홍위병이 집을 샅샅이 수색하고 있던 때 그것은 위험한 반응이었다. 더 나쁜 상황이 닥칠 것이었다. 녠정은 가택 연금을 당했고, 큰 포부를 품은 배우였던 녠정의 딸은 그동안 스튜디오의 창고 같은 곳에 감금되어 끝없이 '자술서'를 쓰고 마오주의를 철저히 배우겠다고 약속했다. 간략한 공개 비난 후에 녠정은 1호 구치소로 이송되었다. 몇 달 동안 조사가 이어졌지만, 녠정은 저지르지도 않은 범죄를 자백하기를 거부한 비범한 여성이었다. 어떤 것도 6년 반 동안 독방에서 감금 생활을 하는 그녀를 망가뜨리지 못했다. 녠정은 1973년 3월에야 석방되었다.[22)]

통제 기관은 사상 개조에 매우 노골적으로 나섰다. 억류자들은 마오쩌둥 사상을 공부해야 했다. 공부를 끝까지 거부하는 동료들을 설득하라고 협박당하기도 했다. 노동을 하고 형기를 마치는 것으로는 불충분했다. 반항은 구타, 심지어 처형을 부를 수 있었다. (녠정은 적어도 이 점에서는 운이 좋았다.) 체포가 되었으면 죄가 있는 게 틀림없고, 그러므로 범죄를 고백하고 사상을 개조해야만 한다는 전제가 서 있었다.[23)] 결백을 주장해봤자 자신이 악행을 저질렀다는 것이 확실해지고 더 가혹한 처벌을 야기할 뿐이었다. 카프카조차도 그러한 악몽 같은 '논리'의 사이클에 시달리지 않았다.

국가는 문화대혁명 기간 동안 다시 사형을 집행했다. 홍위병은 때때로 희생자들을 사슬로 묶어서 시가지 이곳저곳으로 끌고 다닌 뒤 거리에서 재판을 했다. 극단적인 경우 피고는 무릎을 꿇은 채 뒤통수에 총알이 박히기 전에 자백을 강요받곤 했다. 죽은 자의 가족들에게 총알 값 청구서를 보내는 일이 널리 행해지던 관례였다.[24] 아마도 1백만 명은 처형이나 자살로 죽었을 것이다.[25] 이 모골이 송연해지는 의식에는 목적이 있었다. 최대한 많은 사람들이 학살에 연루되고 당국의 정책에 순응하도록 계획됐다. 마오쩌둥은 스탈린이 보통 그랬듯이 남몰래 일을 처리하려 하지 않았다. 그는 사회가 테러에 적극적으로 참여하기를 원했다. 한 추산에 따르면 1백만 명에 이르는 홍위병 희생자들이 감옥이나 라오가이(勞改), 즉 노동수용소에 내던져졌다.[26] 그러나 실제 숫자는 이보다 훨씬 컸을 것이다. 게다가 희생자의 가족들은 차별을 받았다. 살해되거나 체포되지 않은 사람들도 다양한 방식으로 고통을 겪었다. 그들 중 일부는 막노동으로 이루어지는 재교육을 받으러 어딘가로 보내졌다. 일부는 그냥 좌천되었다. 심리적 트라우마가 나라 전역에 만연했다.

흑오류, 즉 다섯 가지 '검은' 부류(지주, 부농, 악질 분자, 반혁명가, 우파)가 다시 인민들에게 적용되었다. 한번 낙인이 찍힌 이들에게는 이 꼬리표가 계속 따라다녔다. 누군가의 평판을 더럽히고 싶으면 모호하면서도 위협적인 '악질 분자'라는 말을 휘둘러 낙인을 찍을 수도 있었다. 갖다 붙일 말이 없어서 걱정하지는 않았다. 낙인을 찍는 사람들은 장제스나 류사오치와 아무 관계가 없는 사람들을 반혁명 세력이니 우파니 하면서 비난했다. 마오쩌둥은 파괴의 씨앗을 뿌렸다. 나라는 몇 곱절로 그 대가를 치렀다. 마오쩌둥의 비열한 작전을 수행할 자원자들은 많았다. 일부는 마오쩌둥 숭배와 '붉은 소책자'에 혹한 순진한 젊은이였다. 그러나 문화대혁명이 더욱 과격해지면서 개인적으로 '나쁜' 낙인의 부담을 진 많은 학생들은 자신의 급진주의를 증명하는 데 관심이 있었다. 비행 청소년들도 그랬다. 그리하여 얼핏 보기에 우한의 노동자 본부는 최근에 당국의 비위를 건드린 사람들로만 직원이 채워진 것 같

문화대혁명 당시 반혁명 세력으로 지목된 자를 학살하는 홍위병. 문화대혁명에 앞장선 대중 정치 조직 홍위병은 대부분 마오쩌둥을 열렬히 숭배하는 젊은이들이었다.

았다. '좋은' 낙인이 붙은, 공직에 있는 부모를 둔 젊은이들은 새로운 급진주의자들에 반대하는 경향이 있었다. 그 결과 홍위병은 두 파벌로 분열되었고 도시는 파벌 사이에서 종종 벌어지는 물리적 충돌의 전쟁터가 되었다.[27)]

중앙에서 마오쩌둥은 지도부 동지들에 대한 통제를 완전히 회복했다. 류사오치는 '제일 큰 주자파'이고 덩샤오핑은 '두 번째로 큰 주자파'라고 선언되었다. 류사오치는 홍위병에게 흠씬 두들겨 맞았고 이듬해 몹시 지치고 기가 꺾여 죽고 말았다.[28)] 덩샤오핑은 지방 오지에 보내졌다. 저우언라이는 문화대혁명을 지지해서 징벌을 면했다. 약 2만 명에 이르는 이른바 류사오치의 지지자들이 1966년과 1968년 사이에 숙청되었다. 그밖에도 수백만 명의 당과 정부 관리들이 비슷한 고난을 겪었다.[29)] 그 과정 전체가 독단적 횡포로 넘쳤다. 소련의 대테러에서처럼 숙청하는 사람들은 사리사욕에 근거해 결정을 내렸다. 변화를 시작한 마오쩌둥은 변화가 대부분의 사람들에게 어떻게 영향을 끼치는지는 규제할 수 없었다.

문화대혁명을 계속하면 공산주의자들이 장악한 권력이 훼손될 위험이 있다는 것을 깨닫고 마오쩌둥은 1969년 새해가 시작되기 전에 광란을 중단하라고 요청했다. 사태는 진정되었고 마오쩌둥과 그가 모아들인 지도 집단은 권위에 도전받지 않았다. 하지만 집단 자체는 내부 긴장에 휩싸였다. 린뱌오가 이끄는 인민해방군은 1966~1968년에 홍위병을 충실하게 지지했고, 마오쩌둥이 정책 변화를 지시했을 때는 마찬가지로 믿음직하게 홍위병을 제지했다. 마오쩌둥은 헌법을 형식적으로 수정함으로써 린뱌오를 자신의 뒤를 이을 바람직한 후계자로 인정했다. 그러나 두 사람 간에 의심이 커져 갔다. 린뱌오는 권력이 더 커지기를 원했고 마오쩌둥은 더 큰 권력을 린뱌오에게 허락하지 않으려 했다. 린뱌오는 군 예산 확대도 원했던 것으로 보인다. 그는 미국과 국교를 회복하는 쪽으로 나아갔던 초기의 대외 정책 경향도 싫어했던 것 같다. 1971년에 두 지도자의 관계는 파탄에 이르렀다. 린뱌오는 쿠데타를 향한 길을 더듬더듬 찾았다. 9월에 린뱌오가 공격을 시도했으나 마오쩌둥은 매우 민첩하게 대응했고 린뱌오는 군대 내 동조자들을 적절히 조직하는 데 실패했다. 린뱌오는 비행기를 타고 소련으로 도주했지만 비행기는 국경을 넘기 전에 추락했다.

정치적 급진주의는 특히 중 · 미 국교 정상화 이후 완화되었다. 가시적인 정치적 안녕이 필요했던 것이다. 마오쩌둥은 저우언라이와 지도부 내의 다른 온건한 인물 쪽으로 다시 돌아섰다. 1973년 4월 이후 덩샤오핑이 무대에 복귀했다. 후난성의 화궈펑*을 비롯한 젊은 신참들도 지도부에 가세했다. 이들은 문화대혁명에서 두각을 나타냈으나 문화대

화궈펑(華國鋒, 1921~2008) 장칭 등 4인방 제거에 수완을 보여 당 중앙위원회와 군사위원회 주석이 되었지만 실용주의 정책을 내세우던 덩샤오핑 일파에게 밀려 실권을 빼앗겼다.

혁명을 재개하는 데 힘쓰지는 않았다.[30] 저우언라이는 권력을 회복했으나 암에 걸렸다. 저우언라이가 병원에서 기력이 쇠한 사이 정치국에서 장칭을 공격한 사람은 덩샤오핑이었다. 회의에서 무례하고 심술궂은 말이 오갔다. 덩샤오핑이 1974년 10월 정치국 회의를 박차고 나간 뒤 장칭은 최후의 수단, 즉 부부 관계를 이용해 마오쩌둥에게 지원을 요청했다. 덩샤오핑은 현명하지 못했다. 장칭은 지도부 내에 장춘차오*, 야오원위안*, 왕훙원*이라는 세 명의 동맹자가 있었고 그들은 함께 4인방을 결성했다. 왕훙원은 덩샤오핑의 탈주를 마오쩌둥에게 서둘러 고자질하면서 덩샤오핑의 정책과 개인적 야심을 비난했다.[31] 그러나 덩샤오핑은 포기하지 않았다. 1975년 9월 그는 경제 건설에 전문적 접근을 우선해야 하며 "린뱌오의 망토를 물려받은" 교조적 지도자들에 맞서야 한다고 촉구하는 '과학 · 기술 활동에 관련된 몇 가지 문제의 보고'를 발표했다.[32]

이것은 4인방과 그 동맹자들에 대한 반격이었다. 여론이 결과를 좌우했다면 덩샤오핑은 걱정할 일이 없었을 것이다. 대부분의 중국인들은 대약진 운동과 문화대혁명 기간 동안에 일어난 일들을 증오했다. 1976년 1월 오랫동안 병을 앓던 저우언라이가 끝내 사망했을 때 중국인들이 품은 감정이 어느 정도였는지가 드러났다. 지도부는 장례식을 가볍게 넘어가려 했다. 그러나 저우언라이는 과도한 정책을 온건하게 만들려고 애쓴 사람으로서 널리 사랑받았다. 그는 공식 노선에 공개적으로 반대한 적이 없었고 개인적으로 항상 마오쩌둥에게 고개를 숙였

장춘차오(張春橋, 1917~2005) 상하이 당 위원회 문예공작부장과 당 선전부장을 거쳐 상하이 당 제1서기, 중앙문화대혁명소조 부소장, 부총리와 군 총정치부 주임이 되었다.

야오원위안(姚文元, 1931~2005) 1969년 당 중앙정치국 위원을 맡았으며 문화대혁명의 이론과 선전 분야의 지도자로 활동했다.

왕훙원(王洪文, 1935~1992) 1966년 문화대혁명 당시 선봉 역할을 했고 1969년 제9차 중국공산당 대회에서 중앙위원이 되었으며 1973년 제10차 대회 후 당 부주석으로 승진했다.

1976년 고인이 된 저우언라이를 추모하는 중국 인민. 당국은 추모 열기가 반정부 폭동으로 번질 것을 우려하여 추모 의식을 방해했고, 분노한 민중들은 톈안먼 광장에서 시위를 벌여 정부에 맞섰다.

다. 그러나 사람들은 저우언라이가 진정 원했던 방향이 어느 쪽인지를 느꼈고 평범한 중국인들의 형편을 개선하기 위해 할 수 있는 일은 무엇이든 했던 데 대해 그에게 감사했다. 장례식 몇 주 뒤에 톈안먼 광장에 2백만 명의 사람들이 즉흥적으로 모여 그의 죽음을 애도하자 군대가 이들을 해산했다. 폭동이 일어났다. 장칭과 급진파 지도자들은 덩샤오핑의 '우파'에게 책임이 있다고 마오쩌둥에게 말했다. 마오쩌둥은 몇 달 동안 말썽을 부린 덩샤오핑을 다시 숙청했다.[33] 그러나 그는 덩샤오핑의 빈자리에 4인방 구성원을 임명하지는 않았다. 대신 임무 수행에 그다지 열정적이지 않은 화궈펑을 선택했다. 마오쩌둥은 고집했다. "자네가 지휘하고 있으면 내가 마음이 편하다네." 마오쩌둥은 자신의 시대가 거의 끝났음을 인정하고 있었다. 화궈펑은 마오쩌둥이 선택한 후계자였다.

덩샤오핑에 반대하면서도 마오쩌둥은 4인방을 제어하는 한편 덩샤오핑의 목숨을 살려줌으로써 양다리를 걸쳤다. 마오쩌둥은 부인에게 폭언을 하고 너무 야심적으로 행동한다고 비난하는 편지를 썼다. 장칭은 완고했다. "나이 든 간부의 75퍼센트는 필연적으로 자본주의의 길을 따릅니다!" 저우언라이는 이런 변절의 경향을 이끌었다고 비난받았다. 덩샤오핑도 끊임없이 비판의 대상이 되었다. 장칭은 권력의 자리에서 덩샤오핑을 제거한 일이 일시적인 조치에 그칠까 봐 두려워한 것이 분명하다. 베이징 밖의 장칭 지지자들은 심지어 화궈펑을 가볍게 비난하는 것도 꺼려하지 않았다.[34)]

마오쩌둥 자신은 회의에 더는 참석하지 않았으나 자신의 의견을 대화와 메모를 통해 알렸다. 그는 정책 형성에 관여하는 일을 그만두었다. 지도자급 직원을 임명할 때 결정권을 끝까지 통제하는 것으로 통치했다. 마오쩌둥은 1950년대 이래 중국혁명의 거대한 진자와도 같았다. 전략의 좌우를 오감으로써 어떻게 하면 권력을 고수하면서도 국가 질서를 파괴하는 데까지는 이르지 않는지 안다는 것을 보여주었다. 그러나 그는 중국에서 혁명적 대의를 어떻게 전진시킬지에 관해서는 아이디어가 다 떨어졌다. 마오주의는 농민의 지지를 얻어 혁명 전쟁을 일으키는 유용한 길이었다. 근본적인 사회 · 경제적 개혁으로 전 인민을 통합하고 활기 있게 만들 수 있는 방법이기도 했다. 그러나 마오주의는 나라를 산업화하는 데는 좋지 못한 수단이었다. 마오주의는 좀 더 평온한 시기에도 끔찍한 고통을 야기했다. 소련의 역사적 경험과 마오주의의 단절은 중화인민공화국 국민들에게 이로운 점도 있었고 불리한 점도 있었다. 그러나 마오쩌둥의 중국은 소련과 기본적인 개념, 실천, 구조를 많이 공유했다. 마오주의는 마르크스-레닌주의의 이형(異形)이었다. 마오주의의 파산은 마오쩌둥이 죽기 오래전에 이미 대부분의 중국인들이 보기에 분명한 일이었다.

29장

카스트로의 쿠바 혁명

섬나라에서 혁명이 살아남는 법

1959년 1월 쿠바 게릴라들의 혁명은 공산주의를 라틴아메리카에서 처음으로 권좌에 올려놓았다. 그들은 10년 선배 마오쩌둥이 이끌던 인민해방군과는 달리 전투 경험이 전혀 없는, 활동을 시작한 지 겨우 2년 된 무명의 세력이었다. 지도자는 32세의 피델 카스트로였다. 턱수염을 기르고 몸집이 탄탄했던 그의 군사적 성공은 세계를 깜짝 놀라게 했다. 카스트로는 고등학교 시절 매우 뛰어난 운동선수였고 아바나 대학에서는 영리한 법학도였으며, 공산주의 신념을 지녔다는 낌새는 전혀 없었다. 안락한 특권층 집안에서 태어난 그를 가톨릭 교사들은 특출하게 유망하고 경건한 아이로 높이 샀다. 하지만 십대 후반에 카스트로는 종교적 신념을 잃어버렸고 쿠바의 상황을 혐오하게 되면서 저항적인 사상으로 쏠리게 되었다.

1952년 3월 쿠바에서는 전직 하사관이었던 풀헨시오 바티스타 이 살디바르(Fulgencio Batista y Zaldívar, 1901~1973)가 군사 쿠데타로 다시 대통령직에 올랐다. 부패는 조직적으로 이루어졌고 바티스타는 그 부패의 가장 큰 수혜자였다. 제2차 세계대전 동안 바티스타는 연립정부를 구성하여 얼마간 사회민주주의적 정책을 시행했으며, 공산주의자들을 내각에 참여시키기까지 했다. 그러나 바티스타가 우선시한 것은 권력과 돈이었다. 1950년대에 바티스타는 미국의 꼭두각시가 되어 거머쥘 수 있는 달러를 모두 은닉하면서 자신을 노리는 연이은 음모를 솜씨 좋게 제압했다. 미국은 이미 쿠바 섬의 남동부 연안 관타나모에 군사 기지를 갖고 있었다. 미국은 1903년 에스파냐에 맞선 쿠바의 독립 전쟁에 개입한 후 매년 2천 달러의 임대료를 지불하는 특권적 조건으로 이 기지를 세웠다. 미국에게 쿠바는 설탕, 럼주, 시가, 프로 운동선수를 수입하는 원천이었다. 부유한 사업가와 더 부유한 갱들은 카지노와 매춘부, 국외 은행 시설을 찾아 아바나로 오곤 했다. 쿠바인들, 특히 사탕수수를 재배하던 아프리카 노예의 후손들은 모진 대가를 치렀다. 빈곤이 만연했다. 가톨릭교계는 사회 정의에 거의 관심이 없었다. 총기 범죄가 횡행했다. 부유한 소수를 제외하고는 교육 수준이 비참하리만큼 낮았다.

바티스타는 거의 스스로 몰락을 불러들이고 있었다. 바티스타에 반대하여 음모를 꾸민 사람들 중에는 정통당(Orthodox Party)에 속한 급진주의자들이 있었다. 이들과 가까웠던 카스트로는 소규모 무장 단체에 의한 폭력적 쿠데타만으로 성공할 수 있다고 믿었다. 1953년 7월 카스트로는 산티아고 데 쿠바 인근의 몬카다 병영을 향한 공격을 주도했다. 서투른 아마추어들의 작전이었다. 바티스타의 군대는 수십 명의 전력을 잃었으나 카스트로는 운 좋게도 감옥에 갇혔을 뿐이었다. 이어진 재판에서 그는 화려하고 도전적인 언사를 내뱉었다. "역사가 나를 무죄로 하리라!"[1] 1955년에 바티스타의 사면으로 석방된 카스트로는 다음 쿠데타 시도에 필요한 자금을 구하러 외국으로 도주했다.

1956년 12월 카스트로는 81명의 반란자들로 이루어진 일당을 이끌고 멕시코의 툭스판에서 위험한 항해 끝에 조국으로 돌아왔다. 그들은 그란마(Granma, 할멈)라는 기묘한 이름을 붙인, 사람과 짐을 위험할 만큼 가득 실은 호화로운 요트를 타고 바다를 건너 플라야 데 로스 콜로

1959년 1월 8일 쿠바혁명에 성공하여 수도 아바나로 입성하는 피델 카스트로(오른쪽)와 카스트로의 동지 카밀로 시엔푸에고스(왼쪽). 이후 카스트로는 쿠바의 공산화를 추진하고 약 50년간 통치자의 자리를 지켰다.

라도스에 상륙했다. 바티스타의 군대는 며칠 만에 그들 대부분을 죽였다. 카스트로, 그리고 체 게바라* 같은 카스트로의 지도자급 지지자들은 섬의 남부에 위치한 시에라 마에스트라로 도피했고 프랑크 파이스(Frank País) 같은 동조자들은 도시에서 반란을 도모했다. 카스트로는 신병을 끌어모으고 장비를 획득한 다음 산 아래로 진격했다. 농촌 주민들을 예의 바르게 대우할 것을 고집한 게릴라 세력이 점점 인기를 얻으면서 바티스타에 대한 지지는 사라졌다. 반란자들은 온갖 유형의 사람들로 이루어졌다. 카스트로의 동생인 라울 카스트로*를 포함한 소수는 공산주의 동조자였지만, 피델 자신은 특정 이념을 신봉하지 않는다고

게바라(Ernesto Che Guevara, 1928~1967) 쿠바혁명의 지도자. 아르헨티나 출생. 1954년 멕시코로 망명하여 쿠바의 바티스타 독재 정권을 전복할 준비를 하고 있던 카스트로 형제를 만나 카스트로의 군대에 합류했다. 1959년 바티스타 정권을 무너뜨린 뒤 카스트로가 정권을 잡자 쿠바의 시민이 되어 국가 농업개혁연구소의 산업부장, 쿠바 국립은행총재, 공업장관을 역임했다.

주장했다.[2] 피델 카스트로가 내세운 공약은 확실히 모호했다. 깨끗해진 사법 체계, 토지 개혁, 교육의 발전, 민주주의, 부패 척결 등이 그것이었다. 미국 관리들은 자신들이 이런 공약과 공존할 수 있다고 생각했다. 개혁가들은 과거에도 있었다. 그들은 항상 기존의 국내외 이익 집단과 타협에 도달했다. 워싱턴은 1959년 새해 첫날에 섬을 빠져나간 바티스타에 대한 지원을 조용히 끊어버렸다.

카스트로는 리무진을 타고 수도로 위엄 있게 행차할 준비를 했다. 그가 며칠 동안 도로변의 군중들이 보내는 갈채를 즐겼던 것은 확실하다.[3] 카스트로는 근심 없는 라틴아메리카인의 전형 같았다. 간편한 옷차림을 즐겼고 몸은 아주 가끔 대충 씻었다. 미녀들에게 치근덕거렸으며 각료 회의를 비롯해 대부분의 회의에 늦게 나타났다. 플리머스 리무진을 몰 때마다 그는 동승자들이 겁에 질려 정신이 나가게 만들었다.[4]

사실 카스트로는 약삭빠르고 파악하기 힘든 인물이었다. 처음에는 모든 공산주의자들을 제거하려는 것처럼 보였다. 그는 "모자를 한번 휘둘러 그들을 없애버리려" 한다고 재무장관에게 말했다. 어떤 사람들에게는 자신이 계급 투쟁과 독재에 반대한다고 말했다.[5] 카스트로의 계획은 그가 현실에서 자신의 사상을 시험해보면서 점차 밝혀졌다. 그는 조세법을 바꾸고 부패를 뿌리 뽑고자 했다. 그리고 대규모 설탕 플랜테이션 농장을 유지하면서 각 농가에 땅 27헥타르를 분배하는 농업 개혁을 꾀했다. 카스트로는 경제 근대화를 원했다. 자신의 '마에스트로(Maestro, 스승)'는 19세기 쿠바 민족주의 반란자 호세 마르티(José Marti, 1853~1895)라고 밝혔다. 마르크스나 엥겔스, 레닌에 대해서는 한마디도 하지 않았다.[6] 반제국주의 담론을 피했고 1959년 3월에 워싱턴에 갔을 때는 경제 원조를 기대했다.[7] 카스트로는 공산주의자라고 자칭하기를 거부하는 것이 도움이 되리라고 생각했다. 그는 자신이 일

라울 카스트로(Raúl Castro, 1931~) 피델 카스트로의 동생. 형 피델과 함께 반(反)바티스타 독재 투쟁에 가담하여 게릴라전의 지도자로서 능력을 발휘했다.

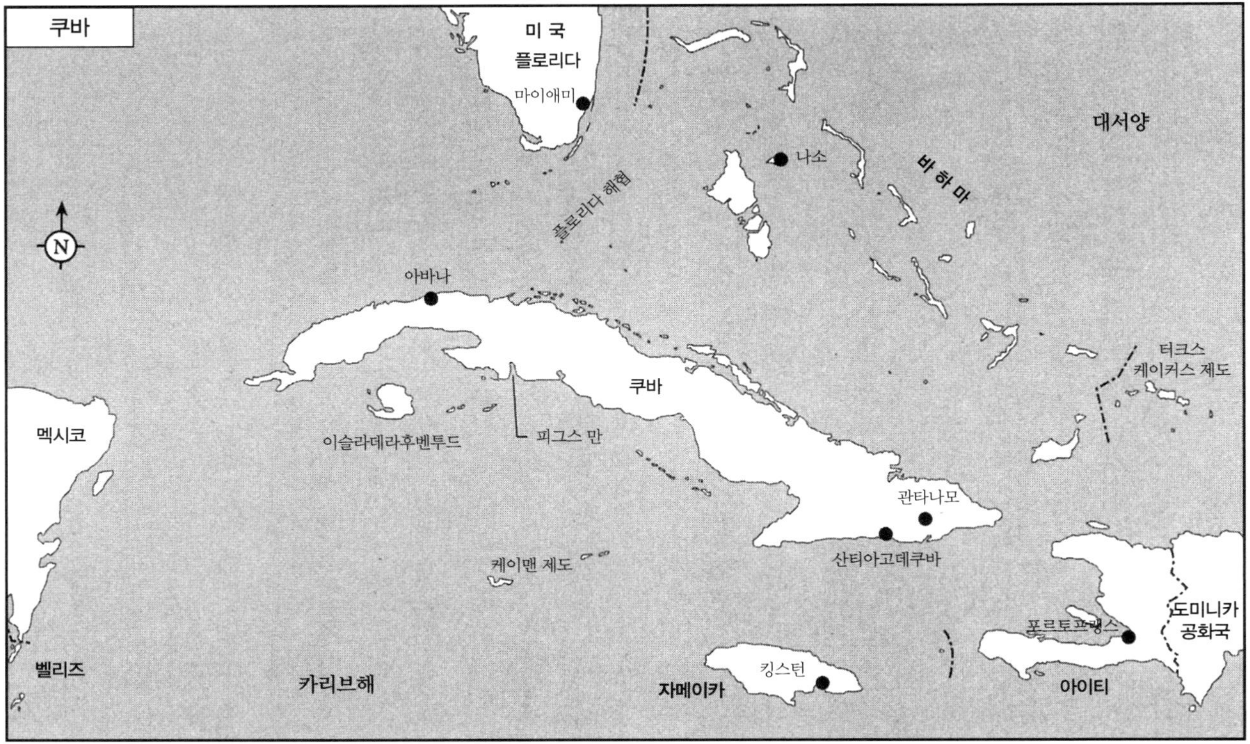

쿠바
미 국
플로리다
마이애미
대서양
나소
바 하 마
플로리다 해협
N
아바나
터크스
케이커스 제도
쿠바
멕시코
이슬라데라후벤투드
피그스 만
관타나모
산티아고데쿠바
케이맨 제도
도미니카
공화국
포르토프랭스
킹스턴
벨리즈
카리브해
자메이카
아이티

으킨 충격의 크기를 미처 고려하지 못했다. 자신의 혁명을 '우리 아메리카' 나라들에서 일어난 최초의 혁명이라고 불렀던 것이다. 미국이 아메리카 대륙의 정치를 지배해야 한다는 전통적 미국인다운 생각을 지닌 아이젠하워 대통령을 안심시키는 데는 역부족이었다. 카스트로는 결국 미국의 재정적 지원을 받지 못했다.

분노한 카스트로는 반미 자세를 취했다. 외국의 지원을 받아 일어난 산발적인 반혁명 봉기 시도 때문에 그의 기분은 가벼워지지 않았다.[8] 카스트로는 워싱턴이 수행하거나 후원하는 군사 행동 때문에 자신의 급진적 정권이 날아가도록 내버려 두지는 않겠다고 결심했다. 그리하여 상호 화해의 실패로 아메리카 대륙 역사상 최초의 공산주의 국가가 창설되는 일이 벌어졌다. 워싱턴은 당황했다. 이전에 공산주의자들이 거의 존재하지 않던 곳에서 공산주의자들을 여럿 보게 된 것이다. 갑자기 예고도 없이 점점 커져 가는 진짜 공산주의의 도전이 플로리다에서 불과 수십 킬로미터 떨어진 곳에 존재했다. 카스트로가 1960년 미국을 다시 방문해 국제연합 총회에서 연설했을 때 군중들은 소리쳐 그를 찬양했다. "피델! 피델! 피델!" 그는 호화로운 맨해튼 호텔에 머무르기를 거부하고 할렘으로 급히 떠났다. 흑인들이 여전히 법적 차별을 당하고 있던 시절 그의 행동은 백악관에 대한 경멸이고 도전이었다. 카스트로는 케네디 대통령을 '저속하고 무식한 백만장자'라고 부르면서 국제연합 총회에서 공세에 나섰다. 또한 푸에르토리코, 파나마, 온두라스에서 저지른 미국의 과거 행동을 비판했다. 그리고 미국인들이 협박으로 획득한 관타나모 만의 군사 기지를 고수하는 것을 맹렬히 비난했다. 카스트로는 소련이 식민지를 가지고 있지 않다는 점에서 미국보다 낫다고 주장했다.[9]

아바나로 돌아온 뒤 카스트로는 자신의 체제를 더욱 강하게 다졌다. 이미 총리였던 그는 독재자가 될 야심이 없다고 하면서도 '최고 지도자(el Máximo Líder)'라는 비공식적 호칭을 권장했다.[10] 그는 또 공산당을 장악했고 고참 지도자들을 갈아치웠다. 소련 대표단이 상황을 조사하려고 아바나로 날아왔다. 당시 미국인들에 대항하기 위해 소련의 지지를 열망하던 카스트로는 방문객들에게 자신이 확신에 찬 마르크스-레닌주의자라는 인상을 심어주었다. 그는 손님을 극진하게 대접했고 일부 '회의'는 9시간을 지속했다.[11] 카스트로는 콤소몰(공산주의청년동맹) 지도자 세르게이 파블로프(Sergei Pavlov)에게 자신이 존 리드의 《세계를 뒤흔든 열흘》을 읽었고 1917~1918년에 포위되었던 소련과 쿠바 혁명 정권의 현 상황이 유사하다는 것을 알았다고 말했다. 국제 공산주의에서 신참이었던 카스트로는 리드의 책이 트로츠키를 우호적으로 언급했기에 소련에서 금지되었다는 사실을 몰랐다. 카스트로는 열정적으로 말했다. "알다시피, 쿠바혁명은 2년 전에 시작된 게 아닙니다. 1917년에 시작되었지요. 당신들의 혁명이 없었다면 우리 혁명은 일어나지 않았을 겁니다. 그러므로 쿠바혁명은 43년 되었습니다!"[12] 카스트로는 소련에 초청해 달라고 간청했다. 그는 공식 석상에서 연설하는 대신에 러시아 숲에서 친구들과 사냥을 하고 싶다는 희망을 피력했다. 장황한 그의 연설을 들은 이들 중 이 마지막 주장을 진지하게 귀담아들은 사람은 아무도 없었다.

카스트로는 쿠바 설탕을 세계 시장 가격보다 더 높게 소련에 팔고 싶었다. 또 교사를 비롯한 전문가들이 쿠바 섬에 오기를 원했다. 경제 국유화를 꾸준히 추진하겠다는 계획을 세웠고 기업가들의 궁극적 수탈을 목표로 삼았다. "기업가는 전부 다른 사람들을 등쳐 먹고 사는 기생충이다. 하지만 기업가가 너무 많아서 그들에게 아무것도 할 수가 없다.(그리고 그들이 딱히 누굴 건드리는 것도 아니다.) 그래도 우리는 몰수를 고려하고 있다."[13]

쿠바 당국은 미국을 드러내놓고 경멸한 대가를 비싸게 치렀다. 1961년 4월 16일, 반공산주의 망명자들로 이루어진 무장 파견 부대가 과테말라의 미 중앙정보국(CIA) 훈련 캠프를 떠나 쿠바 북부 연안에 있는 피그스 만으로 항해했다. 케네디는 이 작전을 거의 아무 생각 없이 승인했다. 소규모의 병력으로도 쉽게 혁명을 진압할 수 있을 것이라고 확신했던 것이다. 케네디가 보기에 카스트로는 한 대 찰싹 쳐서 망각의 세계로 보내버려야 할 귀찮은 모기에 불과했다. 그러나 작전 계획은 허술했고 카스트로에 맞선 자발적 봉기에 대한 진단은 너무 낙관적이었던 것으로 드러났다. 상륙 지점 부근에 사는 농민들은 혁명 정부로부터 좋은 대우를 받았고 침략자들을 도와줄 마음이 없었다. 반란자로서 얻은 경험은 카스트로에게 무슨 일이 일어날지, 또 효과적인 방어책은 어떻게 조직해야 하는지를 가르쳐주었다. 반공산주의 전사들은 패배했고 포로로 잡혀 텔레비전 쇼에 출연했다. 카스트로는 미디어를 훌륭하게 이용했다. 장광설을 늘어놓기보다 그는 라디오와 텔레비전에 나온 억류자들의 측은한 자백에 의존해 자신을 변호했다. 케네디는 미국 정부의 관여를 별것 아니라고 했지만 세계가 아는 것은 달랐다. 미국은 역사상 처음으로 라틴아메리카에서 수모를 당했다.

카스트로는 침략자들이 자신을 거꾸러뜨릴 때까지 계속 몰려올 것이라고 결론을 내렸다. 소련이 미국보다 기술적으로 우월하다는 말에 회의를 품은 카스트로는 미코얀이 소련의 산업 수준이 얼마나 높은지를 말하자 그의 면전에서 웃음을 터뜨렸다.[14] 이것은 쿠바에서 공통된 판단이었다. 소련 지도부가 자문을 제공하려고 '경제 전문가들'을 보냈을 때 쿠바인들은 공손하게 환영하면서 손님들이 제 마음대로 하도록 내버려 두었다. (이런 대접은 날씨가 쾌청하고 음악이 넘치는 쿠바에서의 체류를 노동 면제의 특권으로 여긴 경제 전문가들에게 전혀 문제 될 게 없었다.) 쿠바인들은 어떤 러시아 농학자보다도 사탕수수 재배법을 더 잘 알았다.[15] 또한 스탈린이 확립한 시스템이 소련의 농업에 지속적으로 손상을 입혔다는 것도 깨닫고 있었다. 게다가 카스트로는 사회 복지를 더 우선시했다. 그는 괜찮은 의료 시설을 세우는 데 크렘린을 능가했다. 많은 의사들이 훈련을 받았다. 외국 무역 수지에서 곤경을 겪은 탓에 쿠바는 최신 의약품을 수입하는 것이 불가능했다. 그래서 대신 예방 보건에 역점을 두게 된 것이다. 쿠바는 국민들의 수명을 연장한 성공 사례로 라틴아메리카에서 널리 알려졌다.

그러나 쿠바혁명은 효과적인 지정학적 동맹국이 필요했고, 유일하게 가능한 후보자가 바로 소련이었다. 라울은 형의 결심을 확고하게 굳혀주었다. 피델은 모스크바의 군사·경제적 원조에 지불해야 할 대가가 자신의 혁명을 소련 동지들이 수립한 체계와 실천에 동화시키는 것임을 이해하게 되었다. 미국의 적대적 태도를 이기고 살아남으려면 쿠바는 즉시 공산화의 길로 가야 할 것이었다.

카스트로는 크렘린의 품으로 으스대며 성큼성큼 걸어 들어갔다. 그는 자신이 항상 마르크스주의자였다고 주장했지만, 빙긋 웃으며 마르크스의 《자본론》을 370쪽까지밖에 못 읽었다고 인정했다. 실제로 거기까지라도 읽은 적이 있는지 의심하지 않을 수 없다.[16] 하지만 카스트로는 소련의 역사적 경험에서 기본적인 측면은 받아들일 필요가 있다고 진정으로 믿게 되었던 것 같다. 국내에서 반체제 세력이 확산될 것이고 외국에서는 자신을 타도하려는 음모가 조직될 것이 틀림없었다. 정치적 통제 시스템이 필요했고 소련이 구축한 일당 체제는 세월의 시련을 이겨낸 유용한 모델을 제공했다. 독재가 확고하게 자리 잡았다면 경제에 대한 엄격한 규제도 필요했다. 상공업의 사적인 부문은 반혁명의 잠재적 지지자들을 품고 있었다. 경제 규제와 동시에 미디어에 대한 엄격한 감독도 필요했다. 쿠바 인민들은 정부가 자신들을 위해서 훌륭히 일하고 있다고 확신해야 했다. 상황은 카스트로로 하여금 1917년 이래 마르크스-레닌주의가 발전시킨 구조, 방식, 사상을 채택하도록 자극하고 있었다. 쿠바는 권력을 잡은 후에 공산주의를 채택한 지도자가 나라를 공산화한 첫 번째 사례였다.

정권은 경제를 완전히 국유화하는 것을 잠시 망설였다. 그러나 국제관계에서 카스트로는 소련에 전적으로 공감했다. 카스트로와 흐루쇼프는 최초의 회담 이후 단짝이 되었다. 1962년 10월의 미사일 위기는 두 지도자의 친밀한 관계에서 유래했다. 피그스 만 침공 이후 카스트로는 모스크바에 군사 지원을 간청했다. 흐루쇼프는 미국의 공격을 방지하기 위해 쿠바에 장거리 핵미사일을 설치하자고 제안함으로써 카스트로를 놀라게 했다. 카스트로는 기꺼이 동의했다. 그는 소련 군사 전문가들이 장비 배치를 맡도록 허용했고, 섬의 상공을 매일 비행하는 U-2 정찰기가 모든 것을 촬영하는 데 대비책을 강구했다. 하지만 카스트로의 대비책은 불완전했다. 훗날 카스트로는 전문가들이 큰 닭장을 짓는 척해야 했다고 주장했다.[17] 정보국 관리들에게 보고를 받은 케네디 대통령은 1962년 10월 22일 텔레비전 방송으로 이 소식을 전했다. 그에게 미사일 설치는 위험하고 용납할 수 없는 소련 군사력의 확대를 뜻했다. 케네디는 미국 남동부의 도시들이 소련 미사일의 사정거리 내에 들어가는 사태를 그냥 두고 보지 않으려 했다. 흐루쇼프는 미국 미사일 기지가 소련 국경 근처의 터키에 존재한다며 이에 맞섰다. 세계는 갑자기 캄캄한 구렁텅이의 가장자리로 떠밀렸다. 제3차 세계대전이 발발할 가능성이 농후해졌다.

이 시점에 카스트로는 흥분하여 흐루쇼프에게 물러서지 말라고 촉구했다.[18] 미국을 겨냥해 핵미사일을 발사함으로써 미국의 허세에 대적해야 한다는 것이 그의 주장이었다. 흐루쇼프는 그제야 자신의 충동적 행동을 후회하면서 당 간부회에 양보하는 것을 허가해 달라고 요청했다. 간부회는 동의했다. 흐루쇼프는 케네디에게 현재 미사일을 싣고 쿠바에 접근하고 있는 소함대의 방향을 돌리겠다고 말했다. 흐루쇼프가 얻을 수 있었던 최선의 양보는 터키 북부의 미국 핵시설을 폐쇄하겠다는 케네디의 약속이었다. 그러나 이 약속은 비밀에 부쳐야 한다는 조건을 달고서만 이행 가능했다.[19] 케네디는 또 쿠바에 대한 군사 행동을 단념할 것을 보장했다. 하지만 공개적으로 승리자는 한 명뿐이었다. 공산주의와 소련, 그리고 흐루쇼프는 수모를 당했다. 흐루쇼프는 쿠바인들에게 숨 돌릴 여유는 2, 3년밖에 주어지지 않을 것이라고 결론을 내렸고 난국을 초래한 것을 나무라는 카스트로의 말에서 통렬한 비난을 느꼈다.[20)]

피델, 그리고 쿠바 지도부에서 피델의 부관을 맡아 군부와 보안 기관을 관리하던 동생 라울은 그 후 몇 년 동안 공산화 과정을 가속화했다. 국가는 설탕 플랜테이션 농장을 징발해서 집단화했다. 농민이 가진 작은 땅뙈기는 정부 소유로 이전되었다. 광산은 국유화되었다. 가게와 카페(소설가 어니스트 헤밍웨이Ernest Hemingway가 사랑한 카페도 포함되어 있었다)는 개인의 수중에서 탈취되었다. 카지노는 문을 닫았다. 매춘부는 거리에서 쫓겨났다. 자신의 지도자들이 교육받고 안락한 배경을 지닌 백인이라는 사실을 자각한 혁명가들은 쿠바 흑인에 대한 차별을 종식시키려고 애를 썼다. 미국인 부자들의 재산은 압류되었다. 섬을 둘러싸고 미국의 경제 봉쇄가 이루어지더라도 쿠바인들은 잃을 것이 없었다. 바티스타 정권 때만큼 형편이 좋지 않았지만 그래도 라틴아메리카의 다른 지역보다는 나았다. 그러므로 카스트로에게는 현재보다 상황을 향상시킬, 특히 가난한 사람들의 삶을 개선할 능력을 보여줄 필요가 있었다. 그래서 소련과 동맹을 꼭 맺어야 했던 것이다. 우크라이나에서 생산한 사탕무로 소련 소비자들에게 필요한 설탕을 전부 공급할 수 있었는데도 흐루쇼프와 브레즈네프는 쿠바의 사탕수수를 세계 가격보다 더 비싸게 구입했다. 그들은 또 코메콘의 회원국들에게 해준 것처럼 쿠바에도 값싼 소련 석유를 실어 날랐다. 쿠바는 1972년에 코메콘에 가입함으로써 대서양 너머 동유럽의 전초 기지가 되었다. 차관도 너그러운 조건으로 계속 받았다.[21)]

정권은 복지 정책과 애국적 주장으로 처음에는 큰 인기를 모았다. 크렘린에 지정학적 전략으로 종속되어 있다는 데 관해서는 입을 다문 카스트로는 진정으로 독립적인 최초의 쿠바 통치자인 것 같았다. 그는 자주 옛 엘리트들을 조롱했다. 바티스타 정권 때의 사업가와 정치가들은 조용히 초야에 묻히거나 마이애미로 도피했다. 거대한 지주 가문들이 그런 흐름에 합류했다. 가톨릭교회조차 정권에 효과적으로 저항하지 못했다. 가톨릭교회는 바티칸에서 지시를 받았기에 특히 의심받는 종파였다. 1958년 이후 교황 요한 23세가 세계 공산주의 운동에 대한 정책을 완화했지만 교황의 개혁은 쿠바에 거의 영향을 끼치지 못했다. 쿠바의 성직자들은 당연히 전투적인 무신론 정책에 적대감을 느꼈다. 카스트로는 체제 비판을 멈추지 않는 성직자들을 체포했다. 그는 기원이 기독교와 관계없는 토착 종교의 전통에는 덜 가혹했다. 토착 종교 가운데 가장 비중이 높은 것은 산테리아(Santería)였다. 산테리아는 흑인 노예와 함께 아프리카에서 건너와 섬의 원주민들과 상호작용하면서 발달한 신앙과 의식이다. 사람들에게 위안을 주는 이 지역 종교를 카스트로가 수용하는 데 그의 오랜 연인 셀리아 산체스(Celia Sánchez)가 영향을 주었다는 항간의 이야기는 믿을 만하다. 하지만 다른 측면에서 카스트로는 공산주의 혁명을 완벽하게 수행했다.

소련 체제를 대체할 공산주의의 대안으로서 전 세계의 정치 좌파들이 느낀 쿠바의 매력은 급속히 감소했다. 쿠바는 제3세계에서 브레즈네프의 치어리더였다. 카스트로는 1968년 8월에 있었던 바르샤바 협정국들의 체코슬로바키아 침공을 비난하기는커녕 오히려 지지했다. 그는 두브체크와 프라하의 봄이 세계 공산주의에 지정학적 곤란을 초래했다고 강조함으로써 특이한 방식으로 지지자의 역할을 수행했다. 지정학적 곤란의 성격은 명확히 설명하지 않았다. 무엇보다도 두드러진 모습은 그가 발전의 길을 스스로 결정하는 소규모 공산주의 국가들의 권리를 무시했다는 것이다. 쿠바 또한 그런 소규모 나라들 중 하나였다.[22] 카스트로는 1975년에 앙골라인민해방운동(MPLA)의 분투를 지원하는 데서 혁명적 헌신을 쏟아 부을 출구를 발견할 때까지 세계의 시야에서 사라졌다. 아르날도 오초아(Arnaldo Ochoa, 1930~1989)의 지휘 아래 25만 명의 쿠바 병력이 대서양 너머로 파병되었고, 소련은 무기와 자금을 제공했다. 쿠바의 선전은 라틴아메리카에 집중되었다. 1967년 볼리비아에서 체 게바라가 체포되어 살해된 뒤 쿠바에서 반란을 조직하려는 진지한 시도는 전혀 없었다. 칠레에서 구성된 아옌데의 좌파 연합 정부는 환영받았고, 카스트로는 칠레 공산주의자들로 하여금 아옌데가 신중하게 생각한 것보다 더 급진적인 정책을 채택하도록 부추겼다.

국내에서는 거의 변화가 없었다. 경찰은 카스트로를 비판한 사람이라면 누구든 체포했고, 보통 몇 년 동안 감옥에 갇히는 처벌이 내려졌다. 3천 명에 이르는 내무부 관리들은 비밀 정보원을 이용해 사회에 침투했다. 죄수들에 대한 대우는 가혹했다. 카스트로가 혁명의 상징으로 마체테*에 주목한 것은 괜한 일이 아니었다.[23] 그러나 실제로는 보통 육체적 고문까지는 나아가지 않았고 사형을 선고할 때는 카스트로 개인의 허락이 필요했다.[24] 많은 권위주의 국가들의 기준에서 보면 쿠바에는 양심수가 거의 없었다. 2006년 중반에 양심수는 316명이었다.[25] 정권을 혐오한 수천 명의 사람들이 플로리다에서 피난처를 발견하지 못했더라면 양심수는 의심할 여지 없이 훨씬 더 많았을 것이다.

정권이 1960년대 초 이래 도입한 정치 · 경제적 조치를 확고히 함에 따라 혁명적 변화는 더는 추진되지 않았다. 쿠바의 가정에서는 물건을 최대한 활용했다. 대부분의 나라에서는 한참 전에 폐기되었을 만한 자동차도 계속 거리를 달렸다. 식품은 풍부하다고는 할 수 없지만 적당히 있었다. 과일, 옥수수, 럼주, 생선 정도는 누구나 섭취할 수 있었다. 카스트로가 실시한 주택 정책의 의도는 좋았다. 하지만 자금 부족과 계획의 착오로 아파트 단지에 수돗물이 부족했다. 섬의 가난한 사람들이 혁명에서 가장 많은 혜택을 받았다. 특히 흑인들은 생활 환경을 개선하고자 하는 정부의 노력으로 도움을 받았다. 문맹이 일소되었다. 게다가

마체테(machete) 라틴아메리카 원주민이 주로 사탕수수를 자르거나 가지치기를 하는 데 쓰는 날이 넓은 큰 칼.

쿠바는 아메리카 대륙의 어떤 나라보다도 국민 1인당 의사 수가 많았다. 쿠바인들의 기대 수명이 증가했다. 신식 훈련을 받은 젊은이들은 교육, 의료, 행정 분야에서 일자리를 얻을 수 있었다. 쿠바 음악의 활력에는 변함이 없었다. 카스트로는 쿠바 음악을 억압하기는커녕 바와 레스토랑에서 연주되는 음악을 즐겼다. 스포츠 시설이 확대되었다. 쿠바의 달리기 선수, 높이뛰기 선수, 권투 선수, 농구 선수들이 올림픽에서 금메달을 땄다. (하지만 그들 중 일부는 기회가 왔을 때 망명했다.) 혁명은 경찰과 감옥 없이는 유지될 수 없었다. 그러나 대부분의 사회 구성원들이 카스트로를 타도하고 싶어 못 견딜 정도는 아니었다.

혁명 쿠바를 덮친 격심한 충격은 1980년대에 찾아왔다. 모든 것을 뒤집어놓은 것은 미국의 폭탄이나 경제 봉쇄가 아니라 소련의 개혁이었다. 1983년 소련의 서기장이었던 유리 안드로포프는 쿠바 섬의 안보에 대한 군사적 보장을 철회했다. 쿠바더러 스스로 나라를 지키라는 것이었다. 고르바초프는 뒷날 한 걸음 더 나아가 쿠바인들에게 경제 보조 없이 살아갈 준비를 하라고 예고했다. 고르바초프는 미국인들과 함께 냉전을 종식하면서 아프리카의 내전에 개입하는 것이 더는 소련의 목적에 부합하지 않는다고 쿠바인들에게 말했다. 고르바초프는 또 라틴 아메리카에서 소란을 일으키지 않겠다는 카스트로의 약속도 얻어냈다. 고르바초프는 쿠바인들에게 엘살바도르와 니카라과에서 손을 떼는 데 동의하라고 고집했다. 고르바초프가 가장 피하고 싶었던 일은 부시 대통령이 전화를 걸어 왜 세계 공산주의 운동이 미국의 '뒷마당'에서 여전히 먼지를 일으키는지를 묻는 것이었다.[26] 그와 동시에 소련 지도자들은 쿠바를 보호하는 것이 소련의 '신성한 대의'라며 말로만 보장했다.[27] 카스트로는 자신이 할 수 있는 것을 모스크바에 계속 제공했다. 설탕으로 충분하지 않으면 의약품을 열심히 공급하려 했고 체르노빌 사고 희생자들의 쿠바 입국을 환영했다. 가난하고 산업화를 이루지 못한 쿠바가 소련 의료 체계의 벌어진 틈을 틀어막을 수 있었다는 사실은

러시아에서 공산주의가 완전히 파산했음을 폭로하는 것이었다.[28)]

1991년 말에 소련이 몰락하고 보리스 옐친*이 러시아에서 권력을 잡았을 때 그는 쿠바 설탕에 제공하던 보조를 끊었고 값싼 석유를 가져다주는 것도 중단했다. 쿠바는 홀로 남겨졌다. 카스트로가 처음으로 보인 반응은 경제에 대한 국가의 중앙 통제를 확대하는 것이었다. 농부들의 시장을 폐쇄한 이 반개혁적 조치는 단숨에 인민들의 생활 수준을 저하시켰다. 만일 카스트로가 외국 공산주의의 역사를 조금이라도 알았더라면 그와 같은 결과를 예상할 수 있었을 것이다. 곧 그는 잘못을 인식했고 매우 제한된 범위에서 사적 기업으로 복귀하기를 선택했다. 고르바초프가 반쯤은 자발적으로 그렇게 했던 반면 카스트로는 입을 삐죽거리며 그렇게 했다. 그래도 카스트로는 농부들이 농작물을 사고팔 시장을 부활시켰고 사적인 수공예품의 노점 판매를 허용했다. 점점 더 많은 유형의 소규모 기업 활동이 합법화되었다. 개인 음식점이 다시 나타났다. 농업 협동조합이 국영 농장을 대신했고 사탕수수 일변도에서 벗어나 경작을 다양화했다. 카스트로는 외국의 여행사들과 거래해서 국가 예산의 적자를 메웠다. 그는 모아(Moa) 만의 니켈 광산을 재개발하려고 캐나다 회사와 협정을 맺었다. 아프리카에서 군대를 철수해 수입의 유출을 줄였다. 미국의 봉쇄에 여전히 둘러싸인 상황에서 쿠바 지도자들은 소련에서의 변혁이 끼친 영향을 이겨내고 살아남기 위해 공산주의 경제학에 최소한의 변화를 주었다.

쿠바 지도자들이 결코 허용하지 않으려 한 것은 근본적인 정치 개혁이었다. 검열과 보안경찰에 의존하는 일당 체제는 효율적으로 유지되었다. 카스트로는 상황을 빈틈없이 장악했다. 1989년 카스트로 휘하의 앙골라 총사령관 아르날도 오초아가 부정한 상업 계획에 연루되었다는

옐친(Boris Yeltsin, 1931~2007) 러시아 초대 대통령. 소련공산당 간부였으나 1990년 당에서 탈당한 뒤 1991년 6월 러시아공화국 대통령에 당선되었다. 1996년 대통령에 재선되어 8년 동안 대통령직을 맡았다.

이유로 총살당했다. 오초아가 고르바초프의 개혁 같은 정치적 정비를 원한다는 소문이 돌았고, 그를 처형한 것은 사실 잠재적 정적을 없애려던 카스트로의 사법 살인이었다. 카스트로는 혁명적 도전의 자세를 유지했다. 그는 소련의 몰락에 건방진 농담으로 반응했다.

다른 나라가 머랭 과자처럼 녹아내릴 때 쿠바도 그렇게 될 것이라고 믿는 사람들이 있습니다. 아마 우리가 다른 달걀 흰자위로, 다른 달걀로 만들어졌다는 사실이 생각나지 않는 모양입니다(웃음과 갈채). 그리고 저의 상징적 표현을 잘못 해석하지 않기 바랍니다.〔에스파냐어로 달걀은 불알을 뜻할 수도 있다.〕(웃음) 저는 머랭 과자 만드는 데 쓰는 달걀 흰자위를 말하는 겁니다. 그러나 어쩌면 우리는 〔여기 쿠바에서〕 달걀이 아니라 용의 알을 다루고 있을지도 모릅니다.[29)]

쿠바의 혁명은 카스트로가 관여하는 한 붕괴되지 않을 것이었다. 카스트로의 연설에서 고르바초프는 케네디에서 조지 H. W. 부시(George H. W. Bush, 1924~)에 이르기까지 미국 대통령들이 들어 있는 바보 상자 속으로 던져 넣어졌다.

카스트로는 왜 곤경이 심화되고 있는지를 인민들에게 과감하게 설명했다. 카스트로는 1991년 11월 젊은 청중들에게 다음과 같이 이야기했다.

혁명이 승리했을 때 우리는 4백만 톤의 석유를 사용하고 있었고, 설탕 1톤으로 석유 7톤을 샀습니다. 7톤이나 말입니다! …… 요점은 지금 석유 가격이 독점 상태에 있고, 또 이른바 세계의 투매 시장에서 설탕 가격이 저렴한 상황에서 석유 1톤을 사려면 거의 설탕 1톤이 필요하다는 것입니다. 여러분은 설탕 1톤으로 석유 1.3~1.4톤을 살 수 있습니다.[30)]

카스트로는 아무리 힘들더라도 의지와 자부심을 품으라고 격려했다. 쿠바에서는 인민에게 필요한 식량과 주택, 교육, 의료가 부족할 일이 없었다. 쿠바의 사례는 라틴아메리카를 환히 비추는 횃불이었다. 쿠바인들은 여전히 '양키 제국주의'를 차갑게 대할 수 있었다.

모든 외국 지도자들이 경멸받은 것은 아니었다. 카스트로는 1994년 빌 클린턴(Bill Clinton, 1946~)이 미국 대통령이 되었을 때 미국과의 관계 완화를 조심스럽게 모색했다. 그러나 가톨릭교회와의 화해를 시도하는 일보다 효과가 더 보잘것없었다. 쿠바는 1998년 교황 요한 바오로 2세의 방문을 유치했다. 4년 뒤 카스트로는 지미 카터 전 대통령을 따뜻하게 맞았다. 한편으로는 동시에 저항의 전조에 족쇄를 채웠다. 자발적인 이주는 여전히 불법이었고 사로잡힌 도망자는 인민의 적으로 취급되었다. (쿠바 경제가 미국에 거주하는 망명자들이 보낸 돈에 기대어 버티고 있었는데도 이것이 공식 노선이었다.) 70대의 카스트로는 머리가 허옇게 셌고, 병든 교황 요한 바오로 2세를 맞았을 때는 기운 넘치는 지난날의 반란자라기보다는 활력은 있으나 늙어버린 귀족(그는 군복 대신 깔끔한 검은 양복을 입었다)처럼 보였다. 그러나 카스트로는 적들에게 자신의 좌절을 목격하는 즐거움을 선사하지 않으려 했다. 그는 교육, 고용, 스포츠, 의료 분야에서 혁명이 거둔 성과에 대한 자부심을 거듭 장황하게 드러냈다. 질서 있는 공산주의 사회와 원활하게 기능하는 공산주의 경제라는 목표는 오래전부터 비현실적인 것이었다. 그러나 쿠바는 세계 자본주의의 영역에 다시 진입하면서도 서방 열강에 용감히 맞서 수십 년 동안 이룩했던 많은 것들을 과시할 수 있었다.

카스트로는 자신이 이룬 혁명을 마르크스-레닌주의 관점과 잘 어울린다고 보았다. 소련은 주춧돌을 놓고 벽을 세웠으나 그렇게 지은 대저택은 붕괴했다. 반면 쿠바, 즉 작고 무방비 상태지만 꿋꿋했던 쿠바는 살아남았다. 카스트로는 또 쿠바의 성과가 그 성과를 따르고 싶어 할 라틴아메리카와 사하라 사막 이남 국가를 비롯한 모든 나라에 본보기가 된다고 믿었다.

카스트로는 쿠바 섬을 위해 많은 것을 했지만 활기찬 경제와 확고한 사회적 합의를 구축하는 데는 실패했다. 그는 정치적 반체제 인사들을 감시하고 가둬놓을, 동생 라울의 대규모 보안 기관들과 감옥 없이는 아무것도 할 수가 없었다. 공산주의자들은 미국이 실행한 쿠바의 장기 봉쇄를 크게 탓했는데, 그들의 주장은 소련 지도자들이 1920년대에 미국이 소련을 봉쇄한다고 똑같이 비난했을 때보다 더 설득력 있었다. 그러나 일단 쿠바 혁명이 일당 · 유일 이데올로기 국가, 전제적인 경찰 독재 그리고 국가 소유의 경제(최고 지도자가 지배하는 카우디요* 스타일의 전제정은 말할 것도 없었다)를 지향하자 그들은 다른 공산주의 국가들이 이미 경험한 곤경과 싸우지 않으면 안 되었다. 카스트로는 반대파를 감옥에 집어넣을 수는 있었지만 인민들의 불평과 정치 기피, 경제 침체는 막을 수 없었다. 그의 화려한 언변은 당대 공산주의자들의 연설을 훌쩍 앞질렀다. 그러나 공산주의의 고유한 논리는 반박할 수 없었다. 노년의 카스트로는 자신이 오래전에 근본적인 투쟁에서 패배했음을 알았다. 비록 그 이유를 이해했다는 기색은 전혀 보이지 않았지만 말이다. 2006년 여름 카스트로의 건강이 갑자기 악화했다. 그가 없는 쿠바 사회는 혼란에 빠졌다. 카스트로 이후의 쿠바 정치를 구상하는 작업이 본격적으로 시작되었다.

카우디요(caudillo) 지도자라는 뜻의 에스파냐어. 보통 에스파냐어권 나라들의 군사 독재자를 일컫는다.

철의 장막, 죽의 장막

농담 없는 통제 사회

공산주의 국가들은 인민이 영향을 받지 않도록 외국 문화를 차단했다. 장벽, 지뢰, 철조망, 검열과 선전은 세계 지표면의 3분의 1에 사는 사람들을 자본주의, 대의제 민주주의, 시민적 자유로부터 격리했다. 소련과 중화인민공화국의 통치자들은 처음에는 이러한 격리가 일시적이라고 상정했다. 그들은 자본주의에 대한 공산주의의 우월성을 건전한 정신을 지닌 모든 사람들이 곧 깨달을 것이며, 그러면 안보 예방책의 필요성이 사라질 것이라고 생각했다. 그런 일은 결코 일어나지 않았다. 규정된 영토적 경계, 그리고 정치적 · 정신적 경계 안에 국민을 가두는 것은 공산주의 혁명이 일어나고 일당 국가가 통치하는 곳에서는 불변의 정책이 되었다. 지도자들은 바로 이 벽 뒤에 웅크리고 있었다. 알바니아의 엔베르 호자는 이례적으로 유럽의 고전 문학에 조예가 깊었고, 몰로토프는 자신이 세계시민주의를 신봉하기 때문에 의심을 받는다고 생각했다.[1] 그러나 호자는 금지된 외국 문화에 인민들이 접근하는 것을 막았다는 점에서 보통의 공산주의 독재자였다.[2]

러시아와 중국 같은 나라의 전통이 이처럼 외국 문화를 거부하는 경향에 영향을 끼쳤다. 20세기 이전의 여행객들은 러시아인 대부분이 외국인 혐오증이 매우 심하다고 기록했고 중국의 황제와 관리, 백성들은 다른 세계를 정중하면서도 동시에 의심하는 태도로 바라보는 경향이 항상 있었다. 그러나 그와 같은 태도만으로는 러시아와 중국의 마르크스주의자들이 서구 사회에서 기원한 이념을 지지하면서도 왜 인민들이 서방과 자발적으로 교류하는 데 불신을 품었는지 거의 설명하지 못한다. 마르크스와 엥겔스는 당당한 세계시민주의자였다. 레닌이 지구상의 특정한 인민을 찬양했다면 그들은 러시아인이 아니라 독일인이었다. 게다가 몇몇 공산주의 국가에는 오랜 세월 동안 외국과의 접촉을 환영하는 역사가 있었다. 체코슬로바키아인과 헝가리인들은 1918~1919년에 합스부르크 제국에서, 그리고 그 후 제3제국에서 해방된 민족들의 공동체에 들어가기를 열망했다. 쿠바인들은 세계 무역과 세계 문화에 좀 더 많이 접근할 수 있기를 간절히 바랐다. 이 조그만 섬의 인민들은 우호적인 외국인들과 접촉할 기회를 얻을 때 늘 번영했다. 외국의 영향을 적극 받아들이는 쿠바의 열린 태도는 미국인 작가 어니스트 헤밍웨이를 매료시켜 1961년에 죽기 직전까지 그곳에 거주하게 하기도 했다.

공산주의 통치는 다양한 민족적 배경에서 형성되어 등장하는데도 왜 많은 경우 기본적으로 똑같은 모습을 지녔을까? 계획적인 모방이 이루어진 것은 분명하다. 소련은 매우 효율적이라고 널리 인정된 모델을 정교하게 만들었다. 다른 나라들이 소련의 모델을 많든 적든 베끼는 것은 당연한 일이었다. 동유럽에서는 어떤 대안도 허용되지 않았다. 한편 통치 권력이 받던 실질적인 압력도 외국을 경계하는 방향으로 나아가게 했다. 공산주의 국가들은 대부분 격리 체제를 도입하지 않고서는 통치를 확고히 하기가 어렵다는 것을 알았다. 모든 공산주의 국가에는 정치 · 사회 · 문화 · 종교적 정책에 분노한 국민들이 있었고, 외국의 동정적인 조직으로부터 지지를 구하려는 시도가 필연적으로 존재할 수 있었다. 국민들은 공산주의 국가 밖의 삶이 더 낫다는 것을 발견할 때마다 약속을 지키는 데 거듭 실패하는 경제 질서에 좌절하곤 했다.

마르크스-레닌주의를 믿는 통치자들이 국민들이 '자본주의 개발도상국'에서 온 외국인들과 허락 없이 접촉하는 것을 싫어한 것은 놀랄 일이 아니다. 많은 통치자들은 다른 공산주의 국가에서 온 사람들과 교류하는 것조차 불안해했다. 중국 당국은 소련을 너무 의심한 나머지 1920년대에 소련에서 도피해 온 러시아 이주자들을 추방했다. 소련 서부에 있는 연방 공화국들의 지도자들은 1956년 헝가리 반란과 1968년 프라하의 봄이 일어난 기간과 그 후 몇 달 동안 동유럽에서 온 방문자들을 의심을 품고 대했다.[3] 1970년부터 폴란드의 독립적 노동조합인 자유노조연대(Solidarność)가 일으킨 장기적인 정치적 비상사태 동안 크렘린은 소련을 찾는 폴란드인 여행객들의 허용 인원을 자주 줄이곤 했다. 그단스크 조선소와 크라쿠프 교회들의 반란 바이러스가 소련 국민들의 정신을 감염시킬지 모른다고 걱정했기 때문이었다. 소련 정치국은 소련의 노동자들이 품은 불만의 수준이 어느 정도인지 끊임없이 가늠했고 국가보안위원회(KGB)는 당국에 대해 투덜대는 행위를 경고했다.[4] 자유노조연대의 사상이 들어온다면 모스크바와 레닌그라드 거리에서 말썽이 일어날 수도 있었다. 그와 같은 걱정은 소련에만 있었던 것이 아닐뿐더러 1970년대와 1980년대에 국한되지도 않았다. 1960년대 이래 헝가리와 루마니아 사이의 적대감은 양국 정부로 하여금 공식적 용무가 없으면 국경을 넘는 것을 제한하게끔 했다. 차우셰스쿠는 트란실바니아의 헝가리인 소수 민족을 체계적으로 박해했다. 차우셰스쿠가 무엇보다도 질색했던 것은 공산주의 헝가리와 정기적으로 여행객을 교환하는 일이었다.

외국으로 나가는 소련 국민들은 중앙위원회 서기국에서 행동에 대한 비밀 지시를 받았다. 14개 기본 규칙이 있었다. 여행자들은 공산주의 메시지를 전달하는 역할을 수행해야 했다. 지정된 지도자와 함께 정해진 단체로 여행해야 했다. 소련의 국내 정책과 대외 정책을 옹호하는 데 열정을 보여주어야 했다. 작은 약점이라도 보이면 외국의 정보 기관들이 와락 움켜잡을 것이기 때문에 끊임없이 경계해야 했다. 자본주의 국가의 인민들과 맺는 관계는 공식 용무에 국한되어야 했다. 개인적인 서류는 아무것도 소련 밖으로 반출되면 안 되었다. 외국에 도착하면 소련 국민들은 가장 가까운 대사관이나 영사관에 자진 출석해야 했다. 또 외국에서는 절대로 사적인 유급 노동을 하면 안 되었다. 값나가는 선물도 받지 말아야 하며 빚을 져도 안 되었다. 이성의 외국인과 야간 열차를 타고 여행하는 것은 "권장되지 않았다." (동성 관계는 소련 법률로 처벌될 수 있었기 때문에 동성애는 말할 필요도 없었다.) 호텔 방은 티끌 하나 없이 깨끗하게 유지해야 했다. 나라 곳곳을 돌아다니는 여행은 지정된 단체 지도자의 허가가 필요했다. 외국에 공식적으로 친척을 데리고 가려면 그 친척이 여행자의 업무를 꼬치꼬치 캐묻지 않도록 단속해야 했다.[5)]

여행자들은 귀국 후에는 2주 내에 보고서를 쓰고 모국에 도움이 되는 정보를 제공해야 했다. 그러나 말할 수 있는 것이 뭐가 있었겠는가? 외국인과 교제할 국민들의 자유를 제한함으로써 일반적인 공산주의 체제는 경제 · 사회 · 문화적으로 교류할 풍부한 가능성을 스스로 박탈했다. 사실 공산주의 체제들은 서방에 대해 알고 싶지 않은 것이 무엇인지 알아내기조차 싫어했다. 공산주의 체제에게 무지는 자기만족적인 즐거움이었다.

물론 신뢰받는 국민들만 외국 여행이 허용되었고 북한처럼 극단적인 경우 단지 수십 명만 그런 신뢰를 누렸다. 소련에서조차 동유럽 국가를 비롯해 다른 나라에서 여름 휴가를 보낸다는 것은 분명한 특권이었다. 국경, 특히 자본주의 국가와 인접한 국경은 순찰대가 엄격하게 감시했다. 수천 명의 난민들이 독일민주공화국을 탈주했다. 동베를린과 서베를린 사이에 있는 검문소에서 통제가 강화된 후 동베를린을 떠나려는 사람들은 수로를 헤엄치거나 차 트렁크에 몸을 숨겼다. 일부는 총알이 빗발치는 가운데 힘껏 뛰어 세관을 통과했다. 서베를린 소방서의 헤르만 보르체르트(Hermann Borchert)가 상기했듯이, 불법적인 탈출 방법은 꾸준히 발전했다. "탈출을 원하는 사람들이…… 〔국경 너머의〕 창문에서 작은 종이 조각을 베르나우어 거리로 던지는 것이 관례가 되었다. 몇 동 건물, 몇 층, 몇 번째 창문, 그리고 뛰어내리려는 시간, 예를 들어 '10시' 등이 종이에 적혔다." 난민들이 뛰어내릴 때 소방용 담요 위에 떨어지도록 위치를 잡는 것이 소방관들의 임무였다.[6)]

베를린을 동서로 나누는 구분선이 베르나우어 거리 중앙을 관통했기 때문에 난민 구조가 지속될 수 있었다. 당 지도자 발터 울브리히트는 흐루쇼프가 서방에 '불필요한 관용'을 보여주고 있다고 생각했다.[7)] 그는 흐루쇼프에게 떠나버린 독일 난민의 자리를 채울 수 있도록 소련 사람들을 보내 달라고 요청했다. 흐루쇼프는 무뚝뚝하게 대꾸했다. "소련 노동자가 어떻게 느낄지 상상해보시오. 전쟁에서 이기고 나서 당신네 변기를 닦아야 할 신세가 되는 거요."[8)] 긴장 상태가 끊임없이 이어졌고 결국 흐루쇼프는 1961년 8월 베를린 동부 지역과 서부 지역 사이에 장벽을 세우자는 울브리히트의 요구를 들어주었다. 소련 대사는 "우리는 모스크바로부터 긍정적인 답변을 얻었다."고 보고했다.[9)] 소련 스스로 외국과 단절하는 장벽을 쌓았기에 흐루쇼프는 울브리히트의 요청을 거절할 수 없다고 결정했다. 반대 여론에도 불구하고 1961년 8월 12일 밤늦게 사전 작업이 완료되었다. 베를린 시민들은 다음 날 잠에서 깨어났을 때 동베를린과 서베를린 사이에 1.8미터 높이의 철조망 울타리가 세워진 것을 알았다. 울타리는 곧 벽돌 담장으로 바뀌었다. 인근 부지를 확보하려고 건물이 철거되었다. 저격병이 길을 가로질러 장벽을 향해 돌진하는 난민들을 쏘는 데 알맞은 거리에 감시탑이 세워졌다. 이러한 조치는 동유럽에서 서구로 사람들이 대량 유출되는 것을 방지했다. 의사, 교사, 과학자들의 탈주는 중단되었고 동독은 성벽으로 둘러싸여 공산주의가 가꾸어지는 정원이 되었다. 정치적 대가는 엄청

베를린 장벽을 쌓는 1961년의 동독 노동자들. 베를린 장벽은 서독으로 탈주하려는 동독인들을 막으려는 대책이었지만, 장벽이 세워진 뒤에도 장대높이뛰기를 하고 터널을 파는 등 탈주 시도는 끊이지 않았다.

났다. 동독이 천국이고 서독이 지옥이라면 왜 사람들이 천국을 벗어나고 싶어 했는가?

탈주는 위험했지만 계속 시도되었다. 장대높이뛰기를 배워서 사다리 없이 장벽을 넘으려고 하는 젊은이들이 생겨났다. 정교한 터널도 팠다. 하지만 베를린 장벽이 붕괴할 때까지 2백 명 이상의 탈주자들이 살해되었다. 혁명 이후 쿠바를 탈출하려던 사람들도 똑같은 위험에 직면했다. 때때로 가족 전체가 고무보트의 노를 저어 플로리다 해협을 건너서 미국으로 갔다. 폭풍과 상어와 태양의 열기 때문에 여정은 무척 힘들었다. 수백 명이 익사하거나 쿠바군에게 잡혀 구금당했다.

게다가 어떤 공산주의 국가도 정치적 반체제 인사들을 가둘 감옥과 노동수용소 네트워크 없이는 오래 지속될 수가 없었다. 죄수들에게는 육체적으로 고되고 정신이 멍해지도록 지루한 작업이 배당되었고 야만적인 처벌이 부과되었다. 비밀 정보원들은 누가 국가 체제를 비판하는지 당국에 고자질했다. 예를 들어 1970년대 독일민주공화국의 경우 국민 120명 중 한 명꼴로 국가를 위해 밀고를 수행했다고 추정된다. 정보원은 "존경할 만하고 성실하며 친절한 사람"으로 보여야 했다.[10] 보수는 거의 없었으나 대신 기꺼이 업무를 수행할 만큼 충분한 특례가 곧잘 주어졌다. 정보원의 희생자들이 자동적으로 감옥에 갇히는 일은 사라졌다. 유리 안드로포프는 국가보안위원회(KGB) 총수였을 때 젊은 비판자들을 잘못 지도된 비행 청소년으로 취급하는 데 앞장섰다. 안드로포프 휘하의 관리들은 부모를 찾아가 자녀가 행동을 고치지 않으면 체포하겠다고 경고했다. 성인들도 투옥은 면하더라도 정신 병동에 감금될 것이었다. 중화인민공화국도 일부 저명한 반체제 인사들을 처리하고자 이러한 기법을 채택했다. 정치적 저항은 일종의 광기로 취급되었고 희생자들은 위험한 여러 항(抗)정신병 약을 투여받았다. 이것은 수용소에서 견뎌야 하는 생활만큼이나 악질적인 고문이었다.[11]

예방을 위한 검열은 바람직하지 못한 사상에 접근하는 것을 온갖 수를 써서 제한했다. 마오쩌둥의 홍위병은 문화대혁명 동안 값을 매길 수 없을 정도로 귀중한 옛 중국 고전들을 불태웠다. 소련 지도자들은 러시아의 중요한 문학 작품뿐만 아니라 '세계 문학'의 중요성에 대해 조금이나마 남은 존경심을 간직했고, 스탈린이 사망한 후에는 현대 서양 소설(적어도 성향이 좌파이거나 비정치적이고 비외설적이라고 생각되는 작품들)의 번역판이 대량으로 출간되었다. 존 스타인벡, 그레이엄 그린, 어니스트 헤밍웨이는 첫 번째 부류에 속했던 반면, 애거사 크리스티와 C. 노스코트 파킨슨* 교수는 두 번째 부류에 들어갔다. (어떻게 러디어드 키플링*이 검열을 통과했을까? 맹목적인 애국적 제국주의자로서 그의 명성이 분에 넘쳤을 텐데 말이다. 그러나 크리스티는? 검열관들이 속았거나 검열관 자신

파킨슨(Cyril Northcote Parkinson, 1909~1993) 영국의 역사학자이자 작가. 관료주의의 본질을 비판한 '파킨슨 법칙'을 1955년 〈이코노미스트〉에 발표해 유명해졌다. 이 글은 《파킨슨 법칙》이란 책으로 출간되어 공산권에서도 널리 읽히는 스테디셀러가 되었다.

키플링(Rudyard Kipling, 1865~1936) 영국의 소설가이자 시인. 대영 제국주의를 옹호함으로써 애국 시인으로 일컬어지고 대중적 인기를 얻었다. 1907년 노벨문학상을 수상했다.

들이 약간은 불온했던 것일까?) 영화도 같은 잣대로 선별되었다. 비토리오 데시카(Vittorio De Sica, 1901~1974)의 영화 〈자전거 도둑〉과 프랑스 범죄 추리 소설의 주인공 팡토마는 1960년대 소련에서 무척 사랑받았다. 사실 독자들은 이 작가들을 검열관이 예상하지 못한 방식으로 해석했다. 예를 들어 헤밍웨이는 자본주의 부패를 드러냈기 때문이라기보다 와인, 여자, 노래에 대한 찬양 때문에 사랑받았다.

알바니아는 문을 좀 더 많이 열었다. 알바니아는 유럽에서 가장 폐쇄적인 사회로 악명 높았는데, 이는 타당한 지적이다. 그러나 알바니아 지도자 엔베르 호자는 영국 코미디언 노먼 위즈덤(Norman Wisdom)의 영화가 자본주의에 대해 강력한 비판을 제공한다고 확신했다. 위즈덤은 자신이 맡은 등장인물인 유쾌한 피트킨 씨가 속물 사회에서 살아남으려고 아둥바둥 애를 쓰는 모습을 연기하면서 사회의 불공정함을 확실히 드러냈다. 알바니아 관객들은 호자가 기대한 이념보다는 즐거운 익살극과 잘 차려입고 잘 먹는 사람들을 얼핏 구경할 수 있어서 위즈덤의 영화를 사랑했다. (위즈덤의 인기는 공산주의 몰락 이후에도 계속되었고 그는 1995년 알바니아의 수도 티라나 시를 자유롭게 출입할 권리를 부여받았다.) 그렇지만 영국 코미디에 대한 호자의 편애는 그의 통치 기준에서 볼 때 일탈이었다. 그리고 엘베 강 동쪽의 유럽 전역에는 관객과 청중을 지루하게 하는 문화적 경건주의 같은 것이 있었다. 텔레비전에 나오는 엄숙한 얼굴이 딱딱한 분위기를 주도했다. 공산주의가 영광스런 미래를 향해 계속 전진하고 있다고 전하는 끝없는 뉴스 프로그램은 스포츠 경기 결과를 알리는 뉴스 덕에 겨우 봐줄 만했다. 물론 동유럽 사람들은 팀이든 개인이든 운동선수가 소련을 물리치면 더욱 신이 나서 뉴스를 보았다.

모스크바와 베이징이 계속 서방의 미디어가 유해하다고 여긴 것은 놀랄 일이 아니었다. 소련은 라디오 전파 방해를 맹렬하게 수행했고 동유럽의 공산주의 지도부도 전파 방해 설비를 운영할 기술을 갖추고 싶어 했다.[12] 미국의 소리(VOA), BBC, 라디오 리버티(RL), 라디오 자유 유럽(RFE) 방송은 소련에서 오랫동안 들을 수가 없었다. 바람직하지 못한 단파 방송을 들을 가능성을 배제하고자 라디오 수신기가 다시 설계되었다.[13] 하지만 브레즈네프 체제는 소련이 미국과 데탕트를 추구하던 시기에 전파 방해를 중단했다. 사실 소련 텔레비전 산업이 진척되는 동안 에스토니아 시청자들은 핀란드산(産) 텔레비전(영어로 된 미국과 영국 쇼를 많이 볼 수 있는)을 구매할 수 있었다. 그리고 에리히 호네커*의 비난에도 불구하고 수백만 명의 동독인들은 서독의 텔레비전 프로그램을 보았다. 호네커는 서독 수도인 본과의 평온한 관계에서 경제적으로 너무나 많은 이익을 보고 있었으므로 전파 수신을 방해할 수가 없었다. 이런 사례는 일반적인 경우에서 벗어난 것이었다. 공산주의 국가의 국민 대부분은 공식적으로 승인된 출처를 통해 아는 것 말고는 외국에서 무슨 일이 벌어지고 있는지에 무지했다.

그러나 서방의 유행은 목마를 때 마시는 음료처럼 공산주의 국가로 계속 스며들어갔다. 체코슬로바키아의 바츨라프 하벨* 같은 반체제 인사들은 비틀스, 롤링 스톤스, 마더스 오브 인벤션의 음악을 밀반입된 레코드로 들었다. 문화적 반란은 서방의 금지된 과실을 맛보고 싶어 하는 젊은이들 사이에서 활발하게 진행되었다. 1970년대에는 미국과 유럽의 남성 장발 패션이 국경을 넘었다. 알바니아는 장발에 끝까지 저항했다. 알바니아를 찾은 소수의 관광객은 국경에서 검사당했고 두발이 부적절하다고 판단되면 머리칼이 짧게 깎였다. 티라나에서는 감옥을 빼고 세계 어느 곳보다도 머리를 짧게 깎았다. 영국과 아이슬란드 사이에 위치한 페로스 제도의 마르크스-레닌주의당 당원 대부분을 포함한

호네커(Erich Honecker, 1912~1994) 독일의 정치가. 사회주의로부터 이탈하는 데 강경한 태도를 보인 보수파로서 독일통일사회당 서기장 겸 국가평의회 의장을 지냈다.

하벨(Václav Havel, 1936~2011) 체코의 극작가이자 정치가. 1968년 '프라하의 봄' 당시 두드러지게 활동했고 1970~1980년대에 걸쳐 반정부 활동을 벌였다. 1989년과 1993년에 두 차례 체코슬로바키아 대통령으로 선출되었다.

관광객 단체와 함께 티라나를 여행한 영국인 학자는 떠나기 전에 뒷머리와 옆머리를 짧게 깎으라는 경고를 받았다. 이 경고를 무시한 그는 티라나 공항에서 환영받지 못했는데, 공항에서 그는 페로스 제도의 일행과 분리되어 길 잃은 양처럼 머리를 짧게 깎였다. 호자는 문화적 오염을 막기로 결심했다. 가위는 알바니아의 마오주의적 예절을 모독하는 사람들에 맞서 선택된 무기였다.[14)]

록 음악에 대한 공식적인 혐오는 록 음악이 더욱 인기를 끄는 데 도움을 줄 뿐이었다. 중국에서조차 장애물은 더 컸지만 똑같은 경향이 뿌리를 내리고 있었다. 마르크스-레닌주의 이데올로기의 진정한 추종자들은 점점 줄어들고 있었다. 마오쩌둥은 수억 명의 소박한 농민들이나 정보가 부족한 도시민들이 명령을 수행하도록 함으로써 문화대혁명을 단행할 수 있었다. 마오쩌둥은 또 불평등에 대한 사회적 분노도 이용했다. 그러나 마오쩌둥의 말을 곧이곧대로 듣는 사람들은 점점 더 줄어들었다. 중국의 연안 도시에 사는 주민들은 외국 가요를 수록한 레코드나 카세트테이프를 갖고 싶어 할 만큼 외국의 연예계 사정을 잘 알았다.

어느새 모든 공산주의 국가의 당국은 마르크스-레닌주의가 지켜야 할 품행을 수호하는 거만하고 심각한 보호자로 변신했다. 민중 문화에 대한 제한이 심하지 않은 쿠바에서조차 국민들은 카스트로 형제와 체 게바라에 대한 농담을 피해야 했다. 피델에 대해 무언가 외설스러운 말을 할 때는 이름을 언급하는 대신 한 손으로 턱수염 모양을 만들어야 했다. 공산주의는 자기 얼굴을 보고 웃을 수가 없었다. 기본적인 자신감이 결여되었다는 것을 통렬하게 드러내는 태도였다. 공산주의 국가 밖에 거주하는 공산주의자들은 예외였다. 영국 빅토리아 시대에 가극 대본을 썼던 윌리엄 S. 길버트(William S. Gilbert)와 아서 설리번(Arthur Sullivan)의 노래 〈내가 바로 그 현대적인 소장님의 모범이라네〉를 영국 공산주의자들이 패러디한 노래는 기억해 둘 만한 가사를 포함하고 있다.

내가 바로 그 현대적인 마르크스-레닌주의자의 모범이라네,
나는 전쟁에 반대하고 신에 반대하고 페미니즘에 반대한다네,
나의 사고는 변증법적이고 나의 지혜는 이론의 여지가 없다네,
내가 부정을 부정할 때, 그 부정은 의심할 여지 없이 부정될 수 있다네.
그러나 원시 경제에 관해 강의할 때면
나는 엄하지는 않다네, 나는 항상 상냥함으로 가득 차 있다네.
그리고 동지들은 하나같이 더 재치 있는 악담을 들어본 적이 없다는 데 동의한다네.
스파르타쿠스 노예 반란의 근본 원인을 설명해보게나.
합창 : 스파르타쿠스 노예 반란의 근본 원인을 설명해보게나.[15]

이러한 가벼운 패러디는 프라하, 하노이, 평양에서는 조잡하게 복제된 잡지에서조차 상상할 수 없는 것이었다.

일부 공산주의 국가(특히 중국과 북한)의 당국은 거의 이전과 똑같이 행동했다. 다른 국가들은 주입할 내용을 수정했다. (단조로운 스타일은 결코 변하지 않았다.) 브레즈네프 시대 소련의 마르크스-레닌주의는 선진 자본주의 국가가 달성한 물질적 생활 수준을 소련 체제가 따라잡고 있다고 주장하기를 멈췄다.[16] 농산물과 공산품의 만성적인 부족으로 이러한 주장을 더는 믿을 수 없게 된 것이다. 흐루쇼프는 1959년 7월 모스크바의 소콜니키 공원에서 열린 미국 무역 · 문화 박람회에서 리처드 닉슨 부통령과 서투르게 즉흥적인 논쟁을 벌였다. 그들은 미국과 소련의 생활 방식 중에서 어느 쪽이 더 장점이 많은지를 두고 말싸움을 했다. 두 사람은 미국에서 조립된 부엌 전시장에서 멈추었는데, 닉슨은 세탁기를 노동을 절약하는 기계라고 칭찬했다. 그전에는 컬러 텔레비전에 대해 달콤하게 속삭이기도 했다. 흐루쇼프의 다음과 같은 대답이 라디오 생방송에 그대로 나갔다. "당신들이 우리에게 보여준 많은 것들은 흥미롭지만 생활에서는 무용지물입니다. 실질적 쓸모는 전혀 없

어요. 껍데기만 그럴듯한 기계에 불과합니다. 우리나라에는 이런 속담이 있지요. 빈대가 있으면 한 놈을 잡아서 그 놈 귀에다 뜨거운 물을 부어야 한다.(사소한 일에 괜한 공을 들인다는 뜻.)" 이렇게 흐루쇼프는 소련 여성 라디오 청취자들이 삶에서 겪는 고역에 완전히 무관심하다는 것을 드러냈다. 닉슨과 흐루쇼프는 재즈를 싫어한다는 점에서만 의견을 같이할 수 있었다. (닉슨은 딸들이 재즈를 좋아한다고 털어놓기는 했다. 그리고 물론 닉슨의 딸들은 재즈를 자유롭게 즐길 수 있었으나 소련의 잠재적 재즈 팬들은 그러지 못했다.)

1962년 6월 러시아 남부의 노보체르카스크에서 성난 군중이 육류 가격 인상 때문에 폭동을 일으켰을 때, 소련 지도자들은 여론에 대해 교훈을 얻었다. 당 관리와 경찰관들은 군대가 질서를 다시 잡기 전에 군중의 손에 살해당했다. 군중과 협상하라고 파견된 간부회 회원 아나스타스 미코얀은 혼만 나고 되돌아왔다.[17] 모스크바는 소요를 선동한 자들을 가혹하게 처리하는 한편 소비재에 쓸 예산을 늘렸다. 그러나 공급은 결코 수요를 만족시킬 만큼 충분하지 않았다. 그래서 당국은 사회 체제의 집단주의적 원리가 부패한 서방보다 도덕적으로 우월하다고 말하는 데 집중했다.[18] 소련 소비자들은 육류, 채소, 가전 제품을 원하는 만큼 얻을 수 없었다. 대신 그들은 어려움을 겪음으로써 얻는 정신적인 유익함에 자부심을 느끼도록 요구받았다. 공산주의적 집단주의는 자본주의적 개인주의나 탐욕보다 더 고상한 것으로 평가받았다. 불결한 환경에서 다 함께 고생한다면 불결함은 명백히 미덕이었다.

지도자들 자신은 자신의 욕망에 너그러웠다. 소련에서 스탈린이 공고히 세운 특권 체제는 다른 공산주의 국가들에서도 복제되었다. 중앙의 노멘클라투라는 별장과 자가용 운전사, 유모, 가정교사가 있었고 식도락을 즐겼다. 여물통에 코를 처박는 데 만족하지 않은 그들은 앞다리도 같이 집어넣었다. 각국 지도부가 욕망에 탐닉하는 데 유일한 한계는 취향이었는데, 이 한계는 공산주의 지도자들에게 강점이 된 적이 없었다. 미 국무부 장관 헨리 키신저는 브레즈네프와 협상했을 때, 서기장 별장의 초라한 실내 장식에 놀랐다. 1930년대 초 소련의 탈쿨라크화 운동이 진행되면서 공예 기술의 질은 바닥을 쳤다. 아이스하키 팬이었던 브레즈네프는 고급 예술보다 미제 리무진을 감정하는 눈이 더 뛰어났다. 브레즈네프는 곰 죽이기에도 열정이 있었다. 경호원들은 브레즈네프가 곧 총을 쏘아댈 무방비 상태의 새끼 곰이 줄지어 있는 광경을 하도 자주 봐서 넌더리가 날 지경이었다.[19] 소련 국민이나 중국 국민은 이러한 사정의 이면을 직접 알지 못했다. 예외가 있다면 사실을 경솔하게 말할 만큼 어리석지는 않던, 지도자가 부리던 사람들(가정부, 경호원, 운전사, 그리고 아마도 정원사)이었다.

인민들은 이중적으로 사고했다. 특히 그들은 일부러 모호하게 말했다. 마르크스-레닌주의의 경건성에 복종하지 않는다면 출세할 가능성이 없었다. 사람들은 생활의 어떤 부분에서는 적어도 어느 정도 공식 사상을 수용했지만, 다른 부분에서는 거부했다. 일과 가족은 별개의 문제였다. 체코슬로바키아 극작가 바츨라프 하벨은 다음과 같이 상황을 묘사한다. "우리 모두는 전체주의 체제에 익숙해졌고, 체제를 바꿀 수 없는 사실로 수용했으며, 그렇기 때문에 계속 굴러가게 했다. …… 우리 가운데 어느 누구도 그저 전체주의 체제의 희생자인 것만은 아니다. 왜냐하면 우리 모두가 전체주의 체제 창출을 함께 도왔기 때문이다."[20] 인민들의 공모는 사람들이 현실적 대안에 대한 희망을 잃어버리고 당국이 온갖 징벌적 제재를 유지하는 모든 공산주의 사회에서 전형적인 행동 양식이었다. 저항의 정도는 나라마다 달랐다. 1975년의 헬싱키 최종 의정서에 조인한 체제의 사회에서는 반공산주의 투사들에게 덜 가혹했고, 서방 정부들뿐만 아니라 국제앰네스티와 국제펜클럽도 때때로 지도적 인물들을 석방시키는 데 성공했다. 그러나 아시아 공산주의는 여전히 억압적이었다. 많은 유럽 공산주의 국가들은 국제적인 법적 서약과는 상관없이 계속 옛 방식을 유지했다.

따라서 대부분의 나라에서 조직된 반체제 운동은 거의 추종자를 얻지 못했다. 보안경찰만이 문제는 아니었다. 사상을 유포할 기술 설비가 매우 드물었다. 볼셰비키가 1917년 이전에 일상적으로 확보했던 인쇄소는 이용이 불가능했다. 복사기는 1970년대에 서방의 사무실에서는 당연하게 제공되었지만, 공산주의 국가들에서는 여전히 희귀한 데다 신중하게 제한되는 기계였다. 마찬가지로 1980년대에는 개인용 컴퓨터와 이메일을 이용하기 힘들었다. 소련과 중국, 동유럽에서 반체제 단체는 힘들게 타자를 쳐서 먹지를 이용해 만든 팸플릿에 만족했다. 그들은 재녹음이 가능한 카세트테이프에 담화를 녹음했고, 믿을 만한 배달원을 통해 외국으로 자신들의 작업물을 전달했다.

그러나 대다수 국민은 공산주의를 참고 견뎠고 아주 가끔만 통치자에 반대하는 파업이나 시위에 참여했다. 그들은 공산주의 체제의 지루하고 단조로운 일상을 체념하고 받아들였다. 신발, 바지, 셔츠의 모양은 의도적으로 가짓수가 제한되었다. 어떤 공산주의 지도부도 자본주의 세계에서 널리 입는 밝은 색깔의 의복 생산을 허용하지 않았다. 청바지는 암시장에서 거래되었다. 사실 '패션'은 상스러운 단어였다. 그래도 소련 통치자들은 적어도 현대적인 가전 제품에 대한 인민들의 수요를 충족시킬 필요성은 인정했다. 흐루쇼프가 조소를 보냈던 세탁기와 컬러 텔레비전이 브레즈네프 치하에서 대량으로 생산되었다. 그러나 중국과 쿠바 같은 가난한 나라는 오래된 마르크스-레닌주의의 생활양식을 고수했다. 상대적으로 부유한 공산주의 국가에서도 자가용을 거래할 견실한 시장이 존재하지 않았다. 1960년대 중반의 베오그라드는 주차장 문제로 골치를 썩이는 유일한 공산주의 수도였다고 한다.[21] 개인 소유용 차량 제작을 우선시하지 않으려는 공식적인 태도는 이데올로기에 영향을 받은 것이었다. 교통은 공공 사업이라고 여겨졌다. 카스트로는 인터뷰를 하다 기자에게 다음과 같이 물었다. "모든 인디언, 모든 에스키모가 차를 운전하면 어떻게 되겠어요?"[22] 카스트로가 생각하기에 이 질문은 대답할 필요도 없었다. 카스트로는 스파르타식 충족과 획일성을 대부분의 사람들을 위한 이상으로 내놓은 공산주의의 오랜 전통에 근거해 말한 것이었다.[23)]

석유가 왕창 들어가는 자동차에 환경 보호를 내세워 반대할 수도 있었음은 부인할 수 없다. 그러나 소련과 동유럽의 지도자들은 그렇게 하지 못했다. 사실 그들은 자본주의적 소비주의가 어느 정도는 모방되어야 한다고 생각하게 되었다. 하지만 문제는 그들이 물려받은 경제적 틀이었다. 공산주의는 모든 곳에서 성공의 양적 지표뿐만 아니라 중앙 계획 메커니즘과도 얽혀 있었다. 공산주의 지도자들은 기업가적 창의성과 시장 자유, 그리고 사적 이윤을 범죄시했다. 1976년에 덩샤오핑의 개혁이 시작될 때까지는 그런 생각에 근본적인 도전은 없었다. 국민의 물질적 욕구를 충족해주지 못한 공산주의 국가들의 실패는 소련식 체제에서 파생되었다는 결론을 피할 수 없다.

어쨌든 공산주의 경제 정책은 환경이나 윤리 문제에 구속받지 않았다. 중화인민공화국이 뒤를 좇은 소련은 산업 역량을 키우는 과정에서 자연 환경을 파괴했다. 자본주의에도 의심의 여지 없이 자연을 파괴한 끔찍한 기록이 있다. 그러나 자유민주주의, 주장이 강한 신문, 독립적인 법정이 존재해 온 곳에서는 결국 자연 파괴를 막는 규제가 도입되곤 했다. 거대한 삼림과 호수가 저수지와 수력 발전 댐의 건설로 황폐해진 중국은 거기에 해당되지 않았다. 광업 회사가 수많은 지역에서 경관을 파괴했다. 소련도 마찬가지 문제에 시달렸다. 바이칼 호가 치명적으로 오염되었다. 아랄해는 고갈되었다. 카자흐스탄의 드넓은 땅이 농업에 쓸 처녀지 개척 운동 때문에 모래 폭풍이 휘몰아치는 지역으로 변했다. 폴란드에서는 최대 공업 도시인 카토비체와 노바후타 같은 철강 도시의 대기 오염이 주민들에게 만성 기관지염과 천식을 일으켰다. 공업용 화학 제품의 남용은 헝가리, 루마니아, 불가리아를 관통하는 도나우 강을 독액으로 만들었다. 흑해는 수영을 하는 사람들에게 위험하고 물고

기에 치명적인 유독한 폐수가 되었다. 중앙 계획 설계자들의 명령은 중앙과 지역의 관리들로 하여금 주어진 생산 목표를 달성하느라 발버둥치면서 어떤 금지도 무시하도록 떠밀었다.

근본적인 개혁을 꺼리는 곳에서 공산주의 지도자들은 때때로 민족주의에 호소하곤 했다. 원래 공산주의는 국제주의적이었다. 마르크스와 엥겔스는 민족주의를 증오했다. 레닌은 극복 불가능한 문제들에 직면해 '이념'과 타협하긴 했지만 국제주의자로 살다 죽었다. 공산주의는 스탈린, 마오쩌둥, 고무우카, 차우셰스쿠 통치 아래에서 오래전부터 국제주의적 목표와 민족주의적 목표를 결합했다. 이것은 확실히 공산주의에 대한 배신을 뜻했다. 그러나 공산주의가 추구하는 목표를 완전히 포기하는 것을 의미하지는 않았다. 스탈린에서 차우셰스쿠에 이르기까지 기본적인 마르크스-레닌주의 사상 몇 가지를 견지하면서도 민족적 정신에 호소한 것이 통치의 특징이었다.

차우셰스쿠는 루마니아가 고대 로마 제국의 속주였던 다키아 지방의 환생이라고 자랑했고, 고고학자들은 루마니아와 고대 문화의 연속성을 찾아 나섰다. 차우셰스쿠는 끊임없이 소련 정치국을 자극했고 민족의 가장 위대한 보호자임을 자임했다. 또한 루마니아의 경제적 자급자족 체제를 꾀했다. 이 별 볼일 없는 독재자는 소련에 맞선 투쟁에서 영웅으로 대접받았다. 차우셰스쿠는 노동당 출신의 영국 총리 제임스 캘러헌(James Callaghan, 1912~2005)의 추천으로 여왕 엘리자베스 2세에게서 바스 훈장을 받았다. 영국자유당 지도자 데이비드 스틸(David Steal, 1938~)은 차우셰스쿠에게 래브라도 리트리버 강아지를 보냈다. 차우셰스쿠의 부인 엘레나는 자칭 세계적 화학자랍시고 온 세상을 활보했다. 옷과 구두라면 사족을 못 썼는데, 소장품의 막대한 양과 취향의 천박함은 필리핀의 이멜다 마르코스(Imelda Marcos, 1929~)의 기록에 버금갔다. 차우셰스쿠 부부는 교회 26곳과 가옥 7천 채를 파괴한 뒤 지은 부쿠레슈티 옛 지구의 인민 궁전에서 호화로운 생활을 계획했다. 워

1971년 북한을 방문하여 김일성 주석과 만난 루마니아공산당 서기장 니콜라에 차우셰스쿠. 개인 숭배를 강요하고 족벌 정치와 공포 정치를 실시하여 루마니아 사상 최악의 독재자로 평가된다.

싱턴의 펜타곤은 이보다 더 규모가 큰 유일한 건축물이다. 인민 궁전이 4천5백 개의 샹들리에로 번쩍이는 동안 루마니아의 보통 사람들은 전기 공급이 정기적으로 중단되는 삶을 견뎌내야 했다. 루마니아에서 펼쳐진 것은 중세적 부품으로 구성된 근대적 공산주의였다.

1978년 영국의 각료들은 차우셰스쿠 가족의 런던 방문을 매우 걱정했다. 그들이 상스럽고 거칠게 행동할 것임을 알고 있었던 것이다. 베네수엘라에서 루마니아 대통령은 특별 보호종에 속하는 야생 동물 사냥을 하면 안 된다는 말을 듣고 불같이 화를 냈다. 그는 국내 여행차 짧은 시간 비행기를 탈 때도 더블베드를 요구했다. (외무부 관리는 "그는 더블베드의 목적을 명시하지 않았다."고 무미건조하게 말했다.) 차우셰스쿠의 아들 니쿠도 골칫거리였다. 여자를 제공해 달라는 아들의 요구에 관한 외무부의 언급은 똑같았다. ("이 역시 목적을 명시하지 않았다.")[24] 자기 나라에서 차우셰스쿠는 큰 황금 옥좌에 앉아서 연회를 개최해 부쿠레슈티의 외교관들을 놀라게 함으로써 굉장히 속된 취향을 보여주었다.

공산주의 통치자들은 자기 삶의 질에 신경을 많이 썼다. 만약 인민 복지를 걱정했다면 그것은 자신의 욕구가 충족된 이후였다. 서방과 상업적으로 가장 긴밀하게 연계되어 있던 유고슬라비아인들이 가장 다양하고 질 좋은 물건을 썼다. 그 다음은 동독인들이었고, 헝가리인과 폴란드인들이 뒤를 이었다. 소련 국민들은 그들 뒤에서 천천히 따라갔다. 러시아의 민족적 자부심에 훨씬 더 거슬렸던 것은 소련 내 그루지야인과 에스토니아인들이 러시아인들보다 더 나은 생활 조건을 향유했다는 점이다. 러시아인들의 상상 속에서 전형적인 그루지야인은 집단 농장에서 오렌지를 빼돌려 큰 여행 가방에 넣어 러시아연방소비에트사회주의공화국(RSFSR)의 대도시로 밀수하는 까무잡잡한 '동양인'이었다. 과일이 국내 밀수 품목일 수 있었다는 사실은 공산주의 경제의 비효율성을 웅변한다. 그러나 많은 민족들은 러시아인들보다 형편이 더 나빴다. 알바니아와 루마니아 사회에는 너무나 낮은 임금과 형편없는 식품과 편의 시설을 대가로 열심히 일해야 했던 수백만 명의 보통 국민들이 있었다. 그들을 통제하는 수단, 즉 일당 국가, 검열, 전횡을 일삼는 경찰, 노동수용소, 인민의 대규모 격리가 없었더라면 전 세계 공산주의 지도부는 즉시 권좌에서 추락했을 것이다.

공산주의 다시 생각하기

마르쿠제, 사르트르, 알튀세르의 마르크스주의

스탈린 사망 후 소련에서 진행된 개혁은 서방에서 소련에 대한 동조가 다시 커지는 데 큰 도움을 주었다. 하지만 얼마 지나지 않아 말썽이 일어났다. 1956년 헝가리 침공과 1968년 체코슬로바키아 침공은 엄청난 항의를 불러일으켰다. 서방의 텔레비전 방송국이나 라디오 방송국 중에서 단 한 곳도 모스크바의 대의를 지지하지 않았고, 유일하게 소련 침공을 눈감아준 신문들은 공산당 기관지였다. 1930년대 소련에서 펼쳐진 공포의 시대와 지금 소련이 동유럽의 자유를 억압하는 모습에서 연속성이 엿보였다. 지식인들은 줄지어 소련을 비난했다. 그들 중에는 철학자이자 소설가인 사르트르도 있었다. 모든 공산주의 국가들을 똑같은 반소비에트 붓으로 검게 칠하기를 거부한 사르트르는 카스트로의 쿠바와 마오쩌둥의 중국에서 숭배할 만한 다른 성지를 발견했다.[1)]

때때로 카스트로는 쿠바를 방문한 사르트르와 다른 찬양자들을 상대하는 데 어려움을 겪는 것처럼 보였다. 마오쩌둥은 외국 정치가들을 빼고는 방문객을 거의 영접하지 않았다. 중국의 영사관들이 서점에 책을 저렴하게 공급하자 마오는 세계의 베스트셀러, 아니 베스트 기증 작가가 되었다. 그는 외국에 나가는 모험을 절대 하지 않았는데, 심지어 북한도 방문하지 않았다. 중국과 쿠바의 대변인들은 자신들의 공산주의 선조들이 레닌과 스탈린 치하의 소련에서 그랬듯이 자국에 관한 동화를 지어냈다. 사르트르는 철학에서 보인 냉철한 회의주의를 정치에서는 한쪽으로 밀쳐놓은 채 배고픈 아이처럼 중국과 쿠바의 선전을 꿀꺽 삼켰다. 쿠바와 중국에서 나오는 뉴스들은 1930년대 소련에서 그랬듯이 엄하게 검열되었다. 중국의 선전은 기근, 노동수용소, 인민의 불만에 관한 보도를 외면하는 데 특히 뻔뻔했고, 비위에 거슬리는 조사를 계속하는 기자를 추방했다. 소련을 찾은 방문객은 특별한 허가가 없는 한 지정된 목적지의 반경 25킬로미터 이내에 머물러야 했다. 레닌그라드에서 네바 강을 항해하는 선박의 사진을 찍는 순진한 관광객이 스파이로 몰려 체포되기 일쑤였다. 그 자신은 스탈린을 비판하면서도 흐루쇼프는 다른 사람들의 발언을 제한할 수 있는 권한을 보유했다. 브레즈네프도 이 전통을 이어 갔다.

소련의 통치자들은 국가의 긍정적 이미지를 외국으로 유포하려는 노력을 멈추지 않았다. 크렘린은 우주 기술이 엄청나게 앞섰다는 것을 자랑할 수 있었다. 1957년 10월 러시아가 스푸트니크 1호를 발사함에 따라 미국인들은 최초로 지구 궤도에 위성을 올려놓으려는 경쟁에서 허를 찔렸다. 소련 과학자들은 11월에는 라이카라는 이름을 붙인 길 잃은 개를 스푸트니크 2호에 태움으로써 한발 더 나아갔다. (이 불운한 개는 실험에서 살아남지 못했고 기술적 성과는 약간의 비판을 불러왔다.) 1961년 4월 유리 가가린(Yurii Gagarin, 1934~1968)은 우주 비행으로 세계를 일주한 최초의 인간이 되었다. 미국이 결국 소련을 추월하기는 했지만 더 빨리 이루어진 업적이 널리 기억되었다. 가가린은 영화배우 같은 외모에 성격까지 좋았고 반쯤 공식적인 소련 대사로서 세계를 여행했다. 가가린은 공산주의 체제에 인간의 얼굴을 부여했다. 비슷한 공헌을 한 소련 사람이 여럿 있었다. 과대평가된 시인이지만 비범한 개성의 소유자이자 탈스탈린화의 옹호자였던 예브게니 예프투셴코(Yevgeny

Yevtushenko, 1933~)는 북아메리카와 유럽에서 공개 낭송회를 열었다. 알렉산드르 솔제니친의 소설 《이반 데니소비치의 하루》가 1963년 세계의 주요 언어로 번역 출간되었다. 1940년대의 노동수용소 시스템에 대한 이 소설의 신랄한 비판은 소련이 자신의 과거를 정직한 눈으로 바라보기 시작했다는 증거로 여겨졌다. 축구 골키퍼인 레프 야신(Lev Yashin, 1929~1990)이 널리 알려졌다. 소련의 운동선수 팀은 올림픽 경기에서 정기적으로 성공을 거두었고, 이는 소련을 멋진 나라로 보이게 하는 데 일조했다.

'계획 경제'의 이점을 홍보하는 데 흐루쇼프가 거둔 성과에는 실패가 좀 더 많았다. 어리석게도 그는 스탈린 시대의 사이비 생물학자 트로핌 리센코를 복권시켰고, 리센코는 다시 한 번 북극의 얼음에서 밀이 재배될 수 있다고 우스꽝스럽게 자랑했다. 흐루쇼프는 그를 열심히 밀어주었다.[2] 그렇지만 소련 통계는 종종 액면 그대로 받아들여지곤 했다. 이때는 서방 정보 기관과 대학에 있는 전문가들만이 통계를 의심하며 토론하던 시기였다. 소련은 생산의 양과 질에서(적어도 일부 부문에서는) 미국에만 뒤떨어질 뿐 세계에서 두 번째로 경제 규모가 큰 것처럼 보였다. 소련 민간 산업이 서방의 기술을 구입하거나 훔치는 데 계속 의존한 사실은 거의 드러나지 않았다. 그리고 소련과 사업을 하는 미국, 유럽, 일본의 기업들은 여느 때처럼 상업 광고를 삼갔다. 이 때문에 모스크바는 소련 체제가 자본주의 경제의 주기적인 문제를 극복했다고 계속 주장할 수 있었다. 소련은 지속적으로 진보할 것이라고 예측되었다. 미국의 대통령들은 자신이 죽기 전에는 경쟁자 초강대국이 몰락하지 않을 것이라고 추정했다. 케네디는 스푸트니크호에 강한 인상을 받았다. 영국 총리 헤럴드 맥밀런(Harold Macmillan, 1894~1986)은 소련이 정말로 경제 발전의 모델로서 우수성을 입증하면 어쩌나 걱정했다.[3]

흐루쇼프와 그의 후계자 브레즈네프는 둘 다 세계의 공산주의는 자유와 복지 면에서 서방의 선진 자본주의 국가들을 능가한다고 주장했다. 그들은 한 정당에서 나온 단 한 명의 후보만 입후보한 상태에서는 선거가 무의미하다는 사실을 무시했다. 또한 정치적 · 학문적 · 종교적 반체제 인사들이 굴라크에 구금되어 있다는 사실을 용케 숨겼다. 그러나 소련 지도자들은 다른 문제에서는 그래도 괜찮은 점수를 받았다고 생각하곤 했다. 소련에는 실업이 없었다. 국민들에게는 주택, 난방, 연료, 교육, 대중 교통과 의료를 매우 싼 가격이나 무료로 제공했다. 소련을 찾은 관광객들은 길거리에 강도가 거의 없고 갈겨쓴 낙서도 찾아볼 수 없다고 전했다. 네온사인 광고는 어디에서도 보이지 않았다. 게다가 소련 대변인들은 인종주의, 제국주의, 민족주의를 맹비난했다. 소련은 다민족 국가였다. 대변인들은 소련이 제국주의, 민족주의, 인종주의의 부당함을 제거했다고 주장했다. 비록 유럽 제국들이 1950년대와 1960년대에 해체되었지만 제국의 예전 식민지들은 여전히 경제적 종속과 저개발의 곤경에 봉착해 있었다. 소련의 아제르바이잔은 전(前) 영국령 나이지리아, 전 프랑스령 알제리, 전 영국령 말레이시아에 비해 사정이 나았다.

논평가들, 적어도 헌신적인 반공산주의자가 아닌 사람들은 종종 혼란스럽고 정보가 부족한 상태에서 공산주의 체제를 말했다. 많은 사람들이 공포, 감탄, 반감의 교차를 경험했다. 더군다나 제3차 세계대전을 촉발할지도 모를 정책을 피하고자 하는 바람은 많은 사람들로 하여금 소련의 가장 좋은 점만을 생각하도록 몰아붙였다. 모스크바에 대한 우크라이나인과 그루지야인들의 분노에는 다들 관심이 없었다. 소련산 의복과 신발, 가구의 조잡함에 주목하는 일도 드물었다. 무엇보다 정치가와 기자들은 공산주의 국가를 거의 방문하지 않았다. 우주 비행에 강한 인상을 받은 그들은 소련에서 엄청나게 생산되는 강철, 다이아몬드, 니켈, 비료, 트랙터 등이 얼마나 효율적으로 민간 경제에 융합되는지 거의 묻지 않았다. 도로, 병원, 상점 조직의 결점은 별로 알려지지 않았다. 소련 대변인들은 이러한 상황을 이용했다. 성급하고 말 많은 흐루쇼프는 때때로 웃음거리가 되었다. 흐루쇼프의 행동 중 가장 악명 높은 행동은 1960년 10월 국제연합 총회에서 영국 총리 맥밀런이 연설을 하고 있을 때 구두를 벗어 자기 책상을 내리치며 괴성을 지른 일이다.[4] 맥밀런이 정중하게 흐루쇼프의 말을 통역해 달라고 요청하자 난처한 상황은 마무리가 되었다. 브레즈네프는 좀 더 자제할 줄 알았고, 건강이 허락할 때까지 미국 정치가들과 협상할 때 당당한 풍채를 보였다. 이들 소련 지도자와 그들의 대변인들은 허풍 치고 얼버무리는 기술의 대가였다.

흐루쇼프는 브레즈네프와는 달리 개혁가였다. 흐루쇼프를 찬양한 공산주의자들 가운데 많은 이들이 그의 개혁이 충분하지 않다고 느꼈다. 그들 중에는, 스탈린과 스탈린 정책의 불공정함을 고발한 책인 《역사가 판단하게 하라》를 썼으나 서방에서 겨우 출간할 수 있었던 로이 메드베데프*가 있었다. 메드베데프는 레닌주의 원리로 복귀할 것을 주장했다. 또한 당 내부에 선거 제도를 회복하기를 원했다. 소비에트 선거에 복수 후보를 내세우고 공공 토론에서 제한을 줄일 것도 요구했다. 메드베데프는 스탈린의 폭정이 10월혁명의 바람직한 전통과 단절하는 계기였다고 이해했다. 따라서 공산주의에 본질적으로 나쁜 것은 없었다. 단지 공산주의 자체를 위해 개혁할 필요만 있을 뿐이었다.[5] 동독의 학자 루돌프 바로(Rudolf Bahro, 1935~1997)는 이런 사상 중에서 많은 것을 공유했다. 그는 《동유럽의 대안》에서 공산당 내의 건전한 요소들이 소련 블록의 권위주의적 · 관료주의적 현상들을 진정으로 제거할 수 있다고 주장했다.[6] 다른 반체제 분석가들은 좀 더 급진적인 결론에 도

메드베데프(Roy Medvedev, 1925~) 러시아의 역사가. 1969년 《역사가 판단하게 하라》를 집필하여 스탈린 옹호 움직임에 항의하다가 당에서 제명되었다. 1971년부터는 소련을 떠나 외국에 머무르면서 《공산주의란 무엇인가?》, 《소련에서의 소수 의견》 등의 저서를 출판하여 끊임없이 스탈린 비판을 전개했다. 1980년대 말에 미하일 고르바초프의 자문관으로 활동하면서 저명한 개혁 정치가가 되었다.

달했다. 일류 핵물리학자 안드레이 사하로프*는 보편적 시민 자유의 확립을 요구하면서 소련에 대해 근본적으로 자유주의적인 비판을 전개했다.[7)]

문인들도 소련이 내놓은 공식 그림의 유리를 산산조각 냈다. 소련에 관한 두 가지 보고서가 특히 서방 여론을 사로잡았다. 시인 보리스 파스테르나크(Boris Pasternak, 1890~1960)는, 모스크바에서는 금서가 되었으나 1957년 외국에서 번역 출간된 소설 《닥터 지바고》를 썼다. 내전의 다양한 측면을 폭넓게 그려낸 관점은 초기 공산주의자들의 목표와 실천에 어두운 그림자를 던졌다. 이 작품은 파스테르나크를 정치적 고난으로 처넣었고 그는 1958년 노벨상 수상을 거부해야 했다. 소련 체제에 대한 선도적 비판가로서 파스테르나크의 역할은 알렉산드르 솔제니친이 이어받았다. 솔제니친의 후기 작품은 1960년대 말부터 서방에서 출간되었는데, 노동수용소 체제를 사실적으로 이야기한 《수용소 군도》는 1974년에 베스트셀러가 되었다. 이 책의 내용은 가차 없었다. 솔제니친은 수용소의 생존자들과 이야기를 나누었고 검열이 심한 상황에서도 입수 가능한 증거를 모았다. 체포, 조사, '자백', 강제 노동에 사용된 소름 끼치는 기술이 10월혁명 때부터 추적되었다. 솔제니친은 1974년에 소련에서 추방된 뒤에도 공산주의 억압의 부당함에 반대하는 운동을 계속했다. 또 해마다 공산주의 체제의 행태를 꼬집는 신랄한 메시지를 담은 다른 작가들의 소설과 시가 동유럽과 중국에서 밀반입되었다.

한편 국제앰네스티와 국제펜클럽은 소련과 동유럽, 그리고 중국 당국의 횡포를 폭로했다. 기독교 조직과 이슬람 조직은 근거가 확실한 비

사하로프(Andrei Sakharov, 1921~1989) 소련의 물리학자. 1945년 레베데프 물리학 연구소에 들어가 수소 폭탄 개발에 이바지했다. 그러나 1958년 핵실험에 따른 방사능 오염의 심각성 등을 이유로 흐루쇼프에게 핵실험 중지를 요청하면서 소련 체제에 대한 비판적 발언과 활동을 시작했다.

판을 계속했다. '소련 유대인 이주 운동'은 이주를 희망하는 유대인들이 직면한 곤경에 문제를 제기했다. 동유럽인들이 서방으로 이산(離散)하면서 철의 장막이 반드시 걷혀야 한다고 여론을 설득하려는 그들의 투쟁이 강화되었다. 중국인들이 모여 사는 전 세계의 지역 사회에는 고국에 자유를 다시 불러오는 데 헌신하는 단체들이 있었다.

대중 매체는 공산주의를 세계의 악의 세력으로 묘사할 기회를 호시탐탐 노렸다. 제임스 본드 영화는 이언 플레밍(Ian Fleming)의 원작 소설과 더불어 소련에 대한 서방의 공격이었다. 선과 용맹함이 악과 결투를 벌였다. 〈007 위기일발〉에는 호감을 주지 못하는 외모에 자유와 민주주의에 증오심을 품은 소련 첩자 로자 클렙이라는 인물이 등장한다. 일부 작가와 영화 제작자들은 좀 더 신중한 묘사를 보여주었다. 플레밍처럼 한때 영국 정보 기관에서 일했던 존 르 카레(John le Carré, 1931~)는 냉전 동안 양측 모두에 어느 정도 냉소와 속임수가 존재했다고 주장하는 스릴러물을 썼다. 그러나 그도 《추운 나라에서 돌아온 스파이》에서 독일민주공화국의 음산한 억압적 분위기를 분명하게 설명했다. 마찬가지로 스탠리 큐브릭(Stanley Kubrick, 1928~1999) 감독의 1964년 작품인 영화 〈닥터 스트레인지러브〉에는 소련 상대역들보다 더 무서운 미국인이 등장한다. 무능한 미국 대통령은 핵 경보를 둘러싼 외교적 위기에 빠지고, 소련 대사에게 크렘린의 흥분을 가라앉혀 달라고 필사적으로 간청한다. 그런 뒤 악당 같은 어느 공군 사령관이 모스크바에 로켓을 발사한다. 영화의 마지막 장면에 담긴 함축적 의미는 제3차 세계대전이 임박했다는 것이었다. 동서 진영 둘 다 바보처럼 무능해 보이지만, 특히 소련의 끔찍한 억압이 숨김없이 드러났다.

서방의 마르크스주의자들은 10월혁명이 무언가 크게 잘못되었다는 데 점점 동의하게 되었고, 흐루쇼프가 1956년 당 대회에서 스탈린을 비판한 비밀 연설 이후 소련에 대한 토론이 재개되었다. 스탈린이 살아 있을 때는 사람들이 스탈린의 분석에서 조금이라도 벗어날 생각을 감히 하지 못했다. 예외가 있다면 '스탈린주의'를 거부한 트로츠키주의자들과 여타 정치 극좌파 언저리의 작은 단체들뿐이었다.

이탈리아공산당 지도자 팔미로 톨리아티도 마음이 몹시 불편했다. 그는 1920년대부터 소련에 충성을 바쳤다. 당시 함께 활동했던 안토니오 그람시와는 달리 톨리아티는 소련 마르크스주의에 근본적으로 잘못된 점이 없다고 생각했다. 흐루쇼프가 청천벽력같이 스탈린을 비난하자 톨리아티는 입장이 어정쩡해졌다. 톨리아티는 명백히 밝혀진 역사적 사실을 부인할 수 없었고, 이탈리아공산당은 톨리아티가 스탈린과 얼마나 긴밀하게 협력했는지를 기억했다. 그리고 이탈리아의 비공산주의 계열 언론은 이 점을 집요하게 지적했다. 어쨌든 톨리아티는 자신의 오명을 씻어야 했다. 그는 교묘한 방법을 썼다. 자신의 일대기를 자세히 설명하는 대신 흐루쇼프의 주장이 지적으로 천박하다는 데 초점을 맞춘 것이다. 톨리아티는 흐루쇼프의 비밀 연설이 마르크스주의적 근거를 적절히 제시하지 못했다고 단언했다. 또 스탈린이라는 사악한 인물 한 명과 베리야 같은 몇몇 친구들이 1930년대와 1940년대에 소련에서 자행된 횡포의 유일한 원인이라는 주장을 부인하면서, 틀림없이 거기에는 좀 더 많은 원인이 있다고 역설했다. 트로츠키와 마찬가지로, 그는 1930년대에 확립된 권위주의적 국가에서 정치적·물질적 이해관계를 가진 당 관리층에 권력을 부여한 '관료제의 타락'을 지적했다. '개인 숭배'는 이런 현상을 설명하는 데 충분하지 않았다.

톨리아티는 1964년 여름 건강이 악화되자 크림 반도에서 휴가를 보내면서 정치적 유언을 썼다. 이 유언은 '얄타 비망록'이라고 알려졌다. 톨리아티는 모든 나라가 독자적인 전략을 세울 권리를 허용해야 한다고 역설했다. 그는 모든 논쟁, 특히 중국공산당과 나누는 대화가 점잖게 이루어져야 할 필요가 있다고 말했다. 또 소련 대변인들에게 소련에 심각한 문제가 아무것도 존재하지 않는 것처럼 굴지 말라고 요구했다. 톨리아티는 다양한 정당들의 독립성이 보호될 때에야 비로소 정당들의 화합이 가능하다고 주장했다.[8)] 이탈리아공산당 지도부는 톨리아티가 죽은 후 그가 계획한 방향으로 속도를 높여 달려갔다. 엔리코 베를링구에르가 꾀한 유러코뮤니즘 전략은 소련을 이탈리아 정치 발전의 모델로 삼는 것을 명백히 거부함으로써 한발 더 나아갔다. 베를링구에르는 시민권 억압을 끔찍하게 싫어했다. 그러나 그는 10월혁명을 결코 거부하지 않았다.[9)] 10월혁명을 거부하면 당이 존재하는 근본 이유를 훼손할 수밖에 없었기 때문이다. 베를링구에르의 젊은 당원들 일부는 1920년대 말에 부하린이 스탈린에 맞서 정파 투쟁에서 이겼더라면 소련 역사가 좀 더 바람직한 길을 걸었으리라는 생각을 조장함으로써 베를링구에르의 사상적 모순을 해결하려고 했다.

여하튼 서유럽의 공산주의자들은 마르크스주의 자체에 근본적으로 새로운 사상을 전혀 도입하지 않았다. 그러나 어떤 사람들은 이런 상황을 바로잡아야 한다고 여겼다. 그들 중에는 인민의 자기 해방을 위해 마르크스주의 사상의 옛 요소를 되살리려 하는 사람이 몇몇 있었다. 나이 든 주창자로 헝가리의 루카치가 있었다.[10)] 제2차 세계대전 후 망명지인 모스크바에서 부다페스트로 돌아온 그는 1956년 임레 너지 정부에서 문화부 장관이 되었다. 루카치는 소련에서 1920년대 말에 반(反)레닌주의적이라고 비난받던 사상에 여전히 충실하면서도 자신을 레닌주의자라고 생각했다. 그는 노동 계급이 혁명 과정에서 자유롭게 자신들의 권위를 행사할 필요가 있다고 다시 한 번 공개적으로 역설했다. 자본주의가 인민들을 모든 인간적 가능성으로부터 '소외'시키는 상황을 창출했다는 것이 요점이었다. 루카치는 노동자들만이 이 상황을 극복하고 사회 전체를 변혁할 수 있다고 믿었다.[11)]

상투적인 당대 마르크스주의의 수정을 요구한 또 한 명의 베테랑 공산주의자는 헤르베르트 마르쿠제*였다. 1933년 나치 독일에서 망명한 뒤 그는 미국 시민권을 획득했고 20세기의 몇몇 지적 조류(특히 프로이트주의와 독일 사회학)를 마르크스주의 전통에 접목할 필요를 논하는 글을 여러 편 썼다. 마르쿠제는 스탈린식 공산주의는 마르크스를 교조적이고 협소하며 소박하게 잘못 해석하는 체제라며 거부했다.[12] 루카치보다 더 자유로운 정신을 지녔던 마르쿠제는 레닌을 절대 권위로 인정하지 않으려 했다. 그는 경제적 지상 과제뿐만 아니라 성적 충동도 정치와 사회 기제를 설명하는 데 도움이 된다고 주장했다. 마르쿠제는 미국공산당을 멸시했고 어떤 조직도 편들려 하지 않았다. 유럽에서 젊은 투사로서 쌓은 경험은 노동 계급의 혁명적 잠재력에 대한 자신의 믿음을 잠식했다. 마르쿠제는 고임금을 받는 산업 노동자들을 인류가 억압에서 해방되는 것을 가로막는 장애물이라고 보았다. 캘리포니아의 버클리 대학 캠퍼스에 근거지를 둔 그는 대신 실업자들, 가난한 부랑자들, 라틴아메리카계 이민자들에게 기대를 걸었다. 또 대학생들에게 특별한 애착을 보였다. 마르쿠제는 이 집단들이 '부르주아' 사회와 분리되어 생활하면서 현대 자본주의적 존재의 '일차원적' 측면을 극복할 태세가 되어 있다고 여겼다.[13]

마르쿠제는 철학자로서 장기를 발휘했다. 그가 인식론과 변증법에 몰두한 것은 1917년 이후의 관습적 마르크스주의에 도전하고자 한 마르크스주의 저자들 사이에 점점 뚜렷해지던 추세를 대표하는 모습이었다. 에드문트 후설(Edmund Huseerl, 1859~1938)과 마르틴 하이데거(Martin Heidegger, 1889~1976)에서 끌어낸 사상을 바탕으로 초기의 철학적 작업을 구축한 사르트르는 1964년에 《변증법적 이성 비판》을 출간했다. 이 책은 철학에서 마르크스주의와 실존주의를 통합하려는 시도였고, 이전의 어떤 마르크스주의 사상가와도 달리 사르트르는 사회 활동을 설명하고 입증하는 데 '자율적'이고 '자기 존재를 의식하는' 개인이 매우 중요하다고 역설했다. 이탈리아의 루초 콜레티*는 마르크스

마르쿠제(Herbert Marcuse, 1898~1979) 독일 출신의 미국 철학자. 1964년 《일차원적 인간》을 펴내 고도 산업 사회에서 인간의 사상과 행동이 체제에 완전히 내재화하여 현실을 비판하는 힘을 상실했음을 지적하며 현대 사회에서 소외된 인간을 그려냈다.

왼쪽 : 헝가리의 초기 공산주의 운동가이자 문예 이론가 죄르지 루카치. 오른쪽 : 독일 태생으로 미국에서 활동한 철학자 헤르베르트 마르쿠제. 이들은 마르크스주의를 미학, 철학, 사회학 등 다양한 학문 분야에 적용했다.

로 되돌아가 헤겔이 아니라 칸트가 마르크스 사상에 가장 깊은 영향을 끼쳤다고 주장했다.[14] 콜레티의 저술은 프랑스 공산주의자 철학자인 루이 알튀세르*에게 찬양받았다. 그러나 알튀세르는 마르크스 저술의 내용 일부가 다른 내용과 모순된다는 점을 인정하면서 다른 곳에 강조점을 두었다. 당시 마르크스주의자로서는 이례적으로 모순을 인정하는 태도였다. 알튀세르는 마르크스주의가 분석적으로 우월하다는 것을

콜레티(Lucio Colletti, 1924~2001) 이탈리아의 철학자이자 정치가. 헤겔 관념론과 마르크스주의에 대한 비판으로 잘 알려졌다. 1949년 이탈리아공산당에 가입해 당내 주요 문화계 인사로 떠올랐으나 당이 스탈린주의 유제와 단절하자 1964년 탈당했다. 1970년대에는 사회당 지지자였으며, 1996년 이후에는 실비오 베를루스코니의 우익 정당에 몸을 담아 이탈리아 의회에 진출했다.

알튀세르(Louis Althusser, 1918~1990) 프랑스의 철학자. 마르크스의 사상이 초기의 인간론과 소외론으로 환원되는 것을 거부하고, 그 사상의 특질이 이데올로기에서 나오는 '인식론적 단절'에 있다고 역설했다.

마르크스 초기 저술의 과학적 방법과 내용에서 확인할 수 있다고 주장했다. 그는 마르크스의 후기 저술은 이러한 엄밀함이 부족하다고 역설했다.

마르쿠제, 사르트르, 콜레티, 알튀세르는 과장된 문체의 대가였고 영감을 받은 순간 결국 마르크스와 엥겔스로 도망가려 하지 않았다. 그들 중 어느 누구도 긴 단어를 찾아내거나 고안했을 때 더 짧은 단어를 선택하지 않았다. 그들의 마르크스주의는 꼭 비관적인 것은 아니었지만 난해하고 신중했다. 게다가 그들은 대체로 철학자를 위해 글을 쓰는 철학자였다.[15] 마르쿠제만이 1968년 미국의 베트남전쟁과 '부르주아 사회'와 대학 규율에 맞서 반란을 일으킨 수천 명의 학생들 사이에서 진정한 인기인이 되었다. 마르쿠제와 그의 사상은 〈플레이보이〉에 소개되었다.[16] (마르크스 말고 〈플레이보이〉 게재를 불평 없이 너그럽게 받아들일 또 다른 마르크스주의 이론가를 상상하기는 힘들다.) 마르쿠제는 그가 학생들에게 중요성을 부여했기에 인기를 끌었다. 또한 사회 · 정치적인 측면뿐만 아니라 성적인 측면까지 기꺼이 논의하고자 한 그의 태도도 그에게 유리했으면 유리했지 해가 되지는 않았다.[17]

프랑스 학생들도 자체적으로 이론가를 배출했다. 독일 시민으로서 카리스마적 인물이었던 다니엘 콩방디(Daniel Cohn-Bendit, 1945~)는 1968년 파리에서 일어난 운동을 이끌었다. 그는 《낡은 공산주의 : 좌파의 대안》을 출간했고, 이 책은 즉각 서구의 다른 언어로 번역되었다.[18] 그는 반란을 일으킨 학생들을 돕는 데 전념하지 못했다며 프랑스공산당을 경멸했다. 또한 소련에 조소를 퍼부었고 그 조소는 1968년 8월 바르샤바조약군이 체코슬로바키아를 침공했을 때 증오로 바뀌었다. 프랑스, 미국, 독일, 이탈리아에서 마오주의자, 트로츠키주의자, 아나키스트, 그리고 어떤 분파적 색채도 없는 반란자들이 콩방디에게 합류했다. 혁명 이론을 세워보려는 콩방디의 시도는 당혹스러울 정도로 혼란스러웠다. 그 이론은 집회에서 집회로 바삐 뛰어다닌 한 투사의 작품이었다.[19] 그는 평범한 투사인 것을 미덕으로 내세우면서, 성공적인 혁명에서는 대중이 지도자에 의해 인도되어야 한다는 것을 부정했다. 그러나 콩방디는 레닌이 중앙 집중주의에 과도하게 치우쳐 행동했다고 비난받는 데 반대하여 레닌을 옹호했다. 동시에 콩방디는 1921년에 소련 정부가 크론시타트 반란을 진압한 것을 비난하면서 그 탓을 대체로 트로츠키에게 돌렸다. 혁명 러시아에서 콩방디의 영웅은 아나키스트였고, 그는 네스토르 마흐노*의 추종자들을 모범적인 반란자로 손꼽았다. 내전기의 우크라이나에서 마흐노주의자들 사이에 반유대주의와 무자비한 폭력이 횡행했다는 사실을 몰랐기에 가능한 일이었다.[20]

1960년대 말에 시위대 사이에서 인기 투표를 했다면, 트로츠키, 마오쩌둥, 호찌민, 체 게바라가 아마도 인기 순위의 맨 위를 장식했을 것이다. 시위대는 스탈린에서 브레즈네프에 이르는 소련 지도자들에게 넌더리가 났고, 베트남전쟁에 대한 미국의 군사 개입을 강화한 미국 대통령 린든 B. 존슨(Lyndon B. Johnson, 1908~1973)과 리처드 닉슨이 전범이라는 데 동의했다. 체 게바라에 대한 존경은 잘생긴 그의 외모 때문에 더욱 고양되었다. 게바라가 쿠바에서 안락한 생활을 할 수 있었는데도 볼리비아에서 전투 도중에 사망했다는 사실도 그가 정의의 편이라고 여겨지는 데 이바지했다. 호찌민도 비슷한 반응을 불러일으켰다. 게바라와 마찬가지로 호찌민도 '미국 제국주의' 세력에 맞섰다. 하노이에서 호찌민이 수립한 억압적 체제에 관한 자료는 제한되어 있었고 호찌민 찬양자들은 설령 그 사실을 알았더라도 믿지 않았을 것이다. 미국 대사관 밖에서 평화 행진을 벌이는 무리들은 일제히 구호를 외쳤다. "호! 호! 호찌민!"

마오쩌둥의 '붉은 소책자'는 정치적 극좌에 속하는 많은 이들이 접근

마흐노(Nestor Makhno, 1889~1934) 러시아의 농민 운동 지도자. 내전기에는 농민군을 조직하여 지주 세력, 독일 점령군, 데니킨의 백군과 싸웠고, 그 뒤 식량을 징발하는 소비에트 정부군과도 싸웠다.

할 수 있었던 동시대의 중국에 관한 유일한 정보원이었다. 문화대혁명은 널리 찬양되었다. 마오쩌둥 지지자들은 인권 유린에 관해 어떤 신문 보도가 나와도 눈을 감았다. 미니스커트, 장발, 환각제를 좋아한 서방 신세대는 마오쩌둥의 거만한 평범함에 긍정적으로 반응했다. 그들은 보고 싶은 것만 보았다. 마오쩌둥은 자신들의 혁명을 스스로 수행해도 된다고 인정받은 '보통 사람들'의 편인 것처럼 보였다. 설명하기가 좀 더 까다로운 현상은 트로츠키의 사후 복권이다. 지극히 자유로운 형태의 사회주의를 믿는다고 고백한 그토록 많은 좌파들이 왜 테러와 독재를 찬양한 사람에게 아첨하는 데 푹 빠지게 되었을까? 트로츠키 신드롬에는 여러 가지 측면이 있었다. 한 가지 측면은 트로츠키의 죽음에 서린 비애였다. 쫓기는 말년, 뒤통수에 꽂힌 얼음 송곳, 훈련받은 암살자. 트로츠키는 또 가능한 한 멋있게 자신의 삶을 드러낸 뛰어난 작가이기도 했다. 그리고 자신의 추종자이자 전기 작가로서 1939년 폴란드에서 영국으로 이주한 아이작 도이처라는 유용한 선전가도 확보했다.

사실 도이처는 소련에서 변화가 어떻게 일어날지에 대해 자신의 영웅과 의견이 달랐다. 트로츠키는 정치적 반란을 주장했던 반면 도이처는 스탈린이 산업화를 이뤘다고 인정했고 스탈린주의 세대가 죽고 사라지면 꾸준한 내부 개혁이 있을 것이라고 예측했다. 그러나 도이처는 강하고 화려했던 시기에 트로츠키가 펼쳤던 활약을 끈질기게 변호했다. 그는 트로츠키가 단지 상황 때문에 억압에 참여할 수밖에 없었다고 주장했다. 도이처는 트로츠키가 레닌의 후계자가 되기만 했다면 볼셰비키당 지도부는 인간의 얼굴을 한 사회주의로 나아갔을 것이라는 주장을 내세웠다. 또 한 명의 레닌 후계자 후보는 니콜라이 부하린의 전기를 쓴 미국인 학자 스티븐 코언(Stephen Cohen, 1938~)이 찾아냈다. 코언은 자신의 영웅을 레닌의 마지막 저술에 근거하여 평화적 방식으로 러시아에 사회주의를 도입하는 전략을 고안한 급진적 사회주의자로 묘사했다. 이 책은 부하린이 일당 독재와 유일 이데올로기 사회라는 원리를 고수했다는 점을 가볍게 취급했다. 코언의 저작은 존경받는 트로츠키를 깎아내리는 효과가 있었다. 특히 이탈리아 유러코뮤니스트들은 자신들이 지난 시절부터 지금까지 원해 왔던 소련의 모습을 대표하는 인물 부하린에 끌렸다. 부하린에 관한 기억은 미하일 고르바초프에게도 매력을 발휘했는데, 고르바초프는 그 기억을 소련 개혁의 전망을 그리는 핵심으로 삼았다.[21)]

젊은 세대는 난해한 말로 루카치와 마르쿠제에 필적하는 출판물을 몇 권 내놓았다. 그 가운데 1960년에 런던에서 창간된 〈뉴 레프트 리뷰〉가 있었다. 〈뉴 레프트 리뷰〉 편집자와 기고자들은 자기 시대에 맞는 마르크스주의를 열심히 탐구했다. 1920년대 중반 이후 소련이 내세운 공식 이데올로기는 그들을 매혹하지 못했다. 그들은 레닌과 트로츠키를 존경하면서도 마르쿠제나 사르트르 또는 콜레티나 알튀세르가 마르크스주의를 전반적으로 쇄신하는 데 기여한 바가 있는지 탐색했다. 논쟁의 본질은 여전히 소련의 과거와 현재가 어떤 성격을 지니고 있는가였다. 〈뉴 레프트 리뷰〉는 똑같은 질문을 제기한 서유럽의 많은 마르크스주의 기관지 중 하나에 불과했다. 소련은 개혁 가능한 노동자 국가였는가? 소련의 관료 계층은 지배 계급으로 변신했는가? 소련은 제국주의 국가였는가? 소련 역사상 레닌주의에서 근본적으로 '일탈'하는 현상은 언제 일어났는가?

좀 더 널리 읽히고 쉽게 읽을 수 있었던 것은 당시 다양한 공산주의 조직들이 발행한 신문이었다. 아마도 가장 접근하기 수월했던 것은 런던에서 나온 〈흑색 왜성(Black Dwarf)〉이었을 것이다. 즉흥적으로 연설하는 재능이 있지만 말을 헷갈리게 하는 옥스퍼드 학생 타리크 알리* 가 편집하던 〈흑색 왜성〉은 미국과 소련의 통치자에 대한 증오를 거의 똑같은 정도로 전했다. 콩방디와 달리 알리는 트로츠키 찬미자였다. 비

알리(Tariq Ali, 1943~) 파키스탄 출신의 영국 역사가, 소설가, 영화 제작자, 정치 운동가, 시사 논평가. 현재 〈뉴 레프트 리뷰〉 편집위원이다.

틀스 멤버였던 존 레넌(John Lennon)은 〈흑색 왜성〉에 신문이 정치 폭력을 용인하고 있다고 비판하는 글을 썼다. 〈혁명〉이라는 노래는 레넌의 관점을 명료하게 요약했다.

> 너는 혁명~을 원한다고 말하지,
> 그래~, 맞아,
> 우리는 모두 세상을 바꾸고 싶어.

가사는 다음과 같이 끝났다.

> 하지만 네가 파괴~를 말할 때
> 난 함께하기 싫다는 걸 넌 모르는 거야?

알리는 레넌에게 항의했으나 헛수고였다. 레넌의 생각을 서방의 많은 이들이 공유했는데, 이들의 주된 바람은 전 세계의 폭력적 정치를 끝내는 것이었다. 영국에서는 1958년에 버트런드 러셀과 A. J. P. 테일러 등이 핵군축 운동(CND)을 시작했다. 이들의 기본 신념은 영국 정부가 수소 폭탄을 폐기함으로써 모범을 보이면 소련은 확실히 그 뒤를 따르리라는 것이었다.

핵군축 운동은 변덕스러운 러셀에게조차 엄청난 전환이었다. 러셀은 1945년에 모스크바를 공중 폭격으로 지도에서 지워버리기를 주장한 적이 있었다. 테일러도 제2차 세계대전 말기에 소련에 단호한 태도를 보였다.[22] 하지만 수학적 논리의 제왕도 국제사의 대가도, 영국의 자발적인 무기 폐기가 크렘린에게 미국과의 군사적 · 기술적 경쟁을 포기하는 본보기가 될 것이라는 확신을 적절하게 설명하지 못했다. 매년 시위가 벌어졌고 1960년대 말부터는 퀘이커교도부터 최근의 트로츠키주의 소그룹에 이르기까지 여러 단체가 시위에 동참했다. 서방의 '반냉전 단체들'은 소련의 정치 · 군사 기관에게는 하늘의 선물이었고, 모스크바가 운영하는 '공산당과 좌파 운동 지원 기금'은 반냉전 단체들 중 일부에게 성공적으로 자금을 전달했다. 워싱턴은 그 반대편에서 활동하는 어떤 조직이라도 강화하고자 했다. 런던의 〈인카운터〉지는 공산주의에 대한 지적 변호를 강하게 반박했다. 잡지사의 재정 상태가 건전한 이유가 미 중앙정보국(CIA)의 도움을 받았기 때문이라는 사실을 잡지 편집자들이 모두 알고 있었던 것은 아니었다. 한때 공산주의자였다가 반공산주의자로 전향한 시인 스티븐 스펜더는 자신의 고결함이 더럽혀진다고 생각해서 편집 일을 그만두었다.[23]

냉전은 무기 개발 경쟁만큼이나 서방의 지식계에서도 계속 투쟁의 장이었다. 미국의 모든 학문 기관과 정치적 '싱크 탱크'는 소련에 적대적이었다. 서유럽에서도 대부분 마찬가지였다. (소수는 소련의 역사와 정치에 대한 비판에 개의치 않고 연구하기도 했다.) 크렘린에 어떤 태도를 취해야 한다고 생각하는지에 따라 학계는 크게 둘로 나뉘었다. 한쪽 진영은 소련과 어떤 협정을 맺든 간에 좀 더 강경한 입장을 취해야 한다고 보았다. 소련 정치가들은 내부 억압과 영토 팽창에 골몰하는 교활한 이데올로그로 묘사되었다. 만일 소련이 미국과 무역하고 싶다면 1975년 8월 헬싱키에서 조인한 유럽안보협력회의의 최종 의정서에 동의한 대로 인권을 존중해야 했다. 그보다 훨씬 좋은 것은 공산주의 국가 주위에 방역선을 설치하는 일일 것이다. 궁극적으로 공산주의는 소련과 그 밖의 나라에서 내부로부터 붕괴할 것이라고 예측되었다. 로버트 콘퀘스트(Robert Conquest, 1917~), 리처드 파이프스(Richard Pipes, 1923~), 마틴 말리아(Martin Malia, 1924~2004) 같은 역사학자들은 이를 증명하는 데 뛰어났다. 그들은 공산주의 체제가 멸망할 운명이고 죽기 직전의 몸부림을 연장함으로써 얻을 것은 아무것도 없다고 주장했다. 소련은 가장 유해한 전체주의의 현존하는 사례였다. 그런 유형의 국가를 중국과 동유럽 등지로 확대한 것은 20세기 후반의 가장 큰 비극이었다.[24]

현직 정치인뿐만 아니라 매우 학문적인 분석가들도 이러한 관점에 거리를 두었다. 그들은 '평화 공존'과 '데탕트'가 주는 이점이 위태로워질까 봐 우려했다. 1962년의 쿠바 미사일 위기는 전 지구적 경쟁이 얼마나 쉽게 격화되어 갑자기 제3차 세계대전으로 비화할 수 있는지를 보여주었다. 초강대국들과 그 동맹국들 사이에 평화를 연장하는 것이 그들에게는 가장 매력적인 목표였다.

'전체주의 학파' 비판에는 정치적 요소뿐만 아니라 지적 요소도 있었다. 아이작 도이처는 소련에서 권좌에 오른 젊은 공산주의 세대의 손으로 개혁이 일어날 수 있다고, 아마도 일어날 것이라고 계속 주장했다. 소련 사회가 더욱 제대로 교육받고 복잡해지면서 사회의 요구는 점점 더 체제를 흔들 것이었다. 이것은 미국의 사회학자 대니얼 벨(Daniel Bell, 1919~2011)이 취한 입장이기도 했는데, 벨은 소련과 미국의 현재 추세는 공산주의 체제와 자본주의 체제가 수렴하는 하나의 점을 향해 나아가고 있다고 주장했다. 미국인 개개인의 삶에 대한 국가의 간섭이 증가하는 것은 소련에서 벌어진 억압적 통치가 전반적으로 감소하는 것에 대응했다. 한때 〈타임스〉의 부편집인이었던 E. H. 카도 마찬가지로 소련의 폭넓은 복지 제도와 국가의 경제 개입이 서방에서 이루어지는 실제 통치의 표준적 모습이 되어 간다고 주장했다. 카는 포스트 빅토리아 시대의 자유주의자로 시작해서 결국에는 유사 마르크스주의자가 되었다.[25]

1970년대 말부터 의견의 불일치는 장기간의 학문 전쟁으로 비화했다. 공격은 이른바 '수정주의' 경향 쪽에서 개시했다. 수정주의 경향의 저자들은 1917년 이후 수십 년 동안 소련 권력이 인민이라는 기반 위에 서 있었음을 강조했다. 일부는 공산주의 독재가 단지 노동자와 농민의 요구로 생겨났을 뿐이며 1930년대에 억압으로 죽은 사람은 수천 명에 불과하다고 역설했다. 대테러의 주요 책임이 스탈린에게 있다는 주장은 묵살되었다.[26] 웨브 부부는 소련에서 배포한 공식 자료를 보고 스탈린의 책임을 부정한 한편, 무오류의 〈프라우다〉와 당 대회의 공식 기록에 근거해 새로운 설명을 펼쳤다. 소련과 미국을 비교해서 분석해 보려는 경향도 당대 공산주의 정치를 연구하는 데 영향을 주었다. 모스크바와 베이징의 지도부가 관료적 기능과 마찰하고 점차 대두하는 이익 집단의 요구가 거세지면서 결국 통솔력에 제약을 받았다는 주장이 제기되었다. 각국 공산주의 지도자는 그저 자신이 이끄는 기관의 대변인이나 다름없다고 본 것이다. 수정주의자들은 전쟁 이후 사회과학에서 진행된 발전에 영향을 받았다. 그들 중 일부는 서방 정부의 국내외 정치에서 소외되었으며, 소수는 공산주의자들이었다. 수정주의자들은 모두 소련을 관대한 시선으로 바라보았다.

합의하여 발표된 수정주의 성명은 없었다. 아무도 그런 것을 시도조차 하지 않았다. 수정주의자들을 통일하는 유일한 문제 의식은 전체주의적 사고 전통을 거부한다는 것이었다. 과거와 현재의 공산주의에 관한 새로운 자료가 많이 발굴되었다. 그러나 발굴 과정에서 놓치고 넘어간 것이 있었다. 1960년대의 저자들(콘케스트와 파이프스뿐만 아니라 카와 도이처도 포함되었다)은 종종 극도의 야만성과 함께 휘두르는 거대한 중앙 권력이 소련의 특징이라는 데 동의했다. 수정주의자들은 분석적 상상에서 착오를 겪었다. 어떤 경우에 그런 착오는 도덕적 불감증에 가까웠다.[27]

그러나 격론은 공산주의의 어두운 구석에 빛을 비추었다. 헝가리의 공장, 북베트남 군부대, 중국의 작은 인민공사, 소련의 주택 단지 등에 대해 10년 전에 비해 더 많은 사실이 알려졌다. 또 그런 국가와 사회들의 복잡성을 올바로 이해하려는 경향도 강해졌다. 고위 정치뿐만 아니라 하위 수준의 정치도 세밀하게 조사되었다. 최고 지도자들도 물론 예외는 아니었다. 실제로 다수의 전문가들은 차우셰스쿠, 토도르 지프코프*, 마오쩌둥의 연설 기록을 조사했다. 지식은 확대되고 심화되었다. 문제는 그 지식으로 무엇을 할 것인가였다. 1930년대 내내 공산주의를 주제로 다방면에 걸쳐 신랄한 토론이 벌어졌다. 논쟁의 배경은 1960년대와 1970년대에 바뀌었으나 사람들은 합의에 이르지 못했다. 정치적 당파성이 여기에 한몫을 했다. 전 세계의 현재와 미래의 발전 경로에 관한 판단도 마찬가지로 한몫했다. 그리고 이전 시기보다 공산주의 국가들에 대해 훨씬 많은 것이 알려지기는 했지만 검열과 경찰 규제 때문에 엄청난 양의 정보가 여전히 숨겨져 있었다. 그 결과 '서방의 견해' 같은 것은 없었고 단지 경쟁하고 변화하는 여러 관점들만이 존재할 뿐이었다. 냉전은 서방의 내부에서 어느 정도 합의를 보면서 시작되었지만 세월이 흐르면서 그 합의는 흩어져버렸다.

지프코프(Todor Zhivkov, 1911~1998) 불가리아의 정치가. 1932년 공산당에 가입해 1962년 서기장이 되었다. 1971년 국가평의회를 창설해 평의회 의장을 겸했다.

32장

동유럽과 서유럽

프라하의 봄과 유러코뮤니즘

소련의 비공식적 외부 제국으로서 동유럽이 놓인 상태는 헝가리 봉기가 소련군에게 진압되면서 잔인하게 재확인되었다. 난민들이 오스트리아 국경 너머로 밀려들었다. 헝가리는 가혹하게 탄압받았다. 크렘린이 고른 새 지도자 야노시 카다르는 모스크바를 골치 아프게 하는 일이 되풀이되지 않도록 하는 것이 자신의 할 일이라는 점을 잘 알았다. 임레 너지는 자신의 정부가 무너진 후 유고슬라비아 대사관에서 피난처를 찾았다. 소련 지도자들은 티토에게 너지의 신체에 어떤 위해도 가하지 않겠다고 보장한 뒤 1956년 11월에 너지를 구금하여 1958년 비밀 재판 후 총살할 때까지 루마니아에 붙잡아 두었다. 동유럽 지역의 모든 공산주의 체제에 던져진 야만적인 경고는 분명했다. 소련의 요구를 충족시키지 못하면 폭력적 보복을 당하리라는 것이었다.

모스크바는 헝가리에서 일어난 것 같은 상황이 어떻게든 다시는 되풀이되지 않도록 상황을 정비하는 것이 필수적임을 인정했다. 동유럽 지역에 소련의 경제 지원이 확대되었다. 특히 석유는 세계 시장보다 훨씬 낮은 가격으로 동유럽에 판매되었다.[1] 헝가리, 폴란드, 독일민주공화국에 주둔한 소련군은 모스크바 예산을 추가로 유출했다. 외부 제국이 예전에는 값비싼 피를 요구했으나 지금은 값비싼 루블을 요구했다. 소비에트 블록의 정권들은 여전히 얼마간 민족적 자부심을 옹호하는 것을 허용받았다. 또한 일정한 한계 내에서 1953년 이전에 확립된 체제를 경제적으로 수정하는 실험도 할 수 있었다. 하지만 동시에 공업과 농업을 더 충분히 공산화하리라는 기대를 받았다. 폴란드만 농촌 집단화를 면제받았다. 흐루쇼프는 소련 모델을 너무 엄격하게 강요하면 폴란드 봉기가 또 일어날지 모른다고 생각했을 것이다. 또 흐루쇼프는 여러 나라가 모인 바르샤바조약군 사이의 협력을 강화함으로써 소련과 동유럽의 통합을 확대하고자 했다. 훈련과 장비, 계획 조율에 속도가 붙었다. 이 모든 일은 소련의 헤게모니 아래에서 이루어졌다.[2)]

지역의 경제 조직도 마찬가지였다. 1949년에 성립된 코메콘은 더욱 활동적인 기관이 되었다. 흐루쇼프의 주장에 따라 각 국가들은 자국 경제의 전통적인 강점에 집중하라고 지시받았다. 이전에는 모든 국가가 소련식 산업화의 길을 따르라고 요구받았으나, 이제 일부 국가는 다른 국가들에 농산물이나 광물을 공급하는 것으로 역할이 제한되고 좀 더 산업화된 나라들은 농산물이나 광물을 공급하는 나라들에게 공산품을 수출할 것이었다.[3)]

이러한 구상 전체가 루마니아 공산주의 지도자 게오르기우-데지에게는 저주였다. 그는 엄격한 정치 체제를 유지하면서 중공업을 발전시킬 야심적인 계획을 포기하고 밀, 포도, 토마토, 석유에 우선순위를 두라는 모욕적인 요구를 받았다. 1964년에 공식적인 성명이 나왔다. "'어버이'당과 '아들'당, 즉 '상위'당과 '하위'당은 존재하지 않고 존재할 수도 없다."[4)] 1963년 게오르기우-데지는 건방지게도 중·소 분쟁의 중재자를 자임했다. 1965년에 그의 뒤를 이어 루마니아의 지도자가 된 니콜라에 차우세스쿠도 똑같이 자율 노선을 추구했다. 부쿠레슈티는 코메콘과 바르샤바조약에서 항상 골칫거리로 남아 있었다. 루마니아의 야심적인 산업화 계획은 여전히 유효했다. 차우셰스쿠는 또 집단 농장 체제도 강화했다. 이전의 흐루쇼프와 마찬가지로 그는 마을을 불도저로 밀어버리고 농민들을 새로운 농촌 소도시로 불러모았다. 이런 정책을 실시한 근본적인 이유는 콘크리트 슬래브, 복층 건물, 트랙터와 전등을 농촌에 열심히 도입하고자 하는 차우셰스쿠의 집념에 있었다. 민족적 자부심이 옹호되었고 헝가리인 자치구가 폐지되었다. 반대파는 비밀경찰에게 가혹한 탄압을 받았다. 차우셰스쿠는 국외의 간섭뿐만 아니라 국내의 전복 기도에서 정권을 지키고자 단호하게 맞섰다.

루마니아가 바르샤바조약 동맹국들의 침공을 받지 않았던 것은 일당 · 유일 이데올로기 공산주의 국가를 유지했기 때문이다. 서방 열강에 대한 차우셰스쿠의 우호적인 태도가 동맹국들의 비위에 거슬리기는 했지만 개전의 구실은 될 수 없었다. 복수정당제와 자본주의 경제를 채택했더라면 사정은 완전히 달라졌을 것이다. 알바니아에서는 복수정당제나 자본주의 같은 서구화로 나아갈 전망이 훨씬 적었다. 알바니아의 지도자 엔베르 호자는 "흐루쇼프-티토 그룹이 사회주의의 대의에 반하는 새 음모를 [꾸몄다.]"고 주장했다. 호자는 중 · 소 분쟁에서 중국 편을 들었다. 그는 흐루쇼프와 티토를 세기 전환기의 에두아르트 베른슈타인과 카를 카우츠키처럼 마르크스주의를 배반한 '현대 수정주의'의 지도자라며 맹비난했다.[5] 호자의 알바니아는 스탈린 말기의 전시재판에서 처형된 공산주의 지도자들을 복권시키기를 유일하게 거부한 동유럽 국가였다.[6] 하지만 호자의 분노는 대부분 티토에게 향했다. 알바니아와 좀 더 강력한 이웃 나라 유고슬라비아 간의 영토 경쟁은 끊임없는 갈등의 원천이었다. 그러나 알바니아는 혼자 남겨졌다. 심지어 알바니아는 1967년에 국내의 종교를 완전히 폐지한다고 선언까지 하면서 공산주의 체제를 유지했다. 지정학적으로 알바니아의 전략적 중요성은 작았고, 알바니아가 티토를 비판한 사실은 크렘린에게 별 문제가 아니었다.

독일민주공화국은 산악 지형과 농촌 전통으로 중앙 당국을 고생스럽게 했던 알바니아보다 인민들을 훨씬 엄격히 통제했다. 발터 울브리히트는 자신의 국가를 당대 공산주의의 모델로 만들고자 했다. 소련 최고 소비에트 간부회가 베를린 장벽의 건설을 인가할 수밖에 없었던 것은 울브리히트가 끊임없이 졸라댔기 때문이었다.[7] 울브리히트는 물질적 · 사회적 삶의 질을 높이고자 서독과 경쟁했고, 줄기차게 독일민주공화국이 승리하고 있다고 주장했다. 1963년 그는 기업과 경영자들에게 중앙 계획 통제 밖에서 사업을 운영할 권한을 일정 정도 부여한 '신경제체제(New Economic System)'를 도입했다. 생산이 증가했으나 서독만큼 빠르게 증가하지는 않았다. 많은 사람들이 이전보다 형편이 나아졌지만 울브리히트의 인기는 점점 떨어졌다. 그의 이념적 경직성은 브레즈네프마저 융통성 있는 인물처럼 보이게 했다. 사람들이 서독의 친척들을 만나지 못하게 된 데 울브리히트에게 책임이 있음을 어느 누구도 잊을 수 없었다. 그는 1971년 5월에 해임되었으나 끝까지 자기 정책이 옳았다고 절대적으로 확신했다. 울브리히트의 후계자 에리히 호네커는 약간 덜 침울했을 뿐 전임자와 별반 차이가 없었다. 얼마간 정치적 표현이 더 활기차게 이루어졌으나 기본 정책은 그대로 유지되었다. 독일민주공화국은 노동자의 천국이기는커녕 동유럽에서 가장 효율적인 경찰 국가였다.

폴란드 경찰은 반대파를 곱게 다루지 않았다. 그러나 고무우카는 반공산주의 노동자 투사와 반체제 지식인들을 조용히 지원하던 가톨릭교회에 노골적으로 개입하기를 삼갔다. 또 1956년 권좌에 복귀한 직후 경제 체제를 얼마간 느슨하게 풀어주었다. 폴란드인들의 생활 형편도 1960년대 동안 나아졌다. 농민들에게는 당국이 토지를 집단화하지 않을 것이라고 보장했다. 공산주의 자체는 나라에서 사랑받지 못했다. 고무우카는 애국적 지지를 규합하려는 노력의 일환으로 유대인들을 차별하기 시작했다.[8] 유대인은 제2차 세계대전 후 폴란드에 거의 남아 있지 않았으나 여전히 인민들이 적대하는 대상이었다. 체제에 대한 불만은 시간이 흐르면서 더욱 깊어졌다. 야체크 쿠론*과 카롤 모젤레프스키*는 1968년 당에 보내는 공개 서한을 작성했다. 그들이 말하려는 바는 분명했다. 쿠론과 모젤레프스키는 체포되었고 약식 재판 뒤에 감옥에 처넣어졌다.[9)]

헝가리의 야노시 카다르는 고무우카보다 더 유연한 것으로 드러났다. 카다르도 경제 개선이 시급함을 이해했고, 이를 염두에 두고 폴란드에서 1956~1957년에 급진 공산주의자들이 제기한 것과 같은 개혁을 조심스럽게 도입하기 시작했다. 경영자들에게는 일정 범위 안에서 스스로 경영할 권한이 부여되었다. 노동자들의 근로 의욕을 높이고자 물질적 포상이 더 많이 도입되었다. 1966년에는 이전 시기에 이루어진 일련의 사소한 개혁의 절정으로서 '신경제메커니즘(New Economic Mechanism)'이 공식적으로 선포되었다. 하지만 실제로 이것은 혁명 이전의 낡은 메커니즘, 즉 시장 경제를 완화한 변형에 불과했다. 그렇다고는 해도 당대 공산주의 경제학에는 사실 대담한 것이었고, 소련 개혁가들은 열정적으로 헝가리의 궤적을 따라갔다. 대부분의 헝가리인들은 카다르를 나라가 소련에게 다시 점령될 때 협력을 아끼지 않은 '크비슬링'*으로 여겼는데, 그들에게 카다르의 이런 행동은 놀라움으로 다가왔다. 아무도 카다르가 잘 하는 일이 있을 거라고 기대하지 않았던 것이다. 헝가리 봉기의 순교자들은 일반인들의 기억 속에 계속 살아 있었다. 난민들이 직원으로 일하는 라디오 방송국은 부다페스트의 청취자

쿠론(Jacek Kuroń, 1934~2004) 폴란드의 역사가이자 사회학자, 자유노조연대로 이어진 노동자 조직 노동자보호위원회를 설립했고 1989년 공산당 정권이 붕괴된 후 마조비에츠키 비공산당 주도 내각에서 노동사회정책부 장관을 두 차례 역임했다.

모젤레프스키(Karol Modzelewski, 1937~) 폴란드의 역사가, 작가, 정치가. 1980년에 자유노조연대 운동을 주도했으며 1991년부터 폴란드 국회의원을 지냈다.

크비슬링(Vidkun Quisling, 1887~1945) 노르웨이의 군 장교이자 정치가. 제2차 세계대전 동안 독일군에 의해 노르웨이의 총리로 임명되었다. 전쟁이 끝난 뒤 반역죄로 재판을 받고 총살당했다. 제2차 세계대전 이후 유럽에서는 '크비슬링'이라는 호칭이 반역자라는 뜻으로 널리 쓰였다.

들에게 반공산주의 메시지를 계속 전했다. (당국은 잽싸게 전파를 방해했다.) 그러나 카다르의 경제 조치는 어떤 적극적인 반대도 깡그리 없애버렸고 헝가리의 생활 수준은 서서히, 하지만 꾸준하게 올라갔다.

카다르는 정치적 호소력을 영리한 방식으로 갈고 닦았다. 그는 헝가리를 동유럽의 다른 국가들처럼 엄중하게 통치한다면 1956년의 대재앙에서 결코 회복하지 못할 것이라고 보았다. 그는 포괄적인 이데올로기 주입과 대규모 동원이라는 목표를 포기했다. 카다르는 "사람들은 우리가 마르크스주의를 시험해볼 대상으로 존재하는 것이 아니다."라고 말했다. 카다르가 내세운 슬로건은 유명해졌다. "우리에게 반대하지 않는 자는 우리 편이다."[10]

폴란드와 마찬가지로 헝가리의 언론은 더는 소련처럼 가혹하게 통제되지 않았다. 문화적 표현에 완벽한 자유가 주어진 것은 아니었다. 그러나 카다르는 특히 헝가리의 전(前)공산주의 역사에 대해서는 사회에 팽배한 최악의 좌절감을 완화할 만큼 충분한 토론 공간을 허용했다. 헝가리인들은 소련 블록의 대다수 다른 민족에 비해 자신들이 더 잘산다는 것을 알았다. 이 점에 대해 확신이 필요하다면 헝가리 발라톤 호수의 야영장에서 휴가를 보내는 체코인들과 동독인들이 그렇게 말해주었다. 헝가리에 온 손님들이 야영과 수영의 즐거움을 떠나서 좋아한 것은 상점의 식료품 종류를 점점 다양하게 만든 신경제메커니즘이었다. 헝가리가 인상적인 점 또 하나는 구두 수선공, 배관공, 매점 상인 같은 작은 사업의 운영이 허용되었다는 것이다. 본질적으로 이는 모든 공산주의 경제(사람들이 사적 수익을 얻으려고 부업을 갖는)에서 발생한 현상을 합법화하고 확대했다. 경제를 흔들어 관료제적 경직성에서 빠져나오게 하자는 발상이었다. 카다르는 또 이탈리아, 에스파냐, 프랑스의 유러코뮤니스트들을 비난함으로써 국제 공산주의의 친분 관계에서 스스로 위험을 무릅썼다. 모스크바에게 카다르는 고무우카보다 더 짜증스러운 인물임이 드러났고, 카다르의 이러한 정책들은 굴라시 공산주의*라는 이름으로 알려졌다.

소련에게 더 골치 아픈 나라는 체코슬로바키아였다. 정치 · 경제적 개혁을 향한 모든 움직임을 막은 안토닌 노보트니(Antonín Novotný, 1904~1975)에 대한 실망이 1967년의 체코슬로바키아에 끓어넘치고 있었다. 공산주의 개혁가들은 지식인들과 동맹을 맺었다. 1967년 10월에 중앙위원회는 거의 공공연하게 벌어진 내부 분란으로 갈기갈기 찢겼다. 개혁가들이 우위를 차지했다. 노보트니는 1968년에 강제 해임되었고 알렉산드르 두브체크가 공산당 수장으로서 뒤를 이었다. 4월에 중앙위원회는 '행동 강령'을 채택했다. 강령의 기본 목표는 "철저하게 민주적이고 체코슬로바키아에 맞게 조정된 새로운 사회주의 사회의 모델"을 개발하는 것이었다. 두브체크는 검열을 폐지했고 공식적 간섭을 받지 않는 결사체들의 결성을 허용했다. 경제학자 오타 시크(Ota Šik, 1919~2004)의 경제 개혁에는 수익성 없는 공장 폐쇄와 사적 경제 활동 확대가 포함되었다.[11] 모스크바는 두브체크에게 개혁 과정이 통제 불능 상태에 빠지는 것을 막을 수 없으리라고 재삼재사 경고했다. 1956년의 헝가리 사태가 영혼에 깊이 각인된 카다르는 두브체크에게 이렇게 물었다. "당신이 다루는 사람들이 어떤 종류의 인간들인지 정말 모른단 말입니까?"[12] 체코슬로바키아 지도자는 순진한 개혁적 공산주의자였다. 그는 변화가 체코슬로바키아에서 공산주의의 매력을 강화하고 소련의 지정학적 이익에 부합할 것이라고 설명해 크렘린을 설득할 수 있으리라고 확신했다.

하지만 소련 정치국원들은 걱정이 태산 같았다. 소련만 그런 것이 아니었다. 동유럽의 다른 공산주의 지도자들, 특히 고무우카와 울브리히

굴라시 공산주의 굴라시(goulash)는 양파를 볶아서 파프리카 등으로 다양하게 양념을 한 쇠고기 스튜로서 헝가리의 대표적인 요리이다. 굴라시 공산주의란 갖가지 재료로 이루어진 이런 굴라시처럼 이데올로기들이 뒤섞여 있고 더는 엄격하게 공산주의적이지 않은, 카다르가 주도한 헝가리 공산주의를 일컫는다. 다른 말로는 카다르주의라고도 한다.

트는 프라하의 봄을 반혁명의 시작으로 보았다. 모스크바와 프라하의 협상이 격렬하게 진행되었다. 두브체크는 자신이 모든 것을 통제하고 있다고 거듭 주장했다. 브레즈네프는 두브체크를 믿거나 적어도 극단적인 행동은 피하고 싶었지만 정치국의 의견은 군사 개입을 찬성하는 쪽으로 흐르고 있었다. 체코슬로바키아 국경 인근에서 군대가 기동하기 시작했다. 많은 논의 끝에 모스크바에서는 바르샤바조약군의 침공 결정이 내려졌다. 폴란드, 독일민주공화국, 불가리아, 헝가리가 병력을 파견했다. 8월 20~21일 밤에 전차가 국경을 넘었다. 조약군은 어떤 저항도 받지 않고 프라하로 진격했다. 작전 당일은 그렇게 화창할 수가 없었다. 체코 수도에서는 아지랑이가 살짝 피어올랐고 산들바람이 남쪽으로 불고 있었다. 학생들이 전차에 탄 군인에게 다가가서 왜 침공했는지를 물었다. 체코슬로바키아의 정치는 현지의 수중에서 벗어났다. 알렉산드르 두브체크, 루드비크 스보보다* 대통령을 비롯한 지도적 개혁가들이 체포되어 마취당하고 수갑을 찬 채 모스크바로 납치되었을 때 체코슬로바키아는 소련 정치국과 그 기관들의 통치 아래 있었다.

두브체크는 브레즈네프와 악몽 같은 '대화'를 나눴다. 소련이 내건 조건을 수용하지 않으면 두브체크는 죽음을 면치 못할 것이고 침공당한 그의 나라는 사정이 더욱 악화될 것이었다. 강제로 잠을 못 자게 하는 바람에 제대로 생각할 수 없었던 두브체크는 굴복했다. 의사이자 에스파냐 내전의 참전 용사였던 프란티셰크 크리겔(František Kriegel, 1908~1979)은 납치된 5명의 체코슬로바키아 지도자 가운데 유일하게 모스크바 의정서에 동의하기를 거부한 사람이었다. 브레즈네프는 난폭하게 반응했다. "그런데 갈리치아*에서 온 이 유대인은 여기서 뭘 하는

스보보다(Ludvík Svoboda, 1895~1979) 체코슬로바키아의 군인이자 정치가. 1968년 3월 대통령에 취임했고, 8월에 소련이 군사 개입을 통해 친소련 정권 수립을 요구했으나 거절했다.

갈리치아(Galicia) 폴란드 남동부로부터 우크라이나 서쪽 지방에 이르는 지역을 가리키는 역사적 명칭.

거야?"

체코슬로바키아로 돌아온 공산주의 개혁가들이 아무 활동도 하지 않은 것은 아니었다. 바르샤바조약군에 맞서 직접 앙갚음을 할 수는 없었다. 대신 그들은 비소차니에서 당 대회를 개최하고 침공에 적대적인 공산주의자들로 이루어진 새 중앙위원회를 선출함으로써 반항했다. 개혁가들은 전투를 계속하지는 않더라도 크렘린의 행동이 불법이라는 것을 분명히 드러내기로 작심했다. 두브체크와 스보보다는 프라하로 귀국했고 소련의 협박을 받으면서도 사태 진행이 합법적이라는 주장에 도전했다. 소련은 체코슬로바키아공산당에게 '사회주의 성과의 방어'를 우선하라고 요구했다. 두브체크는 노골적인 혐오감을 보이며 임무를 수행했다. 일단 정치적 열정을 가라앉히고 '정상화'를 촉진하는 기능을 다 한 뒤에 두브체크는 당 제1서기에서 해임되었고, 삼림 행정 분야의 사소한 직책으로 좌천되어 정치 무대에서 사라졌다. 두브체크의 자리는 소련을 향해 꼬리 치던 뚱한 성격의 아첨꾼 구스타프 후사크(Gustáv Husák, 1913~1991)가 차지했다. 개혁 지도자들은 모두 공직에서 제거되었다. 검열이 다시 도입되었고 억압적 통제가 강화되었다. 경제적 탈집중화 실험은 끝이 났다. 프라하의 봄은 여름과 가을을 건너뛰어 바로 겨울이 되었다.

체코슬로바키아 사태는 이른바 브레즈네프 독트린의 출발점이었다. 소련은 동유럽에 공산주의 질서를 강제할 권리를 남용했다. 크렘린만이 이 질서가 위협당하는 때를 판단할 권한이 있었다. 브레즈네프는 제2차 세계대전 후 이루어진 영토적 · 정치적 조정을 확고히 유지할 것이라고 널리 알렸고, 서방에는 이 독트린을 존중하라고 경고했다. 동유럽의 국가들에게 제한 주권이라는 개념이 제시되었다. 1945년에 모스크바의 헤게모니 아래 들어간 이들 나라는 영원히 소련에 충성해야 했다. 스보보다는 자신을 비롯해 모스크바 의정서에 서명한 사람들이 체코슬로바키아를 지금보다 훨씬 더 나쁜 운명에서 구해냈다고 믿었다. 그

흐루쇼프를 이어 소련공산당 서기장이 된 레오니트 브레즈네프. 어떤 한 나라에서 공산주의가 위협받는 상황을 전체 공산주의 진영의 위기로 보는 브레즈네프 독트린을 내세워 프라하의 봄을 무력으로 잔인하게 진압했다.

러나 스보보다는 다음과 같이 말하기도 했다. "우리 공화국이 점령당했을 때 우리는 아무도 초청한 적이 없다고 당과 정부 그리고 나 자신이 분명히 말했다. 전 세계가 이 사실을 알고 있다." 러시아 병사의 전차가 형제국의 초청으로 도착했다고 생각하는 것은 그에게 감당하기 벅찬 조작이었다. 그러나 체코슬로바키아는 다시금 정치적으로 완전히 예속되었다. 그리고 바르샤바조약군의 침공은 동유럽 전역에서 모든 개혁 논의를 죽여버렸다.

하지만 이 사건이 동유럽 나라들에서 소련에 대한 비판을 완전히 뿌리 뽑지는 못했다. 사실 소련 대외 정책의 절대적인 야만성은 이제 제발 좀 그만하라는 감정을 강화했다. 1956년 루마니아 지도부의 한 사람으로서 헝가리 반란의 분쇄를 열렬히 지지했던 차우셰스쿠는 체코슬로바키아에 대한 소련의 군사 개입을 비난했다. 그는 브레즈네프 독트린을 단호히 거부했다. 티토는 세계 곳곳에서 소련을 비판하며 고함을 쳤다. 호자는 더 나아가 알바니아를 바르샤바조약기구에서 빼내버렸다.

인민들의 저항은 소련과 대결하는 아이스하키 경기 관람석에서 난폭하게 행동하는 것을 약간 웃도는 수준에 불과했다. 하지만 반체제 활동은 멈추지 않았고 체코슬로바키아에는 바람 잘 날이 없었다. 말썽을 일으킨 자들은 공산주의자가 아니라 자유주의자들이었다. 그들 중에는 기회만 있으면 공산주의 당국을 비난한 극작가 바츨라프 하벨이 있었다. 그는 자주 체포되었다. 최종적으로 '77 헌장'이라고 자칭하게 될 모임이 하벨 주위에 형성되었다. (이 그룹은 1977년에 결성되었다.) 박해는 그들을 침묵시키지 못했다. 하벨은 서방의 주의를 끌어서 미국 정치가들로 하여금 후사크와 다른 동유럽 국가들의 후사크 같은 사람들이 억압 조치를 강화한다면, 소련이 외교와 재정 관계에서 고통스러운 대가를 치를 거라고 지적하게 만드는 방법을 알았다. 그리하여 하벨은 체포되고 석방되고 또 체포되는 삶을 살았다. 그러나 그는 고문받거나 식사 배급을 못 받고 굶거나 잘못된 자백에 서명하라고 강요받지는 않았다. 체코슬로바키아 침공은 공산주의에 재앙이었다. 두브체크는 목숨을 부지했다는 것만으로도 운이 좋았던 공산주의 개혁가였다. 반(反)크렘린 투사들은 체코슬로바키아를 공산주의적으로 개혁하는 일이 헛된 목표라고 결론 내렸다. 그들은 자유민주주의, 민족 주권, 기독교, 시장경제라는 이상으로 시선을 돌렸다. 어떤 이상을 지지할지는 의견이 서로 달랐다. 그러나 공산주의 통치를 없앨 필요가 있다는 데서는 의견이 같았다.

체코슬로바키아에서 행사한 무력과 군사적 점령이 통하지 않았다면, 공산주의는 동유럽의 다른 지역에서 점점 증가하는 저항에 맞닥뜨릴 수밖에 없었을 것이다. 폴란드에서 노동 계급은 가만히 있지 않았고 지식인은 분노했으며 가톨릭교회는 말썽을 일으켰다. 심지어 불가리아, 루마니아, 독일민주공화국 같은 강압적인 체제에서도 반체제의 싹이 돋아났다. 알바니아는 가장 가혹한 억압 기제를 작동했고 반대파 조직이 매우 취약했다. 엔베르 호자는 종교적 심성을 근절하고 사람들을 더욱 열성적인 무신론자로 만들었다고 자랑스럽게 선언했다.

폴란드에서 고무우카의 경제 개혁은 1960년대 중반까지 긍정적인 영향을 주었다. 폴란드의 국민 소득은 전쟁 이후 처음으로 투자 금액보다 빨리 증가했고 임금도 상승했다. 역점은 중공업에 있었다. 이전과 마찬가지로 농민들이 대부분의 부담을 졌다. 의무적인 농산물 인도 할당량은 계속 상향 조정되었다.[13] 경제 성장을 같은 속도로 유지할 수는 없었다. 좀 더 자유로운 정보, 경영, 혁신 시스템이 없다면 폴란드 경제는 선진 자본주의 서방에 계속 뒤처질 수밖에 없었다.[14] 고무우카의 훈계조 연설은 대다수의 폴란드인들을 화나게 했다. 고무우카의 영웅적 지위는 폴란드인들 사이에서 오래가지 못했다. 사람들은 이러한 농담으로 고무우카를 흉내 냈다. "전쟁 전에 폴란드 경제는 벼랑 끝에 있었습니다. 해방 이후 우리는 장족의 발전을 했습니다!"[15] 1970년 12월에 물가 인상이 시행되면서 파업이 발생했다. 소요는 발트해 연안 도시들에서 가장 심각했다. 조선소 노동자들은 노동조합을 결성하고 파업에 돌입했으며 정부에 항의하려고 거리로 나섰다. 고무우카는 무장 치안 부대를 투입했고 시위자 수백 명이 살해되었다. 그러나 파업 노동자들은 굴복하지 않았고 고무우카는 같은 달 사임해야 했다. 이 일은 중차대한 사건이었다. 제2차 세계대전 후 동유럽에서 처음으로 통치자가 노동 계급의 힘에 밀려 쫓겨난 것이다.[16]

고무우카의 자리는 에드바르트 기에레크(Edward Gierek, 1913~2001)가 메웠는데, 그는 파업 노동자들과 우호적으로 협상했다. 생활 조건 개선을 우선 과제로 삼아야 했다. 그러지 않을 경우 고무우카에게 일어난 일이 기에레크 자신에게도 발생할 수 있었다. 기에레크는 서방 은행에서 차관을 얻고 소련의 상업 보조금을 끌어들이기 시작했다. 폴란드는 그 자금을 서독 등지로부터 소비재와 최신 산업 기계를 사들이는 데 썼다. 이 전략의 성공은 장기적인 경제 회생의 성공 여부에 달려 있었다. 실패하면 정부는 외국의 채권국에 빚을 갚기 위해 실질 임금을 낮출 수밖에 없을 것이었다. 기에레크는 온후한 품성을 지닌 건실한 인물이었다. 그는 그다지 카리스마적이지는 않았지만 뚱한 고무우카를 이어 정권을 잡은 후 어느 정도 인정받았다. 하지만 기에레크에게 부족한 것은 통찰력이었다. 기에레크도 동료 지도자들도 폴란드인들 사이에 공산주의를 경멸하는 감정이 꾸준히 존재해 왔다는 사실을 제대로 인식하지 못했다. 가톨릭교회는 수십 년 동안 박해를 받으면서도 고개를 숙이지 않았다. 한때 공산주의 개혁가들을 상당수 포함했던 지식인 계층은 어떤 형태의 마르크스주의에도 반대하는 쪽으로 돌아섰다. 공장, 광산, 조선소의 노동자들은 기에레크를 믿어주려 하지 않았다.

시민 사회는 두드려 맞았으나 없어지지는 않았다. 러시아에 대한 분노는 강렬했다. 반란이 일어나지 않은 유일한 이유는 바르샤바조약기구의 동맹국들이 전차를 보유하고 있다는 것을 알고 있었기 때문이었다. 폴란드인들은 1956년에 헝가리에서 발생했던 유혈 사태가 되풀이될까 봐 두려워했다. 좀 더 나이 든 사람들은 1944년에 애국자들이 독일 점령에 맞서 궐기했으나 처음부터 적의 우세한 화력에 밀렸던 바르샤바 봉기를 기억했다. 그러나 모든 것을 잃은 것은 아니었다. 많은 노동자들이 임금, 생활 조건, 시민권을 두고 당국과 격렬하게 대결했다. 애국적 성직자들뿐만 아니라 반체제 지식인들과도 연계한 노동 운동 투사들이 총파업을 요청하기로 마음먹는다면 경제를 주저앉힐 수도 있었다.

외국 차관은 기에레크에게 시간을 약간 더 주었으나 폴란드 경제 생산은 1977년에 급락했다.[17] 동유럽 통치자 중에서 오직 한 명, 차우셰스쿠만이 폴란드 전략의 위험을 간파했다. 루마니아는 체코슬로바키아를 제외한(후사크는 거의 강박적으로 서방과 접촉을 피했다) 다른 모든 동유럽 국가와 마찬가지로 외국 차관을 들여왔다.[18] 그러나 차우셰스쿠는 곧바로 채무를 변제했고 국가 수지를 흑자로 유지하기 위해 국민을 가난하게 만드는 것을 망설이지 않았다. 석유는 루마니아의 가장 큰 자산이었고 세계 시장에서 우세한 시세로 매매되었다. 포도주도 수출하기 시작했다. 루마니아 정부는 인력 수출로도 돈을 벌었다. 이스라엘 이주를 희망하는 유대인들은 출국 비자를 얻고 비행기 표를 사느라 비싼 수수료를 물어야 했다. 독일계도 부쿠레슈티와 본 사이에 맺어진 협정에 따라 유사한 조건으로 루마니아를 떠났다. 그러나 경제 상황은 계속 나빠졌다. 차우셰스쿠는 보안경찰 세쿠리타테(Securitate)를 통해 당과 인민에 대한 통제를 더욱 강화했다.[19] 그의 부인 엘레나도 정치적 영향력과 명망을 얻었다. 어떤 정치 개혁이나 경제 개혁도 루마니아에서는 싹틀 수가 없었다. 차우셰스쿠 숭배는 북한과 중국을 제외하고는 당대 공산주의의 관행마저 초월했다. 체제를 비판한 루마니아인들은 감옥에 갇혔다.

동유럽은 소련 최고 지도부에게 끊임없이 경보를 울리는 존재였다. 헝가리 봉기 진압은 흐루쇼프에게 악몽이었다. 흐루쇼프는 스스로 모든 사람을 위해 공산주의 통치를 완화하고 있다고 생각했으나 소련 서쪽의 사회들이 자신들을 억압하는 사람들을 증오하고 있음을 알게 되었다. 동유럽에 개혁을 약속한 적이 없는 브레즈네프는 프라하의 봄을 겪었어도 흐루쇼프처럼 정신적 상처가 크지 않았다. 브레즈네프의 양심은, 만일 그에게 그런 게 있었다면, 1968년에 바르샤바조약군을 체코슬로바키아로 파병하는 결정을 내리면서 가책을 느끼지 않았다. 그러나 군사 행동은 겉으로 드러난 증상만 잠재웠을 뿐이었다. 군사적 조치는 대륙의 동쪽 절반 전역에서 공산주의가 겪는 불안에 근본적인 치유책을 전혀 제공하지 못했다.

스탈린 시대에서 브레즈네프 시대에 이르기까지 병적인 증상이 계속되었다. 동유럽의 '식민지'들은 소련 예산의 다국적 배출구가 되어버렸다. 북대서양조약기구의 공격 위협을 꺾으려면 동유럽에 핵미사일 기지를 제공해야 했다. 소련군도 장비와 재정 지원이 필요한 동유럽 수비대를 유지했다. 이 시무룩한 군대는 주둔 지역에서 매우 인기가 없었고 모스크바는 부대가 주둔지의 민간인들과 자주 접촉하지 않도록 조심했다. 소련은 이와 같은 방편에 의존해서 운영된 매우 독특한 제국이었다. 이것이 전부가 아니었다. 동유럽의 공산화된 경제는 소련 모델에 따라 구축되었다. 폴란드가 농민층 대부분을 집단화하지 않은 것은 사실이다. 그러나 폴란드의 산업, 상업, 재정, 운송 분야에서는 전쟁 전에 소련이 고안한 모형을 모방했다. 그 결과 경제는 영구적으로 불완전해졌다. 소련에는 풍부한 천연자원이 동유럽 국가들에는 부족했다. 모스크바는 상황 악화를 막고 싶으면 끊임없이 가스와 석유 수출에 보조금을 지불해야 했다.

소련은 서유럽 정치에 행사할 수 있는 영향력이 감소하는 상황에서도 이런 비용을 부담했다. 이탈리아공산당은 차츰 소련의 정치적 · 이념적 품에서 벗어났다.[20] 이탈리아공산당의 유러코뮤니즘은 독특한 새 전략을 내놓았다. 톨리아티는 합헌적 틀 내에서 움직이면서도 공산주의자들이 다른 방식을 (특히 정치적 우익이 쿠데타를 수행할 경우) 사용할 가능성을 내놓고 포기하지는 않았다. 베를링구에르는 당이 평화적이고 선거에 의지하는 전략에 무조건 헌신하기를 원했다. 그는 기독민주당과의 '역사적 타협'을 요청했다. 베를링구에르의 제안은 나라의 근본적인 개혁 과제는 가장 큰 두 정당이 제휴하여 함께 해결해야 한다는 것이었다. 그리고 그는 전직 총리 알도 모로*에게서 1978년 붉은 여단*에게 살해될 때까지 자기 말을 곧이곧대로 들을 가능성을 발견했다. 베

모로(Aldo Moro, 1916~1978) 이탈리아의 법학자이자 정치가. 1946년 기독민주당에 입당했다. 1963~1968년에 총리직을 맡았고 사임 이후에도 1974년까지 여러 차례 외무장관을 맡았다. 1974~1976년에 다시 총리를 역임했으나 임신중절법을 둘러싸고 당내에 분열이 일어나자 자리에서 물러났다.

붉은 여단(Red Brigades) 1967년에 결성된 이탈리아의 극좌파 테러 조직. 이탈리아 혁명과 북대서양조약기구로부터의 이탈리아 탈퇴를 목표로 1970년대와 1980년대 초에 언론인, 경찰관, 법관, 실업가, 정치인들을 대상으로 수많은 납치와 살인 사건을 일으켰다.

를링구에르는 이탈리아 공산주의의 전통적인 반미주의를 포기했다. 하지만 유럽은 그의 정책의 핵심이었다. 베를링구에르는 이탈리아가 북대서양조약기구와 유럽경제공동체(EEC)에 가입하는 것을 환영했다. (반면에 톨리아티는 양 조직을 반소련 음모로 취급했다.)[21] 또 베를링구에르는 유럽의 사회당과 사회민주당, 노동당과도 교섭했다. 이탈리아공산당은 일련의 선거에서 성공을 거두었으나 1979년에 공산당의 득표율은 34퍼센트에서 30퍼센트로 감소했다.[22] 게다가 기독민주당원들은 베를링구에르의 협력 제안을 거절했다. 공산주의의 적들은 이탈리아공산당 없이 연립정부를 구성하는 데 항상 성공했다.

에스파냐공산당 서기장인 산티아고 카리요는 1976년에 프랑코가 죽고 민주주의가 회복된 뒤 마드리드로 돌아왔다. 카리요는 유러코뮤니즘의 주요 실천 교의에 동의했고 외국 망명과 반파시즘 저항에 바친 자신의 생애가 유권자의 지지를 얻는 데 도움이 되기를 희망했다.[23] 카리요의 희망은 실현되지 않았다. 선거 결과는 실망스러웠고 카리요는 6년 뒤 사임했다. 포르투갈공산당도 비슷한 운명을 겪었다. 1974년 파시즘에 맞서 혁명이 발생했고 공산주의자들은 혁명에 적극적으로 참가했다. 지도부는 유러코뮤니즘을 경멸했고 모스크바와 우호적 관계를 지속하는 것이 좋다고 믿었다. 이런 태도는 어떤 변화도 불러오지 못했다. 이듬해 공산당은 전국 선거에서 겨우 투표의 8분의 1만을 획득했다.

모리스 토레즈를 계승한 발데크 로셰가 이끄는 프랑스공산당은 1920년대에 로셰가 소련에서 목격했던 것에도 불구하고 여전히 확고하게 친소련적 태도를 취했다.[24] 1969년 대통령 선거에서 프랑스공산당은 호전적인 구 스탈린주의자 자크 뒤클로를 후보로 내세워 21퍼센트를 득표했다. 당의 규율은 엄격했다. 소련을 비판한 로제 가로디*처럼 의견을 달리하는 사람들이 당에서 축출되었다. 1972년 서기장이 된 조르주 마르셰는 고층 빌딩의 튀어나온 부분을 붙잡고 기어오르는 사람처럼 유러코뮤니즘적 관점을 향해 조금씩 나아갔다. 그는 반체제 인사들에 대한 국가보안위원회(KGB)의 억압에 자주 의문을 제기했다. 마르셰는 소련의 즉각적인 불평도 무시했다.[25] 또 프랑수아 미테랑*과 사회당을 끌어들여 선거 연합을 추진했다. 그러나 사회당과의 협정은 1974년에 파기되었다. 게다가 마르셰는 공산주의 전략을 새로 규정하는 데 베를링구에르와 카리요만큼 멀리 나가려 하지 않았다.[26] 마르셰의 당은 영원한 저항 세력으로 남았다. 당은 그 자체로도 한계가 분명했다. 1968년에 프랑스 전체가 노동자 파업과 학생 시위로 불타올랐다. 프랑스공산당은 특히 '부르주아' 학생들과 동맹하기를 거부하고 나라에 진정으로 혁명적인 상황이 왔다는 것을 그 나름의 명분을 내세워 부인하면서 홀로 초연했다. 그렇지만 당은 영화를 누리지 못했다. 실제로 프랑스공산당은 영구적이고 유력한 야당 역할에 만족했다. 언제나 당은 혁명의 들러리였지, 혁명의 주인은 아니었던 것이다.

이탈리아, 프랑스, 에스파냐, 그리스를 주목할 만한 예외로 치고, 서유럽 나머지 나라에서 공산주의는 공산주의라는 것이 애초에 산업 노동 계급의 이름으로 고안되었는데도 노동 계급의 상상력에 거의 호소력을 발휘하지 못했다. 적절한 사례는 영국인데, 영국은 공산주의의 공동 창시자들이 중요한 저술을 많이 집필했던 곳이다. 영국공산당은 체코슬로바키아 침공 후인 1968년에야 결국 소련에 등을 돌렸다. 영국 노동 운동의 나머지 부분은 공산당의 의식 변화를 거의 알아차리지 못했다. 소수의 노동조합에서는 공산주의자들에게 어느 정도 권위가 있

가로디(Roger Garaudy, 1913~) 프랑스의 작가, 철학가, 정치가. 프랑스공산당의 지도적 이론가였으며 많은 학술서를 집필했다. 1970년에 소련의 체코슬로바키아 침공을 비판했다는 이유로 프랑스공산당에서 축출되었다.

미테랑(François Mitterrand, 1916~1996) 프랑스의 정치가. 1960년대 말부터 사회주의적 좌파 연합 결성에 힘써 1971년 새로운 사회당(PS) 결성과 함께 서기장이 되었다. 1972년 공산당과 공동 강령을 실현했으며 1974년 대통령 선거에서 좌파 진영의 단일 후보가 되었고, 1981년 대통령 선거에서 승리했다.

기는 했다. 공산당 투사 믹 맥게이*가 이끄는 스코틀랜드 광부들 사이에서는 특히 그랬다. 그러나 젊은 급진파 일반은 한결같이 영국공산당이 아니라 공산주의 분파 조직이나 다른 조직으로 시선을 돌렸다.[27] 공식적인 영국 공산주의는 아직 완전히 죽지는 않았지만 서서히 죽어 가고 있었다. 적극적인 당원들(친소련이든 반소련이든, 스탈린주의적이든 개혁주의적이든, 활동가든 지식인이든, 베테랑이든 신참이든)에게 유일한 위안은, 역사가 자신들을 남겨 두고 떠나가는 것을 아직 깨닫지 못했다는 사실이었다. 1917년과 1945년에 서유럽과 동유럽에서 공산주의에 날개를 달아주었던 전 지구적 변화의 폭풍은 허공으로 흩어져버렸다.

맥게이(Michael 'Mick' McGahey, 1925~1999) 스코틀랜드 광부 운동 지도자이자 공산주의자. 열네 살 때부터 광부로 일했으며, 영국공산당 창립자였던 아버지의 영향을 받아 공산당에 참여해 1990년 당이 해산될 때까지 당원으로 활동했다. 광부들의 노동조합인 전국광산노동자연합(NUM)에도 가입해 1967년에는 스코틀랜드 지부장, 1972년에는 전국 부의장으로 선출되었다.

33장

좌절과 급진화

혁명적 순수성과 테러리즘의 부활

레닌의 공산주의는 중앙 정부의 권위를 획득하는 방법에 있어 전략적으로 고착되어 있었다. 공산당들은 나라 전체를 접수하여 자국의 정치와 경제의 틀을 변화시키고자 했다. 그들은 영구적인 통치를 꾀했다. 그들은 자신들이 권력을 획득했을 때(이 점에 대해서는 조금도 의심의 여지가 없었다.) 권력을 계속 꼭 붙들고 있을 작정이었다. 1917년의 레닌이나 1949년의 마오쩌둥처럼 공산당들은 자신들의 정책 덕분에 대부분의 인민들에게 인기를 얻을 것이라고 믿었다. 공산주의 이론은 이용할 만한 '혁명적 상황'이 없는 공산당들을 위한 대안 전략을 결코 내놓지 못했다.

하지만 수십 년 동안 대부분의 공산당들은, 가까운 미래에 혁명이 성공할 가능성이 비관적일 수도 있고 전혀 없을 수도 있다는 점을 인정해야 했다. 역설적이게도 공산주의자들이 집권할 전망이 크면 클수록 정부가 무자비한 예방 조치를 취할 가능성도 점점 커졌다. 제2차 세계대전 후 내내 공산당들은 감시를 받았다. 오스트레일리아 노동 운동은 극좌 급진주의의 오랜 전통을 지니고 있었다. 1941년부터 1945년 사이에 스탈린을 열광적으로 추종하던 랜스 샤키*가 이끄는 오스트레일리아공산당은 전쟁 수행을 지원하기 위해 지칠 줄 모르고 애를 썼고 그 결과 전후 정치에 지속적으로 영향력을 행사하게 되었다.[1] 공산주의자들은 1947년에 산업 공세를 개시함으로써 노동당 정부 내각에 도전했다. 2년 뒤 정부는 장기간의 광부 파업을 분쇄하려고 군대를 투입했다. 1951년 로버트 멘지스*가 이끄는 보수 정당은 공산당을 노골적으로 금지함으로써 미국의 매카시 상원의원을 능가했다. 이 문제를 다룬 국민투표에서는 정부가 패배했지만, 스탈린 치하 소련의 무도함뿐만 아니라 오스트레일리아 공산주의자들의 파괴 활동도 자주 언급되면서 대부분의 오스트레일리아인들은 공산주의가 자신에게 맞지 않는다는 결론을 내렸다. 1949년에 3년 징역형을 선고받은 샤키는 흐루쇼프가 스탈린의 경력을 공격하기 오래전에 이미 무력한 사람이 되었다.

오스트레일리아와 동남아시아의 공산주의자들은 우호 관계를 유지했다. 말레이시아 동지들은 제2차 세계대전 후 대영제국의 통치에 심각한 위협 세력이었다. 1957년에 말레이시아가 독립했을 때 공산당의 위력과 야심은 정부와 충돌을 일으켰다. 대부분의 당원들은 중국인 소수 민족이었고 그들에 맞서 군사 행동을 벌이는 것은 당국에게 손쉬운 일이었다. 말레이시아공산당은 정규군의 상대가 되지 못했고 1960년에 진압되었다.

인도네시아 공산주의자들도 탈식민화 이후 자국 정부에 위협적인 존재가 되었다. 1960년대 초까지 인도네시아공산당은 300만 명의 당원을 확보해 세계에서 세 번째로 가장 큰 공산당이 되었다. 소련과 중화인민공화국만이 당원이 더 많을 뿐이었다. 인도네시아공산당은 네덜란드 식민주의에 맞서 싸우는 데 두드러진 역할을 했고 몇 번씩이나 지하

샤키(Lance Sharkey, 1898~1967) 오스트레일리아의 노동조합 활동가이자 공산주의 정치가.

멘지스(Robert Menzies, 1894~1978) 오스트레일리아의 정치가. 1944년 자유당을 결성했고 1949년 연방 총리가 되어 1966년까지 재임했다.

로 숨어들 수밖에 없었다. 1949년 인도네시아가 독립한 후 격동의 시기가 뒤따랐다. 공산주의자들은 1958년 우익 반란자들에 맞서 수카르노* 대통령을 지지했고, 수카르노는 공산주의 지도자인 아이딧*과 뇨토*를 내각에 끌어들였다.[2)] 1965년에 군부 쿠데타가 조직되고 있다는 두려움이 커졌다. 공산당은 예방 쿠데타로 이를 좌절시키려 했다. 그러자 수하르토* 장군이 군대를 동원해 유혈 진압을 개시함으로써 공산주의자들의 기선을 제압했다. 미 중앙정보국(CIA)은 무슬림 보수파 집단이 이름 있는 공산주의 조직과 공산주의자들에게 분노를 폭발시킬 때 깊숙이 연루됐다. 약 1백만 명에 이르는 공산주의 혐의자들이 학살당했다. 폭도들은 총이 부족하면 칼을 사용했다. 죽은 자들의 머리가 장대 끝에 매달렸고 시체가 물길을 막을 정도였다. 아이딧과 뇨토도 살해당했다. 인도네시아 공산주의는 1937~1938년에 스탈린이 자신의 당을 공격한 이래 공산주의자들을 겨냥한 가장 전면적인 공격 속에서 말살되었다. 공산당은 권력을 공유하고 나아가 독점하려 했지만 결국 잊혀졌다.[3)]

남아프리카공산당은 1950년 완전히 금지되기 오래전부터 이미 박해받아 시들어 가고 있었다. 전략이 재고되었고 지도부는 몇 년 전 확립된 아파르트헤이트 체제를 무너뜨리기 위해 흑인이 지도하는 아프리카

수카르노(Sukarno, 1901~1970) 1928년 인도네시아국민당을 결성하여 독립 운동을 했고, 1929년 식민지 당국에 체포되면서 민족 지도자로서 명성을 확립했다. 1945년 8월 17일 인도네시아의 독립을 선언하고 신생 공화국의 초대 대통령에 취임했다.

아이딧(Dipa Nusantara Aidit, 1923~1965) 인도네시아의 공산당 지도자. 수카르노 대통령에게 동조하면서 반공 군부 및 이슬람 정당과 대립했다. 1965년의 '좌파 봉기' 실패 후 군부에게 사살되었다.

뇨토(Njoto, 1925~1965) 인도네시아공산당 최고 지도자. 1965년 11월 6일 반공 숙청 때 총살당했다.

수하르토(Suharto, 1921~2008) 인도네시아의 군인이자 정치가. 1965년 '좌파 봉기' 때 육군을 임시 지휘해 공산당에 큰 타격을 주고 사태를 수습했다. 1966년 3월 수카르노로부터 사실상 전권을 이양받고 1968년 제2대 대통령으로 취임한 이래 인도네시아를 32년간 철권 통치했다.

민족회의(ANC)와 장기적인 협력에 전념하는 쪽을 택했다. 이렇게 하면 정치적 사건들에 대한 공산당의 영향력이 커지고 공산주의 지도자들이 유력한 지위를 차지할 수 있을 것이라고 생각한 것이다. 아프리카민족회의의 관점은 마르크스주의적이라기보다는 사회민주주의적이었다. 그러나 아프리카민족회의는 다양한 견해를 통합하여 끔찍하게 인종주의적인 정부를 전복하는 데 온 힘을 쏟았다. 그리고 경제적 사보타주와 무장 저항을 벌이겠다는 아프리카민족회의의 결심은 남아프리카공산당에게 이들과 맺은 연합의 이점을 확신하게 해주었다. 조 슬로보를 비롯한 공산주의자들은 아프리카민족회의의 활동에 두드러지게 기여한 사람들이었다. 그들은 당원과 추종자의 규모에 비해 큰 영향력을 발휘했다. 남아프리카 공산주의자들은 바라는 대로 아프리카너*들이 이끄는 아파르트헤이트 체제가 전복된 뒤에도 자신들이 최고 국가 권력을 결코 얻지 못하리라는 것을 본질적으로 받아들였다.

몇몇 다른 나라의 공산주의자들도 같은 결론에 도달하여 전국 수준 아래의 정치 활동에 집중하기로 결정했다. 남부디리파드*가 이끄는 인도 남서부 연안 케랄라 주의 공산주의 조직은 1957년 선거에서 38퍼센트를 득표했다. 다수당 대표인 남부디리파드가 케랄라의 초대 주 총리가 되었다. 델리의 자와할랄 네루 정부는 이 결과에 경악했다. E. M. S.(남부디리파드는 사람들 사이에 이렇게 알려졌다.)는 곧 명성을 떨쳤다. 그가 성공한 비결은 농촌 유권자들을 겨냥한 공약이었다. 농업 개혁이 재빨리 시행되었다. 개혁의 핵심은 대토지 소유주들의 권리 제한이었다. 소작인들에게는 토지를 재분배했다. 또 공무원과 도시 노동자의 지지를 끌어내려고 최저임금법을 통과시켰다. 이 법은 특히 코이어(coir,

---

아프리카너(Afrikaner) 남아프리카공화국에 거주하는 네덜란드 이민자들을 중심으로, 종교적 자유를 찾아 유럽에서 아프리카 남부로 온 프랑스, 독일 출신의 개신교도들이 합류하여 형성된 인종 집단이다.

남부디리파드(Elamkulam Manakkal Sankaran Namboodiripad, 1909~1998) 인도 공산주의 지도자. 사회주의자이자 마르크스주의 이론가로서 명성을 떨쳤다.

인도 공산주의 지도자 E. M. S. 남부디리파드. 간디의 영향으로 인도 민족해방 운동에 뛰어들었지만 간디의 한계를 지적하면서 더 급진적인 운동으로 나아갔다. 인도 케랄라 주에 공산주의 정부를 수립하고 두 차례 총리를 지냈다.

야자 껍질에서 뽑은 섬유) 산업 노동자들에게 혜택을 주었다. 개혁이 헌정적 · 법적 타당성을 갖추고 도입되었는데도 네루는 딸 인디라 간디* 를 케랄라로 보내 공산주의자들에 대한 저항을 부추겼다. 널리 선전된 그녀의 여행은 아무런 변화도 가져오지 못했다. 공산주의자들은 그녀를 냉대하고 비난했다. 격노한 네루는 1959년 케랄라 주 정부를 해산하는 긴급 법령을 공표했다. 네루가 내세운 법적 근거는 대체로 허위였다. 그리하여 케랄라 주의 공산주의자들은 세계의 다른 지역에서 공산주의자들 자신이 남들에게 종종 자행했던 일의 희생자가 되었다.[4)]

중앙의 명령에 의한 통치는 델리의 공산주의 문제를 제거하지 못했다. 케랄라에는 다시 재빨리 공산주의 정부가 들어섰고 공산주의자들은 오늘날까지 대부분의 선거에서 승리했다. 그들은 농민과 농촌 빈민

인디라 간디(Indira Gandhi, 1917~1984) 인도공화국 초대 총리 네루의 딸. 아버지 네루의 영향을 받아 정치 활동을 시작했다. 1966년 1월 총리에 취임했고 1980년의 선거에서 재차 총리에 올랐다. 1984년 10월 시크교도에게 암살당했다.

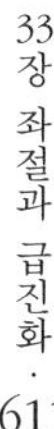

들의 고통을 줄이는 데 힘을 쏟아 계속 인기를 이어 갔다. 심지어 지역 투사들은 공산주의를 기려 작은 도시 하나의 이름을 바꾸기까지 했다. 그들은 도시를 모스크바라고 불렀다. 공산주의 당국은 부모들에게 자녀의 이름을 소련 위인들의 이름을 따서 지으라고 고무했다. 그 결과 2005년경 인도의 모스크바에는 레닌이라고 불리는 주민이 6명이나 있었다. 스탈린, 흐루쇼프, 브레즈네프는 최근 한물간 이름이 되었다. 부모가 매력적인 러시아 이름처럼 들리는 아무 이름이나 선택하는 경향도 있다. 아나스타샤는 1918년 7월 예카테린부르크에서 공산주의자들에게 살해된 차르 니콜라이 2세의 딸이었지만, 이제 그 이름은 공산주의자 아버지가 딸아이에게 붙여주는 이름이 되었다.[5)]

케랄라의 공산주의자들은 1940년대 말에 잠시 마오주의를 만지작거려본 이후 독립적인 움직임을 보였다.[6)] 그들의 친러시아적 태도는 나중에 발전한 것이었다. 하지만 인도의 다른 지역에서는 중국식 공산주의의 매력이 지속적으로 호소력을 발휘했다. 이것은 놀랄 일이 아니었다. 인도공산당 당원 중 많은 이들은 세계 초강대국 어느 쪽과도 "동맹을 맺지 않는" 정책을 추구한 네루가 크렘린의 지지를 받는 것에 마음이 편치 못했다. 이 반응은 충분히 자연스러운 것이었다. 인도 공산주의자들은 부패한 중앙 정부가 대다수 인도인들의 형편을 개선하는 데 의지가 부족하다는 것을 드러냄으로써 선거에서 우위를 차지하려 했다.[7)] 정부 차원에서 이루어지는 훈훈한 인도-소련 관계는 공산주의자들의 이러한 활동을 약화시켰다. 중 · 소 분쟁으로 공산주의자들이 중국과 소련 가운데 한 나라를 선택해야 하게 되자 두 가지 큰 문제를 두고 논쟁이 치열하게 벌어졌다. 한 가지는 마오쩌둥이 요구한 소란스런 동원과 소련 지도자들이 승인한 조용한 조직 사이에 선택을 하는 것이었다. 또 하나는 세계 정치에서 소련이 맡은 역할에 관한 문제였다. '소련 패권주의'에 대한 마오쩌둥의 비난에 찬성하는 사람들은 따로 마르크스-레닌주의 인도공산당, 즉 CPI(ML)를 결성했다.[8)]

일부 지역에서 분열은 매우 폭력적이었다. 비하르 중부에서는 마오주의자들이 경쟁 공산주의 조직의 구성원 수백 명을 살해했다.[9] 처음에 마오주의자들은 회원 수가 더 적었는데도 더 오래된 정당을 압도했다.[10] 공산주의자들 사이의 적대는 서서히 평화적인 정치적 경쟁으로 누그러졌다. 인도의 다른 주들이 케랄라의 선례를 뒤따랐다. 공산주의자들이 이끄는 서벵골 정부가 특히 뚜렷한 성과를 거두었다. 1977년에 집권한 정부는 21세기에 들어서도 선거에서 계속 인기를 유지하는 데 성공했다. 이것은 세계 어느 지역을 보더라도 선거로 집권한 공산주의자들이 가장 오래 통치한 기간이다.

그리하여 많은 민주주의 체제 안에서 공산주의자들은 지역 수준에서 열심히 활동함으로써 최대의 이익을 도모하려고 애썼다. 공산주의 투사들은 중앙 정부에 맞서 사회 정의를 실현하는 투쟁에서 지역의 대변자를 자임하면서 도시와 지방 선거에서 승리하고자 했다. 그들은 생활 여건과 노동 조건을 개선하자는 운동을 펼쳤다. 자기 선거구의 불만에 귀를 기울였고 유권자들을 위해 할 수 있는 일을 했다. 그리고 당의 더 큰 목적을 선전하는 것과 함께 이런 활동이 나라 전역에서 공산주의에 이익을 가져다줄 것이라고 믿었다. 공산주의자들은 사회의 빈곤층을 함부로 다루는 데 맞서 저항했다. 자본주의를 극렬하게 비난했고 지주, 산업가, 은행가들이 착취와 억압의 세계 체제에 연결되어 있다는 점을 강조했다. 그러므로 옛 공산주의 주장은 포기되지 않았고 사람들은 전통적인 이유 때문에 공산주의자가 되어 가고 있었다. 그들은 국가 차원에서 그리고 전 지구적 차원에서 자본주의 질서와 싸워 이기고 싶었던 것이다. 그들은 부패의 유혹에 저항하는 것으로 명성을 얻고 싶어 했고 정치적 직위와 부의 특권을 맹비난했다. (물론 이것은 공산주의 국가들에서 실제 일어난 일과 정반대였다. 공산주의 국가에서는 무자비하고 방종한 정치 엘리트들이 대두했다.)

모스크바에는 환멸을 느꼈으나 베이징과 그 광신적 행동에 찬동하는 것은 주저하던 일본 공산주의자들은 자기 나름의 길을 걸었다. 그들은 마오쩌둥이 크렘린의 탓으로만 돌렸던 '패권주의'의 죄를 소련과 중화인민공화국이 똑같이 지었다고 선언했다. 또 1945년 스탈린의 붉은 군대가 점령한 북방 섬들을 반환하라는 일본 민족주의자들의 주장도 지지했다. 일본 공산주의자들은 선거 민주주의, 대의제 민주주의의 원칙들을 수용하면서 서구 사회민주주의자들과 비슷하게 변해 갔다.[11] 그들은 선전 내용에 반미 주제를 강조함으로써 전후 미국이 요구하는 지정학적 전략에 일본이 종속되는 것에 대한 사람들의 분노를 이용했다. 일본공산당은 결코 국가 중앙의 지위를 얻어본 적이 없다. 그러나 1983년에 폭넓은 기반을 가진 연립정부에 참여하는 것으로 오사카에서 약간의 권력을 성취했다. 일본 공산주의자들은 한국 전쟁 동안 겪었던 야만적인 탄압—체포, 처형, 감옥에서의 학대, 강제 유형—이후에 인상적으로 재기한 것이다.[12] 소비자 자본주의를 포기하기를 원하는 유권자는 거의 없었다. 일본 경제는 자동차와 라디오를 비롯한 전자 제품 수출을 지속하는 능력에 달려 있었고, 모든 사람이 이 점을 알고 있었다. 그러나 공산주의자들이 영향력을 충분히 유지할 만큼 도시 노동자와 하층 고용인 사이에서는 불만이 팽배했다.

이탈리아공산당도 제2차 세계대전 후 계속되는 선거에서 열심히 지역 운동을 벌였다. 라디오, 텔레비전, 영화, 스포츠의 유인력과 경쟁할 필요가 있다고 인정되었다. 공산당 기관지 〈루니타〉는 1945년에 너무 재미가 없었다. 길거리 벽에 부착된 기관지는 메시지를 주입하고자 하는 당의 열정을 증명해주었다. 그러나 점차 〈루니타〉는 축구 경기를 보도하기 시작했다. 이와 유사하게 영국공산당도 영국 노동 계급이 가장 좋아하는 오락인 경마를 다루게 되었다. 게다가 공산당의 런던 경마 정보 제공자는 다른 정치 성향을 지닌 신문들에 정보를 제공하는 그의 경쟁자들보다 실력이 좋았다. 이탈리아공산당은 한 발 더 나아가 매년 루니타 축제*를 조직했다. 파스타와 민요와 술로 가득한 축제였다. 공산주의자들은 자신들의 완고한 이미지를 털어냈다. 1950년대에 한 당원은 인터뷰에서 그런 방침의 근거를 다음과 같이 설명했다. "〔공산당은〕 심지어 여가 시간에도 당원들이 빗나가서 당 정신으로부터 일탈하는 마음을 갖지 못하도록 오락을 조직하는 데 매우 적극적이다."[13] 동시에 정치적 의무는 면제되었다. 축제에는 언제나 가판대와 공개 연설이 있었다. 그리고 투사들은 당이 수행하는 국내외 캠페인의 유인물을 나누어주었다. 외국 해방 운동의 배지와 포스터를 배포했다. 이탈리아공산당은 빵과 서커스와 설교로 수십 년 동안 살아남았다.

중앙 정치에서 뛰어넘을 수 없는 장애에 직면했지만, 이탈리아의 공산주의자들은 많은 지역 선거에서는 성적이 좋았다. 토스카나 주의 시에나는 제2차 세계대전 후의 초기 성공 사례였다. 실제로 공산당은 시에나에서 절대 다수를 획득했다(주도主都와는 별개로). 그들의 인기는 그 후 조금 시들었을 뿐이었다.[14] 시에나의 공산주의자들은 자신들의 정책을 인구 통계에 맞추었다. 도시 밖에서 그들은 임금 인상과 학교 증설, 사회 복지 확대를 약속함으로써 가난한 농민들의 지지를 획득했다. 대토지 소유자들은 직접적인 압력을 받았다.[15]

아마도 전후에 이탈리아 공산주의자들이 거둔 가장 큰 성과는 그들이 볼로냐에서 지방 정부를 장악했을 때 찾아왔던 것 같다. 에밀리아로마냐 주의 수도로서 볼로냐는 신입 당원을 끌어들이는 자석 역할을 했다. 시장 주세페 도차(Giuseppe Dozza)는 20년 동안 권력을 유지했다. 그의 통치는 정직함과 인민 복지에 대한 헌신으로 명성이 높았다. 볼로냐의 공산주의자들은 자신들이 실용적인 정치가임을 증명할 필요가 있다는 것을 알았다. 버스, 주택, 공원, 학교, 쓰레기 수거를 기독민주당 체제에서보다 더 효율적으로, 그리고 가능하다면 언제든 좀 더 싸게 일반인들에게 제공해야 했다. 톨리아티, 루이지 론고*, 베를링구에르가

루니타 축제(Festa de l'Unita) 이탈리아공산당이 공식 기관지 〈루니타〉의 자금을 모으고 보급하기 위해 조직한 연례 사회민주주의 축제. 지금은 좌익민주당이 조직하고 있다.

이끄는 공산당이 전국 수준에서 자본주의를 계속 비난했던 반면 도차는 도시의 사업가들과 협상을 했다. 도차가 가장 감당하기 힘들었던 것은 지역의 산업 · 상업적 활력이 쇠퇴하는 일이었다.[16] 그가 자본가들과 맺은 협력은 그 후 이탈리아의 다른 대도시들에서 공산주의자들이 종종 이탈리아사회당과 연립하여 어떻게 집권하게 되는지를 보여주는 모델이 되었다. 로마, 토리노, 제노바, 나폴리에서는 여러 가지 상황에 지도급 직위에 공산주의 대표들이 포함된 지역 정부가 들어섰다. 일련의 모범적인 지방 자치 기록을 보면 공산당이 선거에서 승리하여 궁극적으로 중앙 정부를 구성할 수 있는 길을 닦으리라는 희망이(나중에 헛된 기대였음이 밝혀졌지만)있었다.

다른 유럽 국가들에서도 마찬가지로 공산당은 지역 선거에 주의를 기울였다. 프랑스에서 공산주의자들은 1980년대 중반까지 3만 명 이상의 인구가 사는 도시들에서 50개 이상의 의회를 장악했다. 그들은 이전 수십 년 동안 일단 의회를 확보하면 거의 잃지 않았다. 르아브르와 칼레는 공산주의 권력의 성채였다. 랭스는 적어도 1983년까지는 또 다른 성채였다.[17] 큰 항구 도시에서 성공을 거둔 일은 우연이 아니었다. 프랑스 공산주의자들과 국가 소유의 부두 회사, 철도 회사, 해상 운송 회사들 사이에 암묵적 합의가 있었던 것이다. 공산주의자들은 또 공산당의 효율적인 복지와 사회 공헌 덕분에 인기를 끈 파리 근교에서 자주 의회 권력을 획득했다. 에스파냐와 포르투갈의 공산주의자들은 1970년대에 파시즘에서 해방된 후 프랑스와 똑같이 하기를 원했다. 에스파냐인들은 포르투갈인들보다 더 성공적이었다. 남부의 대도시인 코르도바가 1983년에 공산주의자들의 수중에 떨어졌다.[18]

인도, 일본, 이탈리아, 프랑스, 에스파냐의 지방과 도시 공산주의 정부들은 전국적 권력을 획득하는 데 결코 성공하지 못했다. 그들은 기존

론고(Luigi Longo, 1900~1980) 이탈리아 정치가로서 1964~1972년 동안 이탈리아공산당 서기를 지냈다.

선거 틀을 받아들였고 법에 대한 존중을 표방했다. 이탈리아의 공산주의자들은 우파가 권력을 장악했을 때를 대비해 무장 부대를 거리에 투입할 준비를 비밀리에 하고 있었다는 점에서 조금은 위선적이었다.[19)]
그러나 공산주의자들은 대체로 헌정 절차를 고수했다. 이는 그들이 계속 유권자의 성향에 맞출 필요가 있다는 것을 의미했다. 그들은 경쟁 정당들에게 끊임없이 비판을 받았고 여전히 적대적인 언론의 정밀한 검증 대상이었다. 그들은 조금만 삐끗해도 톨리아티와 그의 후계자들이 구축했던 굳건한 정치적 토대가 박살날 것임을 알았다. 그래서 1970년대까지 지역 정부의 이탈리아공산당은 사회민주주의 정부나 사회주의 정부처럼 행동했다. 공산당은 버스 운행을 보장하고 거리를 깨끗이 청소하는 데 집중했다. 또 빈민들에게 복지를 제공했다. 공산당은 앵글로색슨인들이 품위라고 부르는 것을 얻고 싶어 했다. 또 필요하면 다른 좌파 정당들과 권력을 사이좋게 나누어 가졌다.

지역 수준에서 가장 크게 성공을 거둔 공산당은 대체로 모스크바나 베이징에 종속된 당들이었다. 그러나 일단 덩샤오핑이 중화인민공화국을 마오쩌둥의 경제 정책으로부터 이탈시켜 자본주의로 향하게 하자 베이징은 마오주의 정당들의 수입을 보충해주던 일을 중단했다. 이것은 몇몇 국가에서 마오주의 대의를 심각하게 약화시켰다. 마오쩌둥에 대한 애정이 지속되던 알바니아의 공산주의 체제는 너무나 가난해서 몇몇 선전 수단에 자금을 대는 것 이상은 할 수가 없었다. (런던의 핀스버리 파크에 있는 조그만 알바니아 서점은 영국 수도에서 여러 권으로 된 스탈린 전집을 구입할 수 있는 유일한 장소가 되었다.) 전 세계 수십 개 공산당들에게 소련은 유일하게 진지한 후원자로 남았다.

그러나 1956년 이후 바로 그 공산당들 내부에서 불만이 거세졌다. 그 결과 불평분자들이 원래의 마르크스-레닌주의 세계관의 부활을 주장하는 소집단으로 대거 이동했다. 일부는 트로츠키주의자였고 일부는 마오주의자였다. 룩셈부르크주의자는 소수였다. 또 일부는 지역의 소집단을 형성했다. 이들 신참 공산주의자들은 집단 내 연대의 매력 때문만이 아니라 교리 공부와 신념 또는 자본주의에 대한 일반적인 적대감 때문에 공산주의 운동에 가담한 사람들이었다. 이 현상은 19세기 중반 정치적 극좌파의 상황과 그리 다르지 않았다. 분파적 공산주의는 일부 불우하고 소외되고 뿌리 없는 젊은이들에게 호소력을 발휘했다. 서유럽이나 다른 어떤 지역에서도 그러한 집단들은 거의 한결같이 굳이 선거를 통해 지역 의회에 진출하고 싶어 하지 않았다. 그들은 거대 공산당들의 행태에 절망해 생겨났다. 교의와 실천에서 혁명적 순수성을 유지했다. 일반적으로 이 집단들은 당대의 전 지구적 자본주의와 공식적인 세계 공산주의에 대해 자신의 개인적 분석을 내놓은 카리스마적 지도자 주위에 모여들었다. 그들은 체념하려 하지 않았다. 비록 당장 권력을 장악할 전망은 무(無)에 가까웠지만, 그들은 볼셰비키도 1917년 이전에는 고작 수천 명에 불과했다는 생각으로 자위했다.

이탈리아는 마르크스주의 분파주의의 온상이었다. 제노바의 로타 코무니스타*와 토리노나 다른 대도시들의 로타 콘티누아*는 이탈리아공산당의 결점이 수십 년 동안 분명히 드러났다고 주장했다. 톨리아티는 스탈린과 코민테른에 복종했기 때문에 그들의 경멸을 받았다. 이탈리아공산당이 정부 당국과 직접 대결을 피했던 반면 로타 코무니스타와 로타 콘티누아는 현실 정치에 도전할 기회가 있을 때마다 그 기회를 즐겼다. 제2차 세계대전 후 톨리아티가 구사한 의회주의 전략은 매우 유감스러운 것이었지만, 베를링구에르의 유러코뮤니즘은 그보다 더 나쁜 공산주의 목표에 대한 배반으로 맹렬히 비난받았다.

소집단들은 유럽 정치의 틀을 깨뜨리지는 않고 자기 생각에 몰두해

로타 코무니스타(Lotta Comunista) '공산주의 투쟁'이라는 뜻. 1965년에 창당된 이탈리아의 반의회주의 극좌 정당이다. 이 정당은 같은 이름의 신문을 1965년부터 발행했다.
로타 콘티누아(Lotta Continua) '투쟁은 계속된다.'라는 뜻. 1969년 가을에 토리노의 학생-노동자 운동의 한 분파가 창당했고 1976년에 해산된 극좌 정당이다.

마르크스주의 이론의 미세한 차이를 놓고 논쟁하는 경향을 보였다. 마르크스, 레닌, 트로츠키, 마오쩌둥 원전들의 비밀을 둘러싸고 학구적인 논쟁이 확산되었다. 집회와 가판대에서 팸플릿이 판매되었다. 아주 작은 해석의 차이가 조직의 분열과 격렬한 논쟁을 야기했다. 이러한 상황에 실망하여 일부 젊은 투사들은 테러리즘의 이론과 실천에 관심을 두었다. 이탈리아에서는 붉은 여단이, 독일에서는 적군파*가 활동했다. 영국에는 분노 여단*이 생겨났다. 붉은 여단은 1978년 저명한 기독민주당원 알도 모로를 납치해 살해했다. 모로는 1960년대에 총리를 지냈고 이탈리아공산당과 기독민주당의 협력을 옹호했다. 공산주의와의 정치적 협상을 막고 싶어 한 기독민주당과 정보 기관 내의 적들이 암살을 조장했다는 의혹이 제기되었다. 서독에서 적군파는 사업가들을 납치해서 살해했다. 영국의 테러 그룹은 대부분 무력했다. 분노 여단은 폭탄을 터뜨렸으나 목표물을 다치게 하는 데는 실패했다.

영국의 뿌리까지 흔드는 데 성공한 테러리스트들이 있었다면 그들은 아일랜드 공화군(IRA)* 잠정파였다. 게리 애덤스(Garry Adams)와 마틴 맥기네스(Martin McGuinnes)가 이끄는 잠정파는, 지도자들이 스스로를 런던의 억압적 통치로부터 북아일랜드의 해방을 위해 싸우는 마르크스주의자라고 주장하는 구 아일랜드 공화군을 떠났다. 잠정파는 마르크스주의를 버렸지만 공식파는 계속 마르크스주의를 옹호했고 그 보상으로 크렘린에서 물질적 지원을 받았다.[20] 하지만 영국 정부를 협상 테이블로 끌어들인 것은 애덤스와 맥기네스의 폭탄 투쟁이었다.

독일 적군파(Red Army Faction) 제2차 세계대전 후 서독에서 결성된 폭력적인 좌익 반자본주의 군사 조직. 1970년 안드레아스 바더와 울리케 마인호프 등에 의해 공식적으로 결성된 이 조직은 무장 투쟁에 종사하는 공산주의 도시 게릴라 집단을 자처했다.

분노 여단(Angry Brigade) 1970~1972년 영국에서 수십 차례의 폭탄 공격을 감행한 영국의 소규모 공산주의 군사 집단.

아일랜드 공화군(Irish Republican Army) 영국 북아일랜드 가톨릭계의 과격파 조직. 1970년 이후 잠정파(Provisional)와 공식파(Official)로 나뉘었다. 최근까지 북아일랜드에서 무력 투쟁을 계속한 세력은 잠정파였다. 반면 공식파는 정치 활동을 중시했다.

영국의 공산주의 분파 정당들은 사회 문제에 참여하는 것보다 서로 논쟁을 벌이는 데 더 열중했다. 그들에게는 소련 역사에 대한 시대착오적 분석을 제공하는 '이론가들'—대체로 창당자들—이 있었다. 그들의 야심은 정치적 극좌의 주요 조직으로서 영국공산당을 밀어제치고 노동 계급을 자기 쪽으로 끌어들이는 것이었다. 여러 분파들의 머리글자는 영국 공산주의의 알파벳 수프를 만들었다.

CPB-ML : 영국공산당—마르크스-레닌주의

CPE-ML : 잉글랜드공산당—마르크스-레닌주의

MT : 투사 경향

NCP : 신(新) 공산당

RCG : 혁명적 공산주의 그룹

RCLB : 영국 혁명적 공산주의 연맹

RCP : 혁명적 공산당

RCPBM-L : 영국 혁명적 공산당, 마르크스-레닌주의

RWP : 혁명적 노동자당

SF : 사회주의연합

Socialist League : 사회주의연맹

SOA : 사회주의 조직가 동맹

SPGB : 영국사회당

SWP : 사회주의노동자당

Spartacist League : 스파르타쿠스연맹

WP : 노동자의 힘

WRP : 노동자혁명당

일부는 마오주의거나(CPE-ML과 RCLB), 마오쩌둥이 죽은 뒤에는 친알바니아(CPB-ML과 RCPBM-L) 성향이었다. '투사 경향(MT)'이 트로츠

키에 대해 보인 온정적인 태도는 RCP, RWP, SF, 사회주의 연맹, SOA, SWP, 스파르타쿠스 연맹, WP, WRP 같은 많은 트로츠키주의 조직들이 공유했다.

대부분의 사람들은 이 잡탕 속의 각 요소를 이해하기 불가능한 데다 재미도 없고 매력도 없다는 것을 알았다. 그리고 정당 자체는 언제나 무력했다. '투사 경향(MT, Militant Tendency)'은 달랐다. 정직한 방법으로는 절대로 정치 권력을 획득하지 못하리라는 것을 깨달은 그들은 목표로 삼은 지역의 영국노동당에 회원을 침투시키고자 했다. 이 전술은 1920년대에 코민테른이 구사했는데, 트로츠키주의 국제 조직들은 1930년대에 같은 전술을 채택했다. '투사 경향'은 1980년대에 이 방식으로 리버풀 시의회를 장악했다. 그들의 효과적인 비결은 은밀하게 기생하는 것이었다. 그들은 독립된 실체로 존재하지 않는 척함으로써 연명했고 지도자 피터 타프타프(Peter Taaffe, 1942~)는 노동당의 충실한 활동가인 척했다. '투사 경향'은 마거릿 대처*와 영국보수당에는 하나의 선물이었는데, 그들은 1979년 의회 선거에서 노동당이 비밀 극좌 조직과 연계되어 있음을 부각시켰다. 리버풀 시의원들은 시 예산을 놀라울 정도로 무능하게 관리했다. 은행이 더는 손실을 구제해주지 않자, 정부와 도시 전역의 정부 기관들에서 일하는 피고용인들에게 해직 통고를 할 택시가 동원되었다. 노동당 전국 집행부는 당 대회에서 지도자 닐 키넉(Neil Kinnock, 1942~)의 열정적인 연설에 격앙되어 '투사 경향'을 쫓아냈다. 숙주를 잃어버린 기생충은 쪼그라들어 무의미한 존재가 되어버렸다.

대처(Margaret Thatcher, 1925~) 영국의 정치가. 1979년 총선에서 집권 노동당을 누르고 승리함으로써 영국 최초의 여성 총리가 되었다.

마지막 공산주의 혁명들

호찌민에서 아옌데까지

1959년의 쿠바 혁명과 그다음 공산주의의 권력 장악 사이에는 15년이 걸렸다. 공산주의자들의 시도가 부족해서 그런 것이 아니었다. 카스트로의 친구이자 동료였던 체 게바라는 소련이 후원하는 쿠바에서 독자적인 급진주의가 부족한 데 좌절하여 자신이 원하는 방식으로 혁명을 촉진하고 조직하기 위해 콩고로 향했다. 콩고에서 실패하자 게바라는 볼리비아의 산악 지대에서 똑같이 하려 했다. 자신과 카스트로가 쿠바에서 했듯이 노동자와 농민에게 지지를 요청하면서 게릴라 부대를 양성했다. 또한 볼리비아 정부를 양키 제국주의의 꼭두각시라고 비난했다. 그러나 자신의 명성 때문에 게바라는 기습의 기회를 만들 수가 없었다. 미국의 자금과 전문 기술의 지원을 받은 체제 유지 세력이 그에 대비했다. 게바라는 1967년 10월 미 중앙정보국(CIA) 요원이 보는 가운데 볼리비아에서 궁지에 몰렸다. 어느 누구도 그를 공개 재판에 넘기기를 원하지 않았다. 정부에 불만을 품은 사람들이 많은 나라에서는 게바라의 대중적인 인기를 우려했다. 그는 생포된 현장에서 총살당했다.[1)]

강대국들 ―미국, 소련, 중화인민공화국―은 전 세계의 공산주의에 계속 영향을 가했다. 동아시아보다 강대국의 영향이 더 분명히 드러난 곳은 없었다. 북한은 미국이 북한을 공격하면 모스크바와 베이징이 군사 개입을 단행할 것이라는 점을 워싱턴이 잘 알고 있었기 때문에 독립 국가로 살아남았다. 1970년대 초까지 북한 공산주의는 대부분의 마르크스-레닌주의 국가만큼 경제 성적이 좋았다. 이전 시기에 국민총생산은 공산주의 북한과 자본주의 남한이 엇비슷했다. 북한의 대외 무역에서는 특히 외국 군대를 위한 군사 장비 수출이 인상적이었다. 북한은 고도로 군사화된 사회였다. 징병제 덕에 언제라도 족히 1백만 명 이상의 무장 병력을 동원할 수 있었다.[2)] 조선노동당 지도자 김일성은 거의 신의 지위를 부여받았다. 그의 업적을 찬양하고 그의 현명한 통치에 감사를 표하는 기쁨에 찬 시민들의 대규모 집회가 자주 열렸다. '위대한 지도자'와 당, 그리고 인민은 한몸이라고 말해졌다. 북한은 예산에서 군사비의 비중이 점점 증가하면서 경제적으로 위축되었다. (한편 남한은 일본과 미국으로부터 수입한 선진 기술과 자금 덕분에 호황을 누렸다.) 북한 전역에서 민간인들이 굶주림에 시달렸다. 국가는 심지어 쌀조차 필요한 소비량을 충족시키지 못했다.

김일성은 흔들리지 않을 것이었다. 그는 인접국의 협력을 얻어내는 가장 좋은 방법은 그 지역에서 자신의 군대를 두려워하게 만드는 것이라고 계산했다. 독자적인 핵무기 확보를 위해 연구 개발이 시작되었다. 노동수용소가 확대되었다. 남한과 마찬가지로 북한에서도 수백만 명이 1953년 7월의 판문점 휴전 협정 이후 헤어진 가족과 만나지 못하는 상태였다. 북한 사람들은 다른 행성에 사는 것과 마찬가지여서 남한 사정을 거의 알지 못했다.

나라를 통일하려는 좀 더 효과적인 시도는 북베트남의 공산주의 국가에서 이루어졌다. 베트남은 프랑스군이 1954년 디엔비엔푸에서 군사적으로 패배하고 제네바 강화 회의 후 인도차이나에서 철수한 뒤 양분되었다. 공산주의 지도자 호찌민은 제2차 세계대전 이래 '베트남민주공화국'의 독립을 위해 싸웠으며 제네바에서 조인된 협정에 구속받을 생각이 없었다. 그는 유럽과 미국을 널리 여행했다. 소련 지도부와 중국 지도부는 전쟁을 재개하는 것에 냉담했으나 호찌민은 1940년대 말에 마오쩌둥이 그랬듯이 자신의 길을 갔다.[3] 1958년까지 호찌민은 남부를 타격할 준비를 마쳤다. 북베트남 군대인 베트콩은 1958년 전투를 개시했다. 진격은 신속하고 본격적이었으며, 아이젠하워 행정부는 남베트남이 공산주의를 막을 수 있도록 재정 지원을 함으로써 프랑스군이 남긴 틈을 메워야 했다. 케네디 대통령은 군대를 보냈다. 이 조치는 베트콩을 없애지 못했다. 미국의 대규모 추가 지원이 필수적임이 밝혀졌다. 케네디의 후임인 존슨 대통령은 미군의 수를 1968년까지 50만 명 이상으로 늘렸다. 미국의 공식 관점은 남베트남이 공산화되면 동남아시아 국가들이 도미노처럼 쓰러지리라는 것이었다.

베트콩은 게릴라 전술을 구사했고 공개적인 총력전은 피했다. 베트콩은 남부의 마을에 침투했다. 미 국방부는 적군이 숨어 있을 것이라고 생각되는 숲을 고엽제로 시들게 하는 조치를 승인했다. 미국의 전략은 몇 가지 결점에 시달렸다. 미군은 최상층부터 밑바닥에 이르기까지 모조리 부패한 남베트남 정부를 건실하게 만들지 못했다. 미군의 군사 작전은 베트콩을 헌신적인 애국자로 보이게 했다. 미군은 북베트남의 수도 하노이에 정기적으로 폭격을 가했고 병참선에 폭탄을 퍼부었지만 호찌민을 협상 테이블로 끌어낼 수도 있을 핵무기 사용은 자제했다. 미국 여러 도시에서 발생한 반전 시위로 워싱턴의 사기는 떨어졌다. 징집을 둘러싼 분노가 점점 격화되고 텔레비전 뉴스에서 남베트남에서 벌어지는 잔혹 행위가 보도되면서 일반인들의 시위는 더욱 거세졌다. 닉슨 대통령은 1969년 떠들썩한 반공주의자로서 집권했지만 북베트남군이 남베트남의 수도 사이공으로 쉬지 않고 진격하자 그들에게 강화 조건을 제시했다. 제2차 세계대전 이래 처음으로 세계의 두 초강대국 가운데 한 나라가 군사적 패배에 직면했다. 워싱턴은 1975년 4월 갑자기

베트남민주공화국(북베트남)을 세운 공산주의 지도자 호찌민. 베트남을 식민 지배하던 프랑스에 맞서 1954년에 독립을 쟁취했으나, 1965년에 미국이 지원하는 남베트남과 다시 싸워야 했다.

미군을 철수했다. 미국 외교관들은 사이공의 대사관 지붕에서 마지막 순간에 헬리콥터로 피신했다.

호찌민은 자신의 승리를 목격할 때까지 살지 못했다. 그는 1969년에 사망했다. 북부 정권은 사이공을 완전히 장악한 후 그를 기려 도시 이름을 호찌민 시로 바꾸었다. 베트남은 다시 통일 국가가 되었다. 호찌민은 소련과 중국의 경험에 근거를 둔 정치 · 경제적 원리로 공산주의 체제를 조직했다. 농업은 집단화되었다. 나라 전역에 노동수용소 네트워크가 확산되었고, 적대적인 '계급' 분자들이 체포되어 자본주의에 대한 동조를 버리도록 강요받았다. 엄격한 일당 독재 체제가 구축되었다. 애국주의와 마르크스-레닌주의가 뒤섞여 널리 유포되었다. 당과 군은 체제를 수호하는 단단한 성채로 강화되었다. 베트남민주공화국은 식민지 전쟁 과정에서 태동했고 독립을 획득한 이래 오로지 전쟁밖에 몰랐다. 중화인민공화국보다 훨씬 더 군사화된 사회였으나, 베트남민주공화국의 산업은 무기를 거의 만들지 못했다. 일단 산업이랄 게 거의 없었고 그나마 있는 소수의 공장마저 미군의 폭격으로 폐허가 되었다. 소련과 중국의 재정 지원과 군사 장비 보급이 없으면 생존할 수 없는 상황이었다.

북부인들은 미군 철수 이후 남부를 공산화했다. 새로 점령한 지역 전체에서 당과 군이 세력을 확대하는 동시에 수탈과 체포가 벌어졌다. 1~2년 안에 남부 경제는 북부와 같은 형태의 경제가 되었다. 그러나 어디를 가더라도 전쟁의 상흔은 깊었다. 베트남은 고아, 부상자, 파괴된 가옥, 무너진 논, 오염된 숲으로 가득한 땅이 되었다. 하노이는 화해를 바란다는 뜻을 밝혔으나 떠나간 미국인들은 베트남인들을 세계 경제로부터 차단했다. 평화는 나라를 사막으로 바꾸는 것을 의미했다. 소련이 원조를 계속했지만 실질적인 재건을 할 수 있을 만큼의 규모는 결코 아니었다.

하노이는 좌절하지 않았다. 레주언*이 이끄는 공산주의 지도부는 지역에서 영향력을 확대하는 정책을 추구했다. 베트남은 소련이나 중화인민공화국의 관리를 받는 것을 거부했다. 베트남은 군대를 보유하고 있었다. 인접국을 침략하는 민족적 전통뿐만 아니라 대담함과 경험도 있었다. 희생자 베트남은 동남아시아의 불량배가 되어 가고 있었다. 현실에서 사정은 더 복잡했다. 인도차이나의 오랜 역사가 점점 더 영향을 끼쳤다. 국경은 논란을 불러일으켰다. 모든 나라에 소수 민족들이 상당한 규모로 존재했다. 베트남과 캄보디아는 서로 극도로 미워했다. 공산주의 국제주의는 거의 보이지 않았다. 이제까지 중국은 사심 없는 구경꾼이 아니었다. 중국은 호찌민 덕에 미국의 관심사가 중국을 공격할지도 모를 십자군을 보내는 게 아니라 다른 곳으로 옮겨 갔기 때문에 베

레주언(Lê Duân, 1907~1986) 베트남의 정치가. 1945~1954년에 프랑스에 대항해 전쟁을 벌였으며, 1954년 이후에는 북부의 사회주의 건설과 베트남 재통일 투쟁을 지도했다. 1976년 당명을 베트남공산당으로 고치고 초대 서기장에 취임했다.

트남을 도왔다. 이제 통일된 베트남이 국경을 넘어 군사적으로 자기 주장을 할 것이라고 걱정하기 시작했다. 중국은 하노이에 대한 지원을 거두어들였고, 베트남이 코메콘에 가입하고 소련과 굳건한 동맹을 맺은 지 몇 달 후인 1979년 2월 베트남과 중국 사이에 짧은 전쟁이 발발했다. 인도차이나는 희한한 정책을 초래하는 분쟁이 교차하는 지역이었다. 제2차 세계대전 이래 서방 지도자들은 어디에서 공산주의가 솟아오르든 반대했다. 그러나 이 정책은 미국이 중화인민공화국과 친선을 도모하고 심지어 폴 포트의 공산주의 테러 정권을 지지했을 때인 1970년대에 버려졌다. 지정학, 민족적 적대감, 공산주의 이데올로기가 마녀의 냄비 속에 뒤섞였다.

사악한 마법사의 냄비 속에 뒤섞였다고 하는 게 더 정확하겠다. 문제의 인물은 크메르 루주의 지도자인 폴 포트였다. 폴 포트의 공산군은 1975년 4월 캄보디아의 수도 프놈펜에서 권력을 장악했다. 그는 퍼스트 브러더(First Brother)라는 별명—조지 오웰의 《1984년》의 그림자—으로 통했고, 광신적인 마오주의자였다. 그는 마오쩌둥의 혁명적 변혁 사상을 스펀지처럼 흡수했다.[4]

나라의 일부 지역이 크메르 루주 손에 떨어지자 그들은 즉각 공산화를 단행했다. 농장은 집단화되었다. 이 정도로 성과를 올리는 데는 마오쩌둥조차 몇 년이 걸렸다. 폴 포트는 그런 인내심을 보여주지 않았다. 사유 재산 제도 자체가 철폐되었다. 스탈린도 마오쩌둥도 그와 같은 극단적인 조치는 시도하지 않았으나 폴 포트는 계속 일을 진행했다. 시장과 상점이 금지되었다. 화폐가 폐지되었다. 프랑스 식민주의자들의 자부심이었던 프놈펜 도심의 고딕 대성당은 파괴되었다.[5] 크메르 루주는 주된 내부의 적 두 부류를 가려냈다. 캄보디아에 거주하는 대규모 베트남 소수 민족이 그 가운데 하나였다. 폴 포트는 베트남인 마을을 파괴하고 주민들을 학살하라고 명령을 내렸고 야만적인 인종 청소가 벌어졌다. 도시 주민이라면 어떤 민족이나 겪어야 했던 곤경도 똑같

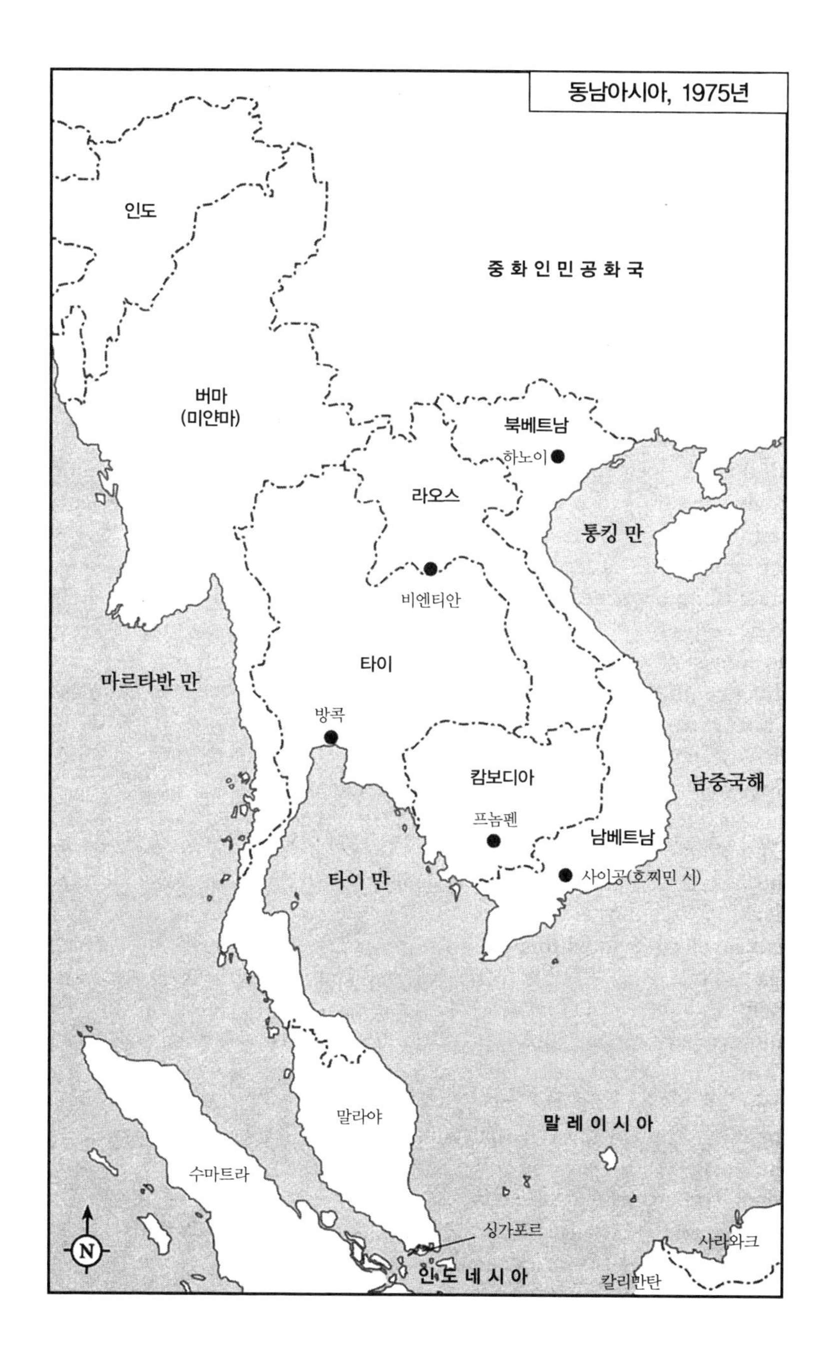
동남아시아, 1975년
인도
중화인민공화국
버마
(미얀마)
북베트남
하노이
라오스
통킹 만
비엔티안
타이
마르타반 만
방콕
캄보디아
남중국해
프놈펜
남베트남
타이 만
사이공(호찌민 시)
말라야
말레이시아
수마트라
싱가포르
사라와크
인도네시아
칼리만탄

이 비참했다. 크메르 루주는 도시민들을 적대의 원천으로 여기고 두려워했다. 크메르 루주는 자신들보다 세계에 대해 더 많이 알고 있을 주위의 어느 누구와도 캄보디아 사회를 위해 함께 일하기를 원치 않았다. (그들은 많은 것을 알지도 못했다.) 크메르 루주의 해결책은 모든 주민을 내보내고 도시를 비우는 것이었다. 주민들은 깔개 한 장과 양철 그릇, 그리고 입고 있는 옷만을 지닌 채 당장 농촌으로 떠나야 했다. 그들은 비우호적인 마을에서 혼자 힘으로 살아가야 했다. 폴 포트는 얼음처럼 냉담했다. "그들을 데리고 있다 해도 아무런 이득이 없으며, 그렇다고 그들을 잃어도 아무런 손실도 없다."[6]

역사상 어떤 통치자도 그와 같은 정신 착란에 빠지지 않았다. 일찍이 대규모 추방 사태가 있었고, 대학살과 약탈도 있었다. 게다가 중국 공산주의자들은 사람들을 농촌으로 몰아넣는 야만적인 운동도 벌였다. 그러나 마오쩌둥도 자기 나라 도시들을 폐쇄하지는 않았다. 폴 포트는 도시의 삶을 공산주의 진보의 전제 조건이 아니라 제거해야 할 부당한 것으로 취급했다는 점에서 마르크스주의 전통에서 특이한 인물이었다. 그가 결국 다른 곳의 공산주의와 동일한 정책으로 복귀하려 한 것은 사실이다. 폴 포트는 10년 내에 농업을 완전히 기계화하고 20년 내에 캄보디아 경제의 산업 기반을 건설하기로 계획했다. 그는 인구를 두세 배 늘리려 했다.[7] 그러나 이 모든 계획은 미래에 예정된 것이었다. 당장 우선시한 일은 캄보디아인들을 공산당의 통치에 묶어 두는 것이었다.

폴 포트는 1975년 봄 미군이 베트남에서 황급히 빠져나가고 며칠 뒤에 캄보디아의 수도 프놈펜에서 권력을 장악했다. 초기의 조치는 그 자신의 세력을 숙청하는 것이었다. 친베트남 경향을 지녔다고 의심되는 모든 추종자들은 심문소 'S-21'이라고 명명된 예전의 중등학교로 끌려갔다. 가상의 음모를 자백하도록 잔혹한 고문이 가해졌다. '당내의 사악한 세균들'이 박멸되었다. 공산주의자들은 교화와 자아비판 강좌에 출석해야 했다. 그들은 야간 '생활 방식 회의'에 참석해야 했고, 그곳에

크메르루주의 지도자 폴 포트. 1976년부터 1979년까지 캄보디아 총리로서 급진 공산화를 단행하면서 캄보디아 인구의 5분의 1인 약 200만 명이 살해되거나 기아로 사망하는 참사를 불러왔다.

서 낮에 일하는 동안 저지른 잘못을 인정했다. 9일 일하고 하루 쉬는 노동 주기가 선포되었으나 10일째에는 사실 정치 교육이 예정되어 있었다.[8] 식량은 규율을 잡는 도구로 사용되었고 이전에 도시에 거주하던 주민들에게는 굶어 죽지 않을 정도로만 쌀을 주었다. 공산당 지도부를 제외한 모든 사람들이 육체적 중노동을 의무적으로 수행해야 했다. 집단 영농이 시행되었고 마을은 중앙에서 결정된 생산물 할당량을 당국에 인도해야 했다. 절약이 공식 미덕이 되었다. 사람들은 주어진 식량에 무조건 만족하라는 명령을 받았다. 많은 사람들이 달팽이와 쥐, 곤충을 찾아 돌아다녔다. 이 일을 전해 듣고서도 폴 포트는 떨어진 코코넛을 줍는 것을 사형에 처할 범죄로 규정했다.[9]

캄보디아의 지역 관리 중 소수만이 행정이나 경제 분야의 전문 지식을 지니고 있었다. 이것은 폴 포트가 원한 바였다. 그는 그 자신과는 상관없이 독자적으로 알게 된 사상과 실천에 빠져들 수 있는 동지들을 싫어했다. 캄보디아 공산주의는 이데올로기의 부식을 막으려고 자신을 봉쇄했다. 폭력적이고 자의적인 통치가 횡행했다. 나라의 여러 지역의 지도자들은 그들 자신의 '끈'을 직책에 임명했다. 끈은 소련의 후견-피후견 관계에서 피후견자의 '꼬리'에 해당하는 것이었다. 상부 관리에 거짓 보고를 하는 것이 전형적인 행동 양식이 되었다.[10] 비록 억압은 프놈펜에서 지시했지만 많은 것들이 하위 수준에서 자발적 행동의 결과로 발생했으며, 억압의 규모는 지역마다 달랐다.[11] 제대로 교육받지 못했으며 피에 굶주린 전직 게릴라 전사들은 그들 자신이 법이 되었다. 캄보디아는 지난 수십 년 동안 거의 끊임없이 내전을 겪었고, 모든 진영에서 야만적 행동을 자주 저질렀다. 폴 포트 치하의 테러는 인간이 타락할 수 있는 가장 밑바닥까지 내려가 야만스런 행위를 저질렀다. 캄보디아 인구의 약 5분의 1이 죽었다. 일부에서는 사망자를 훨씬 더 많이 추산한다. 캄보디아에서 일어난 일은 인구학적으로 20세기의 모든 공산주의 혁명 중에서 가장 파멸적인 결과였다.[12]

광기는 캄보디아인들의 저항에 의해서가 아니라 베트남의 개입으로 종결되었다. 베트남과 캄보디아의 전쟁은 폴 포트의 통치가 시작되었을 때부터 산발적으로 벌어졌다. 폴 포트는 자국의 베트남 소수 민족에게 테러를 가했고, 어리석게도 베트남을 군사적으로 침공했다. 하노이 당국은 망명 군대 창설에 도움을 주었고, 적극적인 베트남 요소를 지닌 망명 군대는 크메르 루주를 공격하여 1979년 1월 폴 포트 정권을 전복했다. 크메르 루주는 타격을 받았으나 소멸되지는 않았고 이후 다시 두드러진 모습을 보였다. 그러나 그들은 다시는 나라를 지배하지 못했으며 크메르 루주가 다시 집권할지 모른다는 악몽은 확실히 제거되었다.

그 무렵 칠레 혁명도 진압되었다. 살바도르 아옌데는 1970년 9월의 대통령 선거에서 두 명의 경쟁 후보, 즉 전임 대통령인 호르헤 알레산드리(Jorge Alessandri, 1896~1986)와 라도미로 토미치(Radomiro

칠레 대통령 살바도르 아옌데. 1970년 최초로 민주 선거를 통해 집권한 사회주의 지도자였다. 억압과 폭력 없는 평등한 사회주의 사회 건설을 시도했으나 미국이 지원한 쿠데타로 실각한 뒤 자살했다.

Tomic, 1914~1992)에 맞서 36퍼센트의 득표로 승리했다.[13] 아옌데는 62세였고 땅딸막하고 안경을 낀 잘생긴 인물이었다. 그는 사람을 안심시키는 부드럽고 자상한 분위기를 띠었고, 이 점은 유권자들 중에서 의심을 품은 많은 이들을 마침내 자기 쪽으로 돌아서게 만들었다. 아옌데는 사회당을 이끄는 마르크스주의자였으며 칠레공산당을 포함한 선거동맹에서 지도적인 인물이었다. 그가 이끄는 인민연합 정부는 급진적인 생각을 지니고 있었다. 당선 연설에서 아옌데는 다음과 같이 선언했다. "저는 그저 또 한 명의 대통령이 되지는 않을 것입니다. 저는 칠레 역사상 처음으로 진정 민주주의적이고 민중적이며 민족적이고 혁명적인 정부의 최초의 대통령이 될 것입니다."[14] 아옌데는 '사회주의로 가는 칠레의 길'에 대해 말했다. 그는 폭력적 변혁을 결코 믿지 않았다. (체 게바라는 아옌데에 대해 "다른 방식으로 똑같은 목표를 추구한다."라고 호의적으로 썼다.)[15] 정부는 빈민들에게 혜택을 주기 위해 재정 개혁을 실시하고 라티푼디움 농장주들의 권력을 종결하려는 계획을 세웠다. 또

단원제 입법부를 설치하고 경제 운영, 정치적 의사 결정, 사법 행정에 인민들이 참여할 수 있게 해주고자 했다. 아옌데는 진정으로 독립적인 대외 정책을 추구할 것이라고 자부했다.[16)]

20세기 라틴아메리카의 전 역사를 돌아보면서 그는 미국의 정치·경제적 권력이 자신을 겨냥할 것임을 알았다. 에두아르도 프레이 몬탈바(Eduardo Frei Montalva, 1911~1982) 정부의 경제적 유산은 비참했다. 인플레이션은 천정부지로 치솟았고 임금 인상 요구는 강력했다. 칠레의 주요 외화 소득 품목인 구리의 가격은 세계 시장에서 하락 중이었다. 워싱턴은 칠레 대통령이 독립성을 확보하려고 노력한다는 이야기를 듣고는 칠레에 대한 재정 지원을 철회했고, 국제통화기금도 세계은행도 칠레를 도와주지 않을 것이라는 점을 분명히 했다.[17)] 게다가 인민연합 정부는, 칠레공산당의 오른쪽으로는 사회민주주의자들과 왼쪽으로는 사회주의자들을 포함하는 6개 정당의 연립정부였다. 아옌데의 사회당 내 많은 지도적 인사들은 혁명적 폭력 형태에 헌신적이었는데, 아옌데는 때때로 자신이 난처한 상황에 빠지지 않도록 그들을 자제시키기가 힘들었다. 야당은 반정부 정서를 자극했다. 아옌데가 대통령으로 당선되기 1년 전에 실시된 상원과 하원 선거에서 인민연합은 다수의 의석을 확보하는 데 실패했다. 새 정부가 불안정해질 가능성이 충분했다.[18)]

아옌데는 칠레의 국제 무역 수지에서 발생한 엄청난 적자 때문에 우호국에 도움을 청해야 했다. 쿠바는 경제를 소련의 보조금에 의존하고 있었으므로 재정 지원을 거의 해줄 수가 없었다. 카스트로는 1971년 산티아고로 가서 정치적 연대를 표명하고 사기를 진작했다. 하지만 그의 장황한 연설은 칠레 인민들의 입맛에 맞지 않았고(사실 그의 연설은 아바나에서도 그리 호감을 얻지 못했으며 너그러이 참고 들어야 했다.) 3주간이나 지속된 몹시 떠들썩한 카스트로의 방문은 재계와 전문직 인사들, 그리고 군부의 동요를 가라앉히려는 아옌데의 노력을 훼손했다. 칠레의 반공산주의자들은 카스트로가 쿠바에서 온건함을 설교하면서 혁명을 시작했다는 사실을 알았다. 비록 아옌데는 사회주의로 가는 '평화적인 길'에 대해 자주 말했지만 그 말을 계속 지킬 것이라는 보장은 없었다. 얼마간 어려움을 겪었으나 정부는 외국에서 구제 자금을 얻는 데 성공했다. 중남미의 다른 나라들은 쿠바보다 차관을 공여하는 데 더 나은 위치에 있었다. 소련과 동유럽도 5억 달러에 상당하는 차관을 제공했다.[19] 소련 지도부는 칠레의 공산주의 실험에 의혹을 품었으나 아옌데와 인민연합이 붕괴하는 것을 그냥 두고 볼 수는 없다고 생각했다.

칠레 정부는 공무원 봉급을 올리겠다는 약속을 실행했다. 아옌데는 많은 산업체들을 국유화하면서 공무원 수를 다섯 배나 늘렸다. 인민연합을 집권하게 해준 빈민들을 위해서는 물가 통제를 도입했다. 하지만 그 결과의 하나로 상업 과정이 점점 붕괴하기에 이르렀다. 특히 소규모 사업체의 소유주들이 곤경에 빠졌다. 경제 위기가 심화되었다. 소련은 아옌데의 정책을 결코 믿지 않았고 자신들이 쿠바에 과시했던 아량을 칠레에게 계속 보여주기를 거부했다.[20] 아옌데는 칠레의 대외부채 변제를 중단했다.[21]

아옌데와 칠레 각료들은 침착하게 행동했다. 1971년 7월에 칠레는 구리 광산을 국유화했다. (칠레에서 국가 재산이 외국계 회사를 비롯해 광산업체에게 약탈당하고 있다는 생각이 너무나 널리 퍼져 있어서 정치적 반대파마저도 정부의 조치를 지지할 정도였다.)[22] 농업 개혁은 좀 더 논란이 많았다. 몇백 년 동안 토착민들은 에스파냐어로 말하는 지주들이 라티푼디움 영지를 장악함에 따라 전통적으로 토착민 소유였던 땅을 강탈당해 왔다. 소수의 농업 과두 계층이 농촌 지역을 통치했다. 아옌데는 1972년에 공세를 취해, 농촌 빈민에게 재분배할 목적으로 경작지의 60퍼센트를 접수하겠다고 발표했다.[23] 그 결과 농업 생산 수준이 하락했다. 많은 새로운 농민 소유주들은 오로지 자급자족만을 위해 토지를 경작했다. 1970년 11월에는 32개 기업만이 국가 소유였다. 1973년 5월까지 그 수는 165개로 증가했고 더 늘리기로 계획되었다.[24] 대부분의 경우 정부가 앞장을 섰다. 그러나 인민의 참여를 독려하는 아옌데의 정책은 일부 노동자들로 하여금 기업에 대한 통제권을 장악하고 자신들의 고용주들을 쫓아내도록 유인했다. 농촌보다 도시가 더 소란스러웠다.

사회 전역에서 불만이 커져 갔다. 공산주의자들이 1972년 노동조합 운동 선거에서 노동자 투표 중 38퍼센트를 획득하고 사회주의자들이 32퍼센트로 두 번째로 많은 표를 얻은 것은 사실이다. 그러나 기술직 사이에서는 기독민주당이 41퍼센트로 제일 많이 득표했다. 전문직 종사자들 내에서는 인민연합이 건전한 통치를 할 능력이 없다는 우려가 고조되었다. 심지어 노동자들마저 아옌데를 확고하게 받쳐주지 않았다. 노동조합에 가입하지 않은 사람들이 다수였고 그들 중 많은 이들이 인민연합에 적대적이었다.[25]

정부는 저항의 물결에 타격을 받았다. 카스트로와 달리 아옌데는 언론을 독점하지 않았고 독점을 원하지도 않았던 것 같다. 아옌데의 적들은 워싱턴의 재정 · 외교적 지원에 과도하게 의존했다. 그들은 또 미 중앙정보국(CIA)의 자문도 활용했다. 칠레의 전통적인 엘리트 계층의 지도자들을 체포하지 않는 한, 아옌데에게는 쿠데타로 전복될 위험이 끊이지 않았다. 그의 경제 운용이 대다수 사람들에게 번영을 가져다줄 것 같지도 않았다. 산업과 상업은 혼란에 빠졌다. 많은 지지자들 사이에서 정부의 인기가 하락했다. 그렇지만 아옌데는 좌파 정당, 노동조합, 노동자와 농민들의 핵심 세력을 여전히 자기편에 두고 있었다. 아옌데를 제거하려 한다면 가장 손쉬운 방법은 군사 행동일 것이었다. 아옌데는 군대를 이끌 인물로 비정치적 장교인 아우구스토 피노체트*를 임명함으로써 자신의 뒤를 보호받게 되었다고 생각했다. 그러나 이 조치는 대

피노체트(Augusto Pinochet, 1915~2006) 칠레의 군인이자 정치가. 1973년 육군 참모총장이 된 그해 쿠데타를 일으켜 아옌데의 사회주의 정권을 무너뜨렸다. 1973년~1989년까지 가혹한 군정을 실시했고 심각한 인권 침해로 국내외적으로 많은 비판을 받았다.

재앙을 불러일으킨 판단 착오였다. 피노체트는 고위 사령부의 많은 군인들처럼 공산주의와 무질서를 증오했고 자본주의 경제로 복귀하기를 원했다. 미국 국무장관 헨리 키신저는 피노체트 장군의 성향을 아옌데보다 잘 알았다. 키신저의 승인으로 미 중앙정보국(CIA)은 피노체트에게 성공적인 권력 장악에 필요한 도움을 주었다.[26)]

피노체트는 1973년 9월 11일 공격을 개시했다. 아옌데는 전차가 산티아고의 대통령 궁 밖 잔디밭으로 덜커덩거리며 들어왔을 때에야 비로소 무슨 일이 벌어지고 있는지를 알았다. 저항은 헛되었다. 군은 재빨리 권력을 장악하고 복종하기를 강요했으나 아옌데는 항복하기를 거부했다. 연립정부가 더는 존재하지 않는다는 사실을 깨달은 아옌데는 카스트로에게 선물로 받았던 총으로 자살했다. 모든 좌파 정당들은 흩어져 망명하거나 지하로 숨어들었다. 군사 정부는 어느 누구도 가만 놔두지 않았다. 공산당 당수 루이스 코르발란(Luis Corvalán, 1916~2010)은 감옥에 내던져졌다. 1976년 그는 국제 수감자 교환에 포함되었다. 소련 반체제 인사인 블라디미르 부코프스키(Vladimir Bukovsky, 1942~)에게 영국 망명이 허용된 대신 코르발란은 모스크바에 거주할 수 있게 되었다. 폭력이나 불법적 행동 없이 급진적인 경제 · 사회적 변화를 꾀하는 전략을 개발한 칠레 공산주의는 분쇄되었다. 공산당은 불법화되었다. 공산당 투사들은 검거되어 산티아고 국립 경기장의 끔찍한 환경 속에 구금되었다가 총살된 뒤 '실종자' 대열에 합류했다.

라틴아메리카의 대다수 사람들에게 삶은 여전히 가혹했지만 한편으로 공산주의가 성장할 수 있는 비옥한 토양은 계속 남아 있었다. '양키 제국주의'에 분노하고 자신들의 정부를 억압적 협력자로서 미국과 동일시하는 중간 계급 학생들 속에 그런 토양이 얼마간 있었다. 농민과 노동자들은 더 나은 생활 조건을 요구했다. 카스트로의 쿠바는 사회 · 경제적 개혁으로 널리 칭송받았다. 아옌데의 비참한 종말은 남반구의 정치에 대한 미국의 이기적이고 무자비한 개입의 또 한 가지 사례로 받아들여졌다.

세계의 다른 지역, 특히 아프리카의 공산주의자들은 좌절하지 않았다. 앙골라는 투쟁의 초점이었다. 쿠바인들은 1960년대 중반 이래 앙골라인민해방운동(MPLA)을 고무해 왔고 소련은 무기를 공급하기 시작했다.[27] 1974~1975년 포르투갈 제국의 붕괴에 이어 내전이 발발했다. 모스크바와 아바나는 협의하여 일을 나누었다. 모스크바는 자금, 운송, 군사 장비를 공급하고 아바나는 앙골라해방인민운동을 지지하기 위해 대규모 원정군을 파견할 것이었다.[28] 그 결과 1976년 봄에 미국의 지지를 받는 세력을 누르고 승리했으며, 아고스티뉴 네투(Antonio Agostinho Neto, 1922~1979)는 마르크스-레닌주의에 헌신하는 정부를 수립하여 소련과 동맹을 맺었다. 하지만 조나스 사빔비(Jonas Savimbi, 1934~2002)의 반공산주의 군대에 의해 전투가 재개되었다. 소비에트 유형의 경제 계획 기관들이 설치되었지만 사빔비와 벌인 전쟁으로 해방인민운동은 모든 에너지를 소진해버렸다. 남아프리카공화국과 미국은 사빔비에게 자금과 장비를 넉넉하게 공급했다. 2002년에 사빔비가 죽고 나서야 전투가 종결되었다. 네투와 그의 후계자가 세운 체제는 오래 존속했지만 앙골라에 공산주의가 정착했다고 말하는 것은 공산주의라는 단어의 의미를 지나치게 확대 적용하는 것이리라.

에티오피아 공산주의자들도 안정된 체제를 수립하는 데 그리 유능하지 못한 것은 마찬가지였다. 에티오피아의 마지막 황제 하일레 셀라시에(Haile Selassie)에 맞서 군부 세력이 일으킨 쿠데타로 1974년 조정위원회(일명 데르그Derg)가 구성되었다. 이 기구는 꾸준히 황제에게서 권력을 빼앗았다. 위원들은 극심하게 분열했고 첫 번째 지도자 아만 안돔(Aman Andom, 1924~1974) 중장은 정파 투쟁 과정에서 살해당했다. 멩기스투 하일레 마리암(Mengistu Haile Mariam, 1937~) 대령이 이끄는 데르그 내 급진파는 독재적인 통제를 시행했다. 멩기스투는 농촌의 토지가 '에티오피아 인민의 재산'이라고 선언하고 토지를 농민 협동조

에티오피아 대통령 멩기스투 하일레 마리암. 에티오피아에서 사회주의 정권을 수립하고 1991년 반정부 세력에 의해 실각할 때까지 독재를 자행했다. 외국으로 망명한 뒤 치러진 궐석 재판에서 '붉은 테러'라는 이름으로 저지른 대량 학살의 범인으로 유죄를 선고받았다.

합에 분배했다. 그는 공산주의 이데올로기에 헌신하는 쪽으로 빠르게 나아갔다. 제국 체제의 지지자들은 1975년 8월에 황제가 살해된 이후에도 멩기스투에게 저항했다. 소수 민족 집단, 특히 에리트레아인들과 소말리아인들은 에티오피아 국가로부터 분리 독립하기 위해 싸웠다. 멩기스투는 데르그 내 반대파와도 맞섰다. 그는 반대파 혐의가 있는 사람을 집집마다 수색해 숙청하는 '붉은 테러'를 수행하는 것으로 대응했다.[29)] '붉은 테러' 때문에 멩기스투는 소련의 지원을 받는 에리트레아 반란자들에 맞서 자신을 지지했던 미국의 재정적 도움을 끝내 상실하고 말았다. 그러나 그때쯤에는 에리트레아 반란자들을 원조하기를 멈춘 소련의 지원에 의존할 수 있었다. 1977년 2월 멩기스투는 데르그 내의 살아남은 정적과 비판자들을 죽였다. 모스크바에서 재정, 무기, 군사 고문들이 에티오피아로 수송되었다. 쿠바인들도 파견되었다. 에티오피아는 아프리카의 뿔*에서 세계 공산주의의 전략 지정학적 전초

아프리카의 뿔(The Horn of Africa) 에티오피아, 지부티, 소말리아의 3개국을 포함하는 지역의 속칭. 일반적으로 아프리카의 북동부 10개국이 이에 해당한다.

기지가 되었다.

데르그의 전투력이 향상되었는데도 공산주의 통치의 근본적인 어려움은 더욱 악화했다. 에리트레아인과 소말리아인들은 야만적인 방식으로 억압하는 정부에 맞서 투쟁을 계속했다. 경제 운영은 극히 부실했다. 나라 전역이 기근을 겪었다. 종교와 사회적 관습에 대한 공격은 엄청난 분노를 불러일으켰다. 멩기스투는 자신을 지원하는 소련 고문관들마저 괴롭혔다. 그들은 멩기스투의 정치적 폭력 성향이 역효과를 낳는다고 생각했다. 또한 공산당을 건설하고 '대중'을 동원하며 인종 간 적대를 해결하는 데 실패한 멩기스투에게 실망했다. 계속되는 처형은 바람직하지 못한 일로 여겨졌다.[30)]

멩기스투는 공산주의 정치의 정신병동에서 폴 포트에 버금가는 구금 시설을 세웠다. 통제 불능이었던 그는 소련과 쿠바의 원조를 얼마간 자기 마음대로 사용했다. 아프가니스탄에서도 똑같은 일이 벌어졌다. 1960년대 중반 이래 두 개의 공산주의 단체 할크*와 파르참*이 존재했다. 두 단체는 치열한 경쟁자였으나 연합하여 아프가니스탄인민민주당을 결성했고 무하마드 다우드(Muhammad Daud, 1909~1978)와 그의 느린 개혁 속도에 반대했다. 다우드 정권 아래에서 근대화는 수십 년이나 늦어진 것 같았다. 1978년 4월, 할크는 다우드 정부에 맞서 쿠데타를 성공시켰고 할크 지도자들인 하피줄라 아민(Hafizullah Amin, 1929~1979)과 누르 무하마드 타라키(Nur Muhammad Taraki, 1917~1979)가 권력을 잡았다. 이 일은 다우드를 지지하던 크렘린을 경악시켰다. 파르참은 모스크바에 할크의 극단주의가 지닌 위험을 경고했다. 아민은 정권의 노골적인 적들의 처형을 강행했다. 내전이 발발했

할크(Khalq) 1965년에 결성된 '인민'이라는 뜻을 지닌 아프가니스탄인민민주당의 한 정파. 지도자는 대통령을 지낸 누르 무하마드 타라키와 하피줄라 아민이었고 소련의 지지를 받았다.

파르참(Parcham) '깃발'이라는 뜻의 아프가니스탄인민민주당의 한 정파. 하피줄라 아민 정권을 무너뜨린 뒤 정권을 장악했다. 1990년 와탄 당으로 독립했다.

다. 다양한 민족 집단이 참여한 이슬람 반란이 도처에서 발생했다. 아민은 전 국민의 문맹 해소 운동과 토지 개혁 운동을 선언함으로써 지지를 획득하고자 했다. 그러나 끊임없는 폭력과 사회 불안 속에서는 달성할 수 있는 것이 거의 없었다. 아민은 1979년 10월 타라키를 살해했다. 그는 또 워싱턴과 친선을 원한다는 몸짓도 보였다. 소련 지도부가 12월에 군사 개입이라는 중차대한 결정을 내린 데에는 이처럼 정치적 분열과 대학살의 격화라는 배경이 있었다.[31)]

카불에서 할크가 권력을 장악한 것은 20세기의 마지막 공산주의 혁명이었고, 공산주의가 대규모 억압에 호소하지 않고서는 생존할 가능성이 없다는 점을 확실히 보여주는 것이었다. 소련 동지들은 자신들이 목격한 바에 자주 질겁했다. 그들은 스탈린 통치의 공포를 기억하는 세대에 속했고 폴 포트, 멩기스투 하일레 마리암, 하피줄라 아민의 무모함을 거의 믿을 수 없었다. 그들의 혁명은 초기 볼셰비키보다 더 거친, 심지어 스탈린과 마오쩌둥보다 더 거친 사람들이 이끄는 혁명이었다. 혁명은 외과 수술적 힘으로 경제와 행정, 인종과 종교 문제를 해결하고자 했다. 혁명의 무차별적 파괴 행위는 공산주의에 대한 증오의 폭풍을 일으켰다. 그렇다고 살바도르 아옌데의 점진주의적 접근이 더 성공적이지도 않았다. 아옌데 정권은 피노체트가 공격을 가하기도 전에 이미 경제적 재앙과 정치적 붕괴를 향해 돌진하고 있었다. 공산주의 혁명 통치는 막다른 골목으로 가는 내리막길로 밝혀졌다.

6부

종언

—

1980년 이후

소련의 몰락

미국은 소련의 해체를 원했을까?

해리 트루먼에서 지미 카터까지 미국 대통령들은 소련이 세계 정치에서 영원히 지속될 체제인 것처럼 행동했다. 1988년에도 리처드 닉슨은 《1999년 : 전쟁 없는 승리》라는 책을 써서 데탕트 정책을 재개하는 것만이 공산주의를 무사히 꺾을 수 있는 길이라고 주장했다.[1] 소련은 세계적인 강대국이었다. 소련은 수십 개의 공산당과 그 '전위' 조직들에게 자금을 대면서 그들을 지도했다. 소련은 대양을 가로질러 자신의 군사력과 위신을 드러냈다. 소련의 미사일은 몇 분 내에 유럽, 일본, 미국 도시들을 제거할 만한 위력이 있었다. 소련의 잠수함은 베트남에 버티고 있었다. 소련이 무오류라고 생각하거나 소련에 무의식적으로 충성하는 공산주의자들은 점점 줄어들었지만, 소련의 영향력은 여전히 광범했다. 다른 어떤 공산주의 국가도, 심지어 중화인민공화국조차 대등한 경쟁 상대가 되지 못했다. 공산주의는 전 세계에 걸쳐 깊은 내부 분열에 시달렸지만 공산주의 국가들은 지구 육지 면적의 3분의 1을 차지했다. 대부분의 사람들은 사태가 오랫동안 변함없이 진행될 것이라고 추정했다. 물론 공산주의가 경제 발전에서 장애를 겪고 있고 공산주의 체제가 강요된 사회들에서 분노의 물결이 거세지면서 어려움에 봉착했다는 사실은 널리 알려졌다. 그러나 어느 누구도 대부분의 공산주의 국가가 곧 사라질 거라고 주장하지는 않았다.[2)]

1980년 11월의 미국 대통령 선거는 세계 정치를 완전히 바꿔놓았다. 카터는 아야톨라 호메이니*의 이란 정부가 테헤란에 인질로 잡고 있는 미국 외교관들을 구하는 데 실패했다는 비판에 직면했다. 카터는 또 소련에 우유부단하게 대응한다는 비난도 샀다. 소련의 아프가니스탄 침공은 크렘린이 무한한 팽창 야욕을 품고 있다는 증거로 받아들여졌다. 미국인들 사이에 자기 나라가 세계에서 목적 의식을 잃어버렸다는 생각이 늘어났다. 국가적 자긍심은 1975년 베트남 전쟁의 패배로부터 아직 회복되지 않았다.

로널드 레이건(Ronald Reagan, 1911~2004)은 선거에서 손쉽게 승리함으로써 대통령에 취임한 1981년 1월 상황을 바로잡을 수 있는 권한을 확보했다. 카터의 데탕트 거부로 이미 수모를 당한 소련 지도부는 레이건의 집권을 심각하게 우려했다. 〈프라우다〉는 레이건을 핵무기를 내세우는 극단적 정책을 추구하고 협상을 무시하는 무식한 전쟁광으로 묘사했다. 1967년 캘리포니아 주지사로 선출될 때까지 레이건은 할리우드 배우이자 배우 노조 조합장으로 유명했다. 충분히 휴식을 취하며 권한을 자신의 하급자에게 위임하기를 고수하던 그의 모습은 레이건이 대수롭지 않은 인물이라는 생각을 조장했고, 그는 이런 이미지를 반박하기 위해 별다른 행동도 하지 않았다. 염색한 머리와 온후한 태도를 지닌 레이건은 미 · 소 관계의 긴장을 격화시킨 조종자들의 꼭두각시로 여겨졌다. 레이건은 연설에 재미있고 가벼운 일화를 뒤섞었고 사태의

호메이니(Ayatollah Ruhollah Khomeini, 1900~1989) 1950년대 후반 아야톨라(Ayatollah, 종교심과 학식이 뛰어난 종교 지도자에게 주는 존칭)라는 칭호를 받았으며, 1960년대 초 이란 내 시아파 종교 공동체의 최고 지도자가 되었다. 1964년 이란에서 강제 추방되었고 이후 1978년 프랑스 파리 교외에 정착하여 이란혁명을 지도했다. 1979년 혁명이 승리하자 귀국하여 이슬람공화국을 수립하고 종신 종교 · 정치 지도자가 되었다.

복잡한 사정을 회피했다. 그는 자기 말이 기록되지 않는다고 생각했을 때는 모스크바에 미사일을 쏘겠다는 농담까지 했다. 마치 정신병원에 입원한 환자가 병동을 접수한 것처럼 보였다.

레이건은 공산주의가 지나치게 제멋대로 행동해 왔다고 생각했다. 그는 전체주의 국가가 '근대 세계의 악의 근원'이라고 주장하면서 소련을 '악의 제국'이라고 선언했다.[3] 트루먼은 1947년 봉쇄 정책을 도입하면서 소련이 내부의 어려움으로 제풀에 숨을 거두기를 기대했다. 레이건은 좀 더 전투적이었다. "서방 세계는 공산주의를 봉쇄하지 않을 것이다. 서방 세계는 공산주의를 능가할 것이다. 서방 세계는 공산주의를 비난하고자…… 애쓰지 않을 것이다. 공산주의를 지금도 그 마지막 페이지가 쓰여지고 있는 인류 역사의 한 기괴한 장으로 여기고 무시할 것이다."[4] 레이건은 냉전을 영구적인 상황이라고 받아들이지 않았다. 그는 미국의 군사 비용을 늘려 소련 예산에 압박을 가했다. 1985년경 5년 만에 미국의 군비 지출은 두 배가 되었다.[5]

전쟁광이 아니면서도 호전적이던 1918년의 처칠만큼이나 1981년의 레이건은 호전적이었다. 레이건은 세계 어디든 소련의 위협이 존재하는 곳에서 소련의 적들을 무장시켰다. 그는 엄청난 예산 적자를 감수했다. 아프가니스탄에서는 소련의 꼭두각시 정권에 저항하는 반군 조직 무자헤딘에 스팅어 지대공 미사일을 지원했다.[6] 레이건은 1979년 7월에 권좌에 오른 다니엘 오르테가 사아베드라*가 이끄는 니카라과의 급진적 개혁가들(산디니스타Sandinistas)에 맞선 우파 세력 콘트라(Contras) 반군에게 돈과 무기를 쏟아부었다.[7] 워싱턴은 또 파라분도 마르티 민족해방전선(FMLN)*이라고 알려진 마르크스주의 게릴라 운동을 진압하고

오르테가 사아베드라(Daniel Ortega Saavedra, 1945~) 니카라과의 현 대통령. 좌파 정치인으로서 1979년 친미 독재 정권인 소모사 정권을 무너뜨린 산디니스타 민족해방전선의 사회주의 혁명을 주도하였으며 1985년부터 1990년까지 니카라과 대통령을 지냈고 2007년 재선되었다.

자 하는 엘살바도르의 정부군과 준군사 세력도 지원했다. 1983년 10월 레이건은 미 해병대에게 카리브해의 작은 섬인 그레나다에서 마르크스주의자들이 이끄는 신 JEWEL 운동*을 정권에서 축출하라는 명령을 내렸다. 또한 과테말라의 부패한 군사 독재자 에프라인 리오스 몬트(Efraín Líos Montt, 1926~)를 '민주주의에 철저히 헌신적인 인물'로 추천했다.[8] 이 추천에는 그리 설득력이 없었으나 공산주의 전염병에 맞서 세계 정치에 예방 접종을 실시하고자 하는 레이건의 결단을 보여주었다. 레이건은 또 닉슨과 카터가 중화인민공화국과 맺었던 타협에 거스르는 정책도 개시했다. 대만을 더는 조용히 버려 두지 않을 것이었다. 레이건은 자신의 반공산주의 방침을 포기하기보다 덩샤오핑과의 대결을 무릅썼다.

하지만 레이건은 루마니아, 헝가리, 폴란드에게 주어졌던 '최혜국' 지위를 철회하지는 않았다. 카터처럼 그는 이들 나라의 공산주의 지도부가 동유럽에서 소련을 애먹이도록 도와주고 싶었다. 폴란드군이 자유노조연대를 분쇄한 후인 1982년에야 비로소 레이건은 폴란드 정권에 했던 양보를 철회했다.[9] 게다가 국제 이자율이 상승하면서 동유럽의 대다수 국가가 서방 금융 체제에 엄청난 채무를 진 상황이라 워싱턴은 외교 관계에서 영향력을 한층 강화할 수 있었다.[10] 자국 경제에도 문제가 많았던 소련은 부득이 동유럽 블록에 구제 금융을 제공하든지, 아니면 동유럽에서 심화되는 정치 문제에 직면하는 수밖에 없었다.

이 시기에 레이건은 제3차 세계대전의 가능성을 없앨 거래를 제안했

파라분도 마르티 민족해방전선(Farabundo Martí National Liberation Front) 엘살바도르의 사회주의 정당. 한때 혁명적 게릴라 조직이었다. 1992년에 평화협정이 맺어진 후 무장을 해제하고 합법적 정당이 되었다. 현재 엘살바도르 양대 정당 중 하나다.

신 JEWEL 운동(New JEWEL Movement) JEWEL은 Joint Endeavor for Welfare, Education, and Liberation의 두문자어이다. 1973년에 카리브해의 섬 그레나다에서 결성된 마르크스-레닌주의 전위 정당을 가리킨다. 1979년 혁명에 성공했으나 1983년에 권좌에서 축출되었다.

다. 그는 한없이 낙관적이었다. 1981년 레이건은 브레즈네프에게 '양국 관계 정상화'를 청하는 육필 서한을 보냈다. (정치국은 이것을 선동 행위로 취급했다.)[11] 제2단계 전략무기제한협정(SALT-II)을 쓰레기통에 던져 넣은 레이건은 'START'를 개시할 것을 제안했다. START는 전략무기감축협정(Strategic Arms Reduction Talks)을 말하는 것이었다. 레이건이 보기에 상호확증파괴(Mutually Assured Destruction, MAD)는 미친 짓이었다. 왜냐하면 단 한 발의 미사일로도 얼마든지 적국의 영공을 뚫고 들어갈 수 있는 상황이기 때문이다.[12] 그렇게 되면 결국 양국이 모두 황폐해지고 지구는 인간이 살 수 없는 행성이 될 것이다. 미국의 사전 안보 대책은 아무 소용이 없을 것이었다. 1983년 3월 레이건은 전략방위구상(Strategic Defence Initiative, SDI)에 자금을 쏟아붓는데 전념했다. 이 계획은 곧 조지 루카스의 SF 영화 〈스타워즈〉의 제목을 참조해 '별들의 전쟁 계획'으로 알려졌다. 레이건은 미국의 과학자와 기술자들이 신기술을 개발하여 미국을 향해 발사된 탄도 미사일을 미군이 중간에서 격추해 차단할 수 있게 되기를 원했고, 이와 같은 기술을 세계의 다른 열강과 기꺼이 공유하고자 했다. 레이건에 따르면 소련 지도자들에게도 그 기술을 제공할 수 있었다. 레이건은 자신의 궁극적인 목표가 모든 핵폭탄의 폐기라고 선언했다.

소련 정치국은 레이건을 불신하고 압박할 만한 이유가 있었다.[13] 1981년 세계 공산당 회의가 모스크바에서 열렸을 때 브레즈네프는 건강이 좋지 않았다. 그러나 그의 정치 노선은 명확했고 종전과 변함이 없었다. 자본주의가 썩어 가고 있고 공산주의가 상승하는 중이라고 상정되었다. 전략방위구상(SDI)이 실제로 실행 가능한지를 두고 의혹이 일었다. (정치국이 소련 과학자들에게 자체 경쟁 프로젝트를 수행하라고 명령함으로써 대비책을 강구하기는 했다.)[14] 북대서양조약기구 회원국 정부들뿐만 아니라 레이건 자신의 행정부 내에서도 전략방위구상에 회의를 품는 자들이 드물지 않았다. 최소한 미국 대통령이 곤혹스런 상황을 조성한 것은 확실했다. 만일 소련이 그토록 사악하다고 생각한다면 레이건은 왜 핵무기를 폐기하고 탄도 미사일 요격 기술을 공유하고자 하는가? 전략방위구상 체계는 정말 개발될 수 있는가? 체계를 정말 구축할 수 있다면 그 기술을 소련에 넘겨주는 게 합당한가? 일단 생산된 핵폭탄을 정치가들이 폐기할 수 있을까? 만일 레이건이 중화인민공화국을 괴롭히려 한다면, 미국은 두 공산주의 강대국과의 관계가 동시에 악화되는 상황에 어떻게 대처할 것인가?

브레즈네프는 1982년 11월에 사망했고 안드로포프가 소련의 새로운 공산당 서기장이 되었다. 안드로포프는 소련이 미국과의 경쟁에서 뒤처지지 않으려면 정치 · 경제적 변화가 필요함을 인정했다. 그는 다시금 새롭게 규율을 강조하고 부패를 뿌리 뽑을 것을 주장했다. 중앙과 지역에서 일하는 수십 명의 당 관리들이 퇴임당했다. 업무에서 정확함과 성실함이 요구되었다. 안드로포프는 지도부가 사회 상황을 이해하는 데 실패했다고 말했다. 공산당과 대다수 국민들 사이에 벌어진 틈이 있음을 인정한다는 뜻이었다. 막후에서 안드로포프는 소련 경제에 어떤 종류의 개혁이 필요한지를 탐구하려는 목적에서 고르바초프와 니콜라이 리시코프*를 비롯해 젊은 정치가들로 이루어진 그룹을 만들었다. 또한 소련의 대외 정책도 수정하기 시작했다. 안드로포프는 미국과 소련 양국 모두 자기들이 통제하는 나라들에 군사적으로 개입하지 않을 것을 공식적으로 약속하자고 은밀히 제안했다. 그러고는 1956년 헝가리와 1968년 체코슬로바키아에서 일어났던 일에 찬성하지 않는다는 뜻을 비쳤다. 소련은 쿠바에 섬의 방위를 위한 군사적 보장을 철회한다고 비밀리에 알렸다. 안드로포프는 초강대국들이 비축한 핵무기를 제한할 뿐만 아니라 크게 감축할 것을 요청했다.

국가보안위원회 의장이었던 안드로포프는 소련이 군사 기술 개발에

리시코프(Nikolai Ryzhkov, 1929~) 1985년 3월 고르바초프 다음으로 최연소 정치국원이 되었다. 같은 해 9월 소련 각료회의 의장을 맡아 1991년까지 재임했다.

유리 안드로포프. 1982년 브레즈네프를 이어 소련공산당 서기장이 된 뒤 15개월 만에 병으로 사망했다. 냉전 말기에 국내의 정치·경제적 개혁과 대외 정책 수정을 진행하면서도 공산주의 체제에 대한 근본적 신념을 잃지 않았다.

지속적으로 능력을 보여주지 못한다면 협상력이 약해질 것이라는 점을 이해했다. 정치국은 이를 인정했다. 소련군 개선에 쓰일 비용 투자가 승인되었다. 미국과 동등한 수준으로 군사 기술을 끌어올렸던 브레즈네프의 성취는 인민들의 생활 수준을 희생하고서라도 유지되어야 했다. 안드로포프는 공산주의 체제를 '완성'하고자 했다. 그는 그렇게 할 시간이 많기를 바랐다. 그러나 레이건의 지정학적 도전에는 대응할 것이었다. 냉전은 점점 뜨거워져 갔다.

이러한 상황이었으니 모스크바와 워싱턴의 외교 관계는 수습될 것 같지 않았다. 상호 불신의 골은 여전히 깊었고 사태는 불신의 정당성을 뒷받침하는 것 같았다. 1983년 8월 남한의 민간 비행기인 KAL-007기가 항로를 이탈해 극동의 소련 영공을 침범한 뒤 격추당했다. 269명에 이르는 탑승객 전원이 사망했다. 소련의 군 인사들은 이 사건을 구실로 핵 공격이 실행될까 봐 우려했다. KAL-007기가 고의로 영공을 침범한 것이 아님이 명백해지자 레이건은 이 사건을 반인륜적 범죄라고 비난했다. 몇 주가 지난 11월에 국가보안위원회는, 정보원에 따르면 미국이 소련에 갑자기 핵 공격을 가할 계획을 짜고 있을 가능성이 있다고 안드로포프에게 보고했다.[15] 추정컨대 이 공격은 '에이블 아처(Able Archer)'라고 불리는 미국의 군사 훈련을 빙자하여 벌어질 것이었다. 소련군에 최고 경계 상태가 발령되었다. 초강대국 중 어느 한쪽이 조금이라도 오해를 하게 되면 제3차 세계대전과 전 지구적 차원의 홀로코스트가 야기될 수 있었다. 실제로 안드로포프는 선제 행동을 취하기를 거부하면서 냉정을 유지했다. 은밀한 비상사태는 끝났고 소련 정치가나 미국 정치가 가운데 그때까지 발생한 일을 논평하고 싶어 하는 사람은 아무도 없었다. 이것은 1962년 10월에 있었던 쿠바 미사일 위기에 버금가는 위기였다. 그러나 위기의 주역들은 사건을 국민들에게 숨기는 것이 합당하다고 생각했다.

레이건은 미국과 소련의 긴장을 해소하기를 원한다는 자신의 메시지가 제대로 전달되지 못했음을 인정했다.

> 워싱턴에서 보낸 초기 몇 년 동안 우리 행정부 내의 많은 이들은 러시아인들도 당연히 우리와 마찬가지로 미국이 소련에 선제 공격을 가하는 것을 상상할 수조차 없는 일로 여길 것이라 믿었던 것 같다. 그러나 소련 지도자들과 그들을 아는 다른 국가의 수반을 더 많이 겪으면 겪을수록 나는 많은 소련 관리들이 우리를 적수로서 두려워할 뿐만 아니라 핵무기로 선제 공격을 가할 잠재적 공격자로서도 두려워한다는 것을 깨닫기 시작했다.[16]

1984년에 재선된 레이건은 소련 지도부에 자신이 평화를 원한다는 사실을 확신시키고자 했다. 그는 또 협상 재개를 모색하고 있다는 신호도 보냈다.[17] 레이건의 계획은 쉽게 진행되지 않았다. 안드로포프는 서기장에 오를 때 이미 건강이 좋지 않았다. 그는 1984년 2월에 사망했다. 그의 후계자 콘스탄틴 체르넨코는 브레즈네프의 개인 비서였다. 행정부의 일상적 업무 이상의 일을 해낼 만한 정신적 민첩함은 체르넨코에게 없었고, 그는 이미 심각한 폐병에 시달리고 있었다. 레이건은 테이블에 혼자 앉아 협상을 하고자 했다.

그러나 1985년 3월 체르넨코가 죽고 미하일 고르바초프가 그 뒤를 이었을 때 행운의 여신이 미국의 전략에 미소를 보냈다. 서방 세계에서는 소련의 새 지도자를 이전의 서기장들과는 다르게 대할 준비가 되어 있었다. 영국 총리 마거릿 대처는 "나는 고르바초프를 좋아합니다. 우리는 함께 협상할 수 있습니다."라고 말했다. 고르바초프는 이전의 서기장들에게서 볼 수 없었던, 호감을 주는 유연한 태도로 말을 했다. 고르바초프에 대한 대처의 의견을 곧 다른 서방 지도자들도 공유하게 되었다. 소련의 내부 개혁이 정치와 경제 분야에서 시작되었고[18] 동유럽의 공산주의 통치자들에게 앞으로는 체제를 유지하기 위해 소련의 무장 지원에 의존할 수 없다는 통보가 전해졌다.[19] 레이건 대통령은 11월 제네바에서 처음으로 고르바초프를 만났을 때 그를 찬양하는 군중에 합류했다. 두 사람의 사이는 각별했다. 그들은 상대국을 겨냥하는 핵미사일의 수를 감축하고 싶어 했다. 가능하면 모든 병기고에서 핵무기를 없애고 냉전을 끝내는 것을 목표로 삼았다. 그러나 전략방위구상에 대한 지원을 중단하지 않으려는 레이건의 태도 때문에 협상은 실패로 돌아갔다. 두 사람은 회담장을 빠져나오면서 양국의 적대를 근본적으로 해소할 기회가 무산되었음을 알았다.

점점 심각해지는 소련의 어려움이 고르바초프가 대내외 개혁에 전념하는 데 도움을 주었다. 자유노조연대의 힘으로 파업과 시위가 이어지던 폴란드는 항상 걱정거리였다. 공산주의자들이 통치하는 동유럽은 소련에서 들어오는 값싼 석유와 가스에 의존했다. 약 750억 달러에 이르는 사실상의 상업 보조금이 1970년대에 모스크바로부터 동유럽으로

미하일 고르바초프. 소련공산당 서기장이자 초대 소련 대통령으로서 1980년대 후반에 국내외에서 과감한 개혁 정책을 추진했다. 자유와 평화의 사도로서 서방에서 인기를 모았으나 지나치게 급진적인 개혁으로 소련에서는 오히려 반발을 샀다.

전달된 것으로 생각된다.[20] 서방 은행들은 공산주의 국가들에 돈을 계속 빌려줌으로써 공산주의 구호에 일조했다.[21] 소련은 아프가니스탄 침공으로 예산 면에서 더 큰 부담을 느끼게 되었고 그 부담은 석유를 수출하는 세계의 주요 나라들이 가격 인하에 합의했던 1986년에 다시 가중될 것이었다. 앙골라에 대한 쿠바의 개입은 계속해서 소련이 감당할 수 있는 것보다 많은 비용을 지출하게 했다.

소련이 경제 발전에서 미국과 경쟁을 계속하려면 군사 비용을 줄이는 것이 급선무였다. 개인용 컴퓨터와, 나중에는 인터넷이 무서운 속도로 상황을 진전시켰다. 미국 회사들이 선두에 섰고 소비재 분야에서 세계 시장은 급속도로 팽창했다. 소련은 항상 뒤처졌다. 소련의 눈에 갑자기 주요 경쟁국들이 시야에서 사라지는 것이 보였다. 자본주의가 치명적인 전 지구적 위기를 겪고 있다는 말은 이제 믿기가 어려워졌다. 유럽연합(EU)에 가입하면서 그리스와 에스파냐는 대륙의 낙후된 고립 지역이 아니게 되었다. 아일랜드의 상업적 성장은 괄목할 만했다. 그밖의 지역에서도 유사한 진전이 있었다. 중화인민공화국은 대만과 홍콩—중국이 자국 영토라고 주장하는 지역—을 통해 자본주의가 공산주의에는 없는 경제 · 사회적 활력을 지니고 있다는 것을 알게 되었다. 남한도 같은 교훈을 주었다(북한은 그 교훈을 무시했지만). 인도네시아와 말레이시아 같은 국가들도 마찬가지였다. '제3세계'는 산업 능력과 기술적 역동성에서 소련을 앞질렀다. 미국과의 관계 개선이 바람직하다는 생각은, 예산상의 지출이 군비 부문에 압도적으로 쏠린 상황에서 벗어나야 한다고 생각하는 소련 정치국원들 사이에서는 논란의 여지가 없었다.

네 차례의 정상회담이 뒤를 이었다. 1986년 10월 아이슬란드의 수도 레이캬비크에서 만난 고르바초프와 레이건은 핵무기를 폐기하자는 합의에 거의 도달했으나 이번에도 전략방위구상이 넘을 수 없는 장벽으로 드러났다. 1987년 12월 워싱턴에서 고르바초프는 전략방위구상에 대한 레이건의 애착이 확고함을 인정했고, 중거리핵전력협정(Intermediate-Range Nuclear Forces Treaty, INF)이 조인되었다. 이 협정은 냉전의 종식으로 가는 길의 이정표였다. 처음으로 미국과 소련은 비축한 핵무기의 상당 부분을 파괴하는 데 동의했다. 1988년 4월 고르바초프는 아프가니스탄에서 소련군을 철수하겠다는 결정을 공표했다. 그리고 1988년 12월 뉴욕의 국제연합 기구를 방문한 자리에서 국제 관계에서 '계급 투쟁' 같은 이데올로기적 원리를 포기한다고 선언했다.[22] 아프가니스탄은 더 큰 상징이었다. 고르바초프는 소련이 제3세계에서 미국과 더는 분란을 일으킬 의도가 없다는 점을 정치국과 레이건에게 분명히 밝혔다. 그는 이제 니카라과 혁명을 지원하기를 거부했다. 쿠바인들을 아프리카에서 철수시켰다. 그리고 진정으로 마르크스주의적인지 아닌지 실체도 모호한 남예멘의 체제에 소련이 왜 계속 돈을 대야 하는지 의문을 제기했다.[23] (소련에게는 비슷한 성격의 장차 해결해야 할 문제들이 차고 넘쳤다.) 고르바초프는 흐루쇼프와 브레즈네프의 대외 정책뿐만 아니라 레닌과 스탈린의 이론도 거부했다.

레이건은 이 모든 것을 환영하는 한편 외교적으로 계속 압박을 가했다. 실용적인 이유에서 그는 자신의 반(反) 베이징 수사를 버리고 소련과 동유럽의 공산주의에 화력을 집중했다. 덩샤오핑이 이끄는 중국이 기본적인 경제 개혁을 수행하면서 자본주의를 도입하고 있다는 인식 때문에 레이건에게 이러한 태도 변화는 더욱 쉬운 일이었다. 대통령은 소련이 악의 제국이라는 주장을 되풀이하지 않았다. 심지어 소련의 인권 문제와 군축 협상에 대한 논의를 분리하기까지 했다.[24] 그러나 두 번의 연설—한번은 1987년 6월 베를린 장벽에서, 또 한번은 1988년 5월 모스크바 국립대학에서—을 통해 레이건은 고르바초프가 현재 듣고 싶은 것을 훨씬 넘어서는 말을 했다. 서베를린에서 레이건은 그 자리에 없는 소련 지도자에게 요구했다. "고르바초프, 이 장벽을 파괴하시오!" 1988년 5월 모스크바에서 레이건은 거대한 레닌 흉상 아래 어울리지 않게 서서 다음과 같이 말했다. "자유란 단 한 사람이, 단 하나의 정부 권위가 진실을 독점하지 않는다는 것을 인정하는 것입니다……."[25] 그는 자신의 발언이 고르바초프와의 관계를 위험에 빠뜨리지 않으면서 동유럽의 현 상황에 대한 저항의 불길을 북돋우리라는 사실을 자신의 전문적 자문관들보다 더 잘 이해했다.

미국의 정보 기관은 동유럽의 정치적 반체제 인사들과 접촉을 강화했다. 정보 기관 요원들은 지지 메시지를 전달했고 당국의 권력 남용을 널리 알리는 데 도움을 주었다. 자금도 댔다. 1980년부터 1988년까지 대통령직을 수행하면서 레이건은 동유럽을 덮은 철의 장막을 걷어내는 데 할 수 있는 일을 하고자 했다. 레이건은 교황 요한 바오로 2세(본명은 카롤 보이티와Karol Wojtyta이며 1978년까지 크라쿠프의 대주교였다.)를 동맹자로 두고 있었다. 과거에는 공산주의 반대자들이 돈벌이가 되는 일자리 없이 생활하기가 힘들었다. 왜냐하면 당국이 '기식 행위'라고 비난할 것이기 때문이었다. 미 중앙정보국(CIA)과 바티칸은 신중하게 이들을 지원하는 작업에 착수했다. 회원 수가 매우 적고 기금도 모자란 일부 단체들을 비롯해 비공식 기구들도 똑같이 행동했다.[26] 이것은 정확히 소련공산당이 세계 공산주의 운동을 도와주려고 했던 방식과 똑같았다. 그리하여 달러가 모스크바를 출발해 로마에 도착했듯이, 달러가 바르샤바를 향해 로마와 워싱턴에서 출발했다. 자금 지원은 동유럽의 공산주의를 약화시키는 데 도움을 주었으나 결정적인 요인은 아니었다. 만일 자금이 정치적 변화의 핵심이었다면 이탈리아에는 오래전에 공산주의 정부가 들어섰을 것이다(그리고 교황은 바티칸에서 추방당했을 것이다). 자금 원조는 기존의 움직임을 가속화할 뿐이었다. 1917년에도 마찬가지였다. '독일의 돈'은 볼셰비키가 권력 장악을 준비하는 데 도움을 주었으나 그들이 뜻대로 할 수 있는 주요 수단은 전혀 아니었다.

고르바초프에 대한 중앙 당 지도부 내의 반대는 국내 문제에 국한된 것이었다. 대외 정책에서 고르바초프는 마음대로 할 수 있었다. 미국과 분쟁을 끝내고 소련의 핵무기 비용을 줄이려는 그의 활동에 정치국의 어느 누구도 반대하지 않았다. 고르바초프는 소련의 스타 협상가였다. 당대 어떤 정치가도 그의 세계적인 인기에 버금가지 못했고, 레이건은 소련 측에서 얻어낸 양보를 자랑하지 않음으로써 고르바초프가 일을 쉽게 진행하도록 도와주었다.

1988년 11월 대통령 선거에서 승리하기 전에 조지 H. W. 부시는 고르바초프에게 이미 밀고 나간 길을 되돌아가는 일은 없을 것이라고 장담했다. 한때 소련의 개혁 노력이 진짜인지 의심했던 부시는 이제 소련을 믿게 되었다. 그는 레이건의 오른쪽에 있는 '주변의 지식인 악한들'의 협박에 굴하지 않을 것이었다.[27] 그렇지만 부시는 몇 달 동안 고르바초프를 냉담하게 대했고 미 · 소 관계의 회복은 한때 중단되었다.[28] 동유럽에서 일어난 사건들에 대한 고르바초프의 반응이 부시의 마음을 바꾸었다. 1989년 1월 헨리 키신저가 모스크바에 가서 유럽을 미국과 소련이 공동으로 관리하자고 제안했을 때 고르바초프는 즉석에서 그 제안을 거절했다.[29] 키신저의 제안이 어떤 의미였는지는 그의 회고록을 봐도 분명치 않다. 키신저는 정말 현 상황을 단순히 수정할 것만을 제안했는가? 그런 것 같다. 키신저는 자신이 예전에 모신 대통령 닉슨처럼, 유럽의 나라들이 두 초강대국의 우산에서 벗어나 있는 세계를 상상할 수 없었다. 적어도 고르바초프는 소련과 미국이 지정학을 이해해 온 방식이 시대에 뒤떨어졌음을 이해했고, 데탕트로 복귀할 의향이 없던 부시 대통령을 귀찮게 할 입장이 아니었다.

고르바초프는 부시 대통령보다 미국의 반공산주의 활동을 더 잘 수행하는 것 같았다. 중국의 상황은 학생들이 정부 당국을 공개적으로 비판하면서 정치적 파열을 향해 치닫고 있었다. 부시는 1989년 2월 민주주의 대의를 위한 종을 울리겠다고 작정하고 베이징으로 출발했다. 공식 연회에서 그는 반체제 지식인인 팡리즈*를 손님으로 초대해 달라고 고집했다. 하지만 중국 보안 기관은 부시에게 유감의 뜻을 밝히고 조용히 팡리즈를 가둬 두었다. 고르바초프는 쉽게 좌절하지 않았다. 학생들이 평화적 시위로 톈안먼 광장을 한 달째 점거하고 있던 5월 중순, 고르바초프가 베이징을 방문했다. 고르바초프는 평소대로 민주주의와 평화적 정치 방식을 요청했다. 중국 언론들은 특이한 일이 전혀 없는 척하려고 할 수 있는 바를 다했으나, 고르바초프의 방문을 취재하려고 중국에 왔던 수백 명의 각국 기자들은 그가 떠난 후에도 그대로 머물렀다. 중화인민공화국은 처음으로 세계 언론이 현장을 취재한다는 압력을 받게 되었다. 나중에 밝혀졌지만 언론 취재는 중국 공산주의 지도부의 노선에 어떤 긍정적인 변화도 초래하지 못했다. 6월 3~4일 밤 사이 인민해방군은 톈안먼 광장에 전차 부대를 진입시켰고 이어진 살육 속

팡리즈(方勵之, 1936~2012) 중국의 반체제 물리학자. 1950년대 중반부터 권위주의적인 공산당을 비판하였으며 1966년 문화대혁명 때 베이징 대학에서 쫓겨났다.

에 수백 명이 살해당했다. 외부 세력의 개입은 덩샤오핑을 굴복시키고 고르바초프가 거듭 말하던 이른바 '신사고' 정책을 채택하게 하는 데 결국 실패했다.

모스크바로 돌아온 고르바초프는 동유럽에 대해 근본적인 결정을 내려야 했다. 1989년 여름 폴란드에서 정치적 비상 사태가 고개를 들었다. 선거가 치러졌다. 공산주의자들은 크게 패배했고 자유노조연대에 정부를 내주었다. 선례가 만들어졌다. 독일민주공화국이 인민들의 저항을 받고 붕괴했다. 루마니아의 차우셰스쿠 정권이 전복되었다. 동유럽 전체가 반공산주의 불길에 휩싸였다. 그해 말쯤에는 끝이 눈에 보였다. 공산주의는 최근까지만 해도 공산주의 독재 권력이 있던 이 지역의 국가들에서 이미 타도되거나 후퇴하는 중이었다. 그리고 고르바초프는 바르샤바조약기구의 동지들을 지원하는 데 손가락 하나도 까딱하지 않았다.[30]

부시는 깜짝 놀랐다. "소련인들이 동독에서 공산주의자들이 낙마하도록 내버려둔다면 그들은 정말 진지한 것이다. 내가 생각한 것보다 더 진지하다."[31] 동유럽 국가들이 잇달아 정치적 해방을 확보했다. 고르바초프는 정치국에서 군대 철수를 승인받고자 부심했다.[32] 당이나 경찰, 어떤 군 지도자도 이 전략이 불가피하다는 데 반대하지 않았다. 국방장관 드미트리 야조프*는 다음과 같이 회상한다. "어느 날 우리는 집으로 돌아가야 했다."[33] 1989년 12월 몰타 해안에서 조금 떨어진 곳에서 열린 미 · 소 정상 회담에서 고르바초프는 독일 통일의 가능성을 제기했다. 1990년 1월까지 그의 측근 그룹은 이와 같은 노선에 따라 결정을 내렸다.[34] 공산주의는 동유럽에서 숨을 거두었다. 고르바초프는 옛 '외부 제국'의 공산주의자들에 대해 더는 신경 쓰지 않았다. 그가 이

야조프(Dmitri Yazov, 1923~) 소련 붕괴 전에 임명된 소련의 마지막 원수. 1987년 5월부터 1990년까지 소련 국방장관을 지냈다. 1991년 쿠데타에 가담하였으나 실패해 체포되기도 했다.

끄는 정치국은 체코슬로바키아공산당과 관계를 유지하기보다는 체코슬로바키아 시민포럼(Civic Forum, 하벨 중심의 반체제 그룹 '77 헌장'이 발전된 모임)의 바츨라프 하벨을 비롯한 옛 반체제 인사들과 접촉하는 데 더 열심이었다.[35] 쿠바는 자기들 마음대로 하도록 거의 방치되었고, 피델 카스트로는 반미 수사를 완화하고 외국에서 군사 활동을 삼가라는 요구를 받았다.[36] 우루과이공산당 서기장인 하이메 페레스(Jaime Pérez)는 카스트로의 입장을 변호하려고 모스크바에 갔다. 그러나 페레스를 만난 사람은 고르바초프가 아니라 그의 부관인 블라디미르 이바시코*였다.[37] 1990년 12월 부시가 쿠웨이트에서 사담 후세인(Saddam Hussain, 1937~2006)의 군대를 축출하려고 대규모 병력을 모았을 때 고르바초프는 국제 문제를 해결하는 데 무력을 사용하는 것에 불만을 토로했으나, 다른 점에서는 미국인들을 애먹이지 않았다.

그러나 부시는 1991년 봄 고르바초프가 요청한 15억 달러의 차관을 거절했다. 고르바초프는 신중한 동지들을 교묘히 자기편에 붙잡아 두면서 포괄적인 경제 개혁을 수행할 능력이 없는 것으로 평가받았다.[38] 소련의 경제 상황이 끔찍해지자 고르바초프는 6월에 이른바 G7 회의에서 경제적으로 가장 강력한 세계의 7개국 지도자들과 협상하기 위해 런던으로 향했다. 그는 공손히 처신했다. 고르바초프는 지원에 대한 보답으로 제공할 수 있는 것 중에서 이미 양보하지 않은 것이 없었다. 소련의 붕괴를 막는 일은 전 세계의 이해관계가 얽힌 문제라고 주장하면서 고르바초프는 서방에서 누리던 자신의 인기를 활용하려 했다. 그는 난관에 부딪쳤고 빈손으로 모스크바로 돌아갔다.

많은 내적 · 외적 이유로 고르바초프의 지도자급 부하들은 그가 소련을 대재앙으로 몰아가고 있다고 결론 내렸다. 8월 18일에 고르바초프에 반대하는 쿠데타가 조직되었다. 반란 가담자들은 알려진 대로 자신

이바시코(Vladimir Ivashko, 1932~1994) 1991년 8월 24일부터 1991년 8월 29일까지 소련공산당 서기장 서리를 지냈다. 그전에는 고르바초프의 부관이었다.

들의 역량을 과신했고, 러시아 대통령 보리스 옐친은 그들에게 성공적으로 저항했다. 고르바초프는 크렘린으로 되돌아갔으나 실제 권력은 옐친에게로 이동했다. 하지만 부시는 옐친을 완전히 존중하는 모습을 보여주지 않았고 계속 고르바초프를 편들었다. 미국은 소련이 해체되기를 원하지 않았다. 키예프를 방문한 부시는 분리 독립을 하지 말라고 권했다. 동유럽과 소련에서 공산주의가 몰락하는 일과 다민족 강대국이 따로 떨어진 불안한 개별 단위로 해체되는 일은 완전히 별개의 문제였다. 그러나 12월 8일에 러시아, 우크라이나, 벨라루스의 대통령들은 소련을 해체하기로 결정했다. 부시는 여전히 고르바초프를 옹호하며 돌아다녔다. 부시에게는 역사적 상상력이 거의 없었다. 고르바초프와 마찬가지로 부시는 '발트 국가들'(에스토니아, 라트비아, 리투아니아)이 연방으로부터 성공적으로 분리되더라도 다른 소련 공화국들이 반드시 그 뒤를 따르지는 않을 것이라는 추정에 집착한 것 같다. 부시는 경주가 끝난 뒤 패배한 말에 돈을 걸고 있었던 것이다.

고르바초프는 필연성에 굴복했고 러시아를 독립시켜 달라는 옐친의 요구를 받아들였다. 소련은 1991년 마지막 날 자정을 알리는 종소리와 함께 종언을 고했다.[39] 서방 세계의 환희는 그칠 줄 몰랐다. 전체주의는 처음에는 동유럽에서, 다음에는 소련에서 패배했다. 냉전은 끝났다. 서방 세계가 이겼고 소련은 쓰러졌다. 한때는 가능성이 별로 없어 보이던 일이 단 몇 년 만에 현실이 되었다. 10월혁명, 마르크스-레닌주의, 그리고 소련은 역사의 쓰레기 더미에 던져졌고 이 일은 예상했던 정도의 폭력을 수반하지 않고 일어났다. 종말은 소리 없이 꺼져 가듯 일어났던 것이다.

1989년 동유럽 혁명

체제 붕괴의 도미노

엘베 강 동쪽의 유럽은 소련과 공산주의에 대한 적대감으로 들끓었다. 이 지역의 모든 나라에는 민족적 자주와 문화, 종교가 존중받던 과거를 기억하는 사람들이 있었다. 그들은 자신들이 대륙의 감시받고 고립된 지역으로 쫓겨 들어간 데 분개했다. 그들은 폴란드, 헝가리, 체코슬로바키아 같은 나라들이 지리적으로 유럽의 중심임을 지적했다. 그리고 '동유럽'이라는 명칭이 제2차 세계대전이 끝난 방식 때문에 부과된, 위신을 떨어뜨리는 명칭이라고 여겼다.

공산주의 통치는 정권이 저항의 싹을 자라나기 전에 모조리 뽑아버린 루마니아, 알바니아, 불가리아에서 가장 가혹했다. 폴란드는 억압을 계속 유지하지 않을 경우 어떤 일이 벌어질지를 보여주는 끔찍한 사례로 여겨졌다. 체코슬로바키아와 독일민주공화국의 통치자들도 똑같이 가혹하게 행동하고 싶었을 것이다. 그러나 그들은 자신들이 전혀 인기가 없음을 깨달았고, 어느 정도는 국민의 동의가 중요했다. 반체제 지식인들은 자주 감옥에 수감되었으나 육체적으로 두들겨 맞는 일은 거의 없었다. 체코슬로바키아의 바츨라프 하벨과 '77 헌장 그룹'은 지식인, 기독교 활동가, 변심한 개혁 공산주의자 등 다양한 사람들로 이루어진 그룹이었다. 데탕트가 끝난 후에도 '77 헌장 그룹'은 계속 활동했고 그들의 자신감은 커져 갔다. 독일민주공화국에는 하벨 같은 저명한 인물이 없었다. 그러나 저항의 싹은 똑같이 뚜렷했다. 슈타지(Stasi, 보안경찰)가 막 생겨나던 저항 조직에 침투했지만 뿌리를 뽑는 데는 실패했다. 크렘린이 1980년에 티토의 죽음이 제공한 기회를 이용하는 데 별다른 노력을 기울이지 않은 것은 놀랄 일이 아니다. 소련 정치국은 자신들이 손에 쥔 권위를 지키는 데만도 정신이 없었다. 동유럽에서 소련의 영향력을 확대하는 일은 이제 현실적으로 가능성이 없었다.

한편 폴란드에서도 공산주의에 대한 저항이 격렬해졌다. 노동자, 지식인, 성직자들은 1980년 7월 기에레크가 정부의 예산 불균형을 바로잡으려고 소매 가격을 인상했을 때 공통의 대의를 발견했다. 8월에 그단스크의 조선소 노동자들이 레흐 바웬사*의 지도로 파업에 돌입했다. 특유의 미소와 멋진 콧수염과 함께 바웬사는 독립을 달성하고 공산주의를 종결시키겠다는 폴란드의 의지를 보여주는 상징이 되었다. 그는 진정 타고난 연설가였고, 마이크가 있든 없든 우렁찬 목소리와 거침없는 태도를 발산했다. 그는 유능한 협상가이기도 했다. 바웬사는 회의가 있을 때마다 자신이 무엇을 원하는지를 알았다. 절대 당황하지 않았고 항상 겸손하지만 단호하게 교섭했다. 바웬사는 노동자보호위원회의 지식인들에게 정기적으로 자문했다. 또 가톨릭교회의 의견도 들었다. 그러나 바웬사는 독자적인 견해를 지니고 있었으며, 그가 폴란드 인민의 노동자라는 사실은 그의 인기에 도움이 되었으면 되었지 해가 되지 않았다. 바웬사의 계획은 공산주의 통제로부터 자유로운 노동조합을 세우는 것이었다. 그것은 '자유노조연대(Solidarność, 솔리다르노시치)'라

바웬사(Lech Wałęsa, 1943~) 폴란드의 노조 지도자이자 정치가. 동유럽의 민주화 바람을 타고 폴란드에 사회주의에서 탈피하는 자유화 물결을 일으켜 1983년에 노벨평화상을 수상했다. 1990년 12월 대통령으로 당선되어 1995년까지 재임했다.

고 불릴 것이었다. 1980년 9월 창립 회의가 그단스크에서 열렸고 1981년 초까지 노조는 놀랍게도 약 1천만 명의 회원을 확보했다. 사실상 공산당 당원들을 제외하면(이들도 많이 가입했다), 폴란드 노동자 전부가 '자유노조연대'에 가입했다.

기에레크는 바웬사를 비롯한 자유노조연대 지도자들을 체포했으나 체포가 인민들의 저항만 강화한다는 것을 깨달았다. 경제 전략과 운영의 실패는 부인할 수 없었고 폴란드통일노동자당은 무엇을 어떻게 해야 할지 몰라 매우 당혹해했다. 폴란드의 노동 계급은 스스로 공산주의 국가와 영구적인 대결 태세를 취했다. 공산주의가 '노동자 대중'을 억압하고 있음을 이보다 확실하게 보여주는 현상은 없었다. 소련 정치국은 이 사태에 대한 우려를 전혀 숨기지 않았고, 폴란드를 단호하게 처리하라고 소련에 압력을 가한 것은 독일민주공화국의 에리히 호네커였다. 호네커는 폴란드의 소요가 국경을 넘어 독일로 파급될지 모른다고 걱정했다. 그는 브레즈네프를 만날 때마다 좀 더 엄격한 조치를 취하라고 요구했다.[1] 기에레크에 대한 크렘린의 신뢰는 자유노조연대가 활동을 계속하면서 증발해버렸다. 브레즈네프와 정치국은 폴란드통일노동자당의 구성원 교체와 공산주의 질서의 안정화를 요구했다. 그들은 군인인 보이치에흐 야루젤스키(Wojciech Jaruzelski, 1923~) 장군에게 도움을 요청했고 야루젤스키는 1981년 2월 총리를 거쳐 10월에는 당 서기장이 되었다.

야루젤스키는 1981년 10월 계엄령을 선포했다. 폴란드에서 질서를 되찾기 위해서이기도 하고 또 바르샤바조약군의 침공을 예방하기 위해서이기도 했다. 사실 소련 정치국은 자유노조연대가 서서히 권좌로 나아가고 있다 하더라도 군사 개입은 하지 않기로 결정했다. 그러나 야루젤스키는 이 정보를 입수하지 못했다.[2] '연대'는 불법화되었고 투사들 대부분이 투옥되었다. 그러나 파업과 시위는 수그러들지 않았다. '연대' 내 그룹과 기구들의 네트워크는 경찰의 습격을 이겨내고 살아남았다. '연대'의 언론들은 소책자와 엽서, 오디오 카세트를 만들었다. 그래피티 작가들은 벽에 "겨울은 너희 것이지만, 봄은 우리 것이다!" 같은 구호를 스프레이로 적었다.[3] 가톨릭 성직자들은 신앙심과 애국주의의 필요성에 관해 비타협적인 설교를 했다. 야루젤스키 자신은 국가 질서의 유지를 위해 꼭 필요한 것 이상의 폭력 사용을 꺼렸다. 그가 맡은 임무는 불가능한 것이었다. 공산당과 공산당이 후원하는 제도들 ― 노동조합, 청소년 단체, 문화 클럽 ― 은 인민들로부터 경멸당했다. 그 결과는 만성적인 교착 상태였다. 야루젤스키는 어느 정도 평온을 되찾는 데 성공했지만 '연대'를 일소할 수 없었고, '연대'도 야루젤스키의 군사 정부를 대체할 수 없었다. 폴란드는 호박(琥珀) 속에 갇힌 곤충 같은 신세였다. 근본적인 정치 · 경제적 발전은 아예 불가능했고, 계엄령이 해제될 날은 까마득했다.

'정상화' 시도는 기업의 자율성을 높이고 시장 메커니즘을 확대하는 조치를 포함했다. 이 조치가 아주 효과가 없지는 않았다. 1982년과 1986년 사이에 산업 총생산이 20퍼센트 늘어났다. 같은 기간 동안 농업은 12퍼센트 성장했다. 그러나 투자가 급격히 감소했다. 공산품과 농산물은 계속해서 부족했다. 육류는 배급을 해야 했다. 정부는 서방 은행에 대한 채무 변제 일정을 그럭저럭 다시 조정했지만 예산상의 곤경에 몰렸다. 폴란드는 다른 공산주의 국가들과의 무역 손실이 악화되자 소련과 동유럽의 자비에 매달리는 신세로 전락했다.[4] 브레즈네프로부터 안드로포프를 거쳐 체르넨코에 이르기까지 소련 지도부는 무엇을 해야 할지 몰랐다. 야루젤스키는 자신의 어깨에 크렘린이 군사 개입 없이 사태를 어떻게든 해보려는 마지막 노력이 실려 있음을 이해했다. 이런 생각은 야루젤스키가 사기를 유지하게 해주는 유일한 카드였다.

1985년 3월 모스크바에서 권좌에 오른 미하일 고르바초프는 동유럽에서 국제 관계 원리를 바꾸었다. 그가 공산당을 재건하고 경제를 탈집중화하며 공공 토론의 자유를 한껏 고무하자 세계의 이목은 소련의 국내 개혁에 쏠렸다. 하지만 그는 조용히 크렘린과 '외부 제국'의 관계를 수정하기 시작했다. 동유럽 공산주의 지도자들이 체르넨코의 장례식에 참석했을 때 고르바초프는 소련이 다시는 그들의 정치적 결정에 관여하지 않겠다는 의향을 은밀히 드러냈다.[5] 방 안에 있던 모든 사람이 귀를 의심했다. 아마도 그 말은 단지 수사에 불과할 것이었다. 1956년에 헝가리를, 1968년에 체코슬로바키아를 침공했던 소련 지도부가 정말 이 지역을 알아서 운영하게 내버려 둘 것인가? 당시 폴란드만이 정치적 비상사태에 직면해 있었다. 그러므로 어쩌면 고르바초프는 바르샤바조약기구의 한 회원국이 자국의 통치에 저항하는 불필요한 불만을 일으켰을 때, 만에 하나 일어날지 모르는 만일의 사태를 염두에 두고 말하는 것일 수도 있었다. 호네커, 후사크, 카다르, 지프코프는 만사가 잘될 것이라고 스스로를 설득하려고 했다. 젊은 '미샤'*가 엘베 강 동쪽의 권력 현실에 직면한다면 불안을 야기하는 수다를 그만두리라는 것이 그들의 믿음이었다. 또 다른 가능성은 고르바초프가 권좌에 오래 머무르지 못하리라는 것이었다.

동유럽에서 터져 나온 근본적인 개혁 요구에 각국은 미봉책으로 대응했다. 야루젤스키와 카다르가 반체제 세력에 맞서 무력을 동원하기는 했지만 차우셰스쿠처럼 적극적이었던 것은 아니었다. 심지어 후사크, 호네커, 지프코프조차 말썽을 일으키는 사람들을 자제력 있게 대하는 쪽을 택했는데, 이러한 자제력을 1960년대 동유럽 공산주의 지도자들이 보았다면 놀랐을 것이다. 1960년대 지도자들도 스탈린이 살아 있을 때에 비하면 정적에게 유화적인 태도를 취했지만 말이다. 저명한 반체제 인사들이 무명의 지지자들보다 견딜 만한 상황이었던 것은 사실이다. 그러나 가장 가혹한 조치를 회피하려는 경향이 존재하기도 했다.

미샤(Misha) 러시아 이름 '미하일(Mikhail)'의 애칭이다. 여기서는 미하일 고르바초프를 가리킨다.

헝가리에서는 오히려 반체제 인사들에게 더 많이 양보했다. 실제로 1988년 5월 헝가리에서 카다르를 계승한 카로이 그로스(Károly Grósz, 1930~1996)는 고르바초프를 모방했다. 고참 공산주의 지도자들은 대부분 고르바초프를 증오했으나 이 지역의 '보통' 사람들은 그를 숭배했다. 반체제 인사들은 공산주의 개혁가든 노골적인 반공산주의자든 고르바초프의 정책에서 위안을 받았다. 모스크바에 대해 자신들이 아는 것에 용기를 얻은 그들은 점차 폴란드 전술을 채택했고 가능한 온갖 수단을 써서 자국 정권에 반대하는 운동을 벌였다.

한편 '미샤' 고르바초프는 모스크바에서 정치적 우위를 확립했고 1985년 3월에 자신이 동유럽의 공산당 대표들에게 한 말이 농담이 아님을 보여주었다. 그는 소련에서만큼이나 동유럽에서도 신속하고 깊이 있는 개혁을 원했다. 퉁명스런 늙은 인사들이 동의하지 않을 경우에는 젊은 개혁가들이 이들을 몰아내기를 기대했다. 고르바초프는 형제국으로서 고상함을 지키고 싶었다. 그는 전임자들과는 달리 킹메이커 역할을 하지 않았다. 각국은 독자적으로 자국의 공산주의 지도부를 뽑아야 했다. 고르바초프는 카다르나 심지어 후사크에게 하야하라고 권하고 싶은 유혹을 피했다.[6] 또 루마니아에서 차우셰스쿠에 맞선 쿠데타를 지지해 달라는 니콜라에 밀리타루* 장군의 요청을 거절했다.[7] 고르바초프는 공산주의 지도자들에게 자기 생각대로 돼야 한다고 말했고, 지도자들은 보통 그에게 동의하는 척했다. 지프코프는 이러한 책략의 대가였다.[8] 한편 고르바초프는 이 지역의 현 정세를 조심스럽게 흔들었다. 소련의 여러 주간지뿐만 아니라 〈프라우다〉도 근본적인 개혁이 필요하다는 주장을 확산시켰다. 이런 신문과 잡지는 외부 제국의 가판대에서 손쉽게 구할 수 있었다. 고르바초프 자신은 동유럽을 열심히 돌아

밀리타루(Nicolae Militaru, 1925~1996) 루마니아의 공산주의 정치가이자 장군. 1989년 12월 차우셰스쿠를 축출한 혁명 후 국방장관을 지냈다. 혁명이 발생하기 전에 차우셰스쿠에 반대하는 쿠데타를 모의한 것으로 알려졌다.

다녔다. 1988년 3월에 프라하를, 그리고 1989년 10월에 동베를린을 방문했을 때 그는 소련 공산주의 체제를 근본적으로 변화시키는 데 전력을 다하겠다고 선언했다. 길거리에 나서면 군중은 그에게 환호를 보냈다. "고르비! 고르비!"라는 애정 어린 외침이 울려 퍼졌다. 사람들은 고르바초프를 1953년 이래 동유럽에서 공산주의의 전횡에 맞선 행진에서 기수로 이용하고 있었다.

폴란드는 고르바초프 캠페인에 큰 영향을 받았고 야루젤스키와 그의 각료들은 자유노조연대를 회유하고자 했다. 1986년 9월 체스와프 키시차크*가 정치범을 모두 석방했으나, 바웬사는 반공산주의적 태도를 굽히지 않고 "대화는 제도화되어야 한다."고 선언했다.[9] 1987년 교황 요한 바오로 2세가 다시 자신의 모국 폴란드를 방문했다. 교황을 환영하기 위해 운집한 군중들은 자유노조연대와 기독교 신앙의 깃발을 높이 들었다. 전국적인 소요가 일어나는 것은 이제 시간 문제일 뿐이었다. 1988년에 광부와 조선소 노동자들이 파업에 돌입했다. 정부는 대화를 요청했고 야루젤스키는 공산주의 개혁가인 미에치스와프 라코프스키(Mieczysław Rakowski, 1926~2008)를 총리로 임명했지만 비공산주의자들로 하여금 내각 참여에 동의하게 하는 데는 실패했다. 당 중앙위원회의 분열이 심각해졌다. 1989년 2월 자유노조연대와 원탁 협상이 개시되었다. 공산당과 그 동맹자들에게 많은 의석을 따로 떼어주는 선거를 약속하는 복잡한 타협이 이루어졌다.[10] 반공산주의자들은 자신감을 과시했다. 미국 서부 영화 〈하이 눈〉에 나오는 영화배우 게리 쿠퍼가 보안관 배지 대신 자유노조연대의 옷깃 배지를 단 모습을 묘사한 포스터가 제작되었다. 1989년 6월 4일 선거에서 자유노조연대가 161석의 상원 의석 중 160석을 획득함에 따라 정부는 참패했다. 다른 정치 체제에서라면 야루젤스키는 사임했을 것이다. 그러나 야루젤스키는 7월에

키시차크(Czesław Kiszczak, 1925~) 폴란드의 장군이자 공산주의 정치가. 1989년 8월 2일부터 19일까지 폴란드인민공화국의 총리를 지냈다.

폴란드를 방문했던 부시 대통령의 지지를 받고 계속 버텼다. 야루젤스키는 자유노조연대의 동의를 받아 대통령이 되었다. 그러나 총리가 되어 자유노조연대의 동료들을 대다수의 각료직에 임명한 사람은 중견 가톨릭 활동가 타데우시 마조비에츠키*였다.[11]

조용한 혁명이 일어났다. 혁명은 저 멀리 중국의 톈안먼 광장에서 인민해방군 전차가 비무장 학생들의 저항 운동을 분쇄했던 바로 그날 일어났다. (호네커 정권은 중국 공산주의 당국의 억압적 행동을 축하했다는 점에서 주목할 만했다.)[12] 만일 폴란드가 운이 좋은 나라였다면 그 행운은 오랫동안 노력한 결과였다. 폴란드는 봉기나 내전 없이 공산주의를 약화시키고 무너뜨렸다. 마조비에츠키 내각은 자본주의를 도입하기 위해 급진적 자유시장 경제학자인 레셰크 발체로비치*를 영입했다. 국영 경제는 해체 직전이었다. 아직까지 그 결과는 폴란드 한 나라에 국한되었다. 그러나 이미 통제가 느슨해진 동유럽의 언론은 모든 사람이 무슨 일이 벌어졌는지를 잘 알 만큼 폴란드 사태를 충분히 보도했다. 댐은 터졌다. 공산주의는 소련에 지정학적으로 대단히 중요한 나라에서 스스로 소멸하는 데 동의했다. 소련군은 개입하지 않았다.

바르샤바에서 벌어진 공산주의 권력의 몰락은 많은 사람들의 정신을 사로잡고 있던 주술을 깨뜨렸다. 폴란드인들이 스스로 해방을 맞을 수 있다면 다른 국민들도 똑같이 할 수 있을 것이었다. 공산주의 지도자들은 좌불안석이었다. 긴장이 고조되었고 몇몇 나라에서 결정적 충돌이 임박했다는 느낌이 커졌다. 루마니아와 알바니아에서는 경찰이 저항 세력을 계속 야만적으로 다루었다. 고르바초프가 소련 정책의 옛 원리들을 공격했기에 차우셰스쿠는 더는 서구 정치계의 총아가 아니었다.

마조비에츠키(Tadeusz Mazowiecki, 1927~) 폴란드의 작가, 정치가, 언론인. 자유노조연대 운동의 지도자 중 한 사람이었으며 1989년 12월부터 1991년 1월까지 폴란드공화국의 총리를 지냈다.

발체로비치(Leszek Balcerowicz, 1947~) 폴란드의 경제학자. 1990년대에 충격 요법이라고 알려진 폴란드 경제 개혁 프로그램을 시행한 것으로 유명하다.

차우셰스쿠에게 개혁을 실시하라는 호소는 먹혀들지 않았다. 체코슬로바키아와 독일민주공화국, 불가리아에서 저항의 물결이 거세졌으나 아직 공산주의 체제의 벽을 무너뜨리지는 못했다. 헝가리에서는 그로스가 심화된 개혁의 움직임에 동조했고 그 결과 발생한 민중 소요에 직면했다. 기대하는 분위기는 어디에나 존재했다. 상황이 얼마나 오래 더 통제될 수 있을지 알기 어려웠다. 1989년 여름 고르바초프가 권력에서 밀려났는데도 바르샤바조약기구는 동유럽의 반란국들에 맞서 군사력을 동원하기가 힘들었을 것이다. 이전에는 수면 아래 잠복해 있던 인민들의 요구가 정치의 수면 위로 고개를 내밀고 있었다.

헝가리 정치는 카다르가 물러난 후 긴박하고 유동적으로 움직였다. 폴란드 다음으로 커다란 변화가 발생한 곳은 바로 이곳 헝가리였다. 폴란드에서 중차대한 선거가 있은 지 2주일도 채 되지 않은 6월 16일 임레 너지의 시신이 초라한 301호 묘지에서 발굴되었다. 그리고 20만 명의 애국자들이 참석한 가운데 성대한 장례식이 치러졌다. 헝가리 공산주의 지도부는 너지에 찬동하는 태도를 보이려고 애썼으나 사태는 그들의 통제를 벗어났다. 그들은 반대파 정치 그룹들로 이루어진 '반대파 원탁'과 자유화와 민주화를 논의하는 회의를 시작했고 9월에 타협을 이루었다. 자유선거가 실시될 것이었다. 공산당—헝가리사회주의노동자당(HSWP)—은 두 개의 정당으로 분열했다. 자기 개혁의 몸부림은 처절했다. 공산주의 정부는 마치 행사에서 색종이 조각을 뿌리듯이 양보를 던져주었다. 국가는 이름이 바뀌었고 헌법이 개정되었다. 종말을 맞는 데는 오랜 시간이 걸리지 않았다. 공산주의자들은 제도와 정책, 일상적인 결정에 대한 장악력을 잃으면서 10월 중순 권좌에서 물러났다. 이상한 일은 공산주의 지도자 중에서 이 사태를 안타까워하는 사람이 거의 없는 것 같았다는 사실이다. '헝가리인민공화국'은 그냥 '헝가리공화국'이 되었다. 국가의 이름에서 인민이 제거된 것은 역설적이게도 인민의 의지가 마침내 존중받기 시작했다는 표시였다. 그것은 시끄럽지만 피를 흘리지 않은 또 하나의 혁명이었다.

한편 독일민주공화국에서는 몇 달 동안 곤란한 문제가 쌓이고 있었다. 고르바초프는 10월 7일 베를린에서 열린 국가 수립 40주년 기념식에서 몸소 또 한 가지 말씀을 보탰다. 그는 특유의 묵직한 어조로 "삶은 꾸물거리는 사람들을 직접 벌한다."라고 선언했다. 호네커는 이 말을 무시했다. 부동(不動) 상태는 호네커가 생각하기에 독일인들에게는 실제로 삶의 방식이었기 때문이다. 호네커는 군중이 일제히 이렇게 구호를 외치는 것을 정녕 이해할 수가 없었다. "우리가 인민이다." 좀 더 명석하고 젊은 그의 동지들은 다르게 느꼈다. 그들은 오직 대규모 억압만이 급진적 변화를 막을 수 있다고 이해했고 그런 일이 벌어지면 외국의 지원이 모두 끊기리라는 것을 알았다. 소련마저도 반공산주의 반대파에게 행동에 돌입하도록 부추기고 있었다. 호네커의 동지들은 라이프치히에서 경찰이 시위 대열에 총격을 가하는 것을 허용하지 않았다. 그들은 호네커를 해임하기에 이르렀고 에곤 크렌츠(Egon Krenz, 1937~)가 권력의 고삐를 쥐었다. 크렌츠는 우선 헝가리 쪽 국경을 다시 개방했는데, 이 조치는 서방으로 문을 활짝 열어젖히는 것과 진배없었다. 독일민주공화국 지도부는 혼란과 절망에 빠졌다. 모두를 놀라게 한 것은 11월 9일 베를린 장벽의 검문소 개방이었다. 즉각 축하가 쏟아졌고 사람들은 즐거워했다. 이튿날 기쁨에 찬 동독인과 서독인들이 서로 어울려 동서로 왔다 갔다 하면서 춤을 췄다. 양측의 젊은이들은 악명 높은 장벽에서 벽돌을 떼어냈다. 공산주의 정부는 여전히 권좌를 지켰지만 이제 그 권력을 사용할 권위와 의지가 없었다.

다음은 1954년 이래 불가리아를 통치해 온 토도르 지프코프의 차례였다. 동유럽이나 서유럽에서 지프코프보다 오래 권좌를 유지한 사람은 아무도 없었다. 11월 10일 그는 페타르 믈라데노프(Petar Mladenov, 1936~2000)가 이끄는 정치국 내의 개혁가들에 의해 급작스럽게 제거되었다. 개혁가들은 모두 지프코프가 임명한 사람들이었다. 그들은 고르바초프가 승인한 종류의 정치에 공개적으로 동조하는 데 미적거렸다. 그러나 소피아 거리에서 반공산주의 활동이 확대되면서 그들은 당황했다. 믈라데노프는 크렌츠가 독일민주공화국에서 그랬듯이 더는 상황을 통제할 수 없게 되었을 때 권좌에 올랐다. 정부 당국에 저항하는 일반인들의 시위는 생태적 저항으로 시작해 시민권 부재에 대한 우려로 옮겨 갔다. 믈라데노프는 공산당과 그 정부를 개혁하기로 약속했다. 또 정치 · 사회 · 경제적 개혁이 뒤따를 것이라고 보장했다. 그리하여 그는 자신이 당장 타도될 가능성을 피할 수 있었다. 그러나 시위자들은 확신이 부족한 개혁 공산주의자들의 불안을 읽을 수 있었다. 1990년 2월 공산당은 권력에 대한 영구적인 권리 주장을 포기해야 했다. 개혁주의자들은 공산당에서 떨어져 나와 제2차 세계대전 이래 최초의 자유선거에서 승리를 거둔 불가리아사회당(BSP)을 결성했다. 그것은 과거에 공산주의자였던 지도자들이 수행한 반공산주의 인민 혁명이었다. 레닌이라면 그것을 기회주의적이라고 불렀을 것이다.

1989년이 끝나기 전에 무슨 일이 더 일어날 수 있었을까? 유고슬라비아에서 공산주의 전망은 이미 암울했고, 특이하게도 동유럽 지역의 다른 국가들에서 발생한 사태와 거의 연관이 없었다. 베오그라드, 자그레브, 류블랴나의 주민들은 고르바초프가 최근 한 말이나 근래 있었던 소련군의 훈련에 아무 관심도 없었다. 제2차 세계대전 이래 유고슬라비아가 유지해 온 뒤숭숭한 안정은 1980년 티토의 죽음으로 깨졌고, 내리막길은 그 후 유고슬라비아연방을 유지해 온 구성 공화국과 민족들 사이의 갈등으로 발전했다.

세르비아인과 크로아티아인들이 함께 살았고 무슬림들이 양자 모두에게 불만을 품었던 보스니아-헤르체고비나에서 분쟁이 첨예해졌다. 코소보의 알바니아인들은 세르비아인들을 박해했다. 그 결과 지역 차원에서 갈등이 심화되었다. 연방의 결속이 느슨해지자 공화국의 지도부들은 각자 독자적인 민족적 대의를 주장할 수 있게 되었다. 세르비아가 전면에 나섰다. 세르비아 당국은 티토 치하에서 번영을 구가했는데도 그들의 분노는 사라지지 않았다. 게다가 공산주의는 베오그라드에서 쓸모가 없어졌다. 민족주의 문헌이 허용되고, 사(私)경제의 기업가 정신이 확대되었다. 정교회가 세르비아 문제에서 자신이 맡은 역할을 키우겠다는 주장을 강화했다. 공화국 전체가 화약고였다. 불꽃을 일으킬 성냥은 세르비아 대통령 이반 스탐볼리치*가 공산당 지도자이자 자신의 추종자 슬로보단 밀로셰비치*의 입후보를 지지한 1987년에 그어졌다. 밀로셰비치는 어딜 가든 자신이 세르비아인의 보호자라는 이미지를 퍼뜨렸다. 코소보에서 그는 세르비아인들에게 선언했다. "어느 누구도 당신들을 쓰러뜨리게 해서는 안 됩니다." 밀로셰비치는 1989년에 대통령이 되었다. 그는 다른 공화국들의 세르비아인들도 선동했다. 또 코소보와 보이보디나의 비(非)세르비아인들을 괴롭혔고 두 지역의 자치주 지위를 폐지했다. 밀로셰비치는 유고슬라비아의 내부 제국주의자였다. 그는 세르비아의 힘으로 다른 공화국들을 위협하여 굴복하게 하려는 도박을 하고 있었다.

세르비아의 변화에 대한 크로아티아와 슬로베니아의 대응이 나타나기까지는 오랜 시간이 걸리지 않았다. 민족주의적 수사가 날카로워지면서 유고슬라비아의 정치는 고통의 악순환에 빠졌다. 적대적인 민족집단 간의 폭력이 일상적으로 발생했다. 공화국 대통령들은 서로 마주 앉아 문제를 해결하기가 어렵다는 것을 알았고 실제로 밀로셰비치는 협상에 관심이 없었다. 밀로셰비치는 자기 자신과 세르비아를 위해 권력을 손에 넣으려 했다. 그는 세르비아 내의 크로아티아와 알바니아계

스탐볼리치(Ivan Stambolić, 1936~2000) 1985~1987년 동안 세르비아공화국 대통령을 지냈다. 밀로셰비치의 사주로 2000년 8월 암살당했다.

밀로셰비치(Slobodan Milošević, 1941~2006) 1989~1997년 동안 세르비아 대통령, 1997~2000년에 유고슬라비아연방공화국 대통령을 역임했다. 1990년대 유고 내전 당시 세르비아인들이 보스니아인들에게 가한 집단 학살을 부추기는 등 전쟁 범죄 혐의로 체포되었으며, 수감 중 감방에서 숨진 채 발견되었다.

정치 조직들을 억압하면서도 민족주의 정당들을 비롯한 새로운 세르비아 정치 조직들의 결성을 허용했다. 또 시장 경제의 성장을 촉진했고, 부패, 범죄 집단과 준군사 조직의 폭력에는 눈을 감았다. 세르비아는 이제 일당 공화국이 아니었지만, 1990년 7월에 밀로셰비치는 자기 조직의 명칭을 세르비아사회당(SPS)으로 바꾸었다.[13] 공산주의 체제는 1990년대에 일어난 전쟁들과 인종 청소의 불길 속에서 유고슬라비아가 화장되기 오래전에 이미 죽었다.[14] 유고슬라비아 공산주의의 죽음은 공산주의에 대한 공개적인 맹비난이나 옛 공산주의 지도자들의 제거와 함께 일어나지 않았다. 티토의 포스터들은 여전히 공공 건물에 걸려 있었다. 밀로셰비치는 마르크스주의 교리를 민족주의로 대체하면서 교묘하고 묵묵하게 변화에 착수했다. 바르샤바, 베를린, 부쿠레슈티에서 볼 수 있었던 소요 사태는 베오그라드에서 되풀이되지 않았다.[15]

1989년의 마지막 날들로 되돌아가볼 때 오직 두 나라에서만, 즉 알바니아와 루마니아에서만 공산주의를 고수하려는 통치자들이 존재하는 것처럼 보였다. 알바니아 통치자 엔베르 호자는 1985년에 사망했고 라미즈 알리아(Ramiz Alia, 1925~2011)가 뒤를 이었다. 한동안 알리아는 최소한의 개혁만 실시하고자 했다. 더는 중화인민공화국의 지지를 받지 못했던 그의 체제는 세계 어디에도 기댈 곳이 없었다. 소련이나 서방의 비판자들이 적극적으로 개입하려 들지 않았다는 사실이 알리아 체제의 주요 자산이었다. 알리아는 경제 정책을 바꾸는 쪽으로 기울었으나 대체로 꿈쩍 않고 버티면서 역사의 흐름이 곧 역류할 것이라는 가망 없는 기대를 품었다.

알리아와 마찬가지로 차우셰스쿠도 루마니아의 개혁을 말하는 모든 이야기에 침을 뱉었다. 평소처럼 그는 1989년 12월 21일 부쿠레슈티에 있는 장엄한 중앙위원회 건물의 발코니에 나타나 자신을 찬양하는 군중 앞에서 점잔을 빼며 활보할 준비를 마쳤다. 군중은 늘 그랬듯 신분 확인을 거친 사람들이었다. 경찰이 보통 때처럼 경비를 섰다. 부인과 측근을 대동한 차우셰스쿠는 복종하는 '대중들'에게 연설하기 위해 앞으로 성큼성큼 걸어 나갔다. 그런데 그가 연설을 시작하자마자 불만의 목소리가 들렸다. 거북하게도 파시스트 독재자들을 떠올리게 하는 식으로 콘두커토르(Conducător, 루마니아어로 '지도자'라는 뜻)를 자칭한 차우셰스쿠는 이런 사태에 익숙하지 않았다. 본능적으로 그는 비판자들을 향해 열변을 토했다. 군중은 험악해졌다. 마치 고대 로마를 다룬 상투적인 '서사' 영화의 한 장면처럼 보였다. (차우셰스쿠는 로마제국의 위대함과 자신을 일치시키려 했으므로 이 묘사는 맞는 말이었다.) 사람들은 불평을 내뱉었고 앞으로 나가 고함을 지르면서 주먹을 내질렀다. 보안군은 질서를 회복하려는 행동에 나서지 않았다. 차우셰스쿠는 그 순간 자신이 놓인 위험한 상황을 깨달았다. 공포에 빠진 그는 현장에서 겨우 빠져나와 헬리콥터를 타고 농촌으로 가서 지지 세력을 규합하고자 했다. 아무도 차우셰스쿠를 도우러 오지 않았다. 공산주의 지도자들은 공산주의 권력의 붕괴—반년 만에 이루어진 가장 급작스럽고 장엄한 붕괴—를 선언하는 데 앞장선 사람들 사이에 있었다. 사람들은 차우셰스쿠 부부를 봐주지 않았다. 새 정부는 그들 부부가 살아서 그들의 후계자들이 1989년 이전의 공산주의를 유지하는 데 어떤 역할을 했는지 이야기하는 것을 원하지 않았다. 차우셰스쿠 부부는 12월 25일 총살당했다.

만일 미국의 도미노 이론이 성공적으로 입증된 적이 있다면, 그것은 1989년 마지막 몇 개월 동안의 동유럽에서였다. 그러나 이 이론은 예측된 방식이 아니라 그 반대로 증명되었다. 대륙의 절반에서 쓰러진 도미노들은 공산주의 국가의 수를 늘린 것이 아니라 공산주의의 절멸을 초래했다. 폭력 사태가 짧은 기간 동안 발작적으로 발생했다. 통치자들은 충분히 억압에 호소할 수 있었지만 사태가 그런 식으로 흘러가지 않도록 조심했다. 그들은 인접 국가의 통치자들이 어떻게 어려움에 빠졌는지를 지켜보았다. 어느 누구도 자신이 인민의 동의 없이 통치한다고 입증되는 불명예를 원하지 않았다.

그해는 개혁 공산주의자들에게 재앙이었다. 라미즈 알리아는 알바니아가 흐름을 거슬러 버틸 수 있다고 계속 주장했다. 개혁 공산주의가 살아남아 번성할 수 있다는 것이 그의 지론이었다. 그러나 1991년 3월쯤엔 거리 시위의 위협을 받아 알리아조차도 다당제 선거를 용인하지 않을 수 없었다.[16] 그의 알바니아노동당(APL)은 대부분의 표를 획득했으나 종말이 눈앞에 보였다. 1992년 공산주의자들은 비공산계인 민주당에 패배했고 정권을 내놓았다. 마지막 도미노가 쓰러졌다. 알리아는 활동 말기에 스스로 개혁가라고 선언했다. 동유럽의 다른 사람들은 수십 년 동안 공산주의 보수주의자들을 조금씩 밀어내고 자신들이 꿈꾸던 공산주의 체제를 수립하고 싶어 했다. 1956년은 헝가리 개혁가들이, 1968년에는 체코슬로바키아인들이 그렇게 하려 했으나 군사 개입으로 실패했다. 그와 같은 종류의 공산주의를 시행한다면 국민적 지지를 이끌어낼 수 있으리라는 희망은 변함없었다. 그 희망은 개혁가들이 기회를 얻을 때까지 비현실적인 구상에 불과했다. 아마도 개혁가들이 기회를 얻을 가능성은 거의 없었을 것이다. 1956년 헝가리 인민 봉기는 개혁 공산주의의 의제를 재빨리 추월해버렸다. 게다가 서유럽에서 유러코뮤니스트들은 다당제와 다원주의적 사회와 문화를 유지해야만 사람들이 만족할 것이라고 인식하게 되었다. 1940년대 말에 동유럽의 어느 곳에서도 공산주의자들은 다수 득표로 집권하지 못했다.

공산주의자들이 1990년대에 동유럽 지역의 몇몇 나라에서 선거에 승리하는 데 성공한 것은 사실이다.[17] 그러나 선거에서 이기기 위해 그들은 공산주의 개혁주의로부터 자신들의 정책을 급히 다른 데로 돌려야 했다. 그들은 사회주의자나 사회민주주의자가 되거나 그런 것처럼 보여야 했다. 공산주의는 1989년 엘베 강 동쪽에서 몰락했다. 모스크바가 통제를 포기했고 각 나라들이 이런저런 방식으로 자국의 공산주의 통치자들에게 맞섰기 때문이었다. 조바심과 좌절과 분노로 가득 찬 상황이 몇 년에 걸쳐 심화되었다. 1989년은 독특한 위기 국면을 만들어냈다. 그러나 공산주의 개혁가들이 좀 더 적절한 상황에 놓였더라도 사태를 자기 힘으로 더 잘 처리했을지는 의심스럽다.

37장

덩샤오핑의 개혁

자본주의적 공산주의, 키메라의 탄생

1976년 9월 9일 자정이 지나고 몇 분 후 마오쩌둥이 사망했다. 몇 달 동안 점점 심해지던 권력 투쟁은 광란에 빠졌다. 마오쩌둥은 화궈펑을 후계자로 지명함으로써 자신의 유산을 보존하려고 애썼다. 소련 역사에서 배운 마오쩌둥은 '탈마오화(de-Maoisation)'를 방지하기 위해 재빠르게 행동했다. 그러나 화궈펑은 4인방의 공격에 여전히 취약했다. 장칭과 4인방 동료들이 권력을 장악했다. 그들은 마오쩌둥이 홍위병을 풀어 지도하면서 지식인들을 쓰러뜨리고 노동자와 농민의 노력으로 경제 재건을 향해 돌진했던 1966~1968년의 정치로 중국을 되돌리고자 안달했다.

4인방은 화궈펑 축출을 서둘렀다. 완고한 장칭은 그를 '말렌코프 유형의 멋진 신사'라고 계속해서 조롱했다.[1] 1953년 스탈린이 말렌코프를 자신을 계승할 수 있는 가장 좋은 지위에 두었으나 말렌코프는 곧 흐루쇼프에게 자리를 빼앗겼다는 사실을 기억할 것이다. 언제나 남편의 우산 아래서 총을 쏘던 장칭은 보호자가 없는 상황에서 벌어진 갈등에는 준비가 되어 있지 못했다. 사람들은 그녀가 여왕병에 걸렸다고 말했고 그녀는 중국 사회의 대부분 계층에서 인기가 없었다. 《마오쩌둥

주석 어록》, 혁명 오페라, 작은 밥그릇의 시대로 되돌아가기를 원하는 중국인은 극소수였다. 당국이 장기간의 정치적 안정과 경제 성장을 보장해주기를 바라는 열망이 존재했다. 한편 지도부에 속하지 않은 사람들은 결정된 사안에 어떤 영향력도 발휘하지 못했다. 4인방의 문제는 그들에 대한 혐오가 보통 사람들만 품은 감정이 아니었다는 점이었다. 정치 엘리트와 군부 엘리트들도 마찬가지로 4인방이 비위에 거슬렸다. 군대와 당, 정부의 관리들은 소요가 재개될까 봐 질색했다. 문화대혁명의 수혜자들마저 죽은 마오쩌둥의 아내와 그 동맹자들이 통치하면 자신의 일자리를 계속 유지할 수 있을지 확신하지 못했다.

마오쩌둥의 시신이 영묘에 전시되기 위해 방부 처리되는 동안 4인방은 쿠데타를 계획했다. 그들의 음모는 허술했다. 1976년 9월 19일 그들은 위원이 아닌 장칭을 출석시킨 채 정치국 상무위원회 회의를 개최할 것을 요구했다. 그들은 또 위원 중 한 사람이었는데도 예젠잉*을 회의에서 배제할 것을 요구했다. 화궈펑은 이 요구는 양보했지만 장칭의 후원자이자 마오쩌둥의 조카인 마오위안신*에게 죽은 주석의 문서 정리를 책임지게 하자는 장칭의 갑작스런 요구는 거부했다. 화궈펑은 더 망설이지 않고 반격을 가했다. 그는 일단 4인방이 그런 문서들을 수중에 넣게 되면 자신들의 조치를 정당화하는 데 필요한 경우 문서를 날조할 수 있으리라는 점을 알았다.[2)]

4인방은 상하이의 민병들에게 계속 무장을 유지하라고 명령했고, 장칭과 왕훙원은 베이징에서 도발적인 연설을 했다. 화궈펑은 10월 5일에 수도 밖의 인민해방군 본부에서 임시 정치국 회의를 개최함으로써 대응했다. 4인방의 체포 결정이 내려졌고 8341부대에 임무가 떨어졌

예젠잉(葉劍英, 1897~1986) 중국의 군인이자 정치가. 1955년 원수로 진급하였으며 1975년 국방장관과 당 부주석이 되었다. 1976년 화궈펑 정권의 탄생을 도왔고, 군사·정치적으로 최고 지도자의 한 사람이 되었으나 1985년 모든 공직에서 물러났다.
마오위안신(毛遠新, 1941~) 마오쩌둥의 조카이며 4인방의 동맹자로 알려져 있다.

마오쩌둥과 함께한 장칭. 마오쩌둥의 부인이자 문화대혁명을 이끈 4인방의 주역이었다. 전직 배우였던 그녀는 중국의 고전 연극인 경극의 현대화를 추진하면서 중국공산당의 거물로 떠올랐고, 공산주의를 거스른다고 여겨지는 문화 활동을 과격하게 탄압했다.

다. 장칭이 체포될 때 한 여비서가 그녀에게 침을 뱉었다고 한다. 전국적으로 저항은 미미했고 쉽게 진압되었다. 하지만 화궈펑은 점점 악화되어 가는 경제 위기에 봉착했다. 계획했던 목표는 이루어지지 못했다. 식량과 임금에 대한 인민들의 불만이 고조되었다. 파업이 벌어졌다. 지도부의 고참들은 덩샤오핑이 복권되면 사회를 안정시키고 불만을 가라앉히는 데 도움이 될 것이라고 화궈펑을 설득했다. 덩샤오핑은 전립선에 문제가 있었지만 1977년 7월 중앙위원회의 싸움터로 돌아왔다. 그는 개혁 조치에 유리한 분위기를 조성하기 위해 개인적 접촉을 시도했다. 화궈펑과 달리 덩샤오핑은 영향력 있는 모든 당과 정부 기관들의 내부 사정을 잘 알았고, 화궈펑이 자신을 공직에 복귀시킨 것은 자비심을 발휘해서가 아니라 자기 없이는 상황을 처리할 수 없기 때문이라는 사실도 알고 있었다. 8월에 열린 제11차 당 대회 즈음에 덩샤오핑은 중국공산당 지도부 서열 제3위였다. 교조적인 마오주의를 거부하면서 그는 다음과 같은 구호를 만들어냈다. '실사구시(實事求是)'.[3)]

덩샤오핑은 1904년 쓰촨성 오지의 지주 가문에서 출생했다. 그는 당시 많은 젊은 중국인들과 같은 길을 거쳐 10대 중반에 상하이에서 프랑스로 가는 증기선을 탔다. 프랑스어를 배운 그는 웨이터, 열차 차장, 고무 덧신과 자전거 타이어 제조공으로 생계를 이어갔고 마침내 숙련 노동자로서 르노 자동차 공장에 들어갔다. 그는 곧 중국인 이주자들 사이에서 활동하는 공산주의 운동가가 되었다. 덩샤오핑은 크루아상과 감자와 커피를 금방 좋아하게 된 적응력이 뛰어난 친구였다. 그는 축구를 관람하고 브리지 게임을 했다. 그는 노년에 중국 브리지 선수 협회의 명예 의장직을 수락하게 된다. 덩샤오핑은 브리지 게임을 하는 동안에도 항상 정치 토론을 즐겼다.[4)] 실천가로서 지역 공산주의 회보도 만들었다. 1926년 초 덩샤오핑은 모스크바의 동방노력자공산대학에서 공부할 기회를 얻었다.[5)] 동방대학과 중산대학에서 유학한 뒤 중국으로 돌아온 덩샤오핑은 공산당이 상하이에서 장제스에 의해 참사를 겪은 뒤 공산군을 조직하던 마오쩌둥에 합류했다. 덩샤오핑은 곧 홍군 사령부의 최고위직에 올랐고 고난에 찬 대장정 시기로부터 1949년 권력을 장악할 때까지 그 직책을 유지했다.

덩샤오핑은 유럽을 경험함으로써 자본주의 국가들을 얼마간 이해할 수 있게 되었다. 이것은 저우언라이도 마찬가지였다. 두 사람은 참신한 사고에 개방적이었고 국가의 부흥을 모색하는 데 실용주의적 태도로 임했다. 덩샤오핑은 1950년대부터 마오쩌둥에 의해 승진만큼이나 많은 강등을 경험했다. 덩샤오핑의 아들은 문화대혁명 동안 홍위병들의 고문에 시달리다 2층에서 뛰어내려 하반신 불구가 되었다. 류사오치에 이어 '주자파(走資派) 2호'라고 비난받은 덩샤오핑은 재판에 회부될 수도 있었지만, 대신 장시성의 트랙터 수리 공장에 보내져 조립공으로 일했다. 공상적인 생각을 털어내고 그를 정통 마오주의로 복귀시키는 사상 개조가 목적이었다. 정해진 시간에만 일하면 되었으나 그래도 그가 받은 형벌은 가혹한 것이었다. 덩샤오핑의 봉급은 가족의 기본적인 물질적 필요를 간신히 채울 정도였다.[6]

1976년 마지막으로 정계에 돌아왔을 때 73세였던 그는, 바라는 대로 변화를 도모하려면 허비할 시간이 없다는 것을 알았다. 4인방의 희생자들이 수용소에서 풀려났다.[7] 저명한 좌파들이 1977년 8월 제11차 당 대회에서 중앙위원회로부터 축출되었다. 덩샤오핑이 정치적으로 복권되기 전에 약속했던 처신을 잘하겠다는 말은 임시방편에 불과했다. 화궈펑을 권력 중심에서 제거하는 일은 경제가 부실하게 경영되고 있다는 광범한 인식 때문에 더욱 쉬워졌다. 그는 서로 경쟁하는 정치 집단들 사이에서 자신의 위치를 잡고 위험과 동요를 막는 조치를 취하고자 했다. 그는 "마오쩌둥 주석이 내린 지시는 무엇이든지 변함없이 따를 것"이라고 계속 약속했다.[8] 덩샤오핑은 변화의 필요성을 솔직히 인정했고 정치국과 인민해방군에 자신을 차기 지도자로 각인시켰다. 1979년에 미국을 순방하면서 그는 중국의 지도자로서 텍사스에서 카우보이 모자를 쓰고 군중을 향해 정중하게 손을 흔들었다. 대부분의 미국인들은 무턱대고 손짓을 하는 이 조그만 인물을 약간 우스꽝스럽다고 생각했다. 그러나 많은 중국인들은 마오쩌둥 같은 거창한 겉치레가 없는 이 정치가에게 호의를 보였다. 같은 시기에 덩샤오핑은 포괄적인 정치 개혁에 착수하는 쪽으로 떠밀려 들어가는 것을 거부했으며 1979년 3월 '민주의 벽'* 운동을 종결시키고 그 지도자들을 감옥에 가두었다.

덩샤오핑은 자신의 피후견인인 자오쯔양*에게 줄 국무원 총리직을

민주의 벽 베이징 시단에 있는 긴 벽돌 벽을 가리킨다. 1978~1979년에 웨이징성(魏京生) 등의 주도로 이곳에 민주화를 요구하는 대자보가 걸렸다. 이 운동은 이른바 '베이징의 봄'을 일으켰으나 덩샤오핑의 탄압으로 좌절되었다.

자오쯔양(趙紫陽, 1919~2005) 중국의 정치가. 1932년 공산주의청년단에 가입했으며, 1938년 중국공산당에 입당했다. '4인방' 추방 직후 농업 증산과 공업 자유화 정책을 추진하여 경제 책임제의 선구자가 되었다.

덩샤오핑. 1980년대 중국의 실질적인 최고 지도자였다. 검은 고양이든 흰 고양이든 쥐만 잘 잡으면 된다는 '흑묘백묘론'을 내세워 공산주의 체제를 유지하면서 시장 경제를 도입하는 독창적 개혁을 실시했다.

확보하면서 1980년 9월 갑자기 화궈펑을 공격했다. 4인방은 그해 겨울에 재판에 회부되었다. 그들에 대한 법정 심리가 텔레비전을 통해 전국에 방송되었다. 장칭과 그녀의 동료 피고들에 대한 인민들의 적의는 깊고 넓었다. 뉘우칠 줄 모르는 장칭은 마오쩌둥의 역할이 자신이 받은 유산이라고 주장하고는 조소를 받았다. 마오쩌둥이 죽기 전 10년간은 '혼란의 10년'으로 묘사되기 시작했다. 마오쩌둥 사상의 미덕을 기리면서 한편으로 덩샤오핑은 '위대한 조타수'가 1950년대 말부터 기본적인 실수를 많이 저질렀다고 주장했다.[9]

4인방에 대한 유죄 평결은 한 치의 망설임도 없이 내려졌다. 그들은 무기징역을 선고받았다. 1981년 6월 화궈펑은 덩샤오핑의 또 다른 피후견인인 후야오방*에게 당 주석직을 물려주었다. 덩샤오핑은 그 무렵 최고 지도자가 되었다. 당시 그에게 유일하게 만만찮은 경쟁자는 경제정책을 책임졌던 천윈*이었다. 그러나 권력을 장악하려는 천윈의 직접적인 노력은 실패했다. 게다가 덩샤오핑은 자신이 무엇을 하고 싶은지,

또 그것을 언제, 어떻게 하고 싶은지를 잘 알았다. 마오쩌둥과 달리 그는 언제 공격하고 언제 수비해야 할지를 고민하지 않았다. 덩샤오핑은 진정으로 가능한 한 빨리 권좌에서 물러나고 싶었지만, 깨뜨릴 수 없는 시멘트로 자신의 전략을 단단히 고정할 때까지는 권좌에 있어야 했다. 1979년 3월 덩샤오핑은 '사회주의 노선, 프롤레타리아 독재, 공산당의 지도, 마르크스-레닌주의와 마오주의의 고수'라는 네 가지 주요 원칙을 선언했다.[10] 여기에는 많은 혼란이 있었다. '프롤레타리아'는 다른 공산주의 권력 체제처럼 더는 그들 스스로 독재 체제를 운영하지 않았다. 프랑스에 체류할 때부터 공산주의자였던 덩샤오핑은 자신의 정치적 신념을 바꾸지 않았다. 공산주의 통치는 유지될 것이었다. 그는 확실히 '근대성'으로의 폭발적 이행을 초래할 압력을 봉쇄하는 데 일당 국가가 결정적으로 중요하다고 확신했다. 또한 마오쩌둥 사상의 모든 흔적을 경제 정책에서 몰아낼 것을 계획했는데, 그 계획은 곧 거대한 자본주의 부문을 복구하는 것이었다.

덩샤오핑은 고르바초프처럼 자신이 하려는 개혁이 바람직하다고 당과 군과 정부의 지도자들을 설득해야 했다. 고르바초프와 달리 덩샤오핑이 권력을 유지하는 데 성공한 이유는 무엇일까? 중국 엘리트들은 설득하기가 더 수월했던 것 같다. 아마도 그들은 소련 엘리트들보다 민족주의적이었을 것이다. 이것은 확실히 사실인 듯하다. 또 중국의 개혁은, 대약진 운동과 문화대혁명이라는 두 번의 대재앙을 겪은 후 공산주

후야오방(胡耀邦, 1915~1989) 중국의 정치가. 1933년 중국공산당에 가입하여 장정에 참가했다. 1966년 문화대혁명이 일어난 뒤 류사오치, 덩샤오핑 노선의 앞잡이로 몰려 실각했다. 1972년 저우언라이의 주선으로 복권되었으나 덩샤오핑과 함께 다시 실각했다. 마오쩌둥 사망 후인 1977년 덩샤오핑의 복권으로 다시 당 중앙위원이 되었으며, 1981년 6월 화궈펑의 뒤를 이어 당 주석이 되었다.

천윈(陳雲, 1905~1995) 중국의 정치가. 1925년 중국공산당에 입당했고 1934년 장정에 참가했다. 마오쩌둥의 대약진 정책에 비판적인 태도를 취해 1966년 문화대혁명 때 당 부주석에서 해임되었다. 1978년 당 부주석으로 복귀했으며, 1979년 부총리, 국무원 재정경제위원회 주임으로 경제를 재건했다.

의 지도부 내부에서 위기감이 팽배하면서 촉진된 것 같기도 하다. 덩샤오핑은 어떻게 하면 질서 있게 전진하고 대혼란을 종결시킬 것인지를 궁리했다. 특히 그는 기존 엘리트들을 직위에 그대로 남겨 둘 의향이 있었고, 그들에게 물질적 보상을 더 많이 제공하겠다고 제안했다. 이와는 대조적으로 고르바초프는 소련 내부에 혼란을 야기했고 엘리트들을 약화시켰으며 자신에게 반대하는 쿠데타를 거의 스스로 불러들였다.[11)]

덩샤오핑은 사태를 잘 헤쳐 나갔다. 마오쩌둥이 죽으면서 덩샤오핑은 마침내 자신이 최우선적으로 필요하다고 생각하는 조치를 택할 기회를 잡았다. 농촌의 인민공사가 해체되었고 토지는 개별 농가에 반환되었다. 1949년 혁명 직후에 경작지를 소유했던 사람들은 경작지의 반환을 요구할 수 있었다. 국가 수매 가격이 인상되었다. 사기업을 설립해도 된다는 인가를 내주었다. 외국에서 자본이 유치되었다. 태평양 연안의 도시들(공산주의자들이 권력을 장악하기 전에 외국 회사들이 '개항장'을 통해 무역을 하던 곳)에 경제 특구가 설치되었다. 중국과 외국의 사업가들은 저렴하고 순종적이며 교육을 잘 받은 노동력과 도움을 주는 행정 당국을 확실히 발견할 수 있었다. 기술과 조직 방식은 최고 수준으로까지 혁신되었다. 중국공산당은 사회의 세세한 측면을 더는 통제하지 말라는 명령을 받았다. 공산주의자들 사이에 폭넓은 토론이 허용되었다. 인민해방군은 국방과 안보에 책무를 다하도록 다시 훈련받고 장비도 새로 지급받았다. 고참 공산주의 지도자들은 존경을 잃지 않으면서 직책에서 물러나기 시작했다. 덩샤오핑은 평화적 순종을 확고히 하는 가운데 그럭저럭 변화를 수행할 수 있었다.

덩샤오핑은 1970년대 초부터 진행 중이던 작은 경제 개혁을 기반으로 삼았다. 지역 수준에서 많은 변화가 일어났다. 당 조직은 공장주와 경영자들의 주도권을 조용히 확대했다. 관료적 형식주의가 축소되었다. 물질적 인센티브가 확대되었다. 연안 지역의 마을들에서 산업 생산이 증가했다. 문화적 유화책이 실시되었고 전통 화법으로 작업하는 화가들에게 다시 직무가 할당되었다.[12] 상공업 개혁을 전국적 수준으로 끌어올리자 중국 경제가 급속도로 성장하는 것을 보고 덩샤오핑조차 깜짝 놀랐다.[13]

그는 궁극적으로 개혁을 국내 정치에도 적용할 필요가 있다고 생각했다. 적어도 이는 덩샤오핑이 공개적으로 언급한 바였다. "우리는 민주주의를 실천할 수 있는 환경을 만들어야만 하고, 이를 위해서 '3불' 원칙을 재확인할 필요가 있습니다. 즉 다른 사람들이 잘못을 저질렀다고 비난하지 말고, 다른 사람에게 딱지를 붙이지 말 것이며, 무력을 사용하지 말아야 합니다."[14] 공산당 중앙위원회 총서기 후야오방은 중국이 법치와 권력 분립, 심지어 다당제 다원주의로 나아갈 필요가 있다고 개인적인 의견으로 말했다.[15] 그는 티베트에 대한 억압을 기꺼이 완화하려고까지 했다.[16] 덩샤오핑은 다음과 같이 선언했다. "독재적 방식을 사용할 때에는 의심할 여지없이 신중해야 하고 체포는 최소한에 그쳐야 하며 유혈 사태를 피하기 위해 할 수 있는 일을 다 해야 한다."[17] 당국은 1980년대 초에 억압을 얼마간 자제했다. 규율이 이완되면서 수용소에서 소요가 발생했다. 1981년 9월 이전 1년 동안 약 140만 명의 사람들이 도주하는 데 성공했다. 복권해 달라는 요구가 확산되었다.[18] 그러나 중국 지도부의 '자유주의'는 한계가 있었다. 수용소 수감자의 수는 여전히 4백만~6백만을 헤아렸다.[19] 덩샤오핑은 "무자비하게 범죄자를 처벌하는" 운동을 시작했을 때 하급 기관에 할당량을 부과하던 공산주의 기법으로 돌아갔다. 정상적인 상황이라면 구금 판결을 받았을 사람들이 처형되었다.[20]

당 총서기 후야오방은 제한된 민주주의적 개혁을 하겠다는 열망에 값비싼 대가를 치렀다. 1986년 12월 학생들이 시끄러운 저항을 개시하자 당 원로들은 덩샤오핑에게 후야오방 해임을 청원해 성공을 거두었다.[21] 덩샤오핑이 고참 동지들의 압력에 굴복한 것만은 아니었다. 그가 민주주의를 수용할 수 있었던 범위는 민주주의가 그의 나머지 전략을 방해하지 않는 한도 내였다. 정치국 내에는 어느 정도의 정치적 자유화를 옹호하는 자오쯔양과 탄압을 계속할 것을 촉구하는 강경파 리펑* 사이에 여전히 긴장이 남아 있었다. 마비 상태는 학생들이 매일 톈안먼 광장에 모여 민주주의적 · 시민적 권리의 도입을 요구한 1989년 봄까지 공공 업무에 영향을 끼쳤다. 팸플릿이 발간되었고 벽보가 내걸렸다. 수많은 당원들이 저항 운동에 참가했다.

덩샤오핑은 미 국무장관 조지 슐츠(George Schultz, 1920~)에게 자신의 개혁이 성공할 것이라고 말했다. 또한 소련의 개혁 전략을 비웃었다.[22] 중국은 경제적으로 부상하고 있던 반면 소련은 생산과 공급에서 위기에 빠져 있었다. 덩샤오핑은 자오쯔양과는 달리 저항자들과 타협하기를 거부했다. 덩샤오핑은 정치적 권위주의를 다시 강화했고 당의 결속과 권력을 신성불가침으로 여겼다. 그는 이 방법이 중국인들이 공산주의의 막다른 골목에서 빠져나올 수 있는 유일한 길이라고 확신했다. 덩샤오핑은 1989년 5월 20일에 계엄령을 선포했는데, 그전에 18일에 학생들과 협상하라고 총리 리펑을 보냈다. 질서와 권위의 확고한 지지자였던 리펑은 학생들에게 훈계조로 말했다. "오늘 나는 한 가지 문제만 논의할 것입니다. 단식 농성 중인 동지들을 어떻게 곤경에서 구하느냐 하는 것입니다." 길게 이어지는 리펑의 말을 듣고 있던 학생 대표 우얼카이시(吾爾開希, 1968~)가 리펑의 말을 반박했다. "리펑 총리님, 방해해서 죄송합니다만 시간이 별로 없어서요. 우리는 이곳에 편안히 앉아 있지만 광장의 학생들은 굶주림으로 고생하고 있습니다. 당신은 우리가 단 한 가지 문제만 논의해야 한다고 말했습니다. 그러나 진실은 당신이 우리에게 대화를 요청한 것이 아니라 우리, 그러니까 톈안먼 광장의 우리 모두가 당신에게 대화를 요청했다는 것입니다. 그러므로 어

리펑(李鵬, 1928~) 중국의 정치가. 1988년 국무원 총리에 취임했으며 1989년 베이징 톈안먼 시위에 무력 진압을 주장했던 초강경파였다. 개방에 대해 신중한 태도를 취해 중앙 정부 통제 아래 정치 · 경제적 안정 유지를 도모했다.

떤 문제를 논의할지 정하는 쪽은 우리입니다." 리펑이 학생들에게 손을 내밀었을 때 학생들은 이를 거부했다. 총리는 투덜댔다. "자네들, 너무 심하잖아!"[23] 인민해방군은 저항자들이 머무르는 지역을 깨끗이 치우라는 명령을 받고 중심부로 돌진했다.

6월 3일 늦게 전차가 자갈로 포장된 광장을 밀고 들어와 몇몇 학생들을 깔아뭉개면서 대학살이 시작되었다.[24] 저항 지도자들은 노동수용소에서 장기형에 처해졌다. 학생들에게 동정심을 보였던 정치국원 자오쯔양은 공식적으로 비난을 받고 사실상 가택 연금에 처해졌다. 검열이 강화되었다. 군과 경찰이 거리에 투입되었고 저항의 싹은 모조리 잘라버리라는 지시를 받았다.

덩샤오핑은 외국의 비판을 모두 무시했다. 그는 중국이 스스로 어떻게 조직할지를 결정하며 외국인들은 정치에 관여하지 않는 한에서 중국인들과 자유로이 거래를 할 수 있다고 강조했다. 통치 집단은 다시 권위를 내세웠다. 정부 부처와 군대 내 말썽의 소지가 미리 차단되었다. 장관들과 그 가족들은 팽창하는 시장 부문에서 이득을 얻을 수 있었다. 지휘관들에게는 선진 무기와 지속적인 영예와 영향력이 약속되었다. 질서는 회복되었다. 나이가 많은 덩샤오핑은 자신의 전략에 어떤 위험도 존재하지 않는다는 것을 확신하고서 1989년 11월에 전반적으로 정치를 감독하는 비공식적인 권력은 유지한 채 골치 아픈 직책에서 물러났다. 덩샤오핑의 피후견인인 장쩌민*이 지도자가 되었다. 경제 개혁 과정은 한동안 서서히 진행되었다. 그러나 1992년 덩샤오핑의 남부 지방 순회는 개혁을 부활시켰고 중국의 변화에 다시 속도가 붙었다. 모든 도시와 많은 마을에서 사기업들이 우후죽순처럼 생겨났다. 가장 역동적인 지역은 태평양 연안을 따라 있었다. 외국으로부터 투자가 쏟

장쩌민(江澤民, 1926~) 중국의 정치가. 중국 국가 주석 겸 공산당 총서기. 1987년 중앙 정치국 위원에 당선되어 1989년 6월 톈안먼 사태로 실각한 자오쯔양에 이어 당 중앙위원회 총서기가 되었다. 1993년 3월 국가 주석까지 겸함으로써 당과 행정과 군을 총괄했다.

아졌다. 오랫동안 중국의 상공업계에서 배제되었던 다국적 기업들이 베이징, 상하이, 광저우에 설립되었다. 국내외의 사기업체들이, 저렴하고 잘 교육받은, 협동적이고 규율 있는 노동력을 제공하는 산업 부문에 최신 기술을 도입하면서 국내총생산이 기하급수적으로 증가했다. 2003년에 세계 총생산에서 중국이 차지하는 몫은 12퍼센트로 증가했다.

공장의 환경은 보통 비위생적이었으며 노동은 언제나 힘들고 노동시간은 길었다. 빈부 격차가 크게 벌어졌다. 야망을 품은 젊은이들에게는 노인들은 얻지 못할 기회가 주어졌다. 동부 연안 지대의 도시들이 번영을 구가하는 동안 촌락에 남은 농민들은 나라님께 세금을 납부했다. 오랜 공동체 부조—도덕 경제—양식이 파괴되었다.[25] 복지 제도가 무너졌다. 중국 자본주의는 인정사정없었다. 공산주의 경제 포기에 반대하는 말은 당 중앙 기관지인 〈인민일보〉에 단 한마디도 실리지 않았다. 재정적 속임수와 사법적 부정 행위가 깊이 뿌리내렸다. 범죄 집단들이 실업계 구석구석에 촉수를 뻗었다. 대기업가의 요구를 들어주기 위해 경찰이 동원되었다. 파업은 이제 관대하게 다뤄지지 않았다.[26] 당과 정부의 관리들은 뇌물을 받고 사기를 묵과함으로써 제 주머니를 채웠다. 새로운 기업들의 인가와 계약은 부패를 낳았다. 공산주의 당국은 공공 복지를 말하면서도 실제로는 무시했다. 경호원이 지켜주는 호화로운 성채 안에 거주하는 부자들은 값비싼 의복과 보석을 걸치면서 외국 여행을 즐겼다. 자동차 소유가 기하급수적으로 증가했고 마구 뻗어 나가는 도시들의 대로에서 자전거족은 자신들을 위한 공간을 더는 찾을 수 없었다.

자본주의는 자유화 효과가 있었다. 마을 사람들은 비용을 지불해야 했지만 그래도 보건과 교육의 개선을 때때로 환영했다. 허난성의 노장 농촌 지도자 왕푸첑(王富正)은 다음과 같이 말했다. "새로운 체제에서 사람들은 더 열심히 일하고 더 많이 받는다."[27] 고용이 증가하는 지역으로 이주할 수 있는 사람들에게는 일자리가 많았다. 농촌에서 온 사람들은 형편없는 급여를 받기는 했지만 처지가 나아졌고 저축한 돈을 고향의 친지들에게 부쳤다. 게다가 기업가적 창의성은 번창하는 가판대, 상점, 회사를 설립한 사업가들에게 보상을 안겨주었다. 그러나 이 폭넓은 자유화 과정으로 대부분의 사람들은 개인적인 할 일과 즐거움에 쓸 시간과 에너지가 줄었다. 중국은 세계에서 가장 높은 자살률을 기록했다.

시민 사회의 좀 더 밝은 미래를 보여주는 몇 가지 조짐도 나타났다. 자본주의 사회는 인터넷 없이 제대로 돌아갈 수 없었다. 비록 인터넷 이용의 범위는 정치적으로 한정되어 있었지만, 인터넷을 통해 미디어에서 금지된 다양한 소식과 사상에 접근할 수 있었다. 외국 서적들이 즉각 번역되었다. 스포츠 교류가 활발해졌고 맨체스터 유나이티드를 비롯한 축구 팀들이 시범 경기를 했다. 외국의 일류 밴드가 참여하는 록 음악 콘서트가 여러 번 개최되었다. 상하이의 공장과 열악한 저임금 작업장에서조차 노동자들의 기능과 기술 지식을 개선하는 긍정적인 측면이 나타났다. 첨단 기계가 중화인민공화국으로 대량 반입되었다. 중국은 세계의 공장이 되었다. 하지만 사람들이 감히 거리로 뛰쳐나와 당국에 저항하지는 못했을지언정 공식 정책에 대한 불만은 더욱 시끄러워졌다. 정권은 여론을 고려해야 한다는 것을 알았다. 2004년 사스(SARS) 바이러스가 남부 지방을 괴롭혔을 때 처음에 정부는 공개적인 논의를 단속하려 했다. 하지만 국내외의 비판이 결합하면서 사람들의 입을 막을 수 없게 되었다. 중국의 통치자들은 이제 허튼소리를 퍼뜨려 백성들이 그 말을 기계적으로 되풀이하게 하는 것이 불가능했다.

1997년, 영국이 식민지를 베이징에 양도하면서 홍콩은 중화인민공화국에 다시 합병되었다. 합병의 즉각적인 결과는 섬이 누려 왔던 자유를 제한하는 것이었다. 그러나 중국 정권은 세계의 기업가들에게 어느 정도의 사회적 자유를 다시 보장할 필요가 있었다. 홍콩에서 정치적 마녀 사냥이 벌어졌다면 이 목표가 훼손되었을 것이다. 북아메리카와 유럽에 거주하는 중국인들도, 자신들이 중국이 세계 경제에 재진입하는 데 중요한 매개자로서 활동했다며 자유를 다시 보장해 달라고 요구했다. 중화인민공화국과 미국의 무역 연계는 더욱 강화되었고 세계 시장은 중국 제품으로 넘쳐났다. 중국 통치자들은 대만을 재합병하고 싶어 안달이 났지만 군사 행동은 피했다. 정복보다는 무역을 선호했다.

그러나 중국은 일당 독재 체제로 남았고 노동수용소—악명 높은 라오가이(勞改, '노동 개조'의 약칭)—에는 4백만~6백만 명의 수감자들이 끔찍한 환경에서 갇혀 있었다.[28] 거대한 마오쩌둥의 초상화가 여전히 톈안먼 광장에 내걸려 있었다. 최고위 관리의 수준에서는 지적 · 정치적 담론에서 진정한 다원주의를 찾을 수 없었다. 고용주들이 모인 이익집단의 활동은 허용되지 않았다. 노동조합은 무력화되었다. 군사력의 중요성이 계속 강조되었다. 티베트는 중국의 전제적 횡포에 시달렸고 글을 읽을 줄 아는 인구 비율과 물자 공급 수준이 여전히 낮았다.[29] 그리고 근대화의 혜택을 공유하려는 자세를 보여주는 것으로 베이징에서 크게 과시된 중국 횡단 철도 건설이, 티베트인들에게는 중앙 통제를 강화하는 수단으로 비쳤다. 중화인민공화국 북서부의 신장성 같은 거대한 지역들이 억압 속에 질식했다. 신장에서 중국 당국은 이슬람과 위구르 민족주의가 분리주의 운동을 일으킬까 봐 두려워했다. 종교적 표현의 자유는 중국 전역에서 부분적으로만 존중되었다. 대중의 인기를 끌던 파룬궁*은 조직적으로 탄압받았다. 공산주의 교리는 학교 수업의 의무 요소이자 중요한 공직에 오르려면 체화해야 할 자격 요건으로 남았다.

하지만 마르크스-레닌주의는 위반될 때에만 비로소 존중되었다. 마오주의에 대한 논의는 단순히 의례로 축소되었고 특히 젊은이들은 마오주의의 영향력이 줄어든 데 대해 전혀 유감이 없었다. 일부 지역의

파룬궁(法輪功) 파룬다파(法輪大法)라고도 한다. 우주의 최고 특성인 진(眞), 선(善), 인(忍)을 근본 원리로 하여 몸과 마음을 함께 닦는 심신수련법이다.

농민들은 마오쩌둥에 대한 애정을 버리지 않았고 그를 기념하여 전통적인 종교 제단을 세웠다. 수많은 중국인들은 마오쩌둥의 문화대혁명에 대한 기억에 몸서리를 치면서도 그를 애국자이자 건국자로서 좋게 생각했다. 그들은 마오쩌둥 시대의 관행을 이상화하는 경향이 있었고 마오쩌둥 사후의 경제 · 행정적 부패와 대비시켰다.

강경 노선이 1989년 이후 계속 이어졌고 정치 개혁의 희망은 어김없이 꺾였다. 덩샤오핑으로부터 장쩌민을 거쳐 후진타오(胡錦濤, 1942~ , 2003년에 집권)에 이르기까지 어떤 흔들림도 없었다. 2005년 1월 자오쯔양이 사망했을 때 그의 조용한 장례식은 이루지 못한 꿈에 대한 기억을 불러일으켰다. 자오쯔양은 민주주의와 법치에 대한 원칙적 헌신을 결코 표명한 적이 없지만, 어떤 다른 지도자보다도 더 그 방향으로 나아갔다. '민주화'의 필요성을 설파하려는 젊은 투사들은 그 사이에 정기적으로 검거되었다. 그들은 외국 기자와 정치가들로부터 엄격히 격리되었다. 정부는 또 인터넷 사용을 감시하고 중국에 관한 보도에서 민감한 문제를 삭제하려고 구글을 비롯한 세계적 검색 엔진 회사들의 동의도 확보했다. 당국의 우려는 도시에 국한되지 않았다. 불만을 품은 농민들이 전체 인구 가운데 다수를 차지했고 정부는 그들이 도시 반체제 세력의 선전에 감염될까 봐 우려했다. 군대와 지역의 폭력배들이 파견되어 소요를 일으키는 사람들을 덮쳤다. 심지어 공안부도 2004년에 7만 4천 건의 폭동을 비롯해 여타 '대중 분란'이 있었으며 총 370만 명의 사람들이 저항에 참여했다고 집계했다.[30] 노동사회안전부는 사회의 불안이 '황색 경보' 수준으로 격상되었다고 주장했다. 이 수준은 가장 높은 수준인 '적색 경보' 바로 한 단계 아래일 뿐이었다.[31]

농촌의 불만이 확산되었다. 농민들은 덩샤오핑 치하에서 인민공사의 해체로 혜택을 받았고, 늘어나는 수확물을 팔아 이윤을 획득했다. 그러나 그들은 훨씬 더 과도한 세금을 물었다. 지방과 지역의 행정가들은 도시 변두리에 있는 경작지를 농민들로부터 불법적으로 빼앗았다. 대규모 경제 호황이 지속되면서 대도시에서 크레인과 불도저가 하루 24시간 계속 일했다. 그 끝은 어디인가? 세계 공산주의 역사상 유사한 선례는 없었다. '시장 사회주의' 사상—예를 들어 1920년대의 소련, 1968년의 체코슬로바키아, 1970년대의 헝가리—은 국가 소유 경제 부분보다 더 빨리 성장하는 자본주의 부문을 가진 시스템을 제안해본 적이 없다. 덩샤오핑 이래 중국 지도자들은 자신들이 '중국적 특성을 지닌 공산주의'를 발전시키고 있다고 주장했다. 붉은색 천은 이제 현실을 가리지 못했다. 공산주의 질서는 엄격한 정치 · 이데올로기적 통제 수단으로만 유지되었다. 경제 · 사회적 구성 요소는 바람결에 흩어져버렸다. 마오쩌둥 사상의 개념들은 국민적 정체성, 중앙 집권적 행정과 초강대국의 지위라는 목표를 촉진할 때 빼고는 포기되었다. 이상한 잡종이 형성되었다. 중국은 경제를 자본주의에 넘겨줌으로써 활기찬 경제를 발전시킨 유일한 공산주의 국가가 되었다.

세 번째 밀레니엄 초기까지 중국은 이미 세계에서 가장 큰 제조업 국가로 나아가고 있었다. 미심쩍은 것은 사회적 응집력과 정치적 내구력이었다. 덩샤오핑은 대장정에 참여한 마지막 최고 통치자였다. 그의 후계자들은 베테랑 혁명가들이 지닌 정통성의 후광이 없었다. 인민들의 불만을 다루는 조치는 잔혹할 정도로 징벌적이거나 아니면 순전히 임시방편일 뿐이었다. 마오주의 이데올로기와 돈 버는 일 사이에서 선택에 직면한 당 관리들은 아파트 단지와 탄광, 컴퓨터 기술에 투자했다. 이러한 상황이 얼마나 오래 지속될 수 있을지는 누구도 말할 수가 없었다. 지금도 그때보다 더 잘 예측할 수 있는 사람은 아무도 없다.

38장

고르바초프의 실패

민주적이고 인간적인 레닌?

동유럽에서 발생하는 공산주의 체제에 대한 도전은 항상 크렘린의 노인들을 괴롭혔다. 대부분의 소련 지도자들은 스탈린 시대에 고위직에 올랐다. 그들은 체포의 두려움에서 벗어나기를 원했고 정책에서 유연성이 좀 더 필요하다고 인식했기 때문에 흐루쇼프의 개혁에 동조했다. 그러나 그들은 케케묵은 지난 시절의 영광이라는 창을 통해 모든 것을 보았고, 스탈린과 스탈린의 지휘로 이루었던 산업 · 군사적 성과를 폄하하는 것을 싫어했다. 노장 지도자들의 우상에 대한 흐루쇼프의 비난은 그들 삶의 목적의 핵심을 훼손하는 것이었기 때문에 그들의 마음을 끊임없이 괴롭혔다. 자기 자신의 장례식을 향해 비틀거리며 나아가는 동안 그들은 스탈린에게 행해진 나쁜 짓이라고 생각되는 것을 꼭 뜯어고쳐야 한다고 본능적으로 느꼈다. 그들의 분노는 1984년 7월 정치국 회의에서 터져나왔다. 국방장관 우스티노프는 흐루쇼프가 "우리에게 큰 해악을 저질렀다."라고 말했다. 외무장관 그로미코가 소련에 대한 긍정적 이미지가 파괴되었다고 주장하면서 동조했다. 각료회의 의장 니콜라이 티호노프*는 흐루쇼프가 조직을 재구성하던 와중에 모스크바에서 지방의 한 직책으로 좌천되었을 때 느낀 치욕을 회상했다.

그들은 계속 나아갔다. 대조국전쟁 때의 영광을 기억해내는 것은 필연이었다. 흐루쇼프는 스탈린그라드의 이름을 '볼고그라드'로 바꾸었다. 우스티노프는 볼고그라드의 이름을 되돌릴 것을 제안했다. "수백만 명이 이 조치를 매우 환영할 것이다."[1]

참석자 중 일부는 사태가 통제 불능에 빠지고 있다고 느꼈던 게 틀림없다. 전쟁 세대에 속하는 수백만 명은 명칭 변경을 환영했을 테지만, 스탈린을 복권하는 것은 나라의 명성에 실로 엄청난 해를 끼칠 것이었다. 제안은 철회되었다. 노장들은 호통을 쳤고, 그들의 분노는 적어도 그들 중 한 명이 소련의 '영광스런 과거'를 놓고 흥분할 다음번까지지는 지쳐 가라앉았다.

가장 젊은 정치국원이었던 미하일 고르바초프는 토론에서 흐루쇼프를 헐뜯지 않으려 했다. 이것은 고르바초프의 독립적인 사고를 엿볼 수 있는 초기의 작은 사례였다. 1931년생인 그는 모스크바 국립대학에서 법학 장학금을 획득하기 전에는 러시아 남부 내륙 스타브로폴 지역의 고향 마을에서 트랙터를 몰았다. 대학 졸업 후 그는 스타브로폴로 돌아왔고 지역 당 정치의 높은 기둥을 올랐다. 1970년에 그는 지역의 당 수장에 임명되었다. 그는 스타브로폴에 내려와 휴가를 보내던 국가보안위원회(KGB) 의장 유리 안드로포프의 눈에 들었다. 1978년 고르바초프는 중앙위원회 서기국에 합류했다. 안드로포프는 고르바초프의 지성과 상냥한 태도를 높이 평가했고 1982년 당 서기장이 된 후에는 고르바초프를 소련 경제의 결함을 점검하는 비밀 그룹으로 끌어들였다. 안드로포프는 고르바초프에게 자신의 후계자가 될 준비를 시키는 중이었다. 그러나 1984년에 안드로포프는 너무 일찍 사망했고, 지병으로 숨을 헐떡거리는 콘스탄틴 체르넨코가 당 지도자가 되어 브레즈네프 정

티호노프(Nikolai A. Tikhonov, 1905~1997) 소련 정치가. 1979년 11월 당 정치국원이 되었으며 1980년 10월 소련 각료회의 의장을 맡아 고르바초프가 서기장이 된 1985년까지 그 직위에 있었다.

책으로 복귀했다. 체르넨코 자신은 1985년 3월에 명을 다했다. 마침내 고르바초프의 차례가 왔고 그는 꾸물대다 기회를 놓치는 짓은 하지 않았다. 서기장으로서 보낸 첫날부터 그는 크렘린에 전율을 일으켰다.

고르바초프는 그 순간까지 자신이 품어 온 목적의 규모를 숨겼다. 그는 당 최고 직위에 임명되기 직전 아내 라이사와 함께 별장의 정원을 산책했다. 국가보안위원회의 도청 장치가 닿지 못하는 곳에서 그는 다음과 같이 속내를 털어놓았다. "계속 이렇게 살아갈 수는 없어."[2] 그는 그들 부부가 아니라 나라의 전반적 상황을 언급한 것이었다. 고르바초프 부부는 흐루쇼프가 지나치게 몸을 사렸다고 믿었다. 그들은 조용히 반체제 인사 로이 메드베데프가 옹호한 종류의 공산주의에 집착했다. 그들은 당 내부 조직의 원리로 선거를 원했다. 그들은 공개 토론을 확대하고 무력에 대한 국가의 의존을 줄이고자 했다. 미하일 고르바초프와 라이사 고르바초프는 소련이 레닌의 사상과 실천을 회복한다면 세계에서 가장 역동적인 사회와 경제를 이룩할 것이라고 믿었다. 그러면 소련 인민들은 공산주의 통치에 영원히 열광할 것이었다.

고르바초프가 대중에게 보인 온화한 태도는 전임자들과 구별되는 점이었다. '가속화'라는 슬로건을 채택한 그는 나이 든 정치인들을 해임하고 뜻이 맞는 개혁가들을 정치국으로 재빨리 결집했다. 이들 가운데 주요 인사는 예고르 리가초프(Yegor Ligachëv, 1920~), 니콜라이 리시코프, 에두아르트 셰바르드나제(Eduard Shevardnadze, 1928~), 알렉산드르 야코블레프(Alexandr Yakovlev, 1923~2005)였다. 급격한 정책 변화가 이루어졌다. 고르바초프는 글라스노스트(glasnost, '공개', '개방'이라는 뜻)라는 러시아어를 칼처럼 휘둘렀다. 번역하기 힘든 단어인 글라스노스트는 기본적으로 과거와 현재의 정치적 '문제들'을 공식 매체를 통해 공개하고 자유 토의에 부치는 것을 의미했다. 이 일은 긴밀한 공식적 감독을 받으며 이루어질 것이었다. 고르바초프는 일당 국가를 종결시키려는 것이 아니라 효율성을 높이고자 했다. 또 약간의 경제 개혁도 도입했다. 그는 '인간적 요소'의 중요성을 강조하면서 경제 개혁 과정에 '인민'이 참여하기를 바랐다. 그는 스탈린의 지배가 시작되고 난 뒤 소련에서 일어났던 것을 모두 내버렸다. 극히 낙관적이었던 고르바초프는 모스크바의 개혁이 정치 · 도덕적 발달뿐만 아니라 경제적 역동성에서도 선진 자본주의가 제공하는 최고 질서보다 우월한 질서를 창출할 것이라고 진정으로 믿었다. 몽상가가 크렘린에 입장했다. 그러나 고르바초프가 소련 체제의 향상에 헌신하고 있다는 명백한 사실은 권좌에서 쫓겨나지 않도록 그를 지켜주었다.

고르바초프와 개혁가들에게는 합의된 계획이 없었다. 리가초프 같은 사람들은 좀 더 짧은 거리를 좀 더 느린 속도로 가기를 원했다. 그러나 리가초프는 미국과 친선 관계를 회복하고자 하는 고르바초프의 열정을 지지했고 정치국의 모든 사람들도 고르바초프가 가장 인상적인 국제 협상가임을 인정했다. (대부분의 미국인들도 레이건에 대해서 똑같이 생각했다.) 만약 소련 지도자들이 냉전의 긴장을 완화할 수 있다면 소련의 일그러진 예산에 공기를 다시 불어넣어 곧게 펼 수 있을 것이고 소비재 생산을 증대할 기회를 얻게 될 것이었다.

한편 안드로포프의 의제는 그러는 동안에 열정적으로 확장되고 있었다. 규율이 강조되었다. 나이 든 공산주의 관리들을 교체하는 일이 본격적으로 시작되었다. 리가초프는 전투적인 금주 운동을 후원했다. 몰다비아와 우크라이나에서는 포도밭의 나무들을 모두 잘라냈다. 한결같은 의도는 소련 체제의 메커니즘을 '완벽하게' 하는 것이었다. 정치국은 향후 무엇을 해야 할지를 둘러싸고 양분되었고 고르바초프가 안드로포프의 제한된 계획에 만족하지 않으리라는 것은 분명해졌다. 고르바초프는 대신 포괄적인 개혁을 요구했다. 그는 글라스노스트 정책으로 스탈린 시대의 공포를 드러내도록 장려했다. 또 브레즈네프 치하의 '정체기'에도 스포트라이트를 비추었다. 개혁이 성공하려면 개혁이 바람직하다는 것을 소련 인민들이 확신해야 했다. 변화는 제도적 구조물을 어설프게 땜질하는 것 이상을 필요로 할 것이었다. 고르바초프는 '페레스트로이카(perestroika, '재건', '재편'이라는 뜻)'의 진전을 요구했다. 그는 소련의 당, 정부와 기타 기관들의 조직과 방식을 급격히 변화시킬 것을 목표로 삼았다. 또한 공직에 선거 원리를 도입하기를 원했다. 공산당 서기들조차 '아래로부터' 민주적 통제를 받을 것이었다.[3)]

불운이 끼어들었다. 1986년에 석유수출국기구(OPEC) 국가들은 석유 가격을 내려 소련 경제를 지속적인 불안 상태로 치닫게 했다. 그해는 잔인한 해였다. 1986년 4월 우크라이나의 체르노빌에 위치한 핵 발전소에서 폭발이 일어났다. 옛날 방식으로 일처리를 하는 데 익숙한 지역의 정치가와 과학자들은 사태를 밝히고 지원을 요청하기보다는 참사를 덮는 데만 급급했다. 고르바초프는 이 사건에 영향을 받아 변화에 더욱 전념했다. 그는 엄청난 소극적 저항에 직면했다. 고르바초프 치하에서 임명된 사람들을 비롯해 당 관료들은 권위를 잃는다는 것은 생각하기도 싫어했다. 정부 각료들은 자신들의 방식을 바꾸라는 요구에 시달렸다. 국민들은 고르바초프를 매우 존경했지만, 기본적인 정치 · 경제적 개혁의 결과에 불안을 느꼈다. 고르바초프는 지식인들에게 도움을 요청했다. 그는 자신의 진정성을 증명하기 위해 1986년 12월 자유주의 반체제 인사인 안드레이 사하로프를 행정적 망명 상태에서 해방했다. 고르바초프의 카리스마와 그가 받은 신뢰 덕분에 의심스러운 점도 선의로 해석될 정도였다. 옛 방식의 소련 체제를 버려야 하고 새로운 유형의 공산주의를 개발해야 한다고 사회를 설득하려는 투쟁이 벌어졌다. 문필가와 사상가들이 중요한 동맹군이 될 것이었다.

고르바초프는 더는 소련을 '발달한 사회주의'를 성취한 나라로 규정하지 않았다. 대신 소련을 '자기 발전 과정에 있는 사회주의'라고 불렀다.[4)] 발음하기에 긴 이 전문 용어는 소련 이데올로그들의 관례적 주장을 사실상 포기한 것이었다. 고르바초프 자신의 목표는 여전히 규정되지 않았다. 1987년 무렵 그는 자신이 당면한 문제들이 엄청나다는 것을 깨닫기 시작했다. 거대한 소련의 제도들은 그가 나이 든 공직자들을 해임한 뒤에도 습성을 그대로 유지하려는 경향이 있었다. 관리들은 선거를 수용하는 데 익숙하지 않았고 고르바초프를 은밀히 해치려는 음모를 꾸몄다. 1988년 고르바초프는 경제 정책을 둘러싸고 곤경에 처했다. 국영 기업체에 대해 그가 제정한 법은 책임자들에게 약간의 자율성을 부여했다. 그들에게는 특히 모스크바의 자문을 구하지 않고 자신들이 정한 가격으로 생산물의 일부를 판매하는 것이 허용되었다. 기업 책임자들은 생산물을 늘리기보다는 생산물의 가격을 올리는 것으로 반응을 보였다. 고르바초프는 또 지역에 더 많은 권력도 부여했다. 이 조치는 몇몇 소련 공화국들이 '중앙'의 바람과는 반대로 그들 자신의 민족적 계획을 따르면서 예상하지 못한 결과를 가져왔다. 마찬가지로 보복의 두려움으로부터 벗어난 많은 러시아 지식인들은 고르바초프의 구상과는 다른 미래의 구상을 옹호했다. 소련 체제의 램프에서 요정 지니가 탈출했다.

고르바초프는 자신이 원했더라면 요정을 잡아서 램프에 도로 집어넣을 수도 있었을 것이다. 당과 군대 그리고 국가보안위원회는 그의 지휘를 받았다. 하지만 고르바초프는 개혁 의제를 폐기하지 않으려 했다. 그는 진정으로 좀 더 민주적인 소련을 원했다. 또 다른 가능성은 그가 정치에서는 가혹한 체제를 유지하면서도 시장 경제를 지향하는 소규모 변화로 시작할 수도 있다는 것이었다. 이 방법은 덩샤오핑 치하에서 10년 이상 중국인들이 해 왔던 것이었다. 왜 고르바초프는 개인 농업과 제조업을 육성함으로써 덩샤오핑과 똑같이 하지 않았을까? 그럼으로써 그는 외국 자본을 소련 경제에 끌어들이고 수백만 국민들의 생활 수준을 올릴 뿐만 아니라 국내총생산을 높일 수도 있었을 것이다. 그렇게 되었더라면 아마도 그는 '민주화' 과정을 조심스럽게 개시했을 것이다.

서기장은 생각이 달랐다. 그의 정치적 태도는 흐루쇼프 시대에 형성되었고 그는 나라가 민주적 절차의 결핍으로 고통받고 있다고 진심으로 믿었다. 고르바초프는 스탈린주의의 유산을 혐오했고 자신의 조국이 1956년 헝가리에, 그리고 1968년 체코슬로바키아에 자행했던 일에 반감을 느꼈다. 자신처럼 생각하는 자기 세대의 사람들과 함께할 때 편안해했으며 그러한 정치가와 지식인들을 측근으로 끌어들였다. 서방 지도자들과 대화를 나누면서 그는 자신의 전략이 확실한 성공 가능성을 지녔다고 계속 생각할 수 있었다. 게다가 레이건은 소련이 인권을 경시하고 있다고 계속 잔소리를 해댔다. 고르바초프가 레이건 대통령이나 북대서양조약기구와 친선 관계를 유지하기를 원한다면, 굴라크를 비우고 국가보안위원회의 권한을 축소하기 시작하는 조치가 확실히 도움이 될 것이었다. 말을 행동으로 옮기는 데 실패하면 개혁가로서 고르바초프의 깨끗한 이미지가 흔들릴 것이었다. 사실 소련이 개혁으로 가는 '중국의 길'을 취했더라면 레이건이 진지하게 협상하기를 거부했을 것이라는 증거는 없다. 레이건의 최우선 순위는 군비 제한 협상을 넘어 실질적인 무기 감축 과정으로 가는 것이었다. 미국의 지정학적 안보를 강화할 수 있었다면 레이건은 아마도 덩샤오핑에게 그랬던 것처럼 고르바초프도 관대하게 대했을 것이다.[5)]

진실은 고르바초프가 덩샤오핑을 모방하려는 생각이 없었다는 것이다. 나중에 몇몇 소련 정치가들은 고르바초프가 전략적으로 실책을 저질렀고 '중국의 길'을 따랐어야 했다고 주장했다. 그러나 그들 중 소련이 몰락하기 전에 이렇게 말하거나 암시라도 내비친 사람은 거의 없었다. 고르바초프부터 리가초프에 이르기까지 개혁가들은 개혁을 위해 중앙의 정치적 권위가 얼마간 축소될 필요가 있다고 가정했다. '중국의 길'이 현실적인 대안인지 여부는 별개의 문제다. 만일 고르바초프가 중국의 길을 걷기 시작했더라면 틀림없이 덩샤오핑이 직면했던 위험보다 더 큰 위험에 봉착했을 것이다. 소련의 농촌에는 젊고 부지런한 남성들이 거의 없었다. 그들은 생활 조건을 개선하기 위해 도시로 떠나버렸다. 농업 부흥을 이룰 거의 아무런 가능성도 제공하지 못하는 노파들이 집단 농장에서 많은 작업을 수행했다. 더구나 고르바초프는 동맹자가 필요했다. 중국과 달리 소련에서는 당 기구가 페레스트로이카에 말로만 동의하고 실제로는 그 효과를 제한하려 했다. 고르바초프는 지식인들에게서 지지를 구하는 수밖에 다른 도리가 없었다. 지식인 대부분은 언론 자유를 우선 과제라고 생각했다. 고르바초프는 그들의 도움이 없이는 여론을 자기편으로 끌어 오는 데 곤경에 빠지고 말 것이라는 사실을 잘 알고 있었다.

그러나 정치 · 문화적 개혁의 속도를 늦추었더라면 일이 잘 풀렸을지도 모른다. 그리고 소규모 제조업과 상업에 좀 더 빨리 자유를 부여했다면 형편이 좋아졌을 수도 있다. 그와 같은 시나리오는 아마도 좀 더 질서 있는, 그리고 아마도 좀 더 성공적인 진행을 촉진했을 것이다. 고르바초프는 맹렬하게 과제에 매달렸다. 그는 전위 부대의 명석하고 용감한 지도자였으나 고르바초프와 소련 사회는 그의 무모함 때문에 값비싼 대가를 치렀다.

고르바초프의 적들이 늘어나고 있었다고 그를 변호할 필요가 있다. 시끄럽고 반항적인 모스크바 시당 제1서기 보리스 옐친은 고르바초프의 정책보다 훨씬 더 급진적인 정책을 옹호함으로써 정치국을 어지럽혔다. 옐친은 사임 위협을 되풀이했다. 옐친은 고르바초프가 라이사의 말을 너무 많이 듣고 자신의 물질적 이익을 위해 정치적 직위를 악용하고 있다고 비난하면서 그를 개인적으로 비판했다. 1987년 11월 고르바초프는 더 참지 못하고 옐친을 강제 퇴임시켰다. 이 조치는 옐친을 집요하게 비판하는 예고르 리가초프의 입지를 강화시키는 불행한 효과를 초래했다. 당 지도부에서 고르바초프의 대리인이었던 리가초프는 페레스트로이카를 안드로포프 치하에서 세밀하게 고안된 좀 더 제한된 의제로 되돌리는 것을 묵인했다. 리가초프는 고르바초프가 외국 순방을 떠날 때마다 분쟁의 씨앗을 뿌렸다. 고르바초프는 리가초프를 억누르는 데 성공했지만, 리가초프가 대표하는 경향을 억누르기는 더 어렵다는 것을 알게 되었다. 국가의 지위, 러시아의 민족적 자부심, 소련의 역사적 업적에 대한 존경을 좀 더 강하게 강조하는 것에 찬성하는 중앙과 지역의 정치가들이 늘어났다. 당, 군, 국가보안위원회, 경제 부서의 유리한 위치에서 그들은 개혁의 속도를 줄이거나 심지어 취소할 필요도 있다고 주장했다. 고르바초프는 그들을 무시하면 위험에 빠질 것임을 알았다.

하지만 고르바초프는 계속 밀고 나갔다. 1989년에 그는 더는 소련 체제를 정비하고 새롭게 활력을 불어넣으려 하지 않았다. 그는 소련 체제를 완전히 변혁하기를 원했다.[6] 자신의 머릿속에서 고르바초프가 레닌주의자였음은 사실이었고, 그는 그렇게 남을 것이었다. 그러나 고르바초프의 손이 수행하는 객관적인 작업은 레닌주의와 다른 목표로 향했다. 그는 소련의 많은 기본적인 특성을 정반대 모습으로 바꾸고 있었다. 고르바초프는 교묘하고 대담하게 일을 진행했다. 정치국의 경쟁자들이 고르바초프가 꾀하는 일을 의심했더라면 수월하게 그를 권력에서 제거할 수 있었을 것이다. 그러나 고르바초프는 또한 인민들 사이에서 누리는 엄청난 인기와 중앙 정책 결정 기구에 대한 지배력을 이용할 수 있었다. 정치 조직의 변화에서 최초의 중대한 조치는 임명된 소비에트 피라미드를 해체하고 대신 선거로 구성된 소비에트들을 설치하는 것이었다. 경쟁에 바탕을 둔 선거 운동이 정치 체제 전체를 뒷받침할 것이었다. 가장 위에 놓인 기관은 고르바초프가 회기를 주재하고 텔레비전으로 중계될 '인민대의원대회'가 될 것이었다. 대회의 모든 대의원들이 공산주의자거나 심지어 마르크스-레닌주의의 동조자라고 공언한 사람일 필요는 없었다. 고르바초프는 소련공산당을 두 개로 나눠 급진적 개혁가들을 새로운 사회민주당으로 따로 모을지 여부를 개인적으로 논의했다. 그러나 그는 개혁 반대자들이 이 상황을 이용해 근본적인 변화에 지속적인 손상을 가할까 봐 자제했다.

1990년에 고르바초프는 공산당의 지도적 역할을 보장한 소련 헌법

제6조를 철폐함으로써 경쟁 정당들이 결성될 수 있는 전망을 열었다. 소련의 성립 이후 이 같은 일은 없었다. 문화적 다원주의는 이전의 경계들을 뛰어넘었다. 고르바초프는 이미 스탈린을 비판했고 브레즈네프를 조롱했다. 이제 그는 자신의 영웅인 레닌이 다른 사람들에게 비판받자 뒤로 물러앉았다. 고르바초프는 한직으로 좌천되었던 옐친을 공산주의 보수파 정적들에 대한 균형추로 삼아 복귀시켰다. 옐친은 곧장 고르바초프의 정책들을 다시 맹비난하기 시작했고 그것이 고르바초프가 받은 감사의 표시의 전부였다. 정치적 다원주의가 확산되면서 몇몇 진영이 고르바초프를 공격했다. 고르바초프는 인민대의원대회의 지루한 의사 진행 동안 처음부터 끝까지 자리를 지켰으나 아무런 이익도 보지 못했다. 그는 최고 지도자의 신비스런 분위기를 상실했다. 운명을 지배하던 이 소련인은 경멸과 불신을 받는 인물로 전락하고 있었다.

고르바초프의 인기가 갑자기 하락했다. 그는 냉전을 사실상 종결하는 데 레이건과 협력했다. 세계는 소련이 잘되기를 바랐다. 1945년 이래 이런 일은 처음이었다. 고르바초프는 아직 그 과정을 완수하지는 못했지만 정치·문화적 자유화를 도입했다. 그러나 국민들은 경제를 붕괴시킨 데 대한 그의 책임을 용서하지 않았다. 나라를 변화시키겠다는 그의 구상은 경제에 시장 부문을 도입하는 것을 포함했다. 문제는 그의 조치가 너무 온건했고 또 잘못 입안되어 공산품과 농산물의 공급을 늘리지 못했다는 것이었다. 소비자들의 생활 수준이 급락했다. 가게에는 팔 물건이 없었다. 고기, 설탕, 버터, 야채를 구하기가 하늘의 별 따기였다. 암시장이 점점 커지면서 사람들의 불만도 증가했다. 고르바초프의 뜻은 좋았으나 배를 재빨리 원하는 방향으로 돌리기에는 충분한 힘이 없었다. 경제의 국유, 계획 부문을 어떻게 감축할지를 계획하면서 개혁가들 사이에서 논란이 거세졌다. 소련의 경제학자들은 시장 경험이 없었다. 또 그들은 소련에서 거대한 제도적 이익을 대표했다. 고르바초프는 나라의 정치 지도자들로 하여금 500일 프로그램(500일 경제 개혁안)으로 알려진 절충안에 동의하게 하려 했다. 그러나 이 절충안은 급진적 변화가 다시 한 번 연기되었음을 의미할 뿐이었다. 경제 위기가 심화되었다.

모스크바는 러시아의 지방들보다도 언제나 물자가 더 잘 공급되었지만, 1990~1991년 겨울에는 모스크바를 방문한 사람이 떼강도들이 수도를 휩쓸고 있다고 생각할 만한 상황이었다. 수도의 명문 대학 부근에 위치한 한 낙농 제품 슈퍼마켓은 여느 때처럼 하얀 재킷을 입은 점원 수십 명이 일하고 있었다. 그러나 가게에는 팔 우유도, 요구르트도, 버터도 없었다. 유일하게 팔 수 있는 물건은 작은 정어리 통조림 몇 개뿐이었다. 아직 기근 상태는 아니었다. 그러나 인민들은 심각한 불만을 느꼈다.

고르바초프는 악화되는 상황을 추상적 용어로만 이야기했다. 소련이 바야흐로 해체 직전이라는 느낌이 점점 커졌지만, 여론이 그에게 등을 돌리는 바람에 이 느낌은 그에게 도움이 되지 못했다. 고르바초프의 맹점 중 하나는 '민족 문제'였다. 그가 민족 문제를 간과했다는 것은 여러 가지 점에서 놀라운 일이었다. 고르바초프는 민족들 사이의 긴장이 첨예한 다인종 지역인 북부 카프카스 가장자리에 위치한 스타브로폴 출신이었다. 그와 그의 아내 모두 러시아계와 우크라이나계가 뒤섞인 가문 태생이었다. 하지만 바로 이 사실이 그의 무지에 기여한 것 같다. 고르바초프는 합리적인 국민이라면 민족적 배경과는 상관없이 소련의 가치를 흡수해야 한다고 생각한 전형적인 '소련인'이었다. 또한 그는 경솔하게도 러시아 문화가 소련 정체성의 핵심을 이루어야 한다고 상정했다. 키예프에 있을 때 그는 우크라이나가 아니라 러시아에 있는 것처럼 말했다. 서기장 재임 초기에 고르바초프는 여러 소련 공화국들에 만연한 부패와 불복종을 뿌리 뽑는 데 집중했다. 그는 카자흐스탄과 우즈베키스탄 등지의 공화국들에서 공산주의 엘리트들이 민족주의 분란을 일으킬 가능성을 고려하지 않았다. 실제로 그는 정치적 탈집중화 정책을 펼치는 대상에 소비에트연방 공화국들을 계속 포함했다. 각 민족 공산주의 지도부에 자치를 부여함으로써 긴장을 해소하자는 의도였다. 고르바초프는 그들에게 자유를 퍼부었다.

그런 행동은 '인민들의 레닌주의적 조화'를 믿는 사람만이 할 수 있는 도박이었다. 고르바초프는 잠시 동안 승자처럼 보였다. 1991년 3월 그는 소련 전역에서 국민투표를 실시했다. 질문은 다음과 같았다. "출신 민족에 관계없이 모든 사람의 권리와 자유가 충분히 보장되는 평등한 주권 공화국들의 새로운 연방으로서 소련을 유지하는 것이 필수적이라고 당신은 믿는가?" 투표율은 높았고 투표 용지의 76퍼센트에 고르바초프의 목표에 찬성한다고 적혀 있었다. 연방은 살아남을 것 같았다.

하지만 국민투표는 해체로 향하는 근본적인 추세를 바꿀 수가 없었다. 정치 · 경제적 혼란이 깊어지면서 공화국들은 혼자 힘으로 꾸려 나가야 했다. 공산주의 지도부는 더는 명령과 협박으로만 통치할 수 없었다. 그들은 인민이 지도부를 계속 지지하게 하려고 민족주의에 호소했다. 에스토니아, 라트비아, 리투아니아에서 공산주의자들은 자신들의 정체를 우선 민족주의자로 규정하고 그런 다음에야 공산주의자이고자 했다. 카프카스와 중앙아시아의 공산주의 지도자들은 좀 더 분별이 있었으나 고조되는 민족주의 열풍을 이용하는 데 마찬가지로 열중했다. 우크라이나와 벨라루스는 굳건하게 모스크바에 계속 충성했다. 그러나 키예프와 민스크 모두 고르바초프의 개혁에 찬성하는 공산주의자들이 이끌지 않고 있었기 때문에 그들의 충성스런 선언조차 고르바초프에게는 의심스러웠다. 다른 소비에트연방 공화국들이 자치권을 주장하자 옐친은 러시아소비에트연방사회주의공화국(RSFSR, 또는 옐친이 부르는 대로 그냥 '러시아')은 뒤처지고 있다고 주장했다. 러시아소비에트연방사회주의공화국은 다른 모든 공화국들을 합친 것보다 더 컸다. 정치적 무덤에서 나온 옐친은 러시아소비에트연방사회주의공화국이 자신의 정치 제도와 지도부를 가져야 한다고 요구했다. 옐친은 1991년 6월 러

보리스 옐친. 1991년부터 1999년까지 러시아공화국 초대 대통령을 지냈다. 고르바초프보다 더 급진적인 개혁을 요구하다 한때 공산당 내부에서 좌천되기도 했으나, 당내 보수파의 쿠데타에 맞서 승리하면서 소비에트연방 해체의 주역이 되었다.

시아 대통령 선거에서 압도적인 승리를 거두었다. 소련 대통령으로서 고르바초프는 선거의 시행에 협력했고, 연방을 해체로부터 구하는 운동에서 강력한 동맹자인 옐친에게 의존했다. 그러나 옐친은 자신의 협력에 고르바초프가 대가를 치러야 할 것이라는 신호를 이미 보내고 있었다.

사태를 더욱 악화시킨 것은 고르바초프가 최근에 고위직에 임명한 사람들이 신연방조약 초안에서 계획된 느슨한 조직 구조를 깊이 우려했다는 사실이었다. 그들은 또 점점 빨라지는 경제 쇠퇴 속도에도 소름이 끼쳤다. 이제 어떤 사람들은 고르바초프를 반역자라고 생각했다. 한편 고르바초프는 서방 지도자들을 다루던 마술적 솜씨를 잃었다. 서방 지도자들은 고르바초프와 비상 재정 지원 요청을 거절하기 시작한 상태였다. 고르바초프는 이제 국제 관계에서 소련에 쓸모 있는 존재가 아니었다. 옐친과 그의 친교 관계는 소련 지배층의 몇몇 핵심 인사들에게 과감한 행동이 필요하다는 확신을 주었다. 그들은 쿠데타를 모의했다. 그들은 러시아 애국주의와 소련의 자부심에 호소할 것이었고, 고르바초프가 사태를 이해하고 자기들 쪽으로 넘어오기를 바랐지만 설령 그렇지 않더라도 그의 태도와 상관없이 행동에 나서기로 결심했다. 고르바초프는 그들이 비상사태를 선포할 때까지 아무 이야기도 듣지 못할 것이었다.

음모가들은 고르바초프와 그가 이행하지 못한 약속, 그리고 얼빠진 헛소리를 이제 대부분의 사람들이 지긋지긋해 한다고 정확히 추정했다. 지역의 행정 혼란과 중앙 정책의 실책으로 산업 생산이 왜곡되면서 낡은 경제 질서가 해체되었다. 합법적인 소매 거래는 거의 사라졌다. 거리의 범죄는 증가 일로였다. 소련 역사에 대한 긍지는 조롱을 받았다. 언론에는 레닌 이래로 권력이 저질러 온 횡포를 폭로하는 기사가 끝없이 이어졌다. 인민대의원대회는 말만 난무하는 정치가들의 어지러운 토론회로 전락했다. 포르노 책자가 매점에서 판매되었다. 시장 경제를 향한 조치들이 조금씩 시행되면서 이미 소수의 기업가들이 눈에 띄게 부유해지고 있었다. 대도시에 거지가 등장했다. 군 신병에 대한 학대가 공개적인 추문으로 퍼졌다. 공화국과 지역의 정치 엘리트들은 자신들의 지역을 개인 영지처럼 관리했다. 시베리아 쿠즈네츠크 탄전의 광산에서 파업이 발생했다. 사람들이 고르바초프를 방어하기 위해 대규모로 나설 것 같지는 않았다. 그는 하늘을 찌를 듯했던 높은 인기를 상실한 상태였다. 또 몹시 지쳐 있었다. 쿠데타를 조직한 자들은 다소 어설프게 준비했다. 그들은 완벽한 성공을 위한 계획 말고 만일의 사태에 대비한 계획을 짤 필요가 있다고 생각하지 않았으며, 당, 경찰, 군이라는 전통적인 도구들을 효과적으로 이용할 수 있다고 무조건 믿었다. 최악의 경우가 발생한다면, 법적인 응징에 대한 공포 때문에 확실히 저항을 단념하게 될 것이었다.

그들은 8월 19일 고르바초프가 남부의 포로스에서 휴가를 보내는 동안 연방 부통령 겐나디 야나예프*가 명목상 지도자로서 국가비상사태위원회를 설립하면서 행동을 개시했다. 모스크바에 계엄령이 내려졌다. 질서와 안녕이 소련에서 회복하는 가운데 국민들의 애국심을 자극하는 호소가 이루어졌다. 음모는 우스꽝스러울 정도로 어설펐다. 국가비상사태위원회에는 국가보안위원회 의장 블라디미르 크류치코프(Vladimir Kryuchkov, 1924~2007), 내무장관 보리스 푸고(Boris Pugo, 1937~1991), 국방장관 드미트리 야조프 같은 노련한 인물이 포함됐다. 하지만 그들은 모스크바 외곽의 별장에 머무르던 옐친을 어떻게 체포할지 적절히 준비하는 일을 신경쓰지 않고 빠트려버렸다. 텔레비전에서 그들은 무기력한 모습으로 일렬로 늘어섰다. 그들은 러시아소비에트연방사회주의공화국 최고소비에트 건물에 도착한 옐친이 우호적인 군 장교가 마련해준 전차 위에 올라가 저항을 선언했을 때 신경이 곤두섰다. 고르바초프와 협상을 위해 파견된 위원회 대표들은 대통령의 분노에 찬 경멸에 맞닥뜨렸다. 옐친이 모스크바를 통제하자 음모는 실패했다. 병 때문에 불편한 것으로 보도된 고르바초프는 권위를 되찾기 위해 복귀했다. 하지만 진정한 승리자는 고르바초프가 아니라 옐친이었다. 그때부터 옐친은 소련의 이름으로 행해진 모든 것을 감독했다.

에스토니아, 라트비아, 리투아니아가 독립을 선언했다. 다른 소련 공화국들은 모스크바와 계속 협력하는 쪽에 패를 던졌다. 격노한 고르바초프는 옐친에게 자리를 물려주고 물러나겠다고 제안했다. 그러나 옐친은 다른 전술을 택했다. 12월 1일, 우크라이나인들이 독립에 찬성표를 던졌다. 우크라이나 없이는 연방이 유지될 수 없었다. 옐친은 러시아소비에트연방사회주의공화국도 독립할 것이라고 말함으로써 단칼에 고르디우스의 매듭을 끊어버렸다. 고르바초프는 옐친에게 너무 극단적

야나예프(Gennady Yanaev, 1937~2010) 소련의 정치가. 1991년 8월 쿠데타 중에 국가비상사태위원회 위원이 되었고 고르바초프를 대신해 소련 임시 대통령이 되었으나, 쿠데타가 실패한 후 기소되어 재판을 받았다.

인 방법은 피할 것을 간청했으나 소용이 없었다. 고르바초프는 깊이 애통해하면서 소련은 정확히 1991년 마지막 날 자정에 더는 존재하지 않을 것이라고 선언했다. 독립국가연합(CIS)이 공식적으로 수립되었으나 현실은 러시아가 독자적인 길을 가는 것이었다. 공산주의 질서는 와르르 무너졌다. 공산당 자체가 불법화되었다. 10월혁명과 마르크스-레닌주의는 부인되었다. 소련 역사가 걸었던 길은 전체주의의 악몽으로 묘사되었다. 옐친의 장관들은 상점 물건의 가격을 자유화하는 것을 시작으로 급진적인 경제 개혁을 실시했다. 다당제는 더는 제한 없이 환영받았다. 국민들에게는 이제 국가 개입이 없을 것이라고 약속했다. 사회적 동원의 시대는 끝났다고 선언되었다. 모든 사람들은 사생활에 대한 권리, 신앙과 취미를 자유롭게 선택할 권리를 누리게 될 것이었다. 러시아인들이 1917년 이래 알아 왔던 공산주의는 종언을 맞았다.

고르바초프의 몰락을 슬퍼하는 소련 시민은 많지 않았다. 그의 정책은 경제를 황폐하게 만들었고 국가를 박살냈다. 그를 비판하는 사람들은 어떤 자비도 보여주지 않았다. 고르바초프가 글라스노스트와 페레스트로이카를 도입하지 않았더라면 그를 중상할 기회를 결코 얻을 수 없었을 것이므로 이런 태도는 옹졸한 것이었다. 고르바초프는 외국에서 더 존경받았다. 무력으로 동유럽의 탈공산화를 중단시키지 않으려 한 그의 태도는 널리 칭찬받았다. 냉전을 종결하는 데 그가 수행한 주요 역할은 마땅히 높이 평가되었다. 다른 서기장이라면 군과 국가보안위원회에 요청하여 개혁 프로그램을 뒤엎었을 법한 순간도 많았다. 그러나 고르바초프에 대한 평결을 제대로 내리려면 그가 소련 체제의 본질을 이해하지 못했다는 점도 고려해야 한다. 그는 소련이 개혁된 뒤에도 여전히 공산주의로 남을 수 있다고 진정으로 믿었다. 고르바초프는 민주적이고 인간적인 레닌에 대한 열정을 품고 있었지만, 그런 레닌은 역사상 결코 존재한 적이 없었다.

39장

흩어지는 동지들

잃어버린 변혁의 꿈

1989년 중반 이후 2년 만에 수많은 공산주의 국가들이 사라졌다. 이 현상은 동유럽과 소련에 국한되지 않았다. 에티오피아의 마르크스주의 독재 체제는 1991년 5월에 전복되었고 멩기스투는 짐바브웨로 정치적 망명을 떠났다.[1] 장구한 기록된 역사의 관점에서 볼 때 그 일은 눈 깜짝할 사이에 일어났다. 세계 지표의 4분의 1을 덮은 국가 체제가 격렬하게 쪼그라들었고, 붉은색으로 칠해진 지도책으로 공부한 사람들은 새로운 세계 정치 지도를 도저히 인정할 수가 없었다. 오직 극소수의 체제만이 자기 식의 마르크스-레닌주의를 고수하면서 그 목표에 헌신하겠다고 계속 맹세했다.

중화인민공화국은 지구상에 유일하게 남은 중요한 공산주의 강국이었으나 시장 경제를 열광적으로 채택해 공산주의와 자본주의가 뒤섞인 나라로 바뀌었다.[2] 이 변화는 중국의 노동수용소나 자유 고용인들의 끔찍한 노동 조건에 대한 비판을 모면하게 해주는 효과가 있었다. 세계 실업계는 중국에서 이익을 얻고 있었고, 1930년대에 소련과 계약을 맺은 많은 산업체들이 그랬듯이 중국 형벌 제도의 섬뜩한 면을 꼬치꼬치 캐묻지 않았다. 베트남이 여전히 공산주의 통치를 받고 있었지만 그 통치자들도 자본주의를 택했다. 베트남은 중국을 자국의 발전 모델로 여겼다.[3] 쿠바는 약간의 개혁을 향해 휘청거리며 나아갔다. 쿠바는 종교적 관용을 확대하고 외국 관광객들을 환영했으며 미국의 경제 봉쇄에도 불구하고 외국으로부터 직접 투자를 유치했다.[4] 라오스의 공산주의 정부는 선택의 여지가 거의 없었다. 1975년에 집권한 이래 그들이 이용할 수 있는 유일한 재정 지원은 모스크바에서 왔고, 당국은 외화를 벌어들이려고 소련 관광객들이 휴가를 보낼 호텔들을 지었다.[5] 소련의 몰락은 라오스 공산주의에 재난이었고 변화가 불가피했다. 1990년대 중반쯤에 당국은 심지어 노동수용소도 폐쇄하기 시작했다.

이제 어떤 나라의 공산주의도 외국에서 공산주의 반란을 선동하는 데 관심이 없었다. 베이징의 재정 지원은 중국의 경제 발전이나 영토 수호에 필요한 석유를 공급해줄 수 있는 나라들에 집중되었다. 네팔과 다른 지역의 마오주의 반란 세력은 원조도 격려도 받지 못했다. 어디서나 어떤 형태의 공산당도 스스로 돌보는 법을 배웠다. 그들에게는 대안이 없었다. 세계 공산주의 운동은 분열을 넘어 완전히 박살나고 말았다.

북한은 세계적 추세에서 예외였다. 북한의 통치자들은 인민들에게 식량을 제공하는 데 어려움을 겪으면서도 개혁 없는 공산주의 질서를 확고히 고수했다. 북한은 핵무기 보유로 북서 태평양 일대의 지역 안보를 위협하는 국가가 되었다. 국가 창건자의 아들인 김정일이 통치할 때 북한은 국민의 5분의 1 이상이 먹을 식량이 모자라 기부를 받아야 했다. 의약품의 3분의 2는 외국에서 보낸 기증품이었다. 2002년에 외국 원조에 대한 의존을 떨쳐버릴 목적으로 경제 개혁이 얼마간 실시되었다. 그러나 김정일은 2005년 여름 개혁 정책을 포기했다. 쌀 한 톨도 국가 조달 기관이 확실하게 인도하려고 병사들을 논에 배치했다. 농가의 채소밭에서 나온 농산물을 개인 구매자에게 판매하는 것은 금지되었다. 평양의 정부는 핵폭탄과 탄도 미사일의 연구 개발을 선전하면서 인접국들을 위협했고, 2006년 10월에는 지하 핵폭발 실험을 실시했다고 주장하며 세계를 조롱했다. 정치경찰은 날카롭게 발톱을 갈았다. 외교관을 비롯해 외국인은 단지 3백 명만 북한 거주를 허락받았다. 여론의 차단은 장기적으로 존속한 어떤 공산주의 국가보다 완벽에 가까웠다. 김정일은 감독관들의 방문 요구에 굴복하느니 차라리 세계의 인도주의 기관들로부터 쌀과 곡물을 받지 않는 쪽을 택했다.[6)]

그러나 냉전은 끝났고 서방이 승리했다. 승리가 결정된 특정한 날짜는 없다. 군사적 항복 같은 어떤 사건도 없었다. 사람들이 거의 알지도 못하는 사이에 그 과정은 완결되었다. 그러나 공산주의가 전 지구적으로 패배했음은 부인할 수가 없다. 기억할 만한 경구를 만드는 데 열중하는 정치가는 아니었지만, 조지 H. W. 부시 대통령은 '새로운 세계질서(new world order)'라는 말을 썼다.

점점 더 많은 정부가 보통 선거로 구성되었다. 자본주의로 전환한 경제는 팽창했다. 정치적 열망이 해방되었다. 자유민주주의와 시장 경제가 지구 전체에 걸쳐 사회를 조직하는 보편적인 길이 될 것이라는 믿음이 널리 퍼졌다. 이러한 생각은 부시의 후임자인 빌 클린턴에게 승인되어 일반적으로 통용되었다. '역사의 종언'이 선언되었다.[7)] 정치적 우익과 좌익의 독재 체제가 줄어들었다. 라틴아메리카는 1980년대에 민주화 추세를 따라갔고 몇몇 우익 권위주의 정권을 넘어뜨렸다. 동유럽과 소련은 1989~1991년에 공산주의를 쓰러뜨렸다. 후계 국가들이 민주주의와 시민적 자유, 법적 보장, 물질적 번영을 달성하기 위해 세계를 안전하게 만드는 데 협력하리라는 추정도 가능했다. 세계 정치에 자신만만한 승리주의의 냄새가 물씬 풍겼다. 미국은 세계에서 유일한 초강대국이 되었다. 후임 대통령들도 모두 미국의 군사력, 외교력, 경제력을 보편적 인도주의를 위해 사용하겠다고 약속했고, 막강한 미국의 무력으로 이러한 진보에 대한 저항을 기꺼이 분쇄하고자 했다.

세계의 통치자들은 모든 나라가 집단적으로든 개별적으로든 미래 발전의 곧게 뻗은 길을 구부릴 수 있는 특성을 늘 지니고 있다는 사실을 잊어버렸다. 통치자들의 희망은 곧 좌절되었다. 국가 간 갈등, 인종적·문화적 갈등이 유고슬라비아, 체첸, 르완다에서 발생했다. 종교적 적대감이 이 갈등과 뒤얽혔다. 이슬람 가운데 광신적인 변종 세력이 계속 성장했다. 오사마 빈 라덴(Osama Bin Laden, 1957~2011)이 지도하는 알카에다 그룹은 탈레반 정부가 엄격한 이슬람 규율로 통치하는 아프가니스탄에서 훈련 기지로 쓸 장소를 확보했다. 빈 라덴은 전 세계적으로 테러 활동을 조직했다. 독자적으로 솟아난 조직들이 그를 본보기로 따랐다. 새로운 세계 질서는 새롭지도, 세계적이지도, 심지어 질서 있는 것도 아니었음이 드러났다. 미국은 억압적인 정권을 전복했지만, 워싱턴이 기대한 결과가 따라오지는 않았다. 탈레반과 알카에다는 2002년 아프가니스탄에서 군사적으로 패했으나 근절되지 않았고, 뒤를 이은 아프간 정부는 법치나 대중적 합의의 모델이 아니었다. 2003년 이라크가 침공당했고 바트당 정권의 독재자 사담 후세인 정권은 전복되었다. 그 결과 자유 선거가 도입되었지만 반란이 확산되고 내전이 개시되었다. 역사의 진행은 끝나지 않았다.

그러나 조지 H. W. 부시와 빌 클린턴은 20세기 마지막 10년 동안 벌어진 한 가지 사태에 대해서는 옳았다. 대부분의 지역에서 공산주의가 국가 체제로서 종언을 고했다는 사실이다. 동지들이 떠난 후 구성된 후임 정부들은 공산주의 통치의 부활을 막는 다양한 방법을 시도했다. 불가리아 당국은 1990년 토도르 지프코프를 구금했고 2년 뒤 횡령 혐의로 기소했다. 이것은 알 카포네(Al Capone)가 탈세를 저질렀다고 밝혀진 것과 약간 비슷했다. 지프코프는 건강 악화를 구실로 석방되어 가택 연금되었다. 독일인들은 1993년 에리히 호네커를 기소했으나 그는 이미 간암에 걸린 상태였고 재판은 중단되었다. 호네커는 1년 뒤 칠레에서 사망했다. 그의 후계자 에곤 크렌츠의 경우 건강은 더 좋았으나 호네커만큼 관대한 대우를 받지는 못했다. 1997년 크렌츠는 베를린 장벽을 기어오르던 사람들에게 총격을 가하는 데 공모한 혐의로 체포되었다. 크렌츠는 6년형을 선고받았다. (실제로는 3년만 복역했다.) 구스타프 후사크와 보이치에치 야루젤스키는 별로 괴롭힘을 당하지 않았다. 체코의 하벨 대통령은 자신을 고문했던 후사크에게 복수하기를 원치 않았고, 후사크는 치명적인 병에 걸려 1991년 사망했다. 폴란드의 후임 정부들은 야루젤스키가 잘못은 했지만 폴란드가 1980년대에 바르샤바조약기구의 침공을 모면하는 데 공이 있음을 인정해주었다.

체코공화국에서는 공산주의 지도자들이 공직을 맡는 것을 금지하는 법이 도입되었다. 재통일된 독일에서는 일반인들이 보안경찰이 수집했던 자신들에 관한 문서를 열람하는 것이 허용되었다. 문서고가 개방되면서 공산주의 통치의 공포가 드러났다. 언론들은 '전체주의 악몽'이 끝났다는 데서 의견이 일치했다. 시베리아의 태평양 연안에서 헝가리, 발칸 반도, 옛 동독에 이르기까지 동일한 사태가 전개되었다. 민족적 자부심이 강조되었다. 종교 · 문화적 전통이 되살아났다. 국기가 다시 만들어지고 도시와 거리의 이름이 바뀌었다. 마르크스-레닌주의 영웅들의 조각상이 끌어내려졌다. 역사책은 다시 쓰였다. 옛 공산당들의 사무실과 별장, 은행 계좌가 몰수되었다.

그런데 그 후 이상한 일이 벌어졌다. 공산주의자들이 정치적으로 귀환하기 시작했다. 옐친은 러시아에서 그들의 귀환을 불가능하게 만들려고 애썼다. 1991년 8월 쿠데타 직후 그는 공산당을 불법화했다. 공산당 사무실을 봉쇄하고 재산을 압류했으며 쿠데타 지도자들을 구금했다. 옐친은 1917년 이후의 시기는 전부 전체주의 악몽이었다고 말했다. 고르바초프가 시장 개혁을 향해 갈지자(之) 행보를 보였던 반면, 옐친은 자본주의로 직행했다. 1992년 1월 가격이 자유화되었다. 모든 국민들에게 사유화된 기업의 주식을 살 수 있는 쿠폰을 제공하는 시스템을 통해 러시아의 산업 자산을 매각하는 준비가 이루어졌다. 소비자의 수요를 충족시키기 위해 소비재가 수입되었다. 그러나 옐친을 권좌에 올렸던 연합 세력은 그로부터 떨어져 나갔다. 알렉산드르 루츠코이

(Alexandr Rutskoi, 1947~) 부통령은 경제적 변화가 야기하는 사회적 고통에 반대했다. 러시아소비에트연방사회주의공화국 최고소비에트 의장이었던 루슬란 하스불라토프(Ruslan Khasbulatov, 1942~)는 법령으로 통치하려는 옐친의 열망을 비판했다. 그 결과 정치 조직 내에서 교착 상태가 발생했다. 옐친은 싸우지 못해서 안달이었다. 옐친과 그의 자문관들은 자본주의를 향한 움직임을 가속화하기를 원했다. 가만히 있지를 못하고 오만한 옐친은 1923년 9월 21일 최고소비에트를 정지시키고 새로운 헌법에 관한 국민투표를 실시한다고 발표했다. 그는 자신이 계획한 프로그램을 자신이 폐지하는 것에 대해 인민의 승인을 얻고자 했다.

루츠코이와 하스불라토프의 많은 지지자들은 공산주의에 향수를 느꼈다. 비상 사태는 심지어 노골적인 스탈린주의자들마저 자기들 편으로 끌어들이게 했다. 옐친의 도전에 맞서 그들은 무장 집단을 조직하여 모스크바의 주요 텔레비전 방송국을 공격했다. 나머지 사람들은 최고소비에트 건물에 몸을 숨기고 시민들에게 정부 전복을 도와 달라고 요청했다. 옐친은 무력 사용에 필요했던 구실을 얻었다. 러시아군은 최고소비에트 건물에 포격을 가해 그들을 굴복시켰고 잠깐 동안의 교전 후 옐친은 전면적인 승리를 거두었다.

그러나 러시아에서 공산주의의 죽음은 크게 과장되었다. 1993년 12월의 국민투표는 옐친의 헌정 계획을 승인했으나 그것은 단지 옐친의 관리들이 투표 결과를 속였기 때문이었다. 옐친은 동시에 진행된 국가두마(하원) 선거에서 실망을 맛보았다. 자신의 지지자들이 놀라운 승리를 거두는 대신에 블라디미르 지리노프스키(Vladimir Zhirinovsky, 1946~)의 네오파시즘 성향의 정당이 크게 성공했던 것이다. 게다가 1993년 11월 헌법 재판소가 공산당 금지 조치를 무효라고 판결했다. 겐나디 주가노프(Gennady Zyuganov, 1944~) 휘하의 공산주의자들은 합법적으로 정치 무대에 복귀하여 1990년대 중반까지 가장 유력한 야

겐나디 주가노프. 소련 해체 이후의 러시아연방공산당 당수로서 1996년 대통령 선거에서 옐친에 맞섰고 2012년 선거에도 후보로 나섰다. 고르바초프의 개혁과 소련 해체를 비판하면서 현재까지 러시아의 재스탈린화를 주장하고 있다.

당으로 활동했다. 주가노프는 일당 국가의 부활을 요구한다면 유권자를 거의 얻지 못할 것이라는 점을 이해했다. 레닌, 스탈린, 흐루쇼프의 공산당이 종교를 인민의 아편이라고 주장하면서 박해했던 반면, 러시아연방공산당은 러시아 제국 전통의 보루인 정교회에 공감한다고 주장함으로써 공산당의 위상을 재정립했다. 주가노프는 레닌을 거의 개의치 않았다. 그가 가장 찬미한 공산주의자는 제2차 세계대전에서 소련을 승리로 이끈 스탈린이었다. 주가노프는 소련의 해체를 비난했다. 그와 그의 공산당은 브레즈네프 체제에서 이용할 수 있었던 복지 정책을 찬양했다. 그들은 고르바초프를 비방했고 비열하게도 반유대주의를 조장했다.

주가노프는 1996년 대통령 선거에서 옐친에 맞섰다. 주가노프는 선거 운동이 개시되면서 선두에 섰으나 가장 부유한 사업가들을 자기편으로 끌어들인 옐친에 비해 자금이 부족했다. 공산주의 선거 운동은 지겨운 것이었고 주가노프는 확실히 카리스마가 없는 후보로 드러났다. 심각한 심장 질환을 앓으면서도 옐친은 기운을 차리고 선거에 임했다. 그는 전국을 순회했다. 또 정치적 방송 프로그램에 아낌없이 돈을 썼다. 지역의 행정 기관에도 분에 넘치게 예산을 뿌렸다. 텔레비전과 신문 기자들은 공산주의가 과거에 저질렀던 불법 행위에 초점을 맞추었다. 그 결과 옐친은 두 번째 대통령 임기를 시작할 수 있었고 러시아에서 공산주의는 최종적으로 완패했다.

과거에 공산주의자였던 옐친은 반공산주의자의 역할을 하면서 자신의 권력을 공고히 다졌다. 알기르다스 브라자우스카스(Algirdas Brazauskas, 1932~2010)는 리투아니아에서 동일한 행태를 보였으나 그 과정은 좀 더 신중하고 덜 부패했으며 덜 폭력적인 형태로 진행되었다. 브라자우스카스는 소련이 붕괴하기 전에 모스크바와 결별했다. 그 뒤 스스로 사회민주주의자라고 선언했으며, 1993년 대통령 선거에서 승리하고 나아가 2001년에는 총리가 될 정도로 인기를 모았다. 라트비아와 에스토니아의 옛 공산주의 지도자들은 그리 잘하지 못했다. 브라자우스카스가 발휘한 정치적 융통성이 없는 그들은 선거에서 참패했다. 오랫동안 이어진 민족적 예속 이후 애국적인 복수가 이루어지고 있었다. 라트비아인, 에스토니아인, 그리고 리투아니아인들은 축하 행진을 벌이고 종교 예배를 열고 문학·역사적 저술을 집필하여 자신들의 자유를 축하했다. 소련군의 철수를 기뻐한 그들은 러시아 민간인들도 떠나기를 희망했다. 시민권에 관한 규칙은 모든 사람이 민족어로 말하고 민족사를 알아야 한다고 규정했다. 하지만 유럽연합 회원국 자격을 얻기를 원한 세 나라는 러시아인 거주자들에 대한 처우를 완화했다. 이 세 발트 국가들의 민주주의 체제와 시장 경제는 유럽연합에 참가하면서 느리지만 확실하게 더욱 강화되었다.

그루지야와 키르기스스탄을 제외한 다른 옛 소련 공화국들은, 권력을 보존하기 위해 스스로 애국자로 변신하여 정치적 후원 관계를 이용한 공산당 당수들이 이끌었다. 카자흐스탄의 누르술탄 나자르바예프(Nursultan Nazarbayev, 1940~)가 바로 그 전형이었다. 그는 오랫동안 확고히 자리 잡은 피후견인 그룹을 국가의 주요 직책에 임명했고 사유화를 진행하면서 자신의 가족에게 터무니없는 혜택을 주었다. 나자르바예프는 헌법적·법률적 장애물을 짓밟았고 카자흐스탄 경찰은 반체제 인사들을 고문했다. 그의 정책은 카자흐족의 개인과 집단에게 유리하도록 뻔뻔하게 차별적이었다. 중앙아시아와 남카프카스에서도 사정은 마찬가지였다. 새 지도부는 낯익은 얼굴들이었다. 공산주의 이후의 대통령들과 그들의 체제는 스탈린 사후 이 지역에서 목격된 어떤 것보다도 더 야만적이었다. 투르크메니스탄의 사파르무라트 니야조프(Saparmurat Niýazow, 1940~2006) 숭배는 알려진 어떠한 기준에서 보더라도 요란한 것이었다. 그는 스스로를 투르크멘바시(Turkmenbashi, 모든 투르크멘들의 지도자)라고 선언했다. 그가 쓴 책들을 학교에서 의무적으로 읽어야 했다. 15미터 높이의 니야조프 황금 조각상이 항상 태양을 마주보도록 회전하는 대좌 위에 세워졌다. 니야조프는 1년 열두 달 가운데 한 달에 자신의 이름을 붙이고, 또 다른 한 달엔 자기 어머니의 이름을 붙였다. 국가(國歌)의 가사는 그를 모독하는 사람은 누구든 팔이 잘릴 것이라고 위협했다. 1991년까지 니야조프는 투르크메니스탄공산당의 제1서기였다. 2006년 12월 그가 사망하자 비로소 폭압 체제는 종언을 고했다.

대부분의 옛 소비에트연방 국가들에서 공산주의는 평화적으로 포기되었지만, 일부에서 끔찍한 예외가 발생했다. 러시아인 엘리트와 몰도바인 엘리트들은 몰도바(몰다비아라는 소련식 이름을 포기한 뒤의 이름이다)에서 우월한 지위를 차지하기 위해 싸웠다. 부족적·종교적 경쟁은 타지키스탄의 아프간 국경에서 광포한 내전을 야기했다. 체첸은 러시아연방에 맞서 반란을 일으켰다. 카라바흐의 아르메니아인 거주 지역을 둘러싸고 아르메니아와 아제르바이잔의 혈전이 격렬하게 펼쳐졌다.

사파르무라트 니야조프의 황금 조각상. 니야조프는 투르크메니스탄공산당 서기장을 거쳐 1990년부터 2006년 사망할 때까지 대통령을 지냈다. 기행 수준의 독재와 개인 숭배 정책을 실시한 것으로 유명하다.

그러나 사태가 훨씬 더 악화하는 것을 피하고 옛 소비에트연방 국가들의 대부분은 적어도 유혈 사태 없이 독립을 성취했다. 이것은 소련의 '외부 제국' 전역에 해당되었다. 동유럽의 인민들은 '러시아'의 간섭이 없는 공산주의 이후의 삶에 조용히 대처했다. 체코슬로바키아에서는 슬로바키아인들이 오랫동안 체코인들에게 분개해 온 끝에 분리 독립할 권리를 요구하면서 정치적 비상 사태가 발생했다. 그러나 분쟁은 해결되었다. 1993년 1월 체코공화국과 슬로바키아공화국이 별도의 길을 걷기로 했을 때는 단 한 발의 총성도 울리지 않았다. 중요한 예외는 유고슬라비아(어쨌든 소련의 제국적 통제에 결코 굴복하지 않았던 곳)였다. 세르비아에서 밀로세비치가 권좌에 오른 후 많은 공화국들의 국경에서 갈등이 일어났다. 인종 분규가 크로아티아, 보스니아-헤르체고비나,

코소보의 내정을 뒤흔들었다. 1991년 중반 슬로베니아와 크로아티아가 일방적으로 독립을 선언하면서 유고슬로비아는 갑자기 분열했다. 1991년 9월에는 마케도니아가, 1992년 3월에는 보스니아-헤르체고비나가 뒤를 이었다. 밀로셰비치의 연설에 자극받은 보스니아-헤르체고비나의 세르비아인들은 폭넓은 자치를 요구했다. 이슬람교도와 크로아티아 주민들은 세르비아인들의 요구를 세르비아에 의한 합병으로 가는 최초의 조치라고 온당하게 해석했다. 프라뇨 투지만*은 보스니아-헤르체고비나의 동족민들을 위해 그 지역에 자금과 무기를 쏟아부었다. 연방 국가 전체가 분리, 내전, 공화국 간의 침공, 인종 청소가 동시에 진행되는 과정에서 무너져 내렸다.

오하이오 주의 데이턴에서 보스니아, 크로아티아, 세르비아의 세 정상이 조인한 협정으로 야만적인 폭력 사태는 1995년에 끝을 맺었다. 밀로셰비치는 일시적으로 전 세계에서 평화의 중재자로 환영받았다. 그러나 그는 단지 현재 필요한 군사력이 부족했기 때문에 크로아티아와 보스니아-헤르체고비나에서 행동을 중단했을 뿐이었다. 게다가 코소보는 또 다른 문제였다. 1998년 밀로셰비치는 코소보에 살던 알바니아인들이 목숨을 부지하기 위해 국경을 넘어 알바니아로 피신하게 만든 인종 청소 운동을 벌였다. 클린턴 대통령은 무장 개입을 허가해 달라고 국제연합을 설득했다. 밀로셰비치가 굴복하기를 거부하고 난 1991년 3월 베오그라드는 북대서양조약군의 계속된 공중 폭격에 시달렸다. 6월에 밀로셰비치에게는 코소보에서 빠져나오는 것 외에는 대안이 없었다. 베오그라드에서 밀로셰비치에 반대하는 정치적 시위가 시작되었다. 이듬해 그는 세르비아의 선거에서 패배했고 직위에서 쫓겨났다. 2001년 세르비아 당국은 그를 헤이그 국제형사재판소에 전범으로 세웠다. 밀로셰비치는 평결이 내려지기 전인 2006년 3월에 사망했

투지만(Franjo Tudjman, 1922~1999) 크로아티아의 정치가. 1991~1999년 크로아티아 초대 대통령을 지냈다.

다. 유고슬라비아의 해체가 오랫동안 진행되었고 공산주의는 역사의 쓰레기통으로 들어갔다. 민족주의는 입헌연방주의라는 불명료한 가면을 벗어던지며 승리했고, 오직 부분적으로만 자유민주주의로 귀결되었다.

정치적 후견 관계와 재정 부패 시스템은 유고슬라비아로부터 만들어진 국가들에서 공산주의 체제의 종말 후까지 살아남았다. 과거에 공산주의자였던 자들은 '시장으로의 이행' 덕분에 자주 이익을 보았다. 이것은 이 지역의 몇몇 국가들에서 공통된 현상이었으나 공산주의자들이 유력한 지위에서 축출된 폴란드나 체코공화국 또는 붕괴된 옛 독일민주공화국에서는 그렇지 않았다. 거의 모든 곳에서 공산당들은 참신한 이름과 새로운 지도자, 그리고 공산주의보다 사회민주주의에 가까운 사상을 담은 강령을 채택했다. 보통 이것만으로는 인민의 신뢰를 얻는 데 충분하지 않았다. 그러나 그들은 선거에서 치욕을 당하지 않았고 과거에 공산주의자였던 알렉산데르 크바시니에프스키*는 1995년 폴란드 대통령에 선출되어 두 번에 걸쳐 임기를 마쳤다. 이것은 자유노조연대가 지배했던 들뜬 시기에는 거의 상상할 수 없는 일이었다. 그러나 자본주의는 1990년대에 폴란드와 그밖의 지역들에서 사람들에게 친절하지 않았다. 대량 실업, 조악한 복지 시설, 빈부 격차 확대는 공산주의자들에게 다시 한 번 정치적 기회를 선사했다. 그들은 애국을 내세우고 마르크스주의를 과감하게 버리고 짓밟힌 유권자들의 욕구에 공감하는 쪽으로 자신들의 호소력을 조정해야 했다.

선거 승리는 쉽게 오지도 않았고 그리 자주 오지도 않았다. 크바시니에프스키는 서유럽의 공산당들이 내세운 후보자들보다 성적이 좋았다. 파리의 지도부는 사기가 꺾였다. 1972년부터 1994년까지 프랑스공산당 서기장을 지낸 조르주 마르셰는 보통 모스크바가 정해놓은 노선을

크바시니에프스키(Aleksander Kwaśniewski, 1954~) 폴란드의 사회주의 정치가. 1995~2005년 폴란드공화국 대통령을 지냈다.

따라 군말 없이 뛰어갔던 나이 든 아첨꾼이었다.[8] 그의 후계자들은 당의 강령을 어떻게 고칠 것인지를 둘러싸고 혼란스러워했다. 그들은 이미 죽어버린 소련을 더는 찬미하지 않았다. 그 대신 국가 복지 정책과 '미 제국주의'에 대한 적대감에 점점 더 초점을 맞추었다. 크렘린과 프랑스 공산주의의 오랜 연계는 후회하거나 부인하기보다는 무시되었다. 이러한 상황은 무리 지어 당을 떠난 전투적인 베테랑 활동가들에게는 도무지 이해가 안 가는 이상한 상황이었다.

2002년 서기장직은 마리조르주 뷔페(Marie-George Buffet)가 차지했다. 이 변화는 시대적 징후였다. 이전에 프랑스공산당은 여성들이 진정한 권위에 접근할 작은 가능성도 거의 허용하지 않았다. 계급 투쟁의 투사인 남성들은 기가 죽었다. 이것은 1990년 영국 해협 건너에서 니나 템플(Nina Temple)이 영국공산당의 마지막 지도자가 되었던 일과 같은 현상이었다. 템플은 정상에 오르자마자 1991년 11월 조직을 해산하여 새로운 '민주좌익당'을 결성했지만, 다양한 정파들은 그녀의 변절을 저주하면서 떨어져 나가 독자적인 정당을 만들었다. 뷔페는 공산주의의 운을 되살리지 못했다. 2002년의 의회 선거에서 프랑스공산당의 득표는 5퍼센트에도 이르지 못했다. 거리 시위, 이데올로기적 야심, 문화적 영향력의 시기는 끝났다. 이름과 이데올로기에서 당을 공산주의로부터 거리를 두게 하려는 템플의 실용적 결정은 새로운 추종자들을 거의 끌어들이지 못했고 지역에서조차 단 한 번의 선거도 이기지 못했다. 당은 만일 소련이 예전에 영국공산당에 보내준 보조금에서 쓸 수 있는 기금을 물려받지 못했더라면 당장 쓰러져 잊혀져버렸을 것이다.

'좌익민주당'으로 이름을 바꾼 이탈리아공산당은 훨씬 더 잘했다. 당은 오래전에 모스크바와 연계를 끊었다. 옛 사상과의 단절을 보여주기 위해 당은 사회주의인터내셔널(제2인터내셔널, 제1차 세계대전이 종결된 이래 모든 공산주의자들에게 적대의 대상이었다)에 가입했다. 좌익민주당은 1996년, 1998년, 2006년 정부를 구성하는 데 성공한 '올리브나무(L'Ulivo)'라고 불리는 중도 좌파 선거 연합을 수립하는 데 일조했다. 새 정당은 이탈리아의 주요 좌파 조직으로서 위상을 지켰다. 나이 든 당원들은 톨리아티와 이탈리아공산당을 때때로 그리워했다. 결국 그들의 생각이 실행에 옮겨졌다. 이탈리아의 공산주의자들은 공산주의의 무덤을 파는 사람들이었다. 수천 명의 완고한 당원들이 좌익민주당에서 빠져나와 새 공산주의 조직들을 결성했다. '공산주의재건당'은 그중 하나였다. 이 당의 지도자들은 모든 진짜 공산주의자들에게 공개적으로 지지를 밝히라고 요청했다. 그러나 그들의 요구는 대체로 무시당했고, 공산주의재건당의 지도자들은 바다색의 타락하지 않은 사람* 들은 아니었다. 공산주의재건당은 좌익민주당이나 몇몇 자유주의 정당들과 나란히 올리브나무 연합의 일부로서 1996년부터 계속 선거를 치렀다.

그밖의 지역, 곧 가난한 사회 계급을 지원하는 효과적인 개혁이 이루어지지 않은 나라들에서는 이야기가 달랐다. 공산주의는 여느 때처럼 인민들의 궁핍을 영양분으로 살아남았다. 게바라의 사례는 라틴아메리카에서 계속 강력한 호소력을 발휘했다. 거의 모든 곳에서 토착민들—에스파냐인과 포르투갈인들이 정복하기 전에 그 나라들에 거주하던 원주민들—은 억압과 착취를 겪었다. 도시 노동자들은 형편없는 대우를 받았다. 합법 정당들은 그들의 노동 조건을 개선하겠다며 실현 가능성이 거의 없는 희망을 내걸었다. 미국은 이 지역의 상업과 토지 엘리트들에게 이로운, 하지만 근본적인 개혁은 가로막는 방식으로 경제적 영향력을 행사했다. 일부 나라에서는 의회가 작동했고 어떤 나라들은 군

바다색의 타락하지 않은 사람(sea-green incorruptible) 프랑스혁명기의 자코뱅파 혁명가였던 로베스피에르를 가리키는 말. 로베스피에르는 바다색으로 된 꽃 모양의 모표가 붙은 모자를 즐겨 썼다. 1837년 토머스 칼라일(Thomas Carlyle)이 프랑스혁명에 관한 자신의 책에서 로베스피에르를 가리켜 이 말을 처음 쓴 것으로 알려져 있다. 정치적 사상이나 행동 면에서 사심 없이, 온전히, 완고하게 자신의 목표나 이상에 헌신하는 사람을 가리킨다.

사 독재 정부가 통치했다. 워싱턴은 1945년 이래 기꺼이 미국의 패권을 수용하고 공산주의를 억압하려는 의지가 있는지를 보고 각 정권을 판단해 왔다. 냉전의 종언은 거의 변화를 가져오지 못했다. 적어도 클린턴은 정치적 민주주의를 향한 움직임을 지지하긴 했지만, 부시 대통령과 클린턴 대통령은 라틴아메리카에서 사회적 정의를 촉진하기 위해 거의 아무 일도 하지 않았다. 과테말라의 촌락과 브라질의 리우데자네이루 변두리에 존재하는 판잣집의 등골이 휘는 가난은 여전히 끔찍했다. 이 같은 상황에서 억압받는 '대중'을 해방하겠다고 약속한 비밀 공산당들은 확실히 어느 정도 지지를 받을 수 있었다.

많은 소규모 조직과 단체들은 모스크바와 베이징에서 일어난 거대한 변화를 무시했다. 외국의 원조에 의존하지 않으면서 자신들의 의견을 품고 독자적인 전략을 계속 추구했다. 페루의 반정부 게릴라 조직인 '빛나는 길(Sendero Luminoso)'은 농민을 위한 대의를 수행한다는 명목으로 외국인을 포함해 정치 · 경제적 지도자들을 선별해 암살하고 기관과 회사에 무차별 폭탄을 터뜨렸다. 학자 출신인 아비마엘 구스만(Abimael Guzman, 1934~)을 비롯한 지도자들은 마오쩌둥이 혁명 전략에서 테러리즘을 거의 말한 적이 없는데도 스스로를 마오주의자라고 생각했다. (구스만의 폭력적인 장기 투쟁은 그가 체포되어 2006년 10월 종신형을 선고받은 이후 끝이 났다.) 같은 이야기가 콜롬비아에서도 이어졌다. 콜롬비아에서는 콜롬비아무장혁명군(FARC)이 아일랜드공화군(IRA) 잠정파의 작전 기술을 이용했을 뿐만 아니라 마약 밀수, 납치, 살인도 서슴지 않았다. 네팔의 마오주의자들은 통치하는 군주정에 맞서 유일하게 심각한 저항 세력을 조직했다. 군대와 경찰에 협력한 사람들에게 가하는 마오주의자들의 테러뿐 아니라 인민들의 불만에 힘입어 공산주의자들은 반란을 이어갈 수 있었다. 베이징 정부는 탐탁찮아했다. 중국의 국가적 이익은 네팔에서 순종적인 정부가 유지되는 데 있었고, 네팔의 마오주의자들은 톈안먼 광장에 마오쩌둥의 거대한 초상화를 걸어놓은 중국 지도자들에게 냉대를 당했다.

인민 대부분이 경제 · 사회적 절망감을 품고 있는 곳이라면 어디든지 공산주의 조직이 활동할 틈이 남아 있었다. 그러나 국가가 강력하면 공산주의자들은 살아남기 위해 산과 숲으로 가야 했다. 공산주의자들은 정부를 구성할 현실적인 기회가 있는 정치 운동을 조직하기보다는 사보타주를 벌이고 혼란을 부추기고 협박을 가하는 데 더 유능한 경향이 있었다. 모든 정부가 공산주의자들의 활동을 체계적으로 근절하고자 한 것은 아니었다. 아시아, 아프리카, 라틴아메리카에는 여전히 공산주의 정당이 여럿 존재했다. 지난날 레닌, 스탈린, 마오쩌둥 치하에서 저질러졌던 횡포가 언론에 폭로되었지만, 소규모 단체들의 숭배를 멈추지는 못했다. 공산주의 신참들에게 중요한 것은, 자본주의와 제국주의, 문화적 후진성에 맞서 투쟁한다는, 좀체 사라지지 않는 마르크스주의자들의 역사적 이미지였다. 신참들은 자신들의 나라에 다른 정치 · 사회 · 경제적 현실이 이루어지기를 원했고, 지난 수십 년 동안 공산주의 운동에서 무엇이 잘못되었는지에 대한 토론에는 관심이 없었다. 페루의 '빛나는 길'이나 콜롬비아무장혁명군이 권력을 쥐었더라도, 그 조직들은 독재, 테러, 내전, 도덕관념의 부재, 사회적 동원을 선호했을 뿐만 아니라 공산주의 역사를 알고자 하는 호기심이 없었기 때문에 자신의 영웅들이 저질렀던 큰 실책을 되풀이할 운명에 놓였을 것이다.

공산주의를 다루는 데 있어서 훨씬 더 절충적이었던 사람들은, 1979년에 니카라과에서 카리스마적인 다니엘 오르테가 사아베드라의 지도로 정권을 창출한 혁명가들이었다. 그들은 1934년에 소모사* 군대에게 처형당한 이전 세대의 혁명가 아우구스토 세사르 산디노*의 이름을 따

소모사 가르시아(Anastasio Somoza García, 1896~1956) 니카라과의 정치가. 1936년 쿠데타로 정부를 쓰러뜨리고 이듬해 대통령에 취임해 1947년까지 통치했다. 1950년 다시 대통령이 되었으며, 대통령 지위에 있지 않은 기간에도 국가경비대를 권력 기반으로 삼아 실권을 장악했다.

쿠바의 카스트로를 만난 다니엘 오르테가 사아베드라. 니카라과의 현 대통령이다. 친미 독재 정권을 무너뜨린 산디니스타 민족해방전선을 이끌고 사회주의 혁명을 일으켰다.

서 스스로 '산디니스타'라고 불렀다. 산디니스타는 공산주의자들이었다. 그들은 선전을 통해 인민주의적 꿈을 내세웠고, 농업 개혁과 보통교육, 그리고 사회의 모든 계층을 자신들의 혁명적 프로젝트에 참여시키는 것을 목표로 삼았다. 또 니카라과를 미국을 중심으로 도는 정치 · 경제적 궤도로부터 끌어내고자 했다. 소련 마르크스주의 외에도로 산디노, 카스트로, 마오쩌둥, 가톨릭 해방신학, 유럽 사회민주주의, 그리고 약간의 아나르코생디칼리슴에 의지했다.[9] 그들은 자신들이 어떤 과거의 모델에도 속박당하지 않을 것임을 강조했다. "공산주의도 아니고, 자본주의도 아니다. 오직 니카라과 산디니스모일 뿐!" 그들은 좀 더 모호하게 선언했다. "혁명은 젊고 신선하며 창조적이다!"[10] 1990년 2월의 선거에서 패배한 산디니스타는 폭력 사태 없이 정권에서 물러났다.[11] 산디니

산디노(Augusto César Sandino, 1895~1934) 미국의 군사 점령에 저항하여 싸운 니카라과의 민족주의자. 정부군과 싸우던 자유당 군대에 들어갔고 장군이 되었다. 1927년부터 미군이 철수하는 1933년까지 게릴라전을 계속했다. 1934년 소모사에게 암살당했다.

스타는 정책을 수정했고 오르테가는 자신의 정치적 · 반교권적 급진주의를 완화한 뒤 2006년 11월의 투표에서 다시 대통령으로 선출되었다.

그러나 변화하는 상황에 공산주의가 적응한 가장 주목할 만한 사례는 멕시코에서 볼 수 있다. 멕시코에서는 20세기 초부터 혁명이 분출했다. 농민 반란 지도자 중에는 1919년 매복 기습을 당해 사망한 거친 게릴라 에밀리아노 사파타 살라사르*가 있었다. 사파타는 사회 정의에 헌신했다. 그에 대한 기억은 1990년대 중반에 사파티스타 민족해방군*에 의해 부활했다. 사파티스타 민족해방군은 신비스런 부사령관 마르코스(Marcos)가 지도했다. 마르코스라는 그의 가명은 일종의 선전 장치였다. 사파티스타의 지도부라고 주장하는 대신, 그는 종속적 지위에 있는 체했다. 마르코스의 본명은 라파엘 세바스티안 기옌 비센테로 알려져 있다. 마르코스와 그의 추종자들은 멕시코 남동부 치아파스 주의 산악 마을과 숲을 거점으로 삼았다. 정부는 마르코스와 협상하기를 거부했고 군대는 그를 추적하려고 했다. 그가 제2의 체 게바라가 되지 못하도록 막으려는 것이었다. 그러나 부사령관 마르코스는 추적을 교묘히 따돌리는 데 선수였고 산악 지대의 원주민들 사이에서 보호자로서 명성이 높아져 갔다. 그는 모든 마을들에 자치의 풍습이 자리잡게 했다. 그리고 재산이 있는 엘리트들을 축출했다. 또 그는 2000~2001년에 남부에서부터 멕시코시티에 이르기까지 비무장 평화 행진, 즉 '카

....

사파타 살라사르(Emiliano Zapata Salazar, 1879~1919) 멕시코혁명의 농민군 지휘자. 1911년 3월 농민들을 이끌고 멕시코혁명에 참가했다. 그러나 혁명에 성공한 후 토지 개혁에 소극적인 프란시스코 마데로 대통령과 결별했으며, 무장 투쟁을 재개했다. 1914년에 제2차 혁명이 성공하자 북부의 빈농 출신인 판초 비야와 동맹하여 국토의 대부분을 점령했으나 1915년에 혁명 주류파인 베누스티아노 카란사와 알바로 오브레곤파(派)에게 패배했다.

사파티스타 민족해방군(Ejército Zapatista de Liberación Nacional, EZLN) 멕시코의 치아파스 주에 기반을 두고 1994년부터 멕시코 정부에 전쟁을 선포한 반정부 게릴라 조직. 사파티스타란 명칭은 에밀리아노 사파타에서 나왔다. 사파티스타의 이념은 사회주의, 자치주의, 마르크스주의, 마야 원주민의 정치사상이 결합되어 있다.

사파티스타 민족해방군의 부사령관 마르코스. 사회주의에 마야 원주민의 전통과 아나키즘을 결합한 사상을 바탕으로 멕시코 토착민을 지원하고 인터넷으로 세계적 연대를 호소하는 등 새로운 방식의 운동으로 관심을 모으고 있다.

라반(caravan)'을 조직해 나라에 호소했다. (평화 행진은 2000년 12월 비센테 폭스* 대통령이 도입한 대(對)사파티스타 민족해방군 유화 정책 덕택에 가능했다.)

마르코스는 선전 지략이 출중했다. 왕년의 볼셰비키처럼 그는 얼굴 사진이 찍히지 않도록 했다. 그러나 사파티스타 복장을 입은 그의 이미지는 치아파스 주의 산크리스토발 데 라스 카사스에 있는 가게에서 공개적으로 판매되었다. 사진 속 마르코스는 늘씬한 모습에 눈동자가 반짝였으며 얼굴의 대부분을 가린 양털로 된 검은 발라클라바 전투모 아래쪽으로 그와 떼어놓고 생각할 수 없는 담배 파이프가 튀어나와 있었다. 발라클라바를 쓰고 AK-47 소총을 자랑스럽게 든 작은 털실 인형뿐만 아니라 멕시코 혁명 가요를 담은 카세트테이프도 길거리 상점에

폭스(Vicente Fox, 1942~) 2000~2006년까지 멕시코 대통령을 지냈다. 2000년 7월 2일 야당 후보로 대통령 선거에서 당선되어 71년에 걸친 제도혁명당(PRI)의 멕시코 통치를 종식했다.

서 판매되었다. 소책자와 소식지는 농민의 영웅적 행동과 경찰의 야만성이 드러나는 이야기들을 사람들에게 들려주었다. 마르코스는 글을 쓰면서 이전의 공산주의자들이 쏟아내던 음침한 말을 피했다. 마르코스는 만화와 심지어 아이들의 그림도 자신의 신문에 싣기를 환영했다. 그와 사파티스타는 혁명이 단지 최종 목표가 아니라는 생각을 실천하고 있었다. 혁명은 혁명 투사와 농민 자신들의 정신을 확장하고 활기를 불어넣기 위해 계획된 과정이기도 했다.

니카라과의 오르테가와 산디니스타처럼, 사파티스타는 너무 치우치지 않는 선에서만 공산주의 전통에 무게를 두었다.[12] 그들은 마르크스주의를 긍정적으로 여겼지만, 이전 수십 년 동안 대부분의 공산주의자들에게 금지되었던 사항도 거리낌 없이 논의했다. 레닌은 사파티스타에게 우상이 아니었다. 참신하게도 사파티스타는 트로츠키를 붉은 군대를 지도했을 뿐 아니라 크론시타트 수병들을 진압한 사람으로도 기억했다. 마르코스는 로자 룩셈부르크를 호의적으로 이야기하면서 그녀가 지닌 정치적 권위주의에 대한 혐오와 전략 · 전술적 유연성을 높이 샀다. (마르코스는 로자 룩셈부르크가 농민 생활을 업신여겼다는 것을 분명 알지 못했다.) 마르코스의 준거 틀은 역사적일 뿐만 아니라 현대적이기도 했다. 그는 2003년 9월 세계무역기구(WTO) 정상회담이 열리는 칸쿤에서 폭발한 반세계화 저항에 참여했다. 그리고 이라크를 침공한 데 대해 조지 W. 부시를 맹렬히 비난했다. 동시에 그는 록 음악을 인용하기도 했다. 또한 만화 주인공 호머 심슨의 슬기로움을 예로 언급하기도 했다. 마르코스는 미래의 완벽한 사회에 대한 전망을 그려 보이는 수고를 하느라 결코 속을 썩이지 않았다. 그에게는 계획이나 정책보다는 목표가 있었다. 마르코스와 사파티스타는 멕시코 원주민의 자활을 도와주고자 했고 이 투쟁에서 자신들의 안락함을 기꺼이 희생하려고 했다. 그들은 마을 주민들을 교육했다. 행정이 자리 잡는 것을 도왔다. 협동조합을 장려했다. 농민들의 전통적인 관행을 항상 존중하면서도 농업 발전에 관한 구상을 확산시켰다.

그러나 사파티스타는 지역에만 사로잡혀 있었다. 그들은 통상적인 국가 정치로부터 비켜섰고 다른 정당과 전혀 동맹을 맺지 않았다. 그들의 국제주의적 행동 강령은 외국의 무수한 단체들이 표방하는 강령과 별반 다르지 않았다. 실제로 경제적 세계화와 미국의 전 지구적 권력에 반대하는 데 특출하게 좌파적인 부분은 없었다. 사파티스타 민족해방군에게 외국인 찬양자들은 있었으나 멕시코 바깥의 조직적인 네트워크는 전혀 없었다. 그들의 통상적인 활동은 북아메리카와 유럽은 말할 것도 없고 멕시코 언론에서도 거의 보도되지 않았다. 사파티스타가 멕시코시티의 정부를 대신할 가능성은 미미했다.

21세기 초 공산주의는 사회를 변혁할 잠재력을 대부분 소진했다. 이스터 섬의 신비스런 석상처럼 레닌, 마오쩌둥, 호찌민, 김일성의 거대한 영묘는 계속 방문객들의 관심을 끌었다. 그러나 공산주의 국가라고 생각되는 나라의 사람들조차 점점 그들의 저술을 별로 신경 쓰지 않았다. 레닌주의는 어떤 변종이든 지지받기보다는 자주 미움받거나 조롱받았다. 공산당들은 당원과 사기, 이론적 근거를 잃었다. 그들은 세계적인 야심은 줄이고 애국적 지지를 끌어들이는 데 노력을 기울였다. 기회가 닿으면 지도자와 당 이름과 기본 이념을 바꾸었다. 현실에 존재하는 공산주의는 당혹스러울 정도로 다양했다. 세계는 카지노를 소유한 러시아 동지들과 구글이나 델 컴퓨터사와 거래하는 중국 동지들을 알게 되었다. 동시에 쿠바 동지들은 혁명적 유산에서 보호할 수 있는 것을 보호했다. 북한 동지들은 스탈린의 소련보다도 더 철두철미하게 억압적인 체제를 계속 강화했다. 아시아와 라틴아메리카의 게릴라 동지들은 자국의 자본주의와 양키 제국주의에 맞서 계속 전쟁을 수행했다. 대부분의 유럽 동지들은 마르크스-레닌주의의 전체주의적 관점과 완전히 결별했음을 강조했다. 그리고 그들은 서로 동지라고 부르는 것을 그만두었다.

결산
공산주의 성공과 실패의 이유

공산주의는 1917년 러시아에서 권력을 장악했을 때도, 그리고 20세기 말에 러시아와 다른 많은 나라들에서 정치적 패권을 상실했을 때도 전 세계에 놀라움을 불러일으켰다. 제1차 세계대전 때까지 마르크스주의자들은 혁명을 성취하기 위한 작업은 별로 하지 않으면서도 도처에서 좋은 혁명을 이야기했다. 많은 요인들이 모여 소련 체제를 만들었다. 레닌과 트로츠키가 스몰니 학교에서 10월혁명을 지도하는 동안 죽었다 하더라도 영구적인 일당 · 유일 이데올로기 독재 체제가 수립되었을 것이라고 믿을 만한 이유는 거의 없다. 또 결정적이었던 것은 19세기 후반 러시아에 존재했던 독자적 혁명 사상의 오랜 전통이었다. 테러, 독재, 중앙 집권주의, 교조주의는 열렬한 추종자를 끌어들였다. 러시아 제국 사회에는 깊은 분노의 감정이 널리 존재했으며 한쪽으로는 노동자와 농민을, 다른 쪽으로는 부유하고 유력한 엘리트들을 분리하는 감정의 골은 혁명가들이 그려낸 상상의 산물이 아니었다. 1914년부터 동맹국에 맞서 전쟁을 수행하면서 러시아 제국 내에 첨예한 긴장이 흘렀다. 군주정이 몰락했을 때 임시정부는 다른 어떤 교전국에서 일어난 것보다도 더 심각한 사회 · 경제적 비상 상황—전선에서 확대되는 혼란은 말할 것도 없고—을 경험했다. 공산주의자들은 혁명을 수행할 가장 좋은 기회를 부여받았고, 그 기회를 움켜잡았다.

독재 체제를 수립하기 전에 그들은 분명한 정책은 얼마 없었지만 기본적인 가설은 많이 가지고 있었다. 그리고 러시아와 유럽에서 저항이 공산주의로 발전해 갈 때 그들을 인도한 것은 바로 이 가설들이었다. 그들이 초기에 서투르게 공산주의 질서를 찾아 나가는 동안 소련은 경제와 국방에서 국제적으로 취약해졌고, 국내에서는 불만과 소외, 잠재적 저항의 파고가 높아져 갔다. 1920년대 말부터 스탈린의 정책은 소련을 산업화하여 강대국으로 변모시켰다. 스탈린은 레닌의 유산에 근거를 두면서도 레닌이 소중히 여겼던 많은 것을 버렸다. 그러나 일당 국가, 유일 이데올로기 문화, 초중앙 집권주의, 국가 통제 경제, 동원 사회 같은 레닌 체제의 초석은 고스란히 남았다.

소비에트연방은 세계에 자신의 등불을 밝히는 데 성공했지만 소비에트벨기에였다면 등불은 외국 열강에 의해 꺼져버렸을 것이다. 최초의 공산주의 실험이 크리스마스 섬에서 행해졌더라면 아마도 그냥 방치되었을 것이다. 그러나 그 실험이 한 나라에서 이루어졌다면 어떤 나라였든 간에 필연적으로 그 실험에 반대하는 십자군 운동을 자극했을 것이다. 러시아의 공산주의는 열강들에게 거의 유린될 뻔했지만, 1919년 말에 서방 연합국은 지정학적 고려와 내부 알력 때문에 당장 레닌을 전복하려는 야심을 포기했다. 1930년대에 붉은 군대의 전력이 증강되자 민주주의 국가들은 모스크바에 맞서 무기를 드는 것을 더 주저하게 되었다. 민주주의 국가의 사업가들은 소련에 수출하면서 상당한 이윤을 얻었다. 세계 대공황은 소련에게 이보다 더 적기에 발생할 수 없는 기회였다. 또 다른 우연한 행운은 러시아와 러시아의 국경 지대에 천연자원이 풍부하다는 사실이었다. 그 지역에서 다량으로 발견되지 않는 광물은 거의 없었다. 석유, 가스, 금, 니켈이 충분했고 거대한 숲을 벌목하여 목재를 생산할 수도 있었다. 이 같은 이점이 없었더라면 공산주의자들은 제2차 세계대전 이전에 이룩했던 것을 거의 성취하지 못했을 것이다. 지리적 상황은 소련에 아주 유리하게 작용했다.

또 소련 공산주의가 생존할 수 있었던 것은, 나라가 자본주의 세계와 교역은 하지만 정치 · 문화적으로는 단절되었기 때문이기도 했다. 스탈린은 공산주의에 따르지 않는 대안적 조직과 개인, 사상이 운신할 여지를 없애버렸다. 개인의 기업가 정신, 민족적 자기 주장, 정신적 탐구, 종교 의식은 거의 근절되었다. 국내적 계엄 상태가 존속했다. 흐루쇼프의 개혁은 이런 상황을 완화해주었고 브레즈네프는 흐루쇼프의 개혁 중 일부를 되돌리기는 했으나 과거의 극심한 긴장을 다시 도입하지는 않았다. 고르바초프는 흐루쇼프보다 더 나아갔다. 그는 계엄을 해제했고 고의는 아니었지만 체제를 붕괴시키고 말았다

그러나 만약 스탈린이 조물주의 장난으로 20세기가 지나서까지 살아남았다 하더라도, 스탈린 체제는 수정을 하지 않고서는 틀림없이 지속할 수 없었을 것이다. (물론 그루지야인들은 100세 이상 사는 사람이 많은 것으로 유명하다.) 스탈린은 비효율성과 장애물을 지닌 국가 질서를 감수해야 했다. 그에게는 그런 문제들을 제거할 능력이 없었다. 후견-피후견 관계가 지속되었다. 지역의 '둥지'를 제거하기란 불가능했다. 관료들은 경솔하게 행동했고 상부의 지시와 인민들의 욕구를 무시했다. 제품과 서비스의 질은 최고위층이 이용하는 것을 제외하고는 세계 기준에 한참 못 미쳤다. 경제는 양적 생산의 기준에 따라 움직였고, 5개년 계획을 완수했으나 그에 비례하여 대다수 사람들의 생활 형편이 나아지지는 않았다. 군사적 목표는 예산을 왜곡했고 사회의 조직과 공식적인 문화 전체에 영향을 끼쳤다. 스탈린은 열렬한 군사주의자였다. 그러나 그는 또한 풍요로운 사회를 창조하고자 했고 그도 그의 후계자들도 인민들의 욕구를 거의 충족시키지 못했다. 소련 통치자들이 반공산주의 경향을 제거하기보다는 억압하는 게 더 효율적이라고 이해하면서 문제는 더 늘어났다. 스탈린주의적 전체주의의 표면 아래에서는 다

른 종류의 질서가 여전히 다시 발아할 수 있는 채로 남아 있었다. 혁명 이전의 사회의 뿌리는 끈질기게 생명을 유지했다.

소련의 통치자들이 테러 체제를 느슨하게 했을 때 소련이 취약해진 것이 꼭 이것 때문만은 아니었다. 소련 사람들 대다수는 20세기 초보다도 1980년대에 교육을 더 잘 받았고 정보에 더 밝았다. 점점 더 많은 사람들이 외국의 발전상을 알게 되었다. 공산주의 통치자들은 경제가 산업화의 첫 단계를 지나면서 점점 복잡해지는 과제에 직면했다. 과학, 학문, 경영 전문가들의 능력을 필요로 하는 문제들이 발생했다. 체제의 자문관들은 정책을 입안하는 데 좀 더 큰 영향력을 획득했다. 지도부는 물질적 수요를 충족할 수 있는 능력이 있다고 과장했다. 그러나 실패가 반복되면서 대중의 분노가 점점 더 커졌다. 불행하게도 공산주의 질서는 현 정책의 범위 밖에서는 창의성이 발전하지 못하게 하는 요소를 내포하고 있었다. 군비 부문의 역동성은 경제 전반에 걸쳐 재생산되지 못했다. 아무리 제도를 손보고 국민들을 달콤한 말로 속여도 소용이 없었다. 소련식 공산주의는 제도적 장치를 만드는 데 수십 년이 걸렸다. 엔진은 우렁찬 소리를 내고 저속 기어에서 잘 움직였지만 움직임은 항상 막다른 골목으로 치달았다.

바로 이러한 것이 국가 차원에서 약간의 조정을 거쳐서 1945년 이후 동유럽의 대다수 나라들에 도입된 체제였다. 공산주의자들이 집권하자마자 똑같은 어려움이 발생했다. 정치적 억압과 경직된 경제, 사회적 소외가 존재했다. 냉담과 환멸이 확산되었다. 모든 공산주의 국가에서 공산당은 당원을 대규모로 끌어들였지만, 신입 당원들 사이에서 냉소가 재빨리 이상주의를 압도해버렸다. 정부의 공산주의자들은 기술 전문가들의 도움이 필요했고, 공산주의 체제에서 훈련받은 자들을 포함한 전문가들은 공식 정책이 자신들의 이익과 충돌하자 정책을 이해하기 힘들도록 까다롭게 만들었다. 어디서나 똑같이 구태의연한 속임수가 존재했다. 관리들은 같은 후견인에게 보호받는 '피후견인들'끼리 무리를 지었다. 상부로 전달되는 정보는 발송자에게 유리하고 수령자가 혹시라도 귀찮고 불편한 계획을 행하려 들지 않도록 왜곡되었다. '중앙'을 속이는 것이 생존 양식이 되었다. 공산주의는 다른 유형의 정치 체제보다 행정가들이 최고 지도부에 정확한 정보를 전달하는데 훨씬 더 의존했다. 공산주의는 정확한 정보 전달이라는 목표를 결코 달성하지 못했다.

공산주의자들은 다당제 선거를 폐지하고 자신들의 정책을 공개적으로 비판하지 못하게 했다. 그들은 독립적인 언론 기관들을 짓밟았고 자신들의 중앙 당 기관지, 국영 라디오 방송국, 텔레비전 방송국을 공공 정보의 유일한 전달자로 만들었다. 그들은 적절한 법적 절차를 무시했다. 영향력 있는 반대 의견을 내는 정당들을 불법화했다. 그들은 자신들이 지혜롭다고 생각했다. 그들의 이데올로기가 권력 분립이 부르주아적 속임수라고 말해주었으며, 또 그들은 일체화된 국가 기관들이 좀 더 책임 있는 체제를 만드는 데 기여할 것이라고 생각했다. 마르크스는 루소를 따라 이러한 사고방식을 발전시켰고 레닌은 마르크스의 생각을 열정적으로 자신의 사고방식에 접목했다. 이 사고방식은 이론과 실천에서 대재앙이었다. 공산주의 통치자들은 자신들에게 도달하는 정보의 진실성을 점검할 중요한 도구를 스스로 제거했다. 비공식적인 언론 네트워크가 없는 그들은 자유 토론에 접근할 길이 없었다. 헌법적 · 사법적 타당성의 부재는 행정적 권한의 남용을 예방할 여지를 미리 없애버렸다. 동유럽 공산주의는 소련의 길을 따를 수밖에 도리가 없었다. 다른 곳에서, 그러니까 중국과 쿠바에서 통치자들은 소련에 복종할 의무를 강요받지 않았다. 그들이 공통의 이데올로기를 고수한 것은 의심의 여지가 없다. 하지만 그들도 소련식 모델을 채택했는데, 그러지 않을 경우 인민의 불만과 저항이 맹렬히 쏟아져 체제가 붕괴할 것이라고 인식했기 때문이다.

완전한 공산화를 이루겠다는 열정을 완화한 공산주의 지도자들이 있었다. 공산당 집권에 실패한 지도자들만 그런 것은 아니었다. 사생활에서는 파리 한 마리도 죽이지 못할 사람도 있었다. 부하린은 동물 애호가이자 산악인이며 화가였다. 그러나 마음씨 고운 부하린은 원칙적으로 독재와 테러를 포기하지 않았고 소비에트 국가 초기에 볼셰비키가 저질렀던 폭력의 대부분을 묵인했다.

다당제 선거와 시민권은 인민에 의한 통치를 만들어내지 못한다. 그것들이 가난하고 약한 사람보다 부유하고 강한 사람에게 유리하다는 매우 강력한 증거가 있다. 엘리트들이 지배한다. 영향력 있는 이익 집단은 국가가 중요하게 여기는 순서대로 늘어선 행렬을 헤치고 맨 앞으로 나아간다. 공산주의자들은 자유민주주의 체제에서는 정치적 · 사회적 · 민족적 억압이 불가피하다고 결론을 내렸다. 또 자본주의가 본질적으로 불안정하고 불공정하다고 믿었다. 그들은 자본주의의 종말이 가까워졌다고 생각했다. 공산주의는 기술적 독창성이 뛰어난 체제로 입증될 것이었다. 이러한 분석은 과장과 노골적인 부정확함이 치명적으로 혼합된 결과였다. 시민권과 정치적 민주주의를 가진 나라가 권력 남용을 제거하는 데 훨씬 더 효율적이었다. 게다가 자본주의는 대중 소비 시장에 내놓을 새롭고 쓸모 있는 제품을 개발하는 데 탄력적으로 움직였다. 점점 더 많은 나라들이 최근 수십 년 동안 더 많은 국민들에게 혜택을 주는 쪽으로 경제를 확대했다. 전반적으로 궁핍해지리라는 마르크스와 엥겔스의 예측은 현실화되지 않았다. 마르크스와 엥겔스는 시장 경제가 팽창하면서 거의 모든 사람들을 극빈 상태로 몰아넣을 것이라고 주장했다. 레닌주의자들은 자본주의 체제에서는 세계 전쟁이 불가피하다는 예측을 덧붙였고, 아직까지는 그들도 신뢰할 수 없는 예언자로 드러났다.

공산주의가 자신들이 목표를 달성하는 것을 방해하고 있음을 감지한 일부 공산주의 지도자들은 민족주의라는 피난처로 내뺐다. 다만 소련의 힘에 얽매인 동유럽의 대다수 정권에게는 그런 선택을 할 자유가 거의 없었다. 티토와 차우셰스쿠는 예외였다. 그러나 그들에게도 문제가 있었다. 티토는 민족 국가가 아니라 민족들의 연방을 통치했으며, 그가 생각하는 유고슬라비아주의에 한정적 지지만을 획득했다. 차우셰스쿠는 루마니아 민족의 전사로서 자신을 과시했지만 실제로는 루마니아의 종교와 문화를 박살냈고 대부분의 루마니아인들은 그와 그의 부하들을 증오했다. 중국, 북베트남, 쿠바는 민족주의로 파고들기에 더 나은 처지였다. 중국은 소련과 사이가 멀어지고 자국 특유의 정책을 도입하면서 독립을 주장했다. 북베트남과 쿠바는 모스크바의 지원을 계속 받았지만 지리적으로 거리가 떨어져 있었고, 따라서 호찌민과 카스트로는 어느 정도 자기들이 원하는 대로 국가를 운영할 기회가 있었다. 마오쩌둥, 호찌민, 카스트로는 공산화라는 목적을 비난하는 많은 국민들에게도 민족의 옹호자로서 훌륭하다고 인정받았다. 이것은 새로운 현상이 아니었다. 레닌과 스탈린은 마지막 차르들보다 더 효과적으로 러시아를 옹호한 지도자로서 호소력을 지녔다.

민족주의의 요소들은 통치자가 겪는 곤경을 완화하기는 했으나 결코 해결하지 못했고, 일부 개혁가들은 소련식 모델과 외국의 많은 변종들이 또 다른 종류의 개편을 요구한다고 믿었다. 이 경향은 개혁 공산주의로 알려졌다. 공산주의자들 자신이 특정 공산주의 국가가 취한 형태, 즉 그 정책이나 제도, 지도자 또는 사회 구조에 반대하기 시작한 이래 그들은 잘못된 것은 공산주의 자체가 아니라 국가가 그것을 시행하는 방식이라고 말하고 싶은 유혹에 시달렸다. 이런 일은 10월혁명 후 곧 발생했다. 오, 레닌이 일찍 죽지만 않았더라면. 부하린이 좀 더 훌륭한 정치가여서 스탈린의 집권을 막았더라면. 러시아의 경제와 문화가 그렇게 후진적이지 않았고, 그렇게 많은 자본주의 강대국들에 정면으로 맞서지 않았더라면. 이와 같은 반응은 핵심을 놓친 것이다. 완벽한 사회는 그 사회를 건설하려면 완벽한 조건이 필요하다는 전제 위에서는 건설될 수가 없다. 공산주의는 그 성격상 선진 자본주의 세계에 도전을 감행한다. 자본주의자들은 필연적으로 도전에 응한다. 실제로 마르크스주의자들은 자본주의자들이 그런 식으로 행동할 것이라고 예측했다. 그리하여 어느 지역의 어떤 공산주의 프로젝트도 국내외의 어려움을 극복하지 않고서는 지탱할 수 없다는 결론이 나온다. 대규모 억압을 사용하지 않으면 그와 같은 어려움은 궁극적으로 정치 · 사회 · 경제적 비상 상황을 낳을 것이다.

1956년 헝가리 공산주의는 개혁에 착수한 뒤, 소련 침공이 없었더라면 공산주의 질서를 일소했을 인민들의 반란에 압도당했다. 1968년 프라하의 봄은 경제적 탈집중화와 공개적인 정치적 논의를 도입했다. 두브체크는 전차가 수도로 밀고 들어왔을 때 이미 정치적 수단을 장악할 힘을 잃어버린 상태였다. 이런 증거들이 시사하는 바는, 공산주의를 개혁하는 어떤 과정도 결국 공산주의를 근본적으로 다른 것으로 변모시키는 운동으로 전화하는 것 같다는 것이다. 브레즈네프는 이 점을 이해했고 개혁에 등을 돌렸다. 그리고 그의 전임자 흐루쇼프는 개혁가였으면서도 소련의 정치 · 경제적 건물의 하중을 떠받치는 벽은 절대 건드리지 않았다. 어떤 한계가 존재했고, 공산주의 지도부가 스스로 완전히 다른 종류의 국가로 대체되기를 피하고 싶다면 그 한계를 밟고 넘어서는 일은 위험한 것이었다.

위험은 쉽게 이해할 수 있다. 국가의 간섭으로부터 자유롭게 사생활을 즐기고 싶은 바람은 결코 없어지지 않았다. 개인과 가정에 공산주의가 간섭해 온 역사는 이러한 열망을 강화했다. 게다가 거래로 이윤을 얻는다는 관념도 절대 사라지지 않았다. 공산주의 체제에서 자유 시장이 급격히 축소되었지만 개인적 이득을 목적으로 한 교환은 근절되지 않았다. 사실 그런 교환은 선진 자본주의 경제보다 공산주의 국가들에서 종종 더 만연했다. 또 사람들은 자기 나름대로 정치적으로 생각하는 것도 멈추지 않았다. 정부에 대한 불신은 일상적이었고 공산주의가 지속하면서 더욱 깊어졌다. 노멘클라투라의 특권에 대한 분노가 팽배했다. 종교적 신앙도 근절되지 않았다. 일부 국가들(가장 뚜렷한 경우는 폴란드다)에서 조직적인 기독교는 반공산주의를 실행하는 가공할 만한 도구가 되었다. 취미, 스포츠, 오락을 자유롭게 선택하고 싶어 하는 욕구는 강력한 기질로 남았다. 사회를 단순히 동원되는 자원 이상의 것으로 대우해주기를 바라는 갈망이 지속되었다. 서방에 관한 지식도 확산되었고, 조잡한 공산주의 선전을 거부하는 국민들이 점점 늘어났다. 외국 사회가 누리는 물질적 · 사회적 이점을 공유하지 못하게 가로막는 장벽을 붕괴시키고자 하는 열망이 강해졌다.

따라서 공산주의 지도부가 공정한 선거로 자신들의 위상을 시험해보지 않으려 한 데는 확실한 이유가 있었던 것이다. 그들은 패배하리라는 것을 알았다. 페레스트로이카 시기의 소련에서조차 사정은 똑같았다. 고르바초프는 여론조사에서는 엄청나게 우세했지만, 정치적 다원주의의 도입에 신중해야 할 이유가 있었다. 1990년에 일당 체제를 철폐했을 때 그는 엄청난 도박을 하고 있었고 그 결과 이루어진 경쟁은 소련 체제를 훼손하는 데 크게 기여했다. 결론적으로 공산주의 정부들은 레닌과 스탈린이 개발한 소련식 모델을 시행할수록 점점 강력해진 것이 틀림없었다. 소련식 모델의 근본적인 특징들을 복제할 수 없었거나 복제하려 하지 않았던 국가들은 내부의 해체나 외부의 개입에 취약했다. 동유럽의 너지와 두브체크는 힘들게 이 교훈을 배웠다.

그러나 개혁을 거부한, 또는 개혁을 단지 희석화된 형태로만 실시한 동유럽의 공산주의 국가 중 많은 국가들이 1989~1991년에 잇따라 제풀에 전복되었다. 국내외를 위압하던 국가 질서가 붕괴했다. 공산주의는 강제로 통합되어 있었을 뿐, 지정학, 경제적 실패, 사회적 주장, 세대 변화, 이데올로기적 파산, 정치적 선택이라는 요인들의 우연한 결합이 공산주의를 무너뜨렸다. 급속한 탈공산화의 전망이 열렸다. 신기한 점은 공산주의 체제에 존재했던 많은 생활상들이 공산주의 해체 이후에도 살아남았다는 것이다. 상황은 나라마다 다르지만 소련과 동유럽의 몇몇 국가들에는 정치적 억압, 경제적 부패, 사회적 특권이라는 특징이 계속 남아 있다. 후견-피후견 관계, 선거의 속임수, 경찰국가적 통치 방식은 어느 곳에서도 사라지지 않았다. 공산주의 통치자와 행정가들은 공산주의가 운이 다했음을 감지하자 자신들이 내세웠던 공식적인 공산주의적 약속을 버렸지만, 많은 제도적 기술과 운영 기술은 그대로 보존했다. 사회 전체에 걸쳐 인민들은 이러한 상황에 익숙해졌다. 이러한 기술은 초기 공산주의자들의 전매특허가 아니었다. 공산주의는 혁명 전 과거로부터 그런 기술들의 전부 또는 일부를 채택해 역동적으로 강화했던 것이다.

따라서 국가가 소련형 국가 체제로부터 다른 체제로 유순하게 이행하는 것은 흔치 않은 행운이었다. 애국적인 합의가 폴란드나 다른 나라들에서 도움이 되었다. 시민적 · 종교적 · 개인적 자유의 보존도 마찬가지 역할을 했다. 국가가 선거, 법치, 합헌성에 헌신하는 것이 결정적으로 중요했다. 그리고 새로운 통치자들은 모든 선수들을 정정당당하게 행동하도록 확실히 관리할 정치 게임의 규칙을 정할 필요가 있었다.

파시즘은 공산주의보다 절멸시키기가 훨씬 더 쉬웠다. 제2차 세계대전 후 독일연방공화국과 이탈리아공화국은 대의제 민주주의와 법치, 다원주의적 언론을 재빨리 도입했다. 서방 연합국은 전쟁에서 승리를 거두었고 자신들이 원하는 종류의 평화 조약을 강제했으며, 독일인과 이탈리아인들은 이에 대체로 동의했다. 이러한 성공은 히틀러와 무솔리니가 일으킨 사회 변화가 제한적인 성격을 띠었기 때문에 가능했다. 그들 치하에서는 사기업이 번성했다. 종교는 절멸 운동의 대상이 아니었다. 외국 여행은 불법화되지 않았다. 히틀러는 장기적으로 독일의 나치화를 완수하고자 했지만 야망을 이루기 전에 전쟁에서 졌다. 1945년의 상황에서 미국과 동맹국들이 자유민주주의에 필수적인 독일 사회의 조직들을 되살리는 일은 어렵지 않았다. 이런 상황은 공산주의 국가에서 일반적이지 않았다. 공산주의는 정치, 경제, 사회, 신념 체계 등 생활의 모든 부문에 침투했다. 소련에서 공산주의는 70년을 지속했다. 심지어 공산주의는 이보다 더 짧은 기간 동안 존속한 곳에서도 대체로 동일한 범위의 부문에서 시행되었다. 공산주의와 근본적으로 다른 체제가 몇몇 나라에서 발전하는 데 오랜 세월과 많은 노력이 걸리는 것은 놀랄 일이 아니다.

20세기에 벌어진 모든 비인도적인 행동을 공산주의자들이 저지른 것이 아니라는 사실은 아무리 강조해도 지나치지 않다. 아돌프 히틀러는 제3제국의 유대인, 집시, 동성애자, 정신병 환자 수백만 명을 몰살했다. 공산주의자는 1994년 르완다에서 자행된 집단 학살에 연루되지 않았다. 베트남과 캄보디아 숲에 네이팜탄을 떨어뜨린 것은 미국 공군이었다. 게다가 자본주의가 기록한 사회적 · 생태학적 영향이 전적으로 긍정적인 것도 아니다. 볼리비아 광부들은 끔찍한 상황을 겪었다. 1984년의 인도 보팔 화학 공장 참사는 미국 회사의 총체적인 부주의가 낳은 결과였다. 브라질과 인도네시아에서 열대 우림이 파괴된 것은 개인들의 상업적 탐욕 때문이었다. 또 자본주의가 항상 민주주의와 보편적 복지와 교육을 지지한 것도 아니었다. 라틴아메리카, 동남아시아, 아프리카의 많은 국가들은 상황을 변화시키려 하는 자유민주주의를 전혀 누리지 못하고 20세기 대부분의 시간 동안 독재자와 부패한 엘리트들, 야만적인 보안군에 의해 운영되었다.

더군다나 공산주의를 초래한 자극들은 휴면 중이 아니다. 정치 · 경제적 억압은 여전히 광범위하게 이루어지고 있다. 민족적 · 사회적 · 종교적 박해가 지속되고 있다. 옛 제국들이 사라졌지만 소수의 강대국에 의한 이기적인 세계 지배는 계속되고 있다. 생명 · 신체의 안전, 교육 기회, 식량, 주택과 고용의 보장이 수십억 사람들에게 여전히 필요하다. 급진적인 운동이 일어나서 이러한 현 상황에 도전할 여지는 많다. 이 글을 쓰고 있는 지금 가장 강력하고 위험한 현상은 이슬람의 테러리즘이다. 적극적인 추종 세력은 소수에 불과하지만, 광적인 주창자들은 세계의 정치적 힘의 균형을 흔드는 데 이미 성공했다. 이슬람 테러리스트들이 지닌 영향력은 상당 부분 선진 자본주의가 그들 공동체의 물질적 · 정신적 기반을 황폐화시키고 있다는 이슬람교도 사이의 대중적 감정에 기대고 있다. 제1차 세계대전 이전에 마르크스주의 지식인들이 산업 프롤레타리아의 대의를 채택했듯이, 지금 이슬람은 자신들이 믿는 근본적 가치를 실현하는 데 전념하는 비타협적인 혁명가들을 낳았다. 앞으로 자유민주주의, 자본주의 경제, 다원주의 사회와 갈등하는 아직 알려지지 않은 다른 운동들이 나타날지도 모른다. 1917년 이래의 마르크스주의처럼 그와 같은 운동들이 국가 전체에 대한 통제력을 장악할 수도 있다는 주장을 무시할 수는 없다.

공산주의 자체가 소련이나 마오쩌둥의 중국에서 존재했던 형태로 되돌아갈 것 같지는 않다. 실제로 공산주의가 전면적인 형태로 부활하는 일은 확실히 상상할 수가 없다. 아마도 소그룹의 진정한 신봉자들이 자유민주주의 국가나 많은 비밀 운동에서 살아남겠지만, 지식인과 일반 대중에게는 완전히 신뢰를 잃었다.

그러나 이데올로기와 정치는 바이러스처럼 돌연변이를 일으켜 확산된다. 바이러스는 자신을 콕 집어서 절멸하려는 모든 의학적 노력을 방해한다. 공산주의도 마찬가지였다. 레닌과 볼셰비키는 새로운 종류의 국가를 창출하는 길을 암중모색했다. 그들이 나아간 길은 그밖의 지역에서 공산주의 체제를 위한 틀에 박힌 형식이 되었다. 그리고 소련 자체는 그 후 수십 년 동안 내적 변형을 경험했다. 공산주의는 또 다른 사회 변혁 운동에도 영향을 주었다. 마르크스-레닌주의의 전체주의적 사상과 제도와 실천은 정치적 극우파에 심대한 영향을 끼쳤다. 법, 헌법, 국민의 동의를 무시하는 일당 · 유일 이데올로기 국가는 양차 세계대전 사이의 이탈리아와 독일에 이식되었다. 무솔리니도 히틀러도 공산주의에 대응해 행동한 것만은 아니었고, 포괄적 통제에 사회가 강제로 굴복한 양상은 소련, 이탈리아, 독일에서 각각 다른 형태를 띠었다. 그러나 선례의 중요성은 부인할 수 없다. 생활의 모든 측면—정치·경제·사회·문화·정신—에 침투하는, 아무런 제한 없는 국가 권력이라는 목표는 그들이 공유하는 특징이었다. 동일한 현상이 사담 후세인이 통치하는 이라크의 세속주의 바트당 체제에서도 등장했고 아프가니스탄의 탈레반 통치에서뿐만 아니라 오사마 빈 라덴이 지향한 이슬람주의 구상에서도 나타났다.

무솔리니와 히틀러에서 빈 라덴에 이르기까지 그와 같은 모든 지도자들은 공산주의를 증오했다. 그들은 공산주의를 절멸하는 데 전념했다. 그러나 그들은 공산주의를 페스트균으로 여기면서도 공산주의 선례의 영향을 받았다. 공산주의는 전이의 특성을 지닌 것으로 밝혀졌다. 공산주의는 마지막 공산주의 국가가 사라졌을 때에도 오랫동안 사후의 삶을 누릴 것이다.

| 주석 |

1장 마르크스 이전의 공산주의

1. D. McLellan, *Karl Marx : His Life and Thought*, p. 128.
2. *Ibid.*, p. 28.
3. *Ibid.*, p. 139.
4. N. Cohn, *The Pursuit of the Millennium : Revolutionary Millenarians and Mystical Anarchists of the Middle Ages*, ch. 1.
5. *Gospel according to St Matthew*, chs 5-7.
6. *The Dead Sea Scrolls*.
7. T. More, *Utopia*; T. Campanella, *The City of the Sun*.
8. Cohn, *The Pursuit of the Millennium*, chs 12-13.
9. C. Hill, *The World Turned Upside Down : Radical Ideas during the English Revolution*.
10. W. Doyle, *Oxford History of the French Revolution*, pp. 324-327.
11. G. Lichtheim, *A Short History of Socialism*, pp. 54, 56 and 58-59.
12. *Ibid.*, pp. 42-3, 45-46 and 53-55.
13. *Ibid.*, pp. 53 and 55-59.
14. K. Bock, "Theories of Progress, Development, Evolution" in T. B. Bottomore and R. Nisbet (eds), *A History of Sociological Analysis*, pp. 60-67.
15. I. Berlin, *Karl Marx : His Life and Environment*.
16. J. L. Talmon, *The Origins of Totalitarian Democracy*, pp. 41-49.
17. *Ibid.*, pp. 46-47.
18. N. Machiavelli, *The Prince*.
19. R. Porter, *The Enlightenment*.

2장 마르크스와 엥겔스

1. D. McLellan, *Karl Marx : His Life and Thought*, ch. 2.
2. F. Wheen, *Karl Marx*, pp. 256-257.
3. K. Marx and F. Engels, *The Communist Manifesto*, p. 103.
4. *Ibid.*, p. 102.
5. *Theses on Feuerbach* in D. McLellan (ed.), *Karl Marx : Selected Writings*, p. 158.
6. McLellan, *Karl Marx : His Life and Thought*, pp. 155-166.
7. *Capital : A Critique of Political Economy*, vol. 1.
8. McLellan, *Karl Marx : His Life and Thought*, pp. 361 *et seq.*

9. *Ibid.*, pp. 391–402.
10. *Ibid.*, pp. 276–280.
11. T. Shanin, *Late Marx and the Russian Road : Marx and 'the Peripheries of Capitalism'*.
12. F. Engels, *Anti-Dühring; The Dialectics of Nature; The Origins of the Family, Private Property and the State*.
13. 주 9를 보라.
14. F. Mehring, *Karl Marx : The Story of His Life*, pp. 161–165.
15. K. Kautsky, *The Agrarian Question*.

3장 마르크스주의에 대한 도전

1. H. J. Steinberg, *Il socialismo tedesco da Bebel a Kautsky*, chs 1–2.
2. D. Geary, *Karl Kautsky*, ch. 3.
3. E. H. Carr, *Michael Bakunin*.
4. R. Hilferding, *Boehm-Bawerk's Criticism of Marx*; R. Luxemburg, *The Accumulation of Capital*.
5. W. J. Mommsen, *The Age of Bureaucracy : Perspectives on the Political Sociology of Max Weber*.
6. R. Michels, *Political Parties : A Sociological Study of the Oligarchical Tendencies of Modern Democracy*, parts 1–2. T. B. Bottomore, *Elites and Society*, chs 2–3.
7. E. Bernstein, *Evolutionary Socialism*.
8. 다비트의 저술은 러시아어로 번역되면서 국제적 충격을 주었다. 그 저술은 레닌의 분노를 샀다. 레닌의 *Polnoe sobranie sochinenii*, vol. 5, pp. 222–235를 보라.
9. 본서 pp. 88~95을 보라.
10. K. Kautsky, *The Agrarian Question*. M. Salvadori, *Karl Kautsky e la rivoluzione socialista*, chs 2–3.
11. G. Haupt, *Socialism and the Great War : The Collapse of the Second International*, pp. 11–29.
12. M. S. Shatz, *Jan Waclaw Machajski : A Radical Critic of the Russian Intelligentsia*.
13. Michels, *Political Parties*, part 6.
14. J. P. Nettl, *Rosa Luxemburg*, vol. 2, ch. 13.
15. D. A. Smart (ed.), *Pannekoek and Gorter's Marxism*.
16. R. Luxemburg, *The Mass Strike*.
17. 본서 pp. 80~81를 보라.
18. *Austro-Marxism*, pp. 102–135.
19. *Ibid*.
20. Haupt, *Socialism and the Great War*, pp. 19–22.
21. 본서 pp. 110~111를 보라.

4장 러시아 마르크스주의

1. A. Walicki, *The Controversy over Capitalism : Studies in the Social Philosophy of the Russian Populists*.
2. 본서 p. 58를 보라.
3. R. Service, *Lenin : A Political Life*, vol. 1, chs 4–5.
4. *Ibid.*, pp. 110–111.

5. *Ibid.*, ch. 9.
6. 본서 pp. 61~62를 보라.
7. Service, *Lenin : A Political Life*, vol. 1, pp. 33-37 and 128-133.
8. R. Service, *Lenin : A Biography*, pp. 188-189.
9. *Ibid.*, ch. 9.
10. Service, *Lenin : A Political Life*, vol. 1, pp. 165 *et seq.*
11. R. C. Williams, *The Other Bolsheviks : Lenin and his Critics*, 1904-1914, pp. 66-80.
12. R. Service, *Stalin : A Biography*, p. 65.
13. J. P. Nettl, *Rosa Luxemburg*, vol. 1, pp. 224-227.
14. Service, *Lenin : A Political Life*, vol. 2, ch. 2.
15. G. Haupt, *Socialism and the Great War : The Collapse of the Second International*; Service, *Lenin : A Biography*, p. 103.
16. Service, *Lenin : A Biography*, pp. 226-228.

5장 레닌과 10월혁명

1. R. Service, *The Russian Revolution, 1900-1927*, pp. 39-40.
2. R. Service, *The Bolshevik Party in Revolution : A Study in Organisational Change*, pp. 42-62.
3. *Gosudarstvo i revolyutsiya* in V. I. Lenin, *Polnoe sobranie sochinenii*, vol. 33.
4. R. Service, *Lenin : A Political Life*, vol. 2, pp. 216-223.
5. 레닌주의적 공산주의와 경쟁 사회주의, 사회민주주의의 변종들 간의 구체적인 차이는 본서 pp. 173~175에서 논의한다.
6. A. Rabinowitch, *The Bolsheviks Come to Power*.

6장 최초의 공산주의 국가

1. R. Service, *The Bolshevik Party in Revolution : A Study in Organisational Change*, pp. 82-83.
2. I. Getzler, *Kronstadt 1917-1921 : The Fate of a Soviet Democracy*, pp. 233-244.
3. Service, *The Bolshevik Party in Revolution*, ch. 4.
4. *Ibid.*, pp. 101-109.
5. *Ibid.*, p. 147.
6. *Ibid.*, p. 125.
7. R. Service, *Lenin : A Biography*, pp. 268-269.
8. *Ibid.*, pp. 380-381.
9. *Ibid.*, p. 233.
10. R. Service, *Lenin : A Political Life*, vol. 3, p. 211.
11. L. Chamberlain, *The Philosophy Steamer : Lenin and the Exile of the Intelligentsia.*
12. Service, *Lenin : A Political Life*, vol. 3, pp. 244-248.
13. Service, *Lenin : A Biography*, p. 43.
14. R. Service, "Bolshevism's Europe from Lenin to Stalin, 1914-1928", in S. Pons and A. Romano (eds), *Russia in the Age of Wars, 1914-1945*, pp. 69-78.
15. Service, *Lenin : A Political Life*, vol. 3, pp. 179-180.

7장 유럽의 소비에트 혁명

1. R. Service, *Lenin : A Political Life*, vol. 3, pp. 45-46.

2. RGASPI, f. 325, op. 1, 62, p. 4.
3. J. P. Nettl, *Rosa Luxemburg*, vol. 2, pp. 761–777.
4. American Legation in Belgrade to Herbert Hoover, 25 March 1919 : T. T. C. Gregory Papers (HIA), box 2.
5. M. Kàrolyi, "The History of my Abdication"(typescript : Vienna, 15 July 1919), pp. 3–6 : T. T. C. Gregory Papers (HIA), box 2.
6. Letter of Philip Marshall Brown to Archibald Cary Coolidge, 17 April 1919 : Hungarian Political Dossier, vol. 1 : T. T. C. Gregory Papers (HIA), box 2. 브라운은 쿤을 1919년 4월 15일에 만났다.
7. *American Relief Administration Bulletin*, no. 19, 25 July 1919 : Gibbes Lykes Papers (HIA), box 1.
8. Lt Emery Pottle and Dr E. Dana Durand, "An Interview with Bela Kuhn[sic]", *American Relief Administration Bulletin*, no. 19, 25 July 1919, pp. 34–35.
9. A. R. Hunt, *Facts about Communist Hungary*, p. 6.
10. *Ibid.*, p. 3.
11. *Ibid.*, p. 4.
12. H. James (American representative on the Interallied Danube Commission), "Report on trip to Germany–Austria and Czecho–Slovakia", p. 1 : Henry James Papers (HIA).
13. T. T. C. Gregory (the American Relief Administration's director for central Europe), "Stemming the Red Tide" (typescript, 1919), p. 70 : T. T. C. Gregory. Papers (HIA), box 1.
14. Notes on communism in central Europe (typescript, 제목과 날짜 미상), p. 2 : T. T. C. Gregory Papers (HIA), box 1.
15. Telegrams, 2 February and 19 April 1919 : RGASPI, f. 17, op. 109, d. 46, pp. 1–2.
16. T. T. C. Gregory, "Beating Back Bolshevism" (typescript, 날짜 미상 [1920?]), p. 6 : T. T. C. Gregory Papers (HIA), box 1.
17. Trotski's message to Rakovski, Podvoiski and Antonov–Ovseenko, 18 April 1919 : RGASPI, f. 325, op. 1, d. 404, p. 86, and Lenin's telegram to Aralov and Vacietis, 21 April 1919, *Ibid.*, p. 92; telegram of Vacietis and Aralov to Antonov, 23 April 1919, *Ibid.*, op. 109, d. 46, pp. 3–5.
18. 본서 pp. 156~158을 보라.
19. R. L. Tökés, *Béla Kun and the Hungarian Soviet Republic : The Origins and Role of the Communist Party of Hungary in the Revolutions of 1918–1919.*
20. Memorandum by Ferenc Julier, former Commander of the General Staff of the Red Army; 1933년에 후버 도서관용으로 기록되어 영어로 번역되었다. : Hungarian Subject Collection (HIA), p. 3.
21. Report of T. T. C. Gregory (American Relief Administration) to Herbert Hoover, 4 June 1919, pp. 1–2 : T. T. C. Gregory Papers (HIA), box 1.
22. Memorandum of Ferenc Julier (주 20을 보라.), pp. 3–4 and 14.
23. Inter–Allied Military Commission (Budapest) to Supreme Council of the Peace Conference, 19 August 1919 : Gibbes Lykes Papers (HIA), box 1; Logan to Paris, 13 August 1919.
24. Office diary, 13 February 1919, p. 3 : Herbert Haviland Field Papers (HIA). 필드는 미국 강화조약위원회의 대표였다.
25. Office diary, 15 March 1919, p. 10 : Herbert Haviland Field Papers (HIA).
26. J. Cornwell, *Hitler's Pope : The Secret History of Pius XII*, p. 75.
27. R. Leviné–Meyer, Leviné the Spartacist, p. 104.

28. *Ibid*.
29. *Ibid*., p. 95.
30. R. J. Evans, *The Coming of the Third Reich*, pp. 60–76
31. Leviné-Meyer, *Leviné the Spartacist : The Life and Times of the Socialist Revolutionary Leader of the German Spartacists and Head of the Ill-Starred Munich Republic of 1919*, p. 153.
32. E. Toller, *An Appeal from the Young Workers of Germany*.
33. I. N. R. Davies, *White Eagle, Red Star*, chs 3–6.
34. Service, *Lenin : A Political Life*, vol. 3, p. 141.
35. Speech by Stalin to the Twelfth Party Congress, section on 'the national question', 25 April 1923 : *ITsKKPSS*, no. 4 (1991), p. 171. See Service, *Lenin : A Political Life*, vol. 3, pp. 191–192.
36. S. White, *Britain and the Bolshevik Revolution : A Study in the Politics of Diplomacy*, 1920–1924, chs 1–2.
37. R. H. Ullman, *The Anglo-Soviet Accord*, pp. 474–478.
38. R. L. Tökés, 'Béla Kun : The Man and the Revolutionary', in I. Völgyes (ed.), *Hungary in Revolution, 1918–19*, pp. 186–189.
39. Letter of Stalin to Zinoviev, August 1923, 지노비예프는 이 편지를 1923년 7~8월에 열린 중앙위원회와 중앙통제위원회의 합동 총회에서 낭독했다. : RGASPI, f. 17, op. 2, d. 317 (Viii), p. 22; 같은 총회에서 스탈린이 행한 단호한 논평들. : RGASPI, f. 17, op. 2, d. 293, pp. 99–101.

8장 생존 투쟁과 권력 투쟁

1. R. Service, *Lenin : A Political Life*, vol. 3, ch. 9.
2. R. Service, *The Bolshevik Party in Revolution : A Study on Organisational Change*, pp. 168–169.
3. 나는 러시아 역사 저술의 탁월한 번역가인 브라이언 피어스(Brian Pearce)의 제안에 따라 이 그룹의 명칭을 'Change of Waymarks'로 했다.
4. Service, *The Bolshevik Party in Revolution*, p. 168.
5. D. Koenker, *Moscow Workers and the 1917 Revolution*, pp. 171–186.
6. A. Pospielovsky, 'Strikes during the NEP', *Revolutionary Russia*, no. 1 (1997).
7. C. Read, *Culture and Power in Revolutionary Russia*, chs 3–5.
8. T. Shanin, *The Awkward Class : Political Sociology of Peasantry in a Developing Society*, pp. 169–179.
9. R. Service, *Stalin : A Biography*, p. 256.
10. *Ibid*., p. 403.
11. J. Baberowski, *Der Feind ist überall : Stalinismus im Kaukasus*, pp. 316–349.

9장 코민테른

1. RGASPI, f. 17, op. 84, d. 1 : 28 September 1918.
2. 4장을 보라.
3. C. Sheridan, *Russian Portraits*, pp. 25–62.
4. H. Barbé, 'Souvenir de militant et dirigeant communiste' (typescript, HIA), p. 33.
5. RGASPI, f. 89, op. 52, d. 6.
6. I. Linder and S. Churkin, *Krasnaya pautina : tainy razvedki Kominterna, 1919–1943*, p. 31.
7. Barbé, 'Souvenir de militant et dirigeant communiste', pp. 74–75.
8. V. I. Lenin, *Polnoe sobranie sochinenii*, vol. 42, p. 112.

9. A. C. Sutton, *Western Technology and Soviet Economic Development, 1917 to 1930*, pp. 327–336.
10. P. S. Pinheiro, *Estratégias da illusão : a revolução mundial e o Brasil, 1912–1935*, p. 30.
11. A. S. Lindemann, *The 'Red Years' : European Socialism versus Bolshevism*, 1919–1921.
12. P. Spriano, *Storia del Partito Comunista Italiano*, vol. 1 : *Da Bordiga a Gramsci*.
13. Barbé, "Souvenir de militant et dirigeant communiste", p. 33.
14. *Ibid*., pp. 205–207.
15. *Ibid*., p. 209.
16. *Ibid*., p. 33.
17. J. Redman [B. Pearce], *The Communist Party and the Labour Left, 1925–1929*, p. 8.
18. G. S. Murphy, *Soviet Mongolia : A Study of the Oldest Political Satellite*.
19. Barbé, 'Souvenir de militant et dirigeant communiste', p. 140.
20. *Ibid*., p. 228.
21. Memoirs of Zhen Bilan in Peng Shu-tse Papers (HIA), folder 3, pp. 11 and 29.
22. *Ibid*., folder 21, pp. 28–29.
23. *Documents on Communism, Nationalism, and Soviet Advisers in China, 1918–1927 : Papers Seized in the 1927 Peking Raid*, p. 105.
24. Linder and Churkin, *Krasnaya pautina*, pp. 195–206. 본서 pp. 156~158을 보라.

10장 미국의 공산주의

1. Minutes of the Central Executive Committee of the CPA, 15 November 191 : Theodore Draper Papers (HIA), box 32.
2. H. Klehr, J. E. Haynes and K. M. Anderson (eds), *The Soviet World of American Communism*, doc. 1, p. 19.
3. S. M. Lipset and G. Marks, *It Didn't Happen Here : Why Socialism Failed in the United States*, p. 35.
4. F. M. Ottanelli, *The Communist Party of the United States : From the Depression to World War II*, p. 51.
5. Communist International Instructions (HIA), folder XX695-10. V, p. 7.
6. *Ibid*., pp. 1–10. 신문사에 관한 논평(p. 7)의 원문은 '당'과 '일간지'를 대문자로 표기하고 있다.
7. Letter from Moscow to 'Dear Comrade' (Jay Lovestone?), 19 May 1924 : Jay Lovestone Papers (HIA), box 196, folder 3.
8. Letter from 'Henry' to 'Dear Comrades', 26 February 1926 : *Ibid*., folder 4. 당의 민족별 구성에 관해서는 H. Klehr, *Communist Cadre : The Social Background of the American Communist Party Elite*, p. 25를 보라.
9. Official central letters to 'Dear Comrade' : Jay Lovestone Papers (HIA), box 195, folder 6.
10. M. Eastman, "A Statement of the Problem in America and the First Step to its Solution" : Theodore Draper Papers (HIA), box 31. Political Committee minutes, 29 June 1927, p. 5 on the 'deplorable state of affairs' in the Jewish Section : Charles Wesley Ervin Papers (HIA).
11. Klehr, *Communist Cadre : The Social Background of the American Communist Party Elite*, p. 46
12. Unsigned report, 8 October 1925 : Jay Lovestone Papers (HIA), box 197, folder 1.
13. *Ibid*.

14. Official Comintern letter, 20 June 1925, p. 2 : Theodore Draper Papers (HIA), box 32.
15. T. Draper, *American Communism and Soviet Russia : The Formative Period*, p. 334.
16. Secretariat minutes, 13 September 1927, p. 2 : Theodore Draper Papers (HIA), box 32.
17. *Ibid*.
18. Klehr, Haynes and Anderson (eds), *The Soviet World of American Communism*, doc. 59, p. 206.
19. H. M. Wicks, speech at the American Commission of Comintern in Moscow, 21 April 1929, p. 7 : Theodore Draper Papers (HIA), box 31.
20. H. Haywood, *Negro Liberation*(1948)은 이 계획을 요약하고 있다. H. Haywood, *Black Bolshevik : Autobiography of an Afro-American Communist*도 보라.
21. S. Adams, *Comrade Minister : The South African Communist Party and the Transition from Apartheid to Democracy*, pp. 27-28.
22. Letter from 'Ed.', 11 April 1920 : Jay Lovestone Papers (HIA), box 195, folder 10.
23. 예를 들어, Ruthenburg cable to Lovestone, 5 December 1925 : *Ibid*., box 386, folder 56.
24. *Ibid*., box 197, folder 5.
25. James Cannon to T. Draper, 10 May 1954, p. 1 : Theodore Draper Papers (HIA).
26. Telegram of 20 April 1927 : Jay Lovestone Papers (HIA), box 195, folder 11.
27. Unsigned typescript copy, 25 April 1927 : *Ibid*., box 197, folder 11.
28. Draper, *American Communism and Soviet Russia*, p. 200.
29. Letter to Bukharin, 9 September 1928 : Jay Lovestone Papers (HIA), box 198, folder 8.
30. Unsigned typescript about Comintern to 'Dear Friends', 24 April 1929 : *Ibid*., folder 12.
31. K. McDermott and J. Agnew, *The Comintern : A History of International Communism from Lenin to Stalin*, p. 88.
32. Telegram of 7 November 1924. Jay Lovestone Papers (HIA), box 368, folder 47.
33. G. Lewy, *The Cause that Failed : Communism in American Political Life*, p. 307.
34. Lipset and Marks, *It Didn't Happen Here*, p. 40.
35. 본서 pp. 274~275를 보라.
36. *Earl Browder Says*, p. 2.
37. *Ibid*., pp. 4-5.
38. R. L. Benson and M. Warner (eds), *Venona : Soviet Espionage and the American Response, 1939-1957*, p. xii.
39. *Ibid*., p. 49.
40. Ottanelli, *The Communist Party of the United States*, p. 210.
41. the Manual for Community Club Leaders. A Handbook for the Use of Officers and Committees of Communist Community Clubs (prepared by the Organisational Department of the Communist National Committee).
42. Letters of Earl Browder to Elizabeth Churchill Brown, 1 January and 16 September 1954 : Elizabeth Churchill Brown Papers (HIA). 브라우더는 1943년 9월 26일에 이를 요청했다. : *Chicago Herald-Examiner*, 27 September 1943; 나는 브라우더가 1954년 9월 1일에 엘리자베스 처칠 브라운에게 보낸 개인 편지에서 이 정보를 얻었다. 스탈린만 골치 아파한 공산주의 지도자가 아니었다. 브라우더에 따르면, 영국공산당도 브라우더가 그의 정치 구역 밖을 밟고 다닌다고 비판했다. : letter to Elizabeth Churchill Brown, 16 September 1954. 두 편지 모두 Elizabeth Churchill Brown Papers(HIA)에 있다. 좀 더 일반적인 설명은 Klehr, Haynes and Anderson

(eds), The Soviet World of American Communism, pp. 98–99를 보라.
43. E. Browder, *Teheran : Our Path in War and Peace.*
44. G. Dimitrov, *Diario. Gli anni di Mosca (1934–1945)*, p. 683 : 26 January 1944.
45. *Ibid.*, pp. 696–697 : 8 March 1944.
46. "Ápropos de la dissolution du PCA", *Cahiers du Communisme*, 6 April 1945.
47. 본서 pp. 324~326을 보라.
48. 본서 pp. 373~375을 보라.
49. Lewy, *The Cause that Failed*, p. 81.
50. 본서 pp. 425~426을 보라.
51. Klehr, Haynes and Anderson (eds), *The Soviet World of American Communism*, p. 353.
52. 본서 27장을 보라.
53. G. Hall, *The Power of Ideology : Keynote Address to the First Ideological Conference of the Communist Party USA* [sic', July 14–16 1989, Chicago, pp. 6, 7 and 21.
54. Klehr, Haynes and Anderson (eds), *The Soviet World of American Communism*, pp. 158–159 (including docs 44–45).
55. Hall, *The Power of Ideology*, p. 6.
56. 본서 pp. 653~660을 보라.
57. G. Hall, *The Era of Crisis : Forging Unity in Struggle : Report to the Twenty Fifth National Convention, Communist Party*, USA, p. 2.

11장 지식인과 공산주의

1. N. Bukharin and Ye. Preobrazhenskii, *Azbuka kommunizma.*
2. L. Kaganovich, *Kak postroena RKP(b).*
3. R. Service, *The Bolshevik Party in Revolution : A Study in Organisational Change*, pp. 104–111.
4. R. Service, *Lenin : A Political Life*, vol. 2, ch. 7.
5. 지노비예프는 이 상황에 대해 이례적으로 솔직했다.
6. P. Dukes, *Red Dusk and the Morrow : Adventures and Investigations in Red Russia*, pp. 222–223; P. Dukes, *The Story of 'ST 25' : Adventure and Romance in the Secret Intelligence Service in Red Russia*, pp. 276, 289 and 293.
7. Dukes, *Red Dusk and the Morrow*, pp. 11, 22, 82 and 208. 듀크스가 소지했던 갖가지 소비에트 공식 증명서들은 *Sir Paul Dukes Papers* (HIA), box 1에 들어 있다.
8. R. Bruce Lockhart, *Memoirs of a British Agent : Being an Account of the Author's Early Life on Many Lands and His Official Mission to Moscow in 1918*, pp. 236–348.
9. H. Radek and A. Ransome, *Radek and Ransome on Russia*, pp. 1–24.
10. H. Brogan, *The Life of Arthur Ransome*, pp. 153–154 and 281–282.
11. *Ibid.*, pp. 160–162; Y. Membery, "Swallows, Amazons and Secret Agents", *Observer*, 21 July 2002.
12. RGASPI, f. 89, op. 52, d. 4, pp. 1–2.
13. A. Rhys Williams, *Lenin : The Man and his Work* (1919) and *Through the Russian Revolution* (1967).
14. J. Reed, *Ten Days that Shook the World* (1919).
15. RGASPI, f. 89, op. 52, d. 6.
16. G. Hicks, *John Reed : The Making of a Revolutionary*, p. 395.

17. P. Avrich, *The Russian Anarchists*, chs 6-7.
18. E. Goldman, *My Disillusionment in Russia* (1923); *My Further Disillusionment in Russia* (1024).
19. R. Luxemburg, *The Russian Revolution*.
20. K. Kautsky, *Die Diktatur des Proletariats*.
21. Yu. Martov, *Mirovoi bol'shevizm*.
22. Jonathan Davis, "Left Out in the Cold : British Labour Witnesses the Russian Revolution", *Revolutionary Russia*, no. 1 (June 2005), pp. 71-88.
23. H. G. Wells, *Russia in the Shadows*.
24. B. Russell, *The Theory and Practice of Bolshevism*.
25. N. Glazer and D. P. Moynihan, *Beyond the Melting Pot : The Negroes, Puerto Ricans, Jews, Italians and Irish of New York City*, pp. 139-180 and 268-269.
26. M. N. Roy, *Memoirs*, p. 348.
27. 본서 pp. 92~93을 보라.
28. Testimony of Giovanni Casale in C. Bermani (ed.), *Gramsci raccontato : Testimonianze raccolte da Cesare Bermani, Gianni Bosio e Mimma Paulesu Quercioli*, p. 131.
29. Testimony of Ercole Piacentini in *Ibid.*, p. 168.
30. L. Sedda, *Economia, politica e società sovietica nei quaderni del carcere*, pp. 34, 36, 48 and 82. A. Gramsci, *Quaderni del carcere*, Q 4, p. 489, Q. 9, p. 1120, Q. 11, p. 1425, Q. 19, p. 2030.
31. Letter to Tatyana Schucht, 26 August 1929 : A. Gramsci, *Lettere dal carcere*, p. 110.

12장 '일국 사회주의' 건설

1. R. Service, *Stalin : A Biography*, pp. 214-217.
2. *Ibid.*, pp. 3-4 and 225-230.
3. R. Service, *The Russian Revolution, 1900-1927*, pp. 76-80; C. Merridale, *Moscow Politics and the Rise of Stalin*, p. 53.
4. J. Hessler, *A Social History of Soviet Trade : Trade Policy, Retail Practices and Consumption, 1917-1953*, pp. 142-146.
5. A. Nove, *An Economic History of the USSR*, pp. 171 and 241; S. G. Wheatcroft, 'More Light on the Scale of Repression and Excess Mortality in the Soviet Union in the 1930s', *Soviet Studies*, no. 2 (1990), p. 366.
6. S. Fitzpatrick, "Stalin and the Making of a New Elite, 1928-1939", *Slavic Review*, no. 3 (1979).
7. *Akademicheskoe delo, 1929-1931 : Delo po obvineniyu akademika S. F. Platonova*, p. xlviii.
8. *Trud*, 4 June 1992.
9. B. A. Viktorov, "Geroi iz 37-go", *Komsomol'skaya pravda*, 21 August 1988.
10. 본서 pp. 399~406을 보라.

13장 소비에트 권위주의

1. Letter to F. Dzierżyński, n.d. : RGASPI, f. 76, op. 3, d. 345. 나는 이것을 the Volkogonov Papers, reel 9 in the Bodleian Library에서 찾았다.
2. J. Riordan, "The Strange Story of Nikolai Starostin, Football and Lavrentii Beria - Sports Personality and Soviet Chief of Intelligence", *Europe-Asia Studies*, July 1994.

3. P. Gregory, *The Political Economy of Stalin : Evidence from the Soviet Secret Archives*.
4. *'Sovershenno sekretno' : Lubyanka – Stalinu o polozhenii v strance (1922–1934 gg.)*, vols 1 ff.
5. Yelizaveta Parshina and Leonid Parshin, 'Razvedka bez mifov' (typescript, 1994, HIA) p. 5.

14장 반파시즘 전선

1. 본서 pp. 315~316을 보라.
2. K. McDermott and J. Agnew, *The Comintern : A History of International Communism from Lenin to Stalin*, p. 102.
3. *Sovetskoe rukovodstvo. Perepiska, 1928–1941*, p. 77.
4. McDermott and Agnew, *The Comintern*, p. 95.
5. 하지만 1939년에 스탈린이 심지어 몰로토프에게도 적절하게 조언을 구하지 않고 독·소 불가침 조약 체결에 관한 결정을 내렸을 때 사태는 한 단계 더 나아갔다.
6. N. I. Bukharin, *Problemy teorii i praktiki sotsializma*, p. 298.
7. McDermott and Agnew, *The Comintern*, pp. 85–86.
8. G. Fiori, *Antonio Gramsci*, pp. 249–256.
9. Cilly Vassart, 'Le Front Populaire en France' (typescript, HIA), pp. 8 and 31.
10. McDermott and Agnew, *The Comintern*, pp. 121–122.
11. 나는 여기서 기억과 충고를 해준 데 대해 브라이언 피어스에게 감사한다.
12. G. Procacci, *Il socialismo internazionale e la Guerra d' Etiopia*.
13. A. C. Sutton, *Western Technology and Soviet Economic Development, 1917 to 1930*, pp. 246–249.
14. A. C. Sutton, *Western Technology and Soviet Economic Development, 1930 to 1945*, pp. 74–75.
15. *Ibid.*, pp. 82–90.
16. *Ibid.*, ch. 4 *et seq.*
17. D. A. L. Levy, "The French Popular Front, 1936–1937", in H. Graham and P. Preston (eds), *The Popular Front in Europe*, pp. 67–69.
18. *Ibid.*, pp. 72–74.
19. P. Preston, *Franco : A Biography*, pp. 200–202.
20. H. Graham, *The Spanish Republic at War, 1936–1939*, pp. 285–291; P. Preston, *The Spanish Civil War : Reaction, Revolution and Revenge*, pp. 254–257 and 261–265.
21. Vassart, "Le Front Populaire en France", p. 65.

15장 스탈린주의 이데올로기

1. R. Service, *Stalin : A Biography*, pp. 361 and 364.
2. *Ibid.*, p. 361.
3. A. Gide, *Retour de l'U.R.S.S.*, pp. 72–73.
4. F. Bettanin, *Fabbrica del mito : storia el politica nell'URSS Staliniana*, p. 174.
5. *Istoriya vsesoyuznoi kommunisticheskoi partii (bol'shevikov) : kratkii kurs*.
6. Service, *Stalin : A Biography*, p. 307.
7. D. Holloway, *Stalin and the Bomb : The Soviet Union and Atomic Energy*, p. 211.
8. Gide, *Retour de l' U.R.S.S.*, p. 65.
9. *Pravda*, no. 35, 5 February 1931.
10. G. A. Almond, *The Appeals of Communism*, pp. 74–75.
11. *Ibid.*, pp. 90–91.

12. M. Djilas, *Rise and Fall*, p. 157 : 이 내용은 제2차 세계대전 후 질라스가 스탈린의 별장에서 스탈린과 나눈 대화를 회상한 것이다.
13. M. Gor'kii, L. Averbakh and S. Firin (eds), *Belomorsko-baltiiskii kanal imeni I. V. Stalina*.

16장 무오류의 당

1. A. Koestler (제목 없음), in R. H. Crossman (ed.), *The God that Failed*, p. 54.
2. K. McDermott and J. Agnew, *The Comintern : A History of International Communism from Lenin to Stalin*, pp. 121-122.
3. I. Roxborough, "Mexico", in L. Bethell and I. Roxborough (eds), *Latin America between the Second World War and the Cold War, 1944-1948*, p. 191.
4. L. Bethell, "Brazil", in *Ibid.*, p. 37.
5. 본서 pp. 201~202를 보라.
6. 1933년 이후의 독일공산당에 관해서는 A. Paucker, *German Jews in the Resistance, 1933-1945 : The Facts and the Problems*, p. 45.
7. 몽골에 관해서는 : RGASPI, f. 89, op. 29, d. 1, pp. 1-3 : 13 September 1937; 에스파냐에 관해서는 H. Graham, *The Spanish Republic at War, 1936-1939*, pp. 287-291.
8. G. Dimitrov, *Diario. Gli anni di Mosca (1934-1945)*, p. 677.
9. J. Chang and J. Halliday, *Mao : The Unknown Story*, pp. 262-266.
10. P. Short, *Mao : A Life*, pp. 383-389; Chang and Halliday, *Mao*, pp. 251-252.
11. *Ibid.*, pp. 254-255.
12. Short, *Mao*, pp. 282.
13. 본서 20장과 34장을 보라.
14. H. Barbé, *Souvenir de militant et dirigeant communiste* (typescript, HIA), pp. 333-334.
15. Autobiographical notes dated 17 November 1945, pp. 1-5 : E. W. Darling Papers (HIA), box 1, folder 1.
16. Darling's letter to Harry Pollitt, 6 January 1946 : *Ibid.*
17. Darling's letter to Harry Pollitt, 18 September 1946 : *Ibid.*
18. K. Philby, *My Silent War*.
19. 한 가지 가능한 예외는 공산당원이자 저명한 경제학자인 M. H. 돕의 *Russian Economic Development since the Revolution* (London, 1928)이었다.
20. R. Wright, *American Hunger* : R. Conquest, *Reflections on a Ravaged Century*, p. 79에서 재인용했다.
21. Y. Slezkine, *The Jewish Century*, pp. 94-95.
22. *About Turn : The British Communist Party and the Second World War. The Verbatim Record of the Central Committee Meetings of 25 September and 2-3 October 1939*에 있는 팔메 더트와 해리 폴릿의 기고문들을 보라.
23. Ivy Litvinov Papers (HIA), box 1, Oral History, p. 3.
24. 본서 pp. 335~336를 보라.

17장 적과 친구

1. L. Trotsky, *My Life : An Attempt at an Autobiography*; L. Trotsky, *History of the Russian Revolution*.
2. *The Case of Leon Trotsky : Report of Hearings on the Charges Made against Him in the Moscow*

Trials.

3. L. Trotsky, *The Revolution Betrayed : What Is the Soviet Union and Where Is it Going?*
4. O. Bauer, *Bolschewismus oder Sozialdemokratie*; N. Berdyaev, *The Russian Idea*; T. Dan, *The Origins of Bolshevism*; N. S. Trubetskoi, *K probleme russkogo samosoznaniya : sobranie statei*.
5. J. Davis, "Webb, (Martha) Beatrice (1858-1943)", *Oxford Dictionary of National Biography*.
6. S. and B. Webb, *Soviet Communism : A New Civilization?*
7. S. J. Taylor, *Stalin's Apologist : Walter Duranty, the New York Times's Man in Moscow*, pp. 206-209.
8. M. Muggeridge, *Winter in Moscow*.
9. *The Diaries of Beatrice Webb*, vol. 4 : *The Wheel of Life, 1924-1943*, pp. 301, 308, 414.
10. *Ibid*., p. 495.
11. H. Johnson, *The Socialist Sixth of the World*, p. 367.
12. A. Gide, *Retour de l'U.R.S.S.*, pp. 43-55.
13. I. Stalin, *Beseda s angliiskom pisatelem G. D. Uellsom, 23 iyunya 1934 g.*, pp. 9, 13, 15-16, 18, 20.
14. M. Holroyd, *Bernard Shaw*, vol. 2 : *1898-1918 : The Pursuit of Power*, pp. 301-304, 309-314.
15. M. Muggeridge, 'Russian Journal' (HIA), 28 September 1932, p. 15.
16. D. Caute, *The Fellow Travellers : A Postscript to the Enlightenment*, p. 100을 보라.
17. *New York Times*, 23 August 1933.
18. Taylor, *Stalin's Apologist*, pp. 208-209.
19. J. Chang and J. Halliday, *Mao : The Unknown Story*, pp. 198-200.
20. J. E. Davies, *Mission to Moscow : A Record of Confidential Dispatches to the State Department, Official and Personal Correspondence, Current Diary and Journal Entries, including Notes and Comment up to October 1941*, pp. 177-179.
21. Caute, *The Fellow Travellers*, p. 270.
22. J. S. Walker, *Henry A. Wallace and American Foreign Policy*, pp. 106-108. *The Diary of Henry A. Wallace, 1942-1946*, pp. 337-339에 있는 월리스의 메모도 보라. 월리스는 이 메모에 마가단과 콜리마 주변 지역에 대한 인상을 기록했다.
23. Muggeridge, 'Russian Journal, (HIA), 1 December 1932, p. 90.
24. *Ibid*., 19 November 1932, p. 72.
25. P. Sloan, *Soviet Democracy*; R. Page Arnot, *A Short History of the Russian Revolution : From 1905 to the Present Day*.
26. E. Lyons, *Assignment in Utopia*.
27. R. O. G. Urch, *The Rabbit King of Siberia*, pp. 195-197.
28. S. Dmitrievsky, *Dans les coulisses du Kremlin*.
29. B. Bajanov, *Avec Staline dans le Kremlin*.
30. R. Crompton, *William - the Bad*, p. 68.
31. *Ibid*., p. 69.
32. R. W. Service, *Bar-Room Ballads : A Book of Verse*, p. 90.
33. 본서 p. 425를 보라.

18장 히틀러와 스탈린

1. H. P. Bix, *Hirohito and the Making of Modern Japan*, p. 351을 보라.

2. Ivy Litvinov Papers (HIA), box 1, Oral History, p. 3.
3. D. Caute, *The Fellow Travellers : A Postscipt to the Enlightenment*, p. 190.
4. A. Thorpe, *The British Communist Party and Moscow, 1920–1943*, pp. 257–258.
5. Appendix I in J. Attfield and S. Williams (eds), *1939 : The Communist Party of Great Britain and the War. Proceedings of a Conference Held on 21 April 1979. Organised by the Communist Party History Group*, pp. 147–152에 전재. *Ibid.*, pp. 24–27에 있는 존스톤(M. Johnstone)의 설명도 보라.
6. *About Turn : The British Communist Party and the Second World War. The Verbatim Record of the Central Committee Meetings of 25 September and 2–3 October 1939*, p. 41 (editorial comment by M. Johnstone), pp. 197–211 (speech by Pollitt), PP. 283–291 (speech by Dutt). A. Thorpe, *The British Communist Party and Moscow*, 1920–1943, pp. 258–260도 보라.
7. *Political Letter to the Communist Party Membership*, Political Bureau of the Communist Party of Great Britain : 15 July 1940.
8. Marxist Study (leaflet of the London District Committee of the CPGB) : December 1940.
9. NA, KV2/1038, doc. 406a, p. 3.
10. *Ibid.* : meeting of 15 October 1939.
11. *Ibid.*, doc. 401.
12. Thorpe, *The British Communist Party and Moscow*, pp. 265–266.
13. F. W. Deakin, "European Communism during the Second World War", in F. W. Deakin, H. Shukman and H. T. Willetts, *A History of World Communism*, p. 136.
14. F. Claudin, *The Communist Movement : From Comintern to Cominform*, p. 309.
15. S. Beria, *Beria, My Father : Life inside Stalin's Kremlin*, p. 155.
16. C. Bohlen, *Witness to History : 1929–1969*, p. 146.
17. W. A. Harriman and E. Abel, *Special Envoy to Churchill and Stalin, 1941–1946*, pp. 369–370. A. Beichman, "Roosevelt's Failure at Yalta", *Humanitas*, no. 1 (2003), pp. 104–105.
18. N. Lebrecht, "Prokofiev was Stalin's Last Victim", *Evening Standard*, 4 June 2003.
19. 이 칼은 지금 그루지야의 고리에 위치한 Dom-muzei I. V. Stalina에서 소장하고 있다.
20. J. Rossi, *Spravochnik po GULagu*, vol. 1, p. 40.
21. 디미트로프의 일기를 인용하고 있는 G. Dimitrov, *Dimitrov and Stalin : 1934–1943 : Letters from the Soviet Archives*, p. 32. 나는 이 문구를 적당히 다시 번역했다.
22. *Ibid.*, p. 302.
23. *Ibid.*, p. 659.
24. *Ibid.*, p. 612.
25. *Ibid.*, pp. 615–617.
26. R. Service, *Stalin : A Biography*, pp. 443–444.
27. R. Conquest, *Reflections on a Ravaged Century*, pp. 133–134.

19장 전후의 동유럽

1. I. V. Stalin, *Sochineniya*, vol. 2(xv) (ed. R. MacNeal), p. 204.
2. 중앙 당 지도자들이 한 회의에 대해 즈다노프가 말로 설명한 것을 벨랴코프가 회상한 내용. G. Arbatov, *Zatyanuvsheesya vyzdorovlenie, 1953–1985 gg. : svidetel'stvo sovremennika*, p. 377.
3. E. Bacon, *The Gulag at War*, pp. 93–94; D. Holloway, *Stalin and the Bomb : The Soviet Union and Atomic Energy*, p. 193.

4. T. Dunmore, *The Stalinist Command Economy*, ch. 5.
5. R. Service, *Stalin : A Biography*, pp. 527–540.
6. I. V. Stalin, *Ekonomicheskie problemy v SSSR*, in *Sochineniya*, vol. 3(xvi), pp. 294–304.
7. Service, *Stalin : A Biography*, pp. 534–537.
8. M. Laar, *The War in the Woods : Estonia's Struggle for Survival, 1944–1956*.
9. M. Djilas, *Conversations with Stalin*, p. 133.
10. N. Naimark, "Communist Regimes and Parties after the Second World War", *Journal of Modern European History*, no. 1 (2004), pp. 28–56.
11. *SSSR – Pol'sha : mekhanizmy podchineniya, 1944–1949*, p. 48.
12. M. Mevius, *Agents of Moscow*, pp. 72–75.
13. *SSSR – Pol'sha : mekhanizmy podchineniya*, p. 114.
14. *Vostochnaya Evropa v dokumentakh rossiiskikh arkhivov, 1944–1953*, vol. 1, p. 545.
15. *SSSR – Pol'sha : mekhanizmy podchineniya*, p. 113.
16. *Ibid.*, p. 111.
17. *Vostochnaya Evropa v dokumentakh rossiiskikh arkhivov*, vol. 1, p. 617.
18. Comments to Polish government delegation led by B. Bierut : *Ibid.*, pp. 460–461.
19. *SSSR – Pol'sha : mekhanizmy podchineniya*, pp. 21, 53; meeting with Polish delegation, 19 August 1946 : *Vostochnaya Evropa v dokumentakh rossiiskikh arkhivov*, vol. 1, p. 511.
20. *Vostochnaya Evropa v dokumentakh rossiiskikh arkhivov*, vol. 1, p. 269.
21. *Ibid.*, p. 559.
22. *Ibid.*, p. 565.
23. N. Naimark, *The Russians in Germany : A History of the Soviet Zone of Occupation, 1945–1949*, p. 154.
24. *Vostochnaya Evropa v dokumentakh rossiiskikh arkhivov*, vol. 1, p. 580.
25. A. M. Ledovskii (ed.), "Peregovory I. V. Stalina s Mao Tszedunom v dekabre 1949 – fevrale 1950 g. : novye arkhivnye dokumenty", *Novaya i noveishaya istoriya*, no. 1 (1997), p. 38.
26. D. G. Kirby, *Finland in the Twentieth Century*, p. 164; L. Péter, "East of the Elbe", p. 36.
27. *SSSR – Pol'sha : mekhanizmy podchineniya*, p. 106. P. Kenney, *Rebuilding Poland : Workers and Communists, 1945–1950*, p. 29도 보라.

20장 냉전과 소비에트 블록

1. J. Gaddis, *The Cold War : A New History*, p. 43.
2. R. Service, *Stalin : A Biography*, pp. 566–567.
3. A. Fursenko and T. Naftali, *One Hell of a Gamble : Khrushchev, Castro, Kennedy, and the Cuban Missile Crisis, 1958–1964*, p. 171.
4. 'X' (George F. Kennan), "The Sources of Soviet Conduct", *Foreign Affairs*, vol. 25 (July 1947), p. 566.
5. *Vostochnaya Evropa v dokumentakh rossiiskikh arkhivov, 1944–1953*, vol. 1, p. 675.
6. M. Leffler, *A Preponderance of Power. National Security, the Truman Administration and the Cold War*, pp. 61–76.
7. M. Djilas, *Rise and Fall*, p. 134.
8. 본서 pp. 419~420를 보라.
9. 본서 pp. 416~417을 보라.

10. Djilas, *Rise and Fall*, p. 137.

11. See below, pp. 252–253.

12. "Struggle for People's Democracy and Socialism – Some Questions of Strategy and Tactics", Central Committee of the Communist Party of India statement, 1949 (typescript) : Communist Party of India Papers (HIA), pp. 85–86.

13. 본서 24장을 보라.

14. 본서 pp. 393~397를 보라.

15. L. T. Vasin, "Kim Ir Sen. Kto on?", *Nezavisimaya gazeta*, 29 September 1993, p. 5.

16. 본서 pp. 623~624를 보라.

17. A Farrar-Hockley, *The British Part in the Korean War*, vol. 2.

18. K. Philby, *My Silent War*, pp. 117–121.

19. A. C. Sutton, *Western Technology and Soviet Economic Development, 1945 to 1965*, p. 53.

20. NA, PREM 8/1077.

21. *Vostochnaya Evropa v dokumentakh rossiiskikh arkhivov*, vol. 1, p. 558.

22. N. Naimark, *The Russians in Germany : A History of the Soviet Zone of Occupation 1945–1949*, ch. 2.

23. *Ibid.*, p. 181.

24. H. M. Harrison, *Driving the Soviets up the Wall : Soviet-East German Relations, 1953–1961*, p. 18.

25. F. Bettanin, *Stalin e l'Europa : la formazione dell'impero esterno sovietico (1941–1953)*, p. 170.

26. H. Seton-Watson, *The East European Revolution*, pp. 178–179.

27. A. Paczkowski, *The Spring Will Be Ours : Poland and the Poles from Occupation to Freedom*, pp. 205–206, 229.

28. Seton-Watson, *The East European Revolution*, pp. 209–211.

29. C. Gati, *Hungary and the Soviet Bloc*, pp. 22–23.

30. *Ibid.*, pp. 121–122.

31. Djilas, *Rise and Fall*, p. 118.

32. Naimark, *The Russians in Germany*, p. 11.

33. A. Mgeladze, *Stalin, kakim ya ego znal. Stranitsy nedavnego proshlogo*, p. 113.

34. *Vostochnaya Evropa v dokumentakh rossiiskikh arkhivov*, vol. 1, pp. 640, 658.

35. *Ibid.*, pp. 802–806, 831–858; *SSSR – Pol'sha : mekhanizmy podchineniya, 1944–1949*, doc. 46.

36. *Vostochnaya Evropa v dokumentakh rossiiskikh arkhivov*, vol. 1, p. 276.

37. *Ibid.*, p. 43.

38. *Ibid.*, p. 742.

39. Naimark, *The Russians in Germany*, p. 291.

40. *Vostochnaya Evropa v dokumentakh rossiiskikh arkhivov*, vol. 1, p. 45.

41. *Ibid.*, p. 569와 vol. 2, p. 97.

42. Djilas, *Rise and Fall*, p. 85.

43. *Vostochnaya Evropa v dokumentakh rossiiskikh arkhivov*, vol. 1, pp. 539–541.

44. *Ibid.*, pp. 301, 366, 367.

45. Djilas, *Rise and Fall*, p. 116. Edward Ochab's recollections in T. Toranska, *'Them' : Stalin's Polish Puppets*, pp. 36, 49도 보라.

46. *Vostochnaya Evropa v dokumentakh rossiiskikh arkhivov*, vol. 1, p. 368.
47. *Ibid.*, p. 34.
48. 본서 p. 401를 보라.
49. '인민민주주의'는 '신민주주의'나 '진보적 민주주의'처럼 당시 통용되던 다른 가능한 용어들을 밀어내고 결국 지배적이 되었다. : Bettanin, *Stalin e l'Europa*, p. 170을 보라.
50. *Vostochnaya Evropa v dokumentakh rossiiskikh arkhivov*, vol. 1, p. 457.
51. *Ibid.*, p. 458.
52. Z. Brzezinski, *The Soviet Bloc : Unity and Conflict*, p. 74.

21장 유고슬라비아의 새로운 길

1. C. Gati, *Hungary and the Soviet Bloc*, p. 18.
2. M. Djilas, *Rise and Fall*, p. 90.
3. B. M. Karapandzich, *The Bloodiest Yugoslav Spring, 1945 - Tito's Katyns and Gulags*, p. 20
4. N. Malcolm, *Bosnia : A Short History*, p. 195.
5. 본서 pp. 377~379를 보라.
6. Memorandum to M. A. Suslov, 18 March 1948 : *Vostochnaya Evropa v dokumentakh rossiiskikh arkhivov, 1944-1953*, vol. 1, pp. 787-800.
7. G. Dimitrov, *Diario. Gli Anni di Mosca (1934-1945)*, pp. 784, 793.
8. Memorandum to M. A. Suslov, 18 March 1948 : *Vostochnaya Evropa v dokumentakh rossiiskikh arkhivov*, vol. 1, pp. 787-800.
9. *Ibid.*, p. 877.
10. Djilas, *Rise and Fall*, pp. 248-249.
11. J. R. Lampe, *Yugoslavia as History : Twice There Was a Country*, pp. 249-251.
12. *Ibid.*, p. 252.
13. Djilas, *Rise and Fall*, pp. 241, 244-245.
14. *Ibid.*, p. 267.
15. Lampe, *Yugoslavia as History*, pp. 256-257.
16. Djilas, *Rise and Fall*, pp. 310-311.
17. *Ibid.*, p. 264.
18. Lampe, *Yugoslavia as History*, p. 273.
19. Djilas, *Rise and Fall*, p. 274.
20. Lampe, *Yugoslavia as History*, pp. 258-259.
21. Djilas, *Rise and Fall*, p. 294.
22. *Ibid.*, pp. 268, 271.
23. 본서 pp. 480~481과 pp. 490~491을 보라.
24. D. Rusinow, *The Yugoslav Experiment*, 1948-1974, p. 99.
25. *Ibid.*, p. 106.
26. *Ibid.*, p. 132.
27. P. Lendvai, *Eagles in Cobwebs*, p. 162.
28. Rusinow, *The Yugoslav Experiment, 1948-1974*, p. 245.
29. *Ibid.*, p. 177.
30. *Ibid.*, pp. 202-203.
31. *Ibid.*, p. 234.

32. *Ibid.*, pp. 299, 310, 324.
33. Malcolm, *Bosnia*, p. 211.
34. F. Singleton, *A Short History of the Yugoslav Peoples*, p. 271.
35. *Ibid.*, p. 276.
36. 유고슬라비아의 해체에 대해서는 본서 pp. 674~675를 보라.

22장 서유럽 공산주의의 타협

1. D. W. Ellwood, *Rebuilding Europe : Western Europe, America and Postwar Reconstruction*, p. 4.
2. Letter of 27 July 1943 : *Dagli archivi di Mosca. L'URSS, il Cominform e il PCI (1943-1951)*, doc. 1, p. 223. 세키아의 경력에 대해서는 S. Pons, *L'impossibile egemonia : L'URSS, il PCI e le origini della Guerra Fredda (1943-1948)*, p. 216을 보라.
3. Ellwood, *Rebuilding Europe*, p. 9.
4. G. Dimitrov, *Diario. Gli Anni di Mosca (1934-1945)*, p. 713.
5. E. Aga-Rossi and V. Zaslavsky, *Togliatti e Stalin*, pp. 62-63, 66-69. 스탈린과 톨리아티의 대화는 Dimitrov, *Diario*, p. 691에 기록되어 있다. ; 스탈린과 토레즈의 대화는 *Ibid.*, pp. 287-295에 전재되어 있다. *Ibid.*, p. 769와 그리고 M. Narinskij, "Stalin, Togliatti e Thorez, 1944-1948", in *Dagli archivi di Mosca*, pp.79-80도 보라.
6. Ercoli [Togliatti], "Sui compiti attuali dei compiti italiani, 1 marzo 1944" : *Dagli archivi di Mosca*, doc. 9, p. 238; Dimitrov, *Diario*, p. 770.
7. Dimitrov, *Diario*, p. 694.
8. P. Ripert, *De Gaulle*, p. 95.
9. 세키아와 스탈린의 토론을 보라. : Aga-Rossi and Zaslavsky, *Togliatti e Stalin*, pp. 296-300.
10. Ripert, *De Gaulle*, pp. 96-97.
11. 본서 pp. 204~205를 보라.
12. Narinskij, "Stalin, Togliatti e Thorez, 1944-1948", pp. 82-83. Pons, *L'impossibile egemonia*, p. 22와 그리고 "Una sfida mancata : l'URSS, il Cominform e il PCI (1947-1948')", in *Dagli archivi di Mosca*, pp. 163, 167-168도 보라.
13. Ellwood, *Rebuilding Europe*, pp. 115-116.
14. *Dagli archivi di Mosca*, pp. 301-302.
15. *Istochnik*, no. 3 (1995), p. 149.
16. Letter of D. Shevlyagin to M. A. Suslov, June 1947 : *Dagli archivi di Mosca*, doc. 17, p. 275; record of conversation of A. A. Zhdanov and P. Secchia, 12 December 1947 : *Ibid.*, doc. 18, pp. 277, 279, 281.
17. NA, KV2/1777, 474bc, p. 1.
18. 본서 23장을 보라.
19. G. C. Donno, *La Gladio Rossa del PCI (1945-1967)*; G. P. Pelizzaro, *Gladio Rossa : dossier sulla piú potente banda armata esistita in Italia*를 보라.
20. Dzh. Chervetti [G. Cervetti], *Zoloto Moskvy*, p. 153 : reference to the US Congress inquiry led by M. Halperin, J. J. Berman, R. L. Borosage and C. M. Marwick, *The Lawless State : The Crimes of the US Intelligence Agencies*.
21. Donno, *La Gladio Rossa del PCI (1945-1967)*, chs 2-3.
22. P. Stavrakis, *Moscow and Greek Communism, 1944-1949*, p. 33.

23. *Ibid.*, pp. 13-16.
24. *Ibid.*, p. 85.
25. *Ibid.*, pp. 92-94, 105-107.
26. *Ibid.*, p. 109.
27. *Ibid.*, pp. 139-140.
28. Telegram of Molotov to Stalin, September 1947, about what had been sent to Zachariadis, the Greek communist leader : RGASPI, f. 89, op. 48, d. 21.
29. M. Djilas, *Conversations with Stalin*, p. 141.
30. Stavrakis, *Moscow and Greek Communism*, pp. 169-170.
31. V. Zaslavsky, *Lo Stalinismo e la sinistra italiana : dal mito dell' URSS alla fire del comunismo 1945-1991*, p. 107.
32. *Istoricheskii arkhiv*, no. 4 (1997), p. 101.
33. Message to Rákosi, 19 February 1948 : *Vostochnaya Evropa v dokumentakh rossiiskikh arkhivov, 1944-1953*, vol. 1, p. 762.
34. The British Road to Socialism.
35. 당시 영국공산당 집행위원회 위원이었고 훗날 영국공산당 서기장보가 될 매튜스(G. Matthews)는 "Stalin' s British Road?", *Changes Supplement*, 14-27 September 1991, pp. 1-3에서 이러한 상황을 설명했다.
36. A. Nuti, *La provincia piú rossa : la costruzione del Partito Nuovo a Siena (1945-1956)*, p. 218.
37. Interview with Eugenio Reale, *Sente*, 24 March 1975. 라코시로부터 그의 영향을 들은 사람은 톨리아티의 최측근이며 막역한 친구였던 레알레였다.
38. Letter of Palmiro Togliatti to Eugenio Reale (n.d.) : Eugenio Reale Papers (HIA).
39. Letter of M. A. Suslov to A. A. Zhdanov, 23 May 1947 : *Dagli archivi di Mosca*, doc.16, p. 270.
40. E. Biagi, "Usciti dall' URSS Palmiro mi disse : finalmente liberi!", *Corriere della Sera*, 21 August 2003.
41. *Dagli archivi di Mosca. L' URSS, il Cominform e il PCI (1943-1951)*, doc. 39, p. 417.
42. M. Djilas, *Rise and Fall*, p. 103.
43. 예를 들어 Nuti, *La Provincia piú rossa*, p. 111에 실린 에두아르도 도노프리오(Eduardo D' Onofrio)의 논평을 보라.

23장 프로파간다 전쟁

1. *Winston S. Churchill : His Complete Speeches 1897-1963*, vol. 7 : *1943-1949*, pp. 7285-7293.
2. NA, KV 2/1977, serial 474bc. 독일공산당의 불법화에 관해서는 P. Major, *The Death of the KPD : Communism and Anti-Communism in West Germany*를 보라.
3. *The Lost Orwell : Being a Supplement to the Complete Works of George Orwell*, pp. 141-151.
4. D. C. Engerman, "The Ironies of the Iron Curtain : The Cold War and the Rise of Russian Studies in the United States", *Cahiers du Monde Russe*, no. 45/3-4 (2004), pp. 469-473.
5. 로스스타인에 관해서는 NA, KV 2/1584을 보라. 연례 집회에 관한 개인적 정보는 School of Slavonic and East European Studies의 올가 크리스프(Olga Crisp) 교수에게서 얻었다.
6. I. W. Roberts, *History of the School of Slavonic & East European Studies*, 1915-1990, pp. 58-9.
7. 잉그리드 버그만 주연의 영화, 〈여섯 번째 행복의 여관〉도 글래디스 에일워드의 삶을 다루었다.

8. *Converting Britain*, BBC Radio 4, 10 August 2004.
9. S. Rawicz, *The Long Walk*. 이 책은 종교적 내용이 없지만 기독교 교파들에게 염가로 제공되었다. 나는 주일학교의 상으로 아홉 살 때 한 부 받았다. 2006년 10월 30일 팀 휴얼(Tim Whewell)이 진행한 BBC 라디오 4 프로그램 〈기나긴 탈주〉는 라비치의 시베리아 탈주 주장을 뒤집어엎었다.
10. J. A. C. Brown, *Techniques of Persuasion : From Propaganda to Brainwashing*, pp. 267–293.
11. B. Robshaw, "Biggles Flies Again", *Independent on Sunday*, 27 July 2003을 보라.
12. E. Reale, *Avec Jacques Duclos au banc des accusés á la Réunion Constitutive du Kominform á Szklarska Poreba*. 레알레는 프랑스어로 된 회고록을 출판하기 전에 이탈리아 언론에 자료를 공개했다.
13. R. H. Crossman (ed.), *The God that Failed*.
14. *Ibid.*, pp. 15–75 ; A. Koestler, *Darkness at Noon*.
15. J. S. Berliner, *Factory and Manager in the USSR*.
16. E. H. Carr, *The Russian Revolution from Lenin to Stalin, 1917–1929*; I. Deutscher, *Russia, China, and the West : A Contemporary Chronicle, 1953–1966*; I. Deutscher, *The Unfinished Revolution : Russia, 1917–1967*.
17. H. Johnson, *What We Saw in Rumania*; H. Johnson, *The Upsurge of China*.
18. P. Shapcott, "I Once Met the Red Dean", *Oldie*, June 2004, p. 35.
19. J. Steinbeck, *Russian Journal*, p. 20.
20. H. Klehr, J. E. Haynes and K. M. Anderson (eds), *The Soviet World of American Communism*, p. 338.
21. R. Service, *Stalin : A Biography*, pp. 543–544.
22. *Rabotnichesko delo*, 7 January 1950 : Z. Brzezinski, *The Soviet Bloc : Unity and Conflict*, p. 115를 보라.
23. K. Simonov, *Russkii vopros : p' esa v 3-kh deistviyakh, 7 kartinakh*.
24. Speech of D' Onofrio to the Third Cominform Conference, 17 November 1949 : *The Cominform. Minutes of the Three Conferences, 1947/1948/1949*, p. 764.
25. D. Caute, *The Fellow Travellers : A Postscript to the Enlightenment*, p. 290.
26. K. Burk, *Troublemaker : The Life and History of A. J. P. Taylor*, pp. 193–194.
27. 본서 pp. 408~415을 보라.

24장 마오쩌둥과 중국 혁명

1. Ma Feng, "A Nation Celebrates its New Beginning", *Time Asia*, 27 September 1999 ; P. Short, *Mao : A Life*, pp. 419–420.
2. G. Dimitrov, *The Diary of Georgi Dimitrov, 1933–1949*, p. 443. 디미트로프의 일기 내용은 적어도 중국 공산주의자들에 대해 Conrersations with Stalin, p. 141에 있는 질라스의 회고 내용과 본질적으로 일치한다. 특히 S. Tsang, *The Cold War' s Odd Couple : The Unintended Partnership between the Republic of China and the UK, 1950–1958*, p. 21과 n. 121을 보라.
3. G. Benton and S. Tsang, "Opportunism, Betrayal and Manipulation in Mao' s Rise to Power", *China Journal*, no. 55 (January 2006). 지도 그룹에 대한 마오쩌둥의 지배에 관해서는 Tsang, *The Cold War' s Odd Couple*, p. 23을 보라.
4. J.-L. Domenach, *Chine : l' archipel oublié*, p. 47.
5. Mao Zedong, "Report to the Second Plenary Session of the Central Committee of the Seventh Congress of the Chinese Communist Party, 5 March 1949", *Selected Works*, vol. 4, p. 364.

6. F. C. Teiwes, "The Establishment and Consolidation of the New Regime", in R. MacFarquhar (ed.), *The Politics of China*, 1949-1989, p. 28.
7. Domenach, *Chine : l'archipel oublié*, pp. 70-71. 희생자의 수는 지금도 여전히 정확하게 알 수 없다.
8. *Ibid.*, pp. 97-100.
9. L. T. White III and Kam-yee Law, "Explanations for China's Revolution at its Peak", in Kam-yee Law (ed.), *The Chinese Cultural Revolution Reconsidered : Beyond Purge and Holocaust*, p. 8.
10. Teiwes, 'The Establishment and Consolidation of the New Regime', p. 12.
11. *Ibid.*, p. 33.
12. E. Friedman, P. G. Pickowicz and M. Selden, *Chinese Village, Socialist State*, pp. 103-104.
13. Teiwes, "The Establishment and Consolidation of the New Regime", p. 37, 39.
14. Domenach, *Chine : l'archipel oublié*, p. 153.
15. Teiwes, "The Establishment and Consolidation of the New Regime", p. 42.
16. Friedman, Pickowicz and Selden, *Chinese Village, Socialist State*, p. 123.
17. *Ibid.*, p. 193.
18. Domenach, *Chine : l'archipel oublié*, p. 489.
19. Teiwes, "The Establishment and Consolidation of the New Regime", pp. 60-63.
20. *Ibid.*, pp. 74-75.
21. *Ibid.*, p. 22.
22. *Ibid.*, p. 73.
23. J.-L. Domenach, *The Origins of the Great Leap Forward : The Case of One Chinese Province*, p. 25.
24. Friedman, Pickowicz and Selden, *Chinese Village, Socialist State*, p. 218.
25. *Ibid.*, pp. 189-190.
26. Tianjian Shi, *Political Participation in Beijing*, pp. 21, 40, 69, 121.
27. *Ibid.*, p. 25.
28. *Ibid.*, p. 70.
29. Domenach, The Origins of the Great Leap Forward, pp. 53-54, 62, 76.
30. 사실 이 구호는 이미 그 이전부터 사용되었다.
31. Domenach, *The Origins of the Great Leap Forward*, pp. 102-103.
32. J. Spence, *Mao Zedong*, pp. 540-541.
33. Domenach, *The Origins of the Great Leap Forward*, pp. 103, 105, 109.
34. Domenach, *Chine : l'archipel oublié*, p. 127.
35. *Ibid.*, p. 130.
36. *Ibid.*, pp. 128, 145.
37. *Ibid.*, pp. 157-159, 185.

25장 소련의 복제 국가들

1. *Vostochnaya Evropa v dokumentakh rossiiskikh arkhivov, 1944-1953*, vol. 1, p. 126.
2. I. N. R. Davies, *Heart of Europe : A Short History of Poland*, pp. 326-327.
3. *Ibid.*, p. 139. 본서 pp. 378~379를 보라.
4. *Vostochnaya Evropa v dokumentakh rossiiskikh arkhivov*, vol. 2, p. 532.

5. R. R. King, *Minorities under Communism : Nationalities as a Source of Tension among Balkan Communist States*, p. 150.
6. F. C. Teiwes, "The Establishment and Consolidation of the New Regime", in R. MacFarquhar (ed.), *The Politics of China, 1949-1989*, p. 51, I. V. Sadchikov's report to Molotov on Yugoslavia, 17 December 1945 : *Vostochnaya Evropa v dokumentakh rossiiskikh arkhivov*, vol. 1, p. 326도 보라.
7. N. P. Bugai (ed.), *L. Beriya - I. Stalinu : 'Soglasno Vashemu ukazaniyu'*, pp. 225-232.
8. Report by the American Legation to the US Department of State, 16 July 1953, p. 3 : Seymour M. Finger Papers, Foreign Service Dispatches (HIA).
9. W. Brus, "The Peak of Stalinism", in M. Kaser (ed.), *The Economic History of Eastern Europe, 1917-1975*, vol. 3 : *Institutional Change within a Planned Economy*, p. 9.
10. F. Fejtö, *Histoire des démocraties populaires*, vol. 1, p. 373에서 인용한 표에서 계산.
11. 본서 pp. 383~386를 보라.
12. C. Milosz, *The Captive Mind*, p. 218.
13. *Ibid.*, pp. 189-190.
14. *Vostochnaya Evropa v dokumentakh rossiiskikh arkhivov*, vol. 2, p. 563.
15. E. Dedmon, *China Journal*, p. 19.
16. E. Friedman, P. G. Pickowicz and M. Selden, *Chinese Village, Socialist State*, p. 121.
17. Report by the American Legation to the US Department of State, 16 July 1953, p. 3 : Seymour M. Finger Papers, Foreign Service Dispatches (HIA).
18. D. Childs and R. Popplewell, *The Stasi : The East German Intelligence and Security Service*, pp. 82-84.
19. N. Naimark, *The Russians in Germany : A History of the Soviet Zone of Occupation, 1945-1949*, pp. 194-195.
20. P. Kenney, *Rebuilding Poland : Workers and Communists, 1945-1950*, pp. 80-81, 85.
21. *Ibid.*, p. 278.
22. I Barankovics, *Catholic Church and Catholic Faith in Hungary*.
23. Milosz, *The Captive Mind*, p. 199.
24. *Ibid.*, pp. 102-104.
25. *Ibid.*, p. 21.
26. 본서 pp. 303~306을 보라.
27. Kenney, *Rebuilding Poland*, p. 176.
28. *Ibid.*, p. 91.
29. *Ibid.*, p. 234.
30. *SSSR - Pol'sha : mekhanizmy podchineniya, 1944-1949*, p. 121.
31. *Vostochnaya Evropa v dokumentakh rossiiskikh arkhivov*, vol. 1, p. 558.
32. *Ibid.*, pp. 607, 685; *SSSR - Pol'sha : mekhanizmy podchineniya, 1944-1949*, p. 123.
33. J. Triska and C. Gati (eds), *Blue Collar Workers in Eastern Europe*, p. 31.

26장 흐루쇼프의 탈스탈린

1. L. Bethell and I. Roxborough, "The Postwar Conjuncture in Latin America : Democracy, Labor and the Left", in L. Bethell and Ian Roxborough (eds), *Latin America between the Second World War and the Cold War, 1944-1948*, p. 18.

2. 본서 pp. 607~608을 보라.
3. 본서 pp. 608~609와 pp. 624~628를 보라.
4. 본서 pp. 586~588를 보라.
5. R. Service, *Stalin : A Biography*, ch. 48.
6. Zh. and R. Medvedev, *Neizvestnyi Stalin*, pp. 82-83.
7. *Vostochnaya Evropa v dokumentakh rossiiskikh arkhivov, 1944-1953*, vol. 1, p. 766과 vol. 2, p. 82.
8. *Ibid.*, vol. 1, pp. 901-902.
9. *Ibid.*, vol. 2, p. 91.
10. *Ibid.*, pp. 317-318.
11. *Ibid.*, pp. 233, 318.
12. *Ibid.*, p. 650.
13. *Ibid.*, pp. 150, 258.
14. D. Childs and R. Popplewell, *The Stasi : The East German Intelligence and Security Service*, pp. 43-44.
15. Report by the American Legation to the US Department of State, 16 July 1953, p. 3 : Seymour M. Finger Papers, Foreign Service Dispatches (HIA).
16. Service, *Stalin : A Biography*, p. 568.
17. *Vostochnaya Evropa v dokumentakh rossiiskikh arkhivov*, vol. 2, p. 177.
18. Record of conversation of Stalin and Secchia, 14 December 1947 : *Dagli archivi di Mosca. L' URSS, il Cominform e il PCI (1943-1951)*, doc. 20, p. 289.
19. M. Kramer, "The Early Post-Stalin Succession Struggle and Upheavals in East-Central Europe : Internal-External Linkages in Soviet Policy Making", *Journal of Cold War Studies*, part 1 (1999), pp. 12-22.
20. *Prezidium TsK KPSS, 1954-1964. Chernovye protokol'nye zapisi zasedanii : stenogrammy*, vol. 1, pp. 94-97 : Presidium meetings of 30 January and 1 February 1956.
21. N. Barsukov, "Kak sozdavalsya 'zakrytyi doklad' Khrushchëva", *Literaturnaya gazeta*, 21 February 1996, p. 11.
22. *Prezidium TsK KPSS, 1954-1964*, vol. 1, pp. 106-107 : Presidium meeting of 22 February 1956.
23. K. Morgan, *Harry Pollitt*, p. 176.
24. 본서 pp. 497~498을 보라.
25. *Prezidium TsK KPSS, 1954-1964*, vol. 1, pp. 44-45.
26. A. Paczkowski, *The Spring Will Be Ours : Poland and the Poles from Occupation to Freedom*, p. 273.
27. J. Granville, *The First Domino : International Decision Making during the Hungarian Crisis of 1956*, p. 116.
28. C. Gati, *Hungary and the Soviet Bloc*, pp. 135-138.
29. *Prezidium TsK KPSS, 1954-1964*, vol. 1, pp. 196-202 : Presidium meetings of 2-4 November 1956.
30. J. Callaghan, *Cold War, Crisis and Conflict : The CPGB, 1951-1968*, pp. 76-77.
31. Letter to the Secretariat of the CPSU Central Committee, 30 October 1956 : V. Zaslavsky, *Lo Stalinismo e la sinistra italiana: dal mito dell' URSS alla fine del comunismo, 1945-1991*, pp. 190-191에 전재.

32. *Ibid.*, pp. 192-194.
33. M. P. Leffler, *A Preponderance of Power, National Security, the Truman Administration and the Cold War*, pp. 366-367.

27장 공산주의 팽창과 데탕트

1. 본서 pp. 563~564을 보라.
2. *Prezidium TsK KPSS, 1954-1964. Chernovye protokol'nye zapisi zasedanii : stenogrammy*, vol. 1, p. 400 : 14 December 1959.
3. *Ibid.*, p. 280 : 10 November 1957.
4. 본서 29장을 보라.
5. 본서 p. 542을 보라.
6. J. Chang and J. Halliday, *Mao : The Unknown Story*, p. 428.
7. *Prezidium TsK KPSS, 1954-1964*, vol. 1, pp. 862-872 : Presidium meeting of 13 October 1964.
8. KGB report, 11 May 1965 : RGASPI, f. 89, op. 65, d. 13, pp. 1-6.
9. Report from the British embassy in Bucharest, 5 February 1974 : NA, FCO 28/2549, doc. 12, p. 1.
10. NA, FO 800/720, doc. 3, p. 1.
11. 본서 pp. 624~626를 보라.
12. N. Chanda, *Brother Enemy : The War after the War*, p. 22.
13. 본서 pp. 711~712을 보라.
14. 본서 pp. 632~637를 보라.
15. 본서 pp. 638~640를 보라.
16. K. Crane, *The Soviet Economic Dilemma of Eastern Europe*, pp. 15-42.
17. RGASPI, f. 89, op. 43, d. 9.
18. *Ibid.*, op. 51, d. 28 : Politburo decision of 8 January 1969.
19. *Ibid.*, op. 38, d. 47; V. Riva, *Oro da Mosca*, p. 60.
20. RGASPI, f. 89, op. 38, d. 47; Riva, *Oro da Mosca : i finanziamenti sovietici al PCI dalla Rivoluzione d'ottobre al crollo dell'URSS. Con 240 documenti inediti delgi archivi moscoviti*, p. 60.
21. O. A. Westad, *The Global Cold War : Third World Interventions and the Making of our Times*, pp. 215-216.
22. Chang and Halliday, *Mao : The Unknown Story*, pp. 607-608.
23. Z. Brzezinski, *The Soviet Bloc : Unity and Conflict*, p. 455.
24. 본서 pp. 604~606를 보라.
25. RGANI. f. 2., op. 3, d. 161 : Central Committee plenum, 26 June 1969, pp. 5-6, 8-14, S. Pons, *Berlinguer e la fine del comunismo*, p. 10을 보라.
26. S. Ellis and T. Sechaba, *Comrades against Apartheid : The African National Congress and the South African Communist Party*, p. 9.
27. RGANI, f. 2, op. 3, d. 161, p. 9.
28. *Ibid.*, pp. 14-15.
29. Dzh. Chervetti [G. Cervetti], *Zoloto Moskvy*, p. 66.
30. *Ibid.*, pp. 44, 47.
31. *Ibid.*, p. 134. 이것은 기묘한 대화였다. 왜냐하면 체르베티가 방을 떠날 때 포노마료프가 이탈리아

공산주의자들은 소련이 공급하는 천연가스에 대해 이탈리아가 지불하는 대금에서 그들의 몫을 계속 받을 것이라고 말했기 때문이었다. 체르베티는 이 언급에 어리둥절해졌다고 밝혔다. : *Ibid*., p. 135.

32. Memorandum by V. Zagladin, Deputy Chief of the International Department of the Central Committee of the CPSU, 4 October 1979 : RGASPI, f. 89, op. 32, d. 12.
33. V. Bukovskii, *Moskovskii protsess*, pp. 354–345에 인용된 안드로포프의 보고.
34. Riva, *Oro da Mosca*, p. 520.
35. Pons, *Berlinguer e la fine del comunismo*, pp. 105 and 107.
36. Chervetti, *Zoloto Moskvy*, pp. 138–139.
37. RGASPI, f. 89, op. 33, d. 15, pp. 1–2.
38. *Ibid*., pp. 394.
39. R. W. Judy, "The Case of Computer Technology", in S. Wasowski (ed.), *East-West Trade and the Technology Gap*, pp. 67–71.
40. *Ibid*., p. 385.
41. P. Hanson and K. Pavitt, *The Comparative Economics of Research Development and Innovation in East and West : A Survey*, p. 79.
42. A. C. Sutton, *Western Technology and Soviet Economic Development, 1945 to 1965*, pp. 379–380.
43. R. Giles, "The KGB in Afghanistan, 1979–1989", paper delivered at St Antony's College, Oxford : 31 May 2006.
44. RGASPI, f. 89, op. 42, d. 7, pp. 1–2.
45. Pons, *Berlinguer e la fine del comunismo*, p. 170.

28장 대약진과 문화대혁명

1. F. C. Teiwes, "The Establishment and Consolidation of the New Regime", in R. MacFarquhar (ed.), *The Politics of China, 1949–1989*, p. 12.
2. *Ibid*., p. 82; J.-L. Domenach, *Chine : l'archipel oublié*, p. 232.
3. Tianjian Shi, *Political Participation in Beijing*, p. 252.
4. Testimony of Bu Yulong : Zhang Lijia and C. Macleod (eds), *China Remembers*, p. 75.
5. Testimony of Bian Shaofeng : *Ibid*., p. 83.
6. *Ibid*., pp. 82–83.
7. J. Becker, *Hungry Ghosts : China's Secret Famine*, V. Smil, "China's Great Famine : Forty Years Later", *British Medical Journal*, 18–25 December 1999, pp. 1619–1621.
8. J. Chang and J. Halliday, *Mao : The Unknown Story*, p. 400.
9. NA, FCO 9/272, docs 1과 4.
10. Li Zhisui, *The Private Life of Chairman Mao : The Memoirs of Mao's Personal Physician*, pp. 94, 104, 358.
11. *Ibid*., p. 260.
12. *Ibid*., p. 9.
13. *Ibid*., pp. 496, 498.
14. Shaoguang Wang, "Between Destruction and Construction : The First Year of the Cultural Revolution", in Kam-yee Law (ed.), *The Chinese Cultural Revolution Reconsidered : Beyond Purge and Holocaust*, pp. 26–27.

15. *Ibid.*, pp. 28-30.
16. Tianjian Shi, *Political Participation in Beijing*, p. 71.
17. Xiaoxia Gong, "The Logic of Repressive Collective Action : A Case Study of Violence in the Cultural Revolution", in Kam-yee Law (ed.), *The Chinese Cultural Revolution Reconsidered*, pp. 128.
18. Tianjian Shi, *Political Participation in Beijing*, p. 85.
19. Nien Cheng, *Life and Death in Shanghai*, p. 59.
20. *Ibid.*, pp. 63-67.
21. *Ibid.*, p. 83.
22. *Ibid.*, pp. 111, 115, 128, 309, 351.
23. Fr André Bonnichon의 "La Cellule 23", *Etudes*, September 1954, p. 189에 있는 그의 증언을 보라.
24. Domenach, *Chine : l'archipel oublié*, p. 269.
25. 1985년 후야오방과의 인터뷰를 인용하고 있는 Xiaoxia Gong, "The Logic of Repressive Collective Action", p. 129.
26. Domenach, *Chine : l'archipel oublié*, p. 270.
27. L. T. White III and Kam-yee Law, "Explanations for China's Revolution at its Peak", in Kam-yee Law (ed.), *The Chinese Cultural Revolution Reconsidered*, p. 10; Shaoguang Wang, "The Structural Sources of the Cultural Revolution", in *Ibid.*, pp. 77-79, 81.
28. Deng Rong, *Deng Xiaoping and the Cultural Revolution*, p. 46.
29. Xiaoxia Gong, "The Logic of Repressive Collective Action", p. 115.
30. Deng Rong, *Deng Xiaoping and the Cultural Revolution*, pp. 246, 250.
31. *Ibid.*, pp. 275-279.
32. *Ibid.*, pp. 329-330.
33. *Ibid.*, pp. 376-381, 389-399.
34. *Ibid.*, p. 390.

29장 카스트로의 쿠바 혁명

1. 카스트로는 발언 도중에 억압과 관용이 금방이라도 무너질 듯 결합되어 있는 바티스타 치하의 상황을 잘 보여주는 시를 낭송했다. : F. Castro, *Historia Me Absolver?!*.
2. J. Lagas, *Memorias de un capitán rebelde*, pp. 19-20.
3. R. López-Fresquet, "14 Months with Castro" (typescript, HIA), pp. 24-25.
4. *Ibid.*, pp. 47 and 196; Mario Llerena, "Memoir", (typescript, HIA), vol. 1, p. 24.
5. López-Fresquet, "14 Months with Castro", p. 112; Lagas, *Memorias de un capitán rebelde*, pp. 19-20.
6. *Humanismo. Revista de insubornable orientación democrática* (Havana), January-April 1959, pp. 329-337에 진술되어 있는 카스트로의 의도를 보라.
7. López-Fresquet, "14 Months with Castro", pp. 106, 108.
8. Yu. P. Gavrikov, *Fidel' Kastro : Neistovyi komandante Ostrova svobody*, p. 143.
9. F. Castro, *Speech at the United Nations : General Assembly Session, September 26, 1960*, pp. 18, 21, 23.
10. F. Castro, *Fidel Castro Speaks on Marxism-Leninism*, p. 31 : speech of 2 December 1961.
11. 콤소몰 대표단과 카스트로의 만남, 13 January 1961 : RGASPI, f. 89, op. 28, d. 5, p. 8.

12. *Ibid*.
13. *Ibid*., p. 9.
14. López-Fresquet, "14 Months with Castro", pp. 184-185.
15. 나는 세인트 앤터니 대학의 동료인 발피 피츠제럴드 덕분에 이런 통찰을 얻었다.
16. Castro, *Fidel Castro Speaks on Marxism-Leninism*, p. 46 : speech of 2 December 1961.
17. R. Gott, *Cuba : A New History*, p. 201.
18. *Prezidium TsK KPSS, 1954-1964. Chernovye protokol'nye zapisi zasedanii : stenogrammy*, vol. 1, p. 646 : Presidium meeting of 16 November 1962; and pp. 720-721 : Presidium meetings of 16 November 1962 and 7 June 1963.
19. N. S. Khrushchev, *Khrushchev Remembers : The Glasnost Tapes*, p. 179.
20. *Prezidium TsK KPSS, 1954-1964*, vol. 1, p. 621 : 25 October 1962.
21. J. Haslam, *The Nixon Administration and the Death of Allende's Chile : A Case of Assisted Suicide*, p. 154.
22. F. Castro, *Comparecencia del Comandante Fidel Castro Ruz, Primer Ministro del Gobierno Revolucionario y Primer Secretario del Comité Central del Partido Comunista de Cuba, para Analizar los Acontecimientos de Checoslovaquia, Viernes 23 de Agosto 1968*, pp. 23-29.
23. *Moncada. Órgano del Ministerio del Interior*, June 1968, p. 5.
24. J. A. Rodríguez-Menier, "El Minint por Dentro" (typescript, HIA), ch. 7.
25. Report by C. J. Menéndez Cervera and E. Sánchez Santa Cruz, *Comisión Cubana de Derechos Humanos y Reconciliación Nacional*, 5 July 2006, p. 1.
26. Rodríguez-Menier, "El Minint por Dentro", pp. 4-6.
27. 1991년 5월 31일 고르바초프의 서기장보인 블라디미르 이바시코(Vladimir Ivashko)가 우루과이 공산당 서기장인 하이메 페레스(Jaime Péres)에게 한 말을 보라. : RGASPI, f. 89, op. 11, d. 188, p. 4.
28. Official diary of Yu. V. Petrov : *Ibid*., op. 8, d. 60, p. 2.
29. F. Castro, 아바나에서 열린 라틴아메리카 무역연합에서 한 연설, 9 November 1991 : *Granma International*, 24 November 1991.
30. Speech to the First Congress of Pioneers, 1 November 1991 : "Debemos preservar siempre la esperanza", p. 18.

30장 철의 장막, 죽의 장막

1. J. Halliday (ed.), *The Artful Albanian : The Memoirs of Enver Hoxha*, pp. 6-7.
2. 하지만 호자는 영국 코미디언인 노먼 위즈덤은 예외로 했다. : 본서 p. 558을 보라.
3. A. Weiner, "The Empires Pay a Visit : Gulag Returnees, East European Rebellions and Soviet Frontier Politics", *Journal of Modern History*, June 2006, pp. 333-376; A. Weiner, "Déjà Vu All Over Again : Prague Spring, Romanian Summer and Soviet Autumn on the Soviet Western Frontier", *Contemporary European History*, no. 2 (2006), pp. 159-191.
4. KGB Chairman Vladimir Semichastny's report to the Poliburo in 1965 : RGASPI, f. 89, op. 6, d. 30을 보라.
5. Basic Rules of Behaviour for Soviet Citizens Travelling to Capitalist and Developing Countries formulated by the Central Committee Secretariat in July 1979 : *Ibid*., op. 31, d. 7, pp. 1-8.
6. "The Wall", episode 9, CNN *Cold War series* (1998).
7. H. M. Harrison, *Driving the Soviets up the Wall : Soviet-East German Relations, 1953-1961*, p.

161.
8. *Ibid.*, p. 203.
9. *Ibid.*, p. 186.
10. D. Childs and R. Popplewell, *The Stasi : The East German Intelligence and Security Service*, pp. 84-86.
11. L. Harding, "In the Grip of the Angkang", *Guardian*, 20 December 2005.
12. *Vostochnaya Evropa v dokumentakh rossiiskikh arkhivov, 1944-1953*, vol. 2, p. 619.
13. I. Hallas, 'Radio Jamming', www.okupatsioon.ee/english/amilbox/radio/radio/html : dated 3 May 2000.
14. (머리를 짧게 깎였던) 세인트 앤터니 대학의 동료 리처드 클로그에게서 얻은 정보.
15. *Rhyming Reasoner*, no. 2, November 1956. 이 자료를 제공해준 폴 플루어즈에게 감사한다.
16. A B. Evans, *Soviet Marxism-Leninism : The Decline of an Ideology*, pp. 105-106.
17. RGASPI, f. 89, op. 6, dd. 15-25를 보라.
18. Evans, *Soviet Marxism-Leninism*, p. 142.
19. V. Medvedev, *Chelovek za spinoi*, pp. 144, 149.
20. T. Garton Ash, *We the People : The Revolution of 89*, pp. 137-138. 하벨은 1990년 1월에 이 말을 했다.
21. D. Rusinow, *The Yugoslav Experiment, 1948-1974*, p. 139.
22. A. L. Bardach, *Cuba Confidential : Love and Vengeance in Miami and Havana*, p. 230.
23. 본서 p. 295을 보라.
24. NA, FCO 28/2549, doc. 3.

31장 공산주의 다시 생각하기

1. J.-P. Sartre, *Sartre on Cuba*.
2. *Prezidium TsK KPSS, 1954-1964. Chernovye protokol'nye zapisi zasedanii : stenogrammy*, vol. 1, pp. 453, 464.
3. A. Horne, *Macmillan*, vol. 2 : *1957-1986*, p. 284.
4. W. Taubman, *Khrushchev : The Man and his Era*, p. 476.
5. R. Medvedev, *Let History Judge*; R. Medvedev, *On Socialist Democracy*.
6. R. Bahro, *The Alternative in Eastern Europe*, 특히 pp. 39, 117, 362, 368, 453.
7. A. Sakharov, *Progress, Coexistence and Intellectual Freedom*.
8. P. Togliatti, *Il memoriale di Yalta*, pp. 28, 41, 43-46.
9. S. Pons, *Berlinguer e la fine del comunismo*, p. 255.
10. 루카치에 관해서는 본서 p. 226을 보라.
11. 루카치는 자신의 입장을 생애 마지막 몇 달 동안에 쓴 *The Process of Democratization*에서 요약했다. 루카치는 1971년에 사망했다.
12. H. Marcuse, *Soviet Marxism : A Critical Analysis*.
13. H. Marcuse : *Eros and Civilization*; *One Dimensional Man*; *Essay on Liberation*; *Counterrevolution and Revolt*.
14. L. Colletti, *Il Marxismo e Hegel*.
15. P. Anderson, *Considerations on Western Marxism*, ch. 3.
16. M. G. Horowitz, "Portrait of the Marxist as an Old Trouper", *Playboy*, September 1970, pp. 174-175.

17. Marcuse, *Eros and Civilisation*.
18. D. Cohn-Bendit and G. Cohn-Bendit, *Obsolete Communism : The Left-Wing Alternative*.
19. 다니엘 콩방디의 형 가브리엘 콩방디가 공저자였다.
20. Cohn-Bendit and Cohn-Bendit, *Obsolete Communism*, pp. 204-245.
21. R. Service, *A History of Modern Russia from Nicholas II to Putin*, p. 459.
22. 본서 p. 437을 보라.
23. F. Kermode, *Not Entitled : A Memoir*, pp. 234-238.
24. R. Pipes, *Vixi : Memoirs of a Non-Belonger*; R. Conquest, *The Dragons of Expectation : Reality and Delusion in the Course of History* : 두 책 모두 저자의 정치 참여에 대한 회고를 담고 있다. 1979년의 정책 보고를 보라. : R. Conquest, *Present Danger : Towards a Foreign Policy*.
25. J. Haslam, *The Vices of Integrity : E. H. Carr, 1892-1982*; Service, *A History of Modern Russia from Nicholas II to Putin*, p. xxv.
26. Service, *A History of Modern Russia from Nicholas II to Putin*, p. xxvii; R. Conquest, *Reflections on a Ravaged Century*, pp. 143-144.
27. Service, *A History of Modern Russia from Nicholas II to Putin*, p. xxvii.

32장 동유럽과 서유럽

1. Z. Brzezinski, *The Soviet Bloc : Unity and Conflict*, p. 389.
2. *Prezidium TsK KPSS, 1954-1964. Chernovye protokol'nye zapisi zasedanii : stenogrammy*, vol. 1, p. 86 : meeting of 10 January 1956.
3. M. Kaser, *Comecon : Integration Problems of the Planned Economies*, pp. 63-82; J. F. Brown, *Eastern Europe and Communist Rule*, p. 146.
4. R. Crampton, *Eastern Europe in the Twentieth Century - and After*, p. 313.
5. *The Khrushchev-Tito Revisionist Group Concoct New Plans against the Cause of Socialism*, pp. 5, 7 and 15.
6. J. Halliday (ed.), *The Artful Albanian : The Memoirs of Enver Hoxha*, p. 9.
7. 본서 pp. 554~556을 보라.
8. N. Bethell, *Gomulka : His Poland and his Communism*, pp. 248-262.
9. Crampton, *Eastern Europe in the Twentieth Century - and After*, pp. 298-299.
10. C. Gati, *Hungary and the Soviet Bloc*, pp. 160-161.
11. Crampton, *Eastern Europe in the Twentieth Century - and After*, p. 321.
12. Z. Mlynář, *Night Frost in Prague : The End of Humane Socialism*, p. 157.
13. A. Paczkowski, *The Spring Will Be Ours : Poland and the Poles from Occupation to Freedom*, pp. 281, 288-289.
14. W. Brus, "Political System and Economic Efficiency", in S. Gomulka (ed.), *Growth, Innovation and Reform in Eastern Europe*, p. 28.
15. *Ibid.*, p. 290.
16. Crampton, *Eastern Europe in the Twentieth Century - and After*, p. 360.
17. A. H. Smith, *The Planned Economies of Eastern Europe*, pp. 230-232.
18. *Ibid.*, pp. 227-230.
19. D. Deletant, *Ceausescu and the Securitate : Coercion and Dissent in Romania, 1965-1989*, pp. 192, 207-208, 322-331.
20. 본서 pp. 576~577을 보라.

21. S. Pons, *Berlinguer e la fine del comunismo*, p. 48.
22. *Ibid*., p. 140.
23. S. Carrillo, *Eurocomunismo y estado*.
24. 본서 p. 182을 보라.
25. Draft letter of Secretariat of the Central Committee of the CPSU, February 1977 : RGASPI, f. 89, op. 33, d. 15.
26. T. Hofnung, *Georges Marchais : l'inconnu du Parti Communiste Francais*, pp. 315–317.
27. 본서 p. 620을 보라.

33장 좌절과 급진화

1. L. L. Sharkey, *An Outline History of the Australian Communist Party*, pp. 55–68.
2. J. P. Ongkili, *Nation-Building in Malaysia, 1946–1974*; Njoto, *Strive for the Victory of the Indonesian Revolution with the Weapon of Dialectical and Historical Materialism : A Speech at the Alkiarcham Academy of Social Sciences on 3 June 1964*, pp. 3–26.
3. G. M. Kahin and A. R. Kahin, *Subversion as Foreign Policy : The Secret Eisenhower and Dulles Debacle in Indonesia*.
4. T. J. Nossiter, *Marxist State Governments in India : Politics, Economics and Society*, pp. 69–71, 73, 80.
5. BBC News, 1 November 2005 : http://news.bbc.co.uk/go/pr/fr/-/1/hi/world/south_asia/4374826.stm.
6. 케랄라 공산주의자들의 비정통 공산주의에 관해서는 본서 p. 379을 보라.
7. Nossiter, *Marxist State Governments in India*, p. 17.
8. *Ibid*., pp. 21–3, 32.
9. P. Louis, *People Power : The Naxalite Movement in Central Bihar*, pp. 58–59.
10. *Ibid*., p. 32.
11. Z. Brzezinski, *The Grand Failure : The Birth and Death of Communism in the Twentieth Century*, p. 203.
12. R. Boyd, "The Japanese Communist Party in Local Government", in B. Szajkowski (ed.), *Marxist Local Governments in Western Europe and Japan*, p. 192.
13. G. A. Almond, *The Appeals of Communism*, p. 151.
14. A. Nuti, *La provincia più rossa : la costruzione del Partito Nuovo a Siena (1945–1956)*, pp. 90, 114.
15. *Ibid*., pp. 211, 272, 291.
16. S. Gundle, "Models and Crises of Communist Government in Italy", in B. Szajkowski (ed.), *Marxist Local Governments in Western Europe and Japan*, pp. 74–75.
17. A. F. Knapp, "A Receding Tide : France's Communist Municipalities", in *Ibid*., pp. 119–120, 125–127, 136–137, 145.
18. J. Amodia, "The Spanish Communist Party and Local Government", in *Ibid*., pp. 30, 33.
19. G. C. Donno, *La Gladio rossa del PCI (1945–1967)*.
20. C. Andrew and V. Mitrokhin, *The Mitrokhin Archive*, vol. 1 : *The KGB and the West*, p. 501.

34장 마지막 공산주의 혁명들

1. R. Gott, *Cuba : A New History*, p. 4.

2. N. Eberstadt, "Pyongyang's Option : 'Ordinary' Stalinism", *Far Eastern Economic Review*, no. 3 (2005), p. 31.
3. O. A. Westad, *The Global Cold War : Third World Interventions and the Making of our Times*, p. 183.
4. P. Short, *Pol Pot : History of a Nightmare*, pp. 298-300.
5. Chhang Song, 'Return to Gambodia, July-August 1989' (typescript, HIA), p. 9.
6. N. Chanda, *Brother Enemy : The War after the War*, pp. 71-72, 80.
7. Short, *Pol Pot*, pp. 288, 319-321.
8. *Ibid.*, p. 233.
9. *Ibid.*, p. 346.
10. *Ibid.*, pp. 347, 353.
11. M. Vickery, *Cambodia, 1975-1982*, pp. 34-35.
12. The Cambodian Genocide Program, Yale University : www.yale.edu/cgp (p. 1).
13. A. Angell, *Chile de Alessandri a Pinochet : en busca de la Utopia*, p. 59.
14. *Ibid.*, p. 61.
15. Yu. P. Gavrikov, *Fidel' Kastro : Neistovyi komandante Ostrova svobody*, p. 138.
16. Angell, *Chile de Alessandri a Pinochet*, p. 62.
17. *Ibid.*, p. 72.
18. *Ibid.*, pp. 63-64.
19. *Ibid.*, pp. 72-73.
20. J. Haslam, *The Nixon Administration and the Death of Allende's Chile : A Case of Assisted Suicide*, pp. 74, 153-154, 157.
21. *Ibid.*, p. 111.
22. Angell, *Chile de Alessandri a Pinochet*, p. 65.
23. *Ibid.*, p. 67.
24. *Ibid.*, p. 71.
25. *Ibid.*, pp. 76-77, 79.
26. P. Kornbluh, *The Pinochet File : A Declassified Dossier on Atrocity and Accountability*, p. 37; Haslam, *The Nixon Administration and the Death of Allende's Chile*, ch. 7.
27. Westad, *The Global Cold War*, pp. 212-214.
28. *Ibid.*, pp. 231-235
29. *Ibid.*, pp. 255-259.
30. *Ibid.*, pp. 277-278.
31. *Ibid.*, pp. 306-320.

35장 소련의 몰락

1. R. Nixon, *1999 : Victory without War*.
2. 소련이 결국 몰락할 가능성이 있다고 강조한 사람들 중 리처드 파이프스는 고르바초프가 집권하기 1년 전인 1984년에 다음과 같이 썼다. "소련 정부가 당장 붕괴할 위험에 처해 있는 것은 아니지만 영원히 '얼렁뚱땅 넘어 갈' 수는 없다." : *Survival Is Not Enough : Soviet Realities and America's Future*, p. 13.
3. R. Dallek, *Ronald Reagan : The Politics of Symbolism*, p. 192.
4. *Public Papers of the Presidents : Ronald Reagan, 1981*, p. 434.

5. J. L. Gaddis, *Strategies of Containment : A Critical Appraisal of Postwar American National Security Policy*, pp. 393–394.
6. 냉전 기간 동안 자주 그랬듯이 적의 적은 친구라는 것이 그 원리였다.
7. Speech of Daniel Ortega to the United Nations Security Council on 25 March 1982 : *Comunicado de Prensa : Permanent Mission to the U.N.*을 보라. no. 035. 산디니스타에 관해서는 본서 pp. 726~727을 보라.
8. Dallek, *Ronald Reagan*, pp. 181–182.
9. J. F. Brown, *Eastern Europe and Communist Rule*, pp. 104–105.
10. *Ibid.*, p. 127
11. Testimony of V. A. Alexandrov : Hoover Institution and Gorbachev Foundation Oral History Project (HIA), box 1, folder 2, p. 15.
12. Testimony of E. Meese : *Ibid.*, box 2, folder 11, pp. 37, 71.
13. Testimony of A. L. Adamishin : *Ibid.*, box 1, folder 1, p. 5.
14. 전략방위구상에 당시 소련이 보인 반응에 관한 다른 증언은 *Ibid.* : V. A. Kryuchkov (box 2, folder 7, p. 31)과 L. B. Shebarshin (box 2, folder 19, p. 18)을 보라.
15. Sergei Tarasenko in W. C. Wohlforth (ed.), *Witnesses to the End of the Cold War*, p. 70.
16. R. Reagan, *An American Life*, pp. 585, 588–589.
17. J. Matlock, *Reagan and Gorbachev : How the Cold War Ended*, pp. 97–105.
18. 본서 pp. 696~703을 보라.
19. 본서 p. 666을 보라.
20. M. Marrese and J. Vanous, *Soviet Subsidization of Trade with Eastern Europe : A Soviet Perspective*, p. 3.
21. H. Friedmann, "Warsaw Pact Socialism", in A. Hunter (ed.), *Rethinking the Cold War*, p. 220.
22. R. Service, *A History of Modern Russia from Nicholas II to Putin*, p. 465.
23. O. A. Westad, *The Global Cold War : Third World Interventions and the Making of our Times*, pp. 366, 382, 383, 391.
24. Anatoli Chernyaev in Wohlforth (ed.), *Witnesses to the End of the Cold War*, p. 95.
25. P. Robinson, *How Ronald Reagan Changed my Life*, pp. 92–93.
26. J. Douglas-Home, *Once upon Another Time : Ventures behind the Iron Curtain*, pp. 17, 25.
27. Pavel Palazchenko in Wohlforth (ed.), *Witnesses to the End of the Cold War*, p. 159.
28. D. H. Chollet and J. M. Goldgeier, "Once Burned, Twice Shy? The Pause of 1989", in W. C. Wohlforth (ed.), *Cold War Endgame : Oral History, Analysis, Debates*, p. 149.
29. 모스크바의 고르바초프 재단에 소장된 체르냐예프의 메모를 인용하고 있는 V. M. Zubok, "Different Perspectives on the Historical Personality", in *Ibid.*, p. 226.
30. 36장의 설명을 보라.
31. M. R. Beschloss and S. Talbott, *At the Highest Levels : The Inside Story of the End of the Cold War*, p. 132.
32. 예를 들어 Poliburo meeting of 9 March 1990 : RGASPI, f. 89, op. 8, d. 78, p. 1을 보라. 자이코프 셰바르드나제 야조프(국방장관)가 헝가리에서 군대를 철수하자는 제안을 했다.
33. Dmitri Yazov in Wohlforth (ed.), *Cold War Endgame : Oral History, Analysis, Debates*, pp. 193, 201
34. A. S. Chernyaev, *Shest' let s Gorbachëvym : po dnevnikovym zapisyam*, p. 57.
35. RGASPI, f. 89, op. 9, d. 124, p. 2.

36. Record of meeting between Castro and the Soviet ambassador, 20 June 1990 : *Ibid.*, op. 8, d. 60, pp. 2–3.
37. *Ibid.*, op. 11, d. 188, p. 5.
38. Beschloss and Talbott, *At the Highest Levels*, pp. 377, 388–392.
39. 본서 pp. 706~709을 보라.

36장 1989년 동유럽 혁명

1. Politburo meeting, 12 March 1981 : RGASPI, f. 89, op. 42, d. 37, p. 3.
2. M. Kramer, "Poland 1980–81 : Soviet Policy during the Polish Crisis", *Cold War International History Papers Bulletin*, no. 5 (1995), pp. 116–123.
3. A. Paczkowski, *The Spring Will Be Ours : Poland and the Poles from Occupation to Freedom*, pp. 454–455.
4. *Ibid.*, pp. 476–477.
5. M. Gorbačov and Z. Mlynář, Reformátořy Nebývachí Stastní, p. 69
6. Hoover Institution and Gorbachev Foundation Oral History Project (HIA) : testimonies of A. S. Chernyaev (카다르의 통역관에게 말한), box 1, folder 12, pp. 69–70과 V. A. Medvedev, box 2, folder 10, pp. 45–46, 47–48.
7. *Ibid.* : testimony of V. A. Medvedev, box 2, folder 10, p. 35.
8. T. Zhivkov, *Memoary*, pp. 356–360. 이것은 1987년 10월 16일에 크렘린에서 나눈 대화였다.
9. Paczkowski, *The Spring Will Be Ours*, pp. 485–486.
10. *Ibid.*, pp. 492–500.
11. *Ibid.*, pp. 507–509.
12. J. L. Gaddis, *The Cold War : A New History*, p. 206.
13. I. Banac, "Post-Communism as Post-Yugoslavism : The Yugoslav Non-Revolutions of 1989–1990", in I. Banac, *Eastern Europe in Europe*, p. 182.
14. 본서 pp. 721~722을 보라.
15. 유고슬라비아의 해체에 관해서는 본서 pp. 721~722을 보라.
16. E. Biberaj, "Albania : The Last Domino", in I. Banac, *Eastern Europe in Europe*, pp. 189, 195–199.
17. 본서 pp. 722~723을 보라.

37장 덩샤오핑의 개혁

1. R. MacFarquhar, "The Succession to Mao and the End of Maoism, 1969–1982", in R. MacFarquhar (ed.), *The Politics of China, 1949–1989*, p. 300.
2. *Ibid.*, p. 309.
3. Deng Rong, *Deng Xiaoping and the Cultural Revolution*, pp. 445–9; Deng Xiaoping, Selected *Works of Deng Xiaoping (1975–1982)*, p. 154 : speech of 13 December 1978.
4. Deng Maomao, *Deng Xiaoping, my Father*, pp. 50–51, 71, 95, 102–103.
5. *Ibid.*, p. 104.
6. *Ibid.*, p. 95; Deng Rong, *Deng Xiaoping and the Cultural Revolution*, pp. 84–87, 125–127; D. S. G. Goodman, *Deng Xiaoping and the Chinese Revolution*, p. 78.
7. J.-L. Domenach, *Chine : l'archipel oublié*, p. 331.
8. R. MacFarquhar, "The Succession to Mao and the End of Maoism, 1969–1982", p. 312.

9. Deng Xiaoping, *Selected Works of Deng Xiaoping (1975-1982)*, p. 280.
10. *Ibid.*, p. 172 : speech of 30 March 1979, "Uphold the Four Cardinal Principles".
11. 본서 pp. 699~702을 보라. 중국 정치사의 이러한 측면에 관한 자신의 통찰력을 제공해준 스티브 창(Steve Tsang)에게 감사한다.
12. L. T. White, *Unstately Power*, vol. 1 : *Local Causes of China's Economic Reforms*, pp. 14-15, 123-124; vol. 2 : *Local Causes of China's Intellectual, Legal and Governmental Reforms*, p. 145.
13. White, *Unstately Power*, vol. 1 : *Local Causes of China's Economic Reforms*, p. 10.
14. Deng Xiaoping, *Selected Works of Deng Xiaoping (1975-1982)*, p. 155 : speech at closing session of the Central Working Conference preparing the third plenary meeting of the Central Committee, 13 December 1978.
15. 후야오방은 전직 미 대통령 카터의 국가 안보 자문관인 브레진스키를 위해 마련된 만찬에서 이 말을 했다. : Z. Brzezinski, *The Grand Failure : The Birth and Death of Communism in the Twentieth Century*, pp. 160-161을 보라.
16. Tenzin Gyatso, *Freedom in Exile : The Autobiography of the Dalai Lama*, p. 231.
17. J.-C. Tournebrise and L. MacDonald, *Le Dragon et la souris*, p. 169.
18. Domenach, *Chine : l'archipel oublié*, pp. 332-334.
19. *Ibid.*, p. 489. H. H. Wu, *Laogai - The Chinese Gulag*, ch. 1.도 보라.
20. Tianjian Shi, *Political Participation in Beijing*, p. 252.
21. Brzezinski, *The Grand Failure*, p. 162.
22. Conversation with G. P. Shultz, Hoover Institution, 8 March 2005.
23. R. Baum, "The Road to Tiananmen : Chinese Politics in the 1980s", in R. MacFarquhar (ed.), *The Politics of China*, 1949-1989, pp. 449-450.
24. *Tiananmen Square, 1989 : The Classified History*, doc. 14.
25. Xin Liu, *In One's Shadow : An Ethnographic Account of the Condition of Post-Reform Rural Russia*, p. 182.
26. J. P. Burns, *Political Participation in Rural China*, p. 154.
27. P. J. Seybolt, *Throwing the Emperor from his Horse : Portrait of a Village Leader in China, 1923-1995*, pp. 82-83, 85.
28. Laogai Research Foundation : report, 14 April 2004.
29. Gu Mingyan, "Development and Reform of Education for Minority Nationalities in China" (typescript, HIA), 26 June 1989.
30. "The Cauldron Boils", *Economist*, 29 September 2005.
31. "Human Rights in China : Briefing Memo", submitted to President George W. Bush, 16 November 2005.

38장 고르바초프의 실패

1. 정치국의 의사록이 V. Bukovskii, *Moskovskii protsess*, p. 88에 인용되어 있다.
2. M. S. Gorbachëv, *Zhizn' i reformy*, vol. 1, p. 265.
3. R. Service, "Gorbachev's Reforms : The Future in the Past", *Journal of Communist Studies*, no. 3 (1987).
4. *Ibid.*
5. 1980년대 중반과 관련해 사후 가정적 가능성에 관한 자신들의 생각을 공유해준 조지 슐츠와 마틴

앤더슨에게 감사한다.

6. A. Brown, *The Gorbachev Factor*, pp. 186-187.

39장 흩어지는 동지들

1. O. A. Westad, *The Global Cold War : Third World Interventions and the Making of our Times*, p. 390.
2. 본서 pp. 684~494을 보라.
3. 공산주의자들이 군사적 승리를 거둔 후의 베트남 정치를 보려면 본서 pp. 627~628을 보라.
4. 본서 pp. 547~549을 보라.
5. 2005년 10월 4일 로렌스 리즈에게서 얻은 정보.
6. J. Watts, "North Korea Turns Away Western Aid", *Observer*, 2, October 2005.
7. F. Fukuyama, *The End of History and the Last Man*.
8. T. Hofnung, *Georges Marchais : l' inconnu du Parti Communiste Français*, chs 7 and 8.
9. P. M. La Ramée and Erica G. Polakoff, "The Evolution of the Popular Organizations in Nicaragua", in G. Prevost and H. E. Vanden (eds), *The Undermining of the Sandinista Revolution*, pp. 42-43; C. M. Vilas, *Perfiles de la Revolución Sandinista*, pp. 359-364.
10. *El Nuevo Diario* (Managua), 22 February 1990.
11. Ortega' s editorial : *La Prensa* (Managua), 26 February 1990.
12. *El Nuevo Diario* (Managua), 22 February 1990.

| 참고문헌 |

다음은 후주에서 적극적으로 인용한 문헌 목록이다. 목록은 공산주의의 역사에 관한 중요한 문헌들을 총망라하지 않았다. 타이프라이터로 작성된 원고는 TS로 표기했다.

기록 보관소

Bodleian Library – **UK**

Volkogonov Papers

Hoover Institution Archives (**HLA**) – **USA**

Henri Barbé, "Souvenir de militant et dirigeant communiste" (TS)

Elizabeth Churchill Brown Papers

Chhang Song, "Return to Cambodia, July-August 1989" (TS)

Communist International Instructions

Communist Party of India Papers

Communist Paryt of the United States Papers

E. W. Darling Papers

Theodore Draper Papers

Sir Paul Dukes Papers

Charles Wesley Ervin Papers

R. R. Fagen Papers

Herbert Haviland Field Papers

Seymour M. Finger Papers

T. T. C. Gregory Papers

Gu Mingyan "Development and Reform of Education for Minority Nationalities in China", 26 June 1989 (TS)

Hover Institution and Gorbachev Foundation Oral History Project

Hungarian Subject Collection

Henry James Papers

Alexander Keskuela Papers

Nestor Lakoba Papers

Ivy Litvinov Papers

Mario Llerena, "Memoir" (TS), vols 1-4

R. López-Fresquet, "14 Months with Castro" (TS)

Jay Lovestone Papers
Gibbes Lykes Papers
M. Muggeridge, "Russian Journal" (TS)
Boris Nicolaevsky Collection
Yelizaveta Parshina and Leonid Parshin, "Razvedka bez mifov" (TS, 1994)
Prezidium TsK KPSS
Peng Shu-tse Papers
Eugenio Reale Papers
J. A. Rodriguez-Menier, "EL Minint por Dentro" (TS)
Maurice Thorez Papers
Ernst Toller : "An Appeal from the Young Workers of Germany"
Albert Vassart : untitled memoirs (TS)
Cilly Vassart, "Le Front Papulaire en France" (TS : Paris, 1962)
Oswald Henry Wedel, "Recent Political Tendencies in Bavaria" : MA thesis (Stanford, 1924)
Erich Wollenberg : untitled memoirs (TS)

The National Ardhives (NA) - UK

FO 800/720	KV 2/577-8	KV 2/1753-5
FCO 9/272	KV 2/1038	KV 2/1772-8
FCO 28/2549	KV 2/1977	KV 2/129-30
HW 17/37 KV	2/1584	PREM 8/1077

Rossiiskii Gosudarstvennyi Arkhiv Noveishei Istorii (RGANI) - Russuan Federation
fond 2

Rossiiskii Gosudarstvennyi Arkhiv Sotsial'no-Politicheskoi Istorii (RGASPI) - Russuan Federation

fond 2	fond 17	fond 89	fond 325
fond 3	fond 76	fond 109	

정기 간행물

American Relief Administration Bulletin
Byulleten' oppozitsiya (Germany)
Corriere della Sera (Italy)
Economist (UK)
Etudes (France)
Fight (Organ of the Bolshevik-Leninist Party [Ceylon Unitl]) (Ceylon)
Humanismo. Revista de insubornable orientación democrática (Cuba)
Istochnik (Russian Federation)
Izvestiya (USSR)
Kritika (USA)
Literaturnaya gazeta (USSR)
Moncada. Organo del Ministero del Interior (Cuba)

Nezavisimaya gazeta (Russian Federation)
New York Times (USA)
El Nuevo Diario (Nicaragua)
Observer (UK)
Oldie (UK)
Playboy (USA)
Pravda (USSR)
La Prensa (Nicaragua)
Principios (Santiago de Chile)
Rabotnichesko delo (Bulgaria)
Reader's Digest (USA)
Rhyming Reasoner (UK)
Sente (Italy)
Time (USA)
Time Asia (USA)
Trud (Russian Federation)

실록

About Turn : The British Communist Party and the Second World War. The Verbatim Record of the Central Committee Meetings of 25 September and 2-3 October 1939, ed. F. King and G. Matthews (London, 1990)
Akademicheskoe delo, 1929-1931 : Delo po obvineniyu akademika S. F. Platonova, ed. A. V. Kvashonkin, O. V. Khlevnyuk, L. P. Kosheleva and L. A. Rogovaya (Moscow, 1996)
C. Andrew and V. Mitrokhin, *The Mitrokhin Archive*, vol. 1 : *The KGB and the West* (London, 1999); vol. 2 : *The KGB and the World* (London, 2005)
Archivio Pietro Secchia, 1945-1973 (Annali Feltrinelli) (Milan, 1979)
Austro-Marxism, texts trans. and introduced by T. Bottmore (Oxford, 1978)
R. L. Benson and M. Warner (eds), *Venona : Soviet Espionage and the American Respones, 1939-1957* (Washington, DC, 1996)
C. Bermani (ed.), *Gramsci raccontato. Testimonianze raccolte da Cesare Bermani, Gianni Bosio e Mimma Paulesu Quercioli* (Rome, 1987)
M. Bishop, *Maurice Bishop Speaks : The Grenada Revolution, 1979-1983* (New York, 1983)
Bol'shevistskoe rukovodstvo. Perepiska, 1912-1927, ed. A. V. Kvashonkin, O. V. Khlevnyuk, L. P. Kosheleva and L. A. Rogovaya (Moscow, 1996)
The British Road to Socialism (London, 1951)
Earl Browder Says (New York, 1991)
E. Browder, *Teheran : Our Path in War and Peace* (New York, 1944)
N. P. Bugai (ed.), *L. Beriya - I. Stalinu : 'Soglasno Vashemu ukazaniyu'* (Moscw, 1995)
N. I. Bukharin, *Problemy teorii i praktiki sotsializma* (Moscow, 1989)
The Case of Leon Trotsky : Report of Hearings on Charges Made against Him in the Moscow Trials, ed. G. Novack (New York, 1969)
Winston S. Churchill : His Complete Speeches 1897-1963, vol. 7, ed. R. Rhodes James (London,

1974)
The Cominform. Minutes of the Three Conferences, 1947/1948/1949, ed, G. Procacci, G. Adibekov, A. Di Biagio, L. Gibianskii, F. Gori and S. Pons (Milan, 1994)
Communist Papers : Douments Selected from Those Obtained on the Arrest of the Communist Leaders on the 14th and 21st October 1925 (London, 1926)
The Dead Sea Scrolls, trans. by M. Wise, M. Abegg Jr and E. Cook (New York, 1996)
Deng Xiaoping, *Selected Works of Deng Xiaoping (1975–1982)* (Beijing, 1984)
G. Dimitrov, *The Diary of Georgi Dimitrov, 1933–1939*, ed. I. Banac (New Haven, 2003)
G. Dimitrov, *Dimitrov and Stalin, 1934–1943 : Letters from the Soviet Archives*, ed. A, Dallin and F. I. Firsov (New Haven, 2000)
Documents on Communism, Nationalism, and Soviet Advisers in China, 1918–1927 : Papers Seized in the 1927 Peking Raid (New York, 1956)
A. Gramsci, *Lettere dal carcere*, ed. P. Sprinao (Turin, 1971)
A. Gramsci, *Quaderni del carcere*, ed. V. Gerratana (Turin, 1977), vols 1–4
A Guid to New China, 1953 (Peking, 1953)
J. Haynes and H. Klehr, *Venona : Soviet Espionage in America in the Stalin Era* (New Haven, 1999)
H. Klehr, *Communist Cadre : The Social Background of the American Communist Party Elite* (Stanford, 1978)
H. Klehr, J. E. Haynes and K. M. Anderson (eds), *The Soviet World of American Communism* (New Haven, 1998)
H. Klehr, J. E. Haynes and F. I. Firsov (eds), *The Secret World of American Communism* (New Haven, 1995)
The Khrushchev-Tito Revisionist Group Concoct New Plans against the Cause of Socialism (Tirana, 1963)
P. Kornbluh, *The Pinochet File : A Declassifred Dossier of Atrocity and Accountabillity* (New York, 2003)
V. I. Lenin, *Polnoe sobranie sochinenii*, vols 1–55 (Moscow, 1958–65)
A. M. Ledovskii (ed.), "Pergovory I. V. Stalina s Mao Tszdunom v dekabre 1949 – fevrale 1950 g. : novye arkhivnye dokmenty", *Novaya i noveishaya istoriya*, no. 1 (1997)
Yu. Martov, *Mirovoi bol'shevizm* (Berlin, 1923)
D. McLellan (ed.), *Karl Marx : Selected Writings* (Oxford, 1977)
Manual for Community Club Lesders : A. Handbook for the Use of Officers and Committes of Communist Community Clubs (prepared by Organisational Deparment of the Communist National Committee : New York, 1944)
G. Orwell, *The Lost Orwell : Being a Supplement to Complete Works of George Orwell* (ed. P. Davison : London, 2006)
Prezidium TsK KPSS, 1954–1964. Chernovye protokol'nye zapisi zasedanii : stenogrammy, vol. 1, ed. A. A. Fursenko (Moscow, 2004)
The Price of Vision : The Diary of Herry A. Wallace, 1942–1946 (Boston, Mass, 1973)
Public Papers of the Presidents : Ronald Reagan, 1981 (Washington, DC, 1982)
Selected Works of Mao Tse-tung, vols 1–5 (Peking, 1961)
D. A. Smart (ed.), *Pannekoek and Gorter's Marxism* (London, 1978)

'Sovershenno sekretno' : Lubyanka – Stalinu o polozhenii v strane (1922–1934 gg), ed. G. N. Sevast'yanov, A. N. Sakharov, Ya. F. Pogonii, V. K. Vinogradov, T. Vihavainen, K. Pursiainen, T. Martin, H. Richarson and L. P. Kolodnikova, vols 1 ff. (Moscow, 2001–)
Sovetskii faktor v Vostochnoi Evrope, 1944–1953 : Dokumenty, vols 1–2, ed. T. V. Volokitina, G. P. Murashko and A. F. Noskova (Moscow, 2002)
Sovetskoe rukovodstvo. Perepiska, 1928–1941 (Moscow, 1999)
SSSR – Pol'sha : mekhanizmy podchineniiya, 1944–1949, ed. G. Bordyugov, G. Matveev, A. Kosewski and A. Paczowski (Moscow, 1995)
I. Stalin, *Beseda s angliiskom pisatelem G. D. Uellsom, 23 iyunya 1934 g.* (Moscow, 1935)
I. V. Stalin, *Sochineniya*, vols 1–13 (Moscow, 1946–53)
I. V. Stalin, *Sochineniya*, vols 1(xiv)–3(xvi), ed. R. MacNeal (Stanford, 1967)
Tiananmen Square, 1989 : The Classifred History, ed. J. T. Richelson and M. L. Evans (National Security Archive Electronic Briefing Book, no. 16, 1 June 1999)
L. Trotskii, *Sochineniya*, vols 2–21 [incomplete] (Moscow, 1924–1927)
L. Trotsky, *Leon Sedov : Son, Friend, Fighter* (London, 1967)
Von'moi S''ezd RPK(b). Mart 1919 god : Protokly, ed. N. I. Shatalin and M. A. Dvoinishnikov (Moscow, 1959)
Vostochnaya Evropa v dokumentakh rossiiskiky arkhivov, 1944–1953, vols 1–2, ed. N. M. Barinova, T. V. Volokitina, T. M. Islamov, G. P. Murashko, A. F. Noskova, T. A. Pokivailova, N. D. Smirnova and T. V. Tsarevskaya (Moscow, 1977–8)

회고록

G. Arbatov, *Zatianuvsheesia vyzdorovlenie, 1953–1985 gg. : svidetel'stvo sovremennika* (Moscow, 1991)
B. Bajanov, *Avec Staline dans le Kremlin* (Parin, 1930)
A. Balavanoff, *My Life as a Rebel* (London, 1938)
A. Barmine, *One Who Survived* (London, 1945)
S. Beria, *Beria, My Father : Life inside Stalin's Kremlin* (London, 2001)
N. Bocenina, *La segretaria di Togliatti : Memorie di Nina Bocenina* (Florence, 1993)
R. Bruce Lockhart, *Memoirs of a British Agent : Being an Account of the Author's Early Life in Many Lands and of his Offcial Mission to Moscow in 1918* (London, 1932)
M. Buber-Neumann, *Under Two Dictatorships* (London, 1949)
A. S. Chernyaev, *Shest' let s Gorbachëvym : po dnevnikovym zapisyam* (Moscow, 1993)
R. H. Crossman (ed.), *The God that Faied* (London, 1949)
J. E. Davies, *Mission to Moscow : A Record of Confidential Dispatches to State Department, Official and Personal Correspondence, Current Diary and Journal Entries, Including Notes and Comment up to October 1941* (London, 1941)
V. Dedijer, *The Battle Stalin Lost : Memoirs of Yugoslavia, 1948–1953* (New York, 1972)
E. Dedmon, *China Journal* (Cambridge, 1971)
Deng Maomao, *Deng Xiaoping, my Father* (New York, 1995)
The Diaries of Beatrice Webb, vols 1–4, ed. N. Mackenzie and J. Mackenzie (London, 1982–4)
G. Dimitrov, *Diario. Gli anni di Masca* (1934–1945), ed. S. Pons (Turin, 2002)

M. Djilas, *Conversations with Stalin* (London, 1962)
M. Djilas, *Rise and Fall* (London, 1983)
S. Dmitrievsky, *Dans les coulisses du Kremlin* (London, 1933)
A. Dobrynin, *In Confidence : Moscow's Ambassador to America's Six Cold War Presidents, 1962–1986* (New York, 1995)
J. Douglas-Home, *Once upon Another Time : Ventures behind the Iron Curtain* (Norwih, 2000)
P. Dukes, *Red Dusk and the Morrow : Adventures and Investigations in Red Russia* (London, 1922)
P. Dukes, *The Story of 'ST 25' : Adventure and Romance in the Secret Intelligence Service in Red Russia* (London, 1938)
A. Gide, *Retour de l'U.R.S.S.* (Paris, 1936)
B. Goldman, *My Disillusionment in Russia* (New York, 1923)
B. Goldman, *My Further Disillusionment in Russia* (New York, 1924)
M. Gorbachëv, *Zhizn' i reformy* (Moscow, 1995)
M. Gorbačov and Z. Mlynář, Reformátořy *Nebývachí Stastní* (Prague, 1995)
J. Halliday (ed.), *The Artful Albanian : The Memoirs of Enver Hoxha* (London, 1986)
H. Haywood, *Black Bolshevik : Autobiography of an Afro-American Communist* (Chicago, 1978)
M. Hindus, *Red Bread* (New York, 1931)
A. R. Hunt, *Facts About Communist Hungary* (London, 1919)
J. [Jenny] Humbert-Droz, *Une Pensée, Une Conscience, Un Combat : la Carrière Politique de Jules Humbert-Droz Retračee par sa Femme* (Neuchâtel, 1976)
J. Humbert-Droz, *De Lénine à Staline : Dix Ans au Service de l'Internationale Communiste, 1921–1931* (Neuchâtel, 1971)
F. Kermode, *Not Entitled : A Memoir* (London, 1996)
N. S. Khrushëv, *Khrushchëv Remembers : The Glasnost Tapes* (New York, 1990)
A. Koestler, *Arrow in the Blue : An Autobiography* (London, 1972)
A. Koestler (no title), in R. H. Crssman (ed.), *The God that Failed* (London, 1949)
W. Krivitsky, *I Was Stalin's Agent* (London, 1940)
J. Lagas, *Memorias de un capitan rebelde* (Santigo de Chile, 1964)
W. Leonhard, *Child of the Revolution* (London, 1957)
[Dr] Li Zhisui, *The Private Life of Chairman Mao : The Memoirs of Mao's Personal Physician* (New York, 1994)
E. Lyons, *Assignment in Utopia* (New York, 1937)
"'Lyudyam svoistvenno oshibat'tsya'tsya' : iz vospominanii M. Rakoshi", Istoricheskii Arkhiv, no. 3 (1997)
J. F. Matlock, *Autopsy on an Empire : The American Ambassdor's Accunt of the Collapse of the Soviet Union* (New York, 1995)
Vladimir Medvedev, *Chelovek za spinoi* (Moscow, 1994)
A. Mgeladze, Stalin, *Kakim ya ego znal. Stranitsy nedavnego proshlogo* (n.p., 2001)
M. Muggeridge, *Winter in Moscow* (London, 1934)
Nien Cheng, *Life and Death in Shanghai* (London, 1986)
K. Philby, *My Silent War*, introduced by. G. Greene (London, 1968)
R. Pipes, *Vixi : Memoirs of a Non-Belonger* (New Haven and London, 2003)

H. Pollitt, *Serving my Tine : An Apprenticeship to Politics* (London, 1940)
D. N. Pritt, *The Autobiography of D. N. Pritt, Part One : From Right to Left* (London, 1965)
R. Reagan, *An American Life* (London, 1990)
E. Reale, *Avec Jacques Duclos au banc des accusés à la Réunion Constitutive du Kominform à Szklarska Poreba* (Paris, 1958)
J. Reed, *Ten Days that Shook the World* (New York, 1967)
A. Rhys Williams, *Through the Russian Revolution* (New York, 2003)
P. Robinson, *How Ronald Reagan Changed my Life* (New York, 2003)
M. N. Roy, *Memoirs* (Bombay, 1964)
A. Sakharov, *Memoirs* (London, 1990)
G. Seniga, *Togliatti e Stalin* (Milan, 1978)
P. Shapcott, "I Once Met the Red Dean", *Oldie*, June 2004
C. Sheridan, *Russian Portaits* (London, 1921)
G. P. Shultz, *Turmoil and Triumph : My Years as Secretary of State* (New York, 1993)
E. Snow, *Red Star over China* (New York, 1939)
S. Spender, *World Within World : The Autobiography of Stephen Spender* (London, 1964)
J. Steinbeck, *Russian Journal* (with photographs by R. Capa : London, 1949)
Tenzin Gyatso, *Freedom in Exile : The Autobiography of the Dalai Lama* (New York, 1990)
L. Trotsky, *My Life : An Attempt at an Autobiography* (London, 1979)
R. O. G. Urch, *The Rabbit King of Siberia* (London, 1939)
H. G. Wells, *Russia in the Shadows* (London, 1920)
Zhang Lijia and C. Macleod (eds), *China Remembers* (Oxford, 1999)
T. Zhivkov, *Memoary* (private printng by author : Sofia, 1987)

추가 자료

S. Adams, *Commrade Minister : The South African Communist Party and the Transition from Apartheid to Democracy* (Huntington, NY, 2001)
E. Aga-Rossi and V. Zaslavsky, *Togliatti e Stalin : il PCI e la polittica estera staliniana negli archivi di Mosca* (Bologna, 1997)
A. Agosti, *Bandiere rosse : un profili storico dei communisti europei* (Rome, 1999)
A. Agosti, *Palmiro Toglatti* (Torino, 1996)
G. A. Almond, *The Appeals of Communism* (Princeton, 1954)
L. Althusser, *Lire le Capital* (Paris, 1968)
L. Althusser, *Pour Marx* (Paris, 1965)
J. Amodia, "The Spanish Communisti Party and Local Government", in B. Szaikowski (ed.), *Marxist Local Governments in Western Europe and Japan* (London, 1968)
G. Amyot, *The Italian Communist Party : The Crisis of the Popular Front Strategy* (New York, 1981)
K. M. Anderson and A. O. Chubaryan (eds), *Komintern i vtoraya mirovaya voina*, vols 1-2 (Moscow, 1994-9)
P. Anderson, *Considerations on Western Marxism* (London, 1976)
C. Andrew and O. Gordievsky, *KGB : The Inside Story of its Foreign Operations from Lenin to*

Gorbachev (London, 1990)
A. Angell, *Chile de Allessandri a Pinochet : en busca de la Utopia* (Santiago de Chile, 1993)
H. Arendt, *Totalitarianism* (San Diego, 1968)
R. Aron, *L'Opium des intellectuels* (Paris, 1955)
J. Attfield and S. Williams (eds), *1939 : The Communist Party of Great Britain and the War. Proceedings of a Conference Held on 21 April 1979, Organised by the Communist Party History Group* (London, 1984)
P. Avrich, *The Russian Anarchists* (Princeton, 1967)
J. Baberowski, *Der Feind ist überall : Stalinismus im Kaukasus* (Munich, 2003)
E. Bacon, *The Gulag at War* (London, 1994)
R. Bahro, *The Alternative in Eastern Europe* (London, 1978)
I. Banac (ed.), *Eastern Europe in Euiope* (Ithaca, 1992)
I. Banac, "Post-Communism as Post-Yugoslavism : The Yugoslav Non-Revolutions of 1989-1990", in I. Banac, *Eastern Europe in Europe* (Ithaca, 1992)
I. Barankovics, *Catholic Church and Catholic Faith in Hungary* (New York, 1963)
A. L. Bardach, *Cuba Confidential : Love and Vengeance in Miami and Havana* (New York, 2002)
N. Barsukov, "Kak sozdavalsya 'zakrytyi doklad' Khrushchëva", *Literaturnaya gazeta*, 21 February 1996
O. Bauer, *Bolschewismus oder Sozialdemokratie* (Vienna, 1921)
R. D. Baum, *Burying Mao : Chinese Politics in the Age of Deng Xiaoping* (Princeto, 1994)
R. D. Baum, "The Road to Tiananmen : Chinese Politics in the 1980s", in R. MacFarquhar (ed.), *The Politics of China, 1949-1989* (Cambridge, 1993)
BBC News, 1 November 2005; Http://news.bbc.co.uk/go/pr/fr/-/1/hi/world/south_asia/4374826.stm
J. Becker, *Hungry Ghosts : China's Secret Famine* (London, 1996)
F. Beckett, *The Enemy Within : The Rise and Fall of the British Communist Party* (London, 1995)
A. Beichman, *Andropov* (New York, 1983)
A. Beichman, "Roosevelt's Failure at Yalta", *Humanitas*, No. 1 (2003)
G. Benton and S. Tsang, "Opportunism, Betrayal and Manipulation in Mao's Rise to Power", *China Journal*, No. 55 (January 2006)
N. Berdyaev, *The Russian Idea* (London, 1947)
I. Berlin, *Karl Marx : His Life and Environment* (London, 1939)
J. S. Berliner, *Factory and Manager in the USSR* (Cambridge, Mass., 1957)
E. Bernstein, *Evolutionary Socialism : A Criticism and Affirmation* (London, 1909)
M. R. Beschloss and S. Talbott, *At the Highest Levels : The Inside Story of the End of the Cold War* (Boston, 1993)
L. Bethell and Ian Roxborough (eds), *Latin America between the Second World War and the Cold War, 1944-1948* (Cambridge, 1992)
L. Bethell, "Brazil", In L. Bethell and Ian Roxborough (eds), *Latin America between the Second World War and the Cold War, 1944-1948* (Cambridge, 1992)
L. Bethell and I. Roxborough, "The Postwar Conjuncture in Latin America : Democracy, Labour and the Left" in L. Bethell and I. Roxborough (eds), *Latin America between the Second World*

War and the Cold War, 1944–1948 (Cambridge, 1992)
N. Bethell, *Gomulka : His Poland and his Communism* (London, 1969)
F. Bettanin, *Fabbrica del mito : storia e politica nell'URSS staliniana* (Naples, 1996)
F. Bettanin, *Stalin e l'Europa : la formazione dell'impero esterno sovietico (1941–1953)* (Rome, 2006)
E. Biagi, "Usciti dall'URSS Palmiro mi disse : finalmente liberi!", *Corriere della Sera*, 21 August 2003
E. Biberaj, "Albania : The Last Domino", in I. Banac (ed.), *Eastern Europe in Europe* (Ithaca, 1992)
G. Bischof, *Austria in the Fist Cold War, 1945–55* (New York, 1999)
H. P. Bix, *Hirohito and the Making of Modern Japan* (London, 2000)
D. L. M. Blackmer and S. Tarrow (eds), *Communism in Italy and France* (Princeton, 1975)
J. Bloomfield, *Passive Revolution : Communism and the Czecholovak Working Class* (London, 1979)
G. Bocca, *Palmiro Togliatti* (Rome and Bari, 1977)
K. Bock, "Theories of Progress, Development, Evolution", in T. B. Bottomore and R. Nisbet (eds), *History of Sociological Analysis* (London, 1979)
C. Bohlen, *Witness to History : 1929–1969* (New York, 1973)
E. Böhm-Bawerk, *Karl Marx and the Close of his System* (New York, 1949)
A. Bonnichon, "La Cellule 23", *Etudes*, September 1954
F. Borkenau, *The Communist International* (London, 1938)
T. B. Bottomore, *Elites and Society* (London, 1966)
T. B. Bottomore and R. Nisbet (eds), *A History of Sociological Analysis* (London, 1979)
R. Boyd, "The Japanese Communist Party in Local Government", in B. Szajkowski (ed.), *Marxist Local Governments in Western Europe and Japan* (London, 1986)
J. Braunthal, *History of the International*, 1914–1943, vols 1–3 (London, 1966–80)
B. Brecht, *The Measures Taken and Other Lehrstucke* (London, 1977)
H. Brogan, *The Life of Arthur Ransome* (London, 1984)
A. Brown, *The Gorbachev Factor* (Oxford, 1996)
J. A. C. Brown, *Techniques of Persuasion : From Propaganda to Brainwashing* (London, 1963)
J. F. Brown, *Eastern Europe and Communist Rule* (London, 1988)
R. Brubaker, *Ethnicity without Groups* (Cambridge, Mass., 2004)
W. Brus, "The Peak of Stalinism", in M. Kaser (ed.), *The Economic History of Eastern Europe, 1917–1975*, vol. 3 : *Institutional Change within a Planned Economy* (Oxford, 1986)
W. Brus, "Political System and Economic Efficiency", in S. Gomulka (ed.), *Growth, Innovation and Reform in Eastern Europe* (Brighton, 1986)
Z. Brzezinski, *The Grand Failure : The Birth and Death of Communism in the Twentieth Century* (New York, 1989)
Z. Brzezinski, *The Soviet Bloc : Unity and Conflict* (Cambridge, Mass., 1967)
N. Bukharin and Ye. Perobrazhenskii, *Azbuka kommunizma* (Gomel, 1921)
V. Bukovskii, *Moskovskii protsess* (Paris and Moscow, 1996)
A. Bullock, *Ernest Bevin : Foreign Secretary, 1945–1951* (Oxford, 1985)
K. Burk, *Troublemaker : The Life and History of A. J. P. Taylor* (New Haven, 2000)

M. Burleigh, *Earthly Powers : Religion and Politics in Europe from the Enlightenment to the Great War* (London, 2005)
J. P. Burns, *Political Participation in Rural China* (Berkeley, 1988)
G. Bush and B. Scowcroft, *A World Transformed* (New York, 1998)
J. Callaghan, *Cold War, Crisis and Conflict : The CPGB, 1951–1968* (London, 2003)
J. Callaghan, *Rajani Palme Dutt : A Study in British Stalinism* (London, 1993)
The Cambodian Genocide Program, Yale University : www.yale.edu/cgp
T. Campanella, *The City of the sun*, introduced by A. L. Morton (London, 1981)
E. Caretto and B. Marolo, *Made in the USA* (Milan, 1996)
B. Carr, *Marxism and Communism in Twentieth-Centry Mexico* (Lincoln, Neb., 1992)
E. H. Carr, *The Bolshevik Revolution*, vols 1–3 (London, 1950–3)
E. H. Carr, *Michael Bakunin* (London, 1937)
E. H. Carr, *The Russian Revolution from Lenin to Stalin, 1917–1929* (London, 1979)
E. H. Carr, *What Is History?* (London, 1964)
S. Carrillo, *Eurocomunismo y estado* (Barcelona, 1977)
F. Castro, *Comparecencia del Comandante Fidel Castro Ruz, Primer Ministro del Gobierno Revolucionario y Primer Secretario del Comité Central del Partido Comunista de Cuba, para Analizar los Acontecimientos de Checoslovaquia, Viernes 23 de Agosto de 1968* (Havana, 1968)
F. Castro, *Fidel Castro Speaks on Marxism-Leninism* (New York, N.d.)
F. Castro, *Historia Me Absolverá!* (Havana, n.d.)
F. Castro, *The Road to Revolution in Latin America* (New York, 1963)
F. Castro, *Speech at the United Nations : Gereral Assembly Session, Septmber 26, 1960* (New York, 1960)
F. Castro, Speech to the First Congress of Pioneers, 1 November 1991 : "Debemos preservar siempre la esperanza", Havana
F. Castro, Speech to the Latin American Trade Union meeting held in Havana, 9 November 1991 : Granma International, 24 November 1991
"The Cauldron Boils", *Economist*, 29 September 2005
D. Caute, *The Fellow Travellers : A Postscript to the Enlightenment* (New York, 1973)
L. Chamberlain, *The Philosophy Steamer : Lenin and the Exile of the Intelligentsia* (London, 2006)
N. Chanda, *Brother Enemy : The War after the War* (New York, 1986)
D. P. Chandler, *Brother Number One : A Political Biography of Pol Pot* (Boulder, 1992)
D. P. Chandler and B. Kiernan (eds), *Revolution and its Aftermath in Kampuchea : Eight Essays* (New Haven, 1983)
J. Chang and J. Halliday, *Mao : The Unknown Story* (London, 2005)
Dzh. Chervetti [G. Cervetti], *Zoloto Moskvy* (Moscow, 1995)
R. H. Chilcote, *The Brazilian Communist Party : Conflict and Inegration, 1922–1972* (Oxford, 1974)
D. Childs and R. Popplewell, *The Stasi : The East German Intelligence and Security Service* (London, 1995)
D. H. Chollett and J. M. Goldgeier, "Once Burned, Twice Shy? The Pause of 1989", in W. C. Wohlforth (ed.), *Cold War Endgame : Oral History, Analysis, Debates* (University Park,

Penn., 1996)

A. Ciliga, *The Russian Enigma* (London, 1940)

F. Claudin, *The Communist Movement : From Comintern to Cominform* (London, 1976)

F. Claudin, *Eurocommunism and Socialism* (London, 1978)

N. Cohn, *The Pursuit of the Millennium : Revolutionary Millenarians and Mystical Anarchists of the Middle Ages* (revised end : London, 1970)

D. Cohn-Bendit and G. Cohn-Bendit, *Obsolete Communism : The Left-Wing Alternative* (London, 1968)

L. Colletti, *Il Marxismo e Hegel* (Bari, 1969)

L. Colletti, "A Political and Philosophical Interview" *New Left Review*, No. 86 (1974)

R. Conquest, *The Dragons of Expectation : Reality and Delusion in the Course of History* (New York, 2005)

R. Conquest, *The Great Terror* (London, 1968)

R. Conquest, *Present Danger : Towards a Foreign Policy* (Stanford, 1979)

R. Conquest, *Reflections on a Ravaged Century* (New York, 1999)

Converting Britain, BBC Radio 4, 10 August 2004

J. Cornwell, *Hitler's Pope : The Secret History of Pius XII* (London, 1999)

S. Courtois (ed.), *Une Si Longue Nuit : l'apogée des régimes totalitaires en Europe, 1935-1953* (Paris, 2003)

S. Courtois, N. Werth, J.-L. Panné, Andrzej Paczkowski, K. Bartošek and J.-L. Margolin (eds), *The Black Book of Communism : Crimes, Terror, Repression* (London, 1999)

R. Crampton, *Eastern Europe in the Twentieth Century - and After* (2nd edn : London, 1997)

K. Crane, *The Soviet Economic Dilemma of Eastern Europe* (Santa Monica, 1986)

R. Crompton, *William - the Bad* (London, 1930)

J. C. Culver, *American Dreamer : The Life and Times of Henry A. Wallace* (New York, 2000)

Dagli archivi di Mosca. L'URSS, il Cominform e il PCI (1943-1951), ed. F. Gori and S. Pons (Rome, 1998)

Dali L. Yang, *Calamity and Reform in China : State, Rural Society, and Institutional Change since the Great Leap Famine* (Stanford, 1996)

R. Dallek, *Ronald Reagan : The Politics of Symbolism* (Cambridge, 1984)

T. Dan, *The Origins of Bolshevism* (london, 1964)

I. N. R. Davies, *Heart of Europe : A Short History of Poland* (Oxford, 1984)

I. N. R. Davies, *White Eagle, Red Star* (London, 1972)

John Davis, "Webb, (Martha) Beatrice (1858-1943)", *Oxford Dictionary of National Biography* (Oxford, 2004)

Jonathan Davis, "Left Out in the Cold : British Labour Witnesses the Russian Revolution", *Revolutionary Russia*, no. 1 (June 2005)

R. B. Day, *Cold War Capitalism : The View from Moscow* (New York, 1995)

F. W. Deakin. H. Shukman and H. T. Willetts, *A History of World Communism* (London, 1975)

V. Dedijer, *Tito Speaks : His Self-Portrait and Struggle with Stalin* (London, 1953)

D. Deletant, *Ceauçescu and the Securitate : Coercion and Dissent in Romania, 1965-1989* (New York, 1995)

Deng Rong, *Deng Xiaoping and the Cultural Revolution* (New York, 2005)

I. Deutscher, *Russia, China, and the West : A Contemporary Chronicle, 1953-1966*, ed. F. Halliday (London, 1970)
I. Deutscher, *Trotsky : The Prophet Armed* (Oxford, 1954)
I. Deutscher, *Trotsky : The Prophet Outcast* (Oxford, 1963)
I. Deutscher, *Trotsky : The Prophet Unarmed* (Oxford, 1959)
I. Deutscher, *The Unfinished Revolution : Russia, 1917-1967* (Oxford, 1967)
A. Di Biagio, *Coesistenza e isolazionismo : Mosca, il Komintern e l'Europa di Versailles (1918-1928)* (Rome, 2004)
M. Djilas, *The New Class : An Analysis of the Communst System* (London, 1957)
J.-L. Domenach, *Chine : l'archipel oublié* (Paris, 1992)
J.-L. Domenach, *The Origins of the Great Leap Forward : The Case of One Chinese Province* (Boulder, 1995)
G. C. Donno, *La Gladio Rossa del PCI (1945-1967)* (Catanzaro, 2001)
W. Doyle, *Oxford History of the French Revolution* (2nd edn : Oxford, 2002)
T. Draper, *"American Communism and Soviet Russia : The Formative Period* (New York, 1960)
J. Duclos, "A propos de la dissolution du PCA", *Cahiers du Communisme*, 6 April 1945
J. W. F. Dulles, *Anarchists and Communists in Brazil*, 1900-1935 (Austin, Texas, 1973)
T. Dunmore, *The Stalinist Command Economy* (London, 1980)
M. Dutton, *Policing and Policy in China : Form Patriarchy to the 'People'* (Cambridge, 1992)
N. Eberstadt, "Pyongyang's Option : 'Ordinary' Stalinism", *Far Eastern Economic Review*, no. 3 (2005)
S. Ellis and T. Sechaba, *Comrades against Apartheid : The African National Congress and the South African Communist Party* (Bloomington, 1992)
D. W. Ellwood, *Rebuilding Europe : Western Europe, America and Postwar Reconstruction* (London, 1992)
F. Engels, *Anti-Dühring*, published as *Herr Eugen Dühring's Revolution in Science* (Anti-Dühring) (London, 1934)
F. Engels, *The Dialectics of Nature* (London, 1941)
F. Engels, *The Origins of the Family, Private Property and the State : In the Light of the Researches of Lewis H. Morgan* (London, 1946)
D. C. Engerman, "The Ironies of the Iron Curtain : The Cold War and the Rise of Russian Studies in the United States", *Cahiers du Monde Russe*, No. 45/3-4(2004)
D. Eudes, *The Kapetanios : Partisans and Civil War in Greece, 1943-1949* (London, 1972)
A. B. Evans, *Soviet Marxism-Leninism : The Decline of an Ideology* (Westport, Conn., 1993)
R. J. Evans, *The Coming of the Third Reich* (New York, 2004)
R. Falber, *The 1968 Czecholovak Crisis : Inside the British Communist Party*, occasional paper, Socialist History Society (London, 1972)
A. Farrar-Hockley, *The British Part in the Korean War*, vols 1-2 (London, 1990-5)
F. Fejtö, *Histoire dés democraties populaires*, vols 1-2 (Paris, 1969)
G. Fiori, Antonio Gramsci (London, 1970)
First Congress of the Peoples of the East : Baku, September 1920 : Stenographic Report, trans. and ed. B. Pearce (London, 1976)
R. Fischer, *Stalin and German Communism : A Study in the Origins of a State Party* (Cambridge,

Mass., 1948)
S. Fitzpatrick, "Stalin and the Making of a New Elite, 1928-1939", *Slavic Review*, no. 3 (1979)
S. Fitzpatrick, *Stalin's Peasants : Resistance and Survival in the Russian Village after Collectivisation* (Oxford, 1994)
R. Foa, M. Mafai and A. Reichlin, *Il silenzio dei comunisti* (Turin, 2002)
K. Forster, *Rebellion and Factionalism in a Chinese Province : Zhejiang, 1976* (New York, 1990)
E. Friedman, P. G. Pickowicz and M. Selden, *Chinese Village, Socialist State* (New Haven, 1991)
H. Friedmann, "Warsaw Pact Socialism", in A. Hunter (ed.), *Rethinking the Cold War* (Philadelphia, 1998)
F. Fukuyama, *The End of History and the Last Man* (London, 1992)
M. Fulbrook, *Anatomy of a Dictatorship : Inside the GDR* (Oxford, 1995)
F. Furet, *The Passing of an Illusion : The Idea of Communism in the Twentieth Century* (Chicago, 1997)
A. Fursenko and T. Naftali, *One Hell of a Gamble : Khrushchev, Castro, Kennedy, and the Cuban Missile Crisis, 1958-1964* (London, 1997)
J. L. Gaddis, *The Cold War : A New History* (London, 2006)
J. L. Gaddis, *We Now Know : Rethinking Cold War History* (Oxford, 1997)
J. L. Gaddis, *Strategies of Containment : A Critical Appraisal of Postwr American National Security Policy* (New York, 1982)
I. V. Gaiduk, *The Soviet Union and the Vietnam War* (Chicago, 1996)
T. Garton Ash, *We the People : The Revolution of 89* (London, 1990)
C. Gati, *The Bloc that Failed : Soviet-East European Relations* (London, 1990)
C. Gati, *Hungary and the Soviet Bloc* (Durham, NC, 1986)
Yu. P. Gavrikov, *Fidel' Kastro : Neistovyi komandante Ostrova svobody* (Moscow, 2006)
D. Geary, *Karl Kautsky* (Manchester, 1987)
E. Gellner, *Plough, Sword and Book : The Structure of Human History* (London, 1988)
I. Getzler, *Kronstadt 1917-1921 : The Fate of a Soviet Democracy* (Cambridge, 1983)
I. Gibert, *El oro de Moscú* (Buenos Aires, 1994)
R. Giles, "The KGB in Afghanistan, 1979-1989", paper delivered at St Antony's College, Oxford : 31 May 2006
P. Ginsborg, *A History of Contemporary Italy : Society and Politics, 1943-1988* (London, 1990)
N. Glazer and D. P. Moynihan, *Beyond the Melting Pot : The Negroes, Puerto Ricans, Jews, Italians and Irish of New York City* (2nd edn : Cambridge, Mass., 1970)
Ye. P. Glazunov *et al.* (eds), *Voina vo V'etname ... kak eto bylo (1965-1973)* (Moscow, 2005)
P. Gleijeses, *Conflicting Missions : Havana, Washington and Africa, 1959-1976* (Chapel Hill, 2002)
S. Gomulka (ed.), *Growth, Innovation and Reform in Eastern Europe* (Brighton, 1986)
D. S. G. Goodman (ed.), *China's Provinces in Reform : Class, Community and Political Culture* (London, 1997)
D. S. G. Goodman, Deng Xiaoping and the Chinese Revolution (London, 1994)
D. S. G. Goodman and G. Segal (eds), *China Deconstructs : Politics, Trade and Regionalism* (London, 1994)
F. Gori and S. Pons (eds), *The Soviet Union and Europe in the Cold War, 1943-53* (London,

1996)

M. Gor'kii, L. Averbakh and S. Firin (eds), *Belomorsko-balitiiskii kanal imeni I. V. Stalina* (Moscow, 1934)

R. Gott, *Cuba : A New History* (London, 2004)

H. Graham, *The Spanish Republic at War, 1936-1939* (Cambridge, 2003)

H. Graham and P. Preston (eds), *The Popular Front in Europe* (London, 1987)

A. Gramsci, *Lettere dal carcere*, ed. P. Spriano (Turin, 1971)

A. Gramsci, *Quaderni del carcere*, vols 1-4, ed. V. Gerratana (Turin, 1977)

J. Granville, *The First Domino : International Decision Making during the Hungarian Crisis of 1956* (College Station, 2004)

P. Gregory, *The Political Economy of Stalin : Evidence from the Soviet Secret Archives* (Cambridge, 2004)

H. Gruber, *International Communism in the Era of Lenin and Stalin* (New York, 1972)

E. Guevara, *Guerrilla Warfare* (New York, 1961)

S. Gundle, "Models and Crises of Communist Government in Italy", in B. Szajkowski (ed.), *Marxist Local Governments in Western Europe and Japan* (London, 1986)

G. Hall, *The Era of Crisis : Forging Unity in Struggle : Report to the Twenty Fifth National Convention, Communist Party, USA* (unedited speech : Cleveland, Ohio, 6 December 1991)

G. Hall, *The Power of Ideology : Keynote Address to the First Ideological Conference of the Communist Party USA* [sic], July 14-16 1989, Chicago (New York, 1989)

I. Hallas, "Radio Jamming", www.okupatsionn.ee/english/mailbox/radio/radio/html, 3 May 2000

F. Halliday, *The Making of the Second Cold War* (London, 1986)

M. Halperin, J. J. Berman, R. L. Borosage and C. M. Marwick, The Lawless State : The *Crimes of the US Intelligence Agencies* (London, 1976)

J. Hansen, *The Theory of the Cuban Revolution* (New York, 1962)

P. Hanson, *Western Economic Statecraft in East-West Relations : Embargoes, Sanctions, Linkage, Economic Warfare and Détente* (London, 1988)

P. Hanson and K. Pavitt, *The Comparative Economics of Research Development and Innovation in East and West : A Survey* (Chur, Switzerland, and London, 1987)

L. Harding, "In the Grip of the Angkang", *Guardian*, 20 December 2005

W. A. Harriman and E. Abel, *Special Envoy to Churchill and Stalin, 1941-1946* (New York, 1975)

H. M. Harrison, *Driving the Soviets up the Wall : Soviet-East German Relations, 1953-1961* (Princeton, 1961)

M. Harrison, *Why Secrecy? The Uses of Secrecy in Stalin's Command*, PERSA Working Paper, No. 34 (Warwick, 2003)

J. Haslam, *The Nixon Administration and the Death of Allende's Chile : A Case of Assisted Suicide* (London, 2005)

J. Haslam, *The Vices of Integrity : E. H. Carr, 1892-1982* (London, 1999)

G. Haupt, *Socialism and the Great War : The Collapse of the Second International* (Oxford, 1972)

H. Haywood, *Negro Liberation* (New York, 1948)

S. Hellman, *Italian Communism in Transition : The Rise and Fall of the Historic Compromise in Turin, 1975-1980* (Oxfrod, 1988)

L. W. Henderson, *A Question of Trust : The Origins of U.S.-Soviet Diplomatic Relations* (Stanford,

1987)
J. Hessler, *A Social History of Soviet Trade : Trade Policy, Retail Practices and Consumption, 1917–1953* (Princeton, 2004)
G. Hicks, *John Reed : The Making of a Revolutionary* (New York, 1936)
R. Hilferding, *Boehm-Bawerk's Criticism of Marx*, trans. E. and C. Paul (Glasgow, 1919)
R. Hilferding, *Finance Capital : A Study of the Latest Phase of Capitalist Development*, introduced by T. Bottomore (London, 1981)
C. Hill, *The World Turned Upside Down : Radical Ideas during the English Revolution* (London, 1972)
R. Hingley, *The Russian Mind* (London, 1977)
W. Hinton, *Fanshen : A Documentary History in a Chinese Village* (Berkeley, 1966)
T. Hofnung, *Georges Marchais : l'inconnu du Parti Communiste Français* (Paris, 2001)
P. Hollander, *Political Pilgrims : Western Intellectuals in Search of the Good Society* (New Brunswick, 1998)
D. Holloway, *Stalin and the Bomb : The Soviet Union and Atomic Energy* (New Haven, 1994)
M. Holroyd, *Bernard Shaw*, vol. 2 : *1989–1918: The Pursuit of Power* (London, 1990)
M. Holroyd, *Bernard Shaw*, vol. 3 : *1918–1950: The Lure of Fantasy* (London, 1993)
A. Horne, *Macmillan*, vol. 2 : *1957–1986* (London, 1989)
M. G. Horowitz, "Portrait of the Marxist as an Old Trouper", *Playboy*, September 1970
I. Howe and L. Coser, *The American Communist Party : A Critical History* (New York, 1962)
J. W. Hulse, *The Forming of the Communist International* (Stanford, 1964)
"Human Rights in China : Briefing Memo", submitted to President George W. Bush, 16 November 2005
A. Hunter (ed.), *Rethinking the Cold War* (Philadelphia, 1998)
J. O. Iatrides, *Revolt in Athens : The Greek Communist 'Second Round', 1944–1945* (Princeton, 1972)
J. O. Iatrides and L. Wrigley (eds), *Greece at the Crossroads : The Civil War and its Legacy* (University Park, Penn., 1998)
R. Ioanid, *The Ransom of the Jews : The Story of the Extraordinary Secret Bargain between Romania and Israel* (Chicago, 2005)
Istoriya vsesoyuznoi kommunisticheskoi partii (bol'shevikov) : krakii kurs (edited by the Commission of the Central Committee : Moscow, 1938)
P. J. Jaffe, *The Rise and Fall of Earl Browder* (London, 1972)
M. Jay, *The Dialectical Imagination* (London, 1973)
Jian Chen, *Mao's China and the Cold War* (Chapel Hill, 2001)
H. Johnson, *The Socialist Sixth of the World* (London, 1939)
H. Johnson, *The Upsurge of China* (Beijing, 1961)
H. Johnson, *What We Saw in Rumania* (London, 1948)
K. Jowitt, "Soviet Neo-Traditionalism : The Political Corruption of a Marxist-Leninist Regime", *Soviet Studies*, No. 3 (1983)
T. Judt, *Postwar : A History of Europe since 1945* (London, 2005)
R. W. Judy, "The Case of Computer Technology", in S. Wasowski (ed.), *East-West Trade and the Technology Gap* (New York, 1970)

L. Kaganovich, *Kak postroena RKP(b)* (Moscow, 1924)

G. M. Kahin and A. R. Kahin, *Subversion as Foreign Policy : The Secret Eisenhower and Dulles Debacle in Indonesia* (New York, 1995)

Kam-yee Law (ed.), *The Chinese Cultural Revolution Reconsidered : Beyond Purge and Holocaust* (London, 2003)

P. Kane, *Famine in China, 1959-61 : Demographic and Social Implications* (London, 1988)

K. Kaplan, *The Short March : The Communist Takeover in Czecholovakia, 1945-1948* (London, 1987)

B. M. Karapandzich, *The Bloodiest Yugoslav Spring, 1945 - Tito's Katyns and Gulags* (New York, 1980)

M. Kaser, *Comecon : Integration Problems of the Planned Economies* (Oxford, 1965)

M. Kaser (ed.), *The Economic History of Eastern Europe, 1917-1975*, vol. 3 : *Institutional Change within a Planned Economy* (Oxford, 1986)

K. Kautsky, *The Agrarian Question* (London, 1988)

K. Kautsky, *Die Diktatur des Proletariats* (Vienna, 1918), published in English as *The Dictatorship of the Proletariat*, trans. H. J. Stenning (Manchester, 1919)

'X' (George F. Kennan), "The Sources of Soviet Conduct", *Foreign Affairs*, vol. 25 (July 1947)

P. Kennedy, *The Rise and Fall of the Great Powers : Economic Change from 1500 to 2000* (New York, 1987)

P. Kenney, *Rebuilding Poland : Workers and Communists, 1945-1950* (Ithaca, 1997)

K. Kersten, *The Establishment of Communist Rule in Poland, 1943-1948* (Oxford, 1991)

B. Kiernan, *The Pol Pot Regime : Race, Power and Genocide in Cambodia under the Khmer Rouge, 1975-1979* (New Haven, 1996)

R. Kindersley (ed.), *In Search of Eurocommunism* (London, 1981)

R. Kindersley, *The First Russian Revisionists : A Study of 'Legal Marxism' in Russia* (Oxford, 1962)

R. R. King, *Minorities under Communism : Nationalities as a Source of Tension among Balkan Communist States* (Cambridge, Mass., 1973)

D. G. Kirby, *Finaland in the Twentieth Century* (London, 1979)

H. Klehr, *Communist Cadre : The Social Background of the American Communist Party Elite* (Stanford, 1978)

H. Klehr, J. E. Haynes and K. M. Anderson (eds), *The Soviet World of American Communism* (New Haven, 1998)

A. F. Knapp, "A Receding Tide : France's Communist Municipalities", in B. Szajkowski (ed.), *Marxist Local Government in Western Europe and Japan* (London, 1986)

D. Koenker, *Moscow Workers and the 1917 Revolution* (Princeton, 1981)

A. Koestler, *Darkness at Noon* (London, 1940)

L. Kolakowski, *Main Currents of Marxism : Its Rise, Growth, and Dissolution*, vols 1-3 (Oxford, 1978)

G. Konrad and I. Szelenyi, *The Intellectuals on the Road to Class Power* (New York, 1978)

M. Kramer, "The Early Post-Stalin Succession Struggle and Upheavals in East-Central Europe : Internal-External Linkages in Soviet Policy Making", *Journal of Cold War Studies*, nos 1-3 (1999)

M. Kramer, "Poland 1980-81 : Soviet Policy during the Polish Crisis", *Cold War International*

History Papers Bulletin, no. 5 (1995)
M. Laar, *The War in the Woods : Estonia's Struggle for Survival, 1944–1956* (Washington, DC, 1992)
Laogai Research Foundation : report, 14 April 2004
J. R. Lampe, *Yugoslavia as History : Twice There Was a Country* (2nd edn : Cambridge, 2000)
P. M. La Ramée and Erica G. Polakoff, "The Evolution of the Popular Organizations in Nicaragua", in G. Prevost and H. E. Vanden (eds), *The Undermining of the Sandinista Revolution* (London, 1997)
N. Lebrecht, "Prokofiev Was Stalin's Last Victim", *Evening Standard*, 4 June 2003
M. P. Leffler, "The Cold War : What Do 'We Now Know'?", *American Historical Review*, no. 2 (1999)
M. P. Leffler, *A Preponderance of Power. National Security, the Truman Administration and the Cold War* (Stanford, 1992)
P. Lendvai, *Eagles in Cobwebs* (London, 1969)
J. Lévesque, *The Enigma of 1989 : The USSR and the Liberation of Eastern Europe* (Berkeley, 1997)
R. Leviné-Meyer, *Leviné the Spartacist : The Life and Times of the Socialist Revolutionary Leader of the German Spartacists and Head of the Ill-Starred Munich Republic of 1919* (London, 1978)
D. A. L. Levy, "The French Popular Front, 1936–1937", in H. Graham and P. Preston (eds), *The Popular Front in Europe* (London, 1987)
G. Lewy, *The Cause that Failed : Communism in American Political Life* (Oxford, 1990)
G. Lichtheim, *Georg Lukács* (London, 1970)
G. Lichtheim, *A Short History of Socialism* (London, 1970)
A. S. Lindemann, *The 'Red Years' : European Socialism versus Bolshevism, 1919–1921* (Berkeley, 1974)
I. Liner and S. Churkin, *Krasnaya pautina : tainy razvedki Kominterna, 1919–1943* (Moscow, 2005)
J. Linz, "Authoritarian and Totalitarian Regimes", in *Handbook of Political Science*, ed. F. Greenstein and N. Polsby, vol. 3 (Reading, Mass., 1975)
V. D. Lippit, *Land Reform and Economic Development in China : A Study of Institutional Change and Development Finance* (White Plains, 1974)
A. Lipschütz, *Marx y Lenin en la América Latina y los problemas indigenistas* (Havana, 1974)
S. M. Lipset and G. Marks, *It Didn't Happen Here : Why Socialism Failed in the United States* (New York, 2000)
The Lost Orwell : Being a Supplement to the Complete Works of George Orwell, ed. P. Davison (London, 2006)
P. Louis, *People Power : The Naxalite Movement in Central Bihar* (Delhi, 2002)
V. Loupan and P. Lorraine, *L'Argent de Moscou* (Paris, 1994)
M. Löwy, *Le Marxisme en Amérique Latine de 1909 à nos jours : anthologie* (Paris, 1980)
G. Lukács, *History and Class Consciousness : Studies in Marxist Dialectics* (London, 1971)
G. Lukács, *The Process of Democratization* (New York, 1991)
A. Luukkanen, *The Party of Unbelief : The Religious Policy of the Bolshevik Party, 1917–1929* (Helsinki, 1994)

A. Luukkanen, *The Religious Policy of the Stalinist State : A Case Study : The Central Standing Commission on Religious Questions, 1929–1938* (Helsinki, 1997)
R. Luxemburg, *The Accumulation of Capital*, trans. A. Schwarzschild (London, 1951)
R. Luxemburg, *The Mass Strike* (London, 1986)
R. Luxemburg, *The Russian Revolution* (first pub. in German, 1922; trans. B. Wolfe, New York, 1940)
J. A. McAdams, *Germany Dividel : From the Wall to Reunification* (Princeton, 1993)
W. O. McCagg, *Stalin Embattled, 1943–1948* (Detroit, 1973)
The McCarran *Conspiracy against the Bill of Rights : The Communist Party's Answer to the Charges of the Attorney-General under the McCarran Act* (New York, 1951)
K. McDermott and J. Agnew, *The Comintern : A History of International Communism from Lenin to Stalin* (London, 1996)
R. MacFarquhar and J. K. Fairbanks (eds), *The Cambridge History of China*, vols 14 and 15, part 2 (Cambridge, 1987 and 1991)
R. MacFarquhar (ed.), *The Politics of China, 1949–1989* (Cambridge, 1993)
R. MacFarquhar, "The Succession to Mao and the End of Maoism, 1969–1982", in R. MacFarquhar (ed.), *The Politics of China, 1949–1989*
N. Machiavelli, *The Prince* (London, 1961)
K. E. McKenzie, *Comintern and World Revolution, 1928–1943* (London, 1964)
D. McLellan, *Karl Marx : His Life and Thought* (London, 1973)
Ma Feng, "A Nation Celebrates its New Beginning", *Time Asia*, 27 September 1999
P. Major, *The Death of the KPD : Communism and Anti-Communism in West Germany* (Oxford, 1997)
N. Malcolm, *Bosnia : A Short History* (2nd edn : London, 1996)
R. Mallick, *Development Policy of a Communist Government : West Bengal since 1977* (Cambridge, 1993)
R. Mallick, *Indian Communism : Opposition, Collaboration and Institutionalization* (Oxford, 1994)
J. Mann, *About Face : A History of America's Curious Relationship with China, from Nixon to Clinton* (New York, 1999)
H. Marcuse, *Counterrevolution and Revolt* (Boston, Mass., 1972)
H. Marcuse, *Eros and Civilization* (Boston, Mass., 1955)
H. Marcuse, *Essay on Liberation* (Boston, Mass., 1969)
H. Marcuse, *One Dimensional Man* (Boston, Mass., 1964)
H. Marcuse, *Reason and Revolution* (New York, 1941)
H. Marcuse, *Soviet Marxism : A Critical Analysis* (New York, 1958)
G. N. Marks, "Communist Party Membership in Five Former Soviet Bloc Countries, 1945–1989", *Communist and Post-Communist Studies*, no. 37 (2004)
M. Marrese and J. Vanous, *Soviet Subsidization of Trade with Eastern Europe : A Soviet Perspective* (Berkeley, 1983)
K. Marx, *Capital*, vols 1–3 (London, 1958–1960)
K. Marx and F. Engels, *The Communist Manifesto*, ed. A. J. P. Taylor (London, 1967)
Marxist Study (leaflet of the London District Committee of the CPGB : December 1940)

V. Mastny, *The Cold War and Soviet Insecurity* (Oxford, 1996)
V. Mastny, *Russia's Road to the Cold War : Diplomacy, Warfare and the Politics of Communism, 1941-1945* (New York, 1979)
J. Matlock, *Reagan and Gorbachev : How the Cold War Ended* (New York, 2004)
G. Matthews, "Stalin's British Road?", *Changes Supplement*, 14-27 September 1991
R. von Mayenburg, *Hotel Lux* (Munich, 1978)
M. Mazower, *Dark Continent : Europe's Twentieth Century* (London, 1998)
R. Medvedev, *Let History Judge* (revised and expanded edn : Oxford, 1989)
R. Medvedev, *On Socialist Democracy* (New York, 1979)
Zh. and R. Medvedew, *Neizvestnyi Stalin* (Moscow, 2001)
V. Medvedev, *Chelovek za spinoi* (Moscow, 1994)
F. Mehring, *Karl Marx : The Story of his Life* (London, 1936)
Y. Membery, "Swallows, Amazons and Secret Agents", *Observer*, 21 July 2002
C. J. Menéndez Cervera and E. Sánchez Santa Cruz, *Comisión Cubana de Derechos Humanos y Reconciliación Nacional*, 5 July 2006
C. Merridale, *Moscow Politics and the Rise of Stalin* (London, 1990)
M. Mevius, *Agents of Moscow : The Hungarian Communist Party and the Origins of Socialist Pariotism, 1941-1953* (Oxford, 2005)
R. Michels, *Political Parties : A Sociological Study of the Oligarchical Tendencies of Modern Democracy*, introduced by S. M. Lipset (London, 1968)
J. E. Miller, *The United States and Italy, 1940-1950* (Chapel Hill, 1986)
C. Milosz, *The Captive Mind* (New York, 1953 : original edn, 1951)
A. Milward, *The Reconstruction of Western Europe, 1945-1951* (London, 1984)
R. Mitter, *A Bitter Revolution : China's Struggle with the Modern World* (Oxford, 2004)
Z. Mlynář, *Night Forst in Prague : The End of Humane Socialism* (New York, 1980)
W. J. Mommsen, *The Age of Bureaucracy : Perspectives on the Political Sociology of Max Weber* (London, 1974)
J. B. Moore, *Social Origins of Dictatorship and Democracy : Lord and Peasant in the Making of the Modern World* (London, 1967)
T. More, *Utopia*, trans. and introduced by Paul Turner (London, 2003)
K. Morgan, *Against Fascism and War : Ruptures and Continuities in British Communist Politics, 1935-41* (Manchester, 1989)
K. Morgan, *Harry Pollitt* (Manchester, 1993)
D. E. Murphy, S. A. Kondrashev and G. Bailey, *Battleground Berlin : CIA vs KGB in the Cold War* (New Haven, 1997)
G. S. Murphy, *Soviet Mongolia : A Study of the Oldest Political Satellite* (Berkeley, 1966)
N. Naimark, "Communist Regimes and Parties after the Second World War", *Journal of Modern European History*, no. 1 (2004)
N. M. Naimark, *Fires of Hatred : Ethnic Cleansing in Twentieth Century Europe* (Cambridge, Mass., 2001)
N. M. Naimark, "Post-Soviet Russian Historiography on the Emergence of the Soviet Bloc", *Kritika : Explorations in Russian and Eurasian History*, no. 3 (2004)
N. Naimark, *The Russians in Germany : A History of the Soviet Zone of Occupation, 1945-1949*

(Cambridge, Mass., 1995)
N. Naimark and L. Gibianskii (eds), *The Establishment of Communist Regimes in Eastern Europe, 1944-1949* (Boulder, 1997)
M. Narinskii, "I. V. Stalin i M. Torez, 1944-1947 gg. Novye materialy", *Novaya i Noveishaya Istoriya*, no. 1 (1996)
M. Narinskij, "Stalin, Togliatti e Thorez, 1944-1948", in *Dagli archivi di Mosca. L'URSS, il Cominform e il PCI (1943-1951)*, ed. F. Gori and S. Pons (Rome, 1998)
A. J. Nathan and P. Link, *The Tiananmen Papers* (New York, 2001)
J. P. Nettl, *Rosa Luxemburg*, vols 1-2 (Oxford, 1966)
R. Nixon, *1999 : Victory without War* (New York, 1988)
Njoto, *Strive for the Victory of the Indonesian Revolution with the Weapon of Dialectical and Historical Materialism : A Speech at the Alkiarcham Academy of Social Sciences on 3 June 1964* (Peking, 1964)
G. Nollau, *International Communism and World Revolution* (London, 1961)
T. J. Nossiter, *Marxist State Governments in India : Politics, Economics and Society* (London, 1988)
A. Nove, *An Economic History of the USSR* (London, 1969)
A. Nuti, *La provincia più rossa : la costruzione del Partito Nuovo a Siena (1945-1956)* (Siena, 2003)
D. Oberdorfer, *The Turn : Form the Cold War to a New Era. The United States and the Soviet Union, 1983-1990* (New York, 1991)
J. P. Ongkili, *Nation-Building in Malaysia, 1946-1974* (Oxford, 1985)
A. Orlov, *The Secret History of Stalin's Crimes* (London, 1954)
D. Ortega, Speech to the United Nations Security Council, 25 March 1982, *Comunicado de Prensa : Permanent Mission to the U.N.*, no. 035
G. Orwell, *Animal Farm* (London, 1945)
F. M. Ottanelli, *The Communist Party of the United States : From the Depression to World War II* (New Brunswick, 1991)
A. Paczkowski, *The Spring Will Be Ours : Poland and the Poles from Occupation to Freedom* (Philadelphia, 2003)
R. Page Arnot, *A Short History of the Russian Revolution : Form 1905 to the Present Day* (London, 1937)
A. V. Pantsov, "Kak Stalin pomog Mao Tsedunu stat' vozhdëm", *Voprosy Istorii*, no. 2 (2006)
J. Pasqualini, *Prisonnier de Mao* (Paris, 1977)
A. Paucker, *German Jews in the Resistance, 1933-1945 : The Facts and the Problems* (n.p., 2005)
G. P. Pelizzaro, *Gladio Rossa : dossier sulla più potente banda armata esistita in Italia* (Roma, 1997)
L. Péter, "'East of the Elbe' : The Communist Take-over and the Past", in R. Pynsent (ed). *The Phoney Peace : Power and Culture in Central Europe, 1945-1949* (London, 2000)
P. G. Pillai, *Left Movement and Agraian Relations, 1920-1995* (New Delhi, 2003)
P. S. Pinheiro, *Estratégias da illusão : a revolução mundial e o Brasil, 1922-1935* (Sao Paulo, 1991)
R. Pipes, *Survival Is Not Enough : Soviet Realities and America's Future* (New York, 1984)

Political Letter to the Communist Party Membership, Political Bureau of the Communist Party of Great Britain : 15 July 1940.
H. Pollitt, *Briain and the Soviet Union* [leaflet], 16 September 1939 (London)
S. Pons, *Berlinguer e la fine del comunismo* (Turin, 2006)
S. Pons, *L'impossibile egemonia : L'URSS, il PCI e le origini della Guerra Fredda (1943-1951)* (Rome, 1999)
S. Pons, 'In the Aftermath of the Age of War : The Impact of World War II in Soviet Security Policy' in S. Pons and A. Romano (eds), *Russia in the Age of War, 1941-1945* (Milan, 1998)
S. Pons, "Una sfida mancata : L'URSS, il Cominform e il PCI (1974-1948)", in *Dagil Archivi di Mosca. L'URSS, il Cominform e il PCI (1943-1951)*, ed. F. Gori and S. Pons (Rome, 1998)
S. Pons and A. Romano (eds), *Russia in the Age of Wars, 1914-1945* (Milan, 2000)
R. Porter, *The Enlightenment* (London, 2001)
A. Pospielovsky, "Strikes during the NEP", *Revolutionary Russia*, no. 1 (1997)
Lt Emery Pottle and Dr E. Dana Durand, "An Interview with Bela Kuhn [sic]", *American Relief Administration Bullentin*, no. 19, 25 July 1919
P. Preston, *Franco: A Biography* (London, 1993)
P. Preston, *The Spanish Civil War : Reaction, Revolution and Revenge* (P. Preston, 2006)
G. Prevost and H. E. Vanden (eds), *The Undermining of the Sandinista Revolution* (London, 1997)
R. Pynsent (ed.), *The Phoney Peace : Power and Culture in Central Europe, 1945-1949* (London, 2000)
A. Rabinowitch, *The Bolsheviks Come to Power in Petrograd* (London, 1976)
K. Radek and A. Ransome, *Radek and Ransome on Russia* (Brooklyn, 1918)
S. Rawicz, *The Long Walk* (London, 1956)
C. Read, *Culture and Power in Revolutionary Russia* (London, 1990)
E. Reale, *Nascita del Cominiform. Documenti e testimonianze sulla conferenza costitutiva dell' Ufficio di Informazione dei Partiti Comunisti tenuta a Szklarska Poreba (Polonia) dal 22 al 27 settembre 1947* (Milan, 1958)
J. Redman [B. Pearce], *The Communist Party and the Labour Left, 1925-1929* (Hull, 1957)
A. Rhys Williams, *Lenin : The Man and his Work* (New York, 1962)
A. J. Rieber, *Stalin and the French Communist Party, 1941-1947* (New York, 1962)
J. Riordan, "The Strange Story of Nikolai Starostin, Football and Lavrentii Beria-Sports Personality and Soviet Chief of Intelligence", *Europe-Asia Studies*, July 1994
P. Ripert, *De Gaulle* (Paris, 2004)
V. Riva, *Oro da Mosca : I finanziamenti sovietici al PCI dalla Rivoluzione d'ottobre al crollo dell'URSS. Con 240 documenti inediti degli archivi moscoviti* (Milan, 1994)
I. W. Roberts, *History of the School of Slavonic and East European Studies*, 1915-1990 (London, 1991)
P. C. Roberts, *Alienation and the Soviet Economy* (London, 1990)
B. Robshaw, "Biggles Files Again", *Independent on Sunday*, 27 July 2003
J. Ross, *Rebellion from the Roots : Indian Uprising in Chiapas* (Monroe, Neb., 1995)
J. Rossi, *Spravochnik po GULagu*, vols 1-2 (2nd revised edn : Moscow, 1992)
W. W. Rostow, *The Stages of Economic Growht : A Non-Communist Manifesto* (Cambridge, 1960)

J. Rothschild, *Return to Diversity : A Political History of East Central Europe since World War II* (Oxford, 1993)

I. Roxborough, "Mexico", in L. Bethell and I. Roxborough (eds), *Latin America between the Second World War and the Cold War, 1944–1948* (Cambridge, 1992)

D. Rusinow, *The Yugoslav Experiment, 1948–1974* (Berkeley, 1977)

B. Russell, *The Theory and Practice of Bolshevism* (London, 1968)

A. Sakharov, *Progress, Coexistence and Intellectual Freedom* (London, 1968)

M. Salvadori, *Karl Kautsky e la rivoluzione socialista* (Milan, 1976)

G. Sartori, *The Theory of Democracy Revisited* (Cahtham, NJ, 1987)

J.-P. Sartre, *Sartre on Cuba* (New York, 1981)

D. Sassoon, *One Hundred Years of Socialism : The West European Left in the Twentieth Century* (London, 1997)

D. Sassoon, *The Strategy of the Italian Communist Party : From the Resistance to the Historic Compromise* (New York, 1981)

L. B. Schapiro, *The Origin of the Communist Autocracy : Political Opposition in the Soviet State, First Phase, 1917–1922* (London, 1955)

L. B. Schapio, *Totalitarianism* (London, 1972)

S. R. Schram, *Mao Zedong : A Preliminary Reassessment* (Hong Kong, 1983)

L. Sedda, *Economia, politica e societa sovieticà nei quaderni del carcere* (Jesi, 2000)

J. Sejna, *We Will Bury You* (London, 1982)

G. Seniga, *Un bagaglio che scotta* (Milan, 1973)

R. Service, *The Bolshevik Party in Revolution : A Study in Organisational Change* (London, 1979)

R. Service, "Bolshevism's Europe from Lenin to Stalin, 1914–1928", in S. Pons and A. Romano (eds), *Russia in the Age of Wars, 1914–1945* (Milan, 2000)

R. Service, "Gorbachev's Reforms : The Future in the Past", *Journal of Communist Studies*, no. 3 (1987)

R. Service, *A History of Mordern Russsia from Nicholas II to Putin* (2nd edn, revised and expanded : London, 2003)

R. Service, *Lenin : A Biography* (London, 2000)

R. Service, *Lenin : A Political Life*, vols 1–3 (London, 1985, 1991 and 1995)

R. Service, *The Russian Revolution, 1990–1927* (3rd edn : London, 1999)

R. Service, *Stalin : A Biography* (London, 2004)

R. W. Service, *Bar-Room Ballads : A Book of Verse* (London, 1940)

H. Seton-Watson, *The East European Revolution* (3rd edn : New York, 1956)

P. J. Seybolt, *Throwing the Emperor from his Horse : Portrait of a Village Leader in China, 1923–1995* (Boulder, 1996)

T. Shanin, *The Awkward Class : Political Sociology of Peasantry in a Developing Society* (Oxford, 1972)

T. Shanin, *Late Marx and the Russian Road : Marx and 'the Peripheries of Capitalism'* (Lonon, 1984)

Shaoguang Wang, 'Between Destruction and Construction : The First Year of the Cultural Revolution', Kam-yee Law(ed.), *The Chinese Cultural Revolution Reconsidered : Beyond Purge and Holocaust* (London, 2003)

Shaoguang Wang, 'The Structural Sources of the Cultural Revolution', in Kam,-yee (ed.), *The Chinese Cultural Revolution Reconsidered : Beyond Purge and Holocaust*

L. L. Sharkey, *An Outline History of the Australian Communist Party* (Sydney, 1944)

M. S. Shatz, *Jan Waclaw Machajski : A Radical Critic of the Russian Intelligentsia* (Pittsburg, 1989)

H. Shelley, *Arthur Ransome* (London, 1968)

P. Short, *Mao : ALife* (New York, 1999)

P. Short, *Pol Pot : History of a Nightmare* (London, 2004)

K. Simonov, *Russkii vopros : p'esa v 3-kh deistviyakh, 7 kartinakh* (Moscow and Leningrad, 1947)

P. Singer, *Hegel* (London, 1983)

F. Singleton, *A Short History of the Yugoslav People* (Cambridge, 1985)

G. Sirgiovanni, *An Undercurrent of Suspicion : Anticommunism in America during World War II* (New Brunswick, 1990)

Y. Slezkine, *The Jewish Century* (Princeton, 2004)

P. Sloan, *Soviet Democracy* (London, 1937)

V. Smil, "China's Great Famine : Forty Years Later", *British Medical Journal*, 18-25 December 1999

A. H. Smith, *The Planned Economies of Eastern Europe* (London, 1983)

A. Solzhenitsyn, *The Culag Archipelago, 1918-1956 : An Experiment in Literary Investigation*, vols 1-3 (London, 1974-8)

J. Spence, *Mao Zedong* (New york, 1999)

P. Spriano, *Storia del Partito Comunista Italiano*, vols 1-7 (Turin, 1967-98)

P. Stavrkis, *Moscow and Greek Communism, 1944-1949* (Ithaca, 1989)

P. Stavrkis, "Soviet Policy in Areas of Lmited Control", in J. O. Iatrides and L. Wrigley (eds), *Greece at the Crossroads : The Civil War and its Legacy*

H. J. Steinberg, *Il Socialismo tedesco da Bebel a Kautsky* (Rome, 1979)

A. C. Sutton, *Western Technology and Soviet Development, 1917 to 1930* (Stanford, 1968)

A. C. Sutton, *Western Technology and Soviet Development, 1930 to 1945* (Stanford, 1971)

A. C. Sutton, *Western Technology and Soviet Development, 1945 to 1965* (Stanford, 1973)

N. Swain, *Collective Farms Which Work?* (Cambridge, 1985)

B. Szajkowski (ed.), *Marxist Local Governments in Western Europe and Japan* (London, 1986)

J. L. Talmon, *The Origins of Totalitarian Democracy* (London, 1955)

W. Taubman, *Khrushchev : The Man and his Era* (London, 2003)

S. J. Taylor, *Stalin's Apologist : Walter Duranty, the New York Times's Man in Moscow* (New York, 1990)

F. C. Teiwes, "The Establishment and Consolidation of the New Regime", in R. MacFarquhar (de.), *The Politics of China, 1949-1989* (Cambridge, 1993)

P. Ther and A. Siljak (eds), *Redrawing Nations : Ethnic Cleansing in East-Central Europe, 1944-1948* (New York, 2001)

A. Thorpe, *The British Communist Party and Moscow, 1920-43* (Manchester, 2000)

Tianjian Shi, *Political Participation in Beijing* (Cambridge Mass, 1997)

S. Timpanaro, *Sul materialismo* (Pisa, 1970)

P. Togliatti, *Il memoriale di Yalta* (Palermo, 1988)

R. L. Tökés, *Béla Kun and the Hungarian Soviet Republic : The Origins and Role of the*

Communist Party of Hungary in the Revolutions of 1918-1919 (Stanford, 1967)
R. L. Tökés, Bl, "Bela Kun : The Man and the Revolutionary", in I. Völgyes (ed.), *Hungary in Revolution, 1918-19 : Nine Essays*
E. Toller, *An Appeal from the Young Workers of Germany* (Munich, 1919)
T. Toranska, *"Them" : Stalin's Polish Puppets* (New York, 1987)
J.-C. Tournebrise and L. MacDonald, *Le Dragon et la souris* (Paris, 1987)
J. Triska and C. Gati (eds), *Blue Collar Workers in Eastern Europe* (London, 1981)
L. Trotsky, *History of the Russian Revolution* (London, 1934)
L. Trotsky, *The Revolution Betrayed : What Is the Soviet Union and Where Is it Going?* (London, 1937)
N. S. Trubetskoi, *K probleme russkogo samosoznaniya : sobranie statei* (Paris, 1927)
S. Tsang, *The Cold War's Odd Couple : The Unintended Partnership between the Republic of China and the UK, 1950-58* (London, 2006)
R. Tucker, *Stalin as Revolutionary, 1879-1929 : A Study in History and Personality* (London 1974)
A. Tusa, *The Last Division : A History of Berlin, 1945-1989* (Reading, Mass, 1997)
A. B. Ulam, *Expansion and Coexistence : The History of Soviet Foreign Policy, 1917-1967* (New York, 1968)
R. H. Ullman, *The Anglo-Soviet Accord* (Princeton, 1972)
A. Ulunyan, *Kommunisticheskaya partiya Gretsii : aktual'nye voprosy ideologii, politiki i vnutrennei istorii* (Moscow, 1994)
J. B. Urban, *Moscow and the Italian Communist Party : From Togliatti to Berlinguer* (Ithaca, 1986)
G. Vacca, "The Eurocommunist Perspective : The Contribution of the Italian Communist Party", in R. Kindersley (ed.), *In Search of Eurocommunism* (London, 1981)
L. T. Vasin, "Kim Ir Sen, Kto on?", *Nezavisimaya gazeta*, 29 September 1993
M. Vickery, *Cambodia, 1975-1982* (North Sydney, NSW, 1984)
B. A. Viktorov, 'Geroi iz 37-go', *Komsomol'skaya pravda*, 21 August 1988
C. M. Vilas, *Perfiles de la Revolución Sandinista* (Havana, 1984)
M. Vinhas, *O Partidão* (Sao Paolo, 1987)
I, Völgyes (ed.), *Hungary in Revolution, 1918-1919 : Nine Essays* (Lincoln, Neb., 1971)
T. V. Volokotina, *Moskva i Vostochnaya Evropa : stanovlenie politicheskikh rezhimov sovetskogo tipa, 1949-1953, Ocherki istorii*, vols 1-3 (Moscow, 2000-3)
A. Walicki, *The Controversy over Capitalism : Studies in the Social Philosophy of the Russian Ropulists* (Oxford, 1967)
J. S. Walker, *Henry A. Wallace and American Foreign Policy* (New york, 1967)
"The Wall", episode 9, CNN *Cold War series* (1998)
S. Wasowski (ed.), *East-West Trade and the Technology Gap* (New York, 1970)
J. Watts, "North Korea Turns Away Western Aid", *Oberver*, 2 October 2005
S. and B. Webb, *Soviet Communism : A New Civilzation?* (London, 1935)
S. and B. Webb, *Soviet Communism : A New Civilization* (2nd edn : London, 1937)
A. Weiner, "Déjà Vu All Over Again : Prague Spring, Romanian Summer and Soviet Autumn on the Soviet Western Frontier", *Contemporary European History*, no. 2 (2006)

A. Weiner, "The Empires Pay a Visit : Gulag Returnees, East European Rebellions and Soviet Frontier Politics", *Journal of Modern History*, June 2006
K. Weller, *'Don't Be A Soldier!' : The Radical Anti-War Movement in North London, 1914-1918* (London, 1985)
O. A. Westad, *The Global Cold War : Third World Interventions and the Making of our Times* (Cambridge, 2005)
S. G. Wheatcroft, "More Light on the Scale of Repression and Excess Mortality in the Soviet Union in the 1930's", *Soviet Studies*, no. 2 (1990)
F. Wheen, *Karl Marx* (London, 1999)
L. T. White, *Unstately Power, vol. 1 : Local Causes of China's Economic Reforms;* vol. 2 : *Local Causes of China's Intellectual, Legal and Governmental Reforms* (Princeton, 1998)
L. T. White III and Kam-yee Law, "Explanations for China's Revolution at its Peak", in Kam-yee Law (ed.), *Beyond a Purge and a Holocaust : The Cultural Revolution Reconsidered* (London, 2003)
S. White, *Britain and the Bolshevik Revolution : A Study in the Politics of Diplomacy, 1920-1924* (London, 1979)
R. C. Williams, *The Other Bolsheviks : Lenin and his Critics, 1904-1914* (Bloomington, 1986)
W. C. Wohlforth (ed.), *Cold War Endgame : Oral History, Analysis, Debates* (University Park, Penn., 1996)
W. C. Wohlforth (ed.), *Witnesses to the End of the Cold War* (Baltimore, 1996)
B. D. Wolfe, *Strange Communists I Have Known* (New York, 1982)
H. H. Wu, *Laogai : The Chinese Gulag* (Boulder, 1992)
'X', Kennan 항목을 보라.
Xiaoxia Gong, "The Logic of Repressive Collective Action : A Case Study of Violence in the Cultural REvolution", in Kam-yee Law (ed.), *The Chinese Cultural Revolution Reconsidered : Beyond Purge and Holocaust* (London, 2003)
Xin Liu, *In One's Shadow : An Ethnographic Account of the Condition of Post-Reform Rural Russia* (Berkeley, 2000)
V. Zaslavsky, *Lo Stalinismo e la sinistra italiana : dal mito dell'URSS alla fine del comunismo, 1945-1991* (Milan, 2004)
V. Zubok and C. Pleshakov, *Inside the Kremlin's Cold War : From Stalin to Khrushchev* (Cambridge, Mass., 1996)
V. M. Zubok, "Different Perspectives on the Historical Personality", in W. C. Wohlforth (ed.), *Cold War Endgame : Oral History, Analysis, Debates* (University Park, Penn., 1996)

1917년 러시아에서 볼셰비키 혁명이 성공을 거둔 이래 지난 20세기 동안 전 세계 지표 면적의 3분의 1에 달하는 나라들이 공산주의 체제를 경험했다. 제2차 세계대전 직후 동유럽이 공산화되었고, 그 뒤를 이어 중국과 북한을 비롯한 아시아 여러 국가들과 또 1950년대 말에는 카리브해의 쿠바에서도 유사한 체제가 뿌리를 내렸다. 하지만 제2차 세계대전 이후 전 세계적 규모로 수립된 냉전 체제에서 미국을 비롯한 서방의 자본주의 국가들이 끊임없이 그 팽창의 위험을 소리쳐 경고하지 않으면 안 되었던 공산주의 체제는, 1989년 동유럽 공산 정권의 몰락과 곧 이어진 소련의 해체로 한순간에 역사의 뒤안길로 사라져버렸다. 물론 중국과 쿠바, 북한 등 일부 국가에서 여전히 공산주의자들이 정권을 쥐고 있지만 이들 나라가 실제로 마르크스와 레닌이 꿈꾸던 풍요롭고 계급 착취가 없는 유토피아 사회로서 서방 세계를 현실적으로 위협하고 있다고 믿는 사람은 아무도 없을 것이다.

하지만 공산주의 체제가 몰락했다고 해서 '동서 대결에서 승리한' 자본주의 체제가 지구상에서 영원히 지속되리라는 보장은 전혀 없다. 1990년대 이후 불과 몇 년을 주기로 계속 반복되는 전 지구적 금융 위기를 비롯한 세계 경제의 불안은 공산주의 운동 같은 막강한 외부의 적이 사라진 자본주의 체제가 오히려 내부의 모순 때문에 순식간에 무너질 가능성이 있음을 분명히 제시하는 듯하다. 일반인들이 보기에도 자본주의 체제의 근본적인 혁신 없이는 공산주의와의 경쟁에서 생존한 이 체제가 과연 앞으로 얼마나 연명할 수 있을지 불안하기 짝이 없을 정도다. 그러므로 불완전한 자본주의 체제의 대안 모색은 19세기 말 제국주의 시기에 레닌이 러시아 인민들의 더 나은 삶을 위해 그랬듯이 그로부터 한 세기나 지난 지금도 여전히 유효한 작업이 될 수밖에 없다. 20세기 동안 세계적 규모로 진행되었던 공산주의 운동을 깊이 성찰하는 이 책은 이런 점에서 특히 오늘날 '진보의 재구성'이 시급한 과제로 떠오른 우리나라의 좌파 운동 진영 전체에 적지 않은 시사점을 던져줄 것이다.

몇 년 전 그의 역작인 스탈린 전기가 우리말로 번역되면서 한국 독자들에게 잘 알려지게 된 저자 로버트 서비스는 이 책에서 제2차 세계대전 직후와 1980년을 시기 구분점으로 삼아 공산주의 운동의 역사를 크게 세 부분으로 나누어 서술한다. 첫 부분은 마르크스주의가 등장하기 전에 존재한 여러 공산주의 이념을 검토하는 일에서 시작하여, 마르크스를 거쳐 레닌에 의해 완성된 공산주의 이상이 후진국 러시아에서 소련이라는 세계 최초의 공산주의 국가로 마침내 체현되는 과정을 다룬다. 더불어 레닌의 이념에 영향을 받아 독일과 미국, 중국 등 세계 여러 나라에서 공산주의 운동이 태동하고 현실 정치 세력으로 인정받기 위해 분투하는 과정도 이 부분에서 다루는 중요한 관심사이다.

두 번째 부분에서는 제2차 세계대전 후 소련 공산주의 체제의 자극으로 소련 이외의 지역에서 공산주의 이상과 운동이 어떻게 변형되고 확산되는지, 또 어떻게 동유럽과 중국, 쿠바를 비롯한 적지 않은 나라에서 기존 체제를 대체하는 현실 정치 세력으로 성공을 거두게 되는지를 묘사한다. 덧붙여 공산주의 내부의 개혁 운동과 현실 공산주의 체제가 초래한 반공산주의 조류도 이 시기의 주요한 특성으로 살펴본다. 끝으로, 마지막 부분에서는 1980년대에 들어와 공산주의 체제의 역동성이 소멸하면서 동유럽 공산 정권 및 소련의 몰락과 함께 공산주의 운동 자체가 사실상 종언을 고하기까지의 과정을 탐구한다.

하지만 저자는 세계 각국의 공산주의 운동을 태동부터 몰락까지 살펴보는 이 방대한 연구서에서 그 '역사들'을 단순히 백과사전식으로 모아 놓는 데 그치지 않는다. 저자는 마르크스 이래 지금까지 존재해 온 공산주의 운동 전체를 관통하는 일관된 흐름을 포착하려 애썼으며, 의도한 바를 확실히 성공적으로 이루었다. 즉 책을 쓰면서 저자는 지난 100년 동안 세계 공산주의 체제와 운동이 나라와 지역에 따라 매우 다양한 모습으로 존재하기는 했지만, 유일 정당, 유일 이데올로기 등 몇 가지 점에서 근본적으로 유사한 특징을 지니고 있었다는 사실을 확인해낸 것이다. 이 공통된 특징들, 즉 저자가 보기에 1917년에 러시아에서 공산주의 체제가 수립된 이래 제2차 세계대전 이후 등장한 전 세계의 공산주의 국가들로 퍼져 나간 특징들을 밝혀냄으로써 저자는 방대한 공산주의의 '세계사'를 기술하면서 시종일관 통일되고 일관된 관점을 유지할 수 있었다. 엄청난 분량에도 불구하고 책이 전혀 지루한 느낌을 주지 않는 것도 저자가 노련한 역사가답게 처음부터 끝까지 견지하고 있는 이 일관성 덕분일 것이다.

저자의 일관된 관점이 독자들에게 더욱 설득력 있게 다가오는 것은 저자가 세계 공산주의 통사를 집필하면서 비슷한 작업을 하는 대부분의 학자들과는 달리 단순히 2차 문헌에만 의존하지 않았기 때문이기도 하다. 그는 문서고에서 많은 시간을 보내면서 새로운 1차 자료들을 직접 널리 참조하였으며, 이 노고는 그의 연구에 생생한 생명력을 불어넣어준 주요한 원천이 되었다. 독자들은 서비스의 책을 읽으면서 헝가리, 쿠바, 인도, 영국, 미국 등지의 공산주의 운동에 얽힌 다른 어떤 책에서도 보지 못할 흥미롭고도 놀라운 새로운 일화들을 접하게 될 것이다.

물론 독자들은 당연히 저자의 연구 결과를 두고 이런저런 비판거리를 찾을 수도 있을 것이다. 크게 두 가지 점에서 서비스의 저작이 가진 아쉬운 점을 지적할 수 있을 듯하다. 우선, 공산주의 운동에 대한 저자의 전반적인 평가가 저술의 통일성을 지나치게 강조한 나머지 결과적으로 다소 편향적으로 흘렀다는 점을 들 수 있다. 저자는 확실히 1950년대 이래 영미 학계를 휩쓸었던 '전체주의' 시각의 연장선에서 세계 공산주의 운동을 바라본다. 저자는 냉전 시기의 대다수 학자들처럼 공산주의 체제가 수립된 곳에서는 거의 어디서나 정치와 경제가 중앙 집중화되고, 종교와 시민 사회는 억압당했으며, 반체제 인사들은 탄압받았고, 인민들은 자율적 시민으로서 존중받지 못하고 단순히 국가의 필요를 충족하기 위한 동원 대상으로 전락했다는 사실을 역설한다.

이런 논리의 연장선에서 두 번째로 지적할 수 있는 것은 저자가 동유럽 국가는 물론이고 서유럽 국가와 미국 등 소련 이외의 지역에서 펼쳐진 공산주의 운동들을 대체로 모스크바의 결정에 좌우되는 친소련 세력이 지배한 것으로 그리고 있다는 점이다. 이런 맥락에서 저자는 비소련 지역의 운동을 기술할 때 그들만의 고유한 내적 힘에는 크게 관심이 없으며, 주로 모스크바와의 관계를 묘사하는 데 치중한다.

하지만 큰 틀에서 볼 때 이처럼 전체주의적 시각이라는 점에선 같지만 서비스의 주장에는 선배 연구자들의 주장과 결정적으로 다른 점이 있다. 그것은 서비스가 내세우는 주장이, 많은 경우 근거를 제대로 제시하지 않거나 사실을 침소봉대하면서 공산주의 운동을 박멸해야 할 '악의 세력'으로 그리는 데만 골몰했던 선배들의 공허한 외침보다 학문적으로 훨씬 치밀하다는 사실이다. 서비스는 자신의 주장을 실증하기 위해 냉전 종식 후 새롭게 공개된 당대의 문서들을 광범하게 동원하고 있으며, 이 점에서 그의 논리 전개는 독자들에게 강한 흡인력을 지닌다. 예를 들어, 모스크바가 공산주의 국제 기구를 통해 세계 각지의 공산주의 운동을 통제하는 모습을 서술하는 부분은 여러모로 확인된 탄탄한 사실적 근거에 바탕을 둠으로써 증거 제시가 허술했던 냉전 시기의 반공산주의적 저술들이 그려낸 그림보다 훨씬 그럴듯하게 보인다.

독자들은 공산주의 운동에 대한 좀 더 균형 잡힌 평가를 위해 1980년대 이후 '전체주의 학파'에 맞서 강력한 도전 세력으로 떠오른 '수정주의 학파'의 최근 연구 성과를 같이 살펴보는 것도 좋을 것이다. 수정주의자들에 따르면 소련 체제를 비롯한 공산주의 체제는 인민들의 강한 자발적 지지를 받았으며, 국가는 사회를 완전히 장악하지도 못했고, 국가가 주도하는 계획 경제와 더불어 인민들의 자율적 경제도 엄연히 존재했다. 게다가 국가가 공식적으로 허용하는 문화뿐만 아니라 인민들이 주도하는 비공식적인 대항 문화도 크게 발달했다. 또 비소련 지역의 공산주의 운동도 소련의 원조가 본격화되기 전에 이미 자생적으로 태동하여 현지 인민들의 지지를 획득해 나갔으며, 그 과정에서 모스크바를 일방적으로 추종하는 세력뿐만 아니라 모스크바에 비판적인 세력 등 서로 경쟁하는 다양한 분파들이 생겨났다.

이 책을 번역하는 일은 쉬운 작업이 아니었다. 분량도 그렇지만, 저자가 다루는 세계 공산주의 운동의 폭이 매우 넓어 러시아라는 일국의 역사를 전공한 역자가 가진 얕은 지식으로는 감당하기 힘든 부분이 적지 않았기 때문이었다. 생소한 인물이나 잘 모르는 사건들은 다른 관련 연구서나 웹사이트에 올라와 있는 여러 정보들을 참조하여 그 내용을 파악함으로써 번역에 최대한 신중을 기했다. 여기에 교양인 출판사 편집진의 뛰어난 편집 능력도 역자가 원문을 제대로 이해하지 못함으로써 발생할 수 있는 오역을 미연에 방지하는 데 큰 도움이 되었다. 이 자리를 빌려 그들의 노고에 감사드린다. 하지만 예리한 독자는 여전히 오역과 누락, 어색한 표현 등 번역서에 숙명처럼 따라붙는 결점들을 발견할 것이다. 이것들이 모두 역자의 잘못임은 두말할 나위가 없으며, 누구나 인문학의 위기를 말하는 지금 독자들의 호응으로 다행히 재판을 낼 기회가 생긴다면 그때 바로잡을 것을 약속한다.

2012년 6월

김남섭

| 찾아보기 |

인명

ㄱ

ㄴ

ㄷ

ㄹ

ㅁ

ㅂ

ㅅ

ㅊ

ㅋ

ㅌ

ㅍ

ㅎ

용어

ㄱ

ㄹ

ㅁ

ㅂ

ㅅ

ㅇ

ㅈ

ㅊ

ㅋ

ㅌ

ㅍ

ㅎ

김남섭
서울과학기술대학 기초교육학부에 재직하고 있다. 러시아 역사를 전공했고, 주요 관심사는 스탈린 시대의 소련 역사로 최근에는 스탈린 테러와 강제수용소의 실상에 관한 연구에 특히 힘을 쏟고 있다. 주요 저서로 《러시아의 민족정책과 역사학》(공저) 《세계의 과거사 청산》(공저) 등이 있다. 《20세기 러시아 현대사》, 《소련 경제사》, 《러시아사 강의》 등을 옮겼으며, 〈흐루쇼프의 주택 정책과 소련 사회의 일상〉, 〈스탈린 대테러와 '인민의 적'의 자녀들〉, 〈고르바초프의 '신사고'와 냉전 체제의 종식〉 등 소련 역사에 관한 논문을 몇 편 썼다. namsubkim@seoultech.ac.kr

코뮤니스트

2012년 7월 14일 초판 1쇄 발행
2021년 6월 7일 초판 4쇄 발행

- 지은이 ———— 로버트 서비스
- 옮긴이 ———— 김남섭
- 펴낸이 ———— 한예원
- 편집 ———— 이승희, 윤슬기, 양경아, 유리슬아
- 본문 조판 ———— 성인기획
- 펴낸곳 교양인

우 04020 서울 마포구 포은로29 202호
전화 : 02)2266-2776 팩스 : 02)2266-2771
e-mail : gyoyangin@naver.com
출판등록 : 2003년 10월 13일 제2003-0060

ISBN 978-89-91799-74-5 93900

* 잘못 만들어진 책은 바꾸어드립니다.
* 값은 뒤표지에 있습니다.